Klinger/Grüner/Metz, Der junge Koch

Klinger/Grüner/Metz

Der junge Koch

Lehrbuch für die Berufsausbildung des Kochs

Herausgegeben von

Studiendirektor
Hermann Grüner

und

Küchenmeister und Fachlehrer
Reinhold Metz

25., völlig neubearbeitete Auflage

Fachbuchverlag Dr. Pfanneberg & Co., Gießen · Leipzig

ISBN 3-8057-0386-4

Druck und buchbinderische Verarbeitung: Brühlsche Universitätsdruckerei, Gießen

Vorwort

Die 25. Auflage eines Standardwerkes, eines Klassikers der Berufsausbildung zum Koch, das ist ein Jubiläum für Verlag und Autoren!

Dies war aber auch Anlaß, Neues zu hinterfragen, Bewährtes zu überdenken und auch das Erscheinungsbild des Werkes heutigen Vorstellungen und Möglichkeiten anzupassen.

Der 25. Auflage des „Jungen Koch" liegen folgende Überlegungen zugrunde:

- ▷ Stoffumfang und Stoffabfolge haben den Lehrplänen der Berufsschulen zu entsprechen, denn der „Junge Koch" ist *das Werk* für die Ausbildung der Jungköche.
- ▷ Aus der unendlichen Fülle von Lebensmitteln und Zubereitungen wird eine methodisch-didaktische und zugleich praxisbezogene Auswahl getroffen. Alles zu bringen wäre zwar leichter, denn es erfordert keine Entscheidungen. Doch dann würde ein Werk entstehen, das schwer wiegt, sowohl finanziell als auch bezüglich des Lernaufwandes. Man darf hierbei aber die jungen Menschen, die Koch bzw. Köchin werden wollen, nicht vergessen: Neben den Anforderungen der beruflichen Praxisausbildung sind trotz der genannten Eingrenzungen jetzt noch ca. 500 Seiten zu bewältigen. Mehr ist bei der zur Verfügung stehenden Lernzeit nicht zu schaffen!

Die Rohstoffkunde

- ▷ ist unter den Gesichtspunkten der Küchenpraxis sowie nach dem Aufgabenkatalog bei den Abschlußprüfungen geordnet.
- ▷ gibt mit den Angaben über Herkunft und Qualitätsmerkmale wesentliche Entscheidungshilfen für eine gezielte Rohstoffauswahl – jeweils unter Hinweis auf den Nährstoffgehalt und die Bedeutung für die Ernährung.
- ▷ zeigt die Rohstoffe in rund 200 vierfarbigen Abbildungen. Denn Neues kann man sich nur dann richtig vorstellen, wenn auch die Farbe bekannt ist.

Die Ernährungslehre

- ▷ hat das Ziel, Kernbereiche der Ernährung zu durchleuchten. Dazu dienen unter anderem detaillierte schematische Darstellungen und Schülerversuche.

  Gezieltes Ernährungsverhalten beeinflußt Gesundheit und Wohlbefinden; der Koch hat in diesem Zusammenhang eine verantwortungsvolle Aufgabe zu erfüllen; die Ernährungslehre gibt ihm hierzu das notwendige Rüstzeug.

  Spezielle Diätformen gehören dagegen in den Verantwortungsbereich des Arztes.

Die grundlegenden Arbeitsschritte

- ▷ zeigt der „Junge Koch" in einer synchronen Anordnung von Text und Bild. Mehrere hundert Abbildungen verdeutlichen Arbeitsschritt für Arbeitsschritt. Es wird bildhaft dargestellt, was man liest. Das erleichtert das Verständnis und fördert das Behalten.
- ▷ werden technologisch begründet und durch erläuternde Skizzen veranschaulicht. Dadurch wird das Handeln einsichtig und leicht auf andere Situationen übertragbar.

Der Rezeptteil

- ▷ verbindet die Grundlagen der klassischen Küche mit modernen Verfahrensweisen.
- ▷ bringt mit über 600 erprobten Zubereitungen und genauen Mengenangaben ein solides Fundament für eine berufliche Karriere.

Menükunde und Speisekarte

- ▷ sind in ganzheitlicher Form dargestellt.
- ▷ Speisen werden innerhalb des gesamten Werkes deutsch, französisch und englisch benannt, damit bei der Erstellung der Karte auf die zunehmende Zahl der fremdländischen Gäste eingegangen werden kann. Damit also erstmals Dreisprachigkeit in einem Schulbuch!

Der leichten und schnellen Orientierung dienen

- ▷ ein klar gegliedertes, umfassendes Inhaltsverzeichnis,
- ▷ ein detailliertes Stichwortverzeichnis und – auch das ist neu –
- ▷ ein eigenes Rezeptregister.

Die Jubiläumsausgabe des „Jungen Koch" ist damit wiederum ein grundlegendes, zukunftsorientiertes Fachwerk, das profundes Wissen mit modernen Erkenntnissen verbindet und so zu optimalen Lernerfolgen führt – aber auch einen hohen Ausbildungsstand der Köche sicherstellt.

Gießen · Leipzig, 1993 — Verlag und Autoren

Bildquellennachweis

Achenbach, Sulzbach: Seite 159, Tafeln 1 bis 4
AID, Bonn: Seiten 70, 106, 112, 115, 116, 126, 127, 146, 147, 166
BAGM, München: Seite 233
Berufsgenossenschaft Nahrungsmittel und Gaststätten, Mannheim: Seite 215
Buff, Biberach: Seite 24
Bundesforschungsanstalt für Getreide-, Kartoffel- und Fettforschung, Detmold: Seite 169
CMA, Bonn: Seiten 97 bis 101, 140, 141, 146
Deutsches Rotes Kreuz, Bonn: Seiten 234 bis 236
Dick, Esslingen: Seiten 216 bis 220
Dries/Metz: Die junge Hotelfachfrau: Seiten 87, 187
Dries/Metz: Der junge Restaurantfachmann: Seite 437
Fima, Bremerhaven: Seiten 153 bis 158
Fissler, Idar-Oberstein: Seiten 222, 223
Glück, Kassel: Seite 110
Herrmann/Metz: Kieser, Arbeitsblätter Gastgewerbe: Seiten 190, 191
Hobarth, Offenburg: Seite 225
Hosie, Hamburg: Seiten 161, 165
Hutschenreuther-Bauscher, Weiden: Tafeln 7, 8
Köhler, Koblenz: Seite 16
Küppersbusch, Gelsenkirchen: Seite 226
Lieder, Ludwigsburg: Seite 24
Lüscher-Werke, Täuffelen (Schweiz): Seite 198
L. Meyer, Hamburg: Seite 350
Ostmann Gewürze, Bielefeld: Seiten 174 bis 176
Rational, Landsberg/Lech: Seite 250
Rieberwerke, Reutlingen: Seite 224
Schöller-Mövenpick, Nürnberg: Tafel 6
Schönwald Porzellan, Schönwald: Seiten 192, 193
Schott, Zwiesel: Seiten 196, 197
Schwebel, Sinn: Seite 229
Silber Herthel, Hamburg: Seiten 199, 222, 223
Vorratsschutz GmbH, Laudenbach: Seite 31
WMF, Geislingen: Seiten 194, 195
Wpr communication, Hennef: Seite 144

Inhaltsverzeichnis

Service, Buffet, Kaffeeküche

Arbeitsgestaltung

Grundtechniken

Bereitstellen und Aufbewahren

Garverfahren

Saucen

Zubereitung von Schlachtfleisch

Zubereitung von Wild

Zubereitung von Geflügel und Wildgeflügel

Zubereitung von Fischen

Zubereitung von Krusten- und Schalentieren

Vorspeisen – Kalte Küche

Gebäcke, Süßspeisen und Speiseeis

Farbtafeln zwischen den Seiten 436 und 437

Naturwissenschaftliche Grundlagen

Die ernährungswirtschaftlichen Berufe stehen mit ihrem Tätigkeitsfeld, dem Verarbeiten von Lebensmitteln, zwischen der Lebensmittelerzeugung und dem Verzehr.

Erzeugung
Anbau von Pflanzen, Aufzucht und Mast von Tieren

⇨

Verarbeitung
Zubereitung von Speisen durch
kochen
braten
backen usw.

⇨ **Verzehr**

In diesen Bereichen wird Althergebrachtes durch die Wissenschaft erfaßt und bestätigt, aber auch durch neue Erkenntnisse verdrängt. Moderne Fertigungsmethoden gründen auf wissenschaftlichen Erkenntnissen. Diese beruhen auf der Erforschung grundlegender Vorgänge. Und darum beginnt das Buch mit den Wissenschaften.

Die **Agrarwissenschaften** liefern die Grundlagen für optimale Anbau- und Aufzuchtmethoden. Fertigungsabläufe werden durch die **Technologie** erklärt. Die Wirkung der Inhaltsstoffe der Nahrung auf den Körper des Menschen erforscht und lehrt die **Medizin**.

Wichtige Erkenntnisse dieser Wissenschaften sind hier mit **beruflichem Bezug** als naturwissenschaftliche Grundlagen dargestellt.

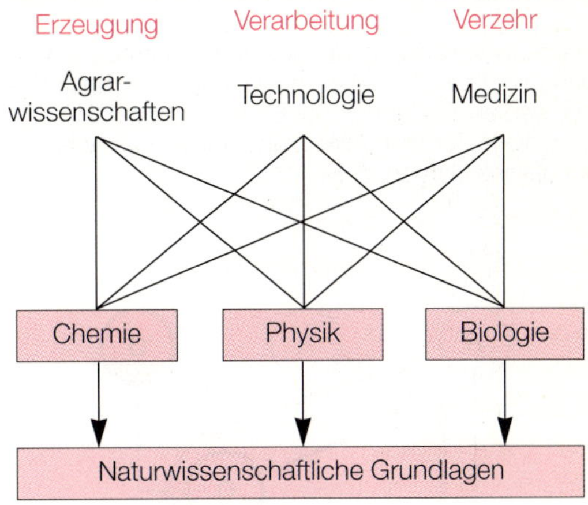

Chemie ist die Wissenschaft von der Zusammensetzung und Umwandlung der Stoffe.

Physik ist die Lehre von den Zuständen der Stoffe und ihren Veränderungen.

Biologie befaßt sich mit dem Lebendigen, den Tieren und den Pflanzen.

Daß es Gebiete gibt, die mehreren Wissenschaftsgebieten zuzuordnen sind, zeigt die Tatsache, daß man z. B. von biochemischen Vorgängen spricht.

Beispiele für das Zusammenwirken der Wissenschaften:

Biologie
Zucht, Mast
Qualität
→ FLEISCH
→ **Physik:** Schneiden von Fleisch, Klopfen von Schnitzeln
→ **Chemie:** Pökeln von Schinken
→ **Biologie:** Reifen und Verderben

Biologie
Arten
Anbaumethoden
→ RETTICH
→ **Physik:** Raffeln, Schneiden, „Weinen“ nach Salzen
→ **Chemie:** Wirkung der Inhaltsstoffe

1 Chemische Grundlagen

1.1 Element – Verbindung

Elemente sind Stoffe, die sich durch chemische Vorgänge nicht weiter teilen lassen. Der Einfachheit halber werden die Namen der Elemente abgekürzt. Die Grundlage für die Abkürzung bildet der wissenschaftliche Namen, z. B.

Sauerstoff → Oxigenium → O
Wasserstoff → Hydrogenium → H

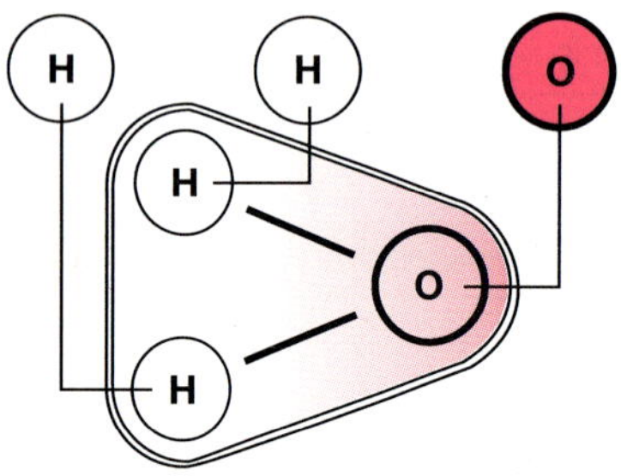

Vereinigen sich mehrere Elemente, entsteht eine **Verbindung**, z. B. H_2O.

Verbindungen sind Stoffe mit neuen Eigenschaften. Wasser z. B. ist eine Verbindung aus zwei Elementen Wasserstoff und einem Element Sauerstoff.

1.2 Atom – Ion – Molekül

Die kleinsten Teile eines Elements sind die **Atome**. Atome *eines* Elements sind untereinander gleich.

Bau der Atome

Alle Atome bestehen aus einem *Kern* und den ihn auf sogenannten *Schalen* umkreisenden *Elektronen*. Der Kern besteht aus *Protonen*, die elektrisch positiv geladen sind, und Neutronen, die keine Ladung aufweisen.

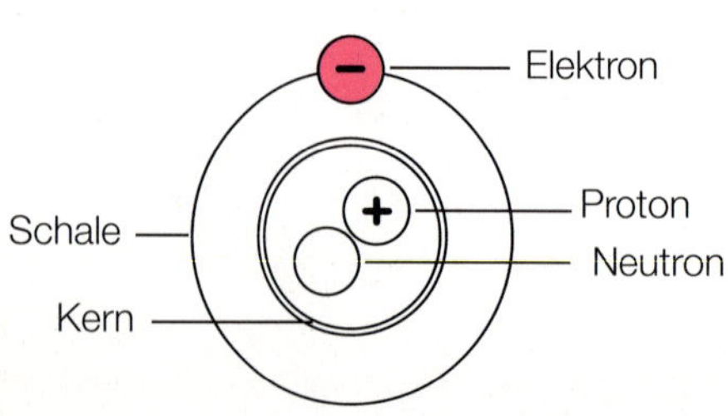

Auf den Schalen bewegen sich die negativ geladenen Elektronen. Jedes einzelne Atom ist in der elektrischen Ladung ausgeglichen, weil die Summe der positiven und der negativen Teilchen gleich ist.

Ionen

Wenn Atome aus der Schale Elektronen abgeben oder in die Schale Elektronen aufnehmen, sind sie nicht mehr neutral. Man bezeichnet sie als **Ionen.**

→ Weniger Elektronen als ursprünglich → positives Ion.
→ Mehr Elektronen als ursprünglich → negatives Ion.
→ Kennzeichnung: hochgestelltes $^+$ oder $^-$ nach dem Symbol des betreffenden Elements, z. B. Na^+, O^{--}.

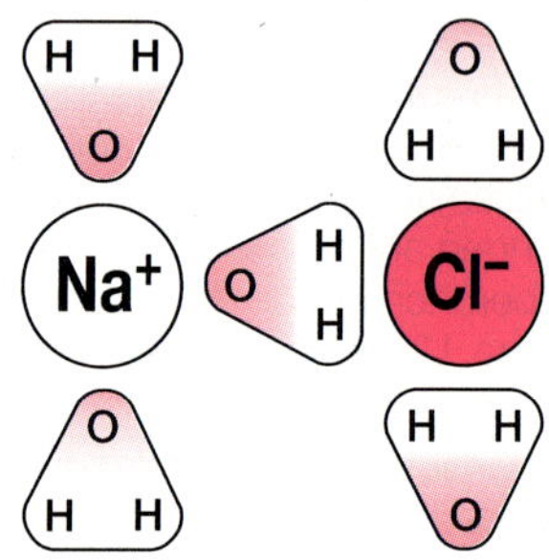

Zwischen unterschiedlich geladenen Ionen bestehen starke Anziehungskräfte, sie führen zur *Ionenbindung*.

Moleküle

Moleküle sind zwei oder mehr untereinander verbundene Atome. Dabei kann es sich um Atome gleicher oder unterschiedlicher Elemente handeln.

Moleküle sind nach außen ohne Ladung, also neutral.

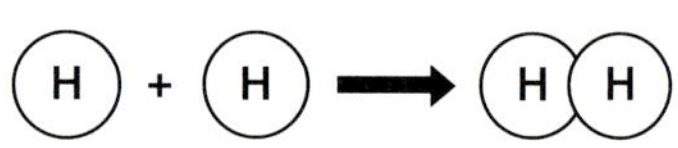

Beispiel Wasserstoff: Zwei *Atome* Wasserstoff vereinigen sich zu einem *Molekül* Wasserstoff.

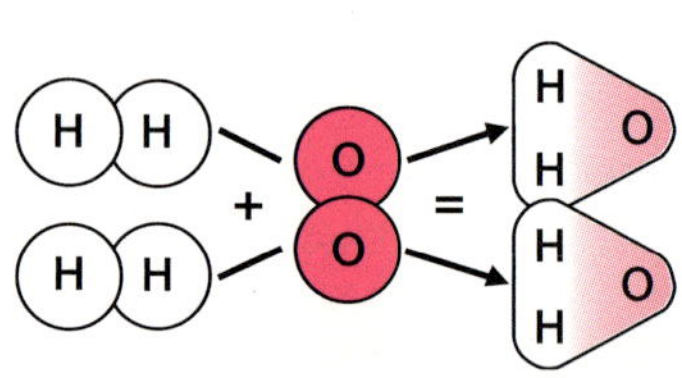

Beispiel Wasser: Aus zwei *Molekülen* Wasserstoff (H_2) und einem *Molekül* Sauerstoff (O_2) entstehen zwei *Moleküle* Wasser (H_2O).

1.3 Formeln, Sprache der Chemie

Der Chemiker bezeichnet die einzelnen Elemente und Verbindungen mit Formeln, die über die Zusammensetzung des Stoffes genaue Auskunft geben.

Formelart und Beispiele:

Die **Summenformel** nennt die Anzahl der von jedem Element enthaltenen Atome.

Wasser	**Zuckerstoffe**
H_2O	$C_6H_{12}O_6$

Die **Strukturformel** ist aussagekräftiger, denn sie zeigt an, wie die Atome einander zugeordnet sind.

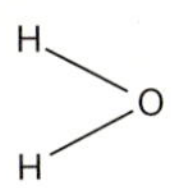

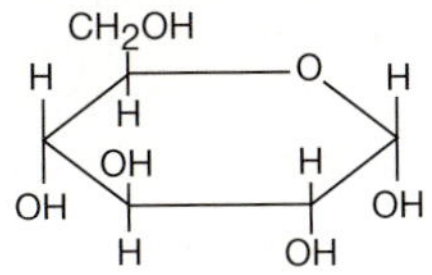

Das **Grafische Symbol** ist eine Vereinfachung, die uns das Denken und Verstehen erleichtert. Es ist meist an die Strukturformel angelehnt.

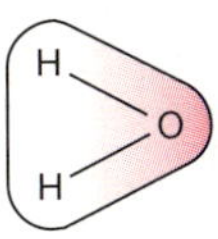

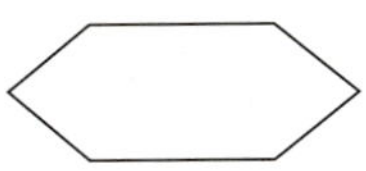

Anwendungsbeispiele:

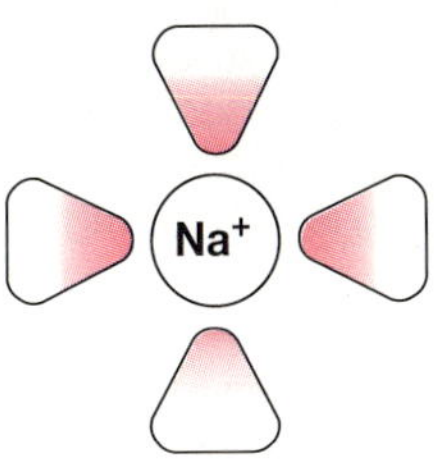

Wasser lagert sich um Natrium-Ion

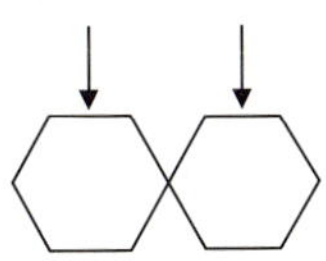

Zwei Einfachzucker verbinden sich zu Zweifachzucker

1.4 Säuren – Basen – Salze

Säuren bestehen immer aus Wasserstoff und einem Säurerest.

Der Wasserstoff
- ▷ bewirkt die saure Reaktion,
- ▷ führt zu einem pH-Wert unter 7,
- ▷ färbt blaues Lackmus rot.

Säure → pH niedrig → Lackmus **r**ot

Beispiel:

Wasserstoff	+	Säurerest	→	Säure
H	+	Cl	→	Salzsäure
H_2	+	SO_4	→	Schwefelsäure
H	+	COOH	→	Ameisensäure

Basen bestehen immer aus einer OH-Gruppe und einem Metall.

Die OH-Gruppe
- ▷ bewirkt die alkalische oder basische oder laugenhafte Wirkung,
- ▷ führt zu einem pH-Wert über 7,
- ▷ färbt rotes Lackmus blau.

In Wasser gelöste Basen heißen **Laugen.**

NaOH in Wasser gelöst ist die Natronlauge. Der Bäcker bezeichnet sie entsprechend der Verwendung als Brezenlauge.

Beispiel:

Metall	+ OH-Gruppe		→	Lauge/Base
Na	+	OH	→	Natronlauge
K	+	OH	→	Kalilauge
Ca	+	$(OH)_2$	→	Kalkwasser

Salze entstehen durch die Reaktion von Säuren und Basen.

Dabei werden die Eigenschaften von Säure und Base **neutralisiert**. Die Zahl der H-Ionen und der OH-Ionen ist ausgeglichen.

Beispiel:

HCl	+	NaOH	→	NaCl	+	H_2O
Salzsäure	+	Natronlauge	→	Kochsalz	+	Wasser

pH-Wert – Säurewert

Der pH-Wert ist eine Meßzahl. Sie zeigt an
- ▷ ob Säure oder Base vorhanden ist,
- ▷ wie stark die Säure oder Base ist.

Messung des pH-Wertes mit

Indikatorpapier

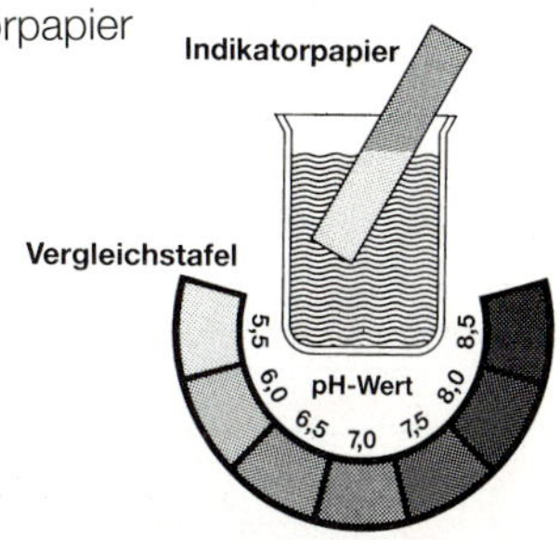

Indikatoren sind „Anzeiger", die bei einem bestimmten pH-Wert die Farbe ändern. Am häufigsten wird Lackmus verwendet.

pH-Wert-Meßgerät

Das Gerät hat eine Sonde, die mit dem Lebensmittel in Verbindung gebracht wird. Über eine Leitung werden die Daten zum Gerät geführt und dort auf der Skala angezeigt.

1.5 Lösungen

Die einzelnen Stoffe verhalten sich unterschiedlich, wenn sie mit Wasser in Verbindung kommen. Zur Erläuterung wählen wir aus dem Bereich der Lebensmittel Kochsalz, Gebrauchszucker (Rohr- oder Rübenzucker) sowie Gelatine, eine Eiweißart.

Ionenlösung

Gibt man Kochsalz in Wasser, zerfällt das Salzkristall in die Ionen Na^+ und Cl^-. Um diese elektrisch geladenen Teilchen lagern sich Wassermoleküle an. Die Ionen verbinden sich erst wieder zu Kochsalz, wenn das Wasser verdampft.

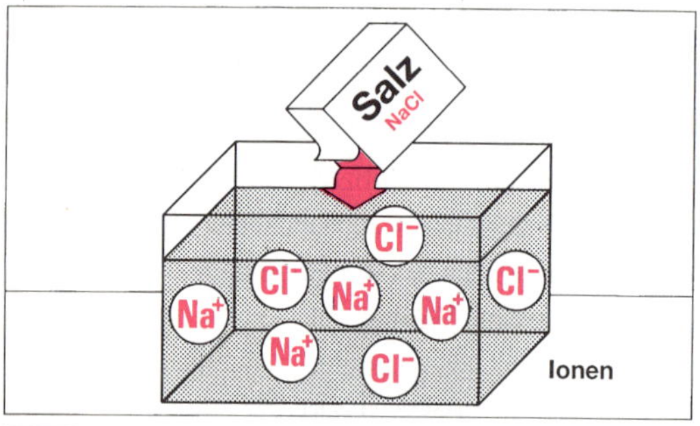

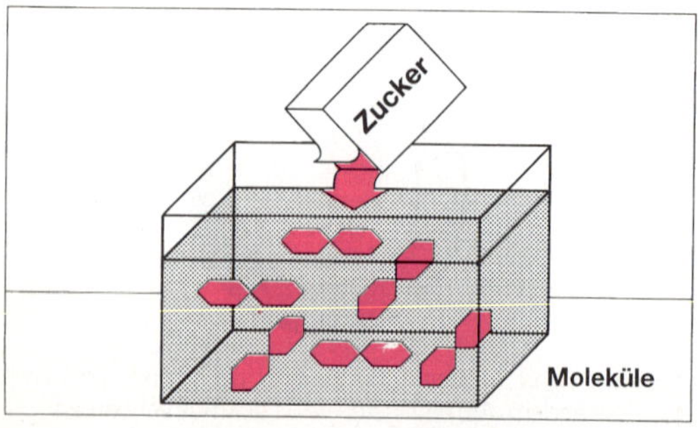

Molekularlösungen

Ein Molekül Gebrauchszucker besteht aus einem Teil Traubenzucker und einem Teil Fruchtzucker. Die Zuckermoleküle lagern sich zusammen und bilden ein Zuckerkristall. Bringt man Zucker in eine Flüssigkeit, löst sich zwar das Kristall auf, doch die Moleküle bleiben unverändert erhalten.

Ionenlösungen und Molekularlösungen bezeichnet man als **echte Lösungen.** Neben festen gelösten Stoffen wie Salz oder Zucker gibt es auch

- Lösungen von Flüssigkeiten in Flüssigkeiten, z. B. in Spirituosen, wo sich Alkohol in wäßriger Lösung befindet,
- Lösungen von Gasen in Flüssigkeit, z. B. Kohlendioxid in Limonaden und Schaumwein.

Die Menge des gelösten Stoffes in einem Lösungsmittel wird als Konzentration bezeichnet. Wie die Grafik zeigt, ist die Menge, die gelöst werden kann

- je nach Stoff unterschiedlich,
- von der Temperatur abhängig.

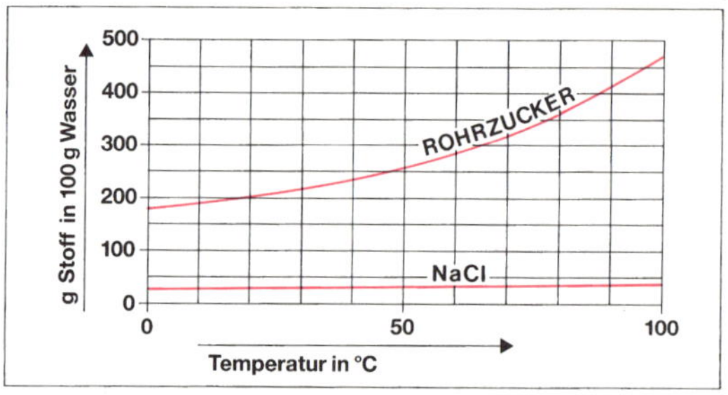

Kann das Lösungsmittel nichts mehr von dem zu lösenden Stoff aufnehmen, so ist die **Lösung gesättigt**. Wird in dieser Situation noch mehr von der zu lösenden Substanz beigegeben, setzt sie sich am Boden ab, die Lösung ist **übersättigt.**

Unechte Lösungen

Eiweiß bildet Riesenmoleküle, die um ein Vielfaches größer sind als z. B. die Zuckermoleküle. Riesenmoleküle bleiben auch in der Lösung als eine Einheit erhalten, doch sie **lagern Wassermoleküle** an. Man spricht von **kolloidalen Lösungen.**

Koagulation (Gerinnung)

Sol
kolloidale Lösung → Gel
Gallerte

Sol ist eine kolloidale Lösung, z. B. aufgelöste Gelatine, Eiklar.

Gel, Gallerte ist geronnenes Eiweiß, z. B. gekochtes Ei, Aspik, Joghurt.

Dieses Erstarren nennt man Gerinnen oder Koagulieren. Ein Eiweiß-Sol kann durch Zugabe von Säure oder durch Erhitzen zum Gerinnen gebracht werden.

1.6 Emulsionen

Eine Emulsion ist eine feinste Verteilung einer Flüssigkeit in einer anderen, mit der sie sich üblicherweise nicht mischt.

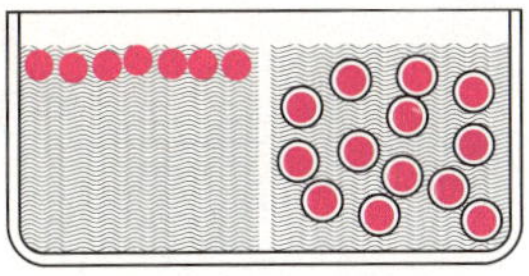

Diese Verteilung ermöglichen Emulgatoren oder Schutzstoffe, die die Oberflächenspannung und damit die „Abstoßungskraft" der Moleküle herabsetzen.

Bekannte Emulsionen	Emulgator
Milch	Eiweiß der Milch
Sahne	Eiweiß der Milch
Mayonnaise	Eigelb (Lecithin und Eiweiß)
Leberwurst	Eiweißbestandteil der Leber

1.7 Diffusion – Osmose

In einer Flüssigkeit sind die Moleküle in ständiger Bewegung. Je wärmer eine Flüssigkeit, desto stärker die Bewegung. Dabei stoßen die Teilchen wie Billardkugeln aneinander und verändern unkontrolliert ihre Richtung. So kommt es nach einer bestimmten Zeit zu einer selbständigen Vermischung der Teilchen und es herrscht überall die gleiche Konzentration. Diesen Vorgang nennt man **Diffusion.**

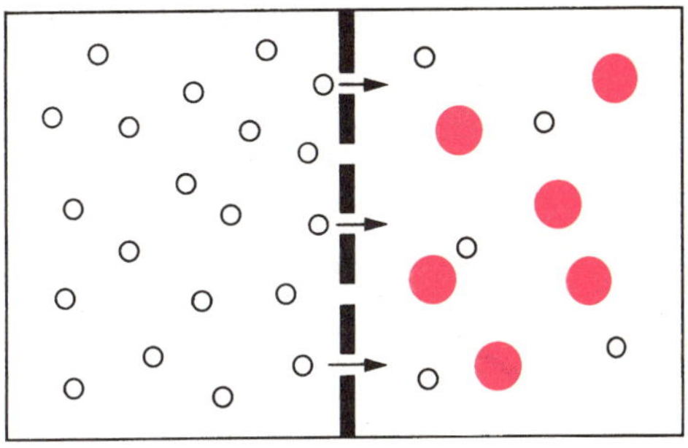

Zellwand ist nur für Wasser durchlässig

Die Wände der tierischen und pflanzlichen Zellen hindern den freien Austausch der Teilchen, die Diffusion wird eingeschränkt. Die Zellwände enthalten jedoch feinste Poren, die nur für Wasser durchlässig sind, nicht aber für die viel größeren Eiweiß- oder Zuckermoleküle. Diese Zellwände werden deshalb als halbdurchlässige Membranen bezeichnet.

Der Ausgleich unterschiedlicher Konzentrationen ist darum nur in einer Richtung möglich: Wassermoleküle wandern zum Ort der höheren Konzentration.Diesen Vorgang bezeichnet man als **Osmose.** Beispiele:

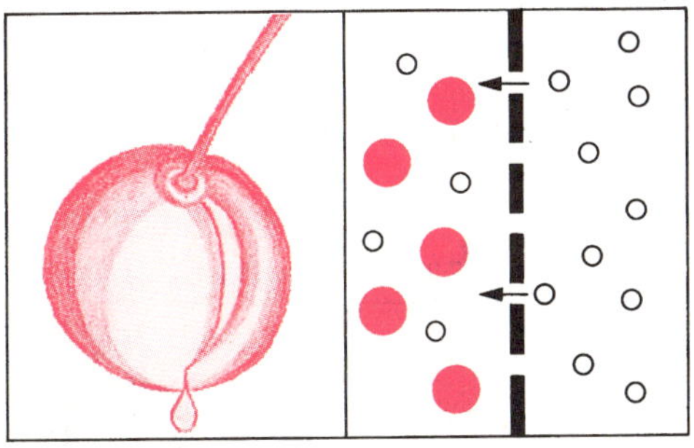

Die Haut der Kirsche nimmt Wasser auf, kann aber keine Zuckermoleküle abgeben. Durch die Quellung platzt letztlich die reife Kirsche.

Die Kirsche zieht Wasser.

Werden Früchte gezuckert, ist die Zuckerkonzentration außerhalb der Frucht höher als im Fruchtfleisch. Das Wasser wandert durch die Fruchtwand zum Zucker.

Der Zucker zieht Saft.

2 Physikalische Grundlagen

2.1 Hebelgesetz und seine Anwendung

Der Hebel ist die einfachste Maschine. Wir wenden ihn in vielfältiger Weise an, ohne uns der Hebelgesetze bewußt zu werden. Deren Kenntnis kann aber sehr nützlich sein, denn

Hebel helfen Kraft sparen.

Das Beispiel zeigt eine Dose mit einem Klemmdeckel, der so fest sitzt, daß er mit der Hand nicht geöffnet werden kann. Nutzt man das Griffende eines Löffels als Hebel, ist es ein leichtes, den Deckel abzuheben.

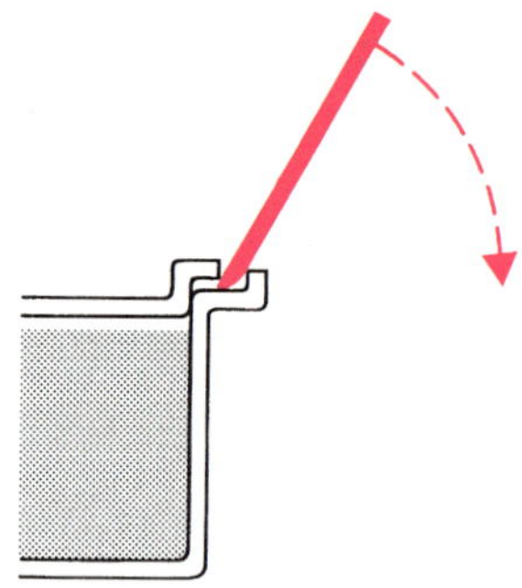

Man unterscheidet zwei Arten von Hebeln.

Zweiseitiger Hebel

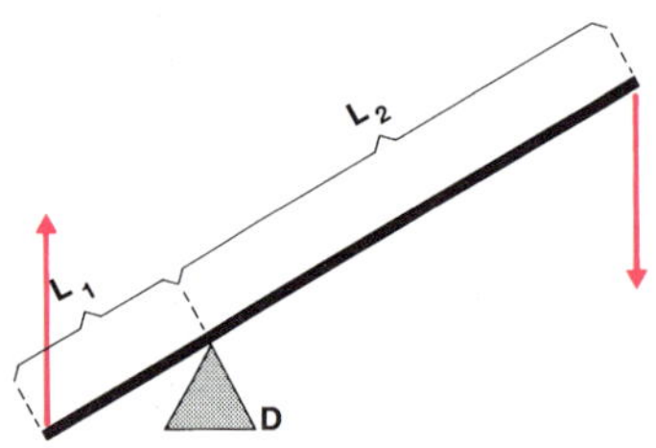

Einseitiger Hebel

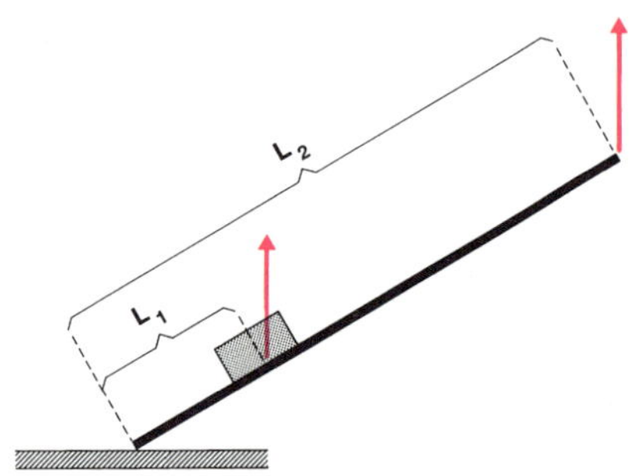

An einem Hebel herrscht Gleichgewicht, wenn

Kraft · Kraftarm	=	Last · Lastarm
$F_1 \cdot L_1$		$F_2 \cdot L_2$
Drehmoment 1	=	Drehmoment 2

2.2 Hebel als Küchenwerkzeuge

Bei **Scheren** sind zwei Hebel verbunden; über den gemeinsamen Drehpunkt setzt die Kraft an.

Die Schnittkraft ist „innen" in der Schere am stärksten. Darum liegt bei der Geflügelschere auch der „Knochenschneider" nahe am Drehpunkt. Die Flossenschere hat zusätzlich Zähne, damit die glitschigen Flossen nicht durch den Druck nach außen weggeschoben werden.

Berechnungsbeispiel: $L_2 \cdot F_2 = L_1 \cdot F_1$

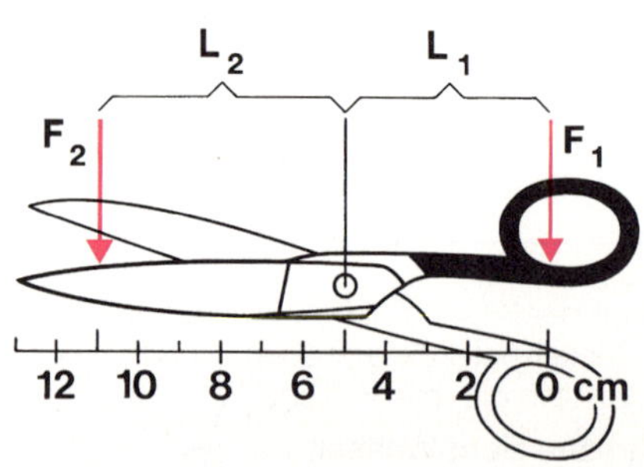

Die **Püreepresse,** wie man sie z. B. zum Durchdrücken von gekochten Kartoffeln benutzt, ist um so leichter zu bedienen, je länger die Kraftarme sind. Man greift darum ganz außen an die Hebel.

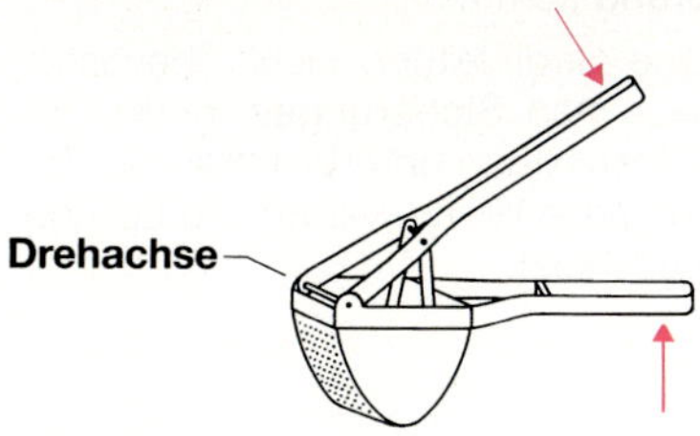

Mit **Flaschenöffnern** arbeitet es sich am leichtesten, wenn man sie ganz außen faßt, denn durch den langen Hebel wird die Kraft am besten genutzt.

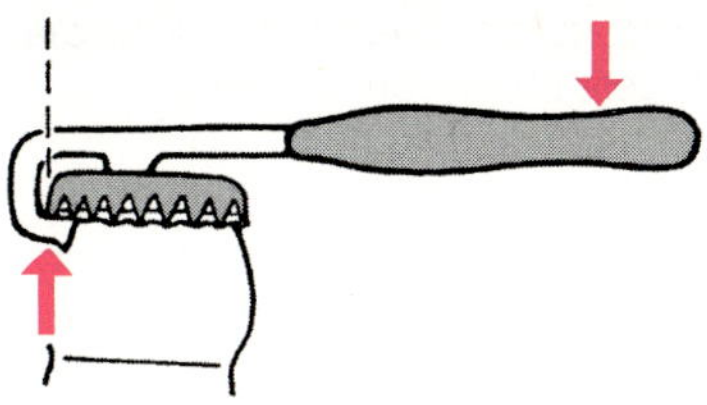

2.3 Heben und Tragen von Lasten

Das Heben und Tragen ist nicht nur mühsam, es belastet auch die Wirbelsäule. Diese besteht aus feingestalteten, nicht austauschbaren Wirbelkörpern, die zusammen eine leicht geschwungene S-Form bilden. Zwischen den Wirbelkörpern sind die Bandscheiben eingelagert. Dieses faserige Knorpelgewebe ermöglicht die Beweglichkeit der Wirbelsäule.

Wer falsch hebt und trägt, wird auf die Dauer nicht ohne Bandscheibenschäden bleiben. Diese können von einfachen Schmerzen beim Aufrichten des Körpers bis zu Ischias und Lähmung reichen.

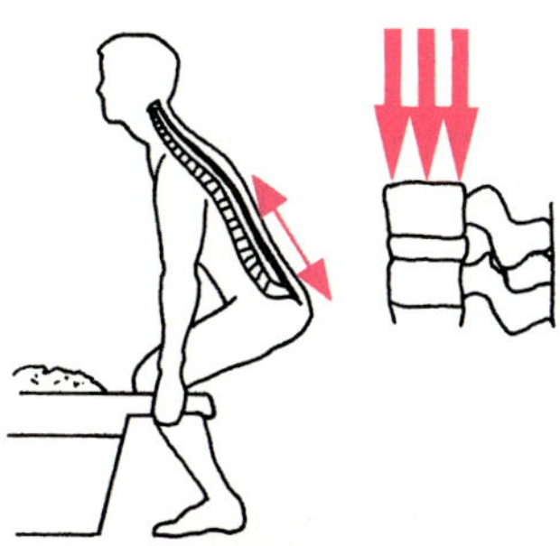

Lasten werden aus den Knien aufgenommen. Dann ist die Belastung auf die Wirbel gering und gleichmäßig verteilt. Die „Arbeit" leisten die Beinmuskeln.

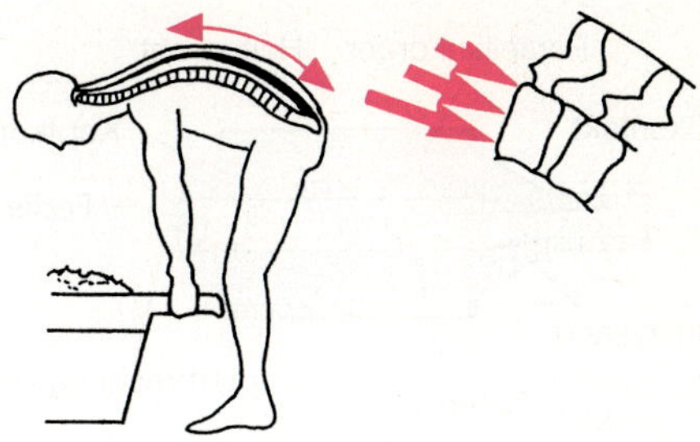

Beim Heben mit rundem Rücken kommt es wegen der Hebelwirkung zu einer ungleichmäßigen Lastverteilung. Das kann zu Bandscheibenschäden führen.

Beim **Tragen von Lasten** soll der Körper gleichmäßig belastet werden, damit Spannungen in der Wirbelsäule vermieden werden. Darum ist die Last nach Möglichkeit auf beide Arme zu verteilen.

2.4 Elektrizität

Die wichtigste Energieart ist heute der elektrische Strom. Er läßt sich leichter als jede andere Energieart verteilen und dosieren, die Anwendungsmöglichkeiten sind vielfältiger.

Wird eine Stromquelle über einen Leiter mit einem Verbraucher verbunden, entsteht ein Stromkreis.

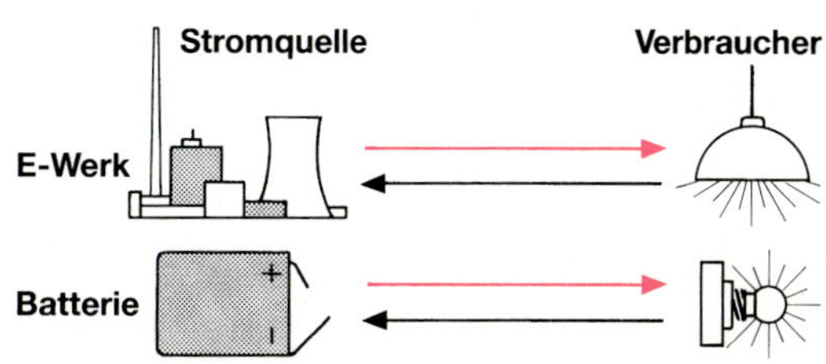

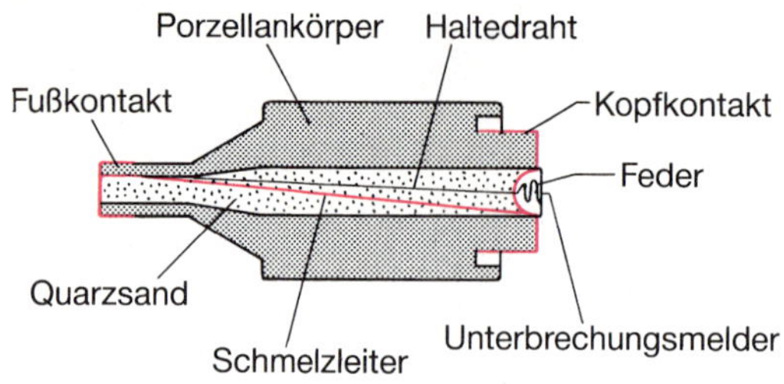

Die Stromleitung muß dem Stromdurchfluß entsprechend gewählt werden. Fließt zu viel Strom durch eine Leitung, erwärmt sich diese, die Isolierung schmilzt und es kann zu einem **Kurzschluß** und zu einem **Brand** kommen.

Damit eine Stromleitung nicht überlastet werden kann, baut man **Sicherungen** in die Stromkreise ein. Bei Überlastung **unterbrechen** sie den **Stromkreis.** Auf diese Weise werden die Leitung und die Geräte geschützt.

2.5 Energie – Arbeit – Leistung

Energie kann in verschiedener Form vorliegen: Kohle und Öl enthalten Wärmeenergie, Wasser in einem Speichersee kann mechanische Energie liefern. In den Kraftwerken wird daraus **elektrische Energie** erzeugt. Energie entsteht nicht neu, es kann nur eine Energieform in eine andere umgewandelt werden.

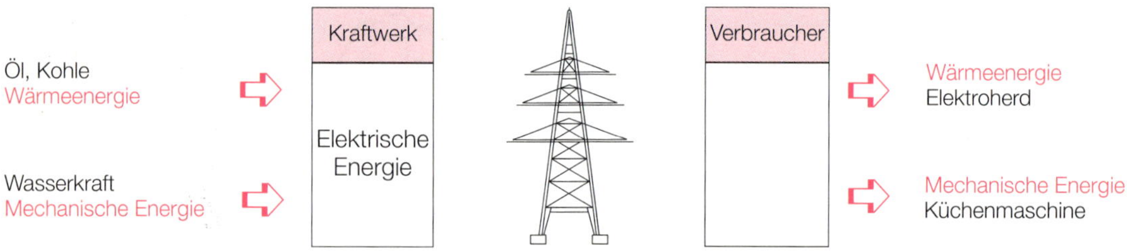

Die Einheit für die elektrische Leistung ist **Watt (W).**

V	·	A	=	W
Volt	·	Ampere	=	Watt
Stromspannung	·	Stromstärke	=	**Leistung**

Wird die Leistung in einer bestimmten Zeit erbracht, so spricht man von **Arbeit.**

Sie wird gemessen bei mechanischer Arbeit als Ws und bei Wärmeerzeugung als Joule.

1 Watt · 1 Sekunde = 1 Wattsekunde (Ws) ≙ 1 Joule (J).

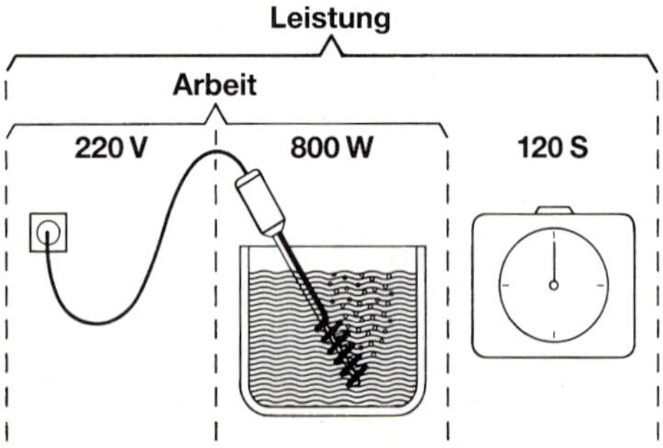

Leistung · Zeit = **Arbeit** oder **Wärme**

Das Leistungsschild auf elektrischen Geräten gibt über deren Leistungsfähigkeit Auskunft. Im Bild links unten z. B. 800 W.

Weil die Einheit Wattsekunde sehr klein ist, mißt der Zähler den Verbrauch in kWh, in Kilowatt je Stunde. Er mißt also die „Arbeit", die aus dem Stromnetz entnommen wird.

2.6 Wärmelehre

Die Wärme nimmt bei der Verarbeitung von Lebensmitteln eine wichtige Rolle ein: alle Garverfahren, das Backen und mehrere Konservierungsverfahren stehen in engem Zusammenhang mit den Einflüssen der Wärme.

Aber auch das Kühlen und Frosten, also der Entzug von Wärme, sind Gebiete der Wärmelehre.

Aggregatzustände

Führt man einem Gegenstand Wärme zu, so schwingen dessen Moleküle schneller, bis sie aus der Flüssigkeit ausbrechen und in den gasförmigen Zustand

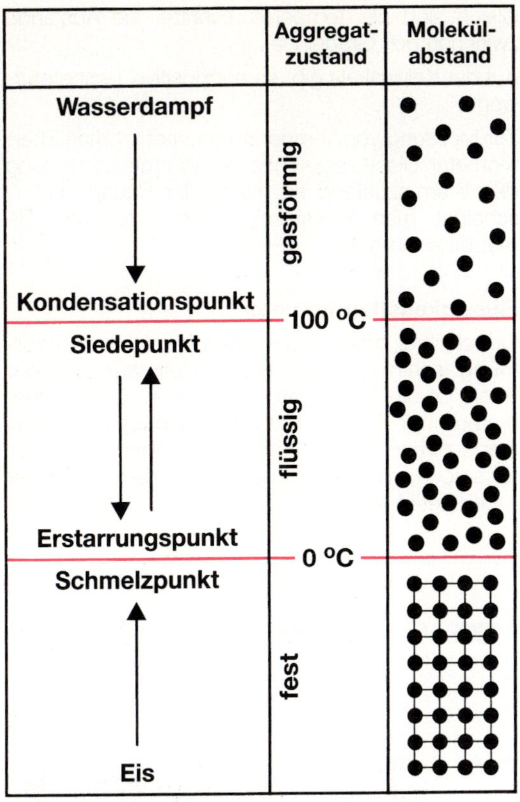

übergehen. Bei der Abkühlung verhält es sich genau umgekehrt. Die langsamer werdenden Moleküle verdichten sich aus dem gasförmigen Zustand zur Flüssigkeit und gehen bei weiterer Abkühlung in den festen Zustand über.

Für Wasser ergibt sich bei normalem Luftdruck die obenstehende Übersicht.

Wasser kann aber auch unmittelbar vom festen in den gasförmigen Zustand übergehen, aus Eis wird dann sofort Wasserdampf. Diesen Vorgang nennt man **Sublimation.**

Die Sublimation

- ▷ nutzt man beim Gefriertrocknen z. B. bei löslichem Kaffee,
- ▷ führt zu Gefrierbrand bei Lebensmitteln, die unverpackt gefrostet werden.

Die Zustandsformen fest, flüssig und gasförmig nennt man die Aggregatzustände. Die Übergangstemperatur von einem **Aggregatzustand** in einen anderen ist für jeden Stoff typisch. Bei Wasser liegen diese Werte z. B. bei 0 °C und bei 100 °C.

Unter den Lebensmitteln weist das Fett Eigenheiten auf. Fett ist ein Gemisch von Fettmolekülen unterschiedlicher Zusammensetzung. Da jede Art den ihr eigenen Schmelzpunkt hat, schmilzt oder erstarrt das Fett nicht bei einem bestimmten Temperaturpunkt, sondern innerhalb eines Temperaturbereiches. Man spricht darum vom **Schmelzbereich** und **Erstarrungsbereich.**

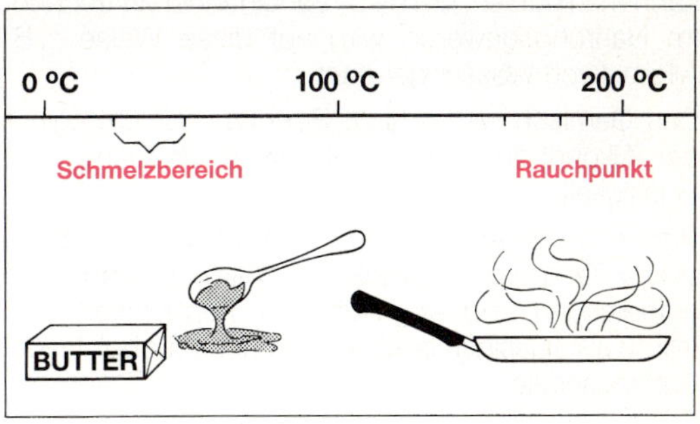

Der Siedepunkt wird auch als **Rauchpunkt** bezeichnet, weil sich das Fett in gasförmigem Zustand als Rauch zeigt.

Der Siedepunkt ist vom Druck abhängig.

Wasser läßt sich unter normalem atmosphärischen Druck nicht über 100 °C erhitzen, die trotzdem weiter zugeführte Wärme führt zum Verdampfen des Wassers (Dampf = gasförmiges Wasser).

Je höher der Außendruck ist, desto schwerer haben es die Wassermoleküle, als Gas zu entweichen, desto höher ist die Siedetemperatur des Wassers. Es kann also heißer als 100 °C werden. Diese Temperaturerhöhung führt zu einer Verkürzung der Garzeit.

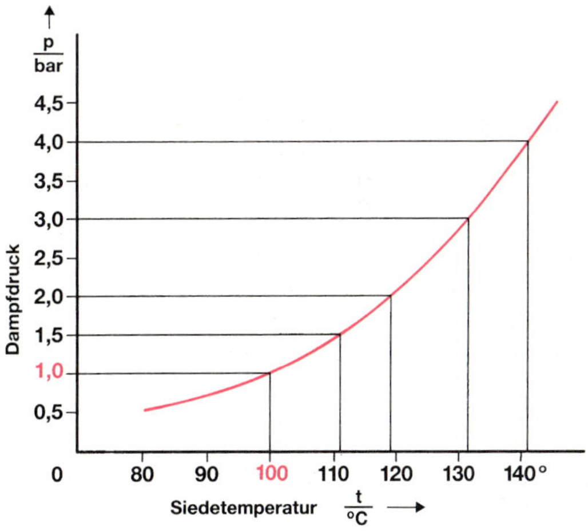

Aus diesem Grund werden die Dampfdrucktöpfe auch Schnellkochtöpfe genannt. Die großen Anlagen, in denen die Konservenindustrie Dosen sterilisiert, bezeichnet man als Autoklaven.

Wird Luft abgepumpt und somit der Luftdruck verringert, entsteht ein **Vakuum.** Das Wasser siedet bei geringerer Temperatur und gibt dabei Wasserdampf ab. Man nutzt dies z. B. beim Eindicken von Kondensmilch. Die niedrigere Siedetemperatur vermindert hierbei die Ausbildung des Kochgeschmacks.

Destillieren

Den unterschiedlichen Siedepunkt von Flüssigkeiten kann man nutzen, um diese voneinander zu trennen. Im Nahrungsgewerbe wird auf diese Weise z. B. Alkohol von Wasser getrennt.

Das Gemisch wird erhitzt. Bei etwa 80 °C beginnt der Alkohol zu sieden und verläßt als Dampf die Flüssigkeit.

Wasser siedet erst bei 100 °C und bleibt deshalb bei dieser Temperatur zurück. Der Alkoholdampf wird aufgefangen und abgekühlt. Er kondensiert und tropft als flüssiger hochprozentiger Alkohol in die Auffangschale.

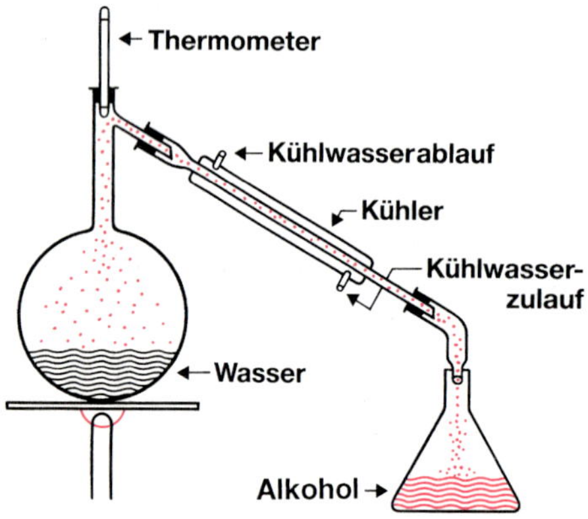

Temperaturmessung

Den Wärmezustand oder die **Temperatur** eines Körpers mißt man mit dem **Thermometer.**

Temperaturskalen

Celsius setzte auf der Temperaturskala den Schmelzpunkt von Eis mit 0 °C und den Siedepunkt des Wassers mit 100 °C fest. Temperaturen unter 0 °C werden als Minusgrade bezeichnet, z. B. –18 °C.

Da die Temperatur auf der Bewegung der Moleküle beruht, ist dann die tiefste Temperatur erreicht, wenn die Moleküle völlig ruhen. Das ist der **absolute Nullpunkt,** kälter kann es nicht werden.

Der absolute Nullpunkt ist nach dem englischen Physiker **Kelvin** benannt.

Einen Vergleich zeigt die Temperaturskala.

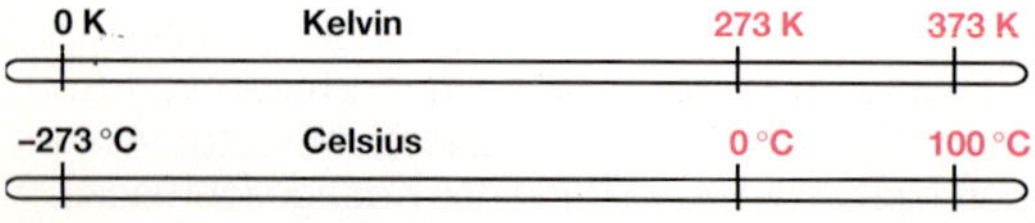

Gleich sind die Temperaturschritte, die Abstände zwischen den Gradeinheiten.

Auf der Kelvinskala gibt es nur positive Temperaturwerte.

Zur Messung von Temperaturen benutzt man Thermometer. Diese zeigen über die Wärmeausdehnung den Wärmezustand an. Nach der Bauart unterscheidet man Flüssigkeitsthermometer und Bimetallthermometer.

Flüssigkeitsthermometer

Quecksilber oder Alkohol dehnen sich bei Erwärmung in ein luftleeres Rohr hinein aus. Auf der Skala ist die Temperatur abzulesen. Quecksilber erstarrt bei minus 40 °C. Bei Minusgraden verwendet man darum statt Quecksilberthermometer solche mit Alkoholfüllung, die meist blau oder rot eingefärbt ist.

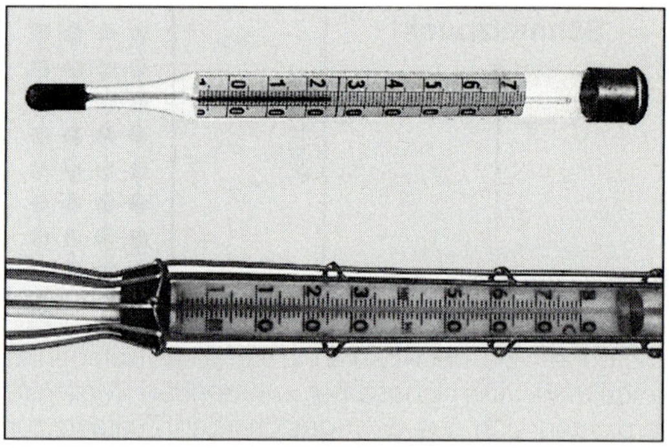

Bimetallthermometer

Zwei Streifen unterschiedlicher Metalle werden fest miteinander verbunden. Bei Temperaturänderung dehnen sich die Metalle unterschiedlich aus und die Streifen verbiegen sich. Diese Durchbiegung wird auf einen Zeiger übertragen, die Temperatur ist an der Skala ablesbar.

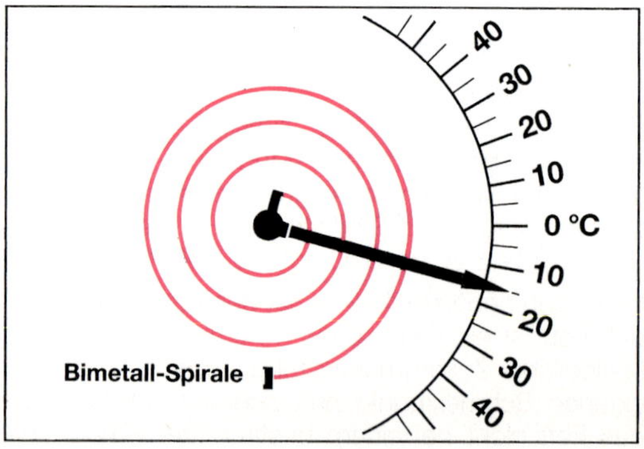

Temperaturregelung

Temperaturregler oder **Thermostate** finden wir z. B. im Fettbackgerät, im Kühlschrank, im Froster, bei elektrischen Automatik-Kochplatten und zur Regelung der Zimmertemperatur.

Die Regler haben die Aufgabe, eine bestimmte vorgewählte Temperatur möglichst genau zu halten.

Prinzip

Die Temperatur wird vorgewählt wie sie sein **soll** → **Sollwert.**

Ein Temperaturfühler meldet dem Thermostat, wie die Temperatur **ist** → **Istwert.**

Im Thermostat werden die beiden Informationen verknüpft. Weicht der Ist-Wert, die tatsächliche Temperatur, vom Soll-Wert, der vorgewählten Temperatur, ab, wird durch den Thermostat entsprechend geschaltet.

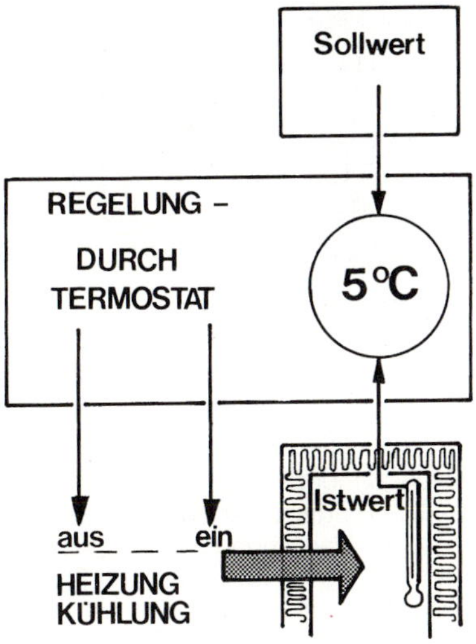

Kühlmaschine - Wärmepumpe

Die Kühlmaschinen von Kühlschränken und Frostern arbeiten nach dem gleichen Prinzip wie die Wärmepumpen, die Wärme ins Haus bringen.

Bei den kühlenden Maschinen wird die Wärme aus dem „Kühlraum“ herausgezogen, die Wärmepumpe schafft umgekehrt Wärme in den Raum. Die Voraussetzungen dazu beruhen auf physikalischen Grenzen.

Werden Flüssigkeiten oder Gase zusammengepreßt, entsteht Wärme. Beim Aufpumpen des Fahrrades hat dies jeder schon einmal festgestellt. Umgekehrt wirkt eine verdampfende Flüssigkeit kühlend.

Die Technik faßt Verdichten = Wärmeabgabe und Verdampfen = Wärmeaufnahme zu einem Kreislauf zusammen. Im Röhrensystem befindet sich ein Arbeitsmittel, das bereits bei sehr niedriger Temperatur verdampft.

Kühlschrank: Das gasförmige Arbeitsmittel wird komprimiert, die dabei entstehende Wärme leitet man außen am Kühlschrank ab. Durch diese Temperaturherabsetzung verflüssigt sich das zusammengepreßte Arbeitsmittel (Aggregatwechsel). In Rohrschlangen um den zu kühlenden Raum wird der Druck über ein (regelbares) Ventil wieder herabgesetzt, das Arbeitsmittel verdampft dadurch (erneuter Aggregatwechsel) und entzieht dabei, wie gewünscht, der Umgebung Wärme. Anschließend gelangt das gasförmige Arbeitsmittel wieder in den Kompressor, der Kreislauf ist geschlossen.

Bei der „Kälteerzeugung“ zum Kühlen und Frosten wird also die Wärme den zu kühlenden Räumen entzogen und an die Luft abgegeben.

Die „Wärmepumpen“ holen die Wärme aus der Luft oder aus dem Grundwasser und pumpen sie in das Haus, wo sie als Heizung genutzt wird. Das Prinzip ist das gleiche, nur wird jeweils die Technik mit anderem Ziel eingesetzt.

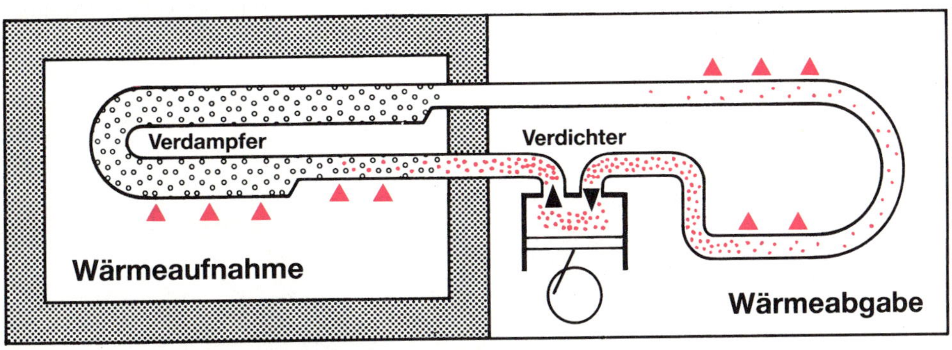

Verdampfer bringt Kälte
z. B. in den Kühlschrank

Verdichter bringt Wärme
z. B. an der Rückseite des Kühlschrankes zu spüren

3 Biologische Grundlagen

3.1 Zelle – Gewebe

Hauptbestandteile der Zelle sind

- Zellkern, mit den gespeicherten Erbinformationen,
- Zellplasma oder Zellsaft, worin die Nährstoffe wie Zucker, Stärke oder Öl eingelagert sind,
- Zellwand, die die ganze Zelle umfaßt.

Bei der Zellwand bestehen zwischen der pflanzlichen und der tierischen Zelle Unterschiede. Während die tierische nur von einem dünnen Eiweißhäutchen umgeben ist, besitzen pflanzliche Zellen feste, manchmal auch „holzige" Wände.

Viele Zellen sind zu einem **Gewebe** oder **Zellverband** vereinigt. Diese sind bei den Tieren stärker spezialisiert als bei den Pflanzen. Das macht sich bei den Vorbereitungsarbeiten in der Küche bemerkbar. So kann bei den Tieren das Stützgewebe = Knochen verhältnismäßig leicht vom Muskelgewebe getrennt werden. Bei Pflanzen sind die härteren, faserigen oder holzigen Stützbestandteile nicht so einfach von den übrigen Geweben zu trennen.

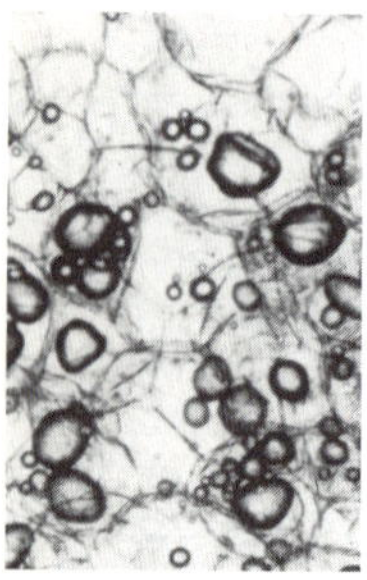

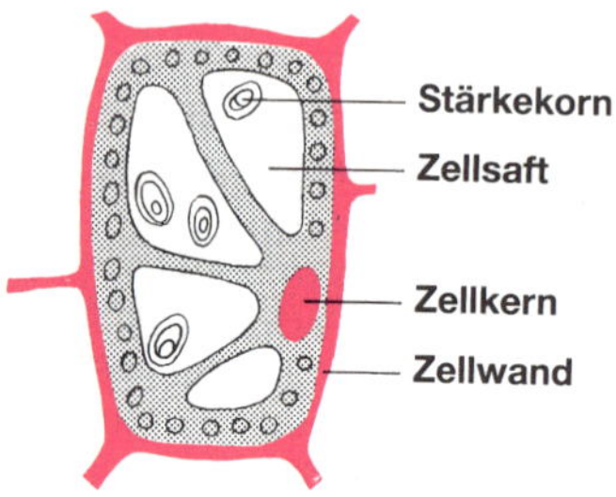

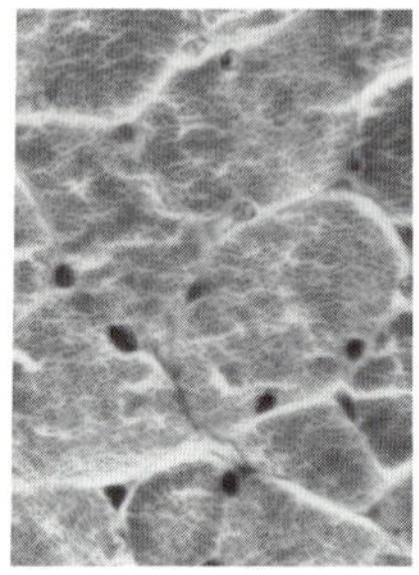

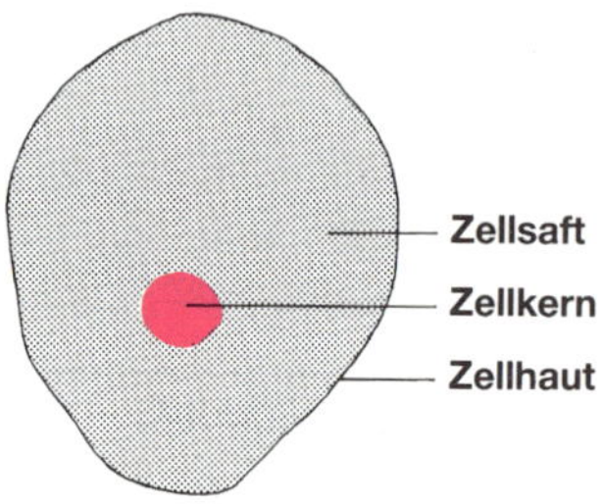

3.2 Photosynthese

Die Energie auf der Erde entstammt überwiegend der Sonne. Die Blätter der Pflanzen sind „Solarzellen", mit denen ein Teil dieser Energie aufgefangen wird. Mit Hilfe dieser Energie entsteht aus dem **Wasser** des Bodens und dem **Kohlendioxid** der Luft **Einfachzucker.** Sauerstoff wird dabei an die Luft abgegeben.

Die Strahlungsenergie der Sonne wird auf diese Weise in den Blättern der Pflanze zu chemischer Energie. Bei der Verdauung wird diese Energie wieder frei und als Wärme (Körperwärme) oder mechanische Energie (Kraft) genutzt.

Den Aufbau organischer Stoffe wie Zucker oder Fett aus anorganischen Stoffen nennt man **Assimilation** (Angleichung an das Lebendige). **Dissimilation** ist der Abbau der organischen Nährstoffe zu anorganischer Substanz.

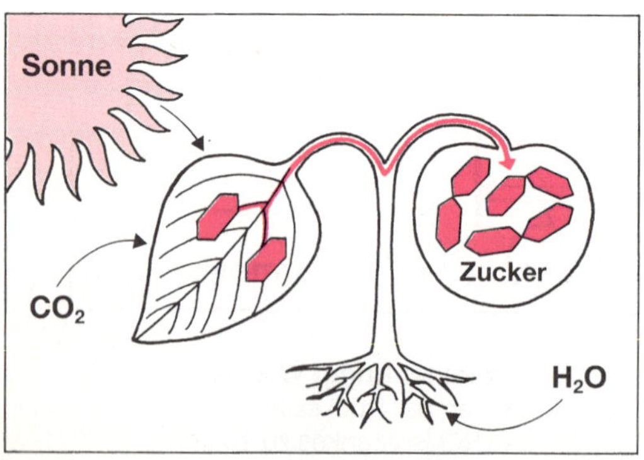

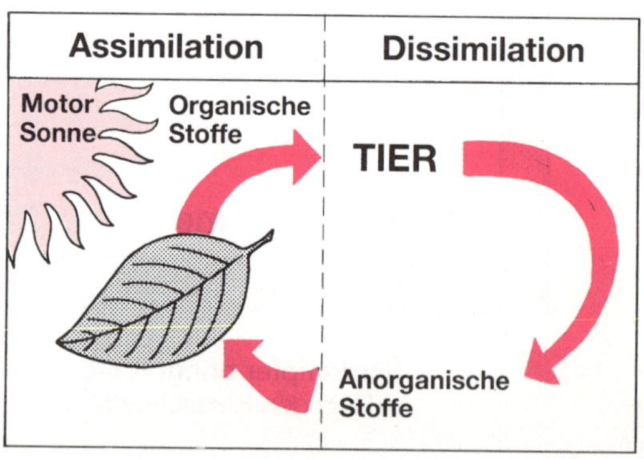

Hygiene

Hygiene wird allgemein als Sauberkeit verstanden; man sagt z. B. unhygienisch und meint meist unsauber.

Lebensmittelhygiene umfaßt mehr, nämlich

- Ursachen, die zum Verderb der Lebensmittel führen, und
- Maßnahmen, um den Verderb zu verhindern.

Damit dient die Lebensmittelhygiene dem Schutz des Verbrauchers und der Erhaltung seiner Gesundheit.

1 Mikroben

Hauptursache des Lebensmittelverderbs sind die Kleinlebewesen. Wegen ihrer geringen Größe sind sie mit dem bloßen Auge nicht zu erkennen; erst die Vergrößerung durch das Mikroskop macht sie sichtbar.

Die Begriffe Kleinlebewesen oder Mikroorganismen oder Mikroben sind gleichbedeutend.

Obwohl die einzelnen Mikroben nicht zu erkennen sind, sind sie

- als **Kolonien sichtbar,** weil sie wegen der starken Vermehrung in sehr großer Zahl auftreten, z. B. als Schimmel auf Brot;
- an **Auswirkungen erkennbar,** z. B. an schmieriger Wurst, riechendem Fleisch, gärigem Fruchtsaft.

1.1 Vorkommen

Mikroben kommen **überall** vor. Besonders zahlreich sind sie jedoch im Erdboden und in **Abwässern** vorhanden. Durch die **Luft** werden die Keime verbreitet.

Im **Umgang mit Lebensmitteln** treten die Mikroben vermehrt dort auf, wo Nahrung, Wärme und ausreichend Feuchtigkeit gleichzeitig vorhanden sind.

Beispiele:

- **Hände,** die mit den unterschiedlichsten Gegenständen in Berührung kommen,
- **Handtücher,** besonders dann, wenn diese von mehreren Personen gleichzeitig benutzt werden und mehrere Tage im Gebrauch sind,
- **Berufswäsche,** wenn sie nicht rechtzeitig gewechselt wird,
- **Reinigungswerkzeuge** wie Spüllappen, Spülbürsten, Topfreiber, wenn diese nach Gebrauch nicht ausgewaschen werden.

1.2 Arten und Vermehrungsformen

Im Zusammenhang mit den Lebensmitteln unterscheidet man folgende

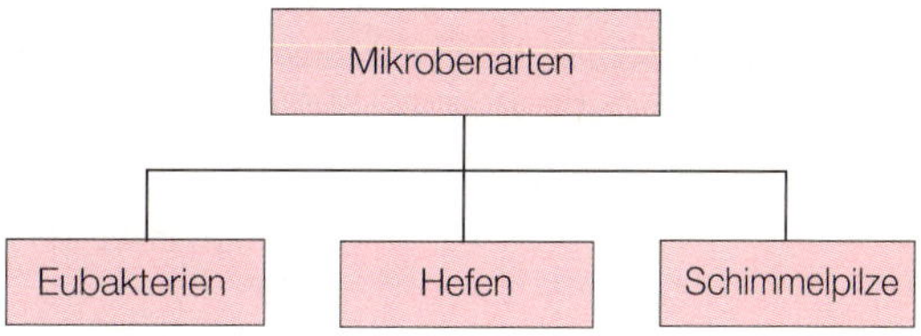

Eubakterien[1] sind Einzeller

Bei günstigen Lebensbedingungen wachsen die Eubakterien innerhalb von etwa 20 Minuten bis zu einer bestimmten Größe und vermehren sich dann durch **Zellteilung.**

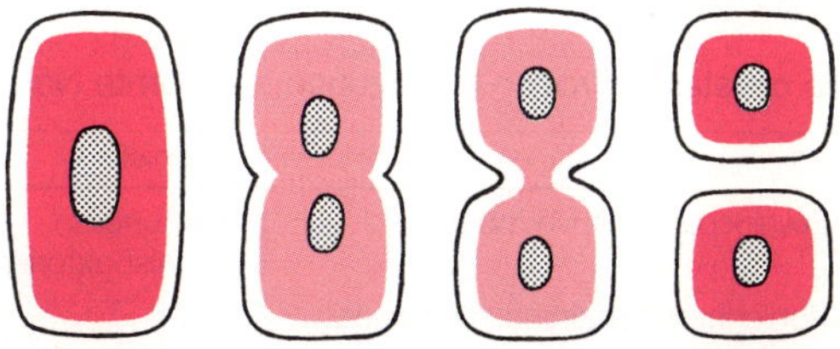

[1] Eubakterien ist ein Oberbegriff. Bazillen sind Arten von Eubakterien, die Sporen bilden können, Clostridien wachsen unter Sauerstoffabschluß. Der Begriff Bakterien ist als Gattungsbezeichnung nicht mehr gebräuchlich. Keime nennt man Arten, die Krankheiten verursachen. Für manche Lebensmittel, z.B. Speiseeis, sind Höchstwerte festgelegt.

Wenn die Lebensbedingungen schlecht sind, können die **Bazillen**, eine Untergruppe der Eubakterien, **Sporen bilden.** Sporen sind eine **Überlebensform.** Die Zelle gibt zunächst den Zellsaft weitgehend ab und bildet dann aus der verbleibenden Zellhaut eine

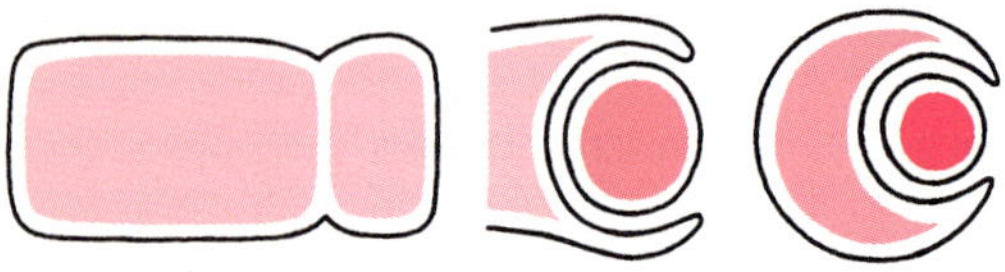

besondere Umhüllung. Eine Spore ist entstanden. Alle Lebensvorgänge ruhen, und der Zellrest ist besonders widerstandsfähig gegen Wärmeeinwirkung und Desinfektionsmittel.Bei günstigen Lebensbedingungen werden aus den Sporen wieder Bazillen.

Hefen sind Einzeller, die sich vorwiegend von Zuckerstoffen ernähren. Sie vermehren sich durch

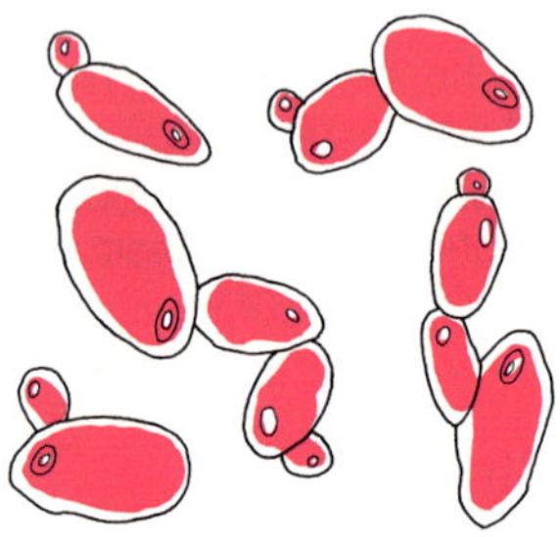

Sprossung; dabei sprießt aus der Mutterzelle jeweils eine Tochterzelle.

Schimmelpilze sind Mehrzeller, die sehr anspruchslos sind und auch noch auf verhältnismäßig trockenen Lebensmitteln wachsen können. Sie vermehren sich auf zwei Arten: auf dem Lebensmittel verbreiten sie sich mit **Samen,** im Lebensmittel über das **Wurzelgeflecht (Mycel).**

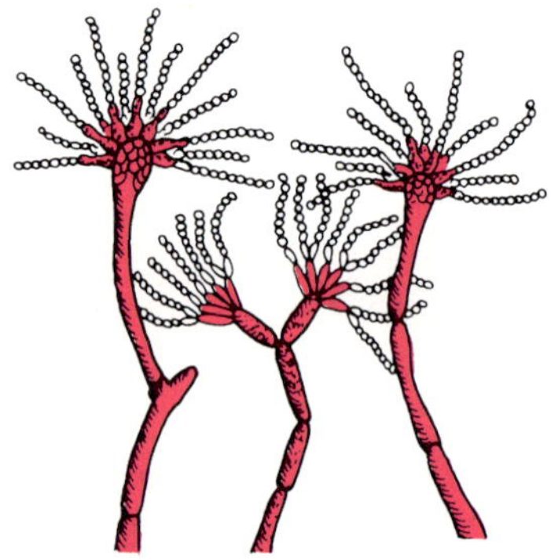

Pilzarten, die ungiftig sind und z. B. bei Käse mitgegessen werden, bezeichnet man als **Edelpilze** oder Edelschimmel.

1.3 Lebensbedingungen der Mikroben

Wie alle Lebewesen, so entwickeln sich auch Kleinlebewesen nur, wenn bestimmte Lebensbedingungen erfüllt sind. Bei eingeschränkten Bedingungen sind Wachstum und Vermehrung eingestellt; die Mikroben können auch absterben.

Mikroben erfordern an Lebensbedingungen

- Nahrung
- Milieu (pH-Wert)
- Temperatur
- Feuchtigkeit (a_W-Wert)
- Sauerstoff

Nahrung

Die meisten Mikroben bevorzugen bestimmte Nährstoffe, so ist eine Grobeinteilung möglich.

Art	Beispiel	bevorzugt befallen
Eiweißspaltende Mikroben	Salmonellen Fäulnisbakterien	Fleisch, Wurst, Fisch, Geflügel Milch, Frischkäse, Creme
Kohlenhydratspaltende Mikroben	Hefen	Kompott, Fruchtsaft, Creme
Fettspaltende Mikroben	Ranzigwerden	Butter, Margarine, Speck
Schimmel	Verschimmeln	alle Lebensmittel

Milieu (pH-Wert)

Wie Menschen oft bestimmte Geschmacksrichtungen bevorzugen, so besitzen Mikroben vergleichsweise Vorliebe für Säuren oder Basen (Laugen).

Säuren sind gekennzeichnet durch **H^+-Ionen,**

Basen besitzen **OH^--Ionen.**

In reinem Wasser ist die Anzahl der H^+ und OH^--Ionen ausgeglichen. $H^+ + OH^- \rightarrow H_2O$.

Wasser hat den pH-Wert 7, es ist neutral.

Der **pH-Wert ist eine Meßzahl**, die angibt, wie stark eine Säure oder Lauge ist.

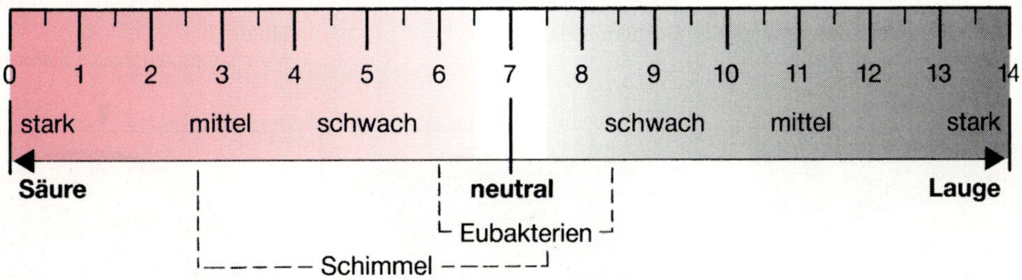

Die meisten Eubakterien bevorzugen neutrale bis schwach laugenhafte Umgebung. Durch **Säurezugabe** kann darum die Tätigkeit der Mikroben eingeschränkt werden.

Beispiele: Fisch in Marinade, Essiggurken, Fleisch in Essigbeize, Sauerkraut.

Temperatur

Mikroben bevorzugen je nach Art bestimmte Temperaturen. Man unterscheidet drei Gruppen:

Niedrige Temperatur liebende (psychrophile)
Man nennt sie darum auch „Kühlschrankbakterien“. Sie kommen vor allem in Verbindung mit Fleisch und Fisch vor.

Mittlere Temperatur bevorzugende (mesophile)
Dazu zählen die Darmbakterien, Fäulnisbakterien, aber auch Hefen.

Höhere Temperatur liebende (thermophile)
Hierzu gehören die sporenbildenden Bazillen.

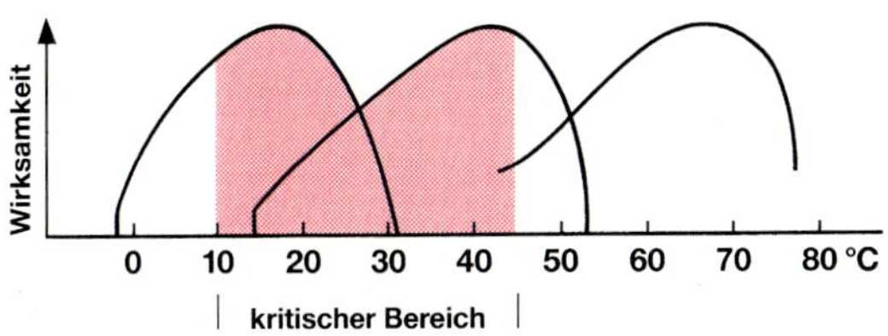

Zwischen +10 °C und +45 °C vermehren sich Kleinlebewesen am stärksten. Verarbeitung und Lagerung von Lebensmitteln in diesem Bereich können problematisch sein. Man spricht darum vom **kritischen Bereich.**

Feuchtigkeit (a_W-Wert)

Mikroben benötigen Wasser als **Lösungsmittel** für die Nährstoffe und als **Transportmittel**, um die Bausteine der Nährstoffe in das Zellinnere zu bringen. Da die Mikroben zu etwa 70 % aus Wasser bestehen, ist das Wasser für sie auch **Baustoff.**

Vom gesamten Wassergehalt eines Lebensmittels steht den Mikroben nur ein Teil zur Verfügung. Man bezeichnet diesen Anteil auch als das freie oder **aktive Wasser** und spricht auch von **Wasseraktivität.**

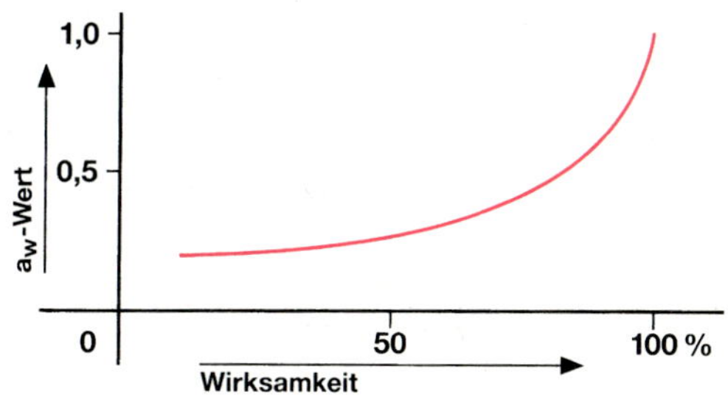

Der **a_W-Wert** ist eine Meßzahl. **Reines Wasser** hat den Wert 1,0, absolut wasserfreie Stoffe den a_W-Wert 0.

Die Lebensbedingungen der Mikroben können **verschlechtert** werden, wenn man den Anteil des Wassers verringert und damit den **a_W-Wert senkt.**

a_W-Wert-Senkung ist möglich durch

- **Trocknen** – Wasser verdunstet und ist im Lebensmittel nicht mehr vorhanden, z. B. Trockenobst, Püree-Pulver, getrocknete Küchenkräuter;
- **Salzbeigabe** – Wasser wird chemisch an Salz gebunden und ist damit nicht mehr aktiv, z. B. Pökelwaren, Salzheringe;
- **Zuckerzugabe** – Wasser wird chemisch an Zucker gebunden, z. B. bei Konfitüre, Gelee, Sirup, kandierten Früchten o. ä.
- **Frosten** – Wasser wird zu festem Eis und ist in festem Zustand nicht mehr aktiv.

Sauerstoff

Die meisten Kleinlebewesen sind auf Sauerstoff angewiesen, Es gibt aber auch Arten, die ohne Sauerstoff auskommen und solche, die sowohl mit als auch ohne Sauerstoff leben können.

Aerobier	Anaerobier	Fakultative Anaerobier
benötigen Sauerstoff leben auf den Lebensmitteln Bazillen, Fäulniserreger, Essigbakterien **Schimmelpilze**	leben ohne Sauerstoff leben in den Lebensmitteln, in Konserven **Botulinus**-Bazillen	leben mit und ohne Sauerstoff leben in und auf den Lebensmitteln **Hefen** Milchsäurebakterien, Fäulniserreger

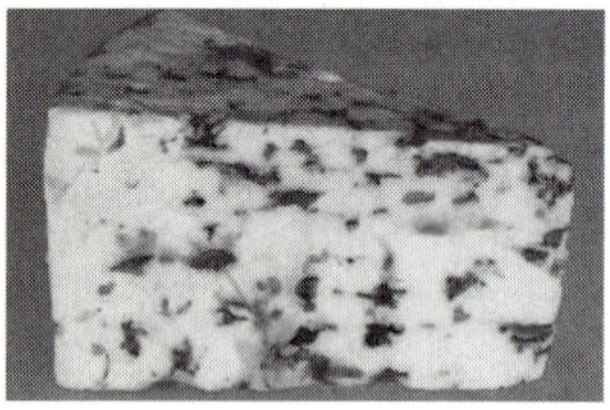

Edelpilzkäse

Bombage

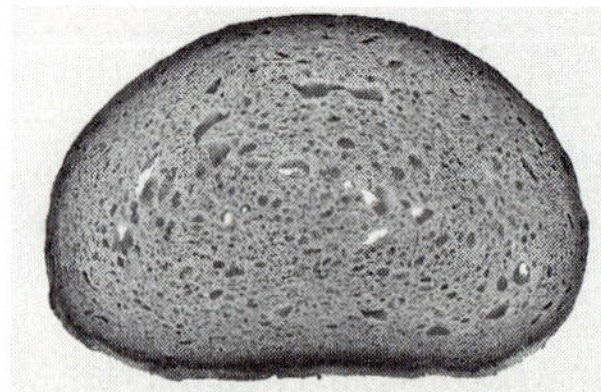

Roggenbrot

1.4 Lebensäußerungen der Mikroben

Mikroben verändern die Lebensmittel auf **zwei Arten:**

Abbau von Nährstoffen zur Ernährung und zum Wachstum der Zellen. Dadurch verändern sich die Lebensmittel.

Ausscheidungen, die in oder an den Lebensmitteln bleiben und diese beeinflussen.

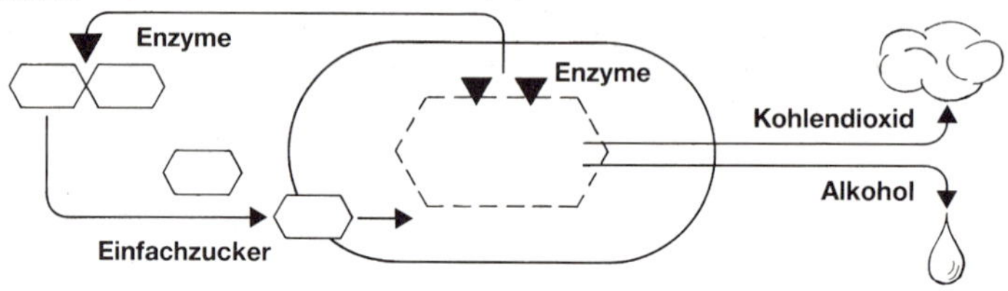

Die Veränderungen der Lebensmittel durch Mikroben können erwünscht oder unerwünscht sein.

Bedeutung der Mikroben im Umgang mit Lebensmitteln

Verbesserung des Ausgangspunktes
genutzt bei

- Herstellungsverfahren, z. B. Bier, Wein, Brot;
- Veredelungsverfahren, z.B. Bildung von Geruchs- und Geschmacksstoffen bei Brot, Sauermilch;
- Konservierungsverfahren, z. B. Sauerkraut.

Diese **erwünschten Veränderungen** werden durch gesteuerten Einsatz bestimmter Mikroben erreicht und bei der **Lebensmittelverarbeitung** behandelt.

Schädigung des Ausgangspunktes
tritt auf als

- Lebensmittelverderb, z. B. Schimmelbildung, Gärigwerden, Ranzigwerden;
- Lebensmittelvergiftung durch Ausscheidungen der giftigen Mikroben.
- Lebensmittelinfektion, wenn Krankheitserreger durch Lebensmittel übertragen werden

Unerwünschte und gesundheitsschädigende Veränderungen müssen vermieden werden.

Schutz der Umwelt
durch

- biologische Reinigung der Abwässer und natürliche Selbstreinigung der Gewässer;
- Abbau von Abfällen und Resten zu organischen Substanzen (Kompost), die den Pflanzen wieder als Nahrung zur Verfügung stehen.

2 Lebensmittelinfektionen – Lebensmittelvergiftungen

Der Genuß verdorbener Lebensmittel führt fast immer zu Übelkeit, Kopfschmerzen, Erbrechen und Durchfall. Man unterscheidet:

Lebensmittelvergiftungen treten ein, wenn **Gift (Toxin)** bereits mit den Lebensmitteln aufgenommen wird, z. B. bei botulinusvergifteten Bohnen (Bombage). Die Beschwerden treten bereits nach einigen Stunden auf.

Lebensmittelinfektionen werden von **krankmachenden Mikroben,** z. B. Salmonellen, verursacht. Die Krankheit besteht in einem Kampf (Abwehrreaktion) des Körpers gegen die „Eindringlinge". Infektionen treten erst längere Zeit (Inkubationszeit) nach der Nahrungsaufnahme auf.

Rund 75 % der durch Lebensmittel verursachten Krankheitsfälle werden durch Salmonellen hervorgerufen. Die Eitererreger stehen mit 10 % an zweiter Stelle. Beide Krankheitserreger riecht und schmeckt man nicht, denn sie verursachen keinen unangenehmen Geruch.

75 % nicht ausreichendes oder fehlerhaftes Kühlen, zu langes Lagern.	25 % andere Ursachen

Überprüft man die Krankheitsausbrüche, sucht nach den Ursachen, fragt man, wo der Fehler gemacht worden ist, so stellt man fest:

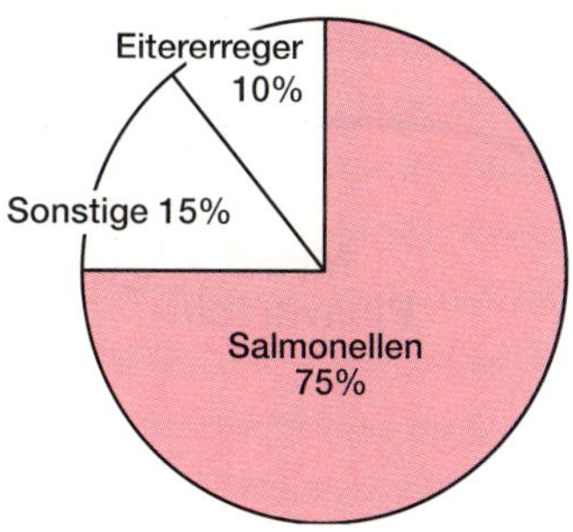

Diese Tatsachen müssen beachtet werden, wenn man Krankheiten vermeiden will, die durch Lebensmittel hervorgerufen werden.

Schutz der Gesundheit bedeutet:

- ▷ Ansteckung der Lebensmittel durch Keime verhindern . Dazu muß der Weg der Krankheitserreger auf die Lebensmittel bekannt sein.
- ▷ Keimvermehrung verhindern – Lebensmittel kühlen. Wie ungeheuer sich Mikroben bei günstigen Lebensbedingungen vermehren können, zeigt die Grafik.

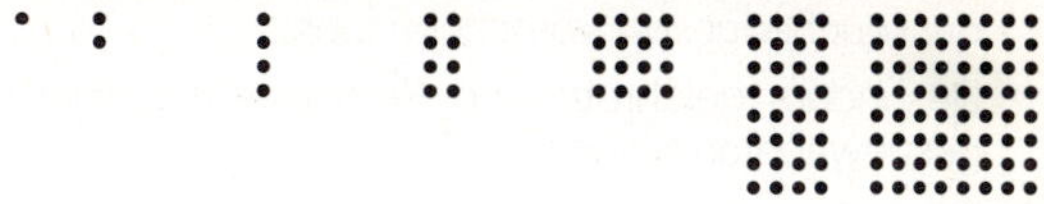

Speisen entweder heiß bereithalten
oder rasch abkühlen und bei Bedarf wieder erwärmen.

Entsprechend der Häufigkeit des Auftretens behandeln wir ausführlich die Salmonellen, die anderen Erreger entsprechend kürzer.

2.1 Salmonellen

Salmonella-Bakterien stammen **ursprünglich immer von Tieren,** sie werden aber auch über andere Lebensmittel wie z. B. Eier übertragen. Salmonellen können im Darm von Tieren und Menschen leben, ohne diesen unmittelbar zu schaden.

Man nennt die Betroffenen **Dauerausscheider.** Bei unzureichender Körperhygiene (Händewaschen) gelangen die Salmonellen dann an die Lebensmittel.

Bevorzugt befallen werden tierische Lebensmittel wie Geflügel, Hackfleisch, Eier und Produkte aus diesen Rohstoffen wie Geflügelsalat, Cremes; Mayonnaise. Salmonellen sterben bei etwa 80 °C ab, das Gift wird beim Erhitzen zerstört.

Tierische Produkte
Eier, Geflügel, Fleisch
behaftet mit

Salmonellen
↓
werden übertragen auf
↓
Lebensmittel
↓
nicht sachgerechte
oder lange Lagerung
↓
Vermehrung
der Salmonellen
↓
Verzehr
↓
Lebensmittelvergiftung

↓ Erbrechen ↓ Durchfall ↓ Fieber

Pasteurisierte und sterilisierte Lebensmittel enthalten wegen der Erhitzung keine Salmonellen. Erkrankungen treten vor allem nach dem Genuß von infiziertem, rohem Fleisch auf.

▷ Untersuchungen des Personals nach dem Bundesseuchengesetz vorgeschrieben.
▷ Besonders gefährdet sind Personen mit einem geschwächten Magen-Darm-Trakt.
▷ Verpackungsmaterial von tiefgekühltem Geflügel vernichten, Tauwasser wegschütten.
▷ Händewaschen schützt vor Übertragung.
▷ Besondere Sorgfalt im Umgang mit Eiern.

2.2 Eitererreger (Staphylokokken)

Eitererreger kommen vor allem in **eitrigen Wunden** vor, werden aber auch bei **Schnupfen** über die Atemluft ausgeschieden.

Eitererreger bevorzugen Lebensmittel mit viel Feuchtigkeit und hohem Eiweißgehalt bei warmer Aufbewahrung. **Besonders anfällig** sind darum Salate, gekochter Schinken, Cremes und Tortenfüllungen.

Die Eitererreger **sondern Gift (Toxine) ab.** Die Bakterien werden bei etwa 80 °C zerstört. Das Gift der Eitererreger ist jedoch **gegen Wärme widerstandsfähig.**

▷ Verletzungen vollständig mit wasserdichtem Material abdecken.
▷ Nicht unkontrolliert niesen.
▷ Cremes rasch abkühlen.
▷ Salate kühl aufbewahren.

2.3 Bodenbakterien (Botulinus-Bakterien)

Botulinus-Bakterien entstammen immer dem Erdreich. Besonders anfällig sind eiweißhaltige Lebensmittel unter Luftabschluß, z. B. **Dosen, Gläser, vakuumverpackte Waren.** Aufgetriebene Dosen nennt man **Bombagen.**

Befallene Lebensmittel haben einen üblen Geruch, bei Konserven ist die Flüssigkeit getrübt. Diese deutlich wahrzunehmenden Veränderungen lassen den Genuß vermeiden. Sporen der Bodenbakterien und die Toxine überdauern das Kochen.

▷ Gemüse sorgfältig waschen.
▷ Vakuumverpackte Lebensmittel kühl lagern.
▷ Bombagen nicht verwenden.

Die Erkrankung durch Bodenbakterien heißt **Botulismus.SSS**

2.4 Fäulniserreger

Fäulniserreger kommen überall vor, besonders zahlreich im Erdboden und in Abwässern. An die Lebensmittel gelangen sie bei **unsauberer Arbeitsweise** und durch Übertragung von Insekten (Fliegen).

Fäulniserreger bevorzugen Wärme, können mit oder ohne Sauerstoff leben und vermehren sich vor allem auf eiweißreichen Lebensmitteln. Das Schmierigwerden von Fleisch und Wurst ist auf ihre Tätigkeit zurückzuführen.

Befallene Lebensmittel sind unansehnlich und riechen übel. Darum sind Vergiftungserscheinungen durch Fäulniserreger selten.

2.5 Schimmel

Die unerwünschten Schimmelpilze kommen als Sporen in der Luft vor und befallen **alle Lebensmittel.**

Schimmel ist anspruchslos, bevorzugt Backwaren, ungeräucherte Wurstwaren und Obst.

Schimmelpilze wachsen auf und in den Lebensmitteln.

Auf den Lebensmitteln wird der Schimmel als **Pilzrasen** sichtbar.

In den Lebensmitteln wachsen die **Pilzwurzeln,** das **Mycel,** das nicht sichtbar ist.

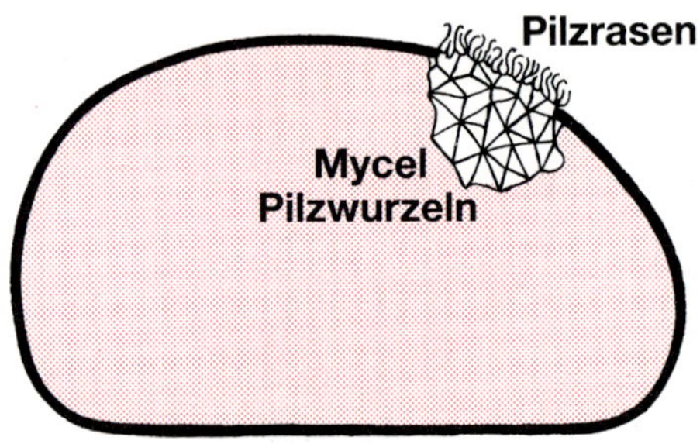

Pilze bilden Toxine (Gifte). Weil nicht erkennbar ist, wie weit das Pilzgeflecht reicht, sind vom Schimmel befallene Lebensmittel wegzuwerfen. Pilzgifte schädigen die Leber.

▷ Kühle und trockene Aufbewahrung schützt vor Schimmelbefall.
▷ Schimmelige Lebensmittel wegwerfen oder Schimmel großzügig ausschneiden.

3 Schädlingsbekämpfung

Als Schädlinge bezeichnet man Tiere, die Lebensmitteln Schaden zufügen. Diese Schädigung kann erfolgen durch

- **Fraßschäden,** z. B. Speckkäfer, Mehlmilbe,
- **Verunreinigungen,** z. B. durch Kot, Reste abgestorbener Tiere,
- **Übertragung von Mikroben,** z. B. durch Fliegen.

Moderne Bauweisen machen den Schädlingen das Einnisten schwieriger als dies früher der Fall war. Dennoch finden sie vielfach Gelegenheit, Schlupfwinkel aufzuspüren. Da Schädlinge sehr scheu sind, wird ihre Anwesenheit oft nur an den „Spuren“ morgens zu Arbeitsbeginn erkannt. Eine konsequente Bekämpfung hilft, Schäden und Reklamationen zu vermeiden.

Nager Mäuse Ratten	Gelangen durch offene Türen, Kellerfenster und Rohrschächte in die Betriebsräume	Bekämpfung durch Gitter an den Kellerfenstern. Aufstellen von Fallen. Auslegen von Berührungsgiften, die zu innerem Verbluten führen.
Insekten Schaben Motten Milben, Käfer	Bevorzugen Wärme, leben in Ritzen und hinter Möbeln und Geräten. Sie schaden durch Fraß und Verunreinigungen.	Abhilfe durch gründliche Reinigung. Mehrmalige Anwendung von chemischen Bekämpfungsmitteln, damit auch die später ausschlüpfende Brut erfaßt wird.
Fliegen	Brutstätten sind Abfälle und Kot. Sie schaden durch Übertragung von Krankheits- und Fäulniserregern.	Bekämpfung durch Fliegengitter. Abdecken der Lebensmittel, damit die Fliegen ferngehalten werden. Abfallbehälter gut verschließen und regelmäßig reinigen. Eventuell chemische Bekämpfungsmittel.

Getreidemotte
bis 19 mm Flügelspannweite

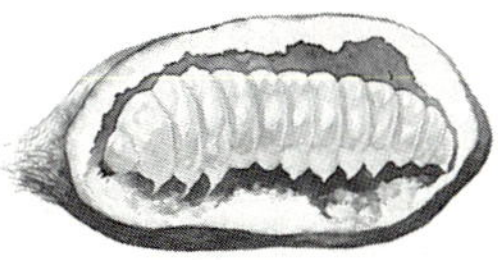

Raupe
bis 6 mm lang
in einem Weizenkorn

Weizenkörner
mit Fraßschäden

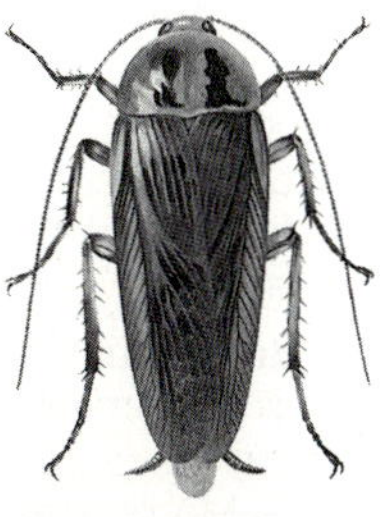

Deutsche Schabe
Körper bis 12 mm lang,
Spannweite bis 12 mm

ältere Larve

jüngere Larve

geöffnetes Eipaket
mit **Jungschaben**

Larven (= Maden)
der Stubenfliege
bis 12 mm lang

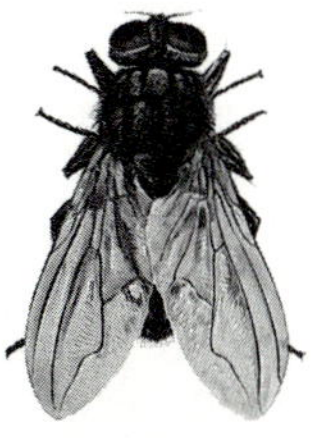

Stubenfliege
bis 8 mm lang

leere Tönnchenpuppe
mit abgehobenem Deckel

4 Hygiene der Betriebsräume und des Personals

4.1 Betriebsräume und Einrichtung

Hygienisch einwandfreies Arbeiten ist nur dort möglich, wo auch die **äußeren Voraussetzungen** dazu vorhanden sind. Zum Schutze des Verbrauchers nennen Gesetze und Verordnungen Mindestanforderungen. Die Betriebsräume müssen darum von den entsprechenden Behörden genehmigt werden.

Voraussetzungen sind.:

Wände müssen hell und leicht zu reinigen sein. Nur so wird eine Verschmutzung leicht erkannt und ist problemlos zu entfernen. Darum sollen die Wände bis zu mindestens 2 Meter Höhe mit Fliesen belegt oder wenigstens mit heller Ölfarbe gestrichen sein.

Fußböden müssen wasserdicht sein. Darum verwendet man in der Regel Fliesen und verschließt die verbleibenden Fugen mit Zement. Die Rutschgefahr wird herabgesetzt durch eine besondere Oberflächengestaltung, wie z.B. durch Nocken oder Stege.

Toiletten müssen so angeordnet sein, daß sie nicht direkt mit den Produktionsräumen in Verbindung stehen. So wird die Gefahr der Keimverschleppung herabgesetzt.

Waschplätze müssen sich in der Nähe der Arbeitsplätze befinden und mit fließendem Wasser ausgestattet sein. Sie müssen getrennt von den Reinigungsbecken für Geschirr oder Rohstoffe angebracht werden.

Das Lebensmittelrecht schreibt vor, daß die **Einrichtungsgegenstände** so beschaffen sein müssen, daß sie bei bestimmungsgemäßem Gebrauch die menschliche Gesundheit nicht schädigen können. Darum dürfen sie nicht rosten und müssen leicht zu reinigen sein.

Neben den Eigenschaften des Materials, das zur Herstellung von Einrichtungsgegenständen verwendet wird, kommt es wesentlich auf die **Art der Formgebung** und Verarbeitung an. Wo keine Schmutzecken sind, kann sich auch kein Schmutz festsetzen. Daran sollte auch bei der Auswahl der Geräte gedacht werden.

Die Bestimmungen weichen je nach Bundesland geringfügig voneinander ab. Darum sind die Anforderungen an die Betriebsräume nur beispielhaft zu betrachten.

Räume (aus Hygienevorschriften)

§ 5 (1) Für Räume, in denen Lebensmittel behandelt werden, gilt, soweit nicht einzelne Lebensmittel Abweichendes erfordern, folgendes:

1. Sie müssen genügend groß und hoch, trocken, leicht zu reinigen, ausreichend belichtet, be- und entlüftbar, in gutem baulichen Zustand, sauber und frei von fremden Gerüchen und von Ungeziefer sein.
2. Sie dürfen mit Stallungen, Dungstätten, Müllabladestellen und anderen Stätten, die Fliegen anziehen oder die Staub oder für Lebensmittel schädliche Gerüche verbreiten, nicht in unmittelbarer Verbindung stehen.
3. Leicht erreichbare, hygienisch einwandfreie Aborte und Waschgelegenheiten mit Seife und möglichst Einmalhandtüchern müssen vorhanden sein.

4.2 Personal

„Alle Hygienemaßnahmen haben nur dann Aussicht auf Erfolg, wenn die persönliche Hygiene der Mitarbeiter einwandfrei ist." Dieser Satz aus einem Handbuch der Hygiene macht deutlich:

Das Verhalten der Menschen entscheidet über den Stand der Hygiene innerhalb eines Betriebes.

Hände – Handtuch

Hände sind gefährliche Überträger von Mikroben. Darum muß die persönliche Hygiene besonders beachtet werden. Hände werden unter fließendem warmem Wasser gereinigt.

Seife hilft, den Schmutz zu lösen. Seifenspender müssen mit der gewaschenen Hand nicht mehr berührt werden und verhindern darum die Übertragung von Bakterien.

Handtücher werden bei der Benutzung **feucht** und durch Lebensmittelreste **verschmutzt.** Bei entsprechender Raumtemperatur bietet das Mikroben eine nahezu **ideale** Vermehrungsgelegenheit.

Übliche Handtücher sind darum eine **Gefahr für die Hygiene.** Besonders problematisch sind **Gemeinschaftshandtücher,** die von mehreren Personen benutzt werden. Sie bergen neben der Möglichkeit der Bakterienvermehrung auch die **Gefahr der Bakterienübertragung** von Mensch zu Mensch.

Darum hat man andere Möglichkeiten zum Trocknen der Hände geschaffen.

Papierhandtücher sind aus saugfähigem Papier und zum einmaligen Gebrauch bestimmt. Gebrauchte Stücke kommen in den Papierkorb und werden vernichtet.

Stoffhandtuchspender geben jeweils ein Stück frisches Tuch zur einmaligen Benutzung frei. Gebrauchtes Tuch und unbenutztes Tuch sind voneinander getrennt, so daß Bakterien nicht übertragen werden können.

Berufskleidung

Mit modernen Waschmitteln ist es zwar möglich, auch bei niederen Temperaturen weiße Wäsche zu erhalten. „Weiß" ist aber nicht immer „hygienisch einwandfrei". Nur bei **hoher Temperatur** werden die **Mikroben** getötet. Für Berufswäsche, die ja bei fast allen Nahrungsmittelberufen auch mit eiweißhaltigen Speiseresten verschmutzt ist, empfiehlt es sich darum, mit einem enzymhaltigen oder „biologisch aktiven" Mittel vorzuwaschen, die **Hauptwäsche** aber auf **95 °C** einzustellen und ein Vollwaschmittel beizugeben.

Aus Hygienevorschriften:

> Wer Lebensmittel behandelt, muß sauber gekleidet sein. Er hat saubere Schutzkleidung möglichst mit Kopfbedeckung zu tragen, wenn er Lebensmittel gewinnt, herstellt, zubereitet, bearbeitet, abfüllt oder abpackt. Er darf beim Behandeln der Lebensmittel in Räumen nicht rauchen, schnupfen, Tabak kauen und nicht kalt rauchen.

Gesundheit der Beschäftigten

Das Bundesseuchengesetz

- **befaßt sich mit übertragbaren Krankheiten,** die man auch ansteckende Krankheiten nennt, z. B. Botulismus, Salmonellose, Tuberkulose, Trichinose.
- **fordert ein Gesundheitszeugnis** für Personen, die gewerblich mit bestimmten Lebensmitteln zu tun haben, z. B. Personen, welche Fleisch verarbeiten, in Küchen von Gaststätten, Kantinen, Krankenhäusern usw. beschäftigt sind, mit Speiseeis in unverpackter Form umgehen.
- **regelt das Verhalten bei Auftreten übertragbarer Krankheiten** z. B. die Meldung der Krankheit, teilweise schon beim Verdacht einer Krankheit, Verbot der beruflichen Tätigkeit für Erkrankte, Anordnung von Entseuchungsmaßnahmen.

5 Reinigung und Desinfektion

5.1 Reinigen in Lebensmittelbetrieben

Reinigen ist das Entfernen von Schmutz oder Verunreinigungen. Als **Schmutz** bezeichnet man in Lebensmittelbetrieben alle Stoffe, die auf einer Oberfläche unerwünscht sind, also nicht nur die Erde, die Kartoffeln anhaftet, sondern auch Reste einwandfreier Speisen auf Tellern und Geschirren.

Verunreinigungen sind gefährliche Brutstätten für Mikroben und Ungeziefer.

Rein sind Gegenstände, bei denen Schmutz, Verunreinigungen und Mikroben weitgehend entfernt sind.

Sauber bezeichnet man Gegenstände dann, wenn das Auge keinen Schmutz mehr erkennen kann.

Reinigen mit Wasser

Im Nahrungsgewerbe muß zum Reinigen **Trinkwasser** verwendet werden.

Das Wasser hat mehrere Aufgaben:

- **Auflösen von Schmutz,** z. B. Zucker, Salz, ungeronnenes Eiweiß;
- **Quellen von Schmutz,** z. B. Reste von Teigen, Teigwaren, Bratenresten, Eierspeisen;
- **Abtragen von Schmutz;** die losgelösten Schmutzteilchen werden in der Schwebe gehalten und weggespült.

Wärme fördert die Reinigungswirkung, denn

- ▷ **Fett schmilzt** und wird leichter abgespült,
- ▷ Auflösen und Quellen gehen **rascher** vor sich.

Die günstigste Spültemperatur liegt zwischen 50 und 60 °C. Zu heißes Wasser läßt den Schmutz „festbacken" und kann zu Verbrennungen führen.

Wirkung der Reinigungsmittel

Durch den Zusatz von Reinigungsmitteln wird das **Wasser entspannt,** es verliert seine Oberflächenspannung und **benetzt besser.** Dadurch schiebt es sich leichter unter den Schmutz und kann auch **Fett ablösen.** Die waschaktiven Teilchen legen sich dann um das Fett, **emulgieren** es und **halten es in der Schwebe,** so daß es sich nicht wieder festsetzt und abtransportiert werden kann.

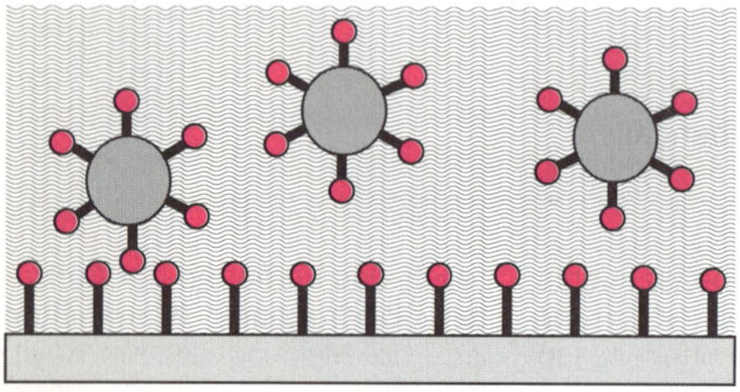

Mechanische Einwirkung

Beim Reinigen kommen zu Wasser, Reinigungsmittel und Wärme immer auch mechanische Kräfte.

Das können sein:

- ▷ **Wasserdruck,** z. B. bei Spülmaschinen für Haushalt und Gewerbe. Die „Kraft" erhält das Wasser durch eine Pumpe. Die Düsen konzentrieren diese Kraft auf eine eng begrenzte Fläche, von der dann der Schmutz abgehoben wird.
- ▷ **Spüllappen,** wie er häufig beim Spülen von Hand verwendet wird.
- ▷ **Spülbürste und Reiber;** sie können nur bei harten Gegenständen und festsitzendem Schmutz, z. B. festgebrannten Resten, verwendet werden.

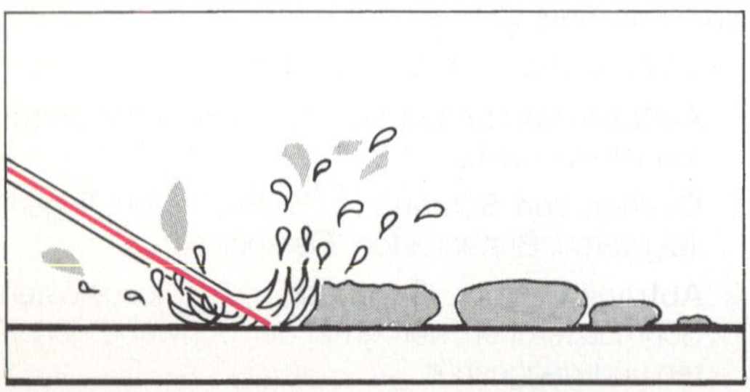

Der härtere Gegenstand dringt in den weicheren ein. Darauf ist bei der Anwendung von Werkzeugen und Scheuermitteln zu achten, wenn Beschädigungen an der zu reinigenden Fläche vermieden werden sollen.

5.2 Desinfizieren in Lebensmittelbetrieben

Infizieren bedeutet anstecken, Krankheitserreger übertragen, eine Infektion verursachen. Durch **Desinfizieren** sollen **Ansteckungen vermieden** werden. Die Gegenstände werden so behandelt, daß sie nicht mehr anstecken. **Desinfektionsmittel töten Mikroben** ab.

Damit die Desinfektionsmittel nicht durch den Schmutz gehindert werden, gilt:

Die Reinigung muß der Desinfektion vorausgehen.

Die **Wirkung der Desinfektionsmittel** ist abhängig von der

- ▷ **Konzentration** der Lösung
  je konzentrierter, desto wirkungsvoller;
- ▷ **Anwendungstemperatur**
  je heißer, desto wirksamer;
- ▷ **Einwirkungszeit**
  je länger, desto wirksamer;
  je länger, desto geringer kann die Konzentration des Mittels sein.

Nach dem **Anwendungsbereich** unterscheidet man:

- ▷ **Grobdesinfektionsmittel** mit breitem Anwendungsbereich wie für Küchen, in denen ja alle Nährstoffe vorkommen, und
- ▷ **Feindesinfektionsmittel** für Hände.

Arbeitsschutz

Unverdünnte Desinfektionsmittel sind in der Regel ätzend. Vorsicht im Umgang! Desinfektionsmittel müssen in besonderen Behältnissen aufbewahrt werden.

Umweltschutz

Reinigungs- und Desinfektionsmittel können die Umwelt belasten. Darum:

möglichst wenig Chemie,

richtig dosieren, denn zu hohe Zugabe bringt keine bessere Wirkung.

Temperatur so hoch wie möglich halten, Einwirkungszeit so lange wie möglich.

> Besser heiß als ätzend,
> besser mechanisch als chemisch.

6 Umweltschutz

Unserer Zeit ist bewußt, daß wir die Umwelt in absehbarer Dauer zerstören, wenn sich unser Verhalten nicht grundlegend ändert. Auf welche Weise belasten wir die Umwelt?

- **Wir verbrauchen unbedacht zuviel Rohstoffe und zuviel Energie.**
  Bestimmte Vorkommen sind in weniger als 100 Jahren erschöpft. Das zeigen uns Berechnungen für die Energiearten Erdöl und Erdgas und z. B. für die Rohstoffe Kupfer und Zinn.
- **Wir schaffen zuviel Abfall oder Müll.**
  Die Abfallmengen, insbesondere die durch überflüssige Verpackungen, werden von Jahr zu Jahr größer. Viele Städte und Gemeinden finden keinen weiteren Platz für Deponien, Müllverbrennungsanlagen müssen immer noch als eine Belastung für die Umwelt gesehen werden.
- **Wir belasten die Umwelt durch unser Verhalten.**
  Verbrennungsrückstände aus den Motoren sowie Treibgas gefährden die Luftschicht der Erde;
  Schwefel aus Verbrennungsrückständen führt zu saurem Regen, der wiederum Wälder vernichtet und die Gewässer belastet;
  Unkrautvernichtungs- und Schädlingsbekämpfungsmittel gelangen in Lebensmittel und Trinkwasser und schaden so unmittelbar unserer Gesundheit.

Umweltschutz ist nur im Zusammenwirken vieler möglich.

Der Staat muß durch entsprechende Gesetze und Verordnungen Rahmenbedingungen schaffen, die Behörden zum Handeln berechtigen und auch zum Handeln zwingen.

Die **Verantwortung des einzelnen** ist gefordert. Entsprechend den Hauptbereichen der Umweltbelastung kann man unterscheiden:

Einsparung von Energie, z. B. Öl, Gas, Kohle,

- durch vernünftiges Heizen; Absenken der Raumtemperatur um 1 °C spart 6 Prozent Energie.
- durch richtiges Lüften; kein Dauerlüften, sondern kurzzeitig und dafür mehrmals.
- durch Beachten der Saisonzeiten bei Obst und Gemüse, denn der Energieaufwand für Treibhäuser und für lange Transporte ist sinnlos.
- durch sinnvolle Benutzung der Verkehrsmittel.

Einsparung von Rohstoffen bedeutet Müll vermeiden.

- z. B. bei Verpackungsmaterial (Papier, Kunststoffe)
- z. B. Mehrwegflaschen statt Einwegflaschen, Nachfüllpackungen usw.

Abfall sortieren und soweit möglich einer **Wiederverwertung** zuführen. Diesen Wertekreislauf nennt man **Recycling.**

Glas fällt in großen Mengen in Form von Flaschen an. Eine getrennte Lagerung erlaubt die Rückführung in den Kreislauf der Glasbereitung, wodurch Rohstoffe und Energie gespart werden.

Altpapier, auch Verpackungsmaterial, jedoch ohne Kunststoffanteile, wird von den Papiermühlen neu aufgearbeitet.

Verbrauchtes Fett, z. B. aus der Friteuse, ist getrennt zu lagern und wird als Sondermüll abgeholt. Nach entsprechender Aufarbeitung kann es für technische Zwecke genutzt werden.

Speisereste und Lebensmittelabfälle werden am sinnvollsten als Vieh- (Schweine-) futter genutzt. Mancherorts finden sich jedoch zu wenig Abnehmer oder die Abnahme ist nicht zuverlässig, so daß es bei der Lagerung zu Schwierigkeiten kommen könnte.

Schutz des Abwassers, z. B. durch

Fettabscheider; Fettreste, die beim Spülen vom Wasser weggetragen werden, kommen im Abflußsystem mit den kalten Rohren in Verbindung. Sie erstarren und haften an den Wänden. Mit der Zeit wird auf diese Weise der Rohrquerschnitt immer enger und die Rohre verstopfen. Außerdem können Fettreste von den Mikroben in den Faultürmen der Klärwerke nur schwer abgebaut werden.

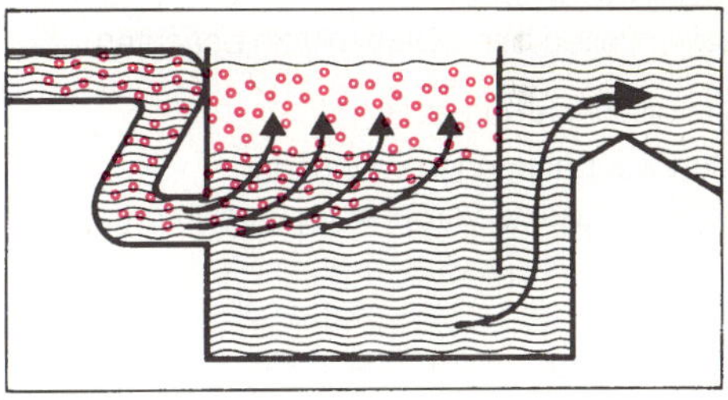

Fettabscheider nutzen die Auftriebskraft des Fettes und halten es vom Abflußsystem fern.

Stärkeabscheider halten die von den Kartoffelschälmaschinen freigelegten Stärketeilchen zurück. Diese würden sich auf dem Grund der Kanalrohre festsetzen und den Wasserdurchfluß hindern.

Richtige Dosierung von Spül- und Desinfektionsmitteln. Jedes Zuviel der für Sauberkeit und Hygiene durchaus notwendigen Helfer der Chemie bleibt „unverbraucht" und wirkt in der Umwelt weiter, dort aber als Belastung.

Bei der Lagerung der Abfälle ist unbedingt auf Sauberkeit und Ordnung zu achten. Hygiene und damit die Gesundheit sind höherwertig als Abfallverwertung.

Umwelt im Zusammenhang

Umweltbelastung

Ausbeutung von Energievorräten, Rohstoffen usw.	Belastung durch Abfälle, Abgase, Lärm usw.

Chaos

Lösungsansätze
durch
Verbesserung der Umweltbedingungen

Einsparung von - Energie - Rohstoffen	Entlastung durch umweltbewußtes Handeln

Energieeinsparung, z. B.
- vernünftig heizen,
- sachgerecht lüften,
- Saisonzeiten bei Lebensmitteln beachten.

Rohstoffeinsparung, z. B.
- Mehrwegpackungen verwenden,
- auf überflüssige Verpackung verzichten.

Abfälle
- vermeiden
- nicht vermeidbare → trennen
  - verwertbar → wiederverwerten → sortieren
  - nicht verwertbar → schadlos beseitigen

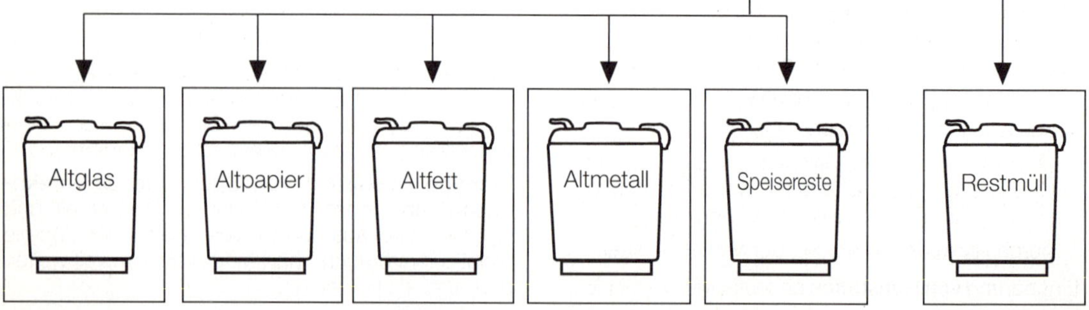

Lebensmittelrecht – Lebensmittelkontrolle

1 Lebensmittel- und Bedarfsgegenständegesetz

Das **Lebensmittel- und Bedarfsgegenständegesetz (LMBG)** ist eine Art Rahmen für alle anderen im Zusammenhang mit Lebensmitteln erlassenen

- ▷ **Gesetze,** z. B. Milchgesetz, Fleischbeschaugesetz,
- ▷ **Verordnungen,** z. B. Hygieneverordnung,
- ▷ **Richtlinien,** z. B. Richtlinien für Feine Backwaren, Richtlinien für Backmittel,
- ▷ **Leitsätze,** z. B. Leitsätze für Fleisch und Fleischerzeugnisse.

Das Lebensmittelrecht hat zwei Ziele

Schutz vor Gesundheitsschädigungen

§ 8 Verbote zum Schutz der Gesundheit

Es ist verboten

1. Lebensmittel für andere derart herzustellen oder zu behandeln, daß ihr Verzehr geeignet ist, die Gesundheit zu schädigen (z. B. zu warme Lagerung von Hackfleisch),
2. Stoffe, deren Verzehr geeignet ist, die Gesundheit zu schädigen, als Lebensmittel in den Verkehr zu bringen (z. B. Mineralöl als Speiseöl, wie in Spanien geschehen).

§ 9 Ermächtigungen zum Schutz der Gesundheit

Um eine Gefährdung der Gesundheit durch Lebensmittel zu verhüten, wird der Bundesminister ermächtigt,

1. beim Herstellen oder Behandeln von Lebensmitteln
   a) die Verwendung bestimmter Stoffe, Gegenstände oder Verfahren zu verbieten oder zu beschränken,
   b) die Anwendung bestimmter Verfahren vorzuschreiben.

§ 16 Kenntlichmachung

Der Gehalt der Lebensmittel an zugelassenen Zusatzstoffen ist kenntlich zu machen. Der Bundesminister wird ermächtigt, die Art der Kenntlichmachung zu regeln.

Schutz vor Irreführung und Täuschung

§ 17 Schutz vor Täuschung

Es ist verboten

1. zum Verzehr nicht geeignete Lebensmittel (z. B. verdorben, ekelerregend) in den Verkehr zu bringen,
2. a) nachgemachte Lebensmittel (z. B. Marzipan aus Pfirsichkernen)
   b) ...
   c) Lebensmittel, die geeignet sind, den Anschein einer besseren als der tatsächlichen Qualität zu erwecken (z. B. Kuchen mit Eigelbfarbe), ohne ausreichende Kenntlichmachung in den Verkehr zu bringen.

Es ist verboten

5. Lebensmittel mit irreführender Bezeichnung, Angabe oder Aufmachung in den Verkehr zu bringen, für sie zu werben oder ihnen den Anschein eines Arzneimittels zu geben.

Eine Irreführung liegt insbesondere dann vor, wenn falsche Angaben über die Wirkung der Lebensmittel gemacht werden, wenn zur Täuschung geeignete Angaben, Darstellungen oder sonstige Aussagen über die Herkunft der Lebensmittel, ihre Mengen, ... ihre Haltbarkeit gemacht werden.

Während im Lebensmittel- und Bedarfsgegenständegesetz (LMBG) das Grundsätzliche geregelt wird, bestimmen Verordnungen über Einzelheiten. Wir lernen einige davon beispielhaft kennen.

2 Zusatzstoff-Zulassungsverordnung

Zusatzstoffe sind solche Stoffe, die einem Lebensmittel beigegeben werden, um seine Beschaffenheit zu beeinflussen oder um bestimmte Eigenschaften zu erzielen. Solche Zusatzstoffe müssen ausdrücklich zugelassen werden.

Dabei wird unterschieden zwischen

- allgemein zugelassenen Zusatzstoffen und
- beschränkt zugelassenen Zusatzstoffen, die nur bei bestimmten Lebensmitteln angewendet werden dürfen.

Farbstoffe

Manche Waren, wie z. B Erdbeeren oder Kirschen, verlieren bei der Verarbeitung die Farbe. Andererseits „ißt das Auge mit", bei Erdbeeren oder Kirschen etwa lockt das frische Rot. Blasse Früchte würden wenig ansprechen. Die Verordnung erlaubt darum für bestimmte Warengruppen das Färben mit ausdrücklich zugelassenen, gesundheitlich unbedenklichen Farben. Gefärbte Lebensmittel müssen gekennzeichnet werden. Die Angabe muß lauten: „Mit Farbstoff".

Der Einsatz von Farbstoffen darf auf keinen Fall beim Verbraucher eine Täuschung (z. B höherer Eigehalt) bewirken.

Schwefeldioxid

Schwefeldioxid tötet die Bakterien und verhindert das Bräunen von Obst und Gemüse. Es wirkt aber auch als Gift auf den menschlichen Organismus. Darum ist die Verwendung durch die Verordnung streng geregelt. Nur für bestimmte Lebensmittel ist die Verwendung überhaupt zugelassen. Wird geschwefelt, ist „geschwefelt" zu vermerken.

Konservierungsstoffe

Verderbliche Lebensmittel werden durch Konservierung haltbar. Verderbliches Obst z. B. wird mit Zucker zur haltbaren Marmelade, das Salz konserviert den Salzhering. Sauerkraut z. B. ist durch die enthaltene Milchsäure haltbar. Daneben gibt es andere Säuren, die verderbniserregende Mikroorganismen abtöten und so die Lebensmittel haltbar machen. Diese Stoffe können aber auch die zur Verdauung notwendigen Mikroorganismen im Darm des Menschen stören.

Die Verordnung erlaubt darum nur die Verwendung solcher Stoffe, die zwar die Nahrungsmittel haltbar machen, aber die Darmflora nicht angreifen. Ferner ist in der Verordnung angeführt, welche Lebensmittel überhaupt mit Konservierungsstoffen haltbar gemacht werden dürfen und wieviel Konservierungsstoff beigegeben werden darf. Der Hinweis muß lauten: „Mit Konservierungsstoff...".

Besonderheiten bei der Speisekarte

Auf Speisekarten ist es erlaubt, bei den einzelnen Gerichten nur die Kenn-Nummer anzugegen, wenn auf den Karten eine Zusammenstellung der Konservierungsstoffe mit den Kenn-Nummern angeführt ist.

3 Lebensmittelkennzeichnungsverordnung

Die Vorschriften dieser Verordnung sollen dem Verbraucher eine umfassende Information ermöglichen.

Gefordert werden Angaben von:

- Verkehrsbezeichnung (Name des Produkts)
- Menge
- Mindesthaltbarkeit
- Hersteller oder Vertreiber
- Zutatenliste

4 Verordnung über Nährwertangaben

Angaben über den Gehalt an Nährstoffen und Energie sind bei abgepackter Ware nur dann erlaubt, wenn diese durch eine Untersuchung (Analyse) ermittelt worden sind. Das Gastgewerbe kann Nährwertangaben für die Speisekarte nach der Nährwerttabelle berechnen.

5 Leitsätze

Leitsätze zu bestimmten Lebensmitteln sind Produktbeschreibungen, die den Herstellern freie Hand bei der Produktion lassen, aber die Qualität des Endproduktes relativ genau beschreiben. So gibt es z. B. Leitsätze für Fleisch- und Fleischerzeugnisse oder Krusten- und Schalentiere.

Einzelheiten im warenkundlichen Teil.

6 Lebensmittelüberwachung

Die Beachtung der Vorschriften im Verkehr mit Lebensmittel wird durch Behörden überwacht. Sie **überprüfen die Betriebe** durch geschultes Personal und **nehmen Proben** von den Lebensmitteln. Die Überprüfungen werden routinemäßig durchgeführt und bei Beschwerden angeordnet. Werden Proben entnommen, so hat der Betriebsinhaber ein Recht auf eine Gegenprobe. Diese kann er auf eigene Kosten untersuchen lassen, um im Falle einer ungerechtfertigten Anklage ein wichtiges Beweismittel zu haben.

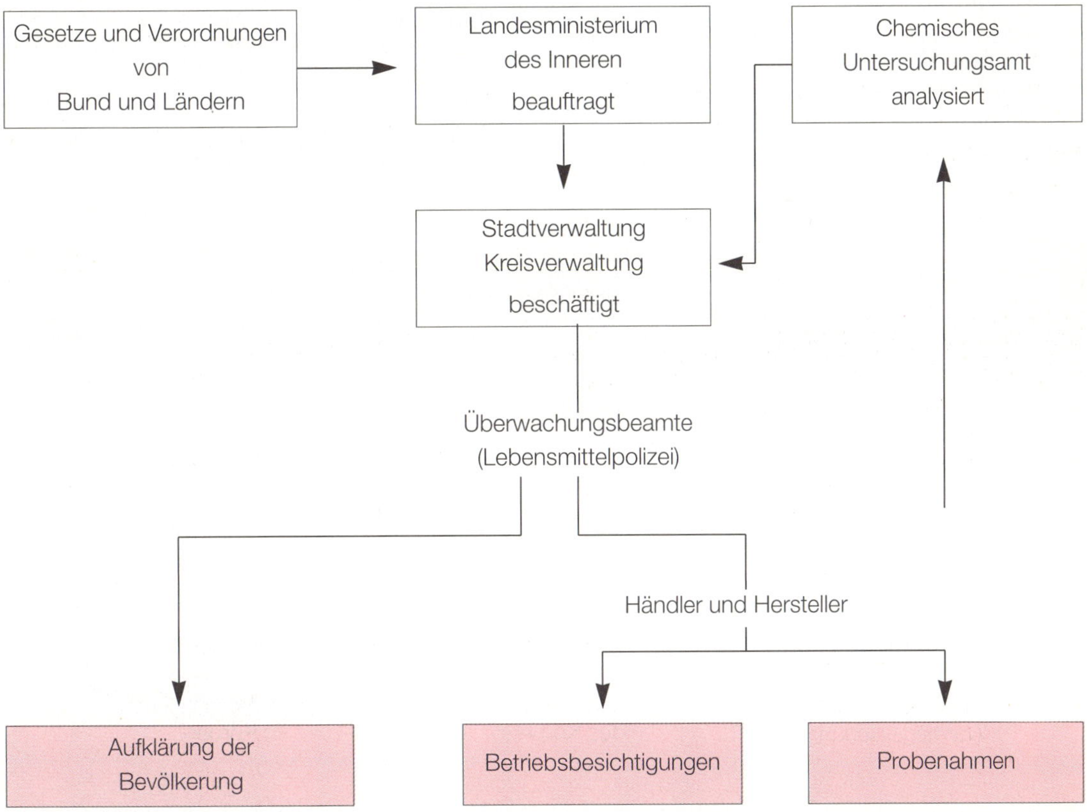

Ernährungslehre

1 Einführung

Zum Aufbau des Körpers und zur Erhaltung des Lebens bedarf der Mensch der Ernährung. Mit dem Essen und Trinken werden die verschiedensten Lebensmittel aufgenommen.

Das Lebensmittelgesetz bezeichnet alles, was vom Menschen gegessen, gekaut oder getrunken wird, als Lebensmittel (eine Ausnahme bilden die Arzneimittel).

Die Lebensmittel bestehen im wesentlichen aus **Nährstoffen.** Daneben enthalten sie die **Wirkstoffe** sowie die Gruppe der **Begleitstoffe.**

▷ **Kohlenhydrate** und **Fette** sind vorwiegend Energielieferanten, z. B. für

- Aufrechterhaltung des Lebens durch Atmung, Herztätigkeit,
- Aufrechterhaltung der Körpertemperatur,
- Arbeitsleistung, z. B. Berufstätigkeit.

Kohlenhydrate und Fette nennt man darum auch **Betriebsstoffe.**

▷ **Eiweißstoffe (Proteine)** und **Wasser** sind vorwiegend Baustoffe, z. B. für

- Wachstum, das ist der Aufbau neuer Zellen,
- Erhaltung des Körpers, das ist die fortlaufende Zellerneuerung.

Eiweiß, Wasser und Mineralstoffe bilden zusammen die **Baustoffe** des menschlichen Körpers.

▷ **Vitamine** und **Mineralstoffe** wirken als Schutz- und Reglerstoffe. Man nennt sie darum auch **Wirkstoffe** oder **Reglerstoffe.**

▷ Zu den **Begleitstoffen** rechnet man:

Ballast- oder Faserstoffe. Sie können durch die Verdauung nicht aufgeschlossen werden, haben aber die wichtige Aufgabe, die Darmbewegung anzuregen und damit einer Verstopfung vorzubeugen.

Duft- und Geschmacksstoffe. Sie fördern die Absonderung von Verdauungssäften und damit den Appetit.

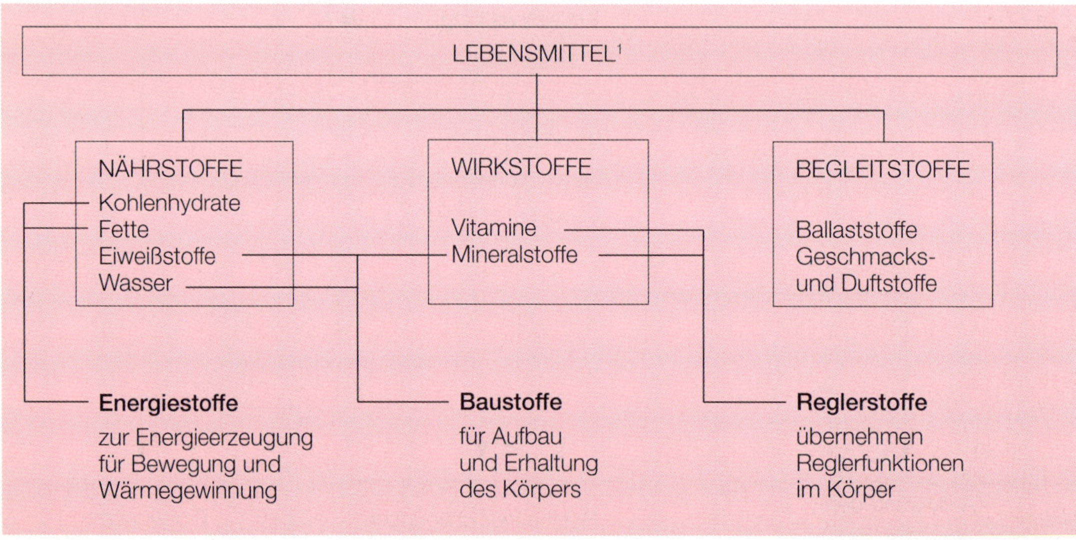

[1] Nach Auskunft der Deutschen Gesellschaft für Ernährung (DGE) spricht man nur noch von Lebensmitteln. Man unterscheidet nicht mehr zwischen Nahrungs- und Genußmitteln.

Die einzelnen Nährstoffe behandeln wir unter folgenden Gesichtspunkten:

- ▷ Wie ist der **Aufbau** des Nährstoffs? Welche **Arten** unterscheidet man?
- ▷ Welche **küchentechnischen Eigenschaften** haben wir zu beachten? Wie können wir sie bei der Nahrungszubereitung nutzen?
- ▷ Welche **Bedeutung für den menschlichen Körper** haben die einzelnen Nährstoffe?
- ▷ Welche Lebensmittel sind besonders reich an entsprechenden Nährstoffen?

Aus der Beantwortung dieser Fragen ergibt sich die Gliederung für die folgenden Abschnitte.

2 Kohlenhydrate

2.1 Aufbau – Arten

Von den einzelnen Nährstoffen werden die Kohlenhydrate in der größten Menge aufgenommen; sie sind ein bedeutender Energielieferant.

Kohlenhydrate entstehen in der Pflanze. Sie bildet aus dem Kohlendioxid (CO_2) der Luft und dem Wasser (H_2O) des Bodens mit Hilfe des Blattgrüns (Chlorophyll) sowie des Sonnenlichtes **Einfachzucker.**

Diesen Vorgang nennt man **Photosynthese.** Die dazu erforderliche Energie liefert die Sonne.

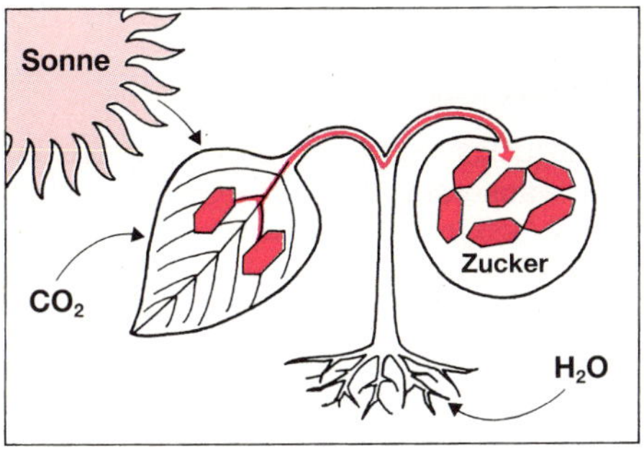

Unter dem Begriff Kohlenhydrate wird eine ganze Gruppe von Nährstoffen zusammengefaßt. Sie bestehen zwar aus den gleichen Atomen, unterscheiden sich aber im chemischen Aufbau.

Nach der Anzahl der zum Aufbau verwendeten Einfachzucker unterscheidet man:

Einfachzucker	Zweifachzucker	Vielfachzucker
↓	↓	↓
ein Baustein	je zwei Bausteine	je 5 bis 5 000 Bausteine

▷ **Einfachzucker** (Monosaccharide) je **ein** Baustein einfacher Zucker →

Traubenzucker in Obst und Honig

Fruchtzucker in Obst und Honig

Schleimzucker in Milch.

▷ **Zweifachzucker** (Disaccharide) → je **zwei** Bausteine einfacher Zucker

Gebrauchszucker ist **Rohr-** oder **Rübenzucker** von Zuckerrohr oder Zuckerrübe.

Malzzucker in gekeimtem Getreide und Bier

Milchzucker in Milch und Milchprodukten

▷ **Vielfachzucker** (Polysaccharide) → **viele** Bausteine einfacher Zucker

- **Stärke** besteht aus 300 bis 500 Einfachzuckermolekülen und dient den Pflanzen als Vorratsstoff, den sie in Knollen (Kartoffel) oder Körnern (Getreide) ablagern.

Stärke besteht aus:

- *Amylopektin,* das verzweigte Ketten von Einfachzuckern hat und wasserunlöslich ist, und
- *Amylose* mit unverzweigten Ketten, die sich in Wasser lösen.
- *Dextrine* entstehen durch Abbau, wenn Stärke ohne Wasser erhitzt wird, z. B. in der Mehlschwitze.
- **Zellulose** ist die Gerüstsubstanz der Pflanzen. Die Moleküle der Zuckerstoffe sind so dicht angeordnet, daß sie von der menschlichen Verdauung nicht zu Einfachzucker abgebaut werden.

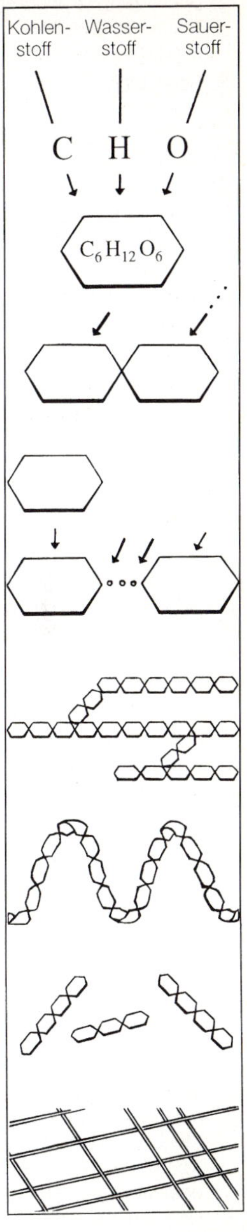

2.2 Küchentechnische Eigenschaften

Versuche

1. Schmelzen Sie in einer kleinen Pfanne etwa 200 g Zucker und erhitzen Sie, bis er zu rauchen anfängt. Während dieser Zeit entnehmen Sie wiederholt Proben und geben diese auf eine geölte Metallplatte. Kosten Sie und vergleichen Sie dabei Farbe und Geschmack.
2. Schwitzen Sie würfelig geschnittene Zwiebeln goldbraun an, beachten Sie den aufsteigenden Geruch und probieren Sie nach dem Abkühlen.
3. Schneiden Sie von einem Apfel oder einer Kartoffel eine 3 cm dicke Scheibe und schaben Sie eine kleine Mulde aus; diese mit Zucker füllen. Überprüfen Sie nach 20 Min.
4. Wie verhält sich Zucker, wenn er in der Küche in einem offenen Gefäß aufbewahrt wird?
5. Bringen Sie ein offenes Glas mit Honig an einen trockenen Ort. Sehen Sie nach einer Woche nach, ob sich eine Haut gebildet hat.
6. Zerkleinern Sie 25 g Hefe (Haushaltspackung) und vermengen Sie diese in einer Tasse mit der gleichen Menge (ca. 25 g) Zucker.
   a) Sehen Sie nach 20 Minuten nach.
   b) Ist die Mischung nach einer Woche in Gärung übergegangen?
7. Lösen Sie in 0,5 l Wasser von ca. 37 °C ein Päckchen Hefe auf. Trennen Sie diese Aufschlämmung in zwei Kolbengläser. Glas a) erhält keinen Zusatz, in Glas b) geben Sie 30 g Zucker. Vergleichen Sie nach einer Stunde.
8. Bringen Sie 0,75 l Wasser zum Kochen, rühren Sie 120 g Weizenstärke, die mit 0,25 l Wasser vermengt ist, ein und bringen Sie das Ganze zum Kochen. Welche Veränderung tritt ein?
9. Vergleichen Sie die Beschaffenheit (Konsistenz) der heißen und der erkalteten Masse.
10. Stellen Sie einen Teil des Stärkekleisters in einer Tasse eine Woche in den Kühlschrank. Welche Veränderungen sind eingetreten? Beobachten Sie vor allem die Stellen zwischen Kleister und Porzellan.
11. Stellen Sie den Thermostat der Bratröhre oder des Backofens auf 150 °C. Ein Backblech mit Papier belegen und auf diesem 1 cm hoch 250 g Weizenstärke verteilen. Nehmen Sie das Blech nach einer Stunde aus dem Ofen. Wie haben sich Farbe und Geschmack verändert?
    Stellen Sie wie bei Versuch 8 einen Kleister her. Vergleichen Sie die Ergebnisse von Versuch 8 und 11.
12. Schmelzen Sie 150 g wasserfreies Fett in einem Topf mit etwa 10 bis 12 cm Durchmesser, rühren Sie 150 g Mehl darunter und geben Sie davon ein bis zwei Kochlöffel voll auf einen Teller. Den Rest lassen Sie goldgelb werden. Vergleichen Sie Geruch und Geschmack.

Gebrauchszucker

ist Rohr- oder Rübenzucker, ein Zweifachzucker. Wir kaufen ihn unter dem Namen „Zucker".

Zucker löst sich leicht in Wasser. Warmes Wasser kann mehr Zucker aufnehmen als kaltes. Auf Vorrat gehaltene Zuckerlösungen (Läuterzucker), z. B. für Fruchtsalate, zum Verdünnen von Glasuren, dürfen nicht zu dick hergestellt werden. Nach dem Abkühlen kristallisiert sonst der Zucker aus.

Zucker schmilzt bei Hitze. Dabei wird aus den Kristallen zunächst eine klare, durchsichtige Masse. Erkaltet ist der geschmolzene Zucker hart. Karamel ist entstanden, die Grundmasse für die meisten Bonbonarten. Bei weiterem Erhitzen wird Karamel gelb, später goldbraun. So wird er für Karamelcreme und für Krokant verwendet. Mit zunehmender Hitze wird die Farbe des Karamels immer dunkler, der Geschmack wird allerdings bitterer. Das nutzt der Koch, wenn er Saucen nachdunkelt, wenn er der Fleischbrühe eine gebräunte Zwiebel beigibt; der Patissier verwendet mit Wasser abgelöschten, sehr dunklen Karamel als „Couleur" zum Färben von Cremes und Glasuren.

Zucker zieht Wasser an, er wirkt hygroskopisch und verklumpt deshalb in feuchten Räumen (am schnellsten Puderzucker). Zucker wirkt auch konservierend, denn er entzieht Kleinlebewesen das erforderliche Wasser.

Einfachzucker

z. B. Traubenzucker und Fruchtzucker, ist **besonders stark wasseranziehend.** Diese Eigenschaft nutzt man bei Gebäck (z. B. Honigkuchen), das längere Zeit weich bleiben soll. Honig ist das Nahrungsmittel mit dem höchsten Einfachzuckergehalt.

Enthalten Lebensmittel Zucker in größerer Menge (Marmelade, Gelee), bindet er so viel Wasser an sich, daß Bakterien nicht mehr wirken können, Zucker konserviert also, weil er den a_W-Wert senkt.

Stärke

Stärke ist in kaltem Wasser unlöslich. Sie ist schwerer als Wasser und setzt sich darum ab. Rohe Stärke ist vom Körper kaum verwertbar. Darum werden stärkehaltige Lebensmittel gegart.

Ab einer Temperatur von 70 °C beginnt Stärke zu **verkleistern.** Dabei entwickeln sich Bindekräfte, die das Wasser festhalten, es wird „gebunden"; vergleiche Vanillesauce, aufgegossene Mehlschwitze. Die **durch Stärke gebundene Flüssigkeit nennt man Kleister.**

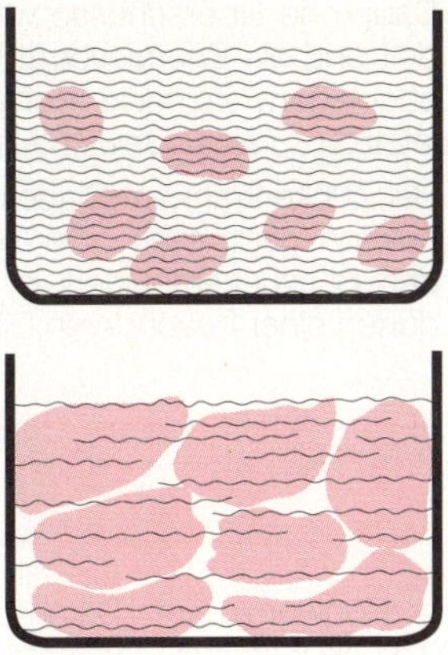

Wird erkalteter Stärkekleister gerührt, läßt die Festigkeit nach, weil man einen Teil der Bindekräfte zerstört.

Stärkekleister verliert nach einiger Zeit an Bindekraft. Man nennt das Entquellung oder **Retrogradation.** Dies führt teilweise zu unerwünschten Veränderungen an Lebensmitteln: Brötchen verlieren die Rösche, Vanillecreme „zieht Wasser".

Stärkekleister kann Eiweißgerinnung verhindern, weil er eine **Schutzschicht zwischen den Eiweißmolekülen** bildet.

Dextrin

entsteht durch Abbau der Stärkemoleküle beim Erhitzen ohne Wasser. Dextrine entstehen z. B. in der Kruste von Gebäcken, geben Farbe und Aroma. In der Küche wird die Stärke beim Herstellen einer Mehlschwitze (Roux) zu Dextrinen abgebaut. Mit Dextrin gebundene Flüssigkeiten haben eine geringere Zähigkeit als mit Stärke gebundene. Darum wird auch für helle gebundene Suppen (Spargel, Blumenkohl) eine helle Roux hergestellt, obwohl die Verwendung von Mehlbutter (Beurre manié) verarbeitungstechnisch einfacher wäre.

Zellulose

umschließt als Zellwand die Nährstoffe. Bei der Zubereitung von Rohkost ist darum darauf zu achten, daß die Zellwände für die Verdauungssäfte durchlässig gemacht werden.

Das kann geschehen durch

Zerkleinern, denn dabei werden die Zellwände zerstört, oder durch *Marinieren,* denn durch die Säureeinwirkung werden die Zellwände durchlässig.

Zusammenfassung der küchentechnischen Eigenschaften

Gebrauchszucker löst sich leicht in Wasser,
schmilzt bei Wärmeeinwirkung,
zieht Wasser an.

Einfachzucker (Traubenzucker, Fruchtzucker)
sind besonders stark wasseranziehend. Sie werden verwendet zu Gebäck, das feucht bleiben soll.

Stärke ist in kaltem Wasser unlöslich,
quillt in warmem Wasser,
verkleistert bei etwa 70 °C,
wird beim Erhitzen ohne Wasser zu Dextrin,
ist verkleistert leichter verdaulich.

Stärkekleister ist abgekühlt dicker als in warmem Zustand,
verliert seine Festigkeit durch Rühren,
schützt den Nährstoff Eiweiß vor dem Ausflocken,
gibt bei längerer Aufbewahrung Wasser ab.

Dextrin entsteht aus Stärke beim Erhitzen ohne Wasser,
schmeckt süßlich,
gibt schwächere Bindung als Stärke.

Zellulose der Zellwände wird durch Hitze und mechanische Einwirkung gelockert,
ist für den menschlichen Körper unverdaulich,
regt als Ballaststoff die Verdauung an.

2.3 Bedeutung für den menschlichen Körper

Durch die Verdauung werden Stärke, Dextrin und Zuckerstoffe zu ihren Bausteinen, den Einfachzuckern, abgebaut. Diese liefern vorwiegend Energie.

Die Verdauung der Kohlenhydrate beginnt bereits im Mund, wo die Enzyme des **Mundspeichels** den Stärkeabbau einleiten. **Bauchspeichel** und **Dünndarmsäfte** liefern weitere Enzyme, die alle Kohlen-

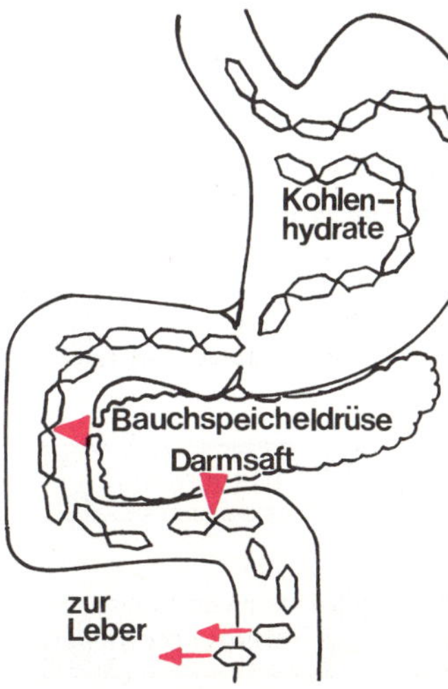

hydrate zu Einfachzuckern abbauen; die Einfachzucker gelangen dann durch die Darmwand ins Blut.

Die Leber wirkt bei der Versorgung des Körpers mit Energie als Ausgleichsorgan. Vorübergehende Überschüsse an Zuckerstoffen speichert sie als Glykogen. Sinkt der Blutzuckerspiegel, wandelt die Leber Glykogen wieder in Einfachzucker um und gibt diesen an das Blut ab.

Dauernde Überschüsse werden in Fett umgewandelt und als Energievorrat im Unterhautfettgewebe abgelagert. Zu viele Kohlenhydrate führen damit letztlich zu einer Gewichtszunahme.

Bei Zuckerkranken (Diabetikern) ist die Insulin-Produktion gedrosselt oder eingestellt, die Regelung des Blutzuckerspiegels ist gestört. Diabetiker bedürfen einer besonderen Diät.

2.4 Versorgung mit Kohlenhydraten

Kohlenhydrate bilden den größten Anteil an Nährstoffen. Die Übersichten zeigen beispielhaft die unterschiedlichen Anteile der Kohlenhydrate an Lebensmitteln und die wichtigsten Quellen für die Versorgung mit Kohlenhydraten.

Durchschnittlicher Kohlenhydratgehalt in g je 100 g Lebensmittel

Zucker	100
Makkaroni	72
Mischbrot	52
Kartoffeln, ohne Schalen	19
Trinkmilch	5
Hülsenfrüchte	50
Trockenobst	60
Bananen	16
Äpfel	12
Gemüse	10

Durchschnittliche Kohlenhydratversorgung in % aus:

%	
9	Frischobst
19	Gemüse, Milch u. a.
32	Zucker und zuckerreiche Waren
40	Getreideerzeugnissen

Die Nährwerttabelle gibt zusätzliche Auskunft.

3 Fette

3.1 Aufbau – Arten

Die Pflanze baut Fett auf aus Kohlenstoff, Wasserstoff und Sauerstoff. Es sind dies zwar die gleichen Grundstoffe (Elemente) wie bei den Kohlenhydraten, eine andersartige chemische Zusammensetzung führt jedoch zu völlig anderen Eigenschaften.

Bausteine des Fettes sind Glycerin und Fettsäuren.

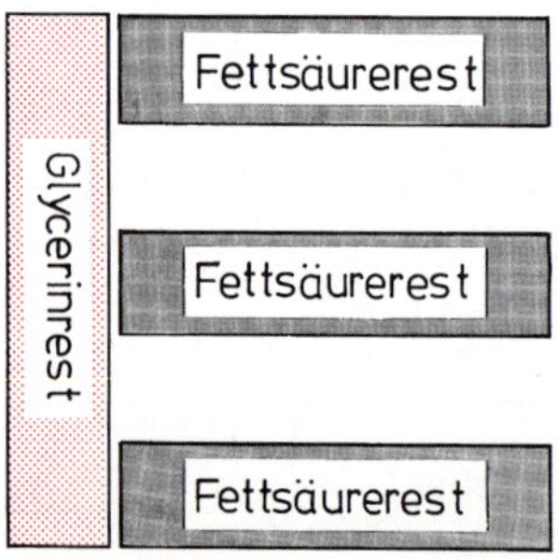

Fett entsteht, wenn an ein Molekül Glycerin drei Fettsäuren angelagert werden. Von den verschiedenen Fettsäuren sind am Aufbau der Speisefette überwiegend beteiligt:

Stearinsäure	Ölsäure
Palmitinsäure	Linolsäure

Bei festen Fetten ist der Anteil an Stearinsäure und Palmitinsäure hoch, bei Ölen (flüssigen Fetten) überwiegen Ölsäure und Linolsäure.

Fettsäuren bestimmen die Eigenschaften.

Die Fettsäuren bestehen aus einer Kohlenstoffkette, an die Wasserstoffatome gebunden sind.

Bei gesättigten Fettsäuren sind an alle Kohlenstoffatome je zwei Wasserstoffatome gebunden. Damit sind alle Bindungsmöglichkeiten genutzt, die Fettsäure ist gesättigt. Zu weiteren Veränderungen ist sie nur ungern bereit, sie reagiert träge.

Bei ungesättigten Fettsäuren sind noch Bindekräfte frei. Nach der Anzahl der freien Bindekräfte bezeichnet man sie als einfach, zweifach oder mehr-

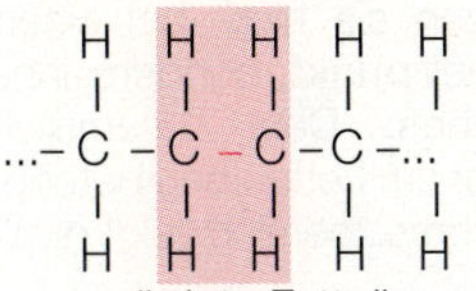

gesättigte Fettsäure

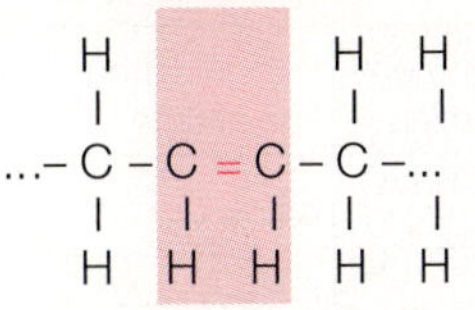

ungesättigte Fettsäure

fach ungesättigte Fettsäuren. Die freien Stellen können noch Bindungen eingehen. Ungesättigte Fettsäuren reagieren leicht.

Eigenschaft \ Fettsäure	ungesättigt	gesättigt
Reaktionsbereitschaft	hoch	gering
Ernährungswert	hoch	gering
Veränderungen durch Sauerstoff und Wärme	stark	gering
Lagerfähigkeit	beschränkt	lange

Fette mit einem hohen Anteil an gesättigten Fettsäuren haben wirtschaftliche Vorteile: Sie sind länger verwendbar (z. B. Friteuse) und länger lagerfähig. Fette mit einem hohen Anteil an ungesättigten Fettsäuren sind für die Ernährung wertvoller.

Behandlung der Fette

Naturbelassene Fette

Naturbelassene Fette enthalten neben dem Fett Stoffe des Produktes, aus dem sie gewonnen worden sind. Diese können erwünscht sein, wie z. B. bei naturbelassenem Olivenöl (Olio vergine), sie können aber auch den Geschmack und das Aussehen beeinträchtigen.

Raffination

Raffination bedeutet wörtlich: verfeinern. Das geschieht durch Beseitigung wertmindernder Bestandteile. Bei der Raffination von Fetten werden Bestandteile entzogen, die den Geruch oder den Geschmack beeinträchtigen. Aber es werden dabei auch solche Fettbegleitstoffe entfernt oder zerstört, die für die Ernährung wertvoll sind.

Härtung

Tierische Fette, wie Butter, Schmalz, Talg, waren früher die hauptsächlichen Speisefette. Diese sind halbfest oder fest.

Ölhaltige Früchte (wie z. B. Oliven) und ölhaltige Samen (z. B. Erdnuß, Kokosnuß) liefern dagegen flüssiges Öl. Um der Gewohnheit entgegenzukommen, werden diese Öle gehärtet, also halbfest oder fest gemacht.

Das ist möglich, weil die Ölsäure und die Stearinsäure eine Kettenlänge von 18 Kohlenstoffatomen haben. Die Formeln zeigen, daß sich die beiden Fettsäuren nur in zwei Wasserstoffatomen unterscheiden: Stearinsäure $C_{18} H_{36} O_2$, Ölsäure $C_{18} H_{34} O_2$. Durch eine chemische Reaktion ist es möglich, an die Ölsäure zwei Atome Wasserstoff anzulagern. Damit wird aus der Ölsäure eine Stearinsäure und in der Folge aus einem Öl ein festes Fett.

Durch entsprechende Kombinationen ist es möglich, Fette mit jedem erwünschten oder technologisch erforderlichen Schmelzpunkt herzustellen.

3.2 Küchentechnische Eigenschaften

Versuche

1. Füllen Sie einen flachen Topf mit etwa 25 cm Durchmesser halb mit kaltem Wasser. Geben Sie kleine Mengen verschiedener Fettarten auf je ein Stückchen Papier (ca. 5 x 5 cm), beschriften Sie entsprechend und legen Sie das Papier mit dem Fett in den Topf. Erwärmen Sie langsam und stellen Sie mit Hilfe eines Thermometers die jeweilige Schmelztemperatur fest.
2. Erhitzen Sie in einem engen Topf 250 g Butter oder Margarine, bis sie „kocht". Stellen Sie mit einem Thermometer (Einteilung bis 200 °C) die Temperatur fest. Auf welche Temperatur ist die Fritüre eingestellt?
3. Wie verändern sich Butter (Margarine) aus Versuch 2, wenn man länger erhitzt? Warum treten die Veränderungen bei Fritürenfett nicht auf?
4. Erhitzen Sie in einer kleinen Eisenpfanne auf starkem Feuer eine kleine Menge wasserfreies Fett. Beobachten Sie den Rand der Pfanne. Wie riecht das Fett nach längerem Erhitzen? Achtung! Passenden Deckel bereithalten – falls das Fett zu brennen beginnt, die Pfanne damit abdecken.
5. Bereiten Sie vier Reagenzgläser mit je 10 cm³ Salatöl vor. Geben Sie in Glas a) keinen Zusatz, in Glas b) einen Teelöffel Eiklar, in Glas c) etwas Spülmittel, in Glas d) einige Tropfen Galle. Schütteln Sie jedes Glas etwa eine halbe Minute. Beobachten Sie dann Tröpfchengröße und Aufrahmungsgeschwindigkeit.
6. Nur vom Lehrer durchzuführen! Über einen Bunsenbrenner in einer Porzellanschale etwas wasserfreies Fett bis zum Rauchen erhitzen und entzünden. Durch ein Glasrohr (etwa 80 – 100 cm) einige Tropfen Wasser in das Fett leiten. Was geschieht? Fett durch Abdecken löschen.
7. Legen Sie das Einschlagpapier von Butter mit den anhaftenden Fettresten auf das Fensterbrett. Kosten Sie die Butter nach einem Tag.

Fett ist spezifisch leichter als Wasser und steigt darum nach oben.

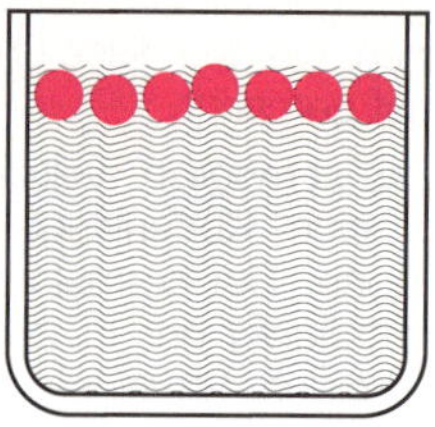

Fett und Öle haben eine geringere Dichte als Wasser. Darum schwimmen „Fett-Augen“ auf der Suppe, darum „schwimmt“ auf manchen Saucen Fett. Diese unterschiedliche Dichte macht es leicht, Fett von Wasser zu trennen. Das Abschöpfen von Fett nennt der Koch degraissieren. Bei erkalteten Flüssigkeiten kann das Fett einfach abgehoben werden.

Fette können emulgiert werden.

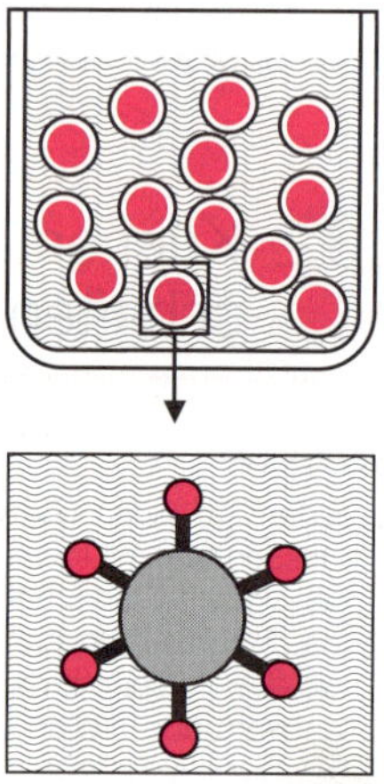

Als Emulsionen bezeichnet man dauerhafte Vermischungen von Fett und Wasser. Um eine Emulsion zu erhalten, sind Emulgatoren erforderlich, welche die Oberflächenspannung herabsetzen, so daß Fett und Wasser sich nicht mehr abstoßen.

Das ist durch den besonderen Aufbau der Emulgatoren möglich: Ein Ende des Emulgatormoleküls verbindet sich mit dem Fett, ist fettfreundlich, das andere verbindet sich mit dem Wasser, ist wasserfreundlich. So entsteht gleichsam eine Klammer zwischen Stoffen, die sich normalerweise abstoßen.

Wie lange eine Emulsion hält, hängt von der Größe der Fetttröpfchen ab. Wird z. B. beim Rühren einer Mayonnaise das Öl zu rasch beigegeben, bilden sich zu wenig Eiweiß-Schutzhüllen, und die Mayonnaise gerinnt. Bei der Milch kann durch das Homogenisieren, bei dem man die Fetttröpfchen zerkleinert, das Aufrahmen verhindert werden.

In der Küche finden wir als Emulgatoren z. B. Eigelb, aber auch Seife und Spülmittel.

Beispiele für Emulsionen

Milch: 3,5 % Fett und Wasser
Sahne: 30 % Fett und Wasser
Butter: 82 % Fett und Wasser
Margarine: 80 % Fett und Wasser

Ferner Mayonnaise, Holländische Sauce, Buttercreme, Leberwurst usw.

Fette haben unterschiedliche Schmelzbereiche.

Als Schmelzpunkt bezeichnet man die Temperatur, bei der ein Körper vom festen zum flüssigen Zustand übergeht. Speisefette sind Gemische aus Fetten unterschiedlicher Zusammensetzung. Darum schmelzen sie nicht bei einem ganz bestimmten Schmelz**punkt,** sondern innerhalb eines **Schmelzbereiches.** Den Zusammenhang zwischen der Art der am Fettaufbau beteiligten Fettsäuren und dem Schmelzbereich zeigt die Zusammenstellung.

Fettart	Schmelzbereich	Fettsäuren gesättigte	Fettsäuren ungesättigte
Kokosfett	40–50 °C	90	10
Butter	30–35 °C	50	50
Schweineschmalz	25–35 °C	40	60
Erdnußöl	ca. 5 °C	20	80

Der Schmelzbereich bestimmt die Verwendung.

- **Öle** verwendet man für Salate, Mayonnaise,
- **weiche Fette** wie Butter, Margarine nutzt man als Streichfett; sie bilden auch die Grundlage für Rührkuchen und Rührcremes (Buttercreme),
- **feste Fette** sind stark wärmebelastbar. Sie sollen möglichst heiß verzehrt werden, weil ihr Schmelzbereich hoch liegt und das Fett sonst im Mund erstarren könnte und sich an der Gaumenplatte festlegen würde.

Fette sind unterschiedlich hoch erhitzbar.

Alle Fette sind über 100 °C hinaus erhitzbar und erlauben darum andere Garverfahren als dies möglich ist, wenn nur Wasser verwendet wird. Außerdem können sich die geschmacksgebenden Röststoffe erst ab etwa 120 °C bilden.

Alle Fette beginnen ab einer bestimmten Temperatur zu rauchen und sich zu zersetzen. Man spricht darum vom **Rauch- oder Zersetzungspunkt.** Oberhalb dieser Temperatur entsteht Acrolein, das gesundheitsschädlich ist.

Butter und Margarine sollten darum nicht über 150 °C erhitzt werden. Sie können nur zum Dünsten, nicht aber zum Braten verwendet werden.

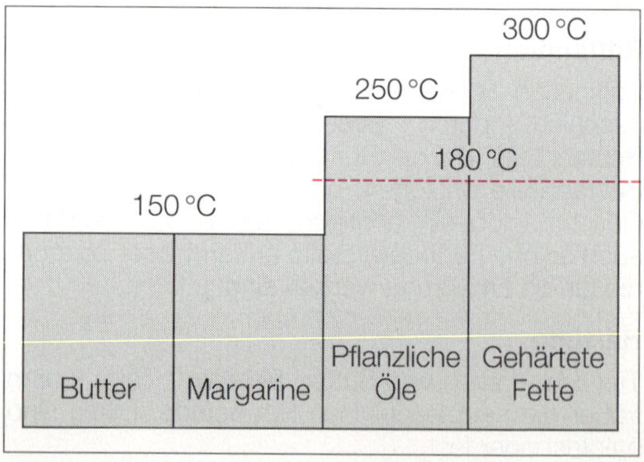

Pflanzliche Fette haben den Rauchpunkt bei 250 °C. Dennoch sollten sie nicht über 180 °C erhitzt werden, denn je höher die Temperatur, desto rascher verdirbt das Fett (siehe Abschnitt Fettverderb).

Fette trennen.

Fette bilden Trennschichten und verhindern das Zusammenkleben oder Festkleben. Darum fettet man Backbleche und Kuchenformen.

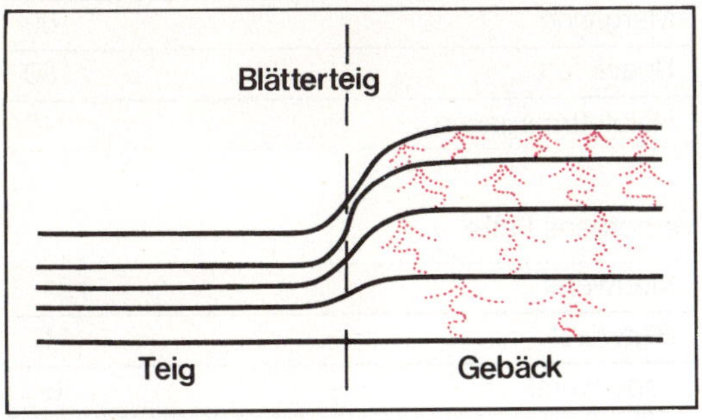

Die splitterig-lockere Struktur von Blätterteig ist nur möglich, weil Fettschichten die einzelnen „Teigblätter" voneinander trennen.

Fette verderben.

Fette können sich in ihre Bestandteile Glycerin und Fettsäuren trennen. Ursachen dieser Zersetzung können sein:

- **Einwirkung von Luftsauerstoff.** Diese Veränderung ist bei allen Fetten möglich, läuft aber bei den Fettarten, die ungesättigte und damit reaktionsfreudigere Fettsäuren enthalten, rascher ab. Licht und Wärme begünstigen diese Veränderung. Darum soll z. B. die Friteuse zurückgeschaltet werden, wenn sie nur in Betriebsbereitschaft ist.
- **Einwirkung von Bakterien,** die vor allem in wasserhaltigen Fetten wie Butter oder Margarine vorhanden sind.

Fette sind darum **kühl, dunkel** und möglichst **verpackt** aufzubewahren. Speisen mit hohem Fettanteil sollten auch in tiefgekühltem Zustand nicht länger als sechs Monate gelagert werden.

3.3 Bedeutung für den menschlichen Körper

Im Körper werden die mit der Nahrung aufgenommenen Fette durch die Verdauung in ihre Bausteine **Glycerin** und **Fettsäuren** zerlegt.

Dazu werden sie zunächst erwärmt. **Gallensaft emulgiert** die Fette und vergrößert so die Gesamtoberfläche des Fettes.

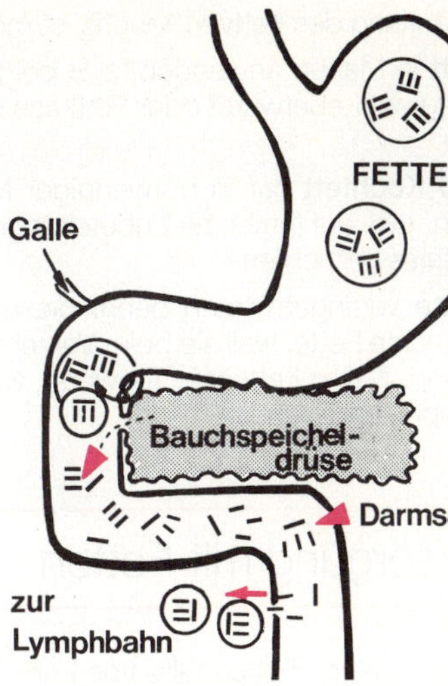

Verdauungssäfte aus der Bauchspeicheldrüse und dem Dünndarm **spalten die Fette.**

Die Fettbausteine Glycerin und Fettsäuren werden von der **Lymphbahn aufgenommen.**

Die Bedeutung des Nährstoffes Fett für die Ernährung ist durch folgende Eigenschaften gekennzeichnet:

- Fett ist der Nährstoff mit dem höchsten Energiegehalt: 1 Gramm Fett ≙ 39 kJ.
- Fett liefert **essentielle Fettsäuren,** auf deren Zufuhr der Körper angewiesen ist, weil er sie nicht selbst bilden kann. Alle essentiellen Fettsäuren sind **ungesättigte Fettsäuren.** Die Linolsäure ist die wichtigste. Gesättigte Fettsäuren sind für die Ernährung weniger wertvoll. Der Ernährungsbericht besagt, daß allgemein ausreichend ungesättigte Fettsäuren aufgenommen werden. Eine spezielle Auswahl, etwa Diätmargarine, ist nur auf ärztliche Anordnung erforderlich.
- Fett ist Träger der **fettlöslichen Vitamine A, D und E.** Diese können im Körper nur dann verwertet werden, wenn bei der Verdauung zugleich Fett zugegen ist. Bei gemischter Ernährung ist das gewährleistet. Nur wenn z. B. spezielle Rohkosttage eingelegt werden, ist auf eine Fettzufuhr, etwa Salatöl, zu achten.

Überschüssiges Fett wird als **Energiereserve** im Unterhautfettgewebe gespeichert. Bei Bedarf kann es wieder zur Energiegewinnung herangezogen werden.

Ein Ernährungsproblem ist heute die Überversorgung mit Fett. Dem verhältnismäßig **geringen Energieverbrauch** steht eine **reichliche Fettaufnahme** gegenüber. Wir neigen dazu, zuviel Energie aufzunehmen. Wir bewegen uns meist zu wenig und essen vielfach reichlich.

Eine Einschränkung des Fettverbrauchs ist möglich.

- ▷ **Streichfett** in Maßen anwenden; z. B bei fettreichem Belag wie Leberwurst oder Fettkäse darauf verzichten.
- ▷ **Brat- und Kochfett** nur in notwendiger Menge verwenden, evtl. auf fettreiche Zubereitungen wie Pommes frites verzichten.
- ▷ **Begleitfette** verringern; man nennt diese Fette auch versteckte Fette, weil sie beim Verzehr nicht sichtbar sind, z. B in Fettkäse, Teewurst, Mayonnaise, Suppen und Saucen.

3.4 Versorgung mit Fetten

Die Übersichten zeigen Fettgehalte von Lebensmitteln, die wir als Fettlieferanten kennen. Diese nennt man **sichtbare Fette.** Daneben gibt es Lebensmittel, bei denen man zunächst nicht an den hohen Fettgehalt denkt, weil das Auge das Fett nicht erkennt. Darum spricht man von **verborgenen** oder **nicht sichtbarem Fett.**

Durchschnittlicher Fettgehalt in g je 100 g Lebensmittel

Sichtbare Fette

Lebensmittel	g
Plattenfett	100
Speiseöle	100
Schweineschmalz	100
Butter	82–83
Margarine	80
Speck fett	80
Halbfettmargarine	40

Verborgene Fette

Lebensmittel	g
Mettwurst	51
Blutwurst	44
Leberwurst	40
Schlagsahne	30
Hartkäse	16–28
Schweinefleisch, mittelfett	21
Eier	10

4 Eiweiß (Protein)

4.1 Aufbau – Arten

Eiweiß unterscheidet sich in der chemischen Zusammensetzung von den Kohlenhydraten und den Fetten. Wie diese enthält es zwar die Elemente Kohlenstoff (C), Wasserstoff (H) und Sauerstoff (O), zusätzlich aber **immer Stickstoff (N).** Bei manchen Eiweißarten können noch Schwefel (S) oder Phosphor (P) hinzukommen.

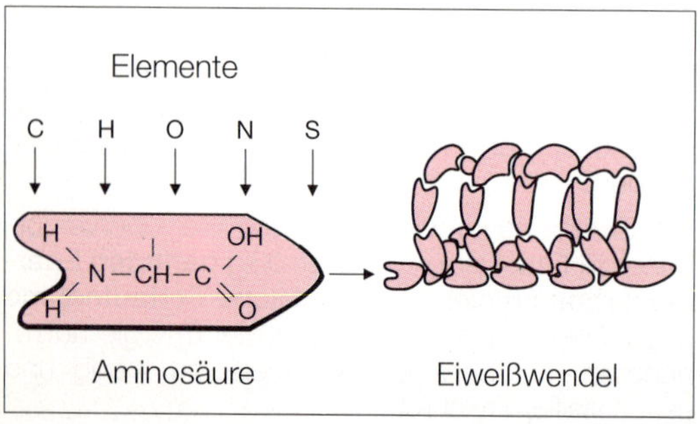

Aus diesen Elementen entstehen die **Aminosäuren,** die Bausteine aller Eiweißarten. Die Aminosäuren verketten sich wendelartig.

Das Bild zeigt den Grundaufbau aller Eiweißstoffe. Die Vielfalt der Eiweißarten entsteht, wenn Aminosäuren sich in unterschiedlichen Folgen aneinanderfügen und zusätzlich andere Stoffe (Nichteiweißstoffe) anlagern.

Unterscheidung nach der Zusammensetzung

Aminosäure + Aminosäure + Aminosäure	Aminosäure + ··· + Nichteiweißstoffe
Proteine einfache Eiweißstoffe	**Proteide** zusammengesetzte Eiweißstoffe

Die gewendelten Eiweißstoffe formen sich weiter. Bilden sie kugelige Gebilde, nennt man sie **Globuline** (Globus – Kugel) oder **kugelförmige Eiweißstoffe.**

Globulin ist reichlich enthalten in Fleisch, Fisch und Hülsenfrüchten.

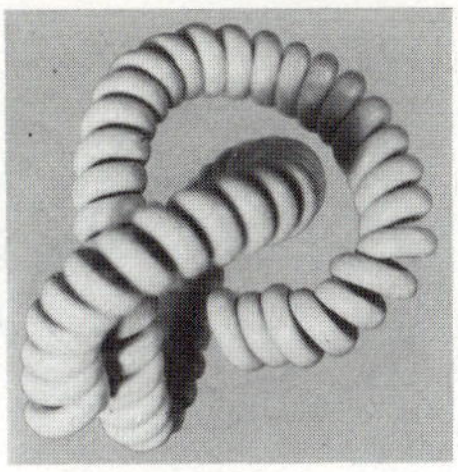

Verbinden sich die Eiweißstoffe kabelartig, so nennt man sie **fibrilläre** Proteine oder **faserförmige Eiweißstoffe** (Fiber – Faser).

Die faserförmige Beschaffenheit gibt Festigkeit, wie sie für Bindegewebe erforderlich ist.

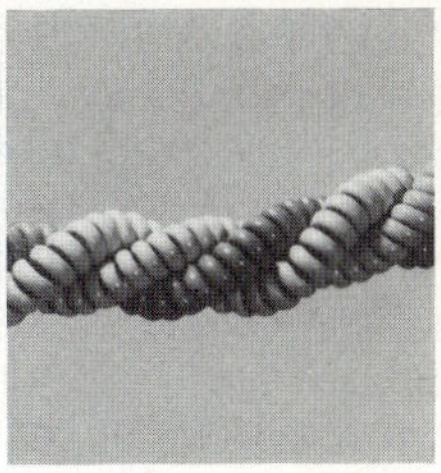

Übersicht

Eiweißstoffe

- **Proteine** – einfache Eiweißstoffe
  - **globuläre** – kugelförmig
    - **Albumin**: Milch, Ei, Fisch, Fleisch, Kartoffel
    - **Globulin**: Fleisch, Fisch, Hülsenfrüchte
    - **Kleber**: Getreide
  - **fibrillär** – faserförmig
    - **Kollagen**: Bindegewebe
- **Proteide** – zusammengesetzte Eiweißstoffe
  - **Myoglobin Hämoglobin**: Fleisch, Blut
  - **Caseinogen**: Milch, Milchprodukte

4.2 Küchentechnische Eigenschaften

Versuche

1. Bearbeiten Sie 50 g mageres Hackfleisch mit dem Mixer und vermengen Sie es anschließend mit 150 g Wasser. Seihen Sie nach 5 Min. ab.
2. Bearbeiten Sie Hackfleisch wie oben, setzen Sie aber dem Wasser 6 bis 8 g Salz zu.
3. Bereiten Sie aus 100 g Weizenmehl und Wasser einen mittelfesten Teig, lassen Sie ihn 20 Min. ruhen und kneten Sie ihn in der Hand unter fließendem Wasser. Formen Sie die zurückbleibende gelbe, klebrige Masse zu einer Kugel und backen Sie diese in einer Backröhre.
4. Vermischen Sie lauwarme Milch mit einigen Tropfen Zitronensaft oder Essig. Wenn Dickmilch entstanden ist, erhitzen Sie diese.
   Führen Sie den Versuch nicht mit Zitronensaft oder Essig, sondern mit Lab (Apotheke) durch und verkosten Sie Quark und Molke aus beiden Versuchen.
5. Gelatine ist aus Häuten und Knochen gewonnenes Leimeiweiß. Wir verwenden es zu folgenden Versuchen, denn es würde zuviel Zeit in Anspruch nehmen, es dafür erst auszukochen.
   Tauchen Sie ein Blatt Gelatine in ein Becherglas mit kaltem Wasser, ein zweites Blatt in ein Becherglas mit kaltem Wasser, dem einige Tropfen Zitronensaft oder Essig zugefügt sind.
6. Weichen Sie zwei Blatt Gelatine 5 Min. in kaltem Wasser ein. Gießen Sie dann das Wasser ab und erwärmen Sie langsam. Stellen Sie die aufgelöste Gelatine an einen kühlen Ort.
7. Bereiten Sie aus einem Bouillonwürfel, der auch kleingehackte Kräuter enthält, 0,75 l Brühe. Teilen Sie die Flüssigkeit, wenn sie auf mindestens 50 °C abgekühlt ist, in zwei Hälften.
   Vermischen Sie einen Teil mit einem Eiklar und erwärmen Sie langsam unter stetem Rühren. Wenn die Brühe aufwallt, heben Sie mit einer Schöpfkelle den Schaum ab.
   Vergleichen Sie das Aussehen beider Brühen.
8. Stellen Sie ein Wasserbad und drei kleine Kuchenformen (oder Dariole-Formen, Formen für Sülzkoteletts) bereit. Entsprechend der Größe der Formen bereiten Sie ein Gemenge aus Milch und Ei im Verhältnis 1 : 1, also eine Royale.
9. Füllen Sie die Formen a) und b). In den Rest für Form c) rühren Sie je anteiliges Ei einen Teelöffel Stärke (Mondamin, Gustin) und füllen Sie dann die Form.
   Erhitzen Sie im Wasserbad. Wenn die Masse in den Formen stockt, entnehmen Sie Form a). Die Formen b) und c) weiter erhitzen, bis die Gerinnung eintritt. Stellen Sie die Temperaturen mit einem Thermometer fest.

Albumin ist wasserlöslich und gerinnt bei 70 °C.

Kocht man Fleisch, geschälte Kartoffeln oder Linsen, setzt sich am Topfrand ein weißgrauer **Schaum** ab. Dieser besteht hauptsächlich aus ausgelaugtem und geronnenem Albumin.

In der Hotelküche wird dieser Schaum von der Brühe abgeschöpft, damit eine klare Suppe serviert werden kann. Im Haushalt sollte man darauf verzichten, denn Albumine sind wertvolle Eiweißstoffe.

Albumin zieht in Flüssigkeiten Trübstoffe an.

Beim Erwärmen von Eiweiß werden Bindekräfte frei, welche Trübstoffe anziehen und an sich binden. Wenn bei stärkerer Wärmeeinwirkung das Eiweiß dann gerinnt, steigt es nach oben und nimmt die Mischung von Eiweiß und Trübstoffen mit sich. Mit einem Schaumlöffel kann es von der Oberfläche abgeschöpft werden.

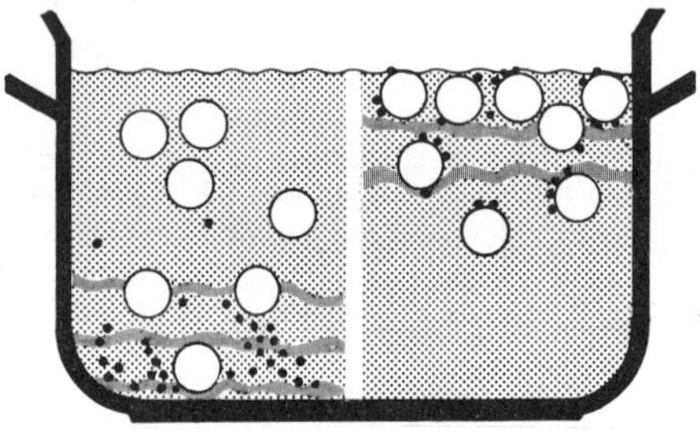

Man nutzt diese Wirkung des Albumins, wenn klare, trübstofffreie Flüssigkeiten erzielt werden sollen.

Beispiele:

- Klären von Brühen,
- Herstellen von Aspik,
- Bereitung von Weingelee.

Albumin bindet Flüssigkeiten.

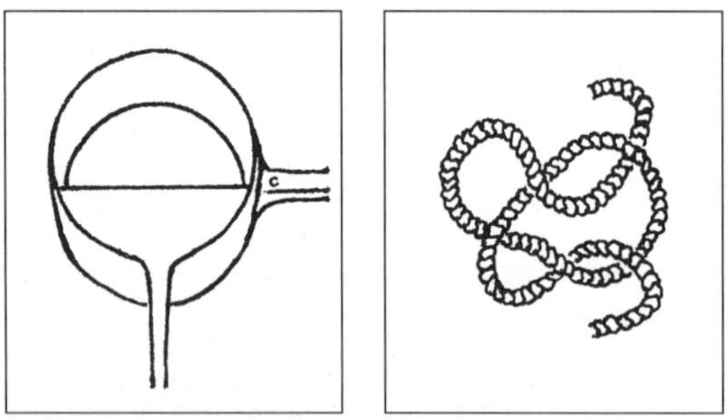

Albumin lagert beim Erwärmen Flüssigkeit an und bindet sie. Dies nutzt man z. B. bei der Herstellung von Karamelcreme und Eierstich. Zu beiden Produkten werden Milch und Eier in etwa gleichem Verhältnis vermischt. In **kaltem** Zustand ist die Mischung **flüssig,** denn die Bindekräfte sind noch nicht entfaltet.

Bei etwa 70 °C binden die Eiweißstoffe. Es entsteht eine kompakte, **geleeartige Masse.**

Beim **Legieren** von Suppen und Saucen nutzt man die gleiche Art von Bindung. Weil die Eiermenge geringer gehalten wird, entsteht eine **sämige Bindung.**

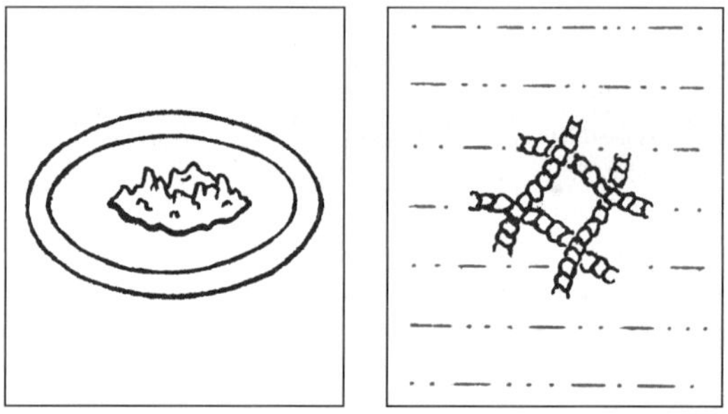

Steigt die Temperatur zu hoch, brechen die Bindekräfte zusammen: Das Gel „bricht" und teilt sich in Gerinnsel und ungebundene Flüssigkeit. In zu hoch erhitzten Suppen und Saucen schwimmen **Gerinnsel.**

Globulin bildet die Grundlage der Wurstherstellung.

Globulin kommt fast immer zusammen mit Albumin vor, z. B. in Fleisch, Fisch, Milch und Eiern.

Im Unterschied zu Albumin löst sich Globulin nur in salzigen Flüssigkeiten. Wird es erwärmt, gerinnt es bei 70 °C.

Von besonderer Bedeutung sind die Globuline bei der Herstellung von Wurstmasse. Der Fleischer bezeichnet sie als **Brät.** Der Koch stellt Vergleichbares her und nennt es **Farce.**

Durch feine Zerkleinerung im Kutter werden aus der Fleischfaser die Globuline freigelegt. Nach **Beigabe von Salz** lösen sie sich und **lagern Wasser an,** das in Form von Eis beigegeben wird. Das fertige Brät wird in Därme gefüllt. Beim abschließenden **Brühen** (75 °C) gerinnen die Eiweißstoffe und machen die Wurst schnittfest.

Der Koch formt z. B. Klößchen und pochiert diese in einer Brühe. Technologisch ist das der gleiche Vorgang wie die Wurstherstellung.

Klebereiweiß bildet das Gerüst im Brot.

Das Weizenmehl enthält die Eiweißarten Gliadin und Glutenin. Bei der Teigbereitung nehmen sie Wasser auf, quellen und verbinden sich zu einer zähen, dehnbaren Masse, dem **Kleber.**

Damit der Kleber gut ausgebildet wird, bearbeitet man Weizenteige, bis sie sich lösen oder bis sie Blasen werfen.

Bei Mürbeteigen erwartet man ein lockeres, leicht brechendes Gebäck. Darum wird auf die Ausbildung des Klebers verzichtet. Man knetet die Mürbeteige nicht, sondern vermengt die Zutaten nur kurz.

Bindegewebe verkürzt sich beim Erhitzen.

Die einzelnen Fleischfasern sind vom Bindegewebe umschlossen und werden durch diese zusammengehalten. Bei Wärmeeinwirkung verkürzt sich das Bindegewebe, es zieht sich zusammen. Dabei

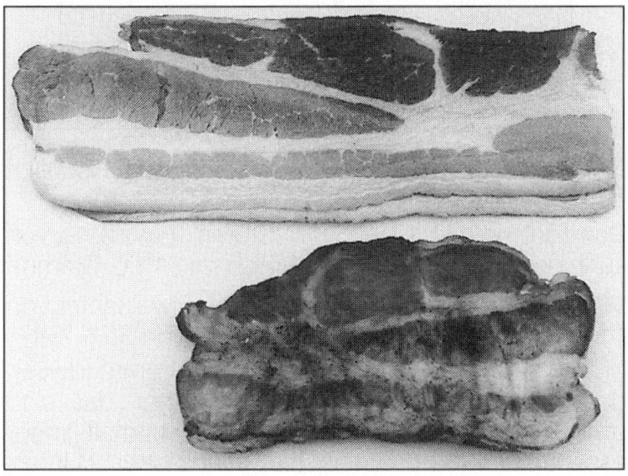

drückt es den Fleischsaft aus den Fasern. Das Fleisch wird trocken. Durch entsprechende Behandlung des Fleisches wird dem entgegengewirkt:

▷ **Klopfen** – Bindegewebefasern reißen ein,

▷ **Einschneiden** – Speck- oder Bindegeweberand wird durchtrennt.

Bindegewebe werden durch Säure verändert.

Fleischstücke mit viel Bindegewebe werden beim Braten trocken und fest. Legt man das Fleisch aber in eine Marinade, lockert die Säure (Essigsäure, Milchsäure, Weinsäure) die Fasern des Bindegewebes und verwandelt sie in leicht kaubare Gelatine. Der Braten ist dann mürbe und saftig.

Kollagen bildet eine Gallerte.

Schwarten, Knorpel und Knochen enthalten viel Kollagen oder Leimeiweiß. Dieses wird durch Kochen gelöst und geht in die Flüssigkeit über. In gereinigter und getrockneter Form wird es als **Gelatine** angeboten.

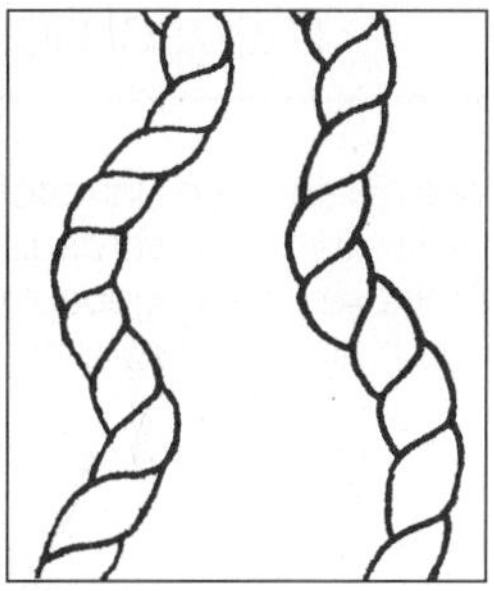

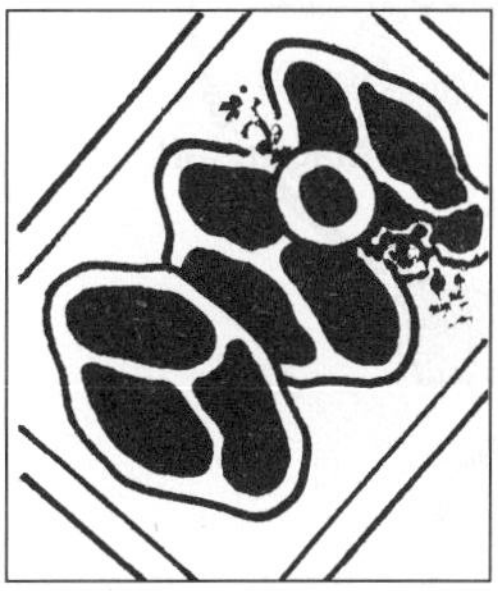

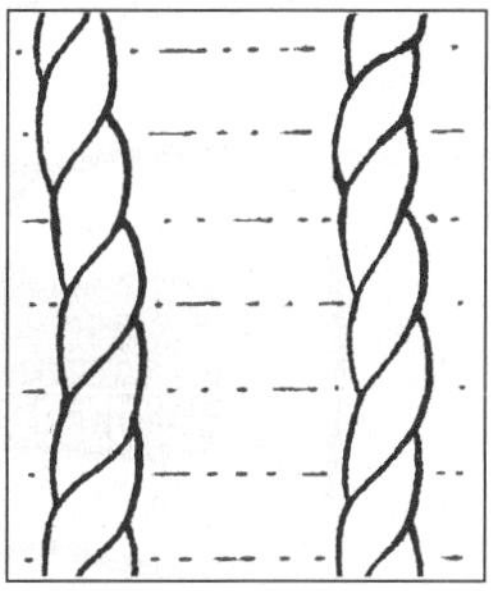

Gelatine wird eingeweicht und in warmer Flüssigkeit gelöst. Dabei zeigt sich noch keine Bindung.

Beim Abkühlen bildet sich eine Gallerte, z. B. bei Aspik oder Sülze.

Bei Erwärmen wird die Gallerte wieder flüssig.

Caseinogen gerinnt durch Säure und Lab.

Beim Caseinogen der Milch ist mit dem Eiweißteil der Mineralstoff Calcium eng verbunden. Darum gerinnt Milch beim Kochen nicht. Wenn jedoch durch Milchsäure das Calcium abgetrennt wird, gerinnt das Eiweiß z. B. bei Sauermilch und Joghurt.

Wird die angesäuerte Milch erwärmt , trennt sie sich in Eiweißgerinnsel (Quark) und Flüssigkeit (Molke).

Ähnlich verhält sich die Milch, wenn ihr Lab zugesetzt wird. Lab ist ein Enzym aus dem Magen der Kälber.

Verderb

Eiweißhaltige Lebensmittel verderben besonders leicht, denn viele Bakterien bevorzugen Eiweiß. Lebensmittel, die von Bakterien befallen sind, riechen und schmecken unangenehm. Bei Fleisch und Wurst zeigt sich der Bakterienbefall in einer schmierigen Oberfläche.

Verdorbene, eiweißhaltige Lebensmittel sind gesundheitsschädlich; sie führen zu Übelkeit, Durchfall und Erbrechen.

4.3 Bedeutung für den menschlichen Körper

Wie die anderen Nährstoffe müssen auch die Eiweißstoffe durch die Verdauung zu den Bausteinen, den Aminosäuren, abgebaut werden. Sie gelangen dann durch die Darmwand in den Blutkreislauf.

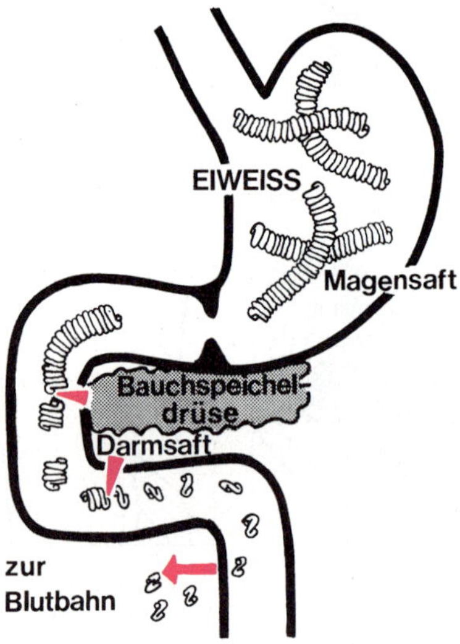

Der Eiweißabbau beginnt im **Magen.** Die **Salzsäure** des Magensaftes läßt das Eiweiß zunächst **gerinnen. Enzyme spalten** dann die Eiweißmoleküle in Bruchstücke. Diese werden dann von den Enzymen des Bauchspeichels und des Darmsaftes zu den Aminosäuren abgebaut.

Eiweißstoffe dienen dem Körper vorwiegend als **Baustoff.** Sie sind die eigentlichen Träger des Lebens. Bei Kindern und Heranwachsenden ist das Eiweiß notwendig zum **Aufbau,** bei Erwachsenen zum **Ersatz** verbrauchter oder abgenützter Körpersubstanz.

Führt man dem Körper mehr Eiweißstoffe zu, als er zum Aufbau und zur Erneuerung benötigt, verwendet er diese zur **Energiegewinnung.**

Essentielle Aminosäuren – Biologische Wertigkeit

Die Aminosäuren werden im Körper zu körpereigenem Eiweiß aufgebaut. Jede Eiweißart (Haut, Bindegewebe, Haare) wird dabei nach einem ganz bestimmten, im voraus festgelegten Muster gebildet. Manche Aminosäuren kann der Körper selbst bilden, bei anderen ist er jedoch auf die Zufuhr angewiesen. Man nennt diese Aminosäuren **lebensnotwendig** oder **unentbehrlich** oder **essentiell.** Eiweißarten mit viel essentiellen Aminosäuren sind darum für den Körper besonders wertvoll.

Der Anteil der einzelnen Aminosäuren im Nahrungseiweiß entspricht nicht immer der Zusammensetzung von Körpereiweiß. Die Verwertbarkeit eines bestimmten Nahrungseiweißes wird von der essentiellen Aminosäure bestimmt, die mit dem geringsten Anteil vorhanden ist. (Der Körper kann nicht „weiterbauen", wenn ein bestimmter Baustein fehlt. Auch wenn genügend andere Bausteine vorhanden sind, bleiben die Kombinationsmöglichkeiten begrenzt.) Man nennt darum die essentielle Aminosäure, die mit dem geringsten Anteil vorhanden ist, die begrenzende Aminosäure. Sie bestimmt auch die biologische Wertigkeit.

Die **biologische Wertigkeit** einer Eiweißart gibt an, wieviel Gramm Körpereiweiß aus 100 Gramm Nahrungsmitteleiweiß gebildet werden können. „Von Hundert" ≙ %; die biologische Wertigkeit ist also eine Prozentzahl.

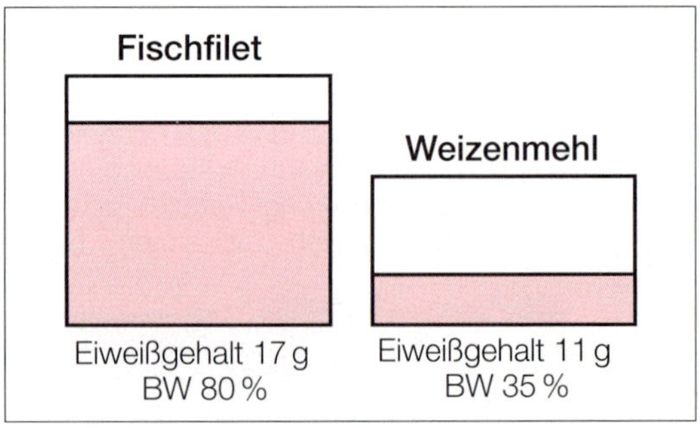

Gehen wir für eine Berechnung von einem Fischfilet mit 100 Gramm aus.

Das Filet enthält 17 % = 17 Gramm Eiweiß. Davon kann der Körper 80 % nutzen. Das sind 13,6 Gramm.

Vergleich mit Weizenmehl, das einen Eiweißanteil von 11 % und eine biologische Wertigkeit von 35 % hat.

In 100 Gramm Weizenmehl sind 11 Gramm Eiweiß, davon für den Körper 35 % verwertbar, das sind etwa 4 Gramm. Tierisches Eiweiß enthält mehr essentielle Aminosäuren als pflanzliches. Unterschiedliche Eiweißarten können sich gegenseitig ergänzen und damit zusammen eine höhere biologische Wertigkeit haben.

Vegetarier achten bei der Zusammenstellung der Kost besonders auf die begrenzenden Aminosäuren. Bei sinnvoller Kombination können sie den Eiweißbedarf decken.

4.4 Versorgung mit Eiweiß

Über die Versorgung mit Eiweiß geben die Tabellen Auskunft.

Durchschnittlicher Eiweißgehalt in g je 100 g Lebensmittel

Hartkäse, vollfett	25
Linsen	24
Schweinefleisch, mittelfett	18
Speisequark, mager	17
Heringsfilet	18
Blutwurst	14
Hühnerei	11
Mischbrot	7
Joghurt	5
Entrahmte Milch	4
Kartoffeln ohne Schalen	2

Durchschnittliche Eiweiß- (Protein-) Versorgung in % aus:

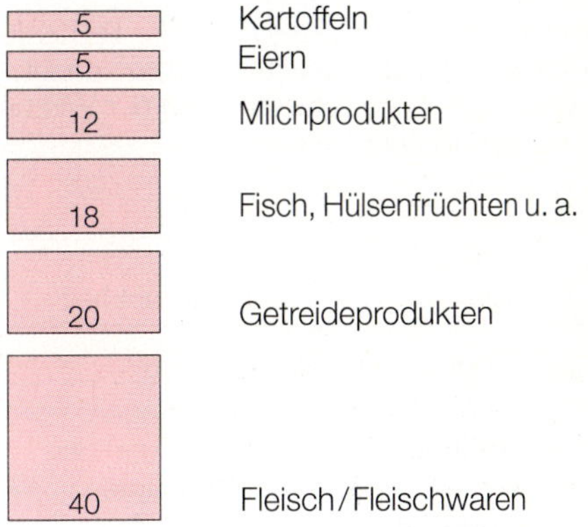

5 Wirkstoffe

Für eine gesunde Ernährung unabdingbar sind als Wirkstoffe die **Vitamine** und **Mineralstoffe.** Wegen ihrer Aufgaben im Körper werden sie auch als **Regler- und Schutzstoffe** bezeichnet. Der menschliche Organismus ist auf eine regelmäßige Zufuhr angewiesen, weil er diese Stoffe nicht selbst bilden und nur begrenzt speichern kann.

Eine Unterversorgung äußert sich im einfachsten Falle mit Abgespanntheit und einer Störung des Wohlbefindens. Ein Mangel führt jedoch in vielen Fällen zu ernsthaften Erkrankungen. Man nennt diese Art von Erkrankungen deshalb auch Mangelkrankheiten.

Veränderte Lebensbedingungen und geänderte Eßgewohnheiten machen es erforderlich, über die Zufuhr von Wirkstoffen grundsätzlich nachzudenken.

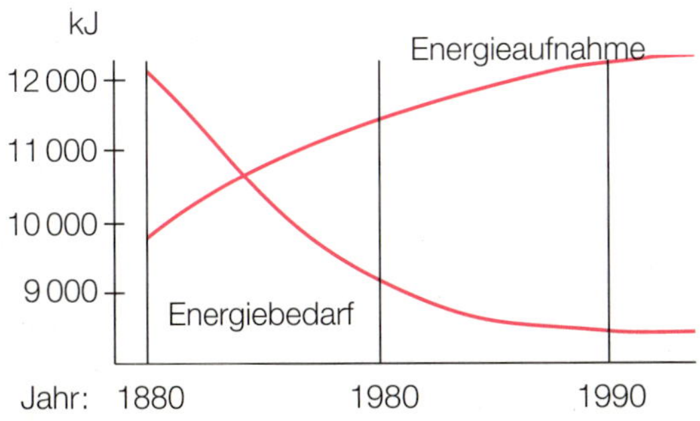

Im Gegensatz zu früher ist die **körperliche Belastung geringer:** Kraftarbeit übernehmen die Maschinen. Dafür ist der Mensch nervlich mehr angespannt. Die Ernährung ist heute **energiereicher**. Man ißt „besser". Das bedeutet mehr (verstecktes) Fett, mehr Zucker, weniger Ballaststoffe. Damit ist die Nahrung energiereicher und zugleich ärmer an Wirkstoffen. Man spricht darum auch von „leeren Kalorien".

Wer sich richtig ernähren will, muß also nicht nur weniger essen, sondern auch das Richtige auswählen. Eine Hilfe ist die Nährstoffdichte.

Die Nährstoffdichte ist ein Meßwert, der angibt, in welchem Verhältnis ein wichtiger Nahrungsbestandteil zur Energieaufnahme steht. (Nähere Erklärung bei Vollwertkost.) Je höher der Wert für einen bestimmten Nährstoff, desto besser ist er für eine ausreichende Versorgung mit dem entsprechenden Stoff geeignet, ohne daß zugleich zu viel Energie aufgenommen wird. Beispiel: Die Nährstoffdichte für Vitamin C ist bei Zucker 0, bei Endiviensalat 140.

Die folgenden Zusammenstellungen treffen eine Auswahl. Im Vordergrund stehen die Vitamine und Mineralstoffe, welche im Ernährungsbericht der Deutschen Gesellschaft für Ernährung mit besonderen Anmerkungen aufgeführt sind.

6 Vitamine

6.1 Wichtige Arten und deren Aufgaben

Früher wurden die Vitamine in der Reihenfolge der Entdeckung mit Buchstaben bezeichnet. Später benannte man sie teilweise nach der Wirkung, z. B. „antiskorbutisches Vitamin“.

Heute haben die Vitamine Namen, die entweder zu ihrer Funktion oder der chemischen Beschaffenheit Bezug haben. Hier werden alte und neue Bezeichnung genannt.

Vitamin	Mangelkrankheit	Vorkommen	empfindlich gegen Licht	Luft	Wasser	Wärme
fettlöslich						
A **Retinol** Vorstufe ist **Carotin**	Entzündungen der Haut und der Schleimhäute, Nachtblindheit, Widerstandskraft gegen Infektionen läßt nach	Butter, Lebertran, Eigelb, Milch, Carotin in Karotten, Möhren, Aprikosen	+ +	+ +	–	–
D **Calciferol**	Wachstumsstörungen, Knochenerweichung, Rachitis	Butter, Margarine, Milch, Lebertran	–	+ +	–	–
wasserlöslich						
B_1 **Thiamin**	Verdauungsstörungen, Muskelschwund, rasche Ermüdung, Nervosität, Beriberi	Hefe, Vollkornerzeugnisse, Vollmilch, Quark, Ei, Fleisch, Fisch, Kartoffel	–	+	+	+
B_2 **Riboflavin**	Schlaflosigkeit, Nervosität	Schweineleber, Niere, Vollmilchprodukte	–	–	+	+
B_6 **Pyridoxin**	Appetitminderung, Gewichtsverlust, Augenentzündung	Hefe, Leber, Weizenkeimlinge	+	–	+ +	–
C **Ascorbinsäure**	Ermüdung, „Frühjahrsmüdigkeit“, Zahnfleischerkrankung, Skorbut	Südfrüchte, Obst, Hagebutten, schwarze Johannisbeeren, Kartoffeln, alle grünen Pflanzen	+ +	+ +	+ +	+ +
Folsäure	Müdigkeit, Leistungsminderung, schlechte Wundheilung	Gemüse, Weizenkeime, Bierhefe	–	–	–	+

6.2 Erhaltung bei der Vor- und Zubereitung

Entsprechend den Eigenschaften der Vitamine wird bereits bei Transport und Lagerung von Obst und Gemüse durch den Einfluß von Luft, Wärme und Licht ein Teil der Vitamine zerstört.

Einfluß von: **Zeit**
Gehalt an Vitamin C

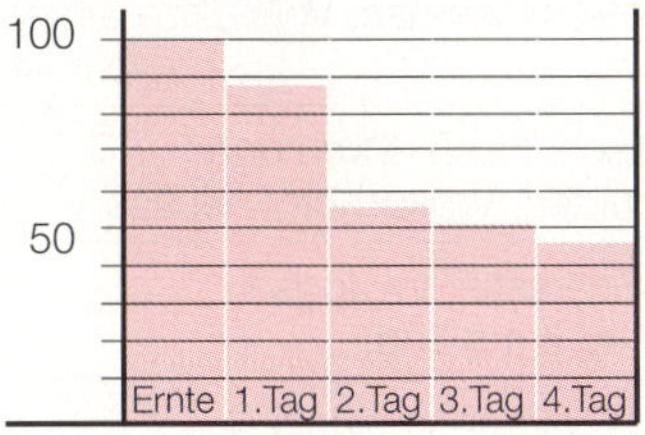

Temperatur
Gehalt an Vitamin C nach 2 Tagen

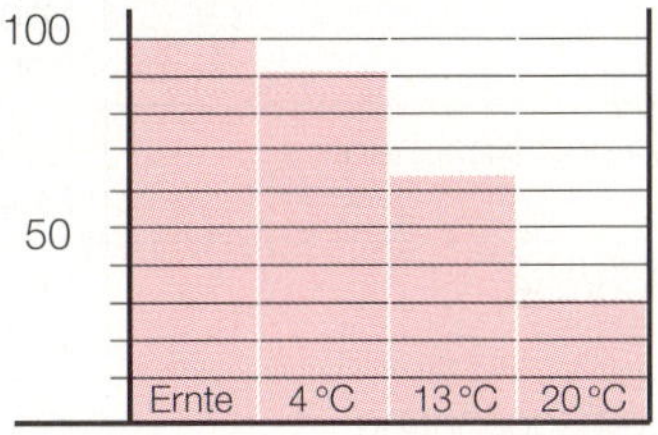

Licht
Gehalt an Vitamin C nach 3 Stunden

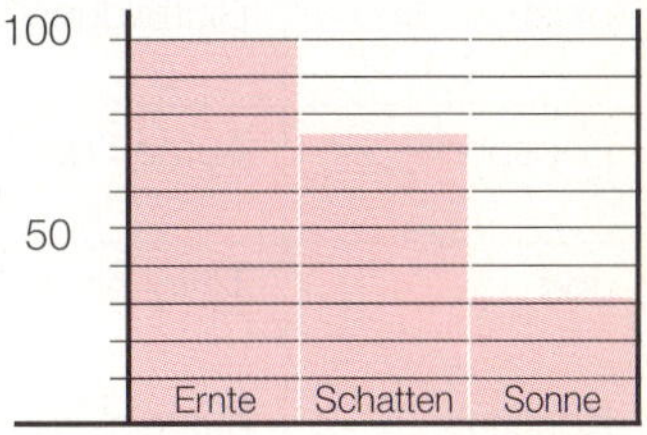

Aber auch die **Art der Vorbereitung** hat großen Einfluß auf das Ausmaß der Verluste.

Oberflächenbeschaffenheit
Gehalt an Vitamin C nach 12 Stunden in stehendem Wasser

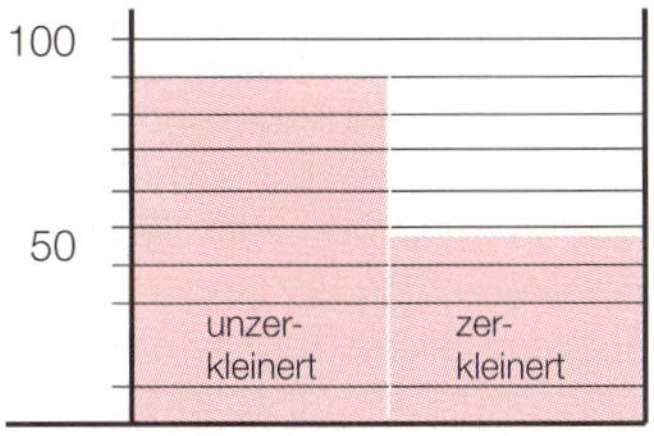

Wassermengen
Gehalt an Vitamin C bei Aufbewahrung in stehendem und fließendem Wasser

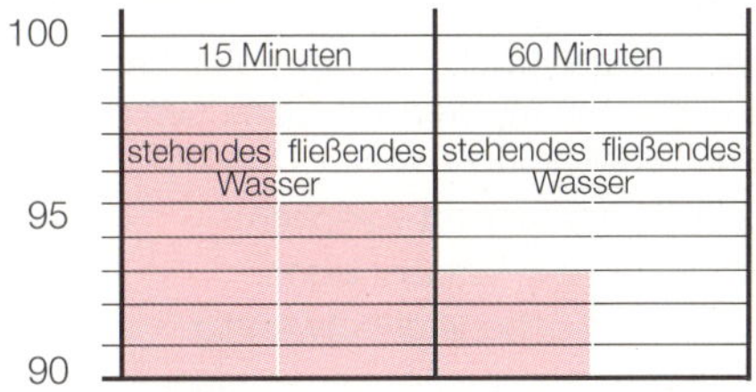

Um Vitaminverluste weitgehend zu vermeiden, ist zu beachten:

- ▷ Gemüse kühl und dunkel aufbewahren,
- ▷ kurz und unzerkleinert waschen,
- ▷ geschälte Kartoffeln möglichst kurz und in möglichst wenig Wasser aufbewahren,
- ▷ geputzte Gemüse nicht in Wasser legen, sondern mit feuchten Tüchern abdecken,
- ▷ blanchieren nur, wenn unbedingt notwendig,
- ▷ Kochgeschirr beim Garen abdecken.

7 Mineralstoffe

7.1 Bedeutung für den menschlichen Körper

Mineralstoffe sind die unverbrennbaren anorganischen Bestandteile der Lebensmittel. Die Mineralstoffe werden vom Körper zwar nicht verbraucht, doch wird über den Stoffwechsel ständig ein Teil ausgeschieden und muß darum mit der Nahrung, vor allem bei erhöhter Belastung, ständig wieder zugeführt werden. Eine ausreichende Versorgung des Körpers mit Mineralstoffen ist lebensnotwendig.

Mineralstoffe werden eingeteilt

Aufgaben

- **Baustoffe für** Knochen, Zähne, Körperzellen, z. B. Calcium, Phosphor, Magnesium
- **Reglerstoffe,** welche die Eigenschaften der Körpersäfte beeinflussen, z. B. Natrium, Kalium, Chlor

Anteil im Körper

- **Mengenelemente,** z. B. Kochsalz, Calcium, Phosphor
- **Spurenelemente**, z. B. Eisen, Jod, Fluor

7.2 Vorkommen und Aufgaben

Mineralstoff	notwendig für	kommt reichlich vor in
Calcium	Aufbau der Knochen und Zähne, Blutgerinnung	Milch und Milchprodukten, Gemüse
Eisen	Blutbildung	Leber, grünem Gemüse, Vollkornbrot
Phosphor	Aufbau der Nerven und Knochen	Leber, Fleisch, Fisch, Milch und Milchprodukten, Vollkornbrot, Nüsse
Jod	Tätigkeit der Schilddrüse	Fischen, Meerestieren, Jodsalz (enthält je kg 5 mg Jod)
Kochsalz	ausreichende Gewebespannung	in fast allen Nahrungsmitteln

7.3 Erhaltung bei der Vor- und Zubereitung

Mineralstoffe sind wasserlöslich. Darum entstehen beim Waschen, beim Aufbewahren von Gemüsen in Wasser und Blanchieren große Verluste. Deshalb:

- Gemüse kurz und unzerkleinert waschen,
- geputzte Gemüse nicht in Wasser legen,
- blanchieren nur, wenn unbedingt notwendig.
- Einweich- und Kochwasser weiterverwenden.

Einen erhöhten Bedarf an Wirkstoffen können Schwangere, Stillende sowie Säuglinge und ältere Menschen haben. Bei starker Belastung (Beruf, Sport) kann ebenfalls ein Mehrbedarf auftreten.

In diesen Fällen ist es möglich, daß der Bedarf durch bewußte Nahrungsauswahl (siehe Tabelle) ergänzt werden muß. Vitamin- und Mineralstoffpräparate sollten über längere Zeit jedoch nur nach Rücksprache mit dem Arzt eingenommen werden.

Übersicht

Ausreichende Versorgung
mit Vitaminen und Mineralstoffen

Mehrbedarf
bei Schwangeren
Stillenden
Säuglingen
alten Menschen
starker Belastung

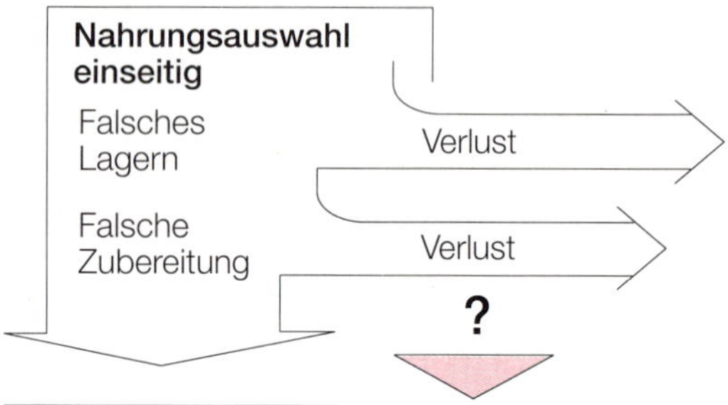

Nicht ausreichende Versorgung

Mangel an Vitaminen und Mineralstoffen

8 Wasser

Chemisch reines Wasser (H_2O) setzt sich aus zwei Atomen Wasserstoff und einem Atom Sauerstoff zusammen. Im natürlichen Wasserkreislauf durchdringt der Regen jedoch verschiedene Erdschichten. Diese wirken einerseits als Filter, andererseits löst das Wasser aus diesen Schichten Mineralstoffe.

Nach dem Lebensmittelgesetz muß

Trinkwasser klar, farb-, geruch- und geschmacklos sein und darf keine gesundheitsschädlichen Stoffe enthalten.

8.1 Wasserhärte

Die **Menge** der im Wasser gelösten Mineralstoffe bestimmt die **Wasserhärte.** Ein Grad deutscher Härte = 1 °dH ≙ 10 mg gelöste Mineralstoffe in einem Liter Wasser. Je nach Mineralstoffgehalt spricht man von hartem oder weichem Wasser. **Hartes Wasser** bildet beim Erhitzen Kesselstein, der sich in Geschirren, Heizungskesseln und Rohren absetzt.

8.2 Bedeutung für den menschlichen Körper

Wasser dient dem Körper, der zu etwa 65% aus Wasser besteht, als **Baustoff.**

Als Lösungsmittel bringt das Wasser die Bausteine der Nährstoffe, die Vitamine und Mineralstoffe aus den Speisen, so daß sie die Darmwand durchdringen können.

Als **Transportmittel** nimmt Wasser die gelösten Stoffe in Blut und Lymphe auf und bringt sie zu den Verbrauchsstellen. Von dort werden Verbrennungsrückstände zu den Ausscheidungsorganen gebracht.

Zur **Wärmeregelung** gibt der Körper durch die Poren der Haut Wasser ab. Dieses verdunstet und kühlt dadurch den Körper ab.

Der Körper bedarf einer täglichen Wassermenge von 2 bis 2,5 Litern. Diese wird teilweise durch den Wassergehalt der Lebensmittel gedeckt, zum größeren Teil aber durch Getränke ergänzt.

Der Wasserbedarf ist erhöht bei

- trockener und heißer Witterung, weil die Schweißabsonderung ansteigt, wie auch bei
- körperlicher Anstrengung und dem
- Genuß kräftig gesalzener oder scharfer Speisen.

8.3 Küchentechnische Eigenschaften

Wasser laugt aus.

Durch den besonderen chemischen Aufbau des Wassermoleküls verhalten sich die einzelnen Wasserteilchen wie Magnete: sie haben einen positiven und einen negativen Pol. So können sie sich **leicht zwischen andere Stoffe** schieben und deren Anziehungskräfte aufheben. Diese Stoffe bleiben dann im Wasser gelöst. Heißes Wasser ist „beweglicher" als kaltes und löst darum schneller.

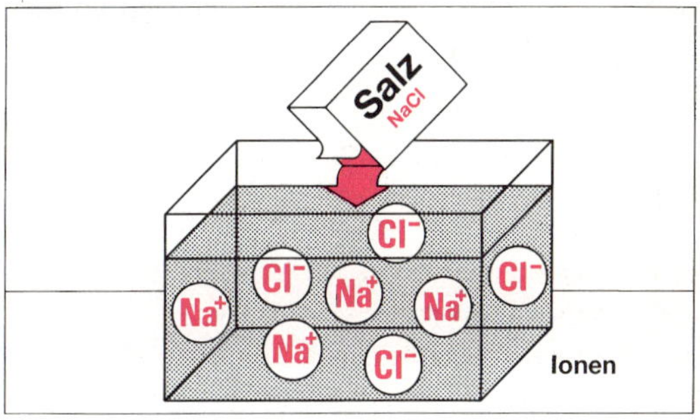

Die lösende Wirkung des Wassers ist

- **erwünscht** bei Aufgußgetränken wie Tee oder Kaffee oder bei der Herstellung von Bouillon,
- **unerwünscht,** wenn Auslaugverluste vermieden werden sollen. Dann bringt man die Lebensmittel möglichst nur kurz mit Wasser in Berührung, z. B. werden die Gemüse kurz und unzerkleinert gewaschen.

Wasser läßt Lebensmittel aufquellen.

Manchen Lebensmitteln wie Linsen, gelben Erbsen, Dörrobst wird das Wasser entzogen, um sie haltbar zu machen.

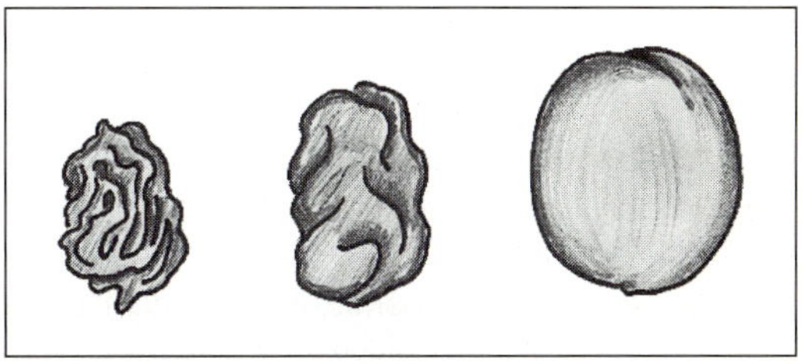

Bringt man diese Lebensmittel wieder ins Wasser, weicht man sie ein, so saugen sie sich mit Wasser voll und quellen.

Wasser dient als Garmedium.

Bei den Garverfahren Kochen, Dämpfen und Dünsten wird die Wärme durch das Wasser auf die Lebensmittel übertragen.

Dabei nutzt man auch die Erkenntnis, daß der **Siedepunkt des Wassers vom Druck abhängig** ist.

Bei normalem Druck kocht das Wasser bei 100 °C. Die Temperatur kann trotz weiterer Wärmezufuhr nicht mehr steigen. Erhöht man den Druck, wie z. B. im Dampfdrucktopf oder bei Autoklaven, verdampft das Wasser bei erhöhter Temperatur.

Höhere Temperatur bedeutet kürzere Garzeit.

Darum spricht man auch vom „Schnell"-Kochtopf. Verringert man dagegen den Druck, so kocht das Wasser bereits bei geringerer Temperatur. Diesen Zustand stellt man absichtlich her, wenn man Luft abpumpt (entzieht) und so einen **Unterdruck,** ein **Vakuum** erzeugt, z. B. beim Eindicken von Kondensmilch, um den Kochgeschmack zu vermeiden.

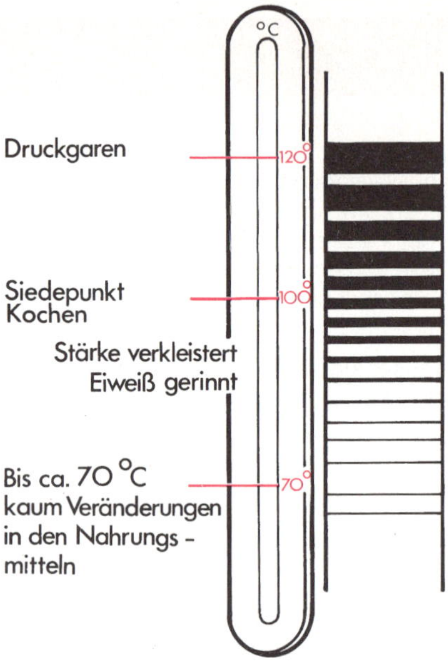

9 Enzyme

Enzyme sind Wirkstoffe, die Veränderungen in den Zellen und damit auch in den Lebensmitteln entweder überhaupt erst ermöglichen oder aber beschleunigen, ohne sich dabei zu verbrauchen. Neben dem aus dem Griechischen kommenden Wort Enzyme verwendet man auch den lateinischen Begriff Fermente. Beide Begriffe bedeuten das gleiche.

Man bezeichnet Wirkstoffe wie z. B. die Enzyme auch als **Katalysatoren;** werden diese in lebendigen Organismen gebildet, spricht man von **Biokatalysatoren.**

9.1 Wirkungsweise

Enzyme bewirken die verschiedensten Abläufe. Sie

- **bauen in der Pflanze Nährstoffe auf** – aus Einfachzuckern werden Zweifach- und Vielfachzucker,
- **verändern die Lebensmittel** – Schlachtfleisch reift, angeschnittene Äpfel werden braun,
- **bauen Nährstoffe ab** – z. B. bei der Verdauung,
- **bauen arteigene Körperstoffe auf** – z. B. Haare, Haut, Fett im Unterhautfettgewebe.

Enzyme bestehen aus **Eiweiß** und einer **Wirkstoffgruppe.** Diese Wirkstoffgruppe ist spezialisiert. Darum sind auch die Enzyme nur zu besonderen Veränderungen an jeweils einem speziellen Nährstoff fähig, können also auch bewußt sehr differenziert eingesetzt werden.

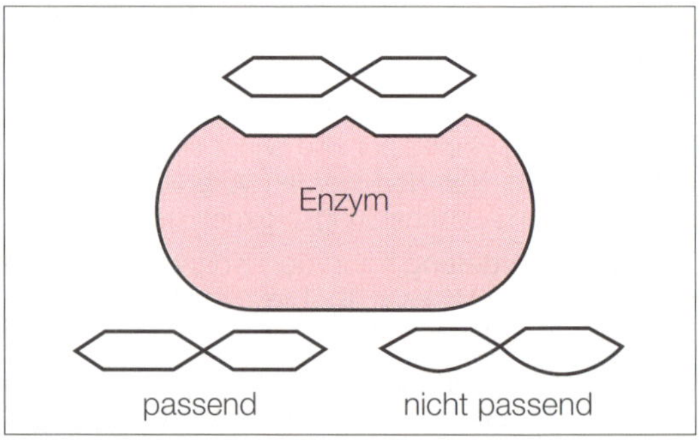

Enzyme sind

wirkungsspezifisch, sie können nur eine bestimmte Wirkung einleiten, z. B. Aufbau von Fetten,

stoffspezifisch (substratspezifisch), d. h. ein bestimmtes Enzym kann z. B. nur Fett verändern, nicht aber auch Kohlenhydrate oder Eiweißstoffe.

Das untenstehende Beispiel des Stärkeabbaues zeigt, daß für jede Stufe ein anderes Enzym erforderlich ist. So kann z. B. die Amylase nur den Vielfachzucker Stärke in Zweifachzucker spalten. Dieses Beispiel aus dem Bereich der Kohlenhydrate ist auf alle anderen Stoffe übertragbar.

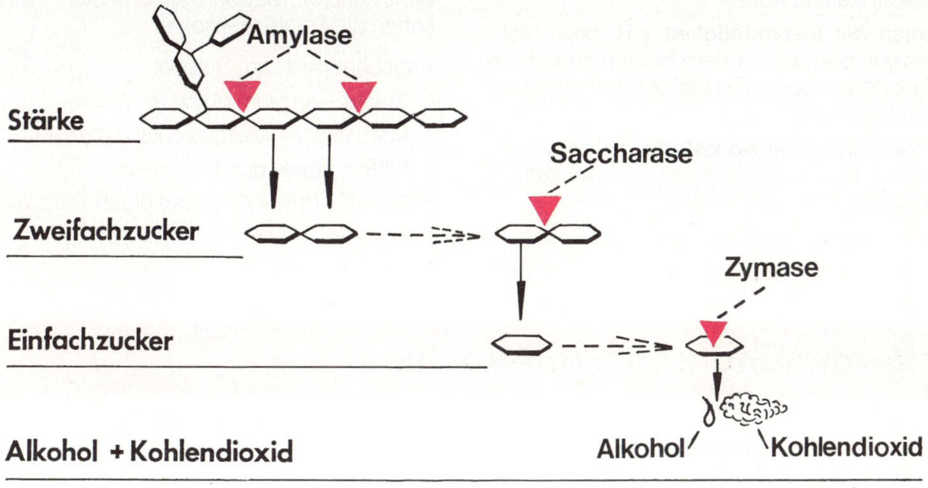

9.2 Bedingungen der Enzymtätigkeit und deren Steuerung

Versuche

1. Bereiten Sie aus 100 cm^3 Wasser und 5 g Stärke einen Kleisterbrei. Verteilen Sie ihn auf die Gläser 1 bis 4.
2. In die Gläser 2, 3 und 4 wird je ein Teelöffel Speichel gegeben und untergerührt. Stellen Sie Glas 2 in den Kühlschrank, Glas 3 in ein Wasserbad mit 37 °C; Glas 4 muß aufgekocht und anschließend in ein Wasserbad gestellt werden.
3. Zerdrücken Sie ein Stückchen rohes Fischfilet, vermischen Sie es mit einem Teelöffel Speichel und füllen Sie es in Glas 5, das Sie anschließend ins Wasserbad stellen.
4. Nach ca. 20 Min. vergleichen Sie die Gläser. Nr. 1, 2, 4 und 5 zeigen keine Veränderungen. In Glas 3 hat sich der Stärkebrei verflüssigt. Prüfen Sie mit wässeriger Jodlösung!

Die **Wirksamkeit der Enzyme ist** abhängig

▷ **von der Temperatur.** – Bis ca. 40 °C steigt die Wirksamkeit an; bei höheren Temperaturen wird das Eiweiß geschädigt, es verändert sich und die Wirksamkeit des Enzyms läßt nach.

▷ **vom verfügbaren Wasser (a_W-Wert).** – Für die chemischen Abläufe muß Wasser vorhanden sein, damit sich die Teilchen „bewegen" können. Das Wasser, das den Enzymen verfügbar ist, nennt man auch **aktives Wasser.**

▷ **vom Säurewert (pH-Wert).** – Die Enzyme bevorzugen neutrale bis leicht saure Umgebung. Durch eine Verschiebung des pH-Wertes kann darum die Enzymtätigkeit beeinflußt werden.

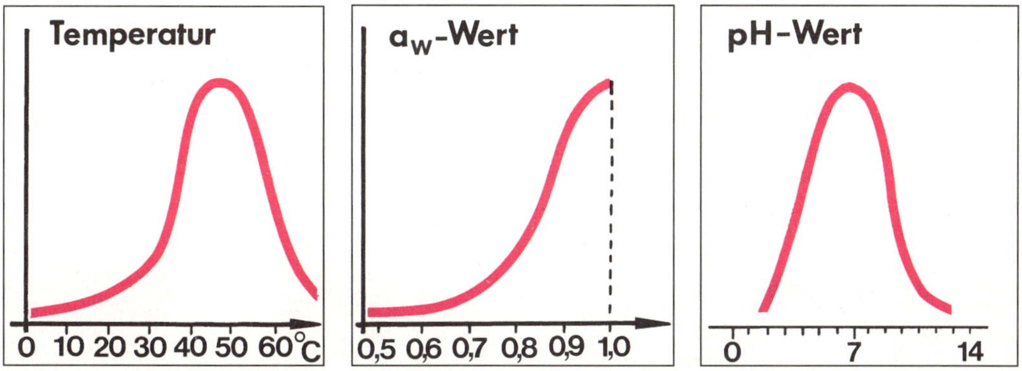

Bei der **Herstellung von Lebensmitteln** beeinflußt man die Wirkung der Enzyme.

- **Fördern der Enzymtätigkeit** z. B. beim Fermentieren von Tee und Kaffee,
- **Hemmen der Enzymtätigkeit** z. B. beim Blanchieren von Gemüse vor dem Frosten oder durch die Zugabe von Säure (Essigsäure, Benzoesäure) zur Konservierung.

Bei der **Verdauung der Nährstoffe** wirken die körpereigenen Enzyme und zerlegen die Nährstoffe in die Bausteine.

Zusatzwissen

Die wissenschaftlichen Namen der Enzyme werden nach einer internationalen Vereinbarung nach dem Stoff benannt, auf den sie einwirken. Alle Enzyme haben die Endsilbe -ase.

Abgebaut wird zum Beispiel:

- Stärke – Amylum durch Amyl**asen**
- Malzzucker – Maltose durch Malt**asen**
- Fette – Lipide durch Lip**asen**
- Eiweiß – Protein (Proteid) durch Prote**asen.**

10 Verdauung und Stoffwechsel

Mit den Lebensmitteln nehmen wir die Nährstoffe auf, die der Körper zum Aufbau (Muskeln, Knochen) und zur Energiegewinnung (Kraft, Wärme) benötigt. Dies wurde schon bei der Behandlung der einzelnen Nährstoffe aufgezeigt. Jetzt werden Verdauung und Stoffwechsel zusammenhängend dargestellt.

Lebensmittel nennt der Gesetzgeber alles, was gegessen, gekaut oder getrunken wird.

Durch die Verdauung werden die Lebensmittel zerkleinert (Zähne, Magen) und in die Bausteine **zerlegt. Verdauung ist der Abbau der Nahrung in die Bausteine der Nährstoffe.** Das geschieht im Magen-Darm-Kanal, vorwiegend im Dünndarm. Als Werkzeuge für die Aufspaltung der Nährstoffe in die Bausteine dienen die Enzyme.

Die Bausteine der Nährstoffe (Einfachzucker, Aminosäuren, Glycerin und Fettsäuren) sind so kleine Moleküle, daß sie durch die Darmwand in die Blutbahn oder die Lymphbahn gelangen können. Diesen Übergang aus dem Verdauungskanal in den „eigentlichen Körper“ bezeichnet man als **Resorption.**

Durch den Blutkreislauf werden die Bausteine der Nährstoffe zu den Körperzellen gebracht. Dort finden die eigentlichen Veränderungen statt:

Einfachzucker werden in Verbindung mit Sauerstoff zu Energie (Kraft, Körperwärme), aus Aminosäuren wird körpereigenes Eiweiß aufgebaut usw. Diese Vorgänge nennt man **Stoffwechsel.**

Um die Beiträge der einzelnen Nahrungsmittel für die Energieversorgung des Körpers miteinander vergleichen zu können, gibt man deren Energiegehalt an. Dazu verwendet man die Maßbezeichnung kJ ≙ Kilojoule.

Es liefern	1 g Kohlenhydrate	17 kJ
	1 g Eiweiß	17 kJ
	1 g Fett	39 kJ

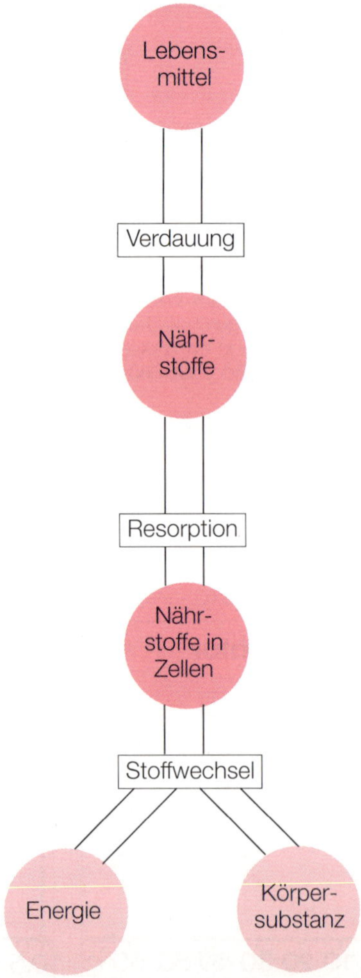

Verdauung im Überblick

Im Mund

Speichel enthält das Enzym **Amylase.** Es beginnt mit dem Abbau der Stärke. Zugleich macht der Speichel die durch das Kauen zerkleinerte Nahrung gleitfähig.

Im Magen

Magensaft enthält **Salzsäure** und eiweißabbauende Enzyme. Die Säure tötet die meisten der mit der Nahrung aufgenommenen Bakterien ab und läßt das Eiweiß gerinnen. Im angesäuerten Speisebrei beginnen **Peptidasen** mit dem Abbau der Eiweißstoffe.

Im Zwölffingerdarm

kommt **Gallenflüssigkeit** zum Speisebrei. Galle wird von der Leber produziert und in der Gallenblase gespeichert. Die Galle emulgiert das Fett, es entstehen viele kleinste Fett-Teilchen, die sich leichter aufspalten lassen.

Von der Bauchspeicheldrüse fließen **Lipasen** (fettspaltende Enzyme), **Peptidasen** (eiweißspaltende Enzyme) und **kohlenhydratspaltende Enzyme** in den Speisebrei.

Im Dünndarm

kommen weitere Verdauungsenzyme dazu. Alle Nährstoffe werden zu den Bausteinen zerlegt:

- ▷ Kohlenhydrate werden zu Einfachzucker,
- ▷ Fette zu Glycerin und Fettsäuren,
- ▷ Eiweißstoffe zu Aminosäuren.

Diese Bausteine gelangen als verwertbare Anteile der Nahrung durch die Wand des Dünndarms in den Körper.

Einfachzucker und Fettsäuren werden vom Blut transportiert, Fett von der Lymphe aufgenommen.

Verdauungsorgane	Verdauungssäfte	Verdauungsvorgänge: Kohlenhydrate	Eiweiß	Fett
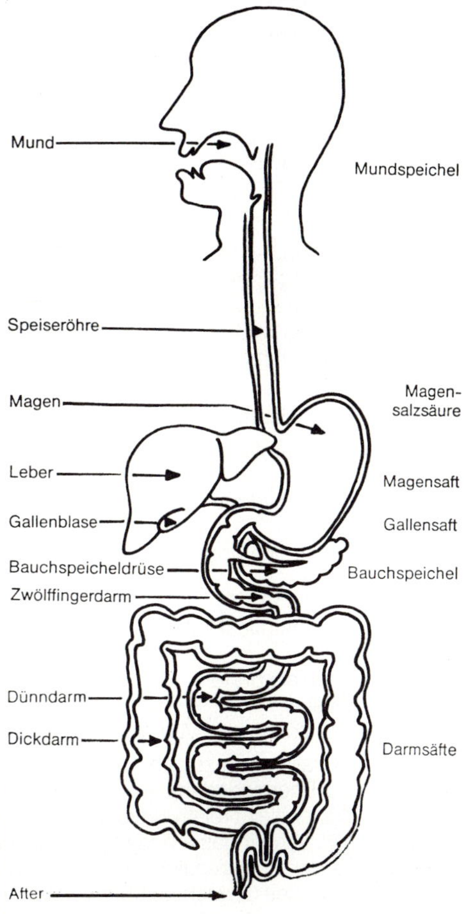		Enzyme des **Mundspeichels** beginnen mit dem Abbau der Stärke.		
			Salzsäure und das Enzym Pepsin leiten im **Magen** den Eiweißabbau ein.	
				Gallensaft emulgiert Fett zu feinsten Tröpfchen.
		Enzyme der **Bauchspeichel**drüse zerlegen Zuckerstoffe weiter. Enzyme des **Darmsaftes** zerlegen restlichen Zweifach- zu Einfachzucker.	Enzyme in **Bauspeichel** und **Darmsaft** zerlegen die Eiweißteile zu Aminosäuren.	Enzym Lipase aus **Bauchspeichel**drüse spaltet Fett in Glycerin und Fettsäuren.
		Einfachzucker werden vom **Blut** aufgenommen.	**Aminosäuren** werden vom **Blut** aufgenommen.	**Glycerin** und **Fettsäuren** werden von der **Lymphbahn** aufgenommen.

11 Vollwertige Ernährung

Durch eine vollwertige Ernährung sollen die Leistungsfähigkeit des Menschen gefördert und ernährungsbedingte Erkrankungen vermieden werden.

Wer sich vollwertig ernähren will, beachtet:

- **Die richtige Nahrungsmenge:** Die Energiezufuhr muß auf den Bedarf des Körpers abgestellt sein. Wer über längere Zeit den Bedarf des Körpers mit der Energiezufuhr nicht zur Übereinstimmung bringt, hat Gewichtsprobleme (vgl. unten).
- **Die richtige Zusammenstellung:** Nicht die Menge allein macht es, es muß auch das Richtige sein, was man zu sich nimmt. Das bedeutet, daß bei einer vollwertigen Ernährung darauf zu achten ist, daß alle essentiellen Nährstoffe auch in ausreichender Menge zugeführt werden.
- **Die richtige Verteilung der Nahrung:** Der menschliche Körper unterliegt biologisch bedingten Schwankungen innerhalb des Tagesablaufs. Wer den zeitlich unterschiedlichen Bedarf des Körpers beachtet, lebt besser und leichter.

11.1 Energiebedarf

Der Körper bedarf selbst bei Ruhe und Schlaf zur Erhaltung der Lebensvorgänge, wie Atmung, Kreislauf, Verdauung usw., einer gewissen Energiemenge. Diese nennt man Grundumsatz.

Der **Grundumsatz** ist abhängig von

- Alter – mit zunehmendem Alter wird der Grundumsatz geringer,
- Geschlecht – bei Frauen geringer als bei Männern,
- Körpermasse – je „gewichtiger", desto höher der Grundumsatz.

Faustregel: 100 kJ je kg Körpergewicht am Tag.

Leistungsumsatz

Jede Leistung, vor allem aber körperliche Tätigkeit, führt zu einem weiteren Energiebedarf, dem Leistungsumsatz.

Grundumsatz + Leistungsumsatz
= Gesamtumsatz

Leichtarbeiter sind z. B. Feinmechaniker, Sekretärinnen, Boten;
Mittelschwerarbeiter sind z. B. Verkäuferinnen, Restaurantfachleute, Köche;
Schwerarbeiter sind Maurer, Zimmerer.

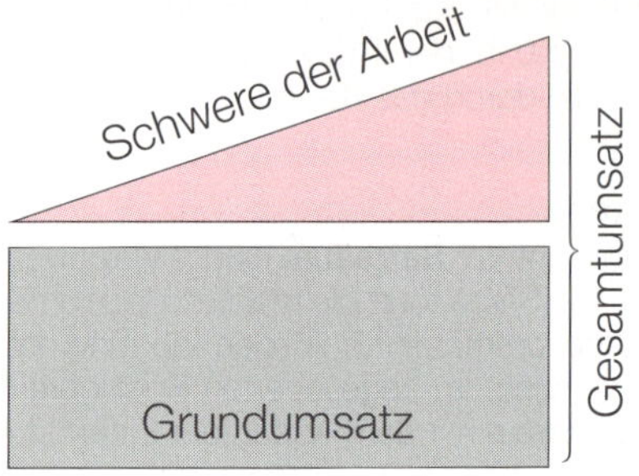

Grundumsatz (Durchschnittswerte)		
Alter	männlich kJ	weiblich kJ
25	7 300	6 000
45	6 800	5 600
65	6 200	5 200

Arbeitsumsatz		
Art der Arbeit	Arbeitsumsatz je Tag in kJ Mann (70 kg)	Frau (60 kg)
leicht	2 100–2 500	1 700–2 100
mittelschwer	2 500–4 200	2 100–3 400
schwer	4 200–6 700	über 3 400

Ein junger Mann mit 70 kg verbraucht bei leichter bis mittelschwerer Tätigkeit täglich etwa 11 000 kJ. Das sind täglich

je 1 kg des Körpergewichts:
0,5–1 g Eiweißstoffe (Protein)
0,7–0,8 g Fett
6–7 g Kohlenhydrate
30–40 g Wasser
Spuren von Mineralstoffen und Vitaminen,

bei einem Körpergewicht von 70 kg:
ca. 60 g Eiweißstoffe (Protein)
ca. 50 g Fett
ca. 450 g Kohlenhydrate
2–3 l Wasser
Spuren von Mineralstoffen und Vitaminen.

Tabellen und die Grafik oben zeigen, daß der überwiegende Teil des Energiebedarfs auf den Grundumsatz entfällt. Dieser bleibt relativ unverändert. Wer abnehmen will, schafft das am raschesten über eine Verringerung der Energiezufuhr. Viel schwerer ist eine Verringerung des Gewichtes über verstärkte Aktivität, z. B. Sport.

11.2 Nahrungsauswahl

Eine Ernährung ist dann vollwertig, wenn alle erforderlichen Nährstoffe in der benötigten Menge aufgenommen werden. Das meint auch der Merksatz:

Iß das Richtige.

Dafür eignet sich am besten eine abwechslungsreiche, gemischte Kost. Die Deutsche Gesellschaft für Ernährung (DGE) gibt mit dem Ernährungskreis eine Hilfe, um die Lebensmittelauswahl zu überprüfen.

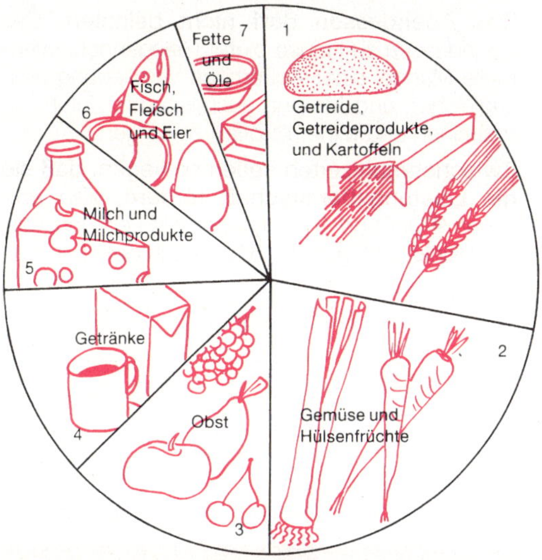

In dem Faltblatt VOLLWERTIG ESSEN UND TRINKEN der DGE heißt es:

Unser Ernährungskreis teilt die Lebensmittel in sieben Gruppen ein.

1. Getreide, Getreideprodukte und Kartoffeln
2. Gemüse und Hülsenfrüchte
3. Obst
4. Getränke
5. Milch und Milchprodukte
6. Fisch, Fleisch, Eier
7. Fette und Öle

Wenn Sie Ihre Lebensmittel in der richtigen Menge aus allen Gruppen auswählen und auf Frische und Abwechslung achten, ernähren Sie sich vollwertig.

Wählen Sie täglich und reichlich Lebensmittel aus den Gruppen 1 bis 5. Essen Sie weniger Lebensmittel aus den Gruppen 6 und 7. Wechseln Sie vor allem bei der Wahl von Lebensmitteln aus der Gruppe 6 konsequent ab.

Vollwertig essen und trinken ist einfach, wenn die **10 Regeln der DGE** beachtet werden.

1. **Vielseitig, aber nicht zuviel,**
   denn ein abwechslungsreiches Essen schmeckt und ist vollwertig. Es versorgt den Körper ausreichend.
2. **Weniger Fett und fettreiche Lebensmittel,**
   denn zu viel Fett macht dick. Fett liefert doppelt soviel Energie wie die gleiche Menge anderer Nährstoffe. Fett „versteckt" sich leicht z. B. in Wurst, sahnigem Käse, Nüssen, Kuchen und Schokolade.
3. **Würzig, aber nicht salzig,**
   denn zu viel Salz kann den Blutdruck erhöhen. Gewürze und Kräuter heben den Geschmack der Speisen, zu viel Salz überhöht die Geschmackswerte.
4. **Wenig Süßes,**
   denn zu süß kann schädlich sein, wenn wegen der Zuckerzufuhr reichlich Energie aufgenommen wird. Es fehlen dann Wirkstoffe und Ballaststoffe.
5. **Mehr Vollkornprodukte,**
   denn sie liefern wichtige Nährstoffe und Ballaststoffe.
6. **Reichlich Gemüse, Kartoffeln und Obst.**
   Diese Lebensmittel gehören in den Mittelpunkt der Ernährung, denn sie liefern reichlich Vitamine und Mineralstoffe bei meist geringem Energiegehalt.
7. **Weniger tierisches Eiweiß (Fleisch und Wurst).**
   Tierisches Eiweiß ist meist begleitet von Fett, Cholesterin und Purinen. Auch pflanzliches Eiweiß (Kartoffeln, Hülsenfrüchte, Getreide) ist günstig für eine vollwertige Ernährung, Milch und Milchprodukte sowie Fisch sind weitere wertvolle Eiweißlieferanten.
8. **Trinken mit Verstand.**
   Der Körper braucht Wasser, aber keinen Alkohol und keinen Zucker. Mindestens 1,5 bis zwei Liter Flüssigkeit am Tag benötigt der Körper. Wasser, Mineralwasser, ungesüßten Tee, verdünnte Säfte stillen den Durst. Limo und Cola enthalten beachtliche Mengen Zucker, den soll man vermeiden. Alkohol eignet sich nicht als Durststiller.
9. **Öfter kleinere Mahlzeiten.**
   Vergleiche die Übersicht zur Nahrungsaufnahme auf der folgenden Seite. Mehrere kleine Mahlzeiten sind besser als wenige große.
10. **Schmackhaft und nährstoffschonend zubereiten.**
    Das ist unsere Aufgabe, unser Beruf.

11.3 Verteilung der täglichen Nahrungsaufnahme

Der Körper hat eine innere „biologische" Uhr, die nicht nur unser Leistungsvermögen beeinflußt, sondern auch Signale aussendet, die uns an die Nahrungsaufnahme erinnern.

Ein Teil der täglich aufgenommenen Nahrung ist zur Deckung des Leistungsumsatzes notwendig, damit der Körper wieder „Kraft" erhält. Darum sollte die Nahrungsaufnahme der Leistungsbereitschaft angepaßt werden. Das Schaubild zeigt die Zusammenhänge zwischen Leistungsbereitschaft und Nahrungsaufnahme.

Nahrungsaufnahme und Leistungsbereitschaft

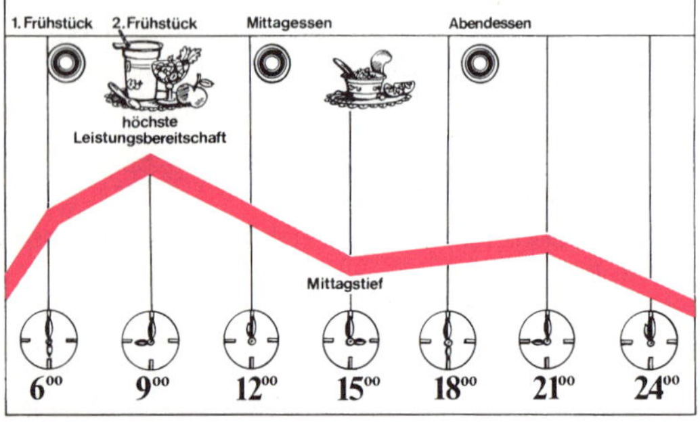

Regeln für die Verteilung der Nahrungsaufnahme:

- **Fünf kleine Mahlzeiten sind besser als drei große,** denn die Energiezufuhr ist der Leistungsbereitschaft angepaßt und Heißhunger wird vermieden.
- **Ein vollwertiges Frühstück bringt die Startenergie,** die der menschliche Organismus nach der Schlafpause benötigt. Mit dem Frühstück soll man etwa ein Viertel der Tagesenergiemenge aufnehmen.
- **Das Mittagessen ist die Hauptmahlzeit,** sie soll etwa ein Drittel des täglichen Energiebedarfs decken.
- **Das Abendessen darf nicht belasten.** Das Abendessen zu Hause bietet Gelegenheit, eventuelle Mängel einer Außerhaus-Verpflegung auszugleichen und für eine ausreichende Zufuhr an Vitaminen und Mineralstoffen zu sorgen.
- **Zwischenmahlzeiten sollen so liegen, daß sie die Leistungsbereitschaft fördern,** also zwischen 9 Uhr und 10 Uhr, wenn die Leistungskurve absinkt, und gegen 15 Uhr nach dem Mittagstief.

12 Anpassung der Ernährung an das Lebensalter

12.1 Ernährung des Säuglings (bis 1 Jahr)

Der Säugling verdreifacht im ersten Lebensjahr sein Gewicht von durchschnittlich 3 kg auf etwa 10 kg. Ein vergleichbarer Aufbau an Körpersubstanz findet während des gesamten Lebens nicht mehr statt. Die Nahrungszufuhr hat darauf Rücksicht zu nehmen.

- Die **optimale Ernährung** für den Säugling bietet die **Muttermilch,** weil sie von der Natur ganz auf dessen Bedürfnisse abgestellt ist.
- **Adaptierte Milch** ist in der Zusammensetzung der Muttermilch angeglichen (adaptiert). Sie wird meist in Pulverform angeboten und mit der entsprechenden Menge warmen Wassers trinkfertig gemacht.
- **Beikost** (der Milch beigeordnete Kost) sorgt für eine ausreichende Versorgung an Vitaminen und Mineralstoffen.
- Die vorgesehenen Untersuchungen durch den Kinderarzt sollen mit dazu beitragen, Ernährungsfehler rechtzeitig zu erkennen.

12.2 Ernährung des Kleinkindes (bis 6 Jahre)

Der Ernährungsbericht zeigt auf, daß etwa **jedes fünfte Kleinkind überernährt ist.** Als Gründe dafür werden angeführt:

- Der **Energiebedarf wird überschätzt** und darum wird in das Kleinkind zu viel „hineingestopft".
- Der **Flüssigkeitsbedarf ist hoch.** Vielfach wird er **durch süße Getränke falsch gedeckt.**
- Zwischenmahlzeiten bestehen oft aus „Süßigkeiten", die als leere Kohlenhydrate zu einer einseitigen Ernährung führen.

Für eine gesunde, vollwertige Ernährung ist darum zu beachten:

- Der Energiebedarf ist schwankend, denn bei einem Kleinkind wechseln Bewegungsdrang und Zeiten der Ruhe.
- Zur Deckung des Eiweißbedarfs ist Milch ideal geeignet, weil sie viel biologisch hochwertiges Eiweiß enthält. Milch alleine reicht jedoch wegen des vermehrten Körpergewichtes als Eiweißlieferant nicht mehr aus: Fleisch und Wurst sowie Fisch kommen im Speiseplan hinzu.
- Bei der Versorgung mit Kohlenhydraten ist auf einen eingeschränkten Zuckerverzehr (Süßwaren, Gebäck, süße Getränke) zu achten. Leere Kohlenhydrate führen zu einer Unterversorgung an Vitaminen der B-Gruppe, begünstigen Karies und liefern zu wenig Ballaststoffe.
- Der Flüssigkeitsbedarf soll durch verdünnten Fruchtsaft und Kräutertee gedeckt werden.

12.3 Ernährung des Schulkindes

Nach heutigen Erkenntnissen gilt es als gesichert, daß die Ernährungsweise die körperliche und geistige Entwicklung beeinflußt. So wird z. B. bei einer auch nur zeitweisen Unterversorgung des Körpers mit Nährstoffen die Konzentrationsfähigkeit beeinflußt. **Jeder dritte Schüler ist jedoch überernährt,** und auch diese Tatsache wirkt sich leistungsmindernd aus.

Für die Ernährung gelten weitgehend die gleichen Regeln wie beim Kleinkind. Ein Unterschied besteht in der Zwischenmahlzeit am Vormittag, dem Pausenbrot. Nachdem bekannt ist, daß Geld für die Pausenverpflegung von den Schulkindern meist in Süßigkeiten umgesetzt wird, sollte tatsächlich ein Pausenbrot mitgegeben werden.

12.4 Ernährung älterer Menschen

Mit dem Alter nimmt der Energiebedarf ab, man wird „ruhiger". Neben dem Leistungsumsatz nimmt auch der Grundumsatz ab. Würde man nicht die Energieaufnahme verringern, wären Übergewicht und die damit verbundenen Belastungen des Körpers die Folge. Insbesondere die Zufuhr von Fett und Kohlenhydraten muß darum verringert werden.

In der Seniorenernährung sollte beachtet werden:

- **Abwechslungsreiche Kost** sichert eine ausreichende Versorgung des Körpers mit Nähr- und Wirkstoffen.
- Speisen, die großen Kauaufwand erfordern, z. B. faseriges Fleisch, oder **Verdauungsbeschwerden** verursachen können, z. B. Kohlgemüse, sollen vermieden werden.
- Die Zufuhr von **biologisch hochwertigem Eiweiß** in Fleisch, Fisch und Milch sichert die Versorgung des Körpers mit essentiellen Aminosäuren zum Ersatz der verbrauchten Körperzellen.
- Bei älteren Menschen kann das **Geschmacksempfinden beeinträchtigt** sein. Sie wünschen dann stärker gewürzte Speisen. Kräuter geben Geschmack und unterstützen, sofern sie frisch sind, die Vitaminversorgung.

13 Alternative Ernährungsformen

Unterschiedliche Gründe veranlassen Menschen, sich alternativ zu ernähren. Alternativ bedeutet in diesem Zusammenhang: Sich bewußt für einen anderen Weg entscheiden. Naturbelassene unverarbeitete Rohstoffe, Frischkost, kein oder nur wenig Fleisch, Vollkornprodukte, das sind die Stichworte in der Argumentation um alternative Ernährungsformen.

13.1 Vegetarische Kost – Pflanzliche Kost

Vegetarier wollen bewußt zu einer natürlichen, gesunden Ernährungsweise zurückkehren. Als Vegetarier bezeichnet man Menschen, die keine Lebensmittel von getöteten Tieren zu sich nehmen.

Über diese spezielle Nahrungsauswahl hinaus lehnen Vegetarier meist auch Genußmittel wie Alkohol oder Nikotin ab.

Man unterscheidet bei den Vegetariern drei Gruppen:

Ovo-Lakto-Vegetarier

essen neben Pflanzen auch Produkte von Tieren, also Eier, Milch und Milcherzeugnisse.

Lakto-Vegetarier

verzichten zusätzlich auf den Genuß von Eiern, weil ein befruchtetes Ei schon Leben in sich birgt.

Veganer

leben nur von pflanzlichen Produkten. Sie lehnen alles ab, was von Tieren kommt, sogar Honig.

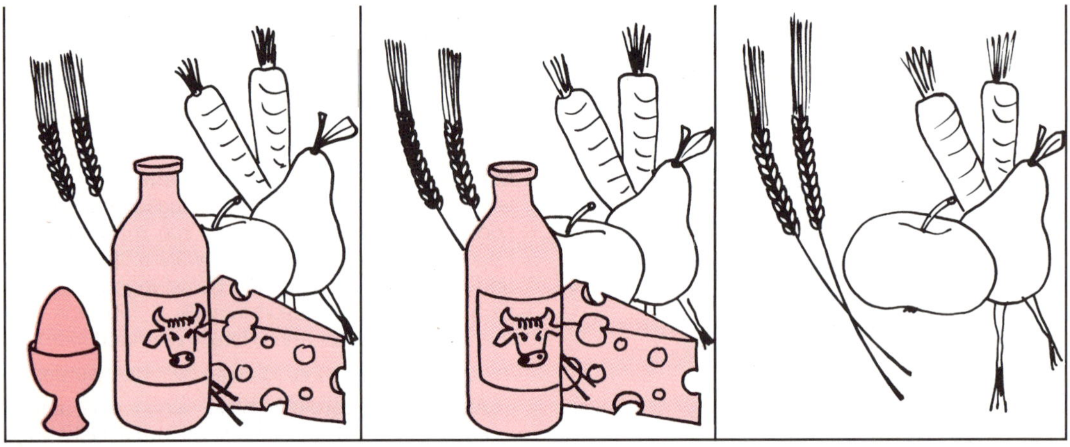

13.2 Vollwert-Ernährung

Die Vollwert-Ernährung ist zu unterscheiden von der vollwertigen Ernährung.

Die Vollwert-Ernährung hat über die Gesundheitsverträglichkeit hinaus die Ziele der Umweltverträglichkeit und der Sozialverträglichkeit. Es handelt sich also um ein ganzheitliches Ernährungskonzept.

Definition der Vollwerternährung (gekürzt)

Vollwert-Ernährung ist eine überwiegend laktovegetabile Ernährungsform, in der Lebensmittel bevorzugt werden, die möglichst wenig verarbeitet sind. Hauptsächlich besteht sie aus Vollkornprodukten, Gemüse und Obst, Kartoffeln, Hülsenfrüchten sowie Milch und Milchprodukten. Daneben können auch geringe Mengen an Fisch, Fleisch und Eiern enthalten sein. ...etwa die Hälfte der Nahrungsmenge als unerhitzte Frischkost (Rohkost) zu verzehren. Lebensmittelzusatzstoffe sollten vermieden werden.

Zusätzlich zu den gesundheitlichen Aspekten werden auch die Umwelt- und Sozialverträglichkeit des gesamten Ernährungssystems in die Betrachtungen und Empfehlungen einbezogen.

Die Vollwerternährung ordnet die Lebensmittel nach dem Grad der Naturbelassenheit in fünf Stufen. Ein möglichst hoher Anteil der Ernährung (50 %) sollte unverarbeitet sein. Einen kurzen Überblick über die Zusammensetzung der Kost gibt die Abbildung.

14 Diät

Die verschiedenen Diätformen sollen der Verhütung, Besserung und Heilung von Krankheiten dienen.

Zu einer Diät sind

- die geeigneten Lebensmittel auszuwählen.
  Beispiele: kohlenhydratarme Lebensmittel bei Diabetes,
  fettarme Lebensmittel bei Gallenbeschwerden,
  ballaststoffarme, leicht verdauliche Lebensmittel bei Schonkost,
  energiereiche, eiweißhaltige Lebensmittel bei Aufbaukost;
- die Speisen küchentechnisch zweckmäßig zuzubereiten.
  Beispiel: Kochen – dämpfen – dünsten – braten – grillen.

Diät wird vom Arzt verordnet. Er gibt dabei Anweisungen, welche Lebensmittel in welcher Menge verwendet werden dürfen und wie diese zuzubereiten sind. Die Ernährungsmedizin hat die Vielfalt der Diätformen stark eingeschränkt.

Neben der **Vollkost** kennt man heute

- Leichte Vollkost
- Diabetesdiät
- Reduktionsdiät
- Natriumarme Diät
- Eiweißarme Diät

14.1 Vollkost

Als Vollkost wird die „normale" Ernährung bezeichnet, wenn diese die Nährstoffe im richtigen Verhältnis enthält und den jeweils erforderlichen Energiebedarf deckt.

14.2 Leichte Vollkost

Von leichter Vollkost spricht man, wenn bei der Zusammenstellung der Kost auf alle Lebensmittel verzichtet wird, die Unverträglichkeiten auslösen, wie z. B. Hülsenfrüchte, Kohlgemüse. Die leichte Vollkost wurde früher **Schonkost** genannt. Leichte Vollkost wird verordnet, wenn die Verdauungsorgane entlastet werden sollen.

Für die leichte Vollkost ergeben sich daraus folgende Grundregeln:

- Entlastung der Verdauungsorgane von großen Speisenmengen – also mehrere kleine Mahlzeiten,
- Entlastung der Verdauungsorgane von schwerverdaulichen Speisen.
  Schwer verdaulich sind fette Lebensmittel,
  Speisen, die mit größeren Fettmengen zubereitet werden,
  Speisen mit viel Röststoffen.
- Entlastung der Verdauungsorgane von blähenden Lebensmitteln wie Kohlarten, Hülsenfrüchten, rohem Obst,
- Entlastung der Verdauungsorgane von Speisen und Zutaten, die die Schleimhaut reizen, z. B. scharfe Gewürze, Räucher- und Pökelwaren, Fleischbrühen, Getränke mit Alkohol oder Kohlensäure.

Für leichte Vollkost hat man darum

- kleine Mengen eines Gerichts in ansprechender Form zu bereiten,
- leichtverdauliche Lebensmittel zu verwenden,
- Garverfahren anzuwenden, welche die Bildung von Röststoffen und die Verwendung von Fett einschränken – man wird bevorzugt kochen, dünsten, dämpfen und in Alu-Folie zubereiten,
- reizarm zu würzen.

14.3 Natriumarme Diät

Natrium nehmen wir vor allem mit Kochsalz (NaCl) zu uns. Es bindet die Körperflüssigkeit. Dadurch steigt der Blutdruck an und der Kreislauf wird belastet.

Durch Verzicht auf Kochsalz kann die Normalisierung der Körperfunktionen unterstützt werden.

Bei kochsalzarmer Diät gelten folgende Grundregeln:

- die Menge des verwendeten Kochsalzes ist zu beschränken,
- Lebensmittel mit hohem Kochsalzgehalt (Dauerwurst, Gepökeltes, Fischkonserven) sind zu meiden.

Bei kochsalzarmer Diät hat man darum

- das Salzen der Speisen zu unterlassen,
- durch entsprechende Zubereitungsarten, wie Kurzbraten, Grillen, Gratinieren und richtiges Würzen, für die Entwicklung von Geschmacks- und Aromastoffen zu sorgen.

14.4 Eiweißarme Diät

Im gesunden Körper wird Eiweiß (Protein) vorwiegend als Baustoff verwendet. Wird mehr Eiweiß aufgenommen als dafür erforderlich ist, dient das Eiweiß als Energielieferant. Ist die Funktion von Leber oder Nieren gestört, treten beim Abbau von Eiweißstoffen Substanzen auf, die dem menschlichen Körper schädlich sind. Eine gezielte Eiweißzufuhr achtet darauf, daß jeder Überschuß an Eiweiß vermieden wird. Darum muß die Nahrung besonders reich an essentiellen Aminosäuren sein.

Bei eiweißreduzierter Diät gelten folgende Grundregeln:

- ▷ Die vorgeschriebenen Eiweißträger (eiweißhaltige Nahrungsmittel) dürfen nicht ohne Zustimmung des Arztes ausgetauscht werden, damit die erforderlichen Aminosäuren aufgenommen werden,
- ▷ die Rezeptmengen sind genau einzuhalten, damit dem Körper zwar eine ausreichende Eiweißmenge zugeführt wird, doch ein Zuviel vermieden wird,
- ▷ Salz darf nur sparsam verwendet werden.

14.5 Diabetes-Diät

Kohlenhydrate werden durch die Verdauung zu Einfachzucker abgebaut. Dem Körper dienen sie als Energielieferant. Im gesunden Körper sorgt ein Reglersystem für einen gleichbleibenden Gehalt an Zuckerstoffen: Überschüssiger Einfachzucker wird durch Insulin aus der Bauchspeicheldrüse in Glykogen umgewandelt und in der Leber gespeichert. Bei Bedarf entsteht aus dem Glykogen wieder energieliefernder Traubenzucker.

Bei der Zuckerkrankheit (Diabetes mellitus) ist die Verwertung des Zuckers im Körper (Stoffwechsel) gestört, weil zu wenig Insulin vorhanden ist. Insulin ist ein Hormon, das in der Bauchspeicheldrüse gebildet wird und die Verwertung der Zuckerstoffe regelt. Die gestörte körpereigene Regelung muß darum durch bewußte, geregelte Zufuhr von Kohlenhydraten ausgeglichen werden.

Es werden **zwei Arten** von Diabetes unterschieden.

Typ 1, früher auch Jugenddiabetes genannt.
Bei dieser Art bildet der Körper kein oder zu wenig Insulin. Man ist darum auf eine **Insulinzufuhr von außen (Spritze) angewiesen.** Meist liegt eine vererbte Anlage vor.

Typ2, früher auch Altersdiabetes genannt.
Bei dieser Art wird **noch Insulin produziert,** doch **nicht in ausreichender Menge.** Die Patienten sind fast immer übergewichtige, eher ältere Menschen.

Bei beiden Arten des Diabetes kann die mangelhafte körpereigene Regelung durch eine entsprechende Diät unterstützt werden.

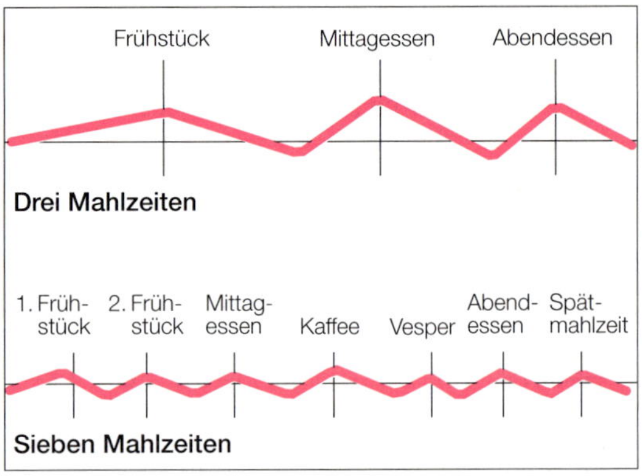

Für eine Diabetes-Diät gelten folgende Grundregeln:

- ▷ der Energiegehalt der Ernährung muß den tatsächlichen Bedürfnissen angepaßt sein (Einstellung durch den Arzt),
- ▷ der Energiebedarf ist auf mindestens fünf, besser sieben Mahlzeiten zu verteilen,
- ▷ der Genuß von kohlenhydratreichen Nahrungsmitteln ist einzuschränken,
- ▷ der Genuß von Zucker (z. B. Marmelade, Bonbons) ist verboten,
- ▷ der Fettverbrauch der Diabetiker ist eingeschränkt, weil der Körper aus Fett wie aus Kohlenhydraten Energie gewinnt.

Für einen Diabetiker hat man darum

- ▷ kleine Mengen eines Gerichts herzustellen, denn der Energiebedarf ist auf mindestens fünf Mahlzeiten zu verteilen,
- ▷ die Verwendung von kohlenhydratreichen Lebensmitteln, wie Teigwaren, Kartoffeln, Reis, ist einzuschränken und die Verwendung von reinen Kohlenhydraten (s. oben) zu vermeiden,
- ▷ bei der Verwendung von Fett sparsam zu sein,
- ▷ die Pflicht, auf Anfrage über die Menge der verwendeten Materialien Auskunft zu geben.

Als Bezugsgröße dient die Broteinheit (BE), die den Austausch eines Nahrungsmittels gegen ein anderes erleichtert. Eine BE entspricht der Menge an Kohlenhydraten, die durchschnittlich in einer Scheibe Graubrot enthalten ist, nämlich 12 g.

1 BE = 12 g Kohlenhydrate
≙ etwa eine Scheibe Graubrot

14.6 Reduktionskost

Reduktionskost ist bei Übergewicht erforderlich. Übergewicht entsteht, wenn auf die Dauer mehr Energie aufgenommen wird als der Körper verbraucht. Die mit fortschreitender Technisierung und einem hohen Lebensstandard verbundene sitzende Lebensweise und eine verfeinerte, ballaststoffarme Ernährung führen oft zu einem Mißverhältnis zwischen Energieaufnahme und Energieverbrauch. Übergewicht begünstigt Bluthochdruck, Arterienverkalkung, Herzinfarkt und Thrombose.

Daraus ergeben sich für den Übergewichtigen folgende Grundregeln:

▷ Quellen der zu hohen Energiezufuhr beseitigen (z. B. Vorliebe für fette Wurst, fette Käsesorten, Süßwaren, Marmeladen, alkoholische Getränke),

▷ energiearme Lebensmittel bevorzugen.

Für eine energiearme Diät hat man darum

▷ möglichst wenig fett- und kohlenhydratreiche Lebensmittel zu verwenden,

▷ Gerichte aus fettarmem Fleisch, magerem Fisch, Magerquark usw. zu wählen,

▷ fettarme Zubereitungsarten, wie Kochen, Dämpfen, Dünsten und Grillen, anzuwenden,

▷ durch die Beigabe von ungebundenen Gemüsen und ölarmen Salaten für eine ausreichende Zufuhr von Reglerstoffen zu sorgen.

Für eine energiearme Diät hat man darum

▷ **Gemüse und Vollkornprodukte** in den Vordergrund zu stellen, denn sie liefern bei geringer Energiezufuhr die lebenswichtigen Wirkstoffe,

▷ die **Eiweißversorgung** durch fettarme Milchprodukte (z. B Magerquark) oder fettarmen Fisch zu ergänzen,

▷ **fettarme Zubereitungsarten** wie Kochen, Dämpfen, Dünsten und Grillen anzuwenden.

14.7 Begriffserklärungen

Appetit ist der Wunsch, etwas Bestimmtes zu essen. Er wird ausgelöst, wenn der Mensch bestimmte Speisen sieht oder sich vorstellt.

Hunger ist der Drang zu essen, ein auf irgend etwas Eßbares gerichteter Wunsch. Hunger ist nicht das Verlangen nach einer bestimmten Speise. Über die Entstehung des Hungergefühls im einzelnen gibt es verschiedene Theorien. Ausgelöst wird Hunger entweder durch Energie- oder Nährstoffmangel.

Sättigung ist ein Gefühl mit dem Essen aufzuhören, weil Hunger oder Appetit zufriedengestellt sind. Sättigung steht auch mit der Verweildauer der Speisen im Magen im Zusammenhang. Leicht verdauliche Speisen verlassen den Magen schnell und bald tritt wieder ein Hungergefühl auf.

Nährstoffdichte sagt aus, in welchem Verhältnis die Menge eines bestimmten Nährstoffes zum Energiegehalt eines Lebensmittels steht.

Je höher die Nährstoffdichte, desto höher ist das Lebensmittel zu bewerten.

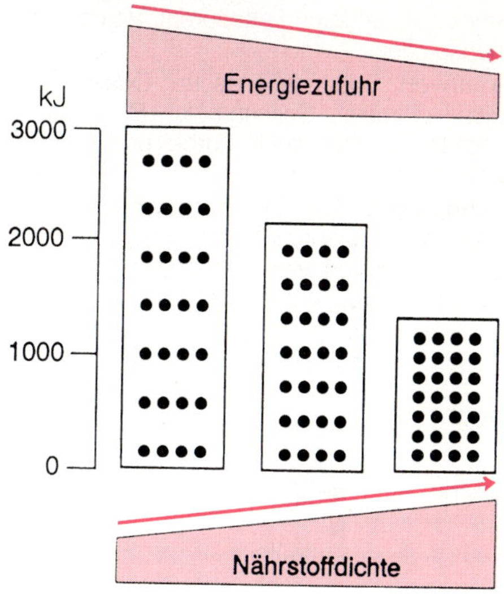

Energiedichte ist vergleichbar mit dem Gehalt an Energie; kJ oder kcal sind die Meßgrößen. Lebensmittel mit großer Energiedichte haben meist eine geringe Nährstoffdichte.

Jo-Jo-Effekt bezieht sich auf die Tatsache, daß Personen, die rasch abnehmen, auch schnell wieder zunehmen. Jo-jo – auf-ab. Dieser (für viele unerwünschte) Vorgang beruht auf der Tatsache, daß ein Lebewesen die aufgenommene Energie möglichst sparsam einsetzt. Weil dem Körper über längere Zeit mehr Energie zugeführt wurde als er verbrauchen konnte, hat er diese in Form von Fett gespeichert. Beginnt man nun eine Abmagerungskur, weil man „im Kopf" beschlossen hat abzunehmen, so schaltet der Körper auf „Notprogramm": Die im Körper vorhandene Energie wird bestmöglich genutzt. Das ist so, weil der „Körper" nicht unterscheiden kann, ob eine Hungersnot droht oder „Abnehmen" angesagt ist.

15 Qualität von Lebensmitteln

Der Begriff **Qualität** faßt eine **Summe von Eigenschaften** zusammen, die je nach Betrachtungsgesichtspunkt unterschiedlich sein können. Bei der Beurteilung der Qualität unterscheidet man

- ▷ **Gesundheitswert** oder biologischen Wert. Darunter versteht man den Wert für die Ernährung, z. B. den Anteil an essentiellen Aminosäuren (mehrfachgesättigten Fettsäuren), Vitaminen und Mineralstoffen.
- ▷ **Genußwert** oder sensorische Qualität. Dazu zählen Geruch, Geschmack, Beschaffenheit (Konsistenz), aber auch Farbe und Form der Lebensmittel.
- ▷ **Eignungswert** oder Gebrauchswert, womit die Eignung der Lebensmittel für Lagerung oder für einen bestimmten Verwendungszweck oder für die Konservierung gemeint ist.

15.1 Güteklassen – Handelsklassen

Wenn früher Waren direkt beim Erzeuger, also z. B. beim Landwirt oder Fleischer, gekauft wurden, wußte man, an wen man sich zu wenden hatte, wenn einmal die Qualität nicht stimmte. Heute bezieht man vorwiegend über den Handel und dabei bleibt der Erzeuger unbekannt. Ist die Qualität nicht zufriedenstellend, könnte sich der Lieferant auch darauf berufen, daß er den Erzeuger nicht kennt.

Güte- und Handelsklassen

- ▷ unterscheiden die Waren nach Qualität,
- ▷ geben dem Verbraucher einen Überblick,
- ▷ gelten für den gesamten Handel.

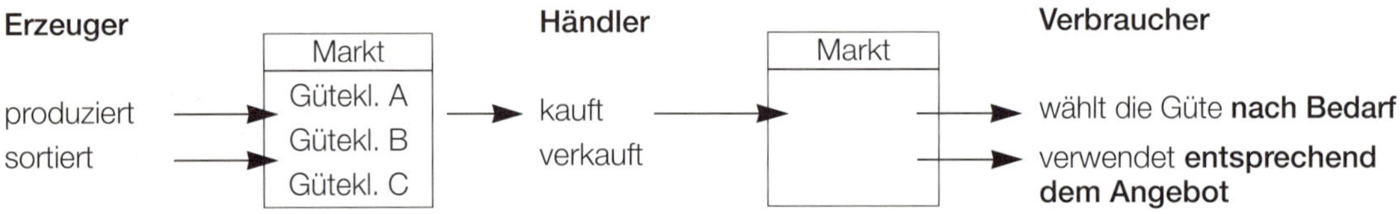

Die Güte der Qualität einer Ware wird unterschiedlich gekennzeichnet. Bei Fleisch folgt die Qualität den Buchstaben E, U, R, O, P (EUROP), bei Eiern und Geflügel kennt man die Handelsklassen A, B und C.

Für Obst und Gemüse gelten die Güteklassen Extra, I, II, III.

Dazu ein Beispiel:

Extra
Auserlesene Ware, z. B. als Tafelobst

I
hochwertige Ware, ohne Fehler

II
gute Ware mit kleinen Fehlern, preiswert

III
Verarbeitungsware

Die Sortierung nach Qualitätsstufen berücksichtigt nur äußere Werte wie Aussehen, Größe, Form als wertbestimmende Merkmale; innere Werte wie Geschmack oder Vitamingehalt bleiben unberücksichtigt.

15.2 Werterhaltung von Lebensmitteln

Die meisten Lebensmittel sind unmittelbar nach der Ernte oder nach der Herstellung am wertvollsten.

Man bevorzugt z. B. gartenfrische Erdbeeren, fangfrische Forellen, ofenfrische Brezen. Andere Lebensmittel erfordern eine Zeit der Reife. Man wünscht z. B. abgehangenes Fleisch, alten Weinbrand, während der „Heurige" beim Wein die Ausnahme ist. Der Abnehmer hat also bestimmte Wertvorstellungen, was wann am besten schmeckt, wie das Nahrungsmittel beschaffen sein sollte; ist dies erfüllt, spricht man von Qualität.

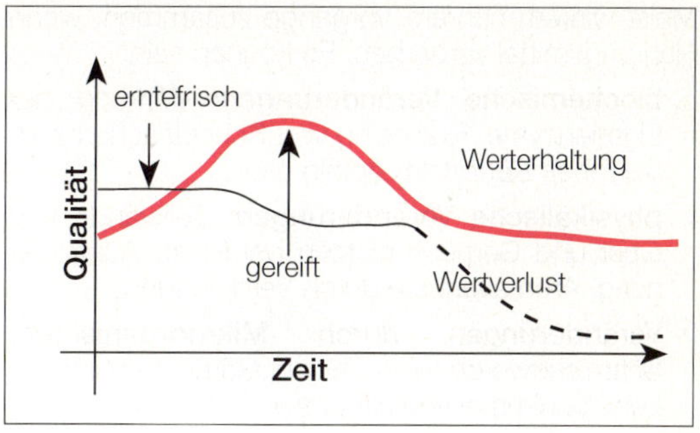

15.3 Lebensmittelverderb

Lebensmittel sind immer Veränderungen unterworfen. Neben den erwünschten, qualitätsfördernden gibt es auch solche, die nicht erwünscht sind und zum Verderb führen.

Je nach Art der Lebensmittel laufen diese Veränderungen unterschiedlich schnell ab.

Man unterscheidet deshalb:

leichtverderbliche Lebensmittel, die meist einen hohen Wasser- oder Eiweißgehalt aufweisen und darum von den lebensmittelverderbenden Mikroben bevorzugt werden, wie z. B. Milch, Fisch, Fleisch.

verderbliche Lebensmittel, die bei richtiger Behandlung verhältnismäßig lange zu lagern sind, wie Äpfel, Zwiebeln, Kartoffeln, Pflanzenfett.

haltbare Lebensmittel, die meist wenig Wasser enthalten und bei richtiger Lagerung nicht oder nur sehr langsam verderben, wie z. B. Zucker, Reis, Linsen.

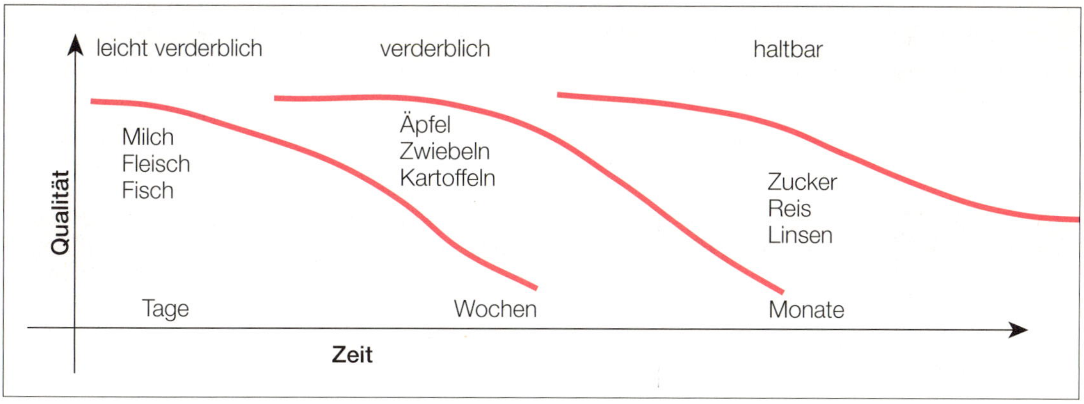

Bei der Werterhaltung von Lebensmitteln geht es darum, den erwünschten Zustand der Lebensmittel möglichst zu erhalten.

Man spricht von

- **Aufbewahrung**, wenn die Eigenschaften für verhältnismäßig **kurze Zeit** erhalten werden sollen, z. B. vom Einkauf bis zur Verarbeitung in den folgenden Tagen;
- **Lagerung,** wenn Lebensmittel für **längere Zeit** verzehrbereit sein sollen. Man lagert z. B. Kartoffeln, Möhren, Äpfel.
- **Konservierung,** wenn die Lebensmittel für **lange Zeit** erhalten werden sollen.

15.4 Ursachen des Verderbens

Meist wirken mehrere Vorgänge zusammen, wenn Nahrungsmittel verderben. Es können sein:

- **biochemische Veränderungen:** Wirkung der Eigenenzyme, Bräunung von Schnittflächen z. B. bei rohen Kartoffeln, Äpfeln usw.,
- **physikalische Veränderungen:** Zellwände von Obst und Gemüse platzen bei Frost, Austrocknung, Aromaverluste durch Verdunstung,
- **Veränderungen durch Mikroorganismen:** Schmierigwerden von Fleisch, Gären von Marmelade, Schimmel von Brot usw.

Physikalische Veränderungen können durch richtige Lagerung und Verpackung weitgehend vermieden werden. Bei den einzelnen Lebensmitteln wird darauf hingewiesen.

Die häufigsten Ursachen des Verderbens sind Enzyme, die zu biochemischen Veränderungen führen, und Mikroorganismen.

Die verschiedenen Konservierungsverfahren haben darum zum Ziel, die Wirksamkeit der Mikroorganismen auszuschalten oder wenigstens einzuschränken.

Entsprechend den Lebensbedingungen ergeben sich folgende Möglichkeiten der Konservierung.

Mikroben
Lebensbedingungen

Wärme °C	**Feuchtigkeit** a_W-Wert	**Milieu** pH-Wert	**Sauerstoff**	Mikroben zerstören und aussperren
Kühlen Frosten	Trocknen Frosten Zuckern Salzen	Säuern Konservierungs-säuren	Verpacken	Pasteurisieren (keimarm) Sterilisieren (keimfrei) Entkeimen

16 Haltbarmachungsverfahren

16.1 Kühlen

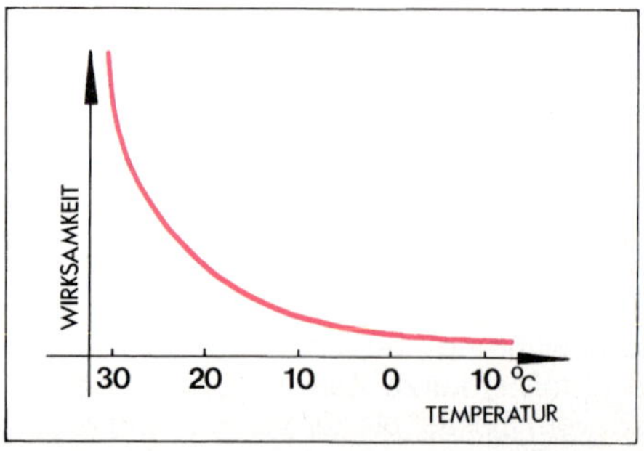

Kühlen ist die zur kurzfristigen Aufbewahrung am häufigsten angewandte Methode; Kühlschrank und Kühlraum dienen dazu.

Je stärker man ein Lebensmittel abkühlt, desto geringer ist der Verderb.

Diese Grundregel gilt bis zu einer Temperatur von etwa +6 °C.

Da Pflanzenteile wie Gurken, Kopfsalat auch nach der Ernte noch „weiterleben", können bei zu starker Abkühlung die Stoffwechselvorgänge in den Zellen zum Erliegen kommen und das Gemüse verdirbt.

Salatgemüse sind besonders empfindlich.

Darum hat man **Kühlräume** für

Fleisch und Fleischwaren:	+2 bis +4 °C
Gemüse, Obst:	+6 bis +8 °C

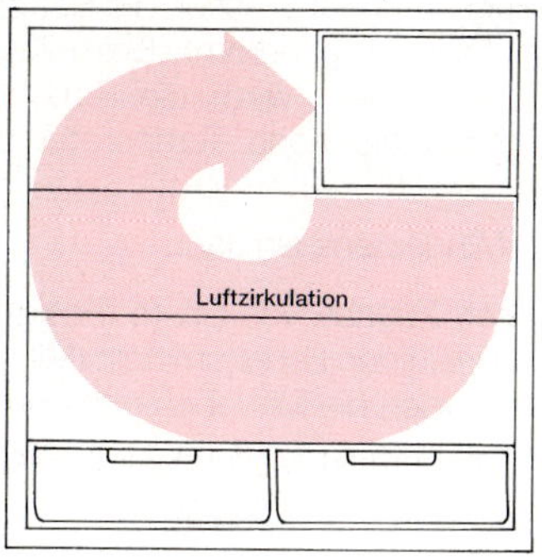

Im Kühlschrank ist es **unter dem Verdampfer am kältesten,** in der Gemüseschale am wärmsten. Die **Lebensmittel sind abzudecken** oder zu verpacken, damit sie nicht abtrocknen und vor fremden Gerüchen geschützt sind.

Kühlräume müssen in regelmäßigen Abständen vollständig gereinigt werden, weil sich an den Wänden und an den Einrichtungsgegenständen Bakterien festsetzen. Die kälteliebenden Arten können auch bei Kühlraumtemperaturen wirken.

Für die gewerblichen Betriebe ist vorgeschrieben, daß in „Fleischkühlräumen" keine anderen Lebensmittel gelagert werden dürfen, weil die Gefahr besteht, daß von diesen Bakterien und Schädlinge auf das Fleisch übertragen werden können.

16.2 Tiefgefrieren – Frosten

Das Tiefgefrieren eignet sich für längere Lagerung. Es ist die schonendste Methode, Lebensmittel für längere Zeit haltbar zu machen. Aber auch tiefgefrorene Lebensmittel sind nicht unbegrenzt haltbar, denn durch den Wärmeentzug ist die Tätigkeit der Mikroben und Enzyme nur verlangsamt. Ganz zum Stillstand kommt sie nicht.

In den Zellen der pflanzlichen und tierischen Lebensmittel befindet sich Zellsaft, in dem Mineralstoffe gelöst sind. Durch den Mineralstoffgehalt wird der Gefrierpunkt verschoben, und beim Abkühlen der Lebensmittel bilden sich die Eiskristalle erst bei Temperaturen mehrere *Grade unter 0 °C.* Will man eine qualitativ hochwertige Frostware, muß dieser Bereich der „maximalen Kristallbildung" rasch durchlaufen werden. Das geschieht bei -35 °C; man spricht darum auch von **Schockfrosten.**

Wird den Lebensmitteln zu wenig Kälte zugeführt, bilden sich unregelmäßig große Eiskristalle, die dann beim Auftauen zu Qualitätsverlusten führen.

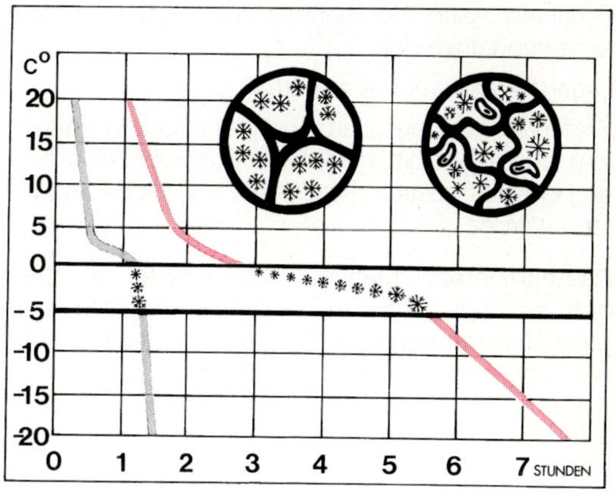

Hinweise

- ▷ Nur frische, einwandfreie Ware verwenden, denn die Qualität kann nicht verbessert, sondern nur erhalten werden.
- ▷ Gemüse vor dem Frosten in ausreichend viel kochendem Wasser kurz blanchieren und anschließend sofort in kaltem Wasser abschrecken. Durch das Blanchieren werden Enzyme zerstört, das Gemüse ist länger lagerfähig.
- ▷ Gefrierware luftdicht verpacken, denn sonst verdampft Zellflüssigkeit (Gefrierbrand bei Fleisch).
- ▷ Zum Einfrieren die Ware möglichst breit auslegen, denn so kann die Kälte schneller eindringen.
- ▷ Die Lagertemperatur muß mindestens -18 °C betragen.
- ▷ Auftauen
  - Kleine Stücke, wie portionierte Stücke von Fisch oder Fleisch, nur antauen. Durch die Temperatureinwirkung werden die Poren sofort geschlossen, so daß der Tausaft nicht ausfließen kann.
  - Große Stücke, wie z. B. Kalbskeule, langsam, am besten im Kühlraum, auftauen, denn so entstehen die geringsten Verluste.
  - Blockware, wie z. B. pürierter Spinat, in ein Gefäß mit etwas Wasser geben und erhitzen.

Die Lebensmittelbevorratung über einen längeren Zeitraum wird heute fast ausschließlich von der Lebensmittelindustrie und vom Handel übernommen. Dort werden weitere Konservierungsverfahren angewendet. Für die sachgerechte Lagerung und den richtigen Umgang mit den Produkten genügt jedoch ein Überblick.

16.3 Überblick über weitere Verfahren der Haltbarmachung

Sterilisieren: Die Lebensmittel werden auf 100–120 °C erhitzt. Verderbniserreger werden dabei abgetötet, die Lebensmittel sind lange haltbar. Das Verfahren kann bei nahezu allen Lebensmitteln angewendet werden.

Lagerfähigkeit: mehrere Jahre.

Weiterverwendung: Das eigentliche Garen entfällt, weil die Lebensmittel durch die Sterilisierung schon gegart sind. Vielfach müssen sie nur noch fertiggestellt werden.

Pasteurisieren: Manche Lebensmittel müssen nicht so lange haltbar sein oder sie verändern sich beim Sterilisieren in einer Weise, die nicht erwünscht ist. Dann wird nur kurze Zeit erhitzt und rasch wieder abgekühlt. Die Lebensmittel sind dann zwar nicht so lange haltbar, doch wird z. B. eventueller Kochgeschmack vermieden.

Lagerfähigkeit: Auch bei kühler Aufbewahrung nur begrenzt.

Trocknen: Durch Wasserentzug werden die Mikroben und Enzyme in der Wirksamkeit gehemmt. Man wendet das Trocknen vor allem bei Gewürzen, Küchenkräutern und bei Dörrobst an.

Lagerfähigkeit: Mehrere Jahre, auf trockene Luft ist zu achten, verpackt aufbewahren, um Geruchsübertragungen zu vermeiden.

Salzen, Pökeln: Salz wirkt wasserentziehend und senkt den a_W-Wert, der Gehalt an verfügbarem Wasser wird verringert.

Die Pökelstoffe wirken zusätzlich auf den Muskelfarbstoff Myoglobin, so daß beim Erhitzen von gepökelter Ware die rote Farbe erhalten bleibt.

Haltbarkeit: Sehr unterschiedlich und von den angewendeten Verfahren abhängig. Während z. B. gekochter Schinken im Kühlschrank aufzubewahren ist, kann roher Schinken bei Raumtemperatur lagern.

Zuckern: Zucker bindet Wasser, die Bakterien werden in ihrer Tätigkeit gehemmt. Beim Kochen von Konfitüre und Gelee wird die Frucht–Zucker-Mischung durch die hohe Temperatur zusätzlich keimfrei.

Haltbarkeit: Mindestens ein Jahr.

Säuern: Durch Zugabe von Säure (Essig) oder Bildung von Säure in den Lebensmitteln (Milchsäure im Sauerkraut) werden die Mikroben gehemmt.

Haltbarkeit: Beschränkt, vielfach wird zusätzlich sterilisiert, z. B. Sauerkraut, Essiggurken.

Chemische Konservierungsstoffe: Diese Stoffe wirken direkt auf die Mikroorganismen, zerstören sie oder behindern sie erheblich.

Die Konservierungsstoffe sind auf ihre gesundheitliche Unbedenklichkeit geprüft und dürfen nur bestimmten Lebensmitteln in festgesetzten Höchstmengen beigegeben werden. Auf den Gehalt an chemischen Konservierungsstoffen muß hingewiesen werden.

Hürden-Effekt

Alle Haltbarmachungsverfahren verändern die Lebensmittel in irgendeiner Form. Durch Kombination unterschiedlicher Verfahren kann man haltbar machen und zugleich die Veränderungen gering halten.

Dabei wird den Mikroben gleichsam anstelle einer großen Sperre eine Reihe von Hürden entgegengestellt.

17 Vorgefertigte Produkte

Vorgefertigte Produkte bezeichnet man auch als Convenience Foods. Der aus dem Englischen kommende Begriff bedeutet wörtlich „bequeme Lebensmittel". So wortgetreu ist der Begriff aber nicht zu übertragen, obwohl es die Werbung gerne tut.

Überlegen wir:

Jeder Herstellungsvorgang besteht aus unterschiedlich vielen **Einzelschritten.** Sie sind zwar alle erforderlich, um zum Ergebnis zu gelangen, doch müssen sie **nicht zwangsläufig zusammenhängend** erledigt werden, so werden z. B. geschälte Kartoffeln gelagert, bis sie gekocht werden; Pommes frites werden zunächst vorgebacken und erst bei Bedarf fertiggebacken.

Diese Arbeitsschritte können in der eigenen Küche erledigt werden; man spricht dann von **Eigenfertigung.** Bei **Fremdfertigung** werden alle Arbeitsschritte oder ein Teil davon von der Industrie oder Zulieferbetrieben übernommen.

Beispiel Teigwaren

Eigenfertigung: Teigbereitung → Nudelfertigung → garen

Fremdfertigung: Teigbereitung → Nudelfertigung → Konservieren durch Trocknen → garen

Beispiel Kartoffelpüree

Eigenfertigung:
Kartoffeln waschen → schälen → garen → pürieren → fertigstellen

Fremdfertigung:
Kartoffeln waschen → schälen → garen → pürieren → Konservieren durch Trocknen → fertigstellen

Bearbeitungsstufen

Die Bearbeitungsstufen unterscheidet man nach der Art der **noch durchzuführenden Arbeitsschritte.** Wird ein Produkt als garfertig bezeichnet, so ist es fertig bis auf das Garen, z. B. die Nudeln im obigen Beispiel. Das Püree-Pulver ist dagegen schon gegart, es ist fertig zum Mischen (mit Wasser und anderen Zutaten).

Grundstufe: Produkte, die noch bearbeitet werden müssen, bevor sie in der eigentlichen Küche weiterverarbeitet werden können, z. B. Tierhälften, die erst grob zerlegt werden müssen, bevor man auslösen kann. Diese Stufe kommt selten vor.

Küchenfertig sind Lebensmittel, die vor dem Garen noch einer Vorbereitung bedürfen, z. B. Kartoffeln, die geschält und zu Stäbchen geschnitten werden, aber auch Kartoffelkloßmehl aus der Tüte, das als Grundlage für den Kloßteig dient.

Garfertig bezeichnet man Lebensmittel dann, wenn sie ohne weitere Arbeitsschritte gegart werden können, z. B. Reis, Teigwaren, tiefgefrorene Pommes frites.

Mischfertig sind Produkte, denen noch etwas zugefügt werden muß, die eventuell auch auf Serviertemperatur gebracht werden, z. B. das Püree-Pulver (oben) oder die gekörnte Brühe.

Regenerierfertig sind „Fertigmenüs" oder Menüteile. Sie brauchen nur noch regeneriert = auf Serviertemperatur gebracht zu werden.

Verzehrfertig sind Speisen, die zum sofortigen Verzehr geeignet sind, z. B. portioniertes Speiseeis, Dessertstückchen, aber auch eine so einfache Sache wie eine Banane.

Wirtschaftliche Überlegungen

Ob und in welchem Maße vorgefertigte Produkte eingesetzt werden, hängt vor allem ab von

- ▷ Zeitgründen,
- ▷ Kostengründen.

Jede Küche ist personell und in der technischen Ausstattung auf eine bestimmte tägliche Anzahl und Art von zu fertigenden Speisen eingerichtet. Eine unerwartet große Nachfrage kann deshalb bei völliger Eigenfertigung oft nicht – oder nur unter Qualitätsverlust – erfüllt werden. An Personal ist oft Bedarf, so daß Zeitmangel für die Verwendung von vorgefertigten Produkten sprechen kann.

Andererseits kann es unter bestimmten Umständen möglich sein, billiger selbst zu fertigen als vorgefertigte Produkte einzukaufen. Hierüber kann nur eine detaillierte Kalkulation unter Beachtung der jeweiligen Betriebsgegebenheiten Aufschluß geben.

Eine Antwort auf die Frage, ob vorgefertigte Produkte verwendet werden sollen, kann nicht lauten: richtig/falsch. Bei klarer Abwägung der Argumente kann es erforderlich sein, sich in einem Fall für und in einer anderen Situation gegen vorgefertigte Produkte zu entscheiden.

Arbeiten mit vorgefertigten Produkten

Vorgefertigte Produkte sind Grundlagen. Sie können und sollten individuell zubereitet, verfeinert und abgeschmeckt werden.

Rezepturen sind einzuhalten. Die vorgegebenen Rezepturen, z. B. die Menge der zuzusetzenden Flüssigkeit, sind erprobt und aufeinander abgestimmt. Nicht nach Augenmaß arbeiten, sondern abwiegen und abmessen!

Arbeitsanweisungen beachten, um Mängel zu vermeiden. So gibt es z. B. für Kartoffelpüree Trockenprodukte, die man nach dem Einrühren in die Flüssigkeit weiterrühren darf, aber auch ein anderes Ausgangsmaterial, das durch diese Behandlung zu einem zähen Püree führt.

Garzeiten beachten. Vorgefertigte Lebensmittel sind in den meisten Fällen vorgegart. Durch zu lange Wärmeeinwirkung in der Küche leidet die Qualität erheblich.

Bei Verwendung von vorgefertigten Produkten muß im Einzelfall entschieden werden. Eine Hilfe bietet die Tabelle auf der folgenden Seite.

	Eigenfertigung	Fremdfertigung
Vorteile	starker Einfluß auf Qualität, Geschmack und Aussehen unabhängig vom Zulieferer Ausnutzung vorhandener Kapazität	maschinelle Bearbeitung ist kostengünstiger als Handarbeit Spitzenbelastungen können abgefangen werden
Nachteile	mehr Personal, Geräte und Maschinen größere Lagerhaltung	kein Niveauunterschied zwischen den Betrieben Abhängigkeit von Lieferanten

Getränkekunde

Der Mensch besteht zu etwa zwei Dritteln aus Wasser. Und wie notwendig regelmäßige Flüssigkeitszufuhr ist, beweist die Tatsache, daß man im Extremfall nur wenige Tage ohne Wasser auskommen kann, ohne Essen dagegen längere Zeit weiterlebt, wie Fastenkuren zeigen.

Der Abschnitt Getränkekunde beginnt mit den alkoholfreien Getränken. Zuerst werden die Durstlöscher Trinkwasser und Mineralwasser behandelt. Dann führt der Weg zu den Produkten aus Obst, die uns viel Vitamine und Mineralstoffe liefern. Es folgen die Aufgußgetränke mit ihren anregenden Wirkstoffen.

Die alkoholhaltigen Getränke bilden einen eigenen Abschnitt.

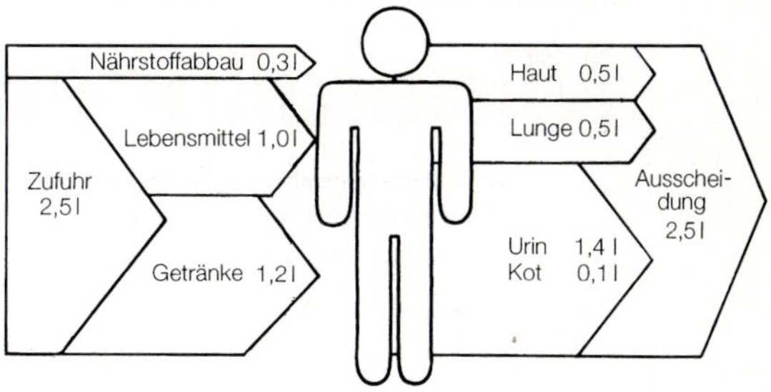

1 Mineralwässer und Tafelwässer

Das Lebensmittelrecht unterscheidet bei Wasser je nach Herkunft und Eigenschaften verschiedene Arten.

Trinkwasser ist Wasser, das zum direkten Genuß sowie zur Zubereitung von Speisen und zur Herstellung von Lebensmitteln geeignet ist. Es muß darum auf jeden Fall hygienisch einwandfrei sein. Man erhält es entweder aus Grundwasser (hier wirkt der Boden als natürliches Filter) oder aus Oberflächenwasser, das entsprechend aufbereitet werden muß.

Tafelwasser ist, vereinfacht gesagt, hygienisch einwandfreies Trinkwasser mit Zusätzen. Sie sollen das Wasser vor allem geschmacklich verbessern. Die Zusätze müssen auf dem Etikett genannt werden. Am bekanntesten aus dieser Gruppe ist das Sodawasser.

Quellwasser stammt aus unterirdischen Wasservorkommen. Doch müssen im Gegensatz zum Mineralwasser keine ernährungsphysiologischen Wirkungen nachgewiesen werden.

Natürliches Mineralwasser hat seinen Ursprung in unterirdischen, vor Verunreinigungen geschützten Quellen. Auf dem langen Weg von der Erdoberfläche zur Quelle wird das Wasser einerseits gefiltert und ist darum besonders rein und zugleich reichert es sich mit Mineralstoffen und/oder Kohlendioxid (CO_2) an.

Die **Mineralstoffe**

- ▷ geben dem Wasser eine besondere Geschmacksnote,
- ▷ ergänzen den Bedarf des Körpers an Mineralstoffen.

Das **Kohlendioxid** (Kohlensäure)

- ▷ bewirkt bessere Löslichkeit der Mineralstoffe,
- ▷ wirkt erfrischend,
- ▷ regt die Verdauung an.

Arten und Mengen der in einem Mineralwasser enthaltenen Mineralstoffe werden teilweise in der chemischen Analyse genannt.

Arten

Natürliche Mineralwässer werden in zwei Gruppen unterschieden:

- ▷ **Mineralstoffreiche natürliche Mineralwässer** werden hauptsächlich wegen ihres Mineralstoffgehaltes getrunken. Enthalten sie nur wenig oder kein Kohlendioxid (CO_2), nennt man sie stille Wasser.
- ▷ **Kohlensäurereiche natürliche Mineralwässer** werden hauptsächlich ihrer erfrischenden Wirkung wegen getrunken. Liegt der CO_2-Gehalt besonders hoch, spricht man von **Säuerling** (Name kommt von Kohlensäure).

Veränderungen

Bestimmte Mineralstoffe, wie Eisen oder Schwefel, verändern beim Mischen mit Wein oder Fruchtsäften den Geschmack des Mischgetränks. Diese Stoffe werden darum bei manchen Mineralwässern entzogen. Allerdings entweicht dabei gleichzeitig das CO_2, das wieder zugesetzt wird. Diese Veränderungen sind anzugeben. Beispiele: „Enteisent und mit Kohlensäure versetzt" – „Entschwefelt und mit der natürlichen Quellenkohlensäure versetzt".

Angaben auf dem Flaschenetikett
Beispiel

erforderliche Angaben:

← Art des Mineralwassers
← eventuelle Veränderungen
← Eigenschaften, Eignung
← Abfüllungsfirma, Quellenangabe

Natürliches Mineralwasser muß am Quellort abgefüllt und dem Gast in Flaschen angeboten werden. „Offenes Mineralwasser" gibt es darum nicht.

Verwendung

Als **Tafelgetränk** eignet sich jede Art von Mineralwasser, zum Mischen mit Wein oder Säften und für Drinks können nur geschmacksneutrale Wässer verwendet werden.

2 Getränke aus Früchten

Aus reifen und gesunden Früchten wird Saft gewonnen, der alle wertvollen Inhaltsstoffe des Obstes enthält. Um Lagerraum zu sparen, werden diese Säfte häufig **konzentriert** (eingedickt) oder zusammen mit Zucker zu **Sirup** eingekocht. Bei der Rückverdünnung müssen diese Herstellungsmerkmale genannt werden, z. B. „aus ...konzentrat".

2.1 Fruchtsäfte

Fruchtsäften darf zum Geschmacksausgleich nur Zucker zugefügt werden.

Aroma und Geschmack müssen charakteristisch sein. Durch schonende Entkeimungsverfahren – also ohne Konservierungsstoffe – wird der Saft haltbar gemacht. Am bekanntesten aus dieser Gruppe sind Apfel- und Traubensaft.

Bei der Kennzeichnung gilt:

Saft einer Frucht
- Frucht wird genannt, z. B. Apfelsaft, Traubensaft;

Saft mehrerer Früchte
- Früchte in der Reihenfolge des Saftanteils, z. B. Apfel-Orangen-Getränk;

Herstellung aus Konzentrat
- „aus ...konzentrat".

Fruchtsäfte sind durch ihren hohen Gehalt an Vitaminen und Mineralstoffen eine sehr wertvolle Ergänzung für die ernährungswissenschaftlich richtige Ernährung.

Säfte in geschlossenen Flaschen sind lange haltbar; man lagert sie am besten kühl und lichtgeschützt. Offene Flaschen sollen möglichst rasch verbraucht werden.

Klare Säfte (Apfel, Traube) schmecken gekühlt bei etwa 8–12 °C am besten. Naturtrübe Säfte erhalten erst bei Zimmertemperatur (18–20 °C) ihr volles Aroma.

2.2 Gemüsesäfte

Gemüsesäfte dienen wegen ihrer appetitanregenden und verdauungsfördernden Wirkung der Ergänzung der Mahlzeiten, insbesondere des Frühstücks. Säfte aus Gemüse werden überwiegend in trüber Form angeboten. Da die enthaltenen Vitamine licht- und wärmeempfindlich sind, lagert man die Säfte dunkel und kühl.

Gemüsetrunk hat mindestens 40 % Gemüseanteil; neben Trinkwasser können Salz, Zucker, Gewürze und Genußsäuren zugesetzt werden.

2.3 Fruchtnektare und Süßmoste

Der Fruchtanteil bei **Fruchtnektar** liegt zwischen 50 und 25 %, je nach Geschmacksstärke der Ausgangsfrucht. Der Anteil ist für die einzelnen Fruchtarten vorgeschrieben. Neben Fruchtsaft werden Wasser, Zucker und Kohlensäure verwendet.

Wird ein Fruchtnektar aus Früchten hergestellt, deren Saft wegen des hohen Säuregehaltes ohne Verdünnung nicht zum Genuß geeignet ist (z. B. Johannisbeeren), kann er als Süßmost bezeichnet werden. Süßmoste sind meist „blank", also ohne Fruchtmark.

2.4 Fruchtsaftgetränke

Fruchtsaftgetränke bestehen aus

Fruchtsaft + Wasser + Zucker + Fruchtsäure + natürlichen Aromastoffen.

Die Fruchtsäfte geben Geschmack, Geruch und Farbe dieser Getränke. Eine leichte Trübung rührt von kleinen Fruchtfleischstücken her, die beim Auspressen mitgerissen werden. Der Mindestgehalt an Fruchtsaft ist gesetzlich vorgeschrieben. Er beträgt z. B. bei Kirschen und Trauben 30 %, bei Johannisbeeren 10 %, bei Orangen und Zitronen 6 %.

Fruchtsäuren und natürliche Aromastoffe, bei Orangen z. B. die in der Schale enthaltenen ätherischen Öle, runden zusammen mit dem Zucker den Geschmack ab. Fruchtsaftgetränke gibt es mit und ohne Kohlensäure. Der Vitamin- und Mineralstoffgehalt ist entsprechend der Verdünnung geringer.

Fruchtsaftgetränke serviert man am besten kühl.

2.5 Limonaden

Limonaden enthalten nur natürliche Stoffe wie Extrakte aus Früchten, Fruchtsäuren, Zucker und Trink- oder Tafelwasser. Hinweise auf besonderen Geschmack sind erlaubt, z. B. Zitronenlimonade.

Zu den Limonaden zählen auch

- **Cola-Getränke** mit Auszügen aus der koffeinhaltigen Kolanuß,
- **Bitter-Limonaden,** z. B. Bitter Lemon, Tonic-Water, mit Auszügen aus der chininhaltigen Chinarinde. Auf den Gehalt an Koffein und Chinin muß hingewiesen werden.

2.6 Diätische Erfrischungsgetränke

Bei diesen Getränken wird anstelle von Zucker Süßstoff verwendet. Darum ist der Energiegehalt sehr niedrig. Es dürfen keine künstlichen Aromastoffe verwendet werden, auch die anregenden Stoffe Coffein und Chinin sind nicht erlaubt. Diabetiker und Personen mit Gewichtsproblemen bevorzugen (neben Mineralwasser) Getränke dieser Art.

Übersicht: Fruchtsaftgehalt von Getränken

Die Vorschriften für den Mindestanteil an Fruchtbestandteilen sind je nach Frucht unterschiedlich, weil die Geschmacksintensität der Früchte verschieden ist. Vergleichen Sie Apfelsaft mit Zitronensaft.

Der **Zuckergehalt** bei Fruchtsaftgetränken und Limonaden ist beträchtlich. Untersuchungen ergaben, daß er bei durchschnittlich 10 % liegt; das bedeutet, in einem Liter sind 100 g Zucker enthalten. Das sind 1 700 kJ!

Wer den Durst energiearm löschen will, sollte das beachten.

3 Milch und Milchgetränke

Bewußte Ernährung berücksichtigt Milch und Milcherzeugnisse und darum ist der Verbrauch erheblich gestiegen. Besonders beliebt sind die gesäuerten Produkte wie Buttermilch, Joghurt, Kefir und Dickmilch. Die Milchsäure erfrischt und ist gut für die Verdauung. Milch in jeder Form enthält wertvolles Eiweiß, reichlich Vitamine und Mineralstoffe. Fettreiche Produkte dürfen nicht „für den Durst" getrunken werden; der Energiegehalt ist zu hoch.

Vollmilch hat 3,5 % Fettgehalt, ist pasteurisiert und meist auch homogenisiert. Man reicht sie als Trinkmilch und am Frühstücksbuffet zu Zerealien. Ferner bildet sie die Grundlage für Milchmixgetränke.

- **Milchmixgetränke** sind mit Früchten gemixt. Dabei gibt man immer die Früchte in die Milch und nicht umgekehrt. Gießt man die Milch in die Früchte, ist anfangs der Gehalt an Fruchtsäure zu hoch und die Milch gerinnt durch die Säureeinwirkung.

Sauermilcherzeugnisse sind mit Hilfe von Kleinlebewesen gesäuerte Milcherzeugnisse. Nach diesem Prinzip entstehen Produkte mit unterschiedlichen Fettgehalten, z. B.

- *Sauermilch*
- *Joghurt*
- *Kefir*
- *Buttermilch* als Nebenprodukt bei der Buttergewinnung.

4 Aufgußgetränke

Als Aufgußgetränke bezeichnet man Kaffee, Tee und Kakao. Sie werden durch Überbrühen (Aufgießen) mit Flüssigkeit (in der Regel Wasser) hergestellt. Alle Aufgußgetränke wirken durch Alkaloide anregend auf Kreislauf und Nervensystem. Kaffee, Tee und Kola enthalten Coffein, Kakao enthält Theobromin.

4.1 Kaffee

Nach der Ernte werden die Kaffeebohnen vom Fruchtfleisch und dem Silberhäutchen befreit und anschließend getrocknet. Die noch grünen Bohnen kommen als Rohkaffee in den Handel.

Beim **Rösten** verändern sich die Bohnen.

▷ Stärke und Zucker werden zu karamelartigen Stoffen verwandelt, die dem Kaffee-Getränk Farbe und Geschmack geben,

▷ Aromastoffe entstehen,

▷ die Gerbstoffe werden auf etwa die Hälfte verringert.

Coffein ist der Hauptwirkstoff des Kaffees. Üblicher Kaffee enthält 1 bis 2 Prozent.

Coffein

- regt das Zentralnervensystem an,
- steigert die Herztätigkeit und erhöht den Blutdruck; was aber auch zu Herzklopfen und Schlaflosigkeit führen kann.

Kaffee mit besonderen Behandlungen

entcoffeinierter Kaffee	**säurearmem Kaffee**
enthält höchstens 0,1 % Coffein und kann darum auch von Personen getrunken werden, bei denen Coffein zu Herzklopfen und Schlaflosigkeit führen würde.	ist Gerbsäure entzogen worden, das Coffein bleibt erhalten. Diese Art ist darum für Personen mit säureempfindlichem Magen geeignet.

Kaffee-Extraktpulver oder Instant-Kaffee löst sich sofort und ohne Rückstände auch in kalter Flüssigkeit. Er wird hergestellt, indem man konzentriertem Kaffee im Sprühverfahren oder durch Gefriertrocknung das Wasser entzieht. Das Pulver ist sehr wasseranziehend (hygroskopisch) und muß darum unbedingt verschlossen aufbewahrt werden.

Kaffee-Konzentrat wird durch stufenweises Auslaugen der Kaffeebohnen gewonnen. Beim Fertigstellen ist mit der jeweils vorgeschriebenen Wassermenge zu verdünnen.

Zubereitung des Kaffees

Die Aromastoffe des Kaffees sind leicht flüchtig. Darum ist entweder röstfrischer oder aromageschützter (Vakuumpackung) Kaffee zu verwenden. Beim Brühen in der Kaffeemaschine ist auf die Gebrauchsanweisung des Herstellers zu achten.

Kännchen und Tassen müssen unbedingt vorgewärmt sein, denn bei kaltem Geschirr verliert der Kaffee an Aroma.

Man rechnet

1 Tasse (150 cm^3) Kaffee – 6–8 g Bohnen
1 Tasse (80 cm^3) Mokka – 10–12 g Bohnen

Kaffee-Ersatz ergibt ein kaffeeähnliches, coffeinfreies Getränk. Als Rohstoffe dienen Zichorien, Feigen und Gerstenmalz. Diese Produkte erhalten durch Rösten Aroma, Farbe und Geschmack. Malzkaffee kommt gemahlen in den Handel, Feigen und Zichorien werden zerrieben und gepreßt.

4.2 Tee

Tee wird von dem immergrünen Teestrauch gewonnen. Man pflückt die Blattknospen mit zwei bis drei Blättern. Je jünger der Trieb, desto feiner und aromatischer der Tee.

Aufbereitung von Tee

Durch **Welken** werden die Blätter geschmeidig und so für die Weiterverarbeitung vorbereitet.

Beim **Rollen** brechen die Zellen der Blätter, so daß sich der Zellsaft mit dem Luftsauerstoff verbinden kann. Diese Oxidation nennt man **Fermentation.** Dabei bewirken die Fermente (Enzyme) eine Aufspaltung der Gerbsäure Tannin. Der Tee wird durch das Fermentieren milder und aromatischer. Zugleich werden die grünen Blätter kupferrot, was dem Getränk später seine typische Farbe verleiht. Durch das **Trocknen** wird die Fermentation unterbrochen, der Tee haltbar gemacht.

Bei der Gewinnung des **grünen Tees** unterbleibt die Fermentation. Er besitzt deshalb einen höheren Gerbsäuregehalt und ist darum herber. In Europa wird er nur in geringem Maße getrunken.

WELKEN
↓
ROLLEN
↓
FERMENTIEREN
(nicht bei grünem Tee)
↓
TROCKNEN

Arten

Angeboten wird Tee nach Anbaugebiet, Blattfolge und Sortierung.

Anbaugebiet

Darjeeling, an den Südhängen des Himalajas, liefert einen feinen und aromatischen Tee.

Assam, eine nordindische Provinz, ist bekannt für gehaltvolle und kräftige Arten.

Ceylon ist die tropfenförmige Insel südlich von Indien, deren Tees ein herbes Aroma haben.

Blattfolge

Flowery Orange Pekoe (FOP) mit vielen Spitzen (Tips) ist die beste Sorte.

Orange Pekoe (OP) ist dünn gedreht, länglich.

Pekoe (P) ist kleiner und rundlich gerollt.

Manche Firmen haben die Skala der Teeauszeichnung erweitert und wenden zusätzlich folgende Bezeichnungen an:

Finest = F, Tippy = T, Golden = G.

Beste Qualität ist dann FTGFOP gefolgt von TGFOP usw.

Sortierung

Blatt-Tee ist das ganze Blatt, das länglich oder rundlich gerollt sein kann.

Broken Tee ist absichtlich gebrochener Tee, der besser ausgelaugt werden kann und damit ergiebiger ist.

Fannings sind Blattstücke, kleiner als broken Tee.

Dust (engl. Staub) sind feinste Teile, die beim Sieben des Tees anfallen.

Teemischungen

Durch das Mischen verschiedener Sorten können Geschmack, Aroma und Preis ausgeglichen werden. Häufig angeboten werden:

Englische Mischung:	Volles, schweres Aroma, auch als Herren-Tee bezeichnet. Wird bevorzugt mit Milch getrunken.
Ostfriesische Mischung:	Kräftiges, fülliges Aroma. Wird bevorzugt mit Milch und Kandis getrunken.
Ceylon-Mischung:	Fein-würziges Aroma, goldene Farbe.

Wirkung

Die Hauptwirkstoffe sind

Coffein (Tein), das anregt und beim Aufbrühen rasch in das Wasser übergeht,

Tannin (Gerbsäure), das beruhigt und langsam in das Wasser übergeht.

Die Wirkung des Tees kann darum reguliert werden:

anregend
- dann kurz ziehen lassen (ca. 3 Min.),

beruhigend
- länger ziehen lassen (4–5 Min.).

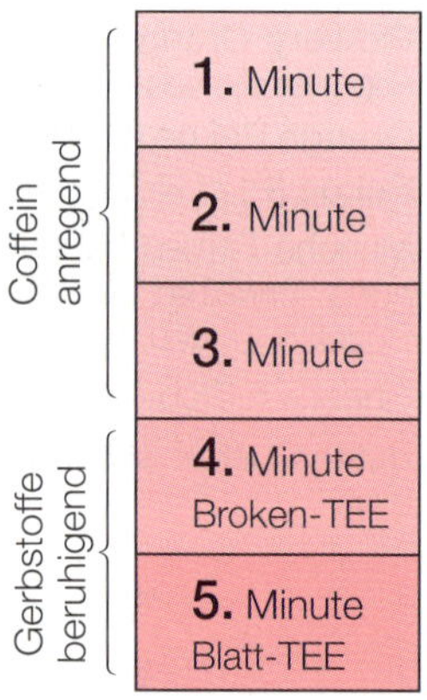

Zubereitung

Genügend Tee nehmen: einen Teelöffel voll je Tasse oder entsprechenden Beutel; frisches, kochendes Wasser,

nur Geschirr aus Glas, Porzellan oder Edelmetall, weil sonst der Geschmack gemindert wird,

nicht länger als 5 Min. ziehen lassen (beim Teebeutel kann der Gast bestimmen).

Teeähnliche Erzeugnisse

Teeähnliche Getränke können durch Aufbrühen geeigneter getrockneter Pflanzenblätter oder -teile hergestellt werden, die darin enthaltene Gerbsäure verleiht einen teeähnlichen Geschmack. Wegen des fehlenden Coffeins (Teins) werden Herz und Nerven nicht belastet. Die Industrie bietet ein Sortiment unterschiedlicher Pflanzenarten in fertigen Portionsbeuteln an.

Medizinische Tees haben Heilwirkung.

Pfefferminz- und Lindenblütentee wirken krampflösend,
Flieder- und Lindenblütentee treiben Schweiß,
Baldriantee beruhigt die Nerven und wirkt schlaffördernd,
Kamillentee begünstigt die Heilung.

Deutscher Haustee und medizinische Tees werden vor allem in Kurhäusern, Sanatorien und Krankenhäusern verwendet.

4.3 Kakao

Kakao und Schokolade werden aus den Samenkernen des in tropischen Gebieten wachsenden Kakaobaumes gewonnen.

Aus den melonenartigen Früchten werden zunächst die Kakaobohnen (es sind die Kerne) entfernt.

Bei der Fermentation
wird der Gerbsäuregehalt verringert,
entstehen Geschmack, Aroma und Farbe.

Anschließend werden die Kakaobohnen getrocknet und kommen so zum Versand.

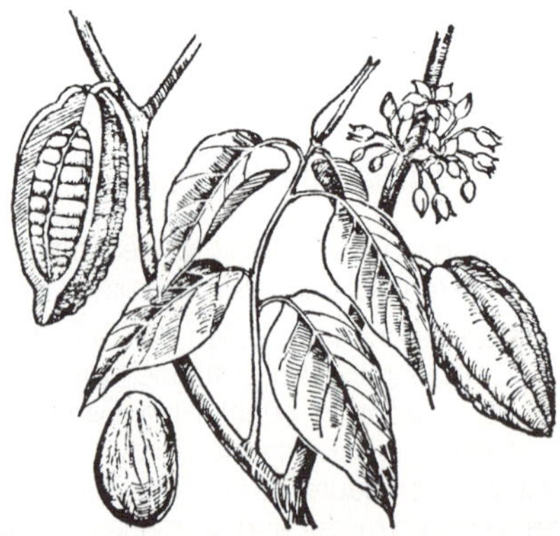

Verarbeitung

Die gereinigten Bohnen werden zur Verbesserung des Aromas zuerst geröstet, dann zerkleinert und von den Schalen befreit.

Der so entstandene Kakaobruch wird zwischen erwärmten Walzen vermahlen. Die fein zermahlenen Bohnen bezeichnet man als **Kakaomasse.** Durch starken Druck trennt man die **Kakaobutter** (Fett der Kakaobohnen) von den übrigen Kakaobestandteilen, die als Preßkuchen zurückbleiben. Der fein zermahlene Preßkuchen ergibt das **Kakaopulver.**

Schwach entöltes Kakaopulver hat 20 % Kakaobuttergehalt. Es ist dunkler, hat ein volles Aroma und ist mild im Geschmack. Man verwendet es für Kakao und Schokoladegetränk.

Stark entöltes Kakaopulver hat 10–20 % Kakaobuttergehalt. Der Geschmack ist sehr kräftig. Man verwendet es in der Patisserie für Schokoladengebäck und Eis.

„Aufgeschlossener Kakao“ wird mit Wasserdampf behandelt und erhält Zusätze. Dabei wird das Zellgefüge lockerer, ein Teil der Stärke verkleistert und darum setzt dieser Kakao weniger leicht ab. Schokoladenpulver ist gezuckertes Kakaopulver.

Zubereitung

Für eine Portion rechnet man 12–15 g Kakaopulver. Es wird mit kaltem Wasser oder kalter Milch angerührt und dann in die kochende Flüssigkeit eingerührt.

Schokolade

Bei der Herstellung geht man von der Kakaomasse aus. Ihr werden die erforderliche Menge Puderzucker, Gewürze, evtl. auch Milchpulver zugesetzt. Die Zutaten werden vermengt und dann fein geschliffen, damit die Bestandteile möglichst fein werden und die Schokolade den „Schmelz“ erhält.

Angeboten wird Schokolade in Blöcken mit 2,5 und 5 kg.
Diese Blöcke tragen Ziffernkombinationen, die zusammen immer 100 ergeben. Dabei nennt die erste Ziffer immer den Gehalt an Kakaobestandteilen, die zweite den Zuckeranteil. Beispiel: 70/30 = 70 % Kakaobestandteile + 30 % Zucker.

Je weniger Zucker die Schokolade enthält, desto höher ist die Qualität. Temperieren von Schokolade siehe Abschnitt Küchenkonditorei.

5 Alkoholische Gärung

Die alkoholische Gärung gehört zu den Grundvorgängen der Lebensmittelverarbeitung.

Ob Bier hergestellt oder Wein gewonnen wird, die alkoholische Gärung ist der zentrale Vorgang. Ohne Gärung gäbe es auch keinen Sekt, keinen Weinbrand und keinen Korn; und der Bäcker nutzt die alkoholische Gärung tagtäglich zur Lockerung von Brot und Kleingebäck.

Versuche

1. Lassen Sie Fruchtsaft in einem Glas bei Zimmertemperatur stehen. Beobachten Sie während der folgenden Tage Aussehen und Geruch.
2. Lösen Sie in 100 g warmem Wasser 50 g Zucker und geben Sie 10 g Hefe dazu. Prüfen Sie den Geruch, wenn die Flüssigkeit zu perlen beginnt.
3. Nach etwa einer Woche ist die Flüssigkeit aus Versuch 1 ruhig und klar geworden. Prüfen Sie Geschmack und Süße.
4. Erhitzen Sie die Flüssigkeit aus Versuch 2 entsprechend der Versuchsanordnung. Das Glasrohr soll etwa 60 cm lang sein und einen Durchmesser von 1 cm haben.
Der durch das Kochen aufsteigende Dampf besteht aus Alkohol und Wasser. Das Wasser kondensiert bereits während des Aufsteigens am Glasrohr, der Alkohol entweicht und kann entzündet werden.

Hefe ist ein **Kleinlebewesen** (siehe Abschnitt Hygiene), das in der Luft und auf reifenden Früchten vorkommt. Diese Arten nennt man „wilde“ Hefen.

Im Lebensmittelgewerbe verwendet man speziell gezüchtete Hefearten, z. B. Backhefe für Hefeteig, Bierhefe bei der Bierherstellung. Diese Arten nennt man auch **Kulturhefen.**

Bei der Gärung nimmt die Hefe Zuckerstoffe auf, Alkohol und Kohlendioxid werden ausgeschieden.

$C_6H_{12}O_6$	→	C_2H_5OH	+	CO_2
Traubenzucker 100 g	→	Alkohol ca. 45 g	+	Kohlendioxid ca. 50 g

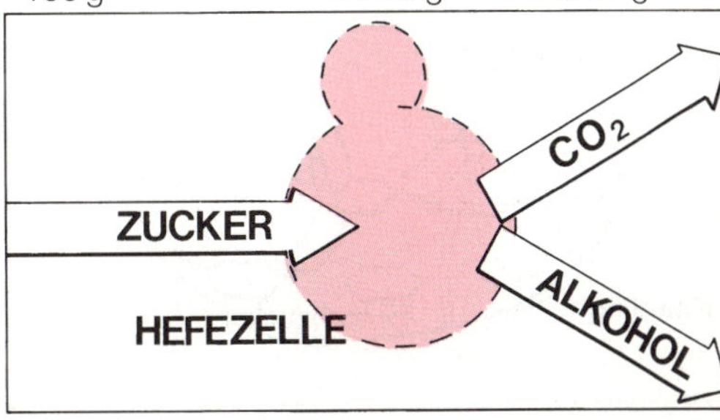

Der Gärvorgang endet, wenn der Zucker verbraucht ist oder der Alkoholgehalt etwa 15 % erreicht hat. Hohe Alkoholkonzentration schwächt die Hefe und bringt sie schließlich zum Stillstand. Höhere Alkoholkonzentrationen können darum nicht durch Gärung, sondern nur durch Destillation erreicht werden.

Aufgabe der Gastronomie ist es, den Gast sachgerecht zu beraten. Dazu ist von der Produktion nur soviel an Wissen erforderlich, als sich die einzelnen Arbeitsschritte unmittelbar auf das Produkt auswirken. Diese Gedanken leiten die Stoffauswahl für diesen Abschnitt.

6 Bier

Bier ist ein alkoholisches Getränk, das nach dem Reinheitsgebot aus Malz, Hopfen und Wasser mit Hefe hergestellt wird. Für deutsches Bier dürfen keine weiteren Zusätze oder andere Ausgangsstoffe verwendet werden.

Bier, das abweichend vom Reinheitsgebot im Ausland hergestellt worden ist, muß entsprechend kenntlich gemacht werden.

Herstellung

Der Hauptvorgang bei der Bierherstellung ist die alkoholische Gärung. Weil jedoch die Hefe nur Einfachzucker zu Alkohol vergären kann, müssen die im Getreide in Form von Stärke enthaltenen Kohlenhydrate zuerst in Zuckerstoffe umgewandelt werden. Das geschieht vorwiegend beim **Mälzen.** Anschließend werden bei der **Bereitung der Würze** die Inhaltsstoffe des Getreides ausgelaugt. Hopfen wird zugegeben, der den Geschmack gibt, die Haltbarkeit verbessert und die Schaumbläschen festhält. Nach der Gärung folgt die **Lagerung,** während der das Bier reift und an Qualität zunimmt.

Mälzen

Das Korn wird durch Einweichen zum Keimen gebracht. Enzyme beginnen, die Stärke zu Zucker abzubauen, Eiweißstoffe werden gelöst. Nach einer bestimmten Zeit Abbruch des Keimens durch schonendes Trocknen (Darren). Dabei nimmt das Malz, je nach Temperatur, Farbe, die sich später auf das Bier überträgt. Die Keime und Wurzeln werden anschließend entfernt.

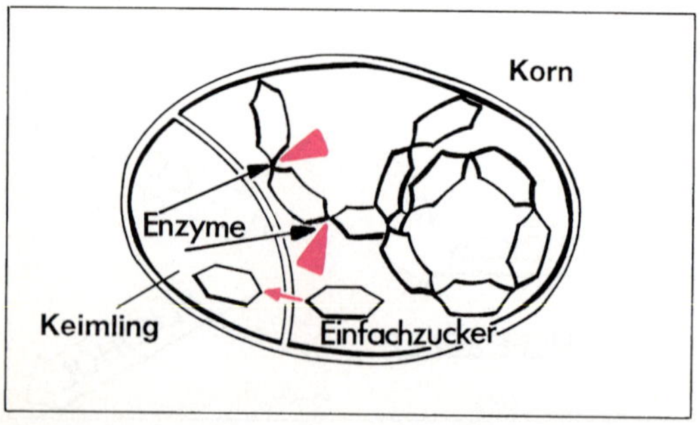

Bereitung der Würze

Beim **Maischen** wird das getrocknete Malz geschrotet (zerkleinert) und mit warmem Wasser gemischt, so daß alle löslichen Stoffe auslaugen. Enzyme bauen Stärke und Zucker zu Einfachzucker ab. Es folgt das Läutern (reinigen) der Würze durch Filtern.

Beim **Kochen** gibt Hopfen dem Bier durch Bitterstoffe Geschmack und Aroma, Hopfenharze halten den Schaum.

Vergärung

Der abgekühlten Würze wird Bierhefe zugesetzt, je nach Bierart unter- oder obergärige Hefe. Durch die Vergärung, in offenen Tanks, wird Alkohol und Kohlensäure gebildet. Die Nachgärung in geschlossenen Behältern dient der Qualitätsverbesserung.

Stammwürze – Alkoholgehalt

Unter Stammwürze versteht man alle in der Würze gelösten Stoffe vor der Vergärung. Der Gehalt wird in Prozent ausgedrückt. Bei der Vergärung wird nur ein Teil der Zuckerstoffe zu Alkohol. Der Alkoholgehalt entspricht etwa einem Drittel des Stammwürzegehaltes.

Bei einem Vollbier mit 11 bis 14 % Stammwürze beträgt also der Alkoholgehalt etwa 3,5 bis 4,5 Gew.%.

Der Alkoholgehalt muß auf dem Etikett angegeben werden, und zwar in „%vol“. Das bedeutet Prozent des Volumens.

Der **Geschmack** des Bieres gründet auf

- den verwendeten Rohstoffen,
- dem speziellen Brauverfahren.

Die Brauwirtschaft unterscheidet folgende Richtungen:

M-Typ: **M**alzbetont, mäßig vergoren; also eher süßlich bei geringem Alkoholgehalt.

H-Typ: **H**opfig, hochvergoren; also eher bitter, z. B. Pilsener.

S-Typ: **S**äuerlich, spritzig, stark schäumend, z. B. Weißbier.

Arbeitsschritte		Stichworte für die Beratung
Mälzen Stärke wird zu Zuckerstoffen umgewandelt. Trocknen des Malzes →	Temperatur hoch → Temperatur niedrig →	FARBE DES BIERES dunkles Bier helles Bier
Bereitung der Würze Verzuckerung geht weiter Feste Bestandteile (Treber) werden abgetrennt →	Anteil der gelösten Stoffe in der Flüssigkeit = **Stammwürze** →	STÄRKE DES BIERES = BIERGATTUNG
Aufkochen mit Hopfen →	Hopfeninhaltsstoffe →	Geschmacksrichtung Schaumbildung
Vergärung Der Würze wird Hefe zugefügt. Die Art der Hefe bestimmt den Gärverlauf. →	untergärig → obergärig	BIERART
	Je nach Gärverfahren werden etwa 30 % der Stammwürze zu Alkohol. →	Alkoholgehalt
Lagerung	Bier „reift“ →	Verfeinerung des Aromas Sättigung mit CO_2

Biergattungen, Bierarten, Biersorten

Die **Biergattung** ist gesetzlich festgelegt und wird durch den Stammwürzegehalt (Stärke des Bieres) bestimmt. Hauptsachlich getrunken wird Vollbier, in geringem Maße auch Schankbier und Starkbier (siehe nachfolgende Übersicht).

Die **Bierart** wird durch die Art der Vergärung bestimmt. Man unterscheidet untergärige Biere, bei denen sich die Hefe nach unten absetzt, von den obergärigen, die als aromatischer bezeichnet werden.

Die **Biersorten** bezeichnen typische Eigenschaften oder weitere Unterteilungen, die sehr oft mit den Handelsbezeichnungen gleich sind.

Biersorten

Bierart / Biergattung	untergärig		obergärig
Schankbier 7–11 % Stammwürze	Leichtbier		
Vollbier ca. 95 % des Angebots 11–16 % Stammwürze	Pils Export Hell	Lager Märzen	Alt Kölsch Weizen
Starkbier über 16 % Stammwürze	Bock Doppelbock ... ator	Starkbier	Weizenbock

Sonderbiere

Diätbier hat einen geringeren Gehalt an Kohlenhydraten, weil die Zuckerstoffe überwiegend vergoren sind. Der Alkoholgehalt ist mit dem üblichen Vollbier vergleichbar.

Alkoholfreies Bier darf höchstens einen Alkoholgehalt von 0,5 Prozent aufweisen. Weil es den üblichen Gehalt an Kohlenhydraten hat, ist es kein Diätbier.

Leichtbier hat weniger Stammwürze (unter 7 %) und darum auch einen geringeren Alkoholgehalt.

Malzbier, Nährbier, Malztrunk haben hohen Gehalt an Kohlenhydraten und wenig Alkohol.

Bierpflege

Faßbier soll vor dem Ausschank mindestens einen Tag ruhen, damit sich die Kohlensäure wieder beruhigen kann. Die Temperatur soll gleichmäßig 6 bis 8 °C betragen. Bierkeller müssen absolut sauber sein. Andere Lebensmittel dürfen darin nicht gelagert werden. Flaschenbier ist zusätzlich vor Lichteinwirkung zu schützen.

Ausschank

Die Temperatur beträgt der Jahreszeit angepaßt 8 bis 10 °C.
Das Bier muß klar sein und den ursprünglichen Kohlensäuregehalt aufweisen.
Das Bier ist so einzuschenken, daß es eine gewölbte, kompakte Schaumkrone erhält.

Häufige Fehler

Bier schäumt nicht: Gläser nicht sauber gewaschen, anhaftendes Fett zerstört den Schaum. Bier ist zu kalt und hält das CO_2 in sich gebunden.
CO_2-Druck der Schankanlage zu niedrig oder über Nacht abgestellt, das CO_2 des Biers konnte entweichen.

Bier schäumt zu stark: Nach dem Anliefern zu kurz gelagert oder auf dem Weg zum Anstecken zu stark geschüttelt, CO_2 entweicht zu rasch.
CO_2-Druck der Schankanlage zu hoch, Bierleitung gequetscht oder durch Bierstein verengt. Darum fließt das Bier zu rasch, wird unruhig und gibt das CO_2 zu schnell ab.

Temperatur zu hoch.

7 Wein

Wein ist ein alkoholisches Getränk, das durch Vergärung des Traubenmostes oder frischer, eingemaischter Trauben gewonnen wird.

Die unterschiedlichen Eigenschaften der einzelnen Weine werden hauptsächlich bestimmt von der **Rebsorte,** aber auch von dem Boden, auf dem sie wächst, und dem Klima, also dem **Anbaugebiet.**

Rebsorte man spricht vom **Sortencharakter**	Anbaugebiet man spricht vom **Gebietscharakter**

Rebsorten

Weiße Rebsorten

Riesling: kleinbeerig mit harter Schale; rassige Weine mit fruchtiger Säure und spritzigem Charakter.

Silvaner: mittelfrühe Traube, geringer Säuregehalt; liebliche, milde Weine.

Müller-Thurgau: frühreife Traube; milde, duftige Weine mit würzigem Geschmack.

Rote Rebsorten

Spätburgunder: kleinbeerige, würzige Traube; würzige, kräftige Weine mit ausgeprägter Farbe.

Portugieser: frühreife Traube; milde Tafelweine mit ansprechendem Geschmack.

Trollinger: große, hellrote Beeren; kernige nicht zu schwere Weine mit hellroter Farbe.

Die deutschen Weinbaugebiete eignen sich vor allem für den Anbau von Weißweintrauben. Rote Rebsorten gedeihen vorwiegend in Frankreich und Italien.

Die Art und Beschaffenheit des Bodens bestimmt die Auswahl geeigneter Rebsorten.

Wegen des unterschiedlichen Bodens schmecken selbst gleiche Rebsorten in jedem Anbaugebiet anders.

Zum Weinbau werden Hänge bevorzugt, die nach Süden, Südosten und Südwesten geneigt sind. Die Sonnenstrahlen treffen hier konzentriert auf und erwärmen den Boden kräftig.

Der Sonne abgewandte, schattige Hänge können keine Qualitätsweine liefern.

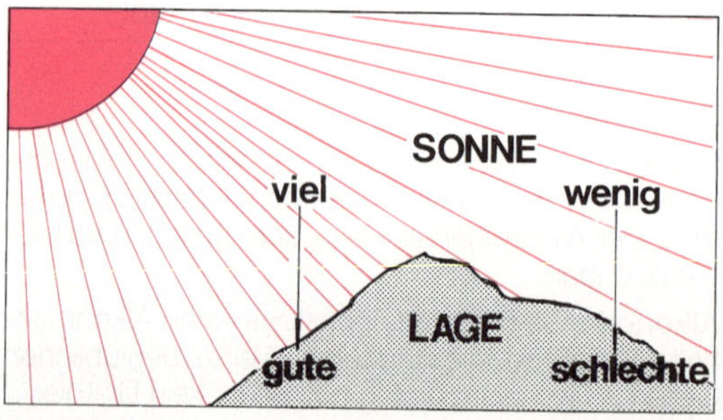

Einteilung der Weinbaugebiete

Das deutsche Weinanbaugebiet erstreckt sich vom Bodensee, entlang des Rheins und seinen Nebenflüssen bis zum Mittelrhein bei Bonn. Die Böden und das Klima innerhalb dieses Raumes sind so unterschiedlich, daß zur Charakterisierung eines Weines eine nähere geographische Angabe erforderlich ist. Die ausländischen Weinregionen sind weniger differenziert, Boden und Klima sind über weitere Gebiete einheitlicher, so daß nicht so fein unterschieden werden muß wie in Deutschland.

Die gesamte Rebenfläche ist in 13 **bestimmte Anbaugebiete** unterteilt. Jedes umfaßt eine zusammenhängende Weinbaulandschaft mit vergleichbaren Voraussetzungen und bringt typische Weine mit ähnlichen Geschmacksnoten hervor.

Die Herkunft des Weines kann näher beschrieben werden. Bei Prädikatweinen muß z. B. der Bereich angegeben werden. Wird gar die Gemeinde oder innerhalb dieser die Lage genannt, ist das für den Weinkenner ein besonderes Zeichen für Qualität.

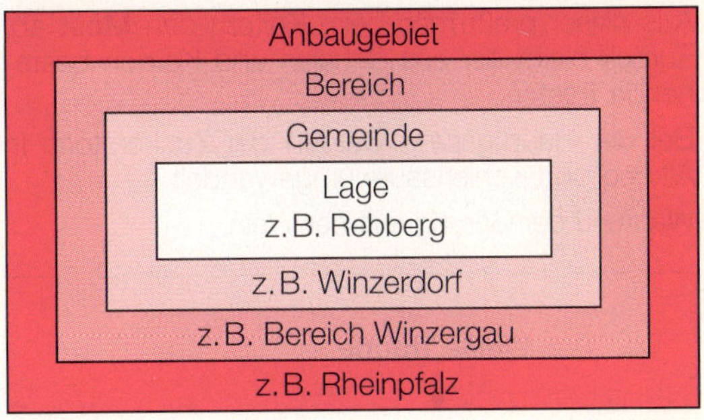

Die dreizehn deutschen Weinanbaugebiete

Weinbereitung

Weißwein

Die Trauben werden gequetscht, damit sich alle Zellen der Frucht öffnen, es entsteht die **Maische.**

Aus dieser preßt man beim Keltern den **Most** ab. Zurück bleibt der aus Schalen und Kernen bestehende Trester.

Bei der Hauptgärung werden die Zuckerstoffe in Alkohol und Kohlensäure umgewandelt.

Während der Gärung reift der Wein.

Rotwein

Die im Rotwein erwünschten Farb- und Geschmacksstoffe befinden sich in der Schale der roten Traube.

Der bei der Gärung der Maische entstehende Alkohol löst diese, so daß sie in die Flüssigkeit übergehen.

Nach einem anderen Verfahren wird die Maische vor der Gärung erwärmt.

Der Jungwein wird erst während der Nachgärung harmonisch.

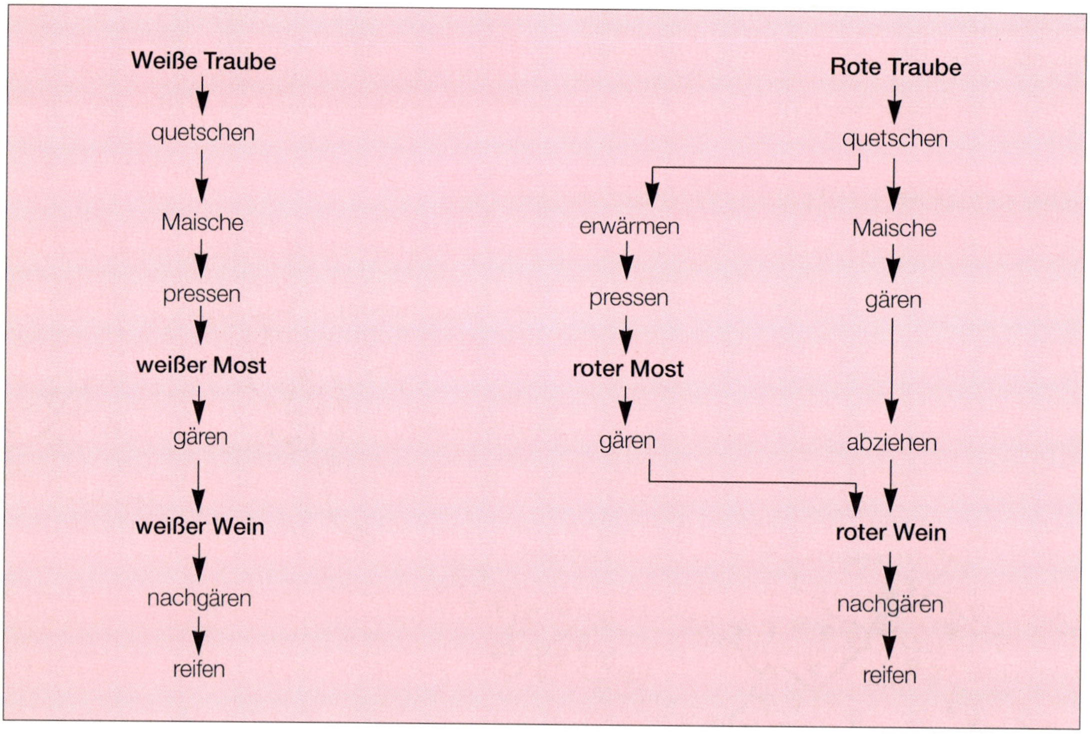

Neben Weiß- und Rotwein aus weißen bzw. roten Trauben entstehen durch besondere Verfahren weitere Weinsorten.

Rotling ist ein Wein mit blaß- bis hellroter Farbe, der entsteht, wenn weiße und rote Trauben zusammen nach dem Weißweinverfahren verarbeitet werden. **Schillerwein** ist ein qualitativ hochwertiger Rotling aus Württemberg.

Rosé schimmert golden bis rötlich und wird aus roten Trauben nach dem Weißweinverfahren gewonnen. Hochwertige Produkte dürfen als **Weißherbst** bezeichnet werden.

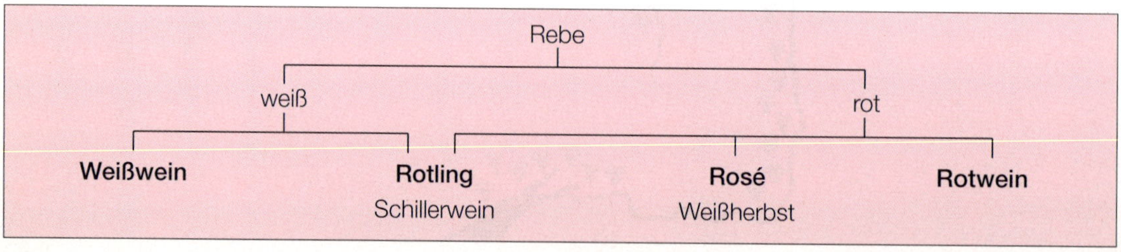

Güteklassen für deutschen Wein

Für deutschen Wein gibt es drei Güteklassen, innerhalb derer zum Teil weiter unterschieden wird.

Deutscher Tafelwein hat mindestens 8,5 % Alkohol, **Deutscher Landwein** ist ein gehobener Tafelwein mit einem für die Region typischen Charakter.

Qualitätsweine bestimmter Anbaugebiete (Q.b. A.) müssen aus dem „bestimmten Anbaugebiet" stammen und charakteristische Merkmale aufweisen. Die höheren Qualitätsanforderungen werden überprüft und in der amtlichen Prüfnummer (A. P. Nr.) bestätigt. Diese wird auf dem Etikett abgedruckt.

Qualitätsweine mit Prädikat haben eng begrenzte Herkunftsgebiete und müssen strengen Qualitätsanforderungen genügen. Die Prädikate sind zusätzliche Auszeichnungen.

Sie lauten in aufsteigender Reihe:

- **Kabinett** → Güte muß über Q.b.A.-Weinen liegen
- **Spätlese** → erst später, also nach der allgemeinen Lesezeit geerntet
- **Auslese** → nur vollreife Trauben
- **Beerenauslese** → überreife, edelfaule Beeren
- **Trockenbeerenauslese** → rosinenartig eingeschrumpfte, edelfaule Beeren
- **Eiswein** → vor der Lese gefroren, darum konzentrierter Most

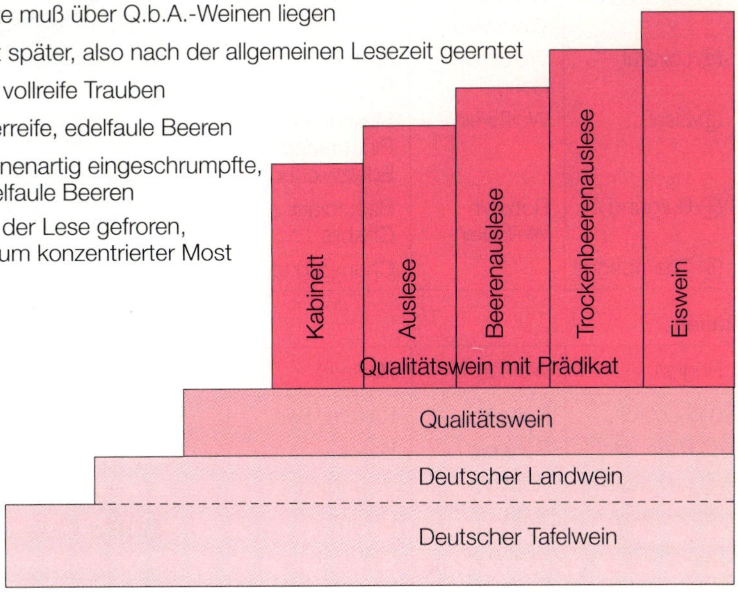

Das Weinetikett

Das Weinetikett wird auch als die Geburtsurkunde eines Weines bezeichnet. Hier ein Beispiel für eine umfassende Information.

Weine europäischer Länder

Unsere französischen und italienischen Nachbarn erzeugen und verbrauchen wesentlich mehr Wein als wir. Die deutschen Importe aus diesen Ländern sind bedeutend. Aufgrund der EG-Bestimmungen sind die Qualitätsvorschriften vergleichbar.

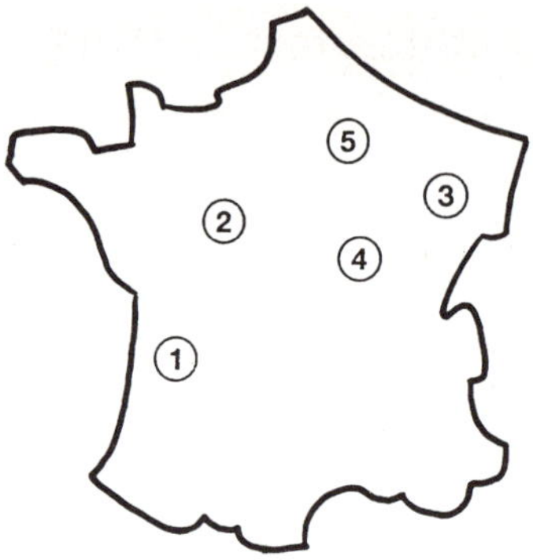

Frankreich

Region	Weinart	Beispiel
① Bordeaux	Rotwein Weißwein	Médoc Pomerol
② Loiretal	Weißwein Rosé	Sauternes Rosé d'Anjou
③ Elsaß	Weißwein	Muscat d'Alsace Pinot blanc Edelzwicker
④ Burgund	Rotwein Weißwein	Beaujolais Chablis
⑤ Champagne		Champagner

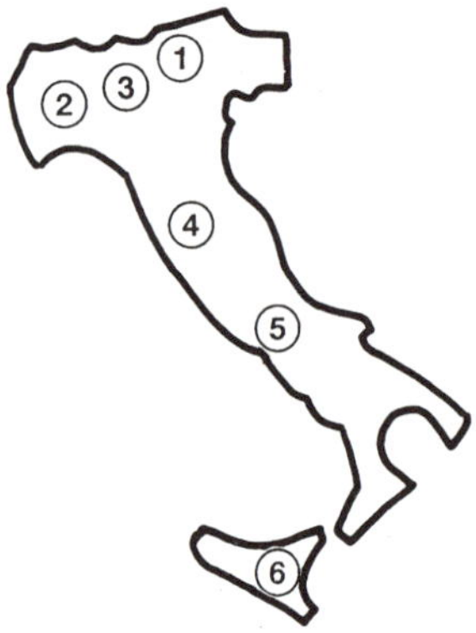

Italien

Region	Weinart	Beispiel
① Südtirol	Rotwein	Kalterer See
② Piemont	Rotwein	Barolo
③ Lombardei	Rotwein	Valpolicella
④ Toscana	Rotwein	Chianti
⑤ Latium	Weißwein	Frascati
⑥ Sizilien	Dessertwein	Marsala

Weinlagerung

Weine werden in kühlen und dunklen Räumen aufbewahrt, damit die Reifung des Weines möglichst ungestört ablaufen kann. Flaschen mit Korken sind liegend zu lagern, der Korken trocknet so nicht aus und der Wein kann nicht durch Luftzutritt und Bakterien verderben.

Günstigste Temperatur für Weißwein: 10 bis 12 °C,
für Rotwein 14 bis 15 °C.

7.1 Süd- oder Dessertweine

Südweine werden so genannt, weil sie aus südlichen Ländern stammen; die Bezeichnung Dessertweine erhielten sie, weil sie früher oft zum Nachtisch (Dessert) getrunken wurden. Man unterscheidet die süßen Dessertweine und die trockenen Dessertweine. Sie werden auch **Likörweine** genannt.

Süße Dessertweine

Man verwendet entweder Traubensaft mit sehr hohem Zuckergehalt oder setzt eingedickten Traubensaft zu. Das ergibt sehr süßen Wein mit niedrigem Alkoholgehalt.

Hierzu gehören: Tokajer aus Ungarn,
Muskatwein aus Frankreich
Malaga aus Spanien.

Trockene Dessertweine

Nach verhältnismäßig kurzer Gärung wird Weingeist zugesetzt. Wegen des dadurch hohen Alkoholgehalts (bis 22%) wird die natürliche Gärung unterbrochen. Das ergibt alkoholreichen, zuckerarmen Wein.

Hierzu gehören: Portwein aus Portugal,
Madeira von der Insel Madeira,
Sherry aus Spanien.

Lagerung

Südweine werden bei 10 bis 12 °C stehend gelagert. Liegende Flaschen würden an der Flaschenwand eine braune Ablagerung bekommen.

Wegen des würzigen Aromas werden diese Weine gerne zum Abschmecken verwendet, z. B. bei Suppen, Saucen und Desserts.

8 Schaumwein

Schaumwein entsteht, wenn Wein nach der Hauptgärung nochmals in abgeschlossenen Behältnissen zum Gären gebracht wird.

Das bei dieser zweiten Gärung entstehende CO_2 kann nicht entweichen, verbindet sich mit dem Wein und verleiht ihm den schäumenden Charakter. Darum Schaumwein.

Um eine gleichbleibende Qualität zu erhalten, werden Weine verschiedener Bereiche und Jahrgänge gemischt. Diesen Verschnitt nennt man **Cuvée.**

Bei der Gärung kennt man drei Verfahren:

Flaschengärung. Die gefüllten Flaschen werden verschlossen und mit dem Hals nach unten in Rüttelpulte gestellt. So setzt sich der Hefetrub am Korken ab und kann nach der Lagerung leicht entfernt werden. Der dabei auftretende Verlust wird durch die Dosage ersetzt.

Die Flaschengärung ist das aufwendigste und damit teuerste Verfahren.

Transvesierverfahren ist eine vereinfachte Flaschengärung. Das Cuvée wird zur zweiten Gärung auf Flaschen abgefüllt. Dann aber in Tanks entleert, gefiltert, mit Dosage versetzt und wieder auf Flaschen gefüllt (Arbeitsersparnis).

Tankgärung. Sie ist arbeitssparender. In den Tankräumen werden während der Gärung Temperatur und Druck genau geregelt. Der Hefetrub wird durch Filtern abgetrennt.

8.1 Geschmacksrichtungen

Unabhängig vom Gärverfahren wird die Geschmacksrichtung bestimmt von

- ▷ dem Cuvée, der Mischung der Grundweine, und
- ▷ der Dosage, welche den gewünschten Süßegrad verleiht.

Die **Dosage** enthält in Wein aufgelösten Zucker, Traubenmost und Weindestillat.

Bezeichnungen (Süße zunehmend)

nach EG	brut	extra dry	trocken	halbtrocken	mild
praxisüblich auch	extra herb	sehr trocken extra sec	sec dry	demi sec demi doux	doux süß

8.2 Gesetzliche Bestimmungen

Bei Schaumwein ist der Hersteller oder die Vertriebsfirma anzugeben. Bei ausländischen Erzeugnissen ist das Herstellungsland zu nennen.

Mit **Schaumwein** muß in Deutschland hergestellter Schaumwein bezeichnet werden. (Der gebräuchliche Name Sekt darf für die einfachste Qualitätsstufe nicht verwendet werden.)

Qualitätsschaumwein oder **Sekt** ist von gehobener Güte. Es werden Mindestanforderungen hinsichtlich Alkoholgehalt, Druck (CO_2) und Lagerdauer gestellt.

Mögliche Zusatzbezeichnungen:

- Qualitätsschaumwein Q. B. A. – gleiche Bestimmungen wie bei Wein,
- mit Jahrgangsangabe,
- mit Angabe der Traubenart.

Champagner ist Schaumwein aus einem genau festgelegten Gebiet der Champagne.

Lagerung: unter 10 °C liegend; vor dem Servieren auf 6 bis 8 °C kühlen.

9 Weinhaltige Getränke

Darunter versteht man Getränke, die einen Anteil von mehr als 50 % von Wein, Dessertwein oder Schaumwein haben.

Der restliche Anteil kann Weinbrand, Fruchtsäfte, Kräuterauszüge, Honig, Wasser usw. enthalten.

Bowle besteht aus Wein, Schaumwein, auch Fruchtwein oder Mineralwasser und Geschmacksträgern, die auch namensgebend sind, z. B. Pfirsich, Erdbeer, Waldmeister.

Schorle besteht aus gleichen Teilen Wein und kohlensäurehaltigem Wasser. Schorlen sind durch diese Mischung erfrischend und alkoholarm.

Glühwein ist heißer Rotwein, gewürzt mit Nelken, Zimt, Zitrone und Zucker. Spezielle Aufgußbeutel erleichtern die Herstellung.

Wermut ist mit Wermutkraut aromatisierter Wein; Alkoholgehalt um 15 %. Wermut ist Grundlage von Mischgetränken wie Manhattan oder Martini.

10 Spirituosen

Der Begriff Spirituosen ist ein Sammelname für Getränke mit erhöhtem Alkoholgehalt. Den konzentrierten Alkohol erhält man durch Destillieren: Durch Erhitzen verdampft zunächst nur der Alkohol, der über ein Rohrsystem abgeleitet wird und sich durch Abkühlung wieder verflüssigt. Die anderen Stoffe, vor allem das Wasser, bleiben zum großen Teil in der Destillierblase, da sie erst bei höherer Temperatur oder gar nicht in Dampf übergehen.

Nochmaliges Destillieren hält immer mehr andere Stoffe zurück, so daß fast reiner Alkohol erzielt werden kann.

Versuche

1. Versetzen Sie Fruchtsaft mit etwas Hefe und stellen Sie die Lösung eine Woche an einen warmen Ort. Oder: anstelle des Fruchtsaftes 0,25 l Wasser und 75 g Zucker; oder, wenn der Versuch sofort durchgeführt werden soll: 150 g Wasser und 30 g Alkohol vermischen.
2. Bauen Sie die abgebildete Anlage auf. Auf Bunsenbrenner einen Rund- oder Kantkolben mit einer der oben beschriebenen Flüssigkeiten stellen, in den Korken ein geknicktes Glasrohr einführen, zweiten Rundkolben in Eis stellen und das Glasrohr einführen. Oder Liebig-Kühler verwenden.

   Erhitzen Sie und probieren Sie vorsichtig das Kondensat.

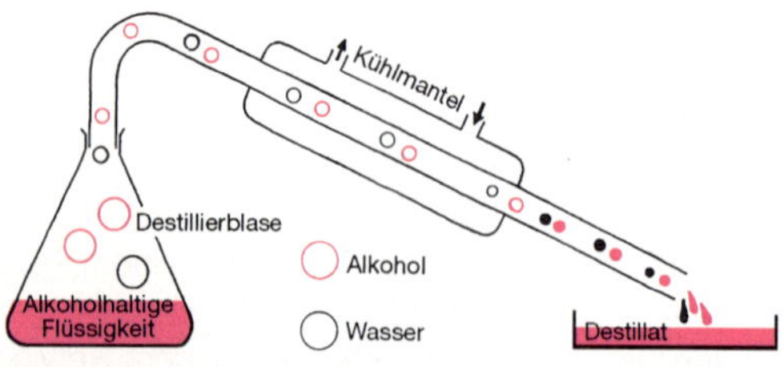

3. Geben Sie etwa 250 g Himbeeren (als Tiefkühlware erhältlich) in ein enges Gefäß oder in einen Kolben. Übergießen Sie mit 100 g Wasser und der gleichen Menge Alkohol. Mit Korken oder Gummipfropfen verschließen. Nach einer Woche destillieren Sie mit der in Versuch 2 beschriebenen Anlage. Verdünnen Sie das Kondensat 1 : 1 mit Wasser und probieren Sie.
4. Geben Sie in einen Shaker ein Eigelb, 1 Teelöffel Zucker, 5 cl Weinbrand, 5 cl Wasser und vermischen Sie gut. Was entsteht?

10.1 Branntweine

Das „Brennen“, wie man das Destillieren auch nennt, gab den Branntweinen den Namen. Man versteht darunter Spirituosen, die einen Alkoholgehalt von mindestens 32 %vol und ein wenig Extraktstoffe (z. B. Zucker) enthalten.

Der Alkoholgehalt ist in %vol, Prozent des Volumens anzugeben.

Branntwein aus Wein (alkoholhaltiger Rohstoff)

Branntwein aus **Wein** hat den Namen **Weinbrand.** Nach dem Destillieren (Brennen) wird der Weinbrand gelagert. Während der Reifung wirkt Luftsauerstoff auf die zunächst farblose Flüssigkeit ein und beeinflußt einen Teil der Farbe und des Aromas.

Deutscher Weinbrand: Die Hersteller bevorzugen Weine aus französischen Trauben, denn diese sind besonders extrakt- und alkoholreich.

Cognac ist eine geschützte Herkunftsbezeichnung für Weinbrand aus der Charente, deren Mittelpunkt die Stadt Cognac ist.

Armagnac ist Weinbrand aus der Gegend um Burgund.

Calvados ist Branntwein aus Apfelwein (Cidre).

Branntweine aus Obst und Zuckerrohr (zuckerhaltige Rohstoffe)

Aus zuckerhaltigen Rohstoffen entsteht durch Gärung Alkohol. Dann folgen Destillation und Reifung während der Lagerung.

Nach dem Zuckergehalt des Ausgangsmaterials unterscheidet man bei Obst zwei Verfahren.

Zuckerreiche Früchte werden vergoren, so daß aus dem Zucker der Früchte Alkohol entsteht. Nach der Destillation erhält man

Obstwasser, z. B. Kirschwasser, Zwetschgenwasser, Slibowitz, Obstler.

Zuckerarmen und zugleich aromareichen Früchten wie z. B. Himbeeren wird Alkohol zugesetzt. Dieser löst die Aromastoffe. Nach der Destillation erhält man

Obstgeist, z. B. Himbeergeist, Marillengeist.

Vergleich: Wasser – Geist

Alkohol

aus Frucht	zugesetzt
= ... Wasser	= ... geist

Rum wird aus Zuckerrohr oder Zuckerrohrmelasse hergestellt. Hauptlieferland für Deutschland ist Jamaika.

Rum-Verschnitt enthält neben dem Alkohol aus dem Zuckerrohr Feinsprit und Wasser. Diese Art entspricht unserem Geschmack mehr, weil beim Verschneiden die Stärke des Rum-Aromas gemildert wird.

Branntwein aus Getreide und Kartoffeln (stärkehaltige Rohstoffe)

Es handelt sich um stärkehaltige Rohstoffe. Stärke wird durch das Enzym Amylase des Malzes in Zucker umgewandelt. Dann folgt die Vergärung in Alkohol und die Destillation.

Korn wird hauptsächlich aus Roggen, aber auch aus Weizen hergestellt, Alkoholgehalt 32 %vol.

Wodka wird aus Kartoffeln oder Getreide hergestellt und besonders gereinigt. Er ist darum mild und weich.

Whisky ist ein Getreidebranntwein aus Weizen oder Gerste mit mindestens 40 %vol. Bezeichnungen wie Scotch, Irish, Canadian sind Herkunftsbezeichnungen. Aus Amerika stammen Rye Whiskey (Roggen) und Bourbon Whiskey (Mais).

Der Rauchgeschmack des Whiskys entsteht, wenn das Malz über schwelendem Torf getrocknet wird. „Blended" Whisky ist verschnitten, also gemischt. Das geschieht, um eine gleichmäßige Qualität zu erzielen.

Arrak wird aus Reis und Zuckerrohrmelasse gewonnen. Nach dem Vergären wird destilliert.

Branntwein mit Geschmack

werden meist wie „Obstgeist" hergestellt.

Wacholder	Beispiele: deutsch: Steinhäger englisch: Gin holländisch: Genever
Kümmel	Kümmel Aquavit
Enzian	
Bittere	Magenbitter

Bittere sind Branntweine mit Auszügen aus Pflanzen und Früchten.

10.2 Liköre

Sie bestehen aus Branntwein, geschmackgebenden Stoffen, Zucker, Stärkesirup und Wasser.

Liköre mit Fruchtsaft

Cherry Brandy – Kirsche

Kroatzbeere – Brombeere

Liköre mit Auszügen aus Früchten

Grand-Marnier – Orangenschale + Cognac

Curaçao, Cointreau – Pomeranze

Apricot Brandy – Aprikose

Maraschino – Maraskakirsche

Liköre mit Kräutern und Gewürzen

Pfefferminzlikör, Allasch (Kümmel), Anisette.

Emulsionsliköre

Branntwein und geschmacksgebende Zutaten bilden eine Emulsion. Am bekanntesten sind Eierlikör und Mokka mit Sahne.

Übersicht Spirituosen

Trink-Branntwein

- aus **Wein**
  - Weinbrand
  - Cognac
  - Armagnac
  - Brandy
- aus **Getreide**
  - Korn
  - Doppelkorn
  - Whisky (-ey)
- aus **Getreide** und **Wacholder**
  - Wacholder
  - Doppelwacholder
  - Steinhäger
  - Gin
- aus **Obst**
  - Obstler
  - Kirsch**wasser**
  - Zwetschgen**wasser** aus **Stein**obst
  - Himbeer**geist**
  - Brombeer**geist** aus **Beeren**obst
- aus **Zuckerrohr** und Reis
  - Rum
  - Arrak
  - Rum-Verschnitt
  - Arrak-Verschnitt
- **Sonstiges**
  - Klarer
  - Enzian
  - Wodka

Liköre

- Fruchtliköre: Alkoholgehalt unterschiedlich je nach weiteren Zutaten
- Kräuter, Gewürz, Anis
- Tee, Kaffee, Kakao
- Emulsionsliköre
- Besondere Arten: Unterschiedliche Alkoholgehalte

Lebensmittel

1 Gemüse

Das Wort Gemüse ist abgeleitet von dem alten Wort „mous“, mit dem Breispeisen bezeichnet worden sind. Heute versteht man darunter Pflanzenteile, die in rohem oder gegartem Zustand genossen werden.

1.1 Gemüse in der Ernährung

Die Gemüse haben einen geringen Energiegehalt, da sie vergleichsweise wenig Kohlenhydrate, Fette und Eiweiß enthalten. Sie sind jedoch wichtige Lieferanten von Vitaminen, Mineralstoffen und Extraktstoffen, die geschmacksgebend und appetitanregend wirken. Der hohe Gehalt an Zellulose (Rohfaser) füllt den Magen-Darm-Trakt, erzeugt ein Sättigungsgefühl und fördert die Darmbewegung. Gemüse erfüllt damit in vorzüglicher Weise die Bedingungen für eine energiebewußte Ernährung.

Lebensmittel	100 g eßbarer Anteil enthalten			
	Eiweiß g	Fett g	Kohlenhydrate g	Energie kJ
Aubergine	1	+	3	70
Blumenkohl	2	+	2	60
Kohlrabi	1	+	3	65
Kopfsalat	1	+	1	30
Möhren	1	+	4	90
Avocado	1	18	1	725
Maronen	2	2	33	655

1.2 Nährwerterhaltung

Die im Gemüse enthaltenen Wirkstoffe sind nur dann für die Ernährung von Nutzen, wenn sie bei der Vor- und Zubereitung nicht zerstört werden.

Die Vitamine A und C und die Vitamine der B-Gruppe sind empfindlich gegen Wärme, Einwirkung von Licht und Luftsauerstoff. Alle Mineralstoffe und die wasserlöslichen Vitamine (B_6, C) werden durch Wasser ausgelaugt.

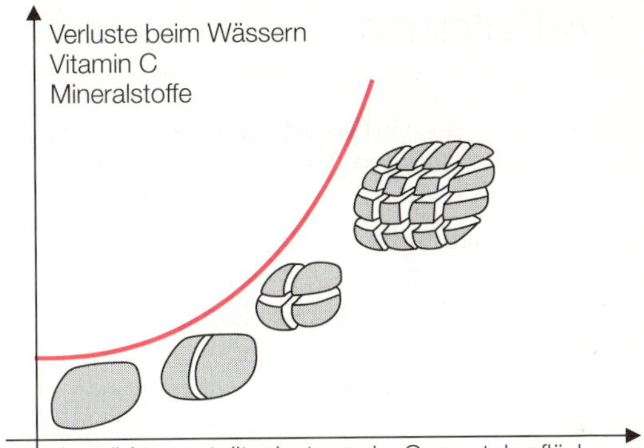

Je stärker zerteilt, desto mehr Gesamtoberfläche, desto größer der Verlust.

Von diesen Tatsachen sind für die Erhaltung der Nährwerte folgende Regeln abzuleiten:

- ▷ Gemüse kühl und dunkel lagern
- ▷ Gemüse kurz, aber gründlich waschen
- ▷ Gemüse möglichst erst kurz vor der Verarbeitung zerkleinern
- ▷ Vorbereitete Gemüse abdecken, kühl stellen
- ▷ Zubereitete Gemüse nicht lange warmhalten. Besser: abkühlen und bei Bedarf wieder erwärmen (z. B. Mikrowellengerät).

1.3 Güteklassen

Trotz moderner Anbaumethoden gedeihen Naturprodukte unterschiedlich. Die Einteilung in Güteklassen ermöglicht einen Qualitäts- und Preisvergleich.

Güteklassen sind im gesamten EG-Bereich verbindlich; darüber hinaus gelten in der Bundesrepublik für weitere Gemüse Qualitätsvorschriften, die als Handelsklassen bezeichnet werden.

Es gilt folgende Unterteilung:

Extra, I, II, III, wobei nicht bei allen Gemüsearten jede Klasse vorkommt.

Die Güteklassen berücksichtigen nur **äußere Qualitätsmerkmale** wie Größe, Gewicht, Aussehen, nicht aber **innere Qualitätsmerkmale** wie Geschmack, Konsistenz und Gehalt an Vitaminen und Mineralstoffen. Dabei kann es durchaus sein, daß Ware mit äußeren Mängeln hohe innere Qualität aufweist – der umgekehrte Fall ist genauso möglich.

Beim Einkauf ist darum die geplante Verwendung zu berücksichtigen. Bei Zubereitungen, zu denen z. B. das Gemüse kleingeschnitten oder püriert wird, ist auf die innere Qualität mehr zu achten als auf die äußere. Es genügt dann eine geringere und damit preisgünstigere Güteklasse.

1.4 Einteilung

Die Einteilung der vielfältigen Gemüsearten erfolgt nach unterschiedlichen Gesichtspunkten und ist nicht verbindlich.

Eßbare Pflanzenteile

Hier folgt man der Gliederung der Botanik und teilt in Blütengemüse, Fruchtgemüse, Blattgemüse, Wurzelgemüse usw.

Am Beispiel des Kohls läßt sich gut aufzeigen, wie der Mensch aus einer Wildpflanze verschiedene Nutzpflanzen gezüchtet hat.

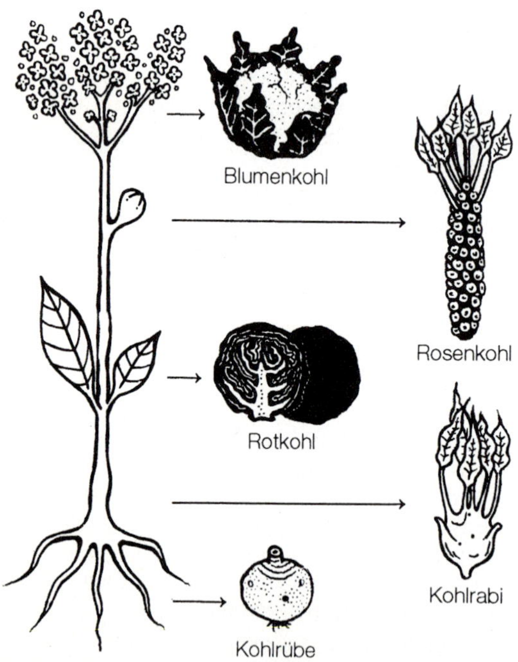

Aus der Blüte entstanden

- Blumenkohl – Romanesco – Brokkoli

Blätter, die sich wie ein Kopf übereinanderlagern, bilden

- Weißkohl/Weißkraut
- Rotkohl/Blaukraut
- Wirsing.

Aus der verdickten Wurzel essen wir

- Kohlrabi
- Kohlrübe/weiße Rübe.

Zeit des Hauptangebots

Hier unterscheidet man nach Saisongemüse (z. B. Spargel), Sommergemüse (z. B. Tomaten, Brokkoli), Herbst- und Wintergemüse (z. B. Grünkohl).

Preisgruppen

Die Materialkosten stehen im Vordergrund. Der Handel unterscheidet:

niedrigpreisige Sorten	*hochpreisige Gemüse*
z. B. Kohlgemüse	z. B. Artischocken
Gelbe Rüben	Spargel
Gurken	Auberginen

Wirkung auf die Verdauung

Man unterscheidet hier zwischen **Grobgemüse** mit hohem Zellulosegehalt, das den Magen-Darm-Trakt belastet und zu Blähungen führen kann, und **Feingemüse** mit geringem Zellulosegehalt.

Verwendungsmöglichkeiten in der Küche stehen bei der folgenden Gliederung im Vordergrund, wobei Überschneidungen nicht immer zu vermeiden sind.

Handelsübliche Sammelbegriffe:

- **Kohlgemüse**
- **Wurzelgemüse**
- **Salatgemüse**
- **Fruchtgemüse**
- **Hülsenfrüchte**
- **Zwiebelgemüse**
- **sonstige Gemüse**

1.5 Kohlgemüse

Kohlgemüse ist ein bedeutender Lieferant für Vitamin C. Von unserer Gemüseernte sind 60 % Kohlgemüse.

Bei der Zerkleinerung entstehen durch die Einwirkung von Enzymen ätherische Senföle. Das sind schwefelhaltige Verbindungen, die den typischen Kohlgeruch bewirken. Dieser ist z. B. bei Weißkohl stärker ausgeprägt.

Die Kopfkohlarten haben blähende Wirkung; das ist bei der Zusammenstellung von Schonkost zu beachten.

Chou-fleur

Blumenkohl **Cauliflower**

Beim Blumenkohl ist der Blütenstand verstärkt ausgebildet. Die „Blume“ kann in einzelne „Röschen“ zerlegt werden. Er ist wohlschmeckend und vielseitig verwendbar. Wegen der zarten Zellstruktur zählt er zu den Feingemüsen.

Romanesco hat die Einzelröschen zu spitzen kleinen Kegeln geformt und ist grünlich.

Gute Qualität ist geschlossen und möglichst hell, Verfärbungen der Röschen sind durch Lichteinfluß bedingt und nur ein optischer Mangel. Welke Hüllblätter weisen auf eine längere Lagerung hin.

Broccoli

Brokkoli **Broccoli**

Die Form ist ähnlich dem Blumenkohl, doch sind die Röschen lockerer; Brokkoli ist dunkelgrün bis leicht bläulich.

Im Angebot wird zwischen den kleineren Seitentrieben (etwa 80 g) und den größeren Haupttrieben unterschieden, die bis zu 500 g schwer werden können.

Zubereitet wird Brokkkoli wie Blumenkohl, doch ist die Garzeit kürzer.

Chou raves

Kohlrabi **Kohlrabi**

Bei Kohlrabi ist der Strunk der Kohlpflanze verdichtet. Man unterscheidet Sorten mit weißlich-hellgrüner oder blauer Schalenfarbe, was jedoch ohne Einfluß auf die Qualität ist.

Frische Ware erkennt man an den gesunden Blättern, schlechte Qualität ist holzig, rissig oder welk.

Kohlrabi wird als Gemüsebeilage zubereitet oder geraffelt zu Frischkostsalaten verwendet.

Chou blanc

Weißkohl **White cabbage**

Die kugelförmigen Köpfe sind fest geschlossen. Die schalenförmig gekrümmten Blätter sind bei frühen Sorten hellgrün, bei späten Sorten und Wintergemüse dunkelgrün bis blaugrün.

Spitzkohl ist eine spezielle, zarte Sorte, die vorwiegend in Baden-Württemberg angebaut wird; die Blätter eignen sich wegen ihrer Form auch besonders für Kohlrouladen.

Choucroute

Sauerkraut **Sauerkraut**

Der geschnittene Weißkohl wird unter Beigabe von Salz einer milchsauren Gärung überlassen und später pasteurisiert. Gute Qualität ist gleichmäßig geschnitten, knackig, hell, von fein säuerlichem Geruch und Geschmack.

Chou rouge

Rotkohl, Blaukraut **Red cabbage**

Der festgeschlossene Kopf ist je nach Erntezeit unterschiedlich gefärbt: frühe Sorten mehr rötlich, spätere Sorten und Lagerwaren dunkelblau. Durch Säureeinwirkung (Essig, Zitrone) wird die blaue Farbe wieder rot.

Rotkohl ist eine typische Gemüsebeilage zu Wildgerichten und Schweinebraten. Als Frischkost wird er kombiniert mit Früchten wie Äpfeln oder Orangen angeboten.

Chou de Milan
Wirsing **Savoy cabbage**

Die Blätter des lockeren Kopfes sind von dunkelgrün bis hellgelb und blasig gewellt. Wirsing ist zarter als Weißkraut und benötigt nur eine kurze Garzeit.

Frühwirsing gibt es ab Juni.

Chou de Bruxelles
Rosenkohl **Brussels sprouts**

An einem Stamm, der in einem Blätterdach endet, stehen in den Blattwinkeln die runden oder ovalen Röschen. Gehandelt werden nur die Röschen, die gleichsam Kohlköpfe im kleinen sind. Frosteinwirkung macht das Gemüse milder und leichter verdaulich.

Gute Qualität ist festgeschlossen und kräftig grün.

Chou vert
Grünkohl **Green cabbage**

Grünkohl wird auch Blätterkohl oder Krauskohl genannt und ist vor allem im Norden und Westen unseres Landes bekannt. Von einem Stengel aus wachsen die gekrausten Blätter in unterschiedlichen Grüntönen. Grünkohl wird nach der ersten Frosteinwirkung geerntet und ähnlich wie Wirsing zubereitet.

Chou chinoise
Chinakohl **Chinese cabbage**

Wird auch als Pekingkohl oder Blätterkohl bezeichnet. Längliche, hellgrüne Blätter sind zu einem lockeren ovalen Kopf geschlossen.

Gute Ware hat eng anliegende Blätter und einen saftigen Strunk; braune und schwarze Flecken deuten auf lange Lagerung oder unsanfte Behandlung. Verwendung vorwiegend zu Salat.

Pak-choi
Paksoi **Pak-choi**

Paksoi ist eine asiatische Kohlsorte. Man kann ihn geschmacklich mit dem Chinakohl vergleichen, er ist jedoch etwas saftiger und würziger. Paksoi hat lange weiße Stiele, an denen große, runde, dunkelgrüne Blätter wachsen.

1.6 Wurzelgemüse

Die verdickten Wurzeln dienen den Pflanzen als Nährstoffreserve für das Folgejahr. Die meisten Arten haben darum eine festere Struktur, sind kompakt und gut lagerfähig. Der einfachen Lagerfähigkeit wegen bezeichnet man sie auch als *Herbst- und Wintergemüse.*

Wurzelgemüse verarbeitet man überwiegend zu Beilagen; zur Salatherstellung werden die Wurzeln meist vorher gekocht. Sollen Rohkostsalate zubereitet werden, sind die Pflanzen zu raffeln oder sehr fein zu schneiden, damit die Zellstruktur gelockert wird.

Carottes
Möhren, Karotten, Gelbe Rüben **Carrots**

Möhren werden auch als Mohrrüben oder Gelbe Rüben bezeichnet. Je nach Sorte ist die Form der Wurzel spitzkugelig oder walzenförmig. Die kleinen runden Sorten (ähnlich dem Radieschen) werden vielfach Karotten genannt und überwiegend zu Konserven verarbeitet, z. B. „Pariser Karotten", oder sind Bestandteil des Leipziger Allerlei.

Möhren gelten als das carotinreichste Lebensmittel.

Verwertung: Gekocht als Gemüse und Salat, geraffelt als Frischkost, gepreßt als Karottensaft.

Radis
Rettich, Radieschen **Radish**

Das Angebot umfaßt heute vorwiegend milde Sorten, deren Außenhaut unterschiedliche Farbe haben kann; weiße Ware wird bevorzugt. Durch den Anbau in Treibhäusern ist der Rettich das ganze Jahr über am Markt. Der typische Geschmack beruht hauptsächlich auf dem Gehalt an Senfölen.

Rettich und Radieschen werden überwiegend roh verzehrt, z. B. dünn aufgeschnitten oder geraffelt und gesalzen.

Salsifis
Schwarzwurzel **Black salsity**

Die schwarzbraun gefärbte Korkschale hat der Pfahlwurzel den Namen gegeben. Sie wird etwa 1 bis 2 cm dick und bis zu 30 cm lang. Da die Schwarzwurzel in Form, Farbe und Zubereitung den Spargelstangen ähnelt, wird sie auch als „Spargel des Winters" bezeichnet.

Gute Qualität ist glatt, ohne Verzweigungen, hellfleischig, fest und reich an Milchsaft.

Beim Schälen der rohen Wurzeln tritt Milchsaft aus, der bei Luftzutritt rasch bräunt (oxidiert). Darum werden die geschälten Stangen sofort in Wasser gelegt (Luftabschluß), dem etwas Säure (Zitrone, Essig) beigefügt ist.

Céleri-rave
Sellerie **Celeriac**

Die *Sellerieknolle* ist eine außen braune, innen hellfleischige Wurzelverdickung. An den unteren Hälften zweigen zahlreiche Nebenwurzeln ab. Gute Qualität ist gleichmäßig hellfleischig, weder hohl noch holzig und bleibt beim Kochen weiß.

Stangensellerie wird roh und gekocht zu Salaten verarbeitet und bildet die Grundlage für Selleriesuppen.

Betterave
Rote Rübe **Beetroot**

Die rund oder länglich geformten Wurzeln werden nach dem Kochen vor allem als Salat zubereitet.

Bei guter Qualität ist die Rübe gleichmäßig entwickelt und ohne Verletzungen. Die Blätter werden abgedreht, nicht abgeschnitten, weil damit beim Kochen ein „Ausbluten" des Farbstoffes Betanin vermieden wird.

Raifort

Meerrettich **Horseradish**

Die Pfahlwurzeln werden bis zu 500 g schwer; das Angebot reicht von Oktober bis Mai. Ätherische Senföle sind die Grundlage für das scharfe Aroma. Meerrettich dient gerieben, geschabt oder im Mixer fein zerkleinert als Würzmittel, z. B. bei Sahnemeerrettich oder zu gekochtem Rindfleisch. Durch die anregende Wirkung auf die Verdauung macht er schwere Speisen bekömmlicher.

Navet

Speiserübe **Turnip**

Die Rübenart wird im Frühjahr (Mairüben) und im Herbst (Herbstrüben, Kohlrüben) angeboten. Das Wurzelgemüse ist weiß- oder gelbfleischig; die gelblichen Arten werden bevorzugt.

Eine besondere Gruppe bilden die Teltower Rübchen. Diese etwa daumengroße Spezialität wird wegen des typischen Geschmacks geschätzt. Die Rübchen werden ähnlich wie Karotten durch Kochen oder Dünsten gegart.

1.7 Salatgemüse – Blattgemüse

Mit dem Wort Blattsalat verbindet der Gast Eindrücke wie frisch, knackig, gesund, anregend usw. Aus der Sicht der Küche sollen die empfindlichen Gewächse gut lagerfähig und einfach vorzubereiten sein. Außerdem sollen sie gegen die Säure der Dressings wenig empfindlich sein, damit der angerichtete Salat nicht so schnell zusammenfällt.

Diese Ansprüche berücksichtigen Neuzüchtungen. Sie sind knackig ohne hart zu sein und ergänzen die Farbpalette.

Weil Blattgemüse vorwiegend roh genossen werden, ist auf eine besonders sorgfältige Reinigung der Pflanzenteile zu achten.

Laitue pommée

Kopfsalat **Butter lettuce**

Kopfsalat wird als Freiland- und als Treibhausware angeboten und ist darum das ganze Jahr über am Markt.

Freilandsalat hat festere Köpfe und derbere Blätter, Treibhaussalat ist lockerer und nahezu ohne Abfall.

Die Frische des Salates ist am Strunk erkennbar, der bei zu langer Lagerung braun wird. Kopfsalat fällt nach dem Anmachen rasch zusammen.

Laitue d'hiver

Eisbergsalat **Iceberg salad**

Der Eisbergsalat ist eine Unterart des Kopfsalates. Bei ihm bilden die hellgrünen Blätter einen festen Kopf. Eisbergsalat ist knackig und fällt kaum zusammen.

Crispsalat ist eine Variante des Eisbergsalates, die in den Wintermonaten aus den Treibhäusern der Niederlande zu uns kommt.

Salade romaine

Römischer Salat **Roman lettuce**

Die länglichspitzen Blätter bilden einen lockeren Kopf. Er schmeckt herzhafter als Kopfsalat.

Laitue batavia

Batavia Salat **Batavia lettuce**

Er hat dem Kopfsalat ähnliche, kräftige Blätter mit rötlichem Rand, schmeckt kräftiger und fällt nicht so leicht zusammen.

Salade de foille de chêne

Eichblattsalat **Oakleave lettuce**

Die eichblattähnlichen geschlitzten Blätter haben rötlich-braune Spitzen. Die dekorativen Blätter fallen leicht zusammen.

Die folgenden Blattsalate sind aus der Familie der Zichoriengewächse. Gemeinsam ist ihnen eine leichte appetitanregende Bitterkeit sowie die Eigenschaft, in angemachtem Zustand längere Zeit knackig zu bleiben. Im Aussehen unterscheiden sie sich erheblich.

Chicorée frisée

Endivie **Curled-chicory salad**

Die eigentliche Endivie ist winterhart und wird darum auch Winterendivie genannt. Sie hat einen lockeren Kopf mit krausen Blättern. In den grünen Blatteilen befinden sich die Bitterstoffe.

Eskariol ist eine Endivienart mit glatten Blatträndern. Er wird auch als Sommer-Endivie oder Römischer Kohl bezeichnet.

Chicorée

Chicorée **Belgian endivie**

Die Chicorée kommt vorwiegend aus Holland zu uns. Im ersten Jahr werden nur die Wurzeln getrieben. Im Herbst des folgenden Jahres wachsen in geheizten Treibhäusern unter Lichtabschluß die Blätter aus. Der Lichtmangel bewirkt, daß die Triebe hell bleiben und arm an Bitterstoffen sind.

Barbe de capucin

Radicchio rosso **Red-leaf chicory**

Die festen fleischigen Blätter sind intensiv rot und haben weiße Rippen. Oftmals ist der Geschmack leicht bitter.

Mâche

Feldsalat **Lamb's lettuce**

Die knackigen Blätter des Feldsalates werden auch Ackersalat oder Vogerlsalat genannt. Da die Ernte mühsam ist, liegt der Preis relativ hoch.

Épinard

Spinat **Spinach**

Spinat ist ein Blattgemüse, das immer warm zubereitet wird.

Nach der *Ernteart* unterscheidet man Blattspinat und Wurzelspinat, bei dem die ganze Pflanze aus dem Boden gestochen wird. Das Putzen dieser Sorte erfordert mehr Zeit.

Spinat ist ein Gemüse mit hohem Nitratgehalt. Das Nitrat kann bei Wärme durch Bakterien rasch zu gesundheitsgefährdendem Nitrit abgebaut werden. Darum darf Spinat nicht zu lange warmgehalten und sollte nicht wiedererwärmt werden.

1.8 Fruchtgemüse

Früchte sind Pflanzenteile, in denen die Samen heranreifen. Für die Ernährung ist eine Zuchtauswahl getroffen, welche die Bildung von *Fruchtfleisch* bevorzugt und die Samenbildung zurückdrängt. Fast alle Fruchtgemüse eignen sich für warme und kalte Zubereitungen.

Aubergine
Aubergine **Eggplant**

Die dunkelvioletten Früchte sind etwa 10 bis 15 cm lang und haben helles Fruchtfleisch. In rohem Zustand haben sie nur geringen Eigengeschmack, das typische Aroma entwickelt sie erst beim Garen, insbesondere beim Braten.

Fenouil
Fenchel **Fennel**

Bei Gemüsefenchel bilden die verdickten Blattscheiden eine fleischige Knolle. Fenchel schmeckt anisartig; er kann roh zu Salaten und gegart zu Beilagen oder Zwischengerichten verarbeitet werden.

Concombre
Gurke **Cucumber**

Das Angebot an Frischware wird nach dem Anbau unterschieden:

Schlangen- oder Salatgurken kommen aus Treibhäusern und müssen gleichmäßig gewachsen sein.

Schäl- oder Schmorgurken haben eine derbere Schale. Bei dieser Art ist die Bitterprobe am Stielansatz erforderlich.

Courgette
Zucchini **Zucchini**

Die gurkenähnlichen sechskantigen Früchte können bis zu mehreren Kilogramm schwer werden. Am wohlschmeckendsten sind sie bei einer Länge von etwa 15 cm. Große Exemplare haben weniger Aroma.

Grains de maïs
Mais/Zuckermais **Corn**

Er wird auch Gemüsemais genannt und unterscheidet sich vom Körnermais. Zuckermais lagert Kohlenhydrate überwiegend in Form von Zucker in den Körnchen der Kolben ab. Während der Erntezeit in der Milchreife sind an der Kolbenspitze die Körner unreif, der überwiegende Teil der Körner ist jedoch glänzend gelb und süß schmeckend.

Poivron
Paprika/Gemüsepaprika **Bellpeppers**

Die bis faustgroßen Schoten sind stumpf oder spitz auslaufend geformt. Die Farbe ist unterschiedlich: Grüne Schoten sind nicht unreif, ihr Geschmack ist würzig; gelbe Ware ist mild im Geschmack; rote Schoten sind voll ausgereift, mild bis leicht süßlich.

Tomate
Tomate — Tomato

Durch Züchtungen und Anbaumethoden hat sich das Angebot praktisch auf zwei Sorten verringert.

Runde Tomate oder Hollandtomate. Die Frucht ist gleichmäßig rund und von sattem Rot. Die Miniform wird als Kirschtomate bezeichnet und dient als Dekoration.

Gerippte Tomate oder Freilandtomate oder Fleischtomate ist unregelmäßig gerippt. Ihr Anteil an „Fleisch" ist höher, darum sind sie geschmacksintensiver.

Haricots
Bohnen — Green beans

Bei Bohnen verzehrt man die unreifen Hülsen mit den Kernen oder nur die Bohnenkerne. Stangenbohnen sind kräftiger und länger als Buschbohnen. Weil letztere leichter zu ernten sind, bilden sie das Hauptangebot. Nach dem Aussehen werden die grünschaligen Bohnen und die gelbschaligen Wachsbohnen unterschieden. Bohnen eignen sich nicht für Rohkost, denn sie enthalten das Gift Phasin, das jedoch beim Garen zerstört wird.

Prinzeß- oder Delikateßbohnen haben eine sehr dünne, zarte Schale und feines Fruchtfleisch. Sie werden unzerteilt serviert.

Brechbohnen werden aus dickfleischigen, rundhülsigen Bohnen hergestellt. Die Schoten werden in mundgerechte Stücke gebrochen.

Schnittbohnen werden aus flachhülsigen Schoten geschnitten.

Frische Ware knackt beim Umbiegen der Hülse, die Bruchstelle ist glatt und saftig.

Pois
Erbsen — Green peas

Zuckererbsen und Zuckerschoten haben in den Hülsen keine Pergamentschicht. Man ißt die fleischige, süße Hülse mit den noch unentwickelten Körnern.

Pflückerbsen nennt man die unreif geernteten Erbsenschoten. Vor dem Garen müssen die Erbsen aus den Schoten gepalt werden. Weil der Zeitaufwand für das Pflücken und das Palen hoch ist, sind sie weniger im Angebot.

Unreife (grüne) Erbsen ohne Schote werden unmittelbar mit dem Mähdrescher geerntet, wobei der richtige Erntezeitpunkt für die Qualität wesentlich ist. Bei Konserven und Tiefkühlware muß die Erbsensorte angegeben werden. Man unterscheidet: Mark- und Palerbsen.

Markerbsen sind süßer und zarter, jedoch nicht so gleichmäßig geformt. *Palerbsen* haben glattes, kugeliges Korn, sie schmecken eher mehlig.

1.9 Hülsenfrüchte

Der Lebensmittelhandel zählt zu den Hülsenfrüchten nur die reifen getrockneten Samenkörner von Bohnen, Erbsen und Linsen. Unter biologischen Gesichtspunkten gehören auch die vorher besprochenen grünen Bohnen und Erbsen zu dieser Gruppe sowie weitere Früchte wie Sojabohnen oder Erdnüsse.

Flageolets
Bohnenkerne **Beans**

Weiße Bohnen sind mild im Geschmack und kochen weich.

Limabohnen sind klein, behalten beim Kochen die Form und eignen sich darum besonders für Salate.

Rote Bohnen sind die Grundlage für Baked Beans.

Pois cassés
Erbsen (gelbe, grüne) **Split peas**

Von den getrockneten Erbsen wird ein Teil der zellulosereichen Schale abgeschliffen, damit die Zubereitungen weniger blähend wirken. Verwendung für Erbsensuppe und Erbsenpüree.

Lentilles
Linsen **Lentils**

Sie werden nach Größen sortiert angeboten, wobei die größeren teurer sind als die kleinen. Auf den Geschmack hat die Größe keinen Einfluß.

1.10 Zwiebelgemüse

Zwiebeln sind Speicherorgane der Zwiebelgewächse mit fleischigen, schuppenförmig verkürzten Blättern. Die darin gespeicherten Zuckerstoffe karamelisieren beim Erhitzen (Anschwitzen, gebräunte Zwiebel) und geben Farbe. Schwefelhaltige Verbindungen bilden den typischen Geschmack und erzeugen die Tränen beim Umgang mit zerkleinerten Zwiebeln.

Von großem gesundheitlichen Wert sind die Zwiebeln wegen ihrer ätherischen Öle, die die Durchblutung fördern, den Blutdruck senken und Erkältungen entgegenwirken.

Oignon
Küchenzwiebel **Onion**

Die Küchenzwiebel wird auch Haushalts- oder Speisezwiebel genannt, sie ist die am häufigsten verwendete Art. Die rundliche bis längliche Zwiebel ist gelb bis braun und je nach Sorte von unterschiedlicher Schärfe.

Oignon rouge
Rote Zwiebel **Italian red onion**

Die rote Zwiebel ist eine Verwandte der Haushaltszwiebel, mit dunkelroter Außenhaut und rötlichen Schalen.

Wegen des mild-würzigen Geschmacks ist sie für den Rohverzehr geeignet; bei Frischkostsalaten bildet sie eine willkommene farbliche Abwechslung.

Oignon jaune
Gemüsezwiebel **Spanish onion**

Die apfelgroße Zwiebel hat eine gelbliche bis kupferrote Farbe. Ihr Geschmack ist mild, und darum eignet sie sich zum Frischverzehr. Wegen der Größe wird sie zum Füllen bevorzugt.

Échalote
Schalotte **Shallots**

Sie ist klein, länglich und kantig. Meist sind mehrere Zwiebelchen unter einem gemeinsamen Hüllblatt vereint. Man unterscheidet die milderen grünen und die etwas kräftigeren, rötlich-violetten Züchtungen.

Schalotten gelten als die feinste Zwiebelart, sie sind jedoch teuer und arbeitsaufwendig in der Vorbereitung.

Pelit oignon
Perlzwiebel **Pearl onion**

Perlzwiebeln oder Silberzwiebeln sind etwa pfenniggroß und werden vorwiegend säuerlich eingelegt angeboten und in der Kalten Küche verwendet.

Ail
Knoblauch **Garlic**

Er besteht aus zahlreichen Einzelzwiebeln, die als Zehen bezeichnet werden. Knoblauch dient vorwiegend zum Würzen.

Poireaux
Porree/Lauch **Leek**

Bei Porree bildet sich aus den Blättern im Gegensatz zu den Zwiebeln ein Schaft. Der geschlossene Teil ist weiß, die Blattspitzen werden unter Lichteinfluß grün.

Ciboule
Frühlingszwiebel **Scallion**

Sie werden im Frühjahr und im Frühsommer angeboten. Weil sie mit dem Laub verwendet werden, ist auf Frische zu achten.

1.11 Sonstige Gemüse

Unter den bisher genannten Gesichtspunkten können nicht alle Gemüsearten eingeordnet werden. So ist z. B. die Artischocke die Blüte einer Distel, der Spargel der Sproß einer Pflanze, und die Marone zählt eigentlich zum Obst. Für diese Besonderheiten haben wir eine eigene Gruppe gebildet.

Artichaut
Artischocke **Artichoke**

Was wir als Artischocke verwenden, ist die Blütenknospe einer Distelart. Genießbar sind nach dem Kochen der fleischige Blütenboden und die Verdickungen an den Blättern. Die Böden werden auch als Konserve angeboten. Den typischen Bittergeschmack bewirkt das Cynarin.

Spargel

Asperge
Asparagus

Die Spargelstangen sind Sprossen aus den Wurzelstöcken der Spargelpflanze. In Deutschland schätzt man Spargel mit weißen Köpfen (Bleichspargel). Darum sticht man die Stangen, bevor sie aus der Erde stoßen. Bei Lichteinfluß färben sich die Köpfe bläulich, später grün. Das schätzen die Franzosen und ernten darum später.

Grünspargel wächst über der Erde und sammelt darum Blattgrün (Name). Er schmeckt kräftiger als Bleichspargel und braucht nicht geschält zu werden. Weil die Ernte weniger zeitaufwendig ist, wird er billiger angeboten.

Die Saison für Spargel endet allgemein Ende Juni, damit die Pflanze in der zweiten Jahreshälfte Gelegenheit hat, für das folgende Jahr Vorratsstoffe in den Wurzeln anzulegen.

Marone

Marron
Chestnut

Die Marone ist die Frucht des echten Kastanienbaumes und ist nach der Systematik dem Obst zuzurechnen. Weil die Edelkastanie jedoch in der Gastronomie bei der Menüplanung wie ein Gemüse eingesetzt wird, behandeln wir sie hier. (Die bei uns wachsenden Kastanienbäume zählen zu den Roßkastanien, deren Früchte sind nicht genießbar.)

Maronen haben Stärke eingelagert; erst nach einer Wärmeeinwirkung (Rösten, Kochen) verwandelt sich Stärke in Zuckerstoffe; die Frucht wird weich, süßlich und damit nach dem Schälen genießbar.

Verwendung vorwiegend zu glasierten Maronen oder Maronenpüree.

1.12 Exotische Gemüse

Exotische Gemüse nennt der Handel Produkte aus fernen Länder, die bei uns (noch) wenig bekannt sind. Man muß wissen, daß bei dieser Wortbildung Überlegungen der Werbung im Vordergrund stehen. Ohne auf einzelne Exoten näher einzugehen, genügt es, grundsätzlich über dieses Angebot zu sprechen.

Exoten

- sind eine Ergänzung des Angebots, insbesondere im Winterhalbjahr,
- sind im Nährwert- und Wirkstoffgehalt mit den Durchschnittsgehalten anderer Gemüse vergleichbar, selten höher,
- bilden eine Möglichkeit zur Erweiterung unserer Geschmackspalette; sie bieten vor allem bei Sonderveranstaltungen Abwechslung und Variationsmöglichkeiten,
- sind unter ökologischen Gesichtspunkten kritisch zu bewerten, denn der Energieaufwand für Anbau und Transport liegt sehr hoch.

1.13 Keimlinge – Sprossen

Keimlinge und Sprossen bieten eine Erweiterung des Angebots bei Gemüsen und Salaten. Die asiatische Küche nutzt diese Möglichkeit seit Jahrtausenden.

Keimlinge können von nahezu allen Samen gewonnen werden, und zwar zu einer von uns bestimmbaren Zeit.

Dazu ist grundsätzlich zu wissen: Jeder Samen besteht aus drei Teilen.

Im **Keim** steckt die Anlage zur neuen Pflanze, das **Speichergewebe** enthält die für die Keimung erforderlichen Nährstoffe als Vorrat. Eine **Schale** bildet die Umhüllung. Das trockene Samenkorn befindet sich im Ruhezustand.

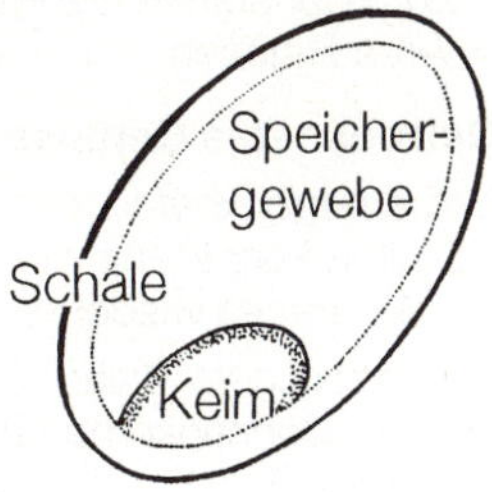

Der **Keimvorgang** beginnt mit dem Einweichen. Durch das Wasser werden die im Keimling ruhenden **Enzyme aktiv,** wandern in das Speichergewebe und beginnen dort mit einer **Veränderung der Nährstoffe:** Stärke und Fett werden abgebaut, Vitamine (A, C) entstehen. In der Natur geschieht das, um den Keimling zu ernähren, ihm die Kraft zum Austreiben zu geben.

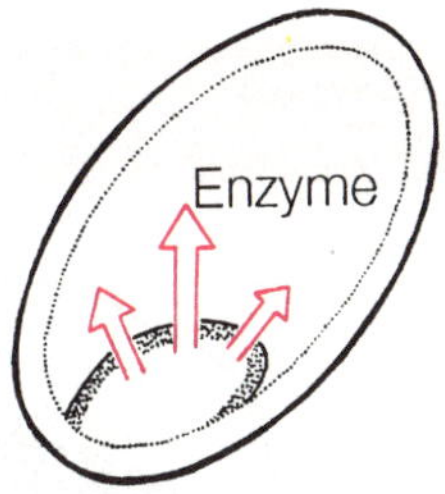

Dienen die Keimlinge der menschlichen Ernährung, erntet man nach zwei bis fünf Tagen Keimdauer; bei längerer Keimzeit werden viele Arten bitter.

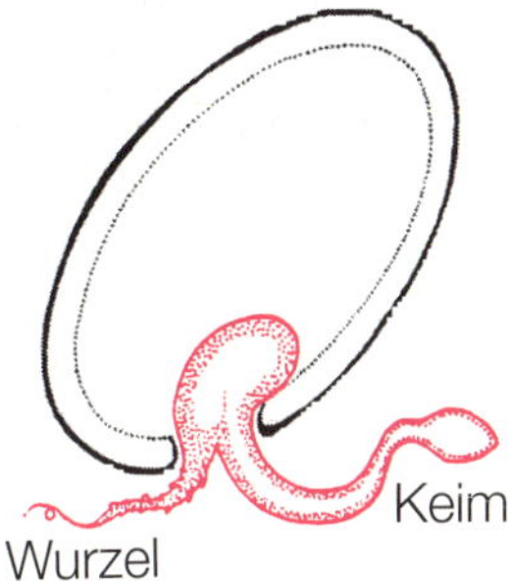

Arten

Zu den vielfältigen Samensorten eine Übersicht.

- **Getreide:** typisch ist ein milder, süßlicher Geschmack, der durch den Abbau der Stärke in Zuckerstoffe entsteht.
  Sorten: Weizen, Roggen, Gerste, Hafer, Reis.
- **Hülsenfrüchte:** typisch süßer bis nußartiger Geschmack.
  Sorten: Mungobohnen (meist fälschlich als Soja bezeichnet), Linsen, Erbsen, Sojabohnen.
- **Kleine Samen:** mit einem typisch herzhaften Geschmack.
  Sorten: Sesam, Senf, Hirse, Luzerne, Radieschen.

Verwendung: Salate, Einlage zu Suppen und Saucen, Eintopf, Füllungen.

Kresse Bockshornklee

Sonnenblume Mungo (Soja)

1.14 Lagerung von Gemüse

Unser Gemüse sind Pflanzenteile, die auch nach der Ernte noch leben. Um Aussehen, Geschmack und Vitamine bestmöglich zu erhalten, müssen bestimmte Regeln für die Lagerung beachtet werden.

▷ **Kühlung hält Gemüse frisch,** denn bei niederer Temperatur laufen Veränderungen in den Pflanzen langsamer ab. Es gibt jedoch Temperaturgrenzen, die nicht unterschritten werden dürfen, wenn die Pflanzen nicht leiden sollen.

▷ **Hohe Luftfeuchtigkeit verhindert das Welken.** Die Pflanzen haben einen Wassergehalt zwischen 75 und 90 Prozent. Ist die umgebende Luft zu trocken, geben sie von ihrer Flüssigkeit ab und werden dabei welk. Wenn die Luft zu trocken ist, können die Pflanzen, z. B. Kopfsalat, mit Wasser bespritzt werden.

▷ **Lichtabschluß erhält Vitamine und begünstigt die Qualität.** Viele Vitamine sind lichtempfindlich. Wird geerntetes Gemüse unnötig dem Licht ausgesetzt, verliert es dabei genau die wesentlichen Inhaltsstoffe, deretwegen wir es zu uns nehmen. Muß Gemüse außerhalb der Kühlung gelagert werden, soll man es abdecken.

1.15 Vorgefertigte Produkte

Weil viele Gemüse nur eine kurze Saison haben und zudem vielfach nur begrenzt haltbar sind, wie z. B. Spargel oder grüne Erbsen, hat man schon immer versucht, durch geeignete Verfahren die Verwendungszeiten zu verlängern.

Heute übernimmt die Nahrungsmittelindustrie die Haltbarmachung. Für die Küche gilt es, bei der Weiterverarbeitung die Besonderheiten der einzelnen Verfahren zu berücksichtigen.

Naßkonserven (Dosen, Gläser)

Die Gemüse sind fertiggegart, brauchen darum nur auf Verzehrtemperatur gebracht und fertiggestellt zu werden. Um die Nährstoffverluste möglichst gering zu halten, erwärmt man in der Aufgußflüssigkeit.

Tiefkühlgemüse

Es ist roh. Nach dem Blanchieren wird es schockgefrostet. Bei diesen Vorgängen wird das Zellgefüge gelockert, so daß die in der Küche folgenden Garzeiten kürzer sind.

Zur Verarbeitung taut man größere Mengen an, während kleinere Mengen ohne Antauen zubereitet werden:

- Zum Kochen sofort ins kochende Wasser,
- Zum Dünsten Fett zergehen lassen, unaufgetaute Ware zugeben.

Getrocknetes Gemüse

Gefriergetrocknete Ware kann die entzogene Flüssigkeit in kurzer Zeit wieder aufnehmen, nach etwa 20 Min. hat es wieder eine pralle Beschaffenheit.

Luftgetrocknete Ware, wie die Hülsenfrüchte gelbe Erbsen, Bohnenkerne und Linsen, wird über Nacht eingeweicht.

2 Pilze

2.1 Aufbau und Zusammensetzung

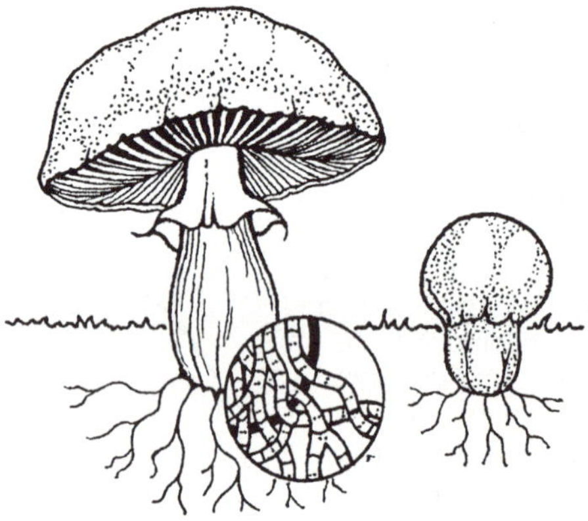

Was wir als Pilz genießen ist nicht die ganze Pflanze, sondern nur der oberirdische Fruchtkörper. Die eigentliche Pflanze liegt als feines Fadengeflecht unter der Erde; man nennt es Myzel.

Die Bedeutung der Pilze für die Ernährung ist unterschiedlich je nach Art, Wachstumsbedingungen und Jahreszeit.

Der Nährwert ist mit etwa 2 % Eiweiß und 3 % Kohlenhydraten gering und entspricht dem vieler Gemüsearten.

Beliebt sind die Pilze wegen des aromatisch-würzigen Geschmacks.

2.2 Angebot[1]

Im Vordergrund stehen die **Zuchtpilze,** die über das ganze Jahr hinweg in der benötigten Menge bezogen werden können. An erster Stelle steht der Champignon, gefolgt von Austernsaitling und Braunkappe/Kulturträuschling.

Wildpilze werden nur saisonal und in begrenzter Menge angeboten; das Gastgewerbe bevorzugt Steinpilze und Pfifferlinge. Am gesuchtesten ist die Trüffel, die auch der Diamant der Küche genannt wird. Wildpilze können wegen der Umweltbelastung mit Schadstoffen angereichert sein.

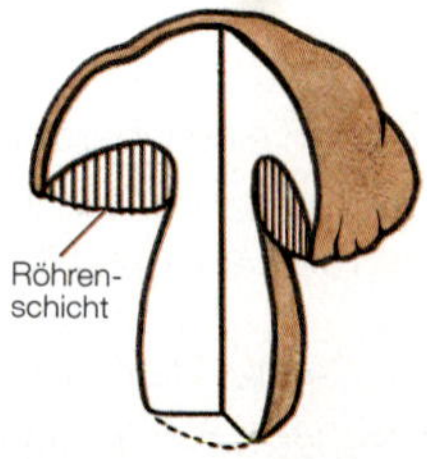

Röhrenpilz, z. B. Steinpilz

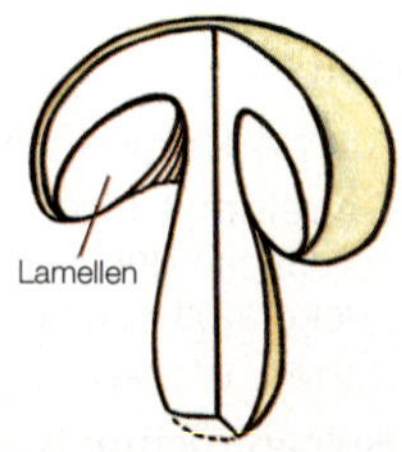

Blätterpilz, z. B. Champignon

[1] Die Unterscheidung in Zucht- und Wildpilze entspricht den Leitsätzen. Den Begriff „Edelpilze" gibt es nicht mehr.

2.2.1 Zuchtpilze

Champignon
Champignon **Champignon**

Als Champignons dürfen nur Pilze aus Züchtereien bezeichnet werden. Auf freien Wiesen wachsende Arten sind „Wiesenchampignons". Bei Konserven gelten geschlossene Köpfe als I. Wahl, beste Qualität, es folgen leicht geöffnete Köpfe, II. Wahl, offene Köpfe oder Stücke sind III. Wahl.

Der *Egerling* ist eine Champignonart mit bräunlichem Hut und kräftigerem Geschmack.

Pleurote
Austernsaitling **Oystermushroom**

Er wird wegen seines zarten Fleisches auch Kalbfleischpilz genannt. Der Hut ist an der Oberseite samtig-mausgrau bis kräftig dunkelblau, aber auch gelbbräunlich. Bei jüngeren Pilzen ist der Hutrand nach unten gerichtet. Ältere Pilze sehen trichterförmig aus. Bei größeren Pilzen kann das Stielende hart sein und wird darum abgeschnitten.

Braunkappe Kulturträuschling **Garden giant**

Der halbkugelförmige Hut hat einen Durchmesser von etwa 10 cm, ist zunächst rehbraun, verliert jedoch mit dem Alter an Farbe. Die Lamellen färben sich von grau-lila beim jungen Pilz bis schwarz bei älterer Ware.

Braunkappen schmecken ähnlich wie Steinpilze und werden wie diese verarbeitet.

2.2.2 Wildpilze

Cèpe
Steinpilz **Cep**

auch Herrenpilz genannt, ist ein vorzüglicher Speisepilz. Die Röhren im rotbraunen Hut sind bei jungen Pilzen grau, werden später gelb und dann olivgrün. Gute Frischware ist frei von Maden. Steinpilze sind empfindlich; nach wenigen Tagen werden die Röhren schleimig und zerfallen.

Chanterelle
Pfifferling **Chanterelle**

ist wegen seiner Farbe auch als Eierschwamm oder Reherl bekannt. Der Hut ist bei jungen Pilzen gewölbt und richtet sich später trichterförmig nach oben.

Truffe
Trüffel **Truffle**

Die Pilze wachsen unter der Erde und werden nuß- bis faustgroß; infolge des würzigen Geschmacks sind sie besonders geschätzt. Die Perigordtrüffel aus Südfrankreich, die im Spätherbst geerntet wird, ist am bekanntesten. Sommertrüffel sind weniger würzig und müssen als Sommertrüffel angeboten werden.

Morchel

Morille
Morel

Die Morchel gilt als einer der schmackhaftesten Speisepilze. Es gibt viele Morchelarten, von denen auch einige angebaut werden. Bekannt und begehrt ist die dunkelbraune Speisemorchel und die qualitativ geringere Spitzmorchel, die recht unterschiedlich von Gelbbraun bis zu stumpfem Grau gefärbt ist. Der Hut des würzigen Schlauchpilzes hat wabenartige Vertiefungen. Er ist mit dem kurzen Stiel fest verwachsen. Im Innern ist die Morchel hohl. Morcheln kommen überwiegend sterilisiert oder getrocknet, kaum gefrostet auf den Markt. Da sie durch den Trocknungsprozeß sehr stark schrumpfen, liegt ihr Preis hoch.

Ein grauer Belag bei Trockenpilzen stammt meist von auskristallisierten Mineralsalzen. Riecht die Ware dagegen stumpf oder schimmelig, so handelt es sich um einen Schimmelbelag, die Pilze sind verdorben. Um die Sicherheit zu haben, daß wirklich einwandfreie, eßbare Ware verwendet wird, soll man die Pilze nur direkt von Züchtereien, von kontrollierten Händlern oder von wirklich sachkundigen Sammlern beziehen.

2.3 Pilzvergiftungen

Pilzvergiftungen können verursacht werden durch **giftige Pilzarten** oder durch eßbare Pilze, die durch **Eiweißzersetzung verdorben** sind.

Die Eiweißzersetzung durch Bakterien verläuft bei Wärme besonders rasch. Darum

- Pilzgerichte nicht zu lange warmhalten,
- beim Abräumen in flache Gefäße füllen, damit die Pilze rasch abkühlen.
- Pilzgerichte dürfen wiedererwärmt werden, wichtig ist das sachgemäße Abkühlen.

2.4 Behandlung in der Küche

Nur einwandfreie, frische Ware verwenden. Die Pilze sorgfältig von anhaftender Erde befreien und bald verarbeiten.

Für das Schneiden von Pilzen gilt:

Je fester der Pilz, desto feiner die Scheiben. Das gibt mehr Aroma.

Getrocknete Pilze zunächst gründlich waschen und mit Wasser bedeckt einweichen. Zum Verarbeiten die Pilze aus dem Einweichwasser heben, damit Rückstände von Sand auf der Bodenfläche des Geschirrs liegenbleiben. Beim Zubereiten das vorsichtig abgegossene Einweichwasser mitverwenden, denn es enthält Aromastoffe.

2.5 Lagerung

Frische Pilze nur kurzfristig und im Kühlraum aufbewahren.

Pilze in Dosen sind nach dem Öffnen bald zu verbrauchen. Zwischen den Servicezeiten und über Nacht unbedingt im Kühlraum aufbewahren.

Getrocknete Pilze werden kühl, trocken und luftig gelagert.

3 Kartoffel

Die Kartoffelknolle ist keine Frucht, sondern eine unterirdische Wurzelverdickung. Sie dient der Pflanze als Speicherorgan für die nächste Generation; dann liefert die Knolle Energie für die aus den „Augen“ wachsenden „Keime“. Ein Vorgang, den man im Frühjahr auch an Speisekartoffeln beobachten kann.

Die Kartoffel enthält

- etwa 18 % Kohlenhydrate in Form von Stärke,
- etwa 2 % Eiweiß mit hohem Ergänzungswert,
- reichlich Kalium und Vitamin C.

3.1 Arten

Die **Küche unterscheidet** die Kartoffeln nach

- Kocheigenschaften,
- Ernte-/Angebotszeit und
- Qualität.

Kocheigenschaften

festkochend	vorwiegend festkochend	mehligkochend
kochen speckig geringer Stärkeanteil	kochen leicht mehlig mittlerer Stärkeanteil	kochen stark mehlig hoher Stärkeanteil

Schale nach Kochen ganz	Schale nach Kochen leichte Einrisse	Schale nach Kochen eingerissen
z. B. die Sorten: Hansa, Sieglinde	z. B. Clivia, Hela, Grata	z. B. Datura, Irmgard
zu Kartoffelsalat	zu Salzkartoffeln und Pommes frites	zu Püree und Kartoffelteigen, Folienkartoffeln

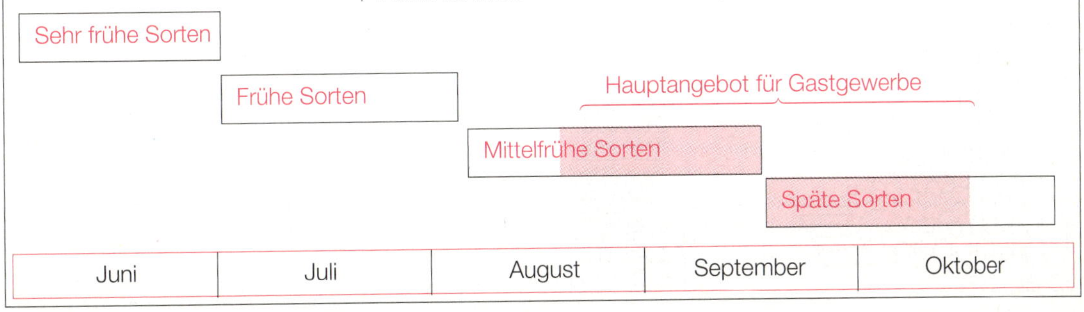

Erntezeit/Angebotszeit

Mit „neuen Kartoffeln“ bezeichnet die Gastronomie sehr frühe Sorten. Diese erhalten wir zu Beginn der Saison aus wärmeren Ländern, im Juli auch aus deutschem Anbau. Diese Kartoffeln haben eine sehr dünne Schale und behalten wegen des geringen Stärkegehaltes beim Kochen die Form.

Mittelfrühe Sorten reifen im August und September, mittelspäte und späte Sorten werden bis in den Oktober hinein geerntet. Spätere Sorten haben im allgemeinen einen höheren Stärkegehalt.

Nach der **Qualität** werden unterschieden

äußere Qualitätsmerkmale, z. B.
- gleichmäßige Größe
- Augentiefe (möglichst flach)
- ohne Beschädigung

innere Qualitätsmerkmale, z. B.
- Kocheigenschaften
- Speiseeigenschaften (Geschmack, Farbe).

3.2 Lagerung

Das Gastgewerbe lagert Kartoffeln meist nur für den unmittelbaren Bedarf. Dabei gilt:

▷ Vorsichtig behandeln, damit keine Druckstellen entstehen.

▷ Nicht in Folienverpackung lagern.

▷ Nicht höher als 40 cm aufschütten.

▷ Frische Luft mit ca. 4 °C.

▷ Keine Lichteinwirkung, denn bei Grünfärbung entsteht das giftige Solanin.

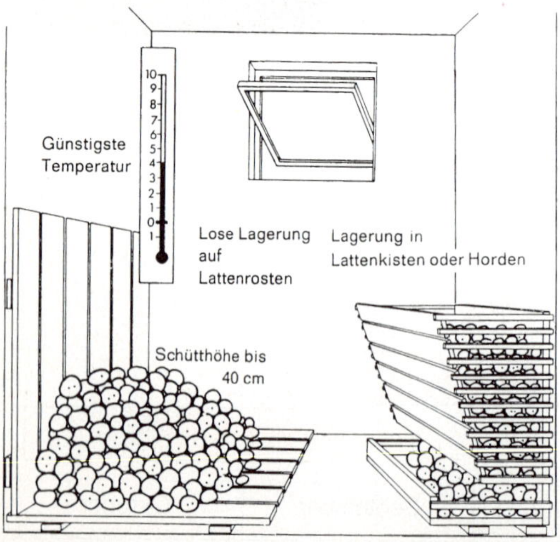

3.3 Kartoffelprodukte

Das Vorbereiten von Kartoffeln wie Waschen und Schälen ist personalaufwendig und wird zudem ungern verrichtet. Die Industrie bietet darum mit Erfolg in immer größerem Umfang vorgefertigte Kartoffelprodukte an.

Das Angebot wird unterschieden nach dem Haltbarmachungsverfahren, das die Art der Lagerung bestimmt.

Trockenprodukte

Lagerung kühl und trocken,
Haltbarkeit etwa ein Jahr,
Genaue Werte siehe Packung.

Kartoffelkloßmehl wird entsprechend den angegebenen Typen (roh, halb und halb, gekocht) angeboten.

Püree wird in Pulver- und Flockenform angeboten.

Bei der Verwendung ist auf die Zubereitungshinweise des Herstellers zu achten. Bei nicht sachgerechter Arbeitsweise erhält man ein zähes, klebriges Produkt.

Tiefkühlware

Lagerung bei - 18 °C = ***
Haltbarkeit etwa 6 Monate,
Genaue Werte siehe Packung.

Pommes frites bilden das Hauptangebot. Die Kartoffeln werden nach dem Schneiden blanchiert und vorfritiert.

Ferner werden angeboten z. B. *Rösti, Puffer, Kroketten.*

Wird Tiefkühlware in Fett schwimmend fertiggegart, so muß darauf geachtet werden, daß die Temperatur nicht zu sehr absinkt. Denn zu kaltes Fett führt zu hohem Fettverbrauch und zu Qualitätsmängeln beim tischfertigen Gericht.

Chips und **Sticks** werden als dünne Scheiben oder Streifen wenige Minuten fritiert und in luftdichten Verpackungen angeboten.

4 Obst

4.1 Bedeutung für die Ernährung

Obwohl die meisten Obstsorten nur eine begrenzte Haltbarkeit haben, ist ein breites Angebot ganzjährig erhältlich. Das beruht auf verbesserten Lagermöglichkeiten für Inlandsware und den vielfältigen Importmöglichkeiten mit Kühltransporten bis hin zur Luftfracht.

An Nährstoffen enthält Obst hauptsächlich Kohlenhydrate in Form von Frucht- und Traubenzucker. Letzterer kann direkt in die Blutbahn aufgenommen werden. Daneben ist Obst eine bedeutende Quelle für Vitamine und Mineralstoffe, die dem Körper als Schutz- und Reglerstoffe dienen. Fruchtsäuren und Aromastoffe machen das Obst erfrischend und appetitanregend. Die Zellulose bildet das Gerüst des Obstes. Sie regt als Ballaststoff die Verdauung an.

Der Energiegehalt des Obstes ist gering; nur Schalenobst hat einen hohen Fettanteil und damit einen nennenswerten Energiegehalt.

Trauben und Beeren haben ihr volles Aroma bereits bei der Ernte und sollen bald verbraucht werden. Bei Kernobst, wie Äpfeln und Birnen, aber auch bei Orangen ist zwischen Erntereife (Zeitpunkt der Ernte) und Genußreife eine unterschiedliche Zeitspanne. Erst während der Weiterentwicklung der Früchte nach der Ernte entsteht die erwünschte Konsistenz und bildet sich der arttypische Geschmack voll aus.

Früh geerntete Ware läßt sich zwar leichter transportieren, reift aber trotz Lagerung nicht mehr richtig nach.

4.2 Einteilung

Obst ist ein Sammelbegriff für Früchte und Samen von mehrjährigen Pflanzen. Der Handel unterscheidet zumeist folgende Gruppen:

Kernobst
wie Äpfel
Birnen

Steinobst
wie Kirschen
Pflaumen

Beerenobst
wie Erdbeeren
Johannisbeeren

Südfrüchte
wie Orangen
Bananen

Schalenobst
wie Nüsse
Mandeln

Trockenobst
wie Rosinen
getrocknete Feigen

Die hier behandelten Obstsorten können nur einen Ausschnitt aus der Fülle des Angebotes darstellen. Es werden aus jeder Gruppe vor allem diejenigen Arten besprochen, die der Handel vorwiegend anbietet und die in nennenswertem Maße in der Küche bzw. Patisserie verarbeitet werden. Neue Züchtungen und Geschmacksänderungen führen zu einem stetigen Wandel.

4.3 Kernobst

Diese Gruppe ist durch ein Kernhaus gekennzeichnet, das die Kerne (Samen) der Früchte umschließt.

Die Gastronomie unterscheidet bei Kernobst nach der Verwendung. Tafelobst soll süß und aromatisch sein. Bei Kochware schätzt man säuerliche Arten, die auch beim Garen die Form behalten.

Apfel *Pomme* **Apple**

Äpfel werden vielseitig verwendet. Sie sind Bestandteil des Waldorfsalates, dienen zum Füllen von Gans oder Ente und sind das wichtigste Obst in der Patisserie. Von Apfelkuchen bis Apfelbeignets reicht die Palette.

Birne *Poire* **Pear**

Bei der Birne ist die Beachtung der Genußreife besonders wichtig.

Verwendung zu Kompott, pochierter Birne und Birnenkuchen.

4.4 Steinobst

Cerise
Kirsche **Cherry**

Die Kirschen unterteilt man nach dem Geschmack in Süß- und Sauerkirschen. Süßkirschen haben festes Fruchtfleisch; die Farbe reicht von gelb über hellrot bis dunkelrot.

Sauerkirschen sind rot bis dunkelrot. Die bekanntesten Sorten sind Schattenmorellen und Weichseln.

Prune
Pflaume **Plum**

Pflaumen (oben) und Zwetschgen haben eine blaue Haut und saftiges Fruchtfleisch, sie unterscheiden sich in Form und Angebotszeit.

Reine-claude
Reineclauden **Greengage**

Reineclauden (unten) sind gelbe oder grüne Verwandte der Pflaume.

Pêche
Pfirsich **Peach**

Pfirsiche (oben) haben eine samtige Haut, die vor dem Verzehr meist entfernt wird. Das saftige, gelbe bis rötliche Fruchtfleisch umschließt den „Stein".

Abricots
Aprikosen **Apricots**

Aprikosen (unten) sind kleiner als Pfirsiche, mit festerem Fleisch.

Nektarinen sind eine Pfirsichart mit glatter Schale.

4.5 Beerenobst

Beerenobst wächst vorwiegend an Sträuchern. Die Samenkerne sind im Fruchtfleisch verteilt (Johannisbeere) oder sitzen wie bei der Erdbeere an der Oberfläche.

Fraise
Erdbeere **Strawberry**

Die Gartenerdbeere wird in vielen Sorten angeboten, die sich in Größe und Geschmack unterscheiden. Darum ist beim Einkauf ein Geschmacksvergleich anzuraten.

Framboise
Himbeere **Rasberry**

Die Himbeere ist eine Sammelfrucht aus vielen einzelnen kleinen Früchten. Himbeeren werden überwiegend durch Tiefkühlen haltbar gemacht.

Grappe de raisin
Tafeltraube **Grape**

Die großen Beeren der Tafeltraube haben eine dünne Schale und nur wenige Kerne. Je nach Art sind sie von hellgrüner oder rötlich-blauer Farbe.

4.6 Südfrüchte

Das Wort Südfrüchte ist ein Sammelbegriff des Handels für eßbare Früchte, die normalerweise nicht bei uns wachsen und deswegen aus tropischen und subtropischen Ländern eingeführt werden. Dazu zählen z. B. Zitrusfrüchte, Bananen, frische Feigen, aber auch die sogenannten exotischen Früchte. Exotische Früchte sind neuere, seltenere Importfrüchte, wie z. B. Papaya, Mango oder Litschi. Das Angebot an Früchten und die Zuordnung zu den Exoten unterliegen einem stetigen Wandel.

Orange

Orange **Orange**

Orangen haben gelbes bis rotes Fruchtfleisch.

Navelorangen sind kernlos. Orangen werden frisch verzehrt oder zu Saft verarbeitet.

Pamplemousse

Grapefruit **Grapefruit**

Die 10 bis 15 cm große Frucht hat ein fein-säuerliches bis leicht bitteres Fruchtfleisch. Sie wirkt appetitanregend.

Citron vert

Limette **Lime**

Limetten sind mit Zitronen vergleichbar, doch ist die Schale dünner und grün. Der Saft ist mildsauer und wird vorwiegend zum Würzen sowie für Säfte verwendet.

Ananas

Ananas **Pineapple**

Um eine Mittelachse sind viele Einzelfrüchte, das eigentliche Fruchtfleisch, zu einer Scheinfrucht vereinigt. Der typische Geschmack entwickelt sich erst bei Vollreife. Das ist der Fall, wenn sich die inneren Rosettenblätter ausziehen lassen.

Avocado

Avocado **Avocado**

Die birnenförmige Frucht hat eine grünlich-glatte oder leicht genarbte Haut. Das gelblichgrüne Fruchtfleisch ist cremig zart, denn es hat einen Fettgehalt bis 30 %.

Kaki

Kaki **Persimmon**

Die apfelförmige Frucht ist gelb bis orangefarben. In das süße Fleisch sind größere Kerne eingelagert. Die ausgereiften Früchte sind schmackhaft und werden zu Obstsalaten verwendet.

Lychée

Litschi **Litchi**

Die etwa pflaumengroße Frucht hat eine schuppige Schale mit rosaroter bis roter Farbe. Das glasig weiße Fruchtfleisch wird meist als Konserve angeboten und eignet sich als Kompott, zu Fruchtsalaten und als Garnitur zu zartem Fleisch.

Grenade

Granatapfel **Pomegranate**

Die Frucht eines Strauches wächst vorwiegend in den Mittelmeerländern. Sie wiegt etwa 100 bis 300 g und ist sehr saftreich; die vielen orangeroten Kerne werden nicht verzehrt. Granatäpfel eignen sich für Säfte, Mixgetränke und als Geschmacksträger für Speiseeis.

Kiwi

Kiwi **Kiwi**

Die Frucht hat eine braune Schale, aber grünes Fruchtfleisch. Wegen ihres Geschmacks wird sie auch chinesische Stachelbeere genannt. Sie ist genußreif, wenn das Fruchtfleisch auf leichten Daumendruck nachgibt.

Verwendung zu Obstkuchen, Fruchtsalaten, Sandwiches und Quarkspeisen.

Figue de Barbarie

Kaktusfeige **Prickly Pear**

Die Frucht einer Kakteenart hat eine stachelige, derbe Haut, deren Farbe von grün über Brauntöne bis zu lachsfarben reicht. Wir erhalten sie vor allem aus Südafrika und Sizilien. Die Kaktusfeige verwendet man vor allem zu Obstsalat.

Mangue

Mango **Mangoo**

Die Frucht kann grün, gelb, aber auch rötlich sein und wird hauptsächlich aus dem Orient und aus Afrika importiert. Das Fruchtfleisch ist gelb bis orange und schmelzend weich. Von ihm umschlossen ist ein flacher, faseriger Kern. Die Schale ist ungenießbar.

Mango reicht man gekühlt zu Schinken, Lachs und Käse, man kann die Frucht aber auch zu Kompott und Obstsalat verarbeiten oder als Garnitur verwenden.

Papaya

Papaya **Papaya**

Die Frucht eines Feigenbaumes hat eine grüne Schale und rotes Fruchtfleisch; sie kann bis zu 6 kg schwer werden. Die Importe aus Mittel- und Südamerika sind meist konserviert.

Papaya wird oft roh verzehrt.

Die Papaya kann als Kompott serviert oder zu Mixgetränken verarbeitet werden.

Passionfruit

Maracuja Passionsfrucht **Passionsfruit**

Die etwa 10 cm lange, kernreiche Frucht zählt zu den Bananengewächsen. Bei der Ernte hat sie eine grüne Schale, die jedoch später bei der Vollreife purpurrot bis braun wird.

Das aromatische Fruchtfleisch eignet sich zu Fruchtsäften, Süßspeisen und Speiseeis; auch Säfte und Liköre von Maracuja werden geschätzt.

4.7 Schalenobst

Dazu zählen alle Nußarten. Ihre eßbaren, fetthaltigen Samen sind von einer verholzten Schale umgeben. Für den Gewerbebetrieb ist die Verwendung geschälter Ware günstiger.

Noix
Walnuß **Walnut**

wird leicht ranzig. Darum sollen nicht zu große Mengen eingekauft und die Ware an einem kühlen Ort gelagert werden.

Noisette
Haselnuß **Hazelnut**

soll gleichmäßig groß, weder geschrumpft noch ausgetrocknet sein. Ware alter Ernte hat eine trockene Außenhaut und schmeckt leicht ranzig. Vor der Verwendung werden Nüsse bei mäßiger Hitze geröstet. Dadurch entwickelt sich das Aroma zur vollen Stärke und die dünne Schale kann durch Reiben entfernt werden.

Amande
Mandel **Almond**

Mandeln werden als „süße" und „bittere" angeboten. Spricht man nur von Mandeln, so sind damit die süßen Mandeln gemeint. Bittere Mandeln werden nur in geringen Mengen zur Aromatisierung von Backwaren verwendet.

Die braune Außenhaut läßt sich nach kurzem Brühen leicht abziehen.

Pistache
Pistazie **Pistachio**

Pistazien werden vor der Verwendung gebrüht, damit die glatte Außenhaut abgezogen werden kann. Die leuchtendgrüne Frucht eignet sich vorzüglich zum Garnieren von Pasteten und Galantinen, findet aber auch in der Patisserie Verwendung. Bei längerer Lagerung werden Pistazien leicht ranzig und verlieren ihre frische Farbe. Darum werden nur geringe Vorräte gehalten.

4.8 Trockenobst

Trocken- oder Dörrobst ist der Sammelname für alle Arten von getrocknetem Obst. Als Backobst oder Mischobst wird eine Mischung bezeichnet, die vorwiegend aus Äpfeln, Aprikosen, Pflaumen, Birnen usw. besteht. Bei Rezepturen beachten!

Durch das Trocknen wird der Wassergehalt der Früchte so stark verringert, daß sie nicht mehr verderben können.

Raisin sec
Rosine **Raisin**

Darunter versteht man alle Arten von getrockneten Weinbeeren. Die Trauben für Rosinen bleiben länger am Stock und werden dann getrocknet. Damit sie nicht zu dunkel werden, dürfen sie geschwefelt werden. Das ist aber kennzeichnungspflichtig.

Man unterscheidet

Sultaninen, die hellfarben, kernlos und großbeerig sind,

Traubenrosinen, die dunkler, kernhaltig und großbeerig sind, und

Korinthen, die sehr dunkel, mit oder ohne Kern und kleinbeerig sind.

4.9 Erzeugnisse aus Obst

Gelee – Konfitüre – Marmelade

Zu ihrer Herstellung werden Früchte und Zucker etwa im gleichen Verhältnis verwendet. Die Gelierung bewirkt das im Obst enthaltene Pektin. Pektinarmen Sorten kann käufliches Pektin (z. B. Opekta) oder Gelierzucker beigegeben werden.

- ▷ Gelee wird hergestellt aus Fruchtsaft und Zucker, bei Gelee extra ist der Fruchtanteil höher.
- ▷ Konfitüre besteht aus Früchten in stückiger oder breiiger Form. Je nach dem Fruchtanteil unterscheidet man Konfitüre einfach und Konfitüre extra.
- ▷ Marmeladen sind Erzeugnisse aus Zitrusfrüchten, z. B. Orangenmarmelade.

Kandierte Früchte

Die vorbehandelten Früchte werden in Lösungen mit steigendem Zuckergehalt eingelegt. Dabei dringt der Zucker bis in das Innere der Frucht. Abschließend überzieht man die Früchte mit einem glasierenden Überzug.

- ▷ Zitronat (Succade) wird auf diese Weise von der Zedrat-Zitrone, die bis zu 2 kg schwer werden kann, gewonnen.
- ▷ Orangeat sind kandierte Schalen der Bitterorange.
- ▷ Belegfrüchte werden wie kandierte Früchte behandelt, es entfällt aber der glasierende Überzug.

5 Speisefette und Speiseöle

Fette sind neben Kohlenhydraten und Eiweiß ein Hauptbestandteil unserer Nahrung. Wir verwenden jedoch die meisten Fette in einer Art, wie sie in der Natur so nicht vorkommen. Man „gewinnt“ die Fette: Oliven enthalten 13 % Fett, das ausgepreßte Olivenöl ist nahezu 100 % Fett; Milch enthält etwa 4 % Milchfett, die daraus gewonnene Butter dagegen 82 %. Man sieht: Fettgewinnung ist Konzentration eines Lebensmittelbestandteils. Daraus erklärt sich, warum aus der Sicht einer ausgewogenen Ernährung das Fett mit Bedacht eingesetzt werden muß.

Speisefette und Speiseöle werden unter folgenden Gesichtspunkten behandelt:

Bedeutung für

Ernährung	**Küchentechnik**	**Geschmack**
Was ist gesund?	Welches Fett für welche Zubereitung?	Wie schmeckt es?

5.1 Bedeutung für die Ernährung

Die Bedeutung des Nährstoffs Fett ist durch folgende Eigenschaften gekennzeichnet:

▷ Fett ist der Nährstoff mit dem höchsten Energiegehalt, ein Gramm Fett liefert 39 kJ. Bei einer Einschränkung des Fettverzehrs sind neben den **sichtbaren Fetten** wie Speck oder Butter auch die **versteckten oder unsichtbaren Fette** wie in Mayonnaise oder Leberwurst oder in Nüssen zu beachten.

▷ Fett liefert **essentielle Fettsäuren,** die der Körper nicht selbst bilden kann. Sie müssen darum mit der Nahrung aufgenommen werden. Essentielle Fettsäuren sind vor allem in Ölen enthalten.

▷ Fett ist notwendig als **Lösungsmittel** für fettlösliche Vitamine.

▷ Fett dient in Form von Körperfett der Wärmeisolierung (Nierenfett) und als Schutz gegen Druck und Stoß (z. B. Fett hinter dem Augapfel).

5.2 Fette in der Küchentechnik

Fett ermöglicht das Garen bei Temperaturen über 100 °C.

Während Wasser bei normalem Luftdruck nur bis 100 °C erhitzt werden kann und dann verdampft, erreichen bestimmte Fette Temperaturen um 200 °C. Das ermöglicht Garverfahren, bei denen erwünschte, geschmacksgebende Röststoffe entstehen.

Die erwünschte Gartemperatur bestimmt die zu verwendende Fettart.

▷ **Dünsten und helle Roux:** Das Fett wird nur kurz und nicht zu stark erhitzt. Geeignet: Butter, Butterschmalz, Margarine.

▷ **Schmoren:** Zum Bräunen ist starke Hitze nötig, darum sind hitzebeständige Fette, wie Erdnußfett oder Kokosfett, zu verwenden.

▷ **Braten in der Pfanne:** Die erforderlichen Temperaturen sind sehr unterschiedlich und liegen zwischen 120 und 220 °C.

Eierspeisen (Omelett, Spiegelei) garen bereits bei niederen Temperaturen. Aus geschmacklichen Gründen werden darum Butter und Butterschmalz bevorzugt.

Schwenken oder Aufbraten von Gegartem (Reis, Kartoffeln, Teigwaren) erfordern nur mittlere Hitze. Butter und Butterschmalz lassen diese Temperatur noch zu und heben zugleich den Geschmack.

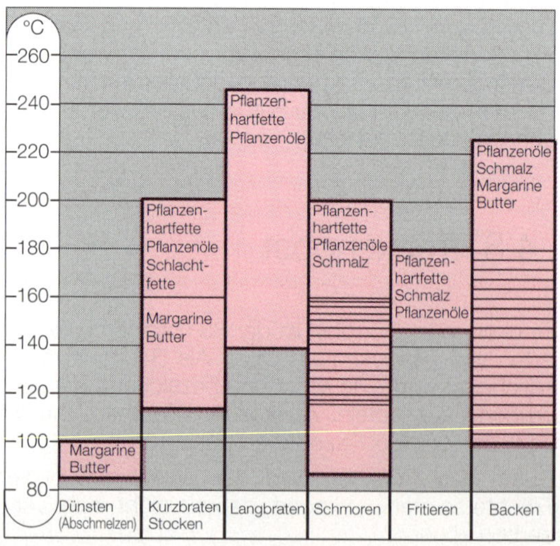

Pfannengerichte verlangen hohe Temperaturen, damit die Schnittflächen des Fleisches rasch geschlossen werden. Geeignet sind Erdnuß- und Kokosfett und Pflanzenöle.

- ▷ **Braten im Ofen:** Dabei entstehen sehr hohe Temperaturen. Verwendet werden bevorzugt Pflanzenfette und besondere Backfette.
- ▷ **Fritieren:** Dabei wird das Fett am stärksten beansprucht, denn es bleibt oft stundenlang auf 170 °C erhitzt. Man verwendet darum besondere Fritürenfette.

Nie sollte man selbstzusammengestellte „Fettmischungen" verwenden, denn die einzelnen Fettarten können sich gegenseitig ungünstig beeinflussen.

Fett verbessert Teig und Gebäck.

Durch die Beigabe von Fett erzielt man geschmeidigere Teige und ein elastischeres, saftigeres und abgerundet schmeckendes Gebäck. Andere Teige werden zart und mürbe.

Fett wirkt als Trennmittel.

In Bratgeschirr und Backformen verhindert Fett das Anlegen der Speisen, denn es isoliert verkleisternde Stärke und gerinnendes Eiweiß. Als Trennmittel verwendet man salbige Fette; sie lassen sich nach leichtem Erwärmen gut verstreichen und laufen in den Formen nicht ab.

Achtung! Brennendes Fett muß erstickt werden. Abdecken!

5.3 Geschmacklicher Einfluß der Fette

Bei den meisten Speisen erhöht ein Fettanteil den Wohlgeschmack, die Zubereitung wird runder, voller, cremiger. Daneben kann der arteigene Geschmack von Fetten bewußt eingesetzt werden.

Butter dient in der kalten Küche zum Bestreichen, z. B. von Broten.

Butter dient in der warmen Küche als zerlassene Butter, z. B.

- ▷ zur Verfeinerung zarter Gemüse,
- ▷ zur Herstellung von Holländischer Sauce.

Öle mit neutralem Geschmack

- ▷ bilden die Grundlage für Mayonnaise,
- ▷ können für alle Salate verwendet werden.

Öle mit Eigengeschmack

- ▷ eignen sich besonders für Blattsalate, weil sie mit deren Bitterstoffen harmonieren.

Weil Fette aber besonders energiereich sind und der Mensch durch die Bewegungsarmut ohnehin im Verhältnis zum Bedarf zu viel Energie aufnimmt, sollte die ernährungsbewußte Küche versuchen, mit geringen Fettmengen auszukommen.

5.4 Arten

Butter

Butter ist eine Emulsion aus dem Fett der Milch. Sie enthält mindestens 82 % Fett. Die wichtigsten Herstellungsschritte sind: Sahne (Rahm) solange schlagen, bis Butterflocken entstehen, diese in kaltem Wasser bearbeiten, damit die restliche Buttermilch entfernt wird, ausformen.

Nach der Behandlung des Rahms unterscheidet man folgende

Geschmacksrichtungen

Sauerrahmbutter	Mildgesäuerte Butter	Süßrahmbutter
Dem Rahm werden Milchsäurebakterien zugesetzt; diese erzeugen den typischen Geschmack. – Hauptangebot.	Süßrahmbutter wird Milchsäure zugesetzt. Geschmacklich zwischen Süß- und Sauerrahmbutter.	Hergestellt aus ungesäuertem Rahm. Milder, sahniger Geschmack.

Güteklassen unterscheiden nach Aussehen, Gefüge, Konsistenz, Geruch und Geschmack in *Markenbutter* (1. Qualität) und *Molkereibutter.*

Butterschmalz (Butterreinfett) ist aus geschmolzener Butter, vergleichbar dem, was der Koch als geklärte Butter kennt: Also Butter ohne Wasser und Milcheiweißteile. Man kann Schmalz deswegen höher erhitzen.

Pflanzenfette

Manche Pflanzen lagern in den Samen Fett ab. So enthält die uns allen bekannte Erdnuß etwa 45 % Fett, das Fruchtfleisch einer Avocado, bei der wir nicht an Fett denken, liefert immerhin 20 Gramm Fett je 100 Gramm Frucht.

Dieses Fett wird ausgepreßt oder mit Hilfe von Lösungsmitteln ausgelaugt. Weil diese Fettarten bei Zimmertemperatur flüssig sind, nennt man sie Öl.

Speiseöle

Die Qualität von Speiseölen wird hauptsächlich beeinflußt durch

- **Pflanzenart,**
  von der das Öl gewonnen wird, z. B. Olive, Distel, Sesam.
- **Gewinnungsverfahren**
  Am wertvollsten ist kaltgepreßtes Öl, dann folgen warmgepreßte und ausgelaugte (extrahierte) Arten.

Öle, die nach einer Pflanzenart benannt sind, dürfen nicht vermischt werden, z. B. Olivenöl. Markenbezeichnungen geben keinen Hinweis auf die Zusammensetzung.

Öle können je nach Rohstoff einen mehr oder weniger stark ausgeprägten Eigengeschmack haben. Nicht jedes Öl paßt für jeden Zweck.

Pflanzliche Fette

Pflanzenöle können von der Lebensmittelindustrie durch bestimmte Verfahren aus dem flüssigen Zustand in feste oder streichfähige Fette umgewandelt werden.

Am gebräuchlichsten sind:

Erdnußfett aus Erdnußkernen – Rauchpunkt bei ca. 220 °C.

Palmkernfett aus dem Samenkorn der Ölpalme – Rauchpunkt bei ca. 220 °C.

Kokosfett aus dem Fleisch der Kokosnüsse – Rauchpunkt bei ca. 180 °C.

Fritürenfette sind Spezialfette, die überwiegend aus Fetten mit gesättigten Fettsäuren bestehen. Darum sind sie besonders hitzebeständig (Rauchpunkt bei 200 °C) und gegen die Einwirkung von Sauerstoff weniger empfindlich.

Konvektomaten-Fette enthalten bräunende Zusätze wie Eiweiß und Zuckerstoffe, damit das Bratgut bei der verringerten Gartemperatur die erwünschte Bräune erhält.

Margarine

Margarine ist ein streichbares Fett, das vorwiegend aus pflanzlichen Fetten und Ölen besteht. Um eine möglichst butterähnliche Beschaffenheit zu erreichen, werden bei der Herstellung entrahmte Frischmilch zur Geschmacksgebung, Lezithin als Emulgator, Stärke zur Kennzeichnung, Eigelb und Vitamine zur Ergänzung beigegeben.

Durch Rühren der Zutaten entsteht eine Emulsion, die während des Kühlens durch Kneten streichfähig gehalten wird.

Besondere Margarinearten

Backmargarine ist so zusammengesetzt, daß sie beim Rühren besonders viel Luft einschließt, so daß man aus ihr lufthaltige, lockere Teige herstellen kann.

Ziehmargarine ist vorwiegend für die Herstellung von Blätterteigen bestimmt. Dazu benötigt man zähes Fett mit höherem Schmelzpunkt.

Schmelzmargarine ist wasserfrei, dem Butterschmalz sehr ähnlich und wie dieses zu verwenden. Der Rauchpunkt liegt bei 180 °C.

Halbfettmargarine enthält etwa 40 % Fett und eignet sich nur als Aufstrich.

5.5 Aufbewahrung

Fette oxidieren unter Einwirkung von Luftsauerstoff rasch, sie werden ranzig. Licht und Wärme begünstigen diesen Vorgang.

Wasserhaltige Fette, wie Butter und Margarine, in den Kühlschrank stellen.

Wasserfreie Fette, wie Plattenfett und Butterreinfett, kühl lagern; Kühlraum muß nicht sein.

Speiseöle in angebrochenen Behältnissen verschließen, um den Luftsauerstoff fernzuhalten.

6 Hühnerei

Wenn im Nahrungsgewerbe von Eiern gesprochen wird, sind damit immer Hühnereier gemeint. Alle anderen Eierarten sind vollständig zu benennen, z. B. Möwen- oder Wachteleier.

6.1 Aufbau

Versuche

1. Schlagen Sie ein Ei in eine flache Glasschale. Aus wieviel Schichten besteht das Eiweiß? Wo sind die weißgrauen Schnüre festgewachsen?
2. Stechen Sie mit einer Nadel in den Dotter und heben Sie die Nadel dann schräg nach oben ab.
3. Schälen Sie ein gekochtes Ei vorsichtig am stumpfen Ende. Wieviel Häutchen lassen sich feststellen?
4. Halten Sie ein Stückchen Schale gegen das Licht und betrachten Sie es mit einer Lupe.

Das Ei besteht aus dem Eiklar und dem Eigelb; die Schale wird von einer porösen Kalkschicht gebildet.

Eiklar wird auch Weißei oder Eiweiß genannt. Es ist eine wässerige Lösung von Albumin und Globulin. Die weißgrauen Hagelschnüre halten den Dotter in der Mitte des Eies.

Eigelb wird auch als Gelbei oder Dotter bezeichnet. Es ist von einem feinen Häutchen umgeben, auf dem sich die Keimscheibe befindet. Das Eigelb enthält Fett.

Die **Kalkschale** ist porös. An der Innenseite ist sie mit zwei Häutchen, die man nur an der Luftblase unterscheiden kann, ausgekleidet. Die Außenseite ist mit einem dünnen, wachsartigen Film überzogen.

Vom gesamten Ei entfallen auf Schale 10 %, Eiklar 60 %, Eigelb 30 %.

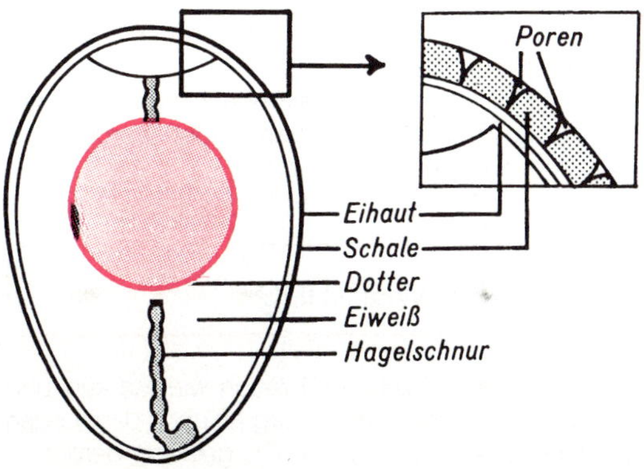

6.2 Bedeutung für die Ernährung

Die im Ei enthaltenen Eiweißstoffe sind biologisch vollwertig. Alle Mineralstoffe und Vitamine, außer dem Vitamin C, sind enthalten.

Weichgekochte Eier sind leichter verdaulich als hartgekochte.

Eier können Träger von Salmonellen sein.

Lebensmittel	100 g eßbarer Anteil enthalten			
	Eiweiß g	Fett g	Kohlenhydrate g	Energie kJ
Eiklar	11	+	1	230
Eigelb	16	32	+	1575
Vollei	11	10	1	615

6.3 Güte- und Gewichtsklassen

Güteklassen

Die Güte oder Qualität von Eiern wird wesentlich von der Frische bestimmt. Da die Luftkammer im Ei ein deutliches Zeichen für die Lagerdauer ist, werden die Güteklassen durch die Größe der Luftkammer bestimmt.

Gewichtsklassen

0	75 g und mehr
1	70 – 75 g
2	65 – 70 g
3	60 – 65 g
4	55 – 60 g
5	50 – 55 g[1]
6	45 – 50 g
7	unter 45 g

[1] Merkhilfe: Gewichtsklasse 5 = Zeile mit den meisten Fünfern.

Güteklasse	Bezeichnung	Merkmal
A	frisch	Luftkammer kleiner 6 mm
B	2. Qualität haltbar gemacht	Luftkammer größer 6 mm

Hinweis: Der Handel bietet praktisch nur A-Eier an, die nicht gestempelt sein müssen. Das bedeutet: ungestempelte Eier müssen von erster Güte sein.

Der Handel bietet *pasteurisierte Eiprodukte* an, die frei von Salmonellen sind:

– Vollei, – Eigelb gezuckert/gesalzen, – Eiweiß.

6.4 Qualität

Die Frische ist das wichtigste Qualitätsmerkmal bei Eiern. Mit zunehmender Lagerdauer verringern sich der Geschmack und die für eine einwandfreie Verarbeitung erforderlichen Eigenschaften. Allerdings benötigt das Ei drei Tage, bis Geschmack und Schälbarkeit optimal sind.

Je älter das Ei,

- ▷ desto größer die Luftkammer;
- ▷ desto flacher der Dotter, denn die Dotterhaut ist schwach. Darum lassen sich auch ältere Eier schwerer in Eiklar und Eigelb trennen;
- ▷ desto flüssiger das Eiklar, was zu Nachteilen bei der Zubereitung von Spiegelei und pochiertem Ei führt.

Die Farbe des Dotters hängt von der Fütterung der Hühner ab. Sie ist kein Qualitätsmerkmal, aber für die Verarbeitung von Bedeutung, weil der Gast den Eiergehalt der Speisen nach der Farbe beurteilt.

In der Küche können zur Qualitätsprüfung angewandt werden:

Sichtprobe

Die Dotterhaut ist beim frischen Ei straff, der Dotter darum hochgewölbt. Diese Spannung läßt bei zunehmendem Alter nach, der Dotter wird flacher. Bei alten Eiern ist die Dotterhaut so schwach, daß sich Eigelb und Eiweiß nur noch schwer trennen lassen.

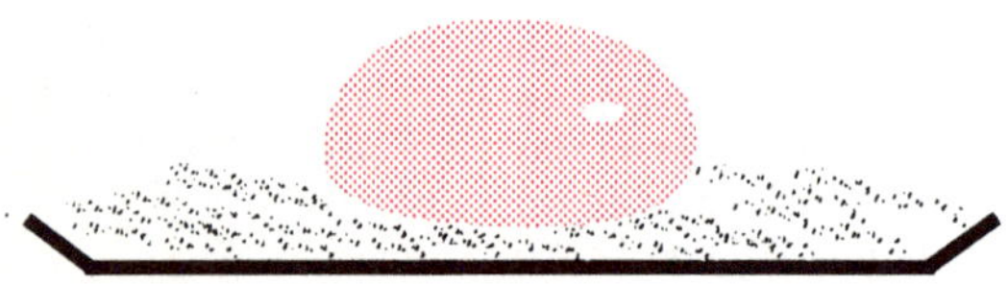

Frische Eier – hochgewölbter Dotter

Alte Eier – flacher Dotter

Schüttelprobe

Bei der Lagerung verdunstet Wasser durch die poröse Kalkschale, der Eiinhalt verringert sich, die Luftblase wird größer. Schüttelt man, schlägt das Ei gegen die Schale.

Frische Eier schwappen nicht, weil die Luftkammer klein ist, alte Eier schwappen, weil die Luftkammer vergrößert ist.

6.5 Verwendung in der Küche

Beobachtungen – Überlegungen

1. Haben Sie schon erlebt, daß Eiklar nicht zu Schnee geschlagen werden konnte? Welche Gründe für das Mißlingen konnten Sie erfahren?
2. Was geschieht, wenn Eischnee nach dem Schlagen nicht sofort weiterverarbeitet wird?
3. Vergleichen Sie das Gewichtsverhältnis von Eiern und Milch bei Rezepten zu Eierstich (Royale).
4. Was ist nach dem Legieren einer Suppe zu beachten?
5. Welche Temperatur soll eine Brühe haben, wenn das Eiklar als Klärmittel beigegeben wird?

Das Ei als Lockerungsmittel. Das zähflüssige Eiweiß nimmt beim Schlagen Luft auf. Es bildet dann als feine Bläschen den Eischnee. Die eingeschlagene Luft lockert. Eigelb und Eiweiß können zusammen auch nach dem „Warm-und-kalt"-Verfahren schaumig geschlagen werden.

Das Ei als Bindemittel. Beim Erhitzen gerinnen die Eiweißstoffe Albumin und Globulin. Dabei können sie bis zur doppelten Gewichtsmenge des Eies Flüssigkeit binden. Genutzt wird die Bindefähigkeit des Eies bei Teigen und Massen, bei der Herstellung von Eierstich (Royale) und beim Binden (Legieren).

Das Eigelb als Emulgator. Das Eigelb enthält den Fettbegleitstoff Lezithin, der als Emulgator wirkt. Mayonnaise und Holländische Sauce sind Emulsionen, die durch die Emulsionswirkung von Lezithin in der Küche hergestellt werden.

Das Eiklar als Klärmittel. Bei Wärmeeinwirkung erhält das Eiweiß die Fähigkeit, Schwebeteilchen anzulagern. Steigt die Temperatur, gerinnt das Eiweiß, bindet die Schwebeteilchen fest an sich, steigt an die Oberfläche und setzt sich als Schaum ab. Man nutzt diese Eigenschaft beim Klären von Brühen und Gelees.

Zubereitungen mit rohen Bestandteilen von Hühnereiern unterliegen Verzehrsfristen:

- ▷ zwei Stunden, wenn ohne besondere Kühlung,
- ▷ 24 Stunden bei einer Aufbewahrungstemperatur von höchstens 7 °C.

Nach Ablauf der Mindesthaltbarkeit dürfen Eier nur für solche Zubereitungen verwendet werden, bei denen sie durcherhitzt werden.

6.6 Aufbewahrung

Eier für den alsbaldigen Verbrauch werden kühl und dunkel aufbewahrt. Vom 18. Tag an nach dem Legen müssen die Eier bei +5 bis +8 °C gelagert werden.

7 Milch und Milchprodukte

7.1 Zusammensetzung und Bedeutung für die Ernährung

Das Milcheiweiß kann vom menschlichen Körper sehr gut verwertet werden, es ist darum biologisch hochwertig. Milchfett ist besonders fein verteilt und das am leichtesten verdauliche Nahrungsfett. Das Wachstum nützlicher und erwünschter Darmbakterien wird durch den Milchzucker gefördert. Unter den Mineralstoffen ist Kalk am reichlichsten vorhanden. Er wird zum Aufbau des Knochengerüstes und der Zähne benötigt. Reichlich enthalten sind auch die Vitamine A und B. Quark enthält die Bestandteile der Milch in konzentrierter Form. Nur die Vitamine der Gruppe B bleiben teilweise in der Molke zurück, weil sie wasserlöslich sind.

Lebensmittel	100 g eßbarer Anteil enthalten			
	Eiweiß g	Fett g	Kohlenhydrate g	Energie kJ
Vollmilch	3,3	3,5	5	275
Teilentrahmte Milch	3,4	1,5	5	200
Entrahmte Milch	3,5	0,1	5	145
Kondensmilch (10 %)	8,8	10,1	12,5	760
Sahne (Rahm)	2,4	32	3	1345
Kakaotrunk	3,5	0,5	9	245

7.2 Arten

Rohmilch ist die unveränderte Milch mit wechselndem Fettgehalt. Die Abgabe direkt vom Bauernhof ist an besondere Bestimmungen gebunden. Als **Vorzugsmilch** wird sie abgepackt vom Handel angeboten.

In den Molkereien wird die Milch behandelt; es entstehen Sorten mit

▷ **unterschiedlichem Fettgehalt**

Vollmilch hat 3,5 % Fettgehalt, sie ist pasteurisiert und meist homogenisiert.

Teilentrahmte Milch hat nur 1,5 % Fettgehalt.

Entrahmte Milch = **Magermilch** mit höchstens 0,3 % Fett.

▷ **unterschiedlicher Haltbarkeit**

Pasteurisiert: Eventuelle Krankheitserreger werden durch Erhitzen auf etwa 75 °C zerstört. Die Milch ist etwa eine Woche haltbar.

Ultrahocherhitzt: Bei Erhitzung auf etwa 130 °C ist die Milch besonders haltbar (H-Milch) und kann ungeöffnet ohne Kühlung mehrere Wochen gelagert werden.

Sterilisiert: Die Milch ist bei etwa 120 °C keimfrei gemacht und darum auch ungekühlt lange haltbar.

Beim Homogenisieren werden die Fettkügelchen der Milch zerkleinert, so daß sie nicht mehr die Kraft zum Aufsteigen (Aufrahmen) haben. Homogenisierte Milch rahmt darum nicht auf, sie bleibt homogen.

Milcherzeugnisse

Joghurt ist Milch, die durch besondere Bakterien dickgelegt worden ist. Die Art der verwendeten Bakterien bestimmt den Geschmack. Es werden verschiedene Fettstufen angeboten.

Kondensmilch entsteht, wenn der Milch durch Verdampfen Wasser entzogen wird. Das geschieht im Unterdruck (Vakuum), weil die Milch dann bei niederer Temperatur siedet und der Kochgeschmack dadurch weitgehend vermieden werden kann.

Wird 1 l Milch auf 0,5 l eingedickt, erhält man Kondensmilch mit 7,5 % Fett und 17,5 % fettfreier Trockenmasse. Bei einem Eindickungsverhältnis von 3 : 1 entsteht eine Kondensmilch mit 10 % Milchfett und 23 % fettfreier Trockenmasse.

Trockenmilch wird nach dem Sprühverfahren und nach dem Walzverfahren hergestellt. Vor der Verwendung wird das Pulver im Verhältnis 1 : 8 mit Wasser angerührt.

Kaffeeweißer sind keine Milcherzeugnisse. Sie werden aus pflanzlichen Rohstoffen (Soja) hergestellt.

Sahneerzeugnisse

Durch rasche Bewegung lassen sich leichtere und schwerere Bestandteile einer Mischung trennen. Das beruht auf der Wirkung der Fliehkraft. Die Zentrifuge trennt die Milch in die leichteren Fettbestandteile und die schwerere Magermilch.

Bei Sahneerzeugnissen wird unterschieden nach gesäuerten und ungesäuerten Produkten sowie nach dem Fettgehalt. Daraus ergibt sich folgende Übersicht.

Übersicht

ungesäuert	Fettgehalt	gesäuert
Kaffeesahne zu Kaffee und Tee	mindestens 10 %	**Saure Sahne** (Sauerrahm) für Dressings, zur Verfeinerung von Saucen und Suppen.
	20 %	**Schmant** zu Saucen; kann wegen des hohen Fettgehalts direkt eingerührt werden, gerinnt dabei nicht.
Schlagsahne zum Legieren von Suppen und Saucen. Als geschlagene Sahne in der Patisserie.	30 %	**Crème fraîche** – wie Schmant.
Crème double vorwiegend zur Verfeinerung von Saucen und Suppen.	40 %	

7.3 Aufbewahrung

Frische Milch und Sahne werden im Kühlschrank aufbewahrt.

H-Milch (ultrahocherhitzte Milch) ist ungekühlt sechs Wochen haltbar.

Milchdauerwaren in Dosen, wie Sterilmilch und Kondensmilch, lagert man an kühlem Ort, damit das enthaltene Fett nicht ranzig wird. Milchpulver ist kühl, verschlossen und unbedingt trocken aufzubewahren. Feuchtes Milchpulver klumpt und ist schwerer löslich.

7.4 Veränderungen bei der Verarbeitung

Versuche

1. Geben Sie in lauwarme Milch einige Tropfen Zitronensaft oder Essig, schütteln Sie und erwärmen Sie langsam bis etwa 50 °C weiter.
2. Seihen Sie die geronnene Flüssigkeit von Versuch 1 durch ein Leinentuch und bringen Sie die Flüssigkeit zum Kochen. Achten Sie dabei auf die Trübung.
3. Bereiten Sie aus 100 g Weizenmehl, 2 g Backpulver und a) 65 g Wasser, b) 65 g Milch je einen Teig und backen Sie diesen sofort bei 230 °C.
4. Bereiten Sie je 2 Portionen Kartoffelpüree von einem Trockenprodukt a) nur mit Wasser, b) nach der angegebenen Rezeptur. Wieviel Anteile Milch nennt das Rezept?

Ab 70 °C verändern sich die Inhaltsstoffe der Milch.

Der Eiweißstoff Albumin gerinnt und bildet die Haut.

Geronnenes Kasein setzt sich punktförmig am Boden fest und verursacht das Anliegen und Anbrennen. Mit dem Eiweiß setzt sich am Boden Milchzucker fest und karamelisiert unter der Hitzeeinwirkung.

Durch diese Einwirkungen entsteht der „Kochgeschmack" der Milch.

Milch kann durch Säure gerinnen. Milch enthält immer eine gewisse Anzahl von Milchsäurebakterien. Diese vermehren sich bei Wärme, verwandeln den Milchzucker in Milchsäure. Die Milchsäure spaltet, wie jede andere Säure, die Verbindung von Kalksalzen und Kasein, und das Kasein gerinnt. Wird die Milch erwärmt, flockt sie bereits bei einem sehr geringen Säuregehalt aus.

Milch verbessert den Geschmack. Die Inhaltsstoffe der Milch bewirken einen volleren und runderen Geschmackseindruck. Darum verwendet man Milch als Flüssigkeitszugabe bei Hefeteigen und Béchamelsauce sowie Sahne zu Rahm- und Cremesaucen.

Hinweise

- ▷ Nur einwandfreie Milch kann erhitzt werden.
- ▷ Milch rasch erhitzen, das verhindert das Anlegen und Anbrennen.
- ▷ Erfordern Mixgetränke die Zugabe von Zitronensaft, so ist dieser stets unter Rühren und möglichst spät beizugeben. Bei Kremspeisen erfolgt die Zugabe erst nach dem Kochen.

8 Käse

8.1 Bedeutung für die Ernährung

Bei der Käsegewinnung wird die Milch dickgelegt, die wäßrige Molke wird abgetrennt. Darum ist Käse gleichsam Milch in konzentrierter Form und wie diese für die Ernährung sehr wertvoll. Durch die Reifungsvorgänge wird das Eiweiß verändert und es ist in dieser Form noch leichter verdaulich.

Für eine ernährungsbewußte Auswahl von Käse ist die Wechselwirkung Fett-Eiweiß zu berücksichtigen.

In 100 g Käse sind enthalten:

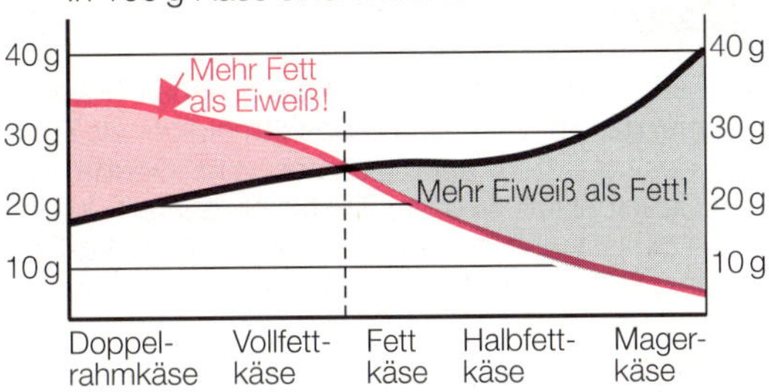

8.2 Herstellung

Milch ist das Ausgangsprodukt für alle Käsearten. Zwei wesentliche Vorgänge lassen sie zu Käse werden.

- ▷ Bei der **Dicklegung** gerinnt die Milch. Vom geronnenen Eiweiß wird die Molke abgetrennt.
- ▷ **Reifungsvorgänge** führen zu erwünschten Veränderungen in Geruch, Geschmack und Konsistenz.
  Wasserarme Käsemassen reifen langsam in der ganzen Masse. Bei den wasserhaltigeren Weich- und Schnittkäsearten verläuft die Reifung rascher von außen nach innen. Sie sind deswegen weniger lagerfähig.

Die Vielzahl der Käsearten wird eingeteilt nach

- ▷ **Gerinnungsart:** Süßmilchkäse gerinnen durch Lab; durch die Einwirkung von Milchsäure entstehen **Sauermilchkäse.**
- ▷ **Reifung:** Die meisten Käsearten unterliegen einer Reifung. Käse ohne Reifung sind **Frischkäse.**
- ▷ **Wassergehalt** bestimmt innerhalb der Süßmilchkäse die Gruppen: **Weichkäse, Halbfester Schnittkäse, Schnittkäse** und **Hartkäse.**
- ▷ **Unterschiedliche Fettgehalte** sind ein weiteres Unterscheidungsmerkmal. Der Anteil wird als **F**ett **i**n der **Tr**ockenmasse – Fett i. Tr. – angegeben. So werden zwar die vielfältigen Käsearten untereinander vergleichbar, doch der Verbraucher erfährt über den *tatsächlichen* Fettgehalt des Käses nur wenig.

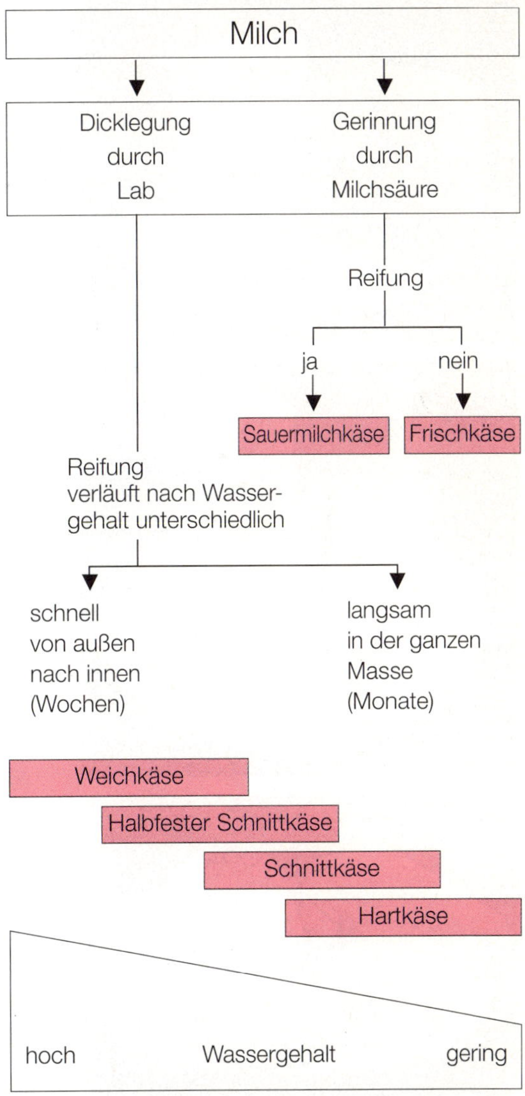

8.3 Arten

Nach der Art der Herstellung und der Festigkeit unterteilt man Käse in sechs Gruppen.

Hartkäse

Hartkäse hat eine Reifezeit von 4 bis 10 Monaten; Parmesan reift bis zu 2 Jahren. Am Ende der Reifezeit liegt der Trockenmassegehalt bei 60 bis 62 %.

Die bekannteste Sorte ist der Emmentaler. Greyerzer kommt ebenfalls aus der Schweiz, schmeckt etwas würziger und wird deshalb zum Fondue bevorzugt.

Beaufort und Comté kommen aus Frankreich;

Chester und Cheddar werden in England hergestellt.

Schnittkäse

Bei Schnittkäse beträgt der Trockenmassegehalt etwa 49 bis 57 %. Er ist darum weicher und geschmeidiger als Hartkäse. Am bekanntesten sind Edamer und Gouda aus Holland. In Deutschland wird der Tilsiter hergestellt. In dieser Art liefert die Schweiz den Appenzeller und den Walliser Raclette-Käse, Dänemark den Havarti und den Maribo.

Halbfester Schnittkäse

Der Trockenmassegehalt liegt zwischen 44 und 55 %. Das ergibt geschmeidige und saftige Käse, von denen aber nur dicke Scheiben geschnitten werden können.

Die bekanntesten Sorten: Butterkäse aus Deutschland, Port Salut aus Frankreich, Bel paese aus Italien, Esrom aus Dänemark.

Zu der Gruppe der halbfesten Schnittkäse zählen die Edelpilzkäse, die man auch als Blauschimmelkäse bezeichnet. Sie haben im Inneren blauen oder grünen Schimmel. Dieser wächst dort durch Edelpilze, die nicht gesundheitsschädlich sind.

Bekannte Sorten sind: Roquefort aus Frankreich, Stilton aus England, Danablue aus Dänemark, Gorgonzola aus Italien und der deutsche Bavaria blue.

Weichkäse

Diese Käse unterscheiden sich von den anderen durch die Reifung. Während bei den bisher genannten Arten die Reifung im ganzen Käse gleichmäßig vor sich geht, reift der Weichkäse durch besondere Bakterien von außen nach innen. Beim Einkauf ist er in der Regel außen bereits reif, während der „Kern“ in der Mitte noch fester ist.

Camembert, Brie und französische Spezialitäten haben an der Außenseite eine weiße Schimmelschicht. Rotbraune Schmiere haben Limburger und Romadur.

Sauermilchkäse

Diese Käse sind regionale Spezialitäten, werden aus Magermilch hergestellt und gerinnen durch Zusatz von Milchsäurebakterien. Im Gastgewerbe findet man sie selten.

Zu dieser Gruppe gehören Harzer, Mainzer, Handkäse, Stangenkäse, Korbkäse, Spitzkäse, Olmützer Quargel.

Frischkäse

So bezeichnet man Käse, die noch keine Reifung durchgemacht haben. Es sind also die frischen, geronnenen Milchbestandteile.

Speisequark ist die bekannteste Art. Er wird in fast allen Fettstufen hergestellt.

Rahmfrischkäse, Doppelrahmfrischkäse sind besonders fetthaltige Quarksorten.

Schmelzkäse

Die Käsemasse wird auf 80 bis 90 °C erhitzt, dabei flüssig und kann in Formen eingegossen werden. So erhält man regelmäßige rindenlose Stücke. Schmelzkäse werden als „Dreiecke" und als „Scheibletten" angeboten. Beim Einschmelzen werden die Reifungsbakterien durch die Hitze abgetötet. Darum verändert sich Schmelzkäse nicht mehr und kann lange aufbewahrt werden.

8.4 Fettgehaltsstufen

Nach den Bestimmungen der Käseverordnung ist bei allen Käsesorten der Fettgehalt anzugeben. Das kann durch die Angabe der Fettgehaltsstufe oder des **F**ettgehalts **i**n der **T**rockenmasse (Fett i. Tr.) geschehen.

Doppelrahmkäse	60 bis 85 % Fett i. Tr.
Rahmkäse	50 % Fett i. Tr.
Vollfettkäse	45 % Fett i. Tr.
Fettkäse	40 % Fett i. Tr.
Dreiviertelfettkäse	30 % Fett i. Tr.
Halbfettkäse	20 % Fett i. Tr.
Viertelfettkäse	10 % Fett i. Tr.
Magerkäse	unter 10 % Fett i. Tr.

8.5 Verwendung

In der Küche dient Käse der Geschmacksgebung und der Ergänzung von Speisen. Er wird verwendet zum Gratinieren, für verschiedene Toasts, gerieben als Beigabe für Mornaysauce, Spaghetti, verschiedene Panierungen und zur Vervollständigung mancher Suppen.

Es ist zu beachten, daß sich zum Gratinieren nur Käse mit höherem Fettgehalt eignet. Magerer Käse würde nicht schmelzen.

Bei Käseplatten, kalten Platten und als Käseportion wird Käse dem Gast unbearbeitet gereicht.

8.6 Aufbewahrung

Hartkäse und Schnittkäse werden im Kühlraum aufbewahrt und sind vor dem Austrocknen zu schützen. Dazu schlägt man den Käse in ein feuchtes Tuch ein, das des öfteren ausgewaschen werden muß. Käse, die in Frischhaltefolien verpackt sind, stellt man mit der Schnittfläche auf einen Teller. Damit das Aroma voll zum Ausdruck kommt, werden diese Käsesorten etwa eine halbe Stunde vor dem Service aus dem Kühlraum genommen.

Abgetrocknete Schnittflächen kann man zu Reibkäse verarbeiten.

Weichkäse lagert man bei etwa 15 °C, bis sie die gewünschte Reife erreicht haben. Dann gibt man sie in den Kühlraum, wo der Reifeprozeß gestoppt wird.

Frischkäse und Quark sind gleichmäßig kühl bei +4 °C aufzubewahren. Sie halten sich etwa sechs Wochen. Die Mindesthaltbarkeit ist aufgedruckt.

9 Fleisch

Das Fleischbeschaugesetz bezeichnet als Fleisch alle Teile von warmblütigen Schlachttieren, in frischem oder verarbeitetem Zustand, wenn diese für den menschlichen Genuß geeignet sind; neben dem Muskelfleisch also auch die Innereien, das Blut, das Fett sowie Fleisch- und Wurstwaren.

Zu den warmblütigen Tieren, deren Fleisch für die Ernährung verwendet wird, zählen hauptsächlich Rinder, Kälber, Schweine, Schafe und Ziegen.

Geflügel und Wild wie auch Fisch zählt das Fleischbeschaugesetz nicht zum Schlachtfleisch.

Im üblichen Sprachgebrauch ist Fleisch das Skelettmuskelfleisch. Dieses Buch verwendet das Wort im gleichen Sinne.

9.1 Zusammensetzung und Bedeutung für die Ernährung

Kaum ein Nahrungsmittel ist so unterschiedlich zusammengesetzt wie Fleisch. Das zeigt die Gegenüberstellung der verschiedenen Schweinefleischsorten. Bei den übrigen Fleischarten werden Mittelwerte angegeben:

Lebensmittel	100 g eßbarer Anteil enthalten			
	Eiweiß g	Fett g	Kohlenhydrate g	Energie kJ
Schweinefl. mager	19	7		605
Schweinefl. mittelf.	22	26		1445
Schweinefl. fett	12	46		2010
Rindfleisch mittelf.	18	21		1185
Kalbfleisch mittelf.	21	4		505
Schaffleisch mittelf.	17	16		920
Herz (Rind, Kalb)	15	5	1	540
Leber (Kalb)	19	4	4	600
Zunge (Rind)	12	12	+	700

Fleisch und Fleischerzeugnisse sind bedeutende Lieferanten für tierisches Eiweiß (Protein). Fleischeiweiß besitzt eine hohe biologische Wertigkeit, weil es viele essentielle Aminosäuren enthält, die dem Bedarf des menschlichen Körpers entsprechen. Von den Mineralstoffen ist das Eisen hervorzuheben, das im Fleisch reichlich vorkommt, und zwar in einer Form, die vom menschlichen Körper besonders leicht aufgenommen werden kann.

Fleisch ist ein wichtiger Lieferant für B-Vitamine, Innereien enthalten außerdem reichlich Vitamin A.

9.2 Fleischuntersuchung

Zum Schutz des Verbrauchers schreibt das Gesetz eine Untersuchung aller Teile von warmblütigen Schlachttieren vor. Unmittelbar nach dem Schlachten kontrollieren amtliche Beschauer. Das Ergebnis der Untersuchung wird durch einen Stempelaufdruck unmittelbar am Tierkörper festgehalten.

Das Gastgewerbe verarbeitet nur taugliches Fleisch[1]

Tauglich bedeutet Fleisch von gesunden Tieren, gesundheitlich unbedenklich. Der Tauglichstempel ist jedoch kein Gütezeichen. Die Kennzeichnung kann unterschiedlich sein.

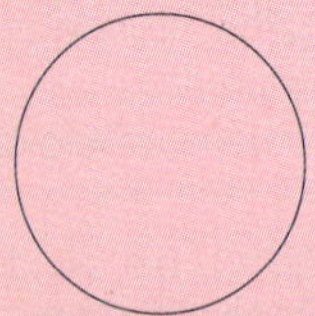

tauglich, Inland
In Deutschland geschlachtet und beschaut.

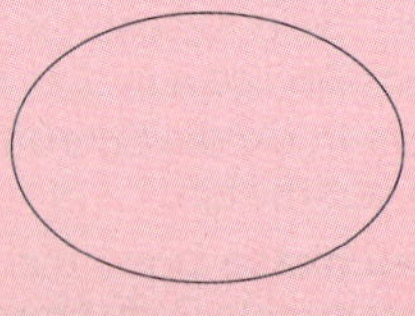

tauglich EG
In EG-Schlachthöfen geschlachtet und beschaut.

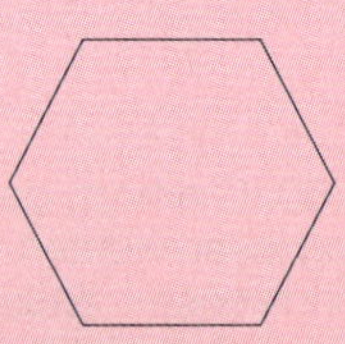

tauglich, Ausland
Sonstiges Ausland geschlachtet, bei Einfuhr kontrolliert.

Untauglich

Fleisch ist nicht für den menschlichen Genuß geeignet, kommt zur Tierkörperverwertungsanstalt.

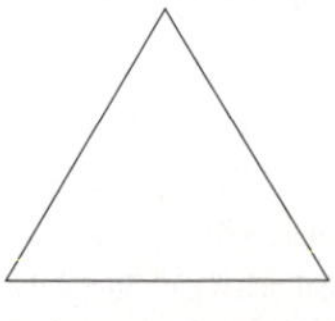

untauglich

[1] Das Freisein von Trichinen wird nicht mehr durch einen eigenen Stempel angezeigt. Tauglich bedeutet zugleich trichinenfrei. Ab Ende 1995 gibt es kein Freibankfleisch, Stempel entfallen.

9.3 Aufbau des Fleisches

Was in der Küche als Fleisch bezeichnet wird, ist die Skelettmuskulatur der Tiere. Diese Muskeln sind über Sehnen mit den Knochen verbunden. Verändern die Muskeln die Länge, so werden die Körperteile bewegt.

Jeder einzelne Muskel ist aus Bündeln von **Muskelfasern,** den **Muskelfaserbündeln,** aufgebaut. Diese können wir als „Fasern" beim gekochten Fleisch ablösen.

Bindegewebe gibt dem Fleisch den Zusammenhalt, es verbindet die vielen Fasern.

Fett kann zwischen das Bindegewebe eingelagert sein.

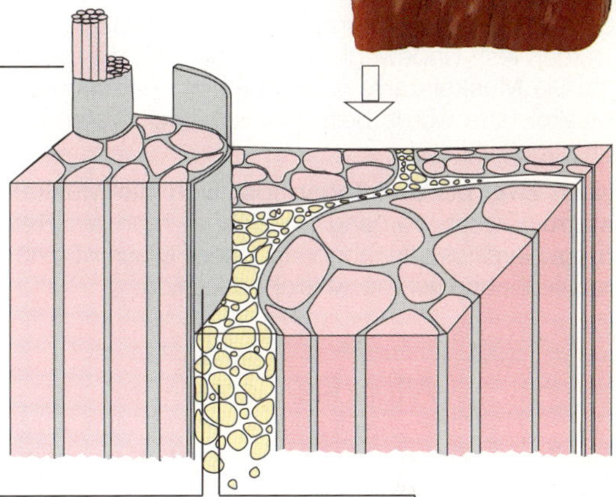

Muskelfasern

sind der Hauptbestandteil dessen, was man in der Fachsprache als Fleisch bezeichnet. Sie bestehen aus den wertvollen Eiweißstoffen. In den Muskelfasern laufen die Stoffwechselvorgänge ab, dort entsteht die „Muskelkraft".

Bindegewebe

Es hält die Muskelfasern zusammen, es verbindet sie und bildet die „Seile" zur Kraftübertragung. Bindegewebe sind zähe und werden erst durch die Fleischreifung und das Garen, insbesondere feuchte Garverfahren, kaubar.

Fettzellen

Gut ernährte Tiere lagern in das Bindegewebe Fett ein.

Küchentechnisch fördert Fett die Saftigkeit und das Aroma des Fleisches.

Wenn feine Fettadern in die Muskeln eingelagert sind, nennt man das Fleisch **marmoriert.** Ist das Fett zwischen den Muskelsträngen, spricht man von **durchwachsenem Fleisch.**

Der Anteil am Bindegewebe im Fleisch bestimmt die Verwendung und damit den Preis.

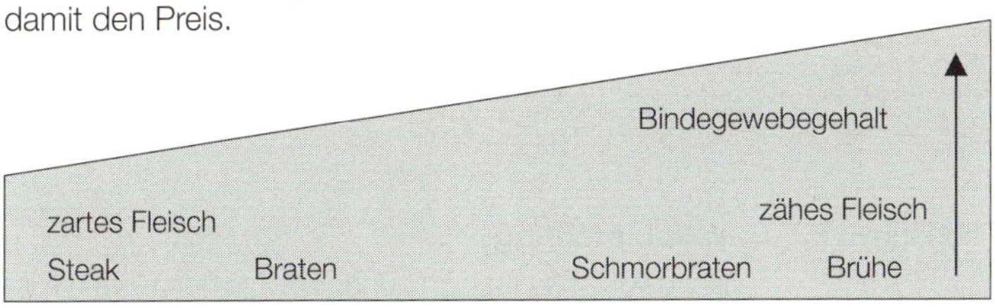

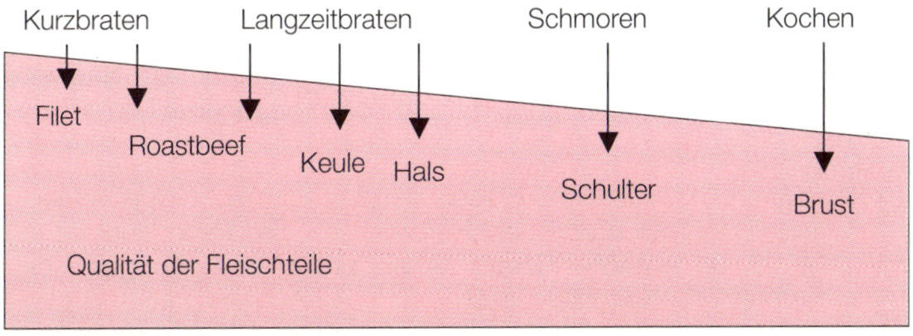

marmoriert

durchwachsen

9.4 Veränderungen nach dem Schlachten

Muskelstarre – Reifung

Unmittelbar nach dem Schlachten ist das Fleisch schlaff, weich und glänzend rot. Wenige Stunden später verkürzen sich die Muskeln und werden fest. Unbeweglich und starr sind die Gelenke. Die **Muskelstarre** ist eingetreten. Fleisch in der Muskelstarre würde beim Kochen oder Braten zäh und trocken.

Nach **zwei bis drei Tagen löst sich die Muskelstarre.** Diesen Vorgang bezeichnet man als **Reifung.** Gereiftes oder abgehangenes Fleisch ist mattrot, riecht und schmeckt leicht säuerlich.

Bei der Fleischreifung wirken zusammen

Enzyme des Fleisches: Sie bauen große Eiweißbausteine zu kleineren ab. Diese Abbauvorgänge **erhöhen Genußwert und Verdaulichkeit.**

Milchsäure entsteht im Fleisch aus dem Zuckerstoff Glykogen. Milchsäure läßt das Bindegewebe quellen und begünstigt das Fleischaroma.

Reifedauer: Je nach Tierart sind die Bindegewebe unterschiedlich ausgebildet. Zudem werden sie innerhalb der gleichen Tierart mit zunehmendem Alter fester. Weil die bei der Reifung erwünschten Veränderungen Zeit erfordern, ist neben der Lagertemperatur die Reifedauer von wesentlichem Einfluß. Dabei sind zu berücksichtigen:

Alter des Tieres

Das Bindegewebe verfestigt sich mit zunehmendem Alter des Tieres; die Reifezeit wird länger.

Beispiel Schwein:

Spanferkel: Ohne Reifezeit.
Schwein: 3 bis 5 Tage.

Verwendungszweck

Bei den **feuchten Garverfahren,** z. B. Kochen, wird während des Garens zähes Bindegewebe in leicht kaubare Gelatine umgewandelt. Darum muß das Fleisch nicht so lange reifen.

Bei den **trockenen Garverfahren,** z. B. Braten, Grillen, muß das Fleisch zarter sein. Darum muß das Fleisch länger reifen.

Reifedauer bei ca. 2 °C

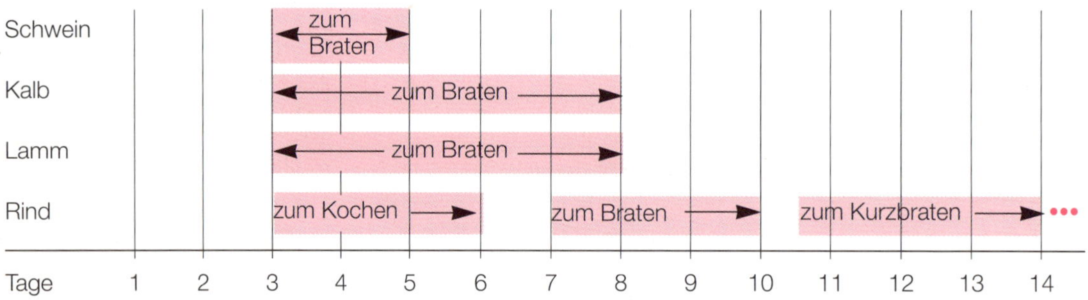

Rindfleisch zum **Kochen** soll nur kurz abhängen (5 bis 7 Tage), denn von der Brühe erwartet man einen frischen und kräftigen Geschmack. Verwendet man zu Brühen voll ausgereiftes Fleisch, können sie „alt" schmecken.

Rindfleisch zum **Braten und Kurzbraten** soll möglichst lange abhängen. Beim Kurzbraten, z. B. Roastbeef englisch, muß das Fleisch schon durch das Abhängen völlig zart sein, denn im Innern des Roastbeefs steigt die Temperatur beim Braten nur auf ca. 60 °C und bewirkt keine weitere Lockerung.

Tiefkühlen unterbricht die Reifung, denn die Enzyme können nicht mehr wirken. Nach dem Auftauen geht der Reifungsprozeß teilweise weiter.

Vakuumreifung

Dazu wird das Fleisch zunächst in einen Kunststoffbeutel gegeben. Dann saugt man mit speziellen Geräten die Luft ab, man vakuumiert und verschließt den Beutel. Bei diesem Verfahren ist der Gewichtsverlust bei der Reifung geringer und das Fleisch hat ein kräftigeres Aroma. Dem stehen als Nachteile Kosten für Gerät und Folien gegenüber.

Gereiftes Fleisch ist zart, schmeckt leicht säuerlich und riecht aromatisch. Die Reifedauer ist je nach Tierart, Alter und Verwendungszweck unterschiedlich.

9.5 Lagerung

Gastgewerbliche Betriebe beziehen üblicherweise gereiftes Fleisch. Innerhalb des Betriebs kann die Lagerhaltung zwei Ziele haben.

Kurzfristige Vorratshaltung von gereiftem Fleisch	Nachreifung zur Qualitätsverbesserung
Ziel: Geringe Veränderungen,	Ziel: Fortsetzung der Reifung
darum: Temperatur 0 bis +4 °C, Luftfeuchtigkeit hoch, damit die Lagerverluste gering sind.	darum: Schutz der Oberfläche durch Folie oder Einlegen in Öl oder Marinade.

Hygiene ist die Voraussetzung für eine einwandfreie Fleischreifung, denn wo keine Verderbniserreger sind, können sie nicht wirken, kann nichts verderben.

- ▷ Eine trockene Fleischoberfläche hindert das Bakterienwachstum.
- ▷ Unnötiges Öffnen des Kühlraumes vermeiden. Warme Luft bildet auf dem Fleisch einen Niederschlag (vgl. Brillenträger) und verbessert damit für eingedrungene Bakterien die Lebensbedingungen.
- ▷ Fleischstücke, z. B. Keulen, Rücken, sollen sich nicht berühren, denn feuchte Stellen begünstigen den Verderb.
- ▷ Ausgelöste, wertvolle Stücke wie Filet und Roastbeef, die noch reifen sollen, können in Folie eingezogen oder in Öl eingelegt werden.
- ▷ Im Fleischkühlraum dürfen nur Fleisch und Fleischerzeugnisse, gerupftes Geflügel, Wild ohne Decke gelagert werden, **nicht aber** Wild in der Decke, Geflügel im Federkleid, Gemüse, weil die dort anhaftenden Bakterien bei gemeinsamer Lagerung auf das Fleisch übergehen könnten.

9.6 Verderben des Fleisches

Schmierigwerden – Fäulnis

Während des Abhängens muß die Fleischoberfläche trocken sein. Wird der Kühlraum zu oft geöffnet, dringt viel warme Luft ein, deren Feuchtigkeitsgehalt sich auf dem kalten Fleisch niederschlägt. An der feuchten Fleischoberfläche finden die Bakterien aus der Luft ideale Lebensbedingungen und zersetzen das Eiweiß. Die **Oberfläche** wird klebrig und schmierig, verändert die Farbe und riecht unangenehm.

Ist Fleisch schmierig geworden, so muß man die schmierige Schicht mit Essig- oder Salzwasser abwaschen oder durch Abschneiden entfernen. Erst danach darf das Fleisch noch verwendet werden.

Überreife – Selbstzersetzung

Läßt man Fleisch zu lange abhängen, dann lösen fleischeigene Enzyme die Muskelfasern nach und nach völlig auf. Das Fleisch zersetzt sich selbst. Dabei entsteht ein Geruch, der an verfaulte Eier erinnert. **Überreifes Fleisch gilt als verdorben und darf nicht verwendet werden;** es führt zu Erbrechen und Durchfall.

Je kühler das Fleisch gelagert wird, desto langsamer verläuft die Selbstzersetzung.

Vergleicht man Schmierigwerden mit Überreife, so zeigt sich:

Schmierig ist nur die Oberfläche, Befallenes kann entfernt werden.

Überreif ist ein Fleisch durch und durch. Es kann nichts entfernt werden.

Übersicht

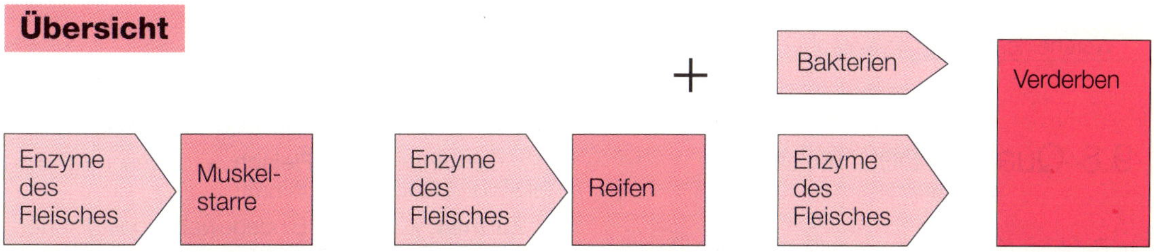

9.7 Arten des Fleischbezugs

Innerhalb der Materialkosten ist das Fleisch die größte Ausgabe. Wegen der unterschiedlichen Struktur der Betriebe wird Fleisch auf verschiedene Weise bezogen.

- ▷ **Tierkörper** (Hälften, Hinterviertel) werden nach dem Schlachten bei der Grobzerlegung unterteilt in:
- ▷ **Fleischteile** wie Keule, Rücken, Schulter. Diese trennt man hauptsächlich entlang der Bindegewebehäute in weitere Muskeln auf. Man erhält dabei
- ▷ **Teilstücke** wie Oberschale, Filet, Roastbeef usw. Bei deren Zuschneiden/Portionieren erhält man
- ▷ **portionierte Ware** wie Schnitzel, Steak, Rindsroulade oder Gulasch.

Welche Angebotsart gewählt wird, hängt von den Besonderheiten des einzelnen Betriebes ab.

Übersicht Vom Schlachttier zur Portion

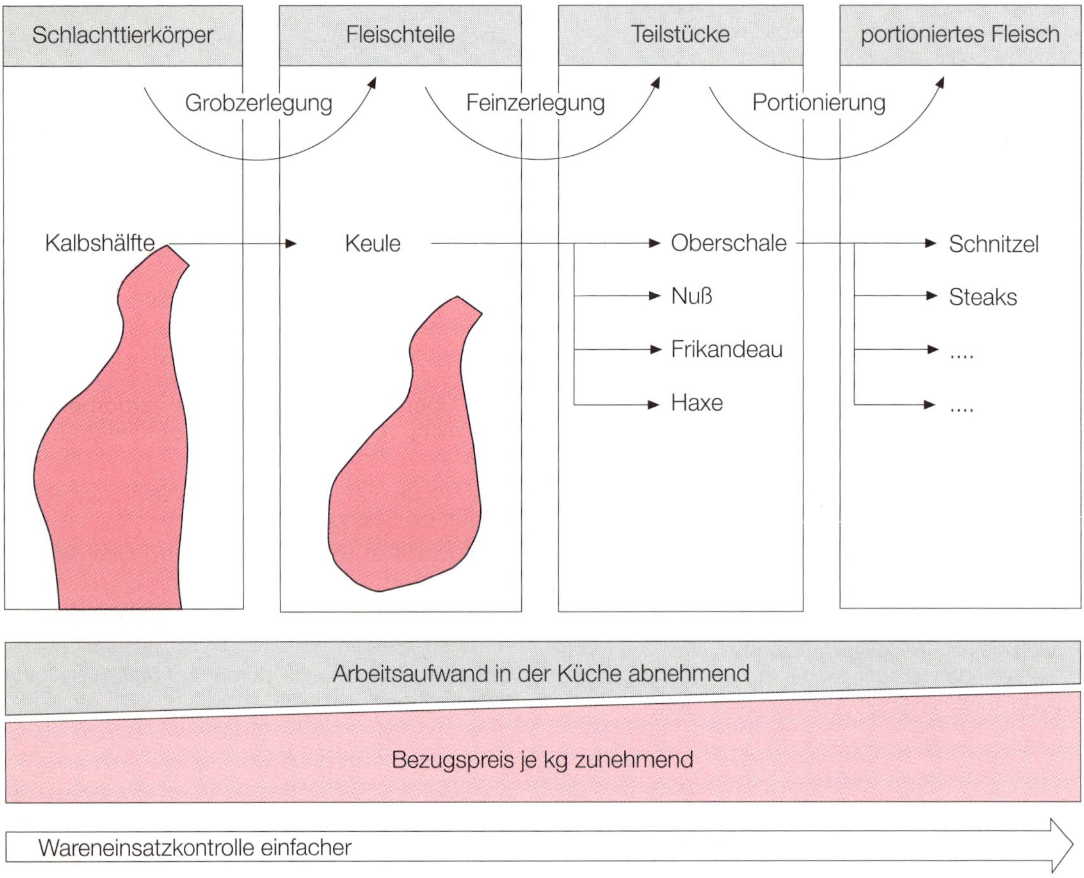

9.8 Qualitätsbeurteilung

Der Ruf einer Küche wird wesentlich von den Fleischgerichten bestimmt. Die richtige Auswahl und Verwendung des Fleisches erfordert vom Koch viel Fachwissen und Sachkenntnis. Nur wer die Qualität des Fleisches richtig beurteilen kann, ist fähig, die einzelnen Fleischteile fachgerecht zu verarbeiten.

Der **Genußwert von Fleisch** wird wesentlich von folgenden Faktoren bestimmt:

- ▷ **Zartheit,** je weniger Bindegewebe, desto zarter.
- ▷ **Saftigkeit,** die bei Bratfleisch mit dem Fettgehalt zusammenhängt.
- ▷ **Aroma,** das sehr von der Tierart und vom Mastverfahren beeinflußt wird.

Kategorie

Mit Kategorie bezeichnet man Gruppen von Schlachttieren, geordnet nach Alter und Geschlecht. Diese Einteilung kennt man bei Rind und Schaf.

Kategorie		Beschreibung Tier	Beschreibung Fleisch
Kalb	**KA**	Tiere, deren beide Hälften nach dem Schlachten nicht mehr als 150 kg wiegen; etwa 10 Wochen alt.	Kalbfleisch ist hell und fettarm. Durch das geringe Alter der Tiere ist das Bindegewebe noch sehr locker, das Fleisch zart. Kalbfleisch ist teurer als Rindfleisch.
Färsen	**E**	Fleisch von ausgewachsenen weiblichen Tieren, die nicht gekalbt haben.	Färsenfleisch hat kräftige Farbe und feine Faser. Es ist gering marmoriert, saftig und zart. Sehr gut zum Braten geeignet.
Ochsen	**C**	Fleisch von ausgewachsenen männlichen kastrierten Tieren.	Ochsenfleisch hat kräftig rote Farbe und mittelfeine Faser. Das stark marmorierte Fleisch ist saftig und hat kräftiges Aroma. Sehr gut zum Braten geeignet.
Jungbulle	**A**	Fleisch von ausgewachsenen jungen männlichen, nicht kastrierten Tieren unter zwei Jahren.	Fleisch mit hellroter Farbe und mittelfeiner Faserstruktur. Eine Maserung ist kaum vorhanden und darum ist das gegarte Fleisch eher trocken. Es wird bevorzugt zu Wurst verarbeitet.

Andere Kategorien wie Kuhfleisch und Bullenfleisch werden in der Gastronomie kaum verwendet.

Handelsklasse

Die **Handelsklasse** berücksichtigt zusätzlich Fleischigkeit und Fettabdeckung.

- **Fleischigkeit,** das ist der Anteil des Muskelfleisches am Schlachttier, die auch als Muskelfülle bezeichnet wird. Je höher die Fleischigkeit, desto besser die Qualität. Man kennzeichnet sie mit den Großbuchstaben E, U, R, O und P (EUROP).
- **Fettabdeckung,** die mit steigendem Anteil durch die Ziffern 1 bis 5 gekennzeichnet wird.

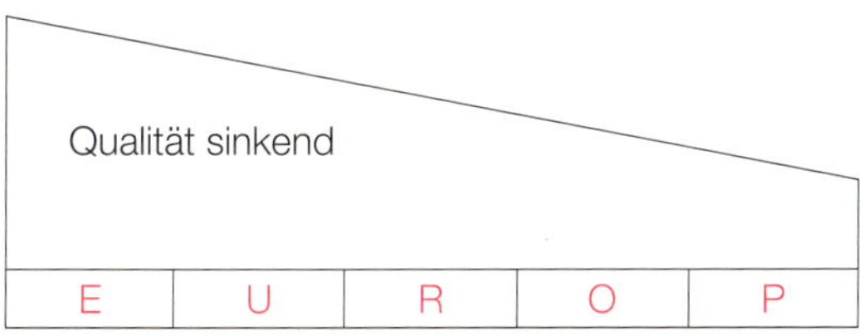

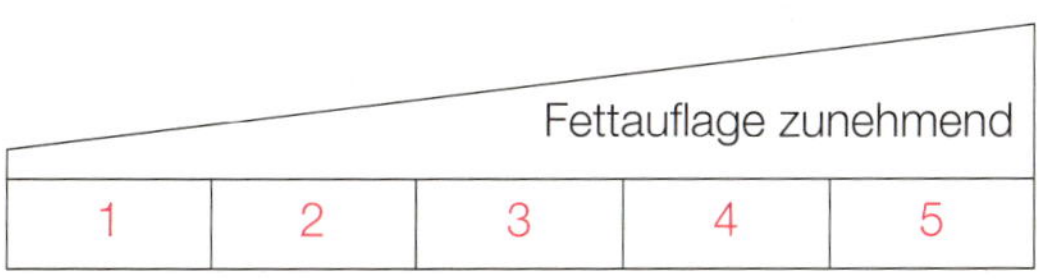

Kennzeichnung

Die Kennzeichnung[1] erfolgt nach Kategorie und Handelsklasse.

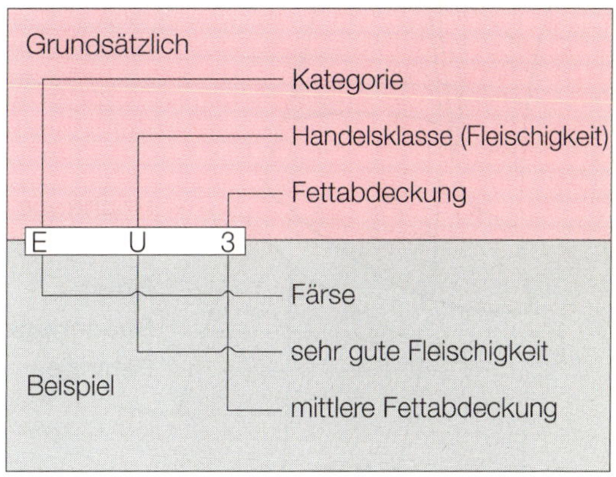

Nach EG-Recht müssen auf diese Weise Schlachtkörper (Hälften, Viertel) gekennzeichnet werden. Nicht der Kennzeichnung unterliegen weiter zerlegte Fleischteile (Rücken, Keule) und Fleischstücke (Oberschale, Nuß), wenn diese einzeln gehandelt werden.

[1] Die Kennzeichnung nach Kategorie und Handelsklassen wird nur in Grundzügen behandelt, weil die gewerbliche Küche meist Teilstücke bezieht, selten Tierkörper. Nur für diese ist die Kennzeichnung vorgeschrieben.

9.9 Fleischteile und deren Verwendung

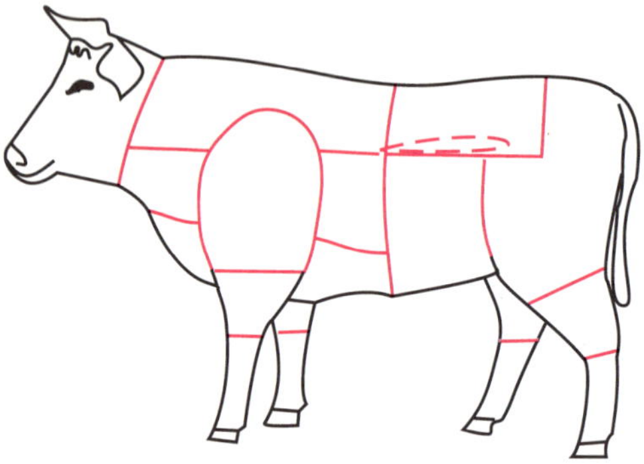

Rind

Bœuf
Beef

Keule

Fleisch zum Schmoren und Braten

Das Fleisch ist fettarm, aber in den meisten Muskeln bindegewebereich. Man verwendet es darum zum Schmoren, für Rouladen und Gulasch.

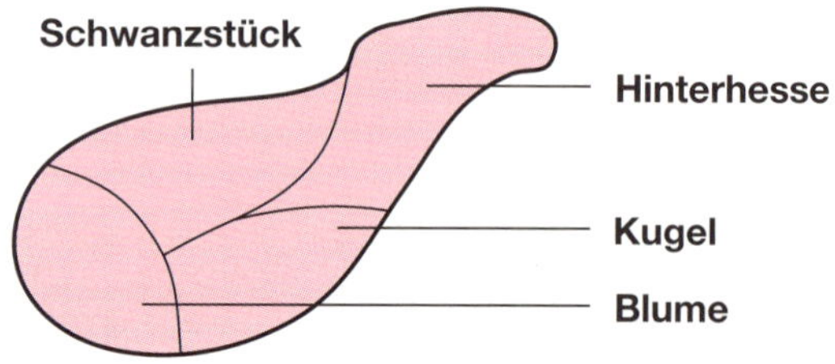

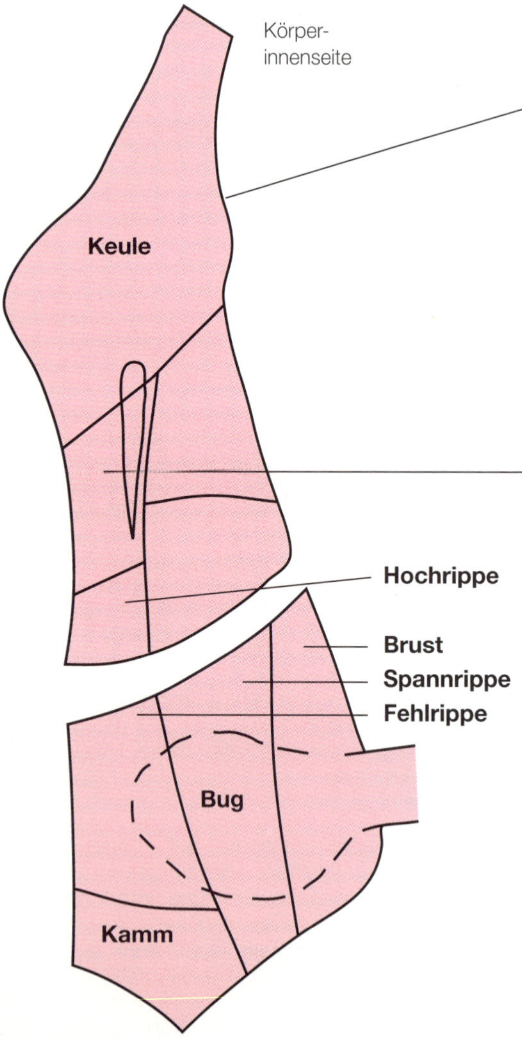

Nierenstück, Große Lende[1]

Wertvolles Fleisch zum Kurzbraten und Braten

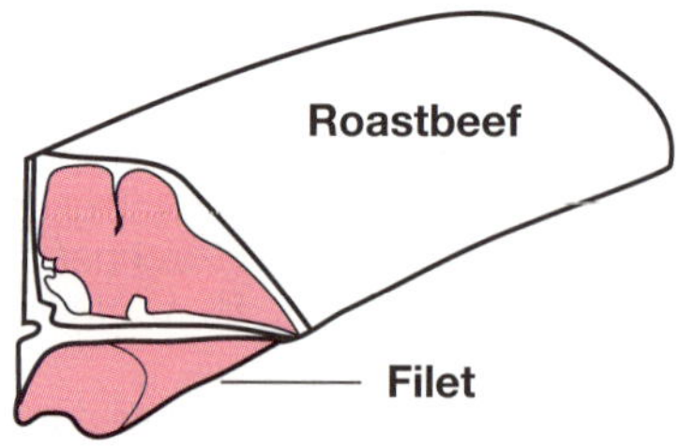

Teile aus Brust und Dünnung

Fleisch zum Kochen

Bug (Schulter)

Fleisch zum Schmoren und Kochen

Der Bug besteht aus vielen Einzelmuskeln und gibt darum kaum kompakte Portionsstücke. Das Gastgewerbe schneidet daraus Gulasch und Ragout oder bereitet Hackfleisch.

[1] Begriffe der Leitsätze

Bezeichnung nach DLG[1]	ortsüblich auch	Verwendung vorwiegend
Keule		Schmorgerichte
Blume	*Hüfte, Rose*	Rouladen, Rumpsteak, Schmorbraten
Kugel	*Große Nuß, Maus*	Rouladen, Gulasch, Tatar
Schwanzstück	*Unterschale, Frikandeau*	Rouladen, Gulasch, Schmorbraten
Oberschale	*Klappe, Kluft*	Rouladen, Tatar, Schmorbraten
Hinterhesse	*Wadschenkel, Wade*	Klärfleisch, Gulasch

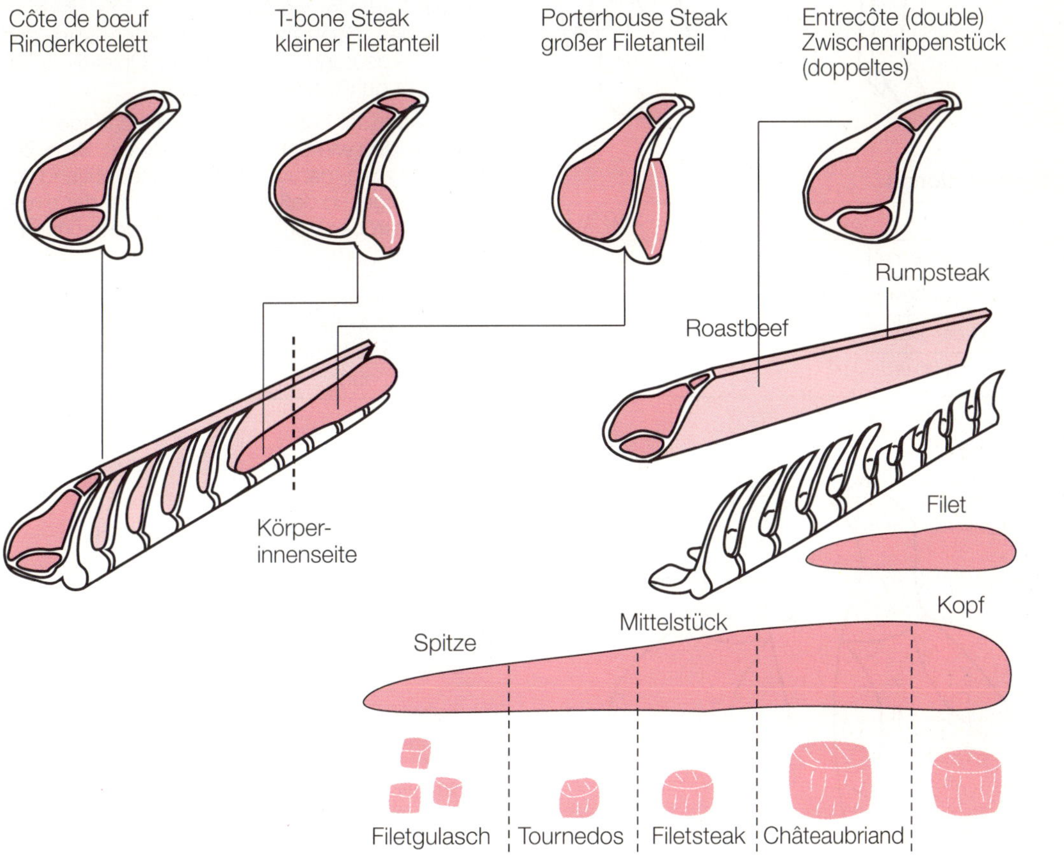

Bezeichnung nach DLG	ortsüblich auch	Verwendung vorwiegend
Fleischdünnung Knochendünnung	*Bauchlappen* *Spannrippe* } *auch Lappen, Weich*	Koch- und Suppenfleisch
Fehlrippe	*Dicke Rippe, Vorschlag*	
Kamm	*Hals, Halsgrat*	
Spannrippe	*Querrippe, Leiterstück*	
Brust		
Bug		
Falsches Filet	*Falsche Lende*	kochen, schmoren, Ragout, Gulasch
Schaufelstück	*Mittelbug, Schulterspitz*	
Dickes Bugstück	*Dicke Schulter*	
Schaufeldeckel	*Bugdeckel, Schabelappen*	Hackfleisch
Hesse	*Bein, Wadschenkel, Haxe*	Klärfleisch, Gulasch

[1] Wird bei schriftlichen Prüfungen nach Fleischteilen gefragt, so gelten die Bezeichnungen nach DLG als verbindlich. Die kursiv gedruckten ortsüblichen Bezeichnungen dienen hier dem besseren Verständnis.

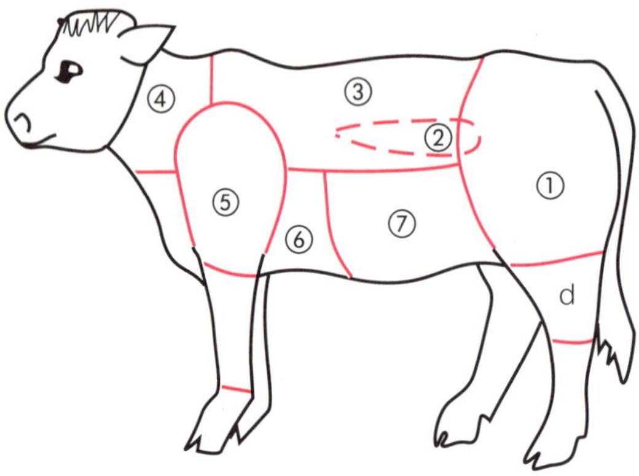

Preisrelationen

Rücken/Steak	250 %
Keule für Schnitzel	200 %
Bug o. Knochen	150 %
Hälftenpreis	100 %
Brust	90 %

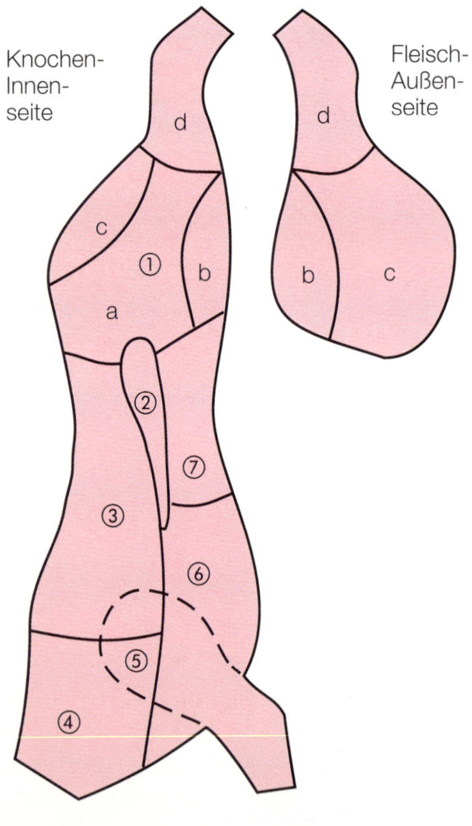

Kalb

Veau
Veal

Kälber sind junge Rinder mit einem Zweihälftengewicht bis 150 kg, das ist das Gewicht der beiden Körperhälften nach dem Schlachten.

Das Kalb ist also durch ein bestimmtes Gewicht vom Rind abgegrenzt. Das junge Fleisch hat feine Fasern und eine rosa bis hellrote Farbe. Früher war eine helle Farbe in den Augen des Verbrauchers ein wesentliches Qualitätsmerkmal, heute wird dem weniger Bedeutung beigemessen. Objektiv ist die Farbe nicht qualitätsbeeinflussend.

Beim Kalbfleisch überwiegt die Nachfrage nach Kurzbratfleisch wie Schnitzel und Steaks. Beim Zerlegen teilt man darum überwiegend entlang der Muskelstränge, so daß die Unterschiede der einzelnen Fleischstücke berücksichtigt werden können.

Bezeichnung nach DLG[1] *ortsüblich auch*	Verwendung vorwiegend
① Kalbskeule	
a) Oberschale *Schale*	Schnitzel, Steak
b) Nußstück *Nuß, Hüfte*	Braten, Schnitzel
c) Frikandeau *Unterschale*	Braten, Schnitzel
d) Kalbshaxe	Braten, Ragout, Gulasch
② Kalbsfilet *Lende*	im ganzen gebraten, Medaillons
③ Kalbskotelett *Rücken*	Koteletts, Schmetterlingsschnitzel, Steak, Kalbsroll-, Kalbsnierenbraten
④ Kalbshals	Rollbraten, Frikassee, Ragout
⑤ Kalbsbug *Schulter, Blatt*	Rollbraten, Frikassee, Ragout
⑥ Kalbsbrust	Braten mit und ohne Füllung, Tendron, Ragout
⑦ Kalbsbauch *Dünnung, Lappen*	Teil des Kalbsrollbratens, Ragout, Farce

[1] Wird bei schriftlichen Prüfungen nach Fleischteilen gefragt, so gelten die Bezeichnungen nach DLG als verbindlich. Die kursiv gedruckten ortsüblichen Bezeichnungen dienen hier dem besseren Verständnis.

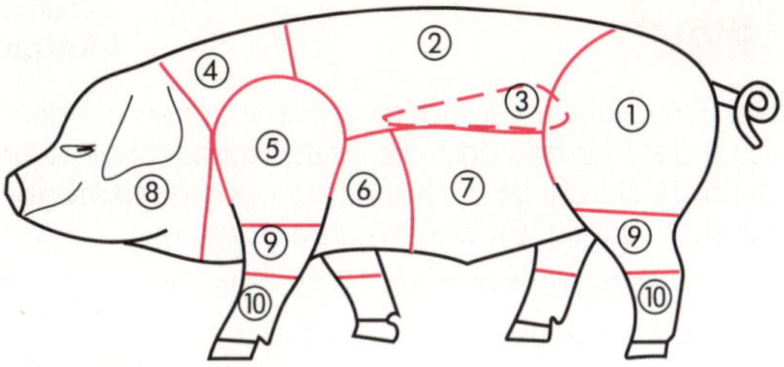

Preisrelationen

Rücken ohne Knochen	250 %
Keule, Schnitzelfleisch	200 %
Kotelett	160 %
Hals o. Knochen	130 %
Hälftenpreis	100 %

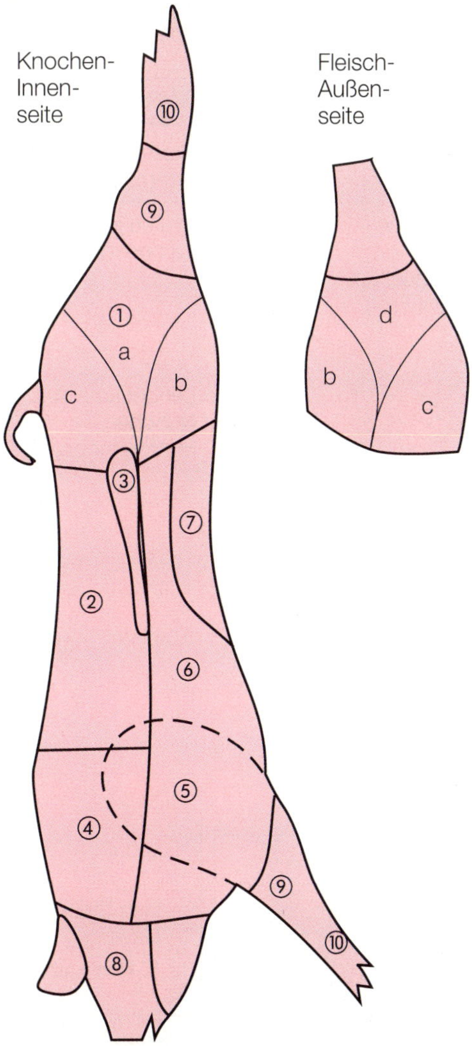

Schwein

Porc
Porc

Das Gastgewerbe verwendet Fleisch von Masttieren im Alter von etwa sechs Monaten. Diese Tiere werden als „Hälften" angeboten und müssen nach Handelsklassen (E, U, R, O, P) gekennzeichnet sein. Die Einstufung richtet sich nach Fleischansatz und Fettabdeckung.

Schweinefleisch ist blaßrot bis rosarot, feinfaserig und leicht mit Fett durchwachsen.

Bei der Zucht von besonders fettarmen Schweinen kann es zu Mängeln kommen. Fleisch kann unter größerem Saftverlust beim Garen schrumpfen und dann trocken und zähe sein. Deswegen ist das Fleisch zwar nicht gesundheitsschädlich, doch im Genußwert erheblich eingeschränkt und darum „seinen Preis nicht wert". Das Fleisch ist hell (pale), weich (soft) und wäßrig (exudativ). Von diesen englischen Wörtern abgeleitet ist die Bezeichnung PSE-Fleisch.

Schweinefleisch soll nicht länger als eine Woche abhängen.

Bezeichnung	Verwendung
① Schinken	Schinken
a) Oberschale	Schnitzel
b) Nuß	Schnitzel, Schinken
c) Schinkenspeck	braten, kochen
d) Schinkenstück	Schinken
② Kotelett	Koteletts, Kasseler Rippenspeer, Karree, Lachsschinken
③ Filet	Kurzbraten, im ganzen braten
④ Kamm	braten, Koteletts, Pökelkamm
⑤ Bug, Schulter	braten, für Ragout und Farce
⑥ Bauch	kochen
⑦ Wamme	kochen, räuchern
⑧ Kopf	kochen
⑨ Eisbein, Haxe	Eisbein, im ganzen braten oder grillen
⑩ Spitzbein, Pfötchen	kochen, Sülze

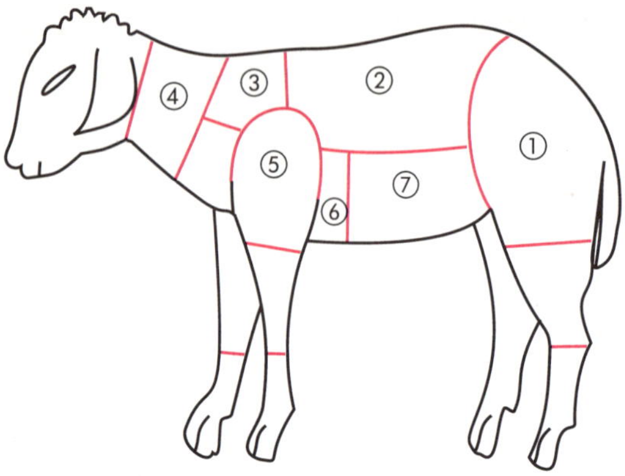

Preisrelationen	
Lendenkotelett	200 %
Keule o. Knochen	170 %
Rücken o. Knochen	170 %
Kotelett	150 %
Hälftenpreis	100 %
Bug/Hals o. Kno.	100 %
Ragout	60 %

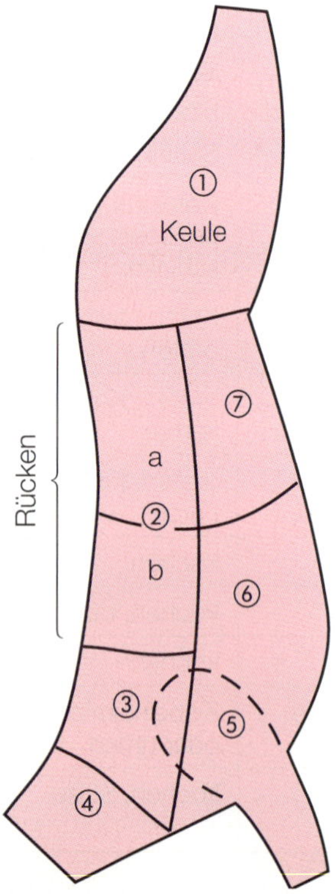

Nur zur Information, da im Gastgewerbe kaum verwendet:
Hammelfleisch ist von Tieren mit etwa zwei Jahren.
Schaffleisch ist von Tieren, die älter als zwei Jahre sind.

Schaf

Mouton
Mutton

Bei Schaffleisch verändern sich mit zunehmendem Alter die Fleisch- und die Fettbeschaffenheit sehr deutlich. Darum ist die Kennzeichnung der **Kategorie** sehr wichtig. Es werden unterschieden:

L Lämmer, nicht älter als 12 Monate, und

M andere Schafe.

Die **Qualität** wird wie beim Rind dargestellt. Die **Fleischigkeit,** die Muskelfülle kennzeichnen die Buchstaben E, U, R, O und P. Die **Fettabdeckung** wird mit den Ziffern 1 bis 5 angegeben.

Lammfleisch ist je nach Alter lachsfarben bis ziegelrot und zartfaserig. Beim Milchlamm ist die Fettauflage weiß, beim Lammfleisch gelblichweiß. Da der Schmelzbereich von Lammfett über der menschlichen Körpertemperatur liegt, muß heiß serviert und heiß gegessen werden.

Alle Arten sollen etwa eine Woche abhängen.

① Keule	Braten im ganzen Schmorbraten
② Rücken	Braten im ganzen Lammkrone
a) Lendenkotelett (mit Filet) 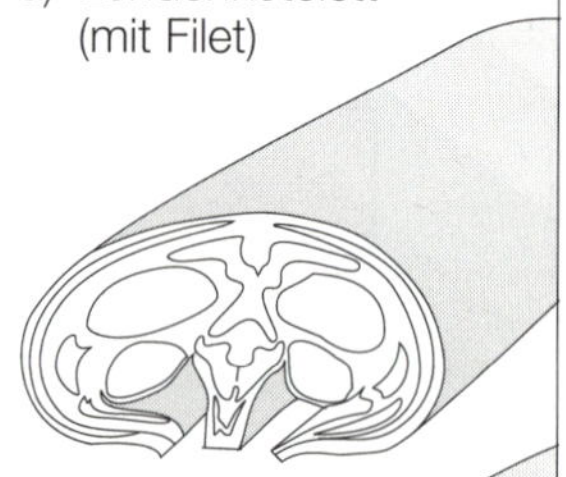	Lendenkoteletts Nüßchen Muttonchops
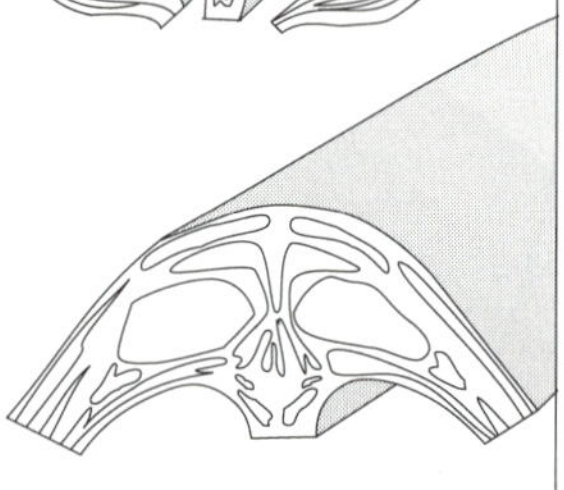 b) Kotelettstück	Koteletts
③ Kamm	Ragout Eintopf – Irish Stew – Navarin z. T. Rollbraten
④ Hals	
⑤ Bug, Schulter	
⑥ Brust	
⑦ Dünnung	

9.10 Hackfleisch und Erzeugnisse aus rohem Fleisch

Rohes, zerkleinertes Fleisch bietet Mikroben ideale Lebensbedingungen und verdirbt darum besonders rasch. Die Hackfleischverordnung (HFIVO) regelt den Umgang mit rohem zerkleinertem Fleisch. Ihr Ziel ist der **Schutz des Verbrauchers.**

Verbraucherschutz durch

Schutz der Gesundheit	**Schutz vor Täuschung**
durch strenge Hygienevorschriften, die bestimmen, wie die Produkte zu behandeln sind.	durch Vorschriften über die Zusammensetzung, die festlegen, was verarbeitet werden darf.

Die Hackfleischverordnung gilt für das Herstellen, Behandeln und Inverkehrbringen von Erzeugnissen aus rohem, zerkleinertem Fleisch von warmblütigen geschlachteten oder erlegten Tieren.

Es ist zu beachten: Das Fleisch oder die Fleischerzeugnisse müssen roh **und** zerkleinert sein, wenn sie den strengen Bestimmungen unterliegen. Die Übersicht unten macht das deutlich.

Gastgewerbliche Betriebe dürfen Hackfleischprodukte nur zur verzehrsfertigen Abgabe herstellen, nicht aber „über die Straße" verkaufen.

Hackfleisch und Hackfleischerzeugnisse dürfen in Betrieben nur dann tiefgefroren werden, wenn man eine Gefriergeschwindigkeit von 1 cm/h erreicht. Dazu sind Temperaturen von –35 bis –40 °C erforderlich. Man spricht dann von Schockfrosten.

roh – aber nicht zerkleinert	roh und zerkleinert	zerkleinert – aber „nicht mehr roh"
Fleischteile wie Keule, Oberschale, Filet	Hackfleisch, Gesteaktes Schabefleisch (Tatar), Schaschlik Zubereitungen aus Fleischteigen wie Klopse, Hackbraten Geschnetzeltes	durch Erhitzen → Braten: Frikadellen Kochen: Klopse Pökeln → Schinken Beizen → Entenbrust

zu beachten

Behandeln	**Lagertemperatur**	**Lagerdauer**
Geräte sind bei Gebrauch mindestens mittags und abends zu reinigen.	nicht wärmer als +4 °C bei Lagerung, +7 °C bei Bereithalten zum Verkauf, z. B. Tatar- und Mettbrötchen.	*Frischware* **Grundregel: Verwendung nur am Tag der Herstellung** (Im Gastgewerbe bis zu Beginn der Sperrzeit). Am **Folgetag** noch Bratwurst und Fleischspieße (Ausnahmen). *Tiefgefrorene Erzeugnisse:* 6 Monate.[1]

Anforderungen an die Zusammensetzung

Hackfleisch (Gehacktes, Gewiegtes) muß aus sehnenarmem oder grob entsehntem Skelettmuskelfleisch bestehen, das außer Kälteanwendung keinem Behandlungsverfahren unterzogen worden ist. Es ist grob zerkleinert und ohne jeden Zusatz.

Fettgehalt:

- ▷ Rinderhack 20 %
- ▷ Schweinehack 35 %
- ▷ Gemisch von Rind und Schwein 30 %

Schabefleisch (Tatar, Beefsteakhack) darf nur aus sehnen- und fettgewebearmem (schierem) Skelettmuskelfleisch vom Rind bestehen, das außer Kälteanwendung keinem Behandlungsverfahren unterzogen worden ist. Der Fettgehalt darf höchstens 6% sein.

Zerkleinertes Fleisch wird durch die Beigabe von Salz, Zwiebeln usw. rasch grau. Gastgewerbliche Betriebe stellen darum Tatar erst auf Anforderung her und servieren unzubereitet mit den erforderlichen Zutaten.

[1] HFI VO 8/92

9.11 Innereien

Innereien können vielseitig zubereitet werden und bereichern die Speisekarte. Je frischer die Innereien sind, je kürzer also die Zeit zwischen Schlachtung und Zubereitung ist, desto besser ist die Qualität. Wegen der feinen Struktur wird die Qualität von Innereien durch Frosten gemindert. Diese Qualitätsveränderung ist bei Preisvergleichen zu beachten.

Zunge

Zungen werden von allen Schlachttieren verwendet. Der verhältnismäßig hohe Preis wird wesentlich vom Zuschnitt bestimmt: Je sorgfältiger die Teile zum Kehlkopf hin abgetrennt sind, desto besser ist die Qualität, desto höher ist der Preis. Neben frischer Ware werden auch Pökelzungen angeboten (Abbildung: Schwein, Kalb, Rind).

Hirn

Die Gehirne der einzelnen Tierarten unterscheiden sich im wesentlichen nur in der Größe. Gemeinsam ist ihnen die helle Farbe und eine lockere Struktur, die das Gehirn leicht verdaulich macht. Hirn wird vor der Weiterverarbeitung gewässert und anschließend immer blanchiert.

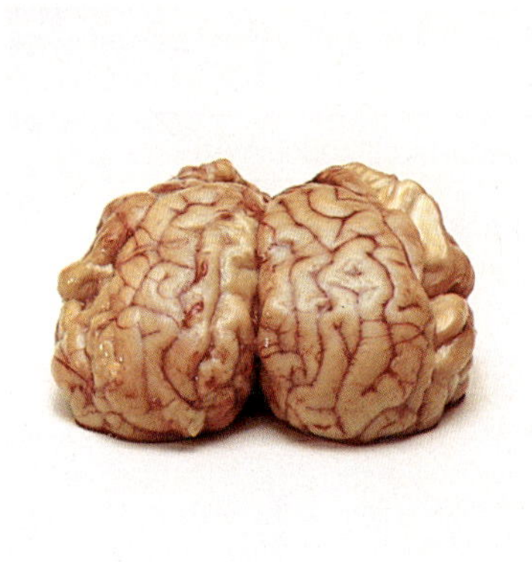

Herz

Das Herz ist ein Muskel und zeigt die gleiche Faserstruktur wie Skelettmuskelfleisch. An erster Stelle steht das Kalbsherz, das wegen seiner Eignung zum Kurzbraten und Grillen und wegen seines Geschmacks bevorzugt wird. In der Qualität folgen die Herzen von Schwein und Jungrind (Abbildung: Schwein, Kalb, Rind).

Bries (Kalbsmilch)

Nur vom Kalb gibt es ein Bries, denn es ist die Wachstumsdrüse (Thymusdrüse), die nur während der Wachstumszeit entwickelt ist und sich nach der Pubertät zurückbildet.

Das Bries ist ähnlich dem Hirn weiß und zart, jedoch von festerer Struktur.

Nieren

Die bekannte Nierenform haben nur die glatten Schweine- und Schafsnieren. Kalbs- und Rindernieren sind kammerförmig unterteilt und unterscheiden sich in Farbe und Größe. Bei Nieren ist darauf zu achten, daß sie sorgfältig gewässert werden, damit der Harngeschmack verschwindet (Abbildung: Schwein, Kalb, Rind).

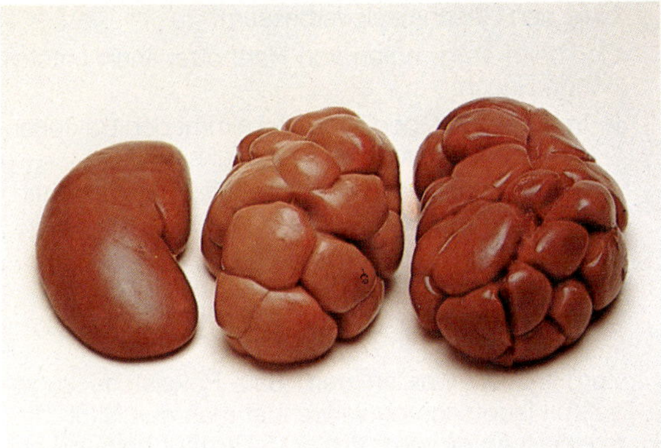

Nieren (Schwein, Kalb, Rind)

Leber

Kalbsleber ist am beliebtesten. Sie hat eine feine, lockere Struktur, ist mild im Geschmack und bleibt beim Braten saftig.

Schweineleber besteht aus mehreren Lappen. Man erkennt sie an einer porösen, leicht körnigen Schnittfläche.

Rinderleber bildet die Grundlage für Leberknödel und Leberspätzle. Zum direkten Verzehr ist sie weniger geeignet.

Schweinenetz ist ein feines Fettgewebe aus der Bauchhöhle des Schweines. Man verwendet es zum Auskleiden von Formen und zum Umhüllen von Zubereitungen. Beim Garen schmilzt durch die Einwirkung von Wärme das Fett aus und macht das Gargut saftig.

Kalbslunge

Vor allem die Regionalküche verwendet die Kalbslunge z. B. zu Lunge sauer oder Beuscherl. Die Lunge hat eine schwammige Beschaffenheit und wird vor der Weiterverarbeitung immer zuerst gewässert und dann gekocht.

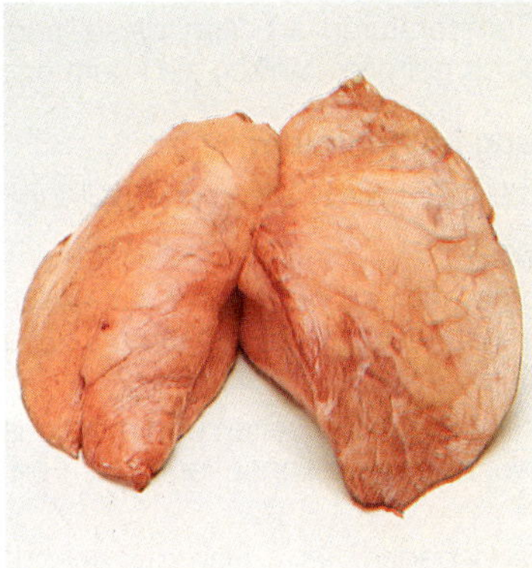

Kalbslunge

9.12 Verwendung von Knochen

Knochen bestehen hauptsächlich aus Kalk und Leimeiweiß. Kalk und andere Mineralstoffe geben die erforderliche Festigkeit, das Leimeiweiß verleiht Elastizität. Mit zunehmendem Alter wird der Kalkanteil in den Knochen höher.

Bei der Verwendung ist zu unterscheiden

Knochen junger Tiere (Kalb, Schwein)
haben einen hohen Gehalt an Leimeiweiß. Man verwendet sie darum zum Ansetzen von Saucen. Beim Anbraten entstehen Farb- und Geschmacksstoffe, die nach dem Aufgießen in die Flüssigkeit übergehen. So entsteht ein gehaltvoller Grundstock für Saucen.

Knochen älterer Tiere (Rind)
sind kalkhaltiger, trüben darum weniger und werden hauptsächlich für Brühen verwendet. Die geschmacksgebenden Bestandteile lösen sich nur langsam, und darum ist eine Kochzeit von mehreren Stunden erforderlich.

Röhrenknochen aller Altersstufen enthalten das fettreiche Mark, das als Suppeneinlage, zu Markklößchen oder für Garnituren verwendet werden kann.

9.13 Haltbarmachen

Kühlen

Fleisch wird durch die Tätigkeit von Enzymen und Bakterien verändert und verdirbt schließlich. Bei niederen Temperaturen arbeiten diese langsamer. Ist das Fleisch gefroren, wirken sie kaum noch.

Lagerung im Kühlraum

Für kürzere Zeit wird Fleisch im Kühlraum gelagert.

Hinweise

Die Temperatur soll nicht mehr als +4 °C betragen, denn sonst werden die Bakterien zu wenig gehemmt.

Die Tür soll möglichst selten und möglichst kurz geöffnet werden, denn sonst kann das Fleisch feucht werden.

Der Tagesbedarf an Fleisch gehört in den Küchenkühlschrank. Der Kühlraum muß peinlich sauber gehalten werden, damit die Kleinlebewesen keinen Nährboden finden.

Der Verdampfer darf nicht vereisen, weil Eis die Kälte aus der Maschine zurückhält.

Tiefkühlen

Bei Temperaturen unter −18 °C treten kaum Veränderungen im Fleisch ein. Nur fettzersetzende Enzyme können bis −40 °C wirken.

Mageres Rindfleisch ist etwa 1 Jahr haltbar, fettes Schweinefleisch dagegen nur etwa sechs Monate. Zerkleinertes Fleisch darf nur sechs Monate lagern. Je schneller das Fleisch eingefroren wird, desto besser ist die Qualität. Das Wasser gefriert dann in kleinsten Kristallen innerhalb der Muskelfasern und wird nach dem Auftauen wieder vom Fleischeiweiß aufgenommen. Bei langsamem Einfrieren entstehen größere Auftauverluste.

Hinweise

Vor dem Einfrieren wird das Fleisch möglichst in verarbeitungsfertige Stücke zerlegt. Das spart Zeit und Platz im Tiefkühlraum. Außerdem frieren die Stücke rascher durch.

Gefrierfleisch muß verpackt werden, denn Eis kann verdunsten, und es entsteht der Gefrierbrand.

Größere Stücke werden zum Auftauen in den Kühlraum gebracht, damit das Fleisch langsam auftaut. Aufgetaute Stücke läßt man noch einen Tag ruhen, damit der Fleischsaft vollkommen von den Fleischfasern aufgenommen werden kann.

Portionsstücke läßt man antauen und bereitet sie dann sofort zu. Die Hitze verhindert das Ausfließen des Fleischsaftes.

Räuchern

Während früher das Räuchern hauptsächlich der Konservierung diente, will man heute damit in erster Linie den Geschmack verbessern.

Der beim Verglimmen von Hartholzspänen entstehende Rauch

- ▷ trocknet die Oberfläche und nimmt den Bakterien die lebensnotwendige Feuchtigkeit,
- ▷ enthält konservierende Stoffe, die Bakterien töten,
- ▷ gibt würziges Aroma,
- ▷ gibt goldgelbe bis braune Farbe.

Pökeln

Zum Pökeln werden dem Salz Pökelstoffe zugesetzt. Hauptsächlich verwendet man das Nitrit, das in einem Anteil von 0,4 bis 0,5 Prozent beigemischt wird. Diese Mischung wird auch als **N**itrit**p**ökel**s**alz (NPS) bezeichnet. Die kontrollierte Beimischung verhindert eine übermäßige Verwendung von Nitrit.

Das **Salz** senkt den a_W-Wert und verringert damit die Tätigkeit der Bakterien und der eiweißabbauenden Enzyme. Das Fleisch wird länger haltbar.

Das **Nitrit** verbindet sich mit dem roten Muskelfarbstoff und macht diesen gegenüber der Einwirkung von Wärme und Sauerstoff unempfindlich. Diesen Vorgang nennt man Umrötung. Umgerötetes Fleisch bleibt darum beim Erhitzen rot. Vergleiche: Koteletts und Kasseler werden aus dem gleichen Fleischteil des Schweines gewonnen. Nur das gepökelte Kasseler ist nach dem Erhitzen rot.

Pökeln verändert beim Fleisch:

- ▷ Farbe → Umrötung
- ▷ Aroma → Aromabildung
- ▷ Haltbarkeit → Konservierung

Pökelware soll man nicht Grillen, denn bei den hohen Temperaturen entstehen krebserregende Nitrosamine. Unbedenklich ist das Grillen von Frischfleisch und Bratwurst.

Das Fleisch kann durch unterschiedliche Pökelverfahren behandelt werden.

Eine Übersicht auf der Folgeseite zeigt die wesentlichen Unterschiede.

Nach der **Art der Pökelung** unterscheidet man:

Trockenpökeln

Das Fleisch wird mit NPS eingerieben und aufeinandergeschichtet. Das Pökelsalz dringt in das Fleisch ein; zugleich tritt Fleischsaft aus (vgl. Salzen von Rettichen). Nach einigen Wochen ist der Pökelvorgang beendet.

Anschließend wird geräuchert.

Der Schinken ist wegen des großen Flüssigkeitsverlustes **lange haltbar.**

Angewendet wird das Verfahren vor allem bei rohen Schinken wie Knochenschinken und Rohschneider.

Naßpökeln

Das NPS wird in Wasser gelöst; es entsteht die Lake.

Diese wird auf unterschiedliche Art angewendet.

Lakepökeln

Fleisch wird in Lake eingelegt. Diese dringt nach und nach von außen nach innen vor.

Spritzverfahren

Muskelspritzen: Schnelle Verteilung der Pökellake. Kürzere Pökelzeit.

Aderspritzen: Beste Verteilung der Lake. Nur bei ganzen Stücken möglich.

	Trockenpökeln	Lakepökeln	Spritzverfahren
Gewichtsveränderung	großer Verlust	geringer Verlust	Gewichtszunahme
Haltbarkeit	lange	kürzer	kurz

9.14 Fleisch- und Wurstwaren

Fleischwaren

Fleischwaren unterscheiden sich von den Wurstwaren dadurch, daß die Fleischfaser bei der Bearbeitung ganz bleibt und nicht zerkleinert wird. Durch Pökeln und Räuchern, teilweise auch durch Erhitzen, wird das Fleisch haltbarer und genußfähig.

Rohe Schinken

Knochenschinken, Rohschinken
Keule ohne Bein, aber mit Schwarte, nur mäßige Fettauflage; meist trocken gepökelt.

Rollschinken
Ohne Knochen und Schwarte, gerollt und durch Garn oder Folie zusammengehalten.

Lachsschinken
Aus dem Kotelettstrang wird der Hauptmuskel entnommen und mit einer Speckscheibe umwickelt.

Kasseler
Kotelettstrang, meist durch Muskelspritzung gepökelt.

Bündner Fleisch. Das Fleisch stammt von der Keule junger Rinder, wird in eine Salzlake eingelegt (nicht gepökelt) und an der Luft getrocknet. Nur Ware aus dem Graubündner Oberland darf als Bündner Fleisch bezeichnet werden. Ein weißer Schimmelbelag an der Oberfläche ist für dieses Fleisch typisch.

gekochte Schinken

Gekochter Schinken
Ohne näheren Zusatz darf nur Hinterschinken so angeboten werden.

Man unterscheidet:

▷ Naturform, ▷ Blockform, ▷ Birnenform

Die Formen entstehen durch Verwendung entsprechender Koch- bzw. Preßformen.

Vorderschinken
Wird aus der Schweineschulter hergestellt und muß als „gekochter Vorderschinken“ gekennzeichnet werden.

Gekochte Schinken haben einen hohen a_W-Wert und müssen darum wie Frischwurst unbedingt gekühlt gelagert werden.

Wurstwaren

Nach den verschiedenen Herstellungsverfahren unterscheidet man Kochwurst, Brühwurst und Rohwurst.

▷ Kochwurst

Fleisch und andere Zutaten wie Zunge werden im voraus gekocht (Name). Die Gelatine aus Schwarten und Knochen gibt die spätere Bindung.

Leberwurst muß einen vorgeschriebenen Anteil an Leber haben. Bezeichnungen wie feine oder sehr feine beziehen sich auf die Zerkleinerung.

Blutwurst/Rotwurst enthält einen entsprechenden Blutanteil, der Farbe und Geschmack verleiht. Während bei der einfachsten Qualität, der Speckwurst, die Einlage hauptsächlich aus Schweinespeck besteht, hat z. B. Thüringer Rotwurst gepökelte Zunge als Hauptbestandteil.

Sülzwurst oder Preßsack enthält grobe Fleischstücke, z. T. mit Schwarte. Als Bindemittel dient Aspik.

▷ Brühwurst

Fleisch und Speck werden fein zerkleinert und gekuttert. Durch Salzbeigabe lösen sich die Eiweißstoffe und binden zusätzlich Wasser, das man in Form von Eis beigibt. Das Eis schmilzt durch die Wärme und vermeidet so die für die Bindefähigkeit schädliche Erwärmung.

Es entsteht das Brät; in der Küche bezeichnet man vergleichbare Massen als Farce. Nach dem Einfüllen in Därme wird bis etwa 75°C erhitzt, **gebrüht** (Name). Dabei gerinnt das Eiweiß und die Wurst wird schnittfest. Manche Arten werden zur zusätzlichen Geschmacksgebung geräuchert.

Bei den Brühwurstsorten, die das Hauptangebot stellen, unterscheidet man die einzelnen Arten nach dem Grad der Zerkleinerung des Fleisches und nach der Würzung.

Beispiele: Schinkenwurst, Bierwurst, Kochsalami, Lyoner, Mortadella, Regensburger.

Die Wurstmasse ist weiß, wenn statt Nitritpökelsalz Kochsalz verwendet wird, z. B. bei Rostbratwürsten, Schweinsbratwürsten, Wollwürsten.

▷ Rohwurst

Fleisch und Speck werden zerkleinert und mit Nitritpökelsalz und Gewürzen versetzt. Nach dem Einfüllen in die Därme beginnt ein biologischer Reifungsprozeß. Dabei wird Wasser abgegeben und gelöstes Eiweiß macht die Wurstmasse bindig. Nach der Feinheit der Zerkleinerung und der Festigkeit unterscheidet man schnittfeste und streichfähige Arten.

Zu den schnittfesten Arten gehören z. B. Cervelatwurst, Plockwurst, Salami. Rohwürste geben bei der Lagerung Wasser ab und werden hart. Darum bezeichnet man sie auch als Hartwürste; der Name Dauerwurst bezieht sich auf die lange Lagermöglichkeit.

Für streichbare Rohwürste wird das Ausgangsmaterial stärker zerkleinert. Diese Art ist nicht so lange haltbar. Man zählt dazu Teewurst, Mettwurst, Braunschweiger.

Übersicht

Kochwurst
Überwiegend einfache Wurstarten

Brühwurst
Hauptangebot, viele Arten

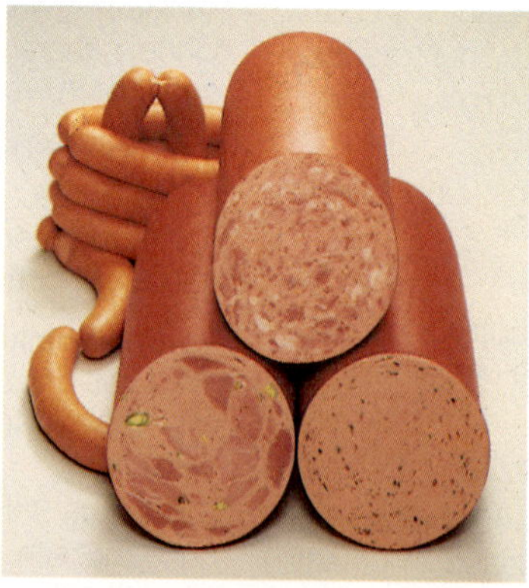

Rohwurst
Hoher Preis, weil ohne Wasserzusatz

Kochwurst	Brühwurst	Rohwurst
Frischwurst		Dauerwurst
Lagerung nur gekühlt, kurze Haltbarkeit		Gute Haltbarkeit

10 Geflügel und Wildgeflügel

Geflügel wird unterschieden in Hausgeflügel und Wildgeflügel.

Hausgeflügel wird als Haustier gefüttert und ist vor äußeren Einflüssen geschützt.

Zu diesen zählen Hühner, Enten, Gänse, Puter, Perlhühner und Tauben.

Wildgeflügel lebt in freier Wildbahn, vielfach unterstützt durch Zufütterung. Der Handel bietet vorwiegend Fasan, Rebhuhn, Wachtel an.

10.1 Bedeutung für die Ernährung

Unter Ernährungsgesichtspunkten und für die Küchenpraxis ist die Unterscheidung nach der Fleischfarbe bedeutsam.

- Geflügel mit hellem Fleisch wie Hühner und Puten,
- Geflügel mit dunklem Fleisch wie Ente und Gans.

Das helle Fleisch hat eine zarte Faser und nur geringen Fettgehalt.

Fleisch von *Hähnchen und Puter* ist eiweißreich, fettarm und leicht bekömmlich. Aus diesem Grund kann man es auch bei Schonkost und bei fast allen Diätformen einsetzen.

Das dunkle Fleisch enthält mehr Mineralstoffe, wodurch die dunkle Farbe, aber auch der ausgeprägte Geschmack entstehen.

Lebensmittel	100 g eßbarer Anteil enthalten			
	Eiweiß g	Fett g	Kohlenhydrate g	Energie kJ
Brathuhn	15	4	·	450
Ente	15	14	·	810
Gans	10	20	·	960
Putenfleisch	23	3	·	525
Wildgeflügel i. D.	13	3	·	340
Zum Vergleich:				
Rindfl., mittelfett	21	11	·	1185
Kalbfl., mittelfett	21	4	·	505
Schweinefl.,mittelf.	22	26	·	1445

Ente und Gans haben in rohem Zustand einen hohen Fettgehalt (Nährwerttabelle). Es ist jedoch zu bedenken, daß ein großer Anteil des Fettes unmittelbar unter der Haut gelagert ist und bei der Zubereitung ausbrät. Ente und Gans werden darum zum Braten oftmals zunächst mit etwas Wasser angesetzt und dann im austretenden Fett gebraten.

10.2 Hausgeflügel

Die Nachfrage nach Geflügelfleisch wird heute überwiegend durch planmäßige Züchtung gedeckt. Der Konsum wünscht zartes, wohlschmeckendes Fleisch, der Züchter andererseits muß mit den Kosten, auch mit den Futterkosten, rechnen.

Betrachtet man Gewichtszunahme und Qualitätsentwicklung im Zusammenhang, so zeigt sich, daß zu einem bestimmten Zeitpunkt eine optimale Qualität erreicht wird. Vor diesem Zeitpunkt ist die Qualität nicht so gut wie sie sein könnte, später sinkt sie wieder ab, denn das Fleisch wird zäh und das Tier verfettet.

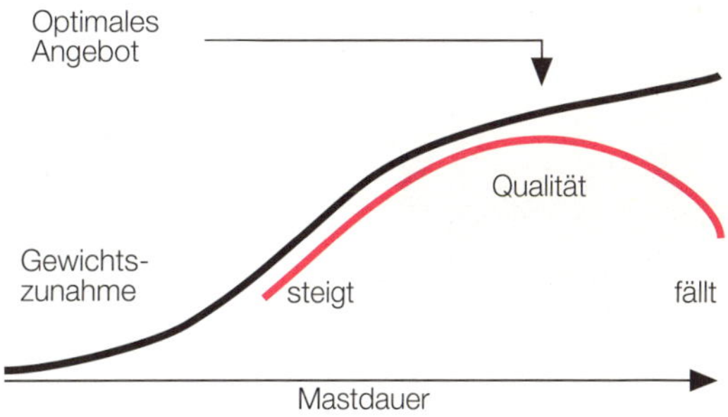

Die Verordnung über **gesetzliche Handelsklassen** regelt bei Hausgeflügel, das über den Handel vertrieben wird, das Angebot. Anzugeben sind:

- **Verkehrsbezeichnung,** das ist der Name des Produkts. Es handelt sich um festgelegte Bezeichnungen, wie Hähnchen, Ente oder Junge Gans. Das vielfältige Angebot wird dadurch überschaubar.
- **Handelsklasse:** Sie gibt an, welche Qualität das Geflügel hat. Die Tiere werden allerdings nur nach äußeren Merkmalen eingeteilt.
- **Angebotszustand** wie frisch, gefroren, tiefgekühlt.

Verkehrsbezeichnung

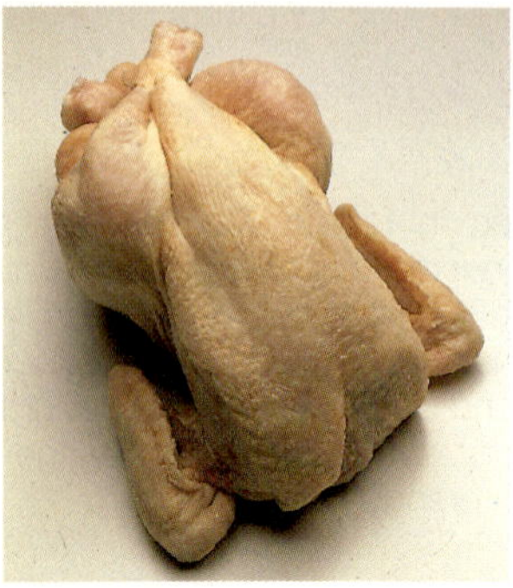
Hähnchen

Poulet
Hähnchen **Chicken**

Das sind männliche oder weibliche Tiere vor der Geschlechtsreife. Mit 5 bis 6 Wochen wiegen sie zwischen 700 bis 1 200 g.

Maishähnchen sind mit Mais gefüttert und haben darum kräftig gelb gefärbte Haut. Der Begriff wird vom Handel verwendet, ist aber keine Verkehrsbezeichnung.

Schwerere Tiere sind vorteilhafter, denn sie haben eine höhere Fleischausbeute und sind kräftiger im Geschmack.

Stubenküken/Poussin/Poussin sind Hähnchen mit einem Gewicht unter 750 g.

Chapon
Kapaun **Capon**

Hierbei handelt es sich um einen kastrierten Jungmasthahn.

Coq
Suppenhuhn **Cock**

Bezeichnung für die nach der Legeperiode geschlachteten Hühner. Sie werden für Geflügelbrühe, Frikassee und Geflügelsalat verwendet.

Alle anderen Arten werden vorwiegend gebraten und gegrillt.

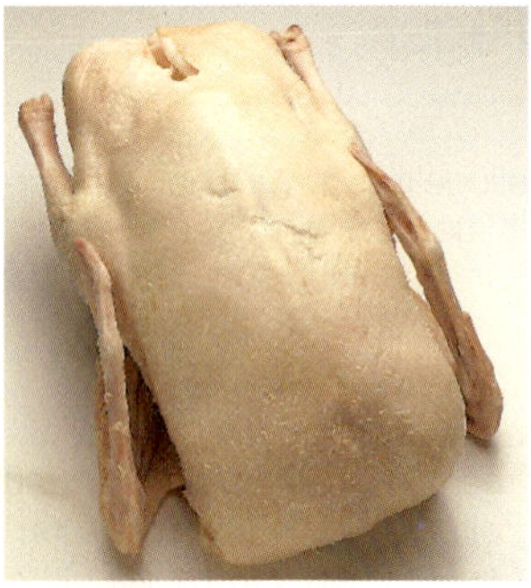
Ente

Caneton
Frühmastente **Duck**

Die Tiere sind etwa drei Monate alt und wiegen bis 2 kg. Kennzeichnend ist das noch biegbare Brustbein. Ältere Tiere werden in der Gastronomie nicht verwendet.

Pekingente ist die Bezeichnung einer hauptsächlich zur Zucht verwendeten Rasse, es ist keine Herkunftsbezeichnung.

Flugenten sind Tiere mit kräftiger Flugmuskulatur und sind darum besonders fleischig und mager.

Gans

Oison
Frühmastgans/Junge Gans **Goose**

Das Tier wird überwiegend im Herbst mit einem Gewicht von 3 bis 6 kg angeboten. **Gänse** sind vom Vorjahr und werden für die Gastronomie nicht angeboten.

Martinsgans und *Weihnachtsgans* sind traditionelle Bezeichnungen, die darauf hinweisen, daß Gänse überwiegend in der kalten Jahreszeit verzehrt werden. Die Begriffe werden auf der Speisekarte verwendet, sind aber keine Verkehrsbezeichnungen.

Teilstücke

Dinde
Truthahn, Pute **Turkey**

wird vom Handel in Teilstücken angeboten. Die Bilder geben eine Übersicht über Teilstücke, diese können weiter unterteilt werden. Putenfleisch ist besonders geschätzt, wenn die Ernährung eiweißreich aber energiearm sein soll.

Wenn andere Geflügel in Teilen angeboten werden, muß die Tierart angegeben werden, z. B. Hähnchenkeule, Entenbrust.
Baby-Puter sind ganze jüngere Tiere.

Herrichtungsform

Die **Herrichtungsform** gibt an, ob mit oder ohne Innereien angeboten wird.

- **bratfertig** oder **mit Innereien** bedeutet mit Herz, Hals, Muskelmagen ohne Hornhaut sowie Leber;
- **grillfertig** oder **ohne Innereien.**

Handelsklassen

Mit der Handelsklasse wird der äußere Zustand der Tiere bewertet. Die eigentliche Qualität ist jedoch wesentlich von Alter und Fütterung abhängig.

Handelsklasse A umfaßt einwandfreie Tiere. Das sind solche mit einem gleichmäßig entwickelten Körper, die sauber gerupft sind und keine Verletzungen aufweisen. Bei Gefrierware darf kein Frostbrand vorliegen.

Tiere, die diesen Anforderungen nicht entsprechen, werden zerlegt angeboten (z. B. in Keulen, Brustfleisch) oder zu Geflügelwurst verarbeitet. Es kommt also praktisch nur die HKL A auf den Markt.

Wird **vom Erzeuger direkt geliefert,** also ohne den Handel einzuschalten, gelten auch nicht die Vorschriften der Handelsklassenverordnung. Die Qualitätsbeurteilung ist dann von der Küche vorzunehmen.

Merkmale zur Qualitätsbestimmung

Bei **Hühnern** haben junge Tiere eine biegsame Brustbeinspitze. Bei älteren ist diese verknöchert und darum nur wenig biegsam.

Bei **Ente** und **Gans** kann neben dem Brustbein die Luftröhre zur Altersbestimmung herangezogen werden: Sie ist bei jungen Tieren leicht eindrückbar, bei älteren nur schwer.

Angebotszustand

Das Geflügel wird angeboten

- **frisch:** Bei frischer Ware sollte die Schlachtung mindestens einen Tag zurückliegen, denn auch Geflügelfleisch unterliegt einem natürlichen Reifungsvorgang. Frischware soll innerhalb von drei bis fünf Tagen verbraucht sein.

  Weil Frischware einer besonderen Aufmerksamkeit bei der Lagerung bedarf und mit dem Risiko des Verderbs behaftet ist, liegt der Kilopreis höher als bei Frostware.
- **gefroren:** Die Tiere werden unmittelbar nach dem Schlachten schockgefrostet und bei mindestens −12 °C gelagert. Der überwiegende Anteil an Geflügel wird in dieser Form angeboten.
- **tiefgefroren:** Behandlung wie bei gefroren, Lagerung jedoch bei −18 °C.

Zusätzliche Informationen

Das **Kühlverfahren** beeinflußt die Qualität. Darum ist das auf der Verpackung anzugeben.

Beim Tauchkühlverfahren liegen die schlachtwarmen Hähnchen in einem Bad von Eiswasser. Das kühlt zwar schnell, doch ist dieses Verfahren mit Nachteilen verbunden: Das schlachtwarme Fleisch nimmt Wasser auf und das führt später zu größeren Tau- und Garverlusten. Außerdem können Keime (Salmonellen) übertragen werden.

Beim **Luftsprühkühlen** umströmt feuchte Luft die Schlachtkörper. Dieses Verfahren ist zwar aufwendiger, doch es wird kein Fremdwasser aufgenommen und es werden keine Keime übertragen. Das Hähnchenfleisch schmeckt kerniger und saftiger.

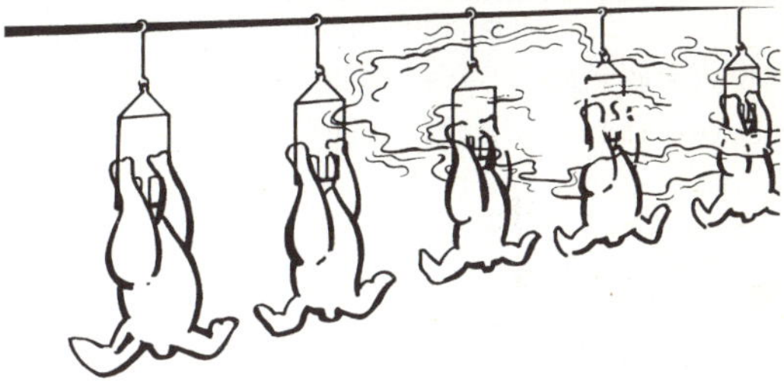

Gefrierbrand zeigt sich in gelblich-grauen rundlichen Stellen auf der Haut. Das darunterliegende Fleisch ist ausgetrocknet und darum strohig im Geschmack. Diese nachteilige Veränderung tritt auf bei beschädigter Verpackung. Die unter den Löchern der Verpackung liegenden Stellen sind „gefriergetrocknet“. Gefrierbrand ist ein Qualitätsmangel, das Produkt ist jedoch nicht verdorben.

Schneebildung in der Verpackung beruht auf stark schwankenden Lagertemperaturen. Dabei verdunstet zunächst Wasser aus den Randschichten der Frostware. Diese Flüssigkeit bildet dann später Eiskristalle, „Schnee“ in der Verpackung. Schneebildung ist ein Zeichen mangelhafter Lagerung.

Lagerung

Frostware kann bis zum angegebenen Mindesthaltbarkeitsdatum gelagert werden.

Frischware ist innerhalb kurzer Zeit zu verbrauchen. Die Verpackung trägt den Aufdruck „Verbrauchen bis ...“.

Behandlung in der Küche

Gefrostetes Geflügel muß vor der Weiterverarbeitung aufgetaut werden. Dazu nimmt man es aus der Verpackung. Die Auftauzeit richtet sich nach der Umgebungstemperatur und nach dem Gewicht des Tieres. Am schonendsten wird im Kühlraum aufgetaut, denn dann ist Zeit, daß der zu Eis gewordene Fleischsaft wieder in die Muskulatur aufgenommen werden kann.

	Auftauzeiten	
	Raumtemperatur	Kühlschrank
Brathähnchen	5 bis 7 Std.	12 bis 16 Std.
Suppenhuhn	12 bis 15 Std.	22 bis 25 Std.
Ente	12 bis 15 Std.	22 bis 25 Std.
Gans	15 bis 20 Std.	38 bis 40 Std.

Auf der Haut von Geflügel können sich Salmonellen befinden. Diese werden zwar beim Garen abgetöten, doch können sie bereits vorher auf andere Lebensmittel übertragen worden sein und auf diesem Umweg zu Lebensmittelvergiftungen führen. Wenn Geflügel vorbereitet worden ist, sind darum Tisch, Gefäße, Werkzeuge und Hände gründlich zu reinigen. Nur dann ist gewährleistet, daß keine Salmonellen übertragen werden.

Frischware wird gerupft, gesengt und ausgenommen. Das muß nach den Hygienevorschriften außerhalb der Küche geschehen, weil die Möglichkeit besteht, daß an den Federn anhaftende Krankheitskeime sonst auf andere Lebensmittel übertragen werden könnten.

Frischgeschlachtetes Geflügel bedarf wie das Schlachtfleisch einer *Reifezeit.*

Bei jüngeren Hühnern rechnet man mit einem Tag (24 Std.), bei älteren sowie bei Gans und Ente mit zwei Tagen.

10.3 Wildgeflügel

Wildgeflügel wird auch Federwild genannt. Es unterscheidet sich von Hausgeflügel dadurch, daß es in freier Wildbahn lebt und nicht in Geflügelfarmen. Der großen Nachfrage wegen züchtet man heute auch Tiere und schützt sie im freien Gelände durch Gehege vor natürlichen Feinden, wie z. B. Füchsen. Das Fleisch aller Wildgeflügelarten ist dunkler und aromatischer als das von Hausgeflügel. Für alle Arten gilt: Braten kann man nur junge Tiere. Fleisch von Wildgeflügel, das über ein Jahr alt ist, kann man nur schmoren oder für Wildbrühen verwenden.

Fasan — *Faisan* — **Pheasant**

Der Fasan ist das am häufigsten angebotene Wildgeflügel. Während der Hahn ein buntes Gefieder und einen langen Schwanz aufweist, ist die Henne unscheinbar erdfarben.

Bis ein Jahr: kurze stumpfe Sporen, weiches Brustbein – vorwiegend zum Braten

später: spitze Sporen, festes Brustbein; Schmoren, zu Farcen

Rebhuhn — *Perdreau* — **Partridge**

Das Rebhuhn ist etwas kleiner als eine Taube und hat ein erdfarbenes Federkleid.

Junge Tiere: gelbe Ständer (Beine), spitz auslaufende Flügel, weiches Brustbein – zum Braten

Ältere Tiere: graue Ständer, rundliche Flügelspitzen, festes Brustbein; Schmoren, zu Farcen

Wildente
Canard sauvage
Wild duck

Unter dem Begriff Wildente werden im Handel meist mehrere Arten der frei lebenden Enten zusammengefaßt.

Besonders schmackhaft sind Stock- und Krickente. Tauchenten können tranig schmecken.

Wachtel
Caille
Quails

Die Wachtel hat ein dem Rebhuhn ähnliches Federkleid, ist aber wesentlich kleiner. Überwiegendes Angebot aus Züchtereien.

Verwendung: braten.

Hinweise für die Verarbeitung

Wird Wildgeflügel vom Jäger angeboten, läßt man im Federkleid abhängen; nach einigen Tagen hat es die optimale Reife. Das Rupfen muß aus hygienischen Gründen (Federn übertragen Bakterien) außerhalb der Küche erfolgen.

Wildgeflügel ist fettarm und wird darum mit Speck umwickelt (bardiert).

11 Wild

Als Wild bezeichnet man Säugetiere, die gejagt werden; Wildbret, auch Wildpret, nennt man die für die menschliche Ernährung bestimmten erlegten Tiere, gleich ob sie nur ausgenommen (aufgebrochen) oder zerlegt (zerwirkt) sind.

Von den vielen Wildarten haben wirtschaftliche Bedeutung Rehwild, Rotwild, Dam- und Sikawild („Hirsche"), Wildschweine (Schwarzwild) sowie Hasen und Kaninchen. Der Bedarf an Wildbret ist wesentlich höher als die Jagdstrecke aus heimischen Jagden. Importe aus den Karpaten und aus Argentinien ergänzen darum das Angebot. Dam- und Sikawild wird in zunehmendem Maße nutztierartig in Gattern gehalten.

11.1 Bedeutung für die Ernährung

Wildfleisch ist fettarm und reich an Eiweiß. Geschmack und Farbe des Fleisches sind kräftiger als bei Haustieren, weil durch die dauernde Bewegung des Wildes das Muskeleiweiß aus anderen Bausteinen zusammengesetzt ist als bei den Haustieren.

Wild ist darum für eine energiearme Kost besonders geeignet und bietet dem Gast Abwechslung.

Lebensmittel	100 g eßbarer Anteil enthalten			
	Eiweiß g	Fett g	Kohlenhydrate g	Energie kJ
Reh (Rücken)	16	3	·	390
Hase	17	2	·	415
Hirsch	16	3	·	400
Zum Vergleich:				
Rind, mittelfett	18	21	·	1185
Schwein, mittelfett	22	26	·	1445
Kalb, mittelfett	21	4	·	505

Wesentliche Qualitätsmerkmale des Wildfleisches sind neben Struktur (Beschaffenheit) vor allem Geschmack und Geruch. Außer den typischen Eigenschaften der jeweiligen Tierart sind als **Qualitätsmerkmale** zu beachten:

- **Alter der Tiere,** da alte Tiere zäheres Fleisch haben,
- **Lebensraum/Futter,** welche den Geschmack beeinflussen,
- **Fleischreifung;** ein überraschender Schuß führt zu einer besseren Fleischqualität.

Bei der Reifung entwickelt sich ein angenehm säuerlich-aromatischer Geruch und Geschmack, das Hautgout. Die Reifung darf keinesfalls zu weit gehen; das Fleisch beginnt sonst, sich zu zersetzen.

11.2 Gesetzliche Bestimmungen

Haarwild unterliegt der *Fleischuntersuchung,* wenn es über den Handel vertrieben oder importiert wird. Nur dann, wenn die Tiere unmittelbar zum eigenen Verbrauch oder an nahegelegene Betriebe abgegeben werden und keine bedenklichen Merkmale vorliegen, die auf Krankheiten hindeuten, kann auf die Untersuchung verzichtet werden. Die Verantwortung trägt dann der Jäger.

Wildschweine müssen in jedem Fall auf Trichinen untersucht werden; ebenso andere Allesfresser wie Bären (Bärenschinken).

11.3 Arten und Verwendung

Das **Reh** liefert den Hauptanteil an Wildfleisch. Das rotbraune Fleisch ist von Tieren in einem Alter von zwei bis drei Jahren am schmackhaftesten.

Unter **Hirsch** werden in der Gastronomie Rotwild und Damwild zusammengefaßt. Auch hier bieten die zwei- bis dreijährige Tiere die beste Qualität. Fleisch von Damwild hat eine rotbraune Farbe ähnlich dem Rehfleisch, Hirschfleisch dagegen ist dunkelbraun bis schwarzbraun und kräftiger im Geschmack.

Beim Wild wechseln mit den Altersstufen die Bezeichnungen.

Reh — *Chevreuil* **Venison**

Bezeichnung	erstes Jahr	zweites Jahr	später
weiblich	Kitz	Schmalreh	Ricke, Geiß
männlich	Kitz	Jungbock	Bock
Gewicht	kein Abschuß	12 bis 18 kg	18 bis 24 kg

Hirsch (Rotwild, Damwild) — *Cherf* **Deer**

Bezeichnung	erstes Jahr	zweites Jahr	später
weiblich	Wildkalb	Schmaltier	Alttier
männlich	Hirschkalb	Spießer	Hirsch
Gewicht	15 bis 35 kg	35 bis 60 kg	bis 120 kg

Verwendung von Reh und Hirsch

Bezeichnung	Verwendung
1. Qualität	
Rücken	Braten im ganzen, Steaks, Nüßchen
2. Qualität	
Keule	Braten, Schmoren
3. Qualität	
Schulter Hals, Brust Bauchlappen	Schmoren Ragoutgerichte

Ältere Tiere werden zu Schmorgerichten verwendet. Dieses Garverfahren gibt beim Anbraten Farbe und verstärkt den Geschmack. Nach dem Aufgießen lockert sich dann das Bindegewebe.

Wildschwein/Schwarzwild

Sanglier Bête noire
Wildboar

Das Fleisch der Wildschweine ist dunkelrot und kräftig im Geschmack. Geschätzt sind Jungtiere, ältere sind zäher und werden darum geschmort. Das Wildschwein ist ein Allesfresser und muß darum auf Trichinen untersucht werden.

Mit dem Alter wechseln die Bezeichnungen.

Bezeichnung	erstes Jahr	zweites Jahr	später
weiblich männlich	Frischling bis 30 kg	Überläufer bis 45 kg	Bache Keiler 70 bis 80 kg
	Verwendung: Rücken vorwiegend zu Kurzbraten wie Koteletts oder Medaillons; auch zum Braten im ganzen. Keule: braten im ganzen. Teile auch zum Kurzbraten. Schulter: Schmorbraten.		Ältere Tiere eignen sich nur zum Schmoren.

Hase/Kaninchen

Liévre/Lopereau
Hare/Rabbit

Hasen werden im November und Dezember gejagt. In dieser Zeit sind sie gut ernährt und darum am wohlschmeckendsten.

Zum Braten sind Hasen nur im ersten Jahr geeignet, in diesem Alter wiegen sie etwa 3 bis 4 kg.

Kaninchen sind kleiner als Hasen und haben ein hellgraues Fell. Das Fleisch ist hellrot und unterscheidet sich stark vom rotbraunen Hasenfleisch.

Auf ein junges Tier weisen hin:

- ▷ Rippen sind leicht brechbar,
- ▷ Knochen zwischen den Keulen ist knorpelig,
- ▷ Löffelränder sind leicht einreißbar.

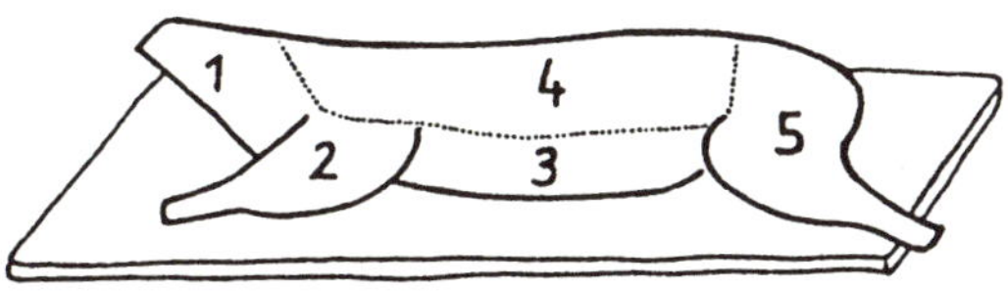

1 Hals 2 Keule 3 Brust und Lappen 4 Rücken 5 Keule

Verwendung:

Rücken und Keulen: braten

Läufe, Hals, Brust: Ragout

Jagdzeit:

Zum Schutz des Wildes sind Zeiträume festgelegt, in denen nicht gejagt werden darf; man nennt sie *Schonzeiten*. Die Jagdzeiten sind durch Ländergesetze geregelt. Schußfrisches Wild wird vor allem vom Herbst bis in den Februar hinein angeboten. Die weltweite Verflechtung der Märkte sowie moderne Kühl- und Transporttechnik weiten die Saison für Wild über die Jagdzeiten der BRD hinaus erheblich aus.

Wild aus **Gehegehaltung** nimmt einen immer größeren Marktanteil ein. Es unterliegt nicht den Schonzeiten.

Tiefkühlware ist das ganze Jahr über erhältlich. Man geht heute davon aus, daß Tiefkühlware bereits gelockertes Gewebe hat und nicht zusätzlich gebeizt werden muß.

12 Fische

Fische sind wechselwarme Tiere, die im Wasser leben und sich vorwiegend durch Flossen fortbewegen. Wechselwarm bedeutet, die Tiere wechseln ihre Körpertemperatur entsprechend der Temperatur des sie umgebenden Wassers. Die meisten Meeresbewohner atmen durch Kiemen. Das Fleisch der Fische ist, von einigen Ausnahmen abgesehen, nahezu weiß, weil es wenig Muskelfarbstoff (Myoglobin) enthält. Da der Fisch vom Wasser getragen wird, hat das Fleisch wenig Bindegewebe und dadurch eine lockere Zellstruktur.

12.1 Einteilung

Die große Gruppe der Fische wird nach unterschiedlichen Gesichtspunkten eingeteilt.

Nach Herkunft

Süßwasserfische
aus Binnengewässern
z. B. Forelle, Karpfen
Schleie, Hecht

Seefische
aus dem Meer
z. B. Kabeljau, Rotbarsch
Scholle, Seezunge

Aal und Lachs leben im Süß- und Salzwasser, sind also Wanderfische. Der Handel rechnet sie zu den Süßwasserfischen.

Nach Qualität
Sie bestimmt Verwendungsmöglichkeit und Preis

Feinfische Edelfische
hochwertige Arten aus dem Süß- oder Salzwasser

Konsumfische
sind von durchschnittlicher Qualität und kommen häufig vor, wie etwa Kabeljau oder Hering

Nach Fettgehalt
Es überwiegen Fragen der Ernährung, z. B. Diät

Fettfische
Der Fettvorrat ist in das Fleisch eingelagert und wird mitverzehrt, z. B. Aal, Lachs.

Magerfische
Der Fettvorrat ist in die Bauchhöhle eingebettet und wird bei der Vorbereitung entfernt, z. B. Kabeljau.

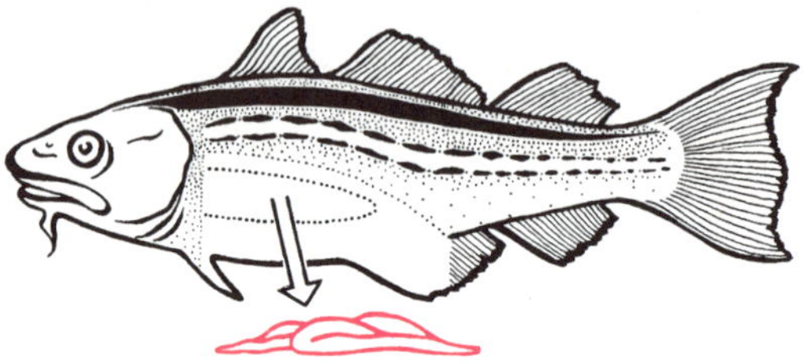

Nach Körperform

Rundfische
z. B. Forelle, Kabeljau

Der Körper ist im Querschnitt rund oder keilförmig.

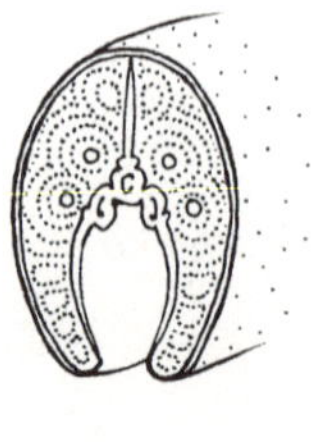

Plattfische
z. B. Scholle, Seezunge

Die Jungfische entwickeln sich zunächst normal, legen sich dann auf die Seite und entwickeln die flache (platte) Form.

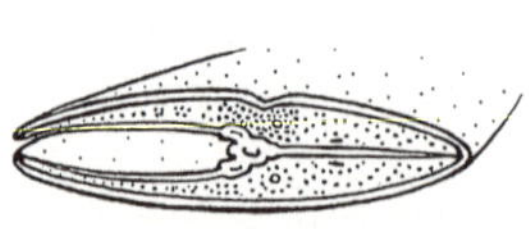

12.2 Bedeutung für die Ernährung

Fischfleisch wird als gesund, leicht verdaulich und biologisch hochwertig bezeichnet. Die Gründe dafür sind:

Der **Eiweißgehalt** liegt meist zwischen 15 und 20 Prozent. Damit ist Fischfleisch mit magerem Schlachtfleisch vergleichbar. Von besonderer Bedeutung ist, daß es sich um biologisch hochwertiges Eiweiß handelt, das der menschliche Körper gut ausnützen kann.

Das **Fett** ist reich an essentiellen Fettsäuren, die einem hohen Cholesteringehalt im Blut entgegenwirken.

Vitamine und Mineralstoffe sind reichlich vorhanden. Besonders zu erwähnen ist der hohe Jodgehalt, der für die Funktion der Schilddrüse von Bedeutung ist.

Weil das Fischfleisch wenig Bindegewebe enthält, wird es rasch verdaut und verweilt nur kurz im Magen. Darauf beruht das geringe „Sättigungsgefühl".

Lebensmittel	100 g eßbarer Anteil enthalten			
	Eiweiß g	Fett g	Kohlenhydrate g	Energie kJ
Kabeljaufilet	17	+	+	325
Rotbarschfilet	18	4	+	475
Forelle	10	1	+	220
Karpfen	10	3	+	270
Aal, geräuchert	14	22	·	1120
Fischstäbchen	16	7	20	840
Matjeshering (Filet)	16	23	·	1190
Zum Vergleich:				
Rindfleisch, mager	19	14	·	725
Putenfleisch	23	3	·	525
Schwein, mittelfett	22	26	·	1445

12.3 Süßwasserfische

Die Salmoniden oder lachsartigen Fische (von Salm = Lachs) haben als besonderes Merkmal die Fettflosse zwischen Rücken- und Schwanzflosse. Alle haben ein wohlschmeckendes, fettreiches und grätenarmes Fleisch. Die Salmoniden zählen darum zu den Edelfischen.

Forelle

Truite
Trout

Die *Regenbogenforelle* hat eine schwarzgefleckte Haut und entlang der Seitenlinie ein regenbogenfarben rötlich schimmerndes Band. Sie ist schnellwüchsig, wird darum von den Zuchtbetrieben bevorzugt und bildet das Hauptangebot unter den Forellenarten. Am häufigsten werden Portionsfische mit einem Gewicht zwischen 200 und 300 Gramm angeboten.

In den sauerstoffreichen Gewässern der Voralpen findet man ferner die *Bachforelle,* deren Oberfläche rote Punkte auf weißem Grund zeigt. Sie besitzt ein besonders wohlschmeckendes Fleisch.

Lachsforelle ist eine Forelle, die mindestens drei Monate im Meerwasser gelebt hat. Sie muß mindestens 1,5 kg schwer sein und fettreiches, lachsrotes Fleisch haben (Verkehrsbezeichnung).

Salmoniden von regionaler Bedeutung sind *Renken, Felchen (Abb.), Bach-* und *Seesaibling* sowie *Huchen.* Alle Arten sind von guter Qualität.

Saumon

Lachs **Salmon**

Der Lachs lebt im Meer und kehrt zum Laichen an seinen Geburtsort in den Flußoberläufen zurück. Man nennt ihn darum Wanderfisch. Wegen der großen Nachfrage wird Lachs auch gezüchtet. Im Angebot unterscheidet man zwischen *Wildlachs* und *Farmlachs.* In den kälteren Gewässern wachsen Lachse mit festerem, kräftiger schmeckendem Fleisch heran. Neben Frischware wird Lachs auch als *Graved-Lachs* (gebeizt mit Salz und Zucker und dadurch gar) sowie *Räucherlachs* (zusätzlich geräuchert) angeboten.

Carpe

Karpfen **Carp**

Spiegelkarpfen haben nur wenige, große Schuppen und bilden das Hauptangebot. Sie werden in Teichwirtschaften herangezogen und wiegen nach zwei bis drei Sommern etwa 1,5 kg. Das Fleisch der Karpfen ist rötlich-grau.

Der *Schuppenkarpfen* mit völlig von Schuppen bedeckter Körperoberfläche ist die Wildform des Karpfens und damit der Vorläufer des Spiegelkarpfens. Der *Lederkarpfen* hat eine schuppenlose Körperoberfläche.

Anguille

Aal **Eel**

Der Aal ist ein schlangenförmiger Fisch, der im Süßwasser lebt und im Atlantik (Sargassomeer) laicht. Der Golfstrom bringt die Larven an die europäischen Küsten, von wo aus die Aale im Süßwasser flußaufwärts ziehen. *Grünaal* ist unbehandelter Fisch; *Räucheraal* ist heißgeräuchert.

Sandre

Zander **Pike perch**

Der Raubfisch hält sich vor allem in stehenden Gewässern auf. Das Fleisch ist feinfaserig, schmackhaft und grätenarm.

Brochet

Hecht **Pike**

Bei diesem Raubfisch ist das Fleisch junger Tiere bis zu einem Gewicht von etwa 2,5 kg weiß, fest und sehr schmackhaft. Ältere Tiere sind trocken und werden darum zu Farcen (Hechtklößchen) verarbeitet.

12.4 Aufbewahrung

Lebende Fische

benötigen Sauerstoff, Kühlung, Wasseraustausch.

Bewältigt auf einfache Weise die Wasserstrahlpumpe.

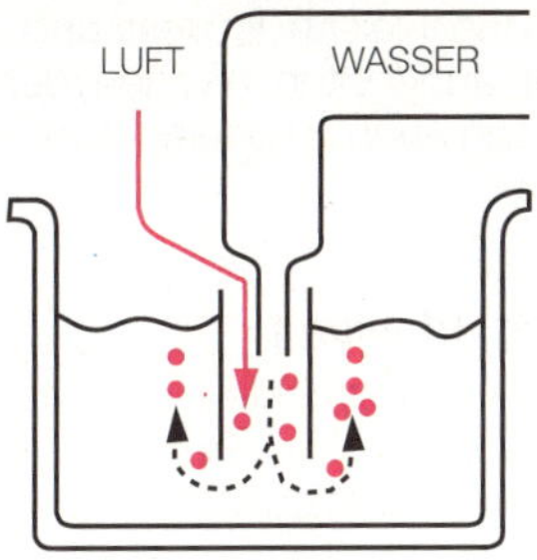

Geschlachtete Fische

Fisch verdirbt besonders leicht, weil das Fleisch bindegewebearm ist und die Oberfläche bei geschlachteten Fischen feucht gehalten wird. Die Frische kann erhalten werden, wenn die Lagertemperatur möglichst niedrig ist. Optimal ist eine Lagerung zwischen Eis, das beim Abschmelzen kühlt und zugleich die Oberfläche der Fische vor dem Austrocknen schützt.

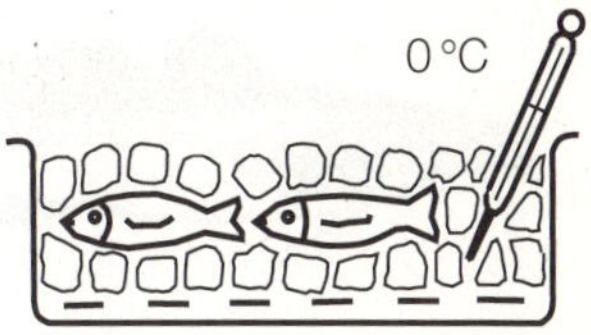

12.5 Frischemerkmale bei geschlachteten Fischen

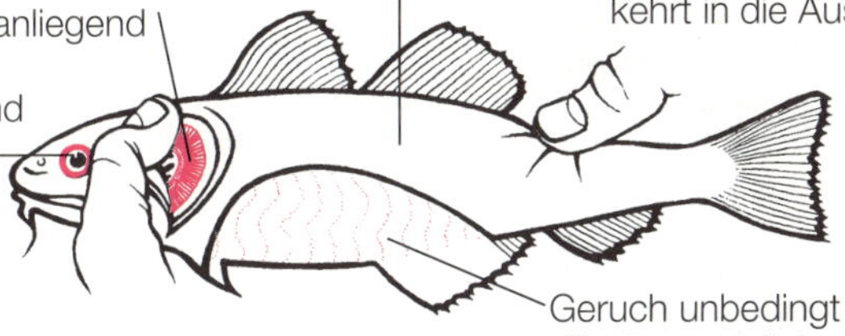

12.6 Seefische

Rundfische

Die Familie der dorschartigen Fische hat am weltweiten Fang großen Anteil. Rundfische haben ein mildes Aroma und helles Fleisch, das in gegartem Zustand leicht in blätterige Stücke zerfällt. Sie zählen zu den Konsumfischen.

Cabillaud

Kabeljau, Dorsch **Cod**

Der Kabeljau hat je nach Fanggebiet braune bis olivfarbene Punkte (Anpassung an den Meeresgrund) auf grau-weißer Haut und eine helle Seitenlinie. Die jungen Tiere aus der Nordsee und die kleinwüchsigeren Fische aus der Ostsee bezeichnet man als *Dorsch.* Das Fleisch ist zart und wohlschmeckend, zerfällt jedoch leicht.

Englefin

Schellfisch **Haddock**

Hauptunterscheidungsmerkmal ist die schwarze Seitenlinie und der dunkle Punkt über der Brustflosse. Das weiße Fleisch hat einen feinen Geschmack. Schellfisch wird vorwiegend gedünstet oder gekocht.

Lieu noir

Seelachs (Köhler) **Coal fisch**

Der Seelachs hat einen dunklen Rücken (daher der Name Köhler) und eine helle Seitenlinie. Das graurötliche Fleisch ist fest und wird vorwiegend als Filet angeboten. Wegen der Festigkeit wird das Fleisch auch zu Seelachs in Öl (Lachsersatz) verarbeitet.

Sébaste

Leng, Blauleng **Leng fish**

Der langgestreckte Fisch hat einen durchgehenden Flossensaum am Rücken, dessen Farbe von dunkelbraun ausgehend zur Seite hin heller wird. Das Fleisch ist wohlschmeckend.

Rouget

Rotbarsch **Redfish**

Wegen der ziegelroten Farbe wird er auch Goldbarsch genannt. Das Fleisch wird fast immer als Filet angeboten. Es ist fettreich, fest und wohlschmeckend. Rotbarschfilet ist zum Braten und Dünsten geeignet.

Maquereau

Makrele **Mackerel**

Der schlanke Körper hat eine schuppenlose Oberfläche, der Rücken schimmert blaugrün und zeigt dunkle Querstreifen. Das rötliche Fleisch hat einen kräftigen Geschmack.

Lotte

Seeteufel **Angler**

Das abschreckende Äußere gab dem Fisch den Namen und ist auch der Grund, warum meist nur der Körper ohne Kopf angeboten wird. Das feine, feste Fleisch ist sehr wohlschmeckend.

Saint Pierre

Petersfisch **John Dory**

Der Körper des Fisches ist seitlich abgeplattet wie bei Plattfischen. Der Petersfisch schwimmt jedoch aufrecht. Der Körper ist dunkelgrau bis bräunlich mit einem markanten dunklen Punkt an der Seite. Es handelt sich um einen ausgezeichneten Speisefisch.

Loup de mer

Wolfsbarsch **Sea Bass**

Der Wolfsbarsch wird auch Seebarsch oder Seewolf genannt. Er hat einen langestreckten Körper, der am Rücken grau ist und zum Bauch hin heller wird. Das magere, feste Fleisch ist grätenarm und von bestem Geschmack.

Hering

Hareng
Herring

Heute ist der Fang weltweit eingeschränkt, um die Fischart zu schützen. Hering war der meistgefangene Fisch. Der blaugrün-silbern schimmernde Körper ist durchschnittlich 24 cm lang. Er wird hauptsächlich von der Fischindustrie verarbeitet. Entsprechend dem Alter und dem Entwicklungszustand unterscheidet man:

Matjeshering, ein Fisch im Vorfruchtbarkeitsstadium, der eingesalzen wird. Das Salz und eine biologische Reifung machen das Fleisch gar und schmackhaft. Vor der Verwendung in der Küche wässert man die Fische, um den Salzgehalt zu verringern.

Vollheringe enthalten Milch oder Rogen, das Fettpolster ist abgebaut. Vollheringe werden warm geräuchert und kommen als Bücklinge auf den Markt.

Ihlen nennt man die Heringe nach dem Ablaichen. Das Fleisch ist mager und eher trocken. Darum verwendet man sie zu Marinaden, wie Rollmops oder Bismarckhering, oder zu Fischsalaten.

Heringsartige Fische

Sardinen werden an der Mittelmeerküste gefangen und ohne Kopf in Öl konserviert.

Sprotten (kleine Abb.) werden im ganzen heiß geräuchert; am bekanntesten sind die „Kieler Sprotten".

Anchovis sind Sprotten ohne Kopf und Schwanz in einer würzigen, süß-sauren Lake gegart.

Sardellen. Die fettreichen Fische werden im Mittelmeer und an der Westküste Europas gefangen und in Salz gegart. Sardellen dienen oft der geschmacklichen Abrundung oder zur Garnitur.

Plattfische

Alle Plattfische haben in frühester Jugend die normale Fischform. Wenn die Umwandlung zum Plattfisch beginnt, wandert ein Auge auf die andere Seite des Körpers und die Fische beginnen auf einer Seite liegend zu schwimmen. Die obere Seite nennt der Fischer Augenseite; sie ist wegen der Tarnung der Farbe des Meeresgrundes angepaßt. Die untere Seite wird Blind- oder Bauchseite genannt; sie ist meist farblos. Rücken- und Afterflosse sind vergrößert und säumen den Fisch an beiden Seiten. Die Plattfische zählen zu den Edelfischen.

Seezunge

Sole
Dover Sole

Die Seezunge ist an der Oberseite schwarzbraun mit dunklen Flecken; die Bauchseite ist weißlichgrau. Der Körper ist von kleinen Schuppen bedeckt. Wegen des festen, feinfaserigen, weißen Fleisches wird sie als bester Plattfisch bezeichnet.

Rotzunge

Limande
Lemon sole

Sie ähnelt in der Körperform der Seezunge. Die Oberseite ist rötlichbraun bis gelbbraun. Das feste, trockene Fleisch ist etwas brüchig und läßt sich schlecht formen. Darum reicht man sie vorwiegend als Portionsfisch.

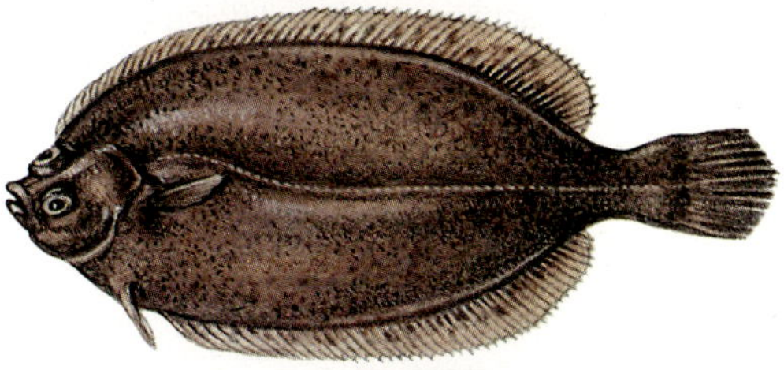

Scholle/Goldbutt

Carrelet
Plaice

Die graue, glatte schuppenlose Oberfläche hat typische rotgelbe Tupfen. Die Scholle wird deswegen auch Goldbutt genannt. Die Bauchseite ist gelblichweiß. Der geschätzte Portionsfisch hat große wirtschaftliche Bedeutung.

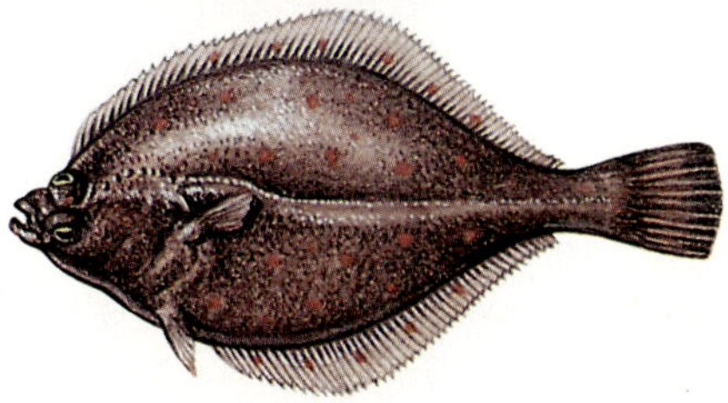

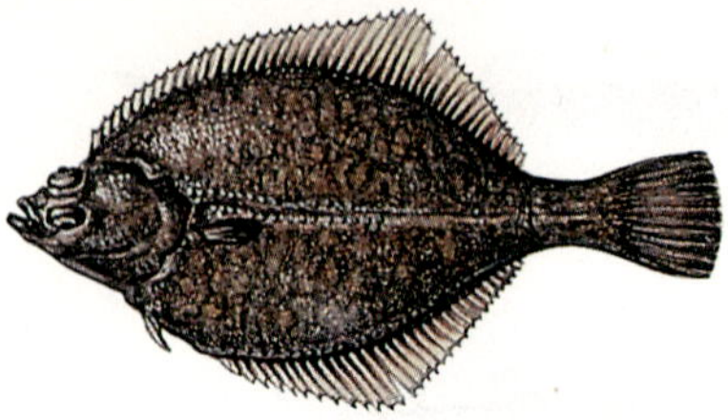

Flet
Flunder **Flounder**

Sie ist in Körperform und Aussehen der Scholle sehr ähnlich und doch an der Oberfläche gut zu unterscheiden: Die Scholle ist glatt, die Flunder rauh. Verwendungsmöglichkeiten wie bei Scholle.

Turbot
Steinbutt **Turbot**

Der Fisch ist fast rund, an der schuppenlosen Oberfläche bräunlichgrau mit hellen Tupfen. Die Bauchseite ist weiß. Den Namen hat er von den steinartigen Verknöcherungen in Augenhöhe.

Das schneeweiße Fleisch ist sehr aromatisch. Hauptfanggebiet sind die Nordsee, Skagerrak und Kattegat.

Flétan
Heilbutt **Halibut**

Die schuppenlose Oberfläche ist graubraun mit helleren Flecken entlang der in der Mitte liegenden Seitenlinie.

Der Heilbutt ist der größte unter den Plattfischen und wird auch Riesenscholle genannt. Das geschätzte Fleisch erreicht im Spätherbst und Winter die optimale Güte.

12.7 Angebotsform – Aufbewahrung

Frischfisch

Als Frischfisch wird im Handel Fisch bezeichnet, der auf dem Weg zum Verbraucher nur gekühlt wird, also keinem Konservierungsverfahren unterzogen worden ist. „Frischfisch" ist damit keine Aussage zur Frische, es ist der Gegenbegriff zu konservierter Ware.

Um Transportkosten zu sparen, werden die Fische meist ohne den unverwertbaren Kopf oder als Filet aufgeteilt geliefert.

Die Frische der Ware erkennt man am einfachsten am Geruch. Stark riechende Fische sind zu lange oder nicht sachgerecht gelagert.

Frischfisch wird meist zwischen Eis gepackt geliefert. Im Betrieb wird er mit dem Eis in tiefe Tabletts gebettet. Ein eingelegtes Lochblech läßt das Tauwasser ablaufen, so daß die Fische davon nicht berührt werden.

Die Lagertemperatur für Frischfisch liegt um 0 °C.

Frostfisch

Bei Frostfisch oder tiefgekühltem Fisch darf die Tiefkühlkette nicht unterbrochen werden. Darum wird bei Anlieferung mit dem Lastwagen die Ware baldmöglichst in den Tiefkühlraum gebracht.

Bei Versand mit der Bahn werden Isolierbehälter verwendet, denen als Kältereserve Trockeneis (CO_2-Schnee) beigegeben ist. Das Trockeneis wird bei Kälteabgabe zu Gas. Das Kohlendioxid ist gesundheitlich unbedenklich.

Trockeneis hat eine Temperatur von etwa –80 °C. Es *darf nicht mit den ungeschützten Händen berührt* werden, denn sonst kommt es zu *Verbrennungen.*

Zur Lagerung muß die Ware unbedingt luftdicht verpackt sein. Auch Anbruchkartons sind wieder gut zu schließen. Bei unverpackter Ware trocknen die Randschichten aus und es kommt zum *Frostbrand,* der die Ware erheblich schädigen, ja unbrauchbar machen kann.

12.8 Fischdauerwaren

Räuchern macht für eine begrenzte Zeit haltbar und gibt einen typischen Geschmack.

Nach dem Räucherverfahren werden zwei Arten unterschieden. Beim **Heißräuchern** werden die Fische bei Temperaturen um 60 °C geräuchert. Dabei wird das Eiweiß gar, zugleich sinkt der Wasseranteil im Fleisch.

Bücklinge sind mit Kopf heißgeräucherte Heringe; **Delikateßbücklinge** sind von ausgesuchter Rohware ohne Kopf.

Schillerlocken sind in Streifen geschnittene und geräucherte Bauchlappen des Dornhais.

Räucheraal wird aus frischen, ausgenommenen ganzen Aalen hergestellt.

Beim **Kalträuchern** erhält der Fisch abschließend Geschmack und eine goldgelbe Farbe. Das Fleisch ist bereits durch Beizen, also die Einwirkung von Salz (und Zucker), gar. Am bekanntesten ist der *Räucherlachs,* der in ganzen Seiten oder aufgeschnitten und vakuumverpackt in den Handel kommt. Wird der Lachs nicht geräuchert, spricht man von *gebeiztem Lachs. Graved Lax* ist eine skandinavische Spezialität. Der Fisch wird mit einer Salz-Zucker-Mischung gebeizt. Als Gewürze dienen dabei Pfeffer und reichlich Dill.

Eingesalzene Fische

Durch das Salzen werden die Fische haltbar und durch einen biochemischen Vorgang gar und genußfähig. Für gastgewerbliche Betriebe hat der Matjeshering Bedeutung.

Matjesheringe sind im Vorfruchtbarkeits-Stadium im Frühsommer gefangene Fische. Sie werden nach dem Fang mild gesalzen und benötigen eine Reifedauer von acht Wochen.

Heringsfilets Matjesart sind nicht gereift, sondern durch eine besonder Behandlung in einen dem echten Matjes ähnlichen Zustand versetzt.

Fischkonserven

Vollkonserven sind sterilisierte Dauerwaren, die lange haltbar sind. Sie kommen in der Regel in den längsovalen Hansadosen in den Handel. Bekannte Arten sind *Hering in Tomatensauce* oder *Senfsauce* sowie *Ölsardinen*.

Präserven sind Fische in Marinaden, die nur begrenzt haltbar sind. Die Haltbarkeit bei kühler Lagerung muß auf den Tag genau angegeben werden.

Bekannte Erzeugnisse:

Bismarckhering: Entgrätete Heringshälften in Marinade.

Rollmops: Entgrätete Heringshälften mit eingerollten Gurkenstückchen, evtl. auch Zwiebeln.

Kronsild: Kleine, nicht entgrätete Heringe ohne Kopf in Marinade eingelegt.

Bratheringe: Entgrätete Heringe werden paniert und fritiert und anschließend in Marinade gelegt.

Mindesthaltbarkeitsdatum (MHD)

Bei *Präserven* muß das Mindesthaltbarkeitsdatum (MHD) auf den Tag genau angegeben werden.

Bei *Konserven* genügt die Angabe des Jahres, z. B. „Haltbar bis Ende 19..“.

13 Krusten- und Schalentiere

Unter den Handelsbezeichnungen Krusten- und Schalentiere werden wirbellose Tiere, wie Krebse, Hummer, Langusten, Muscheln, Austern usw., zusammengefaßt.

Wirbellose Tiere haben kein Skelett, aber an der Körperaußenseite eine Kruste oder eine Schale aus Chitin. In diese hornartigen Panzer aus Eiweißstoffen ist Kalk eingelagert.

Nach dem Körperbau unterscheidet man die krebsartigen Krustentiere und die muschelartigen Schalentiere.

13.1 Krebsartige Tiere oder Krustentiere

Aufbau

Kopf und Brust der gepanzerten Tiere sind zu einem starren *Kopfbruststück* verwachsen. Darin befinden sich Magen und Leber sowie bei den weiblichen Tieren je nach Jahreszeit die glänzend grünschwarzen Eier, der *Rogen*, er auch als *Corail* bezeichnet wird. Der gegliederte Hinterleib wird als Schwanz bezeichnet. In ihm befindet sich bei allen Arten die Hauptmenge des weißen, zart-knackigen Fleisches. Der Darm wird vor der Zubereitung entfernt.

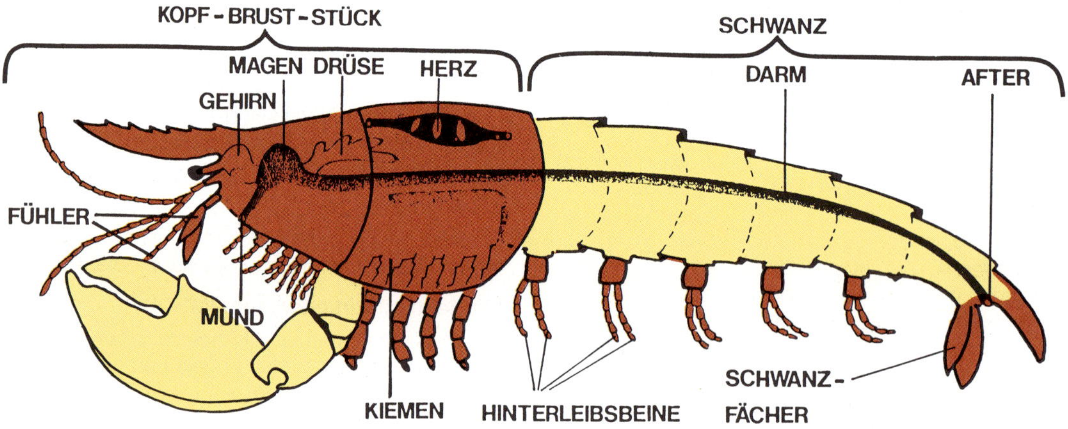

Transport: Lebende Krustentiere werden in nasse Holzwolle verpackt und in Spankörben versandt. So können sie atmen und bis drei Tage ohne Wasser am Leben bleiben. Lebende Krustentiere dürfen nicht auf Eis gelagert werden.

Frischemerkmale: Lebfrische Krustentiere ziehen beim Berühren sofort reflexartig den Schwanz ein. Werden Tiere gekocht, die bereits tot sind, so ist bei diesen in gekochtem Zustand der Schwanz nicht nach innen gekrümmt.

Verderb: Krebstiere werden nicht ausgenommen, enthalten also noch den Magen-Darm-Trakt. Die Verdauungsenzyme arbeiten auch nach dem Tod weiter, darum verderben die Tiere besonders rasch. Verdorbenes Fleisch ist weich, leicht grünlich und riecht. Es darf auf keinen Fall verwendet werden, denn es führt zu lebensgefährlichen Vergiftungen.

Töten: Nach den Bestimmungen des Tierschutzgesetzes sind Krebstiere durch Einlegen in kochendes Wasser zu töten. Dabei werden die Gehirnzellen sofort zerstört und die Tiere leiden nicht.

Bei diesem Kochvorgang wechselt die Farbe. Die blaugraue bis bräunliche obenliegende und der Tarnung dienende Farbschicht ist nicht temperaturbeständig und wird zerstört. Rote Farbpigmente bleiben erhalten und geben den Krustentieren die typische Rotfärbung.

Hier und bei den folgenden Abbildungen wurde bewußt die Zeichnung gewählt, weil der Anteil an Genießbarem so deutlich gezeigt werden kann.

Arten

Ecrevisse

Flußkrebs **Freshwater crayfish**

Er lebt in den Uferzonen fließender Gewässer. Krebse müssen mindestens 10 cm lang und 35 g schwer sein. Um wachsen zu können, wechseln sie im Sommer wiederholt den Panzer. Nach dem Häuten sind sie nur von einer weichen Hornschicht bedeckt; man bezeichnet sie dann als **Butterkrebse.** Das Kopfbruststück nennt man **Krebsnase** und verwendet es zum Garnieren und Füllen.

Krebse reagieren empfindlich auf Wasserverschmutzung. Das Angebot an Inlandsware ist gering.

Homard

Hummer **Lobster**

Der Hummer gedeiht in kühlem Meerwasser auf felsigem Untergrund. Am schmackhaftesten sind die Tiere mit einem Gewicht von etwa einem kg. Größere Exemplare verwendet man als Schaustücke bei kalten Buffets. Hauptlieferländer sind Norwegen und Schottland sowie Kanada und die USA.

Weil sich die Tiere gegenseitig bekämpfen, werden die Scheren mit einem Gummiband zusammengehalten, das man erst nach dem Kochen abnimmt.

Langouste

Languste **Spiny Lobster**

Die Languste hat im Gegensatz zum Hummer keine Scheren, aber lange Fühler. Das Hauptangebot hat eine Größe von etwa 35 cm, doch werden auch Exemplare bis 60 cm angeboten. Die Fanggebiete erstrecken sich von Südengland entlang der gesamten europäischen und afrikanischen Atlantikküste. Die Kap-Languste (Kap der Guten Hoffnung – Afrika) wird besonders geschätzt. Weil von den Langusten nur das Schwanzfleisch verzehrbar ist, sind als Tiefkühlware nur Langustenschwänze am Markt.

Crabe géant

Königskrabben **King crab**

Diese Krebsart wird auch als King-Crab bezeichnet und das Fleisch als Crab-Meat angeboten. Sie wird im ganzen offeriert, vielfach bevorzugt man die gefrosteten Beine und das ausgelöste Fleisch. Bei Angeboten von Crab-Meat ist die Qualität von der Zusammensetzung des Fleisches abhängig. Die Angabe 60/40 bedeutet z. B. 60 % höherwertiges Beinfleisch und 40 % geringeres Körperfleisch.

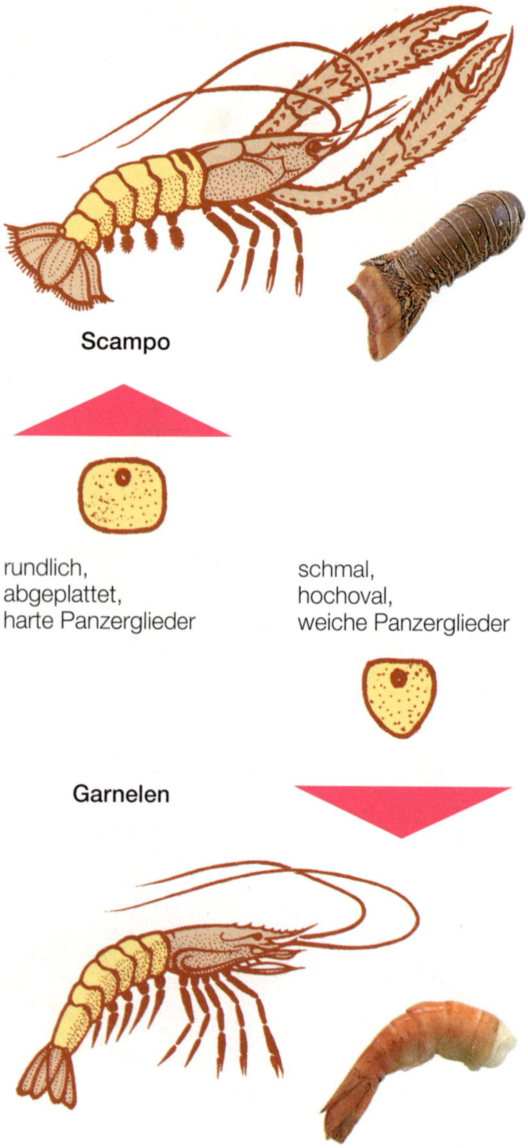

Langoustine
Scampo/Kaisergranat **Norway Lobster**

Scampo, in der Mehrzahl Scampi genannt, ist ein Tiefseekrebs. Von ihm werden nur die Schwänze gehandelt, weil die Scheren zu wenig Fleisch enthalten. Bevorzugt wird Ware aus den kalten Gewässern der Irischen See mit einem Gewicht um 40 g je Stück. Das Angebot umfaßt geschälte und ungeschälte Ware in gefrostetem Zustand.

Zur Unterscheidung

Scampi haben rundlich abgeplattete, harte Panzerglieder. Garnelen haben einen hochovalen Schwanz mit weichen Panzergliedern. Die wichtigsten Arten folgen in abnehmender Größe.

Crevettes
Riesengarnelen **King Prawns**

Die Riesengarnelen werden nach der Herkunft unterschieden in Salzwassergarnelen (Seawater-Prawns) und Süßwassergarnelen (Freshwater-Prawns). Die Seewasserarten sind intensiver im Geschmack.

Verwendet werden sie im ganzen als Schaustücke, die geschälten Schwänze zu Cocktails, Salaten und für Garnituren.

Crevettes roses
Tiefseegarnelen **Deep-sea prawns**

Diese Garnelenart wird auch mit Camarone bezeichnet und lebt in allen großen Meeren in 200 bis 700 m Tiefe. Die langsam wachsenden Arten aus kalten Gewässern sind grundsätzlich von besserer Qualität.

Crevettes grises
Nordseegarnelen/-krabben **Shrimps**

Die Nordseegarnele wird an der Küste auch als Krabbe (von krabbeln) bezeichnet. Die eigentliche Krabbe hat eine rundliche Körperform und zählt zu den Kurzschwanzkrebsen. Es handelt sich bei dieser biologisch falschen Bezeichnung jedoch um einen alten Handelsbrauch.

Die Fänge aus dem Wattenmeer werden unmittelbar nach dem Fang gekocht und, außer unmittelbar an der Küste, nur geschält als konservierte Ware angeboten.

Hinweise zur Bezeichnung

Die Einteilung der kleineren Krustentiere erfolgt teilweise unter biologischen und teilweise unter handelsüblichen Gesichtspunkten. Zusätzlich kommen neue Arten aus fernen Gebieten auf den Markt, so daß man immer wieder neuen Begriffen begegnen wird. In manchen Fällen werden bewußt irreführende Wendungen in Verbindung mit dem Wort Hummer gebraucht. Beachten Sie: Es gibt keine Hummerkrabben, Hummergarnelen oder schlanke Hummer.

Qualitätsmerkmale

Seewasser-Tiere sind immer von besserer Qualität als Frisch(Süß)wassertiere. Tiefseeware schmeckt intensiver als solche aus Flachwasser.
Je kälter der Lebensraum, desto feiner der Geschmack.
Schälung von Hand (meist auf der Packung genannt) ist besser als Maschinenschälung.
Das Fleisch soll von zarter Beschaffenheit, aber mit festem Biß sein.

13.2 Muschel- oder Schalentiere

Die vielen Arten von Muscheltieren unterscheiden sich zwar in der Form und Größe, sie haben aber alle das gleiche Bauprinzip. Die beiden kalkhaltigen Außenschalen sind durch ein Gelenk verbunden, das man als **Schloß** bezeichnet. Mit Hilfe der Kiemen, die man **„Bärtchen"** nennt, filtern sie tierische und pflanzliche Schwebeteilchen aus dem Wasser. Dieses Plankton dient als Nahrung und beeinflußt die Qualität. Bei Muscheln nennt man außenliegende Fäden **„Biß".** Das sind die Ausscheidungen der Byssusdrüse, sie dienen den Tieren zum Festhalten an den Pfählen im Wattenmeer. Gegessen wird die Muskulatur der Tiere.

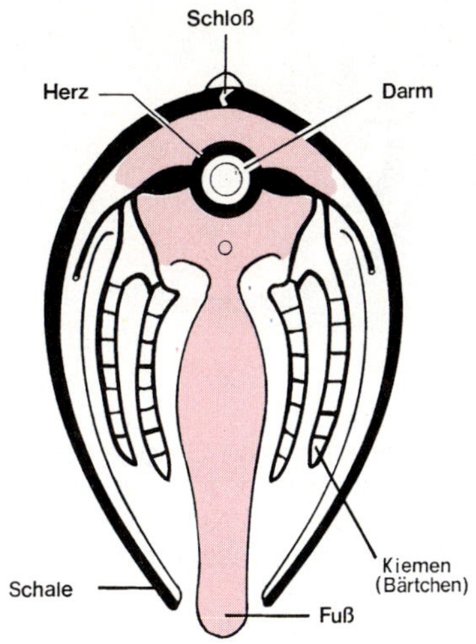

Frischemerkmale

Frische Muscheltiere haben geschlossene Schalen. Schließen sich Tiere mit geöffneten Schalen beim Berühren sofort, sind sie noch gesund. Tiere mit offenbleibenden Schalen sind tot und dürfen auf keinen Fall verwendet werden.

Austern und Muscheln werden traditionell in der kühlen Jahreszeit gehandelt, von September bis April. Das sind die Monate mit „r". Die heutigen Zucht- und Kühlmöglichkeiten erlauben eine Ausweitung der Angebotszeit.

Arten

Austern — *Huîtres* **Oysters**

Austern sind die bekannteste Muschelart. Sie werden heute überwiegend auf Austernbänken gezüchtet (Aquafarming) und sind mit etwa drei Jahren marktreif.

Das Austernangebot muß nach den **biologischen Arten** und der **Herkunft** unterschieden werden.

Man unterscheidet bei den **biologischen Arten:**

Europäische oder **flache** oder **runde Auster.**
Runde Auster mit bis zu 12 cm Durchmesser besonders geschätzt, heute aus züchterischen Gründen geringeres Angebot.

Tiefe Auster oder **Felsenauster** oder **Portugisische Auster.**
Verwandt: **Gigas Auster** bis 15 cm Länge.

Diese Arten sind besonders robust und schnellwüchsig und werden darum für die Zucht bevorzugt.

Wie die Eigenschaften des Weines vom Boden des Anbaugebietes bestimmt werden, so beeinflußt bei den Austern das Wasser Farbe und Geschmack des Fleisches wesentlich. Darum werden Austern unabhängig von der biologischen Art **nach der Herkunft** gehandelt.

Handelsbezeichnungen

Bezeichnung	Herkunft
Imperial	Holland
Limfjord	Dänemark
Clochester Whitestable	Großbritannien
Belon Marennes	Frankreich
Ostseeperle Sylter Royal	Deutschland

Der Preis der Austern richtet sich neben der Art und der Herkunft auch nach der **Größe.** Für die Größenangaben besteht jedoch kein einheitliches System.

Austern werden heute überwiegend auf Austernbänken gezüchtet.

Das Gesundheitsetikett ist die Garantie für die einwandfreie Austern-Qualität.

Beim Ernten schließen sie Seewasser zwischen den Schalen ein und bleiben so auch außerhalb des Wassers lebensfähig. Zum Versand legt man sie mit der gewölbten Schale nach unten in Fäßchen oder Körbe.

Gesunde Austern leben etwa eine Woche, wenn sie kühl und mit einem Gewicht beschwert aufbewahrt werden.

Austern werden überwiegend frisch serviert. Dazu reinigt man sie in der Küche und bricht sie mit einem Austernmesser auf. Dabei muß die gewölbte Schale unten liegen, damit das eingeschlossene Seewasser erhalten bleibt.

Moule

Mies- oder Pfahlmuschel **Mussel**

Der Name leitet sich ab von Mies, worunter man an der Küste das Moos, den Sumpf oder das Watt versteht, oder aber von den Pfählen, an denen sich die Muscheln festhalten. Mies- oder Pfahlmuschel sind also Bezeichnungen für die gleiche Tierart.

Die länglichen Schalen sind blaugrau bis schwarz und mindestens fünf cm groß. Das Fleisch dieser Muscheln ist gelblich. Einwandfreie Ware ist frei von Verunreinigungen. Muscheln werden vor der weiteren Verarbeitung immer erst gedünstet. Dabei öffnen sich die Schalen durch die Wärmeeinwirkung von selbst.

Coquille Saint-Jacques

St.-Jakobs-Muschel **Scallop**

Die Pilger des Mittelalters führten diese Muschel mit sich. So erhielt sie den Namen Pilgermuschel oder auch Schale des heiligen Jakob (Coquille de Saint Jacques).

Frische ganze Muscheln kommen aus Schottland und Frankreich.

Tiefgekühlt wird das rohe Fleisch des Schließmuskels mit oder ohne Rogen angeboten. Gedünstete oder gebratene Zubereitungen werden in der gewölbten Schale serviert.

Kopffüßler

Die Kopffüßler sind eine Gruppe von Meerestieren, deren wichtigstes Kennzeichen die Kopffüße oder Arme sind. Die Wissenschaft nennt diese Tentakel. Es gibt Arten mit acht Armen und solche mit zehn.

Wichtige Arten sind *Tintenfisch, Kalmar* und *Krake.* Man verwendet die Fangarme und die entleerte Körperhöhle, nicht aber den Kopf. Die „Tinte" wird von einer besonderen Drüse erzeugt und dient in der Natur dazu, bei der Flucht eine Tarnwolke zu bilden. In der Küche kann man sie zur Geschmacksgebung und zum Färben (Teigwaren) verwenden.

14 Feinkost aus dem Tierreich

Caviar
Kaviar **Caviar**

Echter Kaviar ist der Rogen von weiblichen Stören. Deren Lebensraum ist heute auf das Schwarze und auf das Kaspische Meer beschränkt und auch dort durch Umweltverschmutzung gefährdet. Das verringerte Angebot führt bei laufend zunehmender Nachfrage zu hohen Preisen. Zur Kaviargewinnung schneidet man den Tieren nach dem Fang die Eierstöcke auf und drückt den Rogen durch ein Sieb. Häutchen und Schalen werden dabei abgetrennt. Vom Fischei bleibt der Teil zurück, den wir beim Hühnerei Dotter nennen. Eine gezielte Salzung macht die Körnchen fest und dunkler.

Die Qualität des Kaviars wird von der Größe und der Farbe der Körner bestimmt. Diese wiederum sind abhängig von der Störart. Der Name des Fisches aus der Familie der Störe gibt dem Kaviar den Namen.

Echter Kaviar – Delikatesse zum Direktverzehr

Störart	Beschaffenheit	Deckelfarbe bei Glasware
Beluga	großes Korn, 1 bis 2 mm, zartschalig	blau
Osietra	noch großes Korn, ca. 1 mm, zartschalig	gelb
Sevruga	kleinkörnig, unter 1 mm, sehr zartschalig	rot oder orange

Der Zusatz „Malossol" bedeutet:

Malo → wenig
Sol → Salz, also wenig gesalzen. Die Salzzugabe beträgt dann etwa 3 %. Heute wird überwiegend Malossol angeboten, weil die Qualität durch Kühlung erhalten wird.

Kaviarersatz aus Eiern anderer Fischarten wird vorwiegend zu Dekorationszwecken verwendet.

Bezeichnung	Beschaffenheit
Deutscher Kaviar	Rogen vom Seehasen, kleinkörnig, gefärbt
Lachskaviar (Keta-Kaviar)	Rogen vom Lachs großkörnig, rotorange
Forellenkaviar	Rogen der Forelle, mittelkörnig, orange

Qualitätsmerkmale für alle Kaviararten

- ▷ Frischer Kaviar perlt locker,
- ▷ je zarter die Schale des Korns, desto besser der Kaviar,
- ▷ hellfarbener Kaviar (silbergrau, hellbraun) ist wertvoller.

Kaviar ist kühl aufzubewahren. Verdorbener Kaviar riecht und schmeckt säuerlich, ist gesundheitsgefährdend und darf darum nicht mehr verwendet werden.

Escargot
Schnecken (Weinbergschnecken) **Snails**

Weinbergschnecken werden heute überwiegend in besonderen Schneckengärten gezüchtet. Für das Sammeln gelten Mindestgrößen, wodurch die Tiere vor der Ausrottung geschützt werden sollen.

Während der Freßzeiten werden die Schnecken als Kriechschnecken bezeichnet; wenn sie sich für die Überwinterung in das Haus zurückgezogen und dieses mit einem Kalkdeckel verschlossen haben, nennt man sie Deckelschnecken.

Die gewerbliche Küche verwendet aus wirtschaftlichen Gründen fast nur noch Schneckenkonserven. Die leeren Schneckenhäuser werden getrennt angeboten.

Zubereitete Schnecken werden meistens in ihren Häusern serviert. Sie können aber auch zu Ragouts und Suppen verarbeitet und gebacken werden.

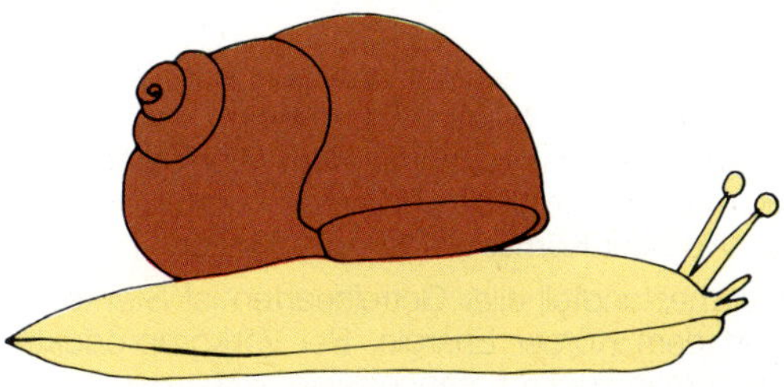

15 Getreide und Getreideerzeugnisse

Versuche

1. Besorgen Sie sich von einer Mühle ungeputzten Grieß. Ist das nicht möglich, vermischen Sie Grieß mit getrocknetem, zerriebenem Gras oder Petersilie.

   Stellen Sie sich an einen Tisch, lassen Sie dieses Gemisch in Augenhöhe langsam von einem Blatt Papier laufen und blasen Sie leicht gegen die fallenden Teilchen.

2. Bereiten Sie aus 100 g Mehl, Type 405, einen Teig. Nach 10 Min. Ruhezeit bearbeiten Sie diesen unter fließendem Wasser in einem Leintuch, bis klares Wasser abläuft. Die Flüssigkeit wird aufgefangen.

   Wenn die Flüssigkeit einen Bodensatz bildet, gießen Sie das Wasser ab und geben der weißen Masse einige Tropfen Jod bei.

3. Waschen Sie aus 100 g Mehl der Type 1050 (Bäckerei) mit der gleichen Sorgfalt wie bei Versuch 2 den Kleber aus. Formen Sie den Kleber beider Versuche zu je einer Kugel und backen Sie diese auf dem gleichen Backblech bei etwa 220 °C. Vergleichen Sie!

4. Erhitzen Sie auf einem Stück Blech über dem Bunsenbrenner etwa 5 g Mehl.

15.1 Arten

Getreide gehören botanisch zu den Gräsern. In Europa wachsen Weizen, Roggen, Gerste und Hafer. In Asien ist der Reis die bedeutendste Getreideart.

15.2 Bedeutung für die Ernährung

Getreide bilden seit Menschengedenken eine wesentliche Grundlage der Ernährung. Zwar wurde in letzter Zeit mit zunehmendem Wohlstand mehr und mehr auf Brot verzichtet, doch weiß man heute den Wert der Körner wieder zu schätzen.

Hauptbestandteil aller Getreidearten ist Stärke, sie liefert dem Körper Energie. Bei Vollkornprodukten nimmt man zugleich nennenswerte Mengen an Vitamine, besonders solche der B-Gruppe, zu sich.

Auch Mineralstoffe sind in den Randschichten reichlich vorhanden. Ballaststoffe, das sind vorwiegend die unverdaulichen Bestandteile der Schale, regen die Verdauung an und verhindern Verstopfung.

Weil bei Verzehr von Vollkornprodukten mit der Energie zugleich wichtige Ergänzungsstoffe aufgenommen werden, spricht man von einer **hohen Nährstoffdichte** des Getreides.

15.3 Aufbau und Zusammensetzung der Getreide

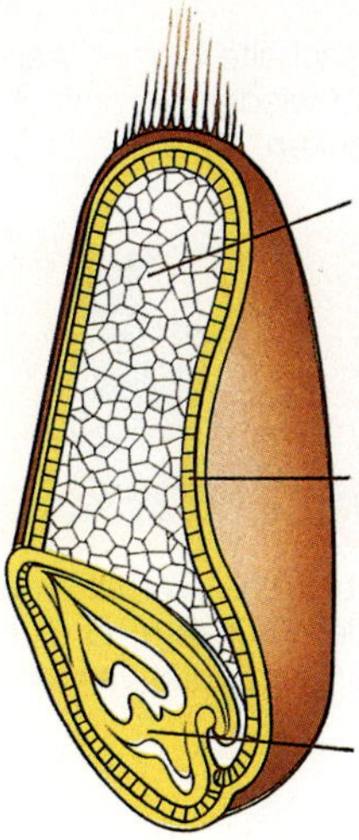

Das Getreidekorn besteht aus drei Hauptteilen.

Der **Mehlkörper,** das ist der eigentliche Getreidekern, besteht hauptsächlich aus **Stärke** und Eiweißstoffen.

Die **Randschichten** sind aus mehreren Schichten aufgebaut. Sie enthalten vor allem Ballaststoffe und Mineralstoffe.

Im **Keimling** ist die neue Getreidepflanze vorgebildet. Er enthält darum **Vitamine, Mineralstoffe** sowie hochwertiges Eiweiß und Fett.

15.4 Vermahlung des Getreides

In der Mühle wird das Getreide zuerst gereinigt.

Bei der Vermahlung zu hellen Mehlen zerschneiden zunächst Riffelwalzen das Korn. Dabei wird der Mehlkern freigelegt. Siebe trennen die unterschiedlich großen Teilchen voneinander. Wind trennt die spezifisch leichteren Schalen von den schwereren Mehlteilchen (Versuch 1). Die weißen Teilchen des Mehlkörpers werden anschließend fein vermahlen.

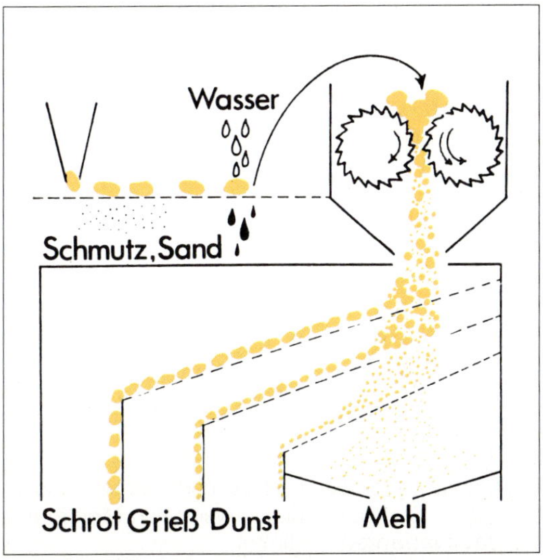

Mühlenprodukte werden nach der **Feinheit** unterschieden in Schrot, Grieß, Dunst und Mehl.

Unabhängig davon ist die Bewertung nach dem **Ausmahlungsgrad,** das ist das Maß für die Abtrennung von Schalenteilen und Keimling.

Vollkornerzeugnisse enthalten alle Bestandteile des gereinigten Getreides. Unabhängig, ob es sich um groben Schrot oder feines Mehl handelt. Sie sind gesundheitlich wertvoll.

Auszugsmehle sind hell, weil Schalen und Keimlinge abgesondert wurden. Der Mehlkern wurde „herausgezogen"; er ist arm an Wirkstoffen.

15.5 Mehltype

Der Ausmahlungsgrad wird durch die Mehltype ausgedrückt. Die Typenzahl gibt an, wieviel Milligramm (mg) Asche zurückbleiben, wenn 100 g wasserfreies Mehl verbrannt werden. Die Asche wiederum besteht aus den unverbrennbaren Mineralstoffen, die sich vorwiegend in den Schalenteilen befinden.

Daraus folgt:

Helles Mehl	**Dunkles Mehl**
wenig Randschichten	viel Randschichten
wenig Asche	viel Asche
niedrige Type, z. B. 405,	hohe Type, z. B. 1700,
Auszugsmehl	Vollkornmehl

Mahlerzeugnisse nach Feinheit und Ausmahlungsgrad

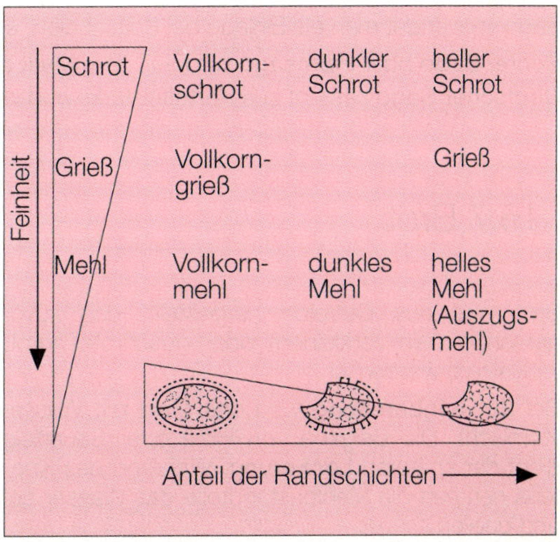

15.6 Getreideerzeugnisse

Aus den Getreidesorten stellt man neben Mehl eine Reihe anderer Produkte her.

Schrot ist grob vermahlenes Getreide mit groben und feinen Bestandteilen. Vollkornschrot enthält auch Keimling und Schale. - Wird aus allen Getreidearten hergestellt.

Flocken. Geschälte oder ungeschälte Körner werden gedämpft, gequetscht und wieder getrocknet. Am bekanntesten sind Haferflocken.

Graupen. Durch Schleifen werden die Randschichten entfernt, das Korn wird rundlich. Graupen werden vorwiegend aus Gerste hergestellt und als Suppeneinlage verwendet.

Grütze sind geschälte, geschnittene Körner von Hafer, Gerste, Buchweizen oder Grünkern. Grütze wird als Suppeneinlage und zu Grützwurst verwendet.

Stärke

Aus den Zellen der Getreidekörner oder der Kartoffelknollen werden die Stärkekörner freigelegt. Dies geschieht meistens mit Hilfe von Wasser (vgl. Versuch 2).

Weizen- und Maisstärke

Kleister ist milchig trüb, standfest und nicht ziehend; er hält die Flüssigkeit für längere Zeit.

Bindemittel für Cremes, Beigabe zu Massen, z.B. Biskuitmasse, Sandmasse.

Kartoffelstärke

Kleister ist klar, zähe und hält die Flüssigkeit nur für begrenzte Zeit.

Bindemittel für Jus, da der Bratensaft klar bleiben soll.

Spezialstärken

sind durch die Industrie vorbehandelt.

Gefrierfeste Stärke behält auch beim Frosten die Bindefähigkeit, während sie bei üblicher Stärke verlorengeht.

Quellstärke kann ohne Wärmeeinwirkung Flüssigkeit binden, weil sie bereits verkleistert und anschließend getrocknet ist.

Sago

Sago ist Stärke, die in Kugelform gebracht wurde. Die Außenschicht ist verkleistert. Darum quellen die Körner beim Kochen wohl auf, zerfallen aber nicht.

Sago verwendet man als Einlage bei Kaltschalen, aber auch zum Andicken.

Echter Sago oder **Palmsago** wird aus dem Mark der Sagopalme hergestellt, längere Kochzeit.

Deutscher Sago besteht aus Kartoffelstärke und wird häufiger angeboten. Erheblich billiger als echter Sago.

15.7 Brot

Brot wird aus Getreide hergestellt, das zuvor gemahlen (fein zerkleinert) oder geschrotet (grob zerkleinert) worden ist.

Bei der **Teigbereitung** wird das Mehl mit Wasser vermischt. Die Beigabe von Hefe oder Sauerteig dient der späteren **Lockerung.** Während des Knetens nehmen die Mehlbestandteile das Wasser auf und quellen.

Nach dem Formen der Teigstücke und der Gare folgt das **Backen.** Dabei gerinnt das Klebereiweiß und gibt dem Brot das Gerüst, die Stärke verkleistert und wird dadurch den Verdauungssäften zugänglicher.

Die Merkmale der unterschiedlichen Brotarten werden wesentlich durch die verwendeten **Mehle** und die **Backverfahren** bestimmt.

Die **Mehlmischung** beeinflußt Geschmack und Frischhaltung.

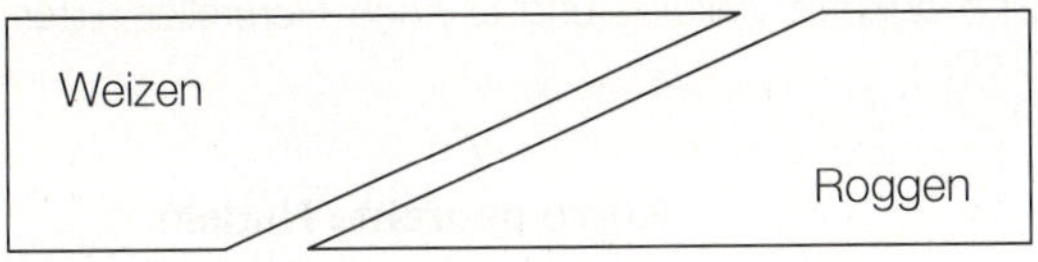

Lockerung durch Hefe	*Lockerung durch Sauerteig*
milder Geschmack	kräftiger Geschmack
geringe Frischhaltung	gute Frischhaltung

Neben der Zusammensetzung beeinflußt das Backverfahren die Eigenschaften des Brotes.

Freigeschobene Brote

haben einen großen Krustenanteil, weil sie frei nebeneinander im Ofen liegen und die Wärme allseitig einwirken kann.

Das Verfahren wird vor allem bei Landbroten und Bauernbroten angewendet.

Angeschobene Brote

haben einen geringen, auf die Oberfläche beschränkten Krustenteil. Die Teigstücke werden so eng aneinandergeschoben, daß sie sich gegenseitig berühren.

Auf diese Art werden z. B. Kommißbrot und Paderborner gebacken.

Kastenbrot

wird in besonderen Blechkästen gebacken. Dieses Verfahren wird bei weichen Weizenteigen (Toastbrot) und Schrotbroten angewandt. Es bildet sich dabei zwar an den Seitenwänden auch eine Kruste, doch ist diese dünn und darum den Geschmack nur wenig beeinflussend.

15.8 Teigwaren

Teigwaren in der einfachsten Art bestehen aus einem Teig aus Mehl, Wasser und Salz. Der feste Teig wird geformt, die entstandenen Nudeln gart man in kochendem Wasser, und die Teigwaren sind servierfertig. Bereitet man hausgemachte Teigwaren auf Vorrat, so trocknet man sie nach dem Formen und gart sie erst später. Bei der industriellen Fertigung kennt man die gleichen Arbeitsgänge:

Teigbereitung – Formen – Trocknen.

Die Qualität der Teigwaren ist wesentlich vom Anteil an Eiweißstoffen abhängig, denn der Nährstoff Eiweiß macht die Teigwaren kompakt und bißfest. Der kleberreiche Hartweizen (Durum) wird deshalb für die Teigwarenherstellung bevorzugt. Fertigt man Teigwaren aus anderen Weizenarten, so werden dem Teig Eier beigegeben. Der Eigehalt ist darum ein wichtiges Merkmal bei der Qualitätseinteilung.

Arten

▷ **Grießteigwaren**

sind ohne Eier hergestellt, vergleiche obige Beschreibung. Im Angebot sind Spaghetti (Pasta) aus Durumweizen.

▷ **Eierteigwaren**

werden unter Verwendung von Eiern hergestellt: mindestens 2 $^1/_4$ Eier je kg Mehl; hoher Eigehalt, wenn 4 Eier verwendet werden. Der Zusatz „Frischei" bedingt frische Eier.

▷ **Teigwaren besonderer Art**

Gemüse- und Kräuterteigwaren haben entsprechende Zusätze, z.B. Spinat für grüne Nudeln.

Vollkornteigwaren bestehen aus Vollkornmehl, sind bräunlich und kräftig im Geschmack.

Formen

Die Formen der Teigwaren und deren Bezeichnungen sind äußerst vielfältig und je nach Hersteller unterschiedlich. Je nach Form ist die Verwendung unterschiedlich.

Beispiele:

Faden- und Schnittnudeln **Bandnudeln** **Kurze gedrehte Nudeln**

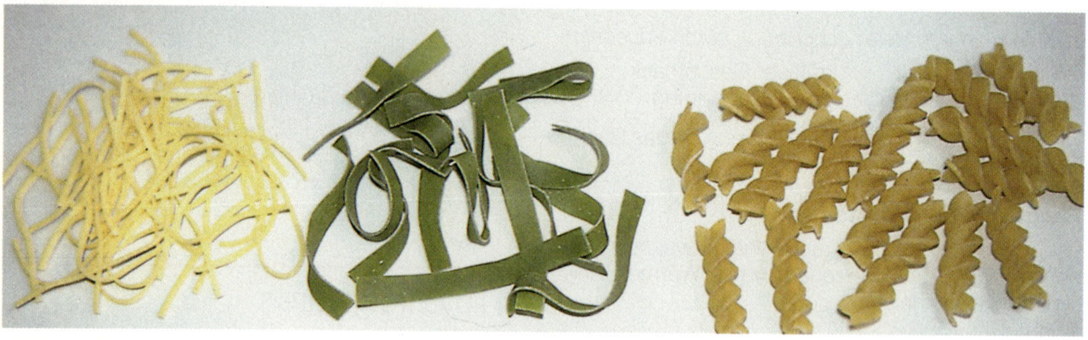

Faden- und Schnittnudeln	Bandnudeln	Kurze gedrehte Nudeln
Die schmale Form tritt optisch in den Hintergrund. Einlage für Klare Suppen und Gemüsesuppen.	Eine große Oberfläche bringt Nudelgeschmack zur Geltung. Beilage zu Fleischgerichten, für Nudelauflauf.	Lassen sich leicht gabeln, nehmen Sauce gut auf. Eignen sich als Beilage zu Gerichten mit Bratensauce.

15.9 Reis

Reis ist eine Getreideart, die nur im warmen Klima gedeihen kann; wir sind darum auf Importe angewiesen.

An Nährstoffen enthält der Reis etwa 80 % Kohlenhydrate in Form von Stärke. Natur- oder Braunreis besitzt einen hohen Anteil an Vitaminen der B-Gruppe, Weißreis ist dagegen nahezu ohne Vitamine. Reis enthält viel Kalium und wenig Natrium. Darum ist er vor allem für kochsalzarme Diät geeignet. Reis ist sowohl für salzige Speisen (Suppen, Beilagen) als auch für süße (Auflauf, Pudding) verwendbar.

Das vielfältige Reisangebot gliedert man unter zwei Gesichtspunkten:

- ▷ Die **biologischen Sorten** bestimmen die **Kocheigenschaften.**
- ▷ Die **Bearbeitungsart** entscheidet über den **Wert für die Ernährung** und das Aussehen.

Reissorten

Bei handelsüblichem Reis besteht ein Zusammenhang zwischen der Form des Reiskorns und den Kocheigenschaften.

Biologische Sorten

Langkornreis

Das Korn ist 6 bis 8 mm lang, hart und glasig. Beim Kochen bleibt es körnig und locker. Verwendung für Beilagen und als Suppeneinlage.

Rundkornreis

Das Korn ist rundlich und etwa 5 mm lang. Es ist mattweiß und wird beim Kochen weich und breiig. Verwendung zu Süßspeisen wie Milchreis, Auflauf.

Bearbeitungsart

Braun- oder Naturreis ist enthülst, aber nicht geschält. Darum sieht er braun-gelb aus und enthält noch Vitamine und Ballaststoffe. Er schmeckt kräftiger als geschälter, hat aber eine längere Garzeit. Wegen des im Keimling enthaltenen Fettes ist er nicht so lange lagerfähig.

Geschliffener Reis / Weißreis ist enthülst und geschliffen; die wirkstoffhaltigen Schalenteile und der Keimling sind entfernt. Das weiße Korn ist geschmacksneutral und lange lagerfähig.

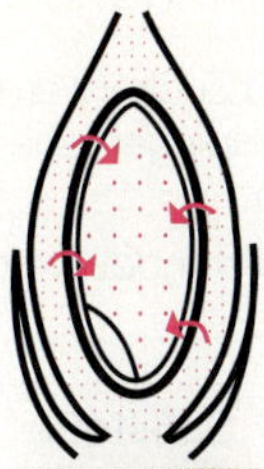

Parboiled Reis. Rohreis wird nach einem besonderen Verfahren mit Dampf und Druck behandelt. Dabei wandern Vitamine und Mineralstoffe aus der Schale in den Kern. Zugleich wird das Reiskorn ergiebiger und kochfester. Die Hülse wird anschließend entfernt.

Wilder Reis

Dies ist kein Reis im eigentlichen Sinne. Es handelt sich um den Samen einer nordamerikanischen Grasart. Das schwarze Korn ist länglich, schmeckt würzig und ist vergleichsweise teuer.

Die Qualität innerhalb der einzelnen Reissorten ist vom Anteil an gebrochenen Reiskörnern abhängig. In absteigender Folge:

- Spitzenreis
- Standardreis
- Haushaltsreis.

Lagerung: Luftig und trocken; geschliffener Reis ist bis zu zwei Jahre lagerfähig.

15.10 Süßungsmittel

Zucker

In der Umgangssprache versteht man unter Zucker die Saccharose, welche aus Zuckerrübe und Zuckerrohr gewonnen wird. Bisweilen spricht man auch von Gebrauchszucker oder Haushaltszucker.

Dem menschlichen Körper liefert Zucker rasch Energie, weil er schnell verdaut werden kann. Zucker ist aber ein „leeres“ Nahrungsmittel, weil er neben Energie weder Vitamine noch Mineralstoffe enthält. Das führt leicht dazu, daß über einen erhöhten Zuckerverbrauch ein Energieüberschuß entsteht, der dann zu Übergewicht führt. Gleichzeitig kann es zu einem Mangel an Vitaminen und Mineralstoffen kommen. Eine vernünftige Ernährung sieht im Zucker nur ein Würzmittel.

Gewinnung

Durch **Zerkleinern** der Rüben werden die Zellen geöffnet und das Auslaugen gefördert.

Beim **Auslaugen** leitet man Wasser auf die Schnitzel und reinigt den so gewonnenen Zuckersaft anschließend.

Durch **Einkochen** wird die Lösung konzentriert. Aus der eingedickten Zuckerlösung scheiden beim Abkühlen die Zuckerkristalle aus.

Zentrifugieren ermöglicht eine Trennung der Zuckerkristalle von Sirup, der Rohzucker ist entstanden. Er kommt so nicht in den Handel, sondern wird einer Reinigung unterzogen.

Zuckersorten

Das Angebot wird von Reinheit, Form und Farbe des Zuckers bestimmt.

Weißzucker (EG-Qualität II) sind Rohzuckerkristalle, die mit Dampf von anhaftenden Siruprester befreit sind. Verwendung vorwiegend zum Backen.

Raffinade (EG-Qualität I) ist die reinste Zuckersorte. Die Zuckerkristalle werden dazu nochmals aufgelöst und gereinigt. Anschließend beginnt erneut die Kristallisation. Die folgenden Handelssorten werden aus Raffinade hergestellt.

Handelssorten

Kristallzucker – feinkörniger Zucker. Verschiedene Körnigkeit wird mit Symbolen gekennzeichnet: Grob = G, mittel = M, fein = F. Zucker mit der Bezeichnung **RF** ist eine **R**affinade **f**einer Körnung.

Puderzucker – feinstgemahlene Raffinade für Dekorzwecke, auch für Glasuren.

Dekorpulver – Puderraffinade mit wasserabweisenden Zusätzen. Wird von der Feuchtigkeit der Backwaren nicht so rasch aufgelöst.

Hagelzucker – besonders grobkörnige Raffinade, die zu Dekorzwecken verwendet wird.

Würfelzucker – zu Platten gepreßter und anschließend zersägter Raffinadezucker.

Hutzucker – zu einer Kegelform gepreßte Zuckerkristalle. Er wird zur Herstellung einer Feuerzangenbowle benötigt.

Fondant – gekochte Zuckerglasur aus Raffinade, Stärkesirup und Wasser. Er wird vor allem zum Glasieren von Backwaren verwendet.

Küchentechnische Eigenschaften

Zucker dient als

- ▷ Würzmittel, z. B. Salatdressings, Cocktails,
- ▷ Konservierungsmittel, weil er wasseranziehend wirkt, z. B. Konfitüren, Gelees,
- ▷ Schönungsmittel bei Glasuren, beim Überstreuen mit Puderzucker.

Zuckeraustauschstoffe – Süßstoffe

Diabetikern (Zuckerkranken) ist der Genuß von Zucker und Zuckerwaren verboten, weil diese wegen der mangelnden Insulinproduktion des Körpers den Blutzuckerspiegel lebensgefährlich verändern können. Diese Gruppe von Menschen ist auf Süßungsmittel angewiesen.

Die Süßungsmittel, die anstelle von Gebrauchszucker verwendet werden können, lassen sich in zwei Gruppen unterscheiden.

Zuckeraustauschstoffe

Zuckeraustauschstoffe beanspruchen zum Abbau im Körper kein Insulin und können darum mit Einschränkungen von Diabetikern anstelle des Gebrauchszuckers verwendet werden.

Gewerblich nutzt man Zuckeraustauschstoffe vor allem bei der Herstellung von Diabetikergebäck.

Zuckeraustauschstoffe **liefern** ebensoviel **Energie** (Joule) wie Gebrauchszucker. Am häufigsten verwendet werden *Fructose, Xylit* und *Sorbit.* Neu ist Isomalt, das nur halb soviel Energie wie Zucker liefert.

Süßstoffe

Als Süßstoffe bezeichnet man Stoffe, die **starke Süßkraft, aber keinen Nährwert** besitzen. Die käuflichen Präparate enthalten überwiegend die Süßstoffe *Saccharin, Cyclamat* und *Aspartam*.

Diabetikern, deren Zucker- und Kohlenhydrate-Verbrauch ja stark eingeschränkt ist, bieten sie eine Möglichkeit, Speisen zu süßen. Die Werbung empfiehlt die Verwendung auch Gesunden, die Energie einsparen wollen. Vom ernährungsphysiologischen Standpunkt aus ist dagegen nichts einzuwenden. Doch ist zu bedenken, daß die Einsparung an Kohlenhydraten, die durch die Verwendung von Süßstoffen erreicht wird, von geringer Wirkung bleibt, solange nicht die Gesamtnahrungsmenge eingeschränkt wird.

Zusammenfassende Übersicht

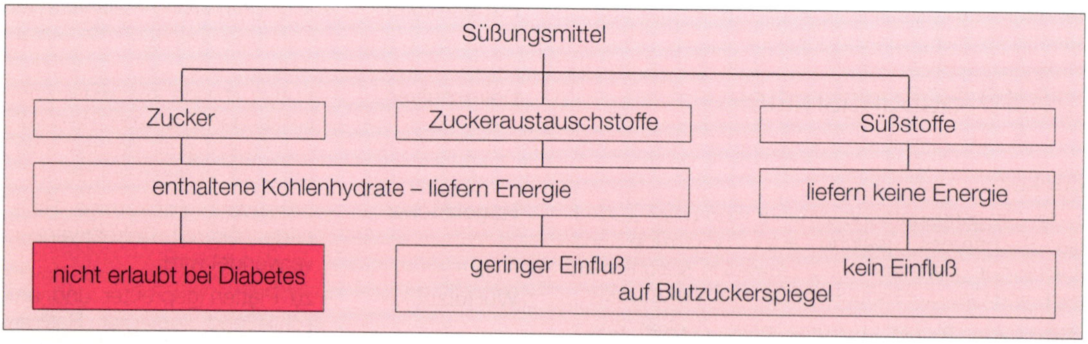

15.11 Dickungs- und Geliermittel

Gelatine

ist das Kollagen aus den Knochen und Schwarten der Schlachttiere. Angeboten wird Gelatine als Pulver und in Blattform. Die Qualitätsstufen: Gold extra, Gold, Silber.

Gelatineblätter werden in Wasser eingeweicht, ausgedrückt und vorsichtig erwärmt. Gelatine dient als Bindemittel für Sahne, Krem und Aspik.

Agar-Agar

ist eine Alge, die ausgekocht und getrocknet in den Handel kommt. Nach 24stündigem Einweichen werden die Algen mit Wasser aufgekocht und ergeben ein Gelee, das hauptsächlich in der Patisserie für Obstkuchen verwendet wird.

Pektin

wird aus Obsttrestern gewonnen. Es geliert nur, wenn gleichzeitig entsprechende Mengen Zucker und Säure vorhanden sind. Verwendung zu Gelees, für Obstkuchen.

Tortenguß, Geleeguß

Unter diesem Namen werden Mischungen von Bindemitteln angeboten, die nach dem Aufkochen und beim Abkühlen erstarren und vorwiegend für Obstkuchen verwendet werden.

16 Gewürze, Küchenkräuter und würzende Zutaten

Versuche

1. Beobachten Sie bei sich selbst das Maß der Speichelabsonderung, wenn
   a) Sie ihre Lieblingsspeise oder eine appetitlichangerichtete Speise sehen,
   b) Bratengeruch oder der Geruch frischen Gebäcks eingeatmet wird,
   c) jemand in eine Zitrone beißt.
2. Vergleichen Sie den Geschmack
   a) Salzkartoffel - Bratkartoffel,
   b) gekochtes Fleisch - gebratenes Fleisch,
   c) gekochte Teigwaren - nach dem Kochen abgeröstete Teigwaren.
3. a) Zerdrücken Sie einige Nelken auf einem Papier und beobachten Sie, wann die Ölflecke verschwinden.
   b) Drücken Sie ein Stück Orangen- oder Zitronenschale neben einer brennenden Kerze zusammen und beobachten Sie die Flamme.
4. Zerkleinern Sie weißen Pfeffer, riechen Sie und probieren Sie etwas davon
   a) sofort,
   b) nach einigen Stunden.
5. Brühen Sie eine Tasse Tee auf. Nach 15 Min. entnehmen Sie den Beutel. Beobachten Sie die Oberfläche, kosten Sie den Tee.

16.1 Vom Schmecken und Riechen

Speisen werden nicht nur nach ihrem Gehalt an Nährstoffen beurteilt. Sie sollen auch appetitlich aussehen (das Auge ißt mit) und zudem so riechen und schmecken, „daß einem das Wasser im Munde zusammenläuft".

Ob uns ein Gericht „schmeckt", bestimmen die Geruchs- und Geschmacksstoffe, die darin enthalten sind. Obwohl üblicherweise von „schmecken" und „Geschmack" gesprochen wird, bestimmt der Geruch einer Speise diese stärker als der Geschmack.

Wir bezeichnen als Geschmack die Empfindungen der Zunge. Die Zunge kann neben der Temperatur (heiß - kalt) und der Festigkeit nur vier Geschmacksrichtungen unterscheiden, nämlich: süß, salzig, sauer, bitter.

Bei dem Geruch ist das anders: Die Nase ist viel empfindlicher und kann Hunderte von Düften unterscheiden.

Das bedeutet: Die Nase nimmt mehr wahr als die Zunge. Das ist ein wesentlicher Grund, warum man bei Schnupfen nicht gut abschmecken kann.

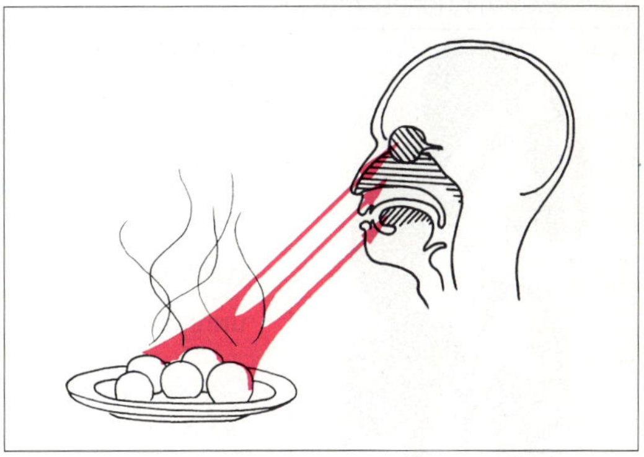

Was wir von Speisen schmecken und riechen, wird bestimmt von:

- ▷ Eigengeschmack der verwendeten Lebensmittel (Fisch bleibt Fisch, Lamm bleibt Lamm usw.).
- ▷ Geruchs- und Geschmacksstoffen, die beim Zubereiten entstehen, z.B. beim Braten.
- ▷ Wirkung der Würzstoffe.

Von den Arten der Würzstoffe handeln die folgenden Seiten. Zu den Würzstoffen zählen:

- ▷ Gewürze, } vorwiegend Geruch
- ▷ Küchenkräuter,
- ▷ Salz, } Geschmack
- ▷ Säuerungsmittel,

daneben Zucker, Wein, Früchte usw.

Als Gewürze und Küchenkräuter können alle Pflanzenteile dienen.

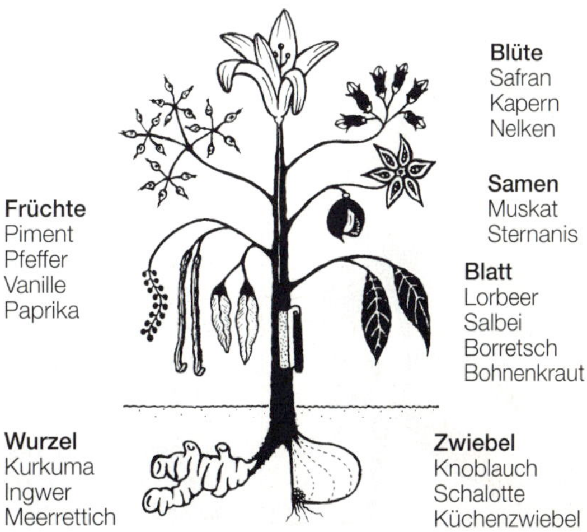

16.2 Gewürze

Arten

Gewürze sind getrocknete Teile von Pflanzen, die in den heißen Zonen wachsen. Durch die starke Sonneneinstrahlung entwickeln sich große Mengen an Duft- und Geschmacksstoffen, wesentlich mehr als in den bei uns wachsenden Küchenkräutern.

Pfeffer

Pfefferkörner sind die Beeren einer Kletterpflanze. Nach dem Zeitpunkt der Ernte unterscheidet man ausgereifte Beeren und grüne Beeren.

Reife Beeren

Weißer Pfeffer

Die reifen Beeren werden vom Fruchtfleisch befreit und getrocknet; milder aromatischer Pfeffer.

unreife Beeren

Schwarzer Pfeffer

Unreife Beeren werden getrocknet. Weil das Fruchtfleisch am Gewürz bleibt, hat schwarzer Pfeffer mehr Schärfe.

Grüner Pfeffer

sind unreife Pfefferbeeren, in einer Salzlake sterilisiert oder gefriergetrocknet.

Cayenne-Pfeffer

getrocknete gemahlene Chillies. Siehe Paprika.

Roter Pfeffer, Szechuan-Pfeffer

sind die Beeren eines asiatischen Strauches. Er wird reif geerntet und nach einem Spezialverfahren getrocknet. Typisch in „China-Gerichten“.

Piment

Die etwa 5 mm großen, braungrauen Beeren, auch Nelkenpfeffer genannt, werden kurz vor der Reife geerntet und getrocknet. Verwendung zu Beizen (Sauerbraten, Wild), gekochtem Fleisch, Gerichten von Herz und Zunge sowie zur Weihnachtsbäckerei.

Paprika

Gewürzpaprika wird von einer bleistiftdicken, etwa 8 cm langen Frucht der Paprikapflanze gewonnen.

In den Außenwänden sind die Aromastoffe, die Zwischenwände und Samen enthalten die Schärfe, das Capsaicin.

Kleiner als Gewürzpaprika sind Cillies. In grünem Zustand werden sie als Peperoni angeboten, ausgereift und gemahlen erhält man *Cayenne-Pfeffer* oder *Chilipfeffer.*

Anteile	Bezeichnung
Außenwände Aroma	Capsaicin-frei
	Delikateß-Paprika
	Edelsüß
Schärfe: Kerne, Innenwände	Halbsüß
	Rosen-paprika

Nelken

Die noch nicht aufgegangene Blüte wird getrocknet, sie enthält das erwünschte aromatische Nelkenöl überwiegend in der Knospe (Kugeln).

Verwendung zu Kohlgerichten, Sauerkraut, Wild und Fischsud sowie Glühwein und Weihnachtsgebäck.

Lorbeerblätter

Die Lorbeerblätter stammen vom immergrünen Lorbeerbaum, der im gesamten Mittelmeergebiet heimisch ist. Gute Ware hat eine schöne grüne Farbe und duftet beim Zerreiben aromatisch.

Verwendung zu Marinaden für Sauerbraten und Wild, Sauerkraut.

Kümmel

Kümmel wird in ganz Europa angebaut, für besondere Qualität ist Holland bekannt. Kümmel wirkt verdauungsfördernd und blähungshindernd.

Verwendung zu Kohlgerichten, Sauerkraut, Gulasch, Schweinebraten und Likör.

Wacholderbeeren

Die Beeren riechen etwas harzig und schmecken bitterwürzig. Qualitätsware ist erbsengroß und glatt.

Verwendet werden die Beeren ganz oder zerdrückt zu Wild und Wildgeflügel, zu Sauerbraten, Sauerkraut, zu Fischmarinaden und Spirituosen.

Muskatnuß

Der etwa walnußgroße Samenkern hat eine gefurchte mattbraune Schale. Eine weißliche Oberfläche besteht aus Kalk, der vor Insektenfraß schützt.

Verwendung zu Brühe, Blumenkohl, Kartoffelbrei, Farcen.

Man reibt von der Muskatnuß nur die jeweils benötigte Menge.

Senf

Es gibt zwei Arten von Senfsamen. Die gelben sind größer und milder, die braunen schärfer. Der typische Senfgeschmack entsteht erst bei Wasserzusatz durch Einwirken von Enzymen.

Verwendung zu Marinaden für Fleisch und Fisch. Speisesenf besteht hauptsächlich aus gelben oder braunen Senfkörnern. Dazu kommen Essig, Wein, Salz, Zucker sowie Würzstoffe, welche die Geschmacksrichtung beeinflussen; wie Meerrettich, Sardellen, Kräuter.

Zimt

Die abgelösten Rindenstücke rollen sich beim Trocknen und werden braun. Je dünner die Rinde, desto feiner ist das Aroma.

Stangenzimt oder Canehl verwendet man, wenn nur der Geschmack, nicht aber die Farbe erwünscht ist, z. B. bei Glühwein, Kompott. Gemahlenen Zimt nutzt man bei Apfelmus, Gebäck und zu Zimtzucker für Süßspeisen.

Safran

Die getrockneten Blütennarben sind braunrot und schmecken leicht bitter. Safran löst sich in Wasser und färbt gelb.

Verwendung zu Safranreis, Bouillabaisse, spanischer Paella, italienischem Risotto sowie zu Gerichten von Fisch und Krustentieren.

Ingwer

Die Wurzeln der Pflanze dient getrocknet als Gewürz und kandiert als Rohstoff in der Patisserie.

Verwendung zu exotischen Salaten, Reissalat, Kürbisgemüse, indischen Fleischgerichten; Ingwerreis, pikanten Fruchtsaucen, Konfekt.

Vanille

Die grüne Kapselfrucht einer Orchideenart wird fermentiert und getrocknet. Dabei entwickelt sich das feine Aroma. Weiße Pünktchen an der Oberfläche sind auskristallisiertes Vanillin.

Verwendung zu Creme, Pudding, Auflauf und Gebäck. Dazu wird die Schote längs aufgeschnitten und das Vanillemark herausgekratzt.

Vanille-Zucker

enthält den Geschmack von Vanilleschoten.

Vanillin-Zucker

ist Zucker mit Zusatz von synthetisch hergestelltem Vanillin.

Curry

Das gelblichbraune Pulver ist eine indische Gewürzmischung; sie enthält bis zu 15 Gewürze. Farbgebender Hauptbestandteil ist die Kurkuma, auch Gelbwurz genannt.

Verwendung zu Reisgerichten, exotischen Fleischgerichten und Currysaucen.

Kapern

sind die unreifen, geschlossenen Blütenknospen des Kapernstrauches. Sie werden in Salzlake eingelegt. Verwendung zu Königsberger Klopse, Remouladensauce, Heringssalat.

Angebot der Industrie

Die Nahrungsmittelindustrie bietet eine Reihe von Gewürzkombinationen in unterschiedlicher Form an.

- ▷ **Gewürzmischungen** bestehen ausschließlich aus Gewürzen, so ist z. B. das auf der vorausgegangenen Seite beschriebene Curry eine Gewürzmischung. Andere Mischungen sind Gulaschgewürz, Schaschlikmischung oder Lebkuchengewürz.

  Gewürzmischungen kann man auch selbst zusammenstellen.
- ▷ **Gewürzzubereitungen** sind Mischungen von Gewürzen mit anderen geschmacksgebenden Zutaten, wie Sojasauce oder Tabasco (vgl. bei Würzsaucen).
- ▷ **Aromen** sind Zubereitungen von Geruchs- und Geschmacksstoffen, die der Aromatisierung von Lebensmitteln dienen. Für die Patisserie gibt es z. B. in dickflüssiger Form Vanillearoma und Zitronenaroma. Diese Zubereitungen sind leicht vorrätig zu halten und können einfach dosiert werden.
- ▷ **Glutamat** ist ein weißes, pulvriges Salz ohne typischen Eigengeschmack. Es regt die Geschmacksnerven an und macht sie empfindlicher. Darum „verstärkt" es den Eigengeschmack der Speisen, ohne selbst hervorzutreten.

  Anwendung bei hellem Fleisch, Fisch, Gemüse, Reis, Pilzen und Gerichten der chinesischen Küche.

Anwendung

Grundregeln des Würzens

- ▷ Das Gewürz unterstreicht und ergänzt den Charakter des Gerichts. Der Eigengeschmack der Rohstoffe muß im Vordergrund bleiben, Gewürze betonen nur oder geben eine Nuance.
- ▷ Beim Würzen bestimmt ein Gewürz die Richtung, weitere Gewürze ergänzen, bleiben aber im Hintergrund.
- ▷ Bei der Auswahl der Gewürze ist mehr auf die Zubereitungsart zu achten als auf den Rohstoff; das gilt insbesondere bei Fleisch und Fisch.

Gemahlene Gewürze

verwendet man,

- ▷ weil die geschmacksgebenden Stoffe schneller auf die Speisen übergehen,
- ▷ weil gemahlene Gewürze leichter dosierbar sind.

Man fertigt eine **Reduktion,**

wenn man die geschmacksgebenden Stoffe ohne die festen Bestandteile der Gewürze in konzentrierter Form will, z. B. bei einer Holländischen Sauce.

Ganze Gewürze

verwendet man,

- ▷ wenn zum Auslaugen der geschmacksgebenden Stoffe genügend Zeit zur Verfügung steht (z. B. Marinade),
- ▷ wenn die festen Bestandteile der Gewürze leicht entfernbar sein sollen (z. B. Nelken und Lorbeerblatt an der gespickten Zwiebel, Wacholderbeeren aus der Marinade).

Ganze Gewürze gibt man immer zu Beginn des Garens bei.

Lagerung

Bei Gewürzen werden nie zu große Mengen auf einmal eingekauft. Lange Lagerdauer bedeutet Qualitätsminderung, weil die Aromastoffe verfliegen. Man sagt, das Gewürz, „verraucht". Aus dem gleichen Grund werden Gewürze immer luftdicht verschlossen aufbewahrt. Mit feuchten Fingern darf man nie in die Gewürzdose greifen, denn durch die anhaftenden Reste entstehen Verluste. Zweckmäßiger ist die Verwendung einer kleinen Gewürzschaufel.

16.3 Küchenkräuter

Sie geben den Speisen nicht nur den erwünschten Geschmack, sie sind, besonders in frischem Zustand, reich an Vitaminen und Mineralstoffen und darum für eine gesunde Ernährung sehr wertvoll.

Basilikum

Die Würzkraft liegt in den Blättern. In kleinen Mengen angewandt, ist es zu verschiedenen Ragouts sowie zu Hammelbraten und Tomatensuppe geeignet; mit anderen Kräutern vermischt ist es eine gute Salatwürze.

Beifuß

Dieses Küchenkraut gilt als Spezialgewürz für fette Speisen, z. B. für Gänse-, Enten- und Schweinebraten. Seine Inhaltsstoffe fördern die Fettverdauung und machen deftige Gerichte bekömmlicher.

Bohnenkraut

Es ist vor dem Aufblühen zu pflücken. Frischware schmeckt intensiv, das getrocknete Kraut eher derb und wuchtig. Das Aroma wird erst beim Kochen frei. Darum vorsichtig würzen. Bohnenkraut ist ein bewährtes Würzkraut für Bohnen, Linsen und auch für Eintöpfe.

Borretsch

Die frischen Blätter dieses Küchenkrauts eignen sich, fein gehackt, als Würzkraut zu Gurken und Salaten sowie auch zu Kräuterquark und grüner Sauce. Borretsch wird eine belebende Wirkung zugeschrieben.

Dill

Dill wird verwendet zu Fischgerichten (Aal), zum Einmachen von Gurken, für Salatzubereitung und Rohkostplatten.
Dillsamen sind unentbehrlich beim Einlegen von Essiggurken.

Estragon

Junge Estragonblätter sind wichtig bei der Zubereitung von Fischgerichten, Saucen, Salaten, Mayonnaisesaucen, Essig-, Salz- und Senfgurken sowie bei der Herstellung von Tafelessig. Abgelagerter Estragon schmeckt penetrant und muffig.

Kresse

Brunnenkresse und Gartenkresse, feingehackt, sind ein Würzmittel für Quark, Suppen und Salate.

Brunnenkresse verwendet man gerne als Garnitur für Gegrilltes.

Kerbel

Dies ist ein ausgezeichnetes Suppenkraut (Kerbelsuppe), das sich gleichfalls als Würze zu Gemüsen, Eintopfgerichten, Rohkost und Salaten eignet.

Lauch

Lauch wird als Gemüse verwendet, dient aber auch als Beigabe zu Suppen und zu Rohkost. Der weiße Knollenteil kann auch anstelle von Zwiebeln verwendet werden.

Liebstöckel

Von dieser Pflanze sind der Wurzelstock und das Kraut gute Geschmacksträger. Verwendung zu Suppen, Saucen, Salaten und Eintopfgerichten. Ein alter Name ist Maggi-Kraut.

Wegen des intensiven Geschmacks nur sparsam verwenden.

Majoran/Oregano

Majoran wird bei verschiedenen Wurstsorten verwendet; er ist das Spezialgewürz zu gelben Erbsen und Kartoffelsuppe sowie zu Saucen, Fleisch- und Eintopfgerichten.

Oregano ist wilder Majoran.

Melisse

Diese Pflanze, auch Zitronenmelisse genannt, hat einen leichten Zitronengeschmack, wenn sie frisch ist. Sie trägt zur Geschmacksverfeinerung von Wildgerichten bei, sie ist auch für Salate, Kräutersauce und Quark geeignet.

Petersilie

Petersilie ist für viele Würzzwecke anwendbar. Als Büschel gebacken, wird sie panierten Fischen oder Fleischgerichten beigegeben, die in Fett gebacken worden sind. Die Petersilienwurzel ist Bestandteil des Bouquet garni.

Die glatte Petersilie hat das kräftigere Aroma, die krausen Arten eignen sich besser zum Garnieren.

Pfefferminze

Die Triebe werden vor dem Blühen geerntet. Grobgehackt sind sie das Spezialgewürz für eine süßsaure, in England landesübliche Sauce, die zum gebratenen Lammfleisch gereicht wird.

Die Mintsauce gibt es auch als fertige Zubereitung.

Rosmarin

Der harzig, bitterwürzige Eigengeschmack der Rosmarinblätter harmoniert mit Wildgerichten sowie mit Schaf- und Schweinefleisch. Er schmeckt aber auch in Verbindung mit Tomaten, Zucchini und Auberginen. Rosmarin muß mitgaren, damit die Würzkraft frei wird.

Salbei

Die herben, bitteren Salbeiblätter werden vor der Blüte gepflückt; sie geben einigen Fisch- und Schlachtfleischgerichten den besonderen Geschmack.

Schnittlauch

Feingeschnittener Schnittlauch ist eine Würze für Quark, Fleisch-, Fisch- und Gemüsesalate und für Pasteten. Er läßt sich auch für alle klaren Suppen verwenden.

Thymian

Dieses begehrte Küchenkraut wird bei Suppen, Eintopfgerichten, Fisch- und Fleischspeisen, Saucen und bei der Wurstbereitung ausgiebig verwendet. Auch würzt man mit ihm Tomaten und Auberginen.

Kräutermischungen

Fines herbes (sprich: fin erb) sind eine Mischung aus feinen Kräutern. Man verwendet dazu Schnittlauch, Kerbel, Petersilie, Estragon und je nach Verwendung weitere Kräuter.

Die genannte Zusammenstellung paßt zu Eierspeisen, Frischkäse, gebundenen Suppen und Saucen.

Herbes de Provence = Kräuter der Provence. Die Provence ist ein Gebirgsland Frankreichs am Mittelmeer, das sich an Italien anschließt. Die käufliche Mischung von getrockneten Kräutern besteht entsprechend dem Klima und der Höhenlage hauptsächlich aus Majoran, Thymian, Basilikum und Rosmarin. Die aromatische Mischung wird zum Würzen von Fleisch- und Fischgerichten „nach provencalischer Art“ verwendet.

Behandlung

Frische Kräuter werden gewaschen, entstielt und gehackt oder feingeschnitten. Den Speisen werden sie möglichst spät beigegeben. Man streut sie auch über die Gerichte (z. B. Petersilie, Schnittlauch), um ihnen ein gefälliges, appetitanregendes Aussehen zu geben.

Petersilie wird vielfach nach dem Hacken in einem Tuch ausgedrückt. Das ist nicht notwendig und sogar falsch, denn mit dem Saft gehen Aroma und Wirkstoffe verloren.

Petersilie wird von den groben Stengeln befreit, gewaschen und in einem Tuch trockengerieben. Dann wischt man das trockene Tranchierbrett feucht ab, damit es den austretenden Petersiliensaft nicht aufsaugen kann, und hackt die Petersilie mit einem scharfen Messer. So erhält man eine würzige, vitaminreiche und gut streufähige Petersilie.

Getrocknete Kräuter läßt man mit dem Gericht kurz aufkochen und dann etwa 15 Min. ziehen. Nur so können sie den vollen Geschmack entfalten.

Kräutersträußchen (Bouquet garni), gespickte Zwiebel, Gewürzbeutel s. Abschnitt Brühen.

Aufbewahrung

Frische Kräuter bewahrt man kurzfristig im Kühlraum auf. Die Saison für die einzelnen Küchenkräuter ist jedoch nur kurz. Längere Zeit haltbarmachen kann man Kräuter durch:

Einfrieren; es ist vor allem darauf zu achten, daß das Gefriergut trocken ist, denn nur so läßt es sich später leicht den Vorratsbehältern entnehmen.

Einlegen in Essig; dabei entsteht Kräuteressig, denn die Aromastoffe lösen sich und gehen in die Flüssigkeit über. Dieses Verfahren ist deshalb vor allem für Kräuter geeignet, die für Marinaden verwendet werden.

Trocknen; das ist zwar sehr einfach, doch verfliegt dabei das Aroma besonders leicht. Käufliche Ware ist in der Regel der selbstgetrockneten überlegen, denn sie wird in Spezialanlagen schonend getrocknet.

16.4 Würzsaucen

Chillisauce

besteht aus Tomatenmark, Chillis, Essig, Salz und Zucker. Sweet Chilli ist milder.

Verwendung als Tischsauce, aber auch zu Vorspeisen und Salaten, zu Saucen und Gerichten von Ei.

Ketchup

Tomatenmark wird mit Salz, Zucker, Essig, Ingwer, Nelken, Pfeffer und Zitronensaft gewürzt.

Verwendung als Tischsauce, aber auch zu Vorspeisen und Salaten.

Sojasauce

Sojasauce ist eine Würzsauce aus dem asiatischen Raum. Sojabohnen werden in einer Salzlake zusammen mit anderen Zutaten enzymatisch abgebaut. Der Grundgeschmack ist mit unseren Würzsaucen vergleichbar, sie schmeckt jedoch etwas malzigsüßlich.

Verwendung zu Fleisch-, Fisch-, Geflügel- und Gemüsegerichten der asiatischen Küchen.

Speisewürze

Das flüssige Würzmittel ist bekannt unter Markennamen. Der Begriff Würzsauce ist nicht gebräuchlich.

Die Grundlage für die Herstellung bildet pflanzliches Eiweiß wie Getreidekleber. Die Proteine werden aufgeschlossen und zu Aminosäuren abgebaut. Danach ist eine mehrmonatige Reifung erforderlich. Die Aminosäuren beeinflussen den geschmacklichen Gesamteindruck positiv.

Verwendung als Tischsauce, aber auch zu Suppen, Gemüsen und Eintopfgerichten.

Tabascosauce

Die Würzsauce entsteht auf der Grundlage von Chilli. Der feurig-scharfe Geschmack entsteht nach mehrmonatiger Reifung.

Verwendet wird Tabasco zu südamerikanischen Gerichten. Zum Würzen von Reis, Salaten und Eierspeisen genügen wenige Spritzer. Tabasco wird auch als Tischsauce gereicht.

Worcestershire Sauce

Hauptbestandteil sind Fleischextrakt, Cayennepfeffer, Essig, Rum, Zuckersirup.

Verwendung als Tafelsauce, aber auch zu Frikassee, Ragoût fin, Fisch, Salaten.

16.5 Speisesalz

Kochsalz ist zwar ein Mineralstoff (NaCl), doch ist es ein bedeutendes Mittel zur Beeinflussung des Geschmacks. Es wirkt nicht nur durch den Eigengeschmack, es verstärkt zugleich die Würze anderer Produkte wie etwa Fleisch und Brot.

Speisesalz ist ferner ein wichtiger Bestandteil des menschlichen Körpers. Fünf Gramm Salz werden täglich ausgeschieden und müssen über die Nahrungsaufnahme ersetzt werden. Allerdings sind viele industriell gefertigte Lebensmittel reichlich gesalzen, so daß aus gesundheitlichen Gründen Salz sparsam zu verwenden ist. Bei Neigung zu Bluthochdruck muß sogar sehr zurückhaltend gesalzen werden.

Handelsprodukte

Siedesalz: Salz wird durch Wasser aus dem Berg gelöst. Die so entstandene Sole wird durch Sieden eingedampft (reduziert), bis das reine Salz zurückbleibt.

Steinsalz wird aus dem Salzstock bergmännisch abgebaut und fein gemahlen.

Jodiertes Speisesalz wird in verschiedenen Gebieten, besonders in Gebirgsgegenden, vorbeugend zur Bekämpfung des Kropfes (krankhafte Vergrößerung der Schilddrüse) verwendet. Es enthält 3 bis 5 mg Jod je kg Salz.

16.6 Essig

Essig wirkt in Speisen auf zweifache Weise:

- ▷ geschmackliche Wirkung, z. B. Sauerbraten, Salate,
- ▷ Verbesserung der Haltbarkeit, z. B. Essiggurken, Aspik.

In den folgenden Abschnitten wird Essig nur als Geschmacksbildner besprochen.

Zum Verständnis: Essig entsteht entweder aus alkoholischen Flüssigkeiten durch Gärung (Gärungsessig) oder auf synthetischem Wege als Essigessenz.

Die Essigsäure ist in beiden Fällen gleich. Essigessenz ist rein sauer, Gärungsessig enthält zusätzliche Geschmacksstoffe, z.B. aus Wein.

Angebot des Handels

Weinessig ist ausschließlich aus Wein hergestellt, mit 6 % Säure kräftig und reich an begleitenden Aromastoffen. Er ist eine Spezialität für die feine Küche.

Speise- oder Tafelessig enthält 5 % Säure und wird aus vergorenen Kartoffeln oder Getreide gewonnen.

Wein-Branntwein-Essig ist eine Mischung aus Weinessig und Speiseessig, liegt folglich in der Qualität zwischen den beiden Arten; er wird am häufigsten verwendet.

Kräuteressig ist 5 %iger Essig, der zusätzlich durch feine Kräuter (Dill, Estragon, Melisse) aromatisiert ist.

Essig mit besonderen Geschmacksrichtungen entsteht, wenn von besonderen Rohstoffen ausgegangen wird.

Beispiele: *Sherryessig, Rotweinessig* oder *Apfelessig.*

Balsamico-Essig ist eine italienische Spezialität. Er wird aus konzentriertem Traubensaft gewonnen und verliert bei einer langen Lagerung weiteres Wasser. Dadurch tritt die Säure in den Hintergrund und die anderen Geschmacksstoffe überwiegen. Geschmack und Preis sind mit gewöhnlichem Essig nicht vergleichbar.

Verwendung zu Carpaccio, Tomaten mit Mozzarella usw.

Essig-Essenz (70 bis 80 % Säure bei gewerblicher Verwendung, für Haushalte höchstens 25 %) ist mit **besonderer Vorsicht anzuwenden.** Neben der Säure enthält sie keine weiteren Geschmacksträger.

Essigvariationen eigener Herstellung

Gewürz- und Kräuteressig kann jederzeit selbst hergestellt werden. Man setzt für Dillessig z. B. etwa 20 g frisches Dillkraut mit einem Liter Essig an und läßt das ganze etwa 14 Tage stehen. Verbleiben Dill oder andere Kräuter zu lange im Essig, kann dieser einen unangenehm krautigen Geschmack annehmen.

Für *Gewürzessig* verwendet man Pfefferkörner, Lorbeerblätter, Senfkörner und Dill.

Für *Himbeeressig* oder *Knoblauchessig* setzt man Weinessig mit den entsprechenden Aromaträgern an.

17 Lagerhaltung

Damit die laufende Produktion gewährleistet ist, gehört zu jeder Küche ein entsprechender Vorrat, der in verschiedenen Lagern untergebracht ist. Bei den einzelnen Lebensmitteln sind bereits Hinweise zur Lagerung angeführt. Hier besprechen wir Grundsätzliches und fassen zusammen.

Grundsätze der Lagerhaltung

Durch eine sachgerechte Lagerhaltung wird versucht, die Qualität der Lebensmittel von Einkauf bis zum Verbrauch möglichst zu erhalten. Die Art und Weise, wie die Lebensmittel im einzelnen zu lagern sind, nennt man die Lagerbedingungen.

Die **Lagerbedingungen** umfassen hauptsächlich

- ▷ Lagertemperatur und
- ▷ Luftfeuchtigkeit sowie
- ▷ Forderungen der Hygiene.

Lagertemperatur

Die Lagertemperatur ist vor allem bei leicht verderblichen Lebensmitteln genau zu beachten, denn die Vermehrungsgeschwindigkeit der Mikroben steht in direktem Zusammenhang mit der Temperatur. Teilweise sind vom Gesetzgeber Höchsttemperaturen vorgeschrieben, die bei der Lagerung nicht überschritten werden dürfen. So. z. B. bei Hackfleisch oder Frischmilch. Andererseits können niedere Temperaturen manchen Lebensmitteln schaden. So sollen bestimmte Gemüsearten (Tomaten, Paprika, Auberginen) und Obstsorten (Ananas, Banane) nicht in üblichen Kühlräumen gelagert werden. Diesen Arten schaden niedere Temperaturen.

Luftfeuchtigkeit

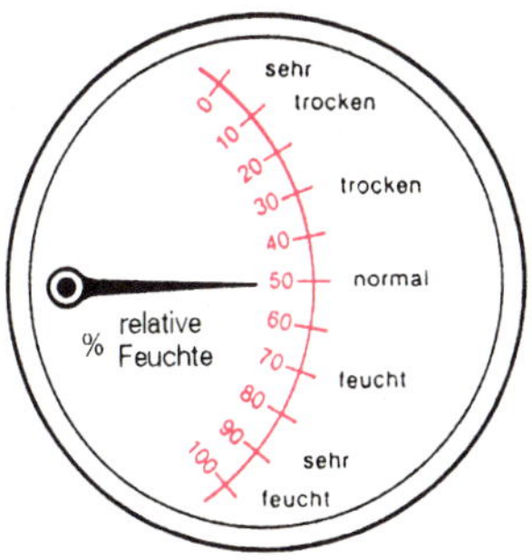

Hygrometer

Die Luftfeuchtigkeit ist den Bedürfnissen der Lebensmittel anzupassen. Ist sie zu niedrig, werden Obst, Gemüse und insbesondere Salate schnell welk. Frischfleisch, Käse sowie vorbereitete Lebensmittel trocknen in den Randschichten aus. Bei zu hoher Luftfeuchtigkeit verliert dagegen Brot rasch die Rösche, Puderzucker klumpt und die Schimmelbildung wird gefördert.

Forderungen der Hygiene

Frischware aus dem Pflanzenreich, z. B. Kartoffeln oder Gemüse, ist mit Erde behaftet. Im Erdreich befindet sich immer eine hohe Zahl von Mikroorganismen. Aber auch tierische Produkte wie ganze Fische, ungerupftes Geflügel oder Wild in der Decke sind Keimträger. Um zu vermeiden, daß Krankheitserreger auf andere unverpackte Frischware oder vorbereitete Speisen übertragen werden, geben Hygieneverordnungen entsprechende Vorschriften. Hygieneverordnungen werden von den Bundesländern erlassen. Das ist der Grund, warum im Einzelfall abweichende Auslegungen möglich sind.

Weil die Lagerbedingungen so unterschiedlich sind, benötigt ein gastgewerblicher Betrieb mehrere Lagerräume.

Lagerräume

Magazin oder Normallager

Hier werden gelagert:

- ▷ **Trockenprodukte** wie Mehl, Reis, Teigwaren, Zucker, Rosinen, Marzipan.
- ▷ **Konserven** mit Ausnahme solcher mit eingeschränkter Haltbarkeit (siehe bei Mindesthaltbarkeit).

Der Raum wird möglichst kühl und trocken gehalten.

Kühlräume

Der überwiegende Teil der Frischware wird gekühlt gelagert. Wegen der unterschiedlichen Lagertemperaturen und wegen der Hygienevorschriften ist zu trennen:

- ▷ **Gemüse und Obst** wird mit hoher Luftfeuchtigkeit bei +6 bis +8 °C gelagert.
- ▷ **Milch und Milcherzeugnisse** lagern bei etwa +8 °C. Verpackte Ware kann zusammen mit anderen Produkten lagern, offene Ware muß getrennt untergebracht sein.
- ▷ **Frischfleisch und Fleischteile** auch von Wild, Geflügel und Fischfilet sowie Krusten- und Schalentiere lagern zusammen bei +4 °C.

Tiefkühlräume

Das bestimmende Merkmal ist die Temperaturgrenze von −18 °C. Hier sind alle Lebensmittel verpackt, um Frostbrand zu vermeiden. Die Verpackung schützt zugleich vor einer Keimübertragung. Darum ist eine Trennung der Lebensmittelgruppen nicht notwendig.

Wenn bestellte Ware angeliefert wird, erfolgt die **Annahmekontrolle** durch den Empfänger. Ist alles in Ordnung, wird auf dem **Empfangsschein** bestätigt, daß man die Ware erhalten hat.

Die Ware geht nun zusammen mit dem Lieferschein in den Betrieb. Zur sachgerechten Lagerung wird die Ware auf die entsprechenden Lagerräume verteilt.

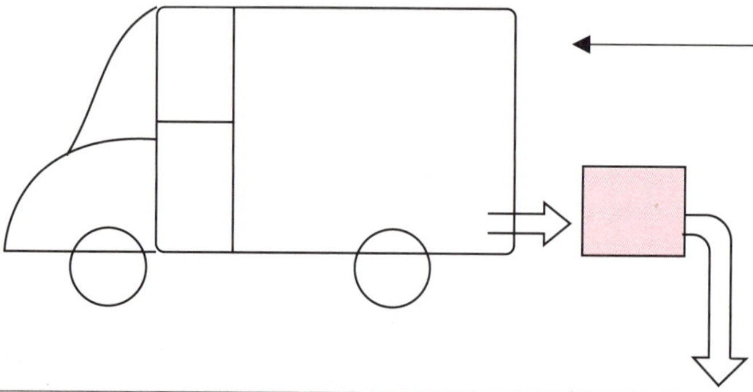

Empfangsschein an Lieferanten

Annahmekontrolle

Ware
Lieferschein } an Empfänger

Sachgerechte Lagerung – entsprechende Lagerbedingungen

Magazin Normallager	**Gemüse Obst**	**Milch Milcherzeugnisse**	**Frischfleisch Fleisch von – Geflügel – Wild**	**Tiefkühlung**
Trockenwaren	≈ +8 °C hohe Luftfeuchtigkeit	≈ +8 °C	+4 °C **kein** Geflügel im Federkleid Wild in der Decke	−18 °C alle Waren verpackt, darum keine Vorschriften für Trennung

Mindesthaltbarkeitsdatum

Bei verpackten Lebensmitteln muß neben anderen Angaben das Mindesthaltbarkeitsdatum (MHD) genannt werden. Die Mindesthaltbarkeit ist der Zeitraum, bis zu dem das entsprechende Lebensmittel bei den genannten Lagerbedingungen (z. B. +2 bis +4 °C) gelagert werden kann, ohne wesentlich an Qualität zu verlieren.

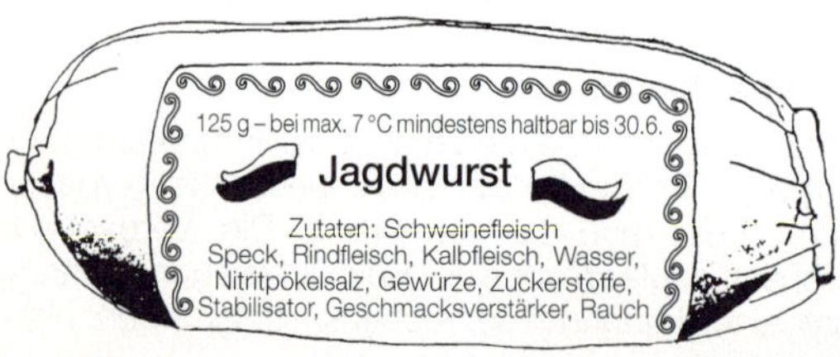

Nach Ablauf der Mindesthaltbarkeit ist das Lebensmittel nicht verdorben, doch der Hersteller trägt jetzt nicht mehr die Verantwortung. Ware, deren Mindesthaltbarkeit überschritten ist, kann trotzdem nach sorgfältiger Prüfung verwendet werden. Die Verantwortung für die gesundheitliche Unbedenklichkeit liegt dann beim Verwender.

Grundsätzlich sollte durch eine Lagerkontrolle das Überschreiten der Mindesthaltbarkeit vermieden werden.

Service – Buffet – Kaffeeküche

Service bedeutet im weiten Sinne: Aufwartung, Bedienung, Gefälligkeit erweisen, Dienst am Gast. Im Restaurant ist mit Service das Auftragen bzw. Servieren von Speisen und Getränken gemeint. Hinzu kommen alle Tätigkeiten, die mit der Bereitstellung der Restaurantleistung zusammenhängen sowie abrechnungstechnische Aufgaben gegenüber Küche und Keller. Service ist aber auch die Bezeichnung für zusammengehörendes Tafelgeschirr (Eßservice, Kaffeeservice).

1 Umgangsformen, persönliche Hygiene, Berufskleidung

Umgangsformen

Das äußere Erscheinungsbild und die Umgangsformen des Servierpersonals sind von großem Einfluß auf die Stimmung des Gastes.

Das Service verlangt neben Anpassungsfähigkeit und Geschicklichkeit auch Gewandtheit im Umgang mit anderen Menschen. Der Gast erwartet:

- ▷ Zuvorkommende, aufmerksame Bedienung,
- ▷ angemessene Freundlichkeit und
- ▷ taktvolles Benehmen.

Persönliche Hygiene

Im Umgang mit Speisen ist ein hohes Maß an persönlicher Hygiene erforderlich.

- ▷ Besonders wichtig sind gepflegte Hände und Fingernägel, weil sie der Gast in unmittelbarer Verbindung mit der Speise sieht.
- ▷ Mund- und Körpergeruch wirken äußerst lästig, deshalb ist Körperpflege und öfterer Wäschewechsel geboten.
- ▷ Gepflegtes Haar ist ein wesentlicher Bestandteil der Gesamterscheinung. Modische Frisuren dürfen das Service nicht beeinträchtigen.

Berufskleidung

Manche Betriebe legen Wert auf einheitliche Berufskleidung, die dem Stil des Hauses angepaßt ist. Wird dies nicht verlangt, tragen im allgemeinen:

Servierpersonal, weiblich

- ▷ schwarzes Kleid oder Dirndl, oder schwarzer Rock kombiniert mit weißer Bluse,
- ▷ weiße Servierschürze
- ▷ Strümpfe in unauffälliger Farbe oder schwarz,
- ▷ schwarze Schuhe mit niedrigen Absätzen.

Servierpersonal, männlich

- ▷ schwarze Hose, kombiniert mit weißem Hemd,
- ▷ schwarze Krawattenschleife,
- ▷ weiße oder schwarze Kellnerjacke oder Trachtenweste,
- ▷ schwarze Schuhe und schwarze Socken.

2 Tischwäsche

2.1 Arten

Zur Tischwäsche zählen
- ▷ Moltons oder Unterdecken,
- ▷ Tischtücher und Tafeltücher,
- ▷ Decktücher oder Deckservietten,
- ▷ Servietten (Mundservietten und Handservietten; letztere zählen nicht zur Tischwäsche, werden aber der Übersicht wegen genannt).

Moltons oder Unterdecken

Das Moltontuch ist ein beidseitig gerauhtes Baumwollgewebe, das über die Tischplatte gespannt wird. Die Struktur dieser Unterdecke bildet eine Polsterschicht. Sie schont das aufgelegte Tischtuch besonders an den Tischkanten und -ecken und gibt ihm einen besseren Halt gegen Verrutschen. Ferner wirken Moltons geräuschdämmend beim Einsetzen von Tafelgeschirr. Unterlagen aus Weichschaumstoff mit speziell profilierten Flächen dienen dem gleichen Zweck.

Tischtücher und Tafeltücher

Tischtücher sind für Einzeltische bestimmt. Für Tafeln werden stets die größeren Tafeltücher mit gleichem Muster verwendet. Der von den Tischkanten herabhängende Tuchteil muß überall gleich lang sein und darf maximal bis auf Stuhlsitzhöhe reichen. – Bei runden Tischen ist darauf zu achten, daß die Tuchecken dort herabreichen, wo sich die Tischbeine befinden.

Decktücher oder Deckservietten

Decktücher sind nur Notbehelf, wenn in Eile ein Tisch frisch eingedeckt werden muß. Das rechtwinklig oder genau übereck aufgelegte Decktuch soll Flecke auf sonst noch sauberen Tischtüchern abdecken.

Mundservietten

Während des Essens legt der Gast die Mundserviette auf den Schoß. Sie dient zum Schutze der Kleidung vor herabfallenden Speiseteilchen und zum Abwischen des Mundes, z.B. vor dem Trinken, damit kein Fett auf den Glasrand übertragen wird.

Handservietten

Die Handserviette oder das Tragetuch ist eine ständige Hilfe beim Servieren. Sie gehört zur Ausrüstung der Bedienung und wird längs gefaltet über dem linken Unterarm getragen.

2.2 Textilien für Tischwäsche

Die klassische Tischwäsche ist rein weiß. Abwechslung bringen die (gleichfarbig) eingewebten Muster wie Rauten oder Blumen. Für festliche Anlässe wird vorwiegend weiße Tischwäsche benutzt. Bei farbiger Tischwäsche ist darauf zu achten, daß die Farbe mit der Ausstattung des Raumes harmoniert. Motiv und Farbe der Servietten sind dem aufgelegten Tischtuch anzupassen.

Gewerbliche Tischwäsche wird hauptsächlich hergestellt aus:
- ▷ Baumwolle, Leinen, Halbleinen und Chemiefasern, die einzeln oder als Mischungen durch Weben zu textilen Flächen aufgearbeitet werden.
- ▷ Vlies, seltener Filz, bestehend aus Natur- oder Chemiefasern, die durch Verkleben und Walzen zu textilen Flächen verarbeitet werden.

Die **Webart** beeinflußt das Aussehen. Am bekanntesten ist Damast, bei dem sich die eingewebten Ornamente augenfällig abheben.

Baumwolle ist strapazierfähig, kochfest, reiß- und naßfest sowie saugfähig. Nachteilig ist, daß sie fusselt, einläuft und stark knittert.

Leinen ist verhältnismäßig teuer und wird nur noch für besonders edle und wertvolle Tischwäsche verwendet.

Halbleinen ist ein kostengünstigeres Mischgewebe aus Baumwolle (Kettfäden) und Flachsgarnen (Schußfäden), wobei der Flachsanteil mindestens 40% des Gesamtgewichtes betragen muß.

Weitere **Mischgewebe** erhält man durch das Kombinieren von Garnen aus verschiedenen Materialien wie:
- ▷ natürliche Fasern untereinander oder
- ▷ natürliche und chemische Fasern.

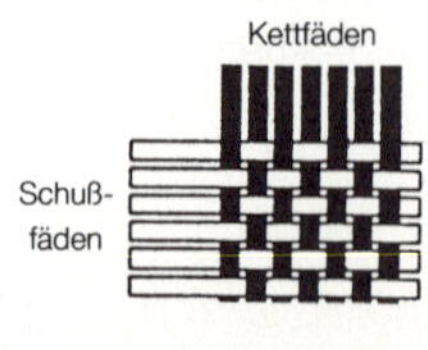

Vliesstoffe werden meist aus Chemiefasern hergestellt. Wegen ihrer besonderen Eigenschaften sind sie im gastgewerblichen Betrieb vielseitig einsetzbar. Das Material ist leicht, gut faltbar, saugfähig und kostengünstig. Es wird zu Tischwäsche (Tisch- und Tafeltücher, Deckservietten, Mundservietten und Sets), als Einwegwäsche (Bettwäsche), als Arbeitskleidung (Kochhüte, Hauben, Schürzen und Vorstecker) und als Putz- und Poliertücher verwendet.

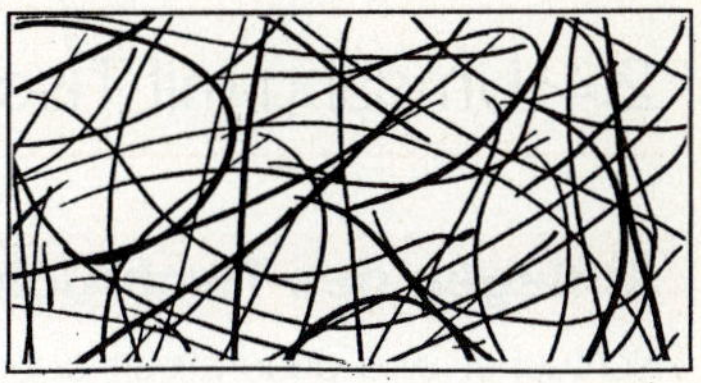

2.3 Pflege von Textilien

Für Reinigungs- und Pflegemaßnahmen sind jeweils Art und Beschaffenheit der Textilien ausschlaggebend. Zur Orientierung und Information sind diese deshalb mit jeweils entsprechenden Pflegesymbolen ausgestattet, die sich auf Waschen, Chloren, Bügeln sowie auf das chemische Reinigen beziehen.

Die nebenstehenden und ähnliche Kennzeichnungen erleichtern die Zuordnung der Textilien zu jeweils artspezifischen Reinigungs- und Pflegeverfahren.

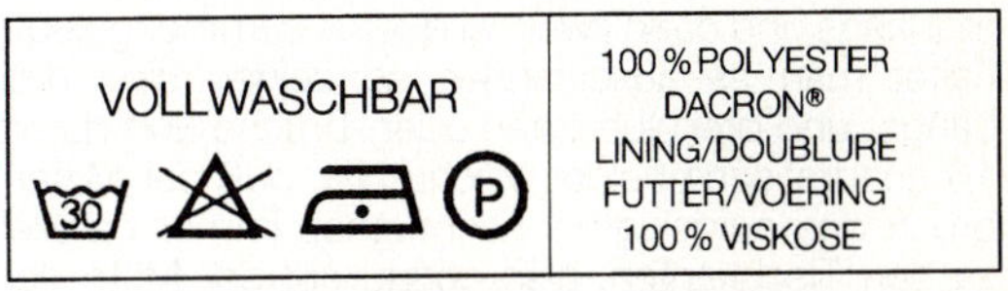

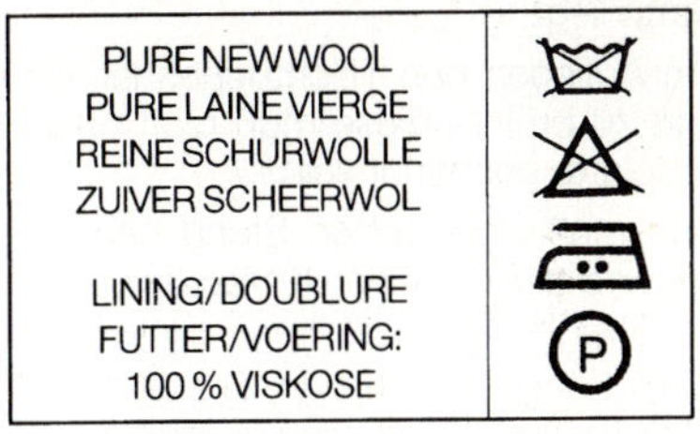

Internationale Pflegekennzeichen

Waschen (Waschbottich)	95	95	60	60	40	40	30		
	Normalwaschgang	Schonwaschgang	Normalwaschgang	Schonwaschgang	Normalwaschgang	Schonwaschgang		Handwäsche	nicht waschen
	▷ Die in den Waschbottichen angegebenen Temperaturen dürfen nicht überschritten werden. ▷ Der Strich unter einem Waschbottich weist darauf hin, daß beim Waschen eine schonendere mechanische Einwirkung anzuwenden ist (Schonwaschgang).								
Chloren (Dreieck)	Cl								
	Chlorbleiche möglich							Chlorbleiche nicht möglich	
Bügeln (Bügeleisen)	heiß bügeln		mäßig heiß bügeln		nicht heiß bügeln			nicht bügeln	
	Die Punkte weisen auf die Temperaturbereiche beim Bügeln hin.								
Tumbler-Trocknung (Trockentrommel)	Trocknen möglich herabgesetzte Temperatureinstellung			Trocknen möglich normale Temperatureinstellung				Trocknen im Tumbler nicht möglich	
Chemisch-Reinigung (Reinigungstrommel)	Chemischreinigung möglich							keine Chemischreinigung möglich	

2.4 Umgang mit Tischwäsche

Auflegen des Tischtuches

Tischtücher sind quadratisch oder rechteckig, selten rund. Die Größe ist der Tischplatte so angepaßt, daß die Tuchenden an allen Seiten gleichmäßig etwa 25 cm lang herabhängen.

Das Tischtuch wird nach dem Mangeln zuerst zweimal längs und dann zweimal quer zusammengelegt. Faltet man es auseinander, so zeigen sich drei Längs- und drei Querfalten oder -brüche und damit 16 quadratische Felder. Wichtig ist, daß der Mittelbruch des aufgelegten Tischtuches immer parallel zu den Tischkanten, also genau auf der Mitte der Tischplatte liegt.

Vor dem Auflegen des Tischtuches ist die Moltonunterlage zu prüfen; diese muß glatt und fest über die Tischplatte gespannt sein.

Der Tisch muß einen festen Stand haben. Sollte er wackeln, wird er mit dünnen Korkscheiben stabilisiert.

▷ Das Tischtuch ist nun auf den Tisch zu legen und in seiner Länge zu entfalten. Die allseitig überhängenden Tuchenden müssen gleichmäßig lang sein.

▷ Beide Webkanten (Enden) des Tischtuches (1+2) müssen unten liegen, der Mittelbruch obenauf; sie zeigen zum Tätigen.

▷ Mit ausgestreckten Händen erfassen Daumen und Zeigefinger den Mittelbruch (4) des Tischtuches, gleichzeitig halten Zeigefinger und Mittelfinger die darunterliegende Webkante (2) des Tuches. Die folgende zweite Webkante liegt frei auf dem Tisch.

▷ Das Tischtuch wird nun angehoben und die freiliegende Webkante (1) mit leichtem Schwung, und entsprechend lang, über die dem Tätigen entgegengesetzte Tischkante gebracht.

▷ Den mit Daumen und Zeigefinger gehaltenen Mittelbruch (4) läßt man nun los. Dann wird die mit Zeigefinger und Mittelfinger festgehaltene Webkante (2) des Tuches nach vorn gezogen, wobei gleichzeitig die korrekte Lage des Tischtuches bestimmt wird. – Das Glattstreichen der Tischtücher mit den Händen ist unhygienisch und deshalb abzulehnen.

Die eingedeckten Tische sollten wegen der Schattenwirkung so ausgerichtet sein, daß die Längsfalten der Tischtücher immer in eine Richtung zeigen.

Tafeltücher sind so lang, daß sie eine Person nicht alleine auflegen kann. Darum arbeiten bei dieser Tätigkeit zwei Personen zusammen.

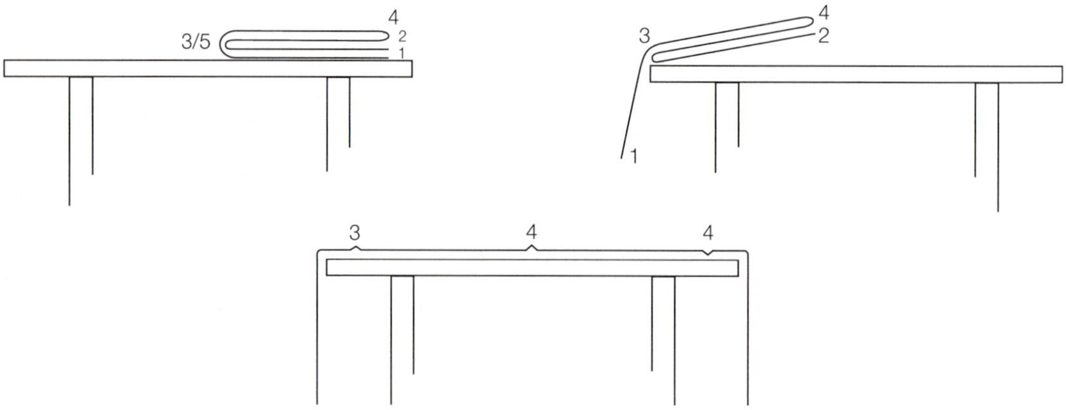

Abnehmen des Tischtuches

Saubere Tischtücher legt man zum nochmaligen Gebrauch wieder exakt in ihre alten Bügelfalten zurück:

▷ Die Arme spreizen und mit Daumen und Zeigefingern den Mittelbruch des Tuches rechts und links fassen.

▷ Tischtuch nach oben heben, so daß beide Seiten frei hängen und das Tuch im Mittelbruch gefaltet ist.

▷ Das nun einmal gefaltete Tuch mit den Längsbrüchen nach oben auf den Tisch legen; die Längsbrüche fassen und das Tuch ein letztes Mal nach oben heben, damit es glatt hängt.

▷ Danach auf dem Tisch zweimal korrekt in seine Querfalten zurücklegen und das zusammengelegte Tischtuch im Wäscheschrank verwahren.

Abnehmen von unbenutzten Tafeltüchern und korrektes Zurücklegen in die alte Faltung ist nur möglich, wenn zwei Personen zusammenarbeiten.

2.5 Brechen von Servietten

Das Brechen von Servietten gehört zum überlieferten Tafelbrauch. Kunstvolle und zeitaufwendige Faltungen (Tüten, Mützen, Fächer) kommen aus ökonomischen und hygienischen Gründen nur noch selten in Betracht. In vielen Betrieben wird die Serviette in ihrer glatten Bügelfaltung auf den Teller gelegt, um häufiges Berühren mit den Händen zu vermeiden: Werden dennoch für die festlich gedeckte Tafel gebrochene Servietten gewünscht, so sollte man einfache Formen wählen, zu deren Faltung es nur weniger Handgriffe bedarf. Die Serviette ist ein Mundtuch, deshalb steht Hygiene stets im Vordergrund.

Servietten lassen sich gut bügeln und exakt falten, wenn sie nach dem Waschen gestärkt werden. Zum Brechen in die vorgesehenen Formen werden die Servietten zuvor gefaltet.

Faltung zweiteilig

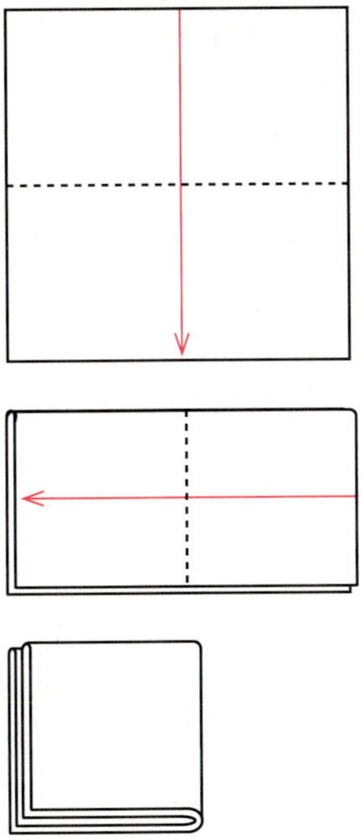

Serviette mit der Rückseite nach oben auf die Arbeitsfläche legen. Dann die Serviette von oben nach unten zur Hälfte zu einem Rechteck zusammenlegen und von rechts nach links zum Quadrat falten.

Faltung dreiteilig

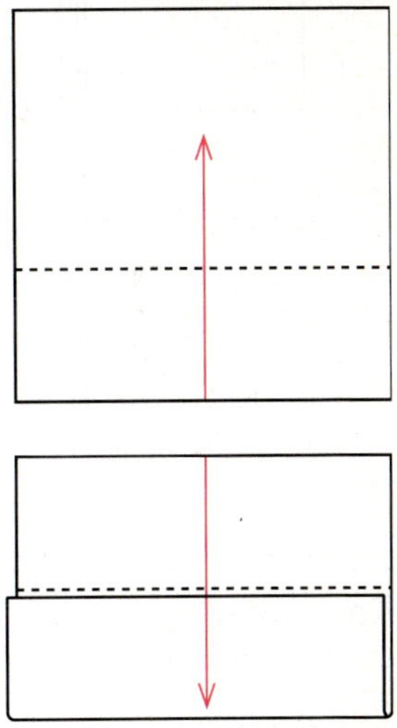

Serviette mit der Rückseite nach oben auf die Arbeitsfläche legen. Unteres Serviettendrittel quer nach oben, oberes Drittel quer nach unten falten. – Das erhaltene Serviettenrechteck wenden (die offenen Kanten zeigen jetzt nach oben). Die Enden des Rechtecks zu je einem Drittel nach links und nach rechts umschlagen, daß die Serviette quadratisch gefaltet ist.

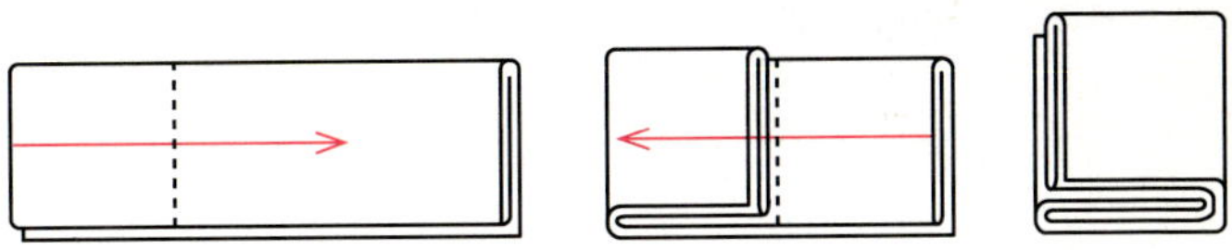

Diagonal

Serviette mit zweiteiliger Faltung; die offenen Ecken liegen rechts.

Ecke der obenen Lage diagonal bis an die gedachte Mitte legen und falten.

Teil mit der gefalteten Ecke nochmals parallel zur diagonalen Mittellinie, zur unteren Ecke hin, legen und falten.

Rechte Hälfte der Serviette senkrecht genau in der Mitte nach unten falten.

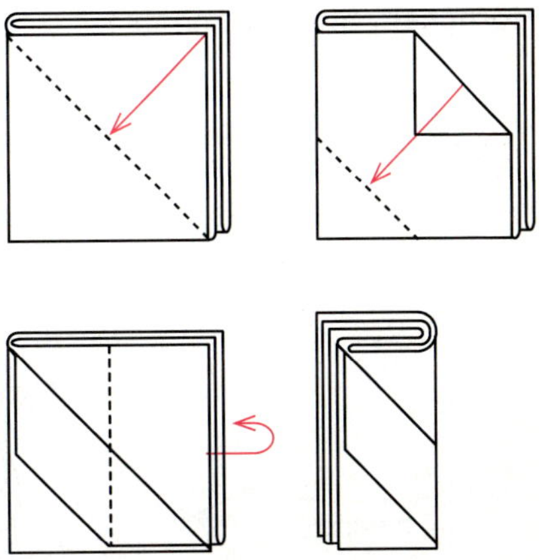

Dreiecke

Serviette mit zweiteiliger Faltung; die offenen Ecken liegen rechts.

Rechte Ecke der oberen Lage diagonal auf die untere Ecke legen und falten.

Beide obenauf liegenden Ecken – die der zweiten Lage – und die nach unten gefaltete – zum Mittelpunkt der Serviette legen und falten.

Die oben links und die unten rechts liegenden Ecken nach hinten falten.

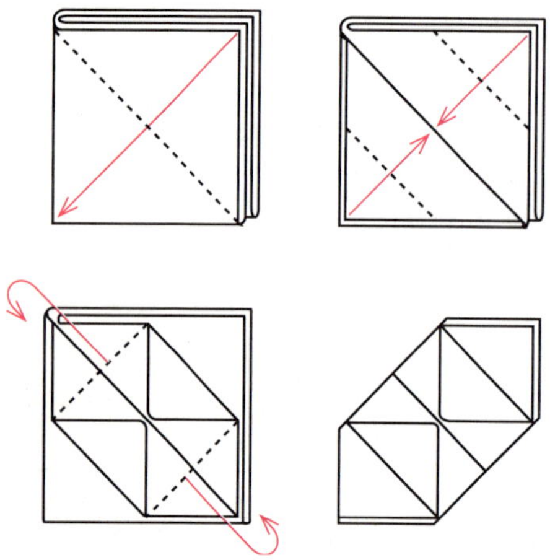

Dreifache Welle

Serviette mit dreiteiliger Faltung wieder zum Rechteck öffnen. Die beiden Außendrittel so umlegen, daß sie mit ihren Seitenkanten auf die senkrechte Brüche zu liegen kommen.

Der mittlere Serviettenteil wird durch eine schiebende Bewegung nach oben gewölbt auf den linken Teil gebracht, worauf durch Anlegen des rechten Drittels an die mittlere Wölbung die dreifache Welle entsteht.

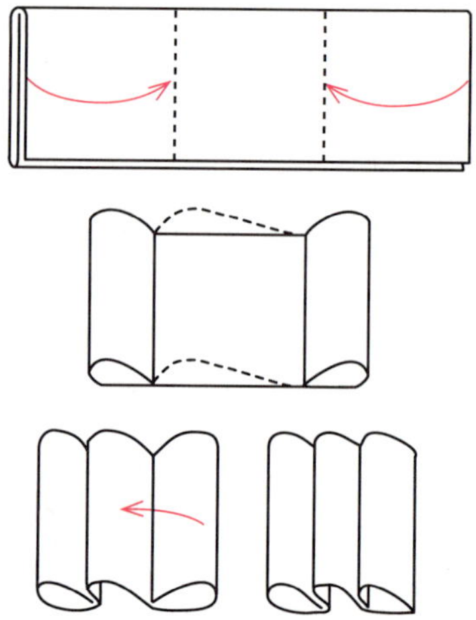

Karo mit umgeschlagenen Ecken

Serviette mit dreiteiliger Faltung; die offenen Ecken liegen oben rechts. Beide Ecken in der Diagonale einzeln gewölbt umschlagen. Die Spitze der zweiten Ecke unter die umgelegte erste Ecke stecken.

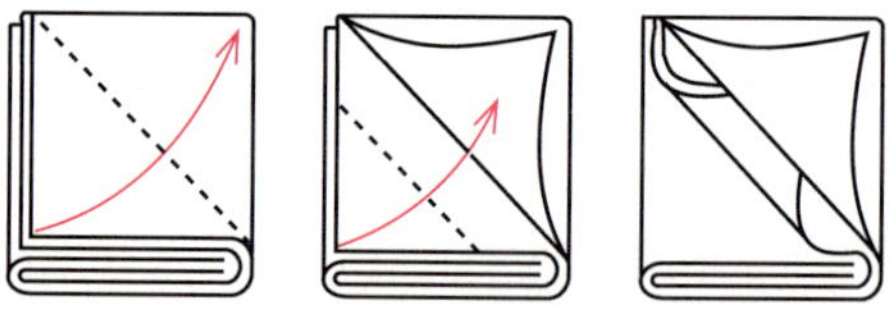

In der Erlebnisgastronomie setzt man besondere Serviettenformen auch als Dekorationsmittel ein. Darum werden hier entsprechende Möglichkeiten dargestellt.

Hörnchen, Schwanenhals

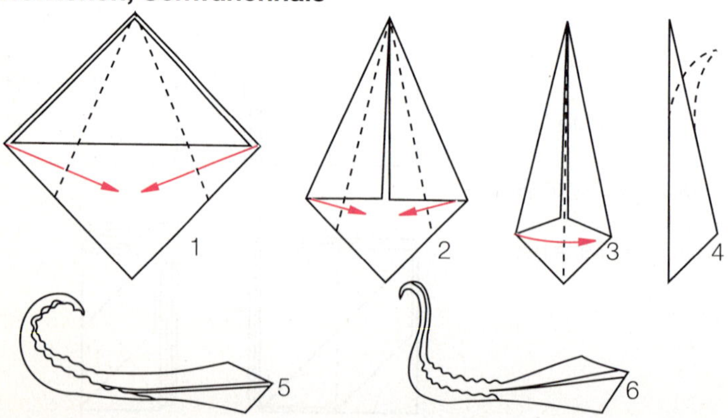

Serviette (1) mit dem Saum nach oben legen und mit einem Dreieck von Alufolie belegen. Die Ecken zweimal exakt nach innen falten (2+3). Das entstandene Element halbieren (4). Die Spitze des Elements jeweils so verändern, daß einmal das Hörnchen (5) oder der Schwanenhals entsteht (6).

Verwendung: Ausschließlich zur Dekoration auf Silberplatten und Buffet Tafeln usw.

Seerose, Artischocke

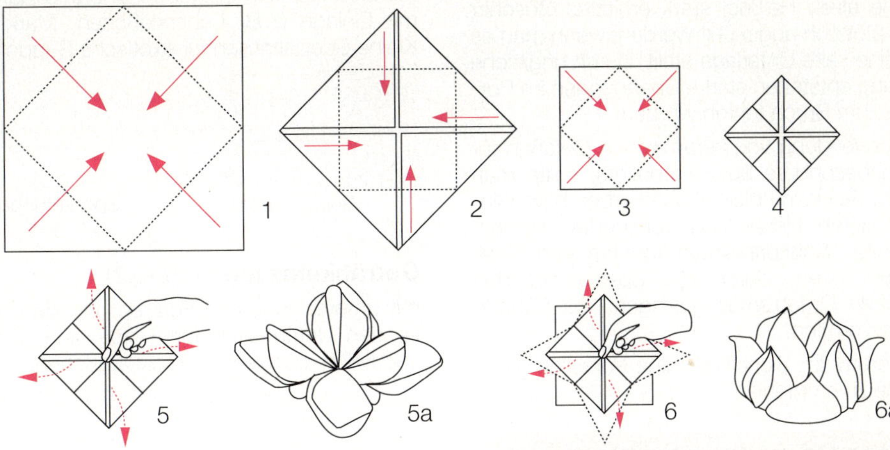

Serviette mit dem Saum nach oben legen und die vier Ecken (1) exakt zur Mitte falten. Den gleichen Vorgang wiederholen (2). Serviette wenden (3) und die vier Ecken abermals zur Mitte falten (4). Die vier inneren Ecken mit dem Finger gut festhalten (5) und die verdeckten Tuchzipfel nach außen ziehen (5a) zur Seerose.
Die so freigewordenen weiteren vier Tuchzipfel von unten heraus steil nach oben ziehen (6 und 6a) zur Artischocke.

3 Tafelgeschirr

Das Tafelgeschirr muß zusammenpassen, tadellos gepflegt sein und darf keine Beschädigung aufweisen.

Zum Tafelgeschirr zählen:

- Tischporzellan
- Eßbestecke
- Vorlege- und Spezialbestecke
- Trinkgläser
- Tafelgeräte
- Menagen

3.1 Porzellan – Keramik

Porzellan ist ein keramisches Erzeugnis, hergestellt aus Kaolin, Quarz und Feldspat. Die Porzellanmasse wird geformt, getrocknet, gebrannt sowie glasiert und danach nochmals gebrannt.

Nach der Zusammensetzung der Porzellanmasse und der Höhe der Brenntemperatur unterscheidet man

- **Hartporzellan** mit hoher Brenntemperatur und
- **Weichporzellan** mit niedriger Brenntemperatur.

Tischporzellan wird in gewerblichen Betrieben durch die häufige Benutzung stark beansprucht. Darum steht bei der Auswahl die Zweckmäßigkeit im Vordergrund.

Geschirr aus Hartporzellan ist zu bevorzugen, weil bei diesem die Bruchgefahr geringer ist. Außerdem ist es gegen mechanische Einwirkungen (Schlag, Stoß), von denen meist Ränder und Kanten betroffen werden, unempfindlicher.

Bei den farbigen Dekors werden unterschieden:

- **Unterglasurfarben,** die **vor** dem Glasieren und Brennen auf die Geschirrteile gebracht werden, und
- **Aufglasurfarben,** die **nach** dem Glasieren und Brennen auf die Geschirrteile gebracht werden.

Schmückende Dekors auf Porzellangeschirr können sein: farbige Randlinien, Blätter und Blüten oder Bildmotive, Hauswappen oder Namenszeichen. Gegenüber Aufglasurdekors sind die Unterglasurdekors haltbarer und farbbeständiger.

Bei der Auswahl ist auch die Form des Geschirrs zu beachten. Schlichte Formen lassen sich gut stapeln, haben einen geringeren Platzbedarf und sind einfacher zu reinigen.

Neben dem bereits beschriebenen Porzellan gibt es auch noch das feuerfeste bzw. wärmebeständige Porzellangeschirr, in dem man backen, braten und kochen kann. Dieses Geschirr eignet sich gleichzeitig auch als Tafelgeschirr. Dabei sollte man beachten, daß man das Geschirr nicht auf eine offene Gasflamme stellt. Heißes, stark erhitztes Geschirr darf nicht plötzlich abgekühlt werden, wenn man es z. B. auf eine kalte Unterlage stellt. Durch ungleiche Ausdehnung entstehen starke Spannungen im Porzellan, die zum Bruch führen würden.

Bei der Verwendung von keramischen Gefäßen für Buffets, insbesondere bei Salatbuffets, sollte man sicher sein, daß keine bleihaltigen Farben bzw. Glasuren zu deren Herstellung verwendet wurden. Durch Säuren (Salatdressings) könnten sich diese Substanzen lösen, durch die Speisen in den menschlichen Organismus gelangen und Schädigungen hervorrufen.

Es sind darum zur Sicherheit reine Porzellan- oder Glasgefäße zu empfehlen.

Teile des Porzellangeschirrs und deren Verwendung

Große Teller Ø 26 cm

oder Gedeckteller; auf ihnen werden separat angerichtete Speisen am Tisch vorgelegt.

Kleine Teller Ø 15 cm

oder Beiteller; für Brot, Brötchen, Toast, Butter. Sie dienen ferner als Unterteller für bereits in anderen Geschirren angerichtete kleine Vorspeisen, Süßspeisen oder Suppen und zum Ablegen von Speiseabfällen.

Mittelteller Ø 19 cm

Für Zwischengerichte, Salate, Käse und als Frühstücksteller. Auch als Unterteller für angerichtete Speisen.

Teller in Übergröße Ø 28 cm

für komplette Gerichte. Zubereitungen aus Fleisch, Fisch oder Geflügel werden mit den dazugehörigen Beilagen auf diesen Tellern angerichtet (Tellerservice).

Platzteller Ø 31 cm

sind übernormal große Schmuckteller aus Porzellan oder Edelmetallen, die bei festlichen Essen eingesetzt werden. Wie schon die Bezeichnung sagt, bleiben sie während des ganzen Essens auf der Tafel stehen. Das zum Speisen erforderliche Tafelgeschirr (Suppentassen, Teller usw.) wird auf den Platzteller gesetzt. Der Mittelraum des Platztellers ist durch ein passendes Deckchen geschützt, das gleichzeitig geräuschdämmend wirkt.

Tiefe Teller Ø 26 cm/Ø 23 cm

für gebundene Suppen und Eintopfgerichte, auch zum Ablegen von Krebstierkrusten, Austern- und Muschelschalen.

Suppentassen 0,2 l/0,1 l

mit zwei Henkeln für gebundene und klare Suppen mit Einlage (z. B. Leberklößchen, Markklößchen). Kleine Spezialtassen für exotische Suppen.

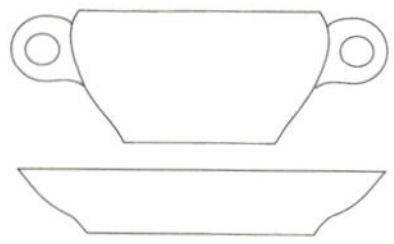

Suppentasse

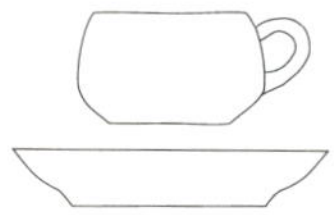

Spezialsuppentasse

Getränketassen 0,15 l/0,2 l

mit unterschiedlichen Formen und den dazu passenden Untertassen für Kaffee, Tee, Schokolade und Milch; desgleichen Mokkatäßchen.

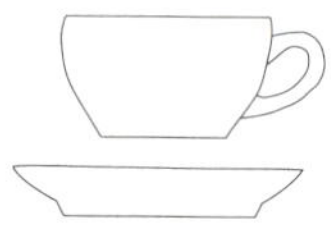

Tasse

Schokoladentasse

Platten

in ovaler oder rechteckiger Form für Fleisch, in langovaler Form für Fisch und in runder Form vorwiegend für Gemüse.

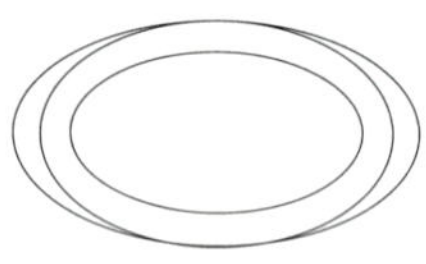

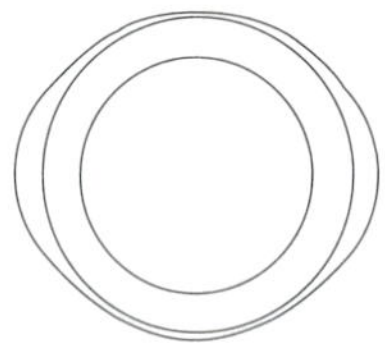

Saucieren

unterschiedlicher Größe und Formen, teilweise als Gießer, für warme und kalte Saucen sowie für flüssige und geschlagene Butterarten.

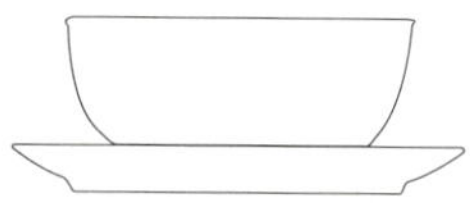

Sauciere

Buttersauciere

Schüsseln und Terrinen

mit und ohne Deckel für Eintöpfe, Suppen und Beilagen sowie für Zubereitungen mit viel Sauce (Ragouts).

Terrine

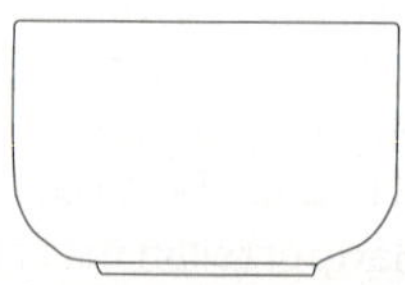

Schüssel

Kannen

mit und ohne Deckel, in Form und Größe verschieden für Kaffee, Tee, Schokolade und Milch; außerdem Gießer für Sahne und Kondensmilch zu den Aufgußgetränken.

Kaffeekanne

Teekanne

Sonstige Teile

Schalen oder Schälchen für Zucker, Konfitüre, Marmelade, Kompott, Fisch- oder Muschelragout, Apfelmus, geschnittene Kräuter oder Zwiebelwürfelchen; Fingerschalen; Stövchen; Fondueteller, Austernteller.

Marmeladen- u. Zuckerdose

Schale

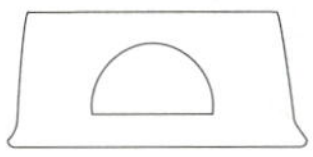

Stövchen

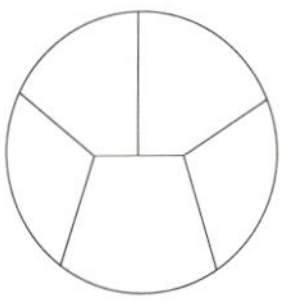

Fondueteller

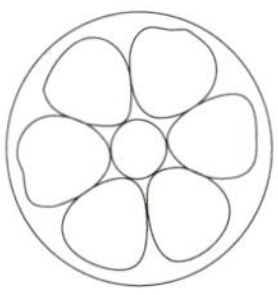

Austernteller

Muschelschale

Die aus **feuerfestem Porzellan** hergestellten Geschirre dienen hauptsächlich zum Zubereiten und Fertigstellen von Speisen. Man serviert das Gericht auch darin.

Backformen

oder Cocotten, rund und oval, zum Anrichten von Fisch, Fleisch und Gemüse. Zum Gratinieren von Teigwaren, Backen von Kartoffeln und Überbacken von Gemüsen.

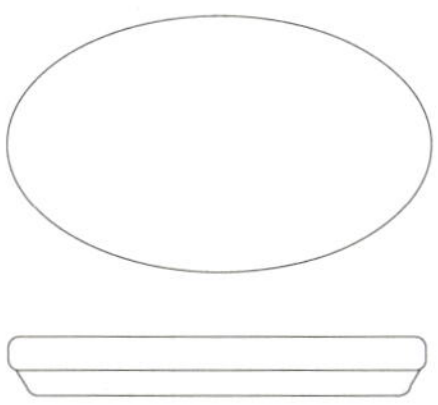

Backform oval

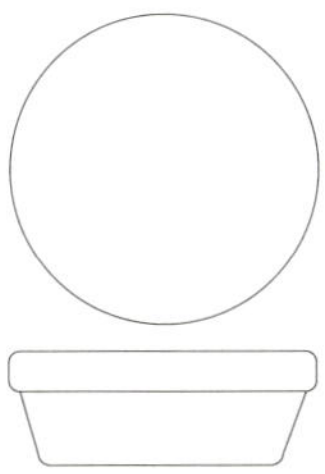

Backform rund

Auflaufformen

oder Souffléeschalen zum Backen und Servieren von Aufläufen aller Art.

Kasserollen

oval mit Deckel zum Fertigstellen von Spezialgerichten. Die halbfertigen Zubereitungen kommen in die Geschirre (z. B. Geflügel), werden darin fertig gegart und auch serviert.

Eierplatten

oder Eierpfannen zum Anrichten von Eierspeisen und zum Zubereiten und Servieren von Spiegeleiern.

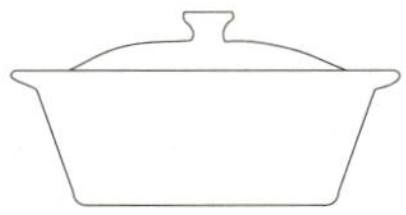

Kasserolle

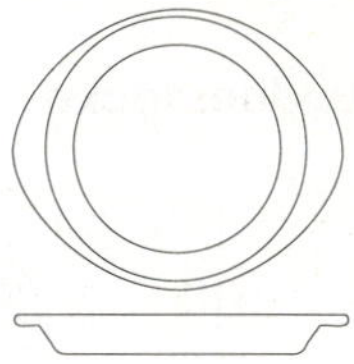

Eierpfanne

Schneckenpfannen

Flache Geschirre mit halbkugelförmigen Vertiefungen, in welche vorbereitete Schnecken gelegt und im Ofen erhitzt werden.

Schneckenpfanne

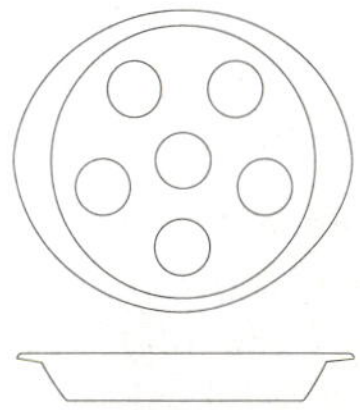

Schneckenteller

Reinigung und Pflege des Porzellans

Die Reinigung erfolgt in der Weißgeschirrspüle oder in modernen Einschub- oder Durchlaufspülmaschinen mit entsprechenden Vor- und Nachspülmitteln. In solchen Maschinen müssen auch aus hygienischen Gründen entsprechende Wassertemperaturen (Hauptspülphase 60°C; Nachspülphase mindestens 80°C) erreicht werden.

Zur Pflege des Porzellans gehört auch die Kontrolle nach schadhaften oder noch schmutzigen Teilen durch das Personal ebenso wie das Aussortieren solcher Geschirrstücke und das Nachpolieren. Sauberes Porzellan muß Glanz haben und darf weder Wasserschlieren noch einen Fettfilm aufweisen.

Kännchen und Kannen, Deckel und Henkelansätze kontrolliert man sorgfältig, weil sich da leicht Schmutz ablagert.

3.2 Bestecke

Die in der Gastronomie verwendeten Bestecke sind vorwiegend versilbert, aus Patentsilber (an stark beanspruchten Stellen verstärkt versilbert) oder aus hochwertigem Edelstahl. Welche Gebrauchsform und Metallzusammensetzung gewählt wird, ist eine Frage des Preises und des Pflegeaufwandes.

Silberbesteck sollte nach folgenden Gesichtspunkten angeschafft werden:

- ▷ Darauf achten, daß die mehr beanspruchten Stellen eine verstärkte Silberauflage haben.
- ▷ Formen ohne vertiefte Schnörkel wählen, weil sich darin Wasserablagerungen und Schmutz leicht festsetzen.

Besteckteile und deren Verwendung

Grundbestecke

Großes Besteck

Messer und Gabel für Hauptgerichte, Löffel und Gabel als Vorleger, Löffel für Suppen, die in tiefen Tellern gereicht werden.

Mittelbesteck

Messer und Gabel für Vorspeisen, Käse und für das Frühstück; Löffel für Suppen, die in der Tasse gereicht werden; Löffel und Gabel für Desserts.

Fischbesteck

Für Fisch- und Krustentierzubereitungen warm und kalt. Für Räucherfische im Rahmen von Vorspeisen werden meistens Mittelbestecke eingesetzt.

Der **Kaffeelöffel** wird neben seiner herkömmlichen Funktion auch für exotische Suppen verwendet, die in kleinen Tassen gereicht werden.

Der zum Mokkatäßchen und Espresso gehörende **Mokkalöffel** ist wesentlich kleiner als ein Kaffeelöffel,

Die **Kuchengabel** ist dreizinkig. Mit der breiteren linken Zinke wird das Kuchenstück geteilt.

Das **Tortenmesser** wird zum Schneiden von ganzen Kuchen vor dem Gast gebraucht.

Mit dem **Tortenheber** werden am Kuchenbuffet die geschnittenen Stücke auf die Teller gehoben.

Vorlegebesteck

Das **Salatbesteck** dient zum Mischen von Salatbestandteilen mit Salatsauce am Gästetisch und zum Portionieren des Salates.

Suppen in der Terrine werden mit dem **Suppenschöpfer** in tiefe Teller ausgeschöpft.

Der zum Vorlegen verwendete **Kaviarlöffel** ist meist aus Horn oder Holz; Metalle können den Kaviar geschmacklich negativ beeinträchtigen.

Das **Tranchierbesteck** für das Schneiden von Fleisch und Zerlegen von Geflügel am Gästetisch besteht aus einem spitzen, stabilen Messer und einer Gabel mit zwei oder drei längeren Zinken.

Spezialbestecke

Zum **Krebsbesteck** gehören eine kleine zweizinkige Gabel und ein kleines spitzes Messer. Das kleine Loch in der Klingenmitte dient zum Abbrechen der Krebsscherenspitzen (Luftzufuhr erleichtert das Heraussaugen des Scherenfleisches.)

Das **Schneckenbesteck** setzt sich aus einer Schneckenzange und einer schmalen Schneckengabel zusammen. Die Zange hält das Schneckenhaus. Mit der Gabel entleert man den Inhalt auf einen bereitliegenden Löffel, den man dann auch zum Munde führt.

Die Laffe der **Austerngabel** ist kurz und breit. Mit der linken abgeflachten Zinke kann der Kiemensaum der Auster entfernt werden.

Der **Hummerspatel** ist ein Hilfsbesteck. Mit den beiden kurzen Zacken der einen Seite löst man das Fleisch aus den aufgeschlagenen Scheren und Gelenken. Die Spatelform der anderen Seite wird zum Ausschaben des geteilten Hummerkörpers benutzt. Verspeist wird das Hummerfleisch mit dem Fischbesteck.

Reinigen von Silber

Bei Silberbesteck verfärbt sich nach einiger Zeit die Oberfläche zu braunem bis schwarzem Silbersulfid. Ursache ist Schwefelwasserstoff aus der Luft und den Speisen. Deshalb bedarf das Silber einer sorgsamen Pflege.

Es gibt verschiedene Möglichkeiten:

Mechanische Reinigung

- ▷ Silberputztücher
- ▷ Silberputzwatte
- ▷ Schlämmkreide und Spiritus
- ▷ Silberputzmaschinen

Chemische Reinigung

- ▷ Tauchbäder mit Aluminiumeinlage und Sodalösung
- ▷ Spezialreinigungspulver
- ▷ Silbertauchbad
- ▷ Silberreinigungspaste

Bestecke für den täglichen Gebrauch sollen sauber, ordentlich und griffbereit in den Besteckkästen eingeordnet sein.

3.3 Trinkgläser

Das durchsichtige Glas bringt das, was darin serviert wird, besonders zur Geltung. Darum werden die meisten Getränke in Gläsern serviert. Nur Aufgußgetränke, Milch und Milchmixgetränke serviert man vorwiegend in Porzellan.

Glasarten

Bei Glas unterscheidet man
- ▷ Zusammensetzung
- ▷ Verarbeitung
- ▷ Veredelung

Zusammensetzung

Das **Ausgangsmaterial** für alle Glasarten ist Quarzsand, der mit verschiedenen Stoffen vermengt und dann geschmolzen wird. Die Zusätze beeinflussen Verarbeitungseigenschaften, Härte und Farbe des Glases.

Man unterscheidet:

Einfaches Glas

Kristallglas mit Zusätzen, die das Glas läutern (reiner machen), um eine hohe Lichtbrechung zu erreichen.

Bleikristallglas mit Zusatz von Bleioxid bricht das Licht noch stärker. Es eignet sich besonders zum Schleifen, wodurch es eine hervorstechende Brillanz erhält. Der Bleigehalt ist gesundheitlich unbedenklich, weil das Blei fester Bestandteil des Glases ist und nicht in das Getränk übertreten kann.

Verarbeitung

Preßglas erkennt man an der Nahtstelle, die am Fuß des Glases erkennbar ist. Das preisgünstige Glas verwendet man in der Gastronomie z. B. für Bierkrüge, Aschenbecher usw.

Geblasenes Glas ist hochwertiger als Preßglas und wird vielfach weiterbearbeitet.

Veredelung

Hochwertige Gläser werden durch Schleifen, Gravieren, Bemalen oder Bedrucken veredelt.

Bei der Auswahl von Tafelgläsern ist darauf zu achten, daß die Getränke darin bestmöglich zur Geltung kommen. Ein Übermaß an Dekor ist darum abzulehnen.

Trinkgläser und ihre Verwendung

Bei Trinkgläsern werden folgende Grundformen unterschieden:

Stielgläser sowie **Henkel-** und **Bechergläser**.

Einteilung nach den Getränken:
- ▷ Weingläser
- ▷ Likörgläser
- ▷ Branntweingläser
- ▷ Biergläser
- ▷ Sektgläser
- ▷ Spezialgläser

Weingläser

Weißweingläser haben einen langen Stiel und einen kleinen Kelch, dessen oberer Rand nach innen gezogen ist, um die flüchtigen Duftstoffe des Weines darin zu halten.

Bei **Rotweingläsern** ist das Kelchvolumen größer.

Südweingläser sind gegenüber Weingläsern kleiner, der Kelch ist nach oben hin geöffnet.

Bordeaux- und **Burgundergläser** (Rotweingläser) haben eine großbauchige, sich nach oben schließende Kelchform, dadurch können sich Aroma und Duft im freien Raum des Glases voll entfalten.

Die Bordeauxgläser sind oval geformt, die Burgunderform ist dagegen rund.

Sektgläser

Der **Sektkelch** hat eine hochgezogene schlanke Form, damit das Moussieren (Aufsteigen der Kohlensäure) länger erhalten bleibt.

Sektschalen werden vorwiegend für Sektmischgetränke verwendet, z. B. Sekt-Bitter-Aperitif, Sekt-Orange.

Biergläser

Die **Tulpenform** fördert die Bildung der Schaumhaube (Blume), was vor allem bei Pilsbieren wichtig ist.

Das hohe **Weißbierglas** hat eine nach oben nur leicht ausladende Kelchform, dadurch kommt das stark kohlensäurehaltige Bier zu vollem Perlen.

Ein halbkugelförmiges **Weißbierglas** wird vorwiegend im Berliner Raum bevorzugt. Das weit offene Glas verhindert bei „Weiße mit Schuß" (Beimengung von Himbeer- oder Waldmeistersaft) ein Überschäumen des Bieres.

Henkelgläser werden hauptsächlich bei Bierzeltveranstaltungen oder bei besonderem Service verwendet.

Branntweingläser

In der dickbauchigen Form des **Weinbrandschwenkers** kommt das Bukett voll zur Entfaltung.

Im becherförmigen **Tumbler** wird Whisky pur oder mit Eis ausgeschenkt.

Im **Stamper** oder **Stamperl** serviert man klare Schnäpse.

Das **Aquavit-Glas** für nordische Branntweine wird stark gekühlt gehalten; beim Servieren soll das Glas kältebeschlagen sein.

Likör- und Spezialgläser

Die ausladende **Likörschale** verwendet man für dickflüssige Liköre mit ausgeprägtem Geschmack.

Das **Grogglas** wird mit dem eingelegten Glasstäbchen für heiße Rum- oder Arrakgetränke verwendet.

Irish-Coffee-Gläser brauchen eine hohe Hitzebeständigkeit, weil der dazu verwendete Whisky im Glas entzündet wird.

Das **Eiskaffeeglas** kann auch für Eisschokolade Verwendung finden.

Pflege der Trinkgläser

Gläser werden in warmem Wasser, dem ein Gläserspülmittel zugesetzt ist, mit einer speziellen Gläserbürste gewaschen. Sie müssen sorgfältig von Fett- und Lippenstiftresten gereinigt sein und in warmem, klarem Wasser nachgespült werden. Gläser, in denen Eierliköre und ähnliche serviert wurden, sollten in heißem Wasser mit Lösungsmittel vorgewaschen werden. Zum Abtropfen stellt man die Gläser mit der Öffnung nach unten auf saugfähige Unterlagen ab, um sie anschließend mit sauberen, nicht flusenden Tüchern zu polieren.

Beim Polieren der Gläser nimmt man eine Seite des Tuches in die linke Hand, umfaßt damit das Stielende und schiebt mit der rechten Hand die andere Tuchseite in das Glas. Mit dem Daumen innen und den anderen Fingern außen wird das Glas in drehender Bewegung poliert.

Die meisten Betriebe benutzen Gläserspülmaschinen, wobei sich auch das Polieren der Gläser erübrigt.

Um dem Gast einwandfreie, saubere Gläser vorsetzen zu können, ist zu beachten:

- Jedes Glas auf Beschädigung und Sauberkeit kontrollieren,
- nicht saubere Gläser nachspülen und polieren,
- Gläser gegen Verstauben im Gläserschrank mit der Öffnung nach unten aufbewahren,
- längere Zeit nicht benutzte Gläser auf jeden Fall in warmem Wasser nachspülen,
- Gläser zur Durchlüftung auf durchbrochenen Unterlagen abstellen,
- polierte Gläser zur Kontrolle nochmals gegen das Licht halten.

4 Tafelgeräte

Tafelgeräte sind Vorrichtungen und Spezialgeschirre, die neben dem eigentlichen Tafelgeschirr im Service eingesetzt werden.

4.1 Tafelgeräte und deren Verwendung

Je nach Art des Services und der zu servierenden Speisen und Getränke benötigt man unterschiedliche Tafelgeräte.

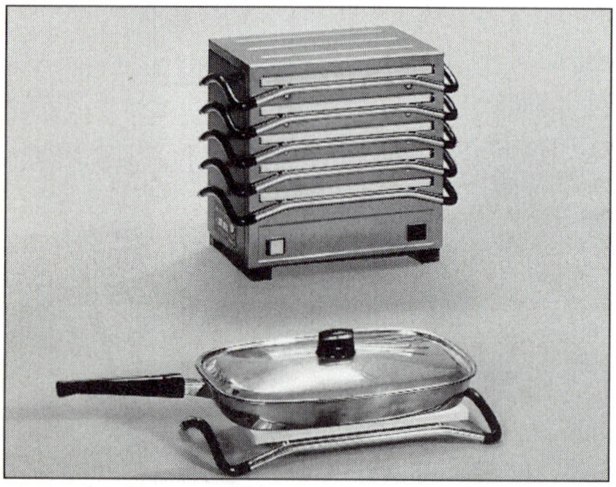

Réchauds dienen dem Warmhalten von Speisen und Getränken am Tisch des Gastes. Es werden hauptsächlich vorheizbare Wärmespeicherplatten eingesetzt.

Clochen, glockenartige Abdeckhauben, meist aus Metall, sind zum Warmhalten angerichteter Speisen während des Transportes aus der Küche und am Gästetisch unerläßlich. Clochen stets gut erwärmt benutzen, sonst bewirken sie das Gegenteil.

Das **Flambierréchaud** dient der abschließenden Fertigstellung (z. B. Andünsten, Einkochen, Flambieren) von Speisen, die im wesentlichen in der Küche vor- bzw. zubereitet wurden. Zu diesem Zweck ist es mit einem regelbaren Brenner ausgestattet.

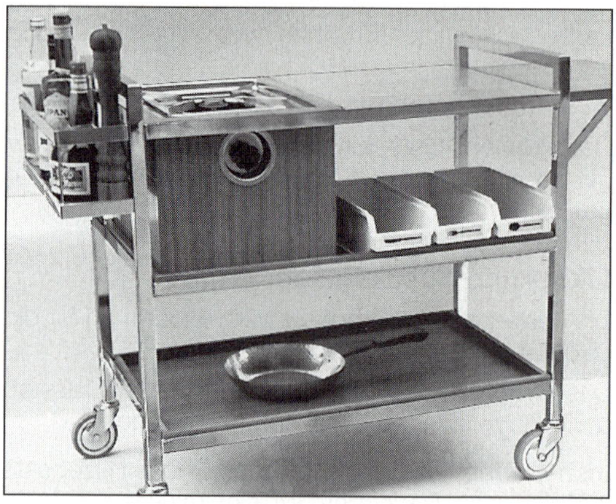

Flambierréchauds können auch in einem **Flambierwagen** fest installiert sein.

In der **Flambierpfanne** (Kochgeschirr) werden Speisen fertiggestellt und flambiert.

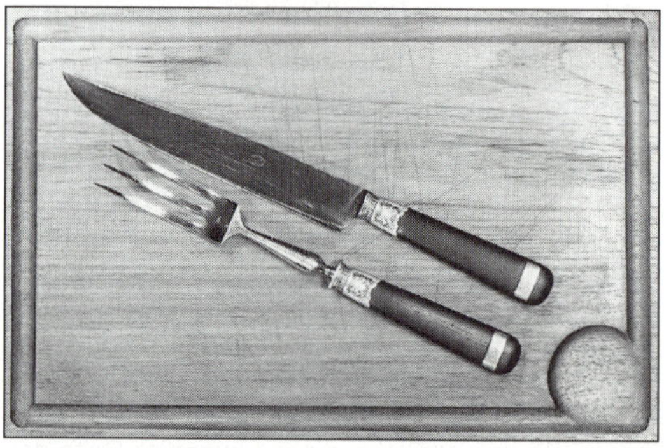

Tranchierbretter mit umlaufender Saftrille und napfartiger Vertiefung dienen dem Aufteilen (Tranchieren) von Fleisch und Geflügel am Gästetisch. Austretender Fleischsaft läuft in die Rille und die Vertiefung und kann mit einem Löffel entnommen werden.

In **Brotkörben** reicht man Brot und Brötchen oder setzt sie am Tisch ein.

Toaste legt man in eine **warme Serviette** und serviert sie auf einem **Mittelteller.** Die warme Serviette verhindert einen Niederschlag der aus den Brotscheiben entweichenden Feuchtigkeit und damit das Weichwerden der Toaste.

In **Weinkühlern** hält man Wein oder Sekt mit Eis kühl. Es gibt Tischkühler und Standkühler (mit Fuß).

Menagen sind Tischgestelle für Essig und Öl, auch für Salz, Pfeffer, Paprika und andere Gewürze. Behältnisse für Senf und Würzsaucen sowie Pfeffermühlen gehören dazu.
Die einzelnen Teile werden entsprechend der bestellten Speisen eingesetzt. Der Gast kann sich bedienen.

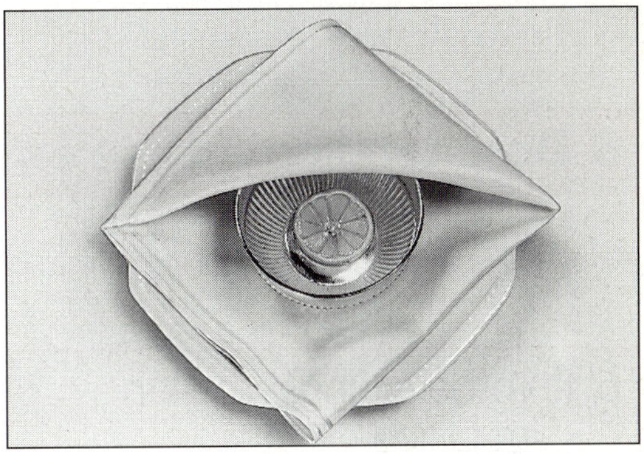

Die **Fingerschale** oder Fingerbowle ist die Bezeichnung für eine kleinere Schale mit Wasser und Zitronenscheibe zum Abspülen der Fingerspitzen. Sie wird nach dem Genuß von Speisen gereicht, die mit der Hand berührt wurden, z. B. rohes Obst, Krebse, Geflügel. Die Fingerschale steht in einer Serviette, damit Spritzer abgefangen werden.

4.2 Servicetische

Der Servicetisch ist der Arbeitstisch für das Servicepersonal.

Servicetisch (Servant), stationär.

Um einen reibungslosen Arbeitsablauf zu gewährleisten, ist es notwendig, daß die erforderlichen Arbeitsmittel für den täglichen Gebrauch und Bedarf ordentlich und sauber auf dem großen Servicetisch vorbereitet sind.

Kleiner Beistelltisch (Guéridon), variabler Standort.

Beim Vorbereiten des Guéridon richtet man sich nach der jeweiligen Speisenart und Speisenfolge und ob tranchiert, vorgelegt oder ein Gericht fertiggestellt werden soll. Als Grundlage werden Vorlegebestecke und Warmhalteplatten bereitgestellt.

Fleisch- oder Tranchierwagen
(Chariot à viande)

Der Einsatz dieses Wagens richtet sich nach dem Angebot der Speisekarte und nach dem Service-Standard des jeweiligen Restaurants.

Beim linken Wagen ist der Haubendeckel zurückgelegt. Die ausladende runde Platte ist das Tellertablett. In die nach unten hängende lang-ovale Mulde gehört das Tranchierbesteck.

Beim Service vom Wagen werden gegarte ganze Fleischstücke, wie z. B. Roastbeef oder Tafelspitz am Tisch des Gastes vor dessen Augen fachgerecht tranchiert.

5 Bereitstellen – Mise en place

Nur bei gewissenhaftem Bereitstellen (Mise en place) ist später ein reibungsloses Service gewährleistet.

5.1 Vorbereitungsarbeiten im Office

Das **Office** liegt meist zwischen Küche und Gastraum. Es dient als:

- ▷ **Bereitstellungsraum** für Tischwäsche, Porzellan, Gläser, Réchauds usw.; kurz für alles, was zum Service erforderlich ist;
- ▷ **Arbeitsraum** für Reinigung und Pflege aller zum Service notwendigen Gegenstände.

Die Arbeiten sind im einzelnen bei Geschirr und Geräten beschrieben.

Zusammenfassung der Vorbereitungsarbeiten im Office:

- ▷ Spülen und Polieren der Gläser,
- ▷ Reinigen der Brotkörbe, Tabletts, Servierbretter und Réchauds,
- ▷ Säubern und Auffüllen der Menagen,
- ▷ Überprüfen der Réchauds auf Betriebsfähigkeit,
- ▷ Nachpolieren und Einsortieren von Porzellan in den Wärmeschrank,
- ▷ Silber griffbereit in Besteckkästen einordnen,
- ▷ Austauschen, Auffüllen und Einsortieren von Tischwäsche und Gläsertüchern.

5.2 Vorbereitungsarbeiten im Restaurant

Das Mise en place beeinflußt die Arbeiten am Servicetisch und am Restauranttisch.

Servicetisch

Der Servicetisch (Servant) ist dem Arbeitsbereich (Revier) zugeordnet, aus der Sicht der Arbeitsorganisation der vorgeschobene Arbeitsplatz.

Der Servicetisch

- ▷ verkürzt die Arbeitswege, denn der Weg Restauranttisch – Servicetisch ist meist kürzer als der Abstand Restauranttisch – Office;
- ▷ ist entsprechend dem jeweiligen Service (à la carte, Bankett) und dem Angebot auf der Speisekarte (z. B. Spezialitäten) auszustatten.

Restauranttisch

Die Arbeiten sind in der Reihenfolge der Ausführung zusammengefaßt:

- ▷ Tische ausrichten und auf Standfestigkeit prüfen, evtl. durch Unterlegen stabilisieren,
- ▷ Molton aufspannen und Tischtücher auflegen,
- ▷ Grundgedeck eindecken.

Grundgedeck

Einfaches Grundgedeck

Erweitertes Grundgedeck

Eindecken einer Festtafel

Sonderessen sind immer vorbestellt. Die Speisenfolge und die Getränkefolge liegen also fest, so daß die entsprechenden Gedecke (Gesamtheit der zur Mahlzeit gehörenden Tafelgeräte) nach dem Auflegen des Tischtuches eingesetzt werden können.

Man beginnt mit dem Einsetzen des Stand- bzw. Platztellers. Ist dieser nicht vorgesehen, legt man die gefaltete Serviette an den Platz, an dem später der

Bankettgedeck
Speisenfolge: Suppe, Fisch, Fleisch, Süßspeise
Getränkefolge: Weißwein, Rotwein, Sekt

Gedeckteller steht. Damit wird gleichzeitig der Abstand zum nächsten Gedeck festgelegt. Vom Platzteller oder der Serviette beginnend auf der rechten Seite, je nach Menüfolge: Messer, Fischmesser und Löffel anlegen, links die Gabeln.

Das Dessertbesteck liegt oberhalb des Teller- oder Serviettenrandes, die Mittelgabel mit dem Griffende nach links, der Mittellöffel mit dem Griffende nach rechts.

Alle Besteckteile, außer den hochgeschobenen, liegen eine Fingerbreite oberhalb der Tischkante.

Für die Anzahl der Besteckteile gilt:
Rechts vier, links drei und oberhalb des Gedeck- oder Platztellers zwei Teile. Werden für ein größeres Menü mehr Besteckteile benötigt, deckt man diese nach, kurz bevor der jeweilige Gang serviert wird.

Wird nur ein Glas eingedeckt, steht dieses oberhalb der Messerspitze.

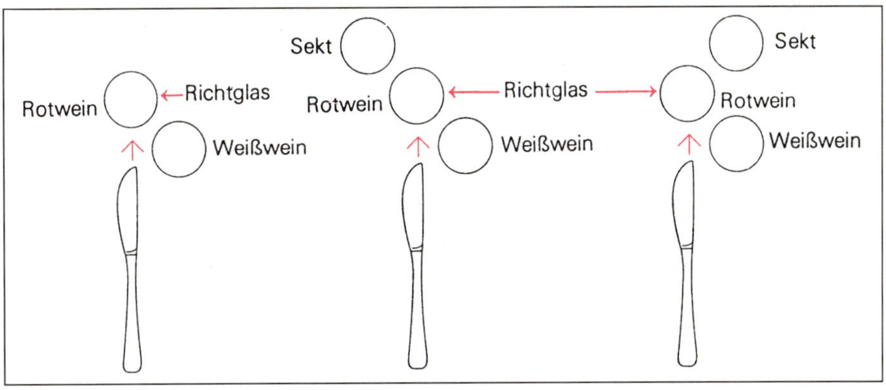

Zwei Gläser — Drei Gläser Reihenstellung — Drei Gläser Dreieckstellung

Sind mehrere Gläser erforderlich, so bezeichnet man das Glas, das oberhalb der Messerspitze steht, als **Richtglas.**

Beim Aufstellen von zwei Gläsern und beim Aufstellen von drei Gläsern in Reihenstellung steht meist das Rotweinglas direkt über der Messerspitze. Bevorzugt man die gefälligere Dreieckstellung, steht ebenfalls das Rotweinglas über der Messerspitze. Nach dem Ausheben können auch die anderen Gläser benutzt werden, ohne sie zuvor verschieben zu müssen.

Tafelschmuck

Die dekorative Ausschmückung einer Festtafel ist die abschließende Arbeit nach dem Eindecken. Die Auswahl der Blumen und Gegenstände wird vom Anlaß her bestimmt, denn eine Hochzeitstafel verlangt z. B. eine andere Ausstattung als ein Jagdessen.

Dekorationsmittel können u. a. sein:

- ▷ Leuchter oder Öllichter,
- ▷ Blumenschmuck oder farbiges Herbstlaub,
- ▷ Tischläufer oder Bänder,
- ▷ künstlerisch gestaltete Menü- und Tischkarten.

Bei der Anwendung ist auf einige Punkte zu achten:

- ▷ Leuchter so aufstellen, daß der Kontakt zum Gegenüber möglich ist,
- ▷ Blumengestecke möglichst flach (20 cm) und wenig ausladend halten; alle Gäste wollen sehen und gesehen werden und miteinander plaudern können,
- ▷ Tischläufer und Bänder über die gesamte Länge der Tafelmitte legen.

6 Arbeiten im Service

Für die Arbeiten im Service sind erforderlich:

- ▷ Fähigkeiten im Umgang mit Geschirr: Wie trägt man was?
- ▷ Kenntnis der Servierregeln: Was ist wann wie auszuführen?

Gebrauch der Handserviette

Die Handserviette dient dem Schutz während der Arbeit (Tragen heißer Speisen) sowie der Hygiene (Tragen von Tafelgeschirr). Es handelt sich um ein Servier- oder Tragetuch, das der Länge nach gefaltet über dem linken Unterarm getragen wird. Wenn man die Handserviette nicht benötigt, ist sie auf dem Servicetisch oder Beistelltisch abzulegen.

Die Hygiene verbietet, die Handserviette

- ▷ unter die Achsel zu klemmen,
- ▷ in die Tasche zu stecken,
- ▷ als Staub- oder Handtuch zu benutzen.

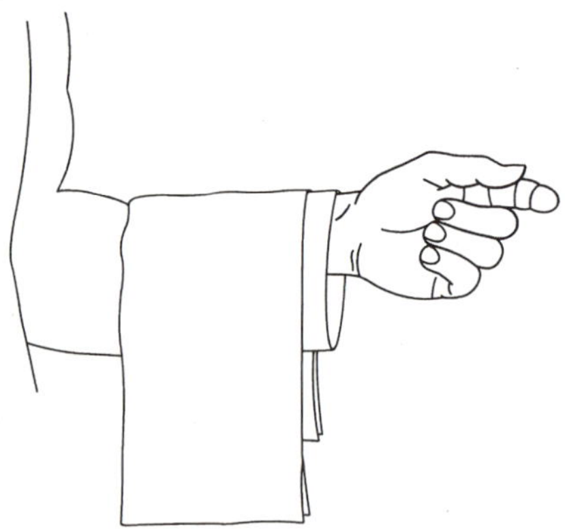

6.1 Tragtechniken

Das Tragen von Tafelgeschirr und angerichteten Speisen wie auch das Abtragen gebrauchten Geschirrs erfordert bestimmte Arbeitsweisen. Mit der linken Hand (Traghand) wird vorwiegend getragen. Mit der rechten Hand (Arbeitshand) wird eingesetzt, vorgelegt und ausgehoben.

Bestecke

Besteckteile zum Eindecken werden auf der Handserviette liegend in der linken Hand getragen und mit der rechten Hand eingesetzt.

Zum Nachdecken von Bestecken während des Services trägt man Besteckteile auf einem mit Serviette versehenen Teller zum Gästetisch.

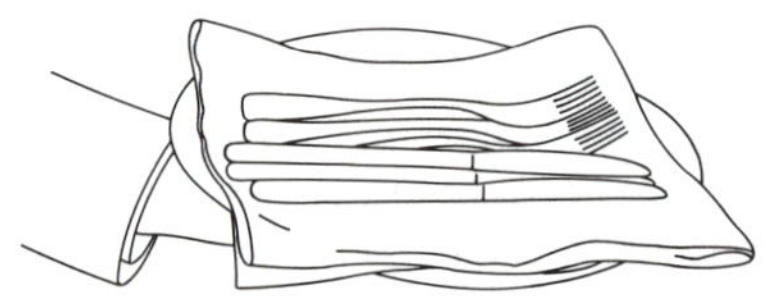

Tellerstapel

Leere Teller werden aufeinandergestapelt getragen.

Kleine Stapel trägt man frei auf der linken Hand. Zwischen unterem Teller und der Hand liegt die zusammengefaltete Handserviette. Am Gästetisch nimmt man die Teller einzeln mit der rechten Hand vom Stapel ab und setzt sie dem Gast von rechts ein.

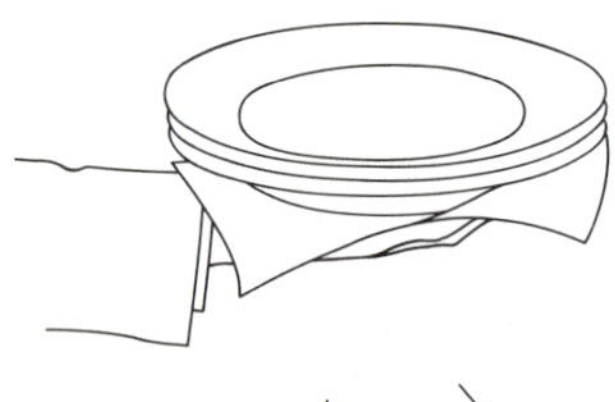

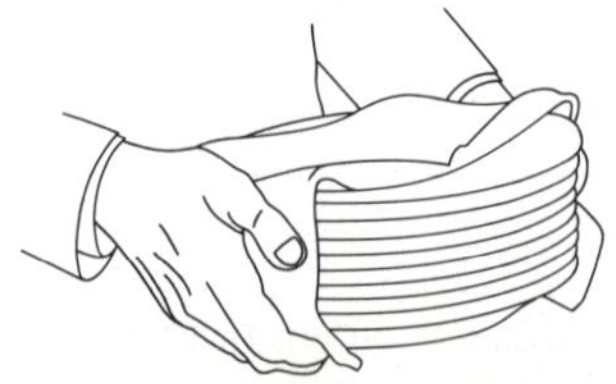

Größere Stapel werden mit beiden Händen, ohne die Kleidung zu berühren, getragen. Eine saubere Handserviette liegt längs gefaltet über dem Stapel. Beide Hände fassen mit den Tuchenden unter den Rand des letzten Tellers und nehmen den Stapel auf. Auf einem am Gästetisch bereitstehenden kleinen Beistelltisch (Guéridon) werden die Teller abgesetzt und von hier aus eingesetzt.

Teller mit Speisen

Beim Tragen eines Tellers liegen die vier ausgestreckten Finger der linken Hand unter dem Tellerboden, während das Daumenglied den äußeren Tellerrand festhält.

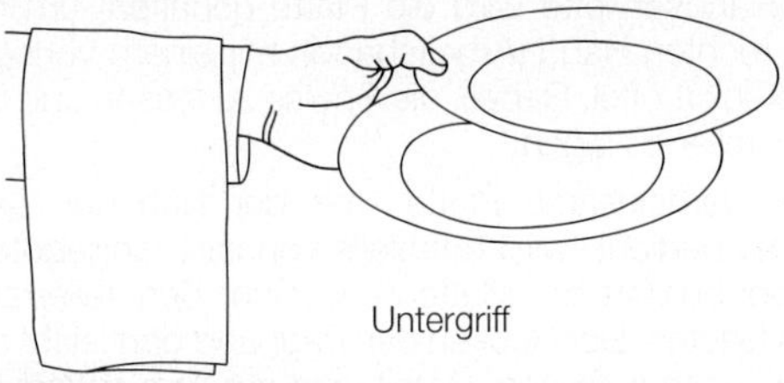

Untergriff

Werden zwei Teller getragen, so halten Daumen und Zeigefinger einen Teller. Der zweite ist so unter den ersten zu schieben, daß sein Rand den Zeigefinger berührt und vom Mittelfinger gestützt wird. Der Tellerboden wird vom Ringfinger und kleinen Finger getragen; ein Teil des Handballens liegt auf dem äußeren Tellerrand.

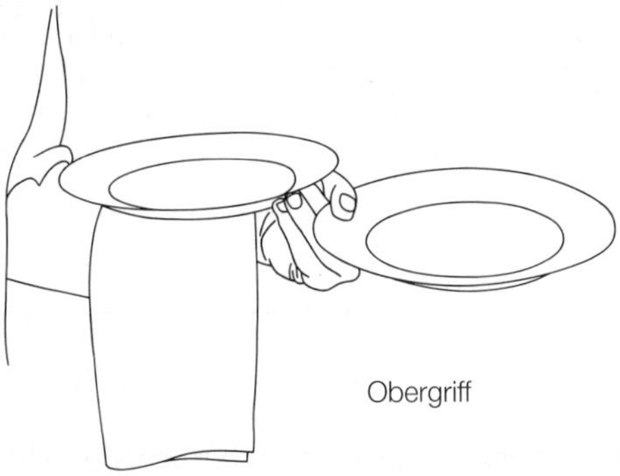

Obergriff

Eine weitere Möglichkeit ist, den zweiten Teller aufgesetzt zu tragen. Der zweite Teller ruht dann auf dem Unterarm, dem Handballen und den nach oben zeigenden, gespreizten übrigen Fingern. Ein dritter Teller kann mit der rechten Hand getragen werden. – Im gepflegten Service werden nicht mehr als zwei Teller mit einer Hand getragen.

Tassen mit Inhalt

Die Tasse steht auf einem Unterteller (Untertasse), dieser auf einem Mittelteller mit Papierserviette (festerer und ruhigerer Halt).

Beim Tragen von einer Tasse und von zwei Tassen wendet man die gleiche Technik an wie beim Tragen von Tellern mit Speisen.

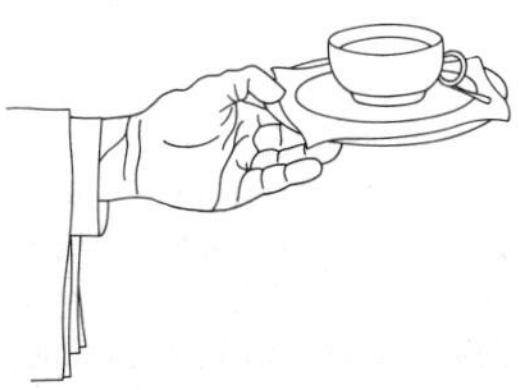

Platten mit Speisen

Für das Tragen einer großen heißen Platte, die für mehrere Personen angerichtet wurde, liegt die mehrfach zusammengefaltete Handserviette auf der Innenseite der flachen linken Hand. Die mit einer Cloche bedeckte Platte wird vom Ausgabeschalter auf die geschützte linke Hand gezogen und flach vor dem Körper oder in Schulterhöhe frei zum Servicetisch getragen.

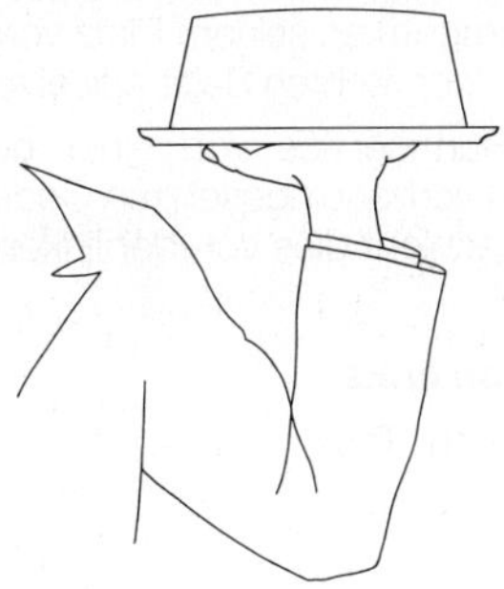

Mehrere kleine heiße Platten und gefüllte Beilagenschalen sowie die dazugehörenden Gedeckteller (A-la-carte-Service) werden auf ein großes Serviertablett (Plateau oder Schlitten) gestellt. Damit die Geschirrteile nicht rutschen, wird das Tablett zuvor mit einem Tuch belegt. Das Tablett wird auf den gespreizten Fingern der linken Hand in Schulterhöhe getragen; die zusammengefaltete Handserviette liegt in der Handhöhle. Man setzt auf dem Servicetisch ab und bringt von hier aus Gedeckteller und Speisen an den Gästetisch.

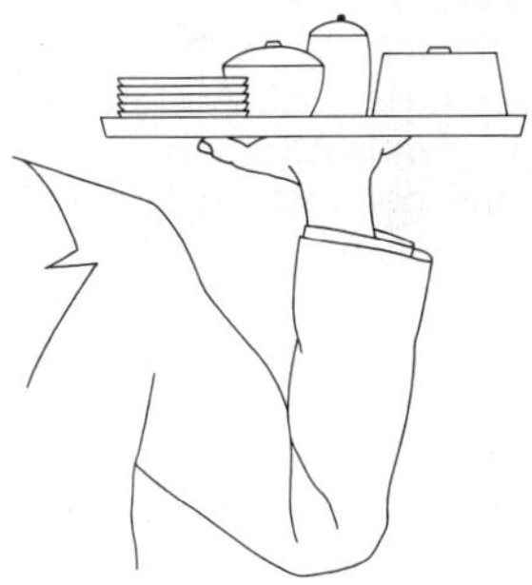

Gläser

Einzelgläser mit Inhalt werden ebenso wie mehrere Gläser mit Inhalt auf einem mit einer Piccoloserviette unterlegten ovalen oder runden Serviertablett mit der linken Hand getragen und mit der rechten Hand eingesetzt. In beiden Fällen liegt die längsgefaltete Handserviette über dem linken Unterarm.

Wenn eine größere Anzahl leerer Gläser transportiert wird, benutzt man ein großes Serviertablett (Plateau oder Schlitten). Um ein Rutschen der Gläser zu vermeiden, liegt auf dem Serviertablett ein Tuch. Mit Gläsern vollgestellte Serviertabletts werden grundsätzlich mit beiden Händen getragen, ohne daß man dabei mit dem Tablett die Kleidung berührt.

6.2 Servierregeln für das Einsetzen und Vorlegen

Beim Servieren haben sich alle Bewegungsabläufe danach zu richten, daß der Gast nicht gestört wird und gleichzeitig das Servierpersonal möglichst ungehindert, ohne umständliche Verrenkungen, arbeiten kann.

Alles, was dem Gast einzeln angerichtet (außer Salatteller oder Kompott) an seinem Platz vorgesetzt wird, muß man von der rechten Seite einsetzen.

Wird beim Rundservice von einer gemeinsamen Platte auf den vorher eingesetzten Gedeckteller vorgelegt, so geschieht dies von der linken Seite.

Auf der flachen linken Hand (Traghand) mit gefalteter Handserviette wird die Platte gehalten, um mit der rechten Hand (Arbeitshand), mit einem Vorlegebesteck (Löffel, Gabel), die Speise zu fassen und auf den Teller zu legen.

Eine gemeinsame Platte, von der sich der Gast selbst bedient, wird ebenfalls von links angeboten. Dabei berührt der Plattenrand nicht den Tellerrand des Gastes. Der Rücken der Traghand darf leicht auf dem Tisch aufliegen. Damit wird der Arm entlastet.

Einsetzen von links

- Brot, Brötchen, Toast
- Kompott
- Salat
- Resteteller
- Fingerschale
- Frühstücksei
- Präsentieren und Vorlegen von Speisen

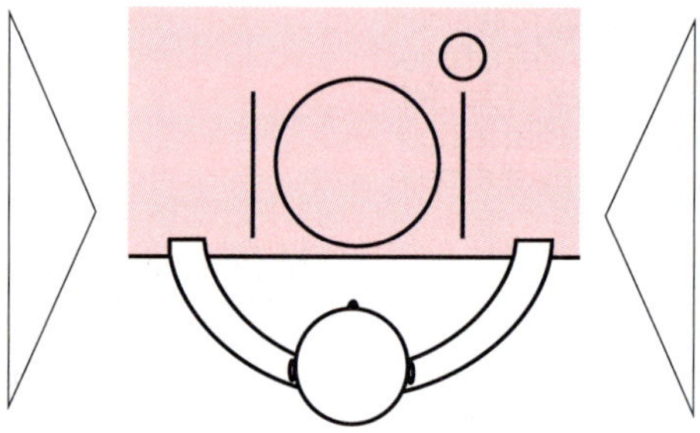

Einsetzen von rechts

- Suppen
- Teller mit Speisen
- leere Gedeckteller
- Kaffee- und Mokkatassen
- Gläser
- Präsentieren und Einschenken von Getränken

6.3 Servierregeln für das Ausheben

Das äußere Zeichen des Gastes, daß er mit dem Essen fertig ist, sind die parallel auf dem Teller liegenden Besteckteile. Das Ausheben des Tafelgeschirrs erfolgt grundsätzlich von der rechten Seite des Gastes mit der rechten Hand (Arbeitshand). Diese gibt das Geschirr an die linke weiter (Tragehand).

Eine Ausnahme bilden die Geschirrteile, die an der linken Seite des Gastes stehen. Bei einer geschlossenen Gesellschaft wartet die Brigade auf ein Zeichen des Restaurantleiters und beginnt dann gleichzeitig mit dem Ausheben da, wo mit dem Bedienen begonnen wurde.

Suppenteller werden mit der rechten Hand ausgehoben und an die linke Hand weitergegeben. Ein weiterer Teller wird auf den Unterarm und den Handballen aufgelegt. Die hochgespreizten Finger bilden den dritten Stützpunkt. Der Löffel des jeweils ausgehobenen Tellers wird zum ersten gelegt. Mehr als vier Teller sollten nicht gleichzeitig ausgehoben werden.

Suppentassen samt Unterteller werden mit der rechten Hand ausgehoben und von der linken Hand aufgenommen. Ein zweites Gedeck wird zunächst auf den linken Unterarm und Handballen abgesetzt, dann stellt man die Tasse dieses Gedecks in die des ersten, legt Löffel zu Löffel. Auf den verbliebenen Unterteller kommt ein drittes Gedeck. Ein viertes Gedeck wird mit der rechten Hand abgetragen.

Teller werden wie Suppenteller ausgehoben. Hier ist das Gabelende vom Daumen festzuhalten. Das Messer wird mit der Klinge unter den gewölbten Gabelgriff geschoben. Weitere Teller werden auf Unterarm, Handballen und gespreizte Finger aufgelegt. Die Gabeln der folgenden Gedecke kommen zu der ersten, die Messer unter die Gabeln.

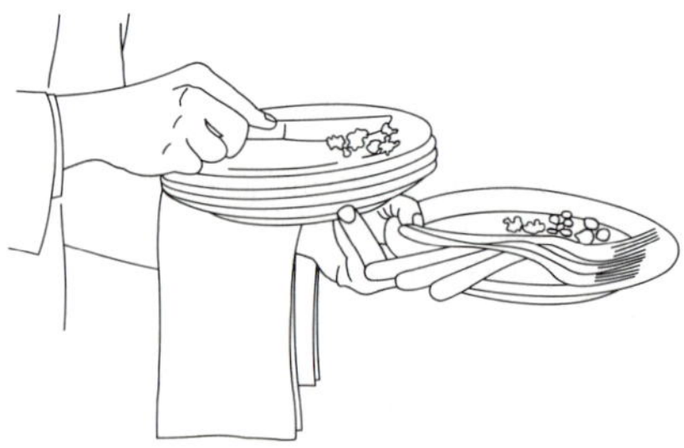

Teller mit Speiseresten. Der in der linken Hand befindliche Teller wird als Sammelteller nicht nur für die Bestecke, sondern auch für Speisereste benutzt. Die Gabel vom oberen Teller (aufgesetzt Unterarm, Handballen) auf den Sammelteller legen. Durch behutsame, schiebende Bewegungen mit dem Messer bringt man die Speisereste vom jeweils oberen Teller auf den Sammelteller; das Messer ist danach unter die Gabeln zu stecken.

Mokka- und Kaffeegeschirr. Die linke Hand hält das Tablett. Von der rechten Seite des Gastes wird das Geschirr mit der rechten Hand ausgehoben und auf das Tablett abgestellt.

Gläser hebt man wie Mokka- und Kaffeegeschirr aus. – Stielgläser werden dabei in der Stielmitte, Henkelgläser am Henkel und Bechergläser am unteren Drittel angefaßt. – Niemals in die Gläser fassen!

Unbenutzte Gedecke. Gabeln und Löffel in der Stielmitte, Messer am Griff ausheben und auf einem mit einer Serviette ausgelegten Tablett anordnen. Unbenutzte Gläser werden wie benutzte ausgehoben.

6.4 Tafelformen

Tafelformen werden aus mehreren Einzeltischen oder Bankett-Tisch-Elementen gebildet. Die Wahl der Tafelform richtet sich im wesentlichen nach

- der Gästezahl,
- den Räumen,
- dem gesellschaftlichen Anlaß,
- den Speisen (Menü, Buffet),
- den Sonderwünschen des Gastgebers (Musikdarbietung, Schaueinlage).

Der Bewegungsraum an der Tafel beträgt für jeden Gast etwa 80 cm. Außerdem sind die Raumbeleuchtung, störungsfreie Zugänge und sichere Bedienungsmöglichkeiten zu berücksichtigen.

Kleine Tafelformen

z. B. für Familienfeiern, Freundeskreise, Jubiläen.

Runde oder ovale Form

Bei dieser Tafelform besteht beste Kontaktmöglichkeit zwischen den Gästen.

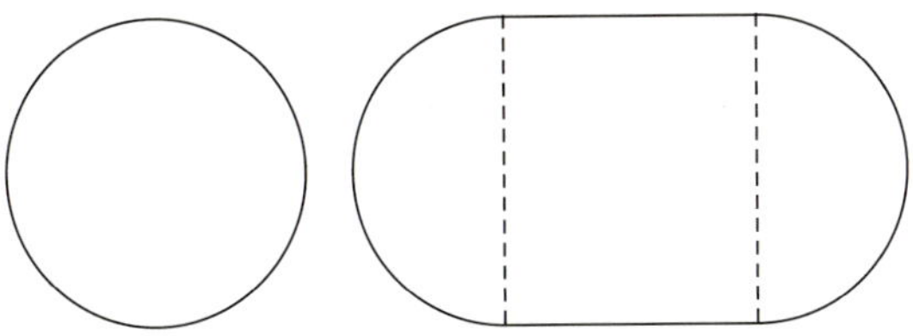

Blockform

Reichlich Platz auf der Tafel. Manchmal wirkt die weite Platzentfernung der Gäste störend.

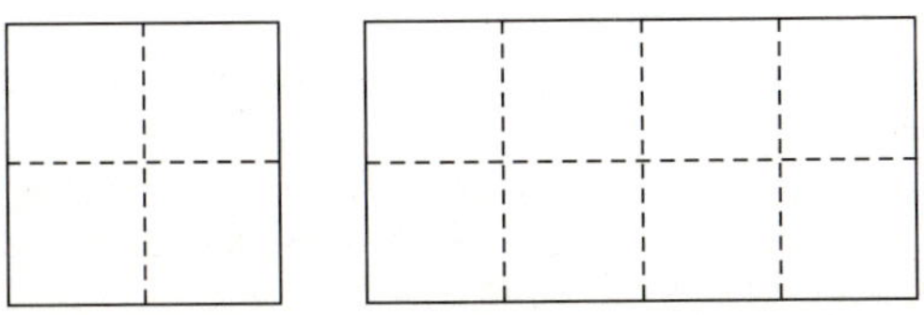

Große Tafelformen

z. B. für Kongresse, Ehrungen, Vereinstreffen.

Lange Form

Geeignet für schmale Räume.

Guter Kontakt der Gäste untereinander, bemessener Platz für Dekorationen.

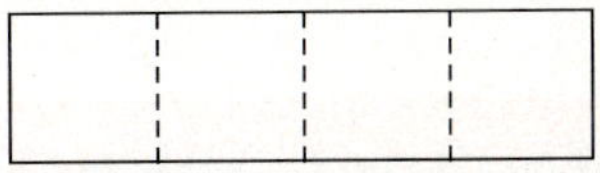

T-Form

Geeignet für Räume mit quadratischen Ausmaßen.

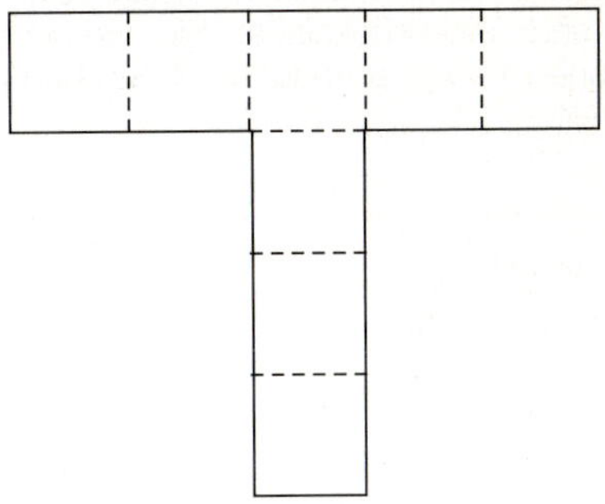

U-Form

Gute Raumausnutzung in quadratischen Räumen.

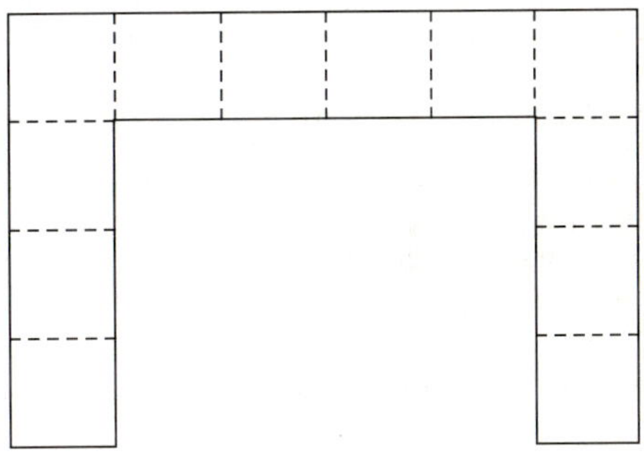

E-Form

Durch die hohe Anzahl der Sitzgelegenheiten nur in großen Räumen (Sälen) möglich.

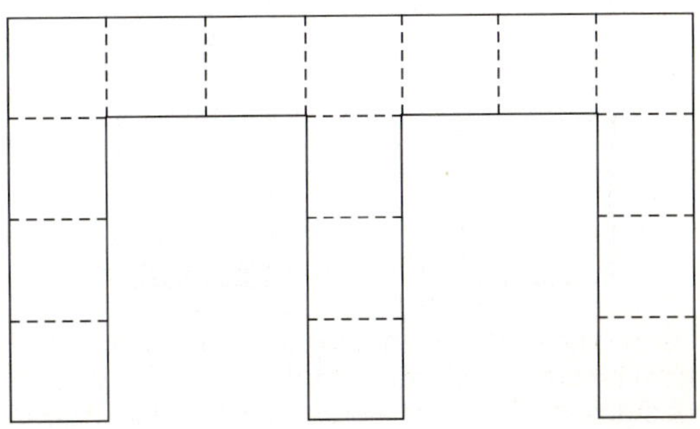

Mehrere große Einzeltische

Tische rund, oval oder rechteckig für je 8–12 Personen.

Gelockerte Tafelordnung für beliebige Anlässe. Geeignet nur für große Räume (Säle). Diese Art bietet dem Gastgeber die Möglichkeit, die Gäste gemäß ihren Interessen oder Neigungen zu plazieren.

Die gelockerte Tafelordnung ist vorteilhaft sowohl für die Gäste als auch für das Servierpersonal, da solche Tischformen immer schneller bedient werden können und die Gäste somit nicht allzu lange mit dem Essensbeginn aufeinander warten müssen.

7 Aufgußgetränke

Als Aufgußgetränke bezeichnet man Kaffee, Tee, Kakao und Trinkschokolade. Sie werden durch Überbrühen mit Wasser oder durch Kochen in Milch hergestellt.

7.1 Kaffee

Bei gutem Kaffee spielt neben der Röstung einer ausgesuchten Kaffeemischung auch das Mengenverhältnis (Wasser, gemahlener Röstkaffee) eine wichtige Rolle.

Der Mahlgrad der gerösteten Bohnen wird von der Zubereitungsmethode bestimmt; bei Kaffeemaschinen ist er vom Hersteller vorgeschrieben und zu erfahren.

Portionsmenge	Wasser	gemahlener Röstkaffee
1 Tasse Kaffee	0,15 l	6 bis 8 g
1 Portion Kaffee	0,3 l	16 bis 18 g
1 Portion Mokka	0,125 l	18 bis 20 g

Zubereitungsverfahren

Filtersysteme

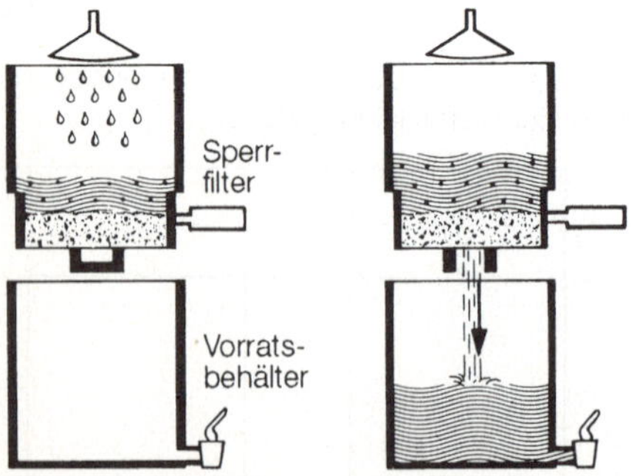

Beim Bremer Verfahren oder Sperrfiltersystem wird gemahlener Röstkaffee mit kochendem Wasser übergossen und zieht einige Minuten darin. Dann öffnet sich der Sperrfilter, und der Kaffee wird in den vorgewärmten Vorratsbehälter abgefiltert.

Beim Durchlauf-Filtersystem läuft die vorgesehene Wassermenge fortgesetzt durch das Kaffeemehl. Dieses Verfahren ist mit der im Haushalt angewandten Art vergleichbar.

Brühen unter Druck

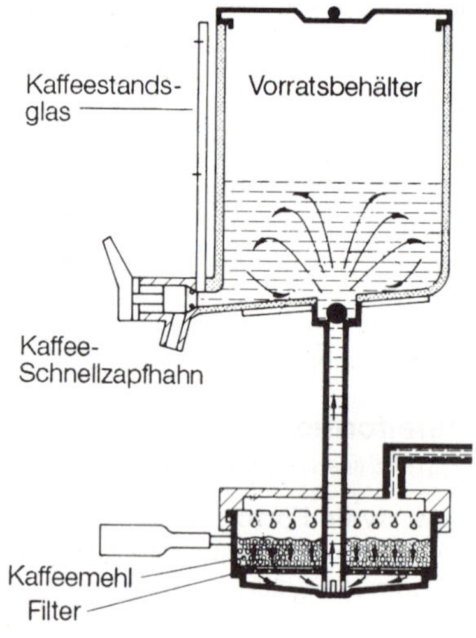

Das erhitzte Wasser (92 bis 96 °C) wird über eine Brühdusche in das Kaffeemehl gepreßt. Durch ein Steigrohr gelangt der fertige Kaffee unter Druck in den Vorratsbehälter.

Durch die flüchtigen ätherischen Öle verliert Kaffee rasch sein Aroma. Deshalb muß er direkt nach dem Aufbrühen getrunken werden.

Kaffeezubereitungen

Kaffee mit Schuß

Portion Kaffee, serviert mit Kirschwasser und Würfelzucker.

Zu Kaffee passen ferner: Weinbrand, Cognac, Armagnac oder Himbeergeist, außerdem Liköre wie Apricot, Cherry, Curaçao usw.

Pharisäer

In einer vorgewärmten Tasse wird 1 TL Zucker mit 4 cl Rum verrührt, mit starkem Kaffee aufgefüllt und mit angeschlagener Sahne ausgarniert.

Espresso

Kaffeemehl aus dunkel gerösteten Bohnen wird unter hohem Druck in einer Espresso-Maschine zubereitet. Die dunklen Röststoffe geben dem Kaffee einen besonders kräftigen Geschmack. Er wird in kleinen Tassen nur mit feinem Zucker gereicht.

Kapuziner – Cappuccino

Kaffee in großer Tasse mit Haube von geschäumter Milch, Streuschokolade.

Türkischer Kaffee

Kaffeemehl, Zucker und Wasser in einer typischen türkischen Messingkanne dreimal aufkochen. Je Tasse einen Kaffeelöffel Zucker und gleichviel Kaffeemehl.

Türkischer Kaffee wird in henkellosen Tassen ohne andere Beigabe gereicht.

Irish Coffee

Whisky und braunen Zucker in ein hitzefestes Glas geben. Den Inhalt des Glases unter Drehen über einer Flamme erhitzen, dann entzünden. Mokka auffüllen und angeschlagene Sahne über die Wölbung eines Kaffeelöffels daraufgießen, damit sie oben schwimmt.

Eiskaffee

Ein bis zwei Kugeln Vanilleeis gibt man in ein hohes Glas und gießt leicht gezuckerten kalten Kaffee darüber. Mit Sahnehaube garnieren.

7.2 Tee

Güte und Geschmack des Getränks hängen hauptsächlich von der verwendeten Teesorte ab. Um das Aroma des gebrühten Tees zu erhalten, sollte das zur Verwendung gelangende Geschirr aus Porzellan, Glas oder Steingut sein. Auch die Benutzung dünnwandiger Trinkgefäße steigert den Teegenuß.

Portionsmenge	Wasser	Teeblätter/ Teeaufgußbeutel
1 Glas Tee	0,2 l	2 g oder 1 Beutel mit 2 g
1 Portion Tee	0,4 l	4 g oder 1 Beutel mit 4 g

Zubereitung

Teegeschirr mit heißem Wasser erwärmen. Teeblätter in einem Teenetz in das erwärmte Geschirr geben. Wenig kochendheißes Wasser daraufgießen, damit die zusammengerollten Blätter aufgehen. Nach wenigen Sekunden das übrige Wasser kochendheiß dazugießen. Den Tee zugedeckt fünf Minuten ziehen lassen, dann das Teenetz entfernen; zieht der Tee länger, wird zuviel Gerbsäure frei, und er schmeckt bitter. – Zur Teebereitung ist auch ein Teefilter sehr gut geeignet.

Nach der Beigabe unterscheidet man;

- **Tee mit Milch oder Sahne,**
- **Tee mit Rum, Weinbrand oder Arrak,**
- **Tee mit Zitrone oder Orange.**

Zu Tee wird Würfelzucker oder Kandis (große Zuckerkristalle, weiß oder karamelbraun) serviert.

Eistee

Für die warme Jahreszeit stellt man aus schwarzem Tee mit Eiswürfeln, Zitronensaft und wenig Zucker ein erfrischendes Getränk her.

7.3 Schokolade und Kakao

Trinkschokolade bereitet man aus geriebener Blockschokolade und Milch ohne Zusatz von Zucker oder mittels eines fertigen Schokoladenpulvers.

Kakao ist eine Zubereitung aus Kakaopulver, Milch und Zucker.

Zutat \ Portionsmenge	Tasse Kakao/ Schokolade	Portion Kakao/ Schokolade
Milch	0,15 l	0,3 l
Schokolade	20 g	40 g
Kakaopulver	6 g	12 g
Zucker	getrennt servieren	

Zubereitung von Trinkschokolade

Milch erhitzen, geriebene Schokolade oder Schokoladenpulver einstreuen und unter Rühren mit einem Schneebesen an den Kochpunkt bringen.

Beigabe: Wenig Schlagsahne und ein Löffelbiskuit.

Zubereitung von Kakao

Milch erhitzen. Kakaopulver und Zucker mit einem Schuß Wasser glattrühren. In die Milch geben und unter Rühren mit einem Schneebesen an den Kochpunkt bringen.

Beigabe: Wenig Schlagsahne und feinen Zucker zum Nachsüßen.

Eisschokolade

Herstellung wie Eiskaffee. Statt Kaffee verwendet man kalte Schokolade.

8 Alkoholfreie Mischgetränke

Alkoholfreie Mischgetränke sind Getränke, zu deren Herstellung Fruchtsäfte, Gemüsesäfte, Fruchtmark, Fruchtnektar, Fruchtsirupe, Früchte, Wasser, Sodawasser, Mineralwasser, Limonaden, Milch, Eier oder Speiseeis ohne Zusatz von Alkohol verwendet werden.

Einfache Mischgetränke sind:

Spezi – Cola und Orangenlimonade mit Zitronenscheibe
Schorle – Fruchtsaft mit Mineralwasser
Bowle – Fruchtstücke, Fruchtsaft, Fruchtsirup, Zitrone, Läuterzucker, Mineralwasser
Limonade – Fruchtsaft (Zitrone), Wasser, Zucker

Die Herstellung der Mischgetränke gehört in den Zuständigkeitsbereich der Bar bzw. des Buffets.

Herstellen von alkoholfreien Mischgetränken

Zunächst einmal gelten für die Herstellung von alkoholfreien Mischgetränken die gleichen Regeln und Verfahren wie bei den Alkoholhaltigen. Das heißt entweder:

▷ **Schütteln** im Schüttelbecher (Shaker).
Dieses Verfahren wird dann angewandt, wenn es sich um schwer mischbare Zutaten handelt, z. B. Fruchtsirup, Zucker, Orangensaft

▷ **Rühren** mit dem Bar- oder Limonadenlöffel.
Leicht mischbare Zutaten werden in der Regel nur gerührt, z. B. Ananassaft und Orangensaft

▷ **Aufbauen** bedeutet nacheinander ins Glas gießen.
Hier werden manchmal ganz bewußt Getränke mit unterschiedlicher Konsistenz so aufeinandergegossen, daß ein buntes Bild im Glas entsteht. Das Mischen besorgt, wenn überhaupt, der Gast mit dem Strohhalm oder dem Limonadenlöffel.

▷ **Einen elektrischen Mixer** verwendet man dann, wenn mehrere Portionen Drinks auf einmal hergestellt werden oder wenn Früchte püriert oder Speiseeis in das Getränk eingearbeitet werden müssen.

Mischgetränke können auch nach ihrer Art in einfache und aufwendigere Herstellungsverfahren unterschieden werden.

Es sind meist vitaminhaltige und erfrischende Longdrinks.

Die Geschmacksskala reicht von herb-würzig bis fruchtig-süß.

Durch die Promille-Grenzwerte erfreuen sich diese Drinks immer größerer Beliebtheit.

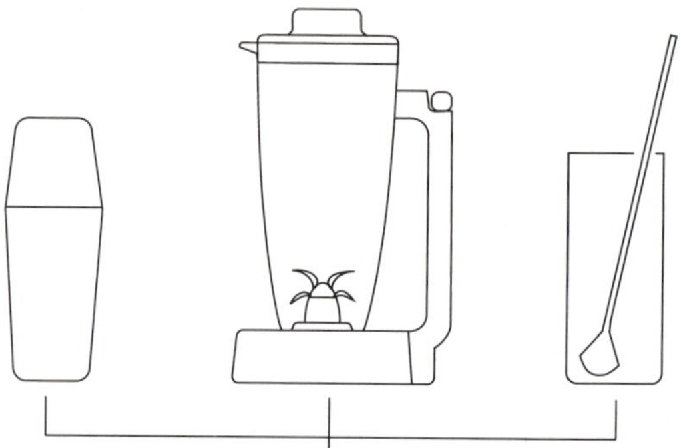

Eis
↓
Fruchtsaft, Fruchtsirup
↓
Würzstoffe, Sahne Eier oder Speiseeis
↓
Mit Flüssigkeit auffüllen
↓
garnieren

Milchmixgetränke

Die Herstellung von Milchmixgetränken erfolgt in der Regel in Elektro-Mixern. Die Zutaten, vielfach auf der Basis von Früchten, Zucker und Milch, werden nacheinander im Mixer vermischt und serviert.

Bananenmilch

2 Bananen, 0,5 l Milch, Saft von 2 Zitronen,
1 EL Bananensirup, Zucker, Schokoladenlocken

Bananen schälen und mit der Milch im Mixer pürieren, nach Bedarf Zucker und den Bananensirup sowie kurz vor dem Servieren den Zitronensaft zugeben. In einem Kelchglas oder einem Mediumtumbler mit Strohhalm servieren.

Erdbeer-Shake

5 cl Erdbeermark, 2 cl Erdbeersirup, 1 Kugel Erdbeereis, 0,25 l Milch, einige Tropfen Zitronensaft.

Gewaschene, entstielte Erdbeeren im Mixer pürieren, Sirup und Milch zugeben, gut mixen, kurz vor dem Servieren Erdbeereis und Zitronensaft zugeben. Im weiten Kelchglas mit Strohhalm servieren. Als Garnitur steckt man eine eingeschnittene frische Erdbeere an den Glasrand.

Nach diesen Rezepturen kann man viele Varianten zubereiten durch Verwendung unterschiedlicher Früchte, z. B. Pfirsiche, Aprikosen, Sauerkirschen usw.

Andere Mischgetränke

Beeren-Frappé

1 Kugel Brombeer- oder Johannisbeereis, 50 g frische oder aufgetaute Waldbeeren, 3 cl Johannisbeersirup, kaltes Tonicwater

Die Beeren mit dem Eis und dem Sirup im Mixer gründlich pürieren, in ein Kelchglas gießen, mit kaltem Tonicwater auffüllen und mit Strohhalm servieren.

Granatapfel-Frappé

1 Kugel Zitroneneis, 3 cl Grenadinesirup, 4 cl Limetten- oder Zitronensaft, 1 Limetten- oder Zitronenschnitz, 1 Zweig Zitronenmelisse

Das Eis in ein Kelchglas geben. Im Mixer den Grenadinesirup mit dem Saft vermischen und über das Eis gießen. Den Drink mit dem Limettenschnitz und der Zitronenmelisse garnieren und mit Strohhalm servieren.

Mickey Mouse

0,2 l Cola, 3 Eiswürfel, 1 Kugel Vanilleeis, Schlagsahne, 2 Cocktailkirschen

Das Cola über die Eiswürfel in ein hohes Glas gießen, Vanilleeiskugel zugeben und obenauf mit Schlagsahne und Kirschen garnieren, mit Strohhalm und Limonadenlöffel servieren.

Boo Boo's Spezial

3 Eiswürfel, 1 Würfelzucker, 1 Spritzer Angosturabitter, 1 Spritzer Grenadinesirup, 7 cl Ananassaft, 7 cl Orangensaft, 1 EL Zitronensaft, 4 cl Wasser, für Garnitur 0,25 Scheibe Ananas, 2 Ananasblätter, Cocktailkirsche

Angosturabitter auf den Würfelzucker tropfen und mit den Eiswürfeln in ein hohes Glas geben, Wasser, Säfte und Sirup gründlich mischen und über die Eiswürfel in Glas gießen, Ananasscheibe mit Kirsche und Blättern bestecken und am Glasrand einstecken.

Shower Power

1 Banane, 2 cl Bananensirup, 2 cl Kokossirup, 2 cl Zitronensaft, 12 cl Milch, 2 Kugeln Vanilleeis, Grenadinesirup

Alle Zutaten im Mixer gründlich quirlen, fertiges Getränk in ein hohes Becherglas füllen und mit Strohhalm servieren. Auf das angerichtete Getränk tropfenweise Grenadinesirup träufeln, mit einem Stück Banane und einer Kirsche garnieren.

Rubin Fizz

3 Eiswürfel, 3 Barlöffel Grenadinesirup, 10 cl Bitter Lemon

Die Eiswürfel in ein mittelgroßes Becherglas geben, den Grenadinesirup darübergießen und mit Bitter Lemon auffüllen.

Caribian Dream

1 cl Zitronensaft, 4 cl Orangensaft, 4 cl Maracujasirup, 4 cl Ananassaft, Ananasschnitz, Orangenfilet, Kirsche

Alle Zutaten gründlich vermischen (im Mixer oder durch Rühren) und über Crasheis in ein Longdrink-Glas gießen. Mit den Früchten garnieren und mit Strohhalm servieren.

Twilight

2 cl Kokossirup, 2 cl Limettensirup, 4 cl Orangensaft, 12 cl sehr kalte Milch, 2 cl Sahne, 1 cl Zitronensaft, 2 Eiswürfel, Limonen- oder Zitronenscheibe

Alle Zutaten für mehrere Drinks im Mixer, bei der Zubereitung von einem Drink im Shaker, gründlich mischen, über die Eiswürfel in ein hohes Glas gießen und Limonen- oder Zitronenscheibe am Glasrand garnieren.

Paradise

16 cl Orangensaft, 2 cl Zitronensaft, 2 cl Grenadinesirup, 2 Barlöffel Joghurt, 2 Barlöffel Honig, 2 Eiswürfel, Orangenschnitz

Zubereitung im Mixer oder Shaker, über die Eiswürfel in ein Kugel- oder Ballonglas gießen und einen eingeschnittenen Orangenschnitz so an den Glasrand stecken, daß die Schale außerhalb des Glases bleibt.

Alice Cocktail

2 cl Grenadinesirup oder Himbeermark, 2 cl Ananassaft, 1 cl Orangensaft, 2 cl Sahne, Eiswürfel, Pfefferminzsträußchen

Alle Zutaten bis auf die Pfefferminze im Shaker gründlich mischen und durch ein Sieb in einen Mediumtumbler gießen. Mit Strohhalm und Pfefferminzzweig garnieren.

Buttermilk-Mix

8 cl Buttermilch, 4 cl Pfirsich- oder Aprikosenpüree, 2 Barlöffel Ahornsirup, Saft einer halben Zitrone, 2 cl Maracujasirup, Eiswürfel, Zweig von Zitronenmelisse, Schokoladenlocken.

Im Rührglas zunächst Fruchtpüree, Ahornsirup und Maracujasirup mit dem Rührlöffel gut mischen, dann Eiswürfel, Buttermilch und Zitronensaft dazugeben und ebenfalls gründlich einmischen. In ein bauchiges oder ein hohes Glas seihen, mit Zitronenmelisse und Schokoladenlocken garnieren.

9 Frühstück

Vom Frühstück hängt die Stimmung und Schaffenskraft eines Menschen für den ganzen Tag ab, deshalb gebührt dieser wichtigen Mahlzeit die erforderliche Beachtung.

9.1 Arten

Es sind zu unterscheiden:

- Das **kontinentale Frühstück** mit seinem einfachen Angebot,
- das **erweiterte Frühstück,** welches nach einer Frühstückskarte ausgewählt oder ergänzt wird,
- das reichhaltige **englisch-amerikanische Frühstück,**
- das **Frühstücksbuffet,** auf welchem die Speisen zur Selbstbedienung bereitstehen, die heißen Aufgußgetränke aber serviert werden,
- das **Etagenfrühstück,** wobei der Gast am Abend vorher seine Wünsche in eine Bestell-Liste einträgt. Am nächsten Morgen wird ihm dann zur gewünschten Zeit das Frühstück auf das Zimmer serviert.

  Eine besondere Form des Etagenfrühstücks ist das **Thermo-Frühstück.** Dies wird dem Gast bereits am Abend ins Zimmer gestellt, wenn er vor dem üblichen Frühstücks-Servicebeginn abreisen möchte.

Bestandteile der Frühstücksarten

Kontinentales Frühstück

Kaffee, Tee oder Kakao,
Brot, Brötchen, Toast,
Butter, Konfitüre zur Wahl, Bienenhonig

Erweitertes Frühstück

Wie kontinentales Frühstück, ergänzt durch Säfte, wie Orangensaft oder Tomatensaft, Eierspeisen, Wurst, Käse, Müsli, Joghurt, angemachten Quark usw.

Englisch-amerikanisches Frühstück

Wie kontinentales Frühstück, erweitert um Frucht- und Gemüsesäfte, Rühreier, Spiegeleier, Omeletts, pochierte Eier, Pfannkuchen, Käse, gebratenen Speck, Schinken, Bratwürstchen, kleine Steaks, Grilltomaten, Cornflakes (Cereals) oder Porridge, frisches Obst, frisch gebackene Waffeln, Plundergebäck usw.

Frühstücksgedeck

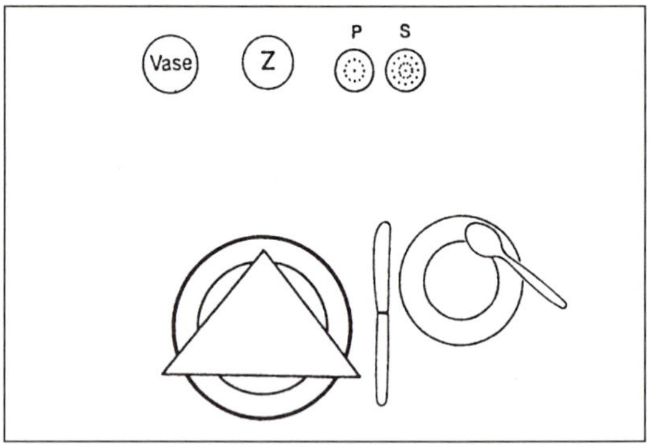

Das Grundgedeck besteht aus:

- Mittelteller
- Mittelmesser
- Frühstücksserviette
- Kaffeeuntertasse
- Kaffeelöffel

Servieren des Frühstücks

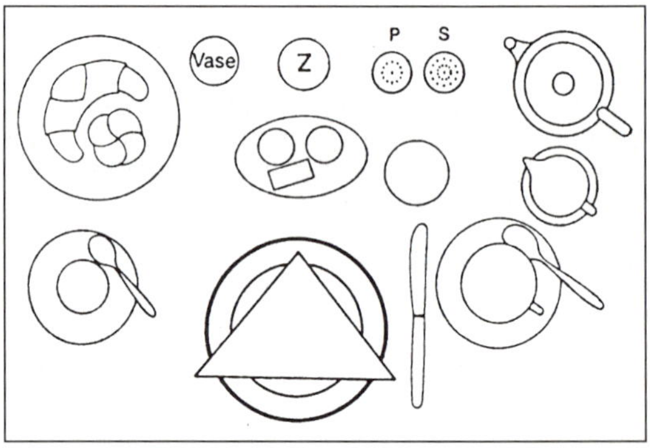

Es gelten folgende Regeln:

- Getränk (Kännchen) oberhalb der Tasse einsetzen.
- Sahne- oder Milchkännchen zum Kaffee, zwischen Tasse und Kaffeekännchen stellen.
- Vorgewärmte Tasse mit dem Getränk servieren.
- Zuckerstreuer, Salz- und Pfeffermenage, Butter, Honig, Konfitüre oberhalb des Gedeckes anordnen.
- Saftglas oberhalb der Messerspitze plazieren.
- Frühstücksei links vom Teller, Aufschnitt bzw. Käse links oberhalb des Tellers stellen.
- Körbchen mit Brot, Toast oder Gebäck (abgedeckt) an der äußeren Seite des Gedeckes einsetzen.

9.2 Frühstückskarte

Die Frühstückskarte zeigt im allgemeinen die Zusammenstellung eines oder mehrerer Frühstücksangebote. Dazu kommt eine Auswahl weiterer Speisen, die dem Gast die Möglichkeit bietet, sein Frühstück individuell zu ergänzen.

Beispiel einer Frühstückskarte

Frühstück – Breakfast – Petit Déjeuner

DM

FRÜHSTÜCK ....

1 Kännchen Kaffee, Tee oder Kakao
verschiedene Brotsorten, Brötchen, Butter, Konfitüre und Honig;
Aufschnitt und Käse vom Servierwagen

Diabetiker-Konfitüre und Diät-Margarine auf Wunsch

FRÜCHTE UND FRUCHTSÄFTE

Tomatensaft ....
Frisch gepreßter Orangensaft ....
Frisch gepreßter Grapefruitsaft ....
$^1/_2$ Grapefruit ....

MILCHSPEISEN

1 Glas Milch ....
1 Glas Joghurt ....
Joghurt mit frischen Früchten ....
Cornflakes oder Porridge mit Milch oder Sahne ....

EIERSPEISEN

2 Eier im Glas ....
2 Spiegeleier mit gegrilltem Speck ....
2 Rühreier mit Schinken ....

Frisches Obst nach Jahreszeit

Für Frühaufsteher:
Wenn Sie Ihr Frühstück vor 6.30 Uhr wünschen, dann wollen Sie dies bitte am Vorabend dem Empfang mitteilen.

ZIMMER-SERVICE pro Person DM ....

ENDPREISE

9.3 Frühstücksbuffet

Das Frühstücksbuffet ist ein reichhaltiges Angebot kalter oder warmer Frühstücksspeisen sowie kalter Getränke. Für den Gast steht alles auf speziellen Tischen zur freien Auswahl (Selbstbedienung) bereit. Warme Getränke werden prinzipiell auf Order des Gastes serviert.

Vorteile:

- ▷ Viele Gäste können sich gleichzeitig bedienen.
- ▷ Der Gast kann auswählen, was er mag;
- ▷ er kann sich so viel nehmen, wie es seinem Appetit entspricht;
- ▷ er hat keine Wartezeiten;
- ▷ Entlastung des Bedienungspersonals;
- ▷ Buffet kann in Ruhe vorbereitet werden.

Nachteile:

- ▷ Je nach Angebotsumfang aufwendige Vorbereitung;
- ▷ zusätzliche Anforderung an die Küche.
- ▷ Nur geschätzter Wareneinsatz, dadurch keine präzise Kalkulation;
- ▷ Weiterverwendung zuviel aufgeschnittener Waren erfordert aufwendige Maßnahmen zur Erhaltung der Genußtauglichkeit.

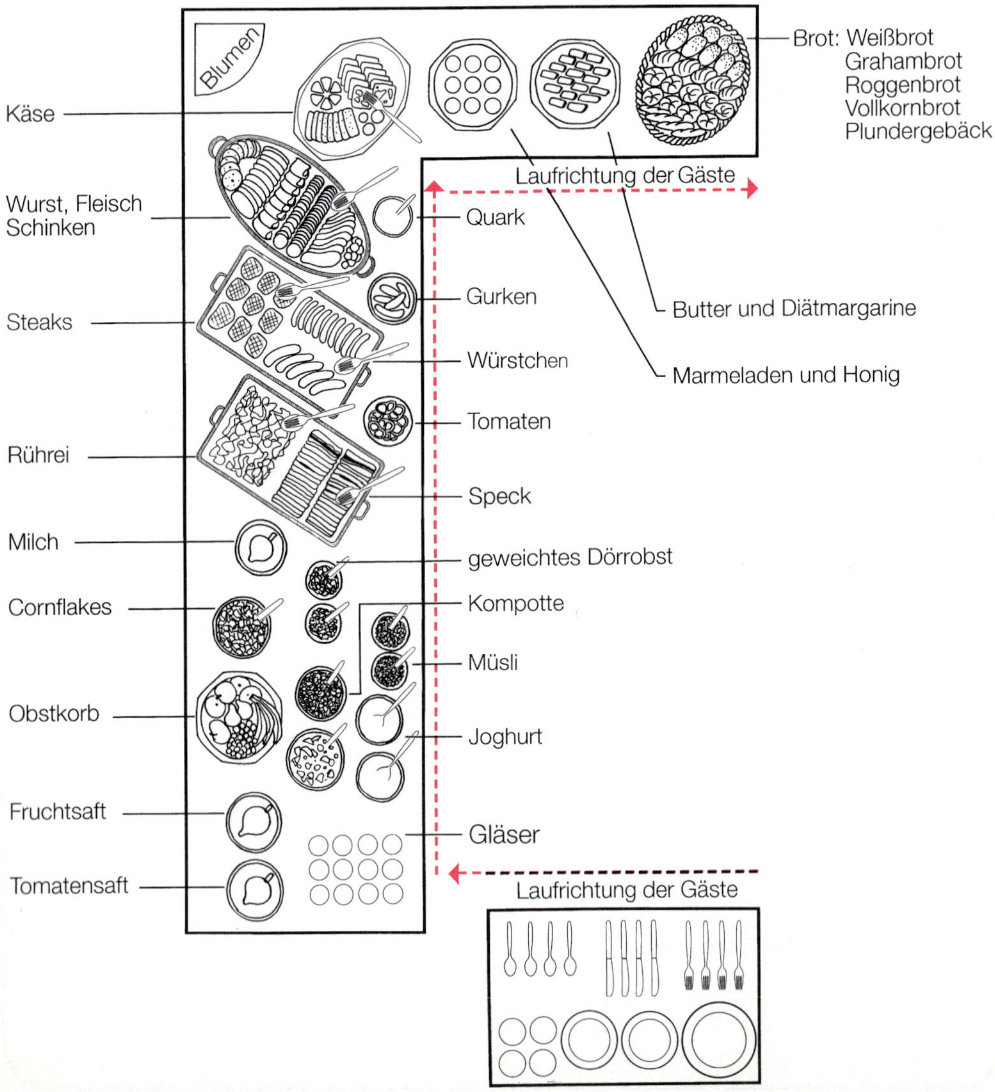

Arbeitsgestaltung

1 Küchenorganisation

Die vielfältigen Arbeiten der Küche können nur bewältigt werden, wenn die Aufgaben sachlich und zeitlich klar verteilt werden.

1.1 Sachliche Verteilung der Arbeiten

Faßt man die in der Küche vorkommenden Arbeiten entsprechend der Rohstoffe und der hauptsächlichen Tätigkeiten zusammen, kommt man zu folgender Grobeinteilung:

Warme Küche		**Kalte Küche**	**Konditorei**
Saucenkoch **Saucier** Zubereiten von Fleisch, Fisch, Wild, Geflügel Herstellen von Saucen	Gemüsekoch **Entremetier** Zubereiten von Gemüse, Kartoffeln Reis, Teigwaren Herstellen von Suppen, Eierspeisen	Koch der kalten Küche **Gardemanger** Vorbereiten von Fleisch, Fisch, Wild, Geflügel Herstellen von Vorspeisen, kalten Platten, kalten Saucen	Küchenkonditor **Pâtissier** Herstellen von Kuchen, Gebäck, Pasteten, Puddings, Aufläufe, Eis

In **größeren Küchen** wird die Arbeit weiter unterteilt, die Aufgabengebiete werden enger und spezialisierter.

Beispiel einer größeren Küchenbrigade

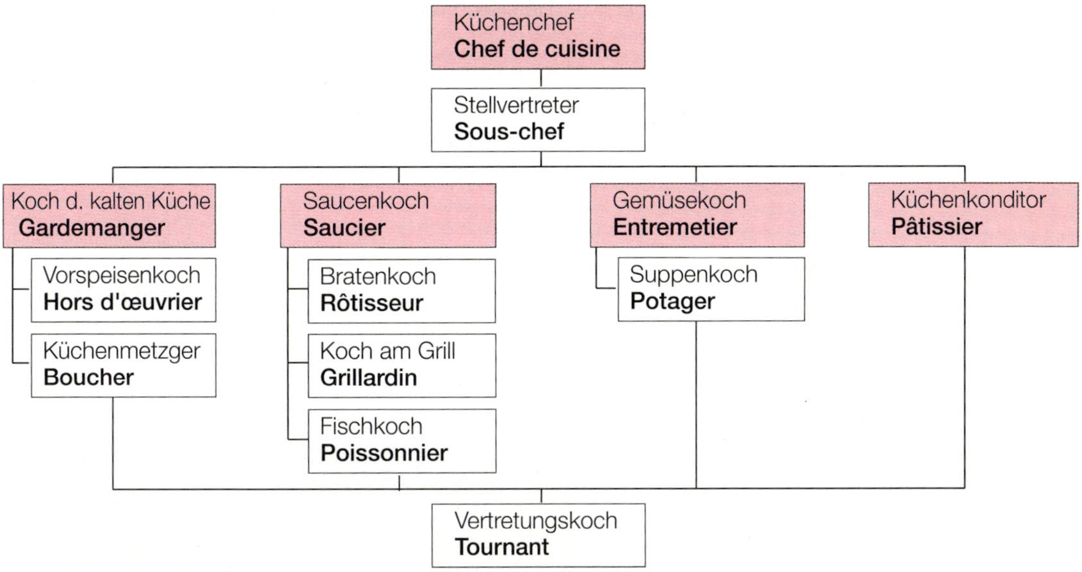

Mittlere Brigade breites Aufgabengebiet	**Große Brigade** Spezialisierung	**Aufgaben**
Saucier Saucenkoch	**Saucier** Saucenkoch	Fonds, Saucen, Buttermischungen. Schmorbraten, Frikassee, Blankett, Rouladen, Gulasch, Ragout, Geflügel- und Wildgerichte
	Rotissier Bratenkoch	Alle Arten von Braten, Pfannengerichte, Fritiertes
	Poissonnier Fischkoch	Gerichte von Fischen, Krusten- und Schalentieren, zugehörige Saucen, Hummer- und Schneckenbutter
Entremetier Gemüsekoch	**Entremetier** Gemüsekoch	Eierspeisen, Zubereitungen von Kartoffeln, Reis, Teigwaren, Klößen und Nocken
	Legumier 2. Gemüsekoch	Gemüse, gefüllte Gemüse, Pilze, Pürees von Hülsenfrüchten
	Potager Suppenkoch	Alle Arten von Brühen und Suppen einschließlich Einlagen
Gardemanger Koch der kalten Küche	**Gardemanger** Koch der kalten Küche	Vorbereiten von Fischen, Muscheln, Krustentieren, Geflügel, Wild und Wildgeflügel. Herstellen von Pasteten, Terrinen und Galantinen. Anrichten kalter Platten
	Hors d'œuvrier Vorspeisenkoch	Herstellen von Vorspeisenteilchen, Fischmarinaden, kalten Saucen, Cocktails, Salaten von gegarten Gemüsen, gemischte Salate, Kartoffelsalat
	Boucher Küchenfleischer	Zerlegen und Ausbeinen von Schlachtfleisch. Herstellen von Klärfleisch und Farcen
Pâtissier Küchenkonditor		Kuchen, Torten, Petits fours, Kleingebäck, Blätterteigpasteten, Käsestangen Warme und kalte Süßspeisen. Eisspeisen, Fruchtsalate
Tournant Vertretungskoch		Übernimmt die Aufgaben des zu vertretenden Postens
Regimier Diätkoch		Herstellen nach ärztlicher Anweisung: Diabetesdiät, energiearme, kochsalzarme Diät Schonkost und Aufbaukost

1.2 Zeitliche Verteilung der Arbeiten

Bei der zeitlichen Verteilung der Speisenzubereitung unterscheidet man zwei Arten. Beim klassischen **Posten-System** bearbeitet ein bestimmter Posten eine Speise von den Rohprodukten bis zum Service. Beim **Produktions-Fertigungs-System** sind dagegen die Arbeitsschritte verteilt.

Posten-System

Auf jedem Posten werden alle Arbeiten vom Rohstoff beginnend bis zum Abruf der Speise erledigt. Das bedingt eine enge Bindung der Arbeiten an den Bestellzeitpunkt.

Bei einer genauen Untersuchung zeigt sich, daß dieses System zwar sachgerecht ist, doch wesentliche Nachteile hinsichtlich der Arbeitsbelastung (Stoßzeit) und Arbeitszeitverteilung aufweist.

Fachleute sehen darum die Zukunft in einer neuen Art von Arbeitsaufteilung.

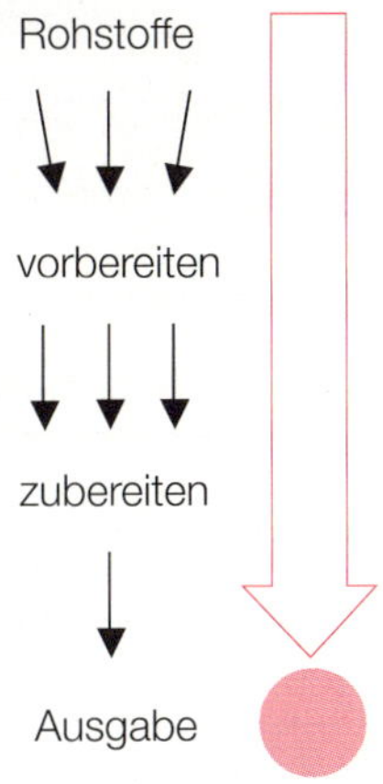

Fast alle Arbeiten sind vom Zeitpunkt der Bestellung abhängig.

Produktions-Fertigungs-System

Die zeitliche Trennung von Vorbereitung, Produktion und Fertigung führt zu einer besseren Arbeitsauslastung. Nur noch ein Teil der Gesamtarbeitszeit ist unmittelbar an den Service gebunden; ferner kann die Arbeitseinsparung durch Verwendung vorgefertigter Produkte berücksichtigt werden.

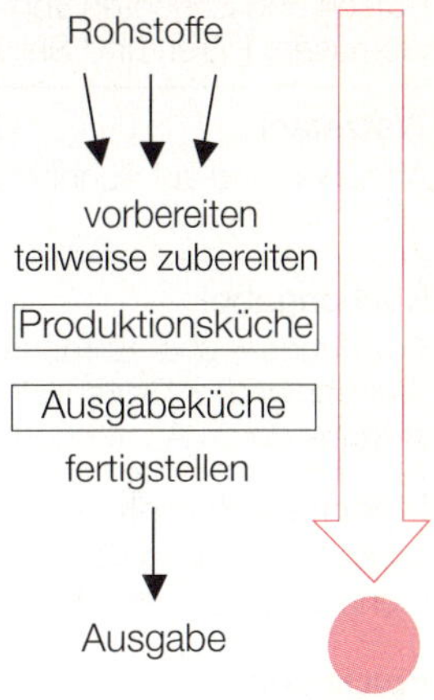

Nur Fertigstellung ist vom Zeitpunkt der Bestellung abhängig.

2 Arbeitsmittel

In der Küche sind die unterschiedlichsten Arbeiten auszuführen. Entsprechend vielfältig sind die entsprechenden Werkzeuge. Nur dann, wenn für eine bestimmte Arbeit auch das richtige Werkzeug eingesetzt wird, können optimale Ergebnisse erwartet werden.

Das wichtigste Werkzeug ist das Messer. Je nach Einsatzgebiet hat der Koch spezielle Messer, die sich hauptsächlich in Größe, Form und Beschaffenheit der Klinge unterscheiden. Bei allen Arten sollte beachtet werden:

▷ **Ein Messer muß gut in der Hand liegen.** Dabei ist einmal das Verhältnis von Griff zu Klinge wichtig. Zum anderen kommte es auf das Gewicht an. Wenn ein Messer zu leicht ist, liegt es nicht gut in der Hand.

▷ **Die Klinge muß federnd und zugleich hart sein.** Dann ist sie belastbar und zugleich schnitthaltig. Von Schnitthaltigkeit oder Standfestigkeit spricht man, wenn die Schneide die Schärfe lange hält.

▷ **Der richtige Messergriff schützt vor Unfällen.** Eine rauhe Oberfläche gewährleistet einen sicheren Griff. Der Fingerschutz ist besonders wichtig, denn er verhindert das Abgleiten der Hand in die Schneide.

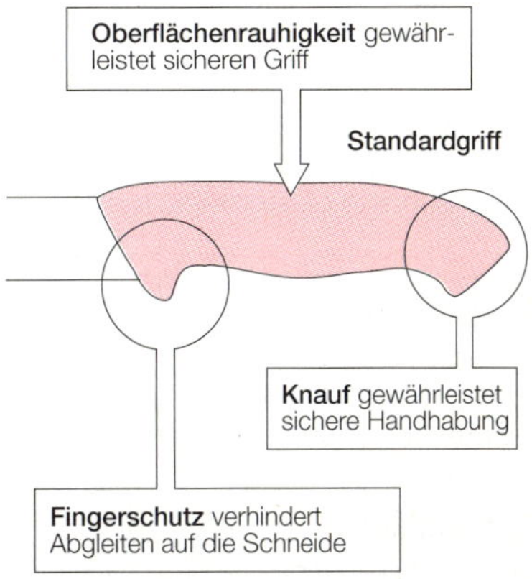

Unfälle mit Messern stehen in der Küche an erster Stelle.

2.1 Grundausstattung

Küchenmesser, mittelgroß
Schneiden von Kartoffeln, Gemüsen, Obst, Fleisch und Fisch.

Gemüsemesser/Officemesser
Putzen und Zurichten von Gemüsen, Pilzen und Salaten.

Wetzstahl
Abziehen und auf Schnitt halten der Messer.

Küchengabel
Ausstechen und Entnehmen von Fleisch. Wenden großer Braten. Prüfen eines Garzustandes durch Anstechen.

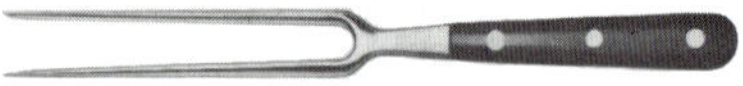

Bindenadel/Dressiernadel
Formgeben rohen Geflügels durch Zusammenbinden (Bridieren).

Spicknadel
Einziehen feiner Speckstreifen in Wild- und Schlachtfleisch.

2.2 Erweiterungen

Vorwiegend für Gemüse

Gemüse- und Kartoffelhobel
Schneiden von Gemüsen und Kartoffeln. Stärke beliebig einstellbar. Klingen mit geraden und winkeligen Schneiden ermöglichen Scheiben mit glatten oder gefurchten Flächen (Waffelkartoffeln).

Tourniermesser
Kartoffel-, Gemüse- oder Fruchtteile durch glatte Schnitte gleichmäßig formen.

Buntschneidemesser
Gekochte rote Rüben, Sellerie und Möhren oder Gurken und Kürbis in Scheiben mit gerieften Flächen schneiden.

Sparschäler
Gleichmäßig dünnes Schälen von Gemüsen und Früchten.

Kartoffelausbohrer
Ausbohren kugeliger oder olivenartiger Formen aus Kartoffeln, Gemüsen und Früchten. Entfernen von Kerngehäusen. Aushöhlen von Gemüsen und Früchten.

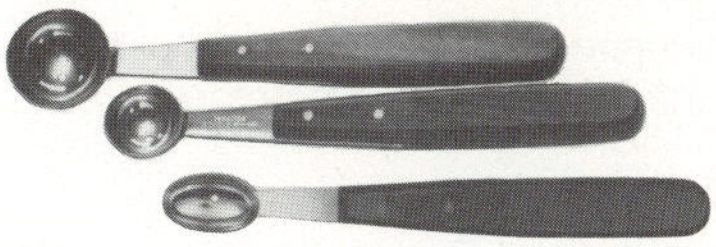

Vorwiegend für Fleisch

Ausbeinmesser
Abziehen von Häuten. Zerlegen von Fleisch. Ausbeinen.

Fleischmesser
Schneiden parierter Fleischteile in Portionen.

Plattiereisen
Plattieren von rohem Fleisch, wodurch Bindegewebe zerreißt; beim Erhitzen zieht sich Fleisch weniger zusammen, es bleibt saftiger.

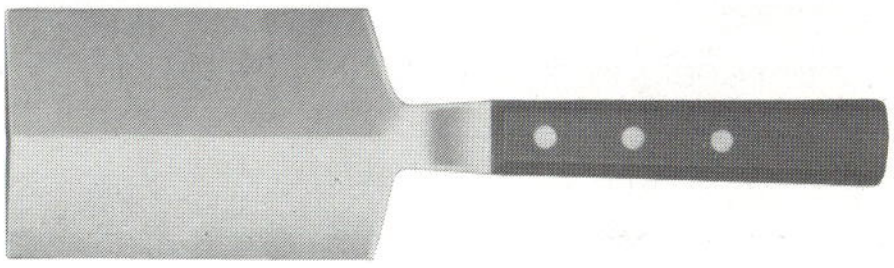

Hackbeil
Ausschlagen von Kotelettsträngen. Abschlagen von Knochen und Rippenteilen. Zerkleinern von Knochen.

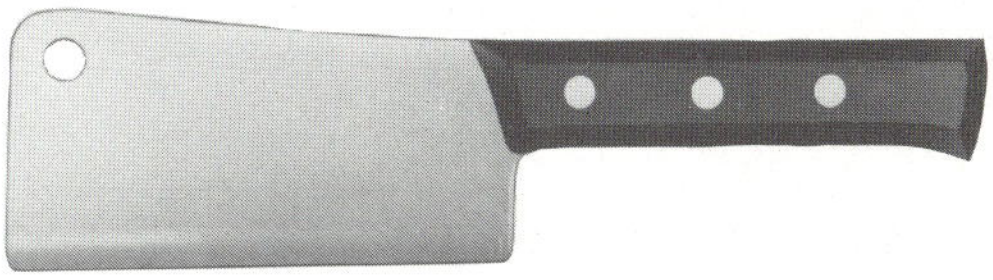

Knochensäge
Durchsägen starker Knochen, z. B. Haxen, Rückgrat- und Schlußknochen.

Spickrohr
Einbringen von dicken Speckstreifen in große Schmorfleischstücke (Lardieren).

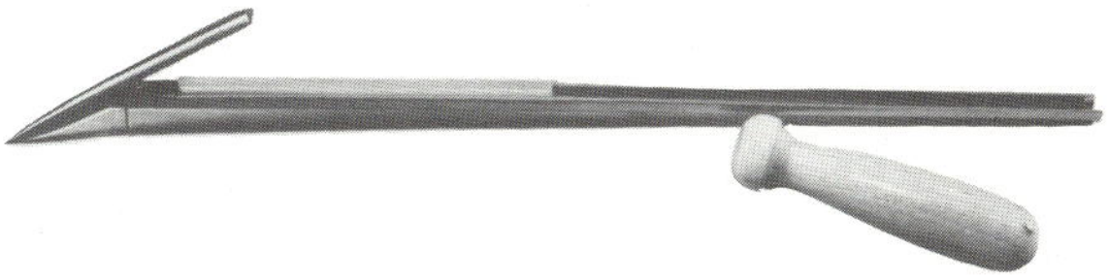

Knochenauslöser
Auslösen bzw. Hohlauslösen von Röhrenknochen aus Schinken und Keulen. Die Klinge ist längs gebogen und der Rundung der Knochen angepaßt.

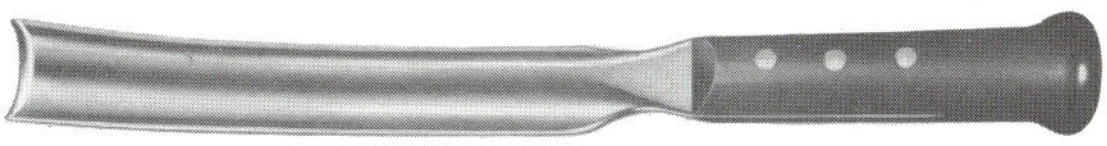

Vorwiegend in der kalten Küche

Schlagmesser
Durchtrennen größeren Geflügels. Abschlagen von Rückenteilen. Aufschlagen gekochter Hummer und Langusten. Hacken beliebigen Materials.

Kuhlenmesser/Spezialmesser
Portionieren von zartem Schneidgut, z. B. Galantinen, Terrinen, Pasteten.

Tranchiermesser
Schneiden von Braten, Fleisch- und Wurstwaren.

Lachsmesser
Schneiden feiner Scheiben von Räucherlachs, mariniertem Lachs und Stör.

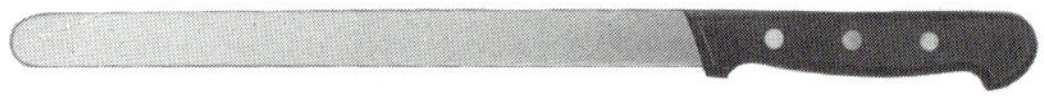

Filetiermesser
Messer mit flexibler Klinge zum Filetieren von Plattfischen.

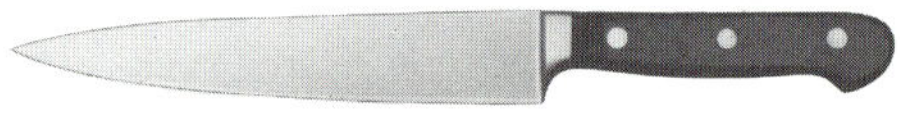

Käsemesser
Schneiden geeigneter Käsesorten.

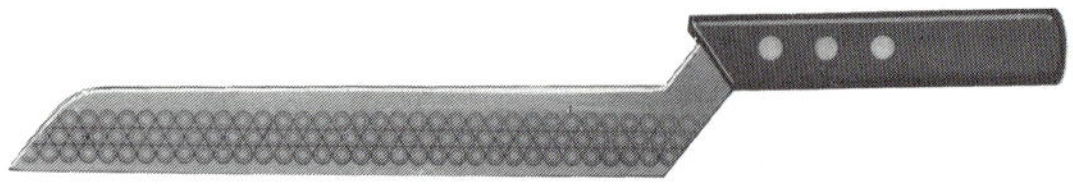

Riefenschneider/Kannelierer
Verzieren von Gemüsen und Früchten durch Einschneiden gestreckter Rillen (Riefelung/Kannelierung).

Flossenschere/Fischschere
Abschneiden von Flossen und von Köpfen kleinerer Plattfische.

Vorwiegend in der Küchenkonditorei

Tortenmesser
Schneiden von Torten in Portionen und Anrichten der Stücke.

Konditormesser
Schneiden von Backwerk aller Art. Queraufschneiden von Tortenböden zum Füllen.

Spachtel
Abkratzen und Putzen von Bratplatten, Backblechen und Arbeitsflächen.

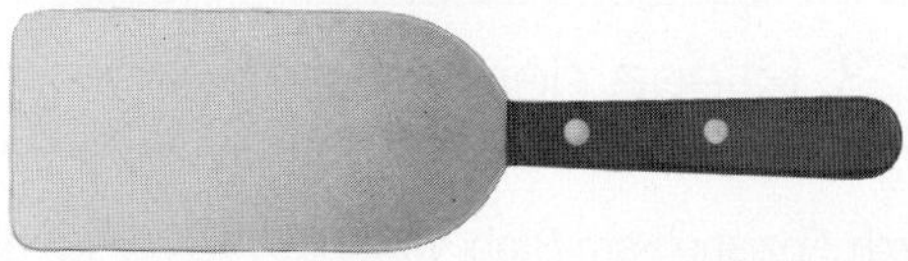

Palette
Auf- und Glattstreichen von Füllungen. Absetzen und Anrichten von Gebäckstücken.

Teigkneifer
Verzieren von ungebackenen Teigoberflächen durch Kneifen, z. B. bei Pasteten mit Füllungen.

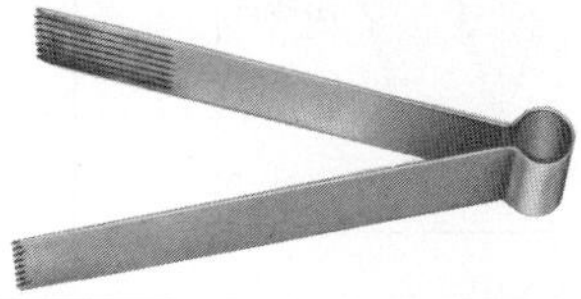

Teigrädchen
Schneiden (Ausrädeln) dünn ausgerollter Teige.

Apfelausstecher
Ausstechen des Apfelzentrums (Blüte-Kernhaus-Stiel).

Spritztüllen
Formen von spritzfähigen Teigen, Massen und Crems mittels Beutel und glatter Tülle (Lochtülle) oder gezackter Tülle (Sterntülle). Anbringen von Spritzverzierung.

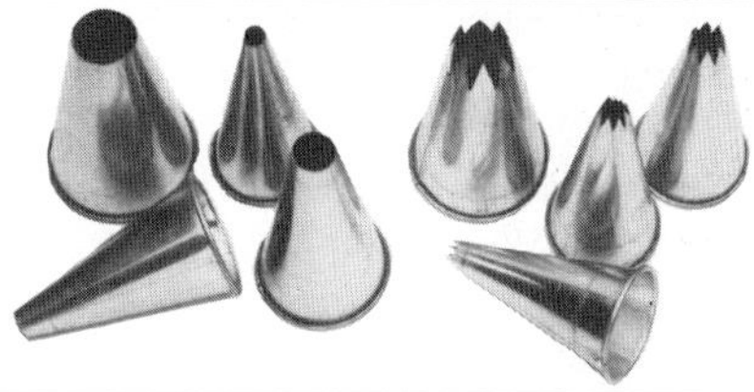

Tiefkühlmesser
Abtrennen tiefgefrorener Lebensmittel. Das Profil von Klinge und Schneide ist so gestaltet, daß es wie eine Säge arbeitet. Normale Messer sind zum Schneiden gefrorener Lebensmittel ungeeignet. Beim Schneiden wird durch Reibungswärme Flüssigkeit aus dem Schneidgut frei. Durch diese wird das gewöhnliche Messer am zu schneidenden Gut festgehalten.

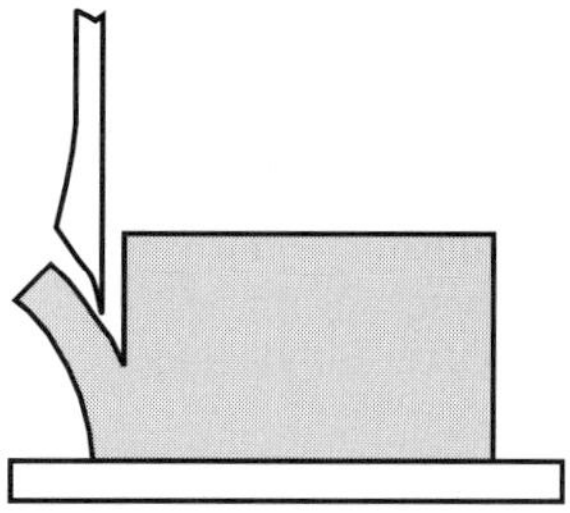

Ausstecher
Ausstechen von rohen Teigen und gebackenen Massen, von Marzipan oder Früchten (Ananas, Melone).

2.3 Pflege der Messer

Durch Abziehen am Stahl wird das Messer für den laufenden Gebrauch auf Schnitt gehalten. Dabei muß es unbedingt im richtigen Winkel zum Stahl gehalten werden. Die Abbildungen zeigen die möglichen Fehler.

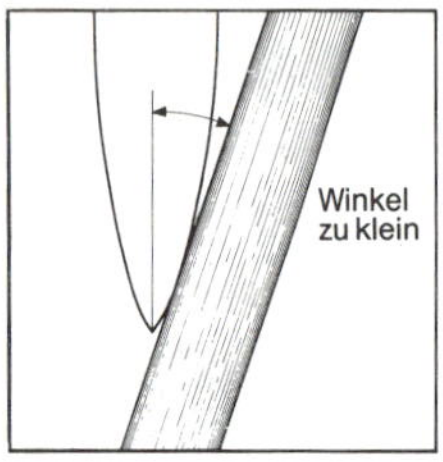

Abziehen
ohne Wirkung

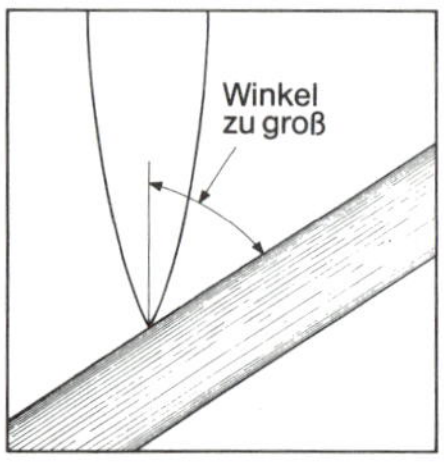

Messer wird
rasch stumpf

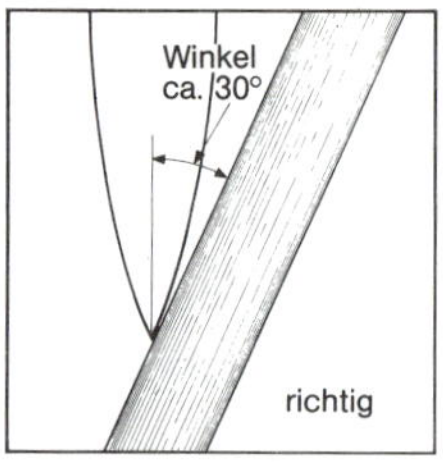

Schneidewinkel
wird beibehalten

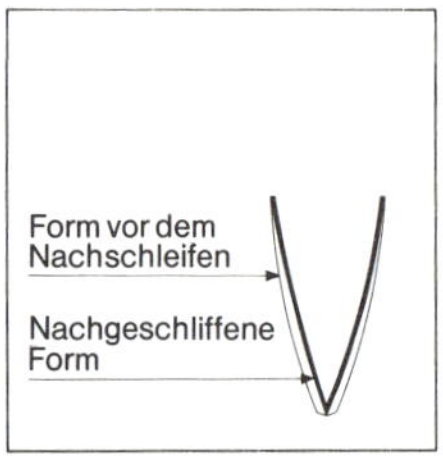

Nachgeschliffen

Bei Beginn der Abziehbewegung liegt das Ende der Messerklinge an der Spitze des Stahls (Abb. oben). Dann führt man das Messer unter **leichtem Druck** so, daß die Messerspitze in der Nähe des Stahlgriffs endet (Abb. rechts).

Wichtig: Beide Messerseiten **abwechselnd** (einmal links, einmal rechts) mit dem Stahl bestreichen. Würde man mehrmals die gleiche Seite bearbeiten, bliebe ein Grat an der Schneide.

Das **Schleifen der Messer** wird erforderlich, wenn durch Abziehen nicht mehr die erforderliche Schärfe zu erreichen ist.

Der Schleifstein muß rund, fettfrei und rauh sein. Er muß in Wasser laufen oder durch eine Tropfvorrichtung feuchtgehalten werden. Schleift man ein Messer trocken, entsteht durch Reibung Wärme und die Härte des Messers geht verloren.

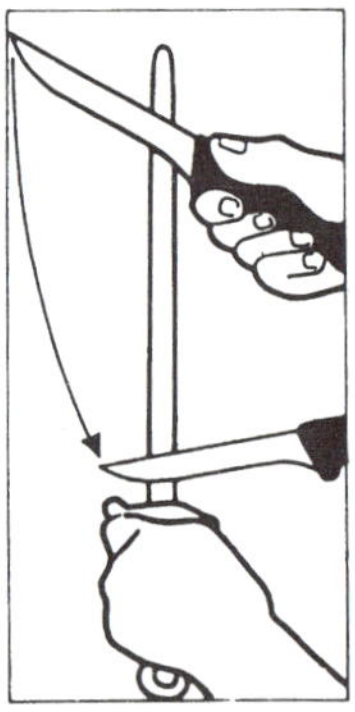

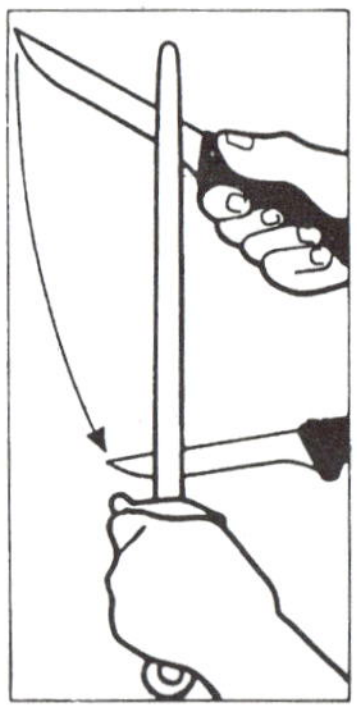

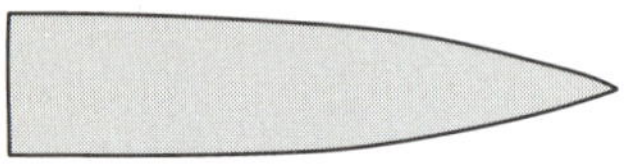

richtig geschliffen
Der Klingenquerschnitt ist leicht bauchig, damit das Schneidegut nicht an der Klinge haftet.

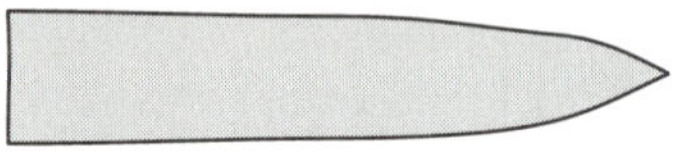

zu steil geschliffen
Schnitt hält nur kurze Zeit. Beim Schneiden ist viel Kraft erforderlich.

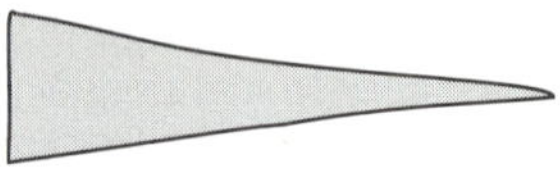

hohl geschliffen
Das Profil ist ausgeschliffen, die Klinge wird schnell verbraucht. Das Schneidegut fällt nicht von der Klinge.

Stumpfe Messer brauchen Kraft, was häufig einen Unfall schafft.

2.4 Unfallverhütung

- ▷ Messer sind beim Arbeiten vom Körper weg oder seitlich des Körpers zu führen,
- ▷ trockener Griff und trockene Hände vermindern die Abrutschgefahr,
- ▷ fallenden Messern nicht nachgreifen,
- ▷ nicht gebrauchte Messer aufräumen,
- ▷ Messer nie in das Spülbecken legen.

3 Geschirr

Die in der Küche verwendeten Geschirre und Behältnisse müssen

- in lebensmittelrechtlicher Hinsicht einwandfrei sein, dürfen also die Speisen nicht negativ beeinflussen,
- den Belastungen des Küchenalltags standhalten,
- problemlos zu reinigen sein.

Diese Voraussetzungen erfüllen nur wenige Werkstoffe.

3.1 Werkstoffe

Edelstahl

Edelstahl ist Stahl mit Zusätzen anderer Metalle, die ihn **rostfrei** und **säurefest** machen. Durch eine spezielle Oberflächenbehandlung werden alle Unebenheiten entfernt, so daß sich keine Speisereste festsetzen können und das Reinigen erleichtert wird. Gute Wärmeübertragung.

Geschirre aus Edelstahl sind **für alle Zwecke verwendbar.** Die **lange Haltbarkeit,** vielseitige Verwendbarkeit und das saubere Aussehen rechtfertigen die hohen Anschaffungskosten.

Gargeschirre aus Edelstahl haben **Kompensböden.** Sie sind so konstruiert, daß der Topfboden die Veränderungen des Metalles durch Wärme ausgleicht (kompensiert). In kaltem Zustand sind die Bodenflächen nach innen gewölbt.

Die **Pflege ist einfach,** alle Reinigungsmittel anwendbar. Weißlichmatter Niederschlag stammt von Kalkablagerungen und ist mit Säure (Essig) oder Flüssigreiniger zu entfernen. Bläuliches Schimmern ist auf Spülmittelrückstände zurückzuführen und wird durch gründliches Nachspülen vermieden.

Emaillierter Stahl

Bei diesen Geschirren ist der Stahl mit einer Emailleschicht überzogen. Dadurch ist es **vor Rost geschützt** und geschmacksneutral. Die glasharte Emaillierung ist jedoch **schlagempfindlich** und **springt bei raschem Temperaturwechsel.**

Zum Reinigen sind alle Mittel geeignet, doch darf nicht mit harten Gegenständen gekratzt werden. **Überhitzte Töpfe nie mit kaltem Wasser** abschrecken, denn sonst springt der Überzug. Besser: langsam auskühlen lassen.

Aluminium

Aluminiumgeschirr ist preiswert in der Anschaffung, von geringem Gewicht und ein guter Wärmeleiter. Aluminium wird aber von Säuren und Laugen angegriffen und **eignet sich darum nur begrenzt zur Aufbewahrung** von Speisen. Das weiche Material kann z. B. durch Rührbesen abgerieben werden und verfärbt dann die Zubereitung grau. Bei Stoß entstehen Beulen, in denen sich Schmutz festsetzen kann. Zur Reinigung dürfen nur weiche Gegenstände verwendet werden.

Guß

Gußgeschirr leitet die Wärme sehr gut und ist robust. Manche Köche sind der Auffassung, daß darin Braten besonders gut gelingen.

Gußgeschirr **eignet sich nicht zur Aufbewahrung** von Speisen, weil diese dann Eisengeschmack annehmen.

Man schützt dieses Geschirr vor Rost, indem man es nach dem Reinigen leicht einfettet.

Stahl

Geschirr aus Stahl hat die gleichen Eigenschaften wie Gußgeschirr, doch besitzt die geschliffene Oberfläche eine feinere Struktur.

Stahlpfannen eignen sich besonders zum Braten.

Pfannen ohne festgebrannte Speisereste werden nur ausgewischt.

Kunststoffe

Unter dem Begriff Kunststoffe werden vielerlei Materialien zusammengefaßt. Weil die meisten Gegenstände nicht starr, sondern elastisch sind, spricht man auch von Plastik. In der Küche muß man die Kunststoffe auch nach der Wärmebeständigkeit unterscheiden.

Thermoplaste haben weichere Beschaffenheit und sind meist nur bis etwa 80 °C temperaturbeständig.

Duroplaste sind härter und bis 100 °C, kurzzeitig auch höher erwärmbar. Behälter für die Vorratshaltung sowie Schüsseln für den Salatposten und die Kalte Küche sind aus diesem Material.

Gegenstände aus Kunststoff haben eine weichere Oberfläche als solche aus Metall. Sie dürfen darum nicht mit dem Topfreiber oder mit Scheuerpulver bearbeitet werden.

3.2 Arten

Kochgeschirre

Kochtopf, hoch
Marmite

Kochtopf, halbhoch
Marmite basse

Henkelkasserolle, flach
Casserolle plate

Stielkasserolle
Casserolle

Stielkasserolle, flach
Sautoire

Schwenkkasserolle
Sauteuse

Stielbratpfanne
Poêle lyonnaise

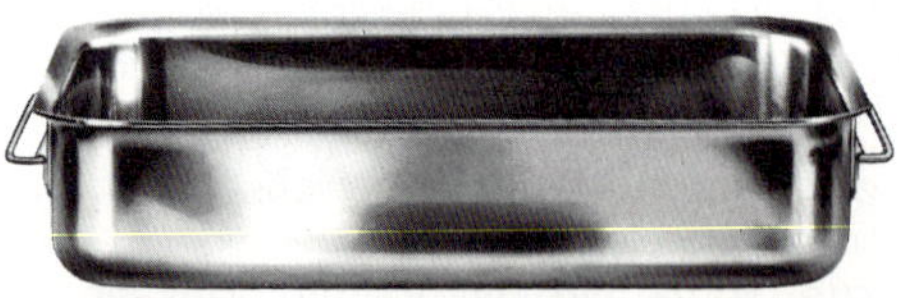

Bratpfanne
Rôtissoire

Schmorpfanne
Braisière

Fischkocher mit Einsatz
Poissonnière

Wasserbadkasserollen
Casserolle de bain-marie

Zubehör

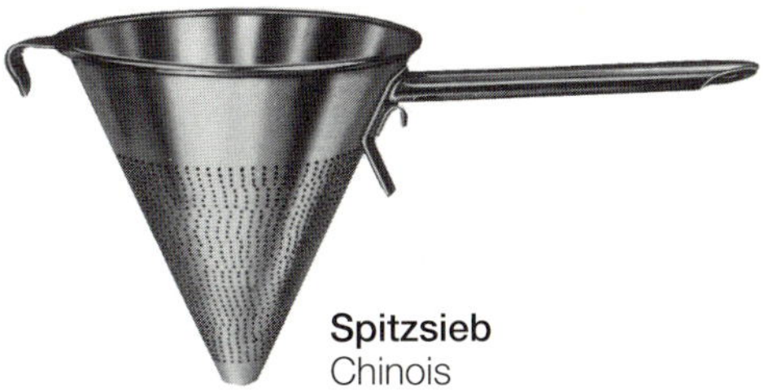

Spitzsieb
Chinois

Abtropfschüssel
Egouttoir

Saucenseiher
Passe-sauce

Gastro-Norm

Das Gastro-Norm-System löst die unterschiedlichen Größen von Vorrats-, Bearbeitungs- und Garbehältnissen ab.

Einschübe in Regalwagen, Herde und Kühlschränke sowie Grundflächen von Bain-marie oder Speisenausgabe sind aufeinander abgestimmt.

Ausgehend von einem Grundmaß von 53 x 32,5 cm gibt es praxisgerechte Unterteilungen mit unterschiedlicher Tiefe. Entsprechende Deckel vervollständigen das System.

So können vorbereitete Lebensmittel in GN-Geschirre eingesetzt und in die Kühlung gebracht werden. Bei Bedarf wird dann in diesem Geschirr gegart und anschließend das Ganze zur Ausgabe gebracht.

Vorteil des Systems:

- Teile passen untereinander und in alle Geräte,
- Arbeitszeitersparnis, weil das Umsetzen von Geschirr zu Geschirr entfällt.

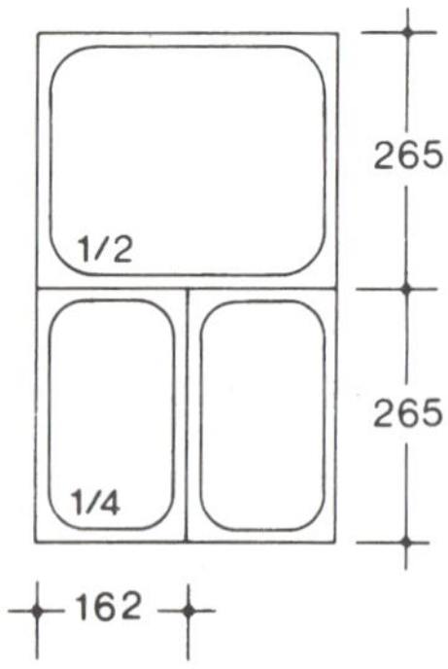

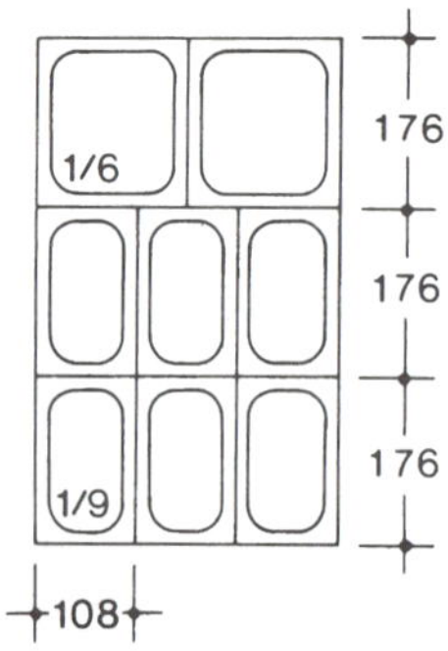

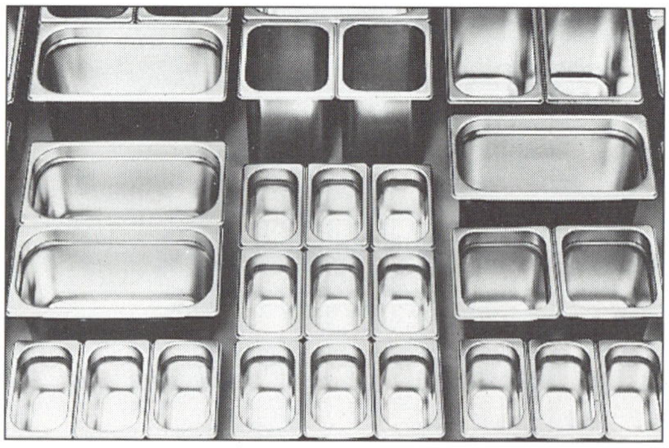

4 Maschinen und Geräte

4.1 Wolf

Der Wolf, auch Fleischwolf genannt, ist eine Zerkleinerungsmaschine. Mit ihr werden Fleisch, aber auch Fisch und Gemüse in eine für die Weiterverarbeitung erforderliche Zerkleinerungsform gebracht.

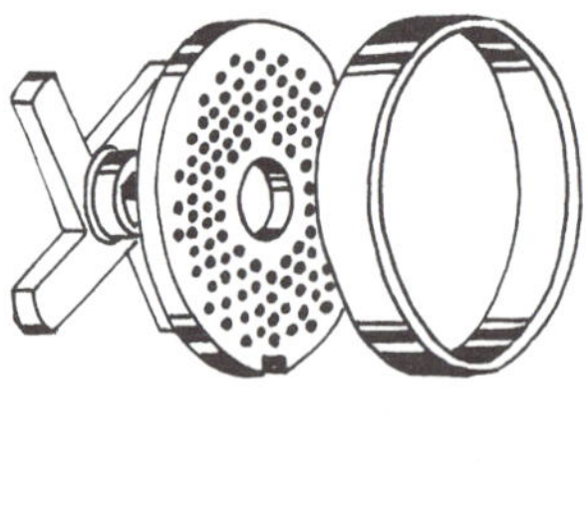

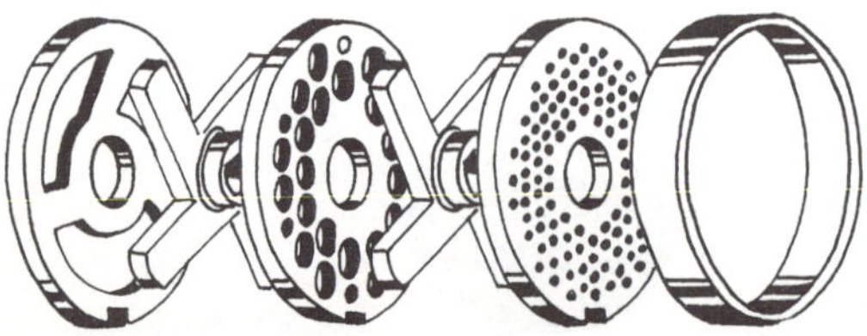

Der Wolf arbeitet nach dem Prinzip des **Scherschnitts.** Wie bei einer Schere wird das Schneidegut zwischen zwei geschliffenen Metallteilen (Messer und Lochscheibe) zerschnitten. Die Schnecke transportiert das Fleisch zu den Messern. Der Zerkleinerungsgrad wird von der Größe der Lochscheibe bestimmt.

Hinweise zur Benutzung

Der Verschlußring muß richtig angezogen werden.

- **Bei zu strengem Sitz** reiben Messer und Lochscheiben aneinander und Metallabrieb gelangt ins Fleisch.
- **Bei zu lockerem Sitz** wickeln sich Bindegewebe um die Messer, weil sie nicht mehr zerschnitten werden.

Der Wolf muß richtig beschickt werden. Das Fleisch soll in lockeren Fäden aus der Lochscheibe kommen.

- **Preßt man Fleisch zu stark** in die Einfüllöffnung, so kann das Material von den Messern nicht mehr richtig verarbeitet werden. Das Fleisch wird warm und schmiert.
- **Läuft der Wolf leer,** reiben Messer und Lochscheiben aneinander und erwärmen sich. Dabei geht die Schärfe verloren.

Ein schlecht eingestellter Wolf oder stumpfe Messer führen zu zerquetschtem, grauem, fettigschmierigem Material.

Nach den Bestimmungen der Hackfleischverordnung ist der Wolf bei Benutzung

- täglich mindestens zweimal zu reinigen,
- bei gastgewerblichen Betrieben endet der Tag mit Beginn der Sperrzeit.

Unfallverhütung

Der Wolf muß so beschaffen sein, daß die Schnecke von der Hand nicht erreichbar ist, weil die saugende Wirkung leicht die Hand mitzieht. Bei kleineren Geräten sind darum Durchmesser und Höhe der Einfüllöffnung vorgeschrieben; größere Maschinen sind an der Einfüllöffnung mit einem nicht entfernbaren Schutz versehen.

4.2 Kutter

Das Wort Kutter ist abgeleitet vom englischen Wort to cut = schneiden, abschneiden. Der Kutter ist eine Zerkleinerungsmaschine, die nach dem Prinzip des Messerschnitts arbeitet. Das Schneidegut liegt dabei auf einer Unterlage (drehende Schüssel), die Messer ziehen durch das Schneidegut. Durch das Kuttern kann eine homogene Masse hergestellt werden, wie sie für Farcen (Brät) erforderlich ist. Eine Haube, die mindestens die halbe Schüssel bedeckt, verhindert das Herausschleudern von Material.

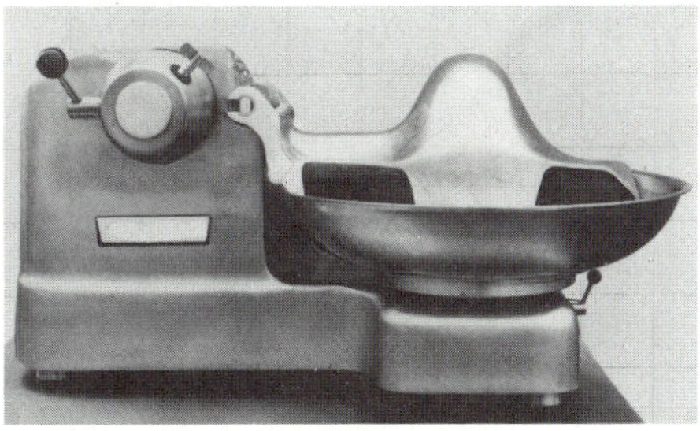

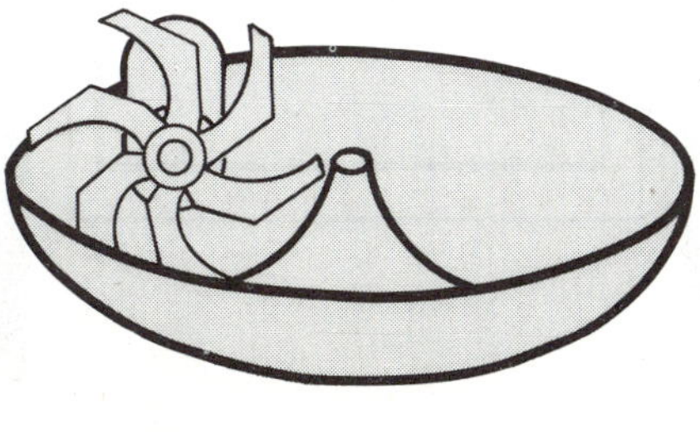

Hinweise für die Benutzung

Der Abstand zwischen Messern und Schüssel muß richtig gewählt werden. Das Fleisch wird nur unvollständig zerschnitten, wenn der Abstand zu weit ist. Die Welle macht bis zu 3 000 Umdrehungen je Minute, deshalb muß die Halterungsschraube der Messer fest angezogen werden. An den rotierenden Messern entsteht Reibungswärme, die Eiweiß zum Gerinnen bringen kann. Es darf darum nur gut gekühltes Material verwendet werden.

Unfallverhütung

Der Deckel des Kutters muß die Messerwelle abdecken. Die rotierenden Messer wären, wie z. B. der laufende Propeller eines Flugzeuges, nicht zu erkennen. Darum muß durch eine Sperrschaltung gewährleistet werden, daß der Deckel nur bei stehenden Messern geöffnet werden kann.

Dem Kutter ähnlich, nur kleiner, ist der **Mixer.** Während beim Kuttern die Schneidewelle liegt, steht sie beim Mixer senkrecht.

4.3 Friteuse

In der Friteuse wird die zum Garen benötigte Wärme durch heißes Fett übertragen. Flüssigkeiten leiten die Wärme viel rascher als z. B. Luft. Darum ist die Garzeit im Fettbad wesentlich kürzer.

Bei einem **Fettopf,** der je nach Bedarf zwischen Herdmitte und Rand hin- und hergeschoben wird, steigt die Temperatur am Boden bis auf 250 °C an. Das erwärmte Fett steigt auf und reißt Schwebteilchen mit. Diese setzen sich als dunkle Punkte auf dem Backgut ab.

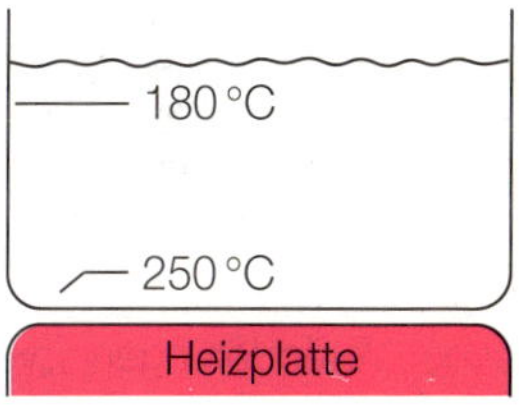

Bei **Friteusen** liegen die Heizschlangen in einem bestimmten Abstand über dem Boden. Der unter den Heizschlangen liegende Bereich (Kühlzone) ist an der Bewegung des Fettes nicht beteiligt. Fallen Schwebeteilchen zwischen den Heizschlangen hindurch, so bleiben sie am Boden liegen, setzen sich ab und werden nicht erneut nach oben transportiert. Weil die in der Kühlzohne abgesetzten Teilchen nicht verbrennen, wird das Fett weniger belastet und ist darum länger verwendbar.

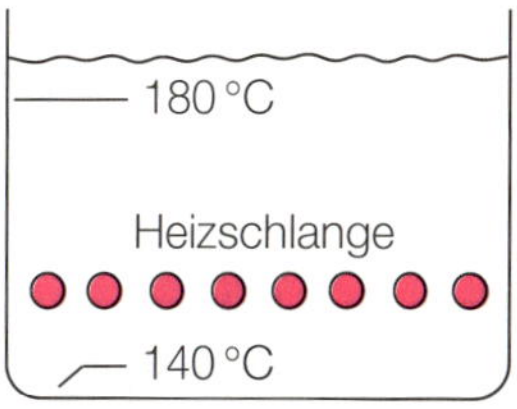

Hinweise zur Benutzung

Feste Fette müssen, bevor sie in die Friteuse gegeben werden, erst in einer Kasserolle flüssig gemacht werden. An Heizschlangen, die nicht vollständig von Fett umgeben sind, entstehen sehr hohe Temperaturen, welche die Heizelemente und das Fett schädigen. Ist die Friteuse mit erkaltetem Fett gefült, schaltet man zum Anheizen den Thermostat zunächst auf etwa 70 °C.

Erst wenn das Fett flüssig geworden ist und damit zirkulieren kann, wird auf die Backtemperatur geschaltet.

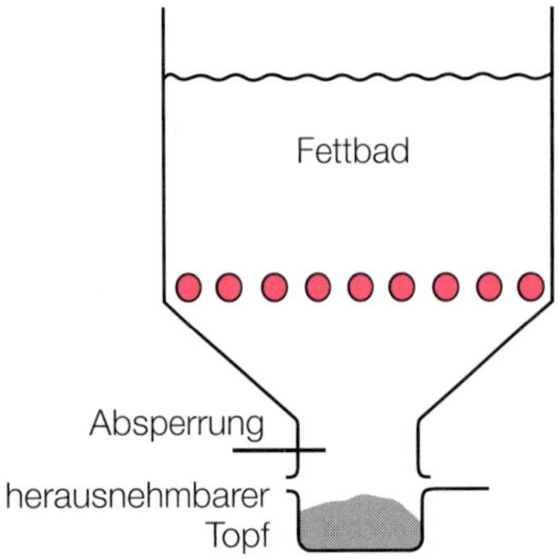

Neuere Geräte sind so gestaltet, daß Backrückstände in einen herausnehmbaren Topf fallen. Die Reinigung wird dadurch erleichtert.

Auf diese Weise reinigt sich das Fett selbständig.

Nur geeignete Fette verwenden. Die Fett-Temperatur darf 180 °C nie übersteigen. Überhitztes Fett qualmt und zersetzt sich. Während der Arbeitspausen ist das Gerät abzudecken und auf etwa 100 °C zurückzuschalten. Dadurch wird die Haltbarkeit des Fettes verlängert.

Während des Backens wird das Fett durch chemische Veränderungen „verbraucht“. Verbrauchtes Fett ist bräunlich, schäumt leicht, raucht bereits bei niederen Temperaturen, schmeckt scharf und kratzig.

Verbrauchtes Fett muß vollständig ausgewechselt werden.

Ersetzt man nur einen Teil des verbrauchten Fettes durch frisches, ist nach kurzer Zeit wieder das gesamte Fett verdorben. Das alte, verdorbene Fett bewirkt die rasche Zersetzung des neuen.

Nach dem Lebensmittelgesetz gilt verbrauchtes Fett als verdorben, ebenso Speisen, die darin zubereitet werden.

Backrückstände bilden einen Bodensatz. Dieser sollte möglichst täglich entfernt werden. Dazu läßt man das abgekühlte Fett aus dem Ablaßhahn durch ein Sieb ablaufen, nimmt dann die Heizschlange heraus und entfernt den Bodensatz.

Anschließend sind das Fritiergerät und die Heizschlange mit warmem Wasser und einem Spülmittel gründlich zu reinigen. Auf keinen Fall dürfen Reste des Spülmittels zurückbleiben. Diese zerstören das Fett. Darum wird mehrmals mit klarem Wasser nachgespült und die Friteuse gründlich ausgetrocknet.

Unfallverhütung

Fett in der Friteuse oder in der Pfanne kann sich bei Überhitzung selbst entzünden.

- Auf keinen Fall mit Wasser zu löschen versuchen. Das Wasser wird sofort zu Dampf, reißt das Fett mit sich und vergrößert die Brandfläche.
- Brennendes Fett abdecken (Deckel).
- Bei größeren Bränden Feuerlöscher verwenden.

Umweltschutz

Verbrauchtes Fett in Behältnisse abfüllen und der Fettverwertung übergeben. Wird es in den Ablauf geschüttet, führt es dort zu Ablagerungen an den Wänden der Rohre und schließlich zu Verstopfungen.

4.4 Kippbratpfanne

Die Kippbratpfanne hat einen mit Gas oder Strom direkt beheizten Boden aus Gußeisen. Darum sind alle Zubereitungsarten möglich, die starke Hitze erfordern. Bei Bedarf kann sie aber auch zum Kochen, z. B. von Klößen, oder zum Dünsten verwendet werden. Kippbar sind die Pfannen, weil sie zwischen zwei Säulen gelagert sind. Die Auslaufnase ermöglicht ein einfaches Entleeren.

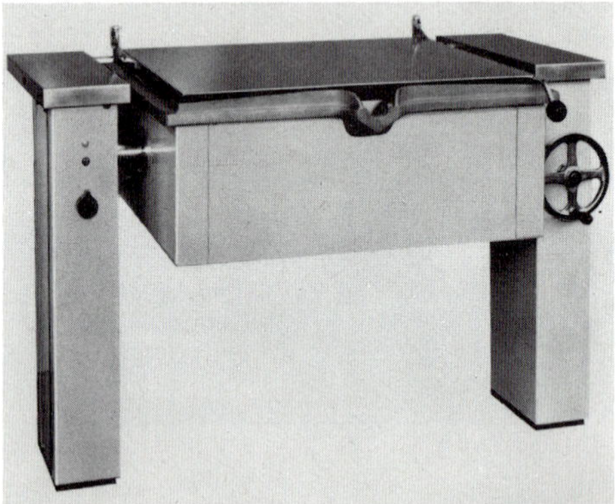

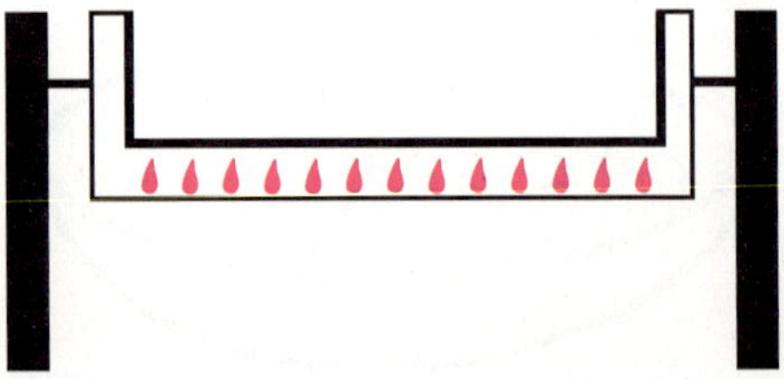

Hinweise für die Benutzung

Zum **Anbraten** ist kräftig vorzuheizen, damit die Temperatur beim Einlegen nicht zu stark absinkt und das Bratgut zum Kochen kommt. Aus diesem Grund darf auch nicht zu viel auf einmal eingelegt werden. Werden panierte Stücke in der Kippbratpfanne gebraten, ist sie von Zeit zu Zeit zu kippen und das Fett mit den Backresten durch ein Spitzsieb abzulassen. So verhindert man, daß Backrückstände dunkle Punkte hinterlassen. Beim Kippen einer Pfanne, gefüllt mit Flüssigkeit, z. B. mit Grandjus, ist das Drehrad am Anfang besonders vorsichtig zu bedienen, sonst schwappt der Inhalt über den vorderen Rand und kann zu Verbrühungen führen.

Geleerte Pfannen müssen sofort mit heißem Wasser „aufgefüllt" werden. Das Wasser verhindert das Festbrennen der Rückstände. Würde man jedoch kaltes Wasser verwenden, käme es im Pfannenboden durch den Temperaturunterschied zu starken Spannungen, die zu Rissen führen können.

4.5 Kochkessel

Alle Kochkessel haben doppelte Wände. Zwischen diese wird Dampf geleitet, der die Wärme durch die Innenwand auf das Gargut überträgt. Der durch Abkühlung kondensierte Dampf fließt nach unten ab. Diese Art der Beheizung durch zirkulierenden Wasserdampf ist bei allen Kesseln gleich. Unterschiedlich dagegen ist die Dampferzeugung. Bei Kesseln, die mit Gas, Öl oder Strom beheizt werden, wird unmittelbar unter dem Kessel das zurückfließende Wasser wieder zu Dampf erhitzt. In Großküchen wird der benötigte Dampf aus der zentralen Heizanlage zugeführt.

Weil bei Kochkesseln auch durch die Seitenwände Wärme auf das Gargut übertragen wird, kommt der Kesselinhalt viel schneller zum Kochen. Man nennt Kessel darum **Schnellkocher.** Sie haben meist ein Fassungsvermögen zwischen 60 und 100 l.

Bei **Druckkesseln** wird der Deckel fest verschraubt. Über dem Kochgut entsteht Dampf, der durch ein Sicherheitsventil auf einem bestimmten Druck gehalten wird. Bei erhöhtem Druck kocht das Wasser oberhalb des normalen Siedepunkts, also bei höheren Temperaturen als 100 °C. Höhere Temperaturen verkürzen die Garzeit.

Bei Druckkesseln darf auf keinen Fall das Überdruckventil verändert oder beschwert werden.

Hinweise für die Benutzung

Ein Kochkessel kann nicht wie ein Kochtopf, der auf den Herd gestellt wird, verwendet werden. Der Boden des Kochtopfes nimmt die Hitze der Herdplatte unmittelbar auf und wird darum sehr heiß. Aus diesem Grund kann man im Topf anrösten und anbraten.

Boden und Wände eines Kochkessels werden dagegen nur bis etwa 130 °C erhitzt. In Kochkesseln kann man darum nur kochen. Die Roux für Saucen muß außerhalb des Kessels, z. B. in einer Kippbratpfanne, angeschwitzt werden, für Schmorbraten muß das Fleisch bereits angebraten sein.

Beim **Kochen von Teigwaren** muß genügend Wasser im Kessel sein; ein Sieb vor der Auslauföffnung ist notwendig, um das Kochwasser ablassen zu können.

Beim **Kochen von Salzkartoffeln** verwendet man Siebeinsätze, damit die unteren Schichten nicht durch den Druck der darüberliegenden Kartoffeln zerquetscht werden.

Die volle Energieabgabe ist bei Kochkesseln nur zum Aufkochen notwendig. Nach dem Aufkochen wird darum die Wärmezufuhr verringert.

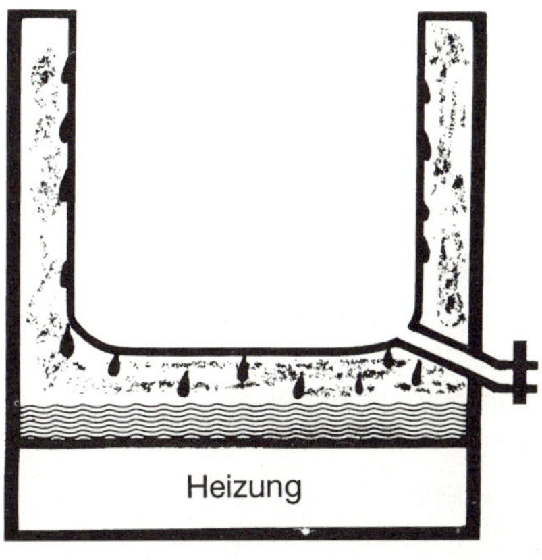

4.6 Mikrowellengerät

Der wesentliche Teil eines Mikrowellengerätes ist das Magnetron. Das ist eine besondere Röhre, die elektromagnetische Wellen erzeugt. Diese dringen in die Lebensmittel ein und bringen die darin enthaltenen Wassermoleküle zum Schwingen. Man kann das vergleichen mit einer dauernd hin und her schwingenden Kompaßnadel. Wenn sich die Moleküle durch die Bewegung aneinander reiben, entsteht Wärme.

Darum erzeugen Mikrowellen Wärme **an jeder Stelle der Speisen zur gleichen Zeit.** Das ist der wesentliche Unterschied zu allen anderen Garverfahren, bei denen die Wärme nach und nach von außen nach innen vordringt.

Metallgeschirr ist nicht geeignet, weil es die Mikrowellen reflektiert (zurückwirft).

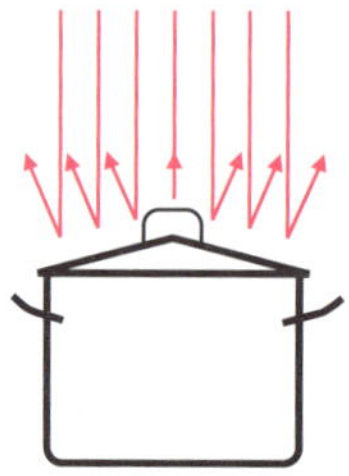

Behälter aus Glas, Porzellan, Kunststoffen u. ä. sind für Mikrowellen durchlässig, erwärmen sich aber selbst nicht.

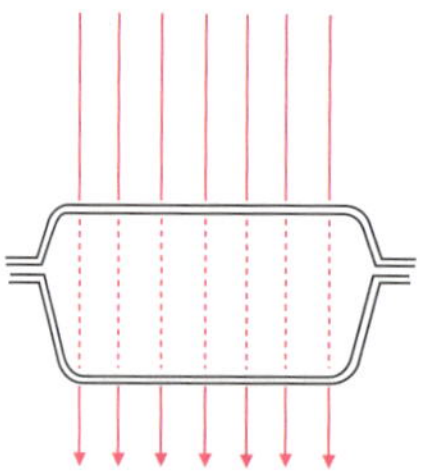

In **Lebensmittel** dringen die Mikrowellen ein und erzeugen Wärme.

Die gleichzeitige Erwärmung aller Moleküle der Speisen führt zu sehr kurzen Garzeiten. Im Einzelfall sind diese abhängig von der

- ▷ Leistungsfähigkeit des Gerätes und damit verbunden der
- ▷ Eindringtiefe der Strahlen,
- ▷ Dicke der Speisen sowie dem
- ▷ Wassergehalt der Speisen; wasserhaltige garen rascher.

Hinweise zur Benutzung

Wiedererwärmen von bereits zubereiteten Speisen (regenerieren).

An- und Auftauen von Tiefkühlware, sofern diese flach gepackt ist.

Nicht geeignet sind Mikrowellen zum Braten, weil keine Röststoffe erzeugt werden.

Die **Pflege** der Geräte ist einfach. Da keine Speisenteilchen anbrennen, genügen Lappen und warmes Wasser.

Unfallverhütung

Mikrowellengeräte unterbrechen den Stromkreis, wenn die Tür geöffnet wird, und setzen damit das Magnetron außer Betrieb. Könnte man bei Betriebsbereitschaft in die Röhre greifen, würde das Blut in der Hand gerinnen, bevor die Nervenzellen der Haut einen Schmerz melden.

4.7 Umluftgerät – Convectomat

Bei Umluftgeräten wird fortlaufend erhitzte Luft am Gargut vorbeigeführt. Dadurch sind die Garverfahren Braten, Backen und Kochen möglich, ebenso das Auftauen von Tiefkühlware.

Die durch eine Ventilation zwangsweise umgewälzte Luft ermöglicht es, gleichzeitig auf mehreren Ebenen zu garen. Bei der Strahlungswärme im Bratrohr des Ofens ist dies nicht möglich.

Mit den meisten Geräten kann auch gedämpft werden.

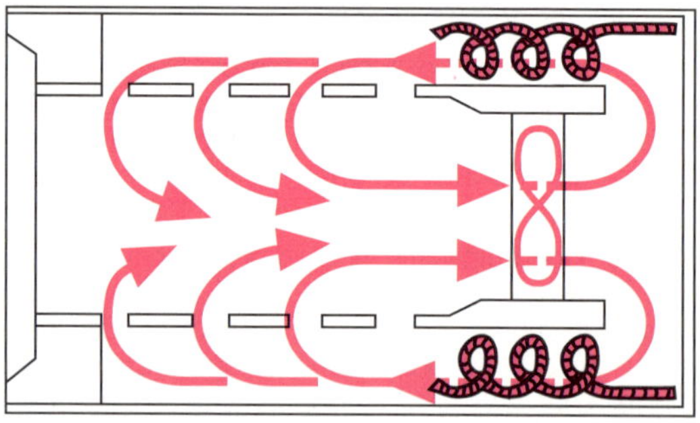

Hinweise für die Benutzung

Die Gartemperatur bei Umluft ist niedriger zu wählen als bei Strahlungswärme im Rohr.

Bei nicht ausreichender Bräunung von Bratgut ist auf ausreichende Befettung zu achten; feuchte Luft zu Beginn des Bratens läßt man durch die Abluftklappen abziehen.

4.8 Herd mit Backrohr

Beim sogenannten Küchenherd erfolgt die Wärmeübertragung zum Kochgeschirr durch direkten Kontakt, unabhängig davon, welche Energieart eingesetzt wird.

Dieses System ermöglicht bei entsprechender Regelung der Wärmezufuhr alle Garverfahren außer Grillen.

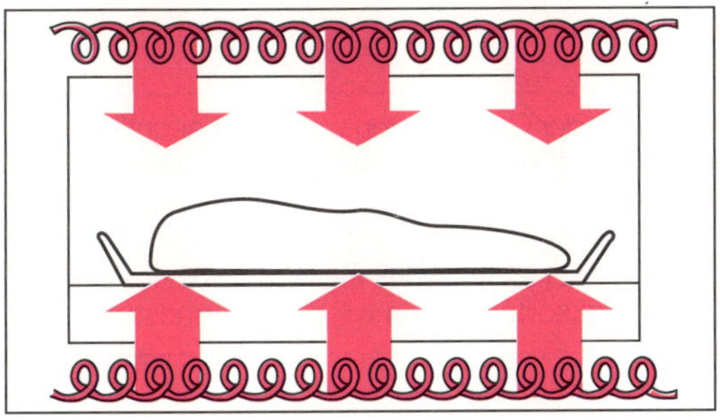

Im Backrohr wird die Wärme durch Strahlung auf das Gargut übertragen. Mit Strahlungswärme kann man backen und braten, z. B. Roastbeef, Rehrücken.

4.9 Garen unter Dampfdruck

Bei normalem Luftdruck (1 bar) siedet das Wasser bei 100 °C. Mit zunehmendem Druck steigt der Siedepunkt. Diesen physikalischen Zusammenhang nutzt man bei Dampfgargeräten. Für die Küche ist folgender Zusammenhang wichtig.

Druck	Siedepunkt
1,0 bar	ca. 100 °C
1,5 bar	ca. 110 °C
2,0 bar	ca. 120 °C
3,0 bar	ca. 133 °C

Je höher der Druck, desto höher die Gartemperatur.

Je höher die Gartemperatur, desto kürzer die Garzeit.

Darum auch die Bezeichnungen Schnellkochtopf oder Schnellgargerät.

Das Gastgewerbe kennt zwei technische Lösungen.

Beim **Dampf-Drucktopf** entsteht der Dampf im festverschlossenen Topf. Ein Ventil regelt den Dampfdruck.

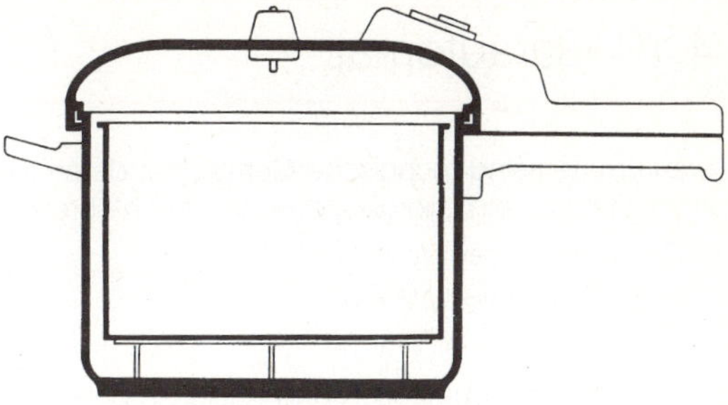

Beim **Dampf-Schnellgargerät** wird der Dampf außerhalb des Garraumes in einem besonderen Dampfbereiter erzeugt und dann auf die Lebensmittel im Garraum geleitet.

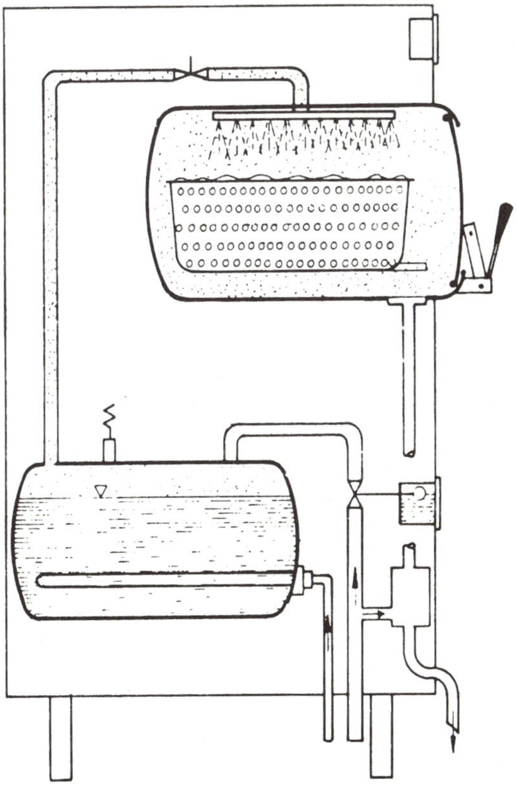

Hinweise für die Benutzung

Zum Garen unter Druck eignen sich besonders Lebensmittel mit längerer Garzeit. Bedienungsvorschriften der Hersteller sind unbedingt einzuhalten. Unfallgefahr!

Die Garzeiten bewegen sich in engen Grenzen. Bei Überschreiten verkochen die Lebensmittel stark, die Vitaminverluste sind hoch.

Beim Druckgaren kann man nicht „zwischendurch prüfen“. Darum muß von Anfang an rezeptgenau gearbeitet werden.

4.10 Garautomat

Garautomaten sind technische Geräte, mit deren Möglichkeiten sich die meisten herkömmlichen Garverfahren arbeitszeit- und energiesparender durchführen lassen.

Die **Grundverfahren**

- Garen mit feuchter Wärme und
- Garen mit trockener Wärme

können temperaturgesteuert und zeitlich in beliebiger Abfolge durchgeführt werden. Eingebaute Kerntemperaturmeßgeräte helfen mit, den erwünschten Garpunkt genau einzuhalten.

Wenn der Koch diese Technik sinnvoll nutzen will, muß er

klassische Rezepturen auf die angewandten Garverfahren überprüfen.	▷	Die Systematik der Garverfahren wird im Abschnitt Garverfahren erläutert und zusammenhängend dargestellt.
Aufgeschlossenheit für technische Vorgänge einbringen.	▷	Als Beispiel für ein technisches Gerät, dessen Funktion verstanden sein sollte, wählen wir den Thermostat.

4.11 Temperaturregler oder Thermostat

Von Regelung spricht man, wenn ein fester Wert, z. B. Temperatur im Fettbad (Fritüre), eingehalten wird, obwohl Verluste entstehen, z. B. durch Einlegen von kalten Speisen zum Garen.

Betrachten wir die Temperaturregelung am Beispiel des Fettbackgerätes.

Die Temperatur des Fettbades **soll** gleichbleiben, z. B. 160 °C. Man nennt diese Temperatur den **Sollwert.** Das Fett kühlt aber laufend ab. Man nennt das Wärmeverlust. Ein Thermometer, auch Fühler genannt, stellt laufend fest, wie hoch die Temperatur tatsächlich **ist.** Dies nennt man den **Istwert.**

Fällt nun der Istwert unter den gewünschten Sollwert, so erhält ein Schalter den Befehl, den Stromkreis für die Heizung zu schließen. Durch die Wärmezufuhr nähert sich der Istwert dem Sollwert, das Fett wird so heiß, wie man es wünscht. Erst dann wird der Stromkreis wieder unterbrochen.

In gleicher Weise funktioniert eine Kühlung, nur wird hierbei die Zufuhr von Wärme geregelt. Wer die Zusammenhänge einer Temperaturregelung kennt, der weiß auch, daß es sinnlos ist, den Wahlschalter am Thermostat „vorzudrehen“. Dadurch wird z. B. das Fett nicht schneller warm. Der Schalter kann nur auf „ein“ stehen – mehr Energiezufuhr ist nicht möglich.

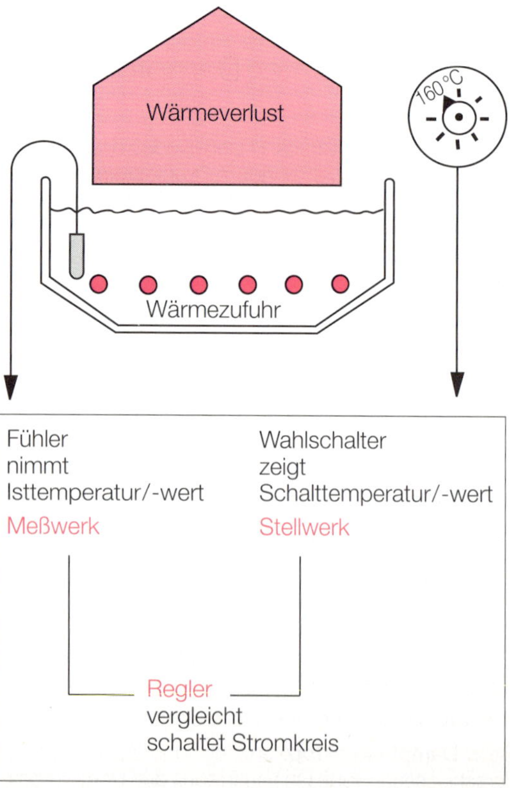

5 Unfallverhütung

Unfallbereiche

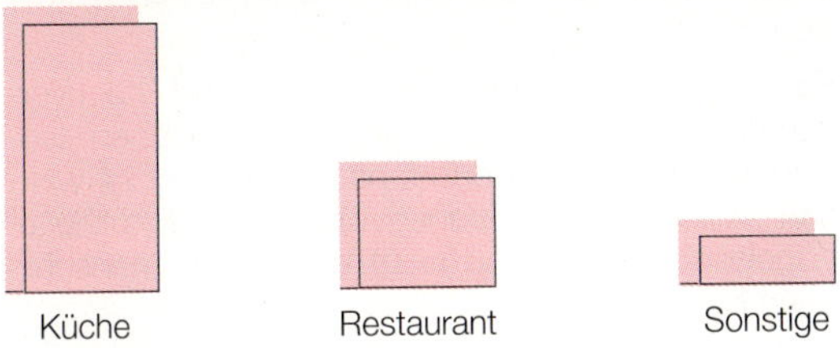

Unfallschwerpunkte

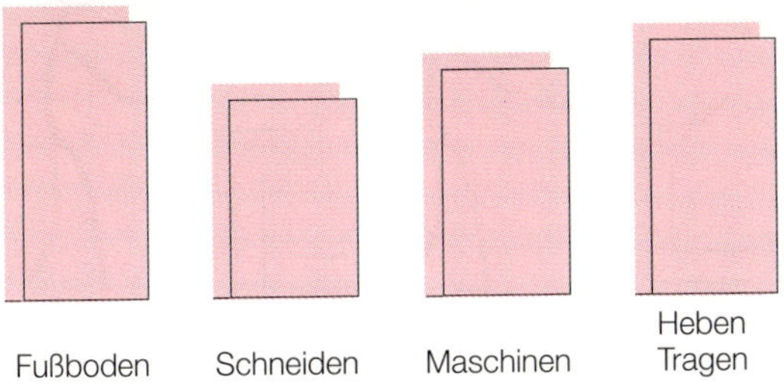

Ein Blick auf die Unfallstatistik zeigt, daß innerhalb des Hotelgewerbes die Küche der am meisten gefährdete Bereich ist.

Betrachtet man die Unfallschwerpunkte, stehen die sogenannten Wegeunfälle im Vordergrund. Ein Großteil davon entfällt auf Verletzungen, die beim Laufen, Gehen und Steigen auch außerhalb der Küche entstehen. Im Bereich des Restaurants überwiegt diese Art. In der Küche stehen Schnittverletzungen im Umgang mit Messern und Geräten im Vordergrund, gefolgt von Unfällen, die im Umgang mit Maschinen entstanden sind. Aber auch falsches Heben und Tragen führt zu Verletzungen.

5.1 Fußboden

Etwa 20 Prozent der Unfälle, die sich in der Küche ereignen, sind Sturzunfälle. Wenn auch oft Eile und Hast zum Sturz beitragen, so sind die eigentlichen Ursachen meist

- ein verschmutzter und damit nicht rutschfester Boden,
- Gegenstände, die im Laufbereich abgestellt und vom Verletzten übersehen worden sind.

Stürze können vermieden werden. Darum

- Wege frei halten,
- Schuhe mit rutschfesten Sohlen tragen; abgetragene Straßenschuhe taugen nicht für den Beruf,
- Verschüttetes sofort aufwischen,
- kleinere Fettmengen am Boden mit Salz bestreuen,
- vor dem Betreten des Gefrierraumes Schuhsohlen abstreifen, denn an feuchten Sohlen bildet sich sofort eine Eisschicht.

5.2 Feuerschutz

Wenn ein Brand entsteht, wirken zusammen:

- brennbarer Stoff,
- Sauerstoff,
- Entzündungstemperatur.

Soll ein Brand gelöscht werden, muß mindestens einer dieser Faktoren ausgeschaltet werden.

Wasser entzieht die Entzündungstemperatur.

Als Löschmittel ist es aber nur geeignet bei Bränden mit Holz, Pappe und Papier.

Es ist ungeeignet für Öl, Fett, Benzin usw., denn diese flüssigen Stoffe würden bei Wassereinwirkung nur verspritzen und damit den Brandherd vergrößern.

Feuerlöscher entziehen den Sauerstoff.

Grundsätzlich wird die Brandstelle von unten her bekämpft. Weil der Sauerstoffzutritt verhindert wird, erstickt die Flamme.

Bei der Anschaffung von Feuerlöschern ist eine Beratung durch den Fachmann erforderlich, denn entsprechend des möglichen Einsatzes ist die zweckmäßigste Art des Löschmittels zu wählen.

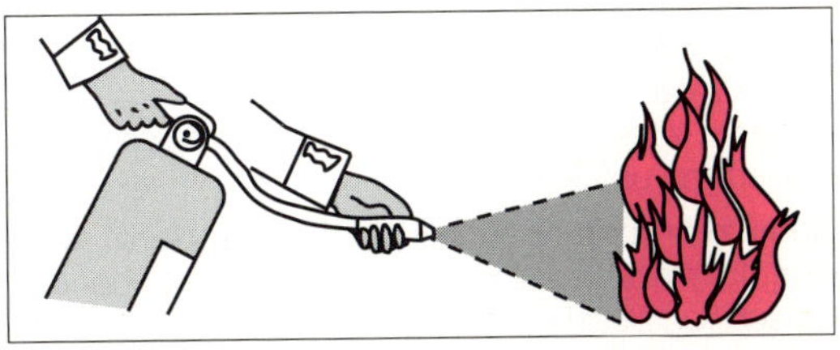

5.3 Messer, schneidende Maschinen

In Verbindung mit Messern und schneidenden Werkzeugen entstehen etwa 12 Prozent der Unfälle im Gastgewerbe. Auf die Beschäftigten in der Küche bezogen geschieht jeder dritte Unfall in Verbindung mit Messern. Mit zu den schlimmsten Unfällen in der Küche gehören die „ausrutschenden Messer" bei der Fleischzerlegung.

Besonders gefährdet sind:

- ▷ Hände (Schnitt- und Stichwunden).
- ▷ Bauchgegend (Darmverletzung).
- ▷ Oberschenkel (Schlagader).

Wirksamen Schutz bei der Fleischzerlegung bieten:

- ▷ Stechschutzschürze,
- ▷ Stechschutzhandschuh.

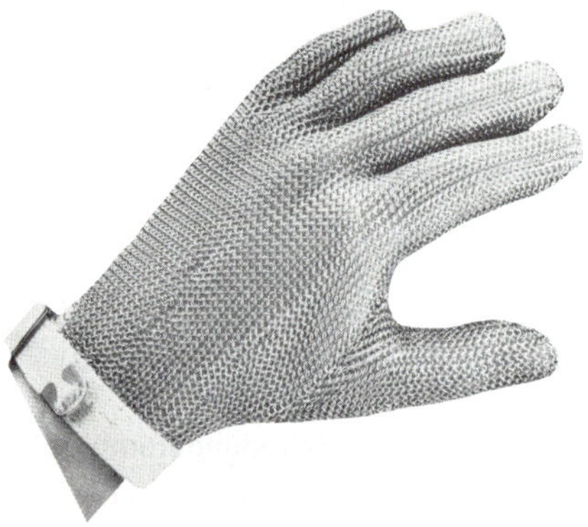

Schneidewerkzeuge nie in das Spülwasser legen. Wer nicht Bescheid weiß, greift in das Wasser und verletzt sich.

5.4 Maschinen

Die Berufsgenossenschaft prüft neue Maschinen und Geräte, ob sie den Unfallverhütungsvorschriften entsprechen, und stellt darüber ein Prüfungszeugnis aus. Auf dieses Prüfungszeugnis ist beim Einkauf zu achten, denn der Betriebsinhaber ist verpflichtet dafür zu sorgen, daß die im Betrieb verwendeten Maschinen unfallsicher sind.

Schutzvorrichtungen dürfen nicht entfernt werden. Im einzelnen sind sie bei den entsprechenden Maschinen beschrieben.

5.5 Elektrische Anlagen

Bereits Spannungen über 65 V können zum Tod führen, wenn sie durch den menschlichen Körper fließen.

Für gewerbliche Räume sind Geräte und Steckvorrichtungen mit Schutzkontakt vorgeschrieben. Isolationsfehler werden dabei nach außen nicht wirksam, weil Fehlspannungen über den Schutzleiter abgeleitet werden und nicht durch den menschlichen Körper fließen.

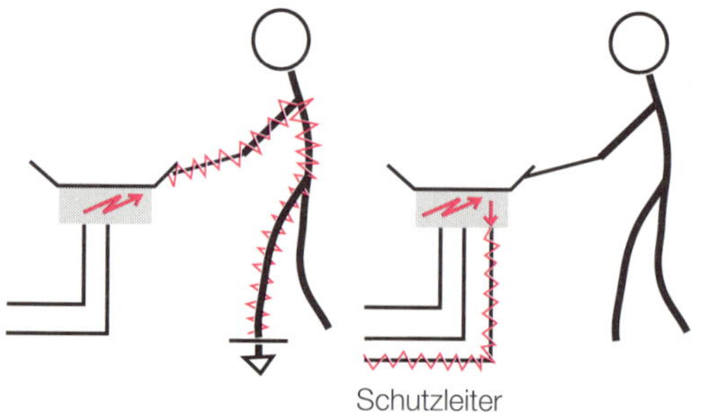

Verlängerungskabel ohne Schutzleiter setzen die Schutzwirkung außer Kraft.

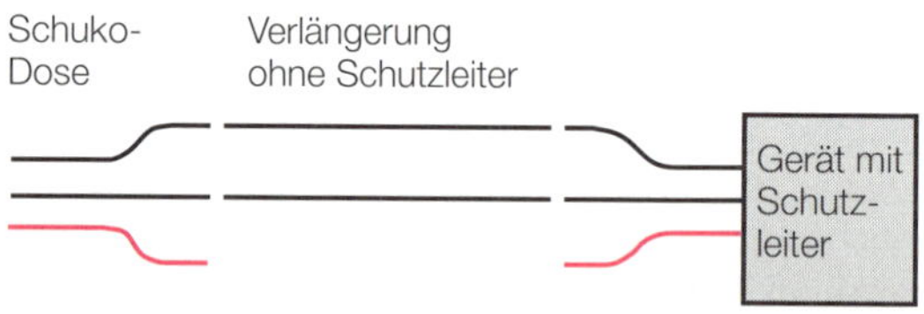

Wer an Geräten mit Schutzleitungen oder Schuko-Steckdosen Änderungen vornimmt, handelt verantwortungslos. Eine kleine Verwechslung, und der Schutzleiter kann todbringend sein.

Nur der Elektrofachmann darf installieren und Änderungen vornehmen.

In der Küche ist es besonders gefährlich, beschädigte Leitungen selbst zu reparieren, denn bei Feuchtigkeit kann der elektrische Strom die Isolierung überwinden und dadurch zu Unfällen führen.

Schutzmaßnahmen bei elektrischen Unfällen

Elektrischer Strom wirkt nur, wenn er fließen kann. Darum:

- ▷ Vor Rettungsmaßnahmen Stromkreis unterbrechen (Sicherung, Retter ist isoliert, z. B. auf Unterlage von Karton).
- ▷ Nach einem „Stromschlag" zum Arzt, denn die elektrische Spannung beeinflußt die Herztätigkeit.

5.6 Sicherheitszeichen

Sicherheitszeichen geben Informationen in bildhafter Form. Durch die Art der Gestaltung sollen sie, ohne weitere Erläuterung, „für sich sprechen". Ähnlich wie bei den Verkehrszeichen macht schon die Form Aussagen über die Art der Information.

Sicherheitszeichen warnen

Warnzeichen

Warnung vor einer

Warnung vor feuergefährlichen

Warnung vor ätzenden Stoffen

Warnung vor giftigen

Sicherheitszeichen verbieten

Verbots- und Gebotszeichen

Rauchen verboten

Rauchen, offenes Licht und Feuer verboten

Zutritt verboten

Nichts abstellen oder lagern

Rettungszeichen geben Hinweise

Hinweiszeichen

Fluchtweg

Erste Hilfe

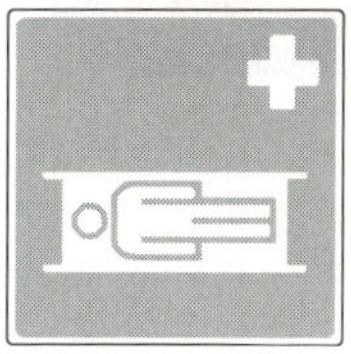

Krankentrage

Feuerlöscher

Maschinen und Geräte dürfen nur dann benutzt werden, wenn sie den jeweiligen Sicherheitsvorschriften entsprechen. Da der Unternehmer im Gastgewerbe nicht alle Vorschriften für Technisches kennen kann, wird empfohlen, bei der Bestellung zur Bedingung zu machen, daß die Maschinen den anerkannten sicherheitstechnischen Regeln entsprechen.

Hersteller, die ihre Maschinen und Geräte prüfen lassen, erhalten von der Prüfstelle eine Prüfbescheinigung mit dem GS-Zeichen. **GS** bedeutet **G**eprüfte **S**icherheit.

6 Erste Hilfe

Erste Hilfe hat die Aufgabe, bei Verletzungen oder Unfällen **weitere Schäden** zu **vermeiden.**

Die eigentliche Hilfe gibt der Arzt.

Es ist falsch, Verletzungen selbst kurieren zu wollen und den Weg zum Arzt als den Gang eines Feiglings anzusehen. Kleinere Verletzungen müssen nicht sofort behandelt werden. Es genügt, wenn innerhalb von sechs Stunden, also z. B. in der Zimmerstunde, der Arzt aufgesucht wird.

Selbst die kleinste Wunde kann zu einer Entzündung der Lymphgefäße, der sogenannten Blutvergiftung, oder zu einem Wundstarrkrampf führen oder „wild", also mit Wucherungen, ausheilen.

6.1 Schnitt- und Stichwunden

Im Umgang mit Messern kommt es, besonders bei Beginn der Ausbildung, häufig zu Schnitt- und Stichwunden. Dabei kann der harmlos aussehende glatte Schnitt über tieferliegende Verletzungen hinwegtäuschen.

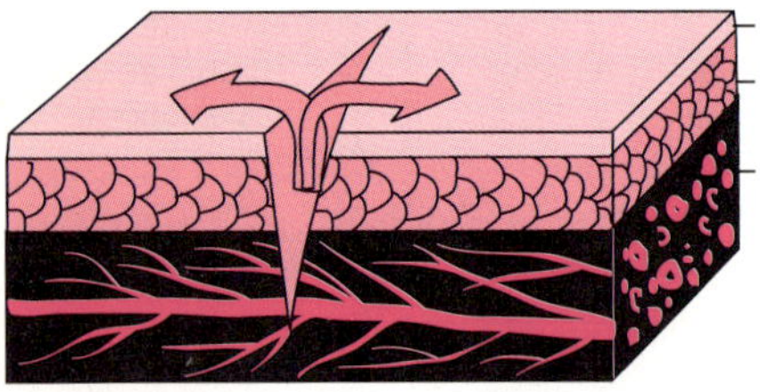

- ▷ Wunden nicht auswaschen.
- ▷ Keine keimtötenden Flüssigkeiten und Puder anwenden.

Wunde mit keimfreiem Verband abdecken, das verletzte Glied hochlagern. Die Blutung wird dadurch geringer. Bei stärkerem Blutverlust Druckverband anlegen. Dazu legt man über den keimfreien Verband eine weitere Binde und zieht diese fester an. Abbindungen dürfen nur in Notfällen vorgenommen werden, der Verletzte muß anschließend sofort zum Arzt.

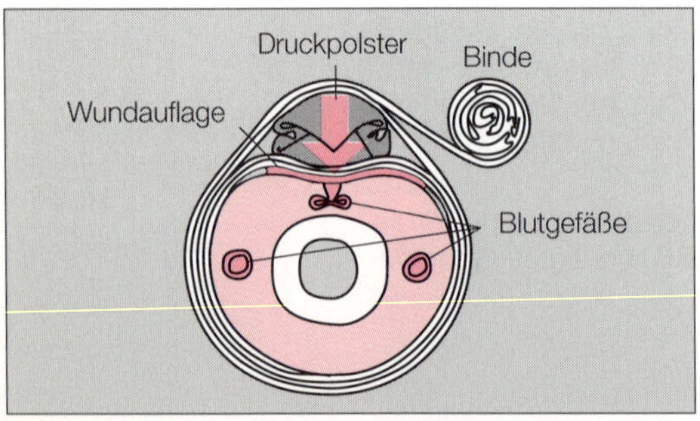

Wunden sollten nach der Ersten-Hilfe-Leistung bald, jedoch innerhalb von sechs Stunden von einem Arzt versorgt werden.

6.2 Ohnmacht und Bewußtlosigkeit

Bei einer **Ohnmacht** ist der Mensch kurze Zeit (1 bis 2 Min.) „ohne Macht über sich selbst",

Bewußtlosigkeit ist länger andauernd. Der Mensch ist in diesem Zustand hilflos, es droht Erstickungsgefahr durch Verlegung der Atemwege. Ursachen können sein: Sauerstoffmangel (schlechte Luft), große Hitzeeinwirkung, elektrischer Strom sowie Mißbrauch von Alkohol und Drogen. Auch plötzliche Aufregung und großer Schmerz können die Bewußtlosigkeit auslösen.

Bewußtlosigkeit erkennt man daran, daß die betroffene Person nicht ansprechbar ist.

Ohnmächtige und Bewußtlose werden

- ▷ an die frische Luft gebracht (Sauerstoff),
- ▷ in Seitenlage gebracht,
- ▷ von beengender Kleidung befreit,
- ▷ in ärztliche Behandlung übergeben.

6.3 Verbrennungen und Verbrühungen

Verbrennungen und Verbrühungen sind in der Küche sehr häufig, sie sind zudem äußerst schmerzhaft.

Jede Verbrennung oder Verbrühung ist eine Schädigung der Haut. Je nach Schwere unterscheidet man:

- Verbrennungen 1. Grades: die Haut wird rot,
- Verbrennungen 2. Grades: es entstehen Blasen,
- Verbrennungen 3. Grades: Haut und darunterliegende Gewebe verkohlen oder verkochen.

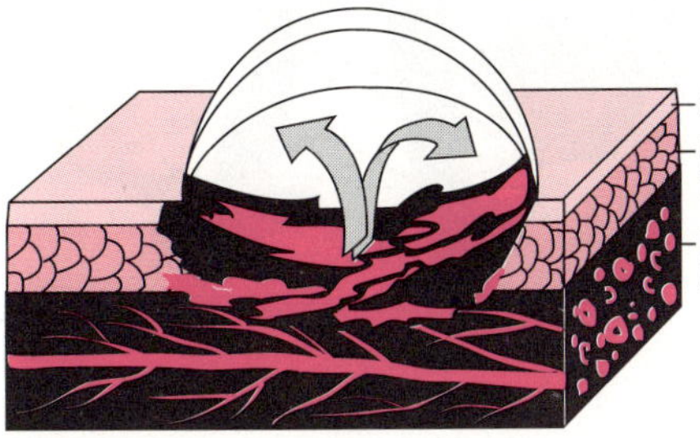

Erste Maßnahmen:

Bei **Verbrennungen** an Armen und Beinen den betroffenen Körperteil in kaltes Wasser tauchen. Und zwar solange, bis die Schmerzen aufhören. Das dauert etwa 15 Min. Kein Eiswasser verwenden, denn das würde zu weiteren Schädigungen führen.

Bei **Verbrühungen,** z. B. durch kochendheiße Flüssigkeit oder Dampf, die Bekleidung aufschneiden und vorsichtig entfernen. Auf keinen Fall vom Körper reißen, das würde die schützende Haut zerstören.

Dann:

Nur bei leichten Verbrennungen (1. Grad: leichte Rötung der Haut) darf Fett oder Salbe zur Schmerzlinderung verwendet werden. Brandblasen nicht aufstechen!

Bei Verbrennungen 3. Grades, z. B durch Fritürenfett, ist die Haut zerstört, die Stelle ist darum wie eine Wunde mit einem keimfreien Verband oder einer Brandbinde zu behandeln.

Unbedingt sofort zum Arzt!

Bei größeren Verbrennungsflächen (z. B. Kleidung hat Feuer gefangen) den Verletzten zudecken. Schluckweise alkoholfreie Flüssigkeit zu trinken geben, damit die Nieren durch die Giftstoffe nicht geschädigt werden. An der Haut festklebende Kleidungsstücke nicht abreißen. Krankenwagen rufen, nicht selbst ins Krankenhaus transportieren.

6.4 Nasenbluten

Nasenbluten entsteht bei hohem Blutdruck, der als Ursache Überanstrengung, Aufregung, aber auch äußere Einwirkungen haben kann.

Man beugt den Kopf leicht vornüber und legt kalte Umschläge in den Nacken.

Ist die Blutung nicht stillbar, Arzt rufen.

6.5 Fremdkörper im Auge

Fremdkörper unter dem Oberlid: Oberlid über Unterlid ziehen und wieder nach oben schieben. Die Wimpern des Unterlides halten den Fremdkörper fest.

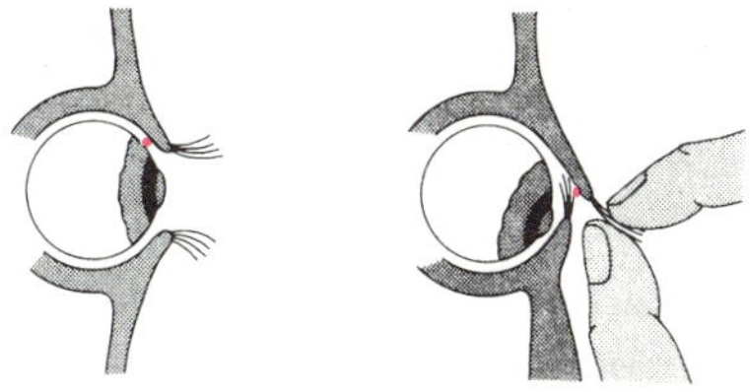

Fremdkörper unter dem Unterlid: Verletzten nach oben sehen lassen und das Unterlid herunterziehen. Mit Taschentuch vorsichtig zur Nase hin herauswischen.

6.6 Unfälle mit elektrischem Strom

In Küchenbetrieben arbeitet man mit Spannungen von 220 und 380 Volt. Die Stärke des „Schlages", den man beim Berühren einer elektrischen Leitung erhält, hängt weniger von den Umständen ab, unter denen man einen Stromleiter berührt. Das Ausmaß der Schädigung hängt von der Leitfähigkeit des Bodens ab.

Bei Stromunfällen zuerst Strom abschalten.
(Schalter betätigen, Stecker herausziehen, Sicherung herausdrehen.)

Ist das nicht möglich, den Verletzten mit nichtleitenden, trockenen Gegenständen (B) aus dem Stromkreis retten. Dabei auf Bodenisolierung (A) achten, z. B. Karton, Küchentücher.

Den Verletzten flach lagern; ist er scheintot, mit Wiederbelebung beginnen; wenn er wieder bei Bewußtsein ist, Wasser zu trinken geben. Kann aus irgendwelchen Gründen der Strom nicht abgeschaltet werden, ist Hilfe unter folgenden Voraussetzungen möglich:

Der Helfer steht z. B. auf einem Karton oder zwei trockenen Handtüchern und hat die Händen ebenfalls mit zwei trockenen Handtüchern umwickelt. Der Verletzte kann so von der elektrischen Leitung weggezogen werden.

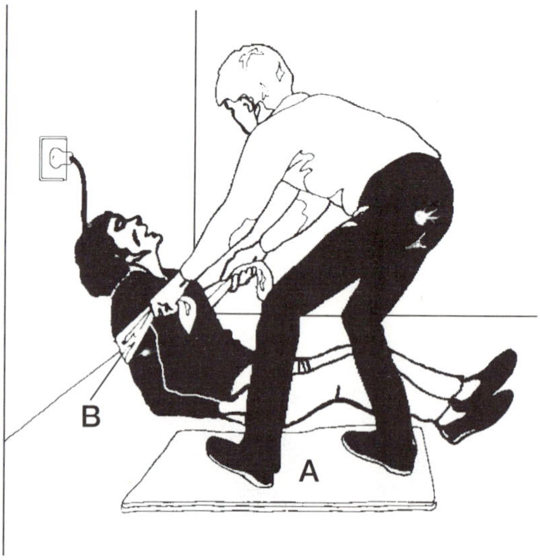

Grundtechniken

1 Vorbereitende Arbeiten

1.1 Einführung

Die meisten Lebensmittel werden vor dem Genuß bearbeitet und/oder zubereitet. Neben dem Haushalt übernimmt diese Aufgaben das Lebensmittelgewerbe und die Gastronomie.

Die vielfältigen Arbeiten scheinen auf den ersten Blick unübersehbar. Eine genauere Betrachtung zeigt jedoch viele Gemeinsamkeiten.

- ▷ Zu den **vorbereitenden Arbeiten** zählen das Waschen, Wässern, Weichen, Putzen, Schälen.
- ▷ Zur **Bearbeitung** werden Schneiden, Raffeln, Reiben, Blanchieren usw. gerechnet.
- ▷ Durch die **Garverfahren** werden viele Lebensmittel erst genußfähig. Die Garverfahren werden in einem getrennten Abschnitt behandelt.

1.2 Waschen

Pflanzliche Rohstoffe sind von Natur aus mit **Verunreinigungen** behaftet. Am deutlichsten sind diese bei Kartoffeln und Wurzelgemüse sichtbar. Unabhängig vom sichtbaren Schmutz befinden sich an den Lebensmitteln aber auch immer **Kleinlebewesen.** Ferner können Reste von **Pflanzenschutzmitteln** an der Oberfläche haften. Durch sachgerechtes Waschen werden Schmutz, Keime und Rückstände entfernt.

Lebensmittel werden möglichst **im ganzen gewaschen,** weil dabei die **Verluste** an Inhaltsstoffen **geringer** sind. Bei zerkleinerter Ware sind viele Zellen verletzt und die Inhaltsstoffe werden **ausgelaugt.** Hartnäckiger Schmutz wird zusätzlich mit einer Bürste mechanisch bearbeitet. Gemüsewaschmaschinen arbeiten mit entsprechendem Wasserdruck, der Bewegung erzeugt.

Weil sich während des Waschens Schmutz und Keime im Wasser verteilen, muß mit **fließendem Wasser nachgespült** werden.

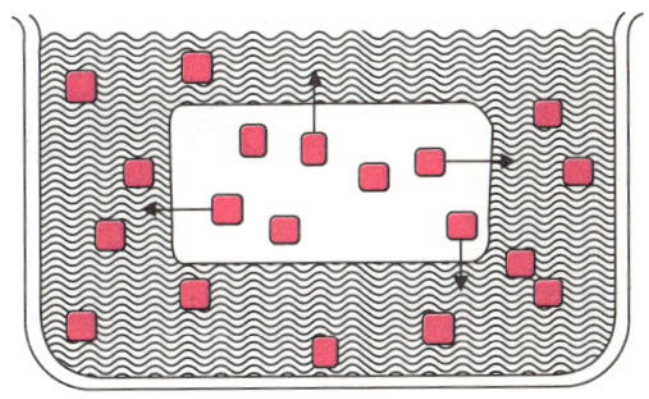

Wasser laugt aus

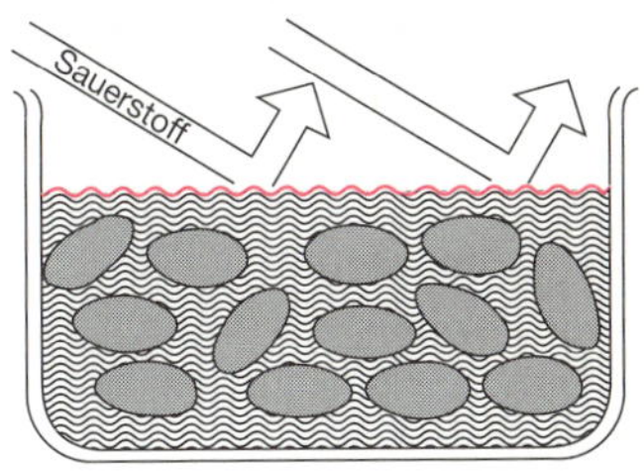

Wasser hält Luftsauerstoff fern

1.3 Wässern

Obwohl das Wässern von Lebensmitteln immer Nährstoffverluste mit sich bringt, ist es in **manchen Fällen** nicht zu vermeiden:

- ▷ **Bestandteile der Lebensmittel** können den Geschmack beeinträchtigen, z. B. Bittergeschmack bei Endiviensalat, stark arteigener Geschmack bei Nieren;
- ▷ **Salz,** das zur Konservierung diente, z. B. Salzheringe, Matjesheringe;

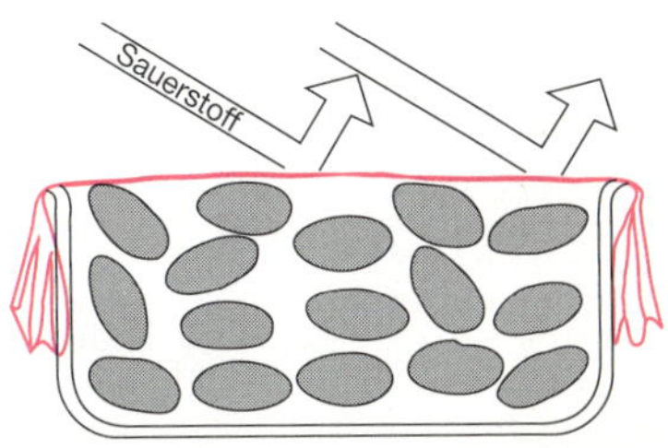

Folie hält Luftsauerstoff fern

▷ **Blutreste** können störend wirken, z. B. an Hirn und Kalbsbries;

▷ **Luftsauerstoff** muß ferngehalten werden, damit die enzymatische Bräunung unterbleibt, z. B. bei rohen Kartoffeln, Sellerie, Äpfeln.

In vielen Fällen genügt es, die Lebensmittel mit einer Folie oder einem feuchten Tuch zu bedecken, um sie vor dem Braunwerden zu schützen und die helle Farbe zu erhalten.

1.4 Schälen

Viele Gemüse und Obstarten müssen von ungenießbaren oder schlecht verdaulichen Randschichten befreit werden. Als Arbeitsgeräte verwendet man dazu:

▷ **Küchenmesser** mit gerader oder gebogener Klinge,

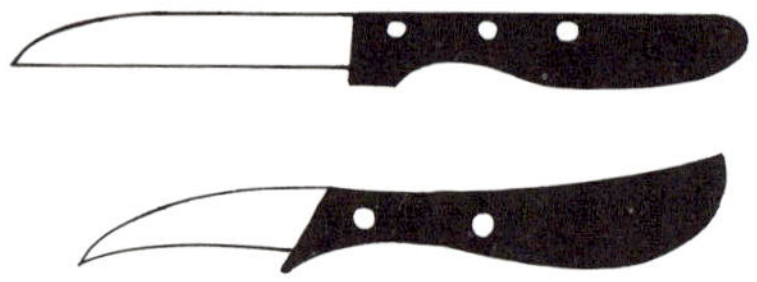

▷ **Sparschäler,** die es in verschiedenen Ausführungen gibt.

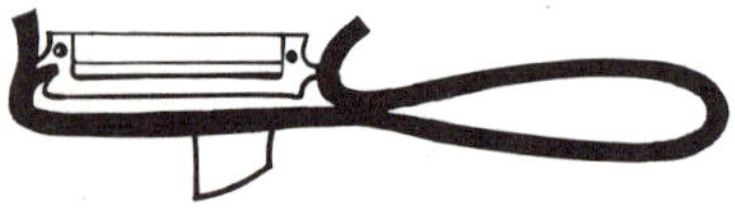

Rohe Lebensmittel

Runde Formen, z. B. Äpfel, Sellerie, schält man spiralenförmig, damit man ohne abzusetzen gleichmäßig arbeiten kann.

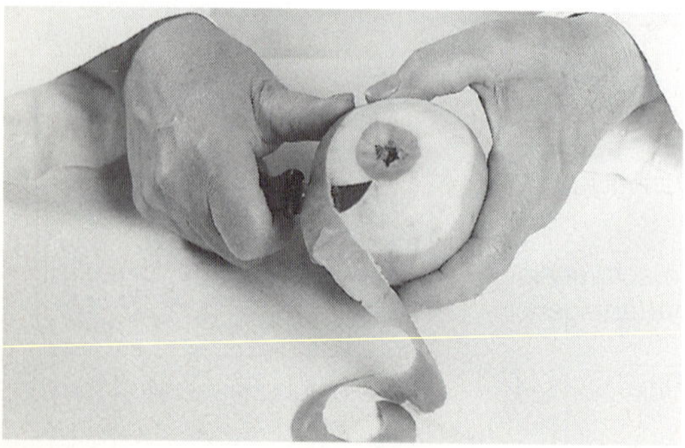

Längliche Formen, z. B. Kartoffeln, Birnen, Gurken, Karotten, schält man in Längsrichtung.

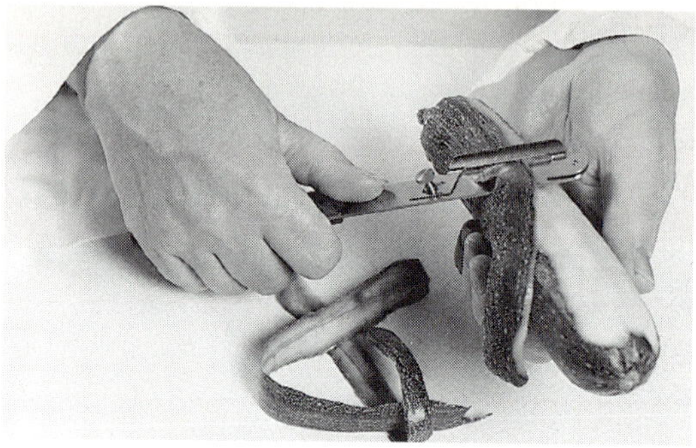

Gegarten und gebrühten Lebensmitteln, z. B. gekochten Kartoffeln, gebrühten Tomaten, Pfirsichen, zieht man die Schale (Haut) ab. Durch die vorausgegangene Wärmeeinwirkung löst sie sich leichter als in rohem Zustand. Zum Abziehen stellt man das Messer steil, die abgehobene Schale wird zwischen Messer und Daumen festgehalten und nach unten gezogen.

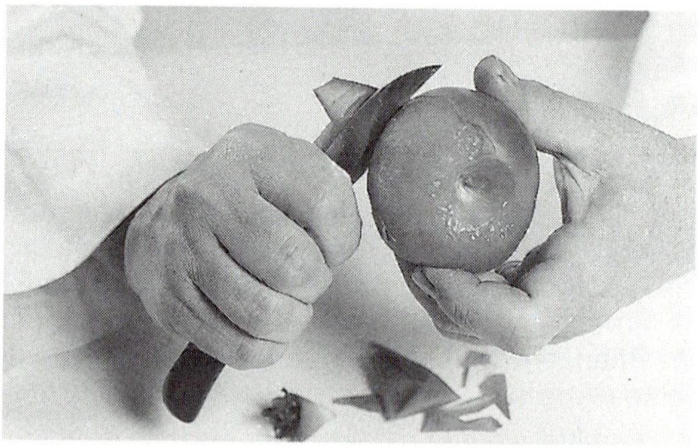

Wurzelgemüse, z. B. Möhren, Rettiche, können abgeschabt werden. Das Messer steht dabei fast im rechten Winkel zur Oberfläche des Gemüses. Beim Schaben wird lediglich eine dünne Schicht entfernt, so daß nur wenig Inhalts- und Geschmacksstoffe, die oft gerade in den Randschichten konzentriert sind, verlorengehen.

2 Bearbeiten von Lebensmitteln

2.1 Schneiden

Lebensmittel müssen vor einer weiteren Bearbeitung oft grob zerteilt oder fein geschnitten werden. Deshalb zählt das Schneiden zu den wichtigsten Grundfertigkeiten.

Ziele des Schneidens können sein:

- ▷ verzehrfertige Stücke, z. B. bei portioniertem Fleisch;
- ▷ Verkürzung der Garzeit, z. B. Blumenkohl in Röschen, Kartoffeln in Stücken;
- ▷ Vergrößerung der Oberfläche, z. B. Röstgemüse, Zwiebelwürfelchen;
- ▷ ansprechendes Aussehen, z. B. Zuschneiden von Kartoffeln in bestimmte Formen (tournieren), streifig oder blättrig geschnittenes Gemüse.

Beim **Schneidevorgang** mit dem Messer wirken zusammen:

Schneidedruck, der sich auf die sehr kleine Fläche der Messerschärfe konzentriert.

Je schärfer das Messer, desto leichter dringt es in das Schneidegut ein.

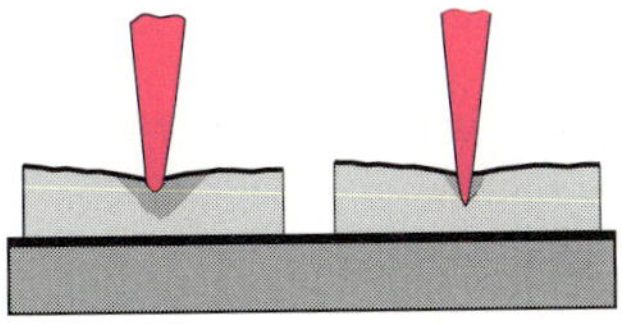

Schneidebewegung, die man auch den „Zug" nennt. Wer ohne Schneidebewegung arbeitet, drückt das Messer nur in das Material und schneidet nicht richtig. Das ist leicht erkennbar, wenn man eine Vergrößerung der Messerklinge näher betrachtet:

die sägende Wirkung entsteht erst durch die Schneidebewegung.

Deshalb gilt:
Je größer die Schneidebewegung, desto geringer ist der erforderliche Schneidedruck. Dies wird vor allem beim Elektromesser deutlich.

Beim Schneiden mit dem Kochmesser werden Schneidedruck und Schneidebewegung durch eine wiegende Bewegung miteinander verbunden. Man spricht darum auch vom **Wiegeschnitt.**

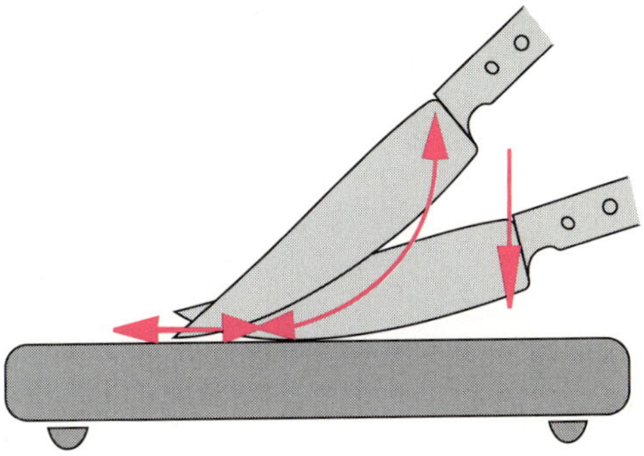

Die Haltehand dient dem Messer als Führung. Die Klinge gleitet an den Knöcheln der gekrümmten Finger entlang, der zurückweichende Finger gibt den Abstand zum folgenden Schnitt frei.

Die gezeigte Haltung der Hand ermöglicht gleichmäßigen Schnitt und schützt vor Verletzungen, weil die Fingerspitzen so Abstand zur Klinge haben.

Kleine Stücke sind schwieriger zu halten, darum erhöhte Verletzungsgefahr.

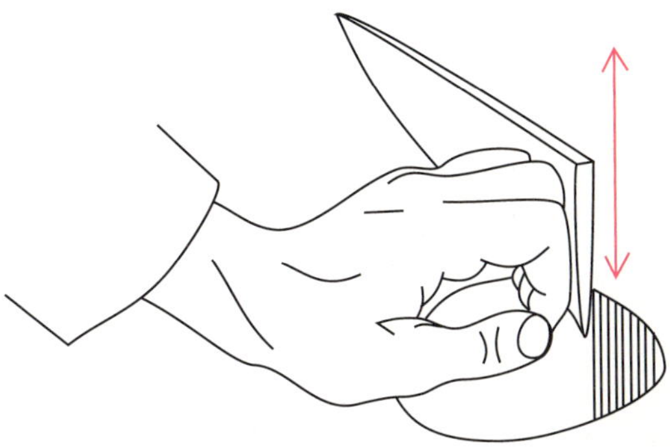

Das Prinzip des Schneidevorganges ist auch bei den folgenden Beispielen verwirklicht.

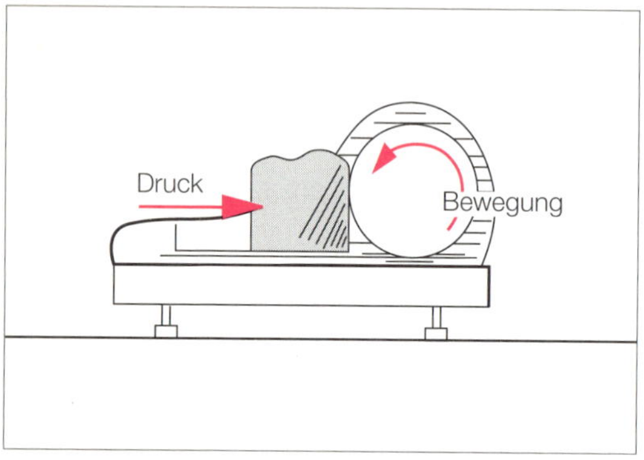

Bei der Aufschnittmaschine kommt die Schneidebewegung von der rotierenden Messerscheibe, der Schneidedruck wird über den Schlitten ausgeübt.

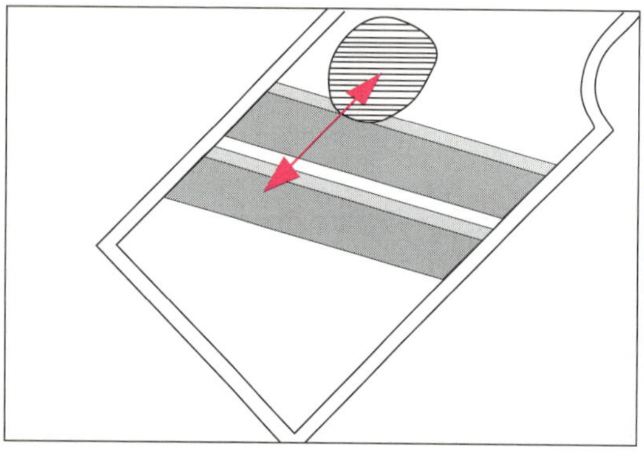

Beim Gemüsehobel stehen die Messer schräg, damit das Schneidegut ziehend durchschnitten wird.

Unfallverhütung

- ▷ Trockener Griff und trockene Hände vermindern die Abrutschgefahr,
- ▷ fallenden Messern nicht nachgreifen,
- ▷ nicht benötigte Messer aufräumen,
- ▷ Messer so ablegen, daß Griffe und Klingen nicht über die Tischkante hinausragen,
- ▷ Messer nicht ins Spülwasser legen.
- ▷ Sichere und ausreichend große Schneidebretter verwenden.

2.2 Schnittarten

Die unterschiedlichen Schnittarten sind praxisbezogen in den Abschnitten Kartoffeln und Gemüse dargestellt.

2.3 Blanchieren

Das Wort blanchieren stammt vom französischen blanchir und bedeutet im ursprünglichen Sinne: weiß machen, bleichen. Wenn man also zerkleinerte Äpfel oder Selleriestückchen blanchiert, wird das Wort noch in diesem Sinne verwendet. Der Anwendungsbereich hat sich aber erweitert.

Heute gilt:

Blanchieren oder Abwällen ist kurzfristige Behandlung der Rohstoffe mit siedendem Wasser oder im Dampfgarer.

Vorteile des Blanchierens

- ▷ Gefüge wird gelockert, z. B. bei Kohl für Kohlrouladen,
- ▷ Verfärbungen werden verhindert, weil Enzyme zerstört werden, z. B. bei hellen Obst- und Gemüsesorten, bei Lebensmitteln, die gefrostet werden.
- ▷ Hygiene wird verbessert, weil Wärme Bakterien zerstört.

Nachteile des Blanchierens

- ▷ Auslaugverluste an wasserlöslichen Inhaltsstoffen, z. B. Vitaminen, Mineralstoffen,
- ▷ Zerstörung hitzeempfindlicher Vitamine, z. B. Vitamin C.

Werden Lebensmittel nicht sofort weiterverarbeitet, schreckt man sie nach dem Blanchieren in kaltem Wasser ab. So wird die Gefahr der Bakterienvermehrung unterbunden.

Blanchieren zählt zu den Vorbereitungsarbeiten und nicht zu den Garverfahren. Beispiele für mißverständliche Verwendung des Wortes:

Spinat blanchieren: Die dünnen Blätter sind durch die kurze Wärmeeinwirkung bereits gar. Das „Blanchieren“ ist also hier keine Vorbereitung, sondern ein Garen. Kartoffeln blanchieren, z. B. Pommes frites. Hier handelt es sich um ein Garen in zwei Stufen: Vorbacken (auch blanchieren genannt) und Fertigstellen bei Abruf.

Bereitstellen und Aufbewahren

1 Bereitstellen – Mise en place

Unter Mise en place versteht man das Bereitstellen von vorbereiteten Nahrungsgütern, Arbeitsgeräten und Servicegeschirr.

Ein sorgfältiges Mise en place ist Voraussetzung für ein reibungsloses Arbeiten zu den Servicezeiten. Es ermöglicht eine zügigere Arbeitsweise und bei à la carte-Bestellungen eine schnelle Ausführung.

Da die einzelnen Posten verschiedene Vor- und Zubereitungen durchführen, ist auch ihr Mise en place unterschiedlich.

Die Bereitstellung richtet sich nach der täglichen Speisekarte und hängt von den verzeichneten Gerichten ab. Garnituren und Hilfsmittel erfordern viele vorbereitende Arbeitsschritte. Während des Services, das eine Vielzahl anderer Handgriffe verlangt, bliebe dafür keine Zeit.

Beispiele für Mise en place

Kalte Küche	gekochte Eier, abgezogene Tomaten, feingeschnittene Zwiebeln, gehackte Kräuter, Garniersalat, Kresse, Zitronensechstel, Aspik in Würfel geschnitten, Gewürzgurkenscheiben, Mayonnaise, Cumberlandsauce, Kastenbrot für Sandwiches sowie Graubrot und streichfähige Butter. Gebratenes Roastbeef und Geflügel. Vorbereitete Fische, Geflügel, Wild, Wildgeflügel, Schlachtfleisch in Portionen. Silberplatten, Manschetten, Glasgeschirr.
Saucenposten	Tomatenfleischwürfel, Zwiebelringe, Schalottenbutter, Fleischglace, Duxelles, Champignonköpfe, Zitronensechstel, kleine glacierte Zwiebeln, Kräuterbutter, Mirepoix, gehackte Kräuter, geschälte Schalotten, Kräutersträußchen, Röstzwiebeln, gebackene Zwiebelringe. Fisch-, Geflügel-, Kalbsfond, Grundsaucen. Pfannen, kleine Kasserollen, Sautoirs (flache Schwenktöpfe), Serviergeschirr.
Gemüseposten	vorgekochte Gemüse, passierter Spinat, gekochter Reis und Teigwaren, gekochte Pellkartoffeln zum Braten, kleine Töpfchen mit Salzkartoffeln zum Nachkochen, blanchierte Pommes frites, Kartoffelchips, Suppeneinlagen, Croûtons, Brunoise, Julienne, gedünstete Zwiebeln, geriebener Parmesan. Rinderbrühe, Wildbrühe, Weiße Grundsauce. Pfannen, Omelettpfannen, Sautoirs (flache Schwenktöpfe) Schüssel mit Schneebesen für Eierspeisen, Serviergeschirr.
Küchenkonditorei	verschiedene Eissorten, Kleingebäck, Kuchen aller Art, Kompotte, geschnittene Früchte, Nüsse, Mandeln und Pistazien, Salzmandeln, Teige und Massen aller Art. Eisportionierer, Eisbecher, Glasschalen, Untersetzplatten und Manschetten. Für die Küche: Pastetchen, Blätterteighalbmonde (Fleurons), Teig für Filet Wellington, Käsestangen, Käsebiskuits, Profiteroles (Windbeutelchen für Suppeneinlage).

2 Aufbewahrung von Vorbereitungen und Speisen

In der gewerblichen Küche muß ein Teil der Vorbereitungsarbeiten im voraus erfolgen, abgetrennt von der Weiterverarbeitung. Ferner ist es unvermeidlich, daß bei den einzelnen Mahlzeiten Zubereitungen übrigbleiben, weil die Zahl der Gäste nicht im voraus festliegt.

Die sachgerechte Aufbewahrung bis zur Weiterverwendung hilft, Verluste an Geschmack und Aussehen gering zu halten und dem Verderb vorzubeugen.

Alle vorbereiteten Lebensmittel werden bis zur Weiterverwendung im Kühlschrank oder Kühlraum aufbewahrt.

Alle Zubereitungen von Speisen bleiben, bis sie abgekühlt sind, möglichst auf Gitter gestellt, an einem luftigen Platz stehen. Danach sind sie unverzüglich in den Kühlschrank oder Kühlraum zu stellen.

Vorbereitungen und **Zubereitungen** lassen sich **nur kurzfristig aufbewahren,** dabei ist zu beachten:

- Speisen möglichst rasch abkühlen (s. „Kritischer Bereich" Abschnitt Mikroben),
- saubere, geräumige Geschirre benutzen,
- unbedingt im Kühlraum aufbewahren,
- durch Abdecken vor Austrocknen und Fremdgeruch schützen.

Maßnahmen, die eine optimale Aufbewahrung gewährleisten:

Brühen werden abgefettet (degraissiert), denn die Fettschicht würde die Wärme zurückhalten und das Auskühlen verlangsamen.

Saucen und gebundene Suppen werden mit Butter beträufelt, damit sie keine Haut bekommen.

Pürees und Zubereitungen in gebundenen Saucen bedeckt man mit einem gebutterten Pergamentpapier oder mit Klarsichtfolie, damit sie nicht abtrocknen. Zur leichteren Durchkühlung wird die Abdeckung in der Mitte über Kreuz eingeschnitten.

Gekochtes Fleisch, wie Rinderbrust, Zunge, Geflügel, wird in kaltem Wasser abgeschreckt, auf Bleche ausgebreitet und mit feuchten Tüchern bedeckt, damit die Oberfläche nicht abtrocknet. Zur Aufbewahrung legt man es dann in die abgekühlte, entfettete Brühe.

Gebratenes Fleisch wird auf Blechen mit Gittern gelagert. Nach dem Erkalten steckt man es in Frischhaltebeutel oder umgibt es mit Pergamentpapier, damit es vor Fremdgerüchen geschützt ist und nicht austrocknet.

Gedünstete Fische werden im eigenen Fond aufbewahrt.

Vorbereitete oder abgewällte (blanchierte) Gemüse werden flach auf Blechen ausgebreitet und mit Folie abgedeckt.

Zubereitete Gemüse füllt man in ein sauberes Geschirr um. Im Kochwasser werden Spargel, Artischocken, Blumenkohl usw. aufbewahrt.

Gekochte Kartoffeln, Reis, Teigwaren gibt man flach ausgebreitet auf Randbleche und deckt sie ab.

Für die Aufbewahrung von vorbereiteten oder zubereiteten Speisen eignet sich am besten Geschirr aus nichtrostendem Stahl oder temperaturbeständigem Kunststoff.

Aluminium darf nur für Speisen verwendet werden, die keine Säure enthalten; säurehaltige Speisen, z. B. Gemüsezubereitungen, würden grau.

Garverfahren

Durch Garen werden Lebensmittel in genußfähigen Zustand gebracht. Wärme bewirkt in den Lebensmitteln:

- **Lockerung,** dadurch werden die Nährstoffe den Verdauungssäften leichter zugänglich,
- **Eiweißgerinnung** und
- **Stärkeverkleisterung,** wodurch die Nährstoffe für den menschlichen Körper besser verwertbar werden,
- **Geschmacksveränderung, -verbesserung,** besonders beim Braten und Backen,
- **Mikrobenzerstörung.**

1 Arten der Wärmeübertragung

Die zum Garen erforderliche Wärme kann, unabhängig von der Art wie sie erzeugt wird, auf drei Arten auf die Lebensmittel übertragen werden.

Strömung oder **Konvektion**
In Flüssigkeiten (Wasser, Fett) und in Luft steigen warme Teilchen nach oben, abgekühlte fallen nach unten. So kommt es zu einem Kreislauf.

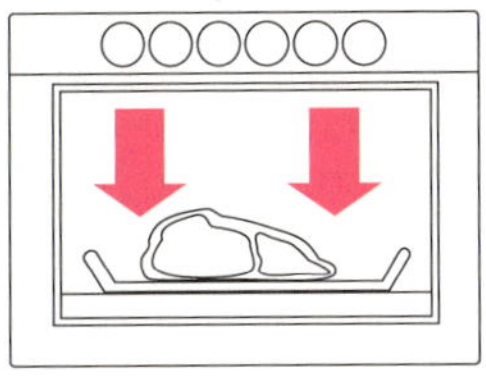

Strahlung
Von jeder Wärmequelle gehen Strahlen aus. Treffen sie auf Lebensmittel, so erwärmen sie diese.
Beispiel: Backrohr, Infrarotstrahler.

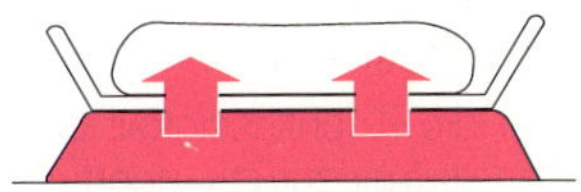

Kontakt oder **Leitung**
Stoffe, die in direktem Kontakt stehen (Heizplatte-Pfanne-Steak), leiten die Wärme unmittelbar. Auf diese Art wird die Wärme am schnellsten übertragen.

2 Arten der Garverfahren

Wird zum Garen Wasser verwendet, ist die Gartemperatur auf 100 °C – beim Drucktopf auf 120 °C – begrenzt. Höhere Temperaturen sind möglich, wenn Luft oder Fett die Wärme übertragen oder wenn die Wärme durch direkten Kontakt mit den Lebensmitteln in Verbindung kommt. Da die Veränderungen, die beim Garen in den Lebensmitteln ablaufen, sehr von der erreichbaren Temperatur abhängig sind, unterscheidet man die Garverfahren in:

Feuchte Garverfahren, das sind solche, bei denen während des Garens Feuchtigkeit vorhanden ist, z. B. Kochen, Dämpfen, Dünsten.

Trockene Garverfahren, das sind solche, bei denen während des Garens kein Wasser vorhanden ist, wie z. B. Braten, Grillen, Fritieren oder Backen.

Garen mittels feuchter Wärme
- Wasser → KOCHEN
- Dampf → DÄMPFEN

Garen mittels trockener Wärme
- Kontakt → BRATEN in der Pfanne
- Luft → BACKEN im Ofen
- Fett → FRITIEREN

3 Garen mittels feuchter Wärme

Beim Garen mittels feuchter Wärme unterscheidet man nach der **Höhe der Gartemperatur**

- ▷ unter 100 °C → Garziehen
- ▷ um 100 °C → Kochen
- ▷ über 100 °C → Druckgaren

3.1 Kochen

Kochen ist Garen in wäßriger Flüssigkeit bei etwa 100 °C.

Die vorbereiteten Rohstoffe werden mit soviel Flüssigkeit angesetzt, daß diese das gesamte Gargut bedeckt. Die Temperatur im Gargut steigt nach und nach bis fast 100 °C.

Wenn die Kochflüssigkeit aufwallt, nimmt man die Wärmezufuhr zurück, denn „mehr als kochen = wallen" kann das Wasser nicht. Es ist deshalb Energieverschwendung, wenn man versucht, kochender Flüssigkeit noch mehr Wärme zuzuführen, dies führt nur zum Verdampfen, also zum Flüssigkeitsverlust (s. jedoch Reduzieren).

Die Rohstoffe werden in kochender oder kalter Flüssigkeit zugesetzt. Während des Garens treten folgende **Veränderungen** ein:

- ▷ Stärke nimmt Wasser auf und verkleistert, z. B. bei Reis und Teigwaren,
- ▷ Eiweiß der Fleischfasern gerinnt, wird locker und leicht kaubar,
- ▷ Bindegewebe lagert Wasser an, wird locker und leicht kaubar,
- ▷ wasserlösliche Bestandteile, z. B. Mineralstoffe, Vitamine und Geschmacksstoffe, gehen in die Flüssigkeit über.

Ansetzen in kochender oder kalter Flüssigkeit

- ▷ Ansetzen in kochender Flüssigkeit mindert die Auslaugverluste. Darum werden die meisten Lebensmittel in kochende Flüssigkeit gegeben.
- ▷ Ansetzen in kalter Flüssigkeit begünstigt das Auslaugen. Darum wendet man diese Art dort an, wo wertgebende Bestandteile in die Flüssigkeit übergehen sollen, z. B. bei Fleischbrühen und Grundsaucen.

Zubereitungsbeispiele

Pellkartoffeln

1 kg Kartoffeln, 5 g Kümmel

- Kartoffeln, die von gleichmäßiger Form (gleiche Garzeit) und nicht zu groß sind, sauber waschen, in Kochtopf geben,
- Wasser auffüllen, bis die Kartoffeln bedeckt sind,
- Kümmel zugeben,
- aufkochen lassen, dann 20 Min. weiterkochen,
- Wasser abschütten, Kartoffeln schälen.

Salzkartoffeln

1,2 kg Kartoffeln
15 g/l Salz

- Kartoffeln waschen und schälen,
- vierteln oder halbieren, tournieren, je nach Größe (längere oder kürzere Garzeit!),
- in Topf geben, mit kaltem Wasser auffüllen, salzen,
- 20 Min. kochen,
- abgießen und abdampfen lassen.

⇨ Halten Sie aus beiden Zubereitungsarten das Kochwasser zurück und vergleichen Sie dessen Aussehen und Geschmack.

Fleischbrühe – gekochtes Rindfleisch

zweimal je
250 g Rindfleisch
z. B. Brustspitz, Querrippe
1,5 l Wasser
Wurzelwerk, Salz

- erstes Stück Fleisch in kaltem, gesalzenem Wasser zusetzen, bei mäßiger Wärmezufuhr zum Kochen bringen,
- zweites Stück Fleisch vorsichtig in kochendes gesalzenes Wasser einlegen,
- jede Art etwa 1,5 Std. am Siedepunkt halten, aber nicht kochen,
- nach einer Stunde Kochzeit Wurzelwerk (Möhren, Lauch, Petersilie) beigeben.

⇨ Vergleichen Sie Brühe und gekochtes Fleisch aus beiden Kochverfahren.

3.2 Garziehen

Garziehen ist Garen in wäßriger Flüssigkeit zwischen 75 und 98 °C.

Das Garziehen wird angewendet bei Lebensmitteln mit lockerer Struktur, z. B. zarten Gemüsen, leichten Farcen, ganzen Fischen.

Weil das Wasser unter dem Siedepunkt bleibt, kommt es nicht zum Wallen und das Abkochen der jeweils äußeren Schicht wird vermieden.

Zubereitungsbeispiel

Verlorene Eier

4 frische Eier 2 El Essig
1,5 l Wasser

- Wasser mit Essig aufkochen (Essig wirkt zusammenziehend auf das Eiweiß),
- Eier einzeln in flache Schälchen oder Unterteller schlagen,
- Eier ins nicht mehr wallende Wasser gleiten lassen,
- nach 4 Min. mit einem Schaumlöffel entnehmen,
- Ränder glattschneiden, auf Toast servieren.

⇨ Wie verändern sich die Eier, wenn sie in sprudelnd kochendes Wasser gegeben werden? Beschreiben Sie die Veränderungen.

3.3 Dämpfen

Dämpfen ist Garen mittels Wasserdampf bei 100 °C.

Die Lebensmittel liegen beim Dämpfen in einem Siebeinsatz. Der Boden des Dämpfers ist mit Wasser bedeckt. Bei Wärmezufuhr wird das Wasser zu Dampf, der die Wärme auf die Lebensmittel überträgt.

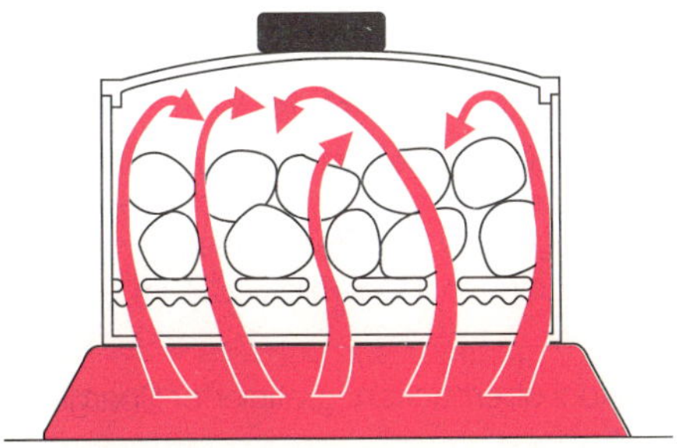

Die Auslaugverluste sind gering, weil die Lebensmittel nicht direkt mit dem Wasser in Berührung kommen.

Geschmack und Aussehen der Speisen sind mit gekochten vergleichbar.

Zubereitungsbeispiel

Gedämpfte Kartoffeln

1,2 kg Kartoffeln
8 g Salz

- Kartoffeln waschen und schälen,
- vierteln oder halbieren/tournieren (je nach Größe)
- Kartoffelstücke in Dämpfeinsatz geben und Salz daraufstreuen,
- Wasser bis zur Markierung (etwa 1 cm unterhalb Dämpfeinsatz) in Dämpftopf gießen,
- Dämpfeinsatz einhängen, Wasser zum Kochen bringen und Deckel auflegen,
- vom Beginn der Dampfentwicklung an 25 Min. dämpfen.

3.4 Dünsten

Dünsten ist Garen in wenig Flüssigkeit bei etwa 100 °C, meist unter Zugabe von etwas Fett. Die meist geringe Menge Flüssigkeit kann zugesetzt sein oder aus dem Gargut kommen.

Vorbereitete Rohstoffe werden mit wenig Flüssigkeit und etwas Fett in einen Topf gegeben und abgedeckt. Bei stark wasserhaltigen Rohstoffen tritt durch die Wärmeeinwirkung soviel Saft aus, daß auf eine Zugabe von Flüssigkeit verzichtet werden kann. Man spricht dann vom Dünsten im eigenen Saft.

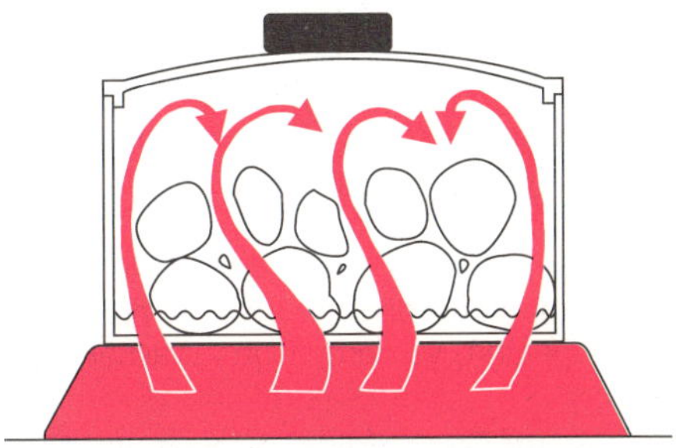

Während des Garens muß darauf geachtet werden, daß die Flüssigkeitsmenge im rechten Maß ist.

Zu wenig Flüssigkeit → Dünsten geht in Braten, evtl. Anbrennen über.

Zu viel Flüssigkeit → Dünsten geht in Kochen über.

Zubereitungsbeispiel

Gedünstete Möhren

1,2 kg	Möhren	15 g	Zucker
30 g	Butter	3 g	Salz
0,25 l	Wasser		

- Walzenförmige Möhren abschaben oder mit einem Sparschäler schälen und rasch abspülen,
- in gleichmäßige, 4 cm lange Stäbe schneiden,
- Möhrenstäbe in einen Topf geben, Butter, Zucker und Salz dazugeben,
- Wasser untergießen, Inhalt zum Kochen bringen und Topf zudecken,
- bei mäßiger Wärmezufuhr 10 Min. dünsten.

Eine **besondere Art des Dünstens** ist das

Glasieren

Zuckerhaltige Gemüse, wie Karotten, Maronen, kleine Zwiebeln, geben während des Dünstens Zuckerstoffe an den Dünstfond ab. Durch Verdunstung kocht dieser gegen Ende der Garzeit zu einer sirupartigen Glasur ein. Dieser Vorgang wird durch die Beigabe von wenig Zucker und Butter unterstützt.

Durch schwenkende Bewegung wird das Gemüse mit der „Glasur" rundherum überzogen und erhält ein appetitlich-glänzendes Aussehen.

Beispiele: Glasierte Karotten, glasierte Rübchen, glasierte Perlzwiebeln, glasierte Maronen.

3.5 Druckgaren

Druckgaren ist Kochen oder Dämpfen bei etwa 120 °C.

Beim Druckgaren wird der Wasserdampf durch einen Deckel, mit dem der Topf fest verschlossen ist, zurückgehalten. Ein eingebautes Ventil regelt die Druckhöhe.

Bei normalem Luftdruck siedet Wasser bei 100 °C (Siedepunkt). Wird darüber hinaus noch weitere Wärme zugeführt, verdampft das Wasser und entweicht.

Bei Druckgargeräten wird der Wasserdampf zurückgehalten, so baut sich ein Überdruck auf.

Mit steigendem Druck steigt die Gartemperatur. Die höhere Gartemperatur wirkt intensiver und verkürzt damit die Garzeit.

Darum spricht man auch vom „Schnellkochtopf".

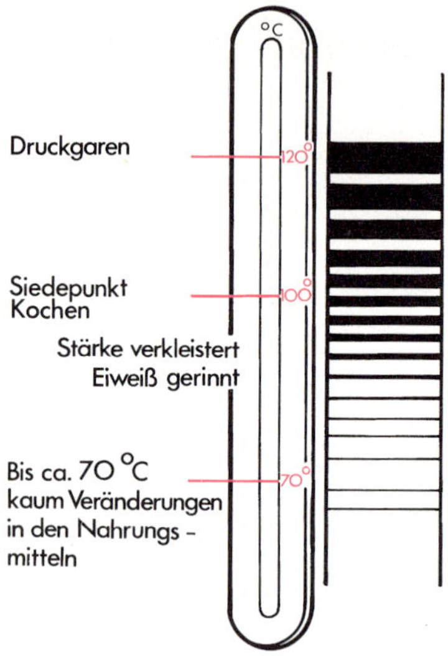

Beim Druckgaren ist die Temperatur im Vergleich zum üblichen Kochen zwar nur um etwa 20 °C erhöht, doch ist zu bedenken, daß die für das Garen wesentlichen Veränderungen, wie Stärkeverkleisterung oder Eiweißgerinnung, erst bei etwa 70 °C beginnen und dann mit zunehmender Temperatur immer rascher ablaufen, schließlich auch zu negativen Veränderungen führen.

Die Rezeptur ist beim Druckgaren grundsätzlich gleich wie beim Kochen oder Dämpfen. Die Garzeit ist vom Druck abhängig. Genaue Zeiten nennt die Betriebsanleitung.

*

Gratinieren oder Überbacken

Hier handelt es sich um eine besondere Art der Fertigstellung von bereits gegarten Speisen, nicht um ein Garverfahren.

Die feuchten Garverfahren erhalten den Eigengeschmack der Speisen. Will man jedoch Geschmack und Aussehen verändern, können die bereits gegarten Lebensmittel zusätzlich überbacken werden. Dabei entsteht durch die Einwirkung von Oberhitze eine goldgelbe bis braune Kruste mit zusätzlichen Geschmacksstoffen.

Die gegarten Lebensmittel werden

- bedeckt mit geriebenem Käse und Butterflocken oder Sauce Mornay (Béchamelsauce mit Eigelb-Sahne-Legierung und Reibekäse),
- überbacken nur mit Oberhitze, z. B. im Salamander.

Beispiele:

Blumenkohl überbacken, gratinierter Spargel.

4 Garen mittels trockener Wärme

Unter Garen in trockener Wärme versteht man: Garen ohne Wasser.

Die Wärme kann auf das Gargut übertragen werden durch:

- ▷ direkten Kontakt
- ▷ heißes Fett
- ▷ heiße Luft
- ▷ Strahlung

Dabei liegen die Temperaturen zwischen 150 °C bei heißem Fett und 260 ° bei heißer Luft. Durch die starke Wärmeeinwirkung bildet sich eine Kruste. Die Röststoffe geben das typische Bratenaroma.

4.1 Braten

Braten ist Garen mittels trockener Wärme. Man unterscheidet:

Braten in der Pfanne

Wärme wird durch direkten Kontakt und/oder durch geringe Fettmenge übertragen.

Braten im Ofen

Wärme wird durch direkten Kontakt und Strahlung oder heiße Luft übertragen.

Braten in der Pfanne

Zum Braten in der Pfanne oder Kurzbraten verwendet man wasserfreie Fette, denn wasserhaltige Arten würden spritzen und ließen sich nicht ausreichend erhitzen.

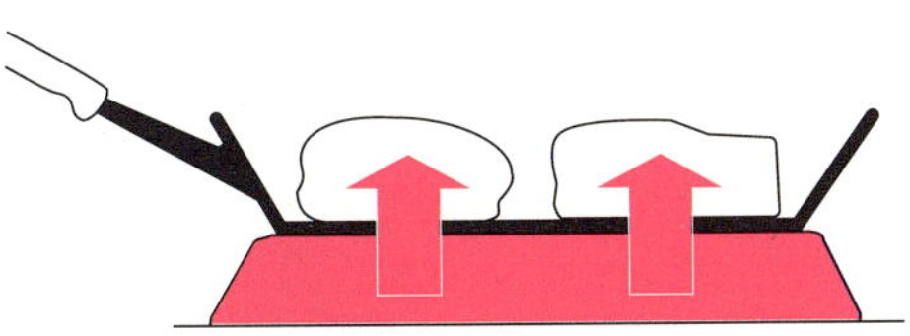

Durch die starke Wärmeeinwirkung gerinnt das Eiweiß in den Randschichten sofort; es verhindert zunächst, daß Fleischsaft austritt. Die Wärme dringt nach und nach ins Innere. Kurzbratfleisch muß gewendet werden, weil die Wärme nur vom Pfannenboden wirkt, also einseitig ist.

Solange Fleisch nicht durchgebraten ist, hält die Bratenkruste dem Druck des Fleischsaftes stand. Bei längerer Wärmeeinwirkung treten jedoch „Saftperlen“ aus, das Fleisch wird trocken.

Zubereitungsbeispiel

Kalbssteak, gebraten

4 Kalbssteaks je 150 g	30 g Bratfett
Salz, Pfeffer, Mehl	20 g Butter

- Kalbssteaks plattieren und wieder zur Steakform zusammendrücken,
- salzen, pfeffern, in Mehl wenden,
- Fett erhitzen, Fleisch einlegen und auf beiden Seiten anbraten,
- Wärmezufuhr reduzieren, weiterbraten, dabei wenden und mit dem Bratfett begießen,
- gebratene Kalbssteaks auf Abtropfgitter legen,
- Fett aus der Pfanne leeren, Butter in die Pfanne geben und hell bräunen,
- Kalbssteaks zur Geschmacksverbesserung darin nachbraten und anrichten,
- Bratbutter durch ein kleines Sieb auf die Kalbssteaks geben.

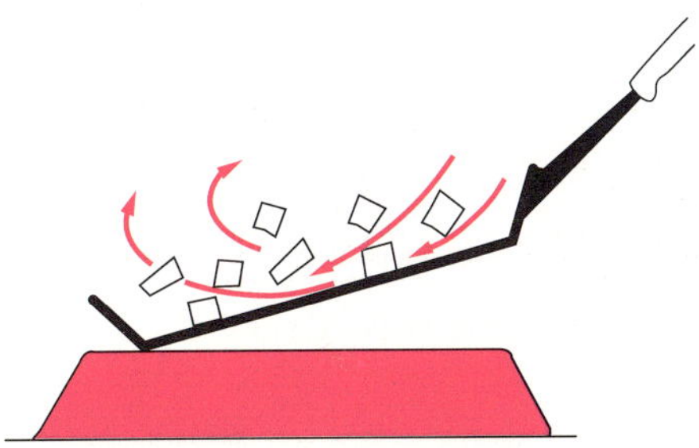

Sautieren ist eine besondere Form des Kurzbratens. Das zerkleinerte Gargut, z. B. Geschnetzeltes, brät in einer besonderen Pfanne (Sauteuse) bei starker Wärmeeinwirkung. Es darf nur soviel in die Pfanne gegeben werden, daß alles nebeneinander liegen kann und so rasch die Wärme aufnimmt. Durch Schwenken des Geschirrs wird das Gargut gewendet.

Zubereitungsbeispiel

Filetgulasch

600 g Rinderfilet	40 g Schalottenwürfel
60 g Butter	0,1 l Weißwein
Salz, Pfeffer oder Paprika	0,3 l gebundene braune Sauce

- Fleisch in gleichmäßige Würfel schneiden,
- Butter klären; dazu zerlaufen lassen, vom Bodensatz abgießen, weil bei starker Hitze Eiweiß und Milchzucker verbrennen,
- geklärte Butter in einer Pfanne erhitzen,
- gewürzte Fleischwürfel dazugeben, auf der Bodenfläche verteilen,

- bei starker Wärmezufuhr rasch braun anbraten, damit sie im Innern rosa bleiben,
- durch Schwenken der Pfanne die Fleischwürfel wenden, dann in ein Geschirr leeren,
- Schalottenwürfel in der benutzten Bratpfanne anschwitzen und mit Wein ablöschen,
- Sauce dazugeben, durch Einkochen im Geschmack kräftigen,
- gebratene Fleischwürfel einschwenken, nicht kochen lassen und in einem Töpfchen anrichten.

Braten im Ofen

Beim **Braten im Ofen oder Langzeitbraten** sind zwei Stufen zu unterscheiden:

▷ Anbraten im Ofen bei hoher Temperatur,

▷ Weiterbraten bei etwa 140 °C, bis die gewünschte Garstufe erreicht ist.

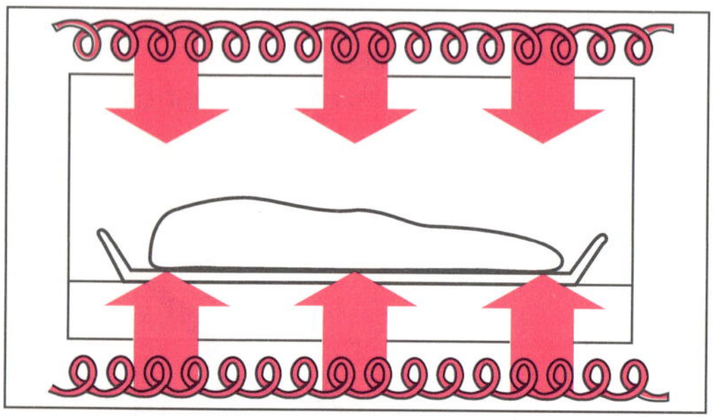

Strahlungswärme im Rohr des Ofens

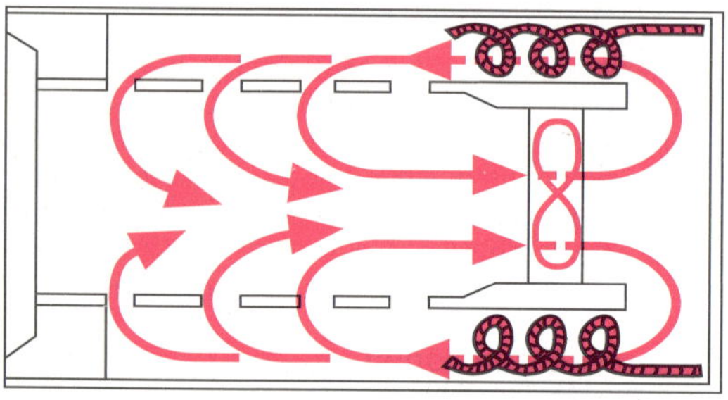

Strömung im Konvektionsofen

Zubereitungsbeispiel

Gebratenes Schweinekarree

1 kg vorbereitetes Schweinekarree	Knochen und Parüren des Karrees kleingehackt
40 g Bratfett	150 g Röstgemüse
Salz, Pfeffer	10 g/l Speisestärke

- Fett in einem Bratgeschirr erhitzen,
- Schweinekarree würzen, im erhitzten Bratfett wenden, dann auf die Knochenseite legen,
- in einen vorgeheizten Ofen (220 bis 250 °C) schieben und 20 Min. braten,
- Knochen, Parüren, Röstgemüse zugeben, Temperatur senken und weitere 40 bis 50 Min. braten,
- das Fleisch öfter mit dem Bratfett begießen,
- gebratenes Fleisch auf Blech mit Abtropfgitter legen,
- Fett behutsam aus dem Geschirr gießen, damit der Bratsatz erhalten bleibt,
- Flüssigkeit auffüllen, Bratrückstände zur Saucenbildung auskochen, Abtropfsaft des Fleisches dazugeben,
- Sauce mit angerührter Stärke leicht binden.

4.2 Grillen

Grillen ist Garen mittels Strahlungs- oder Kontaktwärme.

Die trockene Wärmeeinwirkung führt rasch zur Krustenbildung, so daß der Fleischsaft erhalten bleibt. Ähnlich wie beim Kurzbraten wählt man die Garstufe entsprechend der Fleischart.

Damit die Randschichten nicht austrocknen, wird das Gargut mit Öl oder Fett bestrichen.

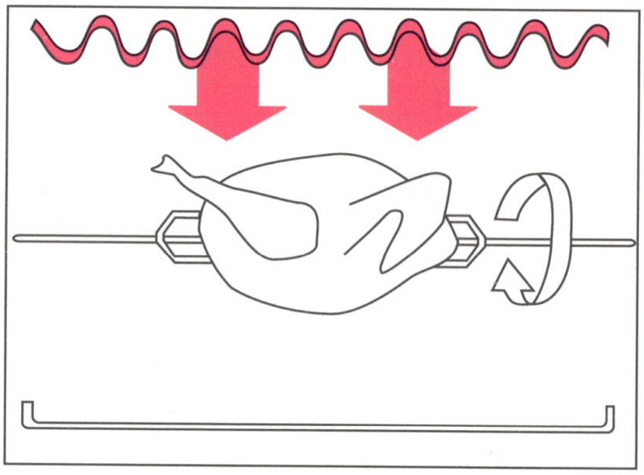

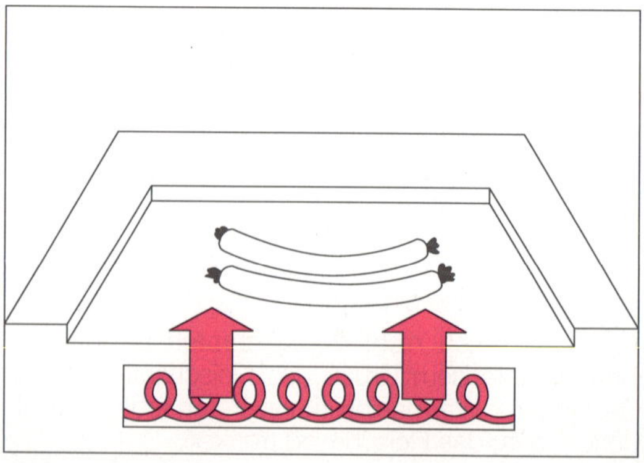

Zubereitungsbeispiel

Rumpsteak vom Grill

4 Rumpsteaks je 180 g
Salz, Pfeffer, Öl
4 Scheiben Kräuterbutter

- Rumpsteaks würzen und mit Öl beträufeln,
- heißen Grillrost mit Öl bestreichen, damit das Fleisch nicht anhängt.
- Fleischscheiben nebeneinander darauflegen und bei intensiver Wärmeeinwirkung grillen,
- Rumpsteaks wiederholt mit Öl bestreichen, um zu starkes Austrocknen zu vermeiden, und mit einer Grillzange umdrehen,
- beim zweiten und dritten Wenden das Fleisch im rechten Winkel zur Zeichnung auf die Grillstäbe legen (Grillkaro),
- nach 6 Min. Grilldauer die rosa gebratenen Rumpsteaks anrichten und Kräuterbutter auflegen.

4.3 Fritieren

Fritieren ist Garen in Fett schwimmend bei Temperaturen zwischen 150 und 180 °C.

Das heiße Fett umgibt das Gargut meist von allen Seiten, darum wird die Wärme rasch übertragen.

Kurze Garzeiten sind die Folge. Zum Fritieren dürfen nur wärmebeständige Spezialfette verwendet werden. Andere Arten würden sich rasch zersetzen und gesundheitsschädliche Stoffe bilden.

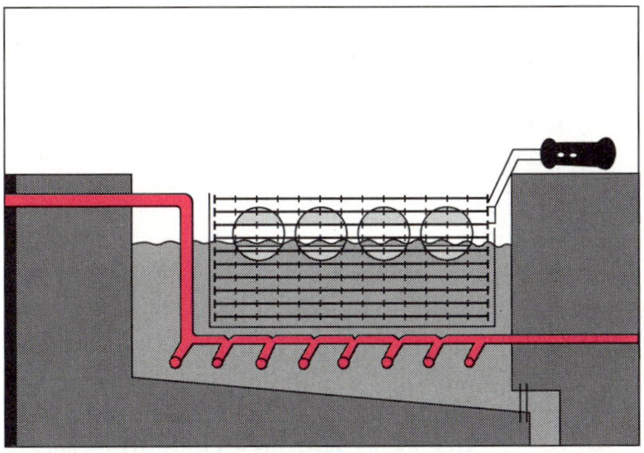

Zubereitungsbeispiel

Fritierte Leberscheiben

4 Scheiben Kalbsleber je 120 g
Salz, Pfeffer, Mehl
1 Ei
Panierbrot
4 Zitronenviertel

- Leberscheiben in Mehl und zerschlagenem Ei wenden und Panierbrot andrücken,
- Backfett der Friteuse auf 160 °C erhitzen,
- Leberscheiben einlegen und 3 Min. fritieren,
- Korb mit Leber aus dem Backfett heben, würzen,
- zum Abtropfen auf Tuch oder Küchenkrepp legen,
- fritierte Leberscheiben und Zitronenstücke auf einer Platte mit Papierserviette anrichten. Zur Erhaltung der röschen Backkruste nicht zudecken.

4.4 Schmoren

Schmoren ist Garen durch Anbraten und anschließendem Weitergaren in siedender Flüssigkeit.

Durch das Anbraten des Fleisches entstehen Farbe und Geschmacksstoffe, die für Schmorgerichte typisch sind. Nach dem Aufgießen geht das Garen in Kochen über, die Bindegewebe lagern Wasser an und werden gelockert.

Schmoren wendet man vor allem bei bindegewebereichen Fleischteilen an.

Zubereitungsbeispiel

Schmorbraten/Schmorsteaks

2 kg entbeinte Rinderschulter
Salz, Paprika
60 g Fett
300 g Röstgemüse
2 El Tomatenmark
0,3 l Rot- oder Weißwein
brauner Kalbsfond
1 Gewürzbeutel (Lorbeerblatt, Thymianzweig, 5 Knoblauchzehen, 1 Nelke, 10 Pfefferkörner, 100 g Petersilienstiele)
10 g/l Speisestärke

- gewürztes Fleisch in Schmorpfanne in heißem Fett allseitig anbraten,
- Röstgemüse beifügen, weiterbraten, bis das Gemüse braune Farbe zeigt,
- Tomatenmark dazugeben, kurze Zeit mitrösten,
- mit Wein ablöschen, einkochen, bis der Ansatz glänzt,
- braunen Kalbsfond in die Schmorpfanne gießen, bis das Fleisch zu einem Viertel seiner Dicke darinliegt, und aufkochen,
- Gewürzbeutel dazulegen, Geschirr zudecken und im Ofen bei niedriger Temperatur etwa 2 Std. schmoren,
- während des Garens Fleisch mehrmals wenden und verdunstete Flüssigkeit ersetzen,
- geschmortes Fleisch aus dem Geschirr nehmen,
- Sauce durch ein Sieb passieren, abfetten und mit angerührter Stärke leicht binden.

4.5 Mikrowellen

Mikrowellen erzeugen durch Molekülbewegung die Wärme innerhalb der Lebensmittel gleichzeitig an jeder Stelle. Deshalb ist nur kurze Zeit erforderlich, um die Speisen auf Verzehrtemperatur zu bringen. Mikrowellengeräte eignen sich darum vorzüglich zum Wiedererwärmen (Regenerieren) bereits gegarter Lebensmittel, z. B. bei ruhigem Geschäftsgang. Wird mittels des Mikrowellengerätes gegart, so entsprechen die Veränderungen in den Lebensmitteln denen bei feuchten Garverfahren.

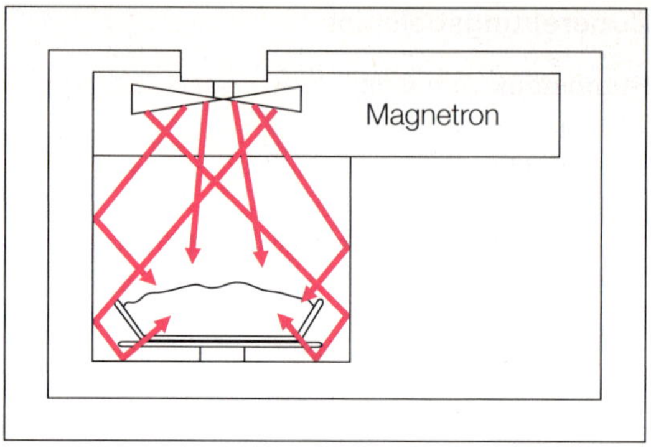

5 Systematik der Garverfahren

Garverfahren

Garen mittels feuchter Wärme

Umwälzung (Konvektion) von Wasser
- unter 100 °C → **Garziehen**
- um 100 °C → **Kochen**
- über 100 °C → **Druckgaren**

Umwälzung (Konvektion) von Dampf
- um 100 °C → **Dämpfen**, **Dünsten** → Glasieren
- über 100 °C → **Druckgaren**

Überbacken oder Gratinieren,

besondere Art der Fertigstellung nach Garen mittels feuchter Wärme.

Garen mittels trockener Wärme

- Kontakt → Kurzbraten → Sautieren — **Braten in der Pfanne**
- Kontakt, Strahlung, Heißluft → Langzeitbraten — **Braten im Ofen**
- Kontakt, Strahlung → **Grillen**
- Umwälzung (Konvektion) von Fett → **Fritieren**

Feuchte und trockene Wärme → **Schmoren**

Bei **Kombi-Gargeräten** wählt man das Garverfahren über den Schalter *Betriebsart*. Beispiele:

Feuchte Wärme – Dämpfen bei 100 °C. Entspricht dem Garverfahren Kochen, Dämpfen.

Trockene Wärme – Heißluft regelbar von 40 bis 300 °C. Entspricht den Garverfahren Braten, Grillen, Backen.

Dämpfen mit vorgewählter Temperatur entspricht dem Garverfahren Garziehen.

Kombi-Garen verbindet trockene und feuchte Wärme. Hauptsächlich für Schmoren.

6 Zubereitungsreihen

Die wesentlichen Verfahrensunterschiede und die Auswirkungen der einzelnen Garverfahren auf Geschmack. Aussehen und Struktur der Speisen werden durch Zubereitungsreihen, die vom gleichen Grundmaterial ausgehen, besonders deutlich.

6.1 Zubereitungsreihe Hackfleisch

Grundrezept

Hackfleisch	▷ 1 kg gemischtes Hackfleisch (Rind, Schwein),
Würzung	▷ 100 g Zwiebelwürfel, angeschwitzt, Salz, Pfeffer,
Lockerung	▷ 100 g Weißbrot oder Semmel eingeweicht, ausgedrückt,
Verbesserung	▷ 100 g Ei (2 Stück)

Alle Zutaten in eine Schüssel geben und zu einer glatten Hackfleischmasse vermengen.

Geschmackliche Abwandlungen sind möglich durch zerkleinerte Beigaben von frischen Kräutern, Paprikaschoten, Pilzen, Roten Rüben, Käse, Gewürzgurken, Kapern, Sardellen und Knoblauch; ferner durch Gewürze oder Würzsaucen.

Kochen

▷ **Fleischklopse**. Mit nassen Händen Klopse formen, je Portion 2 Klopse à 60 g.

Fleischbrühe mit gespickter Zwiebel aufkochen. Wenn nicht vorhanden: Aus 1 l Wasser und Fleischbrühwürfel Brühe herstellen; am Siedepunkt halten, Klopse etwa 10 Min. in der Brühe garen und mit einem Schaumlöffel herausnehmen.

Aus 40 g Fett und 50 g Mehl eine helle Schwitze bereiten und mit der Fleischbrühe eine Sauce herstellen. Abschmecken mit Sauerrahm, Senf und Kapern. Klopse in der Sauce servieren.

Braten im Ofen

▷ **Hackbraten** brotlaibähnlich formen, mit nasser Hand glätten. In Semmelbröseln wälzen und in ein ausgefettetes Bratgeschirr legen. Im vorgeheizten Ofen bei mäßiger Wärme etwa eine Stunde braten. Ab und zu begießen. Hackbraten entnehmen. Bratsatz mit Wasser ablöschen und loskochen. In 200 g Sahne 2 El Stärke verrühren, dem Bratsatz beigeben, aufkochen und die Sauce passieren.

Hackbraten in Portionsscheiben schneiden, Sauce darübergeben oder separat reichen.

Braten in der Pfanne

▷ **Hacksteaks** in Portionsgröße von 120 g formen. Fett in einer Bratpfanne erhitzen. Hacksteaks einlegen und auf beiden Seiten, unter mehrmaligem Wenden, gleichmäßig braun braten. Bratdauer etwa 10 Min.

Schmoren

▷ **Gefüllte Kohlköpfchen.** Strunk eines Weißkohlkopfes ausstechen. Kopf blanchieren, bis die Blätter formbar sind. Große Kohlblätter abnehmen, nebeneinander auslegen, kleine dazuordnen, salzen und pfeffern. Mit nassen Händen 100 g schwere Hackfleischbällchen abdrehen, in die Mitte setzen und die Kohlblätter darumschlagen. Gefüllte Köpfchen einzeln in einem Tuch fest zu Kugeln formen.

Flaches Schmorgeschirr mit Fett ausstreichen. Die Bodenfläche mit zerkleinerten Speckschwarten, Zwiebel- und Möhrenscheiben auslegen. Kohlköpfchen nebeneinander einsetzen. Geschirr in einen vorgeheizten Ofen schieben und die Köpfchen braun anbraten. Mit Brühe (vgl. Rezept Klopse) untergießen und zugedeckt bei mittlerer Wärmezufuhr 45 bis 60 Min. schmoren. Verdunstung durch Flüssigkeitsbeigabe ausgleichen.

Gegarte Köpfchen mit einem Schaumlöffel entnehmen. Schmorfond passieren, mit angerührter Stärke leicht binden und über die gefüllten Kohlköpfchen geben.

Beilagen zu Hackfleischzubereitungen

Braten-, Curry-, Sahne-, Tomaten- oder Pikante Sauce;

Blumenkohl, Bohnen, Erbsen, Gemischtes Gemüse, Kohlrabi, Karotten, Schwarzwurzeln, Bayrischkraut oder Rotkraut;

Blatt-, Gemüse-, Gurken- oder Tomatensalat;

Parmentier-, Robert-, Rahm-, Schmelzkartoffeln oder Kartoffelpüree;

Teigwaren oder Reis.

6.2 Zubereitungsreihe Geflügel

Grundmaterial: Hähnchen und Poularde/Junghuhn

Zubereitungen unter Berücksichtigung verschiedener Garverfahren.

Kochen

▷ **Gekochte Poularde.** Poularde blanchieren. Dann in einem passenden Topf knapp mit Wasser bedeckt aufsetzen, an den Kochpunkt bringen und bei geringer Wärmezufuhr etwa 45 Min. sieden.

Schaum und Fett durch Abschöpfen entfernen. Flüssigkeit nur leicht salzen. Lauch, Sellerie, Möhre zusammenbinden und zur Ergänzung des Brühengeschmacks mitkochen.

Gegarte Poularde entnehmen, in eiskaltem Wasser abschrecken und mit feuchtem Tuch bedecken. Poularde in Brusthälften und Keulen zerlegen und in der passierten Brühe aufbewahren.

Verwendungsmöglichkeiten: Suppeneinlage, Geflügelragout, Geflügelsalat. Brühe zu Suppen, Saucen und Ansetzen einschlägiger Zubereitungen.

Dünsten

▷ **Gedünstete Poularde.** Poularde blanchieren. Stücke von hellem Lauch und Sellerie (4 : 1) in passendem Topf mit Butter farblos anschwitzen. Poularde dazulegen. Mit wenig Weißwein ablöschen. Wasser auffüllen, daß ein Drittel des Geflügelkörpers darinliegt. Aufkochen, Flüssigkeit salzen. Topf zudecken und die Poularde bei mäßiger Wärmezufuhr dünsten und von Zeit zu Zeit umdrehen.

Gedünstete Poularde nach 45 Min. entnehmen und mit feuchtem Tuch bedeckt abkühlen lassen. Danach zerlegen und die schwammige Haut abziehen. Vom passierten Dünstfond unter Verwendung von Mehlbutter und Sahne eine Sauce herstellen. Wird die Sauce mit Sahne und Eigelb legiert, darf sie danach nur kurz aufkochen, sonst flockt das Eigelb aus.

Geeignete Beilage: Reis oder Nudeln.

Schmoren

▷ **Geschmorte Hähnchenkeulen.** Schlußknochen an der Innenseite der Keulen entfernen. Salzen und pfeffern. In einem mit Fett erhitzten Geschirr mit der Hautseite zuerst anbraten. Zwiebel- und Möhrenstückchen (2 : 1) dazulegen und weiterbraten, bis das Gemüse leicht Farbe hat. Mit Weißwein ablöschen, Flüssigkeit einkochen. Eine zerschnittene Tomate oder etwas Tomatenmark beigeben. Wenn der Ansatz glänzt, mit Jus oder Wasser auffüllen und aufkochen. Ein Kräutersträußchen (Petersilie, Bruchstück Lorbeerblatt, Zweig Thymian) dazulegen und zugedeckt 15 Min. schmoren.

Danach Keulen entnehmen. Fond passieren, abfetten und mit wenig angerührter Stärke binden. Keulen in der Sauce servieren.

Geeignete Beilage: Kartoffelpüree, Gurkensalat.

Braten im Ofen

▷ **Gebratene Poularde.** Bratfertige Poularde salzen und pfeffern. In erhitztem Bratfett wenden und auf der Seite liegend bei etwa 220 °C im Ofen beidseitig anbraten. Ofentemperatur auf 180 °C senken und das Verfahren fortsetzen. Poularde dabei mehrmals wenden und mit dem Bratfett begießen. Die Bratdauer beträgt 50 bis 55 Min. Etwa 10 Min. vor dem Garsein Zwiebel- und Möhrenwürfel (2:1) beifügen und mitbräunen.

Gebratene Poularde aus dem Geschirr nehmen. Das Fett behutsam vom Bratsatz abgießen. Kalbjus oder wenig Waser in das Geschirr geben und den Bratsatz loskochen. Sauce passieren, nochmals aufkochen und mit angerührter Stärke leicht binden.

Geeignete Beilage: Pommes frites, Tomatensalat.

Braten in der Pfanne

▷ **Panierte Hähnchenbrust, gebraten.** Eine rohe Hähnchenbrust erhält genau in der Mitte neben dem aufrechtstehenden Brustknochen einen Längsschnitt. Von hier aus die Brusthälften entlang der Knochen ablösen und die Flügel abschlagen.

Brustteile salzen, mit Paprika bestreuen, in Mehl und Ei wenden und geriebene Weißbrotkrume (Mie de pain) andrücken.

Butter in einer Pfanne erhitzen, die panierten Brustteile einlegen und bei mäßiger Wärmeeinwirkung beidseitig hellbraun braten.

Gebratene Hähnchenbrust mit zwei Zitronensechsteln und fritierter Petersilie anrichten.

Geeignete Beilage: Salate der Saison.

Grillen

▷ **Gegrilltes Hähnchen.** Ein stabiles Messer in die hintere Öffnung des Hähnchens schieben und genau neben der wulstigen Wirbelsäule durchtrennen. Körper spreizen, Wirbelsäule abschlagen, die Keulenenden in die eingeschlitzte Rumpfhaut stecken und die Flügelspitzen nach unten verschränken.

Hähnchen salzen, pfeffern, mit Öl beträufeln und auf den heißen Grillrost legen. Unter mehrfachem Wenden etwa 20 Min. goldbraun grillen. Etwas Senfpulver mit Weißwein breiig anrühren. Hähnchen beidseitig damit bestreichen. Geriebenes Weißbrot (Mie de pain) daraufstreuen, andrücken, mit zerlaufener Butter beträufeln und nochmals auf den Grillrost legen. In schneller Folge wenden, weil das Brot rasch bräunt.

Geeignete Beilage: Pommes frites, Tomatensalat.

Fritieren

▷ **Gebackenes Hähnchen.** Hähnchen längs spalten, in Brusthälften und Keulen teilen. Knochen an den Innenseiten der Teile entfernen. Flügel abschlagen. Die Oberschenkelknochen aus den Keulen herauslösen.

Hähnchenteile mit Salz, Paprika, Zitronensaft und gehackter Petersilie würzen. In Mehl und Ei wenden und Panierbrot andrücken.

In einer Friteuse bei 160 °C die panierten Geflügelteile ausbacken. Der Garpunkt ist erreicht, wenn das Fleisch an der Oberfläche schwimmt. Dann entnehmen und zum Abtropfen auf eine saugfähige Unterlage (Küchenkrepp) legen.

Mit Kresse und Zitronenstücken auf einer Papierserviette anrichten.

Fritierte Fleischteile müssen sofort serviert werden.

Geeignete Beilage: Salatplatte.

6.3 Zubereitungsreihe Gemüse

Grundmaterial: Fenchel, auch andere Gemüsearten können in vergleichbarer Weise verwendet werden.

Allgemeine Vorbereitung: Fenchelknollen von braunen Stellen befreien, gründlich waschen, denn zwischen den Schichten kann Sand sitzen. Teile der grünen Fenchelkräuterfäden zur Garnitur zur Seite geben.

Kochen	▷ **Fenchel als Beilage:** Sud aus Wasser, etwas Öl, Salz und Zitronensaft aufkochen. Fenchel dem flachen Weg nach halbieren und den Strunk so entfernen, daß die Fenchelblätter noch zusammenhalten. Nun den Fenchel quer in 7-mm-Stücke schneiden und 15 bis 20 Min. kochen, abgießen und mit Butterflocken verfeinern.
Überbacken	▷ **Überbackener Fenchel:** Fenchel halbieren und Strunk entfernen. Wie oben beschrieben kochen. Nach dem Abgießen in ein feuerfestes Geschirr ordnen, mit Béchamelsauce überdecken, mit geriebenem Käse bestreuen und überbacken.
Dünsten	▷ **Gedünsteter Fenchel:** Fenchel quer in Scheiben von etwa 7 mm schneiden. Etwas Butter zergehen lassen, einen Schuß Weißwein zugeben, Fenchelscheiben einlegen, etwas Salz und Pfeffer darübergeben und 20 Min. dünsten.
Braten	▷ **Gebratener Fenchel:** Fenchelknollen in Längsrichtung achteln, etwa 15 Min. kochen, in zerschlagenem Ei und Paniermehl wenden, in Öl braten. Wird gebratener Fenchel als selbständiges Gericht serviert, gibt man Béarner Sauce dazu.
Fritieren	▷ **Gebackener Fenchel:** Fenchelknollen in Längsrichtung achteln, etwa 15 Min. kochen, abtropfen lassen. Die Stücke durch Backteig ziehen, bei etwa 170 °C in Fett schwimmend backen. Beigaben: Tomatensauce, Blattsalate.
Schmoren	▷ **Schmoren:** Fenchel wie zum Überbacken vorbereiten. in ein feuerfestes Geschirr oder einen Schmortopf sautierte Speck- und Zwiebelwürfel einstreuen, die ca. 7 Min. vorgekochten, abgetropften Fenchelhälften einordnen, mit Demiglace untergießen und zugedeckt im heißen Rohr garschmoren.

Zum Vergleich:

Ungegart	▷ **Fenchelsalat:** Fenchelknolle längs halbieren, in Querrichtung sehr fein schneiden und lockern, damit die Segmente auseinanderfallen. Mit Salatmarinade nur aus Zitronensaft, Salz und Öl anmachen, damit der reine Fenchelgeschmack zur Geltung kommt. ▷ **Fenchelrohkost:** Bei Fenchelrohkost wird im Unterschied zu Fenchelsalat mit anderen rohen Zutaten ergänzt. Fenchel vorbereiten wie zu Fenchelsalat, säuerlich schmeckenden Apfel schälen, entkernen und grob raffeln, Nüsse reiben, mit Joghurt anmachen.

Gemüse

Innerhalb der Ernährung hat das Gemüse die Aufgabe, dem Körper ausreichend Vitamine, Mineralstoffe und Ballaststoffe zuzuführen. Folglich gilt es, bei der Vor- und Zubereitung von Gemüsen die Verluste an Vitaminen und Mineralstoffen so gering wie möglich zu halten.

Wirkstoffe gehen hauptsächlich verloren durch		
	▷ Auslaugen	waschen, wässern, kochen
	▷ Lufteinwirkung ▷ Lichteinwirkung	lagern
	▷ Wärmeeinwirkung	bereithalten

Vitaminerhaltung beim Lagern

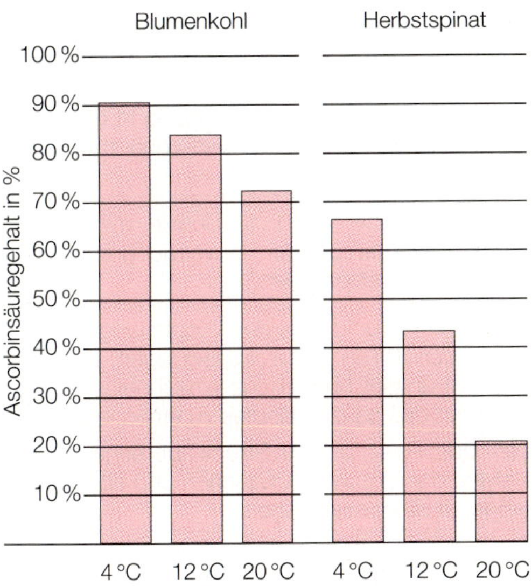

Vitaminerhaltung beim Garen

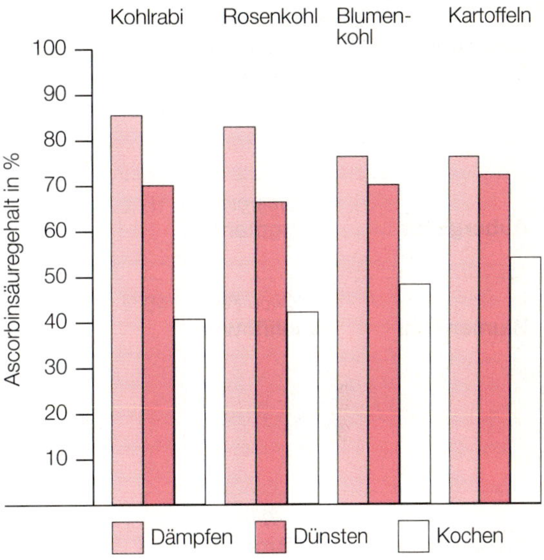

Wirkstoffe bleiben besser erhalten, wenn beachtet wird

- ▷ Kühl und dunkel aufbewahren.
- ▷ Wann immer möglich, bereits vor dem Zerkleinern waschen.
- ▷ Geputzte Gemüse nicht im Wasser liegen lassen, sondern feucht abdecken.
- ▷ Blanchieren nur, wenn unbedingt erforderlich.
- ▷ Falls das Gemüse nach dem Blanchieren nicht sofort weiterverwendet wird, rasch abkühlen, möglichst mit Eiswasser.
- ▷ Dünsten und Dämpfen bevorzugen, denn beim Kochen entstehen die größten Verluste.
- ▷ Zum Kochen Gemüse in sprudelnd kochendes Wasser geben.
- ▷ In kleineren Mengen nach und nach garen oder wiedererwärmen, denn Warmhalten (z. B. im Bain-marie) zerstört Vitamine.
- ▷ Einweichwasser von Hülsenfrüchten mitverwenden, weil es Nährstoffe in gelöster Form enthält.
- ▷ Viele Gemüse lassen sich auch roh zu Rohkost und Salaten verarbeiten und abwechslungsreich zubereiten.

1 Vorbereiten

Vorbereitete Gemüse, die nicht gleich weiterverarbeitet werden, sind flach zu lagern, feucht abzudecken und kühl aufzubewahren. Die Zerkleinerung erfolgt erst unmittelbar vor der Zubereitung.

1.1 Vorbereitungsarbeiten und Putzverluste

Gemüseart	Putz-verl. Ø	Bearbeitung
Artichauts **Artischocken** **Artichoke**	50 %	Stiel abbrechen. Artischocken waschen. Untere kleine Blätter entfernen und Blattspitzen stutzen. Boden glattschneiden und gegen Verfärben mit Zitronensaft einreiben.
Fonds d'artichauts **Artischocken-böden** **Artichoke-bottoms**	75 %	Artischocken bearbeiten wie oben. Alle starken Blätter abbrechen, den nun sichtbaren Boden über dem Ansatz der zarten Mittelblätter abschneiden. Holzige Teile an der Bodenwölbung und die verbliebenen Staubgefäße in der Bodenvertiefung entfernen. Boden gegen Verfärben in mit Zitronensaft gesäuertes Wasser legen.
Aubergines **Auberginen** **Eggplants**	15 %	Waschen, Stielansatz entfernen. Evtl. Schale mit Sparschäler abnehmen. Fruchtkörper der Verwendung entsprechend in Stücke oder Scheiben teilen.
Chou-fleur **Blumenkohl** **Cauliflower**	40 %	Strunk mit Hüllblättern zurückschneiden. Köpfe wegen eingenistetem Ungeziefer 10 Min. in Salzwasser legen. Vor Zubereitung dicken Strunkteil über Kreuz einschneiden, um gleichmäßiges Garen des ganzen Kopfes zu erreichen. Eine andere Methode: Röschen vom Strunk abbrechen oder abschneiden, diese dann gründlich waschen und ebenfalls, nur nicht so lange, in Salzwasser legen.
Broccoli **Brokkoli** **Broccoli**	50 %	Hüllblätter entfernen. Lange Stengel mit den Blütenknospen vom dicken Strunk abschneiden. Behutsam, doch gründlich waschen.
Endive de Bruxelles **Chicorée** **Belgian endive**	10 %	Äußere unschöne Blätter abnehmen. Strunk, der die meisten Bitterstoffe enthält, mit spitzem Messer aushöhlen. Danach Chicorée waschen. Ist der Chicorée etwas bitter, so kann er auch in geschnittenem Zustand gewaschen werden, damit die Bitterstoffe ausgelaugt werden.
Petits pois **Erbsen** **Peas**	60 %	Enthülsen und waschen. Körner verlieren an der Luft Farbe und Geschmack.
Fenouil **Fenchel** **Fennel**	10 %	Stiele an der Knollenbildung abtrennen. Dillähnliche, fadendünne Blätter zu späterer Beigabe aufheben. Wurzelende glattschneiden, Verfärbungen an den Knollen entfernen. Gründlich waschen, Bodenunreinheiten zwischen den Blattscheiden ausspülen.

Gemüseart	Putz-verl. Ø	Bearbeitung
Frühlings-zwiebeln *Ciboule* **Scallingonions**	10 %	Zu lange grüne Blattscheiden und Wurzeln abschneiden. Äußere Blatthülle entfernen und unter fließendem Wasser waschen, dabei gründlich in die Blattscheiden brausen.
Grünkohl *Chou vert* **Kale green cabbage**	20 %	Bei diesem typischen Saisongemüse werden die einzelnen krausen Blätter zunächst gewaschen und dann mit den Fingern von der Mittelrippe gestreift oder keilförmig abgeschnitten.
Grüne Bohnen *Haricots verts* **Green beans**	5 %	Stielansatz und spitzes Ende abnehmen (abspitzen), evtl. Fäden gleich mit abziehen. Danach waschen und entsprechend Art und Größe brechen oder schneiden; kleine, dünne Sorten (Prinzeßbohnen) bleiben ganz.
Gurken *Concombres* **Cucumbers**	25 %	Nach Waschen mit einem Sparschäler Schale abnehmen. Bei Freilandgurken Enden abschneiden, kosten, ob Bitterstoffe enthalten sind. Gurken teilen, Kerne entfernen und in die zum Garen vorgesehenen Stücke schneiden.
Kaiserschote (Zuckerschote) *Pois mange-tout* **Snow peas**	57 %	Diese Erbsenschote hat eine abgeflachte Hülse, welche besonders zart ohne die pergamentene Innenhaut ist. Der Stielansatz wird abgeschnitten, evtl. vorhandene Fäden gezogen und gründlich gewaschen.
Karotten/Möhre *Carottes* **Carotts**	15 %	Kraut und Wurzeln der kugel- oder kreiselförmigen Karotten abschneiden. Kalt waschen, sofort in stark kochendes Salzwasser schütten, 2 Min. blanchieren. Karotten abschütten, Hautteilchen unter fließendem Wasser rasch abspülen. Die äußere Schicht der walzenförmigen Wurzeln abschaben oder mit einem Sparschäler abschneiden, rasch abspülen, ganz lassen oder in entsprechende Stücke teilen.
Kohlrabi *Chou rave* **Kohlrabi**	30 %	Blätter von den Knollen nehmen. Zarte Blätter auslesen, entstielen und zur Weiterverwendung aufheben. Knollen von Wurzelende zur Blattseite hin schälen, holzige Stellen abschneiden. Kohlrabi abspülen, in Stäbe oder Scheiben schneiden. Für Scheiben große Knollen zuvor halbieren.
Kopfsalat *Laitue pommée* **Lettuce**	30 %	Unschöne Außenblätter abbrechen. Strunk nur soweit kürzen, daß die Blätter nicht abfallen. In reichlich Wasser gründlich waschen. Köpfe noch einzeln abbrausen, um Unreinheiten an der gewölbten Blattstruktur wegzuschwemmen.
Lauch/ Porree *Poireau* **Butterhead leek**	50 %	Grüne Blattscheiden und Wurzeln abnehmen. Äußere Blatthülle entfernen. Pflanze längs durchschneiden. Hälften unter fließendem Wasser waschen. Wurzelenden schräg nach oben halten, damit der zwischen den Blattlagen haftende Sand wegschwemmen kann.
Mangold/ Stielmangold *Poirée blonde à carde blanche* **Swiss chard**	15 %	Schnittmangold wird wie Spinat vorbereitet. Der Stielmangold wird ganz gewaschen, der Stiel dann keilförmig aus dem Blatt herausgeschnitten und beide Teile gesondert verwendet. Der Stiel wird vor der Zubereitung noch in fingerbreite Stücke oder in noch dünnere Streifen geschnitten.

Gemüseart	Putz-verl. Ø	Bearbeitung
Piments doux **Paprikaschoten** **Bell peppers**	20 %	Waschen, Stiel mit daran befindlichem Samenstempel und Scheidewände herausschneiden. Früchte ausspülen und im ganzen oder zerkleinert weiterverarbeiten. Zum Füllen eignen sich grüne, bauchige Früchte mit dicker Fruchtwand. Tomatenpaprika verliert beim Kochen sein Aroma, weshalb man ihn nur roh (Salate) verwenden sollte.
Chou de Bruxelles **Rosenkohl** **Brussel-sprouts**	20 %	Beschädigte oder welke Blättchen abbrechen. Braune Endfläche des Strunks entfernen, jedoch nicht zu stark kürzen, sonst fallen beim Zubereiten zu viele Blättchen ab. Strünke über Kreuz einschneiden, damit Strünke und Blätter gleichmäßig garen. Eine andere Methode: Die Rosenkohlköpfchen in einzelne Blätter zu zerpflücken und diese dann waschen.
Betteraves **Rote Rüben** **Beets**	20 %	Blattwerk soweit abschneiden, daß der Stielansatz an der Rübe bleibt, Wurzelende nicht entfernen. Bei verletzter Außenhaut tritt der Farbstoff in das Kochwasser und das Innere bleicht aus. Rüben einweichen, mit einer Bürste reinigen; danach kochen. Gegarte Rüben abgießen, kalt überbrausen und die Haut mit den Händen abstreifen. Knollen zur gewünschten Form schneiden (Scheiben, Würfel, Stäbchen).
Chou rouge **Rotkohl** **Red cabbage**	20 %	Unbrauchbare Außenblätter entfernen. Köpfe von der Strunkseite aus vierteln. Strunkanteile an den Kohlvierteln abschneiden, starke Blattrippen zurückschneiden oder ganz entfernen. Kohlviertel abspülen und in feine Streifen schneiden oder hobeln.
Salsifis **Schwarz-wurzeln** **Black salsify**	40 %	Wurzeln in kaltes Wasser legen und anhaftende Erde abbürsten. Nach gründlichem Überbrausen mit einem Sparschäler schälen. Wurzelspitze sowie Blattansatz entfernen. Zur Erhaltung der hellen Farbe geschälte Wurzeln sofort in Essig-Mehl-Wasser legen. (1 l Wasser, 1 El Essig, 60 g Mehl.) Geschälte Wurzeln in 4 bis 5 cm lange Stücke schneiden, in vorbereiteten, bereits kochenden Dünstfond legen und zugedeckt garen.
Céleri-rave **Sellerie, Knollen-** **Celeriac**	25 %	Blattstengel und kleine Wurzeln abtrennen. Unter fließendem Wasser mit einer Bürste reinigen. Sellerieknollen können ungeschält im ganzen oder geschält und geschnitten gegart werden. Geschälter Sellerie verliert durch Oxydation leicht seine helle Farbe, deshalb legt man geschnittene Knollen sofort in gesäuertes Wasser. Schalen als Geschmacksträger für Brühen, Saucen und Suppen verwenden.
Céleri en branche **Sellerie, Bleich-** **Cellery**	15 %	Blattwerk über der Verästelung der fleischigen Stangen abtrennen und als Würze für andere Zubereitungen verwenden. Wurzel der Staude glattschneiden. Faserprofil der äußeren Stangen mit einem Sparschäler abnehmen. Stauden waschen, Stangen spreizen und Unreinheiten aus dem Inneren herausspülen. Die Selleriestauden können im ganzen oder quer halbiert gegart werden.

Gemüseart		Putz-verl. Ø	Bearbeitung
Spargel	*Asperge* **White asparagus**	25%	Spargelschäler (Messer mit verstellbarer Sparführung) unterhalb des Spargelkopfes ansetzen und die Schale in dünnen Streifen zum Ende hin rundum abschälen. Spargel abspülen, mit Bindfaden bündeln und an den Enden so abschneiden, daß die Stangen gleich lang sind.
Spargel, grüner	*Asperge vert* **Green asparagus**	5%	Der grüne Spargel wird ca. 2 cm oberhalb des Stangenendes mit dem Spargelschäler geschält.
Speiserüben	*Navets* **Turnips**	20 %	Blattwerk und die langen Saugwurzeln abnehmen. Rüben waschen, danach schälen. Kleine Rüben im ganzen belassen, größere in Viertel oder Sechstel teilen.
Spinat	*Épinard* **Spinach**	10 % bis 34 %	Spinat verlesen, von welken Blättern, beschädigten Teilen, Wurzeln und harten Stengeln befreien. Danach in reichlich Wasser waschen, damit anhaftende Erde und Ungeziefer weggeschwemmt werden. Wasser mehrmals wechseln. Gemüse immer aus dem Wasser nehmen und zum Abtropfen locker in einen großen Durchschlag legen.
Weißkohl	*Chou blanc* **White cabbage**	20 %	Unschöne Außenblätter entfernen. Den Kohlkopf vom Strunk aus vierteln oder sechsteln. Strunkanteil abtrennen. Kohlstücke abspülen, dicke Rippen flach schneiden und einzelne Blattanlagen gemäß vorgesehener Zubereitung zerkleinern.
Wirsing	*Chou frisé* **Savoy cabbage**	25 %	Wie beim Weißkohl, so sind auch beim Wirsing die beschädigten Blätter abzunehmen. Danach ist der Wirsingkopf in Viertel zu schneiden und die Strunkanteile direkt am Blattansatz abzutrennen. Da Wirsingkohlblätter locker aneinanderliegen und von blasiger Struktur sind, ist der Befall von Ungeziefer eher gegeben. Aus diesem Grunde muß Wirsing besonders gründlich gewaschen werden.
Zucchini	*Courgettes* **Zucchini**	15 %	Zucchini (auch Zucchetti genannt) waschen. Das verbliebene sechseckige Stielende abschneiden. Junge, sehr kleine Früchte können ungeschält verwendet werden. Größere enthalten Bitterstoffe. Die Schale sowie das große Kerngehäuse sind deshalb zu entfernen.
Zwiebeln	*Oignons* **Onions**	5 %	Zwiebeln schälen, die am Zwiebelboden haftenden Wurzelfasern und den vertrockneten Lauchansatz entfernen. Entsprechend der Verwendung in Stücke, Würfel, Streifen oder Ringe schneiden. Perlzwiebeln (Petits oignons) zu Garnituren bleiben ganz.

1.2 Schnittformen bei Gemüse

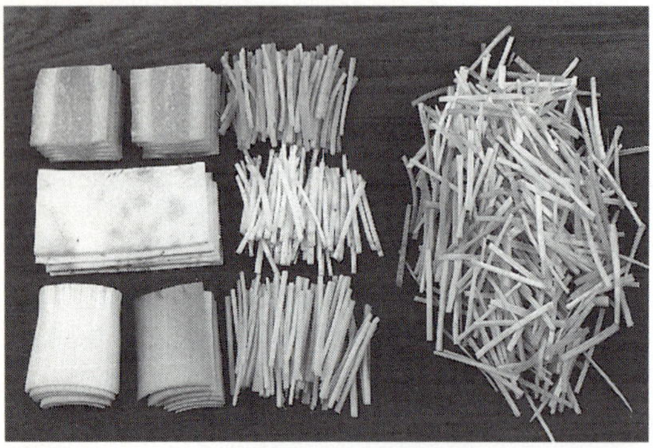

Die unterschiedlichen Schnittformen werden von der Gemüseart und der vorgesehenen Verwendung bestimmt.

Schnittformen für Zwiebel auf der Folgeseite.

Feine Gemüsestreifen (Julienne)

Karotten und Sellerie zunächst in dünne Scheiben schneiden. Diese sowie Lauchscheiben dann in feine Streifen. Julienne sind etwa 3 bis 4 cm lang.

Für Suppeneinlagen werden auch zarte Wirsingblätter und Spinat, zu Julienne geschnitten, verwendet. Die dicken Blattrippen sind zuvor zu entfernen.

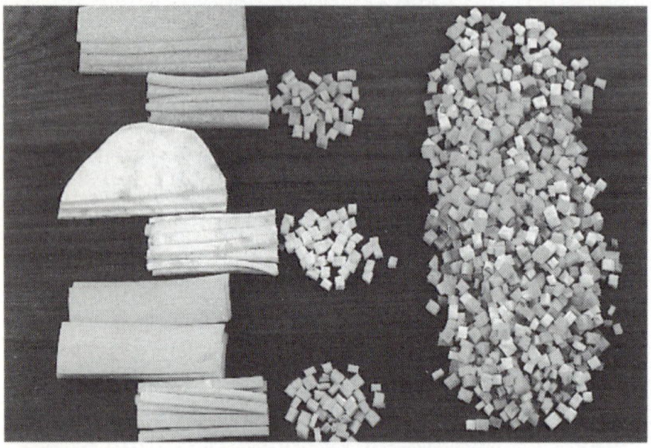

Feine Gemüsewürfel (Brunoise)

Möhren, Rüben und Sellerie in Scheiben schneiden oder hobeln. Die Dicke der Scheiben bestimmt die Größe der Würfel.

Mit dem Messer die Scheiben in Streifen und diese dann in Würfel schneiden.

Vom Lauch wird hauptsächlich der helle Teil verwendet. Außen- und Innenblätter werden getrennt verarbeitet, um gleichmäßige Streifen zu erhalten. Die Breite der Lauchstreifen ergibt die Größe der Vierecke.

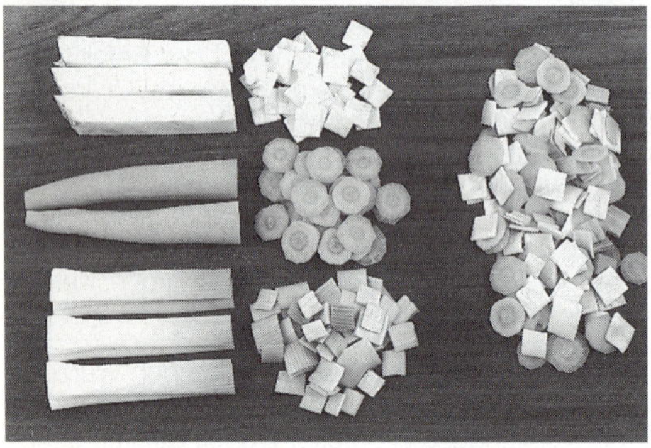

Der französische Ausdruck „Paysanne“ heißt „nach Bauernart“. Die Bauern zerkleinern das Gemüse auf einfache Art. Für Suppe schneiden sie es in Scheiben bzw. Blätter.

In vierkantige Stäbe von 1 bis 1,5 cm Breite teilen und diese in 1 bis 2 mm dicke Blättchen schneiden. Lauch, Wirsingkohl und Zwiebeln in Quadrate gleicher Größe schneiden. Die Paysanne können durch Kartoffelblättchen ergänzt werden.

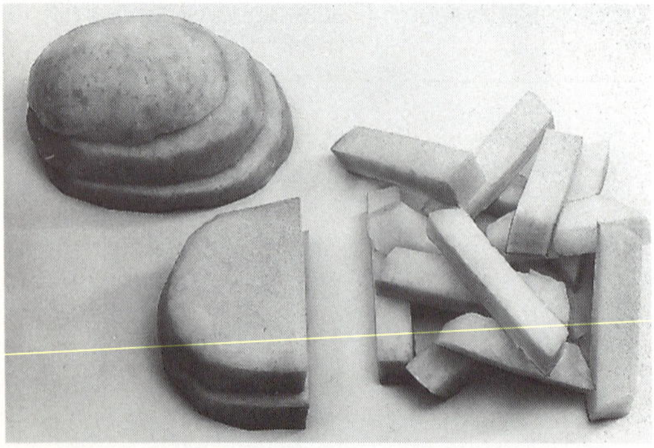

Gemüsestäbe (Bâtonnets de légumes)

Die geputzten Gemüse, z. B. Möhren, Sellerie, Kartoffeln, Kohlrabi, Gurken oder Zucchini, werden zunächst in dicke Scheiben geschnitten und diese dann in Stäbe.

1.3 Schnittformen bei Zwiebeln

Schneiden in Streifen

Zwiebel schälen, längs halbieren, Wurzelenden und Lauchansatz entfernen.

Zwiebel der Länge nach in Scheiben schneiden. Die aufgelockerten Scheiben fallen auseinander und bilden Streifen.

Schneiden in Würfel

Zwiebel schälen, längs halbieren und den Lauchansatz entfernen. Die Schnitte so führen, daß sie vor der Zwiebelwurzel enden. Dadurch hält die Zwiebel zusammen und läßt sich durch senkrechte und quer geführte Schnitte in Würfel schneiden. Der Abstand der Einschnitte bestimmt die Größe der Würfel.

Schneiden zu Ringen

Die geschälte ganze Zwiebel nach Entfernen des Lauchansatzes quer in gleichmäßige Scheiben schneiden. Die Ringe werden durch die einzelnen Schalen (Blätter) gebildet, die sich leicht voneinanderdrücken lassen. Zum rohen Verzehr 1 mm, zum Fritieren 2 mm dick schneiden.

Schneiden zu Blättchen

Zwiebel schälen, längs halbieren, Lauchansatz abschneiden und die kleine Blattschicht aus der Mitte der Schnittflächen entfernen. Längsschnitte strahlenartig, also zur Zwiebelmitte hin, in gewünschtem Abstand so führen, daß sie vor der Zwiebelwurzel enden. Mit senkrechten Querschnitten entsprechend breite Zwiebelteile abschneiden. Beim Auflockern fallen die Teile in Blätter auseinander.

1.4 Besondere Herrichtungsformen

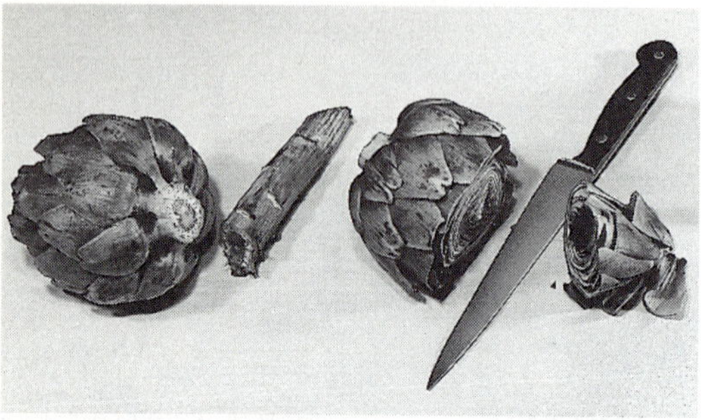

Artischocken

Die Artischocke ist ein distelartiges Gewächs mit stacheligen Blättern. Der grüne Blütenkopf ist noch nicht voll entwickelt. man genießt den fleischigen Blütenboden und die am unteren Ende der Blätter befindlichen fleischigen Polster.

Der Stiel wird dicht unter dem Blütenkopf abgebrochen. Dabei zieht man gleichzeitig die in den Artischockenboden reichenden Fasern des Stieles mit heraus. Danach ist die Artischocke zu waschen. Von der Blattspitze sind etwa 4 cm abzuschneiden, die äußeren Blätter zu entfernen und die verbleibenden Blätter mit einer Schere zu stutzen. Nun wird der Boden zugeschnitten und sogleich mit Zitrone eingerieben, da die Schnittflächen schnell braun werden. Die in der Artischocke enthaltenen Enzyme bewirken in der Verbindung mit Luft diese Farbveränderung. Deshalb legt man sie auch bis zur Weiterverarbeitung in Zitronenwasser, kocht sie aber direkt nach dem Herrichten.

Auf das Festbinden einer Zitronenscheibe an den Artischockenboden sollte man verzichten, denn diese beeinträchtigt durch ihre intensive Säure den feinen Geschmack des Artischockenbodens.

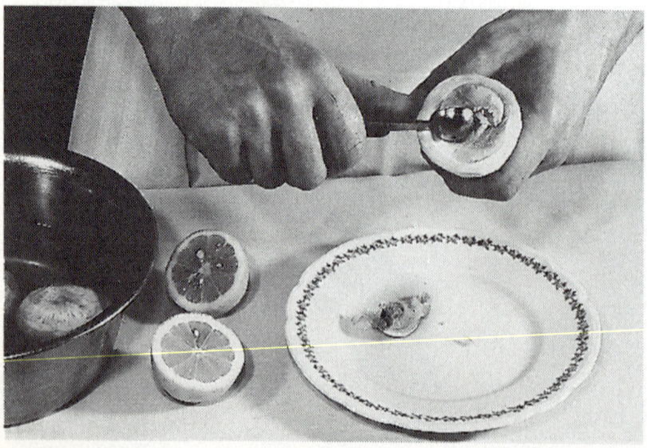

Artischockenböden

Den Stiel abbrechen. Dann bricht man soviel feste Blätter ab, daß die Stielseite des Bodens freiliegt und schneidet die übrigen Mittelblätter bis auf einen zarten Blattrand ab. Dadurch erhält man eine größere Vertiefung zur späteren Aufnahme einer Füllung. Nachdem die holzigen Teile an der Bodenwölbung abgetrennt wurden, entnimmt man noch die Staubgefäße (Heu). Hierzu ist die Benutzung eines Kartoffelausbohrers am geeignetsten.

Die fertig ausgeschnittenen Artischockenböden werden zum Schutz gegen Verfärben in gesäuertes Wasser gelegt und sind unmittelbar weiterzuverarbeiten.

Artischockenherzen

Hierzu verwendet man ganz junge, kleine und zarte Gewächse. Diese haben noch weiche Blätter und kaum Heu entwickelt. Man entfernt den Stiel sowie die gröberen Außenblätter, halbiert die Frucht längs und kocht sie ca. 15 Min. in einem Sud aus Wasser, Zitronensaft und Salz.

Artischockenböden und -herzen werden häufig als Konserven von der Nahrungsmittelindustrie angeboten.

Spargel

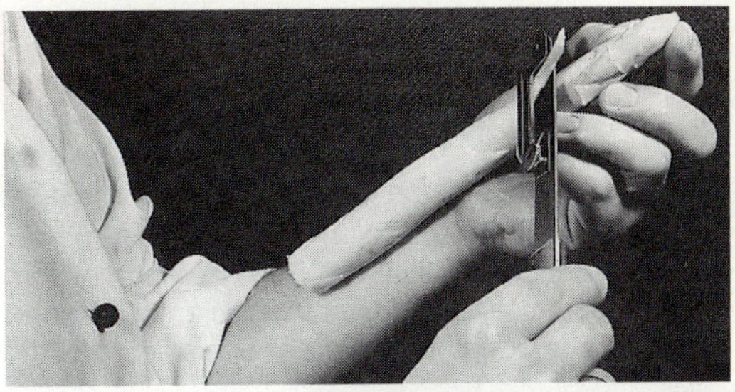

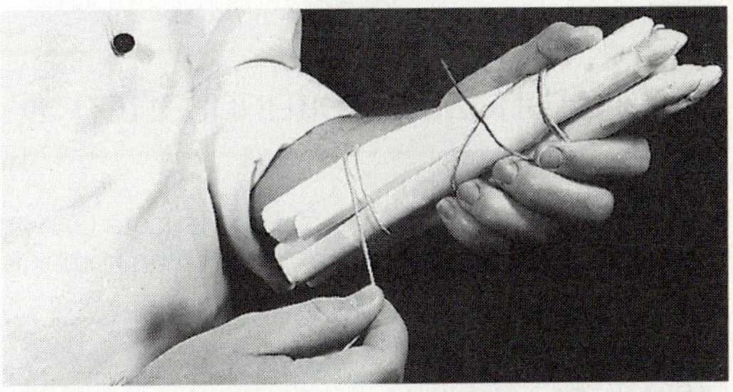

Der erste Spargel aus Tunesien und Frankreich ist bereits im März auf dem Markt. Gegenüber deutschem Spargel ist der französische intensiver (strenger) im Geschmack. Die Spitzen der Spargelstangen sind meist violett.

Beim Schälen wird die Spargelstange mit den Fingerspitzen gehalten. Damit sie nicht abbricht, wird sie auf dem Unterarm aufgelegt. Man setzt den Spargelschäler unterhalb des Spargelkopfes an und schält rundum Streifen nach unten hin ab. Dreht man die Spargelstange dabei zu weit, bleiben holzige Schalenreste zurück.

Danach werden die Spargelstangen abgespült und mit dünner Schnur zu Portionen gebündelt.

An den Enden sind die Bündel noch gleichmäßig abzuschneiden.

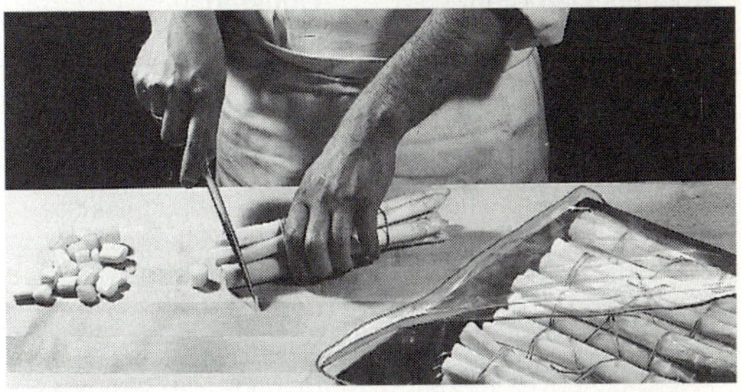

Die Spargelbündel ordnet man flach auf Bleche, bedeckt sie mit einer durchlöcherten Folie oder feuchten Tüchern und hält sie im Kühlraum zum Kochen bereit.

Gewaschene Spargelschalen und -enden können zur Suppenbereitung verwendet werden.

Bei Spargelbündeln lassen sich festgelegte Gewichtsmengen exakt einhalten, ferner können so Spargelstangen in gegartem Zustand bequem, rasch und unbeschädigt ausgegeben werden. Man legt dazu den wiedererwärmten Spargel in das Anrichtegeschirr, durchschneidet und entfernt nur noch die Schnur.

Gefüllte Kohlköpfchen

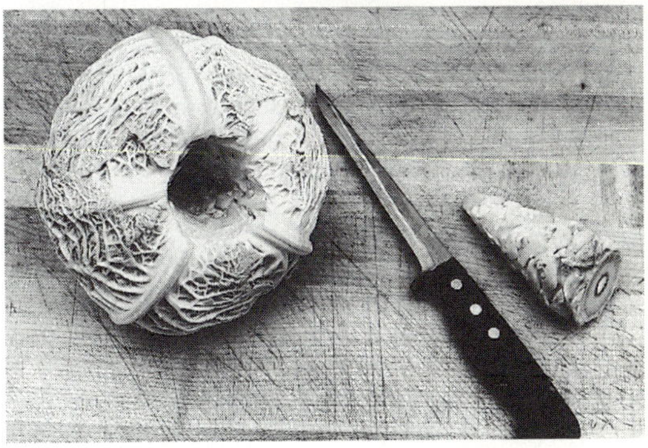

Weiß- oder Wirsingkohl, der gefüllt werden soll, wird nicht zerteilt. Der Strunk ist auszustechen und die gewaschenen Köpfe in Salzwasser oder im Dämpfer so lange zu garen, bis die Blätter elastisch sind und sich formen lassen. Man gibt den Kohl in kaltes Wasser und läßt ihn abkühlen. Anschließend gibt man ihn in einen Durchschlag zum Abtropfen.

Die großen Blätter nimmt man ab, legt sie aus und legt jedem Blatt eine Anzahl kleiner Mittelblätter zu. Nachdem mit Salz und Pfeffer gewürzt wurde, setzt man jeweils in die Mitte ein Bällchen Fleischfüllung und schlägt die Blätter darum. Im Tuch wird der gefüllte Kohl zu Köpfchen geformt, die man in flache Geschirre ordnet. Vorher sind die Geschirre mit Fett auszustreichen und mit Speck-, Zwiebel- und Möhrenscheiben auszulegen.

Kohlköpfchen können auch ohne Fleischfüllung geformt und eingesetzt werden.

2 Zubereiten

Bei der Zubereitung von Gemüse gilt es, das Garverfahren zu wählen, das
- die Nährstoffe möglichst erhält,
- dem Eigengeschmack der Gemüse gerecht wird,
- die Inhaltsstoffe für die Verdauung entsprechend aufschließt,
- die Verwendung innerhalb der Speisenfolge berücksichtigt.

2.1 Grundzubereitungsarten

Gemüse werden am häufigsten durch feuchte Garverfahren zubereitet, weil diese den Eigengeschmack schonen. Nur für spezielle Zubereitungen wendet man kombinierte oder trockene Garverfahren an.

Übersicht

Kochen, Dämpfen, Blanchieren	**Dünsten**	**Schmoren**	**Fritieren**
Wasser oder Dampf übertragen Wärme.	Garen unter Beigabe von Fett und geringer Menge Flüssigkeit.	Garen zunächst in Fett, dann unter Zugabe von Flüssigkeit.	Garen im Öl- oder Fettbad. Wärmeüberträger ist Fett.
Beim Dämpfen geringste Auslaugverluste. Geschmack und Farbe bleiben weitgehend erhalten.	Keine Auslaugverluste. Geschmack wird durch Fett abgerundet.	Geschmacksvarianten durch Bildung von Röststoffen.	Geschmacksaufwertung durch Backkrustenbildung. Verwendung entsprechend der Struktur.
Beispiele: Artischocken, Blumenkohl, Spargel, Rote Bete, Bohnen, Spinat, Rosenkohl, Lauch, Grünkohl, Schwarzwurzeln, Speiserüben.	Beispiele: Beinahe alle Gemüsearten, ausgenommen ganze Blumenkohlköpfe, Spargel gebündelt, Artischocken, Rote Bete, ganze Sellerieknollen.	Beispiele: Auberginen, Zucchini, Zwiebeln, Gurken, Fenchel, Gemüsepaprika, Weißkohl, Wirsing; auch gefüllt.	Beispiele: roh: Auberginen, Zucchinischeiben, Champignons, Tomatenstücke; vorgekocht: Blumenkohlröschen, Schwarzwurzel-, Spargelstücke, Artischockenböden, Selleriescheiben.

Blanchieren, Kochen und **Dämpfen** haben gemeinsam die Übertragung der Wärme durch feuchte Hitze. Dadurch werden bei den Gemüsen:
- Inhaltsstoffe aufgeschlossen,
- Eigengeschmack erhalten,
- Geschmacksstrenge gemildert, Bitterstoffe entzogen,
- Konsistenz gelockert, Geschmeidigkeit erreicht.

Blanchieren der Gemüse

Gemüse, die blanchiert (abgewällt) werden sollen, sind in sprudelnd kochendes Wasser zu geben, wieder zum Kochen zu bringen, abzuschütten und sogleich weiterzubearbeiten.

Beim Blanchieren ist zu unterscheiden zwischen
- **vorbereitendem Behandeln,** wenn z. B. strenger oder bitterer Geschmack gemildert werden soll, wie bei Sellerie, Zwiebeln, Kohl- und Rübenarten, Chicorée,
- die Struktur flexibel werden soll, wie bei Kohl für Kohlrouladen.
- **Garen bei Blattgemüsen,** wie z. B. Blattspinat. Hier spricht man zwar von Blanchieren, doch ist das Verfahren dem Kochen gleichzusetzen, denn wegen der dünnen Blätter dringt die Wärme rasch ein und führt zu den gleichen Veränderungen wie beim Kochen von voluminösen Gemüsen.

Kochen der Gemüse

Je kürzer der Kochvorgang, desto geringer sind die Auslaugverluste. Darum
- vorbereitetes Gemüse in sprudelnd kochendes, gesalzenes Wasser geben,
- unter größtmöglicher Hitzeeinwirkung zum Aufkochen bringen,
- dann Wärmezufuhr so weit drosseln, daß das Gemüse am Kochpunkt bleibt.

Gemüse ist gar, wenn es noch knackig ist, einen „Biß" hat. Übergartes Gemüse verliert nicht nur an Wirkstoffen, es ist auch im Genußwert geringer.

Gegartes Gemüse wird rechtzeitig über einen Durchschlag abgegossen. Bei der Bestimmung des Garpunktes ist zu beachten, wie das Gemüse bis zur Weiterverwendung aufbewahrt wird.

- Blumenkohl, Spargel und Artischocken, Knollensellerie und Rote Bete bleiben bis zur Weiterverwendung in der heißen Flüssigkeit und garen nach. Im Zweifelsfall kann durch Zugabe von kaltem Wasser oder Eisstücken ein Übergaren vermieden werden.
- **Andere Gemüsearten** sind in einen Durchschlag abzugießen und sofort mit Eiswasser zu kühlen. Beim späteren Fertigstellen erreichen sie ihren Garpunkt. Spinat ist nur ganz leicht auszudrücken.

  Gemüse, die erst später verarbeitet werden, legt man flach in Behältnisse, deckt sie feucht zu und stellt sie kühl.
- **Zarte Gemüse** dürfen nicht in großen Mengen gekocht werden. Man gart sie in mehreren Portionen nacheinander. Denn je größer die Kochmenge, desto länger die Dauer der Hitzeeinwirkung; diese schadet den Inhalts- und Geschmacksstoffen.
- **Garflüssigkeiten** sollten nach Möglichkeit weiterverwendet werden, z. B. zu entsprechenden Suppen oder zu Buttersaucen, die zu Spargel und Blumenkohl gereicht werden können.

Dämpfen der Gemüse

Das Dämpfen der Gemüse hat den Vorzug, daß keine Auslaugverluste entstehen, weil das Gargut nicht direkt mit dem Wasser in Berührung kommt.

Beim Dämpfen ist zwischen Garen bei normalem Druck und Dämpfen mit Überdruck zu unterscheiden. Bei normalem Druck dauert Dämpfen meist länger als Kochen. Durch den Überdruck wird die Garzeit verkürzt; Nährstoff- und Vitaminverluste verringern sich.

Die Vorteile eines Trockendampf-Gargerätes werden zunehmend genutzt. Beim Arbeiten mit diesen Geräten ist nach den Angaben der Hersteller zu verfahren, denn wegen des unterschiedlichen Drucks variieren die Gartemperaturen und damit die Garzeiten.

Die Regeln für die Aufbewahrung von vorgegartem Gemüse sowie die Möglichkeiten der Fertigstellung sind die gleichen wie bei gekochtem Gemüse.

Dünsten der Gemüse

Dünsten ist die häufigste und vorteilhafteste Zubereitungsart, weil dabei die Inhaltsstoffe weitgehend bewahrt bleiben. Die Art des Ansatzes verleiht dem Gemüse einen besonderen Geschmack.

In einem flachen, geräumigen Geschirr läßt man Butter heiß werden, schüttet das vorbereitete Gemüse dazu und schwitzt es unter mehrmaligem Wenden ohne Farbe an. Dadurch entstehen Geschmackswerte.

Nun wird es nur wenig gesalzen und mit einer geringen Menge kochender Flüssigkeit untergossen. Das Geschirr ist mit einem Deckel zu verschließen und der Inhalt schnell zum Kochen zu bringen. Bei mäßiger Hitze läßt man das Gemüse fertiggaren.

Über die große Bodenfläche erfolgt im flachen Geschirr eine raschere Hitzeübertragung; dies verkürzt die Gardauer, die Nährwerte bleiben besser erhalten.

Nach beendeter Garzeit darf nur noch wenig Dünstfond vorhanden sein. Sollte die Menge einmal zu groß sein, schüttet man sie ab, kocht sie ein und gibt sie wieder zum Gargut. Das Gemüse ist in kleinere Gefäße umzusetzen, die dann nacheinander wieder warmgestellt werden, denn langes Warmhalten schadet den Inhaltsstoffen und dem Geschmack der Gemüse.

Zarte Gemüse, die schnell gar sind, werden in kleineren Mengen nacheinander gedünstet.

Gedünstete Gemüse reicht man z. B.

- ▷ naturell: kurzgehaltenen Gemüsefond über das angerichtete Gemüse gießen;
- ▷ glasiert: sirupartig eingekochten Gemüsefond mit dem Gemüse schwenken;
- ▷ in Sahne: Sahne angießen, mit dem Gemüsefond verkochen;
- ▷ mit Jus: Gemüsefond und Kalbsjus reduziert über das Gemüse geben;
- ▷ gebunden: Gemüsefond, mit Béchamelsauce oder Mehlbutter zart sämig gebunden, über das Gemüse geben.

Schmoren der Gemüse

Das kombinierte Garverfahren Schmoren wird vielfach für gefüllte Gemüse, wie Kohlrouladen, Gemüsezwiebeln und Paprikaschoten, angewandt. Ferner werden Fenchelknollen, Gurken und Gemüseragout (Ratatouille) so gegart.

Die Gemüse werden zunächst mit Fett oder Speck unter Beigabe von Zwiebeln oder Schalotten angebraten. Danach gießt man mit Brühe, braunem Fond oder Tomatensauce auf und schmort das Gemüse im Rohr.

Die beim Anbraten entstehenden Röststoffe verleihen den Zubereitungen eine gewisse Geschmacksintensität.

Fritieren der Gemüse

Zum Fritieren werden die festen Gemüse (Blumenkohl, Schwarzwurzeln, Sellerie usw.) vorgegart. Gemüsearten von weicher Struktur (Auberginen, Zucchini, Tomaten usw.) verwendet man im rohen Zustand.

Die in Scheiben, Stücke oder Ringe zerkleinerten Gemüse läßt man zunächst gut abtropfen. Dann werden sie gewürzt, mit einer Umhüllung versehen und im erhitzten Fettbad schwimmend gebacken. Wenn die zum Fritieren nötige Temperatur (Ø 175 °C) besteht, bildet sich rasch eine braune Kruste, die das Fett nur mäßig in das Backgut eindringen läßt.

Das fritierte Gemüse läßt man abtropfen, richtet es offen an und serviert sofort, weil sonst beim Warmhalten die Backkruste weich wird und ihre Schmackhaftigkeit einbüßt.

Zur Umhüllung dienen:

- Milch und Mehl,
- Ausbackteig (Bierteig, Weinteig),
- Panierung: zunächst in Mehl wenden, dann durch Eiweiß ziehen, in geriebenes Brot legen und dieses fest andrücken.

2.2 Garzeiten

Die Gardauer schwankt, denn sie wird von verschiedenen Einflüssen bestimmt:

- strukturelle Beschaffenheit des Gargutes,
- Schnittform und Größe,
- Garverfahren und Gartemperatur,
- erwünschter Verzehrzustand des Gargutes.

	Kochen (Min.)	Dämpfen[1] (Min.)	Dünsten (Min.)	Schmoren (Min.)	Fritieren (Min.)
Artischocken	30–40	–	–	–	–
Artischockenböden	18–30	–	25–35	–	2 (vorgegart)
Auberginen	–	–	10	15	1–2 (Scheiben)
Blumenkohl	20–25	20	18–20 (Röschen)	–	2 (vorgegart)
Brokkoli	10	12–15	12	–	2 (vorgegart)
Chicorée	–	35	20	20	–
Erbsen	10–15	–	15	–	–
Fenchel	15–20	30	25–30	20 (vorgegart)	2–3 (vorgegart)
Grüne Bohnen	15–20	20–25	20	–	–
Gurken	–	–	8–12	15	–
Kohlrabi (Scheiben)	8–10	10–25	10–20	–	–
Kopfsalat	2 (Blätter)	–	10 (ganz)	–	–
Lauch, weiß	10	–	10–15	–	–
Karotten/Möhren	10–20	15–25	10–20	–	–
Paprika, Gemüse-	–	–	8–10 (Streifen)	20–30 (gefüllt)	3 (Ringe)
Rosenkohl	10–15	12–15	15	–	–
Rote Rüben	60–90	–	–	–	–
Rotkohl	–	–	35–60	45–60 (gefüllt)	–
Schwarzwurzeln	20	–	30	–	2 (vorgegart)
Sellerie, Knollen-	40–90 (ganz) 15–20 (Scheiben)	–	–	–	2–3 (vorgegart)
Spargel	15	–	–	–	1–2 (vorgegart)
Speiserüben	–	–	15–20	15–20	–
Spinat	2–4	6	–	–	–
Weißkohl	20–40	20–40	25–45	35–45 (gefüllt)	–
Wirsing	10–20	20–30	20–25	30–40 (gefüllt)	–
Zucchini	–	–	10–15	15–20	1–2 (Scheiben)
Zwiebeln	–	–	5–10 (Perl-)	30–35 (gefüllt)	1,5–2 (Ringe)

[1] Die beim Dämpfen angegebenen Garzeiten beziehen sich auf das Garmachen bei normalem Druck mit normal aufgelegtem, aber gut schließendem Deckel.

2.3 Verschiedene Arten der Fertigstellung

Die vorbereiteten Gemüse lassen sich auf vielfältige Weise garen und fertigstellen. Dabei zeigen sich Gemeinsamkeiten zwischen manchen Arten.

Die tabellarische Aufstellung zeigt diese Gemeinsamkeiten und macht zugleich die Unterschiede deutlich.

Art	Gemüse	Garverfahren	Fertigstellen
à l'anglaise **englische Art** **english style**	Erbsen Karotten Bohnen Brokkoli Blumenkohl Bleichsellerie Spargel	Kochen Dämpfen	Gegartes Gemüse abgetropft anrichten. Butterstückchen darauflegen oder gesondert geben. Gewürze und gehackte Kräuter separat reichen.
au beurre noisette **in brauner Butter** **in brown butter**	Bohnen Blattspinat Blumenkohlröschen Rosenkohl	Kochen Dämpfen	In flachem Geschirr Butter bräunen. Gegartes, abgetropftes Gemüse dazugeben, durchschwenken und anrichten.
aux croûtons **mit Butterkrüstchen** **with breadcrumbs**	Chicorée Blumenkohl Brokkoli Fenchel Spargel Sellerie	Kochen Dämpfen Dünsten	Gegartes Gemüse anrichten. Butter bräunen, kleinste geröstete Weißbrotwürfel oder grobe Brösel beifügen und über das Gemüse geben.
glacé **glasiert** **glaced**	Karotten Schwarzwurzeln Speiserübchen Kohlrabi Perlzwiebeln Maronen Zucchini	Dünsten	Gemüsefond sirupartig einkochen, evtl. noch Butterstückchen beigeben. Gemüse durch Schwenken glasieren (glänzen). Bei Maronen und braunglasierten Zwiebeln Zucker beim Ansetzen zunächst zu Karamel schmelzen.
à la crème **in Sahne** **with cream**	Karotten Schwarzwurzeln Kohlrabi Erbsen Gurken Auberginen	Dünsten	Dünstfond kurz halten. Bevor das Gemüse gar ist, Sahne angießen. Offen weiterkochen, bis leichte Bindung erreicht ist.
au gratin **gratiniert** **gratinated**	Blumenkohl Brokkoli Fenchel Schwarzwurzeln Spargel Bleichsellerie Rosenkohl	Kochen Dämpfen Dünsten	Reduziertem Dünstfond Mornaysauce beigeben. Abgetropfte Gemüse in ausgefetteten Backplatten anrichten. Mit Sauce überziehen, Käse bestreuen, Butter beträufeln, im Salamander gratinieren (überbacken).

Art	Gemüse	Garverfahren	Fertigstellen
frite **fritiert** **deep fried**	Auberginen-, Zucchini-scheiben Zwiebel-, Paprika-schotenringe Tomaten-fleischstücke	Fritieren in rohem Zustand	Abgetropfte Gemüseteile würzen. Zur Bildung einer Backkruste in Milch und Mehl wenden; mit Mehl, Eiweiß, geriebenem Brot panieren oder in Ausbackteig tauchen. Unbedeckt anrichten. Zitronenstücke und Petersilie (auch fritiert) dazugeben.
	Artischocken-böden Schwarzwurzeln Spargel Brokkoli Sellerie	Fritieren in vorgegartem Zustand	
braisé **geschmort** **braised**	Kohl Bleichsellerie Fenchel Kopfsalat Gurken Lauch/Porree Chicorée	Schmoren	Vorbereitete Gemüse in Stücke teilen. Derbe Arten und Salat blanchieren. Geschirr ausfetten, Zwiebel- und Möhrenscheiben einordnen. Mitunter auch Speck oder Pökelfleisch beifügen. Gemüse darauflegen und alles anbraten. Helle oder braune Brühe untergießen, würzen, ein Kräutersträußchen dazustecken und zugedeckt im Ofen schmoren. Gemüse anrichten, Schmorfond einkochen und darüberpassieren.
à la moelle **mit Rindermark** **with marrow**	Artischocken-böden Chicorée Fenchel Bleichsellerie	Dünsten	Dünstfond und Kalbsjus auf ein Mindestmaß einkochen. Mit Zitronensaft und Pfeffer würzen. Butterstückchen dazurühren. Blanchierte Markscheiben auf angerichtetes Gemüse legen, Jus darübergießen, mit Petersilie bestreuen.
en purée **Püree von** **mashed**	Hoher Wasseranteil: Brokkoli Möhren Sellerie Spinat	Kochen Dämpfen Dünsten	Gemüse abgetropft bzw. ausgedrückt (Spinat), fein passieren. Mit Butter, Sahne und Gewürzen vollenden.
	Hoher Stärkeanteil: Erbsen Bohnenkerne Linsen Maronen	Kochen Dämpfen	Dünstfond reduzieren, vorbereitete Mornaysauce zugeben. Heißes Gemüse in ausgefettetem Geschirr anrichten. Mit Sauce überziehen, Käse bestreuen, Butter beträufeln und im Salamander überbacken (gratinieren).

Zwiebelpüree gehört zum „Mise en place“ (Bereitstellen). Es wird zur Ergänzung von Zubereitungen verwendet.

Purée d'oignons (Soubise)

Zwiebelpüree — mashed onions

Bedarf für 10 Portionen:

500 g	Zwiebelscheiben		Pfeffer
75 g	Butter	3 El	Sahne
100 g	Rundkornreis	2	Eigelb
0,4–0,5 l	Milch	20 g	Butter zum Verfeinern
	Salz		

Zwiebelscheiben blanchieren, abtropfen, mit Butter andünsten. Rundkornreis zugeben, kochende Milch angießen, würzen und zugedeckt im Ofen ohne Farbgebung weichdünsten. – Zwiebelansatz durch ein feines Sieb streichen, wieder erhitzen, mit Sahne und Eigelb legieren und mit Butter verfeinern.

Zwiebelpüree kann geschmacklich variiert werden, indem man vor dem Legieren trockene Champignon-Duxelles (s. Abschn. „Pilze“) unterrüht. – Beide Arten eignen sich

- zum Füllen und Überbacken von Gemüsen, Kalbsrücken und Hammelrücken;
- zum Dressieren und Überbacken auf gebratene Koteletts, Steaks und Medaillons von Kalb und Hammel.

Chou rouge

Rotkraut/Rotkohl — Red cabbage

Bedarf für 10 Portionen:

90 g	Schmalz von Schwein, Gans oder Ente	3 El	Essig
130 g	Zwiebelstreifen	0,2 l	Wasser oder Bouillon
1 kg	streifiggeschnittener Rotkohl	1	Gewürzbeutel (Lorbeerblatt, Nelke, zerdrückte Pfefferkörner, Zimtrinde)
20 g	Zucker		Johannisbeergelee
10 g	Salz		Zitronensaft
150 g	Apfelschnitze		

Fett zerlassen, Zwiebeln darin farblos anschwitzen. Rotkohl beifügen, durchrühren, kurze Zeit erhitzen. Zucker, Salz, Apfelschnitze, Essig sowie Wasser beifügen, alles gut vermengen. Gewürzbeutel in das Kraut stecken, Geschirr zudecken und den Inhalt bei mäßiger Hitze gardünsten. – Während des Garens das Gemüse öfter durchrühren. Um die Gefahr des Anbrennens zu verringern, muß immer wenig Flüssigkeit vorhanden sein. Bei angebranntem Kraut sind Farbe und Geschmack beeinträchtigt.

Nach dem Garen Deckel vom Geschirr nehmen und die sichtbare Flüssigkeit einkochen. Gewürzbeutel entfernen. Das Rotkraut mit Johannisbeergelee und Zitronensaft abschmecken.

Manchmal wird das streifig geschnittene rohe Rotkraut am Vorabend der Zubereitung mit Salz und Pfeffer vermischt und bis zum nächsten Tag mit einem feuchten Tuch zugedeckt. Diesen Vorgang bezeichnet man auch als „trocken marinieren“.

Choucroute

Sauerkraut — Sauerkraut

Bedarf für 10 Portionen:

100 g	Zwiebelstreifen	50 g	Speckwürfel
100 g	Apfelschnitze	1	Gewürzbeutel (Kümmel, Nelke, Wacholderbeeren, Lorbeerblatt)
60 g	Schmalz von Schwein oder Gans		
0,3 l	Wasser	0,1 l	Weißwein
1 kg	Sauerkraut	1 El	Honig
	Salz		

Speckwürfel, Zwiebelstreifen und Äpfel im erhitzten Schmalz farblos anschwitzen. Wasser angießen und aufkochen. Sauerkraut aufgelockert in den kochenden Ansatz geben, mäßig salzen und durchrühren. Alles rasch zum Kochen bringen, damit sich das Sauerkraut nicht verfärbt. Gewürzbeutel in die Mitte stecken. Das Geschirr zudecken und den Inhalt bei mäßiger Hitze garen. Bei fehlender Flüssigkeit jeweils nur die unbedingt erforderliche Menge nachgeben. Nach etwa halber Garzeit den Weißwein angießen.

Wenn das Sauerkraut genügend gar ist, den Gewürzbeutel entfernen und den Speck anderweitig verwenden. Das Kraut mit dem Honig vollenden.

Gegartes Sauerkraut soll hell sein, appetitlich glänzen, fast keine sichtbare Flüssigkeit aufweisen, einen feinen säuerlichen Geschmack haben und beim Verzehren den Zähnen noch leichten Widerstand bieten (al dente).

Beide Krautarten können durch etwas angerührte Stärke oder durch rechtzeitige Zugabe von feingeriebenen rohen Kartoffeln leicht sämig abgebunden werden.

Chou vert

Grünkohl — Kale green cabbage

Bedarf für 10 Portionen:

2,5 kg	Grünkohlblätter	0,5 l	Räucherbrühe
50 g	Schmalz vom Schwein	100 g	Mehlschwitze
250 g	Speckwürfel		Salz, Pfeffer
350 g	Zwiebelwürfel		Muskat

Die gewaschenen Grünkohlblätter in Salzwasser blanchieren und sofort in Eiswasser abkühlen. Nach dem Abtropfen die Blätter grob hacken. Speck in Schmalz glasig schwitzen und die Zwiebelwürfel zugeben. Grünkohl ebenfalls mit anschwitzen, mit Brühe auffüllen und ca. 1 Std. zugedeckt im heißen Rohr schmoren lassen. Falls nötig zusätzlich Brühe nachgießen. Kalte Mehlschwitze mit heißem Grünkohlschmorfond vermischen und aufkochen. Grünkohl zugeben, nochmals gut aufkochen und abschmecken.

Gefüllte Gemüse

Gemüse können in rohem oder blanchiertem oder gegartem Zustand gefüllt werden.

Zurichten	Füllen	Fertigstellen
Artischockenböden Böden blanchieren, in vorbereiteten Dünstfond (wenig Wasser, Butter, Salz, Prise Zucker, Zitronensaft) legen und garen. Böden in ausgebuttertes Geschirr ordnen.	Brokkoli	Mit Mornaysauce überziehen, Parmesan bestreuen, Butter beträufeln und überbacken.
	Zwiebelpüree Duxelles	Mit Käse bestreuen, Butter beträufeln und überbacken.
	Pilze in Sahne	warmstellen
	Tomatenfleischwürfel	Warmstellen, mit Petersilie bestreuen.
Champignons Pilze mit großen Köpfen Ø ca. 5 cm, Verwendung roh oder gekocht. Stiele behutsam aus den Köpfen drehen. Köpfe würzen, rasch in Butter anbraten, mit der Öffnung nach oben in ein Geschirr legen. Stiele gehackt jeweiliger Füllung beigeben.	Fleischfarce mit Kräutern	Mit geriebener Weißbrotkrume bestreuen, Butter beträufeln, im Ofen garen, dabei braun überbacken.
	Geflügelleber, gekochter Schinken, Schalotten anbraten. Fein hacken, mit Fleischextrakt und geriebener Weißbrotkrume vermengen.	Mit Parmesan bestreuen, Butter beträufeln, im Ofen garen und überbacken.
Gurken Gurken schälen, Ende und Spitze abschneiden, quer in 2 Stücke teilen, Kerne mit Löffel entfernen, würzen.	Feine Kalbfleischfarce mit Dill. Enden mit Alu-Folie umschließen, in ausgebuttertes Geschirr legen.	Mit wenig Brühe untergießen, zugedeckt im Ofen dünsten. Danach in Scheiben bzw. Stücke teilen. Passierten Dünstfond einkochen, mit ein wenig Butter verrühren und über die zerteilten Gurken geben.
Geschälte Gurken längs halbieren, Kerne ausschaben. Hälften in gebuttertes Geschirr legen und würzen.	Weißbrotwürfel, Ei, Sahne, gehacktes Geflügelfleisch und Gewürze vermengen.	
Gemüsezwiebeln Zwiebeln schälen, Lauchseite um ein Viertel kürzen. Zwiebeln halb garkochen, abschrecken, die Mitte ausbohren, würzen. Geschirr ausfetten, Speck- und Möhrenscheiben einlegen, Zwiebeln einsetzen.	Würzige Farce aus Schweinefleisch, unter teilweiser Beigabe der ausgebohrten und angeschwitzten Zwiebelteile.	Anbraten, zerkleinerte Tomaten und wenig Brühe beifügen. Im Ofen schmoren. Passierten Schmorfond über das Gemüse geben.
Kohl Weiß-, Rotkohl und Wirsing kommen in Betracht.	Hackfleischfarce, Bratwurstbrät oder nur die übrigen gewürzten und gehackten Kohlblätter in ganze Blätter einhüllen.	Anbraten, Flüssigkeit angießen und im Ofen schmoren.
		Helle Fleischbrühe untergießen und zugedeckt dünsten.

Zurichten	Füllen	Fertigstellen
Kohlrabi		
Kohlrabi schälen, Blattseite glattschneiden. Knollen aushöhlen. Blanchieren, abtropfen lassen. Würzen, in ausgebuttertes Geschirr ordnen.	Fleischfarce mit einem Teil des ausgehöhlten, gehackten und angeschwitzten Gemüses vermengen.	Brühe untergießen und zugedeckt dünsten.
Paprikaschoten		
Gleichgroße und gleichförmige Schoten auswählen. Waschen, Stielseite quer als „Deckel“ abschneiden. Samenstempel und Scheidewände aus der Frucht nehmen. Schoten aufrecht in ein ausgefettetes Geschirr stellen.	Hackfleisch, vorgegarten Reis, angeschwitzte Zwiebelwürfel, Salz und Pfeffer vermengen. In die Schoten füllen und die „Deckel“ daraufdrücken.	Rinderbrühe, Demiglace oder Tomatensauce bis zu halber Höhe der gefüllten Schoten angießen. Mit Alu-Folie bedecken und im Ofen garen.
Spinatblätter		
Blanchierte, abgetropfte Spinatblätter versetzt aufeinanderlegen, daß jeweils eine genügend große Fläche entsteht. Blattflächen salzen und pfeffern.	Leichte Farce aus Fisch, Schlachtfleisch oder Geflügel eßlöffelgroß auf die Spinatblätter häufen und einhüllen. Spinatwickel in flaches, ausgefettetes Geschirr legen.	Entsprechend der Füllung Fisch- oder Fleischbrühe untergießen und zugedeckt dünsten. Dünstfond leicht gebunden über die Spinatwickel gießen.
Tomaten		
Gleichgroße Tomaten waschen, Stielansätze ausstechen, Deckel abschneiden oder Tomate halbieren, Inhalt entnehmen. Die Tomaten würzen und in ein flaches, mit Butter ausgefettetes Geschirr setzen.	Geriebene Weißbrotkrume, Petersilie, Basilikum, Knoblauch, Salz, Pfeffer und Olivenöl oder zerlassene Butter vermischen. In die Tomaten häufen und andrücken.	Im Ofen bei starker Oberhitze backen und bräunen.
	Pilzfüllsel (Duxelles)	Mit Parmesan bestreuen, Butter beträufeln und im Salamander überbacken.
	Blumenkohlröschen Brokkoliröschen	Mit Mornaysauce überziehen, Käse bestreuen, Butter beträufeln und überbacken.
	Blattspinat	Warmstellen, Butterbrösel darübergeben.
	Gemüsemais in Butter sautieren.	warmstellen
Zucchini / Auberginen		
Früchte waschen, längs halbieren. Fruchtfleisch einschneiden, ohne die Schale zu beschädigen. Früchte kurze Zeit fritieren oder auf den Schnittflächen braten. Weiches Fruchtfleisch entnehmen. Schalenhälften in gefettete Backplatte legen.	Gegarten Reis, Tomatenfleischwürfel, Kurzbratfleisch von Lamm in Schalottenbutter angebraten, reduzierte Jus, Gewürze sowie das gehackte Fruchtfleisch mischen. In die Schalenhälften füllen.	Mit Parmesan bestreuen, mit Butter beträufeln und im Ofen backen.

3 Besonderheiten bei vorgefertigten Gemüsen

Gemüse können nicht immer so zubereitet werden, wie sie der Erzeuger (Landwirt, Gärtner) anliefert. Die Vorbereitungsarbeiten können in der eigenen Küche geschehen, können aber auch von der Industrie übernommen werden. Die Gemüse werden dann als vorgefertigte Produkte angeboten.

Werden vorgefertigte Produkte verwendet,

- ▷ ist der Wareneinsatz je Portion geringer,
- ▷ spart die Küche Arbeitszeit,
- ▷ sind die Mehrkosten beim Einkauf gegenüber den möglichen Einsparungen vor allem an Arbeitszeit abzuwägen.

Das Angebot an vorgefertigten Gemüsen unterscheidet man nach den angewandten Haltbarmachungsverfahren.

Vorbereitete Rohware

Gemüse oder Kartoffeln sind bereits gewaschen und geputzt bzw. geschält erhältlich.

Blattsalate kann man schon gewaschen und gezupft kaufen.

Kartoffelkloßmasse ist frisch als Rohmasse zu beziehen.

Teige werden als fertige Rohlinge (Teegebäckstangen, Croissants usw.) angeboten.

Tiefkühlware

Gemüse haben kürzere Garzeit, weil durch das Blanchieren und Frosten die Zellstruktur bereits gelockert ist.

Stückgemüse (Bohnen, Erbsen) in kochendes Wasser geben. Blockgemüse (Spinatblock) unter Zugabe von wenig Wasser langsam erwärmen.

Naßkonserven

Gemüse sind fertiggegart, sie werden im eigenen Fond erwärmt, abgetropft und

- ▷ mit Butterflocken vollendet oder
- ▷ mit Sauce gebunden.

Trockenware

Gemüse sind meist einzuweichen, damit die Zellen das beim Trocknen entzogene Wasser wieder aufnehmen können. Einweichwasser nach Möglichkeit mitverwenden.

Pilze

Pilze sind nicht lange lagerfähig. Sie sollten deshalb nach der Ernte bzw. Lieferung rasch verarbeitet werden, da sie leichtverderbliches Eiweiß enthalten. An Druck- und Faulstellen tritt der Eiweißabbau sofort ein, es kommt zum Verderb.

Man sollte Pilze von Sammlern nur dann kaufen, wenn diese Gewähr für einwandfreie Ware bieten.

1 Vorbereiten

Frische Pilze wie Champignons, Pfifferlinge und Steinpilze werden am meisten verwendet. Sie sind sorgfältig zu putzen. Nach gründlichem Waschen müssen Pilze sofort gegart werden. Sollen gegarte Pilze aufbewahrt werden, sind sie sofort abzukühlen und bei Bedarf wieder zu erwärmen.

Getrocknete Pilze sind vor dem Verwenden einzuweichen, damit genügend Wasser eindringen kann. Andernfalls verschließen sich beim Kochen die Zellen und die Pilze bleiben hart.

Die getrockneten Pilze legt man zunächst zum Anquellen in Wasser und wäscht sie anschließend. Danach werden sie mit Wasser bedeckt eingeweicht. Das Einweichwasser kann beim Garen mitverwendet werden; es enthält wertvolle Inhaltsstoffe.

2 Zubereiten

Champignons

Champignons étuvés

Gedünstete Champignons — **Field-mushroom**

Bedarf für 5 Portionen:

1 kg	Champignons	30 g	Zitronensaft
70 g	Butter	10 g	Salz

Champignons putzen, waschen und zum Abtropfen in einen Durchschlag legen. Butter, Zitronensaft, Salz und einen Schuß Wasser in geräumigem Geschirr zum Kochen bringen. Champignons hineinschütten, durchrühren und zugedeckt etwa 6 Minuten dünsten.

Champignons frite

Gebackene Champignons — **Deep fried Fieldmushrooms**

Bedarf für 5 Portionen:

500 g gleichmäßig große, rohe Champignons

für Panierung 2 Eier, Mehl und Semmelbrösel, Zitrone, Salz, weißer Pfeffer, Fett zum Backen.

Champignons putzen, dabei evtl. die Stiele etwas kürzen, waschen und abtrocknen. Nun mit Mehl, Ei und Brösel panieren, in heißem Fett (Fritüre) backen, abtropfen lassen und mit Zitrone, Pfeffer und Salz würzen. So vorbereitete Champignons können auch sehr gut zu Fondue Bourgignonne gereicht werden.

Duxelles de champignons

Champignon-Duxelles — **Duxelles**

Duxelles ist eine Grundzubereitung aus gehackten Pilzen, die zur Vervollständigung von Speisen, zum Füllen von Gemüsen, Fleisch- und Teigtaschen, verwendet werden.

Bedarf für 5–10 Portionen:

150 g	feine Zwiebel- und Schalottenwürfel	500 g	feingehackte, rohe Champignons
			Salz, Pfeffer
150 g	Butter	50 g	gehackte Petersilie
		4 cl	Sherry trocken

Zwiebeln und Schalotten farblos anschwitzen. Champignons zugeben, salzen, pfeffern, Sherry zugießen und solange dünsten, bis der ausgetretene Pilzsaft eingekocht ist. Petersilie untermischen und Duxelles in ein flaches Geschirr geben, auskühlen lassen.

Duxelles kann noch durch Zugabe von etwas Demiglace leicht gebunden werden.

Schnittfeste Duxelles erhält man durch Untermischen von wenig Kalbsbrät vor dem Garprozeß.

Morcheln

Morilles à la crème

Rahmmorcheln — Morels in cream

Bedarf für 5–10 Portionen:

100 g	getrocknete Morcheln		Salz
			Pfeffer
80 g	feine Zwiebelwürfel	0,3 l	Sahne
80 g	Butter	1 Tl	geschnittener Schnittlauch

Pilze in lauwarmem Wasser anquellen. Nach gründlichem Waschen mit Wasser bedeckt einweichen.

Gequollene Morcheln aus dem Wasser nehmen. Einweichwasser aufbewahren. Zwiebelwürfelchen mit Butter anschwitzen. Morcheln salzen, pfeffern und zu den Zwiebeln geben. Das vom Bodensatz abgegossene Einweichwasser beifügen und die Pilze zugedeckt etwa 25 Minuten dünsten. Sahne an die Morcheln gießen und bei offenem Geschirr einkochen, bis die Flüssigkeit leicht gebunden ist. Angerichtete Rahmmorcheln mit Schnittlauch bestreuen.

Pfifferlinge

Chanterelles sautées au lard

Sautierte Pfifferlinge mit Speck — Egg-mushroom sauted

Bedarf für 5–10 Portionen:

1 kg	Pfifferlinge	100 g	Schalottenwürfelchen
	Salz		Pfeffer
100 g	magerer, durchwachsener Räucherspeck in Würfelchen	1 El	gehackte Petersilie

Pfifferlinge putzen, gründlich waschen und zum Abtropfen in einen Durchschlag legen. Flaches Geschirr ausfetten. Pilze hineinschütten, salzen und zugedeckt im alsbald austretenden Saft 10 Min. garen.

Speckwürfel in Stielpfanne anbraten. Abgegossene und abgetropfte Pfifferlinge dazugeben, Schalotten und Butter beifügen, leicht pfeffern und bei starker Hitze und mehrfachem Schwenken sautieren. Gehackte Petersilie untermengen und die Zubereitung anrichten. Der aufgefangene Pfifferlingsfond wird zu einschlägigen Speisen (z. B. Suppen, Saucen) genutzt.

Steinpilze

Cépes aux croûtons

Steinpilze mit Brotkrüstchen — Ceps with croûtons

Bedarf für 5–10 Portionen:

1 kg	Steinpilze	50 g	feine Schalottenwürfel
80 g	Öl		
	Knoblauchsalz	30 g	feinste, geröstete Weißbrotwürfel
	Pfeffer		
40 g	Butter	1 El	gehackte Petersilie

Steinpilze putzen, gründlich waschen und abgetropft mit einem Tuch trockenreiben. Pilze in flache Stücke schneiden. Öl in geräumiger Stielpfanne erhitzen. Zerkleinerte Pilze salzen, pfeffern, in die Pfanne geben und bei entsprechender Hitze leicht anbraten. Pilzsaft soll dabei nicht austreten. Pilze in ein vorgewärmtes Geschirr geben. In der gleichen Pfanne Butter aufschäumen lassen, Schalottenwürfel und Pilze wieder beifügen. Brotkrüstchen dazustreuen, alles nochmals kurz erhitzen und mit Petersilie bestreut anrichten.

Austernpilze

Pleurotes

Oyster mushroom

Bedarf für 5–10 Portionen:

1 kg vom Strunk entfernte Austernpilze
100 g Schalottenwürfelchen
40 g Butter
2 El gehackte Küchenkräuter wie Petersilie, Schnittlauch, Kerbel, Zitronenmelisse, Kresse usw.
Salz, Pfeffer, Zitrone

Austernpilze waschen und abtropfen lassen. Schalotten in Butter glasig angehen lassen, Pilze zugeben und kurz zugedeckt leicht dünsten, dann im eigenen Saft sautieren. Nun Kräuter zugeben, würzen und anrichten.

Shiitake-Pilze

Shitake

Chinese mushroom

Zubereitung wie Steinpilze oder Austernpilze.

Beilagen zu Pilzgerichten

Als Beilage eignen sich Semmelknödel, Serviettenknödel, Salzkartoffeln, Kartoffelschnee, Nudeln und Gnocchi.

Salate

1 Allgemeines

Salate sind Zubereitungen aus pflanzlichen und tierischen Lebensmitteln, die mit beliebiger Marinade angemacht und oft mit Küchenkräutern ergänzt werden.

Die Übergänge von Salatbeilage zu Vorspeise und Cocktail bis zur feinen Salatdelikatesse sind fließend.

Salate aus pflanzlichen Produkten, wie Blattsalate oder andere rohe Gemüse, manchmal angereichert mit Obst, gegarten Gemüsen, Pilzen und Kartoffeln, dienen als Beilagen zu Hauptplatten oder als Extragang im Rahmen eines Menüs.

Salate aus tierischen Produkten, wie Fischen, Schalen- und Krebstiere, Geflügel, Schlachtfleisch, Wild, Wurst, Eier, Käse kombiniert mit weiteren Naturalien, sind eigenständige Zubereitungen, die als Beilage kaum in Betracht kommen.

Nahezu alle Lebensmittel lassen sich zu Salaten verarbeiten. Ernährungsphysiologisch gesehen sind Blattsalate, vollendet mit frischen Kräutern oder Obst, am wertvollsten, da diese im Rohzustand verzehrt werden. Doch auch Gemüsesalate sowie Verbindungen von Gemüse und tierischen Produkten mit Reis, Nudeln oder Hülsenfrüchten ergeben, angemacht mit einer harmonierenden Marinade und von Fall zu Fall angereichert mit Kräutern, vollwertige Salate.

Alle Salate müssen frisch serviert werden, bei Blattsalaten muß noch die natürliche Zellspannung vorhanden sein; sie müssen ferner appetitanregend aussehen und einen feinsäuerlichen bis pikanten Geschmack aufweisen.

2 Salatsaucen – Dressings

Die Ausdrücke Salatsauce, Dressing und Marinade werden meist nebeneinander verwendet. Die Bezeichnungen richten sich nach der Herkunft und der Zusammensetzung; verbindliche Richtlinien gibt es nicht.

Hauptbestandteile aller Salatsaucen sind

Säure	▷ verleiht erfrischend pikante Note, ▷ enthalten in Essig, Zitronen- und Orangensaft, Joghurt, Sauerrahm.
Öl/Fett	▷ fördert die Geschmacksentfaltung und die Ausnutzung fettlöslicher Vitamine, ▷ dient als Gleitmittel, besonders wichtig bei roh belassenem Salat, ▷ Öle von Sonnenblumen, Erdnüssen, Oliven, Traubenkernen, Maiskeimlingen und Walnüssen sowie Sojasauce, Sahne und Mayonnaise.

Die Konsistenz der Salatsauce kann flüssig oder gebunden (emulgiert) sein.

Vollwertigkeit und Schmackhaftigkeit lassen sich durch Beigabe von Küchenkräutern und Sprossen bzw. Keimlingen erreichen.

Spezielle Geschmacksergänzungen werden durch fein zerkleinerte, würzige Zutaten erreicht, z. B.: Zwiebeln, Schalotten, Knoblauch, Nüsse, Meerrettich, Kapern und Sardellen sowie Senf. Auch geringe Beigaben von Wein und Spirituosen und handelsübliche Würzsaucen runden den Geschmack ab.

Für den Gebrauch in der Küche wird die hergestellte Salatsauce (Marinade) zweckmäßig in Flaschen gefüllt und kühl gehalten. Vor jeder Entnahme ist die Sauce kräftig durchzuschütteln, damit eine günstige Verteilung von Öl und anderen Geschmackszutaten erfolgt. Die hauptsächlichen Salatsaucen basieren auf Grundrezepten. Das persönliche Können besteht darin, die Rezepte so zu ergänzen, daß durch die Verbindung von Sauce und Naturalien ein wohlschmeckender Salat entsteht. Bei den folgenden Rezepten ist Speiseessig mit 5 % Säuregehalt vorgesehen.

Salatsauce mit Essig und Öl

Bedarf:

1 Teil Essig
1–2 Teile Öl
Salz, Pfeffer

Salz in Essig auflösen, Öl dazurühren und mit wenig Pfeffer würzen. Abrunden mit Zucker erfolgt nach Belieben. Essig kann durch Zitronen- oder Limettensaft ersetzt werden.

Geeignet zu allen Salaten.

Salatsauce mit Tomaten

(Cocktailsauce)

Bedarf:

2 Teile würzige Mayonnaisensauce
1 Teil püriertes Tomatenfleisch oder Ketchup
1 El geschlagene Sahne
Salz, Pfeffer, Zucker, Worcestershire Sauce, Spritzer Weinbrand, Msp. Meerrettich

Mayonnaise und Tomatenpüree glattrühren, Sahne unterheben und würzen.

Geeignet zu Blattsalat und Gemüsesalat.

Salatsauce mit Senf

(French Dressing)

Bedarf:

1 Teil Essig
1–2 Teile Öl
Salz, französischer Senf, Knoblauch, Pfeffer

Salatschüssel mit der Schnittfläche einer halbierten Knoblauchzehe ausreiben. Darin Salz, Essig und Senf verrühren, Öl langsam dazurühren. Leicht mit Pfeffer abschmecken.

Geeignet zu Blattsalat und Gemüsesalat.

Salatsauce mit Sahne

Bedarf:

4 Teile Sahne
1 Teil Zitronensaft
Salz, Pfeffer oder Edelsüßpaprika

Flüssige Zutaten verrühren, mit Salz und Gewürz abschmecken.

Geeignet zu Blattsalat, Salat mit Obst, Gemüsesalat.

Salatsauce mit gekochtem Eigelb

Bedarf:

2 gekochte Eigelbe
Msp. Sardellenpaste
1 Tl scharfer Senf
1 Tl Essig
3 El Öl
1 El Sahne
Pfeffer

Fein passierte Eigelbe, Sardellenpaste, Senf und Essig glattrühren. Öl tropfenweise unterrühren, abschließend Sahne und Pfeffer.

Geeignet zu Blattsalat und Gemüsesalat.

Salatsauce mit Joghurt

Bedarf:

1 Becher Joghurt
2 El Orangensaft
1 Tl Zitronensaft
Spritzer Worcestershire Sauce
2 El Öl
Salz, Pfeffer

Joghurt, Orangen-, Zitronensaft und Worcestershire Sauce glattrühren. Öl darunterschlagen und würzen.

Geeignet zu allen Salaten.

Salatsauce mit Roquefort

(Roquefort Dressing)

Bedarf:

50 g Roquefort
3 El Sahne
1 El Chablis (weißer Burgunder)
1 El Limettensaft
1 El Öl
Pfeffer

Passierten Roquefort, Sahne, Chablis, Limettensaft glattrühren. Öl darunterschlagen und würzen. (Beigabe würzigen Roqueforts erübrigt Salz.)

Geeignet zu Blattsalat, Löwenzahn-, Bleichsellerie-, Tomatensalat.

Salatsauce mit saurer Sahne und Dill

Bedarf:

5 Teile saure Sahne oder Crème fraîche
1 Teil Zitronen- oder Limettensaft
Salz, Pfeffer
1 El geschnittener Dill

Sahne und Zitronensaft glattrühren, mit Gewürzen und Dill ergänzen.

Geeignet zu Blattsalat, Gemüsesalat.

Salatsauce mit Kräutern

Bedarf:

1 Teil Essig
1–2 Teile Öl
Salz, Pfeffer, Kräuter (Petersilie, Kerbel, Estragon, Schnittlauch), Schalotten

Salz in Essig auflösen, Öl einrühren, würzen. Frisch gehackte Kräuter und Schalotten zugeben.

Geeignet zu Salaten ohne Obst.

Salatsauce mit geröstetem Speck

Bedarf:

1 Teil Essig
1–2 Teile Öl
Salz, Pfeffer, geröstete Speckstreifchen und Zwiebelstreifen

Salatsauce mit Essig und Öl herstellen. Auf oder unter den angemachten Salat die noch warmen Speckstreifchen und Zwiebelstreifen geben.

Geeignet zu Kopf-, Löwenzahn-, Brunnenkresse-, Feld-, Kraut-, Kartoffelsalat.

3 Salate aus rohen Gemüsen

Blattsalate ⇦ Zur Verarbeitung gelangen: ⇨ Gemüse

Blattsalate	
Lollo rosso	Kopfsalat (grüner Salat)
Eichblattsalat	Brunnenkresse
Friséesalat	Gartenkresse
Chicorée	Löwenzahn
Eissalat (Krachsalat)	Radicchio
Endivie	Chinakohl
Feldsalat (Ackersalat)	

Gemüse	
Bleichsellerie	Pilze
Gurken	Radieschen
Knollensellerie	Rettich
Möhren	Rotkohl
Paprikaschoten	Tomaten
Fenchel	Weißkohl

Blattsalate werden verlesen, von welken Teilen, Strünken und starken Blattrippen befreit und anschließend gewaschen. Dabei verwendet man reichlich Wasser, damit anhaftender Sand und Schmutz leicht abgespült werden können und die Blätter nicht geknickt werden. Salate dürfen im Wasser nicht liegenbleiben, weil es sonst zu Auslaugverlusten kommt und wertbestimmende, lösliche Inhaltsstoffe verlorengehen.

Damit gewaschener Salat in Verbindung mit der Marinade den vollen Geschmack erhält, wird er in der Salatschleuder oder in einem Drehkorb durch Schwingen von noch anhaftenden Wasserperlen befreit. Bis zum Fertigstellen ist er flach und kühl aufzubewahren.

Die großen Blätter des Kopfsalats sind zu zerpflücken. Beim Verzehren muß man die Stücke mit der Gabel aufnehmen können.

Gemüse, die roh verarbeitet werden, muß man gründlich waschen, Gurken, Knollen und Wurzeln schälen; Tomaten evtl. brühen und abziehen, Paprikaschoten von Stiel, Scheidewänden und Samenkernen befreien.

Danach zerkleinert man die Gemüse. Die Zerkleinerungsart richtet sich vor allem nach dem Zellstoffgehalt der Gemüse. Tomaten und Gurken schneidet man z. B. in Scheiben, festere Arten, wie Möhren, Sellerie oder Rettich, werden in feine Streifen geschnitten, gerieben oder geraspelt.

Streifchen von Rot- und Weißkohl – sofern es sich nicht um neues, also junges Kraut handelt – sind vor dem Anmachen noch zu brühen oder mit einer heißen Marinade zu übergießen. Strenger Geschmack und feste Struktur werden dadurch gemildert.

Anmachen

Die vorbereiteten Salatbestandteile werden mit der jeweiligen Marinade in einer Salatschüssel angemacht. Das Mischen bzw. Wenden mit dem Salatbesteck muß gründlich, jedoch behutsam erfolgen, damit alle Bestandteile zwar mit Marinade umgeben sind, aber unbeschädigt bleiben.

▷ **Unmittelbar vor dem Service fertiggestellt** werden Blattsalate und Salate aus zartem Gemüse, wie z. B. Gurke und Tomate, damit sie frisch und knackig bleiben. Würde man sie zu früh anmachen, zöge das Salz Flüssigkeit. Der Salat würde weich.

▷ **Längere Zeit vor dem Service fertiggestellt** werden Salate aus festeren, weniger saftreichen Gemüsearten, wie z. B. Möhren, Kohl, Paprikaschoten und Sellerie. Die Marinade kann dann einziehen und der Geschmack kommt voll zur Geltung.

4 Salate aus gegarten Gemüsen

Für diese Salate kommen vorwiegend in Betracht:

Artischocken	Knollensellerie
Blumenkohl	Lauch
Brokkoli	Möhren
Bohnenkerne	Pilze
Erbsen	Rote Rüben
Grüne Bohnen	Spargel

Die Gemüse können im rohen oder gekochten Zustand, ihrer Gestalt entsprechend, in verschiedene Formen geschnitten werden. Bei Knollen und Rüben ist auch der Einsatz von Ausbohrern, Ausstechern oder eines Buntmessers (gewinkelte Schneide) möglich.

Die Schnittfläche von ungegarten, hellen Gemüsen verfärben sich unter Einwirkung von Luftsauerstoff zusehends. Besonders empfindlich sind Artischocken und Sellerie. Um dem entgegenzuwirken, legt man die Gemüse bis zum Garen in gesäuertes Wasser (Essig, Zitronensaft). (Vorbereitungsarbeiten, Schnittformen, Garverfahren und Garzeiten s. Abschn. Gemüse.)

Die zugeschnittenen rohen Gemüse sind in leicht gesalzenem Wasser unter Zusatz von wenig Öl zu dünsten. Dabei soll das Gemüse voll aufgeschlossen, aber nicht übergart werden.

Um Aroma und Geschmack zu erhalten, müssen die Gemüse in ihrem Garfond abkühlen. In der heißen Flüssigkeit zieht das Gemüse noch nach, deshalb ist der Garprozeß zu unterbrechen, wenn das Gemüse beim Anstechen noch leichten Widerstand zeigt.

Anmachen

Salate aus gegarten Gemüsen sind im voraus anzumachen, damit die Marinade einziehen kann. Kräuter, die in Säure rasch ihre schöne grüne Farbe verlieren, gibt man erst kurz vor dem Anrichten bei.

In der Regel sollte immer nur der jeweilige Tagesbedarf an Salaten angemacht werden.

Die abgetropften Gemüse werden mit der vorgesehenen Salatsauce in einer geräumigen Salatschüssel angemacht.

Bis zum Anrichten legt man die Salate in flache Gefäße, deckt sie gegen Geruchsübertragung zu und hält sie kühl.

Wird mit pikanter Mayonnaise angemacht, ist das abgetropfte Gemüse zunächst flach auf einem Tuch oder Küchenkrepp trockenzulegen. Noch anhaftende Feuchtigkeit würde die Mayonnaise zu dünnfließend machen und den Geschmack des Salates beeinträchtigen.

5 Anrichten von Salaten

Es ist zwischen folgenden Möglichkeiten des Anrichtens zu unterscheiden:

Einfache Salate
Salades simples
▷ Blattsalat oder Gemüse als einzelner Salat, z. B. Kopfsalat, Gurkensalat, Bohnensalat oder Chicoréesalat.

Gemischte Salate
Salades mêlées
▷ Blattsalat und Gemüse miteinander vermischt, z. B. Kopf-Tomaten-Kresse-Salat oder Feld-Sellerie-Rote Rüben-Salat.

Auswahl von Salaten
Salades assorties
▷ Blattsalat und Gemüse sortiert nebeneinander, z. B. Chicorée-, Radieschen-, Gurken- und Eissalat oder Kopf-, Spargel-, Brokkoli- und Tomatensalat.

Alle Salatteile sollen mundgerecht zerkleinert sein, weil man zum Verzehren nur eine Gabel benutzt. Die Salate sind locker und appetitlich anzurichten.

Geschmacksvarianten ergeben sich durch die Gemüsesorten und die unterschiedlichen Saucen, sowie Ergänzungen, z. B. Kräuter oder Nüsse, mit denen die Salate fertiggestellt werden.

Die Farben frischer Salate üben eine appetitanregende Wirkung aus, deshalb ist beim Zusammenstellen der Vegetabilien und beim Anrichten der Salate auf wechselnde Farben zu achten. Aufgestreute Kräuter unterstützen den optischen Eindruck.

Flache Schalen oder Platten aus Glas sind zum Anrichten besonders vorteilhaft, weil sie Frische, Farbe und Form der Salate am wirkungsvollsten betonen.

6 Kartoffelsalate

Zu einem guten Kartoffelsalat sind Kartoffeln zu wählen, die nicht zerfallen. Geeignete Sorten sind „Hansa" und „Sieglinde", beide sind mild bis kräftig im Geschmack, festkochend und formbehaltend.

Salade de pommes de terre

Kartoffelsalat — **Potatoesalad**

Bedarf:

1 kg	Salatkartoffeln	1 Msp.	hellen Senf
0,2 l	Fleischbrühe		Salz, Pfeffer
100 g	feine Zwiebelwürfel	60 g	Öl
4–6 El	Essig		Salatblätter zum Garnieren
		1 El	gehackte Kräuter

Gewaschene Kartoffeln mit der Schale kochen, abgießen und zum Ausdampfen flach ausbreiten. Kartoffeln noch warm pellen und in feine Scheiben schneiden. Fleischbrühe zusammen mit Zwiebeln und Essig aufkochen. Danach Salz, Pfeffer und Senf beigeben, abschmecken, das Öl dazurühren und die heiße Marinade über die Kartoffelscheiben gießen. Kartoffelsalat behutsam schwenken, bis er leicht gebunden ist.

Angerichteten Kartoffelsalat mit Salatblättern einfassen und die Kräuter aufstreuen.

Kartoffelsalat kann geschmacklich variiert werden.

Kartoffelsalat mit Mayonnaise Kartoffelsalat mit halber Brühen- und Ölmenge herstellen. Etwa 60 g würzig abgeschmeckte Mayonnaise unterziehen.

Angerichteten Salat mit Radieschenscheiben einfassen und geschnittenen Schnittlauch aufstreuen.

Kartoffelsalat mit Löwenzahn und Speck Anstelle von Öl 100 g Bauchspeckstreifchen knusprig braten und mit dem ausgetretenen Fett dem Kartoffelsalat beimischen. Desgleichen eine Handvoll kurzgeschnittenen, leicht angemachten Löwenzahn.

Dieser Salat ist zum direkten Verzehr bestimmt; noch lauwarm schmeckt er am feinsten.

7 Rohkostsalate

Rohkost ist eine Ernährungsform, die Gemüse, Obst und Pflanzenprodukte umfaßt und ohne Wärmeeinwirkung zubereitet wird. Sie ist wesentlicher Bestandteil einer **Vollwertkost.**

Rohkostsalate werden, wie auch rohe Gemüse- und Fruchtsäfte, als wünschenswerte Abwechslung geschätzt. Sie sind durch ihren angenehmen Duft und Geschmack appetitanregend und werden anstelle von Suppe oder als Vorspeise angeboten und gern verzehrt.

Durch ihren hohen Mineralstoff- und Vitamingehalt, der bei der Zubereitungsart fast voll erhalten bleibt, sind Rohkostsalate ein wesentlicher Bestandteil gesunder Ernährung.

Vorbereiten

Frische Gemüse und frisches Obst gibt es das ganze Jahr hindurch; die einheimischen Sorten werden durch ausländische Arten ergänzt. Zur Verarbeitung gelangt nur frische, zarte Ware von einwandfreier Qualität. Die Rohstoffe sind vor dem Zerkleinern gründlich zu waschen und danach sorgfältig zu putzen.

Zerkleinern

Der besseren Verdaulichkeit wegen werden die geputzten Rohstoffe zerkleinert. Die Zerkleinerung richtet sich nach der Beschaffenheit der Gemüse und erfolgt durch

- ▷ Zerpflücken (Blattsalate),
- ▷ Schneiden in Streifchen (Kohlarten),
- ▷ Hobeln in Scheibchen (Gurken, Rettich),
- ▷ Raspeln (weichere Gemüse und Obst),
- ▷ Raffeln (Gemüse mit fester Struktur),
- ▷ Reiben (Zwiebeln, Meerrettich, Nüsse).

Anmachen

Zum Anmachen von Rohkostsalaten bieten sich neben Ölen und Milchprodukten eine Vielzahl von würzigen und süßen Zutaten an. Bei richtiger Auswahl und sinnvoller Dosierung ist eine Beigabe von Salz und Zucker entbehrlich.

Öle aus: Sonnenblumenkernen, Sojabohnen, Weizenkeimen, Rapssamen, Distelsamen, Kürbiskernen, Traubenkernen.

Milchprodukte: Sahne, Buttermilch, Dickmilch, Quark, Joghurt, Crème fraîche.

Säure: Zitronen-, Limetten-, Orangen-, Johannisbeer-, Rhabarbersaft; Essig.

Pflanzliche Würzstoffe: Schalotten, Zwiebeln, Lauch, Knoblauch, Meerrettich, Küchenkräuter.

Trockenfrüchte: Rosinen, Datteln, Feigen, Aprikosen, Pflaumen.

Schalenobst: Hasel-, Wal-, Para-, Kokosnuß; Mandeln, Pistazie.

Sonstiges: Bienenhonig. Getreideflocken. Apfeldicksaft. Ahornsirup.

Die zerkleinerten Salatbestandteile sind sofort mit der vorgesehenen Säure zu vermischen. Durch Säure wird die enzymatische Verfärbung der kleinen Teile gehemmt, die natürliche Farbe bleibt besser erhalten. Alle anderen Zutaten gibt man erst nach dem Vermischen mit Säure bei.

Rohkostsalate sollten erst kurz vor dem Verzehr zubereitet werden. Durch längeres Stehen ziehen die Salate Saft und sehen dann unappetitlich aus. Eine Ausnahme bilden Krautsalate. Um ihre feste Beschaffenheit zu lockern, macht man sie rechtzeitig an und stellt sie zugedeckt kühl.

Anrichten

Auch Rohkostsalate sollen farblich und geschmacklich aufeinander abgestimmt sein. Sie können in Salatblätter oder in dazugehörende ausgehöhlte Fruchthälften gefüllt und auf Glasplatten oder in flachen Glasschalen angerichtet werden.

Farblich weniger dekorativ wirkende Rohkost kann durch eine ansprechende Garnitur ergänzt werden. Geeignet sind Zitronenrädchen, Orangenfilets, Tomatenfächer, zugeschnittene Radieschen, ferner geriefte Gurkenscheiben, Kresse-, Petersilien- oder Dillbuketts.

Saftreiche Rohkostsalate richtet man besser in Schüsseln als auf Platten an. Reizvoll sehen die Salate auch in weiten Gläsern aus.

Apfel-Möhren-Rosinen-Salat

Möhren raffeln, Äpfel raspeln und mit Orangensaft vermischen. In Orangensaft eingeweichte Rosinen dazugeben. In halben Orangenschalen, Gläsern oder Glasschalen anrichten. Ein Löffelchen halbsteif geschlagene Sahne mit wenig geriebenem Meerrettich versetzt aufhäufen und mit Haselnußscheibchen bestreuen.

Birnen-Radieschen-Kresse-Salat

Reife Birnen längs halbieren, Kerngehäuse entfernen. Fruchtfleisch mit einem olivenförmigen Kartoffelausbohrer entnehmen. Johannisbeersaft darüberträufeln, Radischenscheiben und Kresse beifügen. Dickmilch und Öl verrühren, die Salatteile darin wenden und in die ausgehöhlten Birnenhälften einfüllen; geschnittenen Schnittlauch aufstreuen.

Rotkraut-Apfel-Weintrauben-Salat

Rotkraut und Äpfel in feine Streifen schneiden und mit Zitronensaft vermischen. Abgezupfte weiße Weinbeeren halbieren und ohne die Kerne zu den streifigen Zutaten geben. Mit ein wenig geriebener Zwiebel, Johannisbeergelee und Öl anmachen. Zum Durchziehen bedeckt kühl stellen. In Glasschalen anrichten und mit grob gehackten Walnußkernen bestreuen.

Radicchio-Fenchel-Melonen-Salat

Melone in Scheibchen, Fenchelknolle und Radicchio in Streifchen schneiden, mit Orangensaft beträufeln und alles vermischen. Gleiche Teile Frischkäse, pikante Mayonnaise und püriertes Tomatenfleisch verrühren, mit geriebenem Meerrettich und geschnittenem Fenchelgrün abschmecken. Die Salatbestandteile damit anmachen, auf Glasplatten anrichten und mit Brunnenkresse einfassen.

8 Salatbuffet

In vielen Betrieben wird heute den Gästen Salat in Form eines Salatbuffets angeboten. Ein nach Möglichkeit gekühltes Buffetmöbel steht an gut sichtbarer und leicht erreichbarer Stelle im Restaurant und dient den Gästen zur Selbstbedienung.

Aufbau

Ein Salatbuffet sollte möglichst viel von der ganzen Palette der im Buch vorausgehend beschriebenen Salate anbieten, also sowohl viele Blatt- und Rohkostsalate mit extra bereitgestellten Dressings wie auch bereits angemachte Gemüsesalate oder Salatkompositionen aus verschiedenen Zutaten wie Gemüse, Früchte, Fisch, Eier, gegartes Fleisch.

Dankbar sind die Gäste immer dann, wenn die Dressings und die angemachten Salate durch kleine Hinweisschilder gekennzeichnet bzw. benannt sind und der Gast somit Geschmacksrichtung und Zutaten erfährt und seine Auswahl entsprechend treffen kann.

Abrechnung

Die Verrechnung der Salate vom Buffet kann erfolgen:

- durch Verwendung verschiedener Tellergrößen,
- durch Wiegen (in Autobahnraststätten, Kantinen usw.) der Salatmenge,
- durch einen Pauschbetrag,
- nicht extra, da die Ergänzung mit Salat bereits bei jedem Gericht einkalkuliert ist.

Kartoffeln

Kartoffeln sind ein wesentlicher Bestandteil von Speisenzusammenstellungen, weil sie

- ▷ im Geschmack neutral sind (und darum)
- ▷ vielfältige Zubereitungsarten erlauben,
- ▷ je nach Zubereitung mit den unterschiedlichsten Gerichten harmonieren,
- ▷ Nähr- und Wirkstoffe in einem ausgewogenen Verhältnis enthalten.

Die vielfältigen Zubereitungen von Kartoffeln werden überschaubar, wenn man sie nach den Arten der Vorbereitung und Fertigstellung unterscheidet. Diese Denkweise hilft, dem Bekannten das Neue zuzuordnen und erleichtert so den Überblick.

Übersicht

Vorbereitung	Fertigstellung	Beispiel	
Kartoffeln roh	▷ im Fettbad	**Kartoffelstäbe**	*Pommes frites* **French fried potatoes**
	▷ in der Pfanne	**Würfelkartoffeln**	*Pommes carrées* **Cubes potatoes**
	▷ in Formen im Ofen	**Annakartoffeln**	*Pommes Anna* **Anna potatoes**
	▷ mit Flüssigkeit im Ofen	**Schmelzkartoffeln**	*Pommes fondantes* **Fondantes potatoes**
	▷ in Fleischbrühe	**Bouillonkartoffeln**	*Pommes au bouillon* **Bouillon potatoes**
	▷ in Folie im Ofen	**Folienkartoffeln**	*Pommes americaine* **Baked potatoes**
Kartoffeln gekocht – Pellkartoffeln – Salzkartoffeln	▷ in vorbereiteter Sauce	**Rahmkartoffeln**	*Pommes à la crème* **Cream potatoes**
	▷ in der Pfanne	**Bratkartoffeln**	*Pommes sautées* **Home fried potatoes**
	▷ passiert	**Kartoffelschnee**	*Neige de pommes* **Potatoes snow**
	▷ passiert mit Milch	**Kartoffelpüree**	*Purée de pommes* **Mashed potatoes**
	▷ passiert mit Sahne	**Schaumkartoffeln**	*Pommes mousseline* **Mousseline potatoes**
	▷ passiert mit Butter	**Kartoffelplätzchen**	*Pommes Macaire* **Macaire potatoes**
	▷ passiert mit Eigelb	**Kartoffelkroketten**	*Croquettes de pommes* **Croquette potatoes**
	▷ passiert mit Brandmasse	**Kartoffelkrapfen**	*Pommes dauphine* **Dauphine potatoes**

1 Schnittarten roher Kartoffeln

Für Kartoffeln, die zugeschnitten werden, verwendet man aus wirtschaftlichen Gründen große Sorten, denn bei diesen entstehen weniger Abschnitte.

Durch das Schneiden der Kartoffeln werden Zellen zerstört und an den Oberflächen haftet ausgetretene Stärke. Beim Fritieren würde dies zu einer ungleichmäßigen Bräunung führen, deshalb müssen geschnittene Kartoffeln zunächst gewaschen werden.

Da sich geschälte wie auch geschnittene rohe Kartoffeln unter Einwirkung von Luftsauerstoff verfärben, bewahrt man sie bis zur Weiterverwendung in stehendem, kaltem Wasser auf.

Strohkartoffeln – Pommes pailles

Streichholzkartoffeln – Pommes allumettes

Dicke Kartoffelstäbchen – Pommes mignonnettes

Kartoffelstäbe – Pommes frites

Dicke Kartoffelstäbe – Pommes pont-neuf

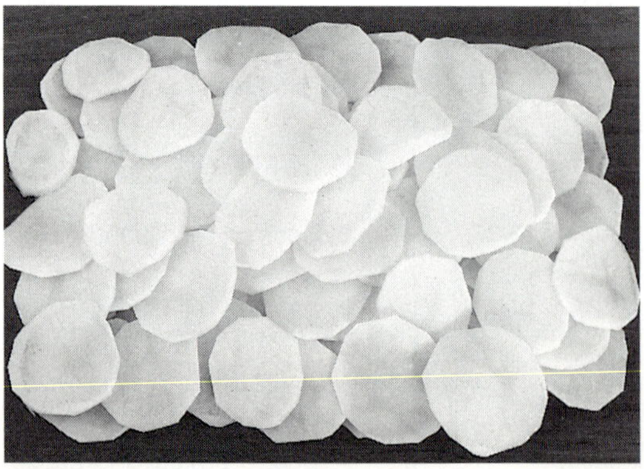

Kartoffelchips – Pommes chips

Waffelkartoffeln – Pommes gaufrettes

Würfelkartoffeln – Pommes carrées

Schloßkartoffeln – Pommes château

Olivenkartoffeln – Pommes Olives

Nußkartoffeln – Pommes noisettes

Salzkartoffeln – Pommes nature

Annakartoffeln – Pommes Anna

Schmelzkartoffeln – Pommes fondantes

2 Zubereitungen aus geschälten, rohen Kartoffeln

Geschälte, rohe Kartoffeln bilden in der Gastronomie die Grundlage für die meisten Zubereitungen. Dabei beeinflußt die Schnittart der Kartoffeln wesentlich die Garzeit, das Aussehen und den Geschmack der fertigen Kartoffelzubereitung.

2.1 Im Fett gebacken

Kartoffeln, die in der Friteuse gebacken werden, müssen abtropfen und sorgfältig abgetrocknet werden. Die anhaftende Flüssigkeit bringt sonst das Fett zum Schäumen, führt zur Gefahr von Verbrennungen und begünstigt den Fettverderb.

Kleiner geschnittene Arten

werden in einem Arbeitsgang zubereitet. Bei 170 °C fritiert man sie also gleich mittelbraun. Aus diesen Schnittarten fertigt man mit Hilfe eines Doppelsiebes Kartoffelnester. Danach werden die Kartoffeln aus dem Fett genommen, abgeschüttelt und direkt gewürzt, damit das Salz haften bleibt.

Bis zum Servieren hält man sie in einem flachen, offenen Geschirr warm.

Strohkartoffeln	*Pommes pailles* **Straw potatoes**	1 mm starke Streifchen, 5 bis 6 cm lang geschnitten
Streichholzkartoffeln	*Pommes allumettes* **Allumettes potatoes**	in Streichholzgröße geschnitten
Kartoffelchips	*Pommes chips* **Chips potatoes**	aus gleichmäßigen Kartoffelwalzen 1 mm dick geschnittene Scheiben
Waffelkartoffeln	*Pommes gaufrettes* **Waffler potatoes**	Rund beschnittene Kartoffeln, mit Spezialhobel und entsprechender Messereinstellung in geriefte Scheiben geschnitten. Nach jedem Schnitt Kartoffel um 90° drehen, dadurch Waffelmuster.

Größer geschnittene Arten

werden zunächst bei etwa 130 °C vorgebacken (blanchiert). Dabei garen sie ohne Farbe an. Auf Abruf bäckt man sie dann portionsweise bei etwa 170 °C mittelbraun und knusprig. Das Innere bleibt dabei weich.

Vom Fett abgetropft, werden sie unter schüttelnder Bewegung gesalzen und angerichtet. Gebackene Kartoffeln darf man nicht abdecken, sonst weicht die Kruste auf.

Pommes frites	*Pommes frites* **Frenchfried potatoes**	1 cm dicke und 5 bis 6 cm lange Kartoffelstäbe
Gebackene Kartoffelstäbe	*Pommes pont-neuf* **Pont-neuf potatoes**	1,5 cm dicke und 5 bis 6 cm lange Kartoffelstäbe
Mignonkartoffeln	*Pommes mignonnettes* **Mignonnettes potatoes**	0,5 cm dicke und 4 cm lange Kartoffelstäbchen

2.2 In der Pfanne gebraten

Zugeschnittene oder ausgebohrte Kartoffeln werden blanchiert, gut abgetrocknet und dann in der Pfanne in geklärter Butter gebraten. Nachdem sie auf dem Herd leicht angebraten sind, werden sie gewürzt und im Ofen zu goldgelber Farbe fertiggebraten. Dabei sind sie zeitweilig zu schwenken.

Würfelkartoffeln	*Pommes carrées* **Cubes potatoes**	Kartoffeln in Würfel mit 1 cm Seitenlänge schneiden.
Parmentierkartoffeln	*Pommes Parmentier* **Parmentier potatoes**	Kartoffeln in Würfel mit 1 cm Seitenlänge schneiden, mit Schnittlauch bestreuen.
Sablekartoffeln	*Pommes sablées* **Sable potatoes**	In Würfel mit 1 cm Seitenlänge schneiden, kurz vor der Fertigstellung mit frisch geriebener Weißbrotkrume bestreuen, diese mitbraten, bis sie braun ist.
Schloßkartoffeln	*Pommes château* **Chateau potatoes**	Halbmondähnliche Form von 5 cm Länge mit stumpfen Enden; evtl. nach Fertigstellung mit Petersilie bestreuen.
Olivenkartoffeln	*Pommes olives* **Olive potatoes**	mit einem Kartoffellöffel olivenförmig ausgebohrte Kartoffeln
Nußkartoffeln	*Pommes noisettes* **Noisettes potatoes**	mit einem Kartoffellöffel ausgebohrte Kartoffelkugeln

2.3 In Formen im Ofen gebacken

Zugeschnittene Kartoffeln werden gewürzt. Danach füllt man sie in ausgebutterte Metallformen und bäckt sie im Ofen. Zum Portionieren werden die Kartoffeln aus den Formen gestürzt. Die erforderliche Butter ist grundsätzlich zu klären. Die enthaltenen Eiweißteilchen würden sonst zum Festbacken an den Formen führen.

Annakartoffeln	*Pommes Anna* **Anna potatoes**	Von kleinen Kartoffeln 1 bis 2 mm dünne Scheiben schneiden und würzen. Eine dickwandige Metallform mit geklärter Butter ausfetten und mit den schönen Kartoffelscheiben rosettenartig auskleiden. Die anderen wahllos in den freien Mittelraum füllen und fest eindrücken. Butter darüberträufeln und im Ofen goldbraun backen. Garzustand durch Anstechen feststellen.
Massenetkartoffeln	*Pommes Massenet* **Massenet potatoes**	Streifen wie für Streichholzkartoffeln in großer Stielpfanne mit geklärter, heißer Butter rasch farblos anschwitzen und auf bereitstehendes Blech schütten. Eine kleinere, hohe Pfanne dick mit geklärter Butter ausfetten, Kartoffeln einfüllen, fest eindrücken und im Ofen garen und bräunen.

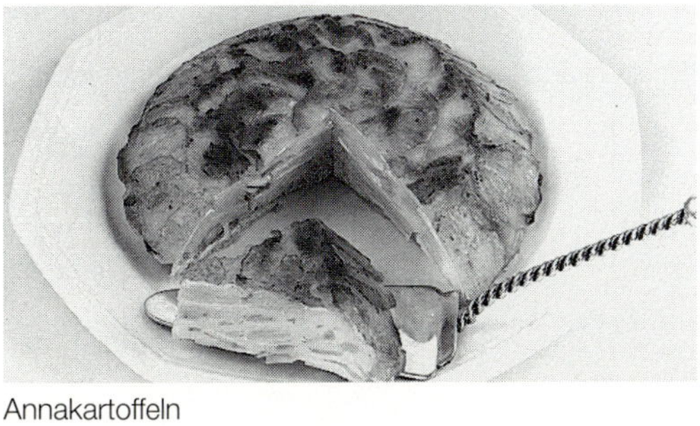

Annakartoffeln

Massenetkartoffeln

2.4 Mit Flüssigkeit im Ofen gegart

Zugeschnittene Schmelzkartoffeln werden blanchiert, gesalzen und gepfeffert in flache Geschirre eingesetzt, mit Brühe untergossen und unbedeckt im Ofen gegart.

Durch das Blanchieren verkleistert in den Randschichten die Stärke. Das verhindert beim späteren weiteren Garen das Zerfallen der Kartoffelstücke.

Schmelzkartoffeln	*Pommes fondantes* **Fondantes potatoes**	Länglich in Pflaumengröße tournierte Kartoffeln in ausgebutterte Randbleche einsetzen, mit Brühe untergießen und im Ofen unbedeckt garen. Währenddessen mehrfach mit dem Fond überpinseln und goldbraun werden lassen. Vor dem Anrichten werden sie mit dem Butterpinsel bestrichen.
Savoyardkartoffeln	*Pommes Savoyarde* **Savoyarde potatoes**	Längshalbierte Kartoffeln in 2 mm dicke Scheiben schneiden, in ein mit Butter bestrichenes und mit feingehackten Schalotten ausgestreutes Geschirr flach einsetzen, mit Brühe untergießen und im Ofen unbedeckt garen. Vor Beendigung der Garzeit mit geriebenem Parmesan bestreuen, mit Butter beträufeln und die Oberfläche bräunen lassen. Savoyardkartoffeln müssen saftig bleiben.
Bouillonkartoffeln	*Pommes au bouillon* **Bouillon potatoes**	Feinwürfelige Brunoise von Gemüse in Butter anschwitzen, blanchierte Kartoffelwürfel mit 2 cm Seitenlänge dazugeben, mit Fleischbrühe knapp bedecken, Salz und Pfeffer dazugeben und garen. Auf die angerichteten Kartoffeln Petersilie streuen.
Schinkenkartoffeln	*Pommes au jambon* **Ham potatoes**	Feingeschnittene Schinken- und Zwiebelwürfel in Butter anschwitzen; wie vorstehend fertigstellen.

Savoyardkartoffeln

Bouillonkartoffeln

3 Zubereitungen von gekochten Kartoffeln Pellkartoffen – Salzkartoffeln

Für diese Zubereitungsarten verwendet man mittelgroße Kartoffeln. Sie werden gewaschen, mit Wasser aufgesetzt und gargekocht. Die Garzeit beträgt vom Aufkochen an gerechnet 20 Min. Danach werden sie abgegossen und zum Auskühlen auf ein flaches Blech geschüttet. Noch warm schält man sie, denn in diesem Zustand läßt sich die Schale am leichtesten entfernen.

3.1 In vorbereiteter Sauce fertiggestellt

In Scheiben oder Würfel geschnittene Pellkartoffeln werden in die vorbereitete Sauce eingeschwenkt und abgeschmeckt. Sie können noch mit Käse bestreut und überkrustet werden.

Rahmkartoffeln	*Pommes à la crème* **Cream potatoes**	In Scheiben oder Würfel schneiden, mit Rahm verkochen und durchmischen.
Saure Kartoffeln	*Pommes à l'aigre* **Sour potatoes**	Mehl mit feingeschnittenen Zwiebeln hellbraun schwitzen, mit Fleischbrühe auffüllen, mit Weinessig, Salz, Pfeffer und einer Prise Zucker abschmecken. Nelke und Lorbeerblatt beifügen und 15 Min. kochen. In die passierte Sauce nun die Kartoffelscheiben einschwenken.

3.2 In der Pfanne gebraten

In Scheiben oder Würfel geschnittene oder geraffelte Pellkartoffeln werden in Butter gebraten. Es darf nur so viel Fett verwendet werden, daß die Menge bis zum Ende des Bratvorgangs von den Kartoffeln aufgenommen werden kann. Man erzielt eine Geschmacksverfeinerung, wenn zu Anfang die Fettmenge so gering gehalten wird, daß man später noch einige frische Butterflöckchen zusetzen kann.

Bratkartoffeln	*Pommes sautées* **Home fried potatoes**	Kartoffelscheiben von 3 mm Stärke salzen, pfeffern und braun braten.
Lyoner Kartoffeln	*Pommes lyonnaise* **Lyonnaise potatoes**	Kartoffelscheiben braten und zusammen mit goldgelb gebratenen Zwiebelstreifen vermischen, mit gehackter Petersilie bestreuen.
Kleine gebratene Kartoffeln	*Pommes (nouvelles) rissolées* **Fried potatoes**	Ausgesuchte kleine Kartoffeln (besonders geeignet sind neue kleine) in Butter allseitig goldbraun braten, mit gerösteten Semmelbröseln bestreuen und durchschwenken.
Berner Rösti	*Roesti bernois* **Roesti potatoes**	Kartoffeln werden geraffelt und mit Speckwürfeln und Zwiebelwürfeln in Butter oder etwas Schweineschmalz geröstet, etwas angedrückt, der entstandene Fladen gewendet, nochmals geröstet und serviert.

Die geschälten, in gleichmäßig große Stücke geteilten Kartoffeln werden in Salzwasser gegart. Die Garzeit beträgt vom Aufkochen an 20 Min. Danach sind sie abzuschütten und zum Abdämpfen auf den Herd zurückzustellen. Die trockenen heißen Kartoffeln werden dann weiterverarbeitet.

Neue Kartoffeln oder Frühkartoffeln sind stärkearm. Aus diesem Grunde eignen sie sich nicht zum Pürieren.

Salzkartoffeln (pommes nature) sind gleichmäßig, meist zu länglichrunder Form zugeschnittene (tournierte) Kartoffeln. Die gekochten Kartoffeln reicht man unverändert.

3.3 Passierte Kartoffeln

Kartoffelschnee	*Neige de pommes de terre* **Potatoe snow**	Hierfür werden die heißen Kartoffeln durch eine Presse direkt auf das Anrichtegeschirr passiert, leicht mit Salz und Muskat gewürzt und mit Butterflöckchen belegt. Mit frisch gehackten Küchenkräutern bestreut, erhalten sie eine besondere geschmackliche Note.

3.4 Passierte Kartoffeln mit Milch und Sahne

Kartoffelpüree	*Purée de pommes* **Mashed potatoes**	Die heißen Kartoffeln mit der Presse passieren, mit Muskat und Butterflocken zusammenrühren, damit sich die locker liegenden Kartoffelkrümelchen verbinden können. Dann nach und nach kochendheiße Milch einrühren, bis das Püree die gewünschte Konsistenz erreicht hat. Das fertige Püree umleeren und Deckel auflegen.
Kartoffelpüree mit Sahne	*Pommes mousseline* **Mousseline potatoes**	Zubereiten wie Püree, doch anstelle von Milch Sahne verwenden. Das Püree zunächst fester halten und kurz vor dem Anrichten einen Teil geschlagene Sahne locker unterziehen.

Kartoffelpüree

Macairekartoffeln

3.5 Passierte Kartoffeln mit Butter

Kartoffelplätzchen	*Pommes Macaire* **Macaire potatoes**	Butterstückchen, geriebene Muskatnuß und, falls erforderlich, etwas Salz rasch unter passierte, heiße Kartoffeln rühren. Masse auf bemehlter Fläche zu Walzen mit 4 cm Durchmesser formen. Etwa 1,5 cm dicke Scheiben abschneiden und in gefetteter Pfanne beidseitig goldgelbe Farbe nehmen lassen. Steht zuviel Fett in der Pfanne, zerfallen die Kartoffelscheiben. Abwandlungen: gebratene Speck-, Zwiebelwürfelchen und Petersilie oder angeschwitzte Würfelchen von gekochtem Schinken und geschnittenem Schnittlauch der Kartoffelmasse beigeben.

3.6 Passierte Kartoffeln mit Eigelb/Krokettenmasse

Unter 250 g heiße, passierte Kartoffeln 1 Eigelb, eine Prise Salz und geriebene Muskatnuß rühren; evtl. Butterflocken. Probe backen!

Herzoginkartoffeln	*Pommes duchesse* **Duchesse potatoes**	Kartoffelmasse mit Dressierbeutel und Sterntülle auf gefettetes Blech oder Backtrennpapier formen, mit Eigelb bestreichen und im Ofen goldgelb backen.
Kartoffelkroketten	*Croquettes de pommes* **Croquette potatoes**	Kartoffelmasse zu Walzen mit 1,5 cm Ø und 4 cm Länge formen. Panieren mit Mehl, Ei und Panierbrot. Backen im Fettbad bei 160 bis 170 °C ca. 1,5 Min.
Mandelkrusteln	*Croquettes de pommes aux amandes* **Almand potatoes**	Gehackte oder gehobelte Mandeln unter Kartoffelmasse mengen. Kugeln mit 2 cm Ø formen. Panieren mit Mehl, Ei und gehobelten Mandeln. Backen im Fettbad bei 160 bis 170 °C ca. 1,5 Min.
Bernykartoffeln	*Pommes Berny* **Berny potatoes**	Gehackte Trüffeln unter Kartoffelmasse mengen. Panieren und backen wie Mandelkrusteln.

Herzoginkartoffeln

Kartoffelkroketten

3.7 Passierte Kartoffeln mit Brandmasse/Dauphinemasse

Aus 100 g Wasser, 15 g Butter, etwa Salz, 50 g Mehl, 1 Ei eine Brandmasse herstellen (Arbeitsanweisung s. Küchenkonditorei). Brandmasse mit 500 g heißen, passierten Kartoffeln und einer Prise geriebener Muskatnuß vermischen (ca. 15 Port.). Probe backen!

Kartoffelkrapfen	*Pommes dauphine* **Dauphine potatoes**	Kartoffelmasse mit Eßlöffel zu Klößchen formen. Auf geölte Papiere absetzen. Papier mit Klößchen in Fettbad mit 160 bis 170 °C tauchen. Papier entfernen und ca. 1,5 Min. backen.
Lorettekartoffeln	*Pommes Lorette* **Lorette potatoes**	Unter Kartoffelmasse 60 g geriebenen Parmesan mengen. In Beutel mit glatter Tülle (Ø 1 cm) füllen. Lange zylinderförmige Streifen auf gemehlte Unterlage spritzen; 5-cm-Stücke schräg abschneiden, zu Halbbogen formen und auf geölte Papiere legen. Backen wie oben.

Kartoffelkrapfen

Lorettekartoffeln

4 Vorgefertigte Produkte

Die Industrie stellt aus Kartoffeln eine Reihe vorgefertigter Produkte her. Für die Gastronomie stehen Fertigpüree und gefrostete Pommes frites im Vordergrund.

Püreegranulat ist unempfindlicher, die Flüssigkeit kann heißer sein, und es kann wie bei Püree eigener Herstellung gerührt werden. Bei vorgefertigten Produkten immer die Hinweise des Herstellers beachten.

4.1 Fertigpüree/Krokettenpulver

Die Kartoffeln werden gegart, püriert und getrocknet. Nach Art des Trocknens unterscheidet man Püreeflocken und Püreegranulat (Körnchen).

Püreeflocken sind empfindlich gegen starkes Rühren, weil dadurch Kartoffelzellen zerstört werden und durch die dann freiliegende Stärke das Püree zäh wird.

Bei der Verarbeitung von Püreeflocken werden diese in die gewürzte und erhitzte – aber nicht kochende – Flüssigkeit kurz eingerührt. Während der vorgeschriebenen Quellzeit darf nicht gerührt werden. Anschließend wird kurz aufgelockert.

4.2 Pommes frites

Vorgebackene Pommes frites werden überwiegend tiefgekühlt angeboten. Man bäckt sie unaufgetaut bei etwa 170 °C, bis sie entsprechende Bräunung haben.

Bei aufgetauten Pommes frites ist die Oberfläche mit Kondenswasser beschlagen. Das führt zum Schäumen des Fettes und zu einem rascheren Verderb.

Bei gefrosteten Pommes frites darf nicht zuviel auf einmal in den Korb gegeben werden, weil sonst die Fett-Temperatur zu stark absinkt.

Klöße

In gewerblichen Küchen werden Klöße manchmal im voraus bereitet, abgekühlt und bereitgehalten. Vor dem Ausgeben legt man sie erneut in siedendes Salzwasser ein und beläßt sie darin, bis die Wärme zur Mitte durchgedrungen ist.

Beim Anrichten bestreicht man sie mit Butter oder übergießt mit Bröselbutter.

Nocken bestreut man mit Käse und träufelt Butter darüber.

Quenelles de pommes de terre

Kartoffelklöße **Potatoe dumplings**

Zuber… …ln

Bed…

3 l … …östete
0,5 l … …melwürfelchen
120 g … …uskat
250 g …

Kartof… …sser reiben. In ein Tu… …nd fest ausdrücke… …t hat, Wasser abgieße… …eln mischen.

Milch, e… …. Grieß einlaufen la… …Kloß gebildet hat. … …ausgepreßten Karto… …zen. Klöße in gewün… …mmelwürfelchen in…

Klöße in k… …Das Geschirr muß … …der Platz haben. Der… …bringen und bei wer… …den.

Zubereitun…

Bedarf für 2,5…

2 kg gekoch…
125 g Mehl
125 g Grieß

Die Kartoffeln … …Zutaten vermischen und d… …men.

Kochen wie vors… …ieben.

Zubereitung von rohen und gekochten Kartoffeln

Thüringer Klöße

Bedarf für 3,5 kg Masse

2 kg rohe Kartoffeln	100 g gebratene, magere Speckwürfel
1 kg gekochte Kartoffeln	100 g angeschwitzte Zwiebelwürfel
2 Eier	100 g geröstete Weißbrotwürfel
0,5 l Milch	
Salz, Muskat, Petersilie	

Die rohen Kartoffeln bearbeiten wie für rohe Kartoffelklöße. Dann die frisch gekochten, passierten Kartoffeln untermengen, ebenso alle anderen Zutaten. Das Ganze durcharbeiten, zu Klößen formen und kochen wie schon beschrieben.

Gnocchi de pommes de terre

Kartoffelnocken **Potatoe dumplings**

Das Wort Nocken ist eine im italienischen Sprachraum gebräuchliche Bezeichnung für Klöße. Während Klöße meist Kugelform haben, gibt man Nocken kleinere und andere Formen.

Bedarf für 2,5 kg Masse

2 kg frisch gekochte Salzkartoffeln	80 g Butter
400 g Mehl	Salz, Muskat
3 Eier	

Die frischgekochten Salzkartoffeln passieren; in die heißen Kartoffeln Eier, Eigelb, Butter und Mehl einrühren; schnell aufarbeiten.

Tischplatte mit Kartoffelmehl bestäuben, darauf die heiße Masse zu Walzen formen, diese in Scheiben schneiden und mit den Zinken einer Tischgabel markieren. Sofort in bereitstehendes kochendes Salzwasser einlegen, aufkochen lassen und mit einem Schaumlöffel zum Abkühlen in kaltes Wasser umsetzen. Auf einem Blech mit Tuch zum Wiedererwärmen auf Abruf bereithalten.

Kartoffelnudeln

Bedarf für 10 Portionen:

1 kg Kartoffeln (mehlig kochend)	Salz, Muskat
300 g Mehl	60 g Butter
2 Eigelb	150 g Semmelbrösel

Kartoffeln kochen, schälen, heiß durch die Kartoffelpresse drücken und etwas abkühlen lassen. Die Kartoffelmasse mit Mehl, Salz und Eigelb rasch zu einem Teig kneten und diesen sofort aufarbeiten, da er sonst weich wird. Den Teig mit Hilfe von Mehl zu einer Rolle formen, in kleine Stücke schneiden und diese zu fingerlangen Nudeln formen. Dabei die Hand, die Nudeln und die Arbeitsplatte immer wieder mit etwas Mehl bestäuben.

Die Fingernudeln ins siedende Salzwasser legen, etwa 5 Min. ziehen lassen, herausnehmen und abtropfen lassen. Die Nudeln nun in geklärter, heißer Butter leicht abrösten, mit Brösel bestreuen, nochmals leicht rösten und servieren.

Weitere Beilagen

Quenelles de pain blanc

Semmelknödel — Bread-dumplings

Bedarf für 2,5 kg:

900 g altbackene Semmeln oder Weißbrot	150 g Mehl
100 g Butter	250 g Zwiebelwürfel, angeschwitzt
0,8–0,9 l Milch	Petersilie
7 Eier	Salz, Muskat

Semmeln oder Weißbrot in kleine Würfel schneiden. Davon 200 g in Butter hellbraun rösten und wieder den anderen Würfeln beigeben. In einer Schüssel mit der erwärmten Milch übergießen und 30 Min. zum Weichen beiseitestellen. Danach die zerklopften Eier und alle anderen Zutaten untermischen, würzen und alles noch 30 bis 45 Min. ruhen lassen.

Nun aus der Masse Knödel in gewünschter Größe abdrehen, in sprudelnd kochendes Salzwasser einlegen und garen wie die rohen Kartoffelklöße.

Quenelles à la levure

Hefeklöße — Yeastdough-dumplings

Bedarf für 1,8 kg:

1 kg Mehl	2 Eier
75 g Hefe	2 Eigelb
0,4–0,5 l Milch	10 g Salz
1 Tl Zucker	125 g Butter

Milch anwärmen, Butter zerlaufen lassen, die anderen Zutaten temperieren.

Mehl in eine Schüssel sieben. In der Mitte eine Grube bilden, Hefe hineinbröckeln, einen Teil der Milch und den Zucker zugeben und mit dem nächstliegenden Mehl einen leichten Vorteig rühren. Schüssel zugedeckt an einen warmen Ort stellen, damit der Vorteig genügend aufgehen (gären) kann. Danach die übrigen Zutaten beifügen, alles zu einem glatten Teig verarbeiten und ihn zugedeckt nochmals aufgehen lassen.

Auf bemehlter Arbeitsfläche aus dem Teig Walzen formen, diese in gleich schwere Stücke von 50 g teilen. Mit bemehlten Händen runde Klöße formen, auf bemehltes Brett ablegen und zugedeckt warmstellen. Klöße in kochendes Salzwasser einlegen und zugedeckt etwa 25 bis 30 Min. sieden.

Nach halber Garzeit Klöße umdrehen. Garzustand mit einem Hölzchen probieren: haftet kein Teig mehr daran, sind die Klöße gar. Klöße aus dem Wasser heben, dabei abtropfen lassen, anrichten, mit Butter bestreichen oder Bröselbutter darübergeben und sofort servieren.

Serviettenknödel

Aus beiden vorgenannten Zubereitungen lassen sich Serviettenknödel herstellen.

Beim Rezept „Semmelknödel" werden die Eier getrennt und das Eiweiß als steif geschlagener Schnee kurz vor dem Garen untergehoben.

Beim Rezept „Hefeklöße" arbeitet man unter den Teig 5 in Würfel geschnittene, in wenig Milch vorgeweichte Semmeln und 150 g Röstbrotwürfel.

Die weitere Verarbeitung ist bei beiden Teigen gleich:

- Statt Knödel formt man eine Walze oder einen Laib und legt ihn auf ein bemehltes Passiertuch,
- das Tuch schlägt man locker um die Form, da der Teig während des Garprozesses noch aufgehen soll, und bindet mit einem Bindfaden beide Enden zu,
- den Serviettenknödel läßt man nun in einem entsprechend großen (länglich-ovalen) Gefäß in Salzwasser garziehen, wickelt ihn aus und schneidet ihn mit Hilfe eines Bindfadens in Scheiben.

Gnocchi romaine

Grießnocken — Semolina dumplings

Bedarf für 10 Portionen:

0,5 l Milch	20 g Butter
100 g Grieß	1 Ei
Salz, Muskat	

Grieß in kochender Milch zu einem dicken Brei aufquellen und mit der Butter, den Gewürzen und dem aufgeschlagenen Ei vermischen. Blech mit Backpapier auslegen, die Grießmasse darauf aufstreichen (ca. 1,5 cm dick), auskühlen lassen und mit Parmesan bestreuen. Grießnocken halbmondförmig ausstechen und überbacken.

Gnocchi parisienne

Pariser Nocken — Paris dumplings

Bedarf für 10 Portionen:

0,2 l Wasser oder Milch	3 Eier
30 g Butter	Salz
100 g Mehl	

Eine Brandmasse herstellen und mit dem Spritzbeutel und Lochtülle (Nr. 6 bis 8) haselnußgroße Nocken in siedendes Salzwasser formen und langsam garen.

Anrichteweise für Warme Vorspeise: Auf Gratinplatte geben, mit Béchamelsauce überziehen, mit Parmesan bestreuen und obenauf Butterflocken geben. Im heißen Ofen aufgehen lassen und leicht überkrusten.

Polenta

Polenta — Polenta

Bedarf für 10 Portionen:

50 g Butter	0,6 l Milch
100 g Zwiebelwürfel	Salz, weißen Pfeffer
1 Knoblauchzehe	250 g groben Maisgrieß
0,6 l Wasser	100 g Parmesan

Zwiebel und Knoblauch in Butter glasig anschwitzen, mit Wasser und Milch aufgießen, aufkochen lassen und würzen. Maisgrieß einlaufen lassen, zum Kochen bringen und ca. 5 Min. unter ständigem Umrühren kochen lassen. Auf kleiner Stufe etwa 60 Min. zugedeckt ziehen lassen, dabei nicht umrühren.

Parmesan unterziehen und separat servieren.

Wird als Sättigungsbeilage gereicht.

Teigwaren – Reis

1 Teigwaren

Teigwaren sind neben Kartoffeln und Reis eine wichtige Sättigungsbeilage, aber auch Hauptbestandteil vieler beliebter Gerichte.

Sie werden in der neuzeitlichen Küche vermehrt selbst hergestellt. Für die Eigenproduktion verwendet man neben Weizenmehlen auch fein gemahlene Vollkornmehle aus Roggen, Dinkel (mit Grünkern) oder Buchweizen. Industriell hergestellte Teigwaren werden meist aus Hartweizengrieß gefertigt.

Die Herstellung von Teigwaren erfolgt in der Regel in drei Schritten:

Teigbereitung > Formgebung > Garen und Servieren / Trocknen für Vorrat

1.1 Teigbereitung

Nudelteig — *Pâte des nouilles* — **Noodle-dough**

Bedarf:

250 g Mehl	2 El Wasser
100 g Eier (2 Stck.)	Salz

Mehl auf die Arbeitsfläche sieben, in die Mitte eine Mulde bilden und die aufgeschlagenen Eier zugeben. Alles zusammen zu einem glatten Teig kneten. Den Teig in 4 bis 6 Stücke teilen und gegen Austrocknen zugedeckt etwa 30 Min. ruhen lassen. Dadurch entspannt sich der Kleber im Mehl und der feste Teig läßt sich später leichter ausrollen.

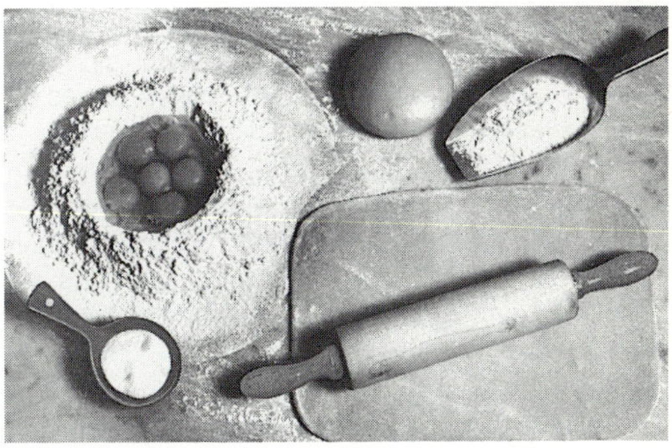

1.2 Formgebung

Bei manueller Weiterverarbeitung des Teiges wird dieser mit einem Rollholz zu der gewünschten Dünne ausgerollt und unter öfterem Wenden übertrocknen lassen. Danach wird der Teig entsprechend schmal oder breiter geschnitten.

Steht für die Nudelherstellung eine Maschine zur Verfügung, so übernimmt diese sowohl das Ausrollen als auch das Schneiden der Nudeln. Mit manchen Geräten kann man bis zu 6 verschiedene Nudelformen herstellen.

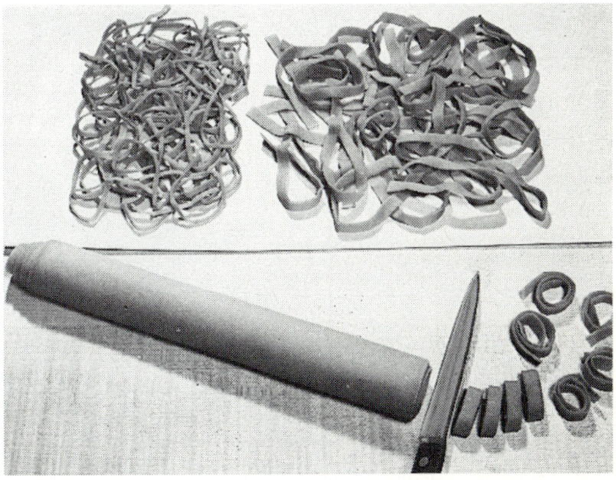

Abwandlungen

Nudeln bekommen Farbe und eine zusätzliche Geschmacksnote durch:

Tomatenpüree, Rote-Bete-Saft, Karottensaft, reduzierten Rotwein;

Spinat- oder Mangoldpüree, feingehackte Küchenkräuter;

Vollkornmehle, Buchweizenmehl, Steinpilzpulver.

1.3 Trocknung

Nudeln können sofort nach dem Schneiden gegart werden. Um sie jedoch lagerfähig zu machen, ist eine gründliche Trocknung unerläßlich. Erst wenn sie völlig trocken sind, werden sie staubfrei verpackt und bis zur Verwendung aufbewahrt.

1.4 Garen

Teigwaren werden in viel sprudelndem Salzwasser gekocht. Die Kochbewegungen des Wassers und gelegentliches Umrühren verhindern ein Zusammenkleben bzw. ein Ankleben der Teigwaren am Topfboden. Das schnelle Erhitzen läßt die Randschichten rasch verkleistern, wodurch sich die Schaum- und Schleimbildung verringert. Etwas Öl im Kochwasser verhindert ein Zusammenkleben.

Teigwaren sind gar, wenn sie beim Probieren noch einen leichten Biß haben, also „al dente" sind. Sie werden dann sofort abgeschüttet und meist auch noch in kaltem Wasser abgekühlt oder, falls sie gleich heiß weiterverwendet werden, mit frischem heißem Wasser überspült.

Die Garzeit liegt zwischen 2 und 14 Min. und wird wesentlich von der Dicke der Teigwaren beeinflußt. Am kürzesten ist sie bei frisch hergestellten Produkten.

Portionsmengen:

- ▷ Vorgerichte 30 g
- ▷ Beilagen 60 g
- ▷ Gericht 100 g

1.5 Vorrätighalten Wiedererwärmen

Teigwaren werden auf Vorrat gekocht und bei Bedarf wiedererwärmt.

Die abgeschütteten Teigwaren sind mit kaltem Wasser zu überbrausen und abgekühlt flach unter einer Folie aufzubewahren, die vor dem Betrocknen schützt. Bei Bedarf erhitzt man die Teigwaren in kochendem Salzwasser, läßt sie im Durchschlag gut abtropfen und schüttet sie in ein bereitgehaltenes Gefäß. Mit einer Gabel werden frische Butterflocken untergezogen. Dabei legt sich die Butter um die Teigwaren und verleiht ihnen einen feinen Schmelz.

Spetzli

Spätzle **Swabian spetzle**

Bedarf für 5 Portionen:

500 g Mehl	etwa 0,1 l Milch oder Wasser
6 Eier	10 g Salz

Das gesiebte Mehl wird mit den restlichen Zutaten zu einem sehr glatten Teig geschlagen, bis er Blasen bildet.

Die Spätzle werden geformt durch Schaben, Hobeln oder Pressen in kochendes Salzwasser.

Beim Schaben der Spätzle wird der Teig in kleinen Mengen auf das angefeuchtete Spätzlebrett gegeben und mittels einer Palette glattgestrichen. Das Brettchen wird nun mitsamt dem aufgestrichenen Teig nochmals kurz in das Kochwasser getaucht. Dann schabt man mit einer Palette dünne Teigstreifen vom Brett direkt in das kochende Salzwasser.

Nach einmaligem Aufkochen schöpft man die Spätzle mit einem Schaumlöffel ab und gibt sie sofort in kaltes Wasser. Im Durchschlag läßt man sie gut abtropfen und legt sie auf ein mit Tuch bedecktes Blech.

Zum Wiedererwärmen werden Spätzle in einer Pfanne mit aufgelöster Butter geschwenkt.

Käsespätzle

Mit dem Hobel hergestellte Spätzle werden heiß direkt aus dem Kochwasser mit dem Schaumlöffel in eine Schüssel gegeben und lagenweise mit Reibkäse (Allgäuer Bergkäse) bestreut. Obenauf kommen in zerlassener Butter gebräunte Zwiebelwürfel.

2 Reis

Der zunächst neutral schmeckende Reis hat eine hohe Quellfähigkeit und eignet sich hauptsächlich als Beilage, wird aber auch zu Vorgerichten, Suppeneinlagen, manchmal als Hauptgericht oder für die Herstellung von kalten und warmen Süßspeisen verwendet.

Portionsmengen:

- ▷ Vorgericht 20 bis 30 g
- ▷ Beilage 40 bis 50 g
- ▷ Gericht 60 bis 70 g
- ▷ Suppeneinlage 5 bis 10 g

Riz blanc

Gekochter Reis — Boiled rice

Bedarf:

10 l Wasser	1 kg Reis
100 g Salz	

Garzeit ca. 18 Min.

Oftmals wird der Reis vor dem Kochvorgang mit kaltem Wasser abgewaschen, damit feine Stärkereste den Reis und das Kochwasser nicht verkleben.

Gekochter Reis wird in reichlicher Menge Salzwasser gegart, wodurch man eine besondere Lockerheit erreicht. Sofort nach der Kochzeit den Reis in ein Sieb geben und unter fließendem kalten Wasser abkühlen, gut abtropfen lassen und bis zum Bedarf kühlstellen.

Zur Weiterverwendung wird er auf ein gefettetes, flaches Geschirr gegeben, gewürzt, mit Butterflocken belegt und unter mehrmaligem Wenden im Ofen bei mäßiger Hitze erwärmt.

Der Reis kann auch portionsweise in der Pfanne in Butter geschwenkt oder im Mikrowellengerät regeneriert werden.

Möchte man ihn in einem Combidämpfer wiedererwärmen, verwendet man dazu einen durchlöcherten Gastronorm-Behälter, damit der Dampf schnell zwischen die kalten Reiskörner gelangen kann.

Riz pilaf

Pilawreis — Pilafrice

Bedarf:

1 kg Reis	Salz
150 g Butter	2 l helle Fleischbrühe
250 g Zwiebelbrunoise	

Garzeit: 18 Min.

Den Reis waschen und gut abtropfen lassen. Zwiebelbrunoise in Butter farblos anschwitzen, den Reis dazugeben und solange umrühren, bis er glasig wird. Danach mit heißer Fleischbrühe auffüllen, salzen nach Geschmack und zugedeckt im heißen Ofen garen. Sodann lockert man den Reis durch Umrühren mit einer Fleischgabel auf und mischt gleichzeitig einige Butterflöckchen darunter.

Risotto

Risotto — Risotto

Bedarf:

1 kg Reis	250 g Zwiebelbrunoise
100 g Butter	2,5 l helle Fleischbrühe
50 g Olivenöl	150 g geriebener Parmesan

Garzeit: 18 bis 20 Min.

Zwiebelbrunoise in Öl und 50 g Butter farblos anschwitzen, Reis (vorzugsweise italienischen Rundkornreis) zugeben und glasig werden lassen. Nun wird unter Rühren heiße Fleischbrühe teilweise zugegossen, das Geschirr zugedeckt. Dieser Vorgang wird solange wiederholt, bis der Reis gar ist. Danach gibt man die restliche Butter und den Parmesan unter den Reis.

Das fertige Risotto soll eine leicht breiige Konsistenz haben bzw. in sich etwas gebunden sein.

Alle Reiszubereitungen können ergänzt und geschmacklich variiert werden durch Zugabe von:

Curry, Paprika, Safran, Kräutern, Pilzen, Tomatenfleischwürfeln, Erbsen, Hühnerfleisch, Lammfleischwürfeln, Schinken, Krabben, Fischfiletstücken, Tintenfisch usw.

Wildreis

Eine besondere Art ist der kanadische Wildreis mit seinem delikat-nußartigem Geschmack. Man wäscht den Wildreis kurz und gibt ihn in die dreifache Menge kochendes Wasser, kocht ihn nur 3 bis 5 Min., entfernt den Topf vom Herd und läßt ihn zugedeckt eine Stunde quellen. Dieser nach dem „Schnell-Quell-Verfahren" vorbereitete Wildreis wird nun in Salzwasser ca. 30 Min. gekocht. Das Restwasser wird abgegossen.

Manchmal gibt man dem Wildreis nach zehnminütiger Garzeit die gleiche Menge Langkornreis zu und gart beide Reissorten zusammen. Bei dieser Methode entsteht eine schöne, schwarzweiße Reisbeilage.

Eierspeisen

Wegen des neutralen Geschmacks des Rohstoffes Ei, der vielfältigen Zubereitungsmöglichkeiten und der leichten Verdaulichkeit erscheinen Eierzubereitungen im Rahmen des Speisenangebots in abwechslungsreicher Weise.

Frühstücksgerichte warm	Gekochte Eier im Glas oder in der Schale Pochierte Eier auf Toast Spiegeleier naturell oder mit Speck Rühreier naturell oder mit Schinken
Vorspeisen kalt	Halbierte, gefüllte Eier auf Frühlingssalat Eiersalat mit Kräutern in halben Tomaten Pochierte Eier mit Räucherlachs, Kresse und Sahnemeerrettich Eierscheiben und Krabben in Estragongelee, Tiroler Sauce
Zwischengerichte warm	Eier in Näpfchen mit Sahne Fritierte Eier mit Speck auf Toast, Tomatensauce Pochierte Eier mit Mornaysauce überbacken Spiegeleier mit Hühnerleber und Pilzen
Eigenständige Gerichte warm	Wachsweiche Eier in Currysauce, Butterreis, Tomatensalat Omelett mit Kalbsbriesragout, Zuckerschoten, Salzkartoffeln Spiegeleier auf Rahmspinat, Fondantkartoffeln, Karottensalat Käseomelett mit buntem Salatteller Speckpfannkuchen mit Kräuterjus, Kopfsalatherz Kaiserschmarrn mit gemischtem Kompott

Bei der Bereitung von Eierspeisen ist die Frische der Eier Grundvoraussetzung, denn nur frische Eier haben den vollen Geschmackswert und den für bestimmte Zubereitungen erforderlichen Zusammenhalt von Eiweiß und Eigelb. Man verwendet darum für alle Eierspeisen die Güteklasse A.

1 Zubereitungsarten

1.1 Gekochte Eier

Zum Kochen verwendet man Eier ohne Sprünge.

Bei schadhafter Schale würde während des Kochens das Eiweiß austreten. Darum prüft man Eier, indem man je zwei leicht gegeneinanderklopft. Eier, die direkt aus dem Kühlschrank kommen, legt man vor dem Kochen in warmes Wasser. Der damit erreichte Temperaturausgleich verhindert das Reißen der Schale. Werden größere Mengen Eier gekocht, legt man sie in einen Drahtkorb und gibt diesen in das kochende Wasser. Die Eier müssen vom Wasser bedeckt sein.

Die Kochzeit wird vom Wiederaufwallen des Wassers an gerechnet.

Am Ende der Garzeit werden die Eier in kaltem Wasser abgeschreckt. Dabei trennt sich das Ei von der Schalenhaut und die Kalkschale läßt sich leichter entfernen.

Die Schale läßt sich noch leichter entfernen, wenn man das hartgekochte Ei in einer Schüssel mit kaltem Wasser schält.

Bei harten Eiern, die zu lange gekocht, nicht abgeschreckt wurden oder lange Zeit heiß standen, bildet sich um den Dotter eine blau-grüne Schicht, weil durch Hitzeeinwirkung Schwefelwasserstoff frei wird und sich mit den Mineralstoffen verbindet.

Kocht man Eier auf Vorrat, bewahrt man sie am besten in der Schale auf. Müssen sie auf Vorrat geschält sein, legt man die Eier in kaltes Wasser, damit sie sich nicht verformen.

Œufs en verre

Weiche Eier im Glas **Soft boiled eggs**

Kochdauer: 4 Min.

Nach Abschrecken in kaltem Wasser schält man die gekochten Eier behutsam, legt sie in Gläser und serviert sie warm.

Œufs à la coque

Weiche Eier in der Schale **Softboiled eggs**

Kochdauer: 2 bis 5 Min. nach Wunsch

Die gekochten Eier werden in kaltem Wasser abgeschreckt und warm in Eierbechern serviert.

1.2 Pochierte Eier

Œufs pochés

Poached eggs

Pochierte Eier werden ohne Schale in ungesalzenem Essigwasser gegart. Der Dotter soll am Ende der Garzeit weich sein.

Die Eier müssen unbedingt frisch sein, damit sich das Eiweiß im Wasser nicht zu einer formlosen Masse verteilt. Das Wasser darf nur am Siedepunkt sein und nicht wallen, weil sonst durch die Bewegung des Wassers das Eiweiß auseinandergezogen würde. Der Essiggehalt des Wassers begünstigt das Gerinnen, ohne den Geschmack zu beeinflussen.

Arbeitsablauf

- Wasser in geräumigem Topf zum Sieden bringen, je Liter ein El Essig beigeben,
- Eier in Schälchen aufschlagen und in rascher Folge in das siedende Wasser gleiten lassen,
- 4 Min. ziehen lassen,
- mit Schaumkelle entnehmen und in kaltem Wasser abschrecken,
- abstehende Eiweißenden abschneiden,
- in gesalzenem warmen Wasser (50 °C) bis zum Servieren bereithalten,
- vor dem Anrichten auf Tuch abtropfen lassen.

Die pochierten Eier werden auf gebutterten Toastscheiben oder in gefüllten Törtchen mit einer entsprechenden Sauce angerichtet. Die Füllung der Törtchen kann aus Fleischragout oder feinen gebundenen Gemüsen oder Pilzen bestehen. Pochierte Eier können aber auch mit Gemüsen angerichtet und mit Mornaysauce überbacken werden.

1.3 Spiegeleier

Œufs sur le plat
Fried eggs

Spiegeleier werden in stabilen Stielpfannen oder in feuerfesten Spezial-Eierplatten zubereitet. Am Ende der Garzeit soll das Eiweiß gestockt, die Dotter sollen aber weich und glänzend sein. Beim Würzen ist das Eigelb nicht zu salzen, es bilden sich sonst weiße Punkte darauf.

Arbeitsablauf

- Butter in dem gewählten Geschirr erhitzen,
- Eier in eine flache Schale schlagen,
- bei mäßiger Temperatur garen, damit das Eiweiß ohne scharfe Bratränder vollkommen gerinnen kann,
- Eiweißfläche würzen, denn Salzkörnchen auf dem Eigelb bilden helle Flecken,
- bei Zubereitung in der Pfanne Eier unter Zuhilfenahme einer Winkelpalette auf einer vorgewärmten Platte anrichten,
- Zubereitungen in Spezialplatten so rechtzeitig vom Herd nehmen, daß das Eigelb trotz der nachwirkenden Wärme weich bleibt.

Abwandlungen:
Spiegeleier mit gebratenem Speck oder gebratenem Schinken, mit Rostbratwürstchen, Geflügellebern, Scheiben von Nieren, Spargel oder Pilzen. Sie werden manchmal mit passenden Saucen umkränzt.

1.4 Rühreier

Œufs brouillés
Scrambled eggs

Rühreier werden in einer Stielpfanne zubereitet. Tadellose Ergebnisse erfordern eine vollkommene Vermischung von Eiweiß und Eigelb, eine langsame Gerinnung der Eimasse bei andauerndem Rühren sowie die Einhaltung der richtigen Gardauer. Rühreier sollen von kleinflockiger, kremig-lockerer Beschaffenheit sein.

Müssen Rühreier im voraus bereitet werden, so schlägt man je Ei einen Eßlöffel Milch oder Sahne in die Eimasse. Die zarte Konsistenz der Rühreier bleibt dadurch besser erhalten. Verwendet man pasteurisiertes Vollei, besteht auch dann keine Salmonellengefahr, wenn Rühreier vorrätig gehalten werden.

Arbeitsablauf

- Eier in eine Schüssel schlagen,
- würzen und mit Schneebesen tüchtig verrühren,
- Butter in einer Pfanne erwärmen,
- Eimasse eingießen und mäßige Hitze wirken lassen,
- warten, bis Eimasse zu stocken beginnt,
- gerinnende Eimasse mit einem Holzlöffel fortlaufend von der Bodenfläche abrühren,
- kleinflockige, kremige Rühreier sofort auf eine vorgewärmte Platte leeren.

Abwandlungen:

Zubereiten mit Schnittlauch, gemischten Kräutern, geröstetem Speck oder Schinken, angebratenen Pilzen, Brotkrüstchen oder geriebenem Käse;

Anrichten in Tarteletts, Schiffchen, Artischockenböden, Auberginen, Tomaten oder auf Toast;

Garnieren mit Spargel, Geflügellebern, Nieren, Rostbratwürstchen oder Krebsschwänzen.

1.5 Omeletts

Omelettes
Omelette

Zur Zubereitung von Omeletts benutzt man eine Omelettpfanne. Der Übergang vom Boden zu dem etwas steileren und höheren Rand ist bei dieser speziellen Pfanne gerundet. Um jederzeit ein einwandfreies Omelett herstellen zu können, darf sie nur für diesen Zweck verwendet werden. Selbst kleinste angebackene Reste anderer Zubereitungen würden die Eier anhängen lassen, das Omelett wäre nicht zu formen.

Ein fachgerecht zubereitetes Omelett soll eine schöne Form haben, es soll außen zart und glatt und innen von weicher Konsistenz sein.

Arbeitsablauf

- Eier in eine Schüssel schlagen, würzen und mit einem Schneebesen vollkommen vermischen oder pasteurisiertes Vollei verwenden,
- Butter in einer Omelettpfanne erhitzen, ohne zu bräunen,
- Eimasse hineingießen, bei starker Hitze mit dem Rücken einer Gabel rühren und die Pfanne bewegen,

- die gleichmäßig gerinnende, kremige Masse durch Schräghalten in den vorderen Pfannenteil gleiten lassen,
- mit den Gabelzinken die verbliebene dünne Bodenschicht vom Pfannenstiel aus bis zur Mitte hin umklappen,
- Pfanne anheben, mit der Faust auf den Pfannenstiel schlagen, wodurch das Omelett vollends in den vorderen Pfannenteil gerät, sich rollt und schließt,
- aus dieser Lage das Omelett auf eine erwärmte, gefettete Platte kippen,
- mit einem aufgespießten Butterstückchen das Omelett behutsam bestreichen, damit es appetitlich glänzt.

Abwandlungen:

Omeletts kann man mit verschiedenen Beigaben servieren. Besonders geeignet sind gedünstete Pilze, Tomaten, Spargel, Speck oder Schinken, feines Geflügelragout, Geflügellebern, Nieren, Kalbsbries, geröstete Brot- oder Kartoffelwürfelchen oder Käse.

Die Beigabe erfolgt auf verschiedene Arten:

▷ Zutaten anschwitzen und mit der rohen Eimasse übergießen und garen,

▷ Zutaten wie zum Beispiel Reibkäse unter die rohe Eimasse geben,

▷ als Füllung in die Mitte des Omeletts vor dem Falten,

▷ in das angerichtete, längs eingeschnittene Omelett einfüllen,

▷ neben dem fertigen Omelett anrichten.

1.6 Fritierte Eier

Œufs pochés
Poached eggs

Fritierte Eier werden einzeln ohne Schale in heißem Öl gebacken. Am Ende der Garzeit soll der Dotter weich und von goldbraun gebackenem Eiweiß umgeben sein.

Beim Fritieren wirft das rasch stockende Eiweiß große Blasen. Diese werden mit der tiefen Laffe eines Holzlöffels fortlaufend an den Dotter gedrückt, ohne ihn zu beschädigen. Weil man die Eier einzeln fritieren muß, ist die Zubereitung zeitaufwendig.

Arbeitsablauf

- In einer kleineren, tiefen Stielpfanne etwa 0,25 l Öl auf 180 °C erhitzen,
- Eier einzeln in Schälchen aufschlagen, Pfanne leicht neigen, damit das Öl an eine Seite läuft, ein Ei in die geneigte Pfanne gleiten lassen, mit einem Holzlöffel die Eiweißblasen immer wieder rasch an den Dotter drücken;
- Ei zum gleichmäßigen Bräunen behutsam wenden, nach einer Minute Backdauer mit Schaumlöffel entnehmen;
- auf saugfähiger Unterlage bei 50 °C warmhalten.

Nachdem alle Eier fritiert sind, werden sie gewürzt und vorwiegend auf Toast angerichtet.

Beigaben

Gegrillte Speck- und Schinkenscheiben, gebratene Nieren oder Würstchen, gebratene Tomaten, fritierte Auberginen oder Zucchini, sautierte Pilze, gedünsteter Blattspinat, fritierte Petersilie, Brunnenkresse. Curry-, Tomaten-, Tatarensauce.

1.7 Eier in Näpfchen

Œufs en cocottes
Eggs in molds

Eier in Näpfchen gart man in feuerfesten Porzellanförmchen (Cocotten) im Wasserbad. Das Ei soll am Ende der Garzeit einen weichen Dotter aufweisen.

Arbeitsablauf

- Förmchen mit Butter ausstreichen und Sahne eingießen,
- aufgeschlagenes Ei daraufgeben,
- mit Butterstückchen belegen, damit sich keine Haut bildet,
- im Wasserbad bis zum Stocken garen.

Eier in Näpfchen werden in der Form serviert.

Anstelle von Sahne gibt man z. B. Geflügelragout, Ragout von Kalbsbries oder Krustentieren, gedünstete Gemüse, Pilz- oder Zwiebelpüree oder Schinken- und Käsewürfelchen in die Förmchen und ergänzt nach dem Garen mit einer dazu passenden Sauce.

1.8 Pfannkuchen – Eierkuchen

Pannequets
Pancakes

Bedarf für 10 Stück, Ø ca. 22 cm:

250 g	Mehl	1 Messerspitze Salz
0,75 l	Milch	80 g Butter
10	Eier	

Milch und Mehl gut verrühren, die Eier dazugeben und alles zu einer glatten Masse schlagen. Um die Pfannkuchen lockerer zu machen, kann man die Eier trennen und das Eiweiß als Schnee unter die angerührte Masse heben.

Die Eierkuchen werden in einer Pfanne mit heißer Butter gebacken. Man läßt sie auf dem Herd Farbe nehmen, dreht sie um und bäckt sie im Ofen fertig.

Die Pfannkuchen sollen goldgelb und leicht aufgebläht sein und schnellstens dem Gast vorgesetzt werden.

Pfannkuchen können u. a. mit eingebackenem Speck und grünem Salat oder mit eingebackenen Apfelscheiben und Zucker serviert werden.

Für Célèstine (Flädle) werden kleine, dünne Pfannkuchen in feine Streifen geschnitten und als Suppeneinlage verwendet.

Man kann die Pfannkuchen auch mit Wurstfarce (Brät) bestreichen, aufrollen, in Dampf garen und erhält so die sogenannten Brätstrudel, die ebenfalls als Suppeneinlage oder als kleines, warmes Zwischengericht Verwendung finden.

Die Herstellung von Crêpes wird im Kapitel „Süßspeisen“ behandelt.

Brühen

Grundlage für Suppen und Saucen sind fachgerecht hergestellte und behandelte Brühen (Fonds) mit reinem Geschmack.

Suppen und Saucen sind Zubereitungen mit sehr ähnlichen Eigenschaften, wobei die hellen und braunen Grundbrühen bzw. Fonds ein wichtiges Ausgangsprodukt darstellen. Suppen und Saucen werden bei der Herstellung also nicht mit Wasser, sondern mit Brühen aufgefüllt, die bereits Geschmacksstoffe bzw. Farbstoffe enthalten.

1 Übersicht

Grundbrühen

Helle Grundbrühen

Für die hellen Brühen werden die Zutaten in Wasser gekocht und ausgelaugt. Hauptrohstoffe sind jeweils artbestimmende Materialien wie z. B. Knochen vom Rind und Kalb, Karkassen von Geflügel, Gräten von Fischen sowie die Panzer der Krustentiere.

Außerdem verwendet man die Abgänge (Parüren) von Schlacht- und Geflügelfleisch oder von Fischen.

Geschmacksgebende Zutaten sind Gemüse, Kräuter, Gewürze in unterschiedlicher Zusammensetzung.

Fleisch- und Knochenbrühe	Bouillon
Kalbsbrühe	Fond blanc (de veau)
Geflügelbrühe	Fond (blanc) de volaille
Gemüsebrühe	Fond de légumes
Fischbrühe	Fumet de poisson
Helle Nachbrühe	Remouillage

Braune Grundbrühen

Im Gegensatz zu den hellen Brühen werden bei der Herstellung der braunen Brühen die Rohstoffe kleingeschnitten bzw. kleingehackt und vor dem Auffüllen mit Wasser angebraten. Dabei entstehen Geschmack und Farbe. Als Rohmaterialien verwendet man die jeweils artspezifischen Knochen und Fleischparüren von Schlachttieren und Geflügel sowie von Haar- und Federwild, außerdem grobwürfelig geschnittenes Röstgemüse (Mirepoix) aus Sellerie, Karotten, Zwiebeln und Lauch.

Braune Kalbsbrühe	Fond de veau brun
Braune Wildbrühe	Fond de gibier
Große braune Brühe	Grandjus

Im Gegensatz zur deutschen Sprache bezeichnet die französische die Brühen wechselnd:

Fleisch- und Knochenbrühe → Bouillon
Geflügel- und Wildbrühe → Fond
Fischbrühe → Fumet[1]

[1] Larousse Gastronomique 1984

2 Vorbereitungen

Würzende Zutaten für Brühen, Suppen und Saucen

Kräutersträußchen — Bouquet garni

Das Kräutersträußchen (kleines Bouquet garni) ist zusammengesetzt aus einigen Stengeln Petersilie, einem Thymianzweig und einem Lorbeerblatt und wird mit einem Faden umbunden.

Die Grundbestandteile können gemäß ihrer Verwendung mit weiteren Kräutern und/oder Gemüseteilen ergänzt werden.

Sie dienen der Würzung von Speisen. Damit die Würzstoffe erhalten bleiben, gibt man sie den entsprechenden Flüssigkeiten später bei.

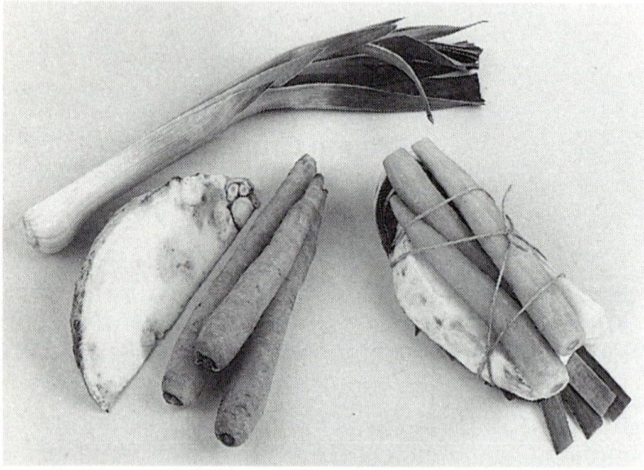

Gemüsebündel

Das Gemüsebündel (großes Bouquet garni), meist aus Lauch, Möhren und Sellerie bestehend, verbessert den Geschmack von Brühen.

Es wird so rechtzeitig der Flüssigkeit beigegeben, daß es geschmacklich ausgenutzt ist, wenn die Kochzeit der Brühe beendet ist.

Der Vorteil gegenüber zerkleinerter Gemüsebeigabe: Zusammengebundene Gemüse hindern nicht beim Abfetten (Degraissieren). Die gegarten Gemüse können weiter verwendet werden, z. B. als Suppeneinlage usw.

Gespickte Zwiebeln

Für viele Zubereitungen verwendet man als Würzbeigabe ganze Zwiebeln mit Lorbeerblatt und Nelken besteckt. Sie werden bei Pökelkamm oder Kasseler, Schinken, Eisbein, Speck und Leberknödeln oder in hellen Brühen und weißen Saucen mitgekocht.

Varianten: Das Lorbeerblatt wird in einen Zwiebeleinschnitt gesteckt oder man spickt eine Zwiebel nur mit den Nelken.

Gewürzbeutel — Sachet d'épices

Bei manchen Zubereitungen werden zur besseren Ausnutzung die Gewürze in zerkleinertem Zustand mitgekocht. Besonders bei hellen Gerichten würden die dunklen Bestandteile als störend empfunden. Darum gibt man die zerkleinerten Gewürze auf ein Leinentüchlein und bindet dieses locker zum Gewürzbeutel zusammen. Sind die Gewürze ausgewertet, wird der Beutel entnommen.

Röstgemüse/Mirepoix

Röstgemüse besteht aus Zwiebeln und Wurzelgemüsen wie Möhren, Sellerie und Petersilienwurzeln. Die Zusammenstellung richtet sich nach der jeweiligen Zubereitung. Geschmacksintensive Gemüse hält man anteilmäßig geringer. Während des Anröstens verdampft durch die Hitzeeinwirkung ein Teil des Wassergehalts, und die Außenschichten trocknen aus. Die in Zwiebeln und Wurzelgemüse enthaltene Stärke wird zu Dextrin, die Zuckerstoffe karamelisieren. So entstehen neue Farb- und Geschmacksstoffe, die die Qualität der Zubereitung wesentlich beeinflussen.

Am Ende der Anbratzeit soll das Mirepoix vollkommen durchgeröstet sein und die gleiche Bräunung haben wie später die Sauce. Darum richtet sich die Größe der Gemüsewürfel nach der Anbratzeit.

Zu Schmorfleischstückchen und in Verbindung mit Knochen verwendet man große Gemüsewürfel, denn hier nimmt das Anbraten längere Zeit in Anspruch.

Bei Braten, bei denen das Mirepoix erst kurz vor Ende der Garzeit beigegeben wird, verwendet man kleine Würfel, die rascher bräunen.

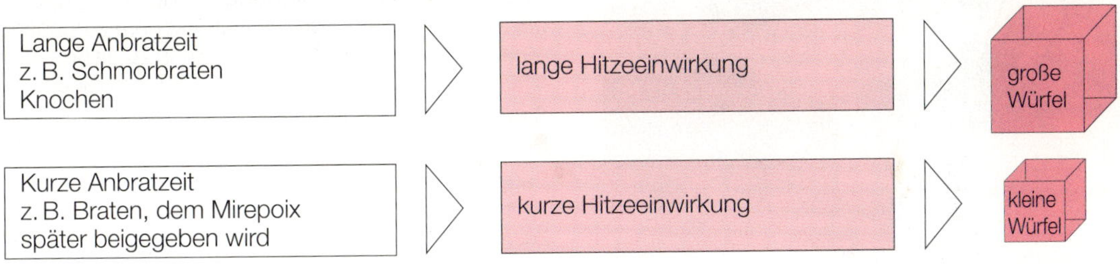

Röstgemüse (Mirepoix) muß immer **gleichmäßig geschnitten** werden, denn selbst bei eifrigstem Umrühren verbrennen die kleinen Würfel, bevor die großen braun sind. Verbranntes Gemüse entwickelt einen bitteren Geschmack und macht die Zubereitungen minderwertig.

Passieren

Zum Passieren genügt im allgemeinen ein Sieb. Kommt es jedoch darauf an, feinere, geronnene oder abgekochte Teilchen zurückzuhalten, benutzt man ein Passiertuch (Étamine). Vor dem Gebrauch sind Passiertücher heiß auszuspülen und kräftig auszuwringen; etwaige Waschmittelrückstände würden den Geschmack der passierten Speisen beeinträchtigen.

Passieren ungebundener Flüssigkeiten

Brühen. Eine Passierleiter, welche ein Rahmensieb oder einen Durchschlag hält, wird auf ein geräumiges Gefäß gelegt. Ein Passiertuch breitet man darüber, drückt eine Mulde ein und gießt mit einer Schöpfkelle die Flüssigkeit hinein.

Bei Kraftbrühen können geriebene Muskatnuß und gequetschte Stengel von Kräutern (Petersilie, Kerbel) in das Tuch gegeben werden. Die darübergeschöpfte heiße Brühe löst die Aromastoffe aus Gewürz und Kräutern.

Gelees müssen absolut klar sein. Um auch die feinsten Schwebeteilchen der geklärten Flüssigkeit zurückzuhalten, passiert man Gelees bzw. Aspik durch zwei übereinanderliegende Tücher (Étamines). Anstelle von Passiertüchern kann man auch große Filtertüten verwenden. Damit die Flüssigkeit klar bleibt, wird sie schöpflöffelweise und behutsam in die Tuchmulde eingefüllt.

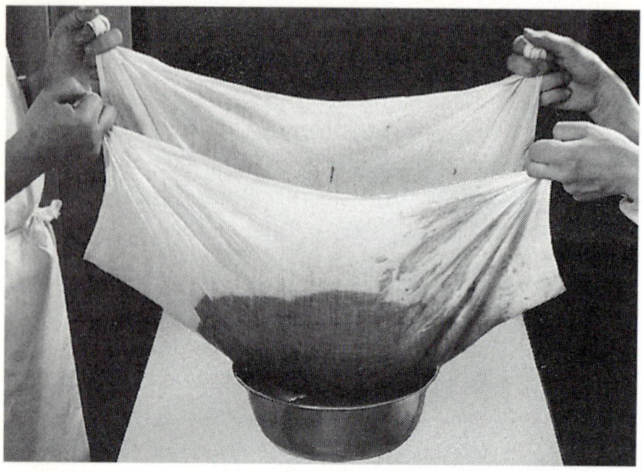

Passieren gebundener Flüssigkeiten

Suppen. Passiertuch auf eine Schüssel legen, bis auf die Bodenfläche herabdrücken und die Suppe einfüllen. Als Passierhilfe einen Metallgegenstand (Sauciere) einlegen.

Die Ecken des Passiertuches erfassen und mit dem Inhalt anheben. Durch abwechselnd seitliches Auf- und Abwärtsbewegen des Tuches fließt die Flüssigkeit durch das Gewebe in die Schüssel. Der eingelegte Gegenstand drückt mit seinem Gewicht auch die breiigen Bestandteile durch und beschleunigt das Passieren.

Saucen mit leichter Bindung werden wie Suppen passiert. Enthalten Saucen mitgekochte Knochen, so sind sie durch ein Sieb in das Tuch zu gießen, um eine Beschädigung des Gewebes zu vermeiden.

Saucen mit stärkerer Bindung (z. B. Béchamelsauce, Demiglace) werden durch das Passiertuch gedreht.

Sauce einfüllen, Tuch gleichzeitig straff gegen sich ziehen und von den Seiten zur Mitte nach und nach zusammenfassen. Eine Tuchseite längs 2 cm über die andere legen und unter beiderseitigem Anziehen und Rechtsdrehen den Inhalt durch das Gewebe pressen. Am Tuch haftende Sauce mit einem Gummispatel abstreifen.

Schmorbratensaucen und ähnliche mit weichstückigen Bestandteilen von Gemüsen und Tomaten passiert man zweckmäßig durch ein Sieb.Leichtes Schlagen mit der Handkante auf den Stiel des Passiersiebes in Siebrandnähe beschleunigt den Passiervorgang. Durch die Erschütterung bewegen sich die zunächst verstopfenden feinen und gröberen Bestandteile vom Siebgeflecht weg nach oben. Die Sauce fließt rascher durch das Sieb. Ganz feine Teilchen geraten durch das Siebgeflecht und die Sauce erhält einen gewünschten Anteil der mitgekochten, feinpürierten Zutaten.

Mixen – Pürieren

Suppen und Saucen mit fein-musiger Konsistenz erhält man, wenn Mixgeräte oder Passiermaschinen verwendet werden. Durch die mechanische Feinstzerkleinerung der geschmacksgebenden Gemüse entsteht die gewünschte Sämigkeit. Die meist stärkehaltigen Gemüse geben damit direkt die Bindung und nicht zusätzliche Roux (Mehlschwitze) oder Mehlbutter.

3 Helle Grundbrühen

Übersicht

Fleisch- und Knochenbrühe	*Bouillon*	**Gemüsebrühe**	*Fond de légumes*
Kalbsbrühe	*Fond blanc (de veau)*	**Fischbrühe**	*Fumet de poisson*
Geflügelbrühe	Fond (blanc) de volaille		

3.1 Fleisch- und Knochenbrühe

Bouillon
Beef broth

Bedarf für 10 l:

15 l Wasser
3–4 kg Rinderknochen
2,5 kg Rindfleisch
3 Knoblauchzehen
80 g Salz
1,8 kg Gemüse (Möhren, Lauch, Sellerie, Petersilienwurzel, 2 Zwiebeln)

Um eine tadellose Brühe zu erhalten, sind die Knochen zu blanchieren, das Fleisch zu waschen und beides mit kaltem Wasser aufzusetzen.

Durch Kaltaufsetzen werden Knochen und Fleisch langsam ausgelaugt; es entsteht eine reinere Brühe, als wenn in unruhigem, kochendem Wasser zugesetzt wird. Das in die Brühe übergegangene Fleischeiweiß fängt bei etwa 70 °C an zu gerinnen, umschließt die Trübstoffe und setzt sich beim Sieden als Schaum an der Oberfläche ab. Die Brühe muß nun langsam weiterkochen. Der sich über längere Zeit hinweg bildende Schaum wird laufend gründlich entfernt.

Später löst sich das Fett und steigt nach oben. Da die Brühe in ständiger Umlaufbewegung ist, würde das Fett emulgieren und die Brühe trüben. Darum wird sie entfettet (degraissiert).

Nun wird das Salz zugegeben. Das geputzte Gemüse und die angebräunten Zwiebelhälften fügt man so bei, daß sie erst am Ende der Kochzeit, wenn das Fleisch gar ist, ausgewertet sind. Kocht man Gemüse länger, so verflüchtigen sich die erwünschten Geschmacksstoffe.

Die hellgelbe Farbe der Rinderbrühe ergibt sich aus den verwendeten Rohstoffen, wobei die gebräunte Zwiebel den Farbton unterstützt.

Das gegarte Fleisch und das Gemüse werden entnommen und die fertige Brühe wird durch ein Tuch passiert. Fleisch und Gemüse dienen anderer Verwendung.

3.2 Kalbsbrühe

Fond blanc (de veau)
Veal stock

Bedarf für 5 l:

5 kg Kalbsknochen und -parüren
6 l helle Bouillon
1 gespickte Zwiebel
0,25 l Weißwein
30 g Salz
1 Gemüse-Kräuter-Bündel (200 g Lauch, 150 g Möhren, 100 g Sellerie, Thymianzweig, 1 Knoblauchzehe)

Kochdauer: 4 Std.

Gehackte Kalbsknochen und -parüren werden in Wasser aufgekocht (blanchiert), danach abgegossen und kalt abgespült. Die blanchierten Zutaten sind mit kalter Bouillon, notfalls mit Wasser, aufzusetzen und erneut aufzukochen. Bei mäßiger Energiezufuhr ist der Prozeß fortzuführen. Nach etwa drei Stunden legt man das Gemüse-Kräuter-Bündel und die gespickte Zwiebel in die Brühe, gießt den Wein dazu und salzt. Während des Kochens ist die Oberfläche mehrmals zu entfetten (degraissieren) und verdunstete Flüssigkeit durch Zugießen von Wasser auszugleichen. Später wird die Brühe durch ein Tuch passiert.

Geeignet zu weißen Grundsaucen, Tomatensauce, Kalbsfrikassee, Kalbsblankett, Kalbscurry, Kalbsschwanzsuppe, weiße Kalbsrahmsuppe.

3.3 Geflügelbrühe

Fond (blanc) de volaille
Chicken stock

Bedarf für 5 l:

1,5 kg Kalbsknochen
1 kg Geflügelklein
1,5 kg Suppenhuhn
6 l helle Bouillon
350 g heller Lauch
100 g Möhren
100 g Sellerie
1 Kräutersträußchen (Petersilienstiele, kleines Lorbeerblatt, Thymianzweig, 1 Knoblauchzehe)
0,2 l Weißwein
30 g Salz

Kochdauer: 2–3 Std.

Die Geflügelbrühe wird wie Kalbsbrühe zubereitet.

Geeignet zu weißer Geflügelgrundsauce, Dünstgerichten von Geflügel, Hühnerfrikassee, Curryhähnchen, klaren und gebundenen Suppen.

3.4 Gemüsebrühen

Fond de légumes
Vegetable stock

Gemüsebrühen entstehen durch Auskochen mehrerer würziger Gemüsearten, hauptsächlich Wurzelgemüsen und Pilzen. Spezielle Gemüsebrühen erhält man bei der Verwendung von nur einer Gemüsesorte.

Bedarf für 5 l:

200 g Zwiebeln
20 g Öl
200 g Lauch
100 g Karotten
100 g Fenchel
100 g Sellerie
100 g Petersilienwurzeln
100 g Weißkraut
150 g Tomate
5,5 l Wasser
2 Lorbeerblätter
Pfefferkörner

Kochdauer: 30 Min.

Das geputzte Gemüse kleinschneiden. Zwiebelwürfel in Öl andünsten, dann die restlichen Gemüse zugeben und mitdünsten. Wasser und Gewürze zufügen und ca. 30 Min. bei mäßiger Hitze kochen lassen. Anschließend wird die Gemüsebrühe durch ein Tuch passiert.

Geeignet zum Aufguß von Suppen und Saucen, Herstellung von klarer Gemüsesuppe, zum Angießen von gedünstetem Gemüse.

3.5 Fischbrühe

Fumet de poisson
Fish stock

Bedarf für 5 l:

4 kg Steinbutt, Zander, Seezunge, Hecht
50 g Zwiebeln
250 g heller Lauch
6 Pfefferkörner
50 g Butter
0,5 l Weißwein
5 l Fischbrühe
Champignonfond
Saft einer halben Zitrone
1 Kräutersträußchen (Petersilienstiele, Lorbeerblatt, Thymianzweig, 1 Knoblauchzehe)

Kochdauer: 30 Min.

Die in Scheiben geschnittenen Zwiebeln, der Lauch und die zerdrückten Pfefferkörner werden in Butter angeschwitzt. Dazu gibt man die gewaschenen, zerkleinerten und abgetropften Fischgräten. Der Ansatz wird mit Weißwein abgelöscht, mit Fischbrühe, Champignonfond und Zitronensaft aufgegossen und das Kräutersträußchen dazugelegt. Das Ganze wird zum Kochen gebracht, ausgeschäumt, langsam gekocht und dann abgeseiht.

Geeignet zu Fischsaucen, Dünstgerichten von Fisch, klaren und gebundenen Fischsuppen.

3.6 Nachbrühe

Remouillage
Remouillage

Die Knochen der Rinderbrühe werden zur weiteren Auswertung nochmals mit kaltem Wasser aufgesetzt, gekocht und später mit Wurzelgemüse und Aromaten ergänzt.

Nachbrühe ist wenig gehaltvoll und wird darum überwiegend zum Auffüllen brauner gebundener Suppen, brauner Brühen oder zum Angießen derber Gemüsegerichte (Kohlrouladen, Grünkohl u. ä.) verwendet.

4 Braune Grundbrühen

Übersicht

Braune Kalbsbrühe	Wildbrühe	Große braune Brühe
Fond de veau brun	*Fond de gibier*	*Grandjus*

4.1 Braune Kalbsbrühe

Fond de veau brun
Brown vealstock

Bedarf für 5 l:

5 kg	Kalbsknochen und -parüren	500 g	Röstgemüse
150 g	magere Speckreste	500 g	Tomaten
200 g	Fett	1	Bouquet garni
		8 l	Große braune Brühe

Kleingehackte Knochen, Parüren und Speckreste werden mit Fett in einem geräumigen, flachen Geschirr auf dem Herd langsam angebraten. Dann fügt man Röstgemüse (Mirepoix) hinzu und läßt alles zusammen hellbraun anbraten, bis sich das Fett klar absetzt. Das Fett wird abgegossen, die Knochen werden mit nur wenig Großer brauner Brühe abgelöscht. Diese läßt man einkochen (glasieren) und fügt ausgedrückte Tomaten bei. Wenn der Ansatz erneut glänzt (glasiert ist), wird die übrige Brühe (Grandjus) aufgegossen, das Kräutersträußchen (Bouquet garni) dazugelegt und das Ganze langsam ausgekocht. Nach ca. 4 Stunden passiert man die Braune Kalbsbrühe durch ein Tuch.

Geeignet zu:	Natureller Kalbsjus	Demiglace	Schmorgerichten von Geflügel
	Gebundener Kalbsjus	Kalbsrahmsauce	Suppen klar und gebunden
	Bratenjus	Schmorgerichten von Kalb	

4.2 Wildbrühe

Fond de gibier
Venisonstock

Bedarf für 5 l:

5 kg	Wildknochen und -parüren (Karkassen von Wildgeflügel)	0,3 l	Rotwein
200 g	magere Speckreste	8 l	Große braune Brühe
500 g	Röstgemüse	1	Gewürzbeutel (10 Pfefferkörner, Lorbeerblatt, 1 Nelke, 1 Knoblauchzehe, Msp. Rosmarin, Msp. Basilikum)
10	zerdrückte Wacholderbeeren		
250 g	Fett		

Kleingehackte Knochen und Parüren, Speckreste, Röstgemüse und Wacholderbeeren werden im erhitzten Fett braun angebraten. Mit Weißwein und etwas Großer brauner Brühe löscht man ab und kocht die Flüssigkeit ein. Wenn der Ansatz glänzt (glasiert ist), wird die übrige Brühe aufgegossen. Der Kochprozeß, der etwa 3 bis 4 Stunden dauert, ist langsam durchzuführen und das abgesetzte Fett mehrmals zu entfernen. Eine Stunde vor dem Passieren wird noch der Gewürzbeutel (Sachet d'épice) beigegeben.

Geeignet zu:	Wildsaucen	Schmorgerichten von Wild	klaren und gebundenen
	Wildragouts	Schmorgerichten von Wildgeflügel	Suppen von Wild

Brühen nur mäßig salzen, denn die Wirkung wird beim Einkochen stärker.
Gepflegte gehaltvolle Brühen sind die Voraussetzung für schmackhafte Saucen.

Anmerkung: Aus betriebstechnischen und wirtschaftlichen Erwägungen können in der Praxis nicht immer Geflügel- und Wildbrühe für sich hergestellt werden.

In solchen Fällen dient die Rinderbrühe als Grundlage. Durch Beigabe von angebratenem Geflügelklein oder angebratenen Wildparüren wird sie geschmacklich verändert, und man erhält auf diese Weise das kennzeichnende (spezifische) Aroma.

4.3 Große braune Brühe

Grandjus
Grandjus

Kleingehackte Knochen von Kalb und Schwein sowie knorpelige Rinderknochen mit Schmalz oder Pflanzenfett anbraten. Röstgemüse (Mirepoix) hinzufügen und alles braunrösten. Mit wenig Wasser ablöschen und zum Zwecke der Farbgebung und Geschmacksbetonung einkochen. Öfter mit dem Spatel durchrühren, bis das Röstgut glänzt, glasiert ist. Das Ablöschen und Einkochen noch zwei- bis dreimal wiederholen, um Farbe und Geschmack zu steigern. Den Ansatz in einen Topf umleeren, mit kaltem Wasser auffüllen, damit der Knochengehalt völlig in die Flüssigkeit übergehen kann. Aufkochen, abschäumen und langsam weiterkochen lassen. Die Oberfläche ist während des Kochens zu entfetten (degraissieren). Später gibt man noch einen Gewürzbeutel (Knoblauch, Pfefferkörner, Lorbeerblatt, Thymian, zerkleinerte Petersilienwurzel) und Salz (3 g/l) dazu.

Die im Tagesablauf der gewerblichen Küche anfallenden braunen Brühen, Bratrückstände und Saucenreste werden der Großen braunen Brühe (Grandjus) zur vollen Ausnutzung zugeführt. Rückstände dieser Art von Hammel oder Wild besitzen einen starken Eigengeschmack und kommen deshalb nicht in Betracht.

Die Große braune Brühe (Grandjus) wird durch ein Tuch passiert.

Geeignet zu:	Braunen Fonds	Ragouts	Rouladen
	Brauner Grundsauce	Gulasch	Jus und Suppen
	Fleischextrakt		

5 Extrakte

Durch Einkochen von hellen oder braunen Brühen entstehen Extrakte.

So erhält man aus

Rinderbrühe	→	Fleischextrakt	(Glace de viande)
Geflügelbrühe	→	Geflügelextrakt	(Glace de volaille)
Wildbrühe	→	Wildextrakt	(Glace de gibier)
Fischbrühe	→	Fischextrakt	(Glace de poisson)

Extrakte

- ▷ verstärken den Gehalt von Suppen und Saucen,
- ▷ heben den Geschmack einzelner Gerichte,
- ▷ dienen zum Glasieren von Bratfleisch,
- ▷ geben bestimmten Saucen den typischen Charakter.

Einkochen und Aufbewahren

Um einen einwandfreien Extrakt (Glace) zu erhalten, muß die Brühe während des Einkochens ständig abgeschäumt und dazwischen zwei- bis dreimal passiert werden. Man passiert stets in ein entsprechend kleineres Geschirr, da beim Einkochen dauernd Flüssigkeit verdampft und dadurch die verringerte Menge sonst an den Seitenwänden des Geschirrs durch die starke Hitze unerwünscht bräunen würde.

Ist der Extrakt (Glace) sirupartig dick, wird er in ein Porzellan-, Steingut- oder Edelstahlgefäß gefüllt. Mit Folie verschlossen hält man ihn zum Verbrauch bereit.

Durch Frosten kleinerer Verbrauchsmengen wird die Produktion rationeller und es stehen jederzeit Extrakte für den täglichen Bedarf zur Verfügung.

Suppen

Innerhalb der Speisenfolge haben die Suppen heute vor allem die Aufgabe, den Magen aufnahmebereit zu machen. Das geschieht durch

- ▷ appetitliches Aussehen,
- ▷ Wirkung von Geruchs- und Geschmacksstoffen,
- ▷ Vorwärmen des Magens,
- ▷ Anregung zur Absonderung von Verdauungssäften.

Aus diesen Gründen werden heute vorwiegend kleinere Mengen gereicht. Man serviert in Tassen oder kleinen Suppentellern.

1 Tasse = 150 ml = 0,15 l	1 l ergibt 7 Tassen

Wenn der Suppe innerhalb des Menüs ein besonderer Platz eingeräumt wird oder bei einfacheren Speisenzusammenstellungen serviert man in Tellern.

1 Teller = 250 ml = 0,25 l	1 l ergibt 4 Teller

1 Übersicht der Suppenarten

Allgemein unterscheidet man klare und gebundene Suppen. Sie werden in verschiedene Gruppen eingeteilt und haben Brühen als Grundlage.

Klare Suppen	Gebundene Suppen		
Brühen aus Schlachtfleisch, Geflügel, Wild, Gemüsen, Fischen			
Klare Suppen Consommés	**Gebundene Suppen** Potages liés	**Gebundene braune Suppen** Potages brun liés	**Gemüsesuppen** Potages aux légumes
Kraftbrühen Consommés Doppelte Kraftbrühen Consommés doubles	Legierte Suppen / Samtsuppen Potages veloutés Rahmsuppen oder Cremesuppen Potages crèmes Püreesuppen Potages purées	Suppen aus Wild, Wildgeflügel oder Schlachtfleisch	Alle Suppen, die mit blättrig oder streifig geschnittenen Gemüsen und mit Brühe gekocht werden

Sondergruppen

Regionalsuppen	Nationalsuppen	Spezialsuppen	Kaltschalen
Suppen, die ursprünglich nur in einem bestimmten Gebiet (Region) Deutschlands bekannt waren	Suppen, die eine Besonderheit bestimmter Nationen sind	Suppen, zu deren Anfertigung besondere (spezielle) Naturalien verwendet werden	Suppen, die aus Fruchtpürees oder Milch mit Zucker hergestellt und kalt gereicht werden

2 Klare Suppen

2.1 Fleisch- und Knochenbrühe

Bouillon
Beefstock

Bedarf für 10 l:
- 15 l Wasser
- 3-4 kg Rinderknochen
- 2,5 kg Rindfleisch
- 1,8 kg Gemüse (Möhren, Lauch, Sellerie, Petersilienwurzel, 1 Zwiebel)
- Knoblauchzehen, Salz

Arbeitsfolge

Material	Arbeitsvorgang	Begründung
Rinderknochen	blanchieren	Trübstoffe gerinnen, können abgespült werden.
Rindfleisch	waschen, mit den Knochen kalt aufsetzen	Begünstigt reinen Geschmack, Fleischsäfte treten besser aus.
	aufkochen abschäumen	Fleischeiweiß umschließt Schwebeteilchen und steigt geronnen als Schaum nach oben; wirkt klärend.
	langsam weiterkochen, während des Kochens entfetten	Entfetten verhindert Trüben.
Gebräunte Zwiebelhälften Gemüsebündel Salz	1 Std. vor Garsein des Fleisches in die Brühe geben	Farbgebung, Geschmacksstoffe bleiben erhalten, Fleisch wird nicht rot.
	gegartes Fleisch und Gemüse entnehmen	dienen anderer Verwertung
	Brühe passieren ergibt 10 l	Abkochreste bleiben im Tuch.

Fleisch- und Knochenbrühe – Bouillon

mögliche Weiterverwendung

- durch Einkochen → Fleischextrakt Glace de viande
- durch Klären → Kraftbrühe Consommé

2.2 Kraftbrühen

consommés
Clear soups

Unter den klaren Suppen nehmen die Kraftbrühen einen besonderen Rang ein.

Kraftbrühen sind geklärte, durch Klärfleisch und Aromastoffe gekräftigte Brühen ohne sichtbares Fett. Man reicht sie vorwiegend zu Beginn der Speisenfolgen; sie sollen den Appetit anregen, ohne den Magen zu belasten.

Übersicht

Fleisch- und Knochenbrühe Bouillon	+	Klärfleisch oder Klarifikation	▷	**Kraftbrühe** Consommé
Fleisch- und Knochenbrühe Bouillon	+	doppelte Menge Klärfleisch	▷	**Doppelte Kraftbrühe** Consommé double
Geflügelbrühe Fond de volaille	+	Klärfleisch von Geflügel	▷	**Geflügelkraftbrühe** Consommé de volaille
Wildbrühe Fond de gibier	+	Klärfleisch von Wild	▷	**Wildkraftbrühe** Consommé de gibier
Fischbrühe Fumet de poisson	+	Klärfleisch von Fisch	▷	**Fischkraftbrühe** Consommé de poisson

Klärfleisch ist fettarmes, geschrotetes Fleisch, vorzugsweise aus den Wadenmuskeln des Rindes. Entsprechend der Brühenart kann es auch aus Wildfleisch oder aus Fischfleisch bestehen.

Klärfleisch wirkt durch seinen Eiweißgehalt und seine Bearbeitung klärend.

Klärvorgang

Rindfleisch enthält bis zu 22 % Eiweiß und bewirkt in Verbindung mit dem Hühnereiweiß die Klärung der Brühe.

Um diesen Vorgang zu gewährleisten, wird die Rinderhesse (Wade) im Wolf zerkleinert und mit Wasser, Eiweiß und den gewürfelten Gemüsen kräftig vermischt und kaltgestellt.

Das zerkleinerte Fleisch laugt nun im Wasser aus, und Eiweiß und Geschmacksstoffe des Fleisches gelangen in die Flüssigkeit.

Die vorbehandelten Zutaten gibt man in einen Topf, gießt die kalte, entfettete Brühe dazu und bringt alles zum Kochen. Dabei muß bis zum Sieden ständig langsam und vorsichtig umgerührt werden, denn die Rohstoffe sind zunächst schwerer, sie würden sich am Topfboden festsetzen und anbrennen.

Bei 70 °C beginnt das Eiweiß zu gerinnen, es umschließt alle Schwebeteilchen, zieht sich zusammen und hat bei Erreichen des Kochpunkts die Brühe geklärt. Danach steigt es mit den anderen Zutaten als geronnene, dicke Schicht an die Oberfläche.

Um die Naturalien voll auswerten zu können, muß die Kraftbrühe 2 Stunden sieden und ist öfter zu entfetten. Starkes Kochen würde sie trüben, da sich das Fett nicht nach oben absetzen kann, sondern wieder in die Brühe einkocht.

Vor dem Passieren das ausgelaugte Klärfleischgemisch mit einem Schaumlöffel vorsichtig entfernen, damit die Trübstoffe nicht wieder in die Brühe übergehen.

Die Kraftbrühe wird durch ein Passiertuch über die eingelegte Petersilie, etwas abgeriebene Muskatnuß und den Kerbel gegossen. Dabei löst die heiße Flüssigkeit die Aromastoffe der frischen Kräuter.

Kraftbrühe

Bedarf für 10 l:				
10 l	Fleisch- und Knochenbrühe		350 g	Möhren
2 kg	Rinderhesse (Wade)		400 g	Lauch
8	Eiweiß		80 g	Petersilie (und Kerbel)
1 l	Wasser		Msp.	Muskat

Arbeitsfolge

Zutaten	Arbeitsablauf	Begründung
Eiweiß, Wasser	zerschlagen	Gute Verteilung begünstigt Klärvorgang.
Klärfleisch, Gemüsewürfel	schroten, dazugeben und gründlich vermengen	Fleischfaser wird ausgelaugt, Inhaltsstoffe gelangen in Flüssigkeit, Gemüse geben Aroma.
Entfettete Brühe (am besten kalt, jedoch höchstens 40 °C)	dazugießen, verrühren	Fett beeinträchtigt den Klärvorgang negativ. Heiße Brühe mit Eis abkühlen; zu heiße Brühe ließe das Eiweiß zu schnell gerinnen und würde somit den Klärvorgang verhindern.
	alles unter Rühren erhitzen	Rühren verhindert Anbrennen und fördert den Klärvorgang. Ab 70 °C gerinnt das Eiweiß, lagert Schwebeteilchen an, zieht sich zusammen und steigt als geronnene, dicke Schicht an die Oberfläche.
	2 Std. ziehen lassen, mehrfach entfetten, Verdunstung durch kaltes Wasser ersetzen	Starkes Kochen würde zur Trübung führen, denn Fett kann sich dann nicht absetzen.
Petersilie, Kerbel Messerspitze Muskat	ins Tuch geben, Kraftbrühe passieren	Heiße Brühe löst Aromastoffe aus Kräutern und Gewürz.
	nochmals aufkochen, entfetten, abschmecken	Kraftbrühe soll ohne sichtbares Fett und gehaltvoll sein.

Kraftbrühe – Consommé

Sonstige Kraftbrühen

Die Regeln für die Herstellung der Kraftbrühe gelten auch für die folgenden Arten. Eine Kraftbrühe ohne genauere Angabe ist immer eine Kraftbrühe vom Rind.

Geflügelkraftbrühe (Consommé de volaille)

Zutaten: Geflügelbrühe, Klärfleisch von Geflügel, Eiweiß, zerkleinertes Wurzelgemüse, angebratene Geflügelknochen und/oder Suppenhuhn.
Kochdauer: Aufkochen, 2 Std. ziehen lassen.

Wildkraftbrühe (Consommé de gibier)

Zutaten: Wildbrühe, Wildklärfleisch, Eiweiß, zerkleinertes Wurzelgemüse, angebratene Wildknochen und -parüren, Pilzabschnitte, Wacholderbeeren, Pfeffer.
Kochdauer: Aufkochen, 1 Std. ziehen lassen.

Fischkraftbrühe (Consommé de poisson)

Zutaten: Fischbrühe, Fischklärfleisch, Eiweiß, zerkleinerter Lauch und Petersilienwurzel, Weißwein.
Kochdauer: Aufkochen, 30 Min. ziehen lassen.

Kraftbrühen mit Einlagen

Wird Kraftbrühe **mit einer Einlage** gereicht, so benennt man sie nach dieser, z. B. Kraftbrühe mit Markklößchen, – mit Butternocken, – mit Käsebiskuit usw.

Besteht die **Einlage aus verschiedenen Einzelheiten,** bezeichnet man die Kraftbrühe

- mit einem Eigennamen → Kraftbrühe Colbert
- nach ihrer Art → Geflügelkraftbrühe nach Königinart
- oder nach ihrer regionalen Herkunft → Ostender Fischkraftbrühe

Consommé Carmen
Kraftbrühe Carmen **Consommé Carmen**

Rinderkraftbrühe mit Streifen von Paprikaschoten und Tomaten, körnigem Reis und Kerbel.

Consommé Colbert
Kraftbrühe Colbert **Consommé Colbert**

Rinderkraftbrühe mit Streifen oder Würfelchen von Wurzelgemüsen und pochiertem Ei.

Consommé Jacqueline
Kraftbrühe Jacqueline **Consommé Jacqueline**

Karottenkügelchen, feine Erbsen, Spargelstückchen, Eierstich, Reis und Kerbel.

Geflügelkraftbrühe auf Königinart *Consommé de volaille à la reine*
Chicken soup Queenstyle

Geflügelkraftbrühe mit Tapioka, Hühnerbruststreifchen und Eierstich.

Geflügelkraftbrühe Sévigné *Consommé de volaille Sévigné*
Clear chicken soup

Geflügelkraftbrühe mit Geflügelklößchen, Kopfsalatstreifchen und Kerbelblättchen.

Wildkraftbrühe nach Jägerart *Consommé de gibier chasseur*
Clear game soup

Wildkraftbrühe wird mit Madeira abgeschmeckt und erhält eine Einlage von Wildklößchen und Champignonstreifchen.

Russische Fischkraftbrühe *Consommé de poisson à la russe*
Russian fishbroth

Fischkraftbrühe mit Fleischklößchen, gedünsteten grünen Gurkenwürfeln und Dill.

Doppelte Kraftbrühe

Bedarf für 1 l:

10 l	Fleisch- und Knochenbrühe	4	Eiweiß
4 kg	Rinderhesse (Wade)	250 g	Möhren
3 kg	Geflügelklein	400 g	Lauch
2 l	Wasser	100 g	Petersilie und Kerbel

Doppelte Kraftbrühe wird mit der zweifachen Menge an Klärfleisch zubereitet. Durch die Verdoppelung der Fleischeiweißmenge kann die Beigabe von Hühnereiweiß verringert werden. Arbeitsfolge und Klärvorgang entsprechen denen der Kraftbrühe.

Zum kräftigen Geschmack doppelter Brühen harmonieren besonders:

- Dessertweine (Madeira, Malaga, Marsala, Portwein, Sherry),
- Pilz-, Gemüse- oder Kräuterauszüge (Essenzen),
- Wildgeflügelauszüge (Rebhuhn, Schnepfe, Fasan).

Die Aromastoffe sollen den Geschmack der Brühe ergänzen, ihn jedoch nicht überdecken. Die Brühen werden der Beigabe entsprechend bezeichnet und vorwiegend ohne Einlage gereicht.

Doppelte Kraftbrühe mit Madeira *Consommé double au vin de Madère*
Double consommé with madeira

Bedarf für 1 l doppelte Geflügelkraftbrühe 80 bis 90 g Madeira.

Die doppelte Kraftbrühe nach dem Passieren mit dem Wein abschmecken. Es kommen nur gute Weinsorten in Betracht.

Consommé double au fumet de perdreau

Doppelte Kraftbrühe mit Rebhuhnessenz — **Double consommé with Partridge-essence**

Bedarf für 5 l: 2 (ältere) Rebhühner.

Brusthälften der Rebhühner auslösen und anderweitig verwenden. Karkassen und Keulen hacken, braun anbraten, dem Kläransatz der doppelten Wildkraftbrühe beigeben und in der Brühe auswerten.

Kalte Kraftbrühe

Kalte Kraftbrühe (auch als „geeiste Kraftbrühe" bezeichnet) ist eine gehaltvolle Brühe mit leichtem Gelierstand. Brühen, die zu konsistent sind, verlieren an Feinheit.

Beim Klären der Brühe werden zusätzlich Geflügelknochen und ausgelöste, zerschnittene Kalbsfüße mitgekocht. Die gelatinösen Bestandteile dieser Zusätze gehen in die Flüssigkeit über. Völlig entfettet und fertig abgeschmeckt, läßt man die Kraftbrühe kalt werden und stellt sie in den Kühlraum. Der gelierende Stand tritt erst 5 Stunden nach dem Erkalten ein, der Endwert der Gelierfestigkeit nach etwa 20 Stunden.

Der Geschmack gelierter Brühen ist natürlicher und feiner, wenn er durch mitgekochte Rohstoffe erzeugt wurde. Deshalb sollte man darauf verzichten, den Gelierstand mit Gelatine oder Aspikpulver herstellen zu wollen.

Consommé froid Madrilène

Kraftbrühe Madrider Art — **Chilled clear soup madrilene**

Einer kräftigen oder doppelten Geflügelkraftbrühe werden frische Tomatenfleischstückchen und rote Paprikafrüchte beim Klären zugesetzt. Sie wird in leicht geliertem Zustand mit Tomatenfleischstücken als Einlage serviert.

2.3 Suppeneinlagen

Einlagen sollen kleingehalten, mäßig portioniert und für den Geschmack der jeweiligen Suppe geeignet sein. – Zweckmäßig hält man die Einlage wie Klößchen, Eierstich u. ä. separat in einem Gefäß mit etwas Brühe warm und verteilt sie mit einem kleinen Schaumlöffel in vorgewärmte Tassen oder tiefe Teller. Zur Ergänzung des Geschmacks kommen nur frische zerkleinerte Kräuter (Kerbel, Petersilie, Schnittlauch u. a.) in Betracht.

Übersicht

- Klößchen
- Nockerln
- Teigwaren
- Eierstich
- Pfannkuchen
- Gemüse
- Röstbrot
- Biskuit

Quenelles

Klößchen — **Dumplings**

Kleine Klößchen als Einlage für viele klare Suppen und einige gebundene Suppen werden aus den Farcen von Kalbfleisch, Geflügel, Wild, Fisch, Schalen- und Krustentieren hergestellt.

Häufig verwendet man hierfür auch bereits fertige Wurstrohmasse (Brät vom Kalb oder Rind).

Grundsätzlich sollte man vor der eigentlichen Produktion der Klößchen eine Garprobe durchführen, um gegebenenfalls noch auf Geschmack und Konsistenz Einfluß zu nehmen.

Klößchen sind in der Regel klein und haben eine runde oder ovale Form. Die ovalen Formen bezeichnet man auch als *Nocken* oder *Nockerl*.

Der Geschmack der Klößchen läßt sich zusätzlich durch zerkleinerte Beigaben verändern, wie z. B.:

- Pilze
- Kräuter
- Gemüsebrunoise
- Reibkäse
- Ingwer
- Trüffeln
- Pistazien
- Schinkenwürfelchen
- Nüsse/Mandeln

Quenelles au lait

Schwemmklößchen — Milk dumplings

0,4 l Milch
50 g Butter
200 g Mehl
300 g Eier (6 St.)
5 g Salz
Msp. Muskat

für ca. 40 Port.

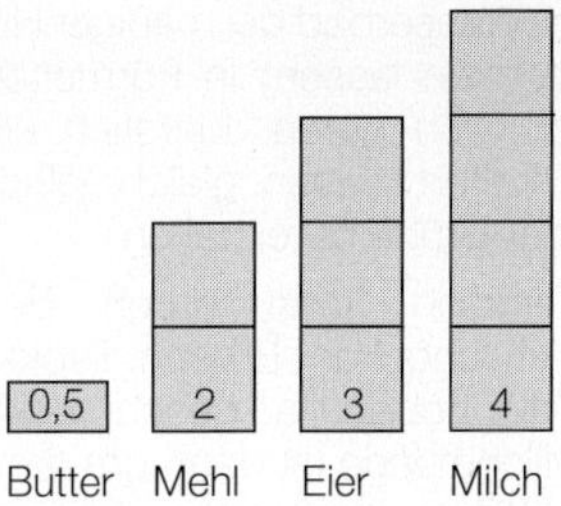

Milch, Butter und Gewürze aufkochen. Topf vom Herd nehmen, gesiebtes Mehl dazurühren, wie eine Brandmasse abbrennen, bis sich die Masse vom Topf löst. Aus dem Topf nehmen, etwas auskühlen lassen und nach und nach die Eier einrühren. Klößchen abstechen, in siedendem Salzwasser garen und in Brühe bereithalten.

Gnocchi au fromage

Käsenocken — Cheese dumplings

Schwemmklößchenmasse mit 200 g Parmesan vermischen. Abstechen wie oben.

Quenelles au fromage blanc

Quarkklößchen — Curd dumplings

160 g Quark
80 g Eigelb (3 St.)
40 g Weißbrotkrume
40 g Mehl
weißer Pfeffer
Salz

für ca. 15 Port.

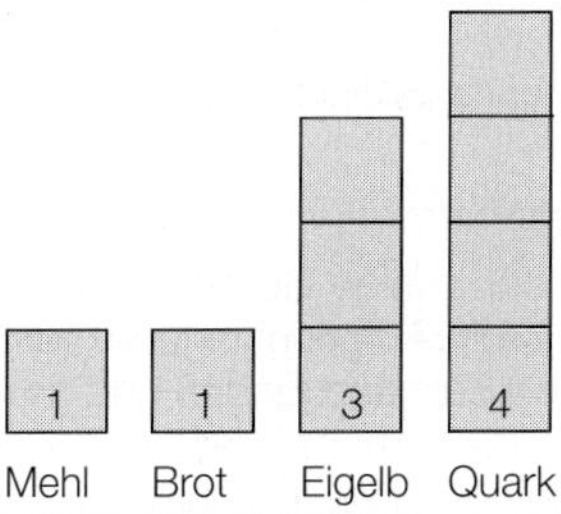

Quark und Eigelb gründlich verrühren, Weißbrotkrume (mie de pain) zugeben, würzen und gesiebtes Mehl untermischen. Die Masse 20 Min. kühlstellen, nochmals durchrühren, Klößchen abstechen und in Salzwasser ca. 10 Min. ziehen lassen.

Quenelles de foie

Leberklößchen — Liver dumplings

300 g Leber von Schwein oder Kalb
100 g Weißbrotkrume
100 g Eier (2 St.)
50 g Schalotten- oder Zwiebelscheiben
50 g Lauch, weiß
5 g Majoran, getrocknet
1 El Kräuter, geschnitten
Salz und Pfeffer

für ca. 30 Port.

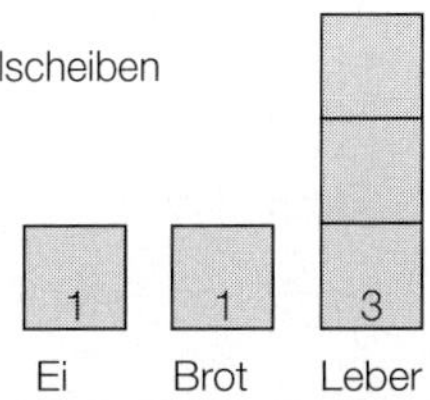

Schalotten- oder Zwiebelscheiben und zerkleinerten Lauch zur Geschmacksverstärkung anschwitzen. Weißbrot in feine Scheiben schneiden, Eier darüberschlagen. Leber in Stücke schneiden und würzen. Alles gut vermengen, durch die feine Scheibe des Wolfs lassen und die Kräuter darunterarbeiten.

Klößchen in siedende Brühe abstechen und garziehen lassen.

Biscuit au fromage

Käsebiskuit — Cheese biscuits

1 Eigelb
3 Eiweiß
25 g Mehl
25 g Stärke
25 g Parmesan
Msp. Muskat
Salz

für ca. 25 Port.

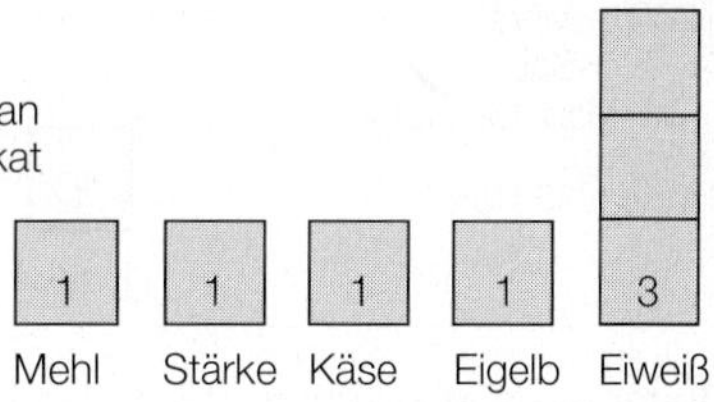

Mehl mit Stärke sieben und dann mit Parmesan und Muskat vermischen. Eiweiß mit Salz zu einem steifen Schnee schlagen, das glattgerührte Eigelb unterziehen und die Mehl-Parmesan-Mischung unterheben.

Biskuitmasse gleichmäßig fingerdick auf Backpapier streichen und im vorgeheizten Ofen bei 200 °C ca. 12 Min. goldgelb backen. Backpapier abziehen und den ausgekühlten Biskuit in Rauten schneiden.

Geschmackliche Abwandlungen durch Auswechseln des Käseanteils:

- ▷ **Schinkenbiskuit** (Biscuit au jambon), 100 g kleinste Würfel gekochten Schinkens.
- ▷ **Mandelbiskuit** (Biscuit aux amandes), 80 g abgezogene, geröstete Mandeln, feingehackt.

Profiteroles

Windbeutelchen — Profiteroles

150 g Wasser
50 g Butter
100 g Mehl
150 g Eier (3 St.)
20 g Parmesan
Msp. Salz

für ca. 30 Port.

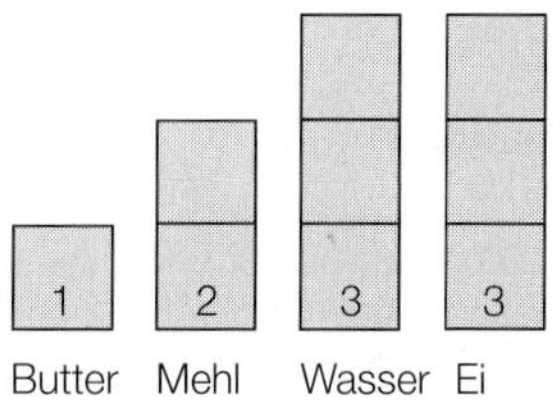

Wasser, Butter und Salz zum Kochen bringen. Topf von der Kochstelle nehmen. Gesiebtes Mehl hineinschütten und mit einem Holzlöffel zu einem Kloß rühren. Diesen auf dem Feuer abbrennen, bis sich am Topfboden ein weißer Belag bildet. Mehlkloß in ein anderes Gefäß geben. Eier sofort, eins nach dem andern, glatt unterrühren, abschließend auch den geriebenen Parmesan.

Die so entstandene Brandmasse mit Spritzbeutel und glatter Tülle zu 2 bis 3 mm großen Tupfen auf ein Backpapier oder leicht gefettetes, mit Mehl bestäubtes Blech spritzen. Bei mittlerer Hitze im Ofen backen.

Noques au beurre

Butternockerln **Butter dumplings**

200 g Butter
200 g Eier (4 St.)
200 g Mehl
5 g Salz
Msp. Muskat

für ca. 35 Port.

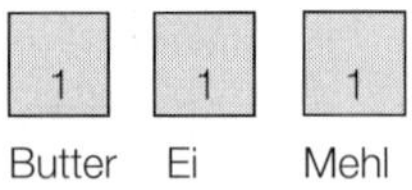

Butter schaumig rühren. Eier und gesiebtes Mehl rasch nach und nach einrühren. Masse würzen und kurze Zeit kaltstellen. Dann in kochendheiße Brühe oder Salzwasser wie die Kalbsklößchen abstechen und garziehen lassen.

Noques de semoule

Grießnockerln **Semolina dumplings**

150 g Butter
150 g Eier (3 St.)
300 g Grieß, feinkörnig
3 El Wasser
5 g Salz
Msp. Muskat

für ca. 35 Port.

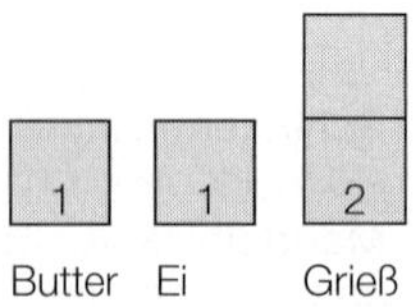

Butter schaumig rühren. Eier, Grieß und Wasser nach und nach einrühren. Masse würzen und kurze Zeit anziehen lassen. Mit einem Löffel Nockerln in siedendes Salzwasser abstechen, 10 Min. leicht kochen und weitere 5 Min. zugedeckt ziehen lassen.

Royale

Eierstich **Royale**

100 g Eigelb (5 St.)
200 g Eier (4 St.)
0,4 l Milch
Salz
Muskat

für ca. 40 Port.

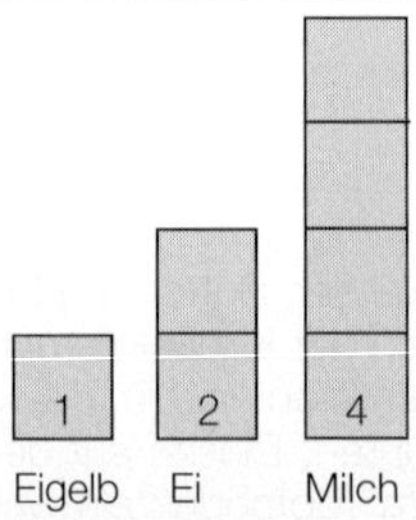

Eier und Eigelb kräftig verrühren. Milch aufkochen, langsam zu den Eiern rühren, würzen und passieren. In gebutterte Form oder Wurstdarm füllen und im Wasserbad bei mäßiger Hitze etwa 40 bis 50 Min. stocken lassen. In Förmchen abgefüllten Eierstich im Ofen garen. Eierstich erst nach dem völligen Erkalten stürzen, gleichmäßig schneiden und in warmer Brühe bereithalten.

Eierstich kann durch Beigabe feiner Pürees (Artischocken, Erbsen, Brokkoli, Tomaten, Geflügel, Wild, Leber u. a.) geschmacklich variiert werden. Die Milchmenge ist dann um den beigegebenen Püreeanteil zu verringern.

▷ Eier und Eigelb ergeben ein dichteres und geschmacklich feineres Produkt.
▷ Heiße Milch verkürzt die Gardauer.
▷ Mäßige Hitze stockt den Eierstich dicht (konsistent).
▷ Starke Hitze und zu langes Erhitzen treiben; das Produkt wird löcherig („käsig").

Célestine

Pfannkuchenstreifchen **Sliced Pancakes**

150 g Mehl
0,45 l Milch
300 g Eier (6 St.)
5 g Salz
1 El Schnittlauch

für ca. 30 Port.

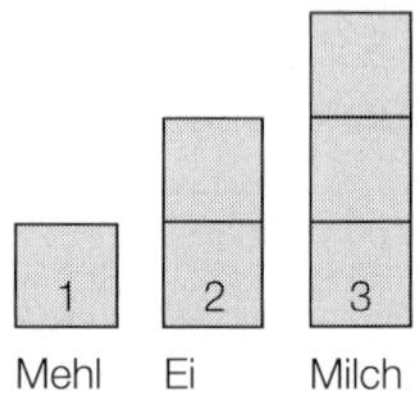

Mehl in eine Schüssel sieben und mit Milch glattrühren. Aufgeschlagene, verrührte Eier, Schnittlauch und Salz dazugeben und gründlich vermengen. Teig etwas anziehen lassen. In einer Pfanne mit wenig Butter dünne Pfannkuchen backen. Zum Abkühlen nebeneinander auf ein Gitter legen.

Kalte Pfannkuchen entweder übereinanderlegen und in 4 mm breite Bänder teilen oder ganz rollen und in feine Streifen schneiden.

Quenelles à la moëlle

Markklößchen **Marrow balls**

250 g Rindermark
250 g Weißbrotkrume (mie de pain)
250 g Eier (5 St.)
1 El Petersilie
5 g Salz
Pfeffer
Msp. Muskat

für ca. 35 Port. Einlage

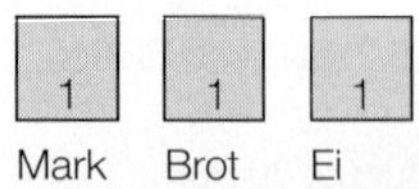

Frische Weißbrotkrume in dünne Scheiben schneiden. Eier darüberschlagen, Mark dazubröckeln und würzen. Ohne zu kneten vermengen. Wolfen mit feiner Scheibe, Petersilie zufügen, durchrühren und kaltstellen.

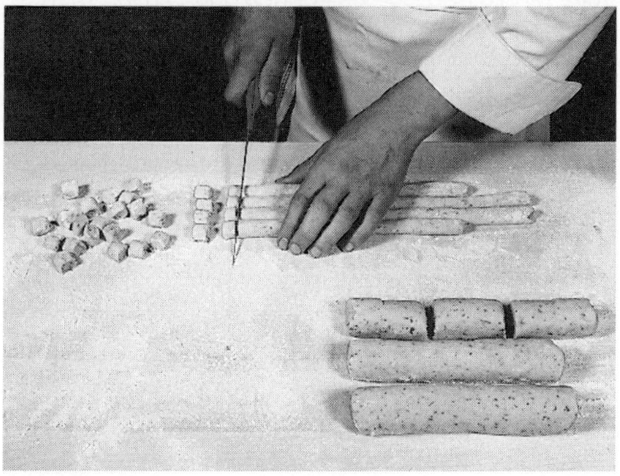

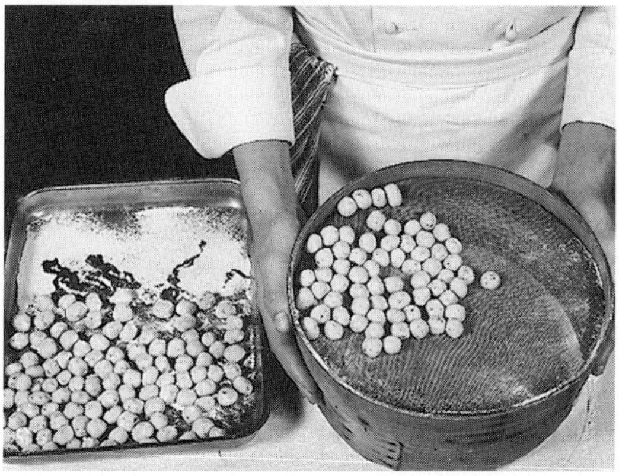

Abgesteiften Teig mit Mehl zu Walzen formen, diese in Stücke schneiden. Stücke mit Mehl bestäuben und im Rahmensieb durch kreisende Bewegungen zu Kugeln formen. Auf gemehltes Blech ablegen und kühlen.

In siedendem Salzwasser garen.

▷ Gekühlter Teig läßt sich sauberer verarbeiten.

▷ Im Sieb lassen sich viele Markklößchen auf einmal rollen und formen.

Croûtons

Röstbrotstücke **Breadcrusts**

Zu Röstbrotscheiben verwendet man Stangenbrot oder Brötchen. Zu Röstbrotwürfelchen ist Kastenweißbrot geeigneter.

Das geschnittene Brot zuerst im Ofen goldbraun rösten. Noch warm mit einigen Butterflöckchen durchschwenken. Dadurch erhalten die knusprigen Krüstchen ein feines Butteraroma und weichen in der Suppe nicht so rasch auf.

Man kann aber auch die Brotwürfel in Öl in einer Pfanne auf der Kochstelle durch stetes Schwenken herstellen. Kurz vor Erreichen des gewünschten Röstgrades gibt man etwas Butter dazu.

Tapioca

Sago/Tapioka **Tapioka**

Sago ist ein Erzeugnis von unregelmäßig bis regelmäßig geformten, 1 bis 3 mm großen Kügelchen, hergestellt aus verschiedenen Stärkearten.

Zu Einlage in Brühen Sago in kochendes Salzwasser schütten und garen. Die Kochdauer ist auf den Verpackungen vermerkt. Danach absieben, kalt überbrausen und abgetropft in die Kraftbrühe geben.

Sago findet auch zu gebundenen Suppen, Kaltschalen und Süßspeisen Verwendung.

3 Gebundene Suppen

Gebundene Suppen sind mit Bindemitteln sämig gemachte Brühen verschiedener Art.

Die Bindemittel können Weizen-, Reis-, Roggen-, Hafer-, Gerste-, Grünkern- oder Maismehl; Pürees von Gemüsen, Tomaten, Kartoffeln, Hülsenfrüchten, Fischen und Krustentieren, Geflügel- und Wildfleisch sein. Mehle und Pürees können auch zusammen als Bindung wirken.

Entsprechend ihrer Art sind die gebundenen Suppen zur geschmacklichen Verbesserung mit frisch gehackten Kräutern, Sahne und Eigelb (Liaison), Sahne und/oder Butter zu vervollständigen.

Suppenarten	Ansetzen	Grundstoff	Auffüllen	Fertigstellen	Vollenden
Legierte Suppen/ Samtsuppen Potages veloutés	weiße Mehlschwitze mit weißen Wurzelgemüsen	Gemüse, Pilze, Fisch, Geflügel, Schlachtfleisch	Kalbs- oder Geflügelbrühe und/oder Brühe des Grundstoffs	passieren	Eigelb und Sahne (Liaison)
Rahmsuppen/ Cremesuppen Potages crèmes	wie oben	wie oben	wie oben	passieren, auch unpassiert	nur Sahne
Püreesuppen Potages purées	Butter, Fett oder Speck, Wurzelgemüse, auch Mehl	Hülsenfrüchte, Gemüse, Kartoffeln; mitdünsten	Brühe von Schlachtfleisch oder Geflügel	pürieren, passieren	Butter, Kräuter, auch Sahne
Gebundene braune Suppen Potages brun liés	Butter, Fett oder Speck, Röstgemüse, Mehl	Wild, Wildgeflügel, Schlachtfleisch, Knochen und Parüren geröstet	Große braune Brühe und/oder Brühe des Grundstoffs, Nachbrühe	passieren	Butter oder Sahne, auch Dessertwein

In der Praxis haben wirtschaftliche Überlegungen den Vorrang, deshalb gibt es keine starre Form der Zubereitung. Die Grundzüge der einzelnen Suppenarten und die ihrer Herstellung müssen jedoch berücksichtigt bleiben.

Die **Neue Küche** bevorzugt die Methode des starken Reduzierens von kräftigen Fonds. Diese Reduktionen werden dann mit Crème fraîche, Crème double oder Schlagsahne gebunden und mit kalten Butterflöckchen montiert. Diese Suppen weisen allerdings sehr hohe Energiewerte (Kilojoule) auf. Deshalb serviert man von dieser Art meist nur kleine Mengen und nicht übliche Portionen.

3.1 Legierte Suppen – Samtsuppen

Potages veloutés
Velouté soups

Samtsuppen bzw. legierte Suppen sind aus einem angeschwitzten Bindemittel, einer entsprechenden Brühe und einem gegarten Grundstoff zusammengesetzt. Eine abschließende Legierung, bestehend aus Eigelb und Sahne, verleiht ihnen eine gewisse samtige Weichheit. Die Bezeichnungen und den jeweiligen Geschmack erhalten die Suppen durch die verwendeten Brühen (z. B. von Kalb, Geflügel, Gemüse, Fisch) und dem dazugehörenden Grundstoff (Gemüse, Pilze, Geflügel, Muscheln u. a.).

Bedarf für 10 l Suppe:

400 g	Fett	10 l	Brühe (geschmacksbestimmender Grundstoff)
100 g	Sellerie	1 l	Sahne
300 g	Lauch, weiß	10	Eigelb
400 g	Reis- oder Weizenmehl (oder anderes Bindemittel)	100 g	Butter

Kochzeit: 25 bis 45 Min. (je nach verwendetem Grundstoff).

Arbeitsfolge

Zutaten	Arbeitsablauf	Begründung
Fett, Sellerie, Lauch	Fett zerlassen, Gemüse ohne Farbe schwitzen	Durch Schwitzen entstehen Aromastoffe.
Reismehl oder Weizenmehl	einstreuen, mitschwitzen	Reismehl ist geeigneter, weil weniger Kleberanteile. Durch Schwitzen dextriniert Stärke der Mehle; Geschmacksaufwertung der Zubereitung.
abgekühlte Brühe	in kleinen Mengen zugießen, rühren, aufkochen, abschäumen, langsam weiterkochen	Schwitze bindet ohne Klümpchenbildung ab. Abschäumen fördert Aussehen und Geschmack. Mäßige Wärme verhindert Ansetzen.
vorgesehenen Grundstoff	beifügen und mitkochen	Suppe erhält den typischen Geschmack.
	durch Sieb oder Tuch passieren	Entfernen ausgewerteter Naturalien und feinster Rückstände.
Eigelb, Sahne (Legierung)	einen Teil der Suppe in die Legierung rühren, dieses Gemenge unter die verbliebene Suppe rühren.	Legierung verteilt sich besser in Gesamtmenge. Suppentemperatur wird verringert. Legierung vermischt sich, ohne sogleich abzubinden.
	nahe an den Kochpunkt bringen; nicht kochen!	Eigelb bindet ab, Suppe erhält samtene Weichheit. Suppe hat wenig Stärkebindung; sie gerinnt leicht.
gesondert gedünsteten oder reduzierten Grundstoff	in die legierte Suppe geben	Bestimmung des Suppengeschmacks.
Butter	in Flocken unterziehen	Verfeinerung des Geschmacks.

Legierte Suppe / Samtsuppe – Potage velouté

Legierung **Liaison**

Legierung oder Liaison ist eine Mischung vorwiegend von Eigelb und Sahne. Sie dient zum Legieren von Suppen, Saucen und Pürees. Liaison macht die Zubereitungen konsistenter und verleiht ihnen ein zartes, samtweiches Gefüge. Beim Trennen der Eier ist darauf zu achten, daß die Hagelschnüre sorgfältig vom Dotter entfernt werden. Dadurch erübrigt sich ein weiteres Passieren legierter Suppen und Saucen.

- ▷ Bedarf für 1 l Suppe: 1 Eigelb und 0,1 l Sahne
- ▷ Bedarf für 1 l Sauce oder Püree: 2 bis 4 Eigelb und 0,05 bis 0,2 l Sahne

Damit sich die Liaison gleichmäßig vermischt, rührt man zunächst einen Teil der Suppe in die Liaison, dann wird dieses Gemenge unter die verbliebene Suppe gerührt.

Bei Suppen darf die Legierung nicht mitkochen, denn durch den geringen Stärkeanteil würde das Eigelb ausflocken, gerinnen.

Bei Saucen, die durch die Bindung einen höheren Stärkeanteil aufweisen, oder bei Pürees kann die eingerührte Liaison kurz mit aufkochen; die dichtere Konsistenz verhindert die Gerinnselbildung des Eigelbs.

Zum Legieren muß die Suppe auf jeden Fall kochend heiß sein, damit das Eigelb der Liaison genügend Wärme zum Abbinden vorfindet.

Suppe in eine Wasserbadkasserolle (Bain-marie) gießen. Butter in Flöckchen unterrühren; gegebenenfalls noch salzen. Die Suppe zugedeckt warmhalten, damit sich keine Haut bildet.

Wurde der geschmacksbestimmende Grundstoff als zerkleinerte Einlage separat gedünstet, so gibt man ihn jetzt der fertigen Suppe bei.

Nach dem Prinzip des Grundrezeptes lassen sich herstellen z. B.:

Samtsuppe Carmen	*Velouté Carmen* **Velouté Carmen**	Suppe mit Geflügelbrühe und einem Zusatz von Tomatenmark herstellen. Einlage: körnig gekochter Reis, gedünstete Streifchen von Paprikaschoten und Tomatenfleischwürfelchen.
Samtsuppe Dubarry	*Velouté Dubarry* **Velouté Dubarry**	Vom Blumenkohl Röschen abnehmen und dünsten. Unter Verwendung des grobzerkleinerten Blumenkohlstrunks eine Suppe mit heller Brühe zubereiten. Gedünstete Röschen als Einlage der fertigen Suppe beigeben.
Geflügelsamtsuppe	*Velouté de volaille* **Chicken velouté**	Suppe mit Geflügelbrühe bereiten. Zur Kräftigung des spezifischen Geschmacks Geflügelklein oder -karkassen mitkochen. Einlage: Streifchen von gekochter Geflügelbrust (Julienne de volaille).
Samtsuppe Marie-Luise	*Velouté Marie-Louise* **Velouté Marie-Louise**	Suppe mit Gerstenmehl und Geflügelbrühe herstellen. Einige Bleich- bzw. Staudenselleriabschnitte zur Geschmacksbeeinflussung mitkochen. Einlage: gekochte Makkaronistückchen und gedünstete Gemüsewürfelchen (Brunoise).
Legierte Morchelsuppe	*Velouté aux morilles* **Morrel velouté**	Suppe mit Kalbsbrühe bereiten. Einlage: gedünstete Morchelstückchen samt kurzgehaltenem Dünstfond; auf die Oberfläche der eingefüllten Suppe geschnittenen Schnittlauch streuen.
Legierte Spargelsuppe	*Velouté d'asperges* **Asparagus soup**	Suppe mit heller Brühe bereiten. Zur Erzeugung des spezifischen Geschmacks Spargelabschnitte und/oder Spargelschalen mitkochen. Einlage: Stückchen gekochten Spargels

An folgendem Beispiel soll der Unterschied zwischen der herkömmlichen (konventionellen) und der modernen Küche aufgezeigt werden. Hierfür wird in beiden Fällen die Herstellung einer legierten Kerbel- oder Sauerampfersuppe dargestellt:

Herkömmliche Küche ◁	Rezepturbestandteile für 1 l Suppe	▷ Moderne Küche
1 l	helle Brühe vom Kalb oder Geflügel	1,5 l
40 g	Butter	–
40 g	Mehl	–
1	Eigelb	1
0,1 l	Sahne	0,4 l
20 g	Butter	100 g
100 g	frischer Sauerampfer oder Kerbel	100 g
	Salz und Pfeffer	

– mit Roux und heller Brühe eine gebundene Suppe bereiten und gut durchkochen lassen – Sauerampfer (Kerbel) waschen, zupfen und in feine Streifen schneiden – diese in Butter kurz dünsten – gegarten Sauerampfer (Kerbel) samt Dünstfond als Geschmacksträger und Einlage unter die legierte Suppe mengen, eventuell nachwürzen.	– den hellen Fond auf die Hälfte einkochen – die Sahne zugießen und bis zur gewünschten Konsistenz weiterreduzieren – währenddessen den gewaschenen, gezupften Sauerampfer (Kerbel) im Mixer pürieren und die Butter sowie das Eigelb dazumischen – die Suppe nun mit Salz und Pfeffer würzen und mit einem Mixstab die Sauerampferbutter (Kerbelbutter) in die heiße Suppe montieren.

3.2 Rahmsuppen – Cremesuppen

Potages crèmes
Cream soups

Rahmsuppen bzw. Cremesuppen sind – wie die legierten Suppen – meist aus einem angeschwitzten Bindemittel, einer entsprechenden Brühe und einem gegarten Grundstoff zusammengesetzt. Als kennzeichnende Eigenschaft gilt, daß sie nur mit Sahne vollendet werden.

Suppen, bei denen das Bindemittel gleichzeitig der Grundstoff ist, z. B. Hafer-, Gersten-, Grünkernmehl, Grieß oder Graupen, bewahren ihren typischen Geschmack am besten, wenn sie nur mit Sahne vollendet werden. Deshalb stellt man derartige Suppen vorwiegend als Rahmsuppen (Potages crèmes) her.

Bedarf für 10 l Suppe:

400 g	Fett	400 g	Weizenmehl oder Reismehl (oder anderes Bindemittel)
100 g	Sellerie		
300 g	Lauch, weiß	10 l	Brühe (geschmacksbestimmender Grundstoff)
		2 l	Rahm

Kochzeit: 25 bis 45 Min. (je nach Grundstoff).

Die Rahmsuppe wird wie die Samtsuppe (s. d.) angesetzt. Nach dem Passieren rührt man die Sahne in die Suppe und erhitzt alles nur noch. Um das feine Aroma der Sahne zu erhalten, darf die vollendete Suppe also nicht mehr kochen.

Nach dem Prinzip des Grundrezeptes lassen sich herstellen z. B.:

Artischockenrahmsuppe	*Crème Georgette* **Cream soup Georgette**	Mit den zarten Blättern der Artischocke eine Rahmsuppe zubereiten. Die roh ausgeschnittenen Artischockenböden in Butter mit wenig Brühe und Zitronensaft dünsten. Danach in feine Würfel schneiden und mit dem Fond und gekochtem Tapioka (10 g/l) der fertigen Suppe beigeben.
Geflügelcremesuppe	*Potage crème de volaille* **Chicken cream soup**	Eine Rahmsuppe mit kräftigem Geflügelfond herstellen und Hühnerbruststreifchen (Julienne de volaille) als Einlage in die Suppe geben.
Grünkernsuppe	*Potage crème blé vert* **Cream soup ceres**	Unter Anwendung von Grünkernmehl eine Rahmsuppe zubereiten. Kleine geröstete Weißbrotwürfel (Croûtons) extra dazu reichen.
Tomatensuppe	*Crème de tomates* **Tomato cream soup**	Unter Verwendung von wenig magerem Speck, ausgedrückten frischen Tomaten (750 g/l) und Tomatenmark (75 g/l) eine Rahmsuppe herstellen. Fertige Suppe mit Salz, Zucker und Pfeffer abschmecken.

3.3 Püreesuppen

Potages purées
Puree soups

Suppen, deren Grundbestandteile püriert werden und die hauptsächlich dadurch ihre Bindung erhalten, bezeichnet man als Püreesuppen.

Die Grundstoffe sind vorwiegend Hülsenfrüchte, Gemüse oder Kartoffeln. Sie bestimmen die Art der Suppe, ihren Geschmack und ihre Bindung.

Hülsenfrüchte haben mehr Stärkeanteile als Gemüse oder Kartoffeln, diese genügen als Suppenbindung. Bei frischem Gemüse oder Kartoffeln ist deshalb ein Zusatz von Weizen- oder Reismehl oder Brot nötig.

Die fertiggekochten Püreesuppen erhalten zur Geschmacksverfeinerung meistens etwas Butter, aber auch mit gehackten frischen Kräutern oder Sahne können sie vollendet werden.

Purée Crècy

Karottensuppe **Carrot puree soup**

Bedarf für 1 l:

80 g	Zwiebeln und Lauch	Brühe
30 g	Fett	20 g Butter
20 g	Reismehl	Kerbelblättchen
400 g	Karotten	

Zwiebel- und Lauchscheiben mit Speckresten in Fett farblos anschwitzen. Reismehl darüberstäuben, verrühren und mitschwitzen. Karottenscheiben dazugeben, mit heller Brühe auffüllen und weichkochen.

Speckreste entnehmen, Suppe durch den feinen Passiereinsatz, danach durchs Spitzsieb passieren und wieder erhitzen.

Karottensuppe abschmecken, mit Butterflocken vollenden und mit Kerbelblättchen garnieren.

Purée Parmentier

Kartoffelsuppe **Parmentier soup**

Bedarf für 1 l:

80 g	Zwiebeln und Lauch	Brühe
30 g	Fett	10 g Butter
20 g	Mehl	0,05 l frische Sahne
300 g	Kartoffeln	100 g Weißbrotwürfelchen

Zwiebel- und Lauchscheiben in Fett anschwitzen, mit Mehl bestäuben und farblos weiterschwitzen. Kartoffelscheiben hinzufügen, mit heller Fleischbrühe auffüllen und weichkochen.

Suppe passieren, erhitzen und mit Butter, Sahne und etwas Muskat abschmecken.

Die Kartoffelsuppe mit Petersilie bestreuen. Geröstete Weißbrotwürfelchen (Croûtons) gesondert reichen.

3.4 Gebundene braune Suppen

Potages brun liés
Brown soups

Grundlage für braune Suppen sind Parüren und Knochen von Schlachtfleisch, Wild oder Karkassen von Wildgeflügel. Zum Ansetzen brauner Wildgeflügelsuppen sind auch alte Tiere, z. B. Fasane, verwendbar.

Die braune Farbe wird durch Anbraten des Grundmaterials mit Röstgemüse erreicht.

Gebunden wird mit goldbrauner Mehlschwitze. Sie wird für sich zubereitet oder durch Stäuben des angebratenen Grundmaterials gebildet.

Zum Auffüllen kann je nach Art der Suppen vorhandene Brühe des Grundstoffs, Fleischbrühe, Nachbrühe oder Große braune Brühe genommen werden. Den Suppenansatz kann man zuvor auch mit Weiß- oder Rotwein ablöschen.

Verschiedene Küchenkräuter, wie Basilikum, Rosmarin, Thymian, Bohnenkraut, ferner Wacholder und Knoblauch oder Gewürzmischungen, dienen der geschmacklichen Vervollkommnung.

Die Vollendung brauner Suppen geschieht mit Butter oder Sahne oder auch mit Dessertwein (Sherry, Portwein, Madeira).

Gebundene Ochsenschwanzsuppe *Potage au queue de Bœuf* **Bounded Oxtail soup**

Bedarf für 1 l:

300 g	Ochsenschwanz	40 g Mehl
80 g	Fett	Wasser oder
180 g	Röstgemüse	Nachbrühe
1 El	Tomatenmark	0,05 l Madeira
0,1 l	Rotwein	Gewürze
300 g	Knochen und Parüren von Kalb und Rind	

Ochsenschwanz in den Gelenken durchschneiden, mit einem Drittel der Röstgemüse anbraten, mit Rotwein ablöschen, Tomatenmark dazugeben und glasieren. Dann bedeckt Wasser dazugießen und weichschmoren.

Mit den restlichen Zutaten eine braune Suppe bereiten. Den Fond des geschmorten Ochsenschwanzes mitverwenden. Die fertige Suppe mit Madeira abschmecken.

Einlage: Das abgelöste Ochsenschwanzfleisch kleinwürfelig geschnitten. Mögliche Ergänzung: Würfelchen von Möhren und Sellerie.

Windsorsuppe
Potage Windsor
Windsor soup

Bedarf für 1 l:

500 g	Kalbsknochen und -parüren	40 g	Mehl
			Brühe
100 g	Röstgemüse	0,05 l	Madeira
60 g	Fett	40 g	Makkaroni

Von den Zutaten eine braune Suppe zubereiten, die geschmacklich mit Paprika gehoben und mit Madeira vollendet wird.

Einlage: Gekochte Makkaroni in kleinen Stücken.

St.-Hubertus-Suppe
Potage St. Hubert
St.-Hubertus soup

Bedarf für 1 l:

600 g	Wildparüren		Brühe
100 g	Röstgemüse	0,1 l	Sahne
60 g	Fett	0,05 l	Madeira
0,1 l	Rotwein		Cayenne
40 g	Mehl	60 g	Champignons

Von den Zutaten eine braune Wildsuppe herstellen, bei der der Ansatz mit Rotwein abgelöscht und die Mehlschwitze für sich bereitet wurde.

Fertige Suppe mit Sahne verfeinern und mit Madeira und Cayenne abschmecken.

Einlage: Wildfleischwürfel und Champignonscheiben.

3.5 Gemüsesuppen
Potages aux légumes
Vegetable Soups

Gemüsesuppen entstammen der bäuerlichen Küche. Die Gemüse werden in Blättchen, Streifen, Stäbchen oder Würfel geschnitten, mit Fett und/oder Speck angeschwitzt, aufgefüllt und gegart oder mit zuvor zugesetztem Fleisch gekocht. Oftmals kommen auch Kartoffeln, Teigwaren oder Reis dazu. Ihre bezeichnende Eigenschaft ist, daß die Gemüse wie sie sind in der Brühe bleiben, die Suppe also nicht passiert wird.

Bei der Zusammenstellung ist zu berücksichtigen, daß Gemüse mit stark hervortretendem Geschmack anteilig geringer verwendet werden sollten.

Gemüsesuppen können je nach ihrer Art mit Mehl oder Brot leicht gebunden oder mit Milch oder Sahne verkocht sein. Sie werden mit zerkleinerten Kräutern ergänzt.

Gemüsesuppe
Potage aux légumes
Vegetable soup

Bedarf für 10 l:

8 l	Rinderbrühe	400 g	Wirsing
200 g	Speckstreifchen	1	Kräuterbündel aus Liebstöckel, Petersilienwurzel, Basilikum, 2 gequetschten Knoblauchzehen
200 g	Zwiebelwürfelchen		
150 g	Butter		
800 g	Lauch		
800 g	Rüben (weiße oder Karotten)	800 g	Kartoffeln
400 g	Sellerie	30 g	gehackter Petersilie
300 g	Kohlrabi		Salz und Pfeffer

Für Croûtons: 400 g Scheiben von Stangenbrot oder Brötchen, 60 g Butter, 50 g Öl

Gardauer: 30 bis 40 Min.

Speckstreifchen und Zwiebelwürfelchen mit wenig Butter anschwitzen. Übrige Butter und die blätterig geschnittenen Gemüse zugeben und zur Geschmacksbildung ebenfalls anschwitzen. Mit Rinderbrühe auffüllen, Kräuterbündel einlegen, alles zum Kochen bringen und bei wenig geöffnetem Deckel und schwacher Hitze sieden. Nach halber Gardauer feinblätterig geschnittene Kartoffeln zugeben. – Inzwischen Brotscheibchen im Ofen hellbraun rösten, mit zerlaufener Butter beträufeln, durchschwenken und später separat zur Suppe anbieten.

Der gegarten Suppe das Kräuterbündel entnehmen, Salz ergänzen, mit gehackter Petersilie servieren.

Gemüsesuppe Bauernart
Potage paysanne
Farmers' soup

Gemüse der Jahreszeit und einige Kartoffeln in Blättchen schneiden. Mit Speckwürfeln und etwas Butter farblos anschwitzen, leicht mit Mehl bestäuben, mit Fleischbrühe auffüllen und garen.

Die fertige Suppe mit gehackten Kräutern bestreuen und mit Röstbrotscheibchen servieren.

Kleiner Suppentopf
Petite marmite
Marmite soup

Ein blanchiertes Suppenhuhn, die gleiche Gewichtsmenge blanchiertes Rindfleisch mit Brühe ansetzen, kochen, abschäumen und die Brühe später abfetten.

Lauch, Karotten, weiße Rüben, Wirsing- oder Weißkohl zu gleichen Teilen und ein wenig Sellerie blättrig schneiden und mitkochen.

Gegartes Huhn und Rindfleisch entnehmen und auskühlen lassen; danach in gleichmäßige Stücke schneiden und zusammen mit einigen Scheiben Mark in die Suppe geben und mit frisch gehackter Petersilie bestreuen.

Suppentopf soll Fettaugen aufweisen. Er wird immer in einer Terrine aufgetragen.

4 Sondergruppen

4.1 Regionalsuppen

Potages regionaux
Regional soups

Suppen, die einem bestimmten Gebiet (Region) Deutschlands entstammen und nur dort bekannt waren, bezeichnet man mit Regionalsuppen.

Bodenständige Erzeugnisse oder die besondere Verarbeitung der Naturalien bestimmen ihren Charakter.

Löffelerbsen mit Speck **Berlin**

Bedarf für 1 l:

120 g ungeschälte gelbe Erbsen
100 g Wurzelgemüse
60 g Speck
1 l Brühe
Majoran
Thymian
1 El Petersilie

Erbsen abends zuvor waschen und einweichen.

Zwiebeln, Möhren, Lauch und Sellerie in 0,5 cm große Würfel schneiden und mit Fett anschwitzen. Erbsen mit dem Einweichwasser, den Speck, je 1 Messerspitze Majoran und Thymian und die Brühe dazugeben und alles garkochen.

Speck in Würfel schneiden, unter die Löffelerbsen rühren und die Petersilie darüberstreuen.

Bohnensuppe **Mecklenburg-Vorpommern**

Bedarf für 2,5 l:

350 g weiße Bohnenkerne
1–2 Gänsemägen
1–2 Gänseherzen
2 l Gänsebrühe (Geflügelbrühe)
1 Knoblauchzehe
100 g Zwiebel
100 g Karotten
100 g Sellerie oder Petersilienwurzel
Majoran
Bohnenkraut
Petersilie
Gänseschmalz
Salz
Pfeffer
Zitrone oder Essig

Über Nacht die Bohnen in entfetteter Gänse- oder Geflügelbrühe einweichen, dann darin weichkochen.

Gänsemägen und -herzen weichkochen.

Zwiebeln, Karotten, Knoblauch und Sellerie bzw. Petersilienwurzeln in kleine Würfel schneiden, in Gänseschmalz oder anderem Fett andünsten, verriebenen Majoran sowie Bohnenkraut dazugeben und garen.

Eine Hälfte der gekochten Bohnen mit dem Kochfond in die Gemüse geben, die zweite Hälfte der Bohnen pürieren und damit die Suppe abbinden.

Die Suppe mit Salz, Pfeffer und etwas Essig bzw. Zitrone abschmecken, die kleingeschnittenen Fleischstücke von Herz und Magen beifügen und mit gehackter Petersilie bestreut servieren.

Kartoffelsuppe **Westfalen**

Bedarf für 1,5 l:

400 g Kartoffeln (mehlige Sorte)
100 g Weißes vom Lauch
100 g Zwiebeln
100 g Sellerie
1 l Fleischbrühe
Zitronensaft
50 g Sahne
Majoran
Salz
weißer Pfeffer
50 g Butter
Schnittlauch

Zwiebeln, Lauch, Sellerie und Kartoffeln in kleine Würfel schneiden.

Die Zwiebeln in Butter glasig dünsten, die restlichen Gemüse zugeben und kurz mitdünsten, mit Brühe auffüllen und zugedeckt garziehen lassen.

Danach die ganze Suppe im Mixer pürieren und mit Majoran, Salz, Zitrone und Pfeffer abschmecken. Falls nötig noch etwas Brühe zugießen.

Mit dem Schneebesen die Sahne unterrühren und die Suppe mit feingeschnittenem Schnittlauch und Röstbrotwürfeln anrichten und servieren.

Grünkernsuppe **Baden**

Bedarf für 1 l:

60 g Grünkern (Dinkelkörner)
160 g Gemüse
20 g Brötchen
25 g Butter
1 l Fleischbrühe
0,05 l Sahne
100 g Markklößchen

Grünkern am Abend zuvor waschen und bedeckt einweichen. Einweichwasser mitverwenden. Abgegossenen Grünkern, Sellerie-, Zwiebel-, Lauchscheiben und zerschnittene Brötchen in Butter anschwitzen; mit Fleischbrühe und Einweichwasser auffüllen und alles garen.

Die durch ein Sieb gestrichene Suppe wird mit der Sahne abgeschmeckt und mit Markklößchen (s. Suppeneinlagen) aufgetragen.

Riebelesuppe **Württemberg**

Bedarf für 2,5 l:

150 g Mehl
1 Ei
1 Eigelb
2,5 l Fleischbrühe
1 El Schnittlauch

Unter das Mehl gibt man das Ei, das Eigelb, eine Prise Muskat und etwas Salz und reibt die Zutaten zwischen den Händen zu Teigklümpchen. Diese werden in die kochende Fleischbrühe eingestreut und darin gegart. Mit Schnittlauch bestreut wird die Suppe zu Tisch gegeben.

Fleckerlsuppe **Bayern**

Bedarf für 2,5 l:

125 g	Mehl	2,5 l	Rindfleischbrühe
1	Ei	1 El	Schnittlauch
1 El	Wasser		Salz

Mehl sieben, zerschlagenes Ei, Wasser, etwas Salz dazugeben und zu Nudelteig verarbeiten. Teig dünn ausrollen, antrocknen lassen und in kleinere Rechtecke (Fleckerln) schneiden. Nudelfleckerln in die kochende Fleischbrühe schütten und 3 Min. leicht kochen.

Die fertige Fleckerlsuppe mit Schnittlauch bestreuen.

Sauerkrautsuppe **Thüringen**

Bedarf für 2,5 l:

400 g	Sauerkraut	200 g	Crème fraîche
1,5 l	Bouillon		Salz
80 g	Butter		Pfeffer
70 g	Mehl		Zucker
2 Tl	Kümmel		

Das Sauerkraut, je nach Schärfe, wenn nötig kurz abwaschen und abtropfen lassen. Mit einem großen Messer etwas durchhacken, so daß kurze Krautstreifen entstehen. Diese dann in der Bouillon etwa 20 Min. kochen lassen. Aus Butter und Mehl eine helle Roux herstellen und damit die Krautsuppe binden. Den gehackten Kümmel zugeben und noch etwas auskochen lassen. Mit den restlichen Gewürzen abschmecken und die Crème fraîche untermischen. Die Suppe evtl. mit gerösteten Weißbrotstückchen und/oder Röstspeckwürfelchen servieren.

Warmbiersuppe **Sachsen**

Bedarf für 1,5 l:

1 l	Milch	20 g	Zucker
0,75 l	dunkles Bier		Zitronenschale/-saft
4	Eigelbe		Zimt, etwas Salz
40 g	Stärke		kandierter Ingwer

Die Stärke mit zwei Tassen Milch und den Eigelben glattrühren. Die restliche Milch aufkochen, mit dem Stärkebrei abbinden, nochmals kurz aufkochen lassen und das Bier dazugeben. Die Suppe durch ein Sieb seihen, abschmecken und als Einlage kandierte Ingwerwürfelchen auf die Suppe streuen.

4.2 Nationalsuppen

Potages nationaux
National soups

Suppen, die der Küche einer bestimmten Nation (Volk) entsprechen und eine Besonderheit dieses Landes darstellen, sind Nationalsuppen.

England

Clear Oxtail Soup **Klare Ochsenschwanzsuppe**

Bedarf für 2 l:

600 g	Ochsenschwanz	1 g	Gewürzbeutel (Nelke, Lorbeerblatt, Thymianzweig, Majoran, Basilikum, Knoblauchzehe, Pfefferkörner)
1 kg	zerkleinerte Rinder- und Kalbsknochen	200 g	Gemüsewürfel (Lauch, Möhre, Sellerie)
300 g	Röstgemüse		Sherry
60 g	Fett		Cayenne, Salz
1 El	Tomatenmark		
0,2 l	Weißwein		

Ochsenschwanz zwischen den Gelenken durchtrennen. Zusammen mit Knochen und Röstgemüse braun anbraten. Tomatenmark zugeben, durchrösten. Mit Wein ablöschen, glasieren, Wasser auffüllen und aufkochen. Abschäumen und mäßig weiterkochen. Bevor der Ochsenschwanz weich ist, Gewürzbeutel einlegen. Ochsenschwanzbrühe durch ein Sieb abgießen und kaltstellen. Ochsenschwanzfleisch abnehmen und pressen. Klärfleisch, Eiweiß und Gemüse tüchtig vermengen. Kalte, entfettete Ochsenschwanzbrühe dazugießen. Unter Rühren aufkochen, also klären wie Kraftbrühe. Geklärte Suppe durch ein Tuch passieren. Mit Sherry, Salz und Cayenne abschmecken. Gepreßtes Fleisch in Würfelchen geschnitten in die Suppe geben. – Klare Ochsenschwanzsuppe kann mit in Sherry angerührtem Kartoffelmehl ganz leicht gebunden werden.

USA

Clam Chowder **Muschelsuppe**

Bedarf für 2 l:

0,75 l	Muschelsud	300 g	grüne Paprikaschote
0,75 l	Milch	40 g	Mehl
100 g	Schalottenwürfel	300 g	Kartoffeln
100 g	durchwachsenen Speck (Bacon, Wammerl oder Dörrfleisch)	300 g	gekochtes Muschelfleisch
			Salz
			Cayenne-Pfeffer
40 g	Butter	150 g	Tomatenfleischwürfel

Zunächst die gereinigten Muscheln (am besten Herz- oder Venusmuscheln) in einem Sud aus Weißwein, Wasser, Salz, Lorbeer, Pfefferkörnern und Zitronensaft oder Zitronenmelisse kochen, dann im Sud abkühlen lassen und aus den Schalen brechen.

Die Speck- und Schalottewürfel in Butter glasig angehen lassen, die würfelig geschnittene Paprikaschote zugeben und anschwitzen lassen. Mit Mehl bestäuben und mit der Muschelbrühe aufgießen, kochen lassen, mit Salz und Cayenne-Pfeffer abschmecken. Nun die feinwürfelig geschnittenen Kartoffeln zugeben, weichkochen lassen, zum Schluß die Milch zugießen und die Suppe nochmals kurz aufkochen. Die Suppe mit den Tomatenfleischwürfeln und dem kleingeschnittenen Muschelfleisch vollenden, nochmals abschmecken und mit frischgehackter Petersilie oder Selleriegrün bestreut servieren.

Italien

Minestrone — Gemüsesuppe

Bedarf für 2 l:

- 150 g Lauch
- 100 g Sellerie
- 100 g Möhren
- 100 g weiße Rübchen
- 1 El feingeschnittene Zwiebeln
- 80 g Butter
- Fleischbrühe
- Salz
- 30 g Makkaroni
- 20 g Langkornreis
- 100 g Kartoffelwürfelchen
- 200 g Tomatenfleischwürfelchen
- 50 g fetter Räucherspeck
- 1 Knoblauchzehe
- 1 El gehackte Petersilie
- Pfeffer
- 100 g geriebener Parmesan

Gemüse putzen und in Blättchen schneiden. Zwiebeln in Butter anschwitzen, Gemüseblättchen beifügen, etwa 15 Min. dünsten. Fleischbrühe auffüllen. Fehlendes Salz ergänzen. Makkaroni in Stückchen gebrochen, Reis, Kartoffeln und Tomaten beifügen und alles fertiggaren. Speck und Knoblauch sehr fein hacken und zusammen mit Petersilie und ein wenig Pfeffer in die Suppe geben. Suppe aufkochen, einfüllen und Parmesan separat reichen.

Ungarn

Gulyásleves — Gulaschsuppe

Bedarf für 2 l:

- 400 g Rinderbug
- 400 g Zwiebelwürfel
- 100 g Fett
- 10 g Rosenpaprika
- 1 El Tomatenmark
- Salz
- 1 Knoblauchzehe
- 3 g Kümmel
- 3 g Majoran
- 120 g Würfel grüner Paprikaschoten
- 150 g Tomatenwürfel
- 200 g Kartoffelwürfelchen
- Pfeffer
- 1 Ei
- Mehl

Rindfleisch in kleine Stücke schneiden. Zwiebeln in erhitztem Fett anbraten. Paprika darüberstreuen. Geschnittenes Fleisch und Tomatenmark zufügen, salzen und zugedeckt Fond ziehen lassen. Geschirr aufdecken, Ansatz glasieren. Etwas Wasser angießen und im verschlossenen Geschirr fast garkochen. Knoblauchzehe, Kümmel und Majoran zusammen fein hacken. Paprikaschoten-, Tomaten- und Kartoffelwürfelchen sowie das gehackte Gewürz zum Fleisch geben. Mit soviel Wasser auffüllen, wie für die Suppe vorgesehen ist, und alles fertiggaren. Fehlendes Salz und Pfeffer ergänzen. Aus Ei und Mehl einen Teig kneten und in kleine Stücke zupfen. Die kleinen Teigflecke in Salzwasser garen und abschließend in die Suppe geben.

Rußland

Borschtsch — Rote-Rüben-Suppe

Bedarf für 2 l:

- 400 g Suppenfleisch vom Rind
- 100 g geräucherter Bauchspeck
- 300 g rote Rüben
- 700 g Gemüse (Zwiebeln, Lauch, Möhren, Weißkohl, Sellerie)
- 100 g Fett
- 2 El Tomatenmark
- 2 El Essig
- 1 Gewürzbeutel (Pfefferkörner, Fenchel, Lorbeerblatt)
- Salz
- 1 El geschnittener Dill
- Saft roher roter Rüben
- saure Sahne

Fleisch und Speck blanchieren. Mit Wasser oder Brühe zum Kochen aufsetzen und garen. Geschälte Rüben und geputzte Gemüse in Streifen schneiden. Fett erhitzen. Geschnittene Gemüse zugeben, farblos anschwitzen. Tomatenmark beifügen, mit Essig ablöschen. Gemüseansatz zum Fleisch geben. Gewürzbeutel einlegen und alles fertig garen. Danach Gewürzbeutel entfernen. Speck und Fleisch in Scheibchen geschnitten der Suppe wieder beigeben. Fehlendes Salz ergänzen und Dill aufstreuen. – Gesondert reicht man Saft roher roter Rüben und saure Sahne. – Ferner gehören zu dieser Suppe Piroschki, gebackene Suppenpastetchen, vorwiegend in Form von Täschchen. Der Teig, ein zuckerloser Mürb- oder Hefeteig oder Blätterteig, erhält eine Quarkfüllung, die mit Eigelb, Butter und Gewürzen ergänzt wird.

Spanien

Gazpacho andaluz — Kalte andalusische Gemüsesuppe

Bedarf für 2 l:

- 300 g Salatgurken
- 1 kg reife Tomaten
- 300 g grüne Paprikaschoten
- 250 g Zwiebelscheiben
- 2 El Tomatenmark
- 2 geriebene Knoblauchzehen
- 150 g Weißbrotkrume
- 2 El Essig
- 2 El Olivenöl
- Salz
- Pfeffer
- Zucker
- 120 g Weißbrotwürfelchen

Gemüse waschen und putzen. Von jeder vorbereiteten Gemüsesorte die Menge eines gehäuften Eßlöffels in kleinste Würfel geschnitten als Einlage reservieren. Weißbrot in Wasser einweichen. Übrige Gemüse grob zerkleinern. Eingeweichtes Brot leicht ausdrücken. Brot und Gemüse in eine Schüssel geben. Zwiebelscheiben, Knoblauch und Tomatenmark beifügen. Essig und Öl darübergießen und alles mischen. Mischung im Mixer recht fein pürieren. Reservierte Einlage unter die Suppe rühren und mit Salz, Pfeffer und Zucker abschmecken. Gazpacho gut durchkühlen. Ist die Suppe danach zu dick, kann mit kalter Brühe oder Tomatensaft verdünnt werden. Kleine Weißbrotwürfelchen auf die eingefüllte Suppe streuen.

Frankreich

Soupe à l'oignon **Zwiebelsuppe**

Bedarf für 2 l:

80 g	Butter	100 g	Stangenweißbrot
2 El	Öl	2	Knoblauchzehen
900 g	Zwiebeln	60 g	geriebener Parmesan
60 g	Mehl		Msp. Muskat
2 l	Rindfleischbrühe		

Butter und Öl erhitzen. Geschälte, in Streifen geschnittene Zwiebeln dazugeben. Wenn die Zwiebeln goldgelb sind, Mehl darüberstreuen und kurz durchrösten. Mit Brühe auffüllen, glattrühren und kochen, bis die Zwiebeln weich sind. Weißbrot in Scheiben schneiden, rösten, mit Knoblauch einreiben und in Suppenteller legen. Zwiebelsuppe mit Muskat abschmecken, in die Teller füllen und den Käse gesondert reichen.

Österreich

Tiroler Knödelsuppe **Rindfleischsuppe mit Speckknödeln**

Bedarf für 2 l:

100 g	Semmeln	1 Tl	gehackte Petersilie
0,1 l	Milch	20 g	Butter
1	Ei	20 g	Mehl
30	feine Bauchspeckwürfel		Salz
30 g	Zwiebelwürfel		Rindfleischbrühe

Semmeln in kleine Würfel schneiden. Milch und Ei verquirlt über die Semmelwürfel geben. Speck, Zwiebeln und Petersilie anschwitzen. Mehl und ein wenig Salz auf die geweichten Semmelwürfel streuen, Angeschwitztes dazugeben und alles vermengen. Aus der Masse Knödel mit 2 cm Durchmesser formen, in kochendes Salzwasser einlegen und 10 Min. sieden. – Gegarte Knödel der Rindfleischbrühe beigeben.

Indien

Mulligatawny **Geflügel-Curry-Rahm-Suppe**

Bedarf für 2 l:

60 g	Butter	80 g	Reismehl
50 g	Zwiebeln	2 l	Geflügelbrühe
1	Apfel	0,2 l	Sahne
15 g	Currypulver		Salz

Gehackte Zwiebeln und kleingeschnittener Apfel in Butter anschwitzen. Currypulver einstreuen und kurz mitdünsten lassen. Reismehl dazugeben, gründlich einarbeiten, mit dem Geflügelfond auffüllen, glattrühren und langsam auskochen lassen. Suppe passieren, mit Sahne verfeinern und mit Salz abschmecken.

Einlage: Gekochter Reis und Streifen von Geflügelfleisch.

4.3 Spezialsuppen

Potages spéciaux
Special soups

Suppen unter Verwendung von speziellen Zutaten, denen eine besondere Bearbeitung vorausgeht und die auch einer eigenen Zubereitung unterliegen, nennt man Spezialsuppen.

Haifischflossen

Zur Verarbeitung gelangen die Muskelsträhnen der Rückenflossen des Katzenhais, eines gefährlichen Räubers, der zu den Knorpelfischen gezählt wird. Die Muskelsträhnen kommen ausgeschnitten und getrocknet in den Handel.

Känguruhschwänze

Känguruhs (Springbeutler) gehören zur Familie der Beuteltiere mit vielen Arten. Ihre Heimat ist Australien (einschließlich Tasmanien) und Neuguinea. – Das Fleisch junger Tiere entspricht dem Kalbfleisch und läßt sich wie dieses verwenden. Der muskulöse Schwanz wird am höchsten bewertet und überwiegend zu Suppe verarbeitet. Die Herstellung von Känguruhschwanzsuppe ist ähnlich der Zubereitung von Ochsenschwanzsuppe.

Schwalbennester

Die den Schwalben ähnlichen Salanganen leben in Ostindien und auf zahlreichen dazu gehörenden Inseln. Aus der schnell erhärtenden Absonderung ihrer Speicheldrüsen fertigen sie napfförmige Nester, die als „eßbare Vogelnester“ (Schwalbennester) in den Handel kommen. Zum Gebrauch werden sie eingeweicht, gründlich gereinigt und in kräftiger Fleischbrühe gegart. Dabei fallen sie auseinander und lösen sich bis auf kleine Fasern gelatineartig auf.

Trepang

Mit Trepang bezeichnet der Handel ein Erzeugnis, hergestellt aus vorbereiteten, getrockneten Seegurken (Meergurken, Seewalzen). Sie gehören zur Klasse der Stachelhäuter und haben einen walzen- bis gurkenförmigen Körper unterschiedlichster Größe. Seegurken leben in großen Mengen fast ausschließlich am Boden wärmerer Meere. Trepang wird besonders in Japan und China als hochwertiges Produkt eingestuft. Gegarter Trepang ist von gallertartiger Beschaffenheit.

Die beschriebenen fremdländischen Naturalien sind bei uns nicht am Markt. Deshalb können Suppen dieser Art nur über die Industrie bezogen werden. Einschlägige Unternehmen importieren diese Rohstoffe. Das Ausgangsmaterial wird gekocht und mit entsprechenden Auszügen und Wein ergänzt. Die Erzeugnisse gelangen als Kleinkonserven in den Handel.

In der Küche werden die Spezialsuppen nach Vorschrift des Herstellers erhitzt und in vorgewärmte kleine Tassen verteilt.

Spezialsuppen lassen sich ihrer Art entsprechend geschmacklich abwandeln. Durch dosierte Beigaben von Sahne, Liaison, Curry, Bambus, Okra, Ananas, Papaya, Mango, Pilzen und Gemüsen oder Südwein entstehen andere Geschmacksrichtungen.

Von Krebsen und Hummern lassen sich die anfallenden Panzer für vielfältige Suppen-Zubereitungsarten verwenden. Für Krebssuppe kommen auch die kleineren, sogenannten Suppenkrebse, in Betracht.

Krebssuppe

Crème d'écrevisses
Crayfish soup

Bedarf für 5 l:

125 g	Butter	3 l	helle Fleischbrühe (Krebssud)
125 g	Öl	200 g	Fett
60	Krebse	150 g	Sellerie
250 g	Brunoise	400 g	Lauch
0,1 l	Cognac	200 g	Mehl
0,25 l	Weißwein	0,5 l	Sahne
3 El	Tomatenmark	100 g	Butter

Die gut gewaschenen Krebse in einem Sieb in kochendem Wasser töten.

Abgetropfte Krebse und feinwürfelige Gemüse in Butter und Öl rösten, mit Cognac begießen und flambieren. Tomatenmark mitrösten. Weißwein und entsprechende Brühe zugeben und 10 Min. kochen.

Dann auf ein Sieb schütten, Krebsschwänze abtrennen. Körper mit den Scheren fein zerkleinern, in die Brühe zurückgeben, weitere 10 Min. kochen und passieren.

Mit der Krebsbrühe eine Cremesuppe bereiten, die mit einer Messerspitze Paprika, Sahne und Butterflocken zu vollenden ist.

Je zwei ausgebrochene, vom Darm befreite Krebsschwänze werden als Einlage für eine Portion Krebssuppe verwendet.

Hummersuppe

Crème de homard
Lobster soup

Wird mit anfallenden Hummerkrusten wie die Krebssuppe zubereitet. Kleine Hummerfleischwürfel werden der Hummersuppe als Einlage beigegeben.

4.4 Kaltschalen

Soupe froid doux
Sweet cold soups

In der warmen Jahreszeit sind Kaltschalen eine erfrischende Abwechslung.

Sie werden als Milch- oder Fruchtkaltschalen mit Zucker zubereitet und anstelle von klaren oder gebundenen warmen Suppen serviert.

Milchkaltschalen		Fruchtkaltschalen
Milch und Zucker	◁ Grundstoff ▷	Früchte und Zucker
Eier oder Eiweiß (Eiklar)	◁ Bindung ▷	Kartoffelmehl, Sago oder nur Grundstoff (Fruchtmark)
Vanille, Zitronenschale, Orangenschale, Zimt oder Ingwer	◁ Geschmacksergänzung ▷	Vanille, Zimt, Zitronensaft oder -schale oder Wein
rohe, reife Beerenfrüchte gezuckert oder rohes, reifes, weiches Obst zerkleinert und gezuckert	◁ Einlage ▷	rohe, reife Beerenfrüchte oder zerkleinertes Obst gedünstet. Makronen, Biskuitwürfel, Baiserbruchstücke

Soupes froides au lait

Milchkaltschalen — Sweet milk soups

Milchkaltschalen werden durch Abziehen mit Eiern oder Eiweiß (Eiklar) gebunden. Aromen, wie Vanille, Zitronenschale usw., gibt man zur Ausnutzung des Geschmacks, gleich zu Anfang, beim Aufkochen in die Milch.

Milchkaltschalen, die mit **Mandeln, Pistazien** oder **Nüssen** zubereitet werden, bindet man mit Eiweiß.

Die abgezogenen Mandeln oder Pistazien (80 g/l) mixt man mit Milch und rührt die fein aufgeschlossene Masse unter die Kaltschale.

Nüsse (80 g/l) sind erst zu rösten, von der Haut zu befreien und dann feingerieben der Milchkaltschale beizugeben.

Bedarf für 3 l:

5	Eier	150 g	Zucker
	oder	2,5 l	Milch
250 g	Eiweiß		

Eier oder Eiweiß und Zucker in einer Schüssel tüchtig vermengen. Milch und vorgesehenes Aroma zusammen aufkochen und nach und nach, unter Rühren mit einem Schneebesen, auf die Eier- oder Eiweißmischung gießen. Alles in den Topf zurückschütten.

Bei mäßiger Hitzeeinwirkung mit einem Holzspatel abrühren, bis die Flüssigkeit den Spatel leicht überzieht. Kochen darf die Mischung nicht, da sie sonst gerinnt.

Wenn die Bindung erreicht ist, wird die Milchkaltschale durch ein Haarsieb gegossen und kaltgerührt.

Die rohe Fruchteinlage gesondert halten und einen gehäuften El in jede Portion Milchkaltschale geben.

Soupes froides aux fruits

Fruchtkaltschalen — Sweet fruit soups

Fruchtkaltschalen kann man von einer Fruchtart oder einer Mischung aus mehreren Früchten herstellen.

Vor der Bearbeitung ist das Obst gründlich zu waschen und sofort weiterzuverarbeiten, da die Schnittflächen schnell braun werden. Die im Obst enthaltenen Enzyme bewirken diese Farbveränderung. Sie beeinträchtigen aber auch Aroma und Geschmack. Besonders empfindlich sind Äpfel, Birnen, Aprikosen und Pfirsiche. Beträufeln mit Zitronensaft hemmt die enzymatischen Veränderungen.

Bei Fruchtkaltschalen richtet sich das Zuckerquantum nach Reifegrad und Art der Früchte.

Die Menge des Bindemittels bestimmt die Art des verwendeten Obstes. So wird z. B. Apfelkaltschale durch die Konsistenz des Früchtepürees nur sehr wenig oder keine Bindung benötigen.

Da Kartoffelmehl und Sago abbinden ohne zu trüben, werden sie zum Sämigmachen bevorzugt.

Bedarf für 3 l:

1 kg	vorbereitete Früchte	25–40 g	Kartoffelmehl
			oder
1,4–2 l	Wasser	35–50 g	Sago
150–200 g	Zucker		

Früchte mit einem Teil des Wassers weichkochen, passieren, das restliche Wasser und das beabsichtigte Aroma dazugeben und aufkochen. Mit dem kalt angerührten Kartoffelmehl binden und dem Zucker abschmecken.

Wird Sago verwendet, so ist dieser mit dem verbliebenen Wasser 10 bis 15 Min. zu kochen. Dann das Fruchtpüree beifügen, die Kaltschale mit Zucker abschmecken und kaltrühren.

Bei **Fruchtkaltschalen mit Wein** erfolgt die Weinzugabe erst nach dem Kochen, damit das Aroma des Weines möglichst erhalten bleibt.

Dienen Beerenfrüchte als Einlage, so sind sie leicht gezuckert unter die Kaltschale zu mischen.

Anderes Obst wird zerkleinert und mit Zucker gedünstet beigegeben.

5 Vorgefertigte Brühe und Suppen

Die „Erbswurst", ein in Wurstform gepreßtes, kochfertiges Suppenerzeugnis, ist eines der ersten industriell vorgefertigten Lebensmittel. Im derzeitigen Angebot der Industrie nehmen die Suppen einen breiten Raum ein. Die Entscheidung, ob eigengefertigte oder industriell vorgefertigte Suppen zubereitet werden, hängt in weiten Bereichen von wirtschaftlichen und personellen Überlegungen ab. Bestimmte Spezialsuppen sind nur über die Industrie erhältlich.

Von den Suppen zu unterscheiden sind die **Brühen;** auch als „Gekörnte" bekannt. Vorgefertigte Brühen werden, wie selbstgefertigte auch, als

- ▷ Vorstufen für andere Zubereitungen oder als
- ▷ Ergänzung eingesetzt, wenn für Zubereitungen nicht genügend Brühe zur Verfügung steht.

Bei der industriellen Fertigung von **Suppen** werden meist die Einzelkomponenten getrennt gefertigt und haltbar gemacht. Je nach den technologischen Eigenschaften der Bestandteile werden hauptsächlich angewandt:

▷ **Trocknen**
Vorwiegend bei kohlenhydratreichen Zubereitungen, wie z. B. Suppen
mit Nudeln
mit Gemüsen (gefriergetrocknet),
von Hülsenfrüchten.

▷ **Sterilisieren**
Vorwiegend Zubereitungen mit Fleisch- oder Fischeinlage, z. B.
Spezialsuppen (Aalsuppe)
Exotische Suppen (Haifischflossensuppe)
Eintöpfe.

Der Anwender muß davon ausgehen, daß die von den Firmen genannten Rezepturen für die Verarbeitung des vorgefertigten Produktes für die jeweilige Suppe optimale Lösungen bringen. Darum ist zu beachten:

- ▷ Rezeptur genau einhalten, z. B. Flüssigkeitsmenge, Gardauer.
- ▷ „Mehr" führt nicht zu besseren Ergebnissen, sondern bringt oft unerwünschte Schärfe und wird vom „Fabrikgeschmack" begleitet.

Warmgestellte Suppen (Bain-marie) verlieren an Flüssigkeitsmenge, sie reduzieren durch Verdunsten. Das kann zu unerwünschten Geschmacksveränderungen führen, bei vorgefertigten Suppen in stärkerem Maße als bei eigengefertigten. Darum:

- ▷ spätestens nach 30 Min. Geschmack überprüfen,
- ▷ falls erforderlich, heißes Wasser beigeben.

Bei vielen Industrieprodukten bietet sich die Möglichkeit der Ergänzung oder Abwandlung, z. B.:

Klare Hühnersuppe → Profiteroles, Kerbelblättchen
Wildkraftbrühe → Steinpilzscheibchen, Madeira
Rinderkraftbrühe → Grießnockerln, Schnittlauch
Fasanenkraftbrühe → Pistazienklößchen, Karottenstreifchen
Spargelcremesuppe → Spargelstückchen
Lauchcremesuppe → Lauchstreifen, Croûtons
Tomatensuppe → Tomatenfleischwürfel, Fadennudeln
Erbsensuppe → Wurstscheibchen, Petersilie

Saucen

Saucen sind im Rahmen einer Speisenzusammenstellung vorwiegend als Geschmacksträger zu sehen. In vielen Fällen erhält man erst durch längere Wärmeeinwirkung die erwünschten Geschmackswerte, welche die entsprechenden Gerichte ergänzen und abrunden.

Bei der Zubereitung von Saucen steht darum die Bildung von Geschmackswerten im Vordergrund, die Erhaltung von Wirkstoffen ist hier ausnahmsweise nachgestellt.

Fachgerecht zubereitete Saucen zeigen einen appetitlichen Farbton und weisen kein sichtbares Fett auf. Sie sind von feinem, differenziertem Geschmack und spürbar angenehmer Konsistenz.

Voraussetzungen dazu sind:

- Verarbeitung einwandfreier Rohstoffe,
- folgerichtiges Verfahren beim Ansetzen,
- Verwendung gehaltvoller Brühen bzw. Fonds,
- treffende Auswahl der geschmackstypischen Zutaten und deren sinnvolle Dosierung.

1 Übersicht Grundsaucen

Die vielfältigen Saucen haben gemeinsame Grundlagen, die man als **Grundsaucen** bezeichnet. Bei deren Ordnung dienen zur Unterscheidung:

- **Temperatur** beim Service: warm oder kalt;
- **Farbe,** den Rohstoffen und deren Behandlung entsprechend: braun oder weiß;
- **Ausgangsmaterial:** Brühe bzw. Fonds, Milch, Fette;
- **Art der Bindung:** Mehlschwitze, Eigelb (Mehlbutter, Stärke).

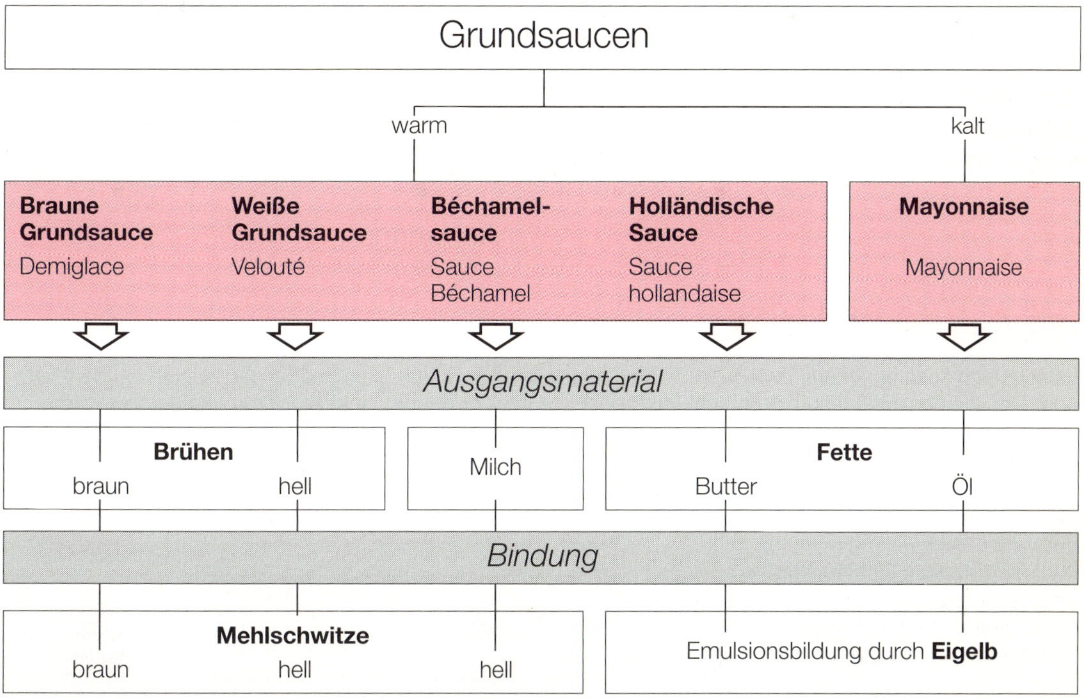

2 Braune Saucen

2.1 Grundlagen

Beim Braten oder Schmoren von Fleisch bildet sich die dazugehörige Sauce. Diese Menge ist oft nicht ausreichend. Außerdem besteht ein weiterer Bedarf für einschlägige Zubereitungen. Die Küche ist darum gezwungen, die Saucengrundlage zu ergänzen.

Man benutzt dazu geschmacksähnliche Grundstoffe, wie entsprechende Knochen und Fleischabschnitte (Parüren) sowie Röstgemüse (Mirepoix). Durch das **Anbraten** bildet sich der Geschmack und die erwünschte Farbe. Während des **Auskochens** löst das Wasser die **Geschmacks-** und **Farbstoffe.** Man erhält zunächst die **Grundbrühe.**

Diese wird durch **erneutes Ansetzen** mit Knochen, Fleischabschnitten (Parüren) und Röstgemüse (Mirepoix) **verstärkt** und anschließend gebunden. So entsteht die **Grundsauce.**

Durch Zusatz von typischen geschmacksgebenden Zutaten wie Reduktionen oder Einlagen wird daraus die **vollendete Sauce**, die man auch als Ableitung bezeichnet.

Wie die folgende Übersicht zeigt, sind entsprechende Grundstoffe, Grundbrühen und Bindemittel die Basis bei der Herstellung von Grundsaucen.

Darum wird vorab deren Herstellung und die fachlich korrekte Bearbeitung behandelt.

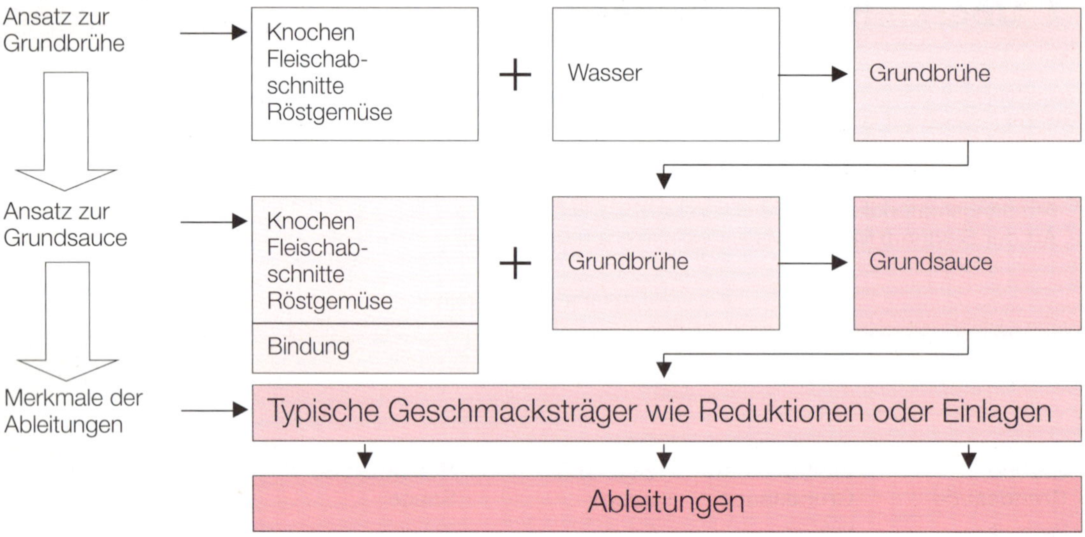

Röstgemüse – Mirepoix

Es setzt sich zusammen aus Zwiebeln und Wurzelgemüsen und muß gleichmäßig geschnitten werden. Mirepoix wird in einem Bratgeschirr auf dem Herd oder im Bratrohr oder in einer Kippbratpfanne angebraten.

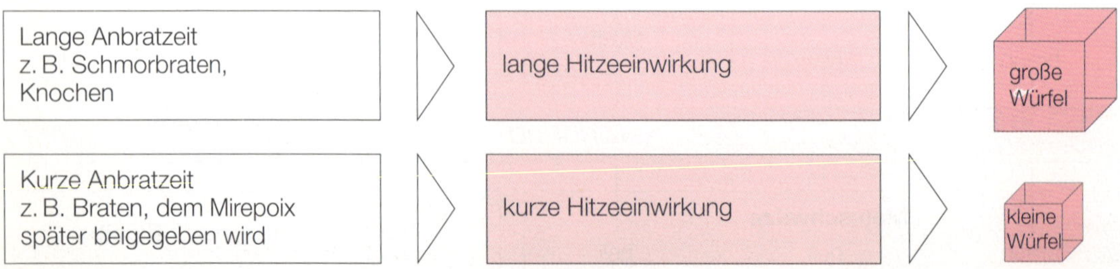

Grundbrühen

Helle Grundbrühen

Fleisch- und Knochenbrühe	Bouillon
Kalbsbrühe	Fond blanc (de veau)
Geflügelbrühe	Fond (blanc) de volaille
Gemüsebrühe	Fond de légumes
Fischbrühe	Fumet de poisson
Helle Nachbrühe	Remouillage

Braune Grundbrühen

Braune Kalbsbrühe	Fond de veau brun
Braune Wildbrühe	Fond de gibier
Große braune Brühe	Grandjus

Anmerkung zur Bratenjus bzw. Bratenbrühe:

Oftmals werden aus den kleingehackten Knochen des jeweiligen Bratenfleisches vorher durch einen Fondansatz wie beim Kalbsfond eine Grundbrühe hergestellt, die dann bei der Herstellung des Bratens angegossen wird und mit der der Bratensatz abgelöscht, aufgefüllt und eingekocht wird.

Die Rezepturen und Arbeitsfolgen für die hellen und braunen Grundbrühen wurden im Abschnitt Brühen ausführlich beschrieben.

Bindemittel - Saucenbindung

Die meisten Saucen werden durch Stärke gebunden. Vorwiegend verwendet man Mehl. Man unterscheidet:

▷ Mehl mit Fett erhitzt – Mehlschwitze (Roux)
▷ Mehl mit Butter vermengt – Mehlbutter (Beurre manié)
▷ Stärke mit Flüssigkeit angerüht – Stärkeaufschlämmung

Weitere Möglichkeiten der Saucenbindungen sind:

▷ Bindung mit Weißbrotkrume (mie de pain) oder mit feingeriebenem Saucenlebkuchen
▷ Bindung durch Untermontieren von Butterstückchen
▷ Bindung durch meist stärkehaltige Gemüsepürees.

Mehlschwitze – Roux

Bei der Herstellung einer Mehlschwitze wird Fett zerlassen und darin Mehl verrührt. Durch die Hitze wird die Stärke des Mehls teilweise zu Dextrin und der unerwünschte Mehlgeschmack geht verloren.

Je nach späterer Verwendung soll die Mehlschwitze einen einheitlichen Farbton aufweisen, der von weiß bis braun reicht.

Entsprechend der erforderlichen Farbe ist die Wärmezufuhr zu regulieren und die Fettart zu wählen.

Bei wasserhaltigen Fetten, wie Butter und Margarine, liegt der Rauchpunkt bei ca. 120 °C; sie lassen sich darum nur für weiße Mehlschwitzen verwenden.

Bei wasserfreien Fetten, wie Pflanzenfett und Schweineschmalz, liegt der Rauchpunkt bei 180 °C ; sie eignen sich darum für blonde und braune Mehlschwitzen.

Fette dürfen nicht über den Rauchpunkt hinaus erhitzt werden. Es entstehen sonst Zersetzungsprodukte, die schlecht riechen und schmecken sowie gesundheitsschädlich sind.

Farbe der Roux	weiß	blond	braun
Temperatur	nieder	mittel	hoch
Fettart	Butter Margarine	Pflanzenfett Schweinefett	Pflanzenfett Schweinefett

Beim **Aufgießen** ist darauf zu achten, daß keine Klümpchen entstehen. Darum gelten folgende Arbeitsregeln:

▷ Heiße Roux ist kalt aufzugießen; so haben die Stärketeilchen Zeit, Flüssigkeit aufzunehmen und zu verkleistern.
▷ Kalte Roux kann heiß aufgegossen werden.

Sonderformen der Mehlschwitze

Bei braunen Saucen kann man das Mehl auch einstäuben, sobald Knochen und Gemüse genügend angebraten sind, und zur gewünschten Farbe mitrösten. Das Fett, das zum Anrösten von Knochen und Gemüse (Mirepoix) notwendig war, wird auf diese Weise zugleich zum Schwitzen für das Mehl verwendet. Die Mehlschwitze (Roux) entsteht noch während des Röstvorgangs, also zusammen mit den anderen Zutaten. Auch bei einigen weißen Saucen wird das Mehl eingestäubt und ohne Farbe mitgeschwitzt.

- Für weiße Roux können wasserhaltige Fette verwendet werden.
- Für blonde und braune Roux bewähren sich wasserfreie Fette.
- Durch die Hitze des Topfes bräunt die Roux auch noch abseits des Herdes nach.
- Zu dunkle Roux enthält verbrannte Mehlbestandteile und schmeckt bitter.
- Um Klümpchenbildung zu verhindern, wird heiße Roux kalt aufgegossen.
- Kalte Roux kann jedoch heiß aufgegossen werden.

Mehlbutter – Beurre manié

Zum Binden von weißen Saucen, auch zum Nachbinden von braunen Saucen, oder wenn Saucen für à la minute-Zubereitungen fertiggestellt werden, ist Mehlbutter geeignet.

Bei der Herstellung werden Mehl und geschmeidige Butter gut verknetet. Die einzelnen Mehlpartikelchen sind dann vom Fett umgeben und voneinander getrennt.

Gibt man Mehlbutter (Beurre manié) in die heiße Flüssigkeit, schmilzt das Fett ab, die Stärketeilchen gehen nach und nach in die Flüssigkeit über und binden. Das Fett verhindert die Klümpchenbildung.

Mehlbutter kann auf Vorrat hergestellt werden, wenn sie kühl aufbewahrt wird.

Mehlschwitze – Roux	Mehlbutter – Beurre manié
500 g Fett + 600 g Mehl	500 g Butter + 500 g Mehl
1 kg Mehlschwitze (Roux)	1 kg Mehlbutter (Beurre manié)
Menge für 12 l Flüssigkeit	

Stärkepuder (Stärkemehl)

Saucen, die klar sein sollen und nur eine kaum merkliche Bindung haben dürfen, z. B. Bratensauce (jus de viande), werden mit angerührter Stärke sämig gemacht. Man verwendet dazu Kartoffelstärke oder Maisstärke, weil diese Arten die Flüssigkeit nicht trüben. Die Stärke muß, wenn keine Klümpchen entstehen sollen, kalt angerührt und unter Rühren der kochenden Sauce beigegeben werden.

Bindung mit Butter

Butterstückchen werden dabei durch Schwenken (montieren) oder mit Hilfe eines Mixstabes intensiv in die Sauce emulgiert, so daß Bindung bzw. Sämigkeit entsteht. Butter gibt zugleich Geschmack.

Bindung mit Weißbrotkrume

Etliche weiße und braune Saucen werden statt einer entsprechenden Roux mit Weißbrotkrume (mie de pain) gebunden. So wird beispielsweise bei der Herstellung einer Meerrettichsauce der heißen Milch verriebene Weißbrotkrume beigegeben und solange gekocht und gerührt, bis eine Bindung durch das Brot erfolgt.

Dunkle Saucen vom Rind oder Wild werden, besonders bei winterlichen, vorweihnachtlichen Gerichten, gerne mit nicht allzu süßen Lebkuchenbröseln abgebunden.

Bindung mit Gemüsepürees

Man bevorzugt sie in der Diätküche bei der Herstellung von vegetarischen Gerichten. Diese Art der Saucenbindung hat in der Vollwerternährung wieder an Bedeutung gewonnen. Als Bindemittel verwendet man vorzugsweise stärkehaltige Produkte wie Kartoffeln, Linsen, Bohnen und Erbsen, aber auch die mitangesetzten Gemüse wie Zwiebeln (z. B. beim Gulasch), Karotten, Sellerie und Petersilienwurzeln, evtl. kombiniert mit mehligen Kartoffelsorten.

Geschmacksbildende Zutaten

Gewürze, wie Pfefferkörner, Wacholderbeeren, Piment, Nelken und Lorbeerblätter, entwickeln ein stärkeres Aroma, wenn sie der Hitze ausgesetzt werden. Man kann sie darum vor dem Ablöschen oder Aufgießen einige Zeit mitrösten. Paprika, Thymian und Majoran werden dabei leicht bitter. Sie sind darum nur ganz kurz vor dem Ablöschen im Ansatz zu erhitzen.

Reduktionen bezwecken das Auslaugen der Gewürze in der Flüssigkeit und das Konzentrieren der Geschmacksstoffe durch Verringern (Reduzieren) der Flüssigkeitsmenge.

Kräuter, frisch gehackt, haben einen feinen aromatischen Geschmack und ein frisches, grünes Aussehen. Beides wird durch Hitze zerstört. Darum gibt man sie erst kurz vor dem Servieren in die Zubereitung.

Weine. Zum **Dünsten** in Wein und zum **Ablöschen** mit Wein (auch Weinmarinade) verwendet man einwandfreie Tafelweine mit kräftigem Aroma. Der Wein gibt in diesen Fällen den Zubereitungen einen pikantsäuerlichen Geschmack. Entgegen häufiger Auffassung gilt für die Verwendung von Wein zum Zubereiten: **Was nicht getrunken werden kann, taugt auch nicht zum Abschmecken.**

Dessertwein, Cognac und Likör enthalten Geschmacksstoffe, die besonders geschätzt werden. Um die leicht flüchtigen Aromaten besser zu bewahren, gibt man diese Spirituosen erst zur Vollendung der Zubereitung kurz vor dem Servieren bei.

2.2 Braune Grund- oder Kraftsauce

Demiglace
Demiglace

Bedarf für 10 l:

10 kg	Kalbsknochen und -parüren	0,5 l	Weißwein
250 g	magere Speckreste	800 g	Mehlschwitze (≙ 400 g Fett, 480 g Mehl)
400 g	Fett	1	Gewürzbeutel mit 1 Zweig Thymian, 20 zerdrückte Pfefferkörner, 3 Knoblauchzehen, 2 Lorbeerblätter, 150 g zerkleinerte Petersilienwurzeln.
1 kg	Röstgemüse		
300 g	Tomatenmark		
15 l	Große braune Brühe		
20 g	Paprika, edelsüß		

Arbeitsfolge

Zutaten	Arbeitsablauf	Begründung
Fett; kleingehackte Knochen, Parüren und Speckreste	Fett erhitzen, alles zusammen braun anbraten	Geschmacks- und Farbstoffe durch Rösten. Kleine Knochenstücke = mehr Röstfläche = mehr Farb- und Geschmacksstoffe
Röstgemüse	dazugeben, bräunen, öfter umrühren, Ecken des Bratgeschirrs berücksichtigen	Bräunen steigert Aroma und Farbwerte. Zuckerstoffe der Gemüse karamelisieren. Ungleiches Rösten führt zu Bitterstoffen.
Tomatenmark	nach Abgießen von Fett einrühren, mitrösten	verliert Säure, entwickelt Geschmack
Paprika wenig Große braune Brühe Weißwein	darüberstäuben, kurz durchhitzen, ablöschen, glasieren lassen, angießen	Paprika erhält volle Würze. Durch Glasieren werden Farbe und Geschmack gesteigert. Wein erzeugt pikantes Aroma.
braune Mehlschwitze Große braune Brühe	dazugeben, kalt auffüllen	schnellere Auswertung des Röstgutes; verhindert Klumpenbildung
	5 Std. langsam kochen, dabei abschäumen und abfetten	durch Saucenpflege appetitlicher Farbton, reiner Geschmack
Gewürze, Kräuter	1 Std. vor Passieren dazugeben	bewirkt Aromaerhaltung
	passieren über Sieb in Passiertuch	Knochen können Tuch nicht beschädigen. Im Tuch bleiben kleine Rückstände.

Braune Grund- oder Kraftsauce – Demiglace

Brauner Kalbsfond (Fond de veau brun) erhält eine Ergänzung durch angebratenes Röstgemüse, Tomatenmark und Wein. Die gesamte Flüssigkeitsmenge wird um die Hälfte eingekocht (reduziert) und mit angerührter Stärke gebunden und danach passiert. – Auch auf diese Weise kann man eine „Braune Grund- oder Kraftsauce“ (Demiglace) zubereiten. Nach welchem Verfahren zu arbeiten ist, hängt von den betrieblichen Gegebenheiten ab.

Zur braunen Grund- oder Kraftsauce (Demiglace) führt auch ein zweiter Weg.

Methode 1: über Grundjus

Röstansatz: Knochen, Fleischabschnitte, Röstgemüse, Tomatenmark, Wein

Zur Bindung Roux verwenden

Große braune Brühe
Grandjus

Methode 2: über Kalbsbrühe

Braune Kalbsbrühe
Fond de veau brun

Fond stark reduziert
Ergänzung: Röstgemüse, Tomatenmark, Wein

Bindung mit Stärke

Braune Grund- oder Kraftsauce — Demiglace

Ableitungen durch Ergänzungen

Schalottenwürfel, zerdrückte Pfefferkörner, Thymian und Lorbeerblatt mit rotem Bordeauxwein auf ein Drittel der Flüssigkeit einkochen, Demiglace zugießen, gut durchkochen; dann passieren. Sauce mit Zitronensaft und Butterstückchen fertigstellen. Blanchierte Markwürfel und gehackte Petersilie beifügen.	Kraftsauce (Demiglace) wird mit Madeirawein verkocht. Man kann auch vom Madeirawein eine Reduktion herstellen und der Demiglace zugeben. Abschließend mit Butter verfeinern.	Feingeschnittene Zwiebeln in Butter anschwitzen. Mit Weißwein ablöschen. Flüssigkeit stark reduzieren. Demiglace dazugeben und alles gut durchkochen. Abseits der Hitze Senf einrühren, Butterstückchen unterziehen und mit Pfeffer und wenig Zucker abschmecken.
Bordelaiser Sauce Sauce bordelaise	**Madeirasauce** Sauce madère	**Robertsauce** Sauce Robert
Geeignet zu Schlachtfleisch vom Grill und aus der Pfanne und zu Gemüsen wie Staudensellerie, Fenchel, Chicorée	Geeignet zu glasiertem Schinken, gekochter Rinderzunge, gebratenem Geflügel, Geflügelkroketten, Geflügelleber, Kalbsnieren.	Geeignet zu Schweinekoteletts und Schweinefilets vom Grill.

Erläuterung weiterer Ableitungen

Sauce bourguignonne
Burgunder Sauce **Burgundy sauce**

Burgunderwein mit gehackten Schalotten, Thymianzweig, Petersilienstengeln, Lorbeerblatt und zerkleinerten Champignonstielen kochen und zur Hälfte reduzieren. Demiglace beifügen und bis zur nötigen Konsistenz weiterkochen. Sauce passieren und mit sehr wenig Cayennepfeffer und einer Prise Zucker würzen.

Geeignet zu geschmortem Rindfleisch, gekochter Rinderzunge und Kalbszunge, überbackenem Schinken, gebratenem Kasseler Rippchen.

Sauce aux champignons de Paris
Champignonsauce **Button mushroom sauce**

Champignonsscheiben in Butter dünsten. Den sich bildenden Fond beinahe einkochen. Demiglace dazugießen, gut durchkochen und Butterstückchen unterziehen.

Geeignet zu gebratenem Rindfleisch, gekochter Rinder- und Kalbszunge, Minuten-Gerichten von Schlachtfleisch, Geflügel, Nieren und Leber.

Sauce italienne
Italienische Sauce **Italian sauce**

Gehackte Schalotten und Champignons, Würfelchen von gekochtem Schinken sowie feingehackte Knoblauchzehe in erhitztem Olivenöl anschwitzen. Mit Weißwein ablöschen. Flüssigkeit um die Hälfte einkochen. Tomatenfleischwürfelchen oder ein wenig Tomatensauce dazugeben. Demiglace auffüllen und kurze Zeit kochen. Gehackte Kräuter (Kerbel, Estragon, Petersilie) in die Sauce rühren und mit Pfeffer und einer Prise Zucker ergänzen.

Geeignet zu gebratenem Rinderfilet, gekochter Rinderzunge und Kalbszunge, Rindfleisch vom Grill und aus der Pfanne, Gemüsen, wie Auberginen, Chicorée, Staudensellerie, Zucchini.

Sauce piquante
Pikante Sauce **Piquant sauce**

Feingeschnittene Zwiebeln oder Schalotten in Butter anschwitzen. Zerdrückte Pfefferkörner beifügen, ablöschen und Flüssigkeit nahezu einkochen. Demiglace aufgießen und eine Zeitlang kochen. Danach passieren und der Sauce gehackte Gewürzgurken zugeben.

Geeignet zu Schweinefleisch vom Grill, gekochter Rinder- und Kalbszunge und Kalbskopf.

Sauce diable
Teufelssauce **Devilled sauce**

Gehackte Schalotten und zerdrückte Pfefferkörner in heißer Butter anschwitzen. Mit Weißwein ablöschen. Zur Hälfte einkochen. Demiglace auffüllen, eine Zeitlang kochen. Sauce passieren, Butterstückchen unterschlagen und mit ein wenig Cayennepfeffer abschmecken.

Geeignet zu Geflügel und Schlachtfleisch vom Grill.

Sauce Périgueux
Trüffelsauce **Truffle sauce**

Trüffelfond und gehackte Trüffeln kochen. Demiglace dazugießen, zur gewünschten Stärke einkochen. Madeirawein und Butterstückchen unterziehen.

Geeignet zu gebratenem Rinderfilet, gebratenem Geflügel, Tournedos, Geflügelkroketten, verlorenen Eiern, Eier im Näpfchen.

2.3 Bratensauce (Jus)

Jus de rôti
Gravy

Entfetteter Bratensatz, der beim Braten von Fleisch oder Geflügel entsteht, wird mit Brühe oder Fond (z. B. brauner Kalbsfond) abgelöscht, aufgefüllt und bis zu kräftigem Geschmack eingekocht. Es entsteht Bratensauce (Jus de rôti).

Die aufgelösten Geschmacksstoffe des Bratensatzes geben der Sauce den Eigengeschmack des jeweils gebratenen Fleisches. Bratensauce (Jus de rôti) kann, nachdem sie durch ein Tuch passiert wurde, mit angerührter Kartoffel-, Reis- oder Maisstärke oder durch Einschwenken von kalten Butterstückchen gebunden werden. Der Abtropfsaft des Fleisches wird der Bratensauce beigegeben.

Bratensauce (Jus de rôti)

- muß kräftig und durchscheinend sein,
- muß nach dem jeweiligen Braten schmecken,
- darf nur leichte, fast unmerkliche Bindung haben.

2.4 Tomatensauce

Sauce tomate
Tomato sauce

Tomatensauce ist von feinem, fruchtig-säuerlichem Geschmack und wirkt durch die schöne Farbe appetitanregend. Sie dient als Beigabe zu zahlreichen Gerichten und zum Ergänzen von Saucen. Der vielfältige Bedarf an Tomatensauce macht sie zu einem unentbehrlichen Grundstock der Küche.

Obwohl das ganze Jahr frische Tomaten am Markt sind, wird zur Herstellung der Tomatensauce, aus wirtschaftlichen Erwägungen, vielfach Tomatenmark verwendet. Tomatenmark ist das eingedickte Produkt gesunder, reifer Tomaten ohne Schalen und Kerne. Es wird einfach, doppelt und dreifach konzentriert in Dosen und Tuben angeboten. Geschmacklich vorteilhaft ist eine kombinierte Verarbeitung von Tomatenmark und frischen Tomaten.

> Zum Verarbeiten nur reife Tomaten verwenden!
> Unreife Tomaten enthalten das schädliche Pflanzengift Solanin.

Bedarf für 5 l:

2 kg	reife Fleischtomaten	5 l	Kalbsbrühe
250 g	Möhren	50 g	Zucker
250 g	Zwiebeln		Salz, Pfeffer
200 g	Butter	1	Kräutersträußchen (Petersilienstiele, Lorbeerblatt, Thymianzweig, Basilikumblätter)
50–80 g	Mehl		
400 g	Tomatenmark		
5	Knoblauchzehen		

Kochdauer: 30 bis 60 Min.

Tomaten waschen, querhalbieren und die Kerne ausdrücken. Zwiebeln und Möhren in kleine Würfel schneiden. Butter in einem Topf erhitzen. Geschnittene Gemüse zugeben, leicht Farbe nehmen lassen, Mehl darüberstäuben und anschwitzen. Präparierte Tomaten, Tomatenmark und gepreßte Knoblauchzehen beifügen und alles kurze Zeit schmoren. Danach Kalbsbrühe aufgießen und unter Rühren aufkochen. Sauce mit Zucker, Pfeffer und wenig Salz würzen. Kräutersträußchen einlegen und zugedeckt im Ofen bei mäßiger Hitze kochen. Während des Kochens die Sauce mehrmals vom Topfboden losspachteln.

Fertige Tomatensauce durch ein Sieb passieren und die Oberfläche mit Butter betupfen, damit sich bei Abkühlung keine Haut bildet.

Geeignet zu Eierspeisen, Gerichten von Fisch, Schlachtfleisch und Geflügel sowie Teigwaren und Reis.

2.5 Wildsauce

Sauce gibier
Game sauce

Zu gebratenen Wildteilen junger Tiere (Rücken, Keule) und zu Wildgeflügel (Fasan, Rebhuhn), besonders aber zu portioniert gebratenem Wildfleisch (Medaillons, Koteletts) ist es praktisch, wenn bereits eine vorgefertigte Wildsauce (Sauce gibier) zur Verfügung steht. Durch die spätere Beigabe eines abgelöschten Bratsatzes erhält die Sauce immer den spezifischen Geschmack.

Bedarf für 5 l:

5 kg	Wildknochen und -parüren	200 g	Mehl
50 g	Speckreste	0,5 l	Rotwein
350 g	Fett	6 l	Wildbrühe
500 g	Röstgemüse		Gewürzbeutel mit Lorbeerblatt, 2 Nelken,
5	Wacholderbeeren		Msp. Basilikum,
5	Pfefferkörner		Msp. Rosmarin,
30 g	Senf		25 g Trockenpilze

Kochdauer: 3 Std.

Stellen wir vergleichsweise die Arbeitsfolge für braune Kraftsauce (Demiglace) gegenüber, so verändert sich nur das verwendete Material, der Arbeitsvorgang bleibt gleich.

Wildsauce **Sauce gibier**		**Kraftsauce** **Demiglace**
von Wild	Knochen und Fleischabgänge	von Schlachttieren
Essig, Rot- oder Weißwein, Marinaden von Wild	Ablöschen mit	Weißwein oder Rotwein
Wildbrühe	Brühe zum Auffüllen	Große braune Brühe

Wildgrundsauce Sauce gibier → Ableitungen der Wildsauce durch Ergänzungen

Zwiebelwürfelchen, Wacholderbeeren, Butter, Nelke, Lorbeer, Essig, saure Sahne oder Crème fraiche, Johannisbeergelee, Zitronensaft, Pfeffer	Speck- und Schalottenwürfelchen, Pfefferkörner, evtl. grüner Pfeffer, Essig, Weißwein, Butterstückchen	Speck- und Schalottenwürfelchen, Wacholderbeeren, Rotwein, Zitronensaft, Pfeffer, Genever oder Gin
Wildrahmsauce Sauce venaison	**Wildpfeffersauce** Sauce poivrade	**Wacholdersauce** Sauce au geniévre

Für eigenständige Schmorgerichte von Wild, wie Rehragout, Hasenpfeffer oder ganze Wildkeulen und Schultern, bereitet man die Sauce mit dem Gericht. Das angesetzte Wildfleisch wird mit Wildbrühe (Fond de gibier) oder Großer brauner Brühe (Grandjus) aufgefüllt und geschmort. Mariniertes Fleisch löscht man nach dem Anbraten mit der Marinade ab.

Erläuterungen weiterer Ableitungen

Sauce chevreuil
Rehsauce **Venison sauce**

Aus geschnittenen Schalotten, zerdrückten Pfefferkörnern und Wacholderbeeren, wenig Thymian und Lorbeerblatt sowie Rotwein eine Reduktion herstellen. Wildsauce auffüllen und alles gut durchkochen. Danach passieren, mit Zitronensaft abschmecken und einige Butterstückchen darunterschlagen.

Sauce aux cêpes
Pilzrahmsauce **Mushroom sauce**

Entsprechende Pilze werden in Würfel oder Scheiben geschnitten, kurz mit Schalottenwürfel in Butter angeschwitzt, mit etwas Rotwein abgelöscht und mit Wildgrundsauce aufgefüllt und gekocht. Kurz vor dem Servieren frischgehackte Kräuter zugeben.

Sauce églantine
Hagebuttensauce **Rose-hip sauce**

Möglichst gering gezuckertes Hagebuttenmark mit Wildgrundsauce verkochen und wenn möglich, blanchierte Stückchen vom Fruchtfleisch der Hagebutte als Einlage beigeben.

Sauce aux airelles rouge
Preiselbeersauce **Cranberry sauce**

Wildgrundsauce aufkochen und Preiselbeerkompott dazugeben. Als Einlage verwendet man gefrorene, rohe Preiselbeeren oder Moosbeeren, die kurz mitgekocht werden.

Sauce aux griottes
Sauerkirschsauce **Sourcherry sauce**

Reduzierten Sauerkirschsaft mit Wildgrundsauce und wenig geriebener Bittermandel verkochen. Ganze Sauerkirschen als Einlage beigeben.

3 Weiße Saucen

3.1 Grundlagen

Weiße Saucen werden zu gekochtem, gedünstetem und gedämpftem Schlachtfleisch, Geflügel, Fisch, Gemüsen und Eiern gereicht. Sie müssen im Geschmack mit dem Gericht übereinstimmen. Darum verwendet man als Geschmacksgrundlage, je nach ihrer Art, eine helle, gehaltvolle **Grundbrühe** von Kalb, Geflügel oder Fisch.

Werden diese **Grundbrühen** mit weißer Mehlschwitze (Roux blanc) oder mit Mehlbutter (Beurre manié) gebunden, so entstehen **Weiße Grundsaucen** (Veloutés).

Die Herstellung der Grundsaucen ist in allen Fällen gleich; unterschiedlich ist nur die Grundbrühe, nach der die Sauce dann benannt wird.

3.2 Weiße Grundsaucen

Veloutés
Velouté sauces

Weiße (Kalbs-)Grundsauce	*Velouté de veau*
Geflügelgrundsauce	*Velouté de volaille*
Fischgrundsauce	*Velouté de poisson*
Béchamelsauce	*Sauce Béchamel*

Weiße Grundsaucen

Veloutés

Bedarf für 5 l: 300 g Butter, 250 g Mehl, 7 l entsprechende Flüssigkeit	Kochdauer: etwa 45 Min.

Arbeitsfolge

Zutaten	Arbeitsablauf	Begründung
Butter, Mehl	Butter zerlassen, Mehl darin glattrühren, weiß schwitzen	Durch Schwitzen geht der Mehlgeschmack verloren. Stärke wird zu Dextrin umgesetzt. Farbstoffe dürfen nicht entstehen, sonst erhält Sauce unsaubere Farbe.
entsprechende Grundbrühe	dazugießen; unter ständigem Rühren aufkochen; abschäumen, langsam kochen lassen	Klümpchenbildung wird vermieden. Sauce setzt nicht an. Aufsteigende Schwebeteilchen werden entfernt. Sauce erhält Konsistenz.
	durch Tuch passieren	Entfernen von Rückständen. Sauce ist glattfließend.

Weiße Grundsauce – Velouté

Die Arbeitsfolge wiederholt sich bei allen hellen Saucen. Verschieden sind nur die zugegebenen Flüssigkeiten.

Die folgende Darstellung verdeutlicht den Weg von den Grundfonds über die Grundsaucen (Veloutés) zu den vollendeten Weißen Saucen.

Kalbsbrühe Fond blanc (de veau)	**Geflügelbrühe** Fond (blanc) de volaille	**Fischbrühe** Fumet de poisson
+ Mehlschwitze Roux blanc	+ Mehlschwitze Roux blanc	+ Mehlschwitze Roux blanc
Kalbsgrundsauce Velouté de veau	**Geflügelgrundsauce** Velouté de volaille	**Fischgrundsauce** Velouté de poisson
+ Champignonfond Eigelb und Sahne Butterflocken	+ Champignonfond Sahne Butterflocken	+ Weißwein Eigelb und Sahne Butterflocken
Deutsche Sauce Sauce allemande	**Geflügelrahmsauce** Sauce Suprême	**Weißweinsauce** Sauce au vin blanc

Die Ableitungen von den vollendeten Saucen erhält man durch die Beigabe geschmacksgebender Zutaten.

Anmerkung: Wird eine vorbereitete Grundsauce wiedererwärmt, gibt man zunächst etwas von dem entsprechenden Fond in den Topf. Das verhindert das Anlegen der Grundsauce am Topfboden.

3.3 Deutsche Sauce

Sauce allemande
Allemande sauce

Die Grundlage der Deutschen Sauce ist die Weiße (Kalbs-)Grundsauce.

Bedarf für 10 l:

0,2 l	Champignonfond	Msp.	weißer Pfeffer
0,5 l	Kalbsbrühe	1 l	weiße Grundsauce
1 El	Zitronensaft	0,2 l	Sahne
		2–3	Eigelb

Arbeitsfolge

Zutaten	Arbeitsablauf	Begründung
Champignonfond, Kalbsbrühe, Zitronensaft, weißer Pfeffer	verrühren	Geschmacksbetonung
Weiße Grundsauce (Velouté de veau)	hinzufügen, ständig rühren bis zum Kochen	durch Rühren kein Ansetzen am Topfboden
Sahne und Eigelbe (Liaison)	gut verquirlen, mit etwas Sauce anrühren und mit dem Schneebesen unter die heiße Sauce mischen	Gleichmäßiges Vermengen verhindert Gerinnselbildung des Eigelbs. Sauce erhält gewünschte Bindung und Dichte.
	passieren durch Tuch	Entfernen kleiner Rückstände
Butter	in Flocken auf fertige Sauce legen	Fett schützt vor Betrocknen. Hautbildung wird vermieden.

Deutsche Sauce – Sauce allemande

Ableitungen durch Ergänzungen

Ergänzungen mit Champignonscheibchen und eingekochtem Champignonfond	Ergänzungen mit gehacktem Kerbel, Petersilie, Schnittlauch und Zitronenmelisse	Ergänzungen mit Kapern und Kapernfond
Weiße Champignonsauce Sauce aux Champignons	**Weiße Kräutersauce** Sauce aux fines herbes	**Kapernsauce** Sauce aux câpres

Erläuterung weiterer Ableitungen

Sauce à l'estragon, blanche
Weiße Estragonsauce **Tarragon sauce**

Frische Estragonblätter in Streifchen schneiden, in Butter mit wenig Weißwein aufkochen und mit einigen Butterflocken der Deutschen Sauce (Sauce allemande) beigeben.

Sauce aux morilles, blanche
Weiße Morchelsauce **Morille sauce**

In Stücke geschnittene Morcheln mit wenig gehackten Schalotten ohne Farbe anschwitzen. Den Morchelfond ohne Bodensatz (ist sandig) dazugeben, einkochen und unter die Deutsche Sauce (Sauce allemande) rühren.

Sauce moutarde
Senfsauce **Mustard sauce**

Deutsche Sauce (Sauce allemande) mit Senf und Butterflocken ergänzen.

Die abgeleiteten Saucen eignen sich vorwiegend zu gekochtem und gedünstetem Fleisch und zu Eierspeisen.

Anmerkung:
Nach der gleichen Methode wie bei der Deutschen Sauce (Sauce allemande) werden unter Berücksichtigung der jeweiligen Rezeptur hergestellt:

- ▷ Geflügelrahmsauce (Sauce suprême)
- ▷ Weißweinsauce (Sauce au vin blanc)
- ▷ Béchamelsauce (Sauce Béchamel)

3.4 Geflügelrahmsauce

Sauce suprême
Suprême sauce

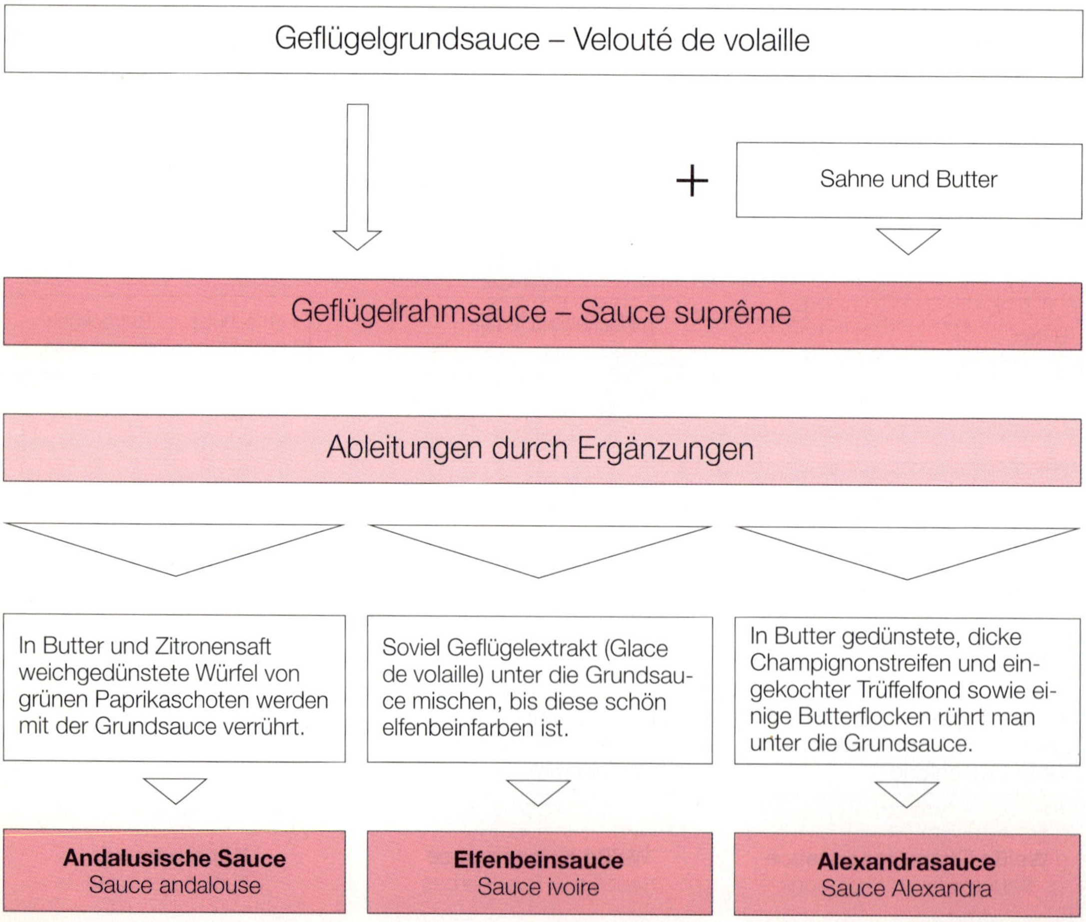

Erläuterung weiterer Ableitungen

Sauce albuféra
Albuféra Sauce **Albuféra sauce**

Roten Paprikaschoten die Haut abziehen und mit frischer Butter pürieren. In eine Geflügelrahmsuppe (Sauce Suprême) etwas Fleischglace rühren und mit Paprikabutter vervollständigen.

Sauce demideuil
Weiße Trüffelsauce **White truffles sauce**

Frische Trüffelstreifchen in Geflügelbrühe (Fond de volaille) kurz dünsten oder konservierte Trüffeln in Streifen mit dem Fond verkochen, Geflügelrahmsauce (Sauce suprême) damit versetzen und mit Butterflöckchen aufschlagen.

Die Ableitungen der Geflügelrahmsauce (Sauce suprême) eignen sich vorwiegend zu gekochtem und gedünstetem Geflügel wie Truthühner, Suppenhühner, Masthühner (Poularden), Junghühner (Poulets) und Tauben.

Auch zu Kalbsbries (Kalbsmilch) und zu Eierspeisen sind die abgeleiteten Saucen passende Ergänzungen.

3.5 Weißweinsauce

Sauce au vin blanc
Vin blanc sauce

Die Weißweinsauce ist wiederum der Grundstock für zahlreiche weitere Ableitungen von Fischsaucen.

Die folgende Übersicht veranschaulicht die Zusammenhänge und die Veränderungen durch geschmacksgebende Zutaten.

Fischgrundsauce – Velouté de poisson

\+ Weißwein, Butter Sahne und Eigelb

Weißweinsauce – Sauce au vin blanc

Ableitungen durch Ergänzungen

Feingehackten Dill kurz vor dem Anrichten der heißen Grundsauce beifügen.	Zugabe von Hummerbutter sowie Würfel von Hummerfleisch und Trüffel in die heiße Grundsauce.	Heiße Grundsauce und Krebsbutter mit dem Mixstab aufschlagen und mit Zitronensaft und Cayennepfeffer abschmecken.
Dillsauce Sauce à l'aneth	**Diplomatensauce** Sauce diplomate	**Joinvillesauce** Sauce Joinville

Erläuterung weiterer Ableitungen

Sauce aux huîtres
Austernsauce **Oyster sauce**

Entbartete Austern mit dem eigenen Saft und etwas Weißwein erhitzen, in Streifen oder Würfel schneiden und mit einigen Butterflocken der Weißweinsauce (Sauce au vin blanc) beifügen.

Sauce homard
Hummersauce **Lobster sauce**

Unter Weißweinsauce (Sauce au vin blanc), die mit Hummerbutter aufgeschlagen wurde, zieht man ein wenig Schlagsahne.

Sauce aux câpres
Kapernsauce **Capres sauce**

Kapern mit dem Kapernessig verkochen und unter die Weißweinsauce (Sauce au vin blanc) mengen.

Sauce caprice
Pistaziensauce **Pistaches sauce**

Gebrühte und abgezogene Pistazien werden mit Milch im Mixer püriert. Das feine Pistazienpüree rührt man unter die fertige Weißweinsauce (Sauce au vin blanc).

Sauce aux anchois
Sardellensauce **Anchovis sauce**

Sardellenfilets durch ein Sieb streichen. Mit dem Sardellenpüree mildgewürzte Weißweinsauce (Sauce au vin blanc) abschmecken.

Die Ableitungen der Weißweinsauce (Sauce au vin blanc) eignen sich vorwiegend zu gekochten und gedünsteten Fischen, Krustentieren und Eierspeisen.

3.6 Varianten der klassischen Zubereitung

Methode 1
Bindung mit Mehlbutter

Weiße Saucen lassen sich auch so zubereiten, daß der kräftige, evtl. stark reduzierte Fond mit Mehlbutter (beurre manié) gebunden wird. Bei dieser Methode muß der Fond auf die benötigte Menge eingekocht (reduziert) werden. Zur beabsichtigten Bindung rührt man Mehlbutterflocken unter und läßt die Sauce danach etwas auskochen.

0,5 l reduzierter Fond
60 g Mehlbutter

Methode 2
Bindung durch hohen Fettanteil

Bei dieser Methode wird zunächst der entsprechende Fond vom Kalb, Geflügel, Gemüse oder Fisch auf weniger als die Hälfte eingekocht. Anschließend werden in den Fond zur Erlangung von Sämigkeit Butter und Sahne bzw. Crème double (doppelt fette Sahne) eingearbeitet.

0,5 l reduzierter Fond
150 g Crème fraîche
50 g Butter

0,5 l reduzierter Fond
200 g Crème double

3.7 Béchamelsauce

Sauce Béchamel
Béchamel sauce

Die Béchamelsauce gehört zu den weißen Grundsaucen. Da unter ihren zahlreichen Ableitungen auch Saucen dem Überdecken und dem Überbacken dienen, hält man die Béchamelsauce im allgemeinen etwas dicker als andere Grundsaucen.

Bedarf für 1 l:

40 g	Zwiebeln	5 g	Salz
70 g	Butter	1	Nelke
80 g	Mehl	1	Bruckstück Lorbeerblatt
1,2 l	Milch	2	zerdrückte Pfefferkörner
			Spur geriebener Muskatnuß

Kochdauer: 30 Min.

Zwiebelwürfelchen in Butter andünsten, Mehl dazustreuen und gut anschwitzen lassen. Mit kalter Milch auffüllen, gründlich aufrühren, bis zum Kochen ständig weiterrühren, die Gewürze beifügen, die Hitzezufuhr drosseln und gelegentlich umrühren.

Nach beendeter Kochzeit die Béchamelsauce durch Spitzsieb und Tuch passieren. Die Oberfläche der Sauce mit Butter bestreichen, damit sich keine Haut bildet.

Milch + Bindemittel – Roux

Béchamelsauce – Sauce Béchamel

Ableitungen durch Ergänzungen

Unter die kochende Béchamelsauce rührt man geriebenen Käse (vorzugsweise Parmesan) und legiert sie dann mit Eigelb und Sahne.	Die Grundsauce mit kräftiger Rinderbrühe verkochen, geriebenen Meerrettich zugeben, mit Essig, Zucker und Salz abschmecken, zur Vollendung Butterstückchen und Sahne zugeben.	Béchamelsauce wird mit einer angemessenen Menge von frischer Sahne verkocht und mit kalten Butterflocken aufgeschlagen.
Mornaysauce Sauce Mornay	**Meerrettichsauce** Sauce au raifort	**Rahmsauce** Sauce à la crème
Geeignet ist diese Sauce vorwiegend für überbackene Gerichte von Eiern, Fischen, weißem Fleisch, weißem Geflügel, Gemüsen und Nudelgerichten.	Die Meerrettichsauce eignet sich hauptsächlich zu gekochtem Rindfleisch.	Verwendung vorwiegend zu Eiern, gedünstetem Fisch, gekochtem Geflügel, Teigwaren und vor allem zu Gemüsen.

Erläuterung weiterer Ableitungen

Sauce Cardinal

Kardinalsauce **Cardinal sauce**

Béchamelsauce wird mit dem Fond des entsprechenden Fisches und Sahne verkocht und mit Hummerbutter aufgeschlagen.

Verwendung vorwiegend zu gedünstetem und gekochtem Fisch und zu Eierspeisen.

Sauce Walewska

Walewskasauce **Walewska sauce**

Der reduzierte Dünstfond des Fisches wird unter Béchamelsauce gezogen, mit Sahne und Eigelb legiert.

Walewskasauce dient zum Überbacken von Fischgerichten. Nachdem der Fisch mit der Sauce bedeckt ist, wird Parmesankäse darübergestreut, mit Butterflöckchen belegt und überbacken.

Sauce Soubise

Weiße Zwiebelsauce **White onion sauce**

Man schneidet geschälte Zwiebeln in Scheiben, blanchiert sie und dünstet sie dann mit etwas Weißer Kalbsbrühe (Fond blanc) und Butter weich. Die Zwiebeln werden durch ein Sieb getrichen und mit Béchamelsauce und Sahne verkocht.

Geeignet zu gekochtem und gebratenem Hammelfleisch, zu Eiern und Gemüsen.

4 Aufgeschlagene Saucen

Saucen, die durch das Warmaufschlagen von Eigelb mit warmer, zerlassener Butter hergestellt werden, bezeichnet man als **aufgeschlagene Buttersaucen.**

Von den aufgeschlagenen Buttersaucen wird neben der Holländischen Sauce (Sauce hollandaise) die Béarner Sauce (Sauce béarnaise) am häufigsten verwendet.

Die Grundbestandteile für beide Saucen – Eigelb und Butter – sind gleich und werden auch im gleichen Verhältnis verwendet.

Der Unterschied liegt nur in den würzenden Bestandteilen, die zur Reduktion und zum Abschmecken verwendet werden.

Gegenüberstellung von Reduktionen und Gewürzen

Holländische Sauce **Sauce hollandaise**	**Béarner Sauce** **Sauce béarnaise**
Reduktion	Reduktion
Essig Wasser Pfefferkörner, weiß Schalotten	Essig **Weißwein** Pfefferkörner, weiß Schalotten **Estragon** **Kerbel**
Gewürze	Gewürze
Salz Cayenne Zitronensaft	Salz Cayenne **Estragon, gehackt** **Kerbel, gehackt**

4.1 Holländische Sauce

Sauce hollandaise
Hollandaise sauce

Holländische Sauce (Sauce hollandaise) wird nach der Verbrauchererwartung nur mit Butter hergestellt. Es dürfen weder Pflanzenfett noch Binde-/Streckungsmittel verwendet werden.

Wird Pflanzenfett verwendet, ist mit „Weißer Sauce“ zu kennzeichnen. Gibt man Streckungsmittel bei, erhält man eine „Buttersauce“.

Bedarf für 1,25 l (950 g):

12	rohe Eigelb	Reduktion:	4 El	Essig
10 El	Wasser		8 El	Wasser
1 kg	Butter		15	Pfefferkörner
	Salz, Zitronensaft		2	Schalotten

Arbeitsfolge

Zutaten	Arbeitsablauf	Begründung
Pfefferkörner, zerdrückt Schalottenwürfelchen Essig Wasser	zum Kochen bringen, auf $^1/_3$ reduzieren und abseihen	Geschmacksstoffe werden zunächst ausgelaugt, dann konzentriert. Essig verliert den rohen Geschmack.
Butter	zerlassen	Achtung: Zu hohe Temperaturen führen zu Koch- oder Bratgeschmack.
kaltes Wasser Eigelb	zusammen mit Reduktion verrühren und abseihen, in mäßig heißem Wasser aufschlagen, bis Masse allmählich verdickt.	Wasser kühlt heiße Reduktion, verhindert vorzeitiges Stocken. Rückstände werden entfernt. Schlagen bringt Luft in die Eigelbmasse. Wärme bindet und gibt Stand.
	warme Butter zuerst tropfenweise unter verdickte Eigelb schlagen	Zu rasche Zugabe hindert Emulsionsbildung und kann zum Gerinnen führen.
restliches Wasser	immer erst nach erreichter Konsistenz der Sauce zusetzen	Beigabe von Wasser erhöht Aufnahmefähigkeit der Eigelbmasse.
Zitronensaft Salz	zugeben	Geschmacksstoffe der Reduktion werden ergänzt. Mäßig würzen und salzen, da Grundsauce.

Holländische Sauce – Sauce hollandaise

- Zu schwaches Schlagen gibt der Sauce mangelhafte Bindung und Volumen.
- Das Passieren der Sauce durch ein Tuch führt zu einem Volumenverlust von 25 bis 33%.
- Das Klären der Butter bedeutet Geschmacksverlust.
- Übermäßiges Erwärmen verhindert das volle Aufschlagvolumen, läßt die Eigelbe zu stark abbinden und die Sauce gerinnen.

Eine Reduktion ist ein Auszug aus Gewürzen, Kräutern, Zwiebeln oder Schalotten usw. Man verwendet sie dann, wenn feste Bestandteile wie Pfefferkörner oder Zwiebelstückchen die zarte Beschaffenheit der Sauce stören würden.

Zunächst werden die zerkleinerten Zutaten durch Kochen ausgelaugt. Durch Einkochen (Reduzieren) werden die Geschmacksstoffe verstärkt. Nach dem Abseihen ist die Reduktion fertig.

Verwendung

Einmal dient die Holländische Sauce als Grundsauce, von der einige weiße Saucen abgeleitet werden.

Zum anderen kann man weiße Saucen und Gerichte von Eiern, Fischen, Krusten-, Schal- und Weichtieren, aber auch Schlachtfleisch-, Geflügel- und Gemüsespeisen mit Holländischer Sauce (Sauce hollandaise) verfeinern.

Holländische Sauce als Beigabe zu Fischen, Eiern oder Gemüsen schmeckt man entsprechend ihrer Bestimmung nochmals mit Zitronensaft und Salz ab. Muß sie verdünnt werden, wird Fisch- oder Gemüsebrühe verwendet, für Eier etwas Fleischbrühe.

Aufgeschlagene Eigelbe (Reduktion) + Butter

Holländische Sauce – Sauce hollandaise

Ableitungen durch Ergänzungen

Mit Zitronensaft pikant abgeschmeckter Holländischer Sauce wird geschlagene Sahne untergezogen.	Den Saft reifer Blutorangen und dünn abgeriebene unbehandelte Orangenschale rührt man unter die Grundsauce.	Sherrywein wird mit etwas Trüffelfond verkocht und mit etwas Geflügelextrakt und geschlagener Sahne der Grundsauce beigegeben.
Schaumsauce Sauce mousseline	**Malteser Sauce** Sauce maltaise	**Göttliche Sauce** Sauce Divine
Serviert man zu gedünstetem oder gedämpftem Fisch und zu gekochten Gemüsen.	Wird ausschließlich zu Spargel gereicht.	Wird zu Spargel, Artischocken, aber auch zu gekochtem Hummer und Langusten gereicht.

Erläuterung weiterer Ableitungen

Sauce cédard
Cédardsauce **Cédard sauce**

Der reduzierte Fond frischgekochter Champignons, Zitronensaft und Geflügelextrakt (Glace de volaille) bilden die Geschmacksveränderung, mit der die Holländische Sauce (Sauce hollandaise) vollendet wird.

Wird vor allem zu Spargel und Artischocken gereicht.

Sauce dijonnaise
Dijonsauce **Mustard sauce**

Unter Holländische Sauce (Sauce hollandaise) französischen Senf (Moutarde de dijon) und geschlagene Sahne mischen.

Zu gekochten Fischen und zu verlorenen und weichen Eiern.

Sauce au caviar
Kaviarsauce **Caviar sauce**

Holländische Sauce (Sauce hollandaise) mit wenig warmer gehaltvoller Fischsauce (Velouté de poisson) vermengen. Trockenen Kaviar und geschlagene Sahne vorsichtig unterheben. (Je Portion 3 g Kaviar.)

Vorwiegend zu gekochtem Lachs geeignet.

Sauce vénitienne
Venezianische Sauce **Venice sauce**

Petersilie, Kerbel, Estragon und einige gebrühte (blanchierte) Spinatblätter werden feingehackt und durch ein Sieb gestrichen. Dieses Kräuterpüree zieht man unter dicke Holländische Sauce (Sauce hollandaise).

Findet Verwendung zu gekochtem Fisch und zu Eiern.

Geronnene Sauce

Geronnene Sauce darf nicht zerrührt werden. Auf die Sauce wird wenig kaltes Wasser gegossen. Mit einem Schneebesen rührt man an der Oberfläche – immer auf dieselbe Stelle beschränkt – vorsichtig in nur kleinem Umkreis. Ist die Bindung dort hergestellt, zieht man größere Kreise, bis die Sauce völlig glatt ist.

Sollte auf diese Art keine Bindung zu erreichen sein, müssen, je nach Saucenmenge, ein oder mehrere Eigelb mit etwas Wasser aufgeschlagen werden. Die geronnene Sauce wird zuerst tropfenweise dazugerührt. Ist ein Teil gebunden, kann man den Rest in schnellerer Folge einrühren.

Besonderheit

Während bei der „Hollandaise" der Geschmack neutral gehalten wird, erhält die „Béarnaise" durch Zugabe von Wein und Kräutern einen würzigen Geschmack.

Früher ist die Béarner Sauce (Sauce béarnaise) als selbständige Sauce aufgeschlagen worden.

Aus Gründen einer arbeitssparenden Küchenführung leitet man die Béarner Sauce (Sauce béarnaise) von der Holländischen Sauce (Sauce hollandaise) ab. Sie wird nur noch selten als Sauce für sich hergestellt.

Die charakteristischen Würzstoffe werden der fertig aufgeschlagenen Grundsauce, der Holländischen Sauce (Sauce hollandaise), zugesetzt.

Sauce béarnaise
Béarner Sauce **Béarnaise sauce**

Weißwein, Estragonessig und einige zerdrückte Pfefferkörner einkochen und passieren. Holländische Sauce (Sauce hollandaise) wird mit einem entsprechenden Quantum der Reduktion, mit gehacktem Kerbel und gehacktem Estragon abgeschmeckt.

Zu Fleisch- und Fischzubereitungen vom Grill und aus der Pfanne und zu Eierspeisen.

Sauce Choron
Choronsauce **Choron sauce**

Tomatenpüree ohne Farbe schwitzen und mit Béarner Sauce oder Holländischer Sauce, der eine passierte Reduktion aus Weißwein, Estragonessig und Pfefferkörnern zugegeben wurde, vermischen.

Typische Beigabe zu Tournedos und zu anderen gebratenen und gegrillten Fleischzubereitungen, zu Fisch und zu Eierspeisen.

Sauce Foyot
Foyotsauce **Foyot sauce**

Foyotsauce wird wie Béarner Sauce zubereitet und mit Fleischextrakt vollendet.

Geeignet zu Fisch und Fleisch vom Grill und aus der Pfanne sowie zu Eierspeisen.

4.2 Buttersauce
Sauce au beurre
Butter sauce

Anstelle der Holländischen Sauce (Sauce hollandaise) wird auch Buttersauce gereicht, die unter Verwendung von Gemüse-, Fisch- oder Fleischbrühe angefertigt wird.

Bedarf für 2 l:

80 g	Butter	1 l	Holländische Sauce
100 g	Mehl		Salz
1 l	Gemüsebrühe (Blumenkohl, Spargel), Fisch- oder Fleischbrühe		Zitronensaft

Aus Butter und Mehl eine weiße Mehlschwitze (Roux blanc) herstellen. Die gewünschte, abgekühlte Brühe dazugeben und das Ganze unter fortgesetztem Rühren an den Kochpunkt bringen und sogleich von der Herdplatte nehmen. Die Holländische Sauce nach und nach darunterschlagen.

Die Buttersauce mit Salz, Zitronensaft und einer Spur Cayenne geschmacklich vervollständigen und bis zum Gebrauch warmstellen. Kochen darf die Sauce nicht, weil sonst das enthaltene Fett austritt.

Buttersaucen können gereicht werden aus

- ▷ verarbeitungstechnischen Gründen: Stärkeverkleisterung schützt weitgehend vor Gerinnen;
- ▷ gesundheitlicher Rücksichtnahme: Fettanteile werden verringert;
- ▷ wirtschaftlichen Überlegungen: Materialkostensenkung (einfache Betriebe, Großküchen).

Aufbewahrung

Aufgeschlagene Buttersaucen sind temperaturempfindlich. Man kann sie auf einer Unterlage an einer warmen Stelle des Herdes bereitstellen.

Besser ist die Aufbewahrung im sogenannten Saucen-Thermer, einem Warmhaltegerät mit Einsatztöpfen aus Edelstahl und konstant einstellbarer Temperatur. Hierin läßt sich die Sauce ohne Qualitätseinbuße über einen längeren Zeitraum warmhalten.

In rentabel geführten Küchen wird zunächst die Holländische Sauce (Sauce hollandaise) für das Mittag-Service zubereitet. Die übriggebliebene Saucenmenge bestimmt den Anteil, der noch für das Abendgeschäft aufzuschlagen ist.

5 Kalte Grundsauce

5.1 Mayonnaise

Sauce mayonnaise
Mayonnaise

Mayonnaise ist eine Vermischung (Emulsion) von Pflanzenöl, Hühnereigelb, Zitrone oder Essig und Salz. Sie wird auf mechanischem Wege durch Rühren hergestellt.

Die Zutaten müssen temperiert sein. Kühlschrankkaltes Eigelb und sehr kaltes Öl lassen sich nicht zusammenrühren (emulgieren). Sie entmischen sich sofort wieder. Die Emulsion gerinnt.

Mayonnaise wird mäßig kalt aufbewahrt. Sie ist sorgfältig vor Geschmacksübertragungen zu schützen und wird nur in abgedeckten Gefäßen bereitgehalten.

Herstellung

Mayonnaise ist eine kalte Öl-Grundsauce.

Feste Konsistenz und neutraler Geschmack sind Voraussetzung für ihre verschiedenartige Verwendbarkeit.

Frisches Eigelb, reinschmeckendes Pflanzenöl sowie Qualitätsessig oder Zitronensaft sind Voraussetzung für geschmackliche Güte.

Optimales Herstellen einer Mayonnaise bedingt:

- **Richtige Temperatur** der Zutaten: Diese liegt bei etwa 20 °C. Wenn Zutaten kühl gelagert werden (z. B. Eier), sind sie darum rechtzeitig bereitzustellen, damit sie Raumtemperatur annehmen.
- **Passendes Geschirr und Schneebesen,** damit die anfangs geringe Masse ausreichend bearbeitet werden kann.
- **Angemessene Ölzugabe:** Nur wenige Mengen in den ersten Stufen der Bearbeitung, später kann mehr beigegeben werden. Ungeübte sollten beachten, daß die Emulsionsbildung auch von der für das Rühren aufgewendeten Kraft abhängig ist. Wer mit geringerer Kraft rührt, bedarf darum längerer Zeit, um eine Mayonnaise mit einwandfreier Beschaffenheit zu erhalten.

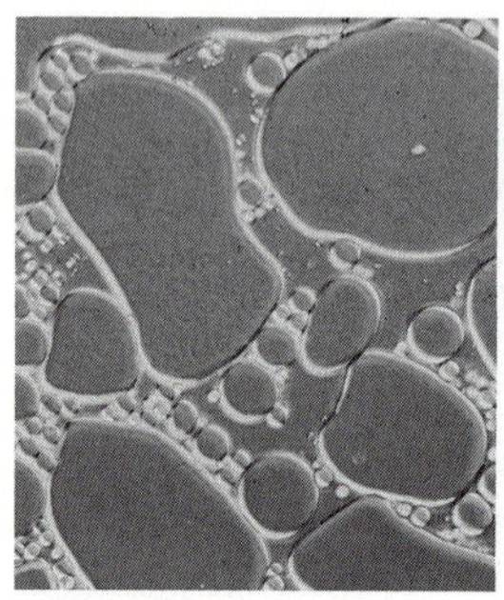

Nicht ausreichend gerührt – grobe Verteilung

Gute Emulsion – gleichmäßig feine Verteilung

Bedarf für 1,25 l:

5	Eigelbe	2 El	Essig oder Zitronensaft
10 g	Salz	2 El	Wasser
1 l	Öl	10 g	Senf

Arbeitsablauf

In einer Schüssel aus säurebeständigem Material sind Eigelb, Senf und Salz schaumig zu rühren. Vom Öl wird zunächst ein kleiner Teil tropfenweise dazugerührt. Später, wenn schon ein gewisser Stand vorhanden ist, kann man dann größere Mengen einrühren.

Es kommt darauf an, Eigelb und Öl zu einer kompakten Masse zu vereinigen, die im Schneebesen hängenbleibt, wodurch ein mehr beständiger Zusammenhalt gegeben ist.

Erst jetzt können der Mayonnaise Essig oder Zitronensaft hinzugefügt werden. Der Rest des Öls und das Wasser sind dann allmählich einzurühren.

Wenn die Mayonnaise ausgiebig gerührt wurde, zeigt sie nun eine feste Konsistenz, die sich ohne Mängel zu jedem gewünschten Verwendungszweck eignet.

Verwendung

Mayonnaise dient zur Bereitung von kalten Saucen, zu kalten und warmen Gerichten, zum Anmachen der verschiedensten Salate und zum Überziehen kalter Speisen.

Die Vielseitigkeit der Verwendung bedingt eine Grundmayonnaise von neutralem Geschmack und sehr fester Konsistenz. Die Geschmacksveränderung muß von mild zu süß und von pikant zu stark würzig gegeben sein.

Beim Rühren von Mayonnaise dürfen also von vorneherein keine intensiven Geschmacksträger wie Ketchup oder sonstige Würzsaucen zugesetzt werden.

Geronnene Mayonnaise

Mayonnaise kann gerinnen (sich entmischen), wenn

- Eigelb und Öl nicht temperiert sind,
- das Öl zu schnell eingerührt wird,
- der Ölanteil die Menge lt. Rezept übersteigt,
- sie zu kalt aufbewahrt wird.

Waren Eigelb und Öl zu kalt, so daß keine Verbindung zustande kam, müssen die geronnene Masse und das Öl temperiert werden. Danach rührt man die Masse tropfenweise zu einem frischen Eigelb und erhält so wieder den Zusammenhalt. Das restliche Öl dann langsam dazurühren.

Ist trotz temperierter Zutaten die Mayonnaise geronnen, weil das Öl zu schnell beigegeben wurde, muß wie im ersten Fall, mit einem frischen Eigelb noch einmal begonnen werden.

Auch bei Mayonnaise, die sich wegen zu hoher Ölbeigabe wieder entmischt hat, ist mit 2 bis 3 Eigelb nochmals zu beginnen. Die geronnene Masse ist erst tropfenweise, bei erreichter Emulgierung in größeren Partien dazuzurühren.

Mayonnaise, die durch zu kalte Aufbewahrung geronnen ist, kann im warmen Wasserbad wieder glattgerührt werden. Eine weitere Möglichkeit der Emulgierung besteht darin, die geronnene Mayonnaise in kleinen Mengen zu etwas heißem Wasser zu rühren.

Aufbewahrung

Frischei kann Salmonellen enthalten, die sich bei Aufbewahrung vermehren. Daher sind Fristen zu beachten.

- Ohne Kühlung 2 Std. von Herstellung bis Verzehr.
- Bei 7 °C gekühlt 24 Std. von Herstellung bis Verzehr.

Für Mayonnaise aus pasteurisiertem Eigelb gelten diese Fristen nicht.

Schaumiggerührte Eigelbe + Öl

Mayonnaise – Sauce mayonnaise

Ableitungen durch Ergänzungen

Mit Zitronensaft, Salz und Cayennepfeffer schmeckt man Mayonnaise ab und zieht geschlagene Sahne darunter oder häuft sie auf die angerichtete Sauce.	Mayonnaise wird pikant mit gehackten Gewürzgurken, Kapern, Sardellen, Petersilie, Kebel, Estragon, frisch gemahlenem Pfeffer und Senf abgeschmeckt. Bei baldigem Verbrauch Zusatz von Zwiebelwürfeln möglich (Schärfe durch kurzes Blanchieren mildern).	Unter eine pikant abgeschmeckte Mayonnaisensauce (Sauce mayonnaise) gibt man hartgekochte, gehackte Eier und feingeschnittenen Schnittlauch.
Chantillysauce Sauce Chantilly	**Remouladensauce** Sauce rémoulade	**Tatarensauce** Sauce tartare
Diese Sauce wird hauptsächlich zu Spargel und Artischocken gereicht.	Geeignet zu gebackenen Fischen, zu kaltem Braten und zu kalten Eiern.	Vorwiegend geeignet zu gebackenem Fisch und kaltem Braten sowie zu kalten Eiern.

Erläuterung weiterer Ableitungen

Sauce mayonnaise
Mayonnaisensauce **Mayonnaise sauce**

Mayonnaise wird mit Worcestershire Sauce, Zitronensaft, Salz, Pfeffer und Dijonsenf recht pikant abgeschmeckt. Je nach Verwendungszweck mit Fonds der Naturalien oder Wasser zur benötigten Konsistenz verdünnen.

Geeignet für Krustentiere, Fische, Eier, Schlachtfleisch, Geflügel, Gemüse und Salate aller Art.

Sauce andalouse
Andalusische Sauce **Andalouse sauce**

Reifes, süßes Tomatenfleisch passieren, mit Tomatenmark vermischen und abgeschmeckte Mayonnaise zusetzen. Als Einlage feine Streifchen von roter blanchierter Paprikaschote einrühren.

Beigabe vorwiegend zu Eiern und Schlachtfleisch.

Sauce cocktail
Cocktailsauce **Cocktail sauce**

Mayonnaise mit Tomatenpüree oder Ketchup verrühren und mit Weinbrand, Schlagsahne, Salz, Tabasco, Zucker und wenig Meerrettich verrühren. Evtl. Beigabe von gehackter Ananas.

Für Vorspeisencocktails mit Krustentieren und als Saladressing für Chicorée und Blattsalate sowie kalte Eier.

Sauce Gloucester
Gloucester Sauce **Gloucester sauce**

Etwas Worcestershire Sauce, mit Weißwein angerührtes englisches Senfpulver, Salz und Pfeffer rührt man unter Mayonnaise. Dicke saure Sahne ($^1/_3$) und gebrühte (blanchierte), gehackte Fenchelknolle dazugeben und, wenn nötig, mit Zitronensaft nachschmecken.

Zu kaltem Lachs, Eiern und Schlachtfleisch.

Sauce verte
Grüne Sauce **Green sauce**

Spinat- und Sauerampferblätter werden gebrüht (blanchiert) und mit Estragon, Kerbel, Kresse, Petersilie und einem Löffel Mayonnaise zusammen im Mixer püriert. Das Kräuterpüree wird noch durch ein Sieb gestrichen und einer entsprechenden Menge Mayonnaise zugesetzt. Das Aroma feingehackter Schalotten, in Weißwein ausgezogen, sowie Zitronensaft, Salz und Pfeffer sind die Würzstoffe, mit denen grüne Sauce geschmacklich vollendet wird.

Wird zu Eiern, Krustentieren und kalten wie warmen Fischgerichten serviert.

Sauce ravigote
Kräutersauce **Herb sauce**

Unter Mayonnaise rührt man sehr fein gehackte Kräuter: Petersilie, Kerbel, Estragon, Schnittlauch und Dill. Mit Zitronensaft, Worcestershire Sauce, Salz und Pfeffer ist die Kräutersauce geschmacklich zu ergänzen.

Als Beigabe zu Krustentieren, Fischen (kalt und warm) und zu gekochtem Schlachtfleisch.

Sauce Moscovite
Russische Sauce **Russian sauce**

Würfelchen von Hummerfleisch, Salz und Pfeffer und etwas Zitrone gibt man in Mayonnaise, fügt ein Löffelchen geschlagene Sahne hinzu und mischt abschließend ein wenig Kaviar (3 g je Person) darunter. Durch langes Stehen leidet der Geschmack empfindlich. Erst kurz vor dem Servieren fertigstellen.

Geeignet zu Fisch und Krustentieren und zu kalten Eiern.

Sauce tyrolienne
Tiroler Sauce **Tirol sauce**

Gebrühten, abgezogenen Tomaten entfernt man die Kerne, schneidet das Fruchtfleisch in kleine Würfel und schmeckt es mit Salz, Zucker und Zitrone ab. Fester Mayonnaise wird Worcestershire Sauce und Chillisauce (scharfsüße Tomatenwürzsauce) sowie gehackter Estragon, Petersilie und Schalotten zugesetzt. Mit den Tomatenwürfelchen ist die Sauce zu vollenden.

Geeignet zu Krustentieren, Fischen (warm und kalt), zu kalten Braten und Eierspeisen.

6 Verschiedene warme und kalte Saucen

Zu vielen warmen oder kalten Zubereitungen aus Fisch, Fleisch, Geflügel und Wildgeflügel, aber auch zu Pasteten kann man Saucen mit betont pikant-würzigem Geschmack servieren. Hier werden oft bewußt Kontraste im Geschmack zwischen Gericht und Sauce gesucht. Ausschlaggebend ist die richtige Zusammenstellung, denn jedes Gericht braucht die passende Komponente, mit der es geschmacklich harmoniert und so voll zur Geltung kommt.

6.1 Warme Saucen

Sauce aux pommes
Apfelsauce **Apple sauce**

Reife, saure Äpfel waschen, vierteln, vom Kernhaus befreien und mit Zucker, etwas Weißwein, einem Stück Zimtrinde und Wasser weichkochen. Den Zimt entfernen, die weichgekochten Äpfel durch ein Sieb streichen und warmstellen.

Apfelsauce (Sauce aux pommes) wird neben der betreffenden Bratensauce verspeist, deshalb muß sie dick gehalten werden.

Geeignet zu Gänse-, Enten-, Schweinebraten und Hasenrücken.

Sauce au cidre
Apfelweinsauce **Cider sauce**

Kleinste Würfel (Brunoise) von Äpfeln, Zwiebeln, Lauch und Möhren in Butter anschwitzen. Mit Apfelschnaps (Calvados) flambieren und in Apfelwein gardünsten. Saure Sahne mit sehr wenig Kartoffelstärke verrühren, zum Ansatz gießen und unter Umrühren aufkochen. Sauce mit Salz, Pfeffer, einer Prise Zucker und Zitronensaft vollenden.

Geeignet zu gebratenem oder gegrilltem hellen Geflügel und Kurzbratfleisch vom Kalb.

Sauce au pain
Brotsauce **Bread sauce**

Weißbrotscheiben ohne Kruste und gebrühte (blanchierte) Zwiebelscheiben in aufgekochter Milch (rohe Milch zersetzt sich!), mit Nelke, Muskat, weißem Pfeffer und einer Prise Salz breiigkochen. Nelke entnehmen, durch ein feines Nylonsieb streichen, mit wenig Rahm verkochen und mit einigen Butterflöckchen verfeinern.

Geeignet zu gebratenem Geflügel und Wildgeflügel.

Sauce au raifort
Meerrettichsauce **Horseradish sauce**

Unter vorstehende Brotsauce (Sauce au pain) mischt man in wenig Brühe gekochten, geriebenen Meerrettich und schmeckt mit Zitronensaft und etwas Zucker ab.

Geeignet zu gekochtem Rindfleisch und gekochtem Schinken.

Sauce aux airelles
Preiselbeersauce **Cranberry sauce**

Preiselbeeren mit wenig Wasser weichkochen, auf ein Sieb schütten und passieren. Das Mus nach Geschmack zuckern.

Preiselbeersauce (Sauce aux airelles) reicht man neben der jeweiligen Fleischsauce, darum muß sie ziemlich dick sein.

Geeignet zu gebratener Pute und Wildgerichten.

6.2 Kalte Saucen

Sauce Cumberland
Cumberlandsauce **Cumberland**

Dünn abgeschälte Orangen- und wenig Zitronenschale in sehr feine Streifchen (Julienne) schneiden, mit wenig Wasser schnell aufkochen, abschütten und in Rotwein weichkochen. Johannisbeergelee und ein Löffelchen Preiselbeeren passieren, etwas englisches Senfpulver mit Rotwein glattrühren und daruntermengen. Mit dem Saft der geschälten Orangen, etwas Zitronensaft und geriebenem Meerrettich und einem Hauch Cayennepfeffer abschmecken. Die Sauce mit den abgekühlten Schalenstreifchen vollenden.

Zum Verzehr bestimmte Orangen- oder Zitronenschalen dürfen nur von unbehandelten Früchten stammen.

Geeignet zu kaltem Wildbraten, Wildgeflügel, Pasteten und Terrinen.

Sauce anglaise
Englische Sauce **English sauce**

Apfelmus kochen wie für Apfelsauce (Sauce aux pommes). Nach dem Erkalten mit geriebenem Meerrettich vermischen. Etwas abgeriebene Orangenschale und Orangensaft geben der Sauce den besonderen Geschmack.

Geeignet zu kaltem Wildbraten, Schweinebraten, gekochtem Schinken, Pute, Gans und Ente.

Sauce Gribiche

Gribichesauce **Gribiche sauce**

Gekochtes, passiertes Eigelb mit Senf, Essig, Salz und Pfeffer kräftig verrühren und mit Öl zur gewünschten Konsistenz aufrühren. Das streifig geschnittene Eiweiß zusetzen und Kapern, Essiggurken, Kerbel, Estragon und Petersilie gehackt als Einlage daruntermischen.

Geeignet zu Fischen warm und kalt, gekochtem Kalbskopf, Rindfleisch kalt.

Crème de raifort

Meerrettichsahne **Horseradish cream**

Geriebenen Meerrettich mit Essig oder Zitronensaft marinieren und unter geschlagene Sahne ziehen. Der Geschmack wird durch etwas Zucker und Salz vervollständigt.

Geeignet zu gekochtem Fisch warm und kalt, Räucherlachs und -forellen, gekochtem Schinken warm und kalt, gekochtem Rindfleisch warm und kalt und kalten Eierspeisen.

Sauce Oxford

Oxfordsauce **Oxford sauce**

Cumberlandsauce (Sauce Cumberland) ohne Schalenstreifchen herstellen. Etwas geriebene Orangen- und Zitronenschalen unterrühren und mit gehacktem Ingwer abschmecken.

Geeignet zu kaltem Wildbraten, Wildgeflügel, Pasteten und Terrinen.

Sauce menthe

Minzesauce **Mint sauce**

Weinessig halb mit Wasser verdünnt, gehackte frische Minzeblätter und Zucker zusammen vermischen und zugedeckt stehen lassen. Die Minzesauce ist nach einer Stunde gebrauchsfertig. Bei Verwendung von getrockneter Pfefferminze die Mischung aufkochen und erkalten lassen.

Geeignet zu Lamm- und Hammelbraten warm und kalt.

7 Buttermischungen

7.1 Kalte Butter

Frische Butter begünstigt durch ihr feines Aroma den Geschmack der Zubereitungen und wertet sie auf.

Vermischt man frische Butter mit würzigen Zutaten, so entstehen Buttermischungen mit eigener, typischer Geschmacksprägung.

Buttermischungen finden Verwendung:

- ▷ zur Ergänzung von Suppen und Saucen,
- ▷ als Beilage zu Kurzbratfleisch, Fischen, Krustentieren und Gemüsen anstatt Sauce,
- ▷ zum Verschließen gefüllter Schneckenhäuser,
- ▷ als Aufstrich für Toast- und Brotschnitten, Canapés.

Es werden unterschieden:

- ▷ **Buttermischungen mit kremiger Konsistenz,** die sofort weiterverarbeitet werden, als Brotaufstrich, zum Füllen oder als Beigabe zu gekochten, warmen Zubereitungen.
- ▷ **Buttermischungen mit fester Konsistenz,** die man erst später verwendet. Deshalb bringt man sie in Walzenform und läßt sie in der Kühlung absteifen.

Herstellung

Die jeweilige Zustandsform der Butter ist abhängig von der Temperatur. Butter ist in kaltem Zustand von fester Beschaffenheit und läßt sich dann nicht mit anderen Zutaten vermischen. Sie muß daher zunächst aus der festen in eine weiche Form gebracht werden.

Die Butter ist auszupacken, in eine Schüssel aus Edelstahl zu legen und zum Temperieren an einen warmen Platz zu stellen. Danach wird die weiche Butter kremiggerührt. Die vorgesehenen Zutaten sind beizufügen und mit der Butter gut zu vermischen, so daß sie darin gleichmäßig verteilt sind.

Soll die Buttermischung in fester Form verwendet werden, rollt man sie auf Folie oder feuchtem Pergamentpapier zu Walzen mit 3 cm Durchmesser und bewahrt sie kühl auf.

- Butter nicht zerlaufen lassen, sonst verliert sie ihr feines Gefüge.
- Wieder festgewordene Butter ist körnig-grießig; der Geschmack ist unangenehm verändert.
- Nur frische Zutaten geben volles Aroma.
- Gehackte Kräuter vom Tage zuvor schmecken völlig leer und abstoßend.

Anrichten

Kremige Buttermischungen werden gesondert angerichtet. Zum Formen benutzt man Spritzbeutel mit Tülle oder einen kleinen Löffel, den man zuvor in heißes Wasser taucht, damit die Butter nicht haften bleibt. Die Butter wird eiförmig abgestochen und in Saucieren gelegt.

Feste Buttermischungen nimmt man aus ihrer Umhüllung und schneidet sie in dickere Scheiben. Auch hierbei wird das Messer zuvor in heißes Wasser getaucht, damit sich die Butterscheiben von der Messerklinge lösen und nicht zerbrechen. Die Butterscheiben setzt man auf ein Salatblättchen und legt es an die Platte oder reicht es gesondert. Man kann die Butterscheiben aber auch direkt auf die Bratstücke legen, manchmal auch auf dem Kurzbratstück liegend im Salamander überschmelzen.

Arten	Geschmacksbestimmende Zutaten	Verwendung
Colbertbutter *Beurre Colbert* **Colbert butter**	Gehackte Petersilie, Zitronensaft, Fleischextrakt, Pfeffer, Salz	Fisch und Fleisch gebraten, gegrillt, gebacken. Krustentiere gegrillt, Schnittchen mit Ei, Tomate, Braten
Geschlagene Butter *Beurre battu* **Wipped butter**	Weiche Butter mit Zitronensaft, Cayennepfeffer, Salz kremig schlagen. Wenig geschlagene Sahne darunterziehen	Gekochte Fische und Krustentiere. Gekochte und gedämpfte Gemüse (z. B. Spargel, Brokkoli)
Kräuterbutter *Beurre aux fines herbes* **Herb butter**	Gehackte Kräuter: Estragon, Petersilie, Schnittlauch, Kerbel, feingehackte Schalotten, Zitronensaft, Pfeffer, Salz	Suppen, Saucen. Fisch und Fleisch gebraten, gegrillt, gebacken. Krustentiere gegrillt. Schnittchen mit Ei, Tomate, Braten, Käse
Schalottenbutter *Beurre d'échalotte* **Shallot butter**	Gleiche Anteile feingehackter Schalotten und weiche Butter miteinander vermischen	„Mise en place" der Küche. Ansetzen oder Fertigstellen von Suppen, Saucen, Fisch, Fleisch, Geflügel, Gemüse, Pilzen
Schneckenbutter *Beurre pour escargots* **Snail butter**	Feingehackte Schalotten, zerriebener Knoblauch, gehackte Petersilie, Zitronensaft, Worcestershire Sauce, Pfeffer, Salz	Verschließen gefüllter Schneckenhäuser oder der gefüllten Vertiefungen spezieller Schneckenplatten; Schneckensuppe
Würzbutter *Beurre asseson* **Seasoned butter**	Englisches Senfpulver, Salz, Pfeffer	Aufstrichbutter für Sandwiches, Toast- und Brotschnitten

7.2 Heiße Butter

Zur geschmacklichen Vervollkommnung wird zu vielen Zubereitungen auch heiße Butter verwendet. Zutaten und Würzen, aber auch der Erhitzungsgrad geben heißer Butter einen besonderen Geschmack.

Herstellung

Durch Erhitzen verliert Butter ihren festen Körper und wird flüssig. Milchreste (Wasser und Eiweiß) sinken auf den Boden. Bei weiterem Erhitzen verdampft das Wasser und bildet in Verbindung mit dem Eiweiß aufsteigenden Schaum. Deshalb bereitet man zerlassene Butter in einem Geschirr mit hohem Rand (Stiel- oder Schwenkkasserolle). Durch Rühren mit einem Schneebesen wird dabei das Entweichen des Dampfes gefördert und ein Überschäumen verhindert. Die ausgeschäumte Butter gießt man durch ein Sieb mit feinem Geflecht, fängt darin die zusammengekrümelten Eiweißteilchen auf und hat so zerlassene, geklärte Butter.

Bei fortschreitendem Erhitzen verändert Butter ihren Geschmack und ihre Farbe.

Für braune Butter wird eine saubere Stielpfanne benutzt. Durch die größere und dünnere Bodenfläche dringt mehr Hitze in die Butter und der Bräunungsvorgang wird stark beschleunigt. Das Wasser verdampft sofort, die Butter schäumt nur wenig und ist sehr schnell braun.

Beim Zubereiten von brauner Butter ist deren Veränderung genau zu beobachten und die Wärmezufuhr rasch zu unterbrechen, wenn die Butter beinahe die gewünschte Bräunung erreicht hat, denn heiße Butter bräunt noch nach.

Anmerkung:
- Heiße Butter zum Übergießen fertiger Bratsachen wird bei Bedarf hergestellt.
- Andere Arten für das Service werden vorbereitet.
- Reste vom Tag zuvor müssen anderweitig verwendet werden, denn der Geschmack der Butter ist beeinträchtigt.

Arten	Vorgang und Zutaten	Verwendung
Nußbutter *Beurre noisette* **Noisette butter**	In einer Kasserolle zerlassene Butter herstellen und Weitererhitzen zu nußbrauner Farbe	Gekochte Fische, Krustentiere und Gemüse (z. B. Spargel, Blumenkohl)
Müllerinbutter *Beurre meunière* **Meunière butter**	In einer Stielpfanne braune Butter herstellen, durch ein Sieb auf die mit Zitronensaft beträufelte und mit gehackter Petersilie bestreute Zubereitung gießen	Gebratene Fische und angebratene, gedünstete Gemüse (z. B. Chicorée, Fenchel, Sellerie)
Bröselbutter *Beurre polonaise* **Polish butter**	Nußbutter herstellen. Geröstete, grobe Semmelbrösel dazugeben	Gekochte oder gedämpfte Fische, Teigwaren, Klöße, Blumenkohl, Spargel
Senfbutter *Beurre de moutarde* **Mustard butter**	In einer Stielpfanne braune Butter herstellen. Ohne Satz auf Senf abgießen, dabei rühren (schäumt stark auf)	Gekochte Fische
Zerlassene Butter *Beurre fondue* **Melted butter**	In einer Kasserolle zerlassene, klare Butter ohne braunen Farbton herstellen	Wie bei Nußbutter
Zwiebelbutter *Beurre à l'oignons* **Onionbutter**	Zerlassene Butter herstellen. Zwiebelwürfelchen zugeben, unter Rühren hell bräunen	Gekochte Fische, Leberknödel, gekochte Kartoffeln, Klöße
Rotweinbutter *Beurre de marchand de vin* **Redwine butter**	Schalottenwürfel in etwas Butter ohne Farbe nehmen zu lassen anschwitzen, mit Rot- und wenig Portwein aufgießen und zur Hälfte einkochen. Eiskalte Butter nach und nach einschwenken oder einmixen, mit Salz und Cayenne abschmecken.	Zu gedünsteten und gedämpften Fischen, poêliertem Geflügel und Rehfilets

Schlachtfleisch

1 Vorbereiten

In der gewerblichen Küche versteht man unter Schlachtfleisch das Muskelfleisch von Kalb, Rind, Schwein und Schaf; Leber, Niere, Bries, Herz, Hirn und Lunge zählen zu den Innereien. Auch die Zunge wird zu den Innereien gerechnet, obwohl sie kein eigenes Organ, sondern der Schluckmuskel des jeweiligen Tieres ist.

1.1 Kalb

Veau
Veal

Kalbfleisch ist das Fleisch 6 bis 8 Wochen alter Rinder mit einem Schlachttierkörpergewicht bis zu 150 kg. Der bisher als wesentliches Qualitätsmerkmal geltenden hellen Fleischfarbe wird heute weniger Bedeutung beigemessen.

(Die Bezeichnung aller Schlachtfleischteile und ihre Verwendung sind im Abschnitt „Lebensmittel" aufgeführt.)

Auslösen der Keule

Beim Zerlegen muß mit einem scharfen Ausbeinmesser gearbeitet werden. Das ist zeitsparend; ferner entstehen glatte Schnittflächen, die eine rationelle Auswertung der einzelnen Stücke bieten.

Es ist Vorschrift und zur Sicherheit unabdingbar, beim Auslösen von Fleischteilen Stechschutzschürze und einen Stechschutzhandschuh zu tragen (s. Abb.).

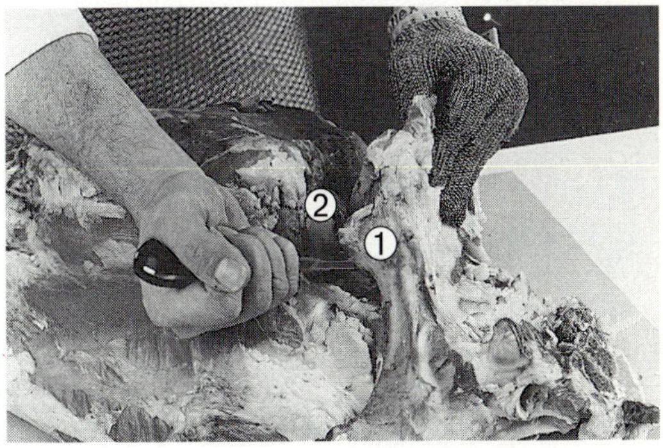

Die Ausbeute ist abhängig von

▷ der Fleischfülle der ausgelösten Teile und
▷ der Schnittführung beim Zerlegen.

An der Innenseite der Keule wird zuerst der Schloßknochen (1) ausgelöst. Das Messer ist direkt am Knochen entlangzuführen, damit das Fleisch unverletzt bleibt. In der halbkugelförmigen Ausbildung des Schloßknochens (Pfanne) bewegt sich der Gelenkkopf (2) des Oberschenkelknochens. Beide Knochen sind im Gelenk mit einer kleinen Sehne verbunden. Diese wird durchschnitten und der Schloßknochen vollends ausgelöst.

Danach trennt man die Haxe (3) ab.

Zuerst durchschneidet man die starke Sehne (4) am Sprunggelenk (7).

Anschließend wird der Frikandeaukopf (5), der teilweise um die Haxe liegt, abgelöst und die Haxe im Kniegelenk (6) abgeschnitten. Den Knochen mit dem starken Sprunggelenk (7) trennt man mit einer Säge ab. Die Trennstelle ist unmittelbar vor dem Wadenmuskel.

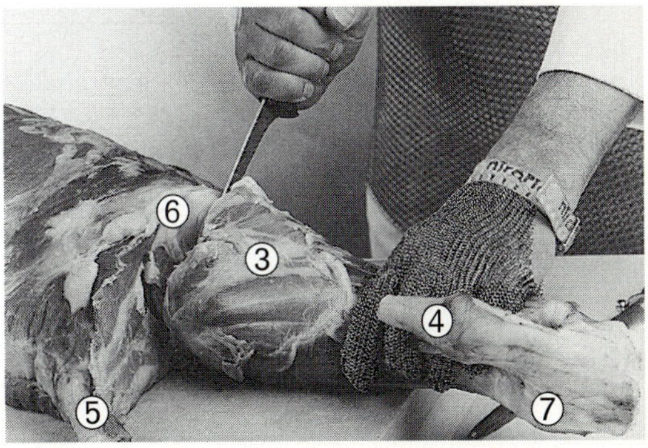

Die folgenden Arbeitsgänge zeigen die Zerlegung der Kalbskeule in die einzelnen Fleischteile.

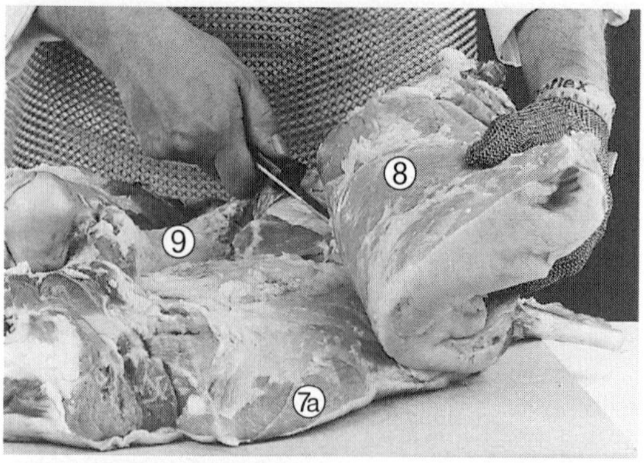

Mit einem Längsschnitt durchtrennt man seitlich die Haut (7a), genau entlang des Frikandeaus, um dann mit der Messerspitze das Bindegewebe zu zerschneiden und so die Oberschale (8) abzulösen. Der auf der Hautseite liegende Lappen wird behutsam abgetrennt. (Vgl. untere Abb. die Teile a, h rechts im Bild.)

Der große Röhren- oder Oberschenkelknochen (9) liegt jetzt einseitig frei. Zwischen den Gelenkköpfen erhält er einen kräftigen Längsschnitt. Die durchgetrennte Knochenhaut läßt sich dadurch mit dem Fleisch nach rechts und links abdrücken.

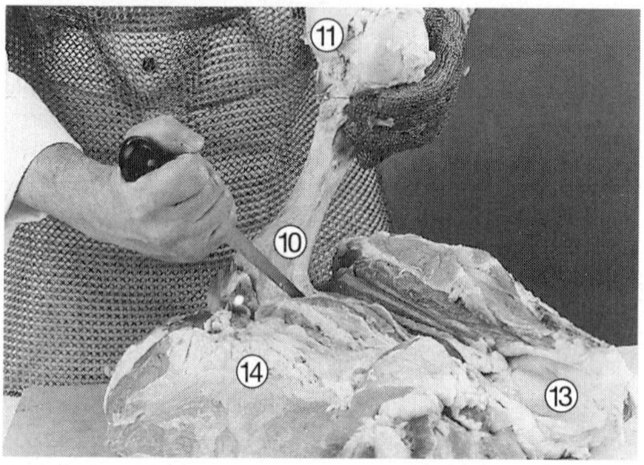

Dann wird das Kugelgelenk (11) umschnitten, der Röhrenknochen durch Längsschnitte aus seiner Fleischlage gelöst, der Knochen aufrecht gestellt und der Kniegelenkkopf (10) mit kurzen Schnitten aus dem Fleischansatz gelöst.

Mit dem Abschneiden des Frikandeaus (12) von der großen Nuß (13) und der kleinen Nuß ist die Kalbskeule in ihre Fleischstücke aufgeteilt. Bei größeren Keulen trennt man noch die seitlich am Frikandeau liegende Rolle ab.

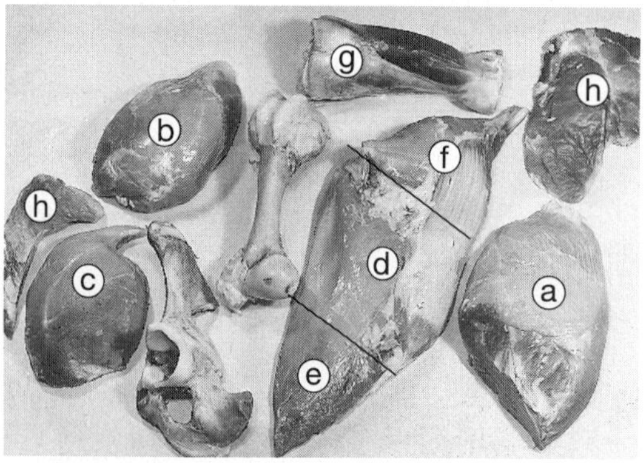

Die Nuß besteht aus einem kleinen und einem großen Muskel (große und kleine Nuß), die mit einem Fleischlappen zu einem Stück verwachsen sind. Brät man die Nuß im ganzen (z. B. Kalbsnuß, glasiert), beläßt man sie „wie gewachsen". Soll die Nuß für Schnitzel oder Steaks verwendet werden, so wird sie durch Ablösen des Fleischlappens in ihre zwei Teile zerlegt. (Vgl. nebenstehende Abb. b, c, h links.)

Bezeichnung und Verwendung der nebenstehend abgebildeten Fleischteile siehe Tabelle.

Bezeichnung	Verwendung
Oberschale (a)	Schnitzel
Nuß wie gewachsen große Nuß (b), kleine Nuß (c)	im ganzen zubereitet Schnitzel, Steak
Frikandeau (d) Frikandeauspitze (e) Frikandeaukopf (f)	im ganzen zubereitet, Rouladen Kurzbratfleisch-Gerichte Ragout, Frikassee, Blankett
Haxe (g)	im ganzen zubereitet, Ragout, Gulasch
Lappen (h) von Oberschale und Nuß	gerollt zu Braten, Gulasch, Farcen
Anschnitte und Reste	Minutengulasch, Hacksteak, Farcen
Knochen, Sehnen, Haut	Suppen, Saucen, Brühen

Bearbeiten des Rückens

Rücken

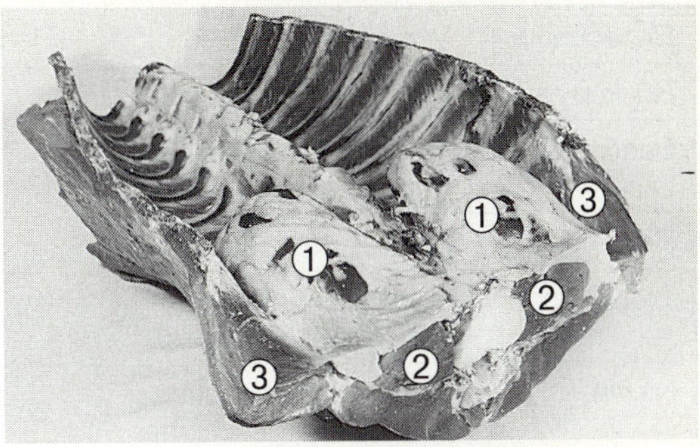

Die Nieren (1) mit dem Fett abnehmen. Die jetzt freiliegenden Filets (2) auslösen und die seitlichen Bauchlappen (3) bis auf 3 cm stutzen. An der Außenseite des Rippenstücks die zu beiden Seiten liegenden Schulterlappen abtrennen. Die über dem Rückgratknochen entlanglaufenden Sehnenbänder entfernen.

Zubereiten im ganzen: Rippen beidseitig in Höhe der gestutzten Bauchlappen abnehmen. Hohes Rippenstück rechts wie links entlang des Rückgratknochens einschneiden. Dies bewirkt ein gleichmäßigeres Garen.

Sattel

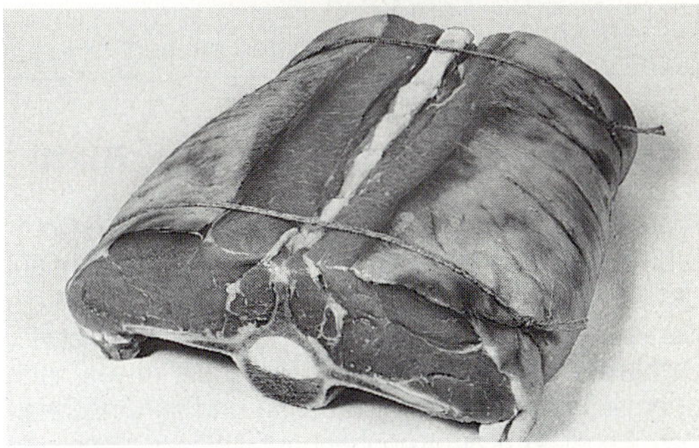

Der Teil des Rückens mit den flachen, kurzen Rippen ist der Sattel. Die Trennstelle ist der Wirbel zwischen den langen und den kurzen, flachen Rippen.

Zubereiten im ganzen: Die Wölbung der Lendenwirbel soweit abschlagen, daß der Sattel eine stabile Lage erhält. Die Bauchlappen nach innen klappen und zur Formhaltung an den Enden umbinden.

Nierenbraten

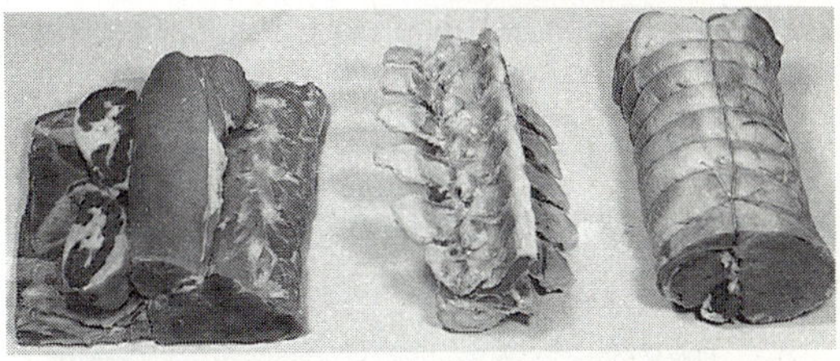

Das ausgebeinte Sattelstück mit Niere ist der Nierenbraten. Dafür verbleibt der ganze Bauchlappen am ausgelösten Fleisch. Eine längshalbierte oder ganze Niere mit dünner Fettschicht auf die Fleischinnenseite legen. Den Lappen darüberklappen, eine Rolle formen und mit Schnur umbinden.

Rückensteak

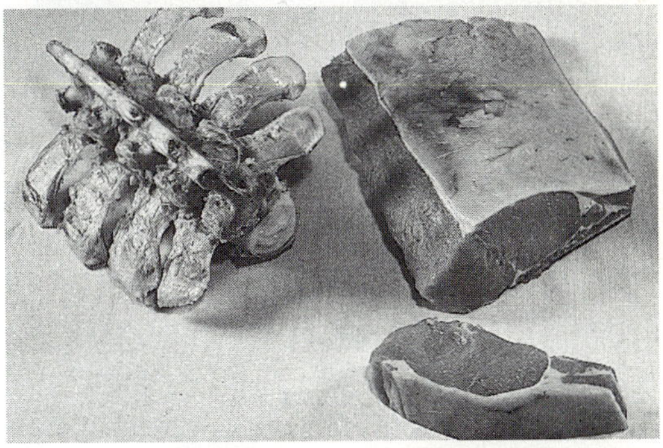

Das Sattelfleisch ist auszulösen. Das starke Sehnenband wird abgenommen und der Bauchlappen gestutzt.

Das gelöste Fleisch in Portionsscheiben geschnitten gibt die Rückensteaks, die auch als Lendensteaks bezeichnet werden.

Karree und Kotelett

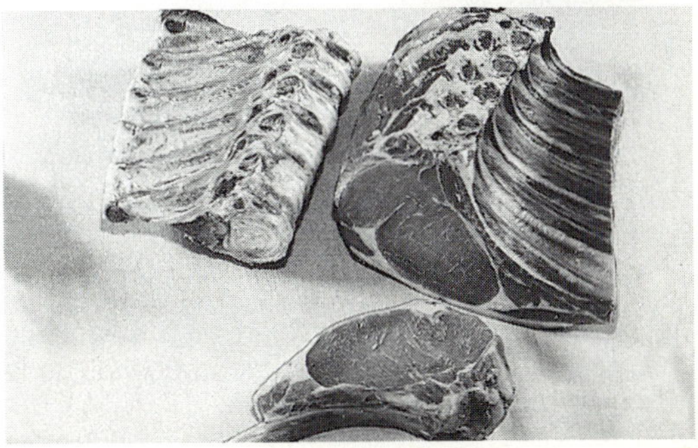

Wird der Teil des Rückens mit den langen Rippen ausgeschlagen, so erhält man das Karree. Es kann als ganzes Stück oder portioniert zu Koteletts zubereitet werden.

Entlang des Rückgratknochens wird das Fleisch bis auf die Wirbel eingeschnitten. Dann stellt man das Rippenstück aufrecht und schlägt das Karree aus. Das Beil ist im stumpfen Winkel zum Rückgratknochen längs der einmündenden Rippen zu führen.

Bezeichnung	Verwendung
Rücken	im ganzen zubereitet
Sattel	im ganzen zubereitet Nierenbraten, Steaks
Rippenstück	Karrees, Koteletts
Filets (Lenden)	im ganzen zubereitet Nüßchen, Medaillons
Nieren	im ganzen zubereitet in Scheiben geschnitten, am Spieß kleingeschnitten sautiert

Auslösen des Bugs (Schulter, Blatt)

Aus der Abbildung ist die Lage der Knochen ersichtlich. Zum Ausbeinen wird die dünne Fleischschicht auf der Schaufel nach rechts und links abgelöst und die Kante des Schaufelknochens freigelegt. Dann ist der Schaufelknochen im Gelenk zu trennen, etwas nach oben aus der Führung zu drücken und zu umschneiden, damit sich die Knochenhaut ablösen kann. Mit kräftigem Griff läßt sich nun die Schaufel nach vorn aus ihrer Lage herausziehen, wobei die Knochenhaut am Fleisch verbleibt. Danach werden der Vorderschenkel- und der Haxenknochen ausgelöst.

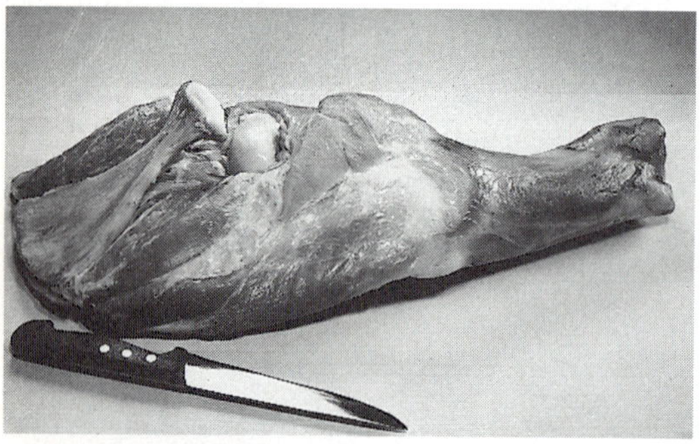

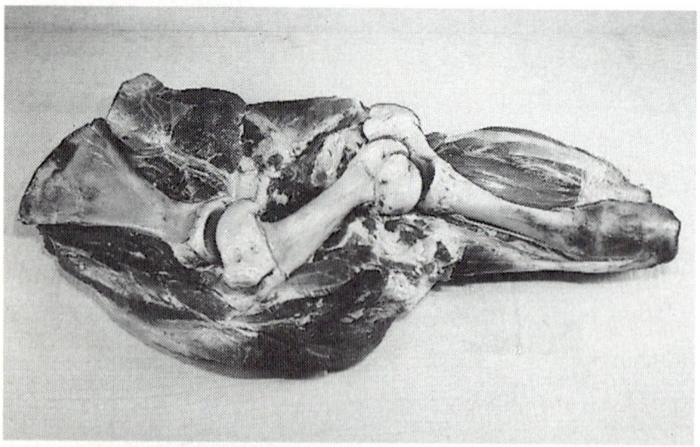

Will man die Haxe im ganzen verarbeiten, so wird sie im Gelenk abgeschnitten. Der nach oben laufende Ellbogenknochen ist durchzusägen.

Bezeichnung	Verwendung
Bug (Schulter, Blatt)	gefüllt oder ungefüllt, gerollt und gebunden zubereitet, in Stücke geschnitten für Ragout, Gulasch, Frikassee und Blankett
Haxe	im ganzen oder zerteilt in Portionen zubereitet, in Stücke geschnitten für Ragout und Gulasch

Herrichten der Brust

Zum Entnehmen der Rippen legt man die Brust auf die Außenseite. Die querliegenden Rippenknochen sind am Brustbein durch Knorpelgelenke verbunden; diese erhalten einen Einschnitt. Von dort ausgehend wird auf der Mitte der Rippenknochen mit einem zweiten Schnitt die darunterliegende Haut durchgetrennt.

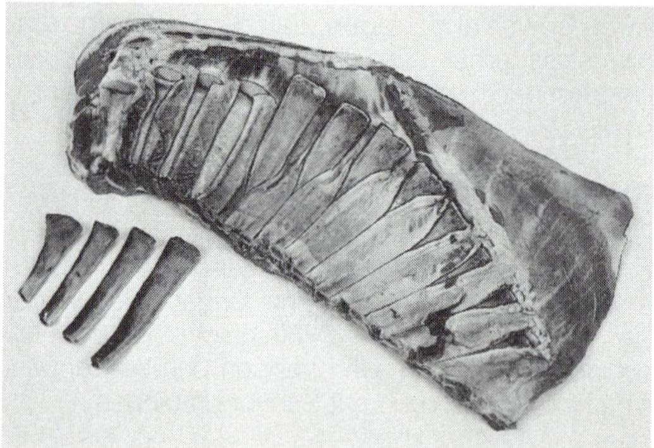

Die Rippen sind nun aus ihrer Lage zu drücken. Mit beiden Händen erfaßt man die dicke Brustbeinseite, stellt die Brust auf die Rippenknochen und biegt sie mit kräftigem Druck zur Hautseite hin. Hierbei lösen sich die Rippen aus ihren Knorpelgelenken und schieben sich durch den T-förmigen Einschnitt heraus. Man kann sie jetzt erfassen und ganz herausziehen.

Mit einem stabilen, scharfen Messer wird noch das Brustbein flach über der Brustinnenseite abgeschnitten. Die darunterliegenden Knorpel verbleiben in der Brust.

Soll die Brust gefüllt werden, so ist sie vom flachen Ende her zu öffnen. Zwischen den Fleischschichten zertrennt man die Bindegewebe und schafft so eine Tasche zur Aufnahme der Füllung. Nachdem sie gefüllt ist, wird die Öffnung mit Bindenadel (Dressier- oder Bridiernadel) und Faden geschlossen.

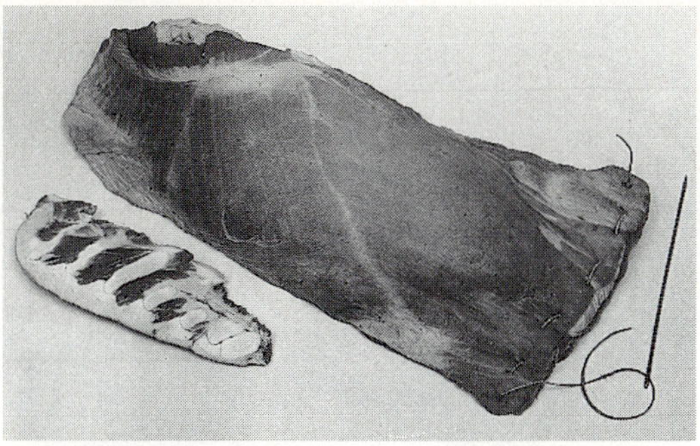

Verwendung:
- im ganzen gebraten, gefüllt oder gerollt und gebunden,
- in Stücke geschnitten für Frikassee, Blankett oder Ragout,
- in Portionsstreifen geschnitten zu Tendrons.

Füllung für eine Kalbsbrust

Bedarf:

300 g	Weißbrotwürfel	30 g	Petersilie, gehackt
150 g	Geflügelleberstückchen	5	Eier
70 g	Butter	0,4 l	Sahne
50 g	Schinken, gekocht		Salz, Pfeffer, Muskat
100 g	Zwiebelwürfelchen		

Weitere Füllmassen und Farcen zum Füllen einer Kalbsbrust s. Abschnitt „Füllmassen – Farcen".

Zwiebelwürfelchen und feingehackten Schinken mit der Butter anschwitzen und zu den Brotwürfeln geben.

Eier zerschlagen, Sahne dazurühren und mild würzen; Petersilie und Geflügelleberstückchen hinzufügen. Diese Mischung über die Brotwürfel gießen, vorsichtig vermengen (die Brotwürfel sollen ganz bleiben) und die Flüssigkeit einziehen lassen. Brotfüllung in die Kalbsbrust geben und die Öffnung schließen.

1.2 Rind

Bœuf
Beef

Schlachtkörperhälften von Rindern werden in Vorder- und Hinterviertel zerlegt. Der Trennschnitt erfolgt zwischen der 8. und 9. Rippe. Demnach gehören zum

Hinterviertel: Keule mit Hinterhesse, Roastbeef mit Hochrippe und Filet;

Vorderviertel: Bug mit Vorderhesse, Kamm, Fehlrippe, Brust und Spannrippe.

Zum Bearbeiten in der Küche kommt meist nur das gespaltene Rückenstück mit dem Filet in Betracht. Alle übrigen Fleischteile des Hinterviertels, wie auch die des Vorderviertels, werden überwiegend schon in den Fleischereibetrieben zerlegt und bereits ausgelöst geliefert.

Bearbeiten des Roastbeefs

Roastbeef mit Filet

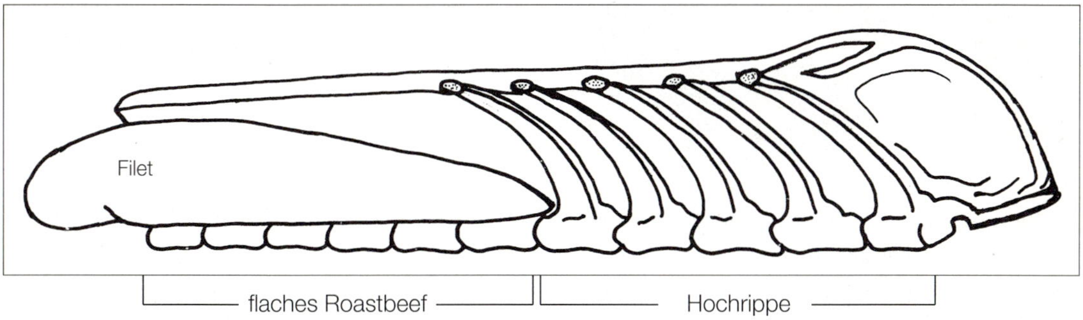

Für die Verwendung in der Küche teilt man das Roastbeef in

▷ **Filet,**

▷ **Hochrippe:** Teil mit den langen Rippen,

▷ **Roastbeef:** Teil mit den flachen Rippen.

Das **Filet** liegt an der Innenseite des Roastbeefs; es wird zunächst herausgenommen.

Den ersten Schnitt führt man entlang der Wirbelknochen bis auf den Rippenansatz, um es danach von den flachen Rippen abzulösen. Das Ablösen geschieht immer von der Filetspitze aus.

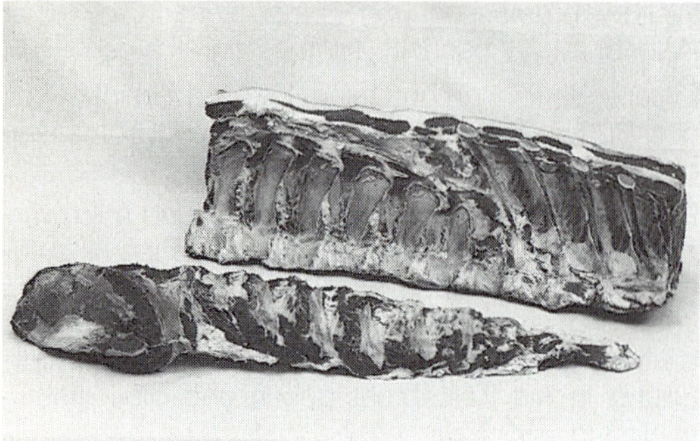

Wird die Hochrippe im ganzen verwendet oder zu Koteletts für 2 bis 3 Personen portioniert, so ist der Rückgratknochen zu entfernen. Dazu schneidet man das Fleisch scharf am Rückgratknochen ein und schlägt diesen Knochenteil bis zum Rückenansatz ab. Die starke Bandsehne ist abzulösen; sie würde das Fleisch beim Braten zusammenziehen.

Für Rostbraten wird die Hochrippe völlig ausgelöst, in gleichschwere Scheiben zerteilt und diese flachgeklopft.

Das flache Roastbeef ist für die Zubereitung auszulösen und im ganzen oder in Portionen geschnitten zu verwenden.

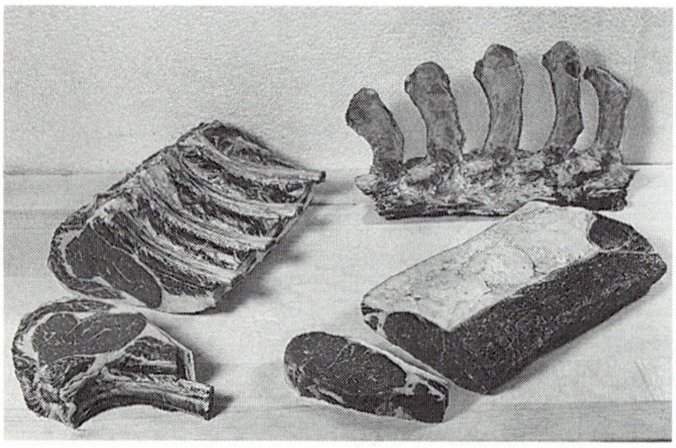

Porterhouse-Steak, T-bone-Steak, Club-Steak[1]

entstammen der englisch-amerikanischen Küche.

Sie werden aus dem unbearbeiteten flachen Roastbeef geschnitten und mit der Knochensäge durchtrennt.

Beim Club-Steak ist das Filet abgetrennt. Diese etwa 1 kg schweren Steaks reichen für mehrere Personen. Richtig gebraten, werden sie meist erst am Gästetisch tranchiert.

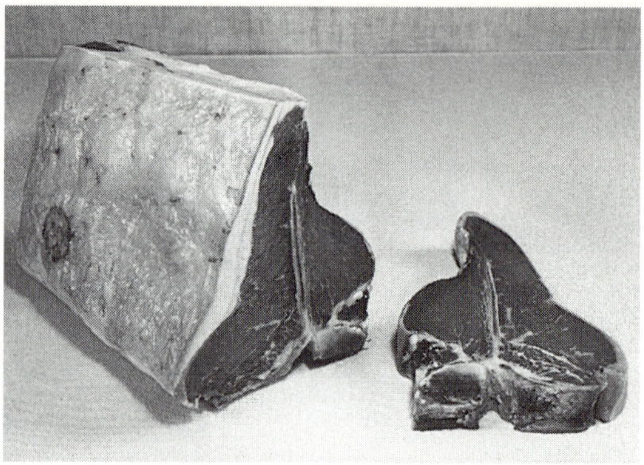

Rumpsteak

In England und den USA, den Ursprungsländern, wird das „Rump steak" aus der Hüfte, dem zartesten Teil der Rinderkeule, geschnitten.

In Deutschland ist es üblich, Scheiben des ausgelösten Roastbeefs mit Rumpsteak zu benennen.

Bezeichnung	Verwendung
Hochrippe	im ganzen gebraten, auch unter der Salzkruste; Rinderkotelett (Côte de bœuf/Rib-Steak) Rostbraten, Zwischenrippenstück
flaches Roastbeef	im ganzen gebraten; Rumpsteak auch Zwischenrippenstück = Entrecôte; doppeltes Zwischenrippenstück = Entrecôte double
flaches Roastbeef mit Filet und Knochen	Porterhouse-Steak (40 mm dick), T-bone-Steak (15 mm dick).
flaches Roastbeef mit Knochen ohne Filet	Club-Steak

Häuten und Einteilen des Filets

Das Rinderfilet hat feine Fleischfasern und enthält wenig Bindegewebe; deshalb ist es der zarteste Teil des Rindes.

Das Filet ist zunächst zu häuten. Dazu wird der Fettbelag entfernt und der seitlich laufende Strang abgetrennt.

Auf der Außenseite des Filets befinden sich zwei Hautschichten. Die erste, dünnere, bedeckt es

[1] Die Schreibweise entspricht den Leitsätzen der Deutschen Lebensmittelbuch-Kommission.

ganz; sie ist abzuziehen. Danach wird die festere Haut, die über dem dickeren Teil des Filets liegt, mit einem schmalen, dünnen Messer sorgfältig abgeschnitten.

Zur Weiterverarbeitung ist auch der Filetstrang von den außenlaufenden Sehnen zu befreien.

Zur wirtschaftlichen Einteilung werden beim Filet unterschieden:

▷ Filetkopf (1) ▷ Filet-Mittelstück (2) ▷ Filetspitze (3) ▷ Filetstrang (4)

Bezeichnung	Verwendung
Filet (ohne Spitze)	(mit Duxelles und Blätterteig umhüllt als Filet Wellington), im ganzen gebraten
Filetkopf (1)	Filetsteak, Filetgulasch
Filet-Mittelstück (2)	doppeltes Filetsteak (Chateaubriand), Filetsteak
Filetspitze (3)	Tournedos, kleine Filetschnitten (Filets mignons), Filetgulasch
Filetstrang (4)	z. T. für Filetgulasch, Ragout, Farce, Gulaschsuppe, Klärfleisch

Herrichten der Brust

Die Rinderbrust ist frisch und gepökelt vorzüglich zum Kochen geeignet.

Zweckmäßig wird vor der Verwendung der kammförmige, knorpelige Brustknochen ausgelöst und die starke Fettauflage an der Brustseite abpariert.

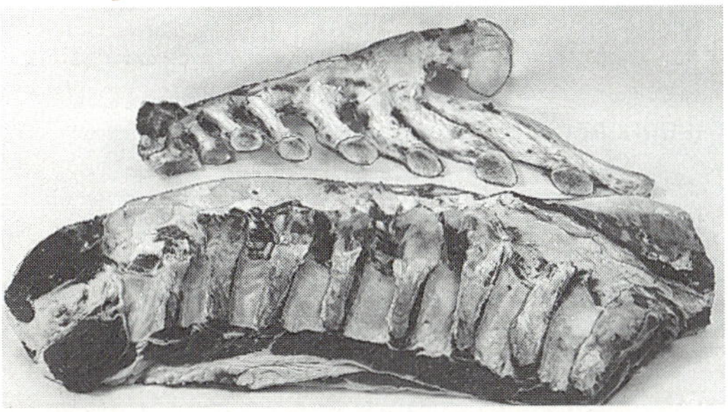

Die Spitze der Brust ist höher als der hintere, breite Teil. Um sie gleichmäßig garen zu können, teilt man sie deshalb in zwei gleichgroße Stücke und kann sie dadurch rechtzeitig, bei Erreichen des gewünschten Garpunktes, aus der Kochbrühe entnehmen.

Ochsenschwanz

Allgemein bezeichnet man die Schwänze männlicher wie weiblicher Rinder mit Ochsenschwanz.

Die dünne Schwanzspitze und der erste starke Wirbel werden zweckmäßigerweise zu Suppe verwendet. Den übrigen Teil zerlegt man in die einzelnen Wirbel, indem man die Gelenke durchschneidet. Bei schweren Ochsenschwänzen werden die stärkeren Wirbel noch quer durchschlagen, um später genauer portionieren zu können.

Der so vorbereitete Ochsenschwanz kann noch 2 bis 3 Tage in Marinade gelegt und danach zu Ragout verarbeitet werden.

Eine besondere Zubereitungsart ist der gefüllte Ochsenschwanz. Dafür werden die Fleischpartien so von den Wirbeln gelöst, daß ein dreieckiger Fleischlappen entsteht. Dieser wird gefüllt und gerollt.

1.3 Schwein

Porc
Pork

Aufteilen und Bearbeiten des Rückens

Aus Gründen der Fleischbeschau müssen Schweine in Hälften zerlegt werden. Die zur Verarbeitung gelangenden Rücken sind deshalb immer gespalten.

Im Gegensatz zum Rindfleisch weist Schweinefleisch in den ersten Tagen nach der Schlachtung die höchsten Geschmackswerte auf und soll frisch verwendet werden.

Erstklassiges Schweinefleisch ist trocken, feinfaserig und rosa; die Fettauflage ist fest und weiß.

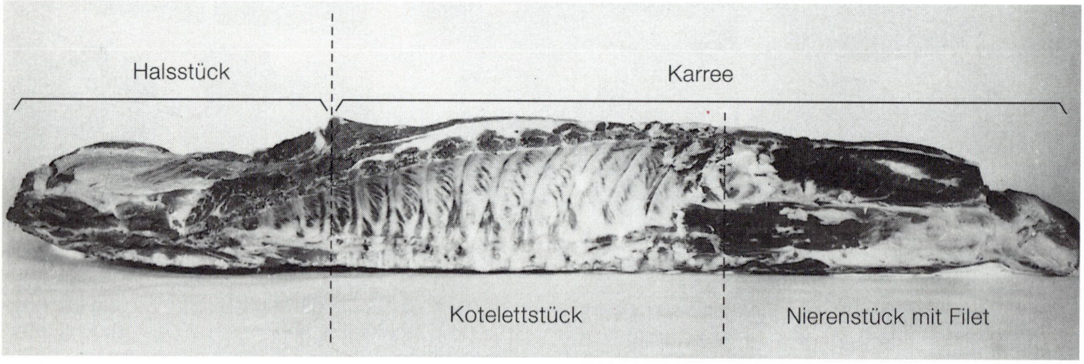

Der gespaltene Schweinerücken besteht aus dem Halsstück, das man mit Kamm oder Nacken bezeichnet, und dem Karree. Beim Karree wird unterschieden zwischen Kotelettstück und Nierenstück mit Filet. Die dritte Rippe ist die Trennstelle zwischen Halsstück und Karree.

Halsstück

Das Halsstück ist fettdurchzogen. Mit den Knochen in Portionsscheiben geschnitten ergeben sich die Hals- oder Kammkoteletts. Zum Braten oder Kochen werden die kurzen Rippen, die in den starken Halswirbelknochen übergehen, ausgelöst.

Das Halsstück wird auch gepökelt als Pökelhals oder Pökelkamm angeboten. Gepökelt und geräuchert bezeichnet man es mit Kasseler Rauchbraten.

Karree

Das Karree läßt sich im ganzen oder portioniert verarbeiten. Dazu ist das Filet auszulösen und der Rückgratknochen bis auf den Wirbel einzuschneiden. Dann wird das Karree aufrechtgestellt und der Rückgratknochen entlang des Wirbelknochens aufgeschlagen. Damit sich das Fleisch beim Zubereiten nicht verzieht, ist noch die starke Rückensehne abzutrennen.

Kotelettstück, Nierenstück

Das Kotelettstück liefert die Schweinekoteletts, das Nierenstück ohne Knochen die Schweinerückensteaks.

Das Karree kann auch völlig ausgebeint, mit Schnur umwickelt, als Rollbraten Verwendung finden.

Neben der Zubereitung in frischer Form verarbeitet man Schweinkarree auch

- gepökelt als Pökelrippchen,
- gepökelt und geräuchert als Kasseler,
- in spezieller Herstellung als Lachsschinken.

Bezeichnung	Verwendung
Halsstück (Kamm, Nacken)	im ganzen zubereitet; Halskoteletts (Kamm-, Nackenkoteletts), Pökelhals (Pökelkamm, Pökelnacken), Kasseler
Karree	im ganzen zubereitet; Rollbraten, Pökelrippchen, Kasseler
Kotelettstück	Koteletts, Lachsschinken
Nierenstück	Schweinerückensteaks
Filet (Lendchen)	im ganzen zubereitet; portioniert (Nüßchen, Medaillons)
Keule	im ganzen gebraten; ausgelöste Einzelteile für Steaks und Schnitzel; gepökelt als roher oder gekochter Schinken

Auslösen des Bugs (Schulter, Blatt)

Am Bug befinden sich Eisbein (1) und Spitzbein (Fuß) (2); diese werden im Gelenk (3) abgetrennt. Danach ist vom Bug die Schwarte abzuschneiden und ein Teil der Fettschicht zu entfernen. Der Schaufel- und der Vorderschenkelknochen werden ausgelöst wie beim Kalbsbug.

Gepökelt wird der Schweinebug auch zu Schinken (Vorderschinken) verarbeitet.

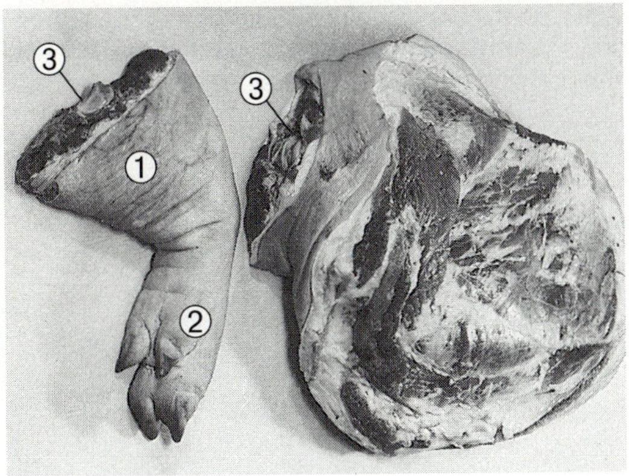

Bezeichnung	Verwendung
Bug (Schulter, Blatt)	gerollt und gebunden oder in große Stücke zerteilt, gebraten oder geschmort; geschnitten zu Ragout oder Gulasch; gepökelt zu Vorderschinken
Eisbein	gekocht oder geschmort oder gebraten; gepökelt gekocht; Sülze
Spitzbein	gekocht und überbacken; gepökelt gekocht; Sülze

1.4 Schaf

Mouton
Mutton

Fleisch von Schafen wird entsprechend dem Alter der Tiere unterschiedlich bezeichnet und beurteilt. Fleisch- sowie Fettbeschaffenheit verändern sich während des Wachstums deutlich.

Für die Verwendung in der Küche kommen vorwiegend **Milchlammfleisch** und **Mastlammfleisch** in Betracht; seltener **Hammelfleisch.**

Da die einzelnen Fleischteile verhältnismäßig klein sind, bereitet man sie öfter als bei anderem Schlachtfleisch im ganzen zu.

Bearbeiten des Rückens

Rücken

Zunächst sind die Nieren mit dem Fett abzunehmen, die Filets auszulösen und die Bauchlappen auf etwa 3 cm zu stutzen. Dann schneidet man an der Außenseite des Rippenstücks die flachen Teile der Schultern ab und entfernt die papierdünne Haut. Schließlich wird noch die zu starke Fettauflage pariert, die über dem Rückgratknochen entlanglaufenden Sehnenbänder werden entfernt.

Zum Braten im ganzen die Rippen in Höhe der gestutzten Bauchlappen abschlagen. In den Hohlraum des Rückgratknochens einen Eisenspieß stecken; er verhindert das Durchbiegen während des Bratens.

Karree

Fleisch rechts wie links entlang des Rückgratknochens bis auf die Wirbel einschneiden. Rücken aufrechtstellen und den Rückgratknochen ausschlagen. Werden Karrees im ganzen gebraten, so sind die Rippen etwa in Höhe der gestutzten Bauchlappen abzuschlagen.

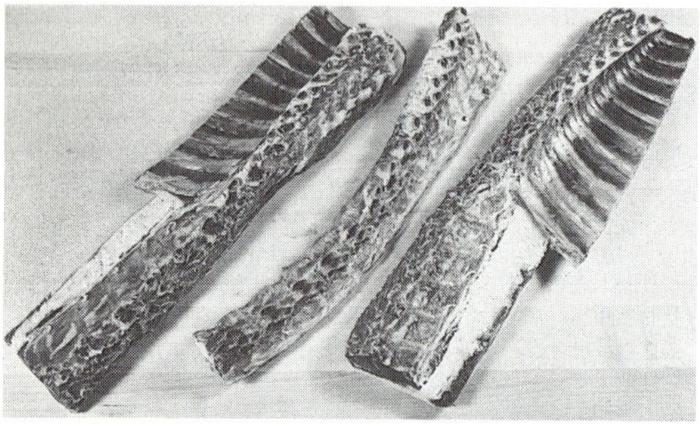

Koteletts

Die ausgeschlagenen Karrees in Rippenstück und Sattelstück teilen. Je Kotelettportion zwei entsprechend dicke Scheiben schneiden, die eine mit, die andere ohne Rippenknochen (Sattelstück). Bei den Rippenkoteletts das Fleisch am Ende des Knochens etwa 2 cm umschneiden und abstreifen.

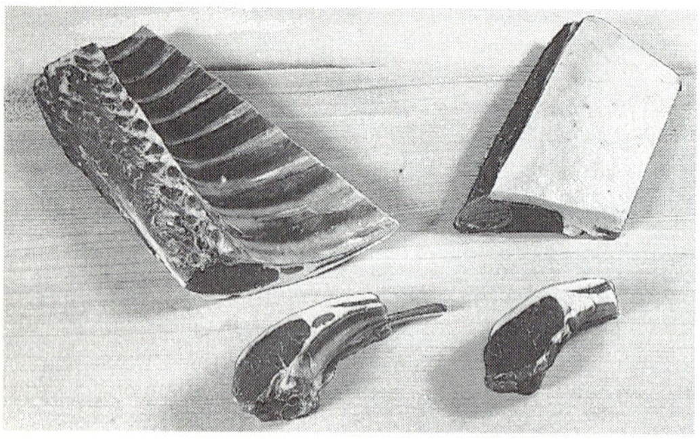

Sattel

Zugeschnittene Rücken auf Höhe der letzten langen Rippe quer durchschneiden und den Knochen

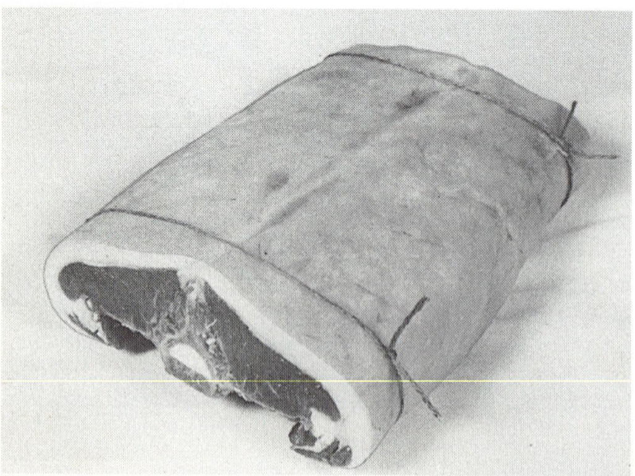

durchschlagen. Sattel aufrechtstellen und die Wölbung der Wirbelsäule etwas abschlagen, damit der Sattel eine gerade Standfläche erhält. Gestutzte Bauchlappen nach innen klappen. Sattel an beiden Enden zum Formhalten umschnüren.

Chops

Für Chops verbleiben die Filets im Sattel. Portionsscheiben mit Knochen quer über den Sattel schneiden (Tranchiersäge). Bauchlappenteile nach innen klappen und mit einem Spieß zusammenhalten.

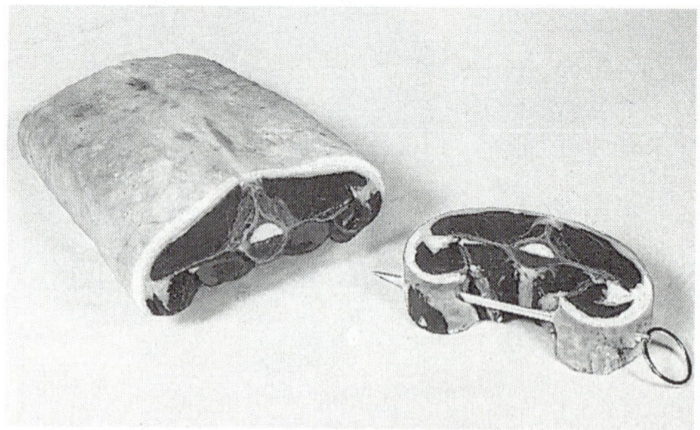

Bezeichnung	Verwendung
Rücken	im ganzen gebraten
Karree	im ganzen gebraten, Koteletts
Sattel	im ganzen gebraten, Chops
Nieren	am Spieß, Garnitur zu Fleisch und Eiern
Filets	im ganzen zubereitet, Minutengerichte

Hohlauslösen der Keule

Die Hammelkeule wird vorwiegend im ganzen zubereitet. Sie läßt sich gleichmäßiger garen und vorteilhafter tranchieren, wenn der Oberschenkelknochen zuvor hohl ausgelöst wird.

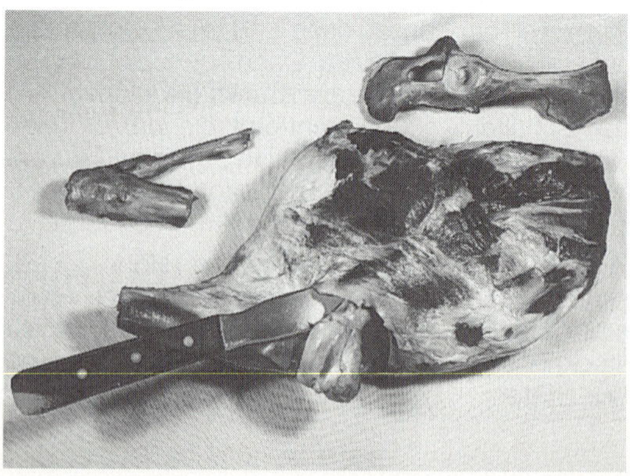

An der Innenseite der Keule entfernt man den verbliebenen Teil des Bauchlappens und löst den Schlußknochen aus. Beide Gelenkköpfe des Röhren- oder Oberschenkelknochens werden vorsichtig freigelegt, ohne das darunterliegende Fleisch zu zerschneiden. Dann setzt man den Knochenauslöser auf den Röhrenknochen und schiebt das Fleisch rundum vom Knochen ab. Wenn die Gelenkköpfe korrekt ausgelöst waren, läßt sich jetzt der Knochen leicht aus dem Fleisch ziehen.

Nun wird die Sprungsehne durchschnitten und das Gelenk des Haxenknochens abgesägt. Nach dem der überschüssige Fettbelag abgeschnitten wurde, ist die Keule netzartig zu umbinden. Man erreicht damit einen besseren Zusammenhalt der Fleischmuskulatur.

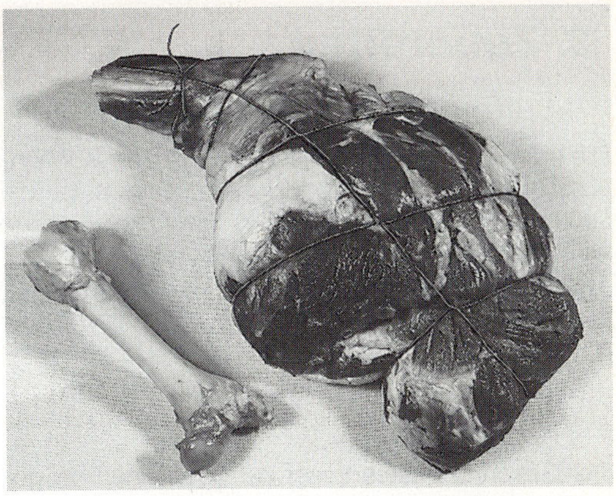

1.5 Durchschnittliche Rohgewichte

Einzelportionen (Kurzbratfleisch)	**Gramm**
Fleisch ohne Knochen	150
paniert	120
mit Knochen (Kotelett)	180
paniert	150
mit Fettrand (Zwischenrippenstück)	180
Innereien	150

Spezialstücke für 2–4 Portionen	**Gramm**
Porterhouse-Steak, Club-Steak (3–4)	1000
Rinderkotelett (Côte de bœuf, Rib-Steak) (3–4)	1000
Doppeltes Zwischenrippenstück (Entrecôte double), T-bone-Steak	400
Doppeltes (Rinder)filetsteak (Chateaubriand)	400

Garfertige Fleischteile im ganzen, Menge je Portion	**Gramm**
Kalbsfrikandeau, Kalbsnuß	180
Kalbsrücken	280
Bug von Kalb und Schwein, entbeint	200
Kalbsbrust ohne Rippen	220
Hochrippe	220
Roastbeef	180
Rinderfilet	160
Teile der Rinderkeule	200
Rinderbrust, entbeint	300
Schweinekarree mit Rippen	200
Schweinekamm, entbeint	180
Hammelrücken	250
Keule und Bug von Hammel oder Mastlamm, entbeint	220

Zerkleinerte Fleischteile, Menge je Portion	**Gramm**
Ochsenschwanz	350
Ragout, Gulasch, Blankett	200
Fleisch mit Knorpelanteil	250

2 Zubereiten

Die Aufwendungen für Fleisch bilden in der Küchenabrechnung den größten Posten. Darum ist die sachgerechte Verwendung des Fleisches für eine wirtschaftliche Küchenführung besonders wichtig.

Aus der Sicht des Konsumenten ist Fleisch dann richtig gegart, wenn es

- ▷ geschmackvoll,
- ▷ zart und
- ▷ saftig ist.

Der **Geschmackswert** liegt im allgemeinen bei gebratenem und gegrilltem Fleisch höher als bei gekochtem oder gedünstetem Fleisch, denn die typischen und erwünschten Geschmacksstoffe entstehen nur bei den trockenen Garverfahren wie Braten, Grillen und Fritieren.

Die starke Wärmeeinwirkung läßt die Randschichten austrocknen, so daß bei Temperaturen über 100 °C im Fleisch andere Veränderungen ablaufen als beim Kochen oder Dünsten.

Zartheit und **Saftigkeit** von gegartem Fleisch stehen in enger Wechselbeziehung. Dies beruht auf dem unterschiedlichen Verhalten der im Fleisch enthaltenen Eiweißarten.

2.1 Garverfahren

Übersicht

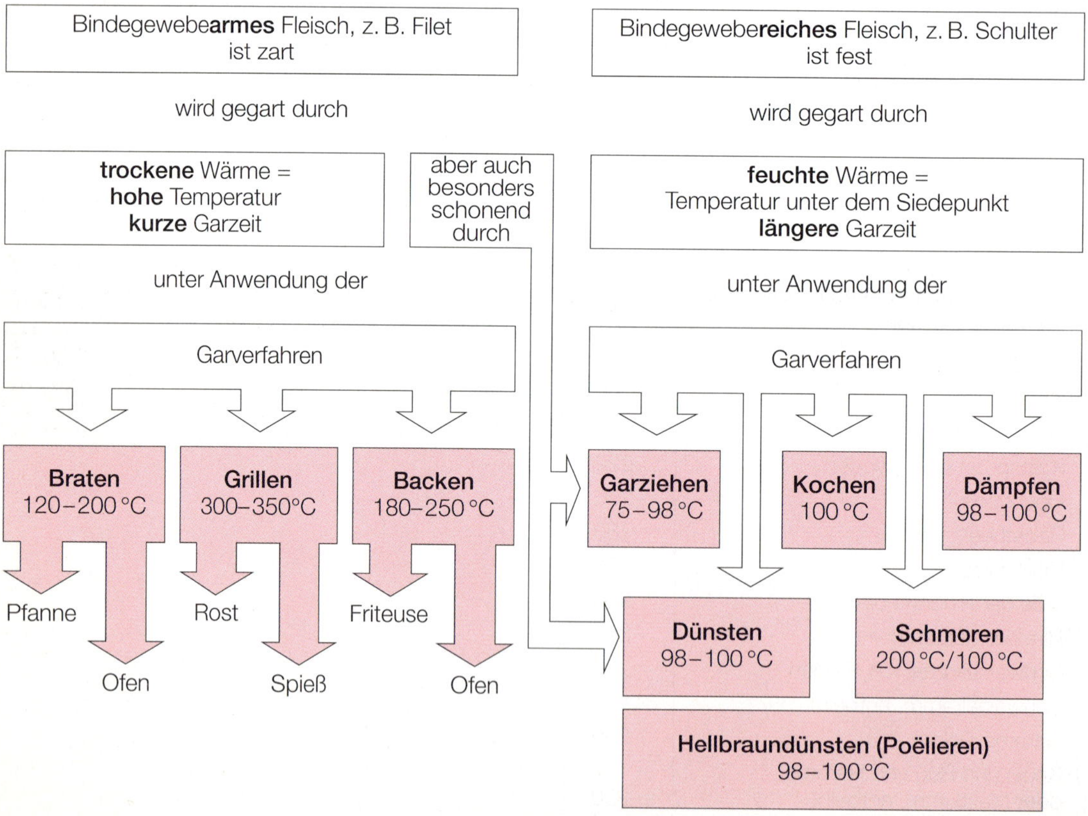

2.2 Kochen von Schlachtfleisch

Weniger zartes Fleisch wird gekocht. Dabei wird das zähe Bindegewebe durch Anlagerung von Flüssigkeit in leicht kaubare Gelatine umgewandelt. Dieser Vorgang ist sichtbar durch das Aufquellen des gekochten Fleisches.

Um den Kochvorgang zu beschleunigen, legt man Kochfleischstücke in heißes Wasser ein.

Durch die Wärmeeinwirkung drängt der Saft des Stücks zunächst zur Mitte. Im Verlauf des Garens steigt der Druck im Innern des Fleisches so stark an, daß die Fleischfasern durchlässig werden und ein Teil des Fleischsaftes in die Brühe übergeht.

Rindfleischstücke mit 3 bis 4 kg brauchen 4 bis 5 Std. zum Garkochen. Wegen der unterschiedlichen Beschaffenheit des Fleisches läßt sich keine genaue Kochzeit festlegen. Gekochtes Fleisch bleibt saftiger, wenn man es bis zum Tranchieren in der Brühe beläßt.

Durch Kochen werden gegart vom

Rind:	Brust, Spannrippe (Querrippe), Hesse (Haxe), Bug (Schulter), Hals, Hüfte, Zunge;
Kalb:	Bug (Schulter), Brust, Lappen, Bries, Kopf, Hirn, Zunge, Füße;
Schwein:	Hals, Bauch, Haxe, Füße, Kopf, Zunge;
Schaf:	Keule, Bug (Schulter), Hals, Brust.

Zubereitungen

Rinderbrust nach flämischer Art
Poitrine de bœuf à la flamande
Boiled brisket of beef

Die gewaschene Rinderbrust weichkochen. Die gegarte Brust in Scheiben schneiden, ein wenig Rindsbrühe untergießen und wenig grobes Salz mit gehackter Petersilie vermischt darüberstreuen. Die Fleischtranchen nun garnieren mit Krautköpfen (aus Weißkraut oder Wirsing), Scheiben von gekochtem Speck und Brühwurst, gedämpften Lauchstücken und tournierten Karotten und weißen Rübchen.

Weitere Beilagen zu gekochtem Rindfleisch:

Meerrettichsauce, Kräutersauce, Senfsauce, Sahnemeerrettich oder geschabter frischer Meerrettich; Salzkartoffeln, Petersilienkartoffeln, Bouillonkartoffeln, Kümmelkartoffeln oder Kartoffelgemüse (Béchamel-Kartoffeln).

Kalte Beilagen:

Rote Bete, Gewürz- oder Senfgurken, Essigpflaumen, Preiselbeeren, Kürbis, Radieschen-, Rettich-, Bohnen- oder Gurkensalat.

Kalbszunge in Champignonsauce
Langue de veau sauce champignon
Vealtongue

Gewaschene, frische Kalbszungen mit Wasser zusetzen, aufkochen und abschäumen. Danach Suppengemüse und Salz beigeben und langsam weiterkochen (Garprobe durch Anstechen der Zungenspitze). Die Zungen in kaltem Wasser abziehen und wieder in ihren Fond zurücklegen.

Zum Anrichten längs in Scheiben schneiden und mit Champignonsauce begießen.

Beilagen:

Spinat, Erbsen, Spargel, Karotten, Brokkoli oder Blumenkohl; Blattsalate. Salz- oder Petersilienkartoffeln, Kartoffelpüree, Macaire- oder Galettenkartoffeln.

Pökelrippchen mit Sauerkraut
Carré de porc salé au choucroute
Porkrips

Das gewaschene Pökelrippchen mit Wasser zusetzen, aufkochen und ausschäumen.

Kochwasser nicht salzen. Mit gespickter Zwiebel bei etwas 80 °C 50 bis 60 Min. garen. Von der Kochstelle nehmen und im Fond liegen lassen. Zum Kochen des Sauerkrautes von der Brühe des Pökelrippchens verwenden. Das Rippchen portionieren und mit etwas Brühe anrichten oder auf dem angerichteten Kraut placieren.

Beilagen:

Erbsenpüree, Salzkartoffeln, Kartoffelpüree oder Kartoffelschnee.

Hammelkeule auf englische Art
Gigot de mouton à l'anglaise
Leg of lamb

Die vorbereitete, blanchierte Hammelkeule mit Wasser zusetzen, aufkochen und abschäumen. 4 Möhren, 1 kleinen Selleriekopf, 3 Zwiebeln und Salz dazugeben und langsam kochen. Ein Gewürzbeutel, Inhalt: 3 Nelken, 1 Lorbeerblatt, 1 Zweig Thymian, 4 zerdrückte Knoblauchzehen und Petersilienstiele, mitkochen. Kochdauer je kg Fleisch etwa 30 bis 40 Min. Sowie der Garpunkt der einzelnen Gemüse erreicht ist, werden sie der Brühe entnommen.

Vom Fond eine Kapernsauce bereiten und extra dazureichen.

Die Hammelkeule in Scheiben schneiden, mit wenig Fond und Petersiliensalz (gehackte Petersilie und grobes Salz gemischt) bestreut anrichten. Die mitgekochten Gemüse schneiden, mit wenig Fond und Petersiliensalz (gehackte Petersilie und grobes Salz gemischt) bestreut anrichten. Die mitgekochten Gemüse schneiden und wiedererwärmen und dazuservieren.

Beilagen:

Gedämpfte Kartoffeln, Petersilien- oder Fondantkartoffeln.

2.3 Dünsten von Schlachtfleisch

Neben dem Garverfahren Kochen wird bei hellen Fleischsorten das Dünsten angewendet. Zum hellen Fleisch zählen Stücke von Kalb, Huhn und Pute. Weil durch das feuchte Garverfahren die Bindegewebe gelockert und in leicht kaubare Gelatine umgewandelt werden, lassen sich Fleischteile einfacherer Qualität wie Hals, Brust und Bug verarbeiten.

Frikassee und Blankett

In der klassischen Küche wurde unterschieden:

▷ **Blankett:** Fleisch(stücke) werden gekocht, und aus der entsprechenden Brühe bereitet man die zugehörige Sauce.

▷ **Frikassee:** Fleisch wird hell angedünstet, mit Mehl bestäubt, aufgegossen und in der sich bildenden Sauce gegart.

Heute wird vielfach Frikassee angeboten, dieses jedoch nach der Art eines Blanketts hergestellt. Dies hat mehrere Gründe. Der Begriff Frikassee ist den Gästen allgemein geläufiger, darum verwendet man ihn gerne auf der Karte. Das Arbeitsverfahren zum klassischen Frikassee ist jedoch arbeitsaufwendiger, und das Garverfahren selbst muß sorgfältig beobachtet werden. Darum bevorzugt man das einfachere Kochen wie zum Blankett.

Grundzüge der Zubereitungen

Frikassee	Blankett
Fleisch mit Zwiebeln andünsten	Fleisch blanchieren
Mehl einstäuben, keine Farbe nehmen lassen	
mit heller Brühe auffüllen	mit heller Brühe auffüllen
würzen, Kräutersträußchen einlegen	würzen, Gemüsebündel, gespickte Zwiebel einlegen
garen durch Dünsten	garen durch Kochen
Fleisch ausstechen	Fleisch ausstechen
	Fond binden
Sauce passieren	Sauce passieren
legieren mit Eigelb und Sahne	legieren mit Eigelb und Sahne
vollendete Sauce dem Fleisch beigeben	vollendete Sauce dem Fleisch beigeben

▷ Geschmack: fein und kräftig

▷ Geschmack: fein und mild

Kalbsfrikassee — *Fricassée de veau* — **Veal fricassée**

Bedarf für 10 Portionen:

150 g feine Zwiebelwürfel
100 g Butter
2 kg Frikasseefleisch (St. je 50 g)
70 g Mehl
2 l helle Brühe
Salz
1 Kräutersträußchen (Lauch, Petersilienwurzel, Lorbeerblatt, Thymianzweig)
0,2 l Weißwein
3 Eigelb
0,3 l Sahne
Zitronensaft

Gardauer: 50 Min.

Blankett von Lamm — *Blanquette d'agneau* — **Lamb blanquette**

Bedarf für 10 Portionen:

2 kg Blankettfleisch (St. je 50 g)
2 l helle Brühe
1 Gemüsebündel (Lauch, Möhre, Sellerie)
1 gespickte Zwiebel
Salz
60 g Butter
70 g Mehl
0,2 l Weißwein
3 Eigelb
0,3 l Sahne
Zitronensaft

Gardauer: 40 bis 50 Min.

Arbeitsfolge für Kalbsfrikassee

Zwiebeln und geschnittenes Kalbfleisch in Butter (farblos) andünsten. Den sich bildenden Dünstfond unter Rühren reduzieren. Mehl einstäuben, durchrühren, Brühe auffüllen und aufkochen, Salz und Kräutersträußchen beifügen und das Fleisch in der gebundenen Flüssigkeit bei mäßiger Wärmezufuhr garen. Kurz vor dem Garsein Weißwein angießen.

Gegartes Fleisch aus der Sauce stechen und in einen anderen Topf legen.

Sauce passieren, mit Eigelb und Sahne legieren und mit Zitronensaft und fehlendem Salz abschmecken. Sauce dem Fleisch beigeben.

Arbeitsfolge für Blankett vom Lamm

Geschnittenes Lammfleisch blanchieren. Mit Brühe bedeckt ansetzen, zum Kochen bringen und abschäumen. Salz, Gemüsebündel und gespickte Zwiebel zugeben und bei wenig geöffnetem Topfdeckel und mäßiger Wärmezufuhr garen.

Aus Butter und Mehl eine helle Schwitze (Roux) herstellen.

Gegartes Fleisch dem Fond entnehmen. Fond auf die abgekühlte Schwitze gießen. Weißwein zugeben, glattrühren, etwa 10 bis 15 Min. kochen und passieren. Sauce mit Eigelb und Sahne legieren, nachwürzen, mit Zitronensaft vervollständigen und auf das Fleisch gießen.

Geschmackliche und appetitanregende Abwandlungen sind durch Garnituren gegeben, z. B.:

- ▷ Spargel und Krebsschwänze
- ▷ Morcheln und Schnittlauch
- ▷ Champignons und weißglasierte Zwiebelchen
- ▷ Streifchen von Pökelzunge und Bleichsellerie
- ▷ Tomatenfleischstücke und Estragonblättchen
- ▷ Brokkoliröschen und Pfifferlinge

Beilagen:
Glasierte Karotten, Zuckerschoten, Erbsen, Spargel, gedünstete Gurken oder Viertel von Artischockenböden; Reis, Nudeln oder Petersilienkartoffeln.

2.4 Braten von Schlachtfleisch

Je nach Größe des Fleischstückes, der Eigenart des Fleisches und der Art des Gerichtes werden unterschiedliche Bratverfahren gewählt. Braten kann man im Rohr des Herdes, in besonderen Umluftöfen und in der Pfanne.

Eine Übersicht stellt die Verfahren gegenüber.

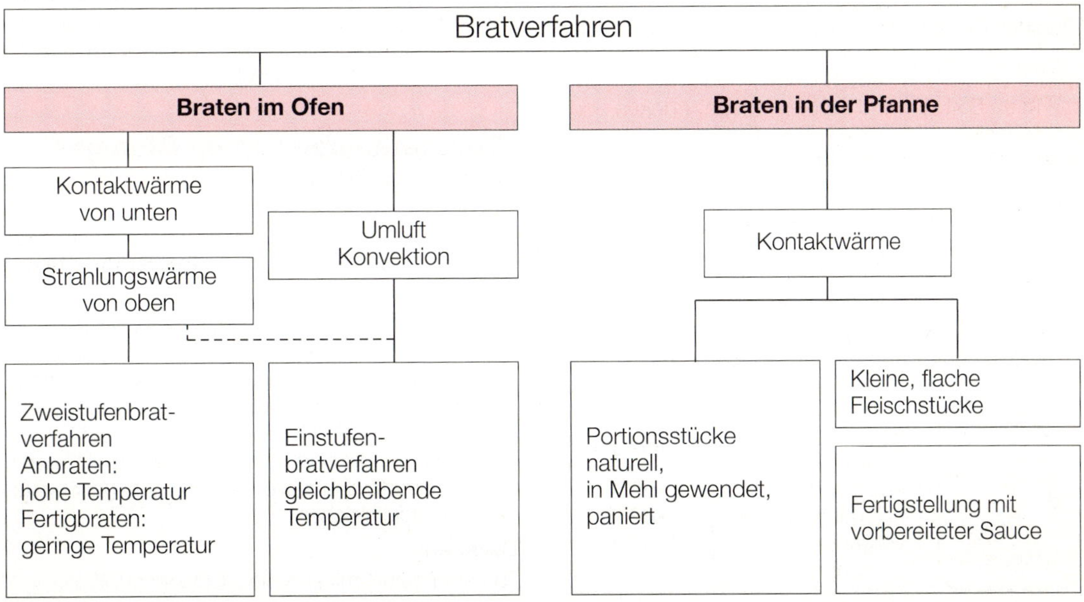

Braten im Ofen

Zum Braten eignet sich nur zartes, also bindegewebearmes und ausreichend abgehangenes Fleisch.

Das Bratgeschirr ist so zu wählen, daß das Fleisch möglichst die ganze Bodenfläche bedeckt. Denn unbedeckter Boden überhitzt und läßt den Bratansatz verbrennen. Wegen der hohen Gartemperatur verwendet man zum Braten nur wasserfreie, wärmebeständige Fette.

Das mit Salz und Pfeffer gewürzte Fleisch wird von allen Seiten angebraten, um die Fläche der Außenschicht zu schließen. Bei verringerter Wärme wird der Bratprozeß fortgesetzt. Die Bratdauer richtet sich nach der Größe und Qualität des Fleischstücks.

Zur Geschmacksbildung wird Röstgemüse so rechtzeitig beigegeben, daß es noch bräunen kann. gibt man es zu früh bei, verbrennt das Gemüse, und es entstehen unerwünschte Bitterstoffe.

Glasieren

Soll Schweine- oder Kalbsbraten überglänzt (glasiert) werden, so wird er kurz vor Beendigung des Bratvorgangs wiederholt mit wenig kräftiger Jus begossen. In der Ofenwärme verdunstet die Flüssigkeit, die enthaltenen Leimstoffe bleiben an der Oberfläche haften. Nach und nach erhält so der Braten eine braunglänzende, wohlschmeckende Glasur. Wegen des appetitlichen Aussehens sollten glasierte Braten möglichst am Gästetisch tranchiert werden.

Garpunkt

Helles Fleisch, wie Kalb und Schwein, erreicht den vollen Geschmackswert beim Durchbraten.

Dunkles Fleisch mit starkem Eigengeschmack, wie Rind, Hammel und auch Wild, wird rosa gebraten. Brät man dunkles Fleisch länger, verliert es zunehmend an Saft. Es wird schließlich zäh, trocken und unansehnlich. Darum ist das Erkennen des erwünschten Garpunktes die Voraussetzung für fachgerechtes Braten.

Die Garstufe wird durch die Temperatur im Kern (im Mittelpunkt) des Fleischstücks bestimmt. Diese kann mit einem Fleischthermometer (Einstechthermometer) oder durch eine Nadelprobe ermittelt werden.

- ▷ **Fleischthermometer** so einstechen, daß die Spritze genau im Kern des Fleisches steckt.

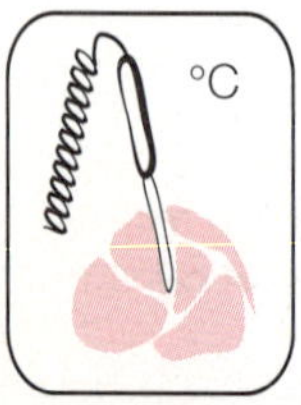

Garzustand	Kerntemperatur
halbroh (blutig rot)	45–55 °C
halbgar (vollrosa)	60–68 °C
vollgar (saftig grau, durch)	75–82 °C

- ▷ **Nadelprobe.** Lange, dünne Nadel (Bindenadel) senkrecht in das Fleisch stechen, einige Augenblicke darin belassen, dann herausziehen und direkt an die Lippen führen.

  Bei rosa gebratenem Fleisch ist die Nadelmitte mäßig erwärmt.

  Bei durchgebratenem Fleisch ist die Nadelmitte stark erwärmt.

Durch die Wärme in den Randschichten des Bratens wird der Garvorgang noch kurze Zeit fortgesetzt. Mit abfallender Temperatur verringert sich der Druck des Fleischsaftes. Der Braten darf erst dann angeschnitten werden; im anderen Falle wäre starker Saftverlust die Folge.

Zum Entspannen wickelt man das Fleischstück nach dem Braten in Alufolie und läßt es darin ca. 15 bis 20 Min. ruhen.

Genaue, auf ein Gewicht bezogene Bratzeiten für große Fleischstücke können nicht genannt werden. Die Bratzeit ist nämlich nicht nur von dem Gewicht des Stückes abhängig, sondern vielmehr von dessen Form (Dicke) und der gewünschten Garstufe. Gestreckte Stücke haben bei gleichem Gewicht eine wesentlich kürzere Garzeit als kompakte Stücke, weil die Wärme viel schneller zur Fleischmitte vordringen kann.

Bratensauce

Während des Garens bildet sich durch die austretenden Eiweiß- und Zuckerstoffe des Fleischsaftes ein Bratsatz. Beim Braten muß durch richtige Wärmezufuhr dafür gesorgt werden, daß dieser Bratsatz nicht verbrennt.

Wenn der fertige Braten entnommen ist, wird das Fett vorsichtig abgegossen und der Bratsatz abgelöscht (Braune Kalbsbrühe). Er bildet die Bratensauce zum jeweiligen Fleisch.

Zubereitungen von im Ofen gebratenen Stücken

Rinderfilet nach portugiesischer Art — *Filet de bœuf à la portugaise* — **Tenderlion of beef**

Ein gespicktes oder bardiertes Rinderfilet salzen, pfeffern und braten. Den Bratsatz ablöschen, mit Tomatensauce und Kraftsauce verkochen und passieren. Tomatenfleischwürfel mit Knoblauchsalz würzen, in Butter mit gehackten Schalotten anschwitzen, mit Weißwein ablöschen und in die Sauce geben. Die portugiesische Sauce mit Petersilie und Butterflocken vollenden und zum geschnittenen Rinderfilet reichen.

Beilagen:

Tomaten gefüllt mit Duxelles; Schloßkartoffeln.

Kalbsnierenbraten Clamart *Longe de veau Clamart* **Vealkidney-roast**

Einen vorbereiteten Nierenbraten wie erklärt zubereiten. Den Bratsatz mit Kalbsbrühe verkochen und mit angerührter Stärke leicht binden. Das Fleisch in Scheiben schneiden, anrichten, mit Butter bestreichen und wenig von der Kalbsbratensauce darumgießen.

Beilagen:

Artischokenböden gefüllt mit Erbsen; Nußkartoffeln.

Glasiertes Schweinekarree *Carré de porc glacé* **Glaced Boston butt**

Ein vorbereitetes Schweinekarree braten und glasieren, wie bereits beschrieben. Den Bratsatz mit Kalbsbrühe ablöschen und mit angerührter Stärke leicht binden. In der Küche tranchiertes Fleisch ist anzurichten, leicht mit Butter zu bestreichen und mit wenig Bratensauce zu umkränzen.

Beilagen:

Spinat, Karotten, Blumen- oder Rosenkohl, Kohlrabi, Rotkraut, Erbsen oder Spargel; Kartoffelkroketten, Dauphinekartoffeln, Robertkartoffeln, Lyoner Kartoffeln, Parmentierkartoffeln, Kartoffelnocken oder Semmelklöße.

Selle de mouton aux fines herbes
Hammelrücken mit feinem Kräutermantel **Saddle of (Mouton) lamb**

Dem vorbereiteten Rücken einen Metallspieß durch den Rückenmarkkanal schieben, damit er sich während des Garens nicht wölbt; danach rosa braten.

Eine Mischung aus Weißbrotkrume, gehackter Petersilie, Estragon oder Thymian und Knoblauch auf den Rücken streuen, mit Butter beträufeln und bei Oberhitze überbacken. Den Bratsatz ablöschen, mit Brühe verkochen. Den Rücken tranchieren und anrichten, die Bratensauce gesondert reichen.

Da Hammelfett schon bei 40 °C erstarrt, muß der Braten stets heiß auf den Tisch kommen, denn sonst schmeckt er talgig.

Beilagen:

Fenchelknollen, Chicorée, Blattspinat, Auberginen, Prinzeßbohnen, Zucchini; Schmelzkartoffeln, Savoyardkartoffeln, Annakartoffeln, Nußkartoffeln.

Lammkeule nach Bäckerinart *Gigot d'agneau à la boulangère* **Roasted leg of lamb**

Die hohl ausgelöste Lammkeule wird mit etwas Salz, Pfeffer und Thymian eingerieben. Je nach Geschmack kann sie auch mit Knoblauchstiften gespickt werden. Die so vorbereitete Keule wird nun ringsum angebraten. Nun gibt man Zwiebel- und rohe Kartoffelscheiben dem Braten bei, gießt etwas Lammjus zu und gart alles zusammen, bis das Fleisch zartrosa ist. Die tranchierte Lammkeule wird zusammen mit den Bäckerinkartoffeln serviert.

Alle gebratenen Fleischstücke müssen vor dem Tranchieren entspannen und etwa 15 bis 20 Min. ruhen. Deshalb hüllt man sie in Alufolie. Mit abfallender Temperatur verringert sich der Druck des Saftes im Fleisch und somit der Saftverlust beim Aufschneiden.

Braten in der Pfanne

Zum Braten in der Pfanne werden reifes (abgehangenes) Fleisch mit zarter Faser sowie Leber und Nieren junger Schlachttiere verwendet. Das Fleisch wird überwiegend in Einzelportionen geschnitten, denn zum Kurzbraten sind flache Fleischteile am geeignetsten.

Zum Braten von großen Portionsmengen werden auch Kippbratpfannen und Bratplatten benutzt.

Um eine möglichst schmackhafte Bratkruste zu erhalten, wird das Fleisch vor dem Garen gewürzt und dann sorgfältig gebraten. Da Salz bekanntlich Feuchtigkeit anzieht, darf das Salzen bzw. Würzen erst unmittelbar vor dem Braten erfolgen.

Dunkles Fleisch (Rind, Hammel, Mastlamm, Wild)

- wird naturell gebraten,
- wird auf Wunsch in unterschiedlichen Garstufen gebraten.

Helles Fleisch (Kalb, Schwein)

- wird wegen der zarteren Faser in Mehl gewendet und dann gebraten (bessere Krusten- sowie Farbbildung),
- wird paniert gebraten,
- wird durchgebraten, soll jedoch saftig bleiben.

Plattieren – Einschneiden

Bindegewebe hat die Eigenschaft, sich beim Erwärmen zu verkürzen. Beim Braten führt das zum Austritt des Fleischsaftes aus den Fasern, die Fleischscheiben wölben sich.

Geschnittene Fleischteile **plattiert** man. Dadurch werden die Fleischfasern gestaucht und die sie umgebenden Bindegewebe zerrissen. Wenn sie sich beim Erwärmen verkürzen, können sie keinen Fleischsaft aus den Fasern pressen. Die Stücke bleiben saftiger.

Muskelbündel mit Bindegewebe

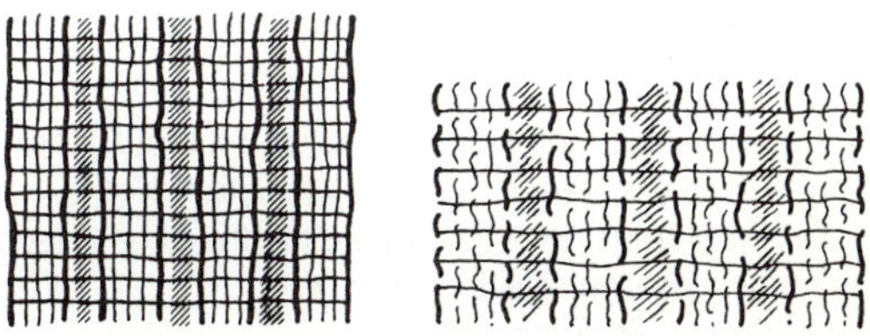

vor dem Plattieren — nach dem Plattieren

Fleischteile mit starkem Bindegeweberand, wie Kotelett oder Rumpsteak, sind vor dem Braten **einzuschneiden.** Das zerschnittene Bindegewebe ist unterbrochen, das Fleisch wird nicht gewölbt, es bleibt flach.

Panieren

Unter Panieren versteht man das Umhüllen von vorbereiteten Lebensmitteln mit unterschiedlichen Zutaten.

Umhüllungen vermindern beim Garen den Saftaustritt und werten dadurch den Geschmack der Speisen auf. Beim Einbröseln entstehen gemäß der verwendeten Zutaten der Panierung auch andere Geschmacksrichtungen.

Vor dem Umhüllen müssen die vorgefertigten Lebensmittel (Koteletts, Schnitzel usw.) gewürzt werden. Salz zieht Feuchtigkeit an. Man darf deshalb das Panieren nicht zu weit im voraus durchführen, sonst weicht die Umhüllung auf und löst sich beim Garen ab.

Einbröseln kann erfolgen mit

- ▷ Panierbrot bzw. Semmelbrösel (chapelure): getrocknete, geriebene Semmeln;
- ▷ Weißbrotkrume (mie de pain): frische, geriebene Weißbrotkrume;
- ▷ geriebenen Nüssen oder Mandeln, mit Sesam oder Kokosflocken.

Umhüllungen, die vor dem Zubereiten erfolgen:

Vorgang	Anwendungsbeispiele
Wiener Panierung in Mehl und geschlagenem Ei wenden, Panierbrot andrücken	Schnitzel, Koteletts, Innereien, Fisch; zu Kroketten geformte, erkaltete Massen verschiedener Art
Englische Panierung in Mehl und geschlagenem Ei wenden, Weißbrotkrume andrücken	portioniertes helles Schlachtfleisch, Kalbsbries, Geflügelbrüstchen, Fisch, Muscheln; zu Kroketten geformte, erkaltete Kartoffel- und Käsemasse
Mailänder Panierung in Mehl und geschlagenem Ei wenden, Weißbrotkrume mit geriebenem Parmesan gemischt andrücken	portioniertes helles Schlachtfleisch
in Mehl und Eigelb, das mit zerlaufener Butter aufgerührt wurde, wenden. Weißbrotkrume andrücken	Scheibchen von Lamm- und Kalbsfilet, Kalbsbries, Hühnerbrüstchen, Austern

Umhüllungen, die erst in der Phase des Zubereitens erfolgen

Vorgang	Anwendungsbeispiele
Pariser Panierung in Mehl wenden, abschütteln, haftendes Mehl andrücken (evtl. durch Ei ziehen)	portioniertes, helles Schlachtfleisch, Fisch, Gemüse
in Ausbackteig tauchen, der mit Bier, Wein oder Milch hergestellt wurde	rohe und gegarte Fleischscheiben, Fischfilet, Krebstierfleisch, Gemüse, Früchte; zu Kroketten geformte, erkaltete Massen verschiedener Art (Kromeskies). Die Zubereitung erfolgt immer im erhitzten Fettbad.

Bratvorgang

Die hohen Brattemperaturen erfordern die Verwendung wasserfreier, also wärmebeständiger Fette. Wasserhaltige Fette (Butter, Margarine) verbrennen. Sie gelangen erst beim Nachbraten mit geringeren Temperaturen zur Verwendung, wobei sie gleichzeitig den Geschmack der Bratkruste aufwerten.

Da die Kontaktwärme nur auf eine der Fleischoberflächen wirkt, findet ein ungleiches Garen statt, das durch mehrfaches Wenden des Gargutes und Beschöpfen mit dem Bratfett auszugleichen ist.

Das portionierte Fleisch brät man bei starker Wärme beidseitig an, danach ist der Bratvorgang im Bereich niedriger Temperaturen bis zum Erreichen der gewünschten Garstufe fortzusetzen. Bei dünnen Fleischscheiben (Schnitzel) braucht wegen der viel kürzeren Garzeit die Anbrattemperatur nicht gesenkt zu werden. Paniertes Fleisch muß im allgemeinen mit niedrigeren Temperaturen gebraten werden, denn die Brotumhüllung nimmt viel rascher Farbe an.

Angestochenes Fleisch verliert an Saft. Deshalb zum Wenden eine Gabel unter das Fleisch schieben, mit einer Palette oben halten, dann auf die andere Seite legen. Empfehlenswert ist das Arbeiten mit einer Fleischzange, wie man sie am Grill benutzt.

Garpunkt

Gebratenes Fleisch von Rind und Schaf wird mit unterschiedlichem Garpunkt gewünscht; dieser ist von der Bratdauer und der dadurch im Fleisch entstehenden Temperatur abhängig. In der Praxis gilt die Fleischfarbe im Kern des gegarten Fleisches als Maßstab für den jeweiligen Garpunkt. Die Außenflächen des gebratenen Fleisches sind immer gleichmäßig braun und glänzend.

Mit zunehmender Erwärmung des Fleisches verändern sich der Muskelfarbstoff (Myoglobin) sowie der noch vorhandene Blutfarbstoff (Hämoglobin). Bei einer Innentemperatur von etwa 70 °C wird das Fleisch grau.

Kerntemperatur		Bezeichnung[1]	Gardauer Minuten		
			2 cm	3 cm	4 cm
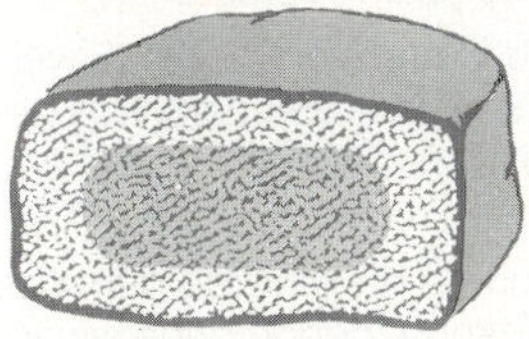	50–55 °C im Kern blutig rot	**blutig** *saignant* **medium rare**	**2–3 Min.** je Seite 1–1,5 Min.	**4 Min.** je Seite 2 Min.	**3–4 Min.** je Seite 3–4 Min.
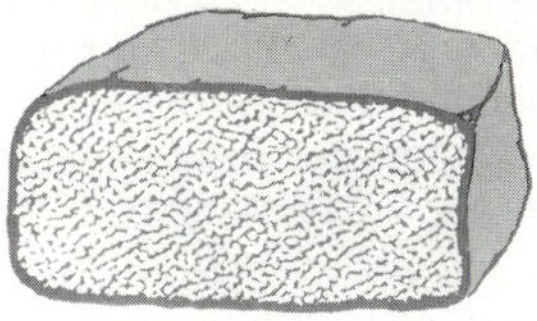	60–68 °C innen voll rosa	**rosa** *à point* **medium**	**4 Min.** je Seite 2 Min.	**4–8 Min.** je Seite 2–4 Min.	**10–12 Min.** je Seite 5–6 Min.
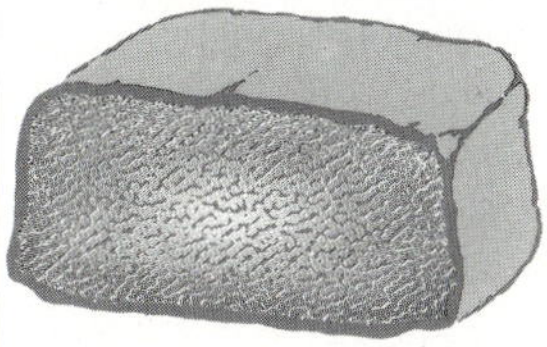	75–82 °C innen grau (jedoch saftig)	**durch** *bien cuit* **well done**	**8–10 Min.** je Seite 4–5 Min.	**10–12 Min.** je Seite 5–6 Min.	**14–16 Min.** je Seite 7–8 Min.

Druckprobe: Bei Portionsstücken wird der Garpunkt durch Tasten festgestellt. Dabei gilt die Grundregel: Je fester das Fleisch, desto weiter fortgeschritten ist die Gare.

- ▷ **Blutig,** gebratenes Fleisch fühlt sich weich an.
- ▷ **Rosa** gebratenes Fleisch gibt auf Druck federnd nach.
- ▷ **Durchgebratenes** Fleisch von Kalb und Schwein fühlt sich fest an und zeigt an der Oberfläche klare Saftperlen.

Bei Portionsstücken kann das Fleischthermometer (Kerntemperatur) nicht verwendet werden.

Garnituren und Beilagen zu Kurzbratfleisch

Rind

Bordelaiser Art à la bordelaise	Garnitur: Markscheiben, Petersilie, Bordelaiser Sauce Beilage: Chicorée oder Fenchel; gebackene oder gebratene Kartoffeln
Choron Choron	Garnitur: Artischockenboden gefüllt mit feinen Erbsen, Choronsauce Beilage: Nußkartoffeln
Helder Helder	Garnitur: Tomatenhälfte gefüllt mit Béarner Sauce, Kalbsjus Beilage: Nußkartoffeln; Salate der Jahreszeit

Mirabeau Mirabeau	Garnitur: Sardellengitter, Olivenscheiben Beilage: Fritierte oder gebratene Kartoffeln
Rossini Rossini	Garnitur: Sautierte Gänseleberscheiben und Trüffelscheiben, Madeirasauce, Croûtons Beilage: Butterkartoffeln und zarte Gemüse
Tiroler Art à la tyrolienne	Garnitur: angeschwitztes Tomatenfleisch (tomates concassées), gebackene Zwiebelringe, Petersilie, Béarner Sauce Beilage: gebackene oder gebratene Kartoffeln

[1] Die Ausführungen sind für die Grundausbildung des Kochs und beschränken sich darum bewußt auf drei Garstufen

Kalb

Dubarry Dubarry	Garnitur: Blumenkohlröschen und Mornaysauce Beilage: Petersilienkartoffeln
Florentiner Art à la florentine	Garnitur: Spinattimbale, Sauce Mornay Beilage: Herzoginkartoffeln
Holstein Holstein	Garnitur: Spiegelei und kleine Fisch-Canapês Beilage: Bratkartoffeln
Mailänder Art à la milanaise	Garnitur: Tomatensauce, Zitronenstücke. Fleisch mit Weißbrot und Parmesan paniert Beilage: Spaghetti oder Makkaroni vermengt mit Streifchen von gekochtem Schinken, Champignons sowie Trüffeln; Radicchiosalat

Schwein

Robert Robert	Garnitur: Brunnenkresse, Robertsauce. Fleisch in zerlaufener Butter wenden, Weißbrot andrücken und braten Beilage: Schwarzwurzeln oder Rotkraut; Kartoffelpüree
Zigeunerart à la zingara	Garnitur: Julienne von Pökelzunge, Champignons, Schinken und Trüffeln in Butter sautiert, Madeirasauce Beilage: Salzkartoffeln, Thronfolgerkartoffeln

Hammel oder Mastlamm

Andalusische Art à l'andalouse	Garnitur: angebratenes Tomatenfleisch (tomates concassées), gedünstete Streifen von grüner Paprikaschote, gebackene Auberginenscheiben, tomatierte Demiglace Beilage: körniger Reis
Soubise Soubise	Garnitur: Zwiebelpüree (purée Soubise) auf das gegarte Fleisch häufen, mit Parmesan bestreuen, im Salamander überbräunen Beilage: Blattspinat, Fenchel, Chicorée oder Bleichsellerie; Annakartoffeln, fritierte oder gratinierte Kartoffeln

Minutengerichte

Zu Minutengerichten eignet sich nur zartes Schlachtfleisch, das in Würfel, Streifen oder Scheiben geschnitten wird, oder kleine Stücke von zartem Wildfleisch, rohem Geflügel, Leber und Nieren. Durch die Zerkleinerung wird der Bratprozeß verkürzt.

Zum Braten wird geklärte Butter verwendet (Eiweiß und Milchzucker würden sonst verbrennen). Das gewürzte Fleisch gibt man in die heiße Pfanne und brät es bei hohen Temperaturen.

Die Größe der Pfanne muß so gewählt werden, daß die Bratstücke auf dem Pfannenboden nebeneinander liegen können. Ist das Bratgeschirr zu klein, wird die Wärme zu stark verringert, der Fleischsaft tritt aus, das Braten geht in Kochen über und das Fleisch wird minderwertig. Das Anbraten muß rasch geschehen, damit die Stückchen innen rosa bleiben.

Nach kurzem Anbraten werden die Fleischstücke noch etwas in der Pfanne geschwenkt (sautiert).

Das Bratgut gibt man in ein bereitgestelltes Geschirr; in der Pfanne wird die Sauce bereitet, über das Fleisch gegossen und durchgeschwenkt.

In der Sauce dürfen diese Zubereitungen niemals kochen, das Fleisch ist sonst trocken und hart.

Geschnetzeltes Kalbfleisch

Emincé de veau à la minute
Diced veal sauted

In Streifen oder Scheibchen geschnittene Kalbsnuß oder Anschnitte von Kalbfleisch zum Kurzbraten mit Paprika und Salz würzen und braten wie beschrieben. Im Bratsatz der Pfanne gehackte Schalotten angehen lassen, mit Weißwein ablöschen, zwei Teile Sahne und einen Teil Demiglace auffüllen und zur benötigten Saucenmenge reduzieren. Sauce über das Fleisch gießen, durchschwenken und abschmecken.

Beilagen:

Reis, Nudeln, Spätzle; Salate, Gemüse

Filetgulasch Stroganow

Filet de bœuf Stroganoff
Sauted beef

Würfel oder Scheibchen von Rinderfiletkopf oder der -spitze mit Salz, Pfeffer und Paprika würzen und wie einleitend beschrieben braten. In der Pfanne mit dem Bratsatz gehackte Schalotten und wenig Tomatenmark angehen lassen. Mit vier Teilen saurer Sahne und einem Teil Demiglace auffüllen; scharf angebratene, gewürzte Steinpilze dazugeben und zur benötigten Saucenmenge verkochen. Sauce über die Fleischwürfel gießen, diese durchschwenken und, wenn erforderlich, mit Zitronensaft und frisch gemahlenem Pfeffer abschmecken.

In einer Servier-Kasserolle anrichten und mit Gewürzgurkenstreifchen bestreuen.

Typische Beilage:

Bratkartoffeln, Kartoffelschnee.

Rognons de veau sautés à l'aigre

Saure Kalbsnieren **Vealkidneys sour**

Übermäßige Fettauflage der Niere kupieren, danach halbieren, starke Gefäßverästelung entfernen, Niere in sehr dünne Blättchen schneiden. Niere scharf anbraten und dann würzen. In derselben Pfanne feingehackte Zwiebeln mit Butter anbraten, mit Essig ablöschen, fast einkochen, mit Demiglace auffüllen und reduzieren. Sauce über die Nieren gießen, zusammen mit einigen Butterflocken durchschwenken und, wenn nötig, nachwürzen.

Beilagen:

Reis, Nudeln, Spätzle, Kartoffelpüree, Petersilienkartoffeln; Salate

Filets mignons d'agneau Madras

Lammfilets Madras **Filets of lamb**

Lammfilets in 3 cm lange Stücke schneiden, mit Salz und Curry würzen und wie erläutert braten. Im Bratsatz mit Butter gehackte Schalotten, Curry und eine Messerspitze Tomatenmark angehen lassen und mit vier Teilen Sahne und einem Teil Kalbsjus verkochen. Die Sauce mit gehacktem Mango-Chutney, Apfelmus und Butterflocken vollenden, über das Fleisch gießen, durchschwenken und anrichten.

Mit Curry gewürzte, angebratene Ananasstücke, gedünstete Streifchen roter Paprikaschote und einige geröstete Mandelstifte darauflegen.

Beilagen:

Reis, Chicoréesalat oder Tomatensalat.

2.5 Grillen von Schlachtfleisch

Gegrillt wird reifes Fleisch mit zarter Faser von Rind, Mastlamm, Hammel und Schwein. Kalbfleisch ist zum Grillen weniger geeignet. Da es leicht trocken wird, muß man es mit besonderer Sorgfalt zubereiten.

Kleine Teile von Schlachtfleisch, Filetspitzen, Lammfilets oder Innereien lassen sich leichter grillen, wenn man sie dazu auf Spieße steckt.

Hammelnüßchen Schaschlik

Kalbsniere Geflügelleber

Durch die intensive Strahlungswärme schließen sich die Außenschichten des Gargutes sofort, der Fleischsaft und die Nährstoffe bleiben besser erhalten als bei anderen Zubereitungsarten. Da man das Fleisch mit sehr wenig Fett grillen kann, ist es für verschiedene Diätformen ausgezeichnet geeignet.

Kurzmarinaden

Kurzmarinaden werden auf der Grundlage von Öl mit Würzzutaten kombiniert. Sie dienen spezieller Geschmacksgebung von Grill- und Pfannengerichten.

Als Würzzutaten eignen sich: Kräuter und Gewürze, ferner z. B. Knoblauch, Schalotten, unbehandelte Schale von Orange und Zitrone, Cognac und Südwein.

Das Öl hat die Eigenschaft, die Duftstoffe (ätherische Öle) der Zutaten zu lösen, an sich zu binden und sie auf die damit bestrichenen oder eingelegten Fleischstücke zu übertragen. In Verbindung mit dem späteren Röstaroma bildet sich so eine besondere Geschmacksintensität. – Der Wohlgeschmack basiert auf der guten Zubereitung und der Ausgewogenheit der verschiedenen Würzzutaten.

Grillvorgang

Bei der Zubereitung müssen die Grillstäbe, der Grillraum oder die Griddleplatte heiß sein. Das gewürzte Fleisch wird zuvor geölt. Dadurch wird die Übertragung der Wärme gefördert und ein Anhängen an den Grillstäben vermieden.

Flaches Grillgut braucht nur einmal umgedreht zu werden; dickere Stücke wendet man mehrmals und bestreicht die Flächen wiederholt mit Öl. Das Grillkaro wird erreicht, wenn die Stücke beim Wenden im rechten Winkel zur Zeichnung auf den Grillrost gelegt werden.

Angestochenes Grillgut läuft leicht aus. Deshalb benutzt man statt der Gabel eine Palette oder eine Grillzange.

Beim Grillen von Pökelwaren können durch die hohen Temperaturen krebserregende Nitrosamine entstehen. Unbedenklich ist dagegen das Grillen von Schlachtfleisch und Bratwurst.

Gardauer

Die Grilldauer ist sehr verschieden. Sie ist abhängig von

- dem Grillgerät,
- der Grilltemperatur,
- der erwünschten Endgare,
- der Dicke des Fleisches,
- der Fleischsorte und Qualität.

Gegrilltes Fleisch ist zum unverzüglichen Verzehr bestimmt.

Es wird trocken angerichtet. Kräuterbutter kann daraufgelegt werden. Saucen reicht man jedoch separat.

Beilagen zu gegrilltem Fleisch

Saucen

Bei gegrilltem Fleisch reicht man als Saucenbeilagen vor allem die Béarner Sauce und die Choronsauce sowie fast alle Arten von kalten Buttermischungen wie Kräuterbutter, Café-de-Paris-Butter oder Bercybutter. Neben diesen serviert man auch noch Ableitungen der Demiglace wie zum Beispiel Robertsauce oder Teufelssauce.

Gemüse

Als Gemüsebeilagen passen zum Beispiel gebackene Champignons, gedünsteter Blattspinat, glasierte Karotten, in Butter sautierte Bohnen, Grilltomaten usw.

Sättigungsbeilagen

Bei diesen Beilagen muß als erstes die in der Folie gebackene Kartoffel genannt werden. Außerdem passen fast alle gebackenen Zubereitungen aus rohen Kartoffeln sowie Schloß-, Nuß- und Olivenkartoffeln.

Salat

Vielfach genießt man Grillgerichte zusammen mit großen bunten Salattellern, die vorrangig mit Blattsalaten, aber auch mit Tomaten-, Gurken- oder Paprikasalaten kombiniert und mit mehreren Dressingvariationen dem Gast angeboten werden.

2.6 Fritieren von Schlachtfleisch

Zum Garen im Fettbad eignen sich Scheiben von zartem, rohem Fleisch und von gekochtem Fleisch. Es wird für diese Zubereitungsart vorwiegend paniert, aber auch mit Ausbackteig umhüllt.

Die Fett-Temperatur beträgt für

- **dünnes Backgut** etwa 180 °C,
- **dickeres Backgut** etwa 160 °C.

Ist das Backfett zu heiß, bräunen die Stücke zu stark, ohne gar zu sein.

Liegt die Temperatur zu niedrig, bildet sich keine Kruste, das Backgut saugt viel Fett auf und ist weniger bekömmlich.

Bei gekochtem Fleisch müssen die Scheiben vor dem Panieren mit einem Tuch oder mit Küchenkrepp trockengetupft werden. Sonst weicht die Panierung auf und fällt beim Backen ab.

Fritiert werden

von rohem Fleisch
Scheiben von Kalb, Schwein, Lamm, Leber, Herz

von gekochtem Fleisch
Scheiben oder Stücke von Kalbskopf, -brust, -bries und -füßen, Zunge, Hirn, Herz

Das gebackene Fleisch legt man zum Abtropfen auf ein Gitter oder auf eine saugfähige Unterlage. Damit die rösche, wohlschmeckende Backkruste erhalten bleibt, darf es nicht zugedeckt werden, z. B. mit Clochen.

Fritierte Zubereitungen sind zum unverzüglichen Verzehr bestimmt. Sie werden auf Servietten oder Papierdeckchen angerichtet und mit Zitronenstückchen und Petersilie oder Brunnenkresse oder gebackener (fritierter) Petersilie garniert.

Beilagen zu fritiertem Fleisch

Saucen

Als Saucen eignen sich vor allem die Ableitungen der Mayonnaise wie Remouladensauce, Tatarensauce, Tiroler Sauce usw. Außerdem kann man auch noch, je nach Panierung oder Umhüllung des Fleischstückes, Tomatensauce oder Gribichesauce servieren.

Gemüse

Bei der Auswahl von Gemüsebeilagen sollte man keine zu nassen oder zu kremigen Zubereitungsarten auswählen. Hierfür empfiehlt sich gedünstetes oder glasiertes Gemüse.

Sättigungsbeilagen

Durch die Panierungen bzw. Umhüllungen der Fleischstücke sind nur noch kleinere Mengen an Sättigungsbeilagen notwendig. Sehr gut eignet sich Kartoffelsalat, wie auch Risi-Pisi (Reis mit Erbsen) oder möglichst trocken gegarte oder fritierte Kartoffelzubereitungen.

Salat

Als erfrischende Beigaben haben die Salate einen hohen Stellenwert. Sie können einzeln, vermischt oder mehrere nebeneinander angerichtet werden. Den Vorrang haben Blattsalate sowie Tomatensalat.

Zusammenstellung von Gerichten mit passenden Beilagen:

Gebackenes Kalbshirn Grüne Sauce Kartoffelsalat Salate der Saison	Gebackener Kalbskopf Gribichesauce Petersilienkartoffeln Gurkensalat
Fritiertes Kalbsherz Senfsauce Glasierte Karotten Rahmkartoffeln	Fritierte Leberscheiben Apfelmeerrettich Prinzeßbohnen Fondantkartoffeln
Gebackene Kalbsbrust in Bierteig Tiroler Sauce Kartoffelsalat Kopfsalat mit Kresse	Frische Rinderzunge gebacken Tomatensauce Schwarzwurzeln mit Kräutern Risotto

2.7 Schmoren von Schlachtfleisch

Schmoren ist ein kombiniertes Garverfahren, das vorwiegend bei Schlachtfleisch mit höherem Bindegewebegehalt (Keule, Bug, Brust, Hals) angewendet wird.

Durch das Anbraten im offenen Geschirr mit trockener Wärme entstehen in den Randschichten des Fleisches wohlschmeckende Aromastoffe.

Beim späteren Angießen von Flüssigkeit wird das Garen im abgedeckten Geschirr mit feuchter Wärme fortgesetzt. Dabei wird das zähe Bindegewebe gelockert und zu leicht kaubarer Gelatine.

Der Genußwert und der Garverlust des Fleisches sind maßgeblich von der Temperatur während des Garverfahrens abhängig.

- **Anbraten** bei hoher Temperatur (180–200 °C);
- **Schmoren** bei niederer Temperatur (etwa 80 °C) in geringer Flüssigkeitsmenge.

Je nach Vorbereitung des Fleisches werden unterschieden

Schmoren großer Fleischstücke Portionieren nach dem Garen	Schmorgerichte in Portionen Portioniertes Fleisch wird gegart	Ragout Gulasch Fleischteile kleiner als Portionsgröße

Fleischoberfläche je Portion nimmt zu →

Röststoffbildung nimmt zu

Schmoren großer Fleischstücke

Magere Fleischstücke können lardiert werden. Zu diesem Zweck wird der Speck in 1 cm dicke, lange Streifen geschnitten und mit einer Hohlnadel (Lardoir) durch das Fleisch gezogen. Die Speckstreifen müssen beim Tranchieren als weiße Punkte sichtbar sein. Diese Methode wendet man vor allem bei Schmorfleischstücken an.

Während des Durchgarens schmilzt das Fett teilweise aus. Das Fleisch wird saftiger und aromatischer. Außerdem können Mürbe und Geschmack des Fleisches durch Einlegen in Marinaden (Beizen) positiv beeinflußt werden.

Anbraten

Fett in einer Schmorpfanne erhitzen. Fleischstücke würzen, einlegen und allseitig braun anbraten. Desgleichen später beigefügte Röstgemüse (Mirepoix), zerkleinerte Speck- und Schinkenschwarten.

Geschmacksbildung

Gebräuntes Fleisch und Gemüse mit wenig Flüssigkeit ablöschen und den Bratsatz loskochen. Flüssigkeit einkochen (reduzieren), damit das Schmoren erneut in Braten übergeht. Dieser Vorgang: Ablöschen (deglasieren) und Einkochen (glasieren) verstärkt den Geschmack und die Farbe der Zubereitung. Er wird mehrmals wiederholt, wobei zuletzt ein wenig Tomatenmark dazukommt.

Schmoren

Soviel Flüssigkeit in die Schmorpfanne gießen, daß das angebratene Fleisch nur zu einem Viertel seiner Dicke darin liegt. Nachdem die Flüssigkeit kocht, die vorgesehenen Gewürze (Kräutersträußchen, Gewürzbeutel) beifügen. Die Schmorpfanne zudecken und das Schmorverfahren im Ofen bei niedriger Temperatur vollziehen. Während des Garens das Fleischstück mehrmals wenden; mögliche Verdunstung durch Beigabe von Flüssigkeit ergänzen. Der Schmorbraten ist gar, wenn beim Anstechen nur noch geringer Widerstand spürbar ist.

Saucenbildung

Die nun gehaltvolle, entfettete und durch ein Sieb passierte Schmorflüssigkeit bildet die Sauce zum Fleisch. Ist die Menge zu reichlich, wird sie auf das erforderliche Maß eingekocht. Die Bindung erhält die Sauce durch die mitgegarten Zutaten: Röstgemüse, Schwarten und Tomatenmark. Fehlende Bindung läßt sich ergänzen, indem etwas Stärke mit Wein aufgelöst in die kochende Sauce gerührt wird.

Durch Schmoren werden gegart vom

Rind:	Nacken, Bug, Hesse (Haxe), Ochsenschwanz, Schwanzstück, Blume (Hüfte);
Kalb:	Nacken, Bug, Haxe;
Schwein:	Kamm, Bug, Keule, Eisbein;
Hammel:	Hals, Bug, Keule, Haxe.

Zubereitungsarten

Rinderschwanzstück nach Burgunder Art

Culotte de bœuf à la bourguignonne

Aitch-bone of beef

Bedarf für 10 Portionen:

2 kg	Fleisch ohne Knochen
	Salz, Paprika
150 g	Fett
500 g	Röstgemüse
300 g	Tomaten oder 2 El Tomatenmark
0,5 l	Rotwein
2 l	Große Braune Brühe
1	Kräutersträußchen (Petersilienstengel, Thymian, Lorbeer, Knoblauchzehen)
10	Pfefferkörner
1	Kalbsfuß, entbeint

Garnitur:

20	Perlzwiebeln, glasiert
30	Champignons, kleine, gedünstet
150 g	Speckstreifen, mager, gebraten

Das Fleisch mit Salz und Paprika würzen und wie eingangs beschrieben ansetzen. Nach dem letzten Bratabschnitt mit Wein ablöschen, Braune Brühe aufgießen und Kräutersträußchen, Kalbsfuß und zerdrückte Pfefferkörner hinzufügen. Geschirr zudecken und im Ofen, bei wiederholtem Wenden des Fleisches, etwa 2 bis 3 Std. garschmoren.

Danach Fleisch entnehmen und warm halten. Die passierte Sauce entfetten und auf 1 l reduzieren. Abschließend den Kalbsfuß in Streifchen schneiden und in die Sauce geben.

Das geschmorte Fleisch quer zur Faser in Scheiben schneiden, anrichten und saucieren. Champignons, Perlzwiebeln und gebratene Speckstreifen (Lardon) darüberstreuen.

Beilagen:

Karotten, Schwarzwurzeln, Rosenkohl, Rotkohl; Teigwaren, Klöße, Kartoffelbrei.

Bœuf braisé à l'aigre

Sauerbraten **Marinated beef**

Sauerbraten ist ein Rinderschmorbraten, der in Marinade vorbehandelt ist.

Das rohe Fleisch legt man 3 bis 5 Tage in Marinade. Es wird zugedeckt kühl aufbewahrt und zwischenzeitlich einige Male umgedreht, damit die Würze gleichmäßig eindringen kann. Durch das Marinieren erhält das Fleisch würzig-säuerlichen Geschmack und wird mürbe.

Die Zubereitung erfolgt nach den Grundsätzen des Schmorens.

Marinade:

0,4 l	Essig (5 %ig)	1	Möhre in Würfel	
0,6 l	Wasser oder	1	Thymianzweig	
		1	Lorbeerblatt	
0,8 l	Weiß- oder Rotwein	1	Knoblauchzehe	zerdrückt
		1	Gewürznelke	zerdrückt
0,2 l	Essig (5 %ig)	2	Pimentkörner	zerdrückt
1	Zwiebel in Würfel	8	Pfefferkörner	zerdrückt

evtl. kurz aufkochen und dann wieder abkühlen

Um das Fleisch allseitig braun anbraten zu können, muß das Stück vorher gut abtropfen und mit einem Tuch oder mit Küchenkrepp getrocknet werden.

Zur Mirepoix sind die abgetropften Gemüse der Marinade mitzuverwenden.

Nach dem letzten Bratabschnitt löscht man mehrmals mit der Marinade ab, läßt einkochen (glasieren) und füllt mit Brauner Brühe auf.

Beim Vollenden der Sauce kann der Geschmack durch ein wenig Karamelzucker abgerundet werden (Zucker in kleinem Gefäß goldgelb schmelzen, mit Wasser oder Wein zu Sirup kochen).

Beilagen:

Klöße, Teigwaren; Sellerie-, Tomaten-, Gurkensalat und Blattsalate.

Epaule de veau à la jardinière

Geschmorter Kalbsbug Gärtnerinart **Braised veal chuck**

Bedarf für 10 Portionen:

2 kg	Kalbsbug, entbeint	Garnitur:	
	Salz, Pfeffer	20	Karotten, kleine
150 g	Fett	15	Spargelstangen, in 5-cm-Stücke geteilt
500 g	Röstgemüse	200 g	Erbsen, fein
2 El	Tomatenmark		Petersilie, gehackt
0,3 l	Weißwein		
1,5 l	Große Braune Brühe		
0,5 l	Demiglace		
1	Kräutersträußchen (Petersilienstengel, 1 Thymianzweig, 1 Knoblauchzehe)		

Den entbeinten Kalbsbug netzartig binden, würzen und schmoren nach beschriebenen Grundsätzen. Vor dem Abfüllen mit dem Wein ablöschen.

Das Fleisch tranchieren, mit wenig Sauce begießen, die gedünsteten Gemüse darumlegen und mit Petersilie bestreuen.

Beilagen:

Kartoffelkroketten, Herzogin-, Macaire- oder Petersilienkartoffeln, Teigwaren.

Gigot de mouton braisé

Geschmorte Hammelkeule **Braised leg of lamb**

Bedarf für 10 Portionen:

2,2–2,5 kg	Hammelkeule, entbeint	2 l	Große Braune Brühe
	Salz, Pfeffer	1	Kräutersträußchen (Lauch, Thymian, Lorbeer, Petersilienstengel)
100 g	Fett		
500 g	Röstgemüse	1	Gewürzbeutel (5 Knoblauchzehen, 10 Pfefferkörner)
1 El	Tomatenmark		
0,2 l	Madeira		

Die hohl ausgebeinte, gebundene Keule würzen und schmoren. Vor dem Auffüllen mit Madeira ablöschen. Wenn erforderlich, die entfettete, fertige Sauce noch mit in Rotwein angerührter Stärke binden.

Die geschmorte Hammelkeule quer zur Fleischfaster in Scheiben schneiden, leicht saucieren und Sauce gesondert reichen.

Beilagen:

frische Bohnenkerne, glasierte Rübchen, Wachsbohnen, Karotten, geschmorter Staudensellerie, geschmorter Chicorée oder Blattspinat; Lyoner Kartoffeln, Schmelzkartoffeln oder Anna-Kartoffeln.

Cou de porc à la crème

Schweinekamm in Rahmsauce **Boston butt in Creamsauce**

Bedarf für 10 Portionen:

1,8–2 kg	Kamm ohne Knochen	1	Gewürzbeutel (1 g Kümmel, 2 g Majoran, $^1/_2$ Lorbeerblatt, 2 Knoblauchzehen, 10 Pfefferkörner)
	Salz, Pfeffer		
0,5 l	Wasser		
500 g	Röstgemüse	0,4 l	saure Sahne
1 El	Tomatenmark		Mehlbutter nach Bedarf
2 l	Große Braune Brühe		

Schweinekamm ist fettdurchzogen, die Muskelstränge sind in dünne Fettschichten eingebettet; deshalb verwendet man zum Ansetzen anstelle von Fett Wasser.

Das Fleisch würzen, zusammen mit dem Röstgemüse in eine Schmorpfanne ordnen. Wasser angießen, aufkochen und das Geschirr unbedeckt in den heißen Ofen schieben.

Nach dem Eindünsten des Wassers beginnt der Pfanneninhalt im inzwischen ausgetretenen Fett des Kammstücks zu braten.

Sind Fleisch und Gemüse genügend braun, wird das überschüssige Fett durch ein Sieb abgegossen und zur Weiterverwendung aufbewahrt. Das große Fleischstück ist solange aus der Pfanne zu nehmen.

Nun gibt man das Tomatenmark dem angebratenen Gemüse bei, röstet kurz durch und löscht mit wenig Großer brauner Brühe ab. Wenn die Flüssigkeit verdunstet ist und der Ansatz glänzt, gießt man die übrige Brühe dazu. Das Fleisch wird wieder in die Pfanne zurückgegeben und der Gewürzbeutel eingelegt. Das Schmoren ist bei geschlossenem Geschirr wieder im Ofen durchzuführen, bis zum Garsein des Schweinekammes.

Danach wird der Schmorfond passiert, entfettet, auf etwa 0,7 l eingekocht und mit Mehlbutter leicht gebunden. Nach kurzer Kochzeit rührt man die saure Sahne dazu, bringt alles nochmals an den Kochpunkt und würzt die Sauce gegebenenfalls nach.

Der Schweinekamm wird quer zur Fleischfaser in Scheiben geschnitten, mit wenig Rahmsauce übergossen und die übrige Sauce separat gereicht.

Beilagen:

Rosen- oder Blumenkohl, Karotten, Kohlrabi oder Rotkraut; Tomaten-, Sellerie-, Gurken- oder Feldsalat; Teigwaren, Kartoffel- oder Semmelklöße, Kartoffelpüree, Herzogin- oder Macairekartoffeln.

Schmoren von portioniertem Fleisch

Gerichte dieser Art sind bereits vor der Zubereitung in Portionen zu teilen, die ein festgelegtes Gewicht haben.

Durch das Glasieren am Ende des Schmorverfahrens wird erreicht, daß die Fleischstücke einen ansprechenden Glanz haben und der Geschmack besonders fein und ausgeprägt ist.

Anbraten

Das portionierte Fleisch würzen und in Fett von allen Seiten anbraten.

Ansetzen

Ein flaches Geschirr mit Butter ausstreichen. Gemäß des zur Verwendung gelangenden Fleisches in Würfel oder Scheiben geschnittene Zwiebeln und Wurzelgemüse, mitunter auch Speckstückchen auf der Bodenfläche des Geschirrs verteilen.

Die angebratenen Fleischteile darauflegen und das Ganze bei stärkerer Wärmeeinwirkung angehen lassen.

Schmoren

Zuerst wenig Fleischbrühe oder Braune Kalbsbrühe angießen. Nach Einkochen der Flüssigkeit erneut Brühe angießen sowie Gewürze und/oder Zutaten (z. B. Kräutersträußchen, Knoblauch, Tomatenmark, Pilze) beifügen. Das Geschirr zudecken, den Inhalt im Ofen bei mäßiger Temperatur schmoren und gegen Betrocknen mehrmals mit der Schmorflüssigkeit begießen.

Glasieren

Kurz vor dem Garsein den Deckel entfernen. Die Fleischstücke mit dem nun stark eingekochten Schmorfond wiederholt begießen. Durch weitere Verdunstung in der Wärme des Ofens bildet sich dabei auf der Fleischoberfläche eine dünne, glänzende Extraktschicht; das Fleisch ist glasiert.

Saucenbildung

Die glasierten Fleischportionen in ein anderes Geschirr legen. Etwas Wein und Kalbsjus oder Demiglace in das Schmorgeschirr geben, kurz durchkochen und abfetten (degraissieren). Die Sauce passieren und entsprechend der Zubereitungsart geschmacklich vollenden.

Schmorgerichte in Portionen lassen sich durch Garnituren ergänzen.

Jarret de veau italienne

Osso buco **Veal knuckle Italian style**

(Geschmorte Kalbshaxenscheiben nach italienischer Art)

Bedarf für 10 Portionen:

10 St.	Kalbshaxenscheiben (200–250 g)	0,3 l	Weißwein
	Salz, Pfeffer, Mehl	1,5 l	Braune Kalbsbrühe
50 g	Olivenöl	400 g	Tomatenfleischwürfel
200 g	Zwiebeln		Kräuter wie: Oregano, Rosmarin, Thymian
1	Knoblauchzehe		
400 g	Würfel von Gemüsen: Sellerie, Fenchel, Karotten, Lauch, Petersilienwurzel		Für Gremolata: Gemisch aus 1 zerdrückten Knoblauchzehe, geriebener Zitronenschale und gehackter Petersilie
50 g	Tomatenmark		

Kalbshaxen quer zum Knochen einschneiden und durchsägen. Diese Scheiben würzen und leicht mehlieren. Im heißen Öl in einer Schmorpfanne oder einem anderen passenden Geschirr beidseitig anbraten. Zwiebelwürfel mit zerdrückter Knoblauchzehe und Gemüsebrunoise zugeben und mitdünsten. Tomatenmark zugeben, kurz angehen lassen, mit Weißwein ablöschen und einkochen. Den gleichen Vorgang mit Zugabe von wenig Brühe wiederholen, dann die halbe Menge der noch vorhandenen Brühe aufgießen, Kräuter zugeben und zugedeckt im Rohr garschmoren lassen.

Kurz vor dem Garsein das Schmorgeschirr aus dem Ofen auf die Herdplatte nehmen, den Deckel entfernen und die Fleischstücke in dem einkochenden Schmorfond glasieren. Die Fleischstücke nun in ein anderes Geschirr legen und warmhalten. Den eingedickten Schmorfond mit der restlichen Brühe durchkochen.

Kurz vor dem Anrichten die Tomatenfleischwürfel zugeben, nochmals durchkochen, abschmecken und mit den Fleischstücken servieren. Die Gremolata entweder unter die Sauce geben oder über das Gericht streuen.

Beilagen:

Tournierte Wurzelgemüse, Teigwaren, Polenta, Reis bzw. Risotto oder gekochte Kartoffeln.

Zubereitungsarten

Bezeichnung	Ergänzung
Paupiette de bœuf à la sauce vin rouge **Rindsrouladen in Rotweinsauce** **Rolled braised beef**	Fleischscheiben mit Senf bestreichen, mit Gewürzgurke, angebratenen Speck- und Zwiebelwürfeln füllen. Beim Schmoren Rotwein und Pilzfond beifügen. Garnitur: ziselierte (geriefte) Champignonköpfe, Rotweinsauce Beilage: Karotten, Erbsen, Schwarzwurzeln oder Speiserüben, Kartoffelpüree, -kroketten oder Makkaroni
Jarret de veau aux tomates **Kalbshaxe mit Tomaten** **Veal kunckle**	Vor dem Angießen Tomatenmark und Knoblauch zugeben. Garnitur: Tomatenfleischstücke (tomates concassées), gehackte Petersilie und Basilikum Beilage: Gurken und Blattsalate, Spaghetti mit Parmesan oder Herzoginkartoffeln
Kalbsbrustknorpelstück mit Oliven *Tendron de veau aux olives* **Gristle of veal**	Zum Schmoren ein Kräutersträußchen einlegen. Sauce mit in Sherry angerührter Stärke leicht binden. Garnitur: entsteinte grüne Oliven Beilage: Blumenkohl, gefüllte Tomaten, Zuckerschoten oder Bleichsellerie, Dauphine-, Petersilienkartoffeln, Kartoffelpüree mit Sahne
Paupiettes de veau à la crème aux morilles **Kalbsröllchen mit Morcheln und Rahmsauce** **Rolled braised veal**	Fleischscheiben mit Kalbs- oder Geflügelfarce und Kräutern füllen. Schmorfond mit Sahne und Morcheldünstfond verkochen. Garnitur: Morcheln, Schnittlauch, Rahmsauce Beilage: Spargel oder feine Erbsen oder Chicorée- und Kressesalat, Spätzle, Nudeln, Reis oder Kartoffelpüree
Carbonades de porc aux oignons glacés **Schweinekammscheibe mit glasierten Zwiebeln** **Pork butt carbonade (with glaced onions)**	Schmorfond mit Demiglace fertigstellen. Garnitur: glasierte Perlzwiebeln und Speckstreifchen Beilage: Rosenkohl, Wachsbohnen, Bohnenkerne, Kohlrabi oder Wirsing, Kartoffelnocken, Rahmkartoffeln oder Kartoffelkroketten
Ris de veau glacé aux épinards **Glasiertes Kalbsbries auf Blattspinat** **Glaced sweetbread**	Kalbsbries zum Entziehen von Blut vorher wässern, dann blanchieren. Schmorfond mit Madeira vollenden. Garnitur: Trüffelstreifchen, Madeirasauce Beilage: Blattspinat, Reis, Schloß- oder Nußkartoffeln

Ragout und Gulasch

Ragout und Gulasch sind Gerichte, zu denen Schlachtfleischteile geringerer Qualität, wie Bug, Hals (Kamm), Brust und Haxe (Hesse) zur Verarbeitung gelangen. Die Teile werden entbeint, von Häuten und aufliegenden Sehnen befreit und in würfelige Stücke geschnitten.

Im Gegensatz zu Gulaschfleisch kann Ragoutfleisch Knorpelanteile (z. B. bei Verwendung von Brust) oder Knochenanteile (z. B. Ochsenschwanzragout) enthalten.

Geeignete Schlachtfleischarten ▷ Ragout: Rind, Kalb, Schwein, Schaf ▷ Gulasch: Rind, Kalb, Schwein

Grundzüge der Zubereitungen

Ragout
Fleisch anbraten
Zwiebeln oder Röstgemüse dazugeben
ablöschen mit Wein
einkochen, glasieren
auffüllen mit Großer brauner Brühe

Gulasch
Zwiebeln anbraten
Fleisch dazugeben
Fond ziehen lassen
einkochen, glasieren
auffüllen mit Wasser

Kalbsragout (aus der Schulter)

Sauté de veau
Veal ragout

Bedarf für 10 Portionen:

100 g	Fett	50 g	Tomatenmark
	Salz	0,2 l	Weißwein
	Pfeffer	40 g	Mehl
	Edelsüß-Paprika	2 l	Große Braune Brühe
2 kg	Ragoutfleisch (50 g-Stücke)	1	Kräutersträußchen (Lauch, Thymian, Lorbeerblatt, Petersilie)
300 g	Zwiebelwürfel		

Gardauer: 90 Min.

Fett in flachem Geschirr erhitzen. Gewürztes Fleisch dazugeben, bei starker Wärme anbraten. Zwiebeln beifügen, Farbe nehmen lassen und Tomatenmark einrühren. Mit Weißwein ablöschen. Nach Verdunsten der Flüssigkeit Mehl darüberstäuben und unter Rühren anschwitzen. Große Braune Brühe auffüllen, Kräutersträußchen einlegen und das Ganze zugedeckt garen.

Gegartes Fleisch mit einer Küchengabel ausstechen und in einen anderen Topf legen. Ragoutsauce entfetten und durch ein Sieb auf das ausgestochene Fleisch passieren.

Beilagen:

Nocken von Grieß oder Kartoffeln, Semmelklöße, Reis oder Teigwaren; Blattsalate, Tomaten- od. Gurkensalat

Rindsgulasch (von der Hesse)

Goulasch (Gulyas) de bœuf
Beef goulash

Bedarf für 10 Portionen:

200 g	Fett,	1 El	Tomatenmark
900 g	Zwiebelwürfel	1 El	Gulaschgewürz (Knoblauch, unbehandelte Zitronenschale, Kümmel, gerebelter Majoran und Thymian)
40 g	Edelsüß-Paprika		
	Salz		
2 kg	Gulaschfleisch (50 g-Stücke)		

Gardauer: 150 Min.

Fett in flachem Geschirr erhitzen. Zwiebeln dazugeben, hellbraun rösten. Paprika einrühren und mit einem Schuß Wasser ablöschen. (Paprika wird in trockener Wärme bitter.) Gesalzenes Fleisch und Tomatenmark beifügen, alles vermengen. Topf zudecken und bei schwacher Wärme Saft ziehen lassen. Danach Deckel abnehmen, Saft unter Abspachteln der Bodenfläche einkochen. Wasser bis auf Fleischhöhe angießen. Topf zudecken und den Inhalt bei niedriger Temperatur garen. Feingehacktes Gulaschgewürz kurz vor Garzeitende beigeben.

Fleisch mit einer Küchengabel ausstechen und in einen anderen Topf legen. Sauce abfetten und solange kochen lassen, bis sie eine entsprechende Bindung erhält.

Beilagen:

Kartoffel- oder Semmelklöße, Spätzle, Nudeln, Kartoffelpüree; Gurken-, Paprikaschoten- oder Tomatensalat

Bei Herstellung „in Sahne" wird von vornherein durch Knapphalten der Garflüssigkeit die abschließende Sahnebeigabe berücksichtigt. Der typische Geschmack der Zubereitung bleibt dadurch bewahrt.

Bei der Zugabe von Sahne, saurer Sahne, Crème fraîche oder Crème double sollte diese immer erst mit einer kleinen Menge der Sauce angerührt und dann der restlichen Saucenmenge beigegeben werden, damit es nicht zur Gerinnung der Sahne kommt.

Zubereitungsarten

Bezeichnung	Ergänzung
Sauté de bœuf à la crème aux chanterelles **Rindsragout in Sahne mit Pfifferlingen** **Beef stew**	Ragoutsauce mit Sahne vollenden. Garnitur: mit Speck und Zwiebeln angeschwitzte Pfifferlinge
Ragout de queue de bœuf au madere **Ochsenschwanzragout in Madeira** **Oxtail stew**	Den angebratenen Ochsenschwanzstücken Röstgemüse (Mirepoix) beigeben. Sauce mit Madeira vollenden.
Lammragout auf französische Art *Navarin de mouton* **Lamb stew**	Sauce vor Garzeitende passieren. Zugeschnittene (tournierte) Gemüse: Rübchen, Möhren, grüne Erbsen, angebratene Zwiebelchen, ebenso ausgebohrte Kartoffeln dem Ragout beigeben und alles zusammen fertig garen.

Goulasch de bœuf aux piments doux **Rindsgulasch mit Paprikaschoten** **Beef goulash**	Garnitur: Streifen gedünsteter grüner Paprikaschote
Goulasch de veau aux aubergines **Kalbsgulasch mit Auberginen** **Veal goulash**	Ansatz mit ausgedrückten Tomaten betonen. Garnitur: kleine, gebackene Auberginenscheiben
Goulasch de porc à la choucroute **Szekeler Schweinsgulasch** **Pork goulash**	Neben Paprika feingehackten Kümmel sowie Knoblauch dem Ansatz beigeben. Sauce mit saurer Sahne vollenden. Gulasch auf gedünstetem Sauerkraut anrichten oder mit dem Sauerkraut vermischen.

Wild

1 Vorbereiten

Das zu verarbeitende Schalenwild (Hirsch, Reh, Wildschwein) und auch das Niederwild (Hase, Wildkaninchen) ist heute fast ausnahmslos zerlegt (zerwirkt) im Handel. Die einzelnen Teilstücke wie Rücken, Keule und Blatt (Bug) werden frisch und tiefgefroren angeboten; tiefgefrorene Ware überwiegt. Die Vorbereitung umfaßt folglich: Zuschneiden (Parieren), Häuten, Spicken und je nach Verwendung eine weitere Feinzerlegung der Teilstücke.

Zuschneiden und Häuten der Rücken

Zunächst ist das schmale, hohe Halsstück des Rückens mit einer Säge abzutrennen und die Rippenknochen beidseitig gleichmäßig zu kürzen. Danach löst man die unterhalb des Sattels liegenden Filets aus und schneidet etwaige Bauch- sowie Schulterlappen ab.

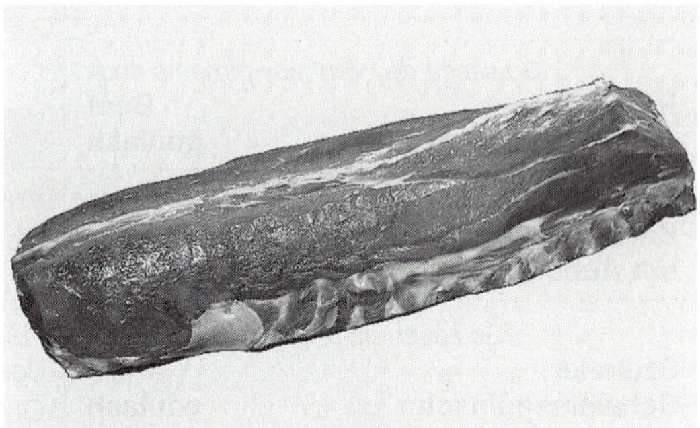

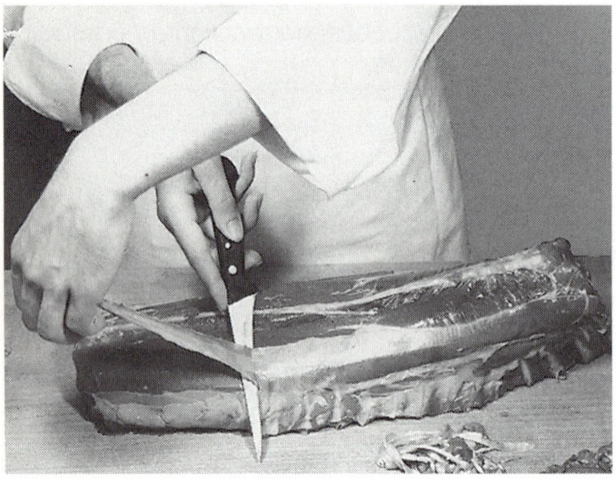

Das Häuten beginnt mit dem Entfernen der locker aufliegenden Hautschichten. Die festere, direkt mit dem Fleisch verbundene Haut muß so abgeschnitten werden, daß dabei das Rückenfleisch nicht verletzt wird. Ein schmales, spitzes Messer wird zwischen Haut und Fleisch geschoben und ein Teil der Haut abgelöst. Dann erfaßt die linke Hand die abgelöste Haut und zieht sie straff entgegen der Schnittrichtung; die rechte führt unmittelbar darunter das Messer entlang. Der beschriebene Vorgang wird derart bei allen Wildteilen angewendet.

Zuschneiden und Häuten der Keulen und Blätter

Die starke Sprungsehne (1) am Frikandeaukopf der **Keule** ist zu durchschneiden, das untere Haxengelenk (2) abzusägen und der Schlußknochen (3) der Keule auszulösen. Danach wird die Keule auf der Außen- und Innenseite gehäutet. Bei kleinen Keulen von Frischling oder Reh löst man zweckentsprechend den Oberschenkelknochen vor dem Braten hohl aus. Später können dann die Keulen, quer zur Fleischfaser, über die ganze Fläche in Scheiben geschnitten werden. Auf diese Weise ergeben sich keine unschönen kleinen Eckstücke.

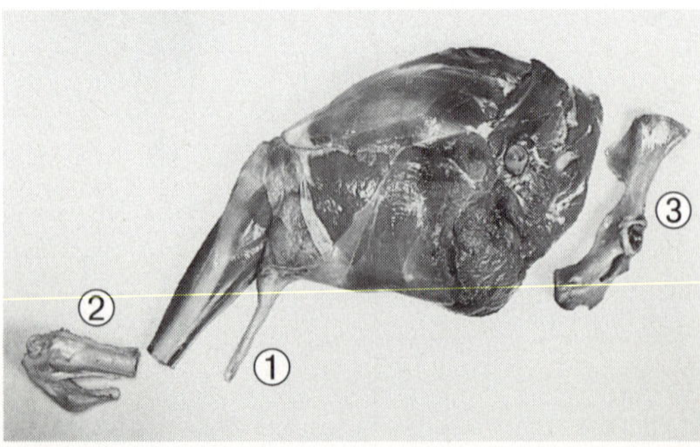

Vom **Blatt** trennt man zuerst die Haxe im Gelenk ab. Nach dem Häuten der Blattaußenseite ist der Schaufel- und der Röhrenknochen auszulösen (vgl. Auslösen des Kalbsbugs). Soll das Blatt im ganzen zubereitet werden, so ist es zu einer Rolle zu formen und mit Schnur netzartig zu umbinden. Fleischrolle zuvor spicken oder mit dünnen Speckscheiben belegen.

Wildknochen sind spröde, sie splittern leicht. Deshalb Knochen immer sägen, nicht hacken.

Spicken

Durch Spicken soll verhindert werden, daß fettarme Fleischarten von zarter Struktur während des Bratens in den Randschichten zu stark austrocknen.

Spicken ist etwas in die Kritik geraten, da dem Fleisch zwar Fett unter der Fleischoberfläche zugeführt wird, das Fleischstück dabei aber durch eine Vielzahl an Einstichen verletzt wird. Statt Spicken empfiehlt es sich, die Fleischoberfläche mit Speckplatten abzudecken (bardieren).

Zum Spicken verwendet man meist frischen, selten gesalzenen Rückenspeck.

Spickspeck läßt sich leichter schneiden, wenn er gut gekühlt, also fest ist.

Von einer Rückenspeckseite schneidet man zuerst 4 bis 5 cm breite Querstücke ab. Davon werden quer etwa 5 bis 7 Scheiben mit einer Stärke von 3 mm bis auf die Schwarte geschnitten. Beim letzten Schnitt

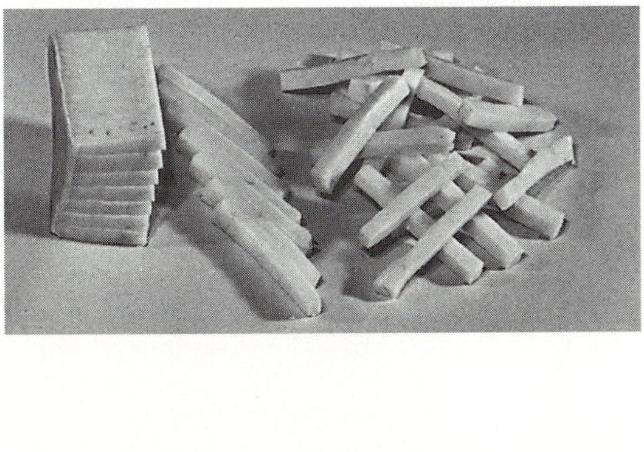

wird auch die Schwarte durchtrennt. Anschließend dreht man den Speck so, daß die bisherigen Einschnitte waagrecht liegen, und schneidet nun 3 mm breite Speckstäbchen (Lardon). Die verbliebene Schwarte hält die Speckscheiben, sie können nicht voneinanderrutschen.

Um ein Anhaften des Specks zu verhindern, wird das Messer während des Schneidens in heißes Wasser getaucht. Dadurch wird Anhaften und Zerreißen ausgeschlossen.

Gespickt wird mit einer Spicknadel. Die Speckstäbchen sind so in das Fleisch zu schieben, daß sie mit der Fleischfaser laufen. Die einzelnen Reihen werden versetzt eingebracht.

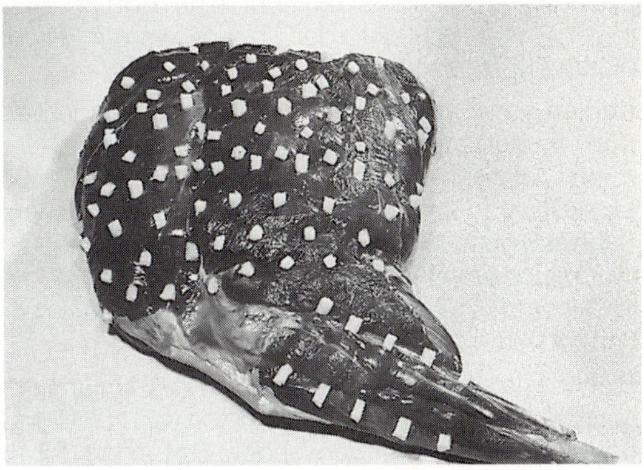

Eine Ausnahme bilden die Rücken. Bei diesen ist wegen der späteren Tranchiermethode schräg zur Faser zu spicken. Denn das ausgelöste Rückenfleisch wird mit schrägen Schnitten in Scheiben tranchiert und wieder auf den Rückenknochen zurückgelegt.

Für schmale Rücken genügt eine Speckreihe. Bei starken Rücken werden zwei Speckreihen gespickt.

Beim Spicken dürfen die Speckstäbchen nicht zu tief unter die Fleischoberfläche eingeführt werden. Bei den verhältnismäßig kurzen Garzeiten, die für rosa gebratene Stücke erforderlich sind, bliebe sonst der Speck in den tieferen Schichten roh.

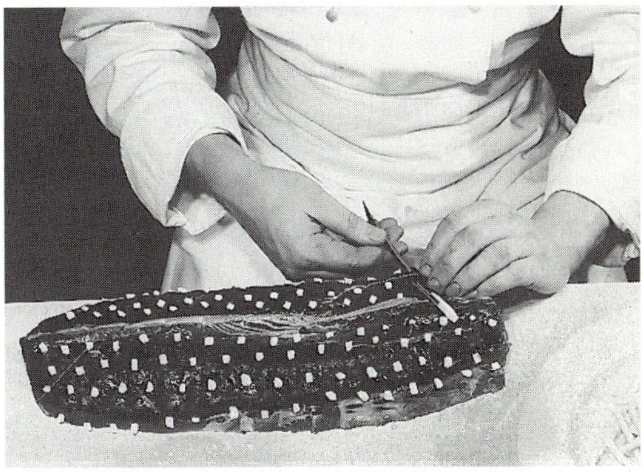

Feinzerlegen der Teilstücke

Rücken können ausgelöst zu Nüßchen oder Medaillons verarbeitet werden. Die ausgelösten Rückenfilets schneidet man in Stücke mit festgelegtem Gewicht. Je Portion werden zwei Fleischstücke gerechnet. Das geschnittene Fleisch ist leicht zu plattieren und zu spicken. In jedes Stück können zwei Speckstäbchen über Kreuz eingezogen werden.

Bei größeren Rücken kann das abgetrennte Rippenstück (Teil mit den langen Rippen) auch zu Koteletts verarbeitet werden. Dazu ist der Rückgratknochen auszuschlagen. Die erhaltenen Karrees teilt man in Koteletts auf. Für eine Portion sind meist 2 Koteletts erforderlich; sie werden leicht plattiert und gespickt.

Keulen von Hirsch, Reh oder Wildschwein lassen sich wie die zarten Schlachtfleischkeulen in ihre einzelnen Muskeln zerlegen und portionieren. Große Muskelteile (Oberschale, Frikandeau) in dickere Scheiben geschnitten ergeben Steaks; die kleineren Muskelpartien (Nüsse) teilt man in Medaillons oder Nüßchen. Das geschnittene Fleisch wird weiterbehandelt wie die obigen Rückenfilets.

Blätter werden entbeint, das Fleisch in gleichschwere, würfelförmige Stücke geschnitten und zu Wildragout oder Wildpfeffer verwendet. Zu beiden Zubereitungen eignet sich auch das Fleisch von anfallenden Halsstücken, Haxen und Lappen.

Marinaden – Beizen

Durch Marinieren wird Fleisch würziger und mürber und bleibt länger haltbar.

Marinade	Zutaten
Essigmarinade 0,4 l Essig (5 %ig) 0,6 l Wasser	1 Zwiebel in Würfel 1 Möhre in Würfel 1 Thymianzweig 1 Lorbeerblatt 1 Msp. Rosmarin 2 Gewürznelken } zerdrückt 8 Pfefferkörner } zerdrückt 6 Wacholderbeeren } zerdrückt 1 Knoblauchzehe, gequetscht
Weinmarinade 1 l Rotwein oder Weißwein	
Buttermilchbeize 1 l Buttermilch	

Beizdauer: 2 bis 5 Tage, abhängig von Stückgröße und Lagertemperatur.

- Mariniertes Fleisch muß vor der Weiterverarbeitung gründlich abtropfen.
- Nasses Fleisch nimmt beim Anbraten keine Farbe an.

Marinieren	▷ Frische Fleischteile älterer Wildtiere, ▷ frisches Ragoutfleisch, das nicht direkt verwendet werden kann.
Nicht marinieren	▷ Wildbret junger Tiere, ▷ aufgetautes Wildfleisch jeder Art.

Bei Tiefkühlware ist durch das Frosten das Zellgefüge weniger fest. Durch Marinieren würde es zu erhöhten Auslaugverlusten kommen. Zubereitet hätte derartiges Fleisch eine trockene und strohige Struktur.

Tiefgekühltes Fleisch deshalb

- ▷ direkt nach dem Auftauen zubereiten,
- ▷ erst nach dem Anbraten Wein oder Säure zufügen.

Knochen und Parüren

Die anfallenden Wildknochen, Häute und Sehnen werden zum Ansetzen von Wildbrühen und Wildsaucen verwendet; sie bilden die Geschmacksgrundlage der Zubereitungen.

Durchschnittliche Rohgewichte

Einzelportionen	Gramm
Medaillons, Nüßchen (2 Stück)	150
Steaks (1 oder 2 Stück)	150
Koteletts (1 oder 2 Stück)	180
Wildfleisch in Streifen oder Scheibchen (Geschnetzeltes)	150

Einzelportionen	Gramm
Hirsch-, Wildschweinsrücken (Überläufer)	220
Reh-, Frischlingsrücken	250
Hasen-, Wildkaninchenrücken	300
Reh-, Frischlings-, Wildschweinskeule (Überläufer)	220
Teile der Hirschkeule, entbeint	200
Hirsch-, Rehblatt, entbeint	200
Hasen-, Wildkaninchenkeule	250–300
Ragoutfleisch	200
Ragout mit Knochen und Knorpeln (z. B. Hasenläufe)	300–350

2 Zubereiten

Das Fleisch des erlegten Wildes muß, wie das frische Schlachtfleisch, vor der Verarbeitung erst abhängen (reifen). Dabei entwickelt sich ein feiner Wildbretgeschmack, das sogenannte Hautgout.

Im Wildangebot befinden sich Tiere mit unterschiedlichem Alter. Junge Tiere haben die beste Fleischqualität, deshalb werden sie bevorzugt bei

- Dam- oder Rotwild: Hirschkalb und Schmaltier,
- Rehwild: Schmalreh und Spitzbock,
- Schwarzwild: Frischling und Überläufer (Wildschwein).

Für die Zubereitung von küchenfertigem Wild wendet man je nach Eignung der einzelnen Fleischteile nachfolgende Garverfahren an.

Garverfahren	Hirsch / Reh — Frischling / Wildschwein	Hase / Wildkaninchen
Braten im Ofen	**Fleischteile im ganzen oder Stücke davon:** Rücken, Keule, Blatt/Schulter	**Fleischteile im ganzen:** Rücken, Keule
Braten in der Pfanne	**Portioniertes Fleisch:** Medaillons, Nüßchen, Koteletts, Steaks, Geschnetzeltes	**Portioniertes Fleisch:** Rückenfilets
Schmoren	**Fleischteile im ganzen oder Stücke davon:** Keule, Blatt/Schulter **Zerkleinertes Fleisch (Ragout):** Blatt/Schulter, Hals, Haxe, Fleischlappen	**Fleischteile im ganzen:** Keule, Lauf

2.1 Braten im Ofen

Die vorbereiteten Teilstücke des Wildes erlangen den feinsten Geschmack, wenn sie so gebraten werden, daß die Außenflächen gleichmäßig glänzend braun sind, das Fleischinnere saftig ist und einen zartrosa Farbton aufweist. Einwandfreie Bratergebnisse sind an Grundbedingungen gebunden:

- ▷ Wärmezufuhr durch Regulieren der jeweiligen Bratphase anpassen.
- ▷ Bratgut während des Garverfahrens mehrmals mit Bratfett begießen. Kompakte Stücke auch wenden.
- ▷ Garzustand gegen Ende des Verfahrens überprüfen.
- ▷ Temperatur-Zeit-Verhältnis beachten; nicht höher und länger braten als erforderlich.

Der erwünschte Garpunkt (Kerntemperatur) im Fleisch kann mit einem Einstechthermometer oder durch eine Nadelprobe ermittelt werden.

Gebratener Hirschkalbsattel mit Wacholdersauce

Cimier de faon rôti sauce au geniévre
Saddle of deer

Der Sattel des Wildes (Rückenteil zwischen langen Rippen und Keulen) wird auch mit Ziemer (Cimier) bezeichnet. Er gilt allgemein als der wertvollste Teil des Wildbrets.

Braten

Die Gardauer für einen rosa gebratenen Sattel mit 2,5 kg beträgt 35 bis 45 Min.

Fett in einem stabilen Bratgeschirr erhitzen. Vorbereiteten Sattel salzen, pfeffern und mit der Knochenseite nach unten in das Geschirr legen. Heißes Bratfett darübergießen und im vorgeheizten Ofen (200 bis 220 °C) braten. Damit bei fortschreitender Bräunung die Außenschicht des Fleisches geschmeidig bleibt, ist der Sattel auch während des Garverfahrens öfter mit dem Bratfett zu beschöpfen.

Nach etwa 20 Min. Bratzeit gequetschte Wacholderbeeren und Röstgemüse zum Bräunen um das Fleischstück legen und weitere 15 bis 20 Min. garen. Die Wärmezufuhr so einstellen, daß der Bratsatz an der Bodenfläche nicht verbrennen kann.

Danach den gebratenen Sattel auf ein Gitter mit Tropfblech legen. Einige Minuten abseits des Herdes stehen lassen, damit die in den Randschichten gespeicherte Wärme entweichen kann und somit ein Nachgaren vermieden wird. Dann den Sattel bis zum Tranchieren wieder warmstellen.

Saucenbildung

Das überschüssige Fett aus dem Bratgeschirr gießen. Den Bratsatz mit Rotwein ablöschen und loskochen. Wildsauce und Tropfsaft des Fleisches dazugeben und solange kochen, bis eine leichte Bindung vorhanden ist. Die Sauce durch ein feines Sieb gießen und mit ein wenig Genever (Branntwein aromatisiert mit Wacholderbeeren) vollenden.

Tranchieren

Beide Seiten des Sattelfleisches behutsam vom Rückenknochen ablösen. Mit schrägen Schnitten in Scheiben schneiden und zwar so, daß sich die Scheiben wieder auf den Knochen geordnet beiderseits im spitzen Winkel gegenüberliegen.

Anrichten

Der tranchierte Sattel wird auf eine Platte gesetzt, mit zerlaufener Butter bestrichen und noch einen Augenblick im Ofen erwärmt. Die heiße Wacholdersauce reicht man separat in einer Sauciere.

Selle de chevreuil rôtie sauce à la crème

Gebratener Rehrücken mit Rahmsauce — **Saddle of venison**

Bei Wildrücken ist die Fleischauflage des Sattels verhältnismäßig flach, im Bereich des Rippenstücks aber wesentlich höher. Diese Ungleichförmigkeit führt beim Braten zu unterschiedlicher Gare. Deshalb ist es ratsam, das Fleisch an den Seiten des aufrechtstehenden Rückgratknochens durch je einen Einschnitt zu lösen und flachzudrücken. Dadurch wird eine egalisierte Fleischdicke des Rückens erreicht. Der herausragende Teil des Rückgratknochens kann mit einer stabilen Schere auf Höhe des Fleisches gekürzt werden. Beim Braten dringt jetzt die Ofenwärme gleichmäßiger in das Fleisch ein. Abschließend ist noch ein Metallspieß in den Hohlraum des Rückgrats zu schieben, um einem Durchbiegen des Rückens beim Braten entgegenzuwirken.

Für einen rosa gebratenen Rehrücken mit 1,8 kg beträgt die Gardauer 20 bis 25 Min. Der Bratvorgang entspricht dem des Hirschkalbssattels.

Saucenbildung

Entfetteten Bratsatz mit ein wenig Wildbrühe ablöschen und loskochen. Wildsauce und saure Sahne dazugeben, einige Minuten kochen lassen und danach passieren. Rahmsauce mit Pfeffer, Zitronensaft und einigen Butterstückchen vollenden.

Es empfiehlt sich, den Rücken nach dem Braten zum Entspannen in Alufolie zu wickeln, wie beim Schlachtfleisch.

Das Tranchieren und Anrichten sind auf die gleiche Weise wie beim Hirschkalbssattel durchzuführen.

Garnituren

Baden-Baden

Baden-Baden — **Baden Baden**

Birnenhälften gedünstet, gefüllt mit Johannisbeergelee. Rehsauce.

à la chasseur

nach Jägerart — **hunter style**

Pilze mit Speckstreifchen sautiert, gedünsteter Rosenkohl. Wildpfeffersauce.

à la créole

nach Kreolenart — **creole style**

Bananenscheiben gebraten. Wildpfeffersauce mit Rotwein ergänzt.

à la Forêt-Noire

nach Schwarzwälder Art — **Black forest**

Apfelhälften gedünstet, gefüllt mit in Rotwein gedünsteten, gebundenen Schattenmorellen; Scheiben von geschälter Zitrone mit Sahnemeerrettichtupfen. Wildrahmsauce.

Beilagen zu Wildzubereitungen

Um den würzigen Geschmack von Wildfleisch besser hervorzuheben, kombiniert man die Gerichte mit Beilagen von süßlich-herbem Geschmack. Ferner verwendet man gerne Nahrungsmittel, die im Lebensraum des Wildes gedeihen.

Saucen

Von der Wildgrundsauce erhält man durch Zugabe von Rahm, Wacholder, Pilzen, Senf oder Waldmeister pikante Ableitungen für alle möglichen Wildgerichte. Daneben werden gerne die süß-säuerlichen Gelees oder Kompotte von Preiselbeeren, Johannisbeeren, Hagebutten, Brombeeren oder Quitten serviert.

Gemüse

Die typischen Gemüse zu den Wildgerichten sind Pilze und die Herbstgemüse wie Blaukraut, Rosenkohl, Bleichsellerie, Petersilienwurzeln, gelbe Rüben, Schwarzwurzeln, Wirsing und Maronen (Edelkastanien).

Die Zubereitung der Gemüse richtet sich immer nach der Zubereitungsart des Wildfleisches. Neben den Gemüsebeilagen gibt man aber auch Früchtebeilagen wie gefüllte Birnen, Bratäpfel, Sauerkirschen, Nüsse oder Weintrauben.

Sättigungsbeilagen

Die Beigabe von meist gebundenen Saucen bestimmt weitestgehend die Auswahl der Teigwaren und Kartoffelzubereitungen. Besonders die Teigwaren wie Spätzle, Nudeln oder Semmelknödel werden bevorzugt zu Wild serviert.

Als Kartoffelbeilage serviert man je nach Zubereitungsart des Wildes Kartoffelpüree oder Kartoffelschnee, Kartoffelkroketten, Mandel-, Nuß- oder Kokosbällchen oder, wenn passend, auch Kartoffelklöße und Serviettenknödel.

Salat

Die Salate sollen ebenfalls zum eigenwilligen Geschmack des Wildes passen. Deshalb wählt man zum Beispiel Selleriesalat, Feldsalat oder Endiviensalat sowie den klassischen Waldorfsalat als Beigabe aus.

2.2 Braten in der Pfanne

Das portionierte Kurzbratfleisch des Wildes stammt aus Rücken und Keulen junger Tiere. Die kleinen Fleischteile werden erst bei Bedarf gebraten. Die Garstufe soll halbgar, also das Fleisch innen zartrosa (à point) sein. Der jeweilige Garpunkt wird durch Druckprobe (Fingerdruck) ermittelt. Brät man das Fleisch darüber hinaus, so verliert es zunehmend an Zartheit und Geschmack. Für das Fertigstellen der vorgesehenen Sauce muß kräftige Wildbrühe oder Wildsauce bereitstehen.

Hirschkalbskoteletts mit Orangen — *Côtelettes des faon à l'orange* — **Deer cutlets**

Die Koteletts werden aus den ausgeschlagenen Rippenstücken des Hirschkalbsrückens geschnitten.

Zunächst sind die Früchte zu bearbeiten. Mit einem Sparschäler ein wenig farbige Orangenschale (unbehandelte Frucht) abnehmen. In feinste Streifen (Julienne) schneiden, blanchieren und in Wein dünsten. Orangen mit einem Messer schälen. Die Orangenfilets aus den Häuten schneiden und in ein flaches, mit Butter ausgestrichenes Geschirr legen. Anfallenden Orangensaft für die spätere Sauce reservieren.

Fett in einer Stielpfanne erhitzen, die gewürzten Koteletts einlegen und beidseitig braun anbraten. Auf ein Gitter mit Tropfblech legen. Das Fett aus der Bratpfanne gießen, durch einige Butterstückchen ersetzen und die Koteletts in der heißen Butter bis zum gewünschten Garpunkt weiterbraten.

Gebratene Koteletts anrichten und warmhalten. Reservierten Orangensaft und Wildpfeffersauce in die Pfanne gießen und kochen, bis eine leichte Bindung erreicht ist. Sauce mit Orangenlikör (Grand Marnier) aromatisieren.

Angerichtete Hirschkalbskoteletts mit den erwärmten Orangenfilets garnieren, Schalenstreifchen aufstreuen und mit ein wenig Sauce umgießen. Übrige Sauce gesondert reichen.

Beilagen:

Prinzeßbohnen, Dauphinekartoffeln; Preiselbeeren.

Frischlingsmedaillons mit Pfifferlingen — *Médaillons de marcassin aux chanterelles* — **Medaillons of young boar**

Die aus dem ausgelösten Rückenfleisch geschnittenen Medaillons leicht plattieren, würzen und braten wie die Hirschkalbskoteletts. Danach anrichten und warmhalten. Im gleichen Bratgeschirr einige Speck- und Schalottenwürfelchen anschwitzen. Gedünstete, gut abgetropfte, kleine Pfifferlinge dazugeben, salzen, pfeffern und bei stärkerer Wärmeeinwirkung sautieren. Die Pilze auf die angerichteten Frischlingsmedaillons häufen, mit gehackter Petersilie bestreuen und Wildrahmsauce gesondert dazureichen.

Beilagen:

Gedünsteter Rosenkohl, Fondantkartoffeln, Johannisbeergelee.

Garnituren

Diana — *Diane* — **Diana**

Dianasauce: Wildpfeffersauce mit Sahne verkocht, und Einlage von Trüffel- und Eiweißstreifchen.

Beilage:

Maronenpüree.

Juliane — *Juliette* — **Juliet**

Haselnußbutter: Braune Butter mit gerösteten Haselnußscheibchen. Wildrahmsauce.

Beilagen:

Kopfsalat gedünstet, Pfifferlinge mit Speck und Zwiebeln.

Mirza — *Mirza* — **Mirza**

Apfelhälften napfartig vertieft, in Butter gebraten; gefüllt mit Johannisbeergelee. Wildpfeffersauce.

Romanow — *Romanoff* — **Romanow**

Gurkenstückchen gedünstet; Wildpfeffersauce.

Beilage:

Steinpilze in Sahne.

2.3 Schmoren

Zum Schmoren werden Keule, Blatt/Schulter, Hals und die beim Zerlegen anfallenden Haxen und Fleischlappen des Wildes verwendet. Die Saucenherstellung erfolgt beim Schmoren, zusammen mit dem vorbereiteten Wildfleisch und meist mit der entsprechenden Beize/Marinade.

Fleischteile im ganzen

Cuisse de lièvre braisée

Geschmorte Hasenkeule — **Braised leg of hare**

Die vorbereiteten, mit Salz und Pfeffer gewürzten Hasenkeulen in heißem Fett anbraten. Marinierte Keulen müssen zuvor abtropfen und mit einem Tuch trockengetupft werden, damit ein Bräunen des Fleisches möglich ist. Dann Röstgemüse beigeben und alles braune Farbe nehmen lassen. Wenig Mehl darüberstäuben, anschwitzen und mit Wein oder Marinade ablöschen. Wildbrühe oder Große braune Brühe auffüllen und aufkochen. Ein Kräutersträußchen (Petersilie, Lorbeerblatt, Knoblauchzehe, Thymianzweig) und einige gequetschte Wacholderbeeren dazulegen. Die angesetzten Keulen zugedeckt bei mäßiger Wärmezufuhr schmoren.

Sobald sich das Fleich weich ansticht, werden die Keulen entnommen und in einer Servierkasserolle warmgehalten. Die Sauce abfetten, durch ein feines Sieb gießen, nochmals an den Kochpunkt bringen und fehlendes Gewürz ergänzen. Vollendete Sauce den Hasenkeulen beigeben.

Beilagen:

Semmelklöße, Feldsalat, Apfelmus.

Zerkleinerte Fleischteile

Sauté de chevreuil

Rehragout — **Venison stew**

Mariniertes Fleisch zunächst in einem Durchschlag abtropfen lassen und zum Trocknen auf einem Tuch ausbreiten. Die Weinmarinade auffangen und zur Saucenbereitung beiseitestellen.

Fett in einer Bratpfanne erhitzen, das mit Pfeffer und Salz gewürzte Ragoutfleisch hineingeben und bei starker Wärme rasch anbraten. Fleisch in einen Durchschlag leeren, damit das Bratfett abtropfen kann.

In einem Schmorgeschirr durchwachsene Speckwürfel und Röstgemüse mit Butter braun anbraten. Das angebratene Fleisch dazugeben, ein wenig Mehl darüberstäuben, durchrühren und leicht anschwitzen. Aufgefangene Weinmarinade, Wildbrühe oder Große braune Brühe angießen und alles unter Rühren aufkochen. Einen Gewürzbeutel (Knoblauchzehen, Lorbeerblatt, Thymianzweig, Petersilienwurzel, Wacholderbeeren) dazulegen und zugedeckt bei geringer Wärmezufuhr schmoren. Garzustand durch Anstechen des Fleisches prüfen.

Gegartes Fleisch mit einer Gabel ausstechen und in ein anderes Geschirr legen. Sauce abfetten, durch ein feines Sieb passieren und mit Johannisbeergelee sowie Zitronensaft geschmacklich vollenden. Fertige Sauce dem Fleisch beigeben.

Beilagen:

Spätzle oder Nudeln, Lorettesalat.

Civet de marcassin

Wildschweinpfeffer — **Boar stew**

Das würfelig geschnittene Fleisch von Überläufer oder Frischling wird wie das obige Rehragout behandelt. An Gewürzen werden noch zerdrückte Pfefferkörner und Rosmarin beigegeben. Wildpfeffer unterscheidet sich vom Ragout durch Einrühren von Wild- und Schweineblut in die fertige Sauce. Danach ist sie zu erhitzen, darf aber nicht mehr kochen, denn Blut würde beim Kochen ausflocken.

Garnitur für Wildpfeffer: Sautierte Pilze, braunglasierte Zwiebelchen, angebratene Speckscheibchen, herzförmige Croûtons.

Beilagen:

Kartoffel- oder Semmelklöße, Endiviensalat.

Geflügel und Wildgeflügel

Geflügelfleisch zählt heute zu den preiswertesten Eiweißlieferanten; es ist zudem fettarm, leicht verdaulich und auf vielfältige Weise zuzubereiten. Diese Gründe haben zu einem stetig steigenden Verzehr von Geflügel geführt.

Die gewerbliche Küche folgt diesem Trend, indem sie Geflügelzubereitungen vermehrt als Hauptgerichte anbietet und Geflügelfleisch als Basis für Salate in der kalten Küche verwendet.

Alle Geflügel- und Wildgeflügelarten werden angeboten:

- frisch, in gekühltem Zustand; ganz oder als Teilstück (z. B. Keulchen),
- tiefgekühlt, ganz oder als Teilstücke.

Tiefkühlware

- Aus der Sicht der Ernährungswissenschaft ist Tiefkühlware der Frischware gleichwertig, weil das sofortige Frosten die Wirkstoffe weitestgehend erhält, während bei längerem Kühlliegen von Frischware erhebliche Verluste, auch im Geschmackswert, eintreten können.
- Aus der Sicht des informierten Gastes ist bei Zubereitungen, die Knochen enthalten, die Unterscheidung zwischen Frischware und Tiefkühlware deutlich erkennbar.

  Tiefkühlware hat dunkle Knochen, weil bei jungen Tieren während des Frostens rote Blutkörperchen aus dem Knochenmark nach außen treten und sich bei Wärmeeinwirkung der Knochen außen dunkel färben.

  Die gehobene Gastronomie sollte darum, besonders um sich von bestimmten „Geflügel-Ketten" zu distanzieren, Frischware bevorzugen.

Die **Arbeitstechniken** sind für Haus- und Wildgeflügel mit wenigen Ausnahmen gleich (Unterschiede bestehen nur in der Würzung). Aus diesem Grunde sind hier gleich beide Arten zusammengefaßt.

1 Vorbereiten

Das frische oder gefrorene Geflügel wird überwiegend in brat- bzw. kochfertigem Zustand angeboten.

Geschlossen, also nicht ausgenommen (zum Teil auch noch im Federkleid), kommt Wildgeflügel auf den Markt.

Hygienevorschriften

An der Haut von frischem, aber auch von tiefgefrorenem, aufgetautem Geflügel können sich Krankheitserreger (Salmonellen) befinden. Diese werden zwar durch den Garprozß abgetötet, doch können sie auf andere Lebensmittel übertragen werden und dann zu Lebensmittelinfektionen führen. Deshalb sind nach den Vorbereitungsarbeiten alle Geräte wie Tisch, Arbeitsplatte, Gefäße und Werkzeuge sowie die Hände gründlichst zu reinigen.

Geflügel im Federkleid wird vor der Aufbewahrung und Weiterverarbeitung gerupft, gesengt und ausgenommen. Diese Arbeiten müssen außerhalb der Küchenräume erledigt werden, damit Krankheitskeime, die an den Federn, Haut und Innereien haften, insbesondere Salmonellen, nicht auf andere Nahrungsmittel übertragen werden.

Rupfen

Vor der eigentlichen Verarbeitung muß gelegentlich Wildgeflügel gerupft werden, eine Tätigkeit, die viel Zeit beansprucht. Um die Geflügelhaut nicht einzureißen, dürfen jeweils nur kleine Federbüschel gefaßt und ausgerupt werden. Große Schwanz- oder Flügelfedern sind einzeln auszuziehen. Noch vorhandene Reste der Federkiele (Stoppeln) lassen sich leicht mit einem kleinen, spitzen Messer entfernen.

Sengen

Beim Rupfen bleiben auf der Haut Flaumfedern und Haare zurück. Diese entfernt man durch Absengen über einer Flamme.

Abschlagen von Hals, Beinen und Flügeln

Das Geflügel wird auf die Brust gelegt. Die Halshaut schneidet man vom Kopf zum Rumpfansatz auf und trennt sie mit einem Querschnitt auf Höhe des Kropfes ab. Die am Rumpf verbleibende Haut wird zurückgelegt und der Hals dicht am Rumpf abgeschnitten. Bei Gänsen weicht man von dieser Regel

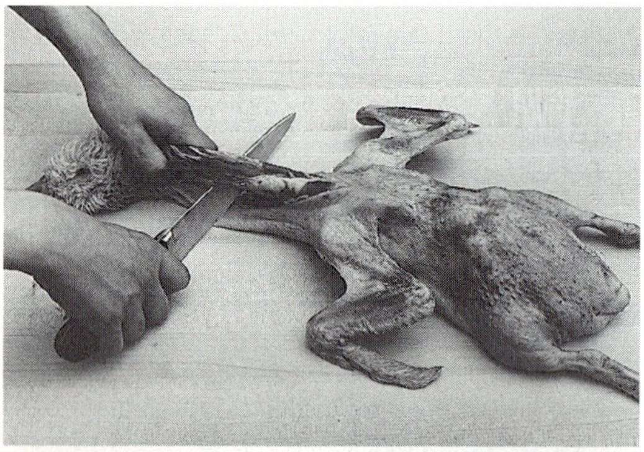

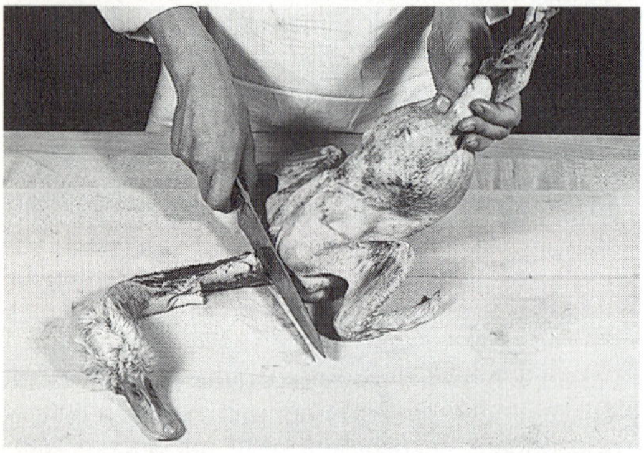

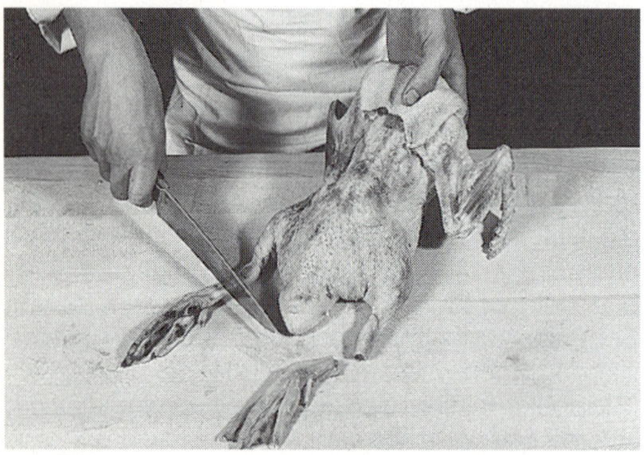

ab. Wegen der Zubereitung von Spezialgerichten (Gänseklein, gefüllter Gänsehals) wird der Hals mit der Haut abgeschlagen. Die Beine schlägt man kurz unterhalb der Keulengelenke ab.

Sollen die Flügel abgeschlagen werden, beläßt man einen Flügelstummel (2 bis 3 cm) am Rumpf.

Ausnehmen

Zunächst wird der sich in der Halshaut befindende Kropf nebst restlicher Luft- und Speiseröhre entfernt. Durch die entstandene Halsöffnung werden Leber und Lunge gelockert. Danach ist der Afterring abzuschneiden und ein etwa 3 bis 4 cm langer Einschnitt in die Bauchhaut zu machen. Durch diese Öffnung entnimmt man zuerst vorhandenes Bauchfett, faßt dann hinter den Magen und zieht mit ihm das gesamte Innere behutsam heraus. Dabei ist zu beachten, daß die empfindliche Gallenblase unverletzt bleiben muß und die beiden Lungenflügel an den Eingeweiden sind.

Herz, Magen, Leber (bei Gänsen auch das Darmfett) löst man von den Eingeweiden ab und bewahrt sie zur Weiterverwendung kühl auf (s. Geflügelklein). Zuvor ist jedoch durch Aufschneiden des Magens der Magensack zu entfernen und die an der äußeren Magenseite haftende bläulich-weiße Haut abzuziehen; von der Leber wird die empfindliche Gallenblase vorsichtig abgetrennt.

Waschen

Das ausgenommene Geflügel wird in reichlich Wasser gründlich gewaschen, kalt abgebraust und mit der Bauchöffnung nach unten zum Abtropfen in einen Durchschlag gestellt. Später ist es abzutrocknen.

Binden und Einstecken

Geflügel kann man mit und ohne Flügel binden (bridieren). Dafür braucht man eine Bindenadel mit angeknoteter Schnur. Die Flügelspitzen werden nach innen verschränkt. Das Huhn wird auf den Rücken gelegt; dabei hält man es in der gewünschten Form. Die Nadel sticht man durch die Muskeln der unteren Beine und zieht die Schnur durch.

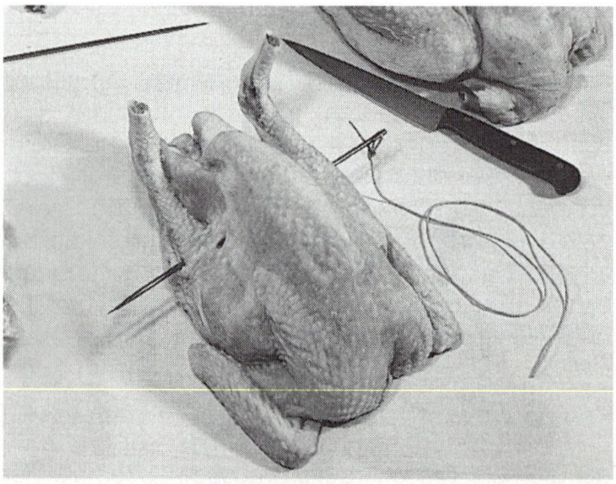

Nun legt man das Huhn auf die Brust und sticht durch die Mitte der verschränkten Flügelknochen, wobei gleichzeitig die zurückgelegte Halshaut durch Unterstechen des Rückgrats festgelegt wird.

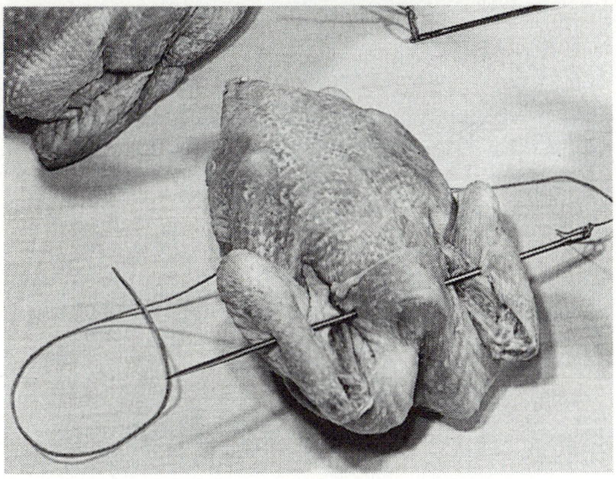

Die Schnüre zieht man straff und verknotet sie.

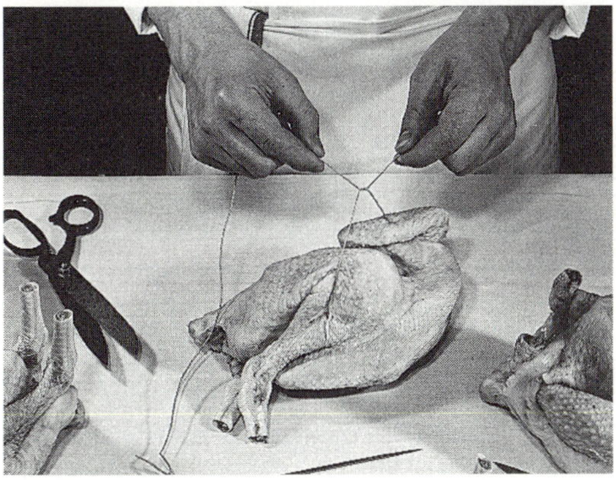

Suppenhühner werden nicht gebunden. Die dünne Rumpfhaut wird eingeschlitzt, die Keulenenden werden eingesteckt.

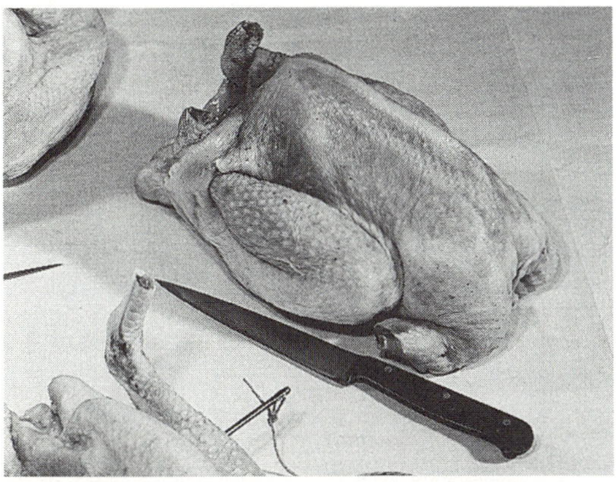

Entsehnen von Puten

Bei Puten werden vor dem Abschlagen der Beine die Sehnen ausgezogen. Von der wulstigen Sohle bis zum Gelenk wird mit der Spitze eines scharfen Messers ein Schnitt geführt. Damit öffnet man die hornartige, das Bein umschließende Haut und legt die Sehnen frei. Sie sind im Schenkel verwachsen und sitzen sehr fest; deshalb zieht man die Sehnen einzeln heraus.

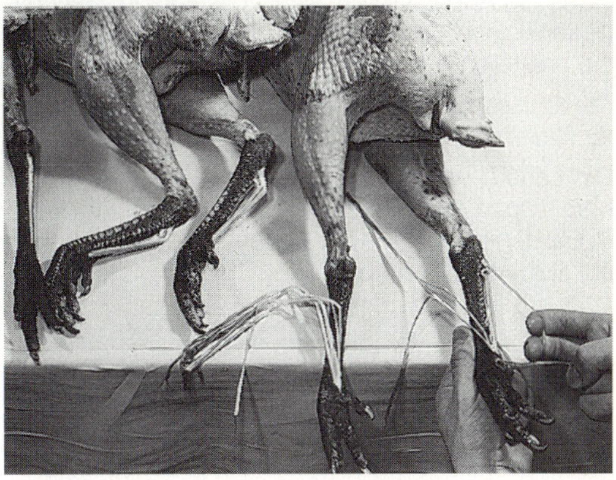

Bardieren von Geflügel

Bardiert wird, um die zarte Brust während der Zubereitung vor möglicher Verkrustung zu schützen. Das ist vorwiegend bei Wildgeflügel der Fall.

Die Geflügelbrust belegt man mit einer Speckscheibe (barde [de lard]) und bindet diese mit Schnur fest. Das rechteckige Speckstück, von dem die dünnen Scheiben geschnitten werden, muß der Größe der zu belegenden Brust entsprechen. Die Scheiben erhalten Einschnitte; durch diese kann die Ofenwärme dringen und die Geflügelbrust leicht bräunen.

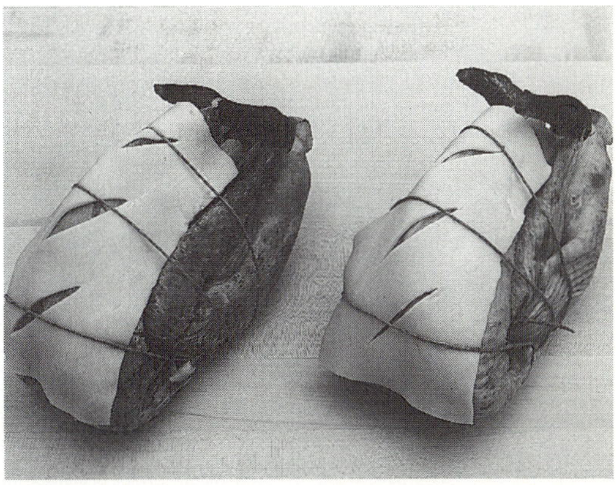

Geflügelklein – Abatis

Zum Geflügelklein zählen die abgeschlagenen Flügel und Hälse sowie die bearbeiteten Mägen und Herzen.

Bei den Gänsehälsen mit Kopf sind Schnabel, Augen, Speise- und Luftröhre zu entfernen. Die abgeschlagenen Gänsebeine können mitverwendet werden. Man muß sie zuvor brühen, dann die Haut abziehen und die Krallen abschneiden.

Von dem Klein großer Geflügelarten, wie Pute und Gans (s. Abb.), lassen sich vollständige Gerichte (Putenklein in Curry, Gänseklein mit Petersiliensauce) herstellen.

Die abgeschlagenen Teile des kleinen Geflügels sind für Brühen, Suppen und Saucen zu verwerten.

Die Lebern werden für begehrte Geflügelleber-Zubereitungen (Gänseleber mit Äpfeln und Zwiebeln, Poulardenleber in Madeira, Geflügelleberspießchen auf Risotto) verwendet.

1.1 Besondere Herrichtungstechniken

Für manche Zubereitungsarten muß das vorbereitete Geflügel im rohen Zustand gespalten, zerlegt oder ausgelöst und gefüllt werden. Rationell lassen sich diese Arbeiten nur ausführen, wenn man den Körperbau des Geflügels kennt.

Spalten zum Grillen

Gegrillt werden hauptsächlich Hähnchen und Poularden. Hierzu bleiben die Flügel am Rumpf.

Von der hinteren Öffnung aus ein stabiles Messer in den Rumpf schieben. Den Geflügelkörper direkt neben der Wulst der Wirbelsäule durchtrennen. Den aufgeschnittenen Körper flach auseinanderdrücken und die Wirbelsäule abschlagen. Die Flügelspitzen nach unten verschränken und die Enden der Keulen durch einen Einschnitt in die dünne Bauchhaut stecken. Beim Grillen bleibt der Tierkörper flach und kann sich nicht verziehen.

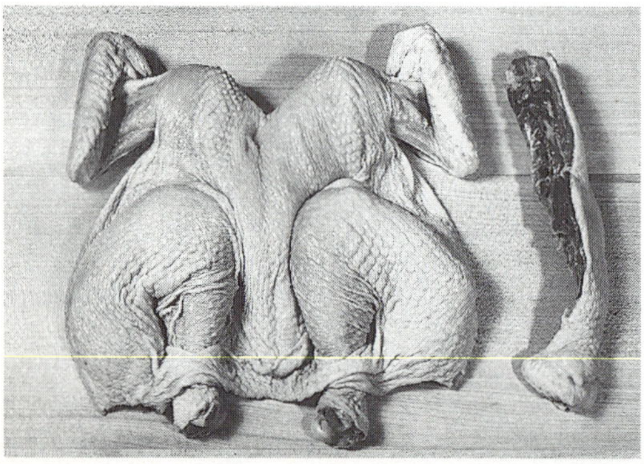

Zerlegen zum Fritieren und Schmoren

Zur Zubereitung von Backhähnchen und Schmorhähnchen das Geflügel in Brustteile und Keulen zerlegen; Flügel abschlagen.

Hähnchen zunächst spalten wie zum Grillen. Gespaltenes Hähnchen durch die Brustmitte halbieren und die Hälften in Keulen und Brustteile zerlegen. Die Knochen an den Brustteilen bis auf den kleinen Flügelgelenkknochen behutsam abtrennen. Von den Keulen die Schlußknochen entfernen, dann den Oberschenkelknochen auslösen, ohne das Keulenfleisch zu durchschneiden.

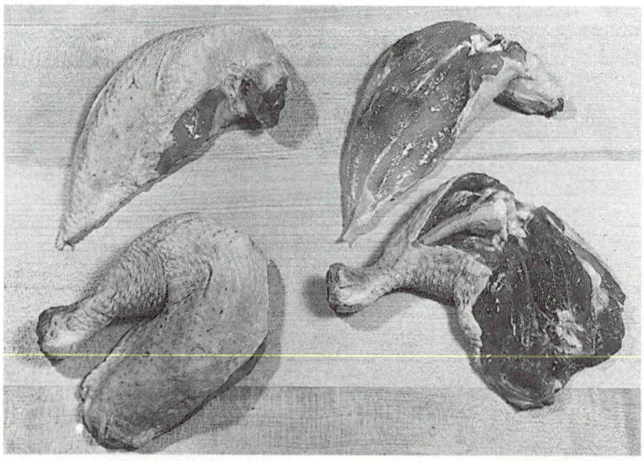

Zum Fritieren noch die dicken Unterschenkel einschneiden. Dadurch wird ein gleichmäßigeres Garen gewährleistet.

Zum Schmoren vom Unterschenkel das Kniegelenk abschlagen und das Fleisch etwas zurückschieben, so daß der Knochen aus der Fleischhülle tritt. Das Fleisch des Oberschenkels am äußersten Ende einstechen und durch diese Öffnung den freigelegten Unterschenkelknochen stecken.

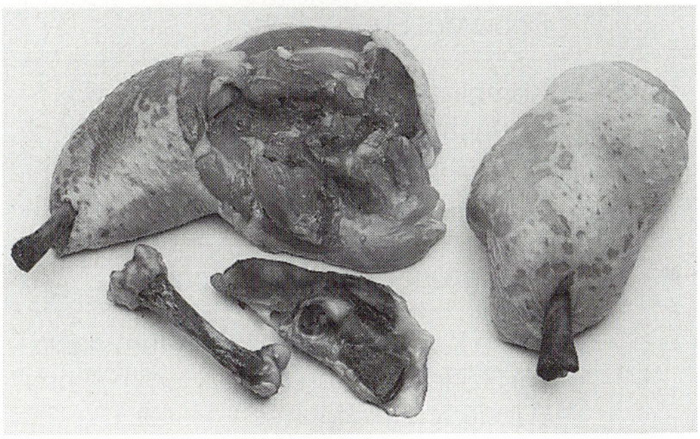

Auslösen und Füllen

Portionsgeflügel wie Küken, Tauben und Rebhühner wird gern gefüllt zubereitet. Die Füllung kann in den Hohlraum und unter die abgelöste Hals-Brust-Haut gegeben werden. Das gefüllte, gebratene Geflügel läßt sich jedoch angenehmer verspeisen, wenn die Knochen vor dem Füllen ausgelöst wurden.

Sollen Hähnchen oder Poularden gefüllt werden, ohne sie zu entbeinen, so entfernt man zuvor den Brustgabelknochen an der Halsöffnung. Dann drückt man das Brustbein nach innen aus seiner Lage, faßt in den Hohlraum und zieht es heraus. – Ohne diese beiden Knochenteile kann später das gefüllte Geflügel mühelos zerlegt werden.

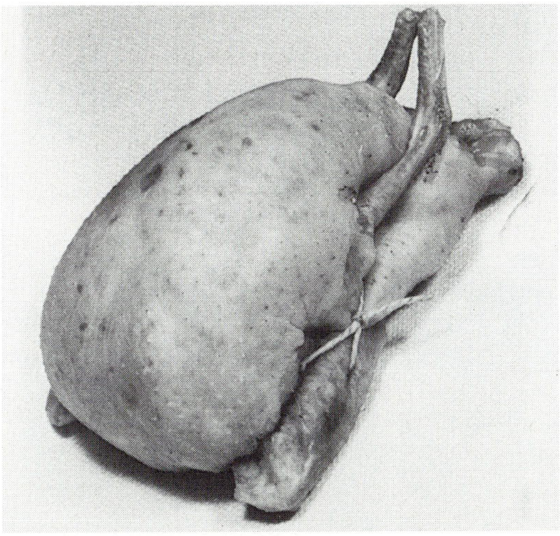

Das abgeschlagene Geflügel auf die Brust legen und die Haut entlang der Mitte des Rückgrats bis auf die Knochen durchtrennen. Vom Einschnitt ausgehend die Karkasse nach rechts und links auslösen. Dabei die Keulenknochen sowie die Flügelstummel in ihren Gelenken abschneiden und die Karkasse mit kleinen Schnitten vollends von der Fleischhülle abtrennen.

Danach die Oberschenkelknochen auslösen. Die Gelenke der Unterschenkelknochen umschneiden, sie zur Hälfte aus dem sie umgebenden Fleisch drücken und die freigelegten Teile abhacken.

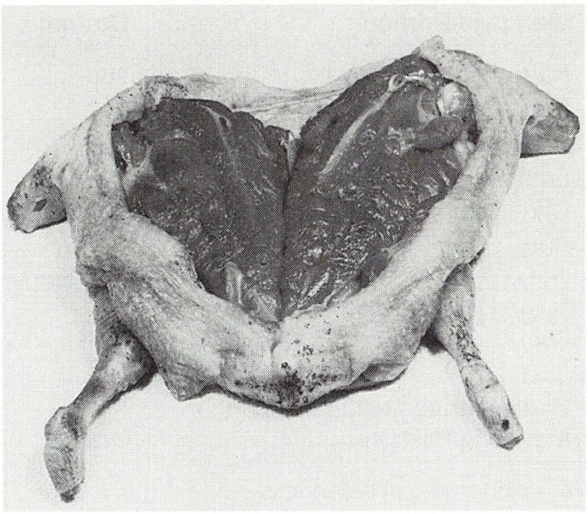

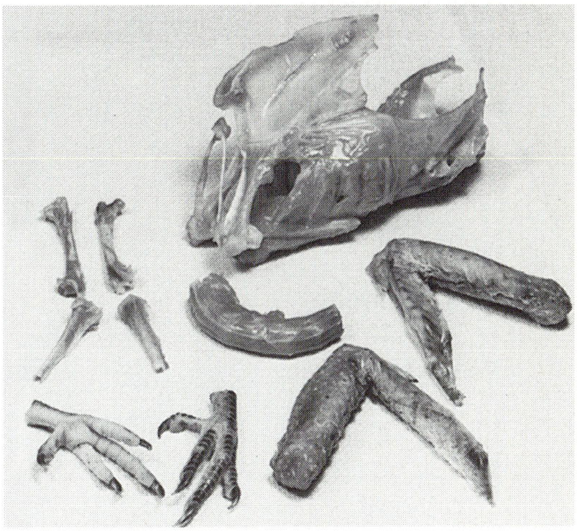

Die Fleischseite des ausgelösten Geflügels würzen. Die Füllung in Form und Größe eines Hühnereies darauflegen. Rechte wie linke Seite des Geflügels und die Halshaut über die Füllung klappen. Geschlossenes Geflügel salzen, jedes in ein passendes, mit Butter bestrichenes Pergamentpapier oder in Brat-Folie hüllen und wie ein Päckchen über Kreuz mit Schnur umbinden. Beim Braten bräunt das gefüllte Geflügel trotz der Umhüllung.

1.2 Durchschnittliche Rohgewichte von Haus- und Wildgeflügel

Garfertiges Portionsgeflügel	Gramm
Küken	250–300
Taube	250
Rebhuhn	350–400

Garfertiges Geflügel Menge je Portion	Gramm
Hähnchen	400
Poularde	350
Suppenhuhn	400
Ente	400
Gans	400
Pute	350
Fasan	350–400
Wildente	400

Zerkleinertes Geflügelfleisch Menge je Portion	Gramm
Geschnetzeltes Fleisch von Hähnchen oder Poularde	150
Steak oder Schnitzel von Pute	150

Während die Vorbereitungsarbeiten für Haus- und Wildgeflügel gleich sind, ist bei der Menügestaltung zu unterscheiden:

▷ **helles Fleisch**

- Hausgeflügel wie Küken, Hähnchen, Poularde, Suppenhuhn.
  - Kombination möglich mit dunklem Schlachtfleisch (Rind, Hammel) oder Wildfleisch (Reh, Hirsch, Hase).

▷ **dunkles Fleisch**

- Hausgeflügel wie Ente, Gans.
  - Keine Kombination mit anderem dunklen Schlachtfleisch (Rind, Hammel) oder Wildfleisch (Reh, Hirsch, Hase).
  - Mögliche Kombination mit hellem Schlachtfleisch (Kalb, Milchlamm, Schwein).
- Wildgeflügel, wie Fasan, Rebhuhn, Wildente.
  - Keine Kombination mit anderem Wild (Reh, Hirsch, Hase) oder dunklem Schlachtfleisch (Rind, Hammel).
  - Mögliche Kombination mit hellem Schlachtfleisch (Kalb, Milchlamm, Schwein).

Beispiele:

Suppe
*
Rehkrusteln
*
Poulardenfrikassee
*
Nachspeise

oder

Suppe
*
Geflügelragout überbacken
*
Rehnüßchen Mirza
*
Nachspeise

Suppe
*
Kalbsbries in Weißwein
*
Ente Bigarade
*
Nachspeise

oder

Gänsepökelbrust und Melone
*
Suppe
*
Kalbskotelett Marschallart
*
Nachspeise

Suppe
*
Lammpilaw
*
Fasan Winzerinart
*
Nachspeise

oder

Suppe
*
Rebhuhnbrüstchen auf Croûton
*
Milchlammbraten
*
Nachspeise

2 Zubereiten von Hausgeflügel

Das garfertige Geflügel kann im ganzen oder zerteilt verwendet werden. Je nach Eignung der einzelnen Tiere und der Zubereitungsart wendet man nachfolgende Garverfahren an:

Garverfahren	Geflügelart
Kochen Dünsten	Küken, Hähnchen , Poularde Suppenhuhn, Taube, Pute
Schmoren	Hähnchen, Poularde, Suppenhuhn; Taube, alt
Braten im Ofen	Küken, Hähnchen, Poularde, Taube, Pute, Gans, Ente
in der Pfanne	ganze Brustteile oder Geschnetzeltes von Hähnchen und Poularde Steak und Schnitzel von Pute, Brust von Ente
Grillen	Küken, Hähnchen, Poularde, Taube, Steak und Schnitzel von Pute
Fritieren	Hähnchen, Brustteile von Hähnchen und Poularde, Steak und Schnitzel von Pute

Garpunkt

Das Fleisch der Geflügelbrust ist zarter als das muskulöse Fleisch der Keulen. Der Garpunkt wird deshalb immer an den Geflügelkeulen geprüft.

- ▷ **Junges Geflügel** ist gar, wenn beim Anstechen der Keulen der austretende Fleischsaft klar ist, also keinen Blutfarbstoff mehr zeigt.
- ▷ **Älteres Geflügel** ist gar, wenn beim Anstechen der Keulen nur noch geringer Widerstand spürbar ist.

2.1 Durchschnittliche Garzeiten

Garfertiges Hausgeflügel	Gewicht in Gramm	Garverfahren in Minuten Kochen/Dünsten	Schmoren	Braten	Grillen
Stubenküken	250	15		20	12
Hähnchen	800	25	15	35	20
Junghahn	1500	45	25	50	40
Suppenhuhn	2000	170			
Pute	3500	80–90		90–120	
Junge Taube	250	15		20	12
Junge Gans	3500			120–150	
Junge Ente	2200			80	

- ▷ **Tiefgekühltes Geflügel** hat durch das Frosten eine gelockerte Fleischfaser und dadurch eine kürzere Garzeit.
- ▷ **Gefülltes Geflügel** hat eine längere Garzeit. Der Garpunkt wird am besten durch eine Nadelprobe ermittelt.

2.2 Kochen von Hühnern

Suppenhühner kocht man in erster Linie zum Gewinnen von Hühnerbrühe. Damit die spätere Brühe eine appetitlich klare Farbe und einen einwandfreien Geschmack aufweist, wird das garfertige Geflügel zunächst in Wasser blanchiert.

Von gekochtem und farblos gedünstetem Geflügel wird die Haut stets abgezogen. Denn während der Wärmebehandlung nimmt die Haut Feuchtigkeit auf, sie schwillt an, wird schwammig und würde beim Verzehr unangenehm empfunden.

Zum Zerlegen muß das gekochte Geflügel erst abkühlen, sonst kommt es zu starkem Saftverlust und dadurch zu empfindlicher Einbuße der Fleischqualität.

Arbeitsablauf

- Blanchierte Hühner knapp mit Wasser bedeckt aufsetzen, an den Kochpunkt bringen und bei angelegtem Topfdeckel und geringer Wärmezufuhr sieden.
- Schaum und Fett, die aufsteigen, abschöpfen. Flüssigkeit nur leicht salzen.
- Zur Ergänzung des Brühengeschmacks ein Gemüsebündel (heller Lauch, Möhre, Sellerie) beifügen. Das frische Gemüsearoma ist flüchtig, deshalb legt man es erst 30 Min. vor dem Garende dazu.
- Gegarte Hühner aus der Brühe entnehmen und kurz in kaltem Wasser abschrecken. Gegen Betrocknen und Verfärben mit feuchtem Tuch bedeckt abkühlen lassen.
- Hühner in Keulen und Brusthälften zerlegen (ausbrechen). Die Haut abziehen. Ober- und Unterschenkelknochen sowie die kleinen Stummel der Flügel bleiben noch im Fleisch.
- Brühe durch ein Tuch seihen. Zerlegte Geflügelteile in der Brühe aufbewahren.

Verwendung

Hühnerfleisch: Hühnerragout, Hühnerkroketten, Suppeneinlage, kombinierte Geflügelsalate.

Hühnerbrühe: Suppen, Saucen, Ansetzen anderer einschlägiger Zubereitungen.

2.3 Dünsten von Geflügel

Zum Dünsten verwendet man helles, blanchiertes Geflügel im ganzen oder zerteilt. Um den Geschmack der Zubereitungen zu betonen, werden das Geflügel wie auch das zum Ansetzen erforderliche Gemüse farblos angeschwitzt. Die anzugießende Flüssigkeit wird knapp gehalten; es soll von vornherein nur so viel Flüssigkeit vorhanden sein, wie zum Fertigstellen der jeweiligen Sauce nötig ist. Späteres Reduzieren zu langer Fonds kostet Zeit und Energie.

Arbeitsablauf

- Heller Lauch und etwas Sellerie bei mäßiger Wärme mit Butter anschwitzen.
- Blanchiertes Geflügel dazulegen. Das Ganze farblos weiterschwitzen.
- Ansatz mit Weißwein ablöschen. Geflügel- oder Kalbsbrühe aufgießen. Menge dem Bedarf anpassen.
- Aufkochen, die Flüssigkeit leicht salzen. Geschirr zudecken, Inhalt dünsten. Ganzes Geflügel gelegentlich wenden.
- Gedünstetes Geflügel auf ein Blech legen. Mit feuchtem Tuch bedeckt abkühlen. Geflügelhaut abziehen. Ganze Tiere zerlegen.
- Dünstfond passieren, abfetten und mit weißer Roux oder Mehlbutter leicht binden.
- Sauce gemäß der vorgesehenen Zubereitungsart mit Sahne oder Eigelb und Sahne (Liaison), fehlendem Gewürz (Cayennepfeffer, Salz) und Zitronensaft vollenden.

Frikassee von Geflügel bereitet man nach der Grundform des Dünstens zu, jedoch wird ein wenig Mehl auf die angedünsteten Zutaten gestäubt und leicht mitgeschwitzt.

Neben dieser Zubereitungsart der klassischen Küche ist eine vereinfachte Herstellungsform gebräuchlich, die genaugenommen jedoch der Zubereitung eines Blanketts entspricht. Das Huhn wird also mit Wurzelwerk gekocht und danach zerlegt. Von der Brühe bereitet man mit weißer Roux die Sauce, welche mit Eigelb und Sahne legiert wird.

Zubereitungsarten

à la berlinoise

Berliner Art — **Berlin style**

Garnitur: Champignons, Stückchen von Kalbsbries, Kalbsklößchen, Spargelspitzen, Krebsschwänze.

Beilage:

Pilaw-Reis

à l'ancienne

auf alte Art **old fashioned style**

Garnitur: weißglasierte Perlzwiebeln, kleine Champignons.

Beilagen:

Risotto oder Petersilienkartoffeln

à la printanière

mit Frühlingsgemüsen **Springtime vegetables**

Garnitur: Möhrchen, grüne Erbsen, Spargel, Morcheln.

Beilagen:

gedünsteter Reis oder Nudeln

à l'ivoire

nach Elfenbeinart **Ivory style**

Garnitur: Würfel von Artischockenböden, Champignonköpfe.

Beilage:

Risi-Pisi

à la princesse

nach Prinzessinart **Princess style**

Garnitur: Spargelbündelchen, Trüffelscheiben.

Beilagen:

Champignonreis oder Nudeln

Dünsten mit leichter Farbgebung – Poëlieren

Poëlieren kommt besonders für das helle Hausgeflügel in Betracht. Hierbei erhält das Geflügel leichte, hellbraune Farbe. Das Verfahren wird im Ofen durchgeführt. Die Farbgebung kann auf zwei Arten geschehen:

- ▷ Geflügel bei mäßiger Wärmeeinwirkung zugedeckt im sich bildenden eigenen Fond dünsten; später aufgedeckt blonde Farbe nehmen lassen.
- ▷ Geflügel bei mäßiger Wärmeeinwirkung im offenen Geschirr blonde Farbe nehmen lassen; danach zugedeckt im sich bildenden eigenen Fond dünsten.

Bei poëliertem Geflügel wird die Haut nicht abgezogen. Durch das leichte Anbraten bzw. Farbe nehmen lassen tritt ein Teil des unter der Haut gelagerten Fettes aus, wodurch die Haut schmackhaft und zart wird.

Diese Zubereitungsarten stehen zwischen Dünsten und Schmoren.

Beispiel:

Poularde poêlée

Poëlierte Poularde **Butter roasted chicken**

Arbeitsfolge

- Brust der garfertigen Poularde bardieren.
- Poularde innen und außen leicht salzen und pfeffern.
- Bratgeschirr angemessener Größe mit Butter ausstreichen.
- Poularde hineinlegen. Mit Zwiebel- und Möhrenscheiben (2:1) umstreuen.
- Geflügelkörper mit zerlaufener Butter beträufeln.
- Geschirr zudecken. Poularde im Ofen bei mäßiger Wärme dünsten. Gelegentlich wenden und mit dem sich bildenden Fond begießen.
- Im letzten Viertel des Garverfahrens Geschirrdeckel abnehmen.
- Reste des Bardierspecks entfernen. Poularde Farbe nehmen lassen, dabei mehrmals mit dem Dünstfond bestreichen.
- Poularde ohne Bindfaden in eine Servierkasserolle legen und warmhalten.
- Überschüssiges Fett aus dem Bratgeschirr gießen. Bratensatz mit Kalbsjus verkochen.
- Erhaltene Geflügeljus durch ein Sieb gießen und in eine Sauciere füllen.

Beilagen:

Feine gedünstete Gemüse, Pilze in Sahne; Pilaw-Reis, körniger Reis, Olivenkartoffeln oder Dauphine-Kartoffeln (Blattsalate).

2.4 Schmoren von Geflügel

Schmoren ist eine kombinierte Garmachungsart aus trockener Wärmeeinwirkung beim Anbraten und feuchter Wämeeinwirkung danach.

Die französische Küche benennt diese Zubereitungsart in Verbindung mit Geflügel mit dem Wort „sauté“. Es darf aber in diesem Fall nicht mit sautieren ins Deutsche übertragen werden, denn wesentliche Merkmale des Sautierens sind:

- ▷ Braten und Schwenken kleiner, zarter Fleischteile bei hoher Temperatur.
- ▷ Ablöschen und Loskochen des Bratrückstandes.
- ▷ Reduzieren und Fertigstellen der Sauce.
- ▷ Bratgut mit Sauce durchschwenken ohne zu kochen.

Auf diese Weise bereitet man sogenannte „Minutengerichte“, vergleichsweise aber nicht ein Poulet sauté.

Für die Zubereitung eines Schmorhähnchens ist ein flaches, geräumiges Geschirr zu wählen, damit die Geflügelstücke beim Anbraten nebeneinander Platz finden. Wenn die Geflügelstücke beidseitig braune Farbe haben, wird das Garen im zugedeckten Geschirr bei verminderter Temperatur weitergeführt. Da nun das Verdampfen der aus dem Gargut entweichenden Feuchtigkeit erschwert ist, steigt der Feuchtigkeitsgehalt der Gar-Atmosphäre an, und das Braten geht in Schmoren über.

Arbeitsfolge

- Gewürzte Geflügelteile in Mehl wenden, in einem Geschirr Fett erhitzen, beidseitig anbraten.
- Entsprechend der Zubereitung Röstgemüse, Zwiebel- oder Schalottenwürfel beigeben.
- Temperatur zurücknehmen, Geschirr zudecken. Inhalt weitergaren.
- Brustteile zuerst entnehmen, später die Keulen, die einer längeren Garzeit bedürfen.
- Überschüssiges Fett vom Schmorrückstand abgießen. Braune Brühe beigeben und einkochen bis zur gewünschten Bindung.
- Geschmortes Geflügel in die fertige Sauce legen, bis zum Anrichten noch ziehen lassen.

Zubereitungsarten

Poulet sauté à la chasseur

Schmorhähnchen nach Jägerart — **Braised chicken Hunter style**

Schalottenwürfelchen und Champignonscheiben dem Geflügel beigeben. Schmorrückstand mit Weißwein und Weinbrand ablöschen, Demiglace angießen. Sauce mit gehacktem Estragon und Kerbel vollenden.

Beilagen:

Schloß-, Nuß- oder Parmentierkartoffeln; Salate

Coq au vin

Schmorhähnchen in Wein — **Braised chicken in wine**

Mit Zwiebeln, Speck und Pilzen in Wein geschmort. Schmorfond mit Sahne verfeinern und einkochen lassen.

2.5 Braten von Geflügel

Braten im Ofen

Zum Braten im ganzen eignet sich das helle und dunkle, junge Hausgeflügel. Es wird im Ofen gebraten.

Helles Hausgeflügel

Zu beachten ist, daß man den Geflügelkörper gleich zu Anfang im heißen Bratfett wendet. Dadurch wird die Erwärmungsgeschwindigkeit gefördert, und es kommt schneller zur Bildung einer Bratkruste und somit zu weniger Fleischsaftverlust.

Um festzustellen, ob der **Garpunkt** erreicht ist, sticht man eine Gabel in die Keulen, nimmt das Huhn aus dem Bratgeschirr und läßt den Saft aus dem Rumpf auf einen Teller tropfen. Ist der Tropfsaft klar, ist der Garpunkt erreicht. Bei noch nicht durchgebratenem Geflügel ist der austretende Saft blutig.

Der während des Bratens austretende Fleischsaft, der sich als sogenannter Bratsatz größtenteils am Geschirrboden anlegt, bildet die Geschmacksgrundlage der späteren Geflügeljus. Damit er nicht verbrennt, muß die Ofentemperatur sorgsam überwacht werden.

Arbeitsfolge

- Garfertiges Geflügel würzen, im erhitzten Bratfett wenden und auf der Seite liegend im Ofen bei 220 °C beidseitig anbraten.
- Ofentemperatur auf 180 °C reduzieren. Bei öfterem Wenden und Beschöpfen mit dem Bratfett das Verfahren fortsetzen.
- Etwa 10 Min. vor dem Garsein Röstgemüse beifügen und mitbräunen.
- Danach das Geflügel auf den Rücken legen, damit die Brust vollends bräunen kann.
- Nach Erreichen des Garpunktes das Geflügel entnehmen.
- Überschüssiges Fett behutsam vom Bratsatz abgießen.
- Sauce passieren, noch einmal aufkochen und mit angerührter Stärke leicht binden.

Dunkles Hausgeflügel

Junge Gänse und Enten werden wie das helle Geflügel gebraten.

Gänse und Enten mit größerem Gewicht, die auch fetter sind, setzt man mit Wasser an. Damit das Fett besser austreten kann, werden die Fettpolster an den Oberschenkeln und an den Flügelpartien mit einer starken Bindenadel mehrfach durchstochen. Später, wenn das Wasser verdampft ist, wird das Geflügel in dem eigenen Fett fertiggebraten.

Die Haut von Gänsen und Enten wird knuspriger, wenn man während der letzten Minuten die Ofentemperatur verstärkt und die Haut mit Salzwasser bestreicht.

Gänsefett ist beliebt, es wird zum Zubereiten derber Gemüse (Bohnenkerne, Kohl- und Rübenarten) verwendet und als Brotaufstrich gern genommen.

Arbeitsfolge

- Geflügel innen und außen salzen und pfeffern.
- Den Boden eines Bratgeschirrs, das der Größe des Geflügels entspricht, mit Wasser bedecken.
- Geflügel auf die Keulenseite einlegen, aufkochen und mit dem kochenden Wasser begießen.
- Geschirr in einen vorgeheizten Ofen schieben und das Garverfahren bei 220 °C beginnen.
- Geflügel wenden, mit dem ausgetretenen Fett begießen und den Bratvorgang bei 180 °C fortsetzen.
- Evtl. einen Teil des ausgetretenen Fettes abschöpfen. Röstgemüse zum Mitbräunen um das Geflügel streuen.
- Gegartes Geflügel auf den Rücken legen, Ofentemperatur bzw. Oberhitze stark erhöhen und zur Krustenbildung mehrmals mit Salzwasser bestreichen.
- Bratgut aus dem Geschirr nehmen, das Fett abgießen. Den Bratsatz mit Kalbsjus auffüllen und kochen, bis er sich völlig gelöst hat.
- Geflügelsauce passieren und mit angerührter Stärke leicht binden.

Zubereitungsarten

Gänse

Chipolata
Chipolata — **Chipolata**

Garnitur: braunglasierte Perlzwiebeln, glasierte Maronen, glasierte Karotten, Chipolatawürstchen.

Beilagen:
Nußkartoffeln, Waldorfsalat

aux pommes farcies
mit gefüllten Äpfeln — **with stuffed apples**

Garnitur: kleine gebratene Apfelhälften gefüllt mit Orangenmarmelade, bestreut mit gerösteten Walnußkernen.

Beilagen:
Rotkraut, Kartoffelklöße

à la suédoise
nach schwedischer Art — **swedish style**

Garnitur: Butterkrüstchen; Apfelsauce.

Beilagen:
gebackene Schwarzwurzeln, Schmelzkartoffeln

Enten

à l'orange
mit Orangen — **with orange**

Garnitur: Orangenfilets, gegarte Streifchen von Orangenschale; Sauce mit Orangensaft verkocht, vollendet mit Grand Marnier.

Beilagen:
gedünsteter Chicorée, Lorettekartoffeln

aux pêches
mit Pfirsichen — **with peaches**

Garnitur: abgezogene, gedünstete Pfirsichhälften; Sauce mit Pfirsichsaft verkocht, abgeschmeckt mit Maraschino und Zitronensaft.

Beilagen:
braisierter Staudensellerie, Mandelkartoffeln

Füllen von Geflügel

In der Regel werden ganzes Geflügel oder Geflügelteile vor dem Füllen ausgebeint oder hohl ausgelöst. Geflügel kann aber auch gefüllt werden, ohne ausgebeint zu sein.

Die Füllung gibt man dann in den Hohlraum und unter die Hals-Brust-Haut, wo sich der Kropf befand. Da sich die meisten Füllungen beim Garen ausdehnen, darf das Geflügel nicht zu prall gefüllt werden. Nach dem Füllen wird das Gelfügel vorsichtig gebunden. Die Bauchöffnung wird zugenäht.

Als Füllungen verwendet man z. B.:

▷ rohe Äpfel,
▷ Semmelknödelmasse, vermischt mit frischen Preiselbeeren, geschälten Maronen oder Pilzen oder Nüssen,
▷ Farcen aus Geflügelleber oder Geflügelfleisch,
▷ Brotfüllung mit Gemüsen wie Sellerie, Lauch, Kräuter.

Braten in der Pfanne

Zum Braten in der Pfanne wird nur zartes Geflügelfleisch verwendet.

Ganze Brusthälften kleineren Geflügels, Steaks oder Schnitzel von Fleischputen oder geschnetzeltes Geflügelfleisch (Streifchen, Scheibchen) behandelt man wie das helle Kurzbratfleisch der Schlachttiere. Die Geflügelteile können naturell oder paniert zubereitet werden.

2.6 Fritieren von Geflügel

Das Fritieren oder Backen in Fett schwimmend ist nur für junges, zerteiltes Geflügel geeignet. Die Stücke werden vorwiegend paniert, aber auch in Ausbackteig getaucht und dann im vorgeheizten Fettbad gebacken.

Fett-Temperatur für

- flache Geflügelteile 170 bis 180 °C,
- dickere Geflügelteile etwa 160 °C.

Unter 150 °C darf die Temperatur nicht absinken, weil das Backgut sonst zuviel Fett aufnimmt und die Qualität wie auch die gesundheitliche Verträglichkeit beeinträchtigt würden.

Über 180 °C sollte das Fett nicht erhitzt werden, weil es sich sonst zu rasch zersetzt. Das Backgut würde rasch bräunen, ohne gar zu sein.

Garpunkt

Der Garpunkt ist erreicht, wenn die Geflügelteile an der Oberfläche schwimmen.

Das fritierte Geflügel darf nicht abgedeckt werden, denn sonst durchweicht die Backkruste und Aroma und Geschmack gehen verloren.

Fritiertes Geflügel ist zum direkten Verzehr bestimmt.

Poulet frit

Gebackenes Hähnchen **Fried chicken**

Vorbereitete Hähnchenteile mit Salz, Paprika und Zitronensaft würzen. In Mehl und Ei wenden und geriebenes Weißbrot (Mie de pain) andrücken. In der Friteuse bei 160 °C ausbacken.

Gebackene Hähnchenteile auf saugfähiger Unterlage (Küchenkrepp) abtropfen lassen. Offen auf Serviette oder Papierdeckchen anrichten, mit Kresse oder gebackener Petersilie und Zitronenstücken garnieren und unverzüglich servieren.

Beilage: Salate der Saison

Fritot de poulet

Gebackene Hühnerbrüstchen **Fried breast of chicken**

Ausgelöste Hähnchenbrusthälften mit schräggeführtem Schnitt teilen. Mit Zitronensaft, Kräutern und einigen Tropfen Öl marinieren. Danach salzen und pfeffern, in Mehl wenden, durch Ausbackteig ziehen und direkt in das auf 180 °C erhitzte Fettbad legen.

Gebackene Hühnerbrüstchen weiterbehandeln und anrichten wie das obige Backhähnchen.

Beilage: Tomatensauce und Blattsalate

2.7 Grillen von Geflügel

Geflügelfleisch wird beim Grillen leicht trocken, deshalb ist beim Zubereiten besondere Sorgfalt erforderlich. Legt man es vor dem Grillen in eine Kurzmarinade, die auf der Grundlage von Öl mit Würzzutaten kombiniert ist, so bleibt die Saftigkeit des Geflügels besser erhalten.

Als Grillgeräte kommen die Grill- oder Griddleplatte und der Holzkohlengrill für Geflügelteile oder entsprechend vorbereitetes Geflügel zur Anwendung. Ganzes Geflügel bereitet man am Spieß in einem Drehgrill zu.

Das zum Grillen vorbereitete und marinierte Geflügel wird gesalzen und gepfeffert und auf den heißen, geölten Grillrost gelegt. Während des Garens ist das Geflügel mit der übrigen Marinade mehrmals zu bestreichen und zu wenden. Das Einbrennen des Grillkaros entsteht, wenn das Geflügel beim Wenden mit einer Drehung von 45 Grad wieder auf den heißen Grillrost gerät.

Zubereitungsarten

à l'américaine

auf amerikanische Art **americain style**

Garnitur: gebratene Speckscheiben, gebratene Tomaten, Kräuterbutter.

Beilagen: Stroh- oder Chipskartoffeln; römischer Salat mit Grapefruitfilets

à la diable

nach Teufelsart **Devil style**

Geflügel mit in Weißwein angerührtem Senfpulver bestreichen, geriebene Weißbrotkrumen andrücken und grillen.

Garnitur: Brunnenkresse; Teufelssauce.

Beilagen: Streichholz- oder Waffelkartoffeln; gebackene Gemüse oder grüne Bohnen

3 Zubereiten von Wildgeflügel

Wildgeflügel muß wie das frische Schlachtfleisch vor der Verarbeitung erst abhängen, damit sich der Wildgeschmack (Hautgout) entwickelt.

Das garfertige Wildgeflügel (Federwild) wird vorwiegend im ganzen zubereitet. Je nach dem Alter des Wildgeflügels werden unterschiedliche Garverfahren angewandt.

Garpunkt

Die am häufigsten gewünschte Zubereitungsart des jungen Wildgeflügels ist das Braten. Der Geschmack ist am feinsten, wenn das gebratene Fleisch am Knochen noch zartrosa ist.

Der Garpunkt wird an den muskulösen Keulen festgestellt.

- ▷ **Junges Wildgeflügel** hat den Garpunkt erreicht, wenn bei der Tellerprobe der abtropfende Saft rosafarben ist.
- ▷ **Älteres Wildgeflügel** ist gar, wenn die Keulen beim Anstechen weich sind.

Kochen kommt nur für altes Wildgeflügel zur Anwendung. Es wird zuvor rundum braun angebraten und meist in Suppen und Brühen zu deren Geschmacksprägung mitgekocht (Kraftbrühe mit Rebhuhnessenz, Fasanensuppe, Linsen mit Rebhuhn).

3.1 Schmoren von Wildgeflügel

Mürbe und Geschmack älteren Wildgeflügels können durch Marinaden positiv beeinflußt werden. Beim Schmoren entstehen gute Saucen, geringwertig ist dagegen das etwas trockene, strähnige Fleisch. Alte Wildenten sind tranig, vor der Verwendung müßten sie abgebalgt und zur Neutralisierung des Geschmacks eine Zeitlang in Milch gelegt werden.

Faisan braisé

Geschmorter Fasan **Braised faisan**

Einen alten, garfertigen Fasan salzen und pfeffern. In einem Schmortopf Fett heißmachen, den Fasan hineinlegen und allseitig braun anbraten. Röstgemüse und einige gequetschte Wacholderbeeren beifügen. Wenn das Gemüse Farbe genommen hat, mit Rotwein ablöschen. Flüssigkeit einkochen, bis das Gemüse glänzt. Große braune Brühe oder Wildbrühe auffüllen, daß der angebratene Fasan zu einem Drittel darin liegt. Inhalt aufkochen, ein Kräutersträußchen dazulegen und den Topf verschließen. Bei mäßiger Wärmezufuhr und gelegentlichem Wenden den Fasan weichschmoren.

Fasan entnehmen, Schnüre entfernen und bedeckt warmhalten. Sauce abfetten, passieren, zur erforderlichen Menge einkochen und leicht mit in Rotwein angerührter Stärke binden.

Fasan in Brustteile und Keulen zerlegen, Knochen bis auf die Schenkelknochen und Flügelstummel entfernen. Die Fleischteile in eine Servierkasserolle legen und leicht saucieren. Übrige Sauce separat reichen.

Beilagen:
glasierte Maronen, gebratene kleine Champignons und glasierte Perlzwiebeln; Kartoffelpüree oder Kartoffelkroketten.

3.2 Braten von Wildgeflügel

Gebratenes Wildgeflügel, das im ganzen serviert wird, kann als Standunterlage einen Croûton erhalten. Dicke, rechteckige, in der Mitte keilförmig eingeschnittene Weißbrotscheiben röstet man in der Bratbutter des jeweils gegarten Wildgeflügels. Die Croûtons, in die auch der Saft des auf ihnen ruhenden Wildgeflügels dringt, werden mit verspeist. Zum Kurzbraten verwendet man meist nur die Brustfilets.

Perdreau rôti

Junges Rebhuhn, gebraten **Roast Pertridge**

Bratfertige Rebhühner salzen und pfeffern. In einem Bratgeschirr Butter erhitzen. Rebhühner einlegen und auf den Keulenseiten braun anbraten. Kleine Zwiebelwürfel und einige Wacholderbeeren in das Bratgeschirr streuen. Bratvorgang im Ofen fortsetzen und unter mehrmaligem Wenden und Begießen der Rebhühner mit dem Bratfett zu Ende führen.

Schnüre und Reste des Bardierspecks abnehmen und die Rebhühner warmhalten. Bratbutter vom Bratsatz in eine Pfanne abgießen. Den Bratsatz mit Kalbsjus loskochen, zur gewünschten Menge reduzieren und durchsieben. In der Bratbutter Croûtons rösten.

Rebhühner mit dem Rücken auf die Croûtons stellen und mit Speckstreifchen bestreuen. Rebhuhnjus gesondert reichen.

Bratzeit: 15 bis 20 Min.

Beilagen:

Apfelrotkraut, Champagnerkraut oder Pfifferlinge mit Kräutern; Schaum-, Schmelz- oder Dauphinekartoffeln.

Faisan à la vingeronne

Junger Fasan Winzerinart

Faisan Wine-grower's-style

Fasane werden wie Rebhühner gebraten. Der entfettete Bratsatz ist mit Wildsauce aufzufüllen, etwas einzukochen und mit saurer Sahne zu ergänzen. Nach dem Passieren wird die Sahnesauce mit frisch gemahlenem Pfeffer, Zitronensaft sowie einigen Butterstückchen vollendet und darf dann nicht mehr kochen. Den von Bindfäden befreiten Fasan auf einen Croûton legen und anrichten. Entkernte, in Butter erhitzte Weinbeeren und knusprig gebratene Speckrauten bilden die Garnitur. Die Sahnesauce reicht man separat.

Bratzeit: 25 bis 35 Min.

Beilagen:

Weinsauerkraut und Kartoffelpüree

Canard sauvage rôti à l'ananas

Gebratene Wildente mit Ananas

Roast duck

Garfertige Wildenten salzen, in heiße Butter legen, auf beiden Seiten anbraten und im vorgeheizten Ofen weiterbraten. Nach halber Gardauer Zwiebel- und Möhrenwürfel (2:1) und einige zerdrückte Pfefferkörner in das Bratgeschirr geben und mitbräunen.

Die rosa gebratenen Wildenten auf ein Gitter mit Tropfblech legen. Fett aus dem Bratgeschirr gießen, Bratsatz mit Portwein ablöschen.

Kalbsjus und etwas Ananassaft beifügen und auf das erforderliche Maß einkochen. Sauce mit in Portwein angerührter Stärke leicht binden, durch ein Sieb gießen und den abgetropften Fleischsaft dazugeben.

Enten in Brusthälften und Keulen zerlegen, Knochen entfernen. Entenfleisch anrichten und mit halben in Butter gebratenen Ananasscheiben umlegen. Zubereitung im Ofen nochmal erhitzen. Wildentensauce gesondert reichen.

Bratzeit: 25 bis 30 Min.

Beilagen:

gedünsteter Chicorée und Bernykartoffeln

Fische

1 Vorbereiten

1.1 Rundfische

Schuppen und Ausnehmen

Die meisten Fische, die man mit der Haut zubereitet und serviert, werden geschuppt. Zunächst sind die Rücken-, Bauch- und Brustflossen abzuschneiden. Danach werden mit dem Fischschupper vom Schwanz zum Kopf hin die Schuppen entfernt. Fische, die zum Blau-Zubereiten bestimmt sind oder deren Haut man nach dem Kochen abzieht, werden nicht geschuppt. Haut mit Schuppen läßt sich leichter entfernen.

Zum Ausnehmen schneidet man den Bauch vom Darmaustritt zum Kopf hin auf. Die Eingeweide werden entnommen sowie die dicht unter der Wirbelsäule liegende, von dünner Haut eingeschlossene Niere: ein rotbraunes, schmales. langgestrecktes Organ. Danach ist der Fisch gründlich zu waschen. Rogen und Milcher von Karpfen werden vom Blut gereinigt und mitverwendet.

Ziselieren von Portionsfischen

Flossenfreie, geschuppte Fische, die gebraten, gegrillt oder gebacken werden, erhalten rechts und links in das dicke Rückenfleisch leichte Einschnitte (werden ziseliert).

Dadurch wird die Würzung gefördert; auch dringt die Hitze an den dicken Stellen leichter nach innen und der Fisch wird gar, ohne an den dünnen Bauchseiten zu trocken zu sein.

Auslösen

Zur vollen wirtschaftlichen Ausnutzung ist zunächst der Kopf mit zwei schrägen Schnitten entlang der Kiemenknochen keilförmig abzutrennen. Nach dem Entfernen der Flossen ist der Fisch auszunehmen und zu waschen.

Vom Rücken aus beginnend, führt man das Messer dicht an der Gräte entlang und schneidet die Filets so vorsichtig ab, daß sie unbeschädigt bleiben.

Die ausgelösten Gräten, namentlich von Hecht und Zander, sind für den Bedarf an Fischbrühe aufzubewahren.

Abhäuten der Filets

Das Filet legt man mit der Hautseite flach auf das Brett. Am Schwanzende wird zwischen Haut und Filetfleisch ein kleiner Einschnitt angebracht, um die Haut zu fassen und das Filet mit einem Messer dicht an ihr abzulösen. Die Filets können dann mit leicht schräg geführtem Schnitt in die festgelegte Portionsgröße zerteilt werden.

Bei großen Fischfilets wird zunächst die Filetspitze portioniert. Damit die folgenden Portionen nicht so schmal ausfallen, teilt man das breite Filetstück durch einen Längsschnitt, genau in der Mitte, und portioniert dann diese zwei Filetteile.

Präparieren zum Füllen

Zum Füllen eignen sich besonders Zander, Hecht und Forellen.

Den flossenfreien, geschuppten Fischen sind die Kiemen und die Augen zu entnehmen.

Der Fisch wird vom Rücken aus geöffnet. Zu beiden Seiten des Rückgrats führt man das Messer genau an der Gräte entlang. Das Grätengerüst wird vollständig ausgelöst und dicht am Kopf und nahe des Schwanzendes abgetrennt.

Die freiliegenden Eingeweide sind nun von der geöffneten Rückenseite zu entnehmen. Nach gründlichem Waschen wird der Fisch innen und außen mit einem Tuch trockengetupft. Der Hohlraum des Fisches ist zu würzen (Pfeffer und Kräuter) und mit einer vorbereiteten Füllung (Fischfarce) zu versehen. Durch leichtes Zusammendrücken formt man den Fisch zur ursprünglichen Gestalt und umbindet ihn mehrmals mit einer Schnur, damit er während des Garens Form behält.

Kleinere Fische (Forellen, Schleie, Felchen) umhüllt man nach dem Füllen mit gebutterter Alufolie und gart sie vorsichtig darin.

Große Fische, wie der abgebildete Zander, werden in einem Fischkocher gegart. Der Einsatz dieses Geschirrs ist mit Butter zu bestreichen und der Fisch mit der Bauchseite daraufzulegen.

Kleine Fische gart man auf der Seite liegend in flachen, mit Butter ausgestrichenen Geschirren.

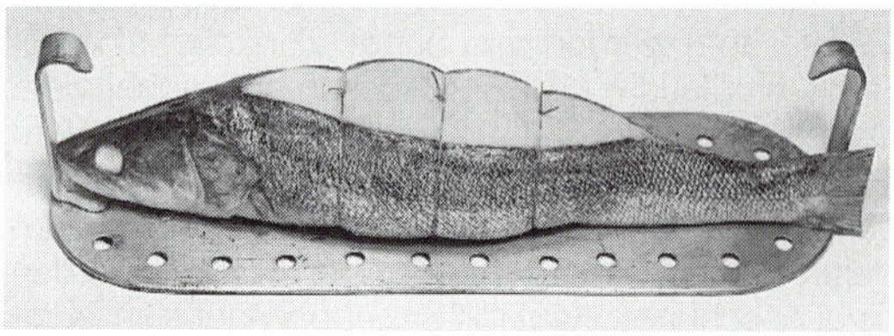

Behandeln zum Blausieden

Fische zum Blausieden dürfen erst kurz vor der Verwendung gefangen, durch einen Schlag auf den Kopf getötet und nicht geschuppt werden. Der Fisch wird auf einer nassen Fläche geöffnet, ausgenommen und unter fließendem Wasser gewaschen, damit der den Fischen anhaftende Schleim erhalten bleibt. Der Schleim bewirkt das Blauwerden. Schleien wird das Rückgrat durchstochen; damit verhindert man, daß der Fisch beim Einlegen ins kochende Wasser durch eine Reflexbewegung wieder aus dem Topf gerät.

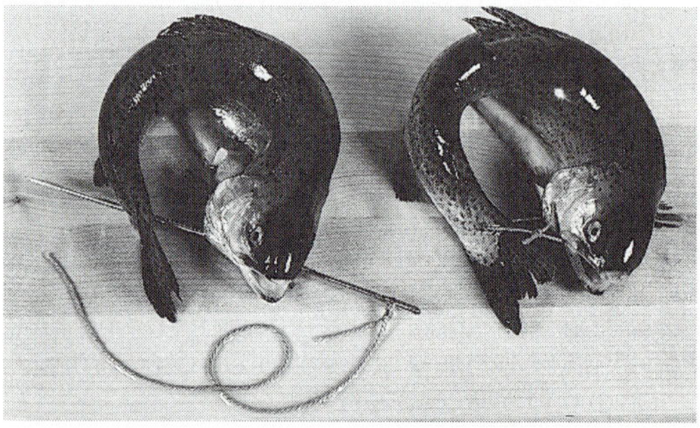

Portionsfische, wie z. B. Forellen oder Schleie, können vor dem Garziehen gebunden werden. Karpfen, die größer sind, spaltet man der Länge nach und zerteilt die Fischhälften in Portionsstücke mit vorgesehenem Gewicht.

Behandeln von Aalen

Der gefangene Aal wird durch kräftiges Prellen betäubt. Dazu packt man den schlüpfrigen Körper am besten mit einem Tuch und wirft ihn zu Boden.

Danach legt man den Aal auf den Rücken und bestreut ihn mit Salz zur besseren Handhabung. Unmittelbar hinter den zwei Halsflossen wird der Aal mit einem Schnitt bis durch das Rückgrat getötet.

Den Kopf dreht man nun vorsichtig vom Körper und löst dabei gleichzeitig die Haut vom Rumpf. Das freigelegte Aalstück wird erfaßt, die Aalhaut restlos vom Körper gestreift und der Flossensaum mit einer Schere entfernt.

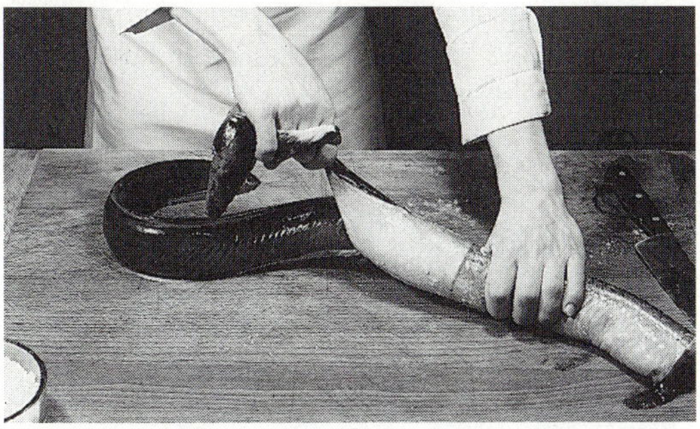

Beim Portionieren wird das vordere Stück eine Handbreit abgeschnitten, um die Innereien mit einem Holzlöffelstiel vorsichtig herausschieben zu können, ohne die verhältnismäßig große Galle zu verletzen. Nach dem Zerteilen sind die Aalstücke gründlich zu waschen. Kleine Aale werden nicht abgezogen. Der anhaftende Schleim ist mit Salz abzureiben, dann entfernt man Kopf und Flossen, teilt den Aal in Stücke und wäscht diese.

Aalstücke sind zum Entbluten kurze Zeit zu wässern.

1.2 Plattfische

Abziehen der Haut

Rotzungen und **Schollen** zieht man die Haut vom Kopf zum Schwanz hin ab.

Dazu wird am Übergang vom Kopf zum Rücken die Haut mit einem spitzen Messer leicht eingeschnitten, vorsichtig abgelöst und zum Schwanz hin abgezogen.

Bei der Verwendung von Salz wird die Haut griffiger.

Die helle, zarte Haut der Unterseite kann an den Fischen verbleiben, wenn sie zum Braten oder Fritieren bestimmt sind. Die feinen Schuppen werden mit einem Messer abgeschabt.

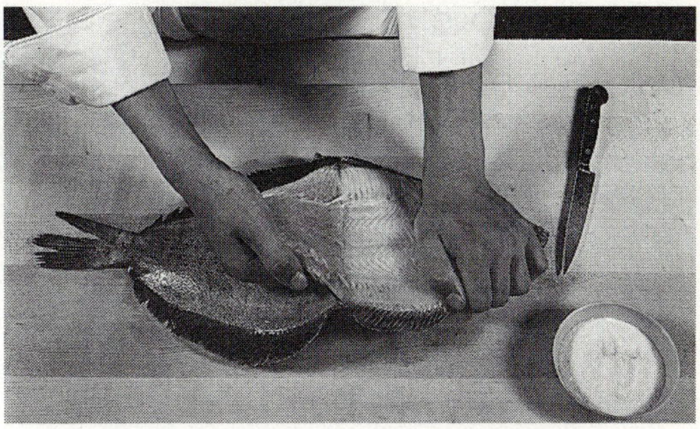

Seezungen zieht man die Haut in entgegengesetzter Richtung, also vom Schwanz zum Kopf hin ab.

Die Schwanzflosse wird gestutzt. Mit einem Messer ist die Haut soweit zurückzudrücken, daß man sie zum Abziehen greifen kann. Auch hier erleichtert die Anwendung von Salz das Arbeiten.

Da die Haut von Seezungen äußerst derb und fest ist, werden sie immer abgezogen zubereitet.

Portionsfische im ganzen

Für diese Zubereitung wird der Kopf mit einem runden Schnitt vom Körper getrennt. Die Flossensäume sind zu entfernen. An der Bauchseite wird dabei gleichzeitig der schmale Eingeweidekanal mit abgenommen. Die Fische erhalten längs durch die Mitte einen Einschnitt. Damit legt man die Wirbelknochen frei, und die Filets lassen sich nach dem Garen leichter abnehmen.

Seezunge Colbert ist eine spezielle Zubereitung. Hierzu werden die Filets auf einer Seite, vom Rückgrat ausgehend, von den Gräten soweit gelöst, daß sie am Kopf- und Schwanzende und an den Außenpartien noch verbunden sind. Dann werden sie seitlich zurückgelegt. Der Fisch wird paniert und fritiert. Nach dem Backen läßt sich die Gräte dann leicht herausnehmen. In den grätenfreien Mittelraum legt man Scheiben von Colbertbutter.

Auslösen und Formen der Filets

Der vorbereitete Fisch erhält längs durch die Mitte einen Einschnitt. Von hier aus werden die Filets unbeschädigt dicht an den Gräten ausgelöst. Die feinen Bindegewebe auf der Hautseite der Filets ziehen sich bei Wärme zusammen und wölben die Filets.

Deshalb wird beim Füllen und Formen die Grätenseite immer zuerst in das heiße Fett gelegt.

Darum liegt beim Füllen und Formen die Grätenseite immer außen.

Behandlung zum Braten und Grillen:

- ▷ Hautseite eingeritzt, leicht plattiert.

Behandlung zum Dünsten:

- ▷ leicht plattiert und geklappt,
- ▷ Filetspitze durch angebrachten Einschnitt gesteckt,
- ▷ um Spargelspitzen geschlungen,
- ▷ halb mit Farce bestrichen, andere Hälfte daraufgeklappt,
- ▷ zu Röllchen geformt,
- ▷ mit Farce bestrichen, zu Röllchen geformt,
- ▷ um gefettete Förmchen gelegt, zum Füllen nach dem Dünsten.

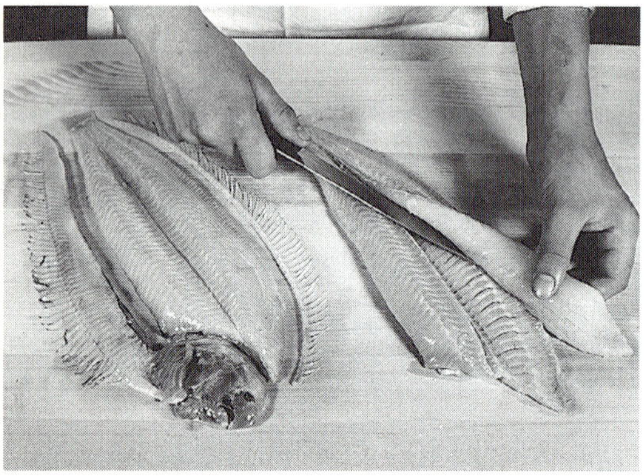

1.3 Große Plattfische

Große Plattfische, wie Steinbutt, Glattbutt (auch Kleiss oder Tarbutt genannt) und Heilbutt, sind zum Kochen und Grillen mit der Haut und den Gräten in gleich schwere Scheiben zu schneiden.

Zum Braten, besonders aber zum Dünsten werden sie jedoch meist wie Seezungen ausgelöst, aber dann erst gehäutet und portioniert.

Portionieren von Steinbutt

Beim Steinbutt wird zur rationellen Aufteilung zunächst auf der (weißen) Blindseite, genau entlang der Wirbelsäule, ein Einschnitt gemacht und die Schwanzflosse halbiert. Man faßt die linke Seite der Schwanzflosse und hebt das Schwanzstück des Fisches an, um so mit steilgeführtem starken Tranchiermesser den Steinbutt zu spalten. Dabei wird die Mitte der Wirbelknochen bis zum Kopf hin durchgeschlagen und der Rücken unmittelbar am Kopf quer abgetrennt.

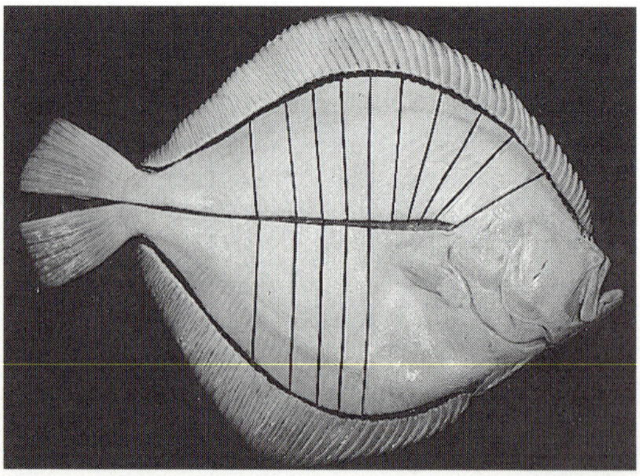

Die Bauchseite ist im rechten Winkel zur gespalteten Wirbelsäule an der ersten (von außen ertastbaren) Quergräte abzuschneiden. Danach entfernt man die Flossensäume und tranchiert beide Seiten in festgelegte Portionsstücke, wie es die Abbildung zeigt.

Portionieren von Heilbutt

Der Heilbutt ist schlanker. Seine rationelle Aufteilung erfolgt deshalb etwas anders. Zuerst entfernt man die Flossensäume und den Kopf mit den Bauchlappen und trennt die Schwanzflosse ab.

Vom Schwanz beginnend ist etwa ein Viertel des Fisches quer in Scheiben zu teilen, die dem gewünschten Gewicht entsprechen. Danach wird durch einen Längseinschnitt die genaue Mitte der

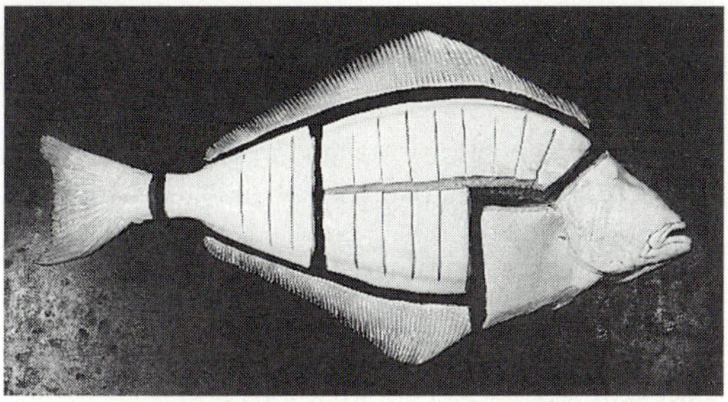

Wirbelsäule markiert und der Heilbutt auf die Schnittfläche gestellt. Entlang der Markierung ist nun der aufrechtstehende Fisch zu spalten und die beiden Stücke sind dann in Scheiben zu schneiden.

- ▷ **Bauchlappen** großer Plattfische eignen sich zu Ragout oder für Spießchen.
- ▷ **Gräten** ausgelöster Fische, namentlich von Hecht, Zander, Seezunge, Steinbutt und Heilbutt, sind für Fischbrühe (Fond de poisson) zu verwerten. Aus den Fischköpfen werden zuvor die Kiemen und Augen entfernt.

Bedarfsmenge garfertiger Fische je Vorgericht	
Fischfilets	75 g
Rundfische im ganzen mit Kopf	135 g
Plattfische im ganzen ohne Kopf	120 g
Fischscheiben	100–120 g

Bedarfsmenge garfertiger Fische je Hauptgericht	
Fischfilets	150 g
Rundfische im ganzen mit Kopf	225 g
Plattfische im ganzen ohne Kopf	210 g
Fischscheiben	220–240 g

2 Zubereiten

Für die nachfolgenden Zubereitungen kann man alle entsprechend vorbereiteten Fische verwenden. Zum Grillen eignen sich jedoch am besten festfleischige, kleine, ganze Fische oder Scheiben von festfleischigen, großen Fischen mit Gräten und Haut.

Die Neue Küche hat eine besondere Art der Zubereitung. Fischfilet wird von einer Seite kurz angebraten oder angedünstet. Dann bestreicht man die Oberfläche mit Butter und gart im Salamander auf den Punkt.

2.1 Garziehen der Fische

Fischsud — *Court-bouillon* — **Fishstock**

Für Seefische verwendet man auf 5 l Wasser 100 g Salz.

Bei Flußfischen sind noch zusätzlich 2 geschnittene Zwiebeln, 10 zerdrückte Pfefferkörner und gebündelte Petersilienstiele in den Sud zu geben.

Damit der Eigengeschmack der Fische nicht überdeckt wird, sollte für das Garziehen allgemein gelten: Je feiner der Fisch, desto weniger Würzstoffe!

Für das Blau-Zubereiten wird dem Wasser nur Salz zugesetzt.

Große Fische, die im ganzen zu garen sind, werden in kaltem Sud aufgesetzt. Die Wärme kann dann nach und nach eindringen, und der Fisch wird gar ohne abzukochen. Sobald der Sud den Kochpunkt erreicht hat, mäßigt man die Hitze und läßt den Fisch nur noch ziehen. Die Garzeit beträgt je nach Art und Beschaffenheit je kg Fisch 15 bis 20 Min.

Kleine Fische und Portionsstücke von großen Fischen werden in den kochenden Sud gelegt. Das Garziehen erfolgt bei mäßiger Hitze, der Topf ist abzudecken.

Beim Blau-Zubereiten können die Fische zur Verstärkung der blauen Farbe mit Essig beträufelt werden.

Man gibt sie dann ohne den Essig in sprudelnd kochendes Salzwasser, stellt sie zum Garziehen sofort an die Seite des Herdes und deckt den Topf zu.

Tiefgekühlte Forellen sind vorbereitet verpackt und werden, ohne sie anzutauen, sofort in den kochenden Sud gelegt. Die Garzeit ist länger als bei frischen Forellen.

Durch Garziehen werden zubereitet

- ▷ Steinbutt, Heilbutt, Kabeljau, Schellfisch, Rot- oder Goldbarsch, Rochen;
- ▷ Zander, Lachs, Hecht.
- ▷ Blau zubereitet werden Forelle, Lachsforelle, Karpfen, Schleie.

Beilagen:

Zu allen gekochten Fischen werden Salzkartoffeln und Zitronenstücke gereicht.

Je nach Art ferner: frische Butter, zerlassene Butter, braune Butter, Senfbutter, Zwiebelbutter, geschlagene Butter, gelegentlich auch Trüffelbutter;

Holländische Sauce, Schaumsauce, Senfsauce, Kräutersauce, Krebs- oder Hummersauce oder Sahnemeerrettich.

Bei Verwendung von dunkelbrauner, mit Essig abgeschreckter Butter (Beurre noire), z. B. zu Rochen, wird sie gleich über den gekochten, abgezogenen Fisch gegossen. Der Erhitzungsgrad gibt der Butter und somit dem Fisch den besonderen Geschmack.

2.2 Dämpfen der Fische

Fische, die gedämpft werden, muß man vorher salzen, weil der Fisch nicht unmittelbar mit der Flüssigkeit in Berührung kommt. Gemüse oder Gewürze können jedoch in das Wasser gelegt werden, denn die ätherischen Öle steigen mit dem Dampf nach oben.

Das Dämpfen geschieht in speziellen Geschirren mit Siebeinsatz und gut schließendem Deckel. Der Siebeinsatz befindet sich über dem kochenden Sud. Im aufsteigenden Dampf wird der Fisch gar. Die Garzeit beim Dämpfen ist minimal länger als beim Garziehen.

Beim Dämpfen ist das Auslaugen geringer, dadurch bleiben die Inhaltsstoffe besser erhalten, Nährwert und Geschmack der Fische werden geschont. Darum ist Dämpfen besonders für Diät geeignet.

Durch Dämpfen werden zubereitet

Alle Fische, die sich durch Garziehen zubereiten lassen, sind auch zum Dämpfen geeignet.

Beilagen:

Für gedämpfte Fische kommen die gleichen Beilagen in Betracht wie für Fische zum Garziehen.

2.3 Dünsten der Fische

Das Dünsten geschieht in säurebeständigen Geschirren. Der Boden wird mit Butter oder Margarine ausgestrichen und mit feingehackten Schalotten bestreut. Darauf ist der vorbereitete Fisch zu ordnen, leicht zu salzen und zu beträufeln mit

- ▷ Wein und Fischfond oder
- ▷ Wein und Champignonfond oder
- ▷ Zitronensaft und Fischfond.

Dadurch haftet der Fisch nicht an, und sein Geschmack wird verfeinert.

Um ein Betrocknen des Dünstgutes zu verhindern, deckt man die ganze Oberfläche mit gefettetem Pergamentpapier oder Folie ab. Denn es liegt nur einseitig in wenig Flüssigkeit und kann im aufsteigenden Dunst dann auch gleichmäßig garen.

Der Fisch wird nun an den Siedepunkt gebracht und im sich bildenden eigenen Saft auf dem Herd oder im Ofen fertiggedünstet.

Beim Garen ist die Wärmezufuhr genau zu regulieren. Zu starke Hitzeeinwirkung läßt den Fond schnell verdunsten; der Fisch brennt an.

Der Dünstfond ist Grundbestandteil der Saucenbereitung. Er wird durch Einkochen konzentriert und vermittelt der zugesetzten Fischsauce (Velouté de poisson) den Eigengeschmack der Zubereitung.

Überbacken (Gratinieren) gedünsteter Fische

Zum Überbacken werden die gedünsteten Fische in flachen Geschirren angerichtet, mit der Sauce übergossen und darin bei starker Oberhitze überbacken (gratiniert). Dadurch wird ein besonderer Geschmack erreicht. Für diese Art der Zubereitung kommen neben weißen gelegentlich auch braune Fischsaucen in Betracht.

Weißen Fischsaucen kann man kurz vor dem Überbacken ein Löffelchen geschlagener Sahne beigeben. Sie bräunen dann gleichmäßiger und schneller, und die Gefahr des Gerinnens wird vermindert.

Braune Fischsaucen setzen sich aus dem Dünstfond der Fische, brauner Kraftsauce (Demiglace) und gehackten, mit Schalotten angeschwitzten Pilzen (Duxelles) zusammen. Sie werden auf das erforderliche Maß an Konsistenz und Geschmack eingekocht und mit Butterflocken und gehackter Petersilie vollendet.

Zur Bildung der braunen Backschicht wird der saucierte Fisch mit frischgeriebener Weißbrotkrume bestreut und mit zerlaufener Butter beträufelt.

Durch Dünsten werden zubereitet

- ▷ Haut- und grätenlose Filets aller Fische im ganzen oder portioniert;
- ▷ ganze Fische kleiner Arten, z. B. Forelle, Schleie;
- ▷ große ganze Fische oder Teile davon, z. B. Lachsmittelstück, Steinbuttrücken;
- ▷ Fischscheiben mit Gräte, z. B. von Heilbutt, Glattbutt, Lachs.

Fische oder Fischfilets können auch mit Farce gefüllt werden, z. B. Fisch-, Krustentier-, Pilz- oder Kräuterfarce.

Plattfischfilets, die um runde Hülsen oder Möhrenstücke (Ø ca. 3 cm) gelegt wurden, füllt man nach dem Dünsten. In den entstandenen Hohlraum der von den Hülsen gestreiften Filets füllt man z. B. feine Ragouts mit Krustentier- oder Schalentierfleisch.

Beilagen:

Zu gedünsteten Fischen eignen sich Salzkartoffeln, Petersilienkartoffeln oder Reis.

Für Sonderessen reicht man auch Trüffelreis oder nur Blätterteighalbmonde.

Anrichteweisen

à la diplomate
nach Diplomatenart — **Diplomat style**

Mit Diplomatensauce übergießen und mit Trüffelscheiben dekorieren.

Dugléré
Dugléré — **Dugléré**

Tomatenfleischstückchen (tomates concassées) mit Knoblauchsalz würzen, in Butter anschwitzen, mit gehackter Petersilie bestreuen und über den Fisch geben. Mit Weißweinsauce bedecken.

aux fines herbes
mit feinen Kräutern — **with herbs**

Frisch gehackte Kräuter: Kerbel, Estragon, Dill und Petersilie, unter die fertige Weißweinsauce rühren und über den Fisch gießen.

Mornay
Mornay — **Mornay**

Den eingekochten Fischdünstfond unter Mornaysauce ziehen. Den Fisch saucieren, mit geriebenem Käse bestreuen und überbacken.

Marguery
Marguery — **Marguery**

Den Fisch mit gedünsteten Muscheln und Krabbenschwänzen garnieren. Unter Verwendung von Muschelfond eine Weißweinsauce herstellen. Das Ganze saucieren und überbacken.

au gratin
überbacken — **gratinated**

Mit Champignonköpfen garnieren, mit brauner Fischsauce übergießen und mit Weißbrotkrume bestreuen. Dann zerlaufene Butter über den Fisch träufeln und gratinieren.

2.4 Braten der Fische

Zum Braten der Fische werden Stielpfannen (in Großbetrieben auch Kippbratpfannen) verwendet. Die Bodenfläche das Bratgeschirrs muß der Menge des eingelegten Fisches entsprechen.

Bei zu großen Pfannen tritt eine Überhitzung des freien Raumes ein, die Ränder des Bratgutes verbrennen.

In zu kleinen Pfannen sinkt die Temperatur des Bratgeschirrs zu stark, der Fisch kann nicht bräunen.

Zu Beginn muß das Bratfett eine hohe Temperatur haben, deshalb sind hitzestabiles Öl oder Fett (mit hohem Siedepunkt) am besten geeignet. Wasserhaltige Fette, wie Butter und Margarine, verbrennen. Sie gelangen erst zum Nachbraten bei geringeren Temperaturen zur Verwendung und erhöhen beim Bratfisch den feinen Geschmack der Kruste.

Vor dem Braten muß der Fisch völlig trocken sein. Er wird dann mit Zitrone beträufelt, gesalzen, in Mehl gewendet und in die mit dem Fett erhitzte Pfanne gelegt.

Durch ruckartige Rechts- oder Linksbewegung des Pfannenstiels bringt man den Pfanneninhalt zum Kreisen und erreicht so eine gleichmäßige Bräunung der Bratseiten.

Nasser Fisch vermindert die Brattemperatur und bräunt sehr ungleich. Außerdem kommt es durch die Feuchtigkeitsverdunstung zum Spritzen, wobei Fetteilchen hochgeschleudert werden, die zu Verbrennungen führen können.

Die Bratkruste entsteht durch das Gerinnen der Eiweißstoffe. Sie verhindert das Entweichen des Saftes und gibt dem gebratenen Fisch einen feinen Röstgeschmack.

Damit die schöne Kruste nicht zu dunkel wird, führt man den Bratvorgang bis zum Garsein bei mäßiger Hitze, etwa zwischen 100 und 110 °C, fort. Danach ist der Fisch auf ein Blech mit Gitter zu legen und warmzuhalten. Auf Verlangen wird er in einer Pfanne mit brauner Butter nachgebraten, angerichtet und mit der Butter begossen.

Durch Braten werden zubereitet:

- ▷ Filets aller Fische;
- ▷ kleine ganze Rundfische, z. B. Hering, Makrele, Merlan, Forelle, Felchen, Äsche, Saibling, Hecht, Barsch;
- ▷ kleine ganze Plattfische, wie Scholle, Flunder, Rotzunge, Seezunge;
- ▷ Scheiben von Heilbutt, Steinbutt, Glattbutt, Lachs, Kabeljau;
- ▷ Stücke von Aal und Karpfen.

Anrichteweisen

Arten		Behandlung	Fertigstellung
nach Müllerinart	*à la meunière* **meunière**	in Mehl wenden	gehackte Petersilie, Zitronensaft, braune Butter über den Fisch. Salzkartoffeln
Doria	*Doria* **Doria**	in Mehl wenden	wie Müllerinart; garniert mit in Butter gedünsteten, olivenförmigen Gurken
Murat	*Murat* **Murat**	in Mehl wenden	roh gebratene Kartoffelwürfel, angeschwitzte Artischocken- und Tomatenfleischstücke um den Fisch. Petersilie, Zitronensaft, braune Butter darüber
auf englische Art	*à l'anglaise* **english style**	in Mehl, Ei, Weißbrotkrume wenden	Kräuterbutter, Zitronensechstel, Salzkartoffeln
Saint-Germain	*Saint-Germain* **Saint germain**	in zerlaufener Butter und Weißbrotkrume wenden oder in Mehl, Ei und Weißbrotkrume wenden	Nußkartoffeln um den Fisch. Béarner Sauce, Zitronenstücke gesondert

2.5 Fritieren der Fische

Das Fritieren der Fische wird in der Elektro-Friteuse oder in einem hitzebeständigen Eisentopf mit hohen Rändern durchgeführt.

Als Fettbad kommen unvermischte Öle oder Pflanzenfette mit hohem Siedepunkt zur Anwendung.

Für ein einwandfreies Fritierergebnis sind entscheidend:

- ▷ die Temperatur des Fettes und
- ▷ die Menge des eingelegten Fritierguts.

Der Rauminhalt des Fettbades muß der Fischmenge entsprechen, die auf einmal fritiert wird. Bei überhöhter Backtemperatur bräunt der Fisch zu schnell und wird innen nicht gar. Ist die Temperatur zu niedrig, weicht die Außenschicht des Fritiergutes auf, saugt sich voll Fett, bräunt mangelhaft und wird unbekömmlich. Dasselbe tritt ein, wenn man zu viel Fisch gleichzeitig in die Friteuse legt und die Temperatur stark sinkt. Da sich keine Kruste bilden kann, tritt auch noch die Feuchtigkeit des Fisches aus und führt zum Überschäumen des Fettes.

Das Fettbad muß nach dem Fritieren passiert werden. Sonst verbrennen die abgefallenen Reste und haften als schwarze Punkte am neuen Fritiergut. Bei Elektro-Friteusen sinken die Absonderungen in eine Vertiefung (Kaltölzone) und sind wiederholtem Erhitzen entzogen.

Nach öfterem hohen Erhitzen zersetzt sich das Fritierfett, und es entstehen gesundheitsschädigende Produkte.

Merkmale:

- ▷ dunkle Verfärbung des Fettes,
- ▷ aufdringlicher, beißender Geruch.

Zum Fritieren ist das Fett dann ungeeignet und muß erneuert werden.

Alle vorbereiteten abgetropften Fische sind mit Zitrone zu beträufeln und zu würzen.

Backgut	Temperatur	Fritierzeit
kleine Fische	175 °C	3– 5 Min.
größere Fische	150–160 °C	8–10 Min.

Die gegarten Fische entnimmt man mit einem Fritürlöffel (Drahtlöffel) und läßt auf einer saugfähigen Unterlage das anhaftende Fett abtropfen.

Gebackene Fische sind sofort zu servieren. Durch Warmhalten würde die wohlschmeckende, rösche Kruste aufweichen und der Geschmack beeinträchtigt werden.

Durch Fritieren werden zubereitet

- ▷ Filets von Köhler, Kabeljau, Rotbarsch, Zander, Seezunge, Rotzunge und Scholle;
- ▷ kleine ganze Platt- und Rundfische wie Seezunge, Rotzunge, Flunder, Scholle, Merlan, Forelle, Hecht und Barsch.

Umhüllungen

frit, française
fritiert (franz. Art) **deep fried**

In gesalzene Milch tauchen und in Mehl oder Vollkornmehl wenden.

pané frit à l'anglaise
paniert fritiert **deep fried breaded**

In Mehl, Ei und frischer Weißbrotkrume wenden.

en fritot
mit Backteig fritiert **in batter**

In Backteig tauchen und direkt in heißes Backfett senken.

Pâte à frire
Ausbackteig **Frying batter**

Bedarf:

250 g	Mehl	2 Eigelb
0,2 l	Bier oder Weißwein	2 Eiweiß
40 g	Öl	
10 g	Zucker	
5 g	Salz	

Mehl in eine Schüssel sieben, Bier, Öl, Gewürze und Eigelb dazugeben. Rasch glattrühren, damit der Teig nicht zähe wird. Kurz vor der Verwendung zu Schnee geschlagenes Eiweiß unterheben.

Beilagen:

Zu fritierten Fischen reicht man Salzkartoffeln oder Kartoffelsalat und Zitronenstücke. Als Saucen kommen Ableitungen der Mayonnaise, ferner Choronsauce, Béarner Sauce und Buttermischungen in Betracht.

Zu Fischen in Backteig (Orly) reicht man Tomatensauce, jedoch keine Buttermischungen.

Eine schmackhafte Beilage ist fritierte Petersilie: Gewaschene, ganze, von den dicken Stengeln befreite Petersilie wird in Sekundenschnelle in der sehr heißen Friteuse fritiert und danach leicht gesalzen. – Petersilie verliert rasch die Feuchtigkeit und wird rösch. Zu lange fritiert, sieht sie schwarz aus und schmeckt bitter.

2.6 Grillen der Fische

Durch Grillen lassen sich Fische besonders schmackhaft und fettarm zubereiten. Neben dem kulinarischen Wert liegt die Bedeutung des Grillens also auch in der Diätetik. Die starke Hitze wirkt schockartig auf den Fisch, die Schnittflächen (Randschichten) werden sofort geschlossen. Die Grillkruste umgibt den Fisch und bewahrt dadurch Säfte und Inhaltsstoffe. Das Grillgut ist in kurzer Zeit gar, bleibt vollwertig und ist selbst ungesalzen schmackhaft.

Das Anhängen der Fische wird vermieden, wenn man sie zuvor ölt und Grillstäbe und Grillraum heiß sind.

Flache Fische mit kurzer Garzeit sind nach dem Grillen zu salzen und nur einmal zu wenden. Es bildet sich dann keine Feuchtigkeit, die das Bräunen erschweren würde.

Dicke Fische mit längerer Garzeit werden vor dem Grillen gesalzen. Nach dem ersten Wenden legt man das Grillgut im rechten Winkel zur Zeichnung auf den Rost und erhält so das gewünschte Grillkaro. Der Fisch wird also aufgelegt und dreimal gewendet.

Beschädigtes Grillgut läuft aus. Deshalb wird zum Umdrehen eine Grillzange oder eine Palette benutzt. Fische vom Grill werden trocken angerichtet.

Durch Grillen werden zubereitet

- ▷ Kleine ganze Fische: Flunder, Scholle, Rotzunge, Seezunge, Makrele, Hecht, Barsch, Forelle, Felchen und Schleie;
- ▷ Scheiben von Heilbutt, Steinbutt, Glattbutt und Lachs.

Beilagen:

Salzkartoffeln und Zitronenstücke, Béarner Sauce, Choronsauce, ferner Buttermischungen oder Mayonnaisesaucen.

Krusten- und Schalentiere

Die äußere Form der Krebstiere ist einander ähnlich. Die Fachbezeichnungen der Körperteile sind deshalb bei den einzelnen Arten gleich. Hier werden sie bei der Abbildung eines Hummers genannt.

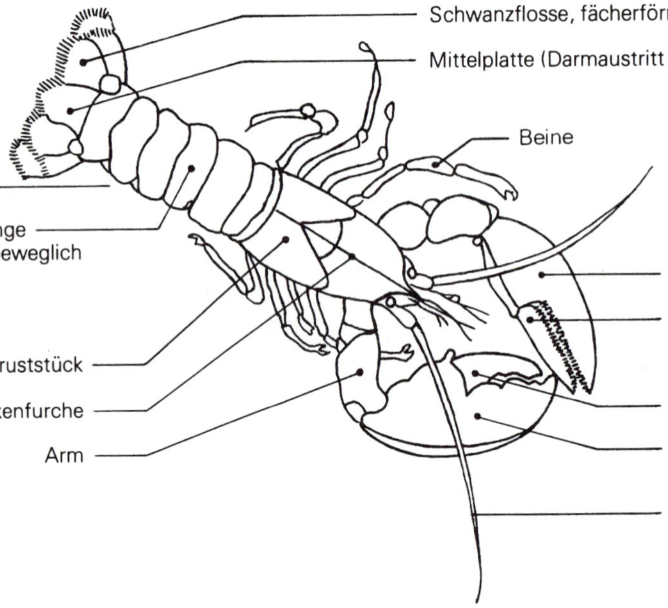

1 Hummer

Homard
Lobster

Hummergerichte werden entsprechend ihrer Art von gekochten zerlegten oder von roh zerlegten Hummern zubereitet.

1.1 Verarbeiten von gekochtem Hummer

Kochen

Auf 5 l Wasser verwendet man 100 g Salz und 1 Tl Kümmel und Petersilienstengel, bringt es zu starkem Kochen und legt die gründlich gewaschenen Hummer hinein.

Die Kochzeit beträgt vom Beginn des Wiederaufkochens für Hummer mit einem Gewicht von 500 bis 600 g etwa 20 Min.

Sind die Hummer schwerer, so verlängert sich die Kochzeit je 100 g um 5 Min.

Man läßt die gekochten Hummer in der Kochbrühe erkalten und bewahrt sie auch darin bis zur Weiterverwendung auf.

Zerlegen

Arbeitsfolge

- ▷ Hummerscheren mit den Armen vom Körper abbrechen.
- ▷ Schere erfassen, den Hummerarm flach auf das Tranchierbrett halten und durch einen kräftigen Schlag mit einem stabilen Messer längs öffnen. Dann erst den Arm von der Schere trennen (1).
- ▷ Den beweglichen Teil der Schere (2) mit der Hand in Öffnungsrichtung aus der Gelenkführung drücken, damit gleichzeitig der dünne, flachovale Knorpel aus dem Scherenfleisch kommt.
- ▷ Schere mit einer Messerklinge von beiden Seiten vorsichtig sprengen (3), um das Fleisch unbeschädigt zu erhalten.

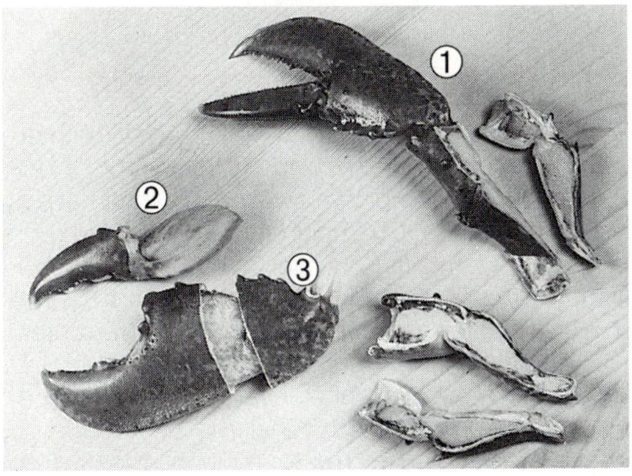

- ▷ Hummerkörper mit gestrecktem Schwanz auf das Tranchierbrett drücken. Ein Messer in das letzte Drittel der Nackenfurche des Kopfbruststücks einstechen und mit schnellem Druck den Schwanz genau in der Mitte durchschneiden.
- ▷ Hummerkörper um 180° drehen und mit einem zweiten Schnitt das Vorderteil des Kopfbruststücks durchtrennen.
- ▷ Magenteile aus den Kopfbruststücken des gespaltenen Körpers sowie den Darm aus dem Schwanzfleisch entfernen.

Hummerkrusten bilden die Geschmacksgrundlage zu Hummersauce, -suppe und -butter. Können anfallende Hummerkrusten nicht direkt verarbeitet werden, verwahrt man sie tiefgekühlt für spätere Verwendung.

1.2 Verarbeiten von rohem Hummer

Töten

Lebende Hummer sind **vor** dem Zerlegen zu töten. Zunächst werden sie mit einer Bürste tüchtig gewaschen. Danach legt man die Hummer in sprudelnd kochendes Wasser und entnimmt sie gleich wieder. Durch die Hitzeeinwirkung wird das Nervenzentrum zerstört, der Hummer ist tot.

Zerlegen

Rohe Hummer werden längs gespalten (z. B. für Zubereitung vom Rost) oder in Stücke geteilt verarbeitet (z. B. zu Ragout). Der folgende Ablauf erläutert das Zerlegen in Stücke.

Arbeitsfolge

- ▷ Hummerscheren mit den Armgliedern vom Körper abbrechen (1).
- ▷ Hummerschwanz vom Kopfbruststück durch Drehen abnehmen (2).
- ▷ Darm aus dem Schwanzfleisch ziehen. Dazu die Mittelplatte der Schwanzflosse, mit der der Darm verwachsen ist, vorsichtig ablösen (3).

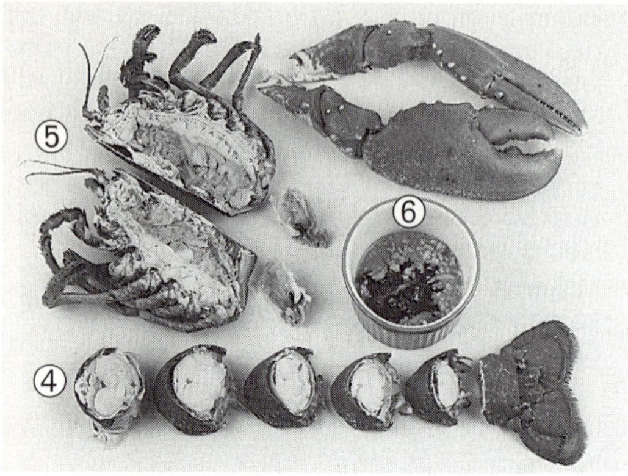

- ▷ Hummerschwanz in den Gelenken quer in Stücke teilen (4).
- ▷ Kopfbruststück längs der Nackenfurche halbieren (5).
- ▷ Durchgeschnittenen Magen aus den Hälften des Kopfbruststücks entfernen. Den weichlich graugrünen Inhalt (Keimdrüsen und Leber) in ein Schälchen leeren (6). (Dient der späteren Saucenbindung und Farbgebung.)

Scheren und Arme öffnet man zweckmäßig erst nach dem Zubereiten.

1.3 Zubereiten

Gekochte, zerlegte Hummer können warm oder kalt serviert werden.

Beilagen zu warmem Hummer:
Frische, aufgeschlagene oder zerlassene Butter, Holländische Sauce oder Ableitungen. Zitronenstücke, Toast oder Weißbrot.

Beilagen zu kaltem Hummer:
Frische oder geschlagene Butter, Mayonnaisesauce oder Ableitungen, hartgekochtes Ei, Zitronenstücke, Toast oder Weißbrot.

Homard Newburg
Hummer Newburg — Lobster Newburg

Gekochten Hummer zerlegen, Fleisch entnehmen und in gleichmäßige Stücke teilen. Ein Geschirr mit Butter ausfetten, Hummerstücke hineinlegen und langsam erhitzen. Madeira angießen, daß die Bodenfläche gerade bedeckt ist, und an den Kochpunkt bringen. Hummerfleisch mit einem Schaumlöffel entnehmen, in ein Anrichtegeschirr legen und bedeckt warmhalten. Madeira um die Hälfte reduzieren, ein wenig Weißweinsauce dazugeben, aufkochen, mit Eigelb und Sahne legieren. Sauce salzen, mit einer Prise Cayennepfeffer würzen und über das warmgestellte Hummerfleisch gießen.

Homard Thermidor
Hummer Thermidor — Lobster Thermidor

Gekochten Hummer halbieren, Fleisch aus Scheren und Armen in Würfel schneiden. Schwanzfleisch aus den Körperhälften nehmen und mit schräggeführtem Messer in Scheiben schneiden. Kremige Teile aus den Hummerkarkassen spülen. Aufrechtstehende Beinenden, die beim späteren Überbacken verbrennen würden, zurückschneiden. Karkassen warmstellen. Schalottenbutter erhitzen, würfeliges Hummerfleisch zugeben, anschwitzen und mit wenig Weißwein ablöschen. In einem zweiten Töpfchen etwas Fischgrundsauce, Champignonfond, Weißwein und Sahne zu kremiger Konsistenz einkochen. Ein Eigelb, je eine Messerspitze Senfpulver und Paprika sowie ein Löffelchen geschlagene Sahne verrühren. Die Mischung in die kremige Sauce rühren. Mit Salz und einer Prise Cayennepfeffer ergänzen. Angeschwitzte Hummerfleischwürfel mit der Sauce zu einem Ragout binden, dieses in die warmgestellten Hummerkarkassen füllen, dabei etwas Sauce zurückhalten. Geschnittenes Hummerschwanzfleisch auf das eingefüllte Ragout legen und mit der übrigen Sauce überziehen. Geriebenen Parmesan aufstreuen, mit Butter beträufeln und im Salamander überbacken. Auf jede Hummerhälfte eine Trüffelscheibe legen.

Hummer nach amerikanischer Art — *Homard à l'americaine* — Lobster American

Getöteten rohen Hummer in Stücke zerlegen. Graugrünen Hummerinhalt aus den Kopfbruststücken mit einer Messerspitze Mehl und etwas kremiger Butter glattrühren und beiseitestellen.

In einem geräumigen Geschirr Öl erhitzen. Mit Salz und Pfeffer gewürzte Hummerstücke dazulegen. Unter Rühren kräftig braten, bis die Schalen rote Farbe zeigen. Öl abgießen. Etwas Butter, feingeschnittene Zwiebeln sowie Schalotten dem Hummer beifügen und anschwitzen. Danach mit Cognac flambieren. Ein wenig Tomatenmark und das Fleisch von zwei Tomaten zugeben und noch kurze Zeit weiterschwitzen. Dann mit Weißwein ablöschen. Eine geringe Menge Fischfond, ein Löffelchen Fleischextrakt, eine Knoblauchzehe und ein Kräutersträußchen dem Ansatz beigeben und das Ganze zugedeckt 15 Min. sieden. Danach Scheren aufschlagen und alle Hummerteile gefällig anrichten und bedeckt warmhalten. Knoblauch und Kräutersträußchen entfernen. Den vermischten Hummerinhalt in den kochendheißen Ansatz rühren, wodurch er Bindung und eine rötliche Farbe erhält. Dann nicht mehr kochen lassen. Einige Butterflöckchen, gehackten Estragon, Kerbel und Petersilie unterschwenken und die Sauce über die angerichteten Hummerteile geben.

Zu warmen Hummergerichten in Sauce eignen sich Reis, Fleurons, Weißbrot (Baguette) oder Toast.

Hummer vom Grill — *Homard grillé* — Broiled Lobster

Zum Grillen kann der längsgespaltene Hummer roh oder angegart verwendet werden. Das Fleisch gekochter Hummer bleibt zarter.

Zerlegten Hummer salzen und pfeffern, auf den vorgeheizten, geölten Grill legen und 8 bis 10 Min. grillen. Während dieser Zeit den Hummer mehrmals wenden und mit geklärter Butter beträufeln. Nach dem Grillen die Scheren öffnen. Hummer mit Zitrone und etwas Kresse oder Petersilie anrichten.

Beilage:

Grüne Sauce, Barbecuesauce oder Kräuterbutter.

Languste — *Langouste* — Crawfish

Langusten werden wie Hummer vor- und zubereitet und besonders gern in der Kalten Küche verwendet. Das Schwanzfleisch wird aus der gekochten Languste herausgelöst, in gleichmäßige Scheiben geschnitten mit dünnen Trüffelscheiben belegt und mit klarem Fischgelee überglänzt. Desweiteren verwendet man es für Cocktails, Schaumbrote und Timbals.

2 Krebse — *Écrevisses* — Freshwater Crayfish

Krebse können roh, im ganzen oder gekocht und dann ausgebrochen zubereitet und warm oder kalt gereicht werden. Vor Verwendung sind sie mit einer Bürste zu reinigen.

Kochen

Krebse, die ausgebrochen verarbeitet werden, kocht man zuvor ab.

In einem entsprechend großen Topf bringt man Wasser zum Kochen, würzt je 5 l mit 100 g Salz und 1 Tl Kümmel und schüttet die lebenden Krebse hinein.

Vom Wiederaufkochen an sieden 100 bis 150 g schwere Krebse 5 bis 6 Min. Bis zum Auskühlen bleiben die Krebse im Kochwasser und werden danach ausgebrochen.

Ausbrechen

Die Scheren und der Schwanz werden vom Kopfbruststück genommen.

Von der Schere entfernt man den Arm und den beweglichen Scherenteil und schneidet mit einem kleinen Messer den rechten und linken Scherenrand ab. Die Kruste wird nach oben abgebrochen und das freiliegende Scherenfleisch entnommen.

Durch kurze Rechts-Links-Drehung ist vom Schwanz der erste Krustenring und die am Ende sitzende Schwanzflosse abzunehmen. Danach zieht man das Schwanzfleisch in Richtung der Krümmung aus den restlichen Krustenringen. Der ausgebrochene Krebsschwanz erhält oben in der Mitte noch einen kleinen Längsschnitt, durch den der Darm entfernt wird. Das ausgebrochene Krebsfleisch ist bis zum Gebrauch in etwas Krebsbrühe aufzuheben.

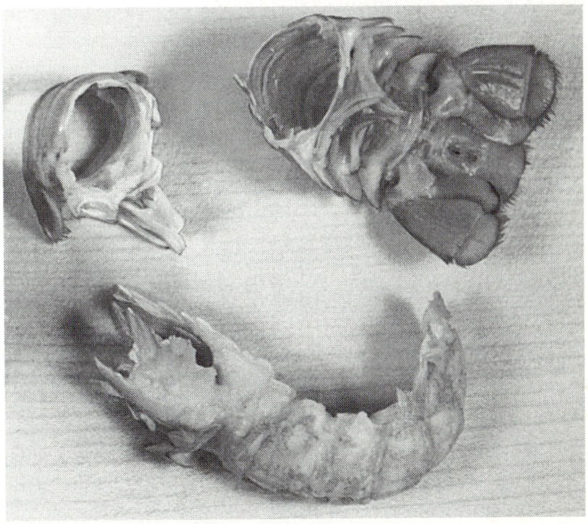

Krebsnasen

Wenn vom Kopfbruststück die vier Paar Beine und die Fühler abgenommen und die kremigen Teile ausgespült werden, erhält man die Krebsnase.

Krebsnasen dienen mit Grieß- oder Fischfarce gefüllt als Einlage zu Krebssuppen oder Frikassees. Ferner können sie zum Garnieren für einschlägige warme oder kalte Speisen genutzt werden.

Krebskrusten werden zerkleinert und zu Krebssuppen, Krebssaucen und Krebsbutter verwendet.

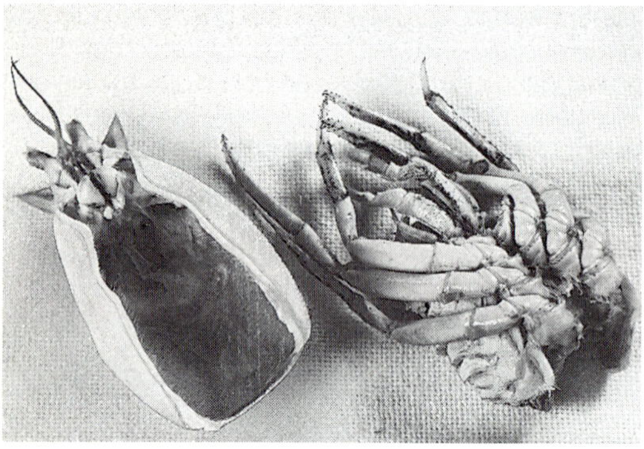

Zubereiten

Krebse mit Wurzelgemüsen *Écrevisses aux racines* **Crayfish with Roots**

Vorbereitete, getötete Krebse und Gemüsestreifen (Julienne) in Butter anschwitzen. Mit Weißwein ablöschen, wenig Geflügel- oder Fischbrühe angießen, einen Gewürzbeutel (Dill-, Petersilienstengel, zerdrückte Pfefferkörner, Kümmel) dazulegen und zugedeckt 6 Min. garen. Krebse danach in eine tiefe Servierschüssel legen. Den Fond zur Hälfte einkochen. Gewürzbeutel entnehmen. Einige Butterstückchen und gehackte Petersilie in den Fond rühren und ihn über die Krebse geben.

Krebse in Dill *Écrevisses à l'aneth* **Crayfish in dill sauce**

Ausgebrochenes Krebsfleisch mit etwas Butter erwärmen und mit Weißwein beträufeln. Fischgrundsauce und wenig Krebsbrühe aufkochen. Sauce mit Hollandaise und geschlagener Sahne verfeinern und mit geschnittenem Dill und Cayennepfeffer abschmecken. Sauce über das erwärmte Krebsfleisch gießen.

Krebse Nantua *Écrevisses Nantua* **Crayfish Nantua Style**

Unter Verwendung der Krebskruste eine Krebssauce herstellen. Ausgebrochenes Krebsfleisch wie vorstehend erwärmen und unter die Krebssauce schwenken.

Abwandlungen

Die Zubereitungen in Weißwein- und Krebs- oder Hummersauce kann man mit Gemüsen, Pilzen oder Kräutern ergänzen. Auch mit Mornaysauce und Käse überbacken können ausgebrochene Krebse angeboten werden. Kalt verwendet man sie zu Salaten und Cocktails oder zu Garnituren.

Als Beilage zu warmen Krebsgerichten wird Reis bevorzugt.

Kleine krebsartige Tiere

Das Angebot an Seewasserkrebsen ist vielseitig. Es wird nach der Festigkeit der Kruste unterschieden.

Hartschalige Tiere Panzerkrebse	Weichschalige Tiere Garnelen
Scampi (italienisch) oder **Kaisergranat** (deutsch)	kleinere Arten **Shrimps** und größere Arten **Prawns**

Es kommen meist nur die abgetrennten Schwänze in den Handel. Der Geschmack guter Qualität ist leicht süßlich, der Biß zart, jedoch kernig.

Für warme Zubereitungen in Sauce oder für kalte Gerichte werden die Krebstierschwänze gekocht, danach geschält und entdärmt.

Zum Grillen oder Braten verarbeitet man sie roh mit und ohne Schale. Zuvor werden die Schwänze längs eingeschnitten und der Darm durch Ausspülen entfernt.

Kleine Krustentiere verwendet man als

- Vorspeise,
- selbständiges Gericht,
- Garnitur, z. B. zu Fisch, Eiern und hellem Geflügel,
- Ragoutbestandteil.

Kleine Krustentiere bereitet man zu

- als Cocktail oder als Salatkombination,
- in Dill-, Pilz-, Weißwein-, Krebs- oder Hummersauce,
- auf dem Grillrost, Beilage: Buttermischungen oder Choronsauce,
- in der Friteuse, Beilage: Grüne oder Tiroler Sauce.

3 Miesmuscheln

Moules
Mussels

Vorbereiten

Lebende **Pfahl- oder Miesmuscheln** (moules) haben einen frischen Seegeruch, ihre Schalen öffnen sich erst beim Kochen. Zunächst entfernt man den restlichen Seepockenbelag von den Muscheln, wäscht sie mehrmals und läßt sie in einem Durchschlag abtropfen.

Zubereiten

Zwiebelwürfel und zerdrückte Pfefferkörner werden in einem flachen Geschirr angeschwitzt und mit Weißwein abgelöscht. Man schüttet die Muscheln dazu und verschließt den Topf mit einem passenden Deckel. Um den Inhalt gleichmäßig zu erhitzen, ist das Geschirr mehrfach zu schwenken. Durch die Hitzeeinwirkung wird die Spannkraft der Schließmuskeln gelöst. Die Muscheln öffnen sich, geben ihren würzigen Fond ab und sind in 8 Min. gar.

Danach werden sie aus den Schalen genommen, vom Bart (Byssus-Fäden) befreit und im Muschelfond bis zum Gebrauch aufbewahrt. Der Fond ist zuvor vorsichtig abzugießen, damit der aus den Schalen stammende Sand als Bodensatz zurückbleibt. Muscheln haben einen äußerst würzigen Geschmack, deshalb brauchen sie auch nicht gesalzen zu werden.

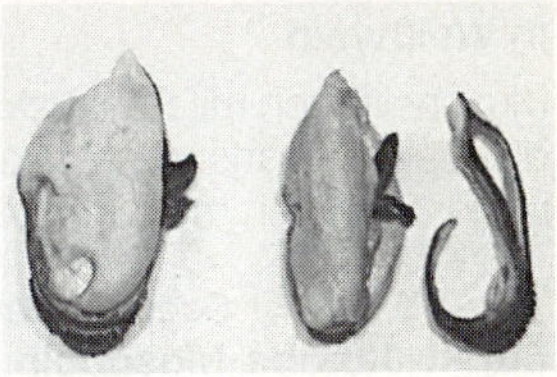

Frische gekochte Muscheln sind blaßrot bis orange.

> Verdorbene Muscheln zeigen nach dem Kochen eine unnatürliche rote oder schwärzliche Färbung; sie sind giftig!

Gekochte Muscheln kann man in der Schale mit dem Dünstfond oder aus den Schalen genommen in einer Sauce reichen. Zum Fertigstellen der jeweiligen Sauce wird der Muscheldünstfond mitverwendet.

Gekochte Muscheln dienen ferner als Ragoutbestandteil oder zu Fischgarnituren und Suppeneinlagen.

Gekochte, kalte Muscheln reicht man mit Essigkräutersauce (Sauce vinaigrette) oder verwendet sie zu Salaten.

4 Sankt-Jakobs-Muscheln

Coquilles Saint-Jacques
Scallops

Sankt-Jakobs-Muscheln gehören zu den Kamm-Muscheln.

Gegessen wird der von Häuten und Kiemen eingeschlossene Teil der Muschel: die Nuß mit dem daranhängenden Rogen.

Das vorbereitete Muschelfleisch wird überwiegend tiefgekühlt angeboten. Die Größe ist ein Qualitätsmerkmal.

Der Geschmack der Muschel ist angenehm nußartig, er ist mit anderen Muscheln nicht vergleichbar. Frische Jakobsmuscheln sind tiefgekühlter Ware geschmacklich überlegen.

Öffnen frischer Sankt-Jakobs-Muscheln

Messer an der runden Schalenseite der gewaschenen Muschel ansetzen und zwischen die Schalen schieben. Schließmuskel an der Innenseite der oberen, flachen Schale entlang durchtrennen, flache Schale abnehmen und den Muschelinhalt mit einem flexiblen Messer aus der gewölbten Schale lösen. Häute und Kiemen entfernen und die Nuß mit dem daranhängenden Rogen waschen.

Die Zubereitung ist sehr vielseitig. So läßt sich die Muschel sowohl roh (als Tatare) oder in dünnen, marinierten Scheiben als auch mit unterschiedlichen Garverfahren verarbeiten.

Wichtig beim Garen (dämpfen, dünsten oder braten) ist, daß man sie nur auf den Punkt gart, da sie sonst zäh wird.

Anrichteweisen

Coquilles Saint-Jacques au vin blanc
Sankt-Jakobs-Muscheln in Weißwein **Scallops in white wine**

Muschelfleisch mit Schalotten, Butter und Weißwein dünsten. Dünstfond mit Weißweinsauce verkochen und zusammen mit den Muscheln anrichten.

Coquilles Saint-Jacques à la florentine
Sankt-Jakobs-Muscheln auf Blattspinat **Scallops with spinach**

Muscheln dünsten, braten oder grillen und auf Blattspinat setzen und mit Weißweinsauce, Moraysauce oder Béarner Sauce umkränzen.

Coquilles Saint-Jacques aux fines herbes
Gebratene Sankt-Jakobs-Muscheln mit feinen Kräutern **Scallops with herbes**

Muscheln kurz in geklärter Butter braten, mit trockenem Weißwein ablöschen und anrichten. Im Bratfett feingehackte Kräuter wie Kerbel, Dill, Estragon und Zitronenmelisse sautieren und über die Muscheln geben.

Große Muscheln werden zuvor in flache Stücke geschnitten.

Anrichten kann man in den gewölbten Schalen der Muscheln.

Beilagen:
Reis, Herzoginkartoffeln, Stangenweißbrot, Toast oder Fleurons.

Austern

Huîtres
Oysters

Austern haben unregelmäßige runde Schalen. Die untere ist muldenförmig vertieft und wird durch die obere, flache Schale dicht verschlossen. Im Gegensatz zu Miesmuscheln haben Austern nur einen Schließmuskel.

Im eingedrungenen Seewasser leben Austern in ihren Schalen nach dem Fang noch weiter. Um das Ausfließen zu verhindern, werden sie mit der Wölbung nach unten in Fässer oder Körbe fest verpackt.

Austern werden vorwiegend lebend verzehrt, deshalb sind hohe hygienische Anforderungen zu stellen. Austern bewahrt man in ihren Verpackungen im Kühlraum auf. Damit sich die Austern nicht öffnen können, wodurch das Wasser ausfließen oder verdunsten würde, sind angebrochene Verpackungen mit einer Platte zu bedecken und mit einem schweren Gewicht zu belasten.

Austern mit offenen Schalen sind tot. Vergiftungsgefahr durch Abbauprodukte.

Öffnen der Austern

Vor der Verwendung werden die Austern mit einer Bürste gereinigt und dann mit dem Austernbrecher (Spezialöffner) oder Austernmesser geöffnet. Die Wölbung ist nach unten zu halten, das Messer an der spitzen Seite anzusetzen und mit Druck zwischen die Schalen zu schieben. Dabei wird der Schließmuskel, der sich an der Innenseite des oberen Schalendeckels befindet, durchschnitten. die Auster ist geöffnet. Schalensplitter werden mit einem Pinsel abgenommen, der in Salzwasser abgespült wird.

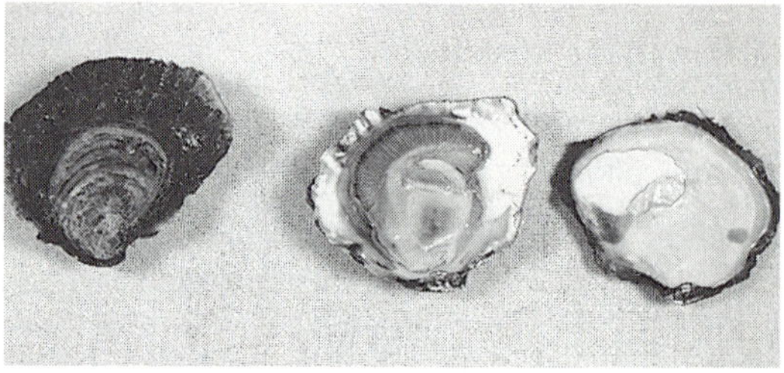

Verwendung

Austern als kalte Vorspeise
Frische, rohe Austern in der geöffneten Schale auf zerkleinertem Eis oder auf gekühlten Spezialtellern angerichtet und mit Zitronensechsteln garniert sind am begehrtesten. Dazu reicht man mit Butter bestrichene und/oder mit Chesterkäse belegte Vollkornbrotschnittchen oder kleine überbackene Käsebrötchen (Welsh Rarebit).

Austern als warmes Vorgericht
Die geöffneten, vom Bart (Kiemensaum) befreiten Austern können verschiedenartig zubereitet werden, z. B. in Hummersauce, in dünne Speckscheibchen gehüllt und gebraten, paniert und in Butter gebacken. Die fertiggestellten Austern werden häufig in den erwärmten, gewölbten Schalenhälften angerichtet.

Austern als Garnitur
Austern dienen z. B. gebacken oder gedünstet als Garnitur zu Fisch, roh als Garnitur auf Toasten mit Tatarfleisch oder als Einlage in Truthahnfüllungen.

Vorspeisen – Kalte Küche

1 Füllmassen

Die Bezeichnung Farce steht für eine zart-kremige und luftige Masse aus Fleisch oder Fisch. Farcen werden zum Füllen von Pasteten, Galantinen und Terrinen verwendet oder zu Suppeneinlagen verarbeitet. Auch lassen sich daraus selbständige Gerichte wie z. B. Fischklößchen oder Kombinationen aus Fleisch und Farce oder Fisch und Farce herstellen.

Herstellung

Die Herstellung einer Farce läuft in der Regel immer gleich ab. Durch Auswechseln des Grundstoffes lassen sich auf dieselbe Art und Weise herstellen:

- Kalbsfarce
- Wildfarce
- Muschelfarce
- Geflügelfarce
- Fischfarce

Füllmasse — *Farce* — **Forcemeat/Stuffing**

Bedarf für ca. 1 kg Füllmasse (Farce):

500 g Ausgangsmaterial (Kalbfleisch, Geflügelfleisch, Wildfleisch, Fischfleisch usw.
Salz, weißer Pfeffer
100 g Weißbrotkrume (mie de pain)
40 g Eiweiß
0,3 l Sahne
Macisblüte, Zitronenschale oder -saft

Arbeitsfolge

- Fleisch oder Fisch wolfgerecht zerkleinern, salzen und pfeffern,
- Weißbrotkrume (mie de pain) in dünne Scheiben schneiden,
- Eiweiß und 4 El Sahne verrühren und auf das geschnittene Brot träufeln,
- gewürztes Fleisch und benetztes Brot kaltstellen,
- Fleisch und Brot miteinander durch die feinste Scheibe des Fleischwolfes lassen,
- erneut kühlen und nochmals wolfen oder im Kutter mixen,
- wird eine absolut feine und zarte Farce gewünscht, ist es nötig, die Masse durch ein Haarsieb zu streichen,
- Durchgelassenes in einer Schüssel auf Eis kräftig zusammenrühren, nach und nach die Hälfte der Sahne zugeben und tüchtig in die Masse einarbeiten,
- die restliche Sahne als Schlagsahne unterziehen,
- zwischendurch immer wieder ein Probeklößchen in siedendes Wasser geben, damit man entsprechend der gewünschten Konsistenz Sahne dosieren kann.

Zum Herstellen von Farcen können auch Feinstzerkleinerer wie Kutter oder Mixer eingesetzt werden. Der Arbeitsablauf muß dem jeweiligen Gerät angepaßt werden.

Das Wasserbindevermögen der einzelnen Ausgangsmaterialien ist unterschiedlich. Deshalb sollte man immer Garproben durchführen, bevor die gesamte Sahne verarbeitet ist.

Bei sehr mageren Fleischarten (Wild, Geflügel) empfiehlt es sich, einen Teil der Fleischmenge durch gut durchwachsenes Schweinefleisch (Halsstück) oder Schweinespeck zu ersetzen.

Wird die fertige Farce dann durch ein feines Haarsieb gestrichen und nochmals kurz auf Eis glattgerührt, erhält man eine besonders zarte Masse.

Nach den Bestimmungen der Hackfleischverordnung sind alle Farcen am Tag der Herstellung zu garen. Rohe Farcen dürfen nicht über Nacht aufbewahrt werden.

Der Geschmack und das Aussehen einer Farce können verändert werden durch Zugabe zerkleinerter Zutaten wie Pilze, Trüffeln, Pistazien, Kräuter, Schinken- und Pökelzungenwürfeln, Gemüsebrunoise, Tomaten- oder Spinatpürees, hartgekochtes Ei, gebratene Fleischstückchen oder rohe Fisch- und Muschelstücke.

> Farcen müssen gut binden, trotzdem zart und saftig sein.
> Als Bindemittel wirken Fleisch und Eiweiß.
> Zur Lockerung dienen Weißbrot und Sahne.
> Alle Zutaten müssen gut durchkühlt sein, sonst trennen sich die Inhaltsstoffe des Fleisches, die Bindefähigkeit läßt nach, die Farce gerinnt.
> Bei geronnener Farce tritt der Saft aus, das Produkt ist trocken und schmeckt grießig.

Als zusätzliche Lockerungsmittel, die auch zugleich Streckungsmittel sind, kann man die sogenannten Panaden verwenden:

- **Frangipan-Panade** = eine Art Brandmasse,
- **Mehlpanade** = kräftiger Fond wird mit Mehl und Butter zu einer dickflüssigen Masse verkocht,
- **Reispanade** = wie Mehlpanade, jedoch wird Milchreis verwendet.

Wildfarce
Farce de gibier
Venison forcemeat

Bedarf für ca. 500 g Füllmasse (Farce):

250 g Fleisch von Rehschulter oder -hals	40 g Schalottenwürfel gedünstet
200 g Schweinehals	Salz, weißer Pfeffer
1 Ei	Msp. Pastetengewürz

Durch den Wolf gedrehtes, gut gekühltes Fleisch im Kutter feinst verarbeiten und die Gewürze wie auch das Ei unterarbeiten.

Die Farce durch ein Haarsieb streichen und in einer Schüssel auf Eis glattrühren.

Bei Bedarf etwas flüssige oder geschlagene Sahne unterrühren.

Farce von Jakobsmuscheln
Farce de coquilles St. Jacques
Scallop forcemeat

Bedarf für ca. 1 kg Füllmasse (Farce):

500 g Jakobsmuscheln	Pfeffer
90 g Würfel von kalter Butter	Muskat oder Macisblüte,
3 Eiweiße	Saft einer halben Zitrone,
400 g Sahne	frische Kräuter nach
Salz	Geschmack

Eiskalte Jakobsmuscheln mit Butterwürfeln, Eiweiß, Salz, Pfeffer und Muskat im Kutter fein verarbeiten. Dann die kalte Sahne und die Kräuter zugeben und einarbeiten. Man kann die Hälfte der Sahne schlagen und diese nach dem Durchstreichen durch ein Haarsieb unter die Farce rühren. Dies muß allerdings wiederum in einer sehr kalten Schüssel, am besten auf Eiswürfeln geschehen.

Pilzfüllung
Duxelles
Mushroom-stuffing

Bedarf:

200 g Champignon-Duxelles	1 Zehe zerriebener Knoblauch
100 g gehackter, gekochter Schinken oder gehackte Bratenreste	0,1 l Weißwein
	3 El Bratensauce
60 g Butter	1–2 El geriebene Weißbrotkrume
1 Tl Tomatenmark	Salz, Pfeffer

Schinken- oder Bratenreste anschwitzen, Tomatenmark und Knoblauch dazurühren und mit Weißwein ablöschen. Duxelles, Sauce und Weißbrot beifügen. Unter Rühren kochen, bis die Masse so konsistent ist, daß sie sich zum Füllen eignet. Mit fehlendem Salz und Pfeffer ergänzen.

Geeignet zum Füllen und Überbacken von Gemüsen, als Pilzfüllung mit einem Drittel Fleischfarce vermengt, zum Einhüllen von Rinder-, Kalbs- oder Schweinefilets in Teig gebacken.

Semmelfüllung

Bedarf:

4 Semmeln oder	4 Eigelb
200 g Weißbrot	100 g Butter
100 g Milch	4 Eiweiß
100 g Zwiebelwürfel	20 g gehackte Petersilie
100 g Hühnerlebern	Salz, Pfeffer
Butter zum Anschwitzen	Muskatnuß

Semmeln oder Weißbrot zerschneiden, mit Milch übergießen. Zwiebelwürfel mit Butter anschwitzen, Hühnerlebern dazulegen und ansteifen lassen. Eigelb und Butter schaumig rühren. Eiweiß zu steifem Schnee schlagen. Semmeln oder Brot ausdrücken und in eine Schüssel geben. Angeschwitzte Zwiebeln, Hühnerlebern gehackt sowie Eigelb-Butter-Schaum und gehackte Petersilie dazutun. Würzen, alles kräftig vermischen und den Eischnee unterheben.

Abwandlungen

- ▷ Zugabe von geschälten, weichgedünsteten Maronen (Edelkastanien) und rohen Moos- oder Preiselbeeren für Truthahnfüllung.
- ▷ Eine Hälfte der Semmeln oder Weißbrotscheiben in Würfel schneiden und in Öl oder geklärter Butter zu Croûtons rösten und in die Masse mit einarbeiten.
- ▷ Zugabe geviertelter oder ganzer kleiner Champignons oder anderer Pilze, die zuvor mit Zwiebel- und Schinkenwürfelchen angeschwitzt wurden.

Füllung für eine Kalbsbrust

Bedarf:

300 g Weißbrotwürfel	30 g Petersilie gehackt
70 g Butter	5 Eier
50 g Schinken gekocht, fein gehackt	0,4 l Sahne
100 g Zwiebelwürfelchen	Salz, Pfeffer, Muskat

Zwiebel- und Schinkenwürfelchen in Butter anschwitzen und unter die Brotwürfel mit der Petersilie mischen. Eier gut mit der Sahne verrühren und würzen. Diese Masse über die Brotwürfel gießen, vorsichtig untermengen (die Brotwürfel sollen möglichst ganz bleiben) und die Flüssigkeit einziehen lassen. Brotfüllung wenn nötig nachwürzen und dann in die Kalbsbrust füllen und die Öffnung schließen.

Die Hälfte der Brotwürfel kann wie Croûtons vorbereitet werden.

Abwandlung

Geflügelleber- oder Kalbsleberstückchen mit den Zwiebeln anschwenken und unter die Füllung mischen. Damit kann man auch hohl ausgelöste Geflügelkeulchen füllen.

2 Warme Vorspeisen

Vorspeisen sind kleine, appetitanregende Leckerbissen. Es gibt kaum einen Nahrungsmittelrohstoff, der nicht im Rahmen der Herstellung von Vorspeisen verwendet werden kann.

In diesem Zusammenhang müssen auch die „amuse bouche" bzw. „amuse gueule" erwähnt werden. Dies sind kleinste, zum Gedeck oder Couvert gehörende kalt oder warm angebotene Aufmerksamkeiten, die in manchen Restaurants unabhängig von der Bestellung des Gastes als Auftakt zu einem Gericht oder einer Speisenfolge gereicht werden. Man unterscheidet **warme und kalte Vorspeisen.**

Im Rahmen einer Speisenfolge betrachtet man die warmen Vorspeisen als den leichten Übergang von der Suppe zu den nachfolgenden Gängen. Serviert man die kalte Vorspeise vor der Suppe, so bestimmt die Regel das Servieren der warmen Vorspeise nach der Suppe. Ebenso wie bei den kalten Vorspeisen und den Suppen ist der Qualitätswert wichtiger als der Sättigungswert.

Warme Vorspeisen sollen also appetitanregend wirken. Die klassische Küche weist eine Vielzahl solcher Speisen auf, die heute allerdings einer rationelleren Herstellungsmethode gewichen sind. Viele warme Vorspeisen lassen sich gut vorbereiten wie z. B. Tartelett, Blätterteigpastetchen, Teigschiffchen usw. Mit einer feinen Füllung versehen können sie rasch zubereitet, angerichtet und serviert werden.

Warme Vorspeisen werden aus einem breiten Angebot von Rohstoffen wie Geflügel, Wild, Schlachtfleisch, Innereien, Fische, Schalen- und Krustentiere, Weichtiere, Teigwaren, Eiern, Gemüse oder Pilze gefertigt.

Übersicht

Kroketten	*Croquettes* **Croquettes**	3 cm lang, 1 cm dick und walzenartig geformt, zubereitet aus kleinwürfelig geschnittenen, gegarten Gemüsen, Pilzen, Fischen, Schalentieren, Krustentieren, Geflügel, Wild oder Schlachtfleisch. Mit dicker brauner oder weißer legierter Grundsauce gebunden. Nach Auskühlen geformt, paniert und fritiert.
Feine Ragouts	*Ragoût fin* **Small ragouts**	Geflügel, Innereien, Wild, Kalbsfleisch, Fische, Krustentiere, Gemüse oder Pilze werden gegart, meist gekocht, in kleine Würfel geschnitten, mit einer entsprechenden Sauce abgebunden und pikant gewürzt. Die feinen Ragouts serviert man in Näpfchen, in Hülsen aus Blätterteig oder in römischen Pasteten sowie in Muschelschalen, meistens noch leicht überbacken.
Pastetchen	*Bouchées* **Patties**	Mit unterschiedlichen weißen oder braunen, feinen Ragouts gefüllt. Die Pastetchen bestehen entweder aus Blätterteig oder aus römischem Pastetenteig.
Spießchen	*Brochettes* **Skewers**	Ca. 6 cm lang, besteckt mit kleinsten Stücken von Hummer, Krebsen oder gedünsteten Muscheln, kleinsten Teilen von Kalbsbries, Zunge, Schinken, Leber, Artischockenböden, Paprikaschoten, Pilzen und Speck, auch gemischt aufgereiht. In Butter gebraten oder in Bierteig getaucht bzw. paniert und fritiert.
Krusteln	*Croustades* **Crusts**	Sardellen- oder Räucherlachsstreifen, würzige Fisch-, Pilz- oder Käseeinlagen werden umhüllt mit Blätterteig und in Rauten-, Rechteck-, Hörnchen- oder Stäbchenform gebracht und im Ofen gebacken.
Krapfen	*Beignets* **Fritters**	Stückchen von gegarten Gemüsen (Blumenkohl, Artischocken, Sellerie, Spargel, Petersilienwurzeln, Schwarzwurzeln) oder Scheiben von Auberginen und Zucchini, gewürzt, in Backteig getaucht und fritiert.
Kleine Aufläufe	*Soufflés/Timbale* **Small soufflés**	Fein durchgestrichenes Mus (Farce) von Wild, Geflügel, Fischen oder Krustentieren, gewürzt, mit Eigelb, Schlagsahne und Eischnee aufgezogen, in gebutterte kleine Förmchen gefüllt und im Wasserbad im Ofen gegart.
Gebackenes	*Fritots* **Deep-fried dishes**	Muscheln, Austern, Seezungenfilets in Streifen (en goujon), mit Weißbrotkrume paniert oder im Backteig gedreht und fritiert.
Törtchen	*Tartelettes* **Tartelets**	Mit Blätter- oder Pastetenteig ausgelegte Törtchen, verschiedenartig mit Käse, Schinken, Gemüse, Pilzen, Fisch, Wild usw. gefüllt und im Ofen gebacken.

Warme Vorspeisen aus Grieß- oder Brandmasse bezeichnet man als Gnocchi, zu denen man eine passende Sauce mit Kräutern oder Butter mit Reibkäse reicht.

Vorspeisen aus Teigwaren wie Nudeln, Tortellini, Spaghetti, Ravioli, Canneloni, Lasagne und Maultaschen sowie Buchweizenpfannkuchen (Blinis) Crêpes mit feinen Füllungen und Saucen, oftmals mit Käse bestreut und überbacken oder mit geriebenem Parmesan, der á part dazu serviert wird.

Neben all den bereits genannten Rohprodukten können auch viele warme Vorspeisen aus Eiern zubereitet werden.

Feines Ragout *Ragoût fin* **Small ragout**

Bedarf:

850 g Geflügelbrust gekocht	0,4 l Sauce suprême
250 g Champignons	50 g Sahne
200 g Weißwein	Salz, Pfeffer
40 g Butter	Zitronensaft
40 g Schalotten	

Feingeschnittene Schalotten in Butter anschwitzen, Champignonwürfel zugeben, mit Weißwein ablöschen und dünsten. In Würfel geschnittenes Geflügelfleisch beigeben und mit Sauce suprême auffüllen und abbinden. Vorsichtig das Ganze erwärmen, mit Sahne verfeinern, würzen und Zitronensaft beigeben. In die im Ofen vorgewärmten Pasteten (10 bis 15 Stück) füllen, anrichten und servieren.

Lothringer Käsespeckkuchen *Quiche lorraine* **Quiche lorraine**

Bedarf:

350 g Pasteten- oder Blätterteig	150 g Zwiebeln
250 g geriebener Emmentaler	40 g Butter
120 g durchwachsener Speck (Dörrfleisch)	

Für den Eierguß:

250 g Sahne	4 Eier
200 g Milch	Salz, Muskat

Kuchenblech oder Tortenring (Ø 28 cm) mit Teig auslegen und leicht mit einer Gabel stupfen. Speckstreifen in Butter leicht anrösten und dann Zwiebelringe darin andünsten, anschließend etwas auskühlen lassen und mit dem Reibkäse auf Auslegteig verteilen. Eier-Zutaten für den Eierguß glattrühren, würzen und auf dem vorbereiteten Kuchen verteilen. Bei ca. 170 °C etwa 40 Min. im Rohr goldgelb backen. Nach dem Backen kurz ruhen lassen, aus der Form nehmen und in Torten- oder rechteckige Stücke schneiden und heiß servieren.

3 Kalte Küche

3.1 Kalte Vorspeisen

Kalte Vorspeisen können ebenso wie die warmen Vorspeisen aus fast allen Nahrungsmittelrohstoffen hergestellt werden.

In Verbindung mit den vielfältigen Zubereitungs-, Kombinations- und Garniermöglichkeiten ergibt sich eine Fülle von kalten Vorspeisen.

Im Rahmen einer Speisenfolge werden sie immer an erster Stelle gereicht. Da sie ein angenehmer Auftakt zum Menü sein sollen, müssen sie wichtigen Anforderungen gerecht werden:

- in der Menge nicht zu umfangreich,
- sorgfältig ausgewählte, zarte Grundstoffe, die auf die nachfolgenden Speisen harmonisch abgestimmt sind,
- appetitanregend wirkend, geschmackvoll angerichtet und ansprechend garniert.

Die kalten Vorspeisen werden aber auch, in größerer Portionsmenge, als eigenständige Gerichte à la carte angeboten. Mehrere dieser größeren kalten Vorspeisen zusammengefaßt und attraktiv auf Silberplatten angerichtet, umgeben von dazu passenden Salaten und Saucen bilden ein Kaltes Buffet.

3.2 Gelee *Gelée* **Jelly**

Gelee (Gelée) ist entfettete, klare, durch Geliermittel gallertartig erstarrte Flüssigkeit.

Aspik (Aspic) ist die Bezeichnung für in Gelee eingesetzte und gallertartig erstarrte Speisen aus Fisch, Krebstieren, Schlachtfleisch, Wild, Geflügel, Eiern oder Gemüsen.

Geliermittel

Als Geliermittel kommen vorwiegend Gelatine, aber auch Gallert in Betracht.

Gallert ▷	erhält man durch Auskochen von Kalbsfüßen, Kalbsköpfen und Schwarten. Die so gewonnene gelierstoffhaltige, milchigtrübe Flüssigkeit stockt, wenn sie erkaltet, durch das gelöste Kollagen (Leimeiweiß).
Gelatine ▷	wird industriell, wie Gallert aus Knochen und Tierhäuten gewonnen. Angeboten wird es in getrockneter Form, als Blattgelatine oder gemahlen als Granulat oder Pulver. Speisegelatine ist geschmacksneutral und farblos klar (oder künstlich gefärbt).
Aspikpulver ▷	ist industriell hergestelltes Geliermittel auf Gelatinebasis, meist mit Geschmack.

Zubereitung von Gelee

Der Grundstoff für das Gelee ist eine kräftige, entfettete Brühe. Entsprechend der Verwendung kann es Fleisch-, Geflügel- oder Fischbrühe sein.

So wird z. B. zur Herstellung von Sülzkotelett die Brühe des gegarten Schweinekarrees verwendet; für das Gelee zu Gänseweißsauer die Brühe des gekochten Geflügels und bei der Zubereitung von kaltem Lachs oder Aal in Gelee dient die jeweilige Fischbrühe als Grundstoff.

Die entfetteten, kalten Brühen werden mit Eiweiß wie eine Kraftbrühe geklärt, passiert und mit Gelatine versetzt.

Blattgelatine weicht man in kaltem Wasser ein, drückt die gequollenen Blätter aus, gibt sie in die heiße Brühe und rührt bis zur völligen Auflösung.

Gelatine-Granulat oder **-Pulver** wird mit kaltem Wasser im Verhältnis 1 : 5 aufgequollen und in die geklärte, passierte heiße Flüssigkeit eingerührt.

Gallert muß, da es ja trüb ist, der Brühe gleich zu Beginn beigegeben und mitgeklärt werden. Eine Festigkeitsprobe ist durch Kaltstellen einer geringen Geleemenge erforderlich. Bei zu schwachem Gelierstand können einige vorgeweichte Gelatineblätter zugegeben werden. Zu starker Gelierstand läßt sich durch Flüssigkeitsbeigabe ausgleichen.

Grundrezept

1 l Brühe	24 Blätter Gelatine für
100 g Eiweiß	schnittfestes Gelee
100 g Wurzelgemüse	oder
0,2 l Weißwein oder	12 Blätter Gelatine für
0,1 l Weinessig (5 %ig)	leichte Geleespeisen
6 Pfefferkörner, zerdrückt	(6 Blatt Gelatine ≙ 10 g
Lorbeerblatt, Salz	Pulvergelatine)

Gelatine in kaltem Wasser einweichen. Eiweiß mit der entfetteten, kalten Brühe zerschlagen. Wein oder Essig, Gemüse und Gewürze dazugeben. Brühe unter Rühren an den Kochpunkt bringen und bei geringer Wärmezufuhr zugedeckt ziehen lassen.

Geklärte Brühe passieren, die ausgedrückte Gelatine in die heiße Flüssigkeit geben und rühren, bis das Geliermittel gelöst in der Brühe verteilt ist.

Geleefarbe

▷ **Helles Gelee** ist zum Überglänzen von kalten Speisen erforderlich. Dadurch bleiben die natürlichen Farben der Speisen erhalten und leuchten besonders schön. Auch wird das Betrocknen der angerichteten Lebensmittel zum größten Teil vermieden.

▷ **Dunkles Gelee** mit goldbrauner Farbe ist erwünscht, um es, in Würfel oder in andere Figuren geschnitten, kaltem Braten beizugeben. – Die dunkle Farbe, bei gleichzeitiger Geschmackssteigerung, läßt sich erreichen, wenn z. B. geröstete Geflügelknochen in der Brühe mitgekocht werden und zum Abschmecken des fertigen Gelees Portwein, Madeira oder Sherry Verwendung finden.

Überglänzen (Glacieren)

Vom aufgelösten Gelee gibt man einen Teil in eine Metallschüssel und rührt auf Eis kalt. Kurz vor dem Stocken wird das dickflüssige Gelee mit einem Pinsel leicht auf die Speisen aufgetragen. Bindet das Gelee zu stark ab, so erreicht man die zum Auftragen nötige Konsistenz wieder, wenn man ein wenig vom flüssigen Gelee unterrührt.

Gelee zum Ausgießen für Spiegel

Der Geleespiegel bildet zwischen Silberplatte und den aufgesetzten Nahrungsmitteln eine Isolierschicht. Austretende Flüssigkeit der Naturalien können so nicht in Verbindung mit dem Metall oxidieren. Außerdem wird das Aussehen der aufliegenden Objekte wesentlich gesteigert.

Da der Geleespiegel nicht zum Genuß bestimmt ist, bereitet man das Gelee, aus wirtschaftlichen Erwägungen, nicht mit Fleischbrühe, sondern mit Wasser. Die erforderliche Farbtönung erzielt man durch Zuckercouleur, die notwendige Festigkeit erhält es durch den größeren Gelatinezusatz (40 g je l). Dieses bereits klare Gelee braucht nicht geklärt zu werden.

3.3 Canapés

Canapés sind kleine, verschieden belegte, mundgerecht zubereitete und dekorativ angerichtete Appetitschnittchen.

Cocktailbissen, Cocktailhappen oder **Snacks** sind weitere geläufige Bezeichnungen hierfür, weil man sie auch bei Empfängen zusammen mit Getränken (Cocktails) reicht.

Im Vergleich mit anderen Vorspeisen haben sie den Vorzug, daß sie keiner weiteren Beigaben bedürfen. Das kommt dem Service bei größeren Empfängen entgegen.

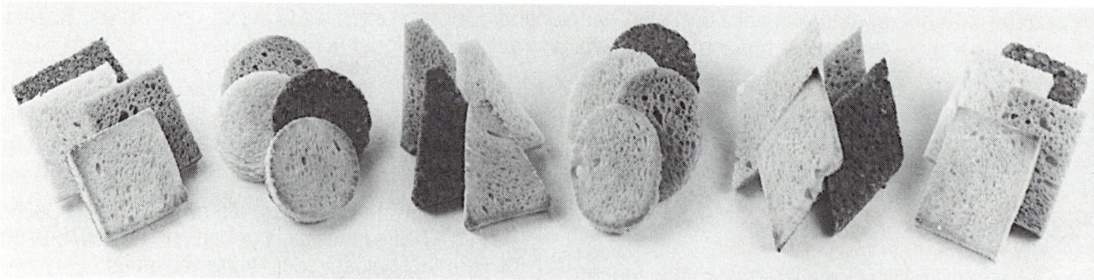

Scheiben von Weißbrot oder von anderen Brotsorten, etwa 5 mm dick, sind in verschiedene Formen zu schneiden oder mit Ausstechern rund oder oval auszustechen. Weißbrot wird in der Regel geröstet. Dazu auf ein Blech legen und im Salamander ohne Fett rösten. Dunkle Ränder lassen sich vermeiden, wenn das Brot mehrmals gewendet wird.

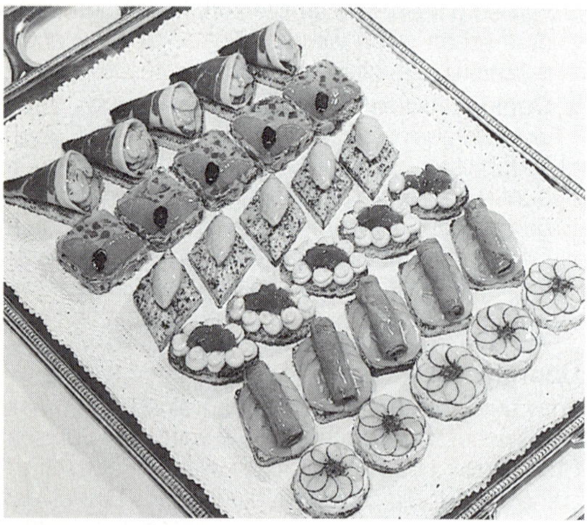

Die Brotteilchen werden mit geschmeidiger Butter oder einer geeigneten Buttermischung bestrichen. Mitunter ist auch würzige Mayonnaise passend. Die Schnittchen erhalten dann einen Belag und eine dekorative Garnitur und sind sortiert in Reihen gefällig auf Papiermanschette oder Stoffserviette anzurichten. Garniturbestandteile aus Gemüsen oder Pilzen werden zuvor pikant abgeschmeckt.

Beim Anfertigen von größeren Mengen ist es vorteilhaft, das Kastenbrot in Platten zu schneiden, diese zu belegen und dann in entsprechend kleine Stücke zu zerteilen.

Trägt man mit einem Pinsel stockendes Gelee (Aspik) auf Garnitur und Belag, so erhalten die Schnittchen ansprechenden Glanz. Zudem wird das Antrocknen verhindert, wenn einmal längere Wartezeiten zu überbrücken sind.

Cocktailhappen

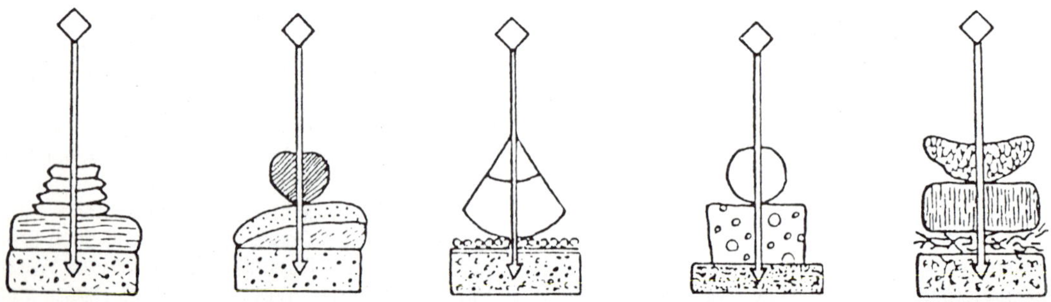

Lebermus Schweinefilet Vollkornbrot	Kirsche Geflügelbrust Weißbrot	Eisechstel Schnittlauch Graubrot	Weintraube Käse Pumpernickel	Mandarine Rehmedaillon Waldorfsalat Grahambrot

Mögliche Kombinationen für Canapés

Art	Brot	Aufstrich	Garnitur
Kaviar	Röstbrot Weißbrot	Butter	Tupfen von Wodkasahne
Krabbenschwänze	Röstbrot	Pikante Mayonnaise	Gurkenstückchen Dillzweig
Ölsardine	Weißbrot Graubrot	Butter	Radieschenscheiben Zwiebelwürfel
Räucherforelle	Röstbrot	Krevettenbutter	Eigelbcreme Krebsschwanz
Räucherlachs	Röstbrot Weißbrot	Butter	Sahnemeerrettich Zitronenfleischwürfel
Gänseleberparfait	Röstbrot	Butter	Madeiragelee in Würfelform oder ausgestochen
Geflügelbrust	Röstbrot Weißbrot	Würzbutter	Weinbrandsahne Mangofrucht
Lachsschinken	Graubrot	Rotweinbutter	Champignonscheibchen Haselnußscheibchen
Pökelzunge	Schwarzbrot Röstbrot	Würzbutter	Cornichonfächer Perlzwiebeln
Roastbeef	Röstbrot Vollkornbrot	Senfbutter	Cornichon Maiskölbchen
Schinken, gekocht	Graubrot Röstbrot	Würzbutter	Spargelspitzen Olivenscheiben
Schinken, roh	Schwarzbrot	Colbertbutter	Melonenhalbmond Ingwerwürfelchen
Tatar	Graubrot Vollkornbrot	Meerrettichbutter	Sardellenfilet Kapern, Zwiebelringe
Eischeiben	Röstbrot Graubrot	Sardellenbutter	Tomatenfleisch Schnittlauch
Gervais	Röstbrot	Kräuterbutter	Weinbeeren Bleichselleriestreifchen
Pfefferkäse	Weißbrot Röstbrot	Butter	Walnußkerne
Roquefortcreme	Schwarzbrot Pumpernickel	Butter	Avocado, olivenförmig Kresse

3.4 Cocktails

Vorspeisencocktails bestehen aus verschiedenartigen, zerkleinerten Naturalien. Sie werden entsprechend variiert, pikant abgeschmeckt und eiskalt serviert. Mit den alkoholischen Mixgetränken haben sie gemeinsam, daß sie abwechslungsreich zusammengestellt sind, den Appetit anregen sollen und in Gläsern gereicht werden.

Bevor man den Cocktail in dem entsprechenden Glas anrichtet, füllt man marinierte Salatstreifen ein. Der Cocktail bekommt dadurch ein üppigeres Aussehen, da die wertvollen Hauptbestandteile höher liegen und somit optisch besser zur Geltung kommen.

Cocktail von Garnelen

Zutaten: Garnelen, Artischockenböden, Bleichsellerie, Zitronen- und Orangensaft, geriebener Meerrettich, Mango-Chutney, Salz, Öl, geschlagene Sahne, Dill, Whisky, Kresse.

Fertigstellung: Gekochte, ausgebrochene und entdärmte Garnelen in Würfel schneiden, desgleichen gegarte Artischockenböden. Bleichsellerie in feine Streifchen schneiden. Bestandteile mit Orangen- und Zitronensaft, wenig Meerrettich, Mango-Chutney gehackt, Salz und Öl anmachen und in Gläser füllen. Dem Rückstand der Marinade geschlagene Sahne und geschnittenen Dill beimischen, mit einem Spritzer Whisky verfeinern und in die Gläser verteilen. Stückchen von Garnelenfleisch und Kressebündelchen bilden die Garnitur.

Cocktail von Geflügel

Zutaten: Gekochte Hühnerbrust, Grapefruitfilets, Champignons, grüne Paprikaschote, Zitronensaft, Öl, Salz, Pfeffer, Mayonnaise, geschlagene Sahne, Chillisauce, Estragon, Tomaten.

Fertigstellung: Hühnerbrust und Grapefruitfilets in Würfel, Fleisch der Paprikaschote in Streifchen, gegarte Champignons in Scheiben schneiden. Alles mit Zitronensaft, Salz, Pfeffer und Öl anmachen und in Gläser füllen. Pikante Mayonnaise mit geschlagener Sahne, Chillisauce und geschnittenen Estragon vermengen, mit Weinbrand aromatisieren und die eingefüllten Bestandteile damit überziehen. Hühnerbrustscheibchen und Tomatenfächer als Garnitur auflegen.

Cocktail von Melonen

Zutaten: gekühlte Melone, saure Sahne, Zitronensaft, Salz, Pfeffer, Madeira.

Fertigstellung: Melone halbieren, Kerne und Fasern entfernen. Melonenfleisch kugelförmig ausbohren und die Melonenkugeln mit einigen Spritzern Madeirawein marinieren. Restliches Melonenfleisch mit dem Mixer pürieren, würzen und mit Crème fraîche verrühren. Diese etwas dickliche Sauce in die Gläser verteilen und die Melonenkugeln darauf anrichten.

Cocktail von Avocados

Zutaten: Avocados, Chicorée, Zitronensaft, Sherry, Salz, Pfeffer, Öl, Chillisauce, Weinbrand, Walnußkerne.

Fertigstellung: Avocado halbieren, Kern entfernen, Fruchtfleisch in Würfel schneiden. Chicorée in feine Streifchen schneiden, dazugeben. Anmachen mit Zitronensaft, Sherry, Salz, Pfeffer und Öl. Cocktailbestandteile in Gläser füllen. Rückstand der Marinade mit Chillisauce vermischen, mit Weinbrand abschmecken. Sauce in die Gläser verteilen. Grob geschnittene Walnußkerne aufstreuen.

Cocktail von Spargel

Zutaten: Frischer, gekochter Spargel, Ananaswürfel, Zitronensaft, Salz, Pfeffer, Mayonnaise, Crème fraîche, Streifchen von gekochtem Schinken.

Fertigstellung: Spargel in Stückchen schneiden, Spargelköpfe als Garnitur beiseitestellen. Spargelstückchen und Ananaswürfel mit Zitronensaft, Salz und Pfeffer marinieren, desgleichen die Spargelköpfe. Marinierte Stückchen und Würfel in Gläser verteilen, Pikante Mayonnaise und die gleiche Menge Crème fraîche verrühren und die eingefüllten Zutaten damit überziehen. Spargelspitzen auflegen und mit Schinkenstreifchen bestreuen.

Cocktail von Tomaten

Zutaten: Fleischtomaten, Salz, Pfeffer, Zucker, Essig, Öl, Tomatensaft, feingeschnittene Schalotten, Gin, Zitrone, kleine Kirschtomaten für Garnitur, Sahnemeerrettich, Kaviar.

Fertigstellung: Tomatenstrunke ausstechen; Tomaten kurz brühen (blanchieren), abschrecken, abziehen, quer halbieren und Kernsubstanz entfernen. Tomatenfleisch in Würfel schneiden, mit Pfeffer, Salz, einer Prise Zucker sowie Essig und Öl würzen. Die Würfel in Gläser füllen. Tomatensaft mit feingeschnittenen Schalotten und Gin (Wacholderbranntwein) abschmecken, über die Tomatenwürfel geben und folgende Garnitur darauflegen: Dünne Scheiben einer kleinen, geschälten Zitrone mit einem Tupfen Sahnemeerrettich und einer Messerspitze Kaviar versehen.

3.5 Gemischte Vorspeisen

Vorspeisen sollen aus verschiedenen kleinen Einzelheiten bestehen und im Geschmack würzig und anregend sein.

Für die Zusammenstellung ist auch die Jahreszeit ausschlaggebend. Da Vorspeisen zur Auswahl angeboten werden, ist auf reiche Abwechslung in Geschmack und Farbe zu achten.

Das verwendete Material, auch der Dekor, ausgenommen Obst und Kräuter, sind vor der Fertigstellung mit Salz, Pfeffer, Zitronensaft und ein wenig Öl zu marinieren.

Die Vorspeisen werden kaltgestellt und danach mit stockendem Gelee leicht überglänzt.

Garnituren, wie Kaviartupfen, Gartenkresse und Kräuterzweige, sind erst nach dem Überglänzen der Vorspeisenteilchen anzubringen. Denn Kaviar wird in Verbindung mit Feuchtigkeit milchig; die zarten Blättchen der Vegetabilien verlieren die natürliche Zellspannung und damit ihr frisches Aussehen.

Die Vorspeisen werden zur Auswahl am besten in flachen Schalen (Raviès) angerichtet und auf einer großen Platte zusammengestellt. Passende würzige Saucen, hergestellt auf der Basis von Mayonnaise oder Vinaigrette, reicht man gesondert dazu.

Gefüllte Tomaten

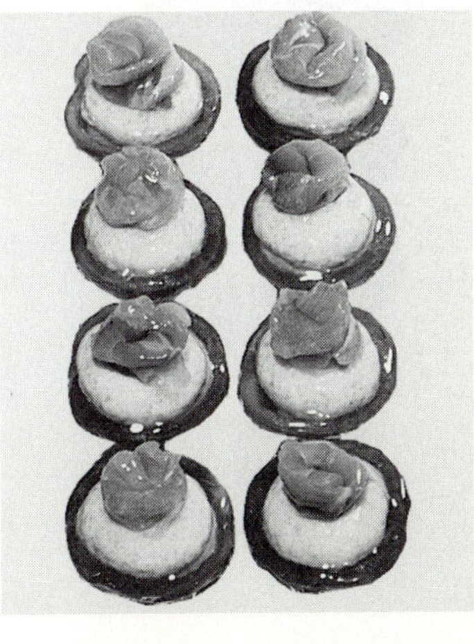

Zutaten: Tomaten, Räucherlachs, Gelee, Sahne, geriebener Meerrettich, Pfeffer, Gin.

Garnitur: Kleine Rosetten von Räucherlachs.

Fertigstellung: Tomatenstrunk ausstechen, brühen, Haut abziehen. Tomaten querhalbieren, Kernsubstanz entfernen und marinieren. Räucherlachs vom Schwanzteil pürieren, ein wenig aufgelöstes Gelee dazurühren. Würzen mit Meerrettich, frisch gemahlenem Pfeffer und einem Spritzer Gin. Geschlagene Sahne (2 : 1) unterheben und das Räucherlachs-Schaumbrot in die vorbereiteten Tomaten füllen. Je eine Räucherlachsrosette anbringen.

Zungentaschen

Zutaten: Rinderpökelzunge in Scheiben, gegarte Champignons, würzige Mayonnaise, gehacktes, hartgekochtes Ei, Schnittlauch, Prinzeßbohnen.

Garnitur: Gleichmäßige Champignonscheiben, Prinzeßbohnen.

Fertigstellung: Mayonnaise, gehacktes Ei und Schnittlauch vermischen. Die Champignons grob hacken und mit der Eier-Mayonnaise binden. Zungenscheiben nebeneinanderlegen. Auf die Hälfte der schmalen Seite die Champignonmischung geben, die andere Hälfte der Zungenscheibe darüberklappen. Mit je einer Champignonscheibe und zwei marinierten Prinzeßbohnen garnieren.

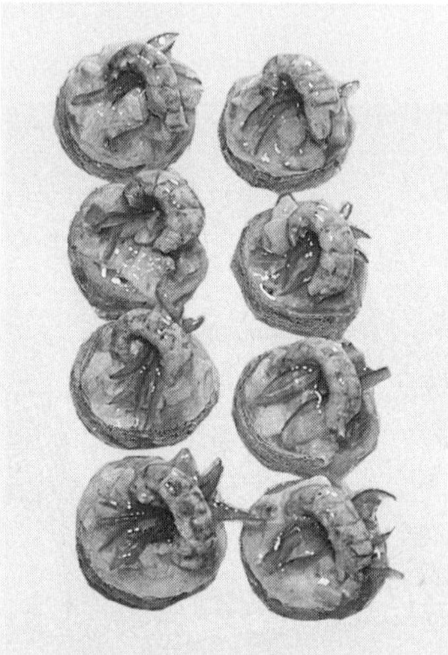

Gefüllte Artischockenböden

Zutaten: Gekochtes Geflügelfleisch, gekochter Spargel, gekochte Sellerieknolle, Mayonnaise, kleine Artischockenböden, Krebsschwänze.

Garnitur: Streifchen grüner Paprikaschote, Krebsschwänze.

Fertigstellung: Geflügelfleisch, Spargel und Sellerie in Würfel schneiden und mit pikanter Mayonnaise anmachen. Geflügelsalat in die marinierten Artischockenböden füllen. Streifchen der Paprikaschote und je einen Krebsschwanz gefällig darauflegen.

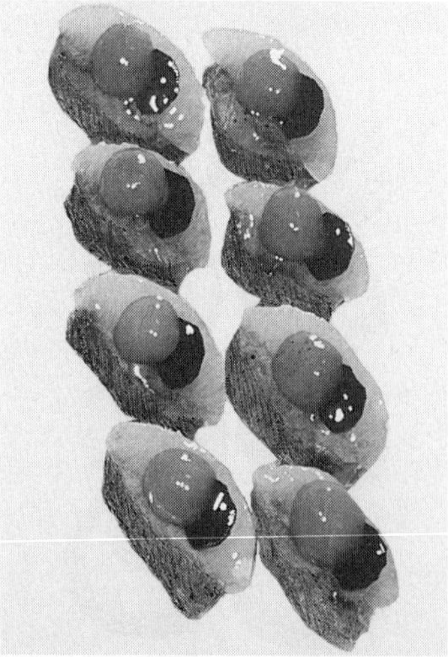

Rehrückenmedaillons

Zutaten: Gebratene Rehrückenmedaillons, Gänselebermus, Orange, Trüffel, Kirschen.

Garnitur: Orangenfilets, rote Kirschen, Trüffelscheiben.

Fertigstellung: Rehmedaillons einseitig mit Gänselebermus aus gegarter, pürierter Gänseleber und schaumig gerührter Butter, unterzogen mit geschlagener Sahne, bestreichen. Mit Orangenfilet, halber roter Kirsche und Trüffelscheibe garnieren.

3.6 Kombinierte Salate

Kombinierte Salate sind aus verschiedenen, geschmacklich aufeinander abgestimmten Zutaten zusammengestellt. Sie können sein:

- ▷ Vorspeise, im Rahmen eines Menüs,
- ▷ eigenständige Mahlzeit, z. B. mit Brot, Toast und Butter,
- ▷ Bestandteil kalter Buffets.

Heringssalat
Salade de harengs
Herring salad

Zutaten: Heringsfilets, mürbe Äpfel, Senfgurken, eingelegte Rote Rüben; Essig, Öl, Pfeffer, Prise Zucker, feingeschnittene Zwiebeln.

Fertigstellung: Gewässerte Heringsfilets, geschälte Äpfel, Senfgurken und Rote Rüben in gleichmäßige Würfel schneiden. Aus den übrigen Zutaten eine Marinade rühren und die geschnittenen Bestandteile zugeben und mischen. Rote Rüben gibt man am besten erst kurz vor dem Anrichten bei, um zu starke Rotfärbung des Salates zu vermeiden.

Garnelensalat
Salade de crevettes roses
Shrimp salad

Zutaten: Garnelen, feine Erbsen, Champignons;
Zitronensaft, Öl, Salz, Spur Cayennepfeffer oder Tabascosauce, Dill.

Fertigstellung: Gekochte Garnelen ausbrechen und entdärmen. Gekochte Champignons in Scheiben schneiden. Zitronensaft, Öl und Salz verrühren, mit wenig Cayennepfeffer oder Tabascosauce würzen. Garnelen, Champignons, Erbsen und geschnittenen Dill dazugeben und alles vermischen.

Thunfischsalat
Salade de thon
Thunafish salad

Zutaten: Thunfisch aus Konserven, abgezogene Tomaten, grüne Bohnen, rote Paprikaschoten, Zwiebelringe;
Essig, Olivenöl, französischer Senf, Salz, Pfeffer, Tomatensaft, gehackte Petersilie.

Fertigstellung: Thunfisch in gleichgroße Stücke zerpflücken. Tomaten in Sechstel teilen. Gekochte grüne Bohnen in 2-cm-Stücke schneiden. Paprikaschoten streifig schneiden. Aus den anderen Zutaten eine Marinade herstellen und die vorbereiteten Salatbestandteile sowie die Zwiebelringe damit anmachen.

Geflügelsalat
Salade de volaille
Chicken salad

Zutaten: Gekochte Geflügelbrust, gekochter Sellerie, frische Ananas, gekochter Spargel;
Zitronen- und Orangensaft, Öl, Salz, Pfeffer, Crème fraîche, Delikateß-Paprika.

Fertigstellung: Geflügelbrust in Scheibchen schneiden, desgleichen den Sellerie. Ananas in Scheiben schneiden, dann erst die harte Haut entfernen und das holzige Zentrum ausstechen. Die erhaltenen Kreisringe in kleine Segmente teilen. Spargel in Stückchen schneiden. Vorbereitete Salatbestandteile mit Orangen-, Zitronensaft, Öl, Salz und Pfeffer anmachen. Crème fraîche mit Paprika und Salz abschmecken und den angerichteten Geflügelsalat damit überziehen.

Pikante Salatkombinationen sind beliebt. Sie wirken besonders appetitanregend, wenn

- ▷ alle Bestandteile korrekt geschnitten sind,
- ▷ die Menge der Salatsauce das zum Anmachen erforderliche Maß nicht übersteigt,
- ▷ sie eine feine Einfassung von frischen Salatblättern erhalten,
- ▷ bei gefälliger Garnierung für den Gast noch erkennbar bleibt, woraus der Salat besteht.

3.7 Pasteten, Terrinen, Galantinen und Gänseleberparfaits

Zubereitungen dieser kalten Feingerichte umfassen Schlachtfleisch, Wild, Geflügel, Fische, Schalen- und Krustentiere sowie Zutaten der höchsten Qualitätsstufe. Sie werden nach dem vorherrschenden Geschmack des Grundstoffs bezeichnet, z. B. Schinkenpastete, Frischlingsterrine, Poulardengalantine. Ein Teil des jeweiligen Grundstoffs dient der Bereitung einer feinen Farce, der wertvollere Teil bildet mit den Zutaten die Einlage. Zutaten können z. B. sein: Pökelzungenwürfel, Pistazien, Trüffeln, mitunter auch Gänseleber. Durch die Komposition von Farce und Einlage ergibt sich später bei den gegarten Feingerichten ein kontrastreiches, appetitliches Schnittbild.

Eine Ausnahme bilden die Gänseleberparfaits. Diese werden nur aus dem Grundstoff, meist in Verbindung mit den hocharomatischen Trüffeln, hergestellt. Unter den Feingerichten werden sie am höchsten bewertet. Die französische Bezeichnung Parfait bedeutet: das Vollkommene.

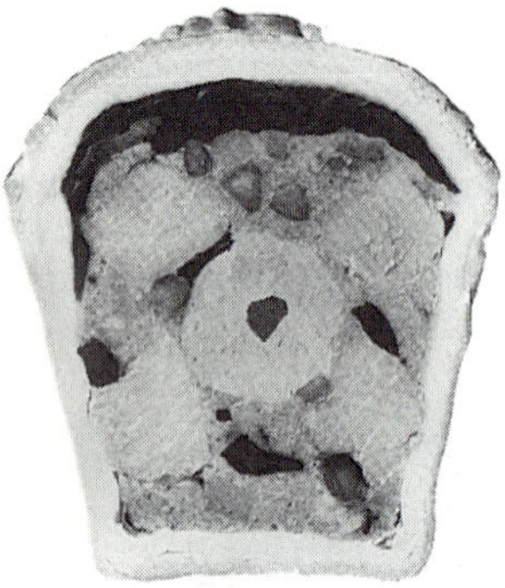

Pasteten sind in Teig eingeschlossene Feingerichte, die in speziellen Pastetenformen oder geformt auf Blechen im Ofen gebacken wurden.

Der durch die Verdunstung entstandene Hohlraum wird nach dem Erkalten der Pastete mit geschmacksspezifischem Gelee ausgegossen. Das Einfüllen erfolgt durch die Dampfabzugslöcher, die man vor dem Backen auf der Teigoberfläche aussticht.

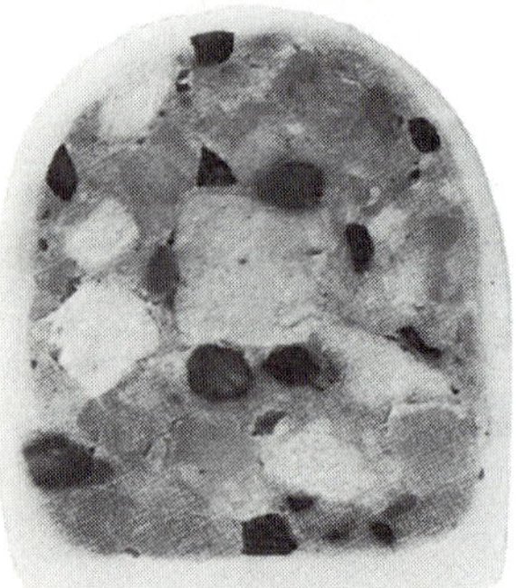

Terrinen sind Feingerichte, die in beliebigen, vorwiegend mit Rückenspeckscheiben ausgelegten und abgedeckten, feuerfesten Keramikformen (Terrinen) gegart wurden.

Das Garverfahren der mit einem Deckel verschlossenen Formen erfolgt in einem Wasserbad im vorgeheizten Ofen und sollte dann ca. 70 bis 80 °C Kerntemperatur aufweisen. Terrinen werden nach dem Erkalten gestürzt (siehe Bild), vielfach jedoch in der Terrinenform serviert und am Tisch vor dem Gast ausgestochen bzw. schräg herausgeschnitten.

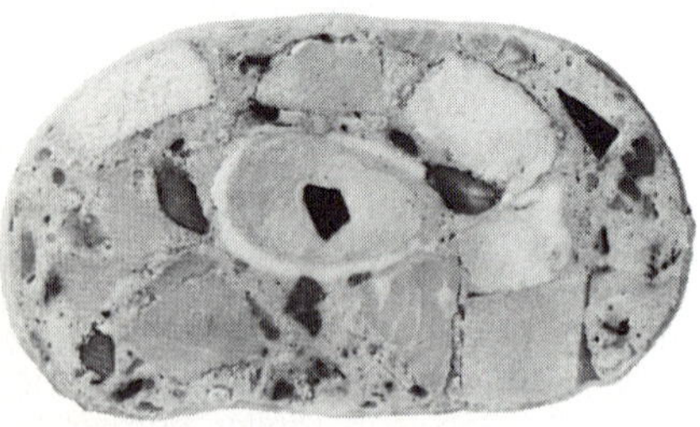

Galantinen sind Feingerichte, die in der Regel in ausgebeinte Tierkörper oder in Teile davon gefüllt und gegart wurden.

Geflügel, Wildgeflügel, Wildschweinsköpfe, Schweinefüße (Zamponi) oder Aale kommen u. a. in Betracht. Der völlig entbeinte und gefüllte Körper wird fest in eine Serviette oder in eine spezielle Folie gewickelt und umschnürt. In vorbereiteter Brühe läßt man die Galantine garziehen.

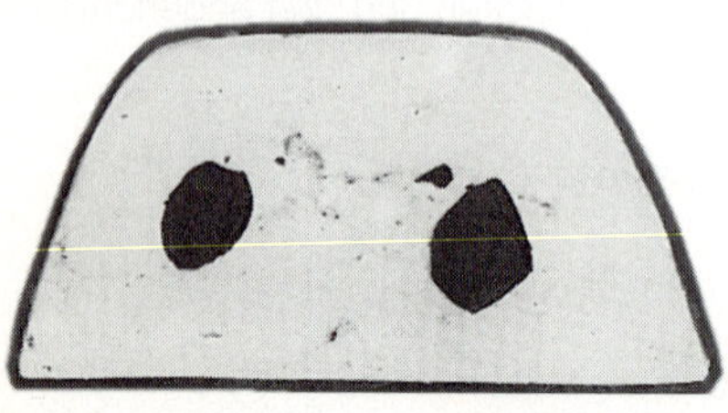

Gänseleberparfaits sind Feingerichte aus den Fettlebern von Gänsen sowie Trüffeln, die in einem Wasserbad im Ofen bis zur vorgesehenen Garstufe erhitzt wurden.

Die Lebern werden zuvor von Haut und Blutgefäßen befreit, dann gewürzt und mit Alkoholika (z. B. Cognac und Portwein) aromatisiert. Zusammen mit Trüffeln drückt man sie fest in Spezialformen, die vorher mit dünnen Speckscheiben ausgelegt wurden.

3.8 Kalte Platten

Das Anrichten von kalten Platten erfordert Geschicklichkeit und ein feines, ausgewogenes Gefühl. Doch wer Freude am Gestalten hat und ein gewisses Maß an Schönheitssinn besitzt, kann gute Ergebnisse erreichen. Mit den nachstehend gegebenen Hinweisen sollen die Arbeiten zum Herstellen von kalten Platten erläutert und erleichtert werden.

Grundregeln

Alles, was appetitlich und schön aussieht, muß auch gut schmecken. Darum gebührt dem Geschmack und dem Anrichten von kalten Platten die gleiche Bedeutung.

Platten

▷ Gebräuchlich sind versilberte Platten, Chromstahl-, Glas- und Porzellanplatten. Die Platten müssen einwandfrei und sauber sein, denn sie geben dem Angerichteten den Rahmen. Mögliche Firmenzeichen auf dem Plattenrand dürfen beim späteren Aufstellen nicht auf dem Kopf stehen.

Geleespiegel

▷ bilden eine hygienische, produktschützende Isolierschicht zwischen Platte und daraufliegenden Speisen. Austretende aggressive Stoffe verlieren so bei Metallplatten ihre Wirkung. Auf einem Geleespiegel erscheinen die angerichteten Objekte vorteilhafter.

Papierservietten

▷ saugen Fett und Feuchtigkeit auf. Man verwendet sie nur für Aufschnittplatten, die zum direkten Verzehr bestimmt sind.

Überglänzen

▷ Die zum Überglänzen bestimmten Speisen müssen zuerst kaltstehen, damit das aufzutragende, stockende Gelee haften bleibt. Auf großen glatten Flächen darf die dünne Geleeschicht keine Streifen zeigen.

Bei Produkten, die direkt zum Verzehr kommen, ist das Überglänzen mit Gelee nicht üblich.

Anrichten

▷ Angerichtet wird nur, was genießbar ist und im Geschmack harmoniert. Die einzelnen Gruppen der angerichteten Speisen sollten mit Zwischenraum angerichtet werden, dadurch wird das Gesamtbild des Arrangements positiv beeinflußt. Das Belegen von Plattenrändern sollte man grundsätzlich vermeiden. So dient z. B. bei henkellosen Platten der Rand zum Tragen.

Farbenspiel

▷ Beim Anrichten ist auf Farbkontraste zu achten. Helles und dunkles Fleisch, Schinken und Wurst sind so zu gruppieren, daß gleiche Farben nicht nebeneinanderliegen. Die reiche Auswahl von passendem Dekor und Beilagen bieten weitere Möglichkeiten, das Farbbild zu beleben.

Menge

▷ Die angerichtete Menge muß der Plattengröße entsprechen. Überladene Platten beeinträchtigen das Aussehen noch so schöner Arbeiten. Die aufgelegte Scheibenzahl ist nach der Anzahl der Portionen festzulegen. Garnituren sind mit der Portionszahl abzustimmen.

Vorbereitende Arbeiten

Zu diesen gehören das Aufschneiden und Zerlegen der vorgesehenen Ware. Von besonderer Bedeutung für die spätere Darbietung sind die Schnittbilder. Saubere und glatte Schnittflächen kann man nur erreichen, wenn

- die Ware gut gekühlt ist,
- die Messerscheiben in den Aufschnittmaschinen scharf sind,
- geeignete, scharfe Tranchiermesser benutzt werden.

Weiche Wurstsorten Teewurst Mettwurst Leberwurst	▷ werden mit schmalem, dünnen Messer geschnitten. Die Stärke der Scheiben soll nicht unter 5 mm liegen. Der Darm bleibt an den Wurstscheiben; wird er zuvor eingeritzt, erhält man unverformte Scheiben, die sich akkurat legen lassen.
Feste Wurstsorten Cervelatwurst Salami, Lyoner Zungenwurst	▷ werden mit der Aufschnittmaschine geschnitten. Die Stärke der Scheiben liegt bei 1 bis 2 mm, bei Salami auch unter 1 mm. Der Darm wird vorher in Breite des aufzuschneidenden Wurststücks abgezogen.
Würste mit kleinem Durchmesser	▷ werden mit schräger Schnittführung aufgeschnitten, um Scheiben mit größerer Fläche zu erhalten.
Würste mit großem Durchmesser	▷ werden quer mit gerader Schnittführung aufgeschnitten, um zu vermeiden, daß sich der Flächeninhalt der Scheibe vergrößert.
Gekochte Schinken	▷ werden mit der Aufschnittmaschine geschnitten. Die Stärke der Scheiben ist unterschiedlich. Die Schwarte wird vorher entfernt, das Fett bis auf einen kleinen gleichmäßigen Rand abgeschnitten. Beim angerichteten Schinken liegt die Scheibenseite mit dem Fetträndchen immer oben.
Rohe Schinken	▷ werden vorwiegend mit der Aufschnittmaschine geschnitten. Die Stärke der Scheiben liegt unter 1 mm. Zuerst wird die Schwarte zusammen mit dem Fett abgeschnitten, so daß ein kleiner Fettrand verbleibt. Bei Knochenschinken wird der Röhrenknochen mit Hilfe eines Knochenlösers aus dem Schinken gestoßen. Auch hier werden die Scheiben mit dem Fetträndchen nach oben gelegt.
Gebratenes Geflügel	▷ wird mit dem Tranchiermesser, beginnend an der Brustspitze, in Hälften zerlegt. Das Rückgrat wird abgeschlagen, die Hälften in Brustteile und Keulen getrennt. Die Knochen sind auszubrechen. Es verbleiben in den Keulen: der Unterschenkelknochen, in den Brusthälften: der Stummel des Flügelknochens. Der Größe des Geflügels entsprechend teilt man die Keulen mit senkrechten Schnitten in Stücke, die Brüste mit schräg-flachen Schnitten, zum Flügelknochen hin, in dickere Scheiben (Tranchen).

Stollen von der Martinsgans

Gefüllte Gänsebrust
Früchte-Timbale
Brombeersauce im Squash

Diese Platte präsentiert zweimal Gans.

Eine ausgelöste Gänsebrust wird mit der Farce aus Gänsekeulen in eine Stollenform gefüllt und pochiert. Eine andere Gänsebrust wird gefüllt, gebraten und liegt in Tranchen geschnitten auf der rechten Plattenseite.

Als Beilagen dienen Früchte-Geleetimbale sowie eine Brombeersauce als geschmackliche Ergänzung.

Gestalterisch wird von der ovalen Plattenform ausgegangen. Der Wechsel zwischen den kräftig wirkenden Tranchen und den zierlichen Früchte-Timbales bringt Spannung in das Gesamtbild der Platte.

Haupt- oder Mittelstück und somit Blickfang bilden das restliche Stollenstück von der Gans sowie die als Sauciere verwendete gelbe Kürbisfrucht.

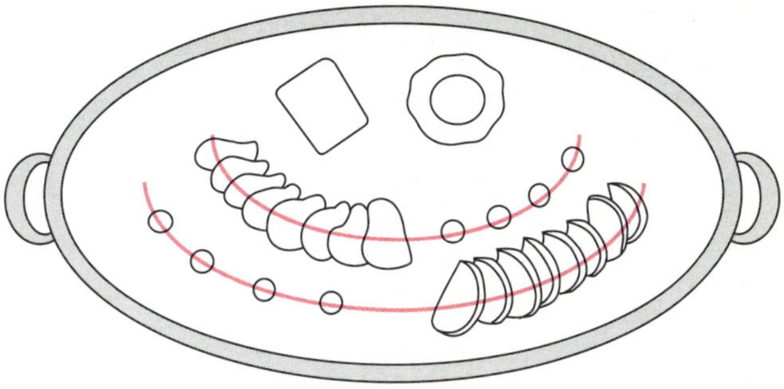

Hummer-Galantine

Spargelspitzen mit Lachsfilet
Kräutercreme auf Kürbisscheiben

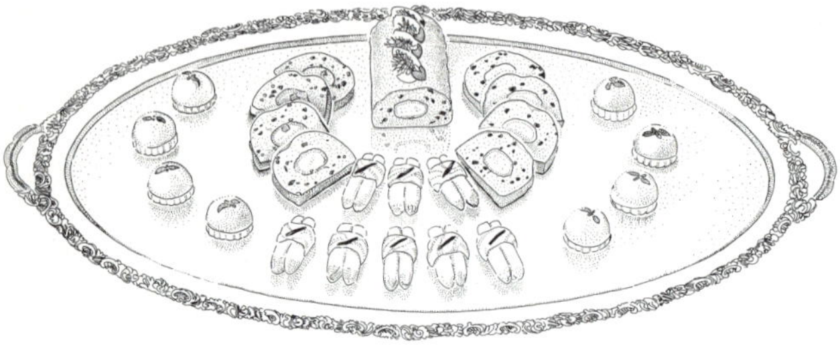

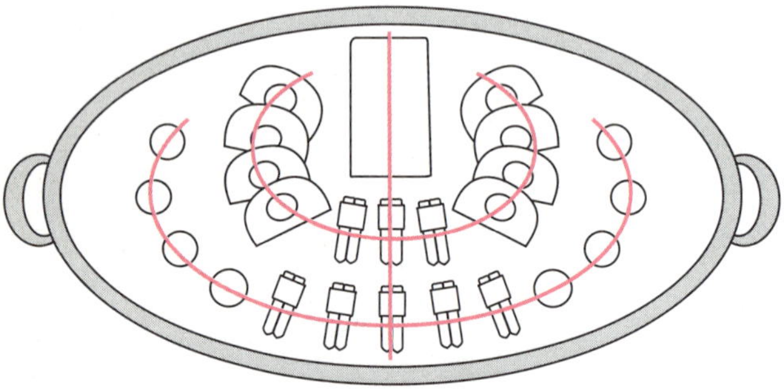

Eine Hummergalantine, gefertigt aus wertvollen Rohstoffen, ist der zentrale Punkt der klar gegliederten Platte.

Ergänzend beigegeben sind Spargelspitzen, die geschmacklich das Hummerfleisch gut zur Geltung kommen lassen. Die Ummantelung der Spargelspitzen mit Räucherlachsscheiben bringt Farbe.

Zur geschmacklichen Abrundung dient die auf Kürbisscheiben halbkugelförmig angerichtete Kräutercreme.

Gestalterisch wird von einer gedachten Mittellinie ausgegangen, auf der im hinteren Bereich der Platte das Hauptstück angeordnet ist. Rechts und links dieser gedachten Mittellinie befinden sich die gleiche Anzahl von Galantine-Tranchen und Beilagen in kreisförmiger Anrichteweise. Man spricht in einem solchen Fall von einer symmetrischen Anordnung, die sehr ruhig wirkt und deshalb farbliche Akzente benötigt.

Gefüllte Spanferkel-Keule mit Wildschwein-Zampone

Melonenkugeln im Teig-Wein-Blatt
Birnen mit Senffrüchten
Cumberlandsauce in der Melone

Zwei gefüllte Schweinefüße bilden den Mittelpunkt der Platte.

Die Keule vom Spanferkel wurde hohl ausgelöst (vom Knochen befreit) und gefüllt.

Beim Wildschweinfuß (Zampone) ist die Haut bzw. die Schwarte als Hülle für eine entsprechende Füllung verwendet worden.

Von beiden Stücken sind jeweils acht Tranchen so geschnitten, daß die Ausgangsprodukte in ihrer Grundform erkennbar bleiben.

Die aus kulinarischer Sicht erforderlichen Ergänzungen mit einer Cumberlandsauce sowie marinierten Melonenkugeln und mit Senffrüchten gefüllte, halbe Birnen sind in die Platte integriert.

Das gestalterische Grundraster stellen zwei Diagonalen dar. Dominierend ist die als Füllhorn gestaltete Spanferkelkeule. Im Vordergrund sind Beilagen und Tranchen in einem durchgehenden Bogen angeordnet.

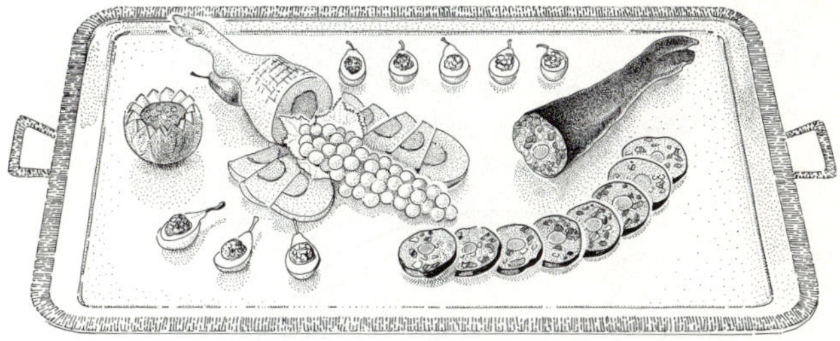

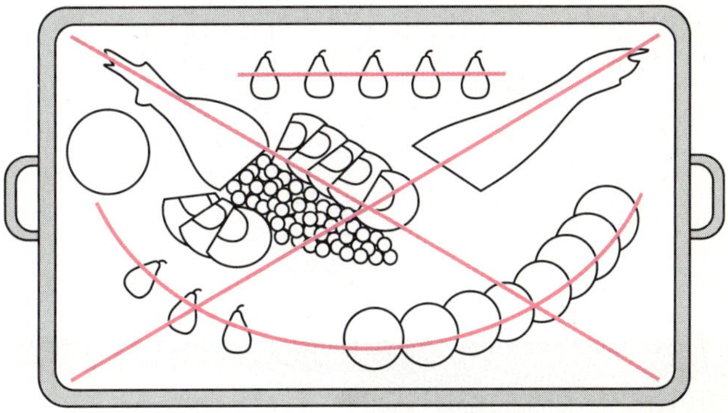

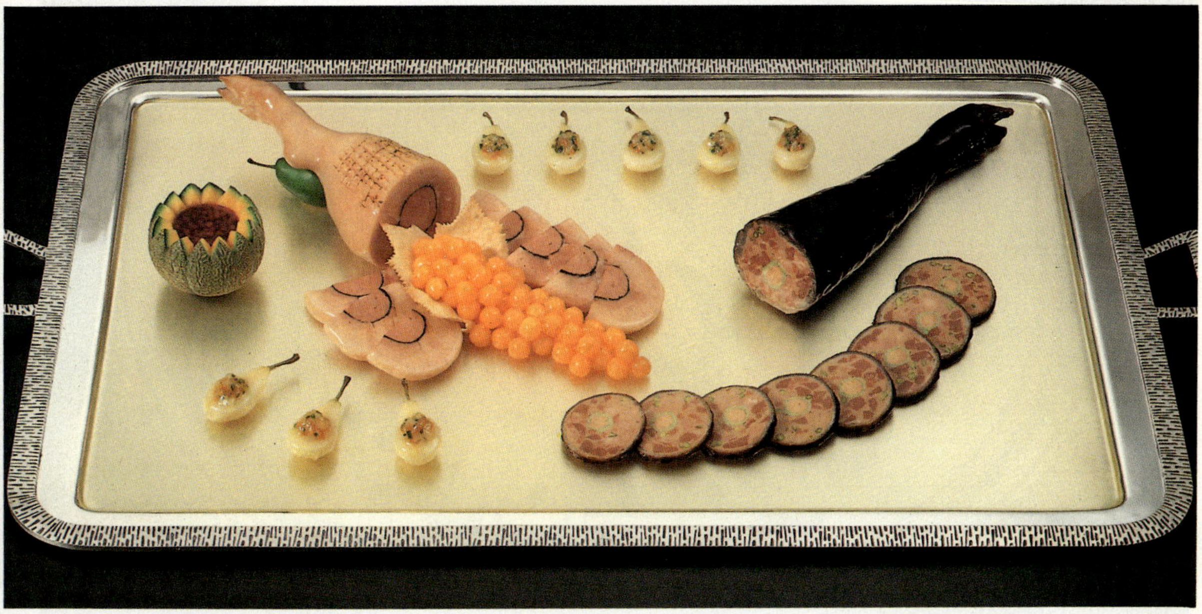

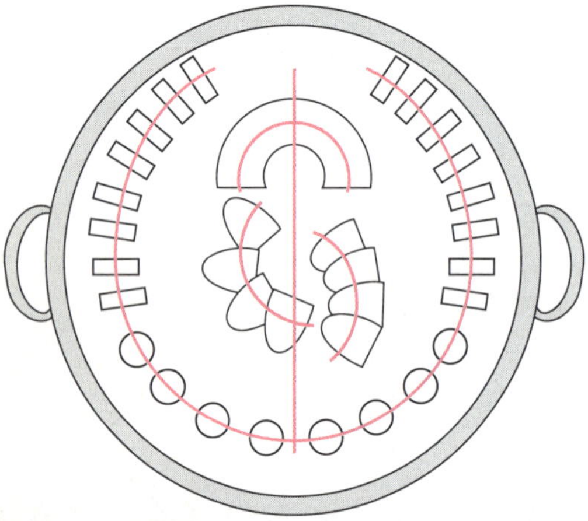

Kranz von rotfleischiger Regenbogenforelle

Lachs-Filet
Apfelmeerrettichcreme auf Zucchinischeiben
Gelbe Auberginen mit grünen Spargelspitzen

Das Hauptstück dieser Platte ist der Kranz von rotfleischiger Regenbogenforelle. Mit deren Filets ist die Kranzform ausgelegt, Stücke davon sind auch in der Farce erkennbar.

Der Forelle sind dickere Tranchen von geräuchertem Lachs zugeordnet.

Als Beigaben dienen Spitzen von mariniertem grünen Spargel, die in Schiffchen von gelben Auberginen angeordnet sind. Eine Creme von Apfelmeerrettich ist kuppelförmig auf Scheiben von Zucchini angerichtet.

Gestalterisch wird das Rund der Platte aufgenommen. Lachsstücke und Beigaben bilden zusammen einen großen Kreis, der etwas nach hinten verschoben und offen ist. Jeweils halbkreisförmig sind der angeschnittene Kranz und die dargebotenen Scheiben angerichtet. Durch die asymmetrische Anordnung der Forellentranchen kommt viel Dynamik in die Plattengestaltung.

Joghurt-Mangocreme mit Kiwi und Himbeersauce

Garnituren mit Saucenspiegeln

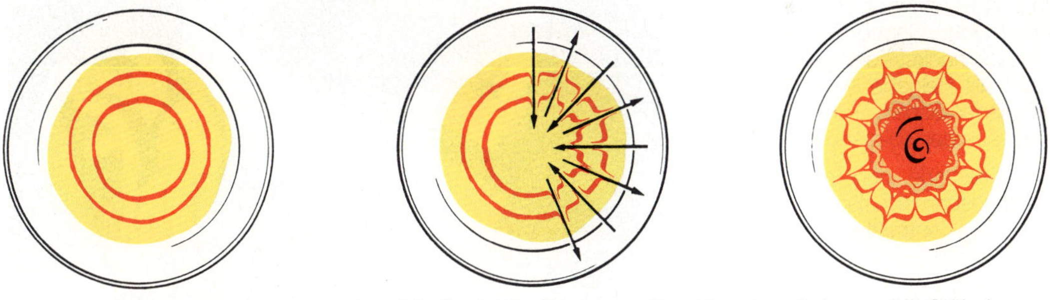

Teller mit Vanillesauce dünn ausgießen. Mit Spritztüte Ringe von Fruchtmark aufbringen. Mit Stäbchen achtmal erst von innen nach außen ziehen, dann von außen nach innen.

Teller mit Sauce ausgießen, mit Spritztüte Tupfen von andersfarbigem Material setzen. Mit Stäbchen die Farbtupfen in einem Zug durchteilen. Dessert daneben anrichten.

Eisdessert Frühlingssinfonie

Das Beispiel zeigt eine Kombination von Eiskrem und individuellem Dekor.

Für die Dekoration bildet Spritzschokolade die Umrandung. Aprikosenkonfitüre wird aufgekocht, zum Teil eingefärbt und als dekorative Fläche aufgetragen.

Der „Schmetterling“ ist aus Hippenmasse gefertigt. Die beiden dekorativen Elemente können im voraus hergestellt werden, so daß bei Abruf nur noch die Eiskugel ergänzt wird.

Aromatische Früchte ergänzen die Kombination geschmacklich.

Die dekorative Blumenbeigabe gehört nicht zum Gedeck.

Eisdessert Choco-Coco-Nut

Speiseeis mit Schokoladenstückchen und Kokos ist der Hauptbestandteil von „Choco-Coco-Nut“. Die Geschmacksträger wiederholen sich als Beigabe in Form von Schokoladenraspeln und kleinen Spalten aus der Kokosnuß.

Spritzschokolade und eingefärbte Aprikosenmarmelade bilden einen stark kontrastierenden Untergrund.

Das außergewöhnliche Anrichtegeschirr und die farbliche Gestaltung des Hintergrundes sollen die exotische Note betonen.

Menü und Gedeck

① *Carpaccio vom Rinderfilet*
mit gebratener Entenleber

*

② *Pochierter, mit Meeresfrüchten gefüllter Wolfsbarsch*
auf einer Beaujolaissauce

*

③ *Rosa gebratene Entenbrust mit Calvadossauce*
Knackiges Gemüse von Möhrchen, Teltower Rübchen,
Roten Beten, Brokkoli und Schloßkartoffeln

*

④ *Eis von Vanille und Himbeeren*
mit marinierten Beeren

Menü und Gedeck

① Gänseleber in Briochemantel
mit Apfelsalat und Würfeln von Sherryweingelee

*

② Gekochter Hummer im Gemüsesud

*

③ Rinderfilet auf einer Trüffelrahmsauce
mit Fingerkarotten, Mus von Petersilienwurzeln,
Zuckerschoten und gebratenen Kartoffelspänen

*

④ Frische Feigen auf Curaçaosauce
mit Orangenfilets

3.9 Kaltes Buffet

Das kalte Buffet ist für viele Gäste der Inbegriff einer vielfältig-köstlichen, farbenprächtigen Zusammenstellung von Speisen, meist für einen festlichen Anlaß. Der kreative Koch kann hier die gestalterischen Fähigkeiten voll zur Geltung bringen.

Aus fachlicher Sicht besteht ein kaltes Buffet im wesentlichen aus drei unterschiedlichen Elementen:

- ▷ **Schauplatten,** die als Blickfang dienen und mit einem hohen Materialaufwand und beachtlichem Arbeitsaufwand gefertigt werden,
- ▷ **einfache Platten** oder „Füllern“ wie z. B. Platten mit aufgelegten Scheiben von Lachs oder Käse,
- ▷ **Salaten in Schüsseln** zur Ergänzung und Abrundung.

Die Anordnung der Speisen innerhalb des Buffets entspricht im allgemeinen den kulinarischen Regeln, also der Speisenfolge. So befinden sich beispielsweise Cocktails, Terrinen, Pasteten und Galantinen am Beginn der Laufrichtung, Fisch und Braten im Zentrum, während Käse und Süßspeisen sowie Obst den Abschluß bilden.

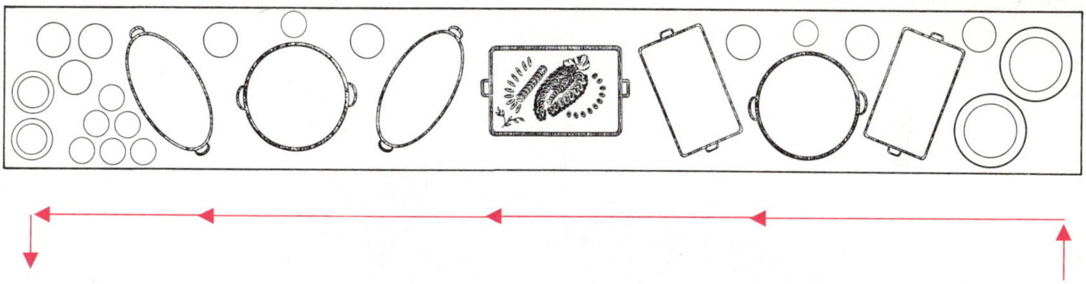

Kalte Buffets werden dem Anlaß entsprechend zusammengestellt oder nach einem Thema gestaltet, z. B. Rustikales Regionalbuffet, Nordisches Fischbuffet, Allgäuer Käsebuffet.

Variationen

Kalt-warmes Buffet. Hier werden kalte Speisen durch warme ergänzt. Das bedeutet eine Erweiterung des Angebots, erfordert aber auch entsprechende Warmhaltemöglichkeiten und zusätzlichen Platz für Tranchierarbeiten der Köche.

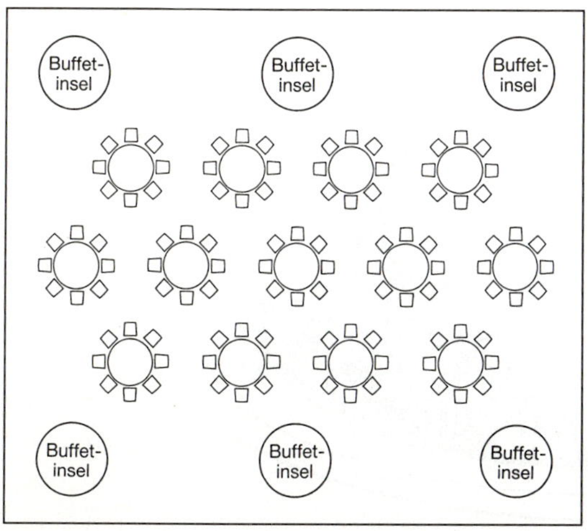

Buffet-Inseln. Dabei wird die große Buffet-Tafel aufgeteilt in Einzeltische, die verteilt im Raum stehen und in aufgelockerter Form jeweils Schwerpunkte darstellen, z. B. Krustentiere oder Obst. Wegen der lockeren Anordnung kann man zwar in kurzer Zeit viele Gäste versorgen, doch geht die von einem großen Buffet ausgehende festliche Stimmung verloren.

Gestaltung von Schauplatten

Blickpunkte eines kalten Buffets sind die schön angerichteten Platten, die sogenannten Schauplatten. Sie bestehen aus:

- ▷ **Haupt- oder Mittelstück,** das angeschnitten präsentiert wird,
- ▷ **Tranchen von Hauptstück** und dazu passenden
- ▷ **Beilagen und Umlagen.**

Je kleiner Tranchen und Umlagen gehalten werden, desto vielfältiger kann der Gast eine Auswahl für sich zusammenstellen. Die Garnituren und Umlagen sollen geschmacklich zum Hauptstück passen und wenn möglich der Anzahl der aufgeschnittenen Tranchen entsprechen.

Der untranchierte Teil des Hauptstückes überragt in der Höhe die anderen Zubereitungen, und deshalb fällt er besonders auf.

Bei den Tranchen erhält man durch „Fächern“, das heißt, ein fächerartiges schräges Aufeinanderlegen der Tranchen, eine gewisse Höhe.

Belegen der Schauplatten

▷ Ein **Geleespiegel** schützt die Platte und verhindert den unmittelbaren Kontakt der Lebensmittel mit dem Silber. Durch die Feuchtigkeit des Gelees bleiben zudem die Speisen länger frisch.

▷ Das **Hauptstück** bildet den Richtpunkt für alle übrigen Bestandteile und ist darum überlegt zu plazieren.

▷ **Tranchen und Umlagen** müssen exakt portioniert und in exakten Linien gleichmäßig angerichtet werden.

▷ **Platten nicht überladen,** damit Platz zwischen den Stücken bleibt und die einzelne Formen zur Geltung kommen.

▷ **Ränder dürfen nicht belegt werden.**

▷ Bei der **Anrichteweise** unterscheidet man verschiedene Grundformen, die in den folgenden Beispielen erläutert werden.

Die vorausgegangenen Farbtafeln zeigen Beispiele heutiger Anrichteweise, sind jedoch nicht verbindlich. Die Kombination von Farbbild und Zeichnung ermöglicht die Darstellung der Gestaltungsprinzipien.

Die Vorstellungen über eine fachlich richtige Gestaltung von Schauplatten unterliegen einem steten Wandel.

Schauplatten aus der Zeit um 1920 zeigen die damals übliche überreiche Dekoration. Heute wird schlichter, materialbezogener angerichtet.

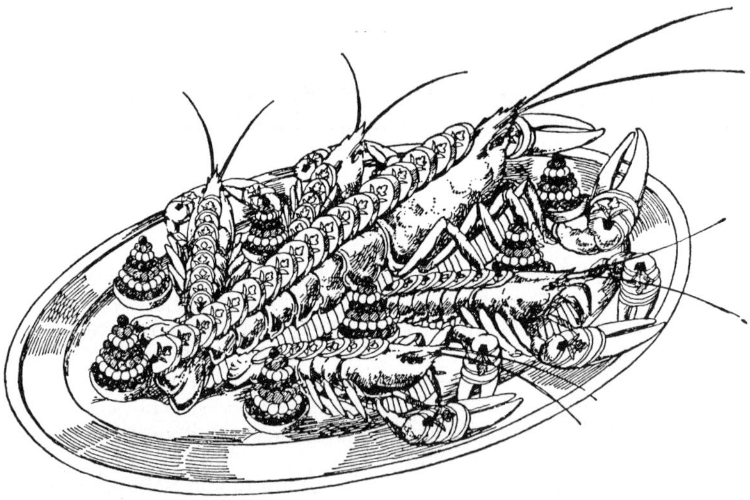

Gebäcke, Süßspeisen und Speiseeis

Die Küchenkonditorei oder Patisserie stellt die zu den Menüs gehörenden kalten oder warmen Süßspeisen her, fertigt aber auch Gebäck, z. B. für den Nachmittagskaffee.

Zur Herstellung der Süßspeisen wird in der Regel auf bestimmte **Grundzubereitungen** zurückgegriffen. Die fachgerechte Weiterverarbeitung ergibt dann das vielfältige Angebot an kalten und warmen Süßspeisen.

Teige | Massen | Crems | Saucen → **Warme Süßspeisen**, **Kalte Süßspeisen**

Eis → **Eisspeisen**

Warme Süßspeisen
z. B. Zitronenauflauf mit Fruchtmark
Apfelstrudel

Kalte Süßspeisen
z. B. Gestürzte Fruchtcreme mit Vanillesauce
Bayerische Creme

Eisspeisen
Eisbecher
Eisbomben
Eisaufläufe

1 Teige und Massen

Die Unterscheidung zwischen Teigen und Massen ist gleitend.

Die Umgangssprache geht von unterschiedlichen Merkmalen aus. So benennt sie z. B. den Mürb- und Blätterteig nach der Beschaffenheit, den Hefeteig nach dem Treibmittel und den Lebkuchenteig nach der Verwendung. Der Fachmann unterscheidet Teige und Massen nach bestimmten Merkmalen:

	Teige	Massen
Grundbestandteil	Mehl	Eier, Zucker, teilweise Fett, Flüssigkeit
Grundtechnik	Kneten	Rühren, Schlagen, Blasen
Lockerung	Gärungskohlensäure, Wasserdampf	eingearbeitete Luft, Wasserdampf
Bindung und Gerüst	Eiweiß des Mehls	Eiklar des Hühnereis

Die Übersicht zeigt, daß von den Grundbestandteilen, also den wichtigsten Zutaten, auch die Grundtechniken bestimmt werden.

Die **Zutaten** und ihre Eigenschaften sind im Abschnitt Lebensmittel beschrieben.

Die **Grundtechniken** werden jeweils bei den entsprechenden Teigen und Massen besprochen.

Die **Lockerung** ist vorangestellt, um Wiederholungen zu vermeiden.

1.1 Teiglockerung

Die Lockerungsmittel bewirken die Porenbildung und beeinflussen Beschaffenheit und Geschmack des Gebäcks.

Nach der Art unterscheidet man

- biologische Lockerungsmittel, z. B. Hefe;
- physikalische Lockerungsmittel, z. B. eingeschlagene Luft, die sich durch die Wärmeeinwirkung beim Backen noch weiter ausdehnt;
- chemische Lockerungsmittel, z. B. Backpulver, Natron usw., die bei Wärmeeinwirkung Gase abspalten, die lockernd wirken.

1.2 Hefeteig

Pâte à la levure
Yeast dough

Hefeteig ist ein Teig mit hohem Mehlanteil, der durch die Wirkung der Hefe gelockert wird.

Grundrezept für leichten Hefeteig

500 g Mehl	70 g Zucker
30 g Hefe	70 g Fett
200 g Milch	1 Eigelb
	5 g Salz

- **Mehl:** Kleberreiche Sorten sind zu bevorzugen, denn bei starker Kleberbildung erhält man Gebäcke mit größerem Volumen.
- **Milch** stärkt den Kleber, macht die Krume weicher und gibt der Kruste eine ansprechende Farbe. Außerdem begünstigt sie die Frischhaltung.
- **Fett** in kleinen Mengen macht den Kleber elastischer und das Gebäck „saftiger"; in größeren Mengen hemmt es jedoch die Tätigkeit der Hefe.
- **Eier** machen das Gebäck schmackhafter. Je höher der Eigelbanteil, desto saftiger das Gebäck.

Je nach Rezept werden bei der Herstellung von Hefeteigen

- alle Zutaten gleichzeitig verarbeitet (direkte Führung)
- zuerst ein Vorteig angesetzt und dann erst der Teig bereitet (indirekte Führung).

Durch die indirekte Führung haben die Hefezellen im Vorteig Gelegenheit, sich zu vermehren; der Hefezusatz ist darum geringer. Nachteilig wirkt sich der höhere Zeitaufwand aus. Die direkte Führung benötigt mehr Hefe, spart aber Arbeitszeit. Sie überwiegt heute.

Arbeitsweise

Alle Zutaten müssen temperiert sein, damit die Hefe die zum Gären nötige Wärme vorfindet. Der Teig wird geknetet, bis er Blasen wirft, denn erst da ist der Kleber voll ausgebildet.

An warmem Ort den fertigen Teig einmal aufgehen lassen und nochmals durchkneten; das verstärkt die Triebkraft und gibt eine gleichmäßigere Porung. Hefeteig hat die richtige Gare, wenn der Teig auf einen leichten Fingerdruck nachgibt und dann wieder in die Ausgangslage zurückkehrt.

Gärt Hefeteig zu lange, erhält man trockenes, strohig schmeckendes, blasses Gebäck.

Herstellung

Hefe in lauwarmer Milch auflösen, Mehl in Schüssel sieben, eine Mulde bilden, Milch mit Hefe eingießen, übrige Zutaten beigeben, kneten, bis der Teig Blasen wirft.

Daraus lassen sich fertigen:

Blechkuchen

Teig aufgehen lassen, etwa 0,5 cm dick ausrollen, auf gefettetes Blech geben.

- **Apfelkuchen:** mit Schnitzen von geschälten, entkernten Äpfeln dachziegelartig belegen, Streusel darüberstreuen, an warmem Ort 20 bis 30 Min. gehen lassen, bei mittlerer Hitze 25 bis 30 Min. backen.
- **Zwetschenkuchen** wird mit Zwetschen hergestellt, Pflaumen eignen sich dazu weniger, sie sind zu saftig. Zwetschen am besten mit Entsteiner vorbereiten, den Teig dachziegelartig belegen, gehen lassen, backen wie oben, nach dem Backen sofort mit Zimtzucker bestreuen. Geben die Zwetschen zuviel Saft ab, vor dem Backen etwas Brösel darüberstreuen.
- **Streuselkuchen:** Teig mit Wasser bestreichen, mit Streuseln bestreuen, wie oben backen.

Hefezopf

Nach dem ersten Aufgehen Stränge formen, flechten, Zopf auf gefettetes Blech setzen, 20 Min. gehen lassen, mit Eigelb bestreichen, bei mittlerer Temperatur etwa 30 Min. backen, glasieren.

Plundergebäck (Pâtisserie danoise)

Hefeteig (500 g) nach dem ersten Aufgehen kühlstellen; 150–200 g Fett (Butter) mit 50 g Mehl verkneten und kühlstellen; Teig zu einer rechteckigen Platte ausrollen, Fett halb so groß auf eine Hälfte des Teiges legen, andere Hälfte darüberschlagen, zwei einfache Touren (s. Blätterteig) geben, etwas ruhen lassen, etwa 1 cm dick ausrollen.

- **Hörnchen:** Dreiecke schneiden, füllen, rollen, 20 Min. gehen lassen, mit Eigelb bestreichen und bei mittlerer Hitze etwa 15 Min. backen. Danach mit heißer Aprikosenmarmelade dünn bestreichen (aprikotieren) und mit Fondant oder nur mit Puderzuckerglasur glasieren.

▷ **Schnecken:** aus 150 g Marzipan, 50 g Korinthen oder Rosinen, 50 g Bröseln, etwas Milch eine Füllung vorbereiten; Teig 1 cm dick ausrollen, mit Füllung bestreichen, aufrollen, von der Rolle Scheiben schneiden, auf gefettete Bleche setzen, mit Eigelb bestreichen, gehen lassen, backen und glasieren wie oben.

Savarin
Savarin

Savarin

Grundrezept

500 g	Mehl	250 g	Butter
6	Eier	30 g	Zucker
30 g	Hefe	7 g	Salz
0,15 l	Milch		

Zubereitung

Alle Zutaten müssen temperiert sein; aus Mehl, in Milch aufgelöster Hefe und Eiern einen Teig bereiten und kräftig abschlagen; Zucker, Salz und Butter obenauflegen; wenn der Teig bis zum Doppelten seines Volumens aufgegangen ist, restliche Zutaten unterarbeiten und nochmals abschlagen.

Savarinringe mit kremiger Butter stark ausfetten, mit Mehl ausstäuben, Teig mit Spritzbeutel ein Drittel hoch einfüllen, aufgehen lassen und backen.

Nach dem Backen stürzen, mit abgeschmecktem (Vanille, Rum) Läuterzucker tränken, aprikotieren, mit Früchten und Sahne servieren.

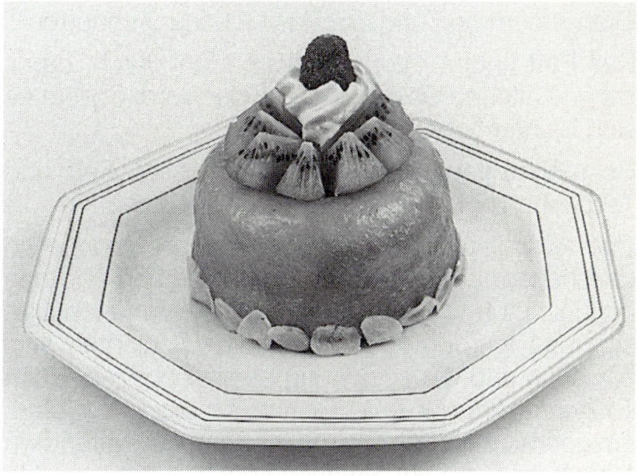

1.3 Blätterteig

Pâte feuilletée
Puff pastry

Blätterteig erhält seine lockere, splittrige Beschaffenheit durch das Einrollen von Fett.

Grundrezept:

500 g	Mehl = 1 Teil	ca. 0,3 l	Wasser
500 g	Fett = 1 Teil	7 g	Salz

Verbesserung:

1 Eßlöffel Essig – stärkt den Kleber oder
1 Eßlöffel Rum – stärkt Triebkraft und verbessert den Geschmack
1 Eigelb – verbessert den Geschmack

Zutaten und ihre backtechnische Wirkung

▷ **Mehl:** Kleberreiche Sorten ergeben gleichmäßigeres Gebäck mit größerem Volumen.

▷ **Fett:** Am besten eignen sich Ziehbutter oder Ziehmargarine, denn diese haben einen höheren Schmelzpunkt als die gewöhnlichen Fette und sind darum leichter zu verarbeiten.

▷ **Triebwirkung:** Durch wiederholtes Ausrollen und Übereinanderschlagen des Teiges entsteht eine feine Teig-Fett-Schichtung. Das Fett trennt die einzelnen Teigschichten voneinander. Darum kann der

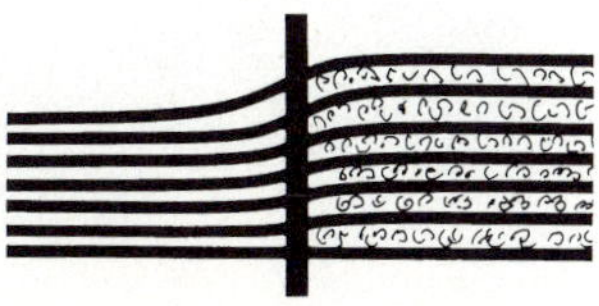

während des Backens entstehende Wasserdampf Schicht um Schicht etwas anheben. Es entsteht ein lockeres, splittriges und doch saftiges Gebäck.

Nach der Art, wie diese Zutaten verarbeitet werden, unterscheidet man:

▷ Deutscher Blätterteig: Teig außen – Fett innen.

▷ Französischer Blätterteig: Fett außen – Teig innen.

▷ Holländischer oder Blitzblätterteig: Fett wird in Stücken bei der Teigbereitung eingearbeitet.

	Vorteil	Nachteil
Deutscher	läßt sich auch in wärmeren Räumen verarbeiten	trocknet leicht ab
Französischer	trocknet nicht ab	in wärmeren Räumen sehr schwer zu verarbeiten, weil äußere Schicht Fett
Holländischer oder **Blitzblätterteig**	schnelle Anfertigung	nur wie Abfallblätterteig verwendbar

Arbeitshinweise

Alle Zutaten, Tisch und Geräte müssen kalt sein, wenn der Blätterteig gelingen soll. Das Fett wird am besten im Kühlraum vorgekühlt.

Der **Teig** wird durch Verkneten des Mehls mit Wasser wie Nudelteig hergestellt. Er ist unbedingt kräftig zu bearbeiten, denn sonst zieht er sich später im Ofen zusammen und läßt das Gebäck „schnurren".

Das **Fett** knetet man mit etwas Mehl durch, damit die enthaltene Flüssigkeit gebunden wird. So läßt es sich leichter verarbeiten.

Beim **Einrollen** oder **Tourieren** müssen Fett und Teig unbedingt die gleiche Festigkeit haben.

Das Ausrollen zum Tourieren muß sehr vorsichtig geschehen. Der Teig darf nicht festkleben und das Rollholz muß wirklich rollen, der Teig darf nicht geschoben werden. Das würde die Schichten verschieben und die Lockerung beeinträchtigen. Beim Tourieren wird der Teig gleichmäßig etwa 1 cm stark ausgerollt, mit dem Tischbesen von anhaftendem Mehl befreit und entsprechend den untenstehenden Zeichnungen zusammengelegt.

Einfache Tour = 3 Lagen

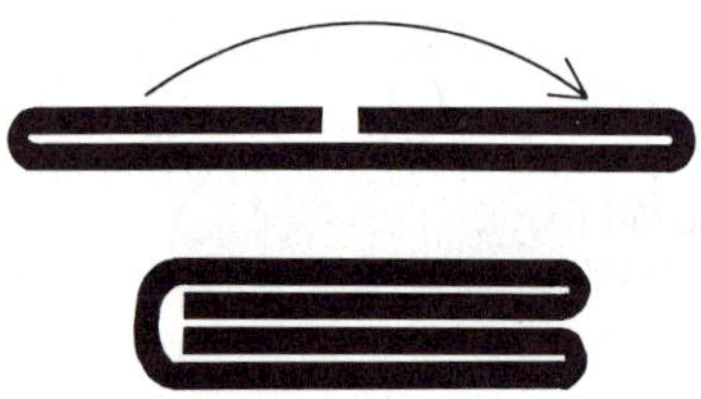

Doppelte Tour = 4 Lagen

Zwischen den einzelnen Arbeitsgängen läßt man den Teig kühl ruhen, damit er die Spannung verliert. Deutscher Blätterteig ist dabei abzudecken, damit sich keine Kruste bildet.

Zum Ausstechen oder Schneiden nur scharfes Werkzeug verwenden, sonst werden die Schichten nicht sauber getrennt und das Gebäck geht ungleichmäßig hoch.

Gestippt (mit Gabel oder Rolle) wird Blätterteiggebäck, das nicht zu stark treiben soll, vor dem Backen. Das mindert die Triebkraft, denn der sich bildende Wasserdampf kann teilweise abziehen.

Herstellung

Mehl auf den Tisch sieben, Vertiefung machen, Wasser, Salz (Rum oder Essig, Eigelb) hineingeben. Fett mit einem Viertel des Mehls verkneten, zum Ziegel formen und kaltstellen.

Verbleibende Fett- und Mehlreste zum übrigen Mehl geben, Teig bilden und kräftig durchkneten. Teig abgedeckt 1 Std. ruhen lassen.

Einrollen – Tourieren

Deutsche Art – Teig entsprechend Skizze ausrollen und die vier Enden über das Fett legen.

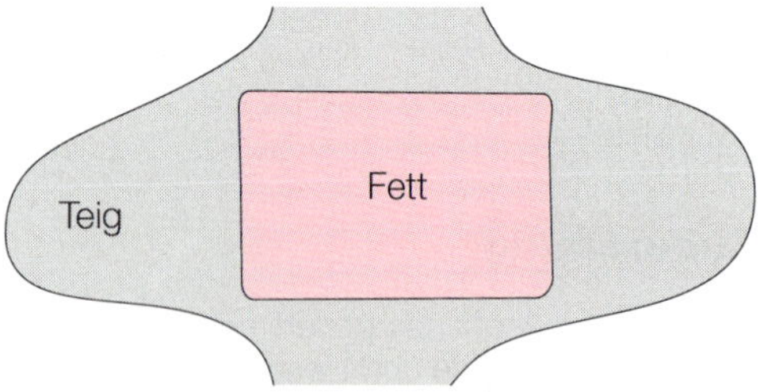

Französische Art – Fett zu einer rechteckigen Platte ausrollen und Teig damit einschlagen.

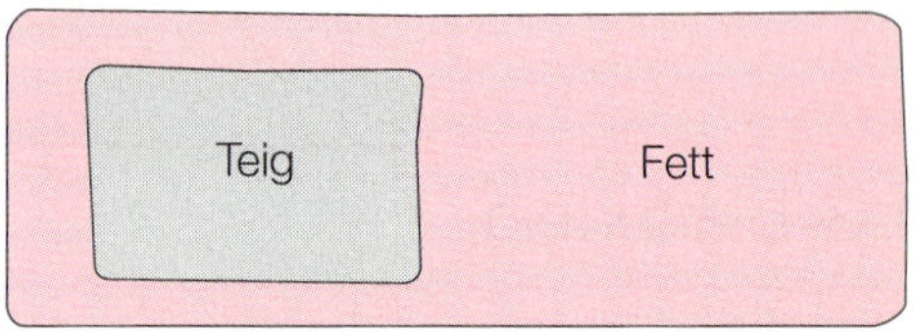

Auf 1 cm Stärke ausrollen – **einfache Tour**, nochmals ausrollen – **doppelte Tour,** mindestens 30 Min. Ruhe im Kühlraum.

Nochmals **einfache** und **doppelte Tour** geben, 30 Min. Ruhe im Kühlraum, aufarbeiten.

Man kann Blätterteig, nachdem er eine einfache und eine doppelte Tour erhalten hat, auch einfrieren und bei Bedarf nach dem Auftauen fertigtourieren.

Blätterteiggebäck

Teig etwa 4 mm dick ausrollen, in Form bringen, auf Bleche setzen, mit Eigelb bestreichen, mindestens 10 Min. ruhen lassen und in heißem Ofen etwa 15 Min. backen; aprikotieren und glasieren.

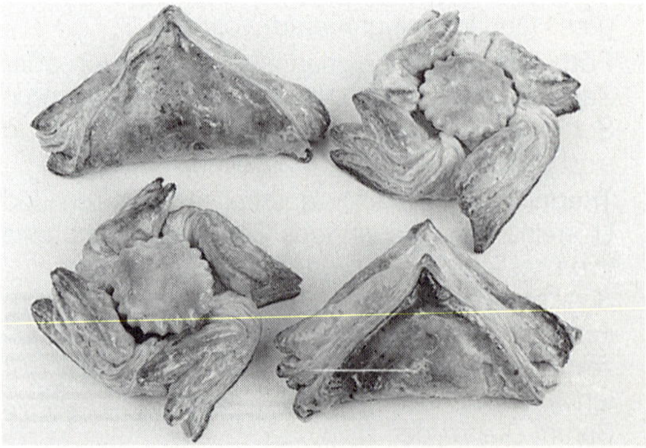

Pasteten

Ringe: Blätterteig 8 bis 10 mm dick ausrollen. Zuerst 5-cm-Scheiben ausstechen, dann mit 3-cm-Ausstecher Mittelraum entfernen. Entstandene Ringe umkehren und kaltstellen.

Böden: Übrigen Teig zusammendrücken und 2 mm stark ausrollen. Mit glattem 5-cm-Ausstecher Böden ausstechen und auf ein mit Wasser benetztes Blech legen. Böden stippen, mit Eistreiche befeuchten und die reservierten Teigringe daraufsetzen. Ringoberfläche mit Eistreiche bepinseln.

Deckel: Aus verbliebenem Teige mit geripptem 3,5-cm-Ausstecher Deckel ausstechen und mit Ei bestreichen.

Pasteten und Deckel geraume Zeit ruhen lassen; danach backen, Pasteten bei 200 bis 210 °C etwa 20 bis 25 Min., Deckel gesondert etwa 15 Min.

Fleurons

Abfallblätterteig oder Blätterteig, der eine einfache Tour mehr erhalten hat, 3 mm dick ausrollen. Ganze Fläche mit Eistreiche bepinseln, mit geripptem Ausstecher Halbmonde ausstechen, nach langer Ruhezeit bei mittlerer Hitze 15 Min. backen.

Käsestangen

Abfallblätterteig 1 cm dick ausrollen, mit Eigelb bestreichen, mit geriebenem Käse, Kümmel und grobem Salz bestreuen, leicht andrücken, wenden, andere Seite ebenso behandeln, Streifen von 15 mm schneiden, leicht korkenzieherähnlich eindrehen, auf Bleche setzen, nach 10 Min. Ruhe bei guter Hitze 15 Min. backen.

1.4 Mürbeteig

Pâte frolle
Short paste

Mürbeteig ist ein fettreicher, kurzgekneteter Teig, der nur wenig aufgeht.

Grundrezepte

Zum Ausrollen

300 g Mehl = 3 Teile
200 g Fett = 2 Teile
100 g Zucker = 1 Teil
1 Ei
Zitrone, Vanille, Salz

Zucker und Ei vermischen. Fett mit Eier-Zucker-Masse glattarbeiten. Gesiebtes Mehl mit der Fettmasse verreiben und zusammendrücken, kaltstellen.

Zum Spritzen

500 g Mehl
350 g Fett
150 g Zucker
2 Eier
Zitronenabgeriebenes, Vanille, Salz

Fett und Zucker schaumigrühren, Eier nacheinander zugeben und 1/5 Mehl sowie Gewürze. Rest Mehl kurz unterrühren, Masse mit Spritzbeutel dressieren.

Mürbeteig ohne Zucker

500 g Mehl
250 g Fett
2 Eier
0,1 l Wasser
7 g Salz

Wie Ausrollteig verarbeiten.

Streusel

500 g Mehl
250 g Fett
250 g Zucker
Vanille
Zitronenabgeriebenes

Mehl, Zucker und Würzzutaten miteinander vermischen. Fett (flüssig oder sehr kremig) unter die Mehlmischung heben und zu Streusel verreiben.

Zutaten und ihre backtechnische Wirkung

Mehl: Kleberarmes Mehl wird bevorzugt, weil die Eigenschaften des Klebers beim Mürbteig nicht erwünscht sind. Es kann bis etwa zur Hälfte durch geriebene Mandeln, Nüsse, Brösel, aber auch geriebenen Käse ausgetauscht werden.

Fett trennt die einzelnen Bestandteile, wirkt so als Lockerungsmittel und macht den Teig mürbe. Wichtig ist, daß es entsprechend gekühlt ist.

Zucker wird nur in feiner Körnung verwendet, gröbere Sorten können sich nicht lösen. Beim Backen würden grobe Kristalle karamelisieren; das Gebäck erhielte an der Oberfläche braune Flecken und würde unten am Blech festkleben.

Eier in geringer Menge verbessern Aussehen und Geschmack. Größere Mengen ergeben durch den Wassergehalt eine festere Struktur. Die Verwendung von Eigelb führt zu besserer Qualität als Volleier.

Arbeitshinweise

Mehl auf Tisch sieben, Mulde bilden, in dieser zuerst Ei und Zucker vermengen, dann mit dem Fett gründlich vermischen; von außen her Mehl unter die Masse **heben, nicht kneten.** Wenn die Teile eben binden, zusammendrücken und kaltstellen. Bei der Teigbereitung treten hauptsächlich zwei Fehler auf, die beide auf das Verhalten des Fettes im Teig zurückzuführen sind.

Der Teig wird brandig

Bei brandigem Teig werden die Stärkekörner und Kleberteilchen vom Fett vollständig getrennt, die notwendige Bindung kommt nicht zustande. Darum reißt der Teig beim Ausrollen leicht; das fertige Gebäck zerfällt. Ursache ist ein durch Wärme zu weich gewordenes Fett. Entweder waren die Zutaten zu warm oder der Teig wurde zu lange bearbeitet.

Abhilfe: Teig in Stücke hacken und etwas Eiweiß unterarbeiten.

Der Teig wird zähe

Dieser Fehler tritt bei einfacheren Teigen auf, denen Flüssigkeit zugesetzt wird. Kommt die Flüssigkeit direkt mit dem Mehl in Verbindung, ohne vorher mit dem Fett vermischt worden zu sein, quellen die Kleberteile und erzeugen Spannung. Das eingearbeitete Fett kann sich dann nicht in der erforderlichen Feinheit verteilen.

Abhilfe: kleingehacktes Fett unterarbeiten.

1.5 Biskuitmasse

Pâte à biscuit
Biscuit

Grundrezepte

einfache Art	**verbesserte Art**
200 g Ei (4 Stck., Klasse 5)	200 g Ei
200 g Zucker	100 g Zucker
100 g Mehl	50 g Mehl
100 g Weizenstärke	50 g Weizenstärke
5 g Backpulver	Zitronenabgeriebenes
Zitronenabgeriebenes	

Zutaten und ihre backtechnische Wirkung

Bei Biskuitmassen gibt der hohe Eianteil ausreichend Gerüst. Um ein zartes Gebäck zu erhalten, verzichtet man weitgehend auf das Klebergerüst und ersetzt darum einen Teil des Mehls durch Stärke.

Eier nehmen beim Schlagen Luft auf, die sich in der Ofenhitze weiter ausdehnt und so die Lockerung bewirkt. Beim Backen gerinnen die Eier und bilden das Gerüst.

Arbeitshinweise

Biskuitmassen lassen sich auf zwei Arten herstellen:

Auf kaltem Wege

Eier ablassen, Eigelb mit $^2/_3$ der Zuckermenge schaumig rühren, Eiweiß zu Schnee schlagen, in den Schnee nach und nach den restlichen Zucker einschlagen.

Steifen Schnee kurz mit schaumigem Eigelb vermischen, gesiebtes Mehl und Stärke unterziehen.

Wird einer Masse Backpulver beigegeben, so siebt man dieses mit dem Mehl; dadurch wird es ausreichend vermischt.

Auf warmem Wege

Ganze Eier mit Zucker im Wasserbad auf etwa 60 °C aufschlagen, weiterschlagen, bis die Masse wieder auf Blutwärme abgekühlt ist.

Mehl und Stärke vorsichtig unterziehen.

Erhalten Biskuitmassen eine Fettzugabe, wird dieses heiß beigegeben, wenn das Mehl bereits vollständig untergezogen ist. Kommen Mehl und Fett direkt zusammen, bilden sich Klumpen. Ist das Fett zu kühl, vermengt es sich nicht mit der Eiermasse und bildet Streifen.

Durch die Zugabe von flüssiger Butter erhält man einen feinporigen Biskuit.

Fertige Biskuitmassen müssen sofort gebacken werden. Stehen sie längere Zeit, platzen die eingeschlagenen Luftblasen, die Triebwirkung geht verloren und die Porung wird ungleichmäßig.

Tortenboden: Grundrezept einfache Art auf kaltem Wege herstellen, in gefettete und gemehlte Form oder in einen mit Papier eingeschlagenen Ring füllen, bei mäßiger Hitze etwa 35 Min. backen.

Biskuitroulade: Grundrezept verbesserte Art auf kaltem Wege herstellen, auf ein mit Papier belegtes Blech fingerdick ausstreichen, etwa 15 Min. bei mittlerer Hitze backen, nach dem Backen sofort auf ein Tuch stürzen, Papier abziehen, mit glattgerührter Marmelade bestreichen, mit Hilfe des Tuches rollen, mit Puderzucker bestäuben oder aprikotieren und glasieren.

1.6 Brandmasse

Pâte à chou
Cream-puff paste

Zutaten und ihre backtechnische Wirkung

Grundrezepte

für Windbeutel, (15–20 Stück)		**für Spritzkuchen** (ca. 15Stück)	
0,25 l	Wasser oder Milch	0,5 l	Wasser oder Milch
125 g	Fett	150 g	Fett
200 g	Mehl	250 g	Mehl
3–5	Eier	4–6	Eier
	Salz		Salz

Mehl soll kleberreich sein; beim Abbrennen verkleistert die Stärke, der Kleber gerinnt. Darum ist die Brandmasse besonders gasdicht und geht in Verbindung mit den Eiern stark auf.

Eier geben Geschmack und durch den Flüssigkeitsanteil die Triebwirkung.

Arbeitshinweise

Das gesiebte Mehl wird auf einmal in die zusammen mit dem Fett aufkochende Flüssigkeit gegeben; das vermeidet Klumpenbildung.

Abbrennen, bis sich am Topfboden ein weißer Belag bildet. Erhitzt man zu kurz, geht das Gebäck später nicht genügend auf.

Die abgebrannte Masse läßt man etwas auskühlen, bevor die Eier eingearbeitet werden, da diese sonst in der zu heißen Masse gerinnen könnten.

Bei größeren Mengen gibt man zum Unterrühren der Eier die abgebrannte Masse in ein neues Gefäß, die Eier würden sonst am Rand des heißen Gefäßes gerinnen.

Eier nach und nach unterrühren. Gibt man zuviel Eier auf einmal bei, wird die Masse stückig und bindet nicht mehr.

Petits choux à la crème
Windbeutel **Cream puffs**

Windbeutelmasse mit Sterntülle zu eigroßen Häufchen in genügend Abstand auf nur schwach gefettete Bleche oder Backtrennpapier spritzen, bei mittlerer Hitze etwa 35 Min. backen.

Windbeutel gehen besonders gut auf, wenn unmittelbar nach dem Einschieben in den Ofen eine Tasse Wasser in das Rohr geschüttet wird. Der Dampf hält die Außenschicht länger elastisch.

Nach dem Backen abkühlen lassen, oberes Drittel abschneiden, mit Puderzucker bestreuen, auf unteren Teil geschlagene Sahne aufspritzen, Deckel aufsetzen.

Echaudés
Spritzkuchen **Puffs**

Spritzkuchenmasse mit der Sterntülle, jeweils zwei Ringe übereinander, auf gefettetes Pergamentpapier spritzen. Das Papier mit der Masse nach unten in das auf 170 °C aufgeheizte Fettbad geben, abdecken, damit sich Dampf bildet und die Spritzkuchen besser aufgehen, auf beiden Seiten zweimal backen, noch warm aprikotieren und glasieren.

Profiteroles
Windbeutelchen **Profiteroles**

Windbeutelmasse mit glatter Tülle zu 2–3 mm großen Tupfen auf Bleche spritzen, bei mittlerer Hitze backen (Suppeneinlage).

Beignets soufflés
Auflaufkrapfen **Soufflé fritters**

Brandmasse mit Teelöffel abstechen, bei 170 °C im Fettbad ausbacken, abtropfen lassen, mit Zucker überstreuen, mit Vanillesauce oder Himbeersaft reichen.

1.7 Ausbackteig

Pâte à frire
Frying batter

Grundrezepte

250 g	Mehl	oder		
0,2 l	Flüssigkeit (Bier, Wein, Milch oder Wasser)		250 g	Mehl
3 El	Öl		0,3 l	Flüssigkeit (Bier, Wein, Milch oder Wasser)
10 g	Zucker		3 El	Öl
5 g	Salz		10 g	Zucker
2	Eigelb		5 g	Salz
2	Eiweiß		3–4	Eiweiß

Mehl in eine Schüssel sieben. Zutaten außer Eiweiß dazugeben. Alles glattrühren, aber nur kurz bearbeiten, damit der Teig nicht zäh wird. Erst vor der Verwendung das zu Schnee geschlagene Eiweiß unterheben.

Anwendungsbeispiel

Krapfen — *Beignets* **Fritters**

Von Äpfeln: Äpfel schälen, Kernhaus ausstechen, Scheiben schneiden, mit Kirschwasser beträufeln und mit etwas Puderzucker bestäuben, ziehen lassen, abtropfen, durch Ausbackteig ziehen, im Fettbad backen, in Zimtzucker wenden.

Auch Stücke von geschälten Bananen, Scheiben von frischer oder konservierter Ananas und Hälften reifer Aprikosen oder Pfirsiche lassen sich zu Krapfen verarbeiten.

1.8 Schaummasse (Baisermasse)

Appareil à meringue
Meringue mixture

Grundrezept

8	Eiweiß ≙ 0,25 l	oder		
500 g	Zucker		100 g	Zucker und
			400 g	Puderzucker

Arbeitshinweise

Eiweiß aufschlagen, etwa 100 g Zucker nach und nach unterschlagen, restlichen Zucker einrühren.

Zum Unterziehen kann auch Puderzucker verwendet werden, die Masse ist dann glatter.

Anwendungsbeispiele

Meringen — *Meringue* **Meringue**

Masse mit großer Sterntülle in 4 cm breite, aneinanderliegende Schlingen 8 cm lang auf Papier dressieren; Papier auf heißes Blech ziehen, damit sich die Meringen später leichter vom Papier lösen; bei etwa 110 °C anbacken, bei 80 bis 90 °C trocknen lassen.

Kirschtorte mit Schaummasse — *Tarte aux cerises* **Cherry tarte**

Mürbeteigboden mit Kirschkonfitüre betreichen, dünnen Biskuitboden auflegen, Saft einer $^1/_1$-Dose Sauerkirschen mit etwa 40 g Stärke binden, Kirschen unterziehen, mit Zimt und Kirschwasser abschmecken, auf vorbereiteten Boden aufstreichen, mit Schaummasse ausgarnieren (Sterntülle). Dabei muß ein Teil der Kirschen sichtbar bleiben. Mit Puderzucker bestäuben, damit beim Abflämmen die Schaummasse eine glänzende Karamelschicht erhält. In sehr heißem Ofen abflämmen, bis die Schaummasse Farbe nimmt.

Nach dieser Art lassen sich von allen säuerlichen Früchten wohlschmeckende Torten oder Schnitten herstellen.

Schaummasse wird auch zur Herstellung von **italienischem Butterkrem** verwendet.

1.9 Strudel

Stroudel
Strudel

Strudel ist eine Zubereitung, bei der ein dünn ausgezogener Teig mit unterschiedlichen Zutaten belegt und dann vergleichbar einer Roulade zusammengerollt wird. Schneidet man nach dem Garen Scheiben ab, haben diese ein spiraliges „strudelförmiges" Aussehen.

Grundrezept (Teig 10–15 Portionen)

300 g	Mehl	ca. 125 g	lauwarmes Wasser
1	Ei		Prise Salz
2 El	Öl		

- Mehl sieben, Mulde bilden,
- übrige Zutaten in die Mulde geben,
- geschmeidigen Teig kneten, Kugel formen,

- unter angewärmtem Gefäß 30 Min. ruhen lassen,
- entspannten Teig auf bemehltem Tuch ausrollen,
- ausziehen, das heißt über den Handrücken spannen, damit der Teig sehr dünn wird,
- Teigfläche mit zerlassener Butter bestreichen.

Füllung zu Apfelstrudel

1,5 kg	säuerliche Äpfel	120 g	Butter
80 g	Zimtzucker	40 g	Semmelbrösel
80 g	Rosinen	200 g	Crème fraîche oder Sauerrahm
50 g	Nüsse oder Mandeln, gerieben		

- Butter zerlassen, Semmelbrösel beigeben und hellbraun rösten,
- Äpfel schälen, achteln, Kernhaus entfernen, blätterig schneiden und auf zwei Drittel der Teigfläche verteilen,
- alle übrigen Zutaten gleichmäßig über die Äpfel geben,
- mit Hilfe des unterlegten Tuches Strudel aufrollen, auf gefettetes Blech legen und mit zerlassener Butter bestreichen,
- Backrohr auf 200 °C vorheizen, 30 bis 35 Min. backen,
- Strudel etwas abkühlen lassen, noch heiß schneiden, mit Puderzucker bestäuben,
- servieren mit Vanillesauce oder Vanilleeis.

Anmerkung:

Man kann auch alle Zutaten für die Füllung zusammenmischen und dann gleichmäßig auf den Teigflecken verteilen.

Vorgebackener Strudel wird mit dem Mikrowellengerät auf Serviertemperatur gebracht.

Andere Füllmöglichkeiten sind:

Quark, Trauben mit Nußcreme, Grießmasse, Sauerkirschen mit Vanillecreme.

2 Cremespeisen

Crèmes
Creams

Creme von frz. crème bedeutet in wörtlicher Übertragung: das Erlesene, das Feinste. In der Fachsprache versteht man unter Creme etwas besonders Zartes von cremeartiger oder schaumiger Beschaffenheit (siehe auch Cremesuppe).

Cremespeisen werden unterschieden nach der **Art der Bindung** und der **Art der Verwendung**.

Nach der **Art der Bindung** unterscheidet man:

Cremes mit Gelatinebindung

Aufgeschlagene Sahne wird durch Gelatine gefestigt und vor dem Absetzen geschützt.

Zusätzliche Flüssigkeit wird vorab zu einem Fond verarbeitet.

Beispiel:

Zitronensahnecreme, Bayerische Creme

Pochierte Cremes

Bindung durch Ei.

Milch und Eier werden vermischt. Beim Erwärmen entsteht Bindung. Creme ist ohne Lockerung. Die Masse ist mit einem Eierstich vergleichbar.

Beispiel:

Karamelcreme

Gekochte Cremes

Bindung durch Stärke.

Flüssigkeit wird durch verkleisterte Stärke gebunden. Diese Art der Creme wird im Haushalt „Pudding" genannt. Puddingpulver/Cremepulver besteht hauptsächlich aus Stärke.

Beispiel:

Patisseriecreme

2.1 Cremes mit Gelatinebindung

Schlagsahne

Crème Chantilly
Cream

Zur sofortigen Verwendung wird die Sahne steifgeschlagen; unter die aufgeschlagene Sahne rührt man je Liter etwa 80 g feinkörnigen Zucker und etwas Vanillezucker.

Zur geschmacklichen Abwandlung können unter diese Grundcreme Fruchtmark (passierte Früchte), Fruchtstückchen kombiniert mit entsprechender Spirituose, Makronenstückchen, Schokoladenraspel gezogen werden.

Wird die Sahne zum Füllen oder für Desserts verwendet, schützt eine Beigabe von Gelatine vor dem unerwünschten Absetzen von Flüssigkeit. Man verwendet im Sommer 6 Blatt und im Winter 4 Blatt je Liter Sahne. Gelatine in kaltem Wasser einweichen, nach etwa 15 Min ausdrücken und langsam erwärmen. Die aufgelöste Gelatine rasch und gründlich unter die geschlagene Sahne heben.

Zitronensahnecreme

Bei dieser Creme wird aus Fruchtsaft, Wasser, Zucker und Eigelb zunächst ein Fond (Grundcreme) hergestellt, damit die Flüssigkeit gebunden ist.

Grundrezept

5	Eigelb	1 l Sahne
200 g	Zucker	
100 g	Wasser	
	Saft von 4 Zitronen	
	Abgeriebenes einer Zitrone	
12	Blatt Gelatine	

Zitronensaft, Wasser, Eigelb und Zucker zusammen erhitzen, bis die Masse bindet (abziehen). Nicht aufkochen, denn sonst gerinnt sie. Eingeweichte Gelatine in der Masse auflösen. Nach dem Abkühlen 1 l geschlagene Sahne unterziehen.

Crème bavaroise

Bayerische Creme **Bavarian Cream**

Die Bayerische Creme ist die vielfältigste Art in der Patisserie. Wir stellen darum eine kurze Übersicht voraus. Sie zeigt die **Grundzüge der Herstellung** und die wichtigsten **Arten der Verwendung.**

Bei dieser Creme wird die Schlagsahne durch eine größere Menge Milch ergänzt. Diese Flüssigkeit wird zunächst mit den Eigelben gebunden. Es entsteht ein Fond (Grundcreme).

In der Wärme des Fonds wird die eingeweichte Gelatine gelöst. Wenn die Grundcreme entsprechend abgekühlt ist, zieht man die geschlagene Sahne unter. Je nach der Verwendung ist die Gelatinemenge unterschiedlich. Bei Schüsselcremes ist sie am geringsten, bei Charlotten am höchsten.

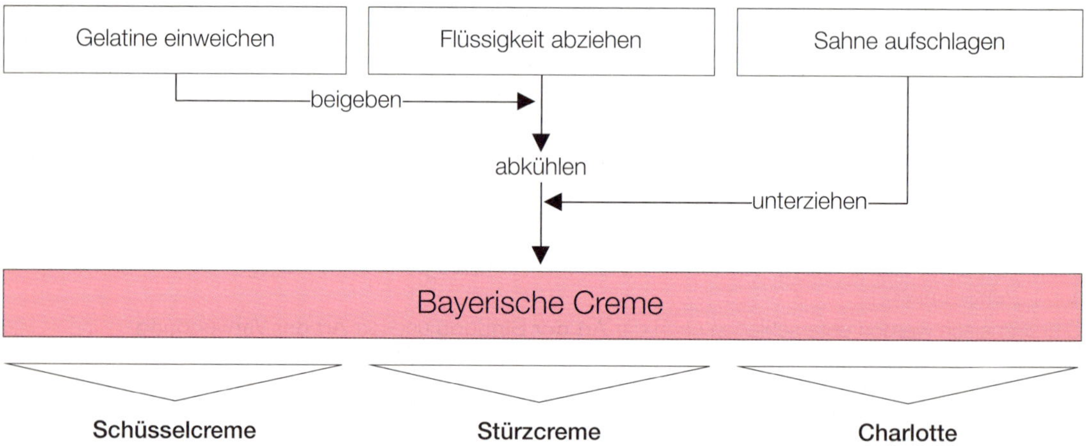

Schüsselcreme

So bezeichnet man Creme, die in Glasschüsseln oder Gläser abgefüllt wird. Entsprechend garniert wird sie in diesen serviert. Darum kann auch der Gelatineanteil geringer gehalten werden und die Creme ist dann besonders zart.

Stürzcreme

Dazu wird die Creme in nasse Förmchen gefüllt und zum Abkühlen gebracht. Nach etwa zwei Stunden kann die erstarrte Creme aus den Förmchen gestürzt werden. Die Masse löst sich leichter aus den Förmchen, wenn diese kurz in warmes Wasser gehalten werden.

Charlotten

Sie sind von einem Biskuitrand umgeben. Dazu werden Ringformen mit Papier ausgelegt und mit aufgestellten Löffelbiskuits ausgekleidet, anschließend mit Creme aufgefüllt und kaltgestellt. Nach dem Stürzen wird der Papierstreifen abgezogen und die Charlotte mit Schlagsahne ausgarniert.

Grundrezept (30 bis 35 Portionen)

1 l	Milch	1 l Sahne
8	Eigelb	14–18 Blatt Gelatine
250 g	Zucker	
	Vanilleschote	

Arbeitshinweise

Die Milch wird mit Vanille zum Kochen gebracht. In der Zwischenzeit rührt man Eigelb mit Zucker schaumig. Dann wird die kochende Milch langsam unter kräftigem Rühren in die Eiermasse gegeben und weitererhitzt, bis die Mischung bindet. Anschließend wird die Gelatine beigegeben und das Ganze durch ein Haarsieb passiert. Keinesfalls dürfen die Eier in die Milch gegeben oder die Mischung von Eiern und Milch zu lange erhitzt werden. Die Creme würde sofort grießig und hätte keine Bindung.

Gelatine verwendet man entsprechend der Jahreszeit; im Sommer mehr, im Winter weniger. Die Blätter werden eingeweicht, damit sie aufquellen können. Ungenügend eingeweichte Gelatine löst sich beim Erwärmen nicht vollkommen und hinterläßt Stücke.

Ist die Creme abgekühlt und will zu stocken beginnen, unterzieht man rasch die geschlagene Sahne. Das Erkennen der richtigen Temperatur der Creme ist sehr wichtig: bei zu warmer Creme zerläuft die untergezogene Sahne, bei zu kalter Creme stockt die Masse zu rasch und kann nicht mehr in die Förmchen gefüllt werden. Gelatine erreicht erst nach 16 Stunden Kühldauer die volle Bindekraft. Bei raschem Abkühlen, z. B. im Froster, ist die Bindung schwächer.

Durch Beigabe weiterer Geschmackszutaten sind viele Ableitungen möglich. Die Zutaten sind stets vor der Sahne unter die Grundcreme zu mischen.

Schokoladencreme	– aufgelöste Schokolade
Mokkacreme	– löslicher Kaffee
Nußcreme	– geröstete, geriebene Nüsse
mit Früchten	– feste frische Früchte in Zuckerwasser blanchieren, andere in Likör ziehen lassen
ferner	– alle Likörarten

2.2 Pochierte Cremes

Grundrezept (15 Portionen)

8	Eier	180 g Zucker
1 l	Milch	Vanille

Arbeitshinweise

Eier, Vanille und Zucker werden kräftig verrührt, dann gibt man nach und nach die Milch zu und passiert durch ein Spitzsieb.

Die Förmchen werden leicht ausgebuttert. Pochiert wird im Wasserbad etwa 30 Min. Das Wasser darf nicht kochen, sonst treibt (souffliert) die Creme und wird löcherig. Gestürzt werden die Förmchen erst, wenn die Creme völlig erkaltet ist. Wenn man die Creme nicht kalt, sondern wie nachstehend herstellt, verkürzt sich die Dauer des Garmachens um ein Drittel.

Zucker und Eier werden zusammen mit dem Schneebesen tüchtig verarbeitet. Dann gibt man nach und nach die siedende Milch bei. Diese Flüssigkeit gießt man in die Förmchen und stellt sie in eine mit Wasser gefüllten Pfanne oder Wanne, die mit Küchenkrepp oder einem Gitter ausgelegt ist. So wird vermieden, daß die Förmchen direkten Kontakt zum Gefäßboden haben und dadurch die Masse am Boden der Förmchen zu heiß wird. Sie werden nun im Ofen, ohne zu kochen, am Siedepunkt gegart.

Crème au caramel

Karamelcreme — Caramel cream

Förmchen ausbuttern, den Boden mit Karamel (15 g hellbraun geschmolzener Zucker je Förmchen) ausgießen, mit Mischung aus Ei und Milch auffüllen, im Wasserbad pochieren, nach Erkalten stürzen, gelösten Karamel mitservieren.

Crème viennoise

Wiener Creme — Vienna cream

Im Unterschied zur Karamelcreme ist bei dieser der Karamel in der Milch gelöst. Zucker hellbraun schmelzen, mit Milch ablöschen und loskochen, sonst wie Karamelcreme zubereiten.

Crème royale

Königliche Creme — Royal cream

Zum Grundrezept 50 g gestoßenen Krokant in die Milch, nach dem Stürzen auf die Mitte geschlagene Sahne dressieren, Walderdbeeren auflegen.

Crème au chocolat

Schokoladencreme — Chocolate cream

Zubereiten wie Wiener Creme. Zuvor in der mit Karamel losgekochten Milch noch 100 g bittere Schokolade auflösen. Erkaltete Creme mit Sahnetupfen garnieren.

2.3 Gekochte Cremes

Crème pâtissière

Patisseriecreme (Füllcreme) **Pastry cream**

Grundrezept

einfache Art

1 l Milch
150 g Zucker
2 Eigelb
100 g Cremepulver
Vanille

bessere Art

1 l Milch
150 g Zucker
6 Eigelb
70 g Cremepulver
Vanille

Arbeitshinweise

Etwa drei Viertel der Milchmenge zum Kochen bringen. Zucker, Eigelb, Cremepulver und die restliche Milch werden getrennt angerührt. Kocht die Milch auf, rührt man die angerührten Zutaten ein und läßt weiterkochen, bis Blasen aufsteigen. Wird die Creme zu kurz gekocht, kann nicht die gesamte Stärke verkleistern; die Creme schmeckt roh, verliert bald an Bindung und setzt wäßrige Flüssigkeit ab. Um die Hautbildung beim Auskühlen zu vermeiden, kann man mit einem Papier abdecken oder Butterflocken auflegen oder mit Zucker leicht bestreuen.

Die abgekühlte Creme wird zur Herstellung von Buttercreme verwendet.

2.4 Mus

Mousse
Mousse

Mousse oder Mus bedeutet im Französischen Schaum. Bei einem Mousse handelt es sich um eine cremig-schaumige Dessertspeise. Am bekanntesten ist Mousse au chocolate, die es in dunkler und heller Variation gibt.

Mousse au chocolate

Schokoladenmus **Chocolate-mousse**

Mengen für etwa 20 Portionen

Dunkles Mus

350 g dunkle Kuvertüre
2 Eier
2 Eigelb
50 g Zucker
4 cl Crème de Cacao braun
0,6 l Schlagsahne

- Kuvertüre kleinschneiden, im Wasserbad oder Mikrowellengerät auflösen,
- Eier und Eigelb mit Zucker warm und kalt schlagen,
- Likör und flüssige Kuvertüre unter die Eiermasse mischen,
- geschlagene Sahne unterheben,
- abfüllen und mindestens zwei Stunden kühlen.

Helles Mus

350 g weiße Schokolade
2 Eier
2 Eigelb
50 g Zucker
4 cl Crème de Cacao klar
0,5 l Schlagsahne
3 Blatt Gelatine

- Weiße Schokolade kleinschneiden, im Wasserbad oder Mikrowellengerät auflösen,
- Eier und Eigelb mit Zucker warm und kalt schlagen,
- eingeweichte Gelatine in die warme Eiermasse geben,
- Likör und flüssige Schokolade unter die Eiermasse mischen,
- geschlagene Sahne unterheben,
- abfüllen und mindestens zwei Stunden kühlen.

Hinweis: Die Zugabe von Eischnee kann eine Mousse noch luftiger machen. Zum Grundrezept gibt man den Schnee von zwei Eiklar. Um die notwendige Bindung zu erzielen, sind zwei Blatt Gelatine zusätzlich zuzugeben. Bei dunklem Mousse also 2 Blatt, bei hellem Mousse 5 Blatt insgesamt.

3 Puddinge

Poudings
Pudding

Alle Puddingarten bestehen aus einer **Grundmasse,** die aus stärkehaltigen Rohstoffen (Speisestärke, Reis, Grieß) durch Aufkochen mit Milch hergestellt und meist durch die Beigabe von Eigelb verfeinert wird.

Als **Lockerungsmittel** dient immer zu Schnee geschlagenes Eiweiß; dieses wird kurz vor dem Garen unter die Grundmasse gehoben.

Die meisten Puddinge lassen sich schlecht portionieren. Darum ist es ratsam, sie in Portionsförmchen zuzubereiten. Man streicht die Formen mit Butter, streut mit Zucker oder Bröseln aus, damit der Pudding nicht festhängt.

Gegart wird in einem Wasserbad im Ofen. Im Wasserbad steigt die Temperatur auf höchstens 100 °C und die Wärme dringt vorwiegend von unten langsam in die Masse ein. Der Pudding gart gleichmäßig. Die Ofentemperatur darf 150 °C nicht übersteigen, sonst entsteht zuviel Oberhitze; der Pudding geht dann zwar auf, fällt aber sofort wieder zusammen, weil er im Innern noch nicht gar ist. Garzeit von Portionsförmchen ca. 25 Min.

Auflaufpuddinge

Poudings soufflés
Pudding soufflé

Grundrezept (20 Portionen)

0,5 l Milch
150 g Butter
150 g Zucker
100 g Stärke/Cremepulver
9 Eigelb
15 Eiweiß
Prise Salz, Vanille

Milch mit Vanille und Butter zum Kochen bringen. Stärke mit etwas Milch und Eigelb verrühren. Kochende Milch unter Rühren dazugeben und aufkochen lassen. Eiweiß mit Zucker zu Schnee schlagen und rasch unter die heiße Masse heben. Vorbereitete Formen zu drei Vierteln füllen und backen wie oben beschrieben.

Ableitungen von Grundrezept Auflaufpudding

Sächsischer Pudding

Pouding saxon
Saxon pudding

Grundrezept mit Weinschaumsauce.

Auflaufpudding mit Orange

Pouding soufflé à l'orange
Orange pudding

Grundrezept mit Orangensaft und abgeriebener Schale abschmecken. Ähnlich lassen sich zum Aromatisieren alle Liköre, geriebene Mandeln, Nüsse, Schokolade und löslicher Kaffee verwenden.

Reispudding

Pouding au riz
Rice pudding

Grundrezept (10 Portionen)

125 g Reis
0,5 l Milch
20 g Butter
3 Eigelb
4 Eiweiß
100 g Zucker
Zitronenschale, Salz

Arbeitshinweise

Die Milch mit Zitronenschale und Salz zum Kochen bringen, Butter beigeben, den abgewällten Reis einstreuen und abgedeckt am Rande des Herdes 30 Min. dünsten lassen. In einer kalten Schüssel werden unter den Reis zuerst das Eigelb und dann das mit Zucker zu Schnee geschlagene Eiweiß gezogen. Nach dem Pochieren müssen die Förmchen etwas ruhen und werden dann gestürzt.

Beigabe:

Gedünstete Aprikosen.

Grießpudding

Pouding au semoule
Semolina puddings

Grundrezept (10 Portionen)

0,5 l Milch
50 g Butter
125 g Grieß
7 Eigelb
7 Eiweiß
abgeriebene Schale einer Zitrone

Die Milch wird mit der Butter aufgekocht und mit dem Grieß so lange abgerührt, bis sich die Masse vom Topf löst. Wenn sie halb ausgekühlt ist, fügt man den Zucker nebst Eigelb und die Zitronenschale bei. Abschließend gibt man das zu Schnee geschlagene Eiweiß darunter, füllt in Formen und gart sie im Wasserbad wie eingangs beschrieben.

Kabinettpudding

Pouding de cabinet
Pudding cabinet style

Diese Zubereitung ist zwar nach der Art der Herstellung eine pochierte Creme, trägt aber den Namen Pudding.

Grundrezept (10 Portionen)

1 l Milch
6 Eier
150 g Zucker
100 g Rosinen
150 g Zitronat/Orangeat
Löffelbiskuits

Ausgebutterte und gezuckerte Förmchen bis zu drei Vierteln der Höhe auslegen mit Stückchen von Löffelbiskuits, Zwieback, ausgesuchten und gewaschenen Rosinen, feingeschnittenem Zitronat und Orangeat. Milch, Eier, Zucker verrühren und nach und nach zugießen, damit die Gebäckstücke sich vollsaugen können und nicht aufsteigen. Nach 90 Min. Ruhezeit im Wasserbad pochieren.

Beigabe:

Vanillesauce oder Fruchtsauce.

4 Aufläufe

Soufflés
Dessert Soufflés

Grundrezept (10 Portionen)

350 g	Milch	6	Eiweiß
75 g	Butter	100 g	Zucker
75 g	Mehl		
6	Eigelb		
	Prise Salz		

Arbeitshinweise

Butter und Mehl schaumigrühren, in die kochende Milch rühren und abbrühen.

Dann gibt man die Masse in ein kaltes Gefäß, arbeitet das Eigelb unter und fügt die entsprechenden Geschmackszutaten bei. Diese Masse kann vorrätig gehalten werden.

Bei Bedarf zieht man das mit dem Zucker zu Schnee geschlagene Eiweiß unter.

Die Förmchen werden ausgebuttert, mit Zucker ausgestreut und zu drei Vierteln gefüllt. Die Backzeit beträgt bei mittlerer Hitze etwa 25 Min.

Will man eine karamelisierte Oberfläche, bestreut man sie kurz vor Ende der Garzeit mit Puderzucker.

Wenn die Förmchen aus dem Ofen genommen werden, muß man sofort servieren, weil der Auflauf sehr rasch zusammenfällt.

Soufflé à la vanille
Vanilleauflauf **Vanilla soufflé**

Grundmasse mit Vanille abschmecken.

Soufflé au citron
Zitronenauflauf **Lemon soufflé**

Grundmasse mit Zitronensaft und dem Abgeriebenen einer ungespritzten Zitrone.

Bei Orangenauflauf wird die Milch im Grundrezept durch Orangensaft ersetzt und etwas abgeriebene Orangenschale dazugegeben.

Soufflé au chocolat
Schokoladenauflauf **Chocolate soufflé**

Unter die Grundmasse 100 g aufgelöste Schokolade ziehen.

5 Kleine Pfannkuchen

Crêpes
Small pancakes

Grundrezept (10 Portionen je 2 St.)

150 g	Mehl, gesiebt	20 g	Puderzucker
0,3 l	Milch		Zitronenabgeriebenes, Prise Salz
4	Eier	1 El	Weinbrand
		40 g	Butter, flüssig

Mehl und Milch mit einem Schneebesen glattrühren, die anderen Zutaten unterrühren, Butter zuletzt. Teig ruhen lassen. In kleinen Crêpe-Pfannen (12 cm Durchmesser) mit wenig Butter dünne Pfannkuchen backen.

Nach der Art der anschließenden Fertigstellung sind **Ableitungen** möglich, z. B.:

Kleine Pfannkuchen nach Pariser Art *Crêpes à la parisienne* **Crepes Parisienne**

Pfannkuchen mit Aprikosenmarmelade bestreichen, mit gehackten gerösteten Mandeln bestreuen, rollen, mit Puderzucker bestäuben, im Salamander oder Ofen karamelisieren.

Crêpes Suzette
Kleine Pfannkuchen Suzette **Crepe Suzette**

Crêpes Suzette werden vor dem Gast am Flambierwagen fertiggestellt.

Je Person rechnet man drei kleine Pfannkuchen nach obigem Rezept.

In der Flambierpfanne schmilzt man 30 g Zucker und läßt ihn goldgelbe Farbe nehmen. Dann gibt man 30 g Butter bei, läßt diese aufschäumen und löscht mit 0,1 l Orangensaft und einem Spritzer Zitrone ab. Etwas reduzieren lassen und 1 El Grand Marnier beigeben. In dieser sirupartigen Flüssigkeit wendet man die Pfannkuchen, faltet sie zu Vierteln und ordnet sie dachziegelartig in der Pfanne. Mit etwas erwärmtem Weinbrand begießen und flambieren.

Pannequets
Palatschinken **Pancakes**

Kleine Pfannkuchen werden mit verschiedenen Füllungen kombiniert, z. B.

- mit Früchten: Kompottfrüchte, evtl. zusätzlich passende Spirituose;
- mit Konfitüre: Mit Konfitüre bestrichen, aufgerollt und mit Puderzucker bestäubt.

Kleine Pfannkuchen mit Kirsch *Crêpes au kirsch* **Crepes with cherry**

Die kleinen Pfannkuchen werden mit folgender Füllung versehen: 180 g Eiweiß mit 240 g Zucker warm- und wieder kaltschlagen; 300 g Butter schaumigrühren, mit dem aufgeschlagenen Eiweiß vermengen, 2 El Curaçao und 4 El Kirschwasser vorsichtig unter die Füllung geben.

Die Pfannkuchen werden von allen Seiten so eingeschlagen, daß die Füllung völlig eingeschlossen ist und der Pfannkuchen ein Rechteck bildet.

Man setzt sie mit dem Schluß nach unten auf eine Platte, bestäubt sie mit Puderzucker und überbäckt sie im Ofen.

> Obiges Grundrezept mit zusätzlich 2 Eiern eignet sich zu Pfannkuchen und Kaiserschmarrn.

Pannequets à l'allemande

Pfannkuchen **Pancakes**

Pfannkuchenmasse etwa fingerhoch in eine gebutterte Pfanne geben, anbacken, wenden, im Rohr fertigstellen.

Man reicht dazu Kompott.

Omelette rissolée

Kaiserschmarrn **Browned Omelet**

Masse zunächst wie Pfannkuchen anbacken, dann mit zwei Gabeln in ungleichmäßige Stücke teilen und im Ofen weiterbacken. Schlägt man das Eiklar zu Schnee, erhält man ein besonders lockeres Produkt.

Man reicht dazu Kompott oder Konfitüre.

6 Omeletts

Omelettes
Plain Omelets

Die Herstellung von Omeletts ist im Abschnitt Eierspeisen beschrieben. Nach dieser Art werden auch zubereitet:

Omelette au sucre

Omelett mit Zucker **Omelet with sugar**

Omelett wie üblich zubereiten, mit Puderzucker bestreuen, mit Elektrostab oder glühendem Eisen Muster einbrennen.

Omelette à la confiture

Omelett mit Konfitüre **Jam omelet**

Omelett vor dem Zusammenklappen mit Konfitüre füllen, überzuckern und wie oben einbrennen.

Omelette soufflée

Auflaufomelett **Omelett soufflé**

Grundrezept (für 2 Personen)

4	Eigelb	5	Eiweiß
50 g	Zucker	50 g	Zucker
	Zitronenabgeriebenes	5 g	Kartoffelstärke
	Mark einer halben Vanilleschote		

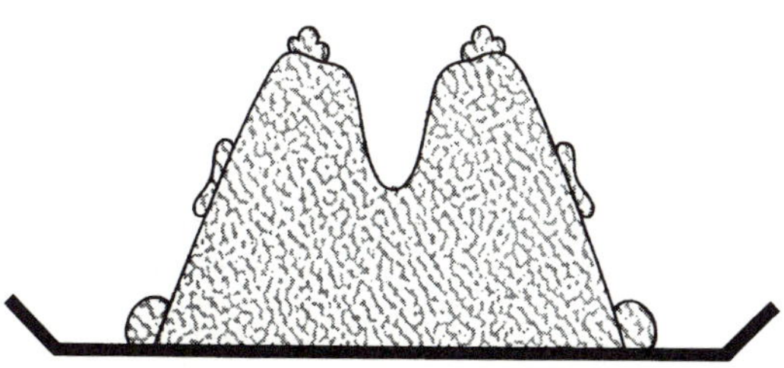

Arbeitshinweise

Eigelb, Zucker und Geschmackszutaten schaumigrühren. Das Eiweiß mit Zucker zu Schnee schlagen, Kartoffelstärke darüberstäuben und mit dem Schneebesen einrühren. Eiweißschnee mit einer Holzkelle behutsam unter die Eigelbmasse heben.

Eine Platte wird in der Vertiefung mit Butter ausgestrichen. Darauf wird die Omelettmasse gegeben und mit einer Palette hoch aufgestrichen. In der Mitte ist eine Vertiefung anzubringen, damit das Omelett gleichmäßig ausbäckt. Verziert wird mit der Sterntülle. Das Ganze bestäubt man leicht mit Puderzucker, der in der Ofenhitze karamelisiert und eine farblich ansprechende, glänzende Oberfläche verleiht.

Gebacken wird etwa 7 Min. in nicht zu heißem Ofen. Danach ist sofort zu servieren.

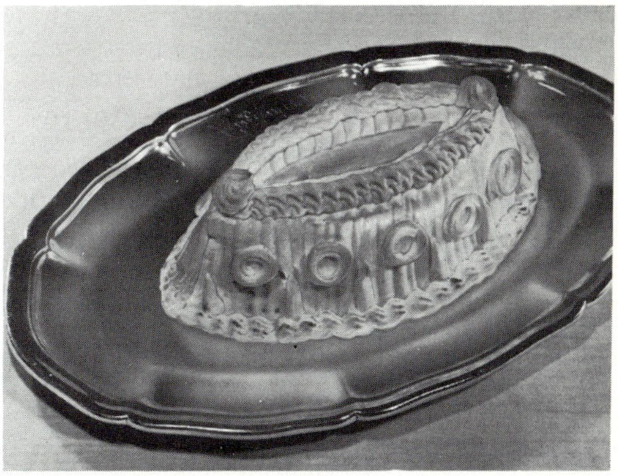

Omelette en surprise
Überraschungsomelett **Baked Alaska**

Überraschungsomelett wird es deswegen genannt, weil von der gebackenen Außenschicht (warm) Speiseeis (kalt) umhüllt ist. Die Herstellung ist so angelegt, daß trotz der Hitzeeinwirkung das Speiseeis nicht zum Schmelzen kommt.

Auf eine Platte legt man einen dünnen Biskuitboden und gibt darauf das Eis. Dieses wird oben und seitlich mit Biskuitscheiben abgedeckt. Darüber verteilt man die nach dem Grundrezept für das Auflaufomelett angefertigte Masse, streicht glatt, garniert mit der Sterntülle, überzuckert und bäckt bis zu goldgelber Farbe bei mittlerer Hitze. Sofort servieren.

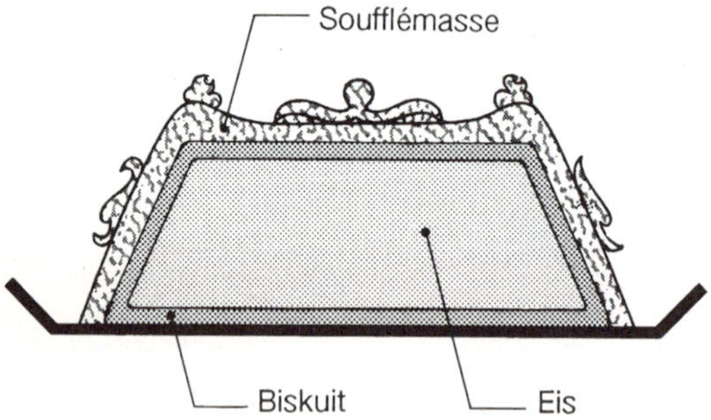

7 Saucen

Saucen dienen als Ergänzung zu Süßspeisen.

1 l Sauce reicht, wenn auf Tellern angerichtet wird, für 30 Portionen, wird die Sauce getrennt gereicht, für 20 Portionen.

Sauce à la vanille
Vanillesauce **Custard sauce**

Grundrezept

mit Stärke		**ohne Stärke**	
1 l	Milch	1 l	Milch
100 g	Zucker	100 g	Zucker
2	Eigelb	4	Eier
35 g	Stärke	2	Eigelb
1	Vanilleschote	1	Vanilleschote

Durch Aufkochen binden — Durch Abziehen binden

Sauce au chocolat
Schokoladensauce **Chocolate sauce**

Rezept wie für die Vanillesauce; in die aufkochende Milch wird 200 g geriebene Kuvertüre gegeben.

Sauce au chocolat chaud
Warme Schokoladensauce **Hot chocolate sauce**

350 g	Kuvertüre	Zucker nach Geschmack
0,5 l	Sahne	
$^1/_2$	Vanilleschote	

Kuvertüre im Wasserbad zerlaufen lassen. Sahne und längsgespaltene Vanilleschote aufkochen. Vanilleschote entnehmen, Sahne unter die aufgelöste Kuvertüre rühren. (Z.B. für Birne nach der schönen Helene.)

Sauce chaudeau
Weinschaumsauce **Chaudeau sauce**

Grundrezept

8	Eigelb	3 Blatt Gelatine
200 g	Zucker	1 Zitronensaft
0,5 l	Weißwein	

Zubereitung

Weißwein, Eigelb, Zitronensaft, Zucker und eingeweichte Gelatine werden in einem Kessel im kochenden Wasserbad zur Schaumsauce aufgeschlagen. Danach wird dieser Vorgang auf Eis bis zum völligen Erkalten der Schaumsauce fortgesetzt.

Wird Weinschaumsauce warm serviert und muß sie längere Zeit bereitgehalten werden, so gibt man anstelle von Gelatine 30 g Stärke (Cremepulver) bei. Sie wird zusammen mit den Zutaten aufgeschlagen.

Sauce à l'orange
Orangensauce **Orange sauce**

Grundrezept

0,25 l	Orangensaft	20 g	Cremepulver/Stärke
0,25 l	Aprikosenmark	2	Blatt Gelatine
100 g	Zucker	0,5 l	Schlagsahne
3	Eigelb		abgeriebene Schale von
		2	Orangen

Orangensaft, Aprikosenmark, Zucker, Eigelb und Cremepulver werden vorsichtig zu einer Creme gekocht, dem die Gelatine beizufügen ist. Erkaltet und passiert wird er mit der Schlagsahne und dem Abgeriebenen der Orangen leicht vermengt.

8 Gelee

Gelée
Jelly

Grundrezept (15 Portionen)

1 l	Fruchtsaft oder Weißwein (säuerlich)	Bei Flüssigkeiten mit starkem Geschmack wird ein Teil durch Wasser ersetzt.
300 g	Zucker	
12–15	Blatt Gelatine	
	Saft von 2 Zitronen	
	Schale einer unbehandelten Zitrone	

Arbeitshinweise

Gelee muß unbedingt klar und durchsichtig sein, nur so wirkt es appetitlich.

Zucker (Raffinade) und Gelatine (Gold) werden heute in solcher Reinheit geliefert, daß sich ein Klären meist erübrigt. Sollte es dennoch erforderlich sein, wird folgender Weg gegangen:

Ein Drittel der Flüssigkeit wird mit dem Zucker zum Kochen gebracht. Nach dem Aufkochen gibt man die eingeweichte Gelatine hinzu.

Zwei Eiweiß mit etwas Wasser zerschlagen und die Flüssigkeit langsam unter stetem Schlagen mit dem Schneebesen hinzugeben. Bei langsamer Hitzeeinwirkung zieht sich das Eiweiß zusammen, steigt nach oben und wird abgeschöpft. Nach dem Passieren gibt man die restliche Flüssigkeit hinzu.

Abgekühlt füllt man das Gelee in Glasschalen.

Durch Beigabe entsprechender Alkoholika kann der Geschmack vielfältig abgewandelt werden.

Gelée de vin aux fruits

Früchte in Weingelee **Fruit jelly**

Vorbereitete, mundgerecht zugeschnittene Früchte in Portionsglasschalen oder in flache, weite Gläser gefällig einordnen. Damit die Früchte in ihrer Lage verbleiben, zunächst nur so viel kaltgerührtes, noch flüssiges Weingelee eingießen, daß sie etwa zu einem Drittel darin liegen; zum Stocken des Gelees kaltstellen. Danach die Früchte mit dem noch fehlenden, kaltgerührten, flüssigen Gelee bedecken und erneut kaltstellen.

Zur Verwendung gelangen reife, weiche Früchte, z. B. Himbeeren, Erdbeeren, Aprikosen, Pfirsiche, Kiwis und Kirschen. Feste Arten, z. B. Äpfel, Ananas, Birnen, sind zuvor zu dünsten.

Filet de oranges à la gelée

Orangenfilets in Gelee **Orange jelly**

Flüssigkeit: 0,5 l Orangensaft, 0,5 l Wasser, 50 g Zitronensaft. Gelee nach dem Grundrezept anfertigen und mit Grand Marnier aromatisieren.

Aus den Bindehäuten geschnittene Orangenfilets gefällig in Gläser legen und fertigstellen wie Früchte in Weingelee.

9 Fruchtsalat

Salade de fruits
Fruit salad

Für Fruchtsalat werden reife, ungekochte Früchte verwendet. Die verschiedenen Sorten müssen mengenmäßig so abgestimmt sein, daß sie harmonieren.

Empfindliche, hellfleischige Früchte wie Bananen, Pfirsiche, Äpfel und Birnen werden in rohem Zustand bei Luftzutritt durch die Wirkung von Enzymen rasch braun. Das kann durch Säure (s. unten) verhindert werden, denn diese hemmt die Enzyme.

Man beginnt darum mit saftreichen, säurehaltigen Früchten wie Orangen oder Ananas. Diese werden nach dem Vorbereiten sofort gezuckert. Der freiwerdende Saft enthält soviel Säure, daß die anderen Früchte vor dem Braunwerden geschützt sind.

Orangen werden filetiert. Dazu schneidet man zunächst mit dem Messer die Schale so ab, daß die das Fruchtfleisch umgebende weiße Haut mitentfernt wird. Dann führt man das Messer so in das Fruchtfleisch, daß hautlose Filets herausgetrennt werden können. Der verbleibende Fruchtrest (Bindehäute) wird zur Saftgewinnung ausgepreßt.

Ananas. Stiel und Blattrosette werden abgeschnitten. Dann teilt man die Ananas quer zur Längsachse in 1 cm dicke Scheiben und entfernt erst bei diesen die Schale. Das härtere Zentrum der Scheiben ist mit einem Ausstecher zu entnehmen. Vom verbleibenden Kreisring erhält man die Fruchtstücke in der gewünschten Größe.

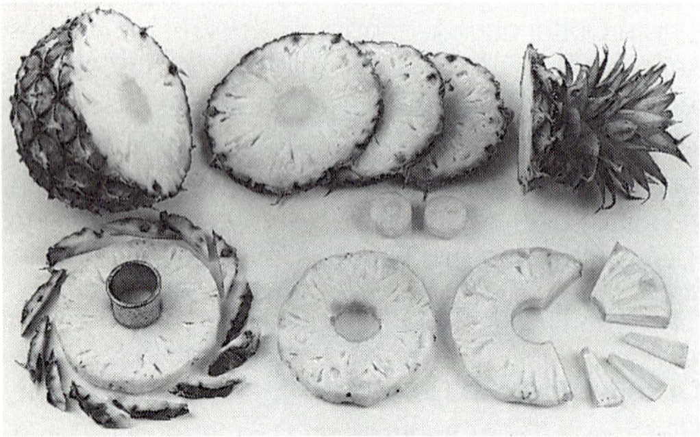

Trauben werden abgebeert, die Beeren längshalbiert und entkernt.

Pfirsiche und Aprikosen gibt man kurz in kochendes Wasser, damit sich die Haut leichter abziehen läßt. Die halbierte, entsteinte Frucht schneidet man in Segmente.

Äpfel und Birnen werden geschält, geviertelt, vom Kernhaus befreit und in feine Scheibchen geschnitten.

Fruchtsalate werden gerne mit Spirituosen verfeinert. Man gibt diese jedoch erst kurz vor dem Anrichten bei, weil die Aromastoffe leicht flüchtig sind. Auf keinen Fall darf der Eigengeschmack der Früchte überdeckt werden. Darum ist vorsichtig zu dosieren.

Angerichtet wird in Glasschalen, die von zerkleinertem Eis umgeben sind.

Zu gekühlten Früchten oder Fruchtsalat können neben kleinem Backwerk auch Himbeer- oder Erdbeersahne (Schlagsahne mit gesüßtem Himbeer- oder Erdbeermark vermengt), Weinschaum- oder Orangensauce gereicht werden.

Harmonische Zusammenstellungen gekühlter Früchte

- ▷ Orangen und Ananas
  Beigabe: Himbeersahne (Schlagsahne mit Himbeermark)
- ▷ Grapefruits und Orangen
  Beigabe: Erdbeersahne (Schlagsahne mit Erdbeermark)
- ▷ Erdbeeren und Orangen
  Beigabe: Weinschaumsauce
- ▷ Aprikosen und Pfirsiche
  Beigabe: Orangensauce

10 Glasuren

Glaçure
Icing

Glasuren vollenden das Aussehen von vielerlei Gebäck und runden den Geschmack ab. Damit die Glasur hält und vor dem Austrocknen geschützt ist, wird das Gebäck meist zunächst mit heißer Aprikosenmarmelade überzogen (aprikotiert).

Aprikotur

Abricotour
Apricot jam

Aprikosenmarmelade glattrühren, mit etwas Wasser aufkochen und heiß verwenden.

Gebäckstücke bestreicht man mit einem Pinsel; Torten und Formstücke werden mit der Palette eingestrichen.

Fondant

Fondant
Frosting

Fondant wird heute in der Regel fertig gekauft; er läßt sich auch aus gekochtem Zucker herstellen.

Zum Glasieren erwärmt man die erforderliche Menge im Wasserbad auf etwa 40 °C und verdünnt mit Läuterzucker oder Wasser. Die Glasur kann mit Geschmacksstoffen versetzt und leicht gefärbt werden.

Nach dem Glasieren stellt man die Stücke an einen warmen Ort, damit die Glasur antrocknen kann.

Fondantglasur glänzt besser und ist weicher im Biß als Wasserglasur.

Glace à l'eau

Wasserglasur — Water icing

Puderzucker mit warmem Wasser glattrühren und auf die zum Glasieren erforderliche Dicke bringen. Die Wasserglasur wird entsprechend dem zu glasierenden Gebäck mit Zitrone, Rum oder Arrak abgeschmeckt. Beim Glasieren soll das Gebäck noch warm sein, damit die Glasur rasch antrocknet und Glanz erhält.

Couverture

Kuvertüre — Coating chocolate

Kuvertüre oder Überzugsmasse besteht aus den dunklen Kakaobestandteilen, Zucker und der weißen Kakaobutter. Diese Zusammenstellung verlangt eine besondere Behandlung, denn sonst wird die Kuvertüre grau. Dabei schwimmen die leichteren Fett-Teilchen obenauf. Beim Abkühlen bilden sich dann weiße Pünktchen oder Streifen auf dunkler Unterlage. Die Schokolade ist dadurch zwar nicht verdorben, doch sieht sie nicht appetitlich aus.

Die zum Überziehen benötigte Menge Kuvertüre wird im Wasserbad aufgelöst und dann unter Rühren soweit abgekühlt, daß sich eine dickbreiige Masse bildet. Durch dieses Verfahren vermischt sich die Kakaobutter mit den übrigen Bestandteilen so innig, daß sie bei richtigem Erwärmen der Masse nicht mehr an die Oberfläche tritt. Der Fachmann nennt dieses Verfahren temperieren. Richtig temperierte Kuvertüre zieht rasch an und erhält Glanz. Falsch temperierte Kuvertüre bleibt lange flüssig und ist nach dem Erstarren zunächst stumpf und ohne Glanz, später zeigen sich die oben beschriebenen grauen Streifen.

Grundregel: Auflösen – unter Rühren abkühlen – auf Bluttemperatur erwärmen.

Soll Kuvertüre dünnflüssig gemacht werden, gibt man aufgelöste Kakaobutter bei. Dies ist insbesondere erforderlich, wenn kleine Teilchen, z. B. Pralinen, überzogen werden sollen.

Glace au chocolate

Speisefettglasur — Chocolate glaze

Speisefettglasur enthält neben Kakao und Zucker andere pflanzliche Fette, die billiger sind als Kakaobutter und sich leichter verarbeiten lassen, so daß bei Speisefettglasur ein Temperieren nicht erforderlich ist. Die erwärmte, flüssige Glasur ist bereits verarbeitungsfähig.

Speisefettglasur hat einen anderen Biß als Kuvertüre und schmeckt nicht so edel.

11 Speiseeis/Eisspeisen — *Glaces* — Ice-cream

Bei der Herstellung und beim Verkauf von Speiseeis sind die Speiseeisverordnungen und die entsprechenden Hygienevorschriften zu beachten.

11.1 Gesetzliche Vorschriften

Die Speiseeisverordnung schreibt für die einzelnen Arten Mindestmengen von Zutaten vor.

Eisbezeichnung	Vorgeschriebene Mindestmengen
Milchspeiseeis	70 % Vollmilch oder entsprechend Kondens- oder Trockenmilch, reiner Zucker, nur natürliche Geschmacksstoffe, keine Farbe
Cremeeis	Auf 1 Liter 270 g Vollei oder 100 g Eigelb oder entsprechende Menge Trockenei, reiner Zucker, natürliche Geschmacksstoffe, keine Farbe
Fruchteis	20 % Fruchtmark, 10 % Saft bei Zitroneneis, reiner Zucker, keine Farbe
Sahneeis	60 % Sahneanteil, natürliche Geschmacksstoffe, keine Farbe
Kunstspeiseeis	Bei entsprechender Kennzeichnung dürfen künstliche Geschmacksstoffe und Farbe verwendet werden

Die Industrie liefert

- ▷ Eiscreme – 10 % Milchfett
- ▷ Fruchteiscreme – 8 % Milchfett
- ▷ Einfacheiscreme – 3 % Milchfett

Hygienevorschriften

Speiseeis ist ein besonders günstiger Nährboden für Mikroorganismen. Bei unsachgemäßer Behandlung des Eises vermehren sich diese rasch und können zu Massenerkrankungen führen.

Speiseeis herstellen dürfen nur Personen, die besonders untersucht worden sind.

Alle Geräte, die zur Eisherstellung verwendet werden, müssen peinlich sauber sein und sofort nach Gebrauch gereinigt werden. Erhitzte Eismasse ist möglichst rasch abzukühlen, weil sich die Mikroorganismen in der Wärme besonders rasch vermehren.

Geschmolzene Eismasse darf nicht nochmals eingefroren werden. Die Industrie bietet Speiseeiskonserven (z. B. für Fruchteis) und Speiseeispulver an. Diese enthalten auch die entsprechenden Bindemittel und werden nach den Firmenrezepturen verwendet.

11.2 Cremeeis

Grundrezept (ergibt etwa 2 l gefrorenes Eis)

1 l	Milch
200 g	Zucker
8	Eigelb
1	Vanilleschote

Zubereitung

Milch aufkochen und langsam unter kräftigem Rühren in das mit Zucker verrührte Eigelb geben, abziehen, bis die Masse bindet; auf keinen Fall aufkochen. Durch ein Haarsieb passieren und möglichst rasch abkühlen, in der Eismaschine gefrieren.

Ableitungen

(Beigaben zur Menge des Grundrezeptes)

Glace aux avelines

Haselnußeis **Hazelnut ice-cream**

70 g Haselnüsse rösten, Schalen abreiben, fein mahlen, 15 Min. in heißer Milch ziehen lassen.

Glace au café

Mokkaeis **Coffee ice-cream**

Grundrezept ohne Vanille, 1 El löslicher Kaffee.

Glace au chocolat

Schokoladeneis **Chocolate ice-cream**

Zuckermenge auf 150 g verringern, 125 g Kuvertüre in der heißen Milch auflösen.

Glace aux amandes

Mandeleis **Almond ice-cream**

100 g Marzipanrohmasse mit etwas Milch weich machen und unter die abgekühlte Grundmasse geben.

Glace au caramel

Karameleis **Caramel ice-cream**

Zuckermenge des Grundrezeptes in einem Topf zu braunem Karamel schmelzen. Milch dazugießen, langsam aufkochen, damit sich der geschmolzene Zucker auflösen kann. Mit den Eigelben abziehen.

11.3 Fruchteis

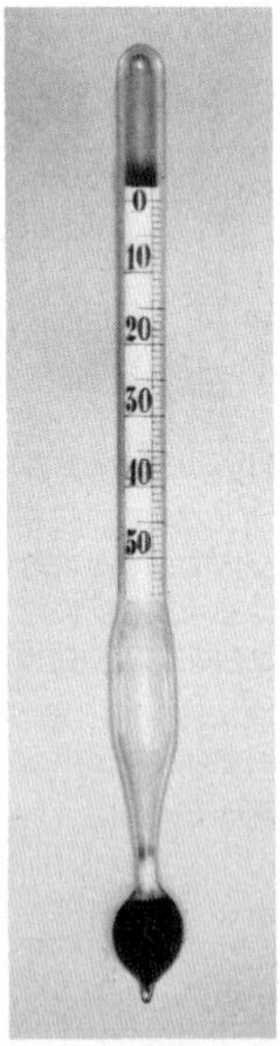

Bei der Herstellung von Fruchteis muß der unterschiedliche Zuckergehalt der Früchte berücksichtigt werden, denn der Zuckeranteil beeinflußt die Festigkeit der Eismasse. Ist er zu gering, wird das Eis nicht glatt, ist er zu hoch, bleibt das Eis zu weich. Die abgebildete Zuckerwaage ist eine Senkwaage, sie zeigt also über die Dichte der Flüssigkeit den Zuckergehalt in °Bé (Baumé) an.

Läuterzucker

ist aufgekochte und abgeschäumte (gereinigte, geläuterte) Zuckerlösung. Werden 1 l Wasser mit 1 kg Zucker aufgekocht, so erhält man Läuterzucker, der heiß gemessen eine Dichte (Konzentration) von etwa 28 °Bé anzeigt. Abgekühlt gemessen nimmt die Dichte um 2 bis 3 °Bé zu. Läuterzucker ist Grundbestandteil von Fruchteis und Eisparfait; verdünnt und mit Alkoholika aromatisiert verwendet man ihn u. a. zum Tränken von Savarins.

Grundbestandteile

- ▷ Fruchtsaft von Orangen, Zitronen, Mandarinen oder
- ▷ Fruchtmark von Erdbeeren, Aprikosen, Ananas, Kirschen usw.
- ▷ Läuterzucker
- ▷ Zitronensaft zum Fruchtsäureausgleich.

Bindung

Das Fruchteis erhält seine Bindung durch Zugabe von Speiseeis-Bindemitteln, die industriell hergestellt werden, von Eiweiß bzw. Eischnee oder von Joghurt.

Glace aux fraises

Erdbeereis **Strawberry ice-cream**

Bedarf:

1 kg Erdbeermark	90 g Zitronensaft
1 l Läuterzucker (28 °Bé)	60 g Eiweiß

Feinpassiertes Erdbeermark, Läuterzucker und Zitronensaft mischen. Danach so viel Wasser beigeben, daß die Mischung 18 °Bé aufweist. Zu Schnee geschlagenes Eiweiß unterrühren und in der Eismaschine gefrieren. Durch die Beigabe von Eiweiß wird das Eis besonders geschmeidig.

Glace au citron
Zitroneneis **Lemon ice-cream**

Bedarf:

1 l	Läuterzucker (28 °Bé)	240 g	Zitronensaft
	gelbe Schale von 4 unbehandelten Zitronen	60 g	Eiweiß

In dem noch warmen Läuterzucker die Zitronenschalen ausziehen lassen. Danach den Zitronensaft beigeben und so viel Wasser dazugießen, bis das ganze 20 °Bé hat. Die Mischung durch ein Haarsieb seihen, das zu Schnee geschlagene Eiweiß unterrühren und in der Eismaschine gefrieren, bis das Eis blendend weiß und zäh ist.

Glace mûre et yogourt
Brombeer-Joghurt-Eis **Blackberry-yogurt ice-cream**

Bedarf:

1 kg	Brombeermark	100 g	Zitronensaft
1 l	Läuterzucker (28 °Bé)	150 g	Magerjoghurt

Feinpassiertes Brombeermark mit Läuterzucker und Zitronensaft mischen. Danach mit wenig Brombeerflüssigkeit angerührten Joghurt untermischen und mit entsprechender Menge Wasser auf 18 °Bé einstellen, in der Eismaschine frieren.

Sorbet

Sorbet ist weichgefrorenes Fruchteis. Durch höheren Fruchtsaft- bzw. Fruchtmarkanteil ist auch mehr Säure in der Masse und sie gefriert nicht so intensiv aus. Dadurch ist Sorbet sehr erfrischend und wird deshalb auch in großen Menüs zwischen z. B. Fischgang und Hauptgang serviert. Es ist aber auch eine beliebte Form von Eisdessert. In besonderen Fällen wird das Sorbet kurz vor dem Anrichten mit Sekt oder Champagner vermischt und dickflüssig in Gläsern serviert.

Sorbet de rhubarbe
Rhabarbersorbet **Rhubarb-sherbet**

Bedarf:

500 g	Rhabarber	1	Eiweiß
$^1/_8$ l	Weißwein	1	Vanilleschote
125 g	Zucker		

Rhabarber putzen und mit Vanilleschote, Weißwein und Zucker kurz aufkochen. Topf in Eiswasser stellen, damit der Ansatz schnell herunterkühlt. Vanilleschote entnehmen und die restliche Masse mixen. Eiweiß zu steifem Schnee schlagen, unter das Püree mischen und in der Eismaschine oder Sorbetiere frieren.

Granité

Diese besondere Speiseeisart besteht aus Fruchtsaft oder Fruchtmark, wenig Läuterzucker, wenn notwenig etwas Zitronensäure und wird dünn auf Edelstahlbleche gegossen und tiefgefroren. Danach wird die gefrorene Fruchteisschicht vom Blech gespachtelt und kurzfristig kalt aufbewahrt, in Glasschalen oder Gläsern angerichtet und evtl. mit Sekt oder Champagner übergossen.

11.4 Sahneeis

Unter Sahneeis versteht man Eis, zu dem mindestens 60 % Sahne verarbeitet wird. Im Gegensatz zu anderen Eissorten wird es nicht in der Maschine, sondern in Formen gefüllt und im Tiefkühler gefroren. Man verwendet es zu Bomben, Halbgefrorenem und Eisauflauf.

Parfaits glacés
Halbgefrorenes/Eisparfaits **Parfait**

zu 1 l Sahne:

4	Eier	oder:	0,25 l	Läuterzucker (28 °Bé)
4	Eigelb		8	Eigelb
250 g	Zucker		4	Eiweiß
			160 g	Zucker

Eigelb und Läuterzucker auf schwachem Feuer aufschlagen, vom Herd nehmen und wieder kaltschlagen. – Eiweiß und Zucker zu steifem Schnee schlagen. – Eigelbmasse und Eierschnee vermengen und geschlagene Sahne und Geschmacksstoffe unterziehen;

oder:

Eier, Eigelb und Zucker auf schwachem Feuer aufschlagen und wieder kaltschlagen. Geschlagene Sahne und Geschmacksstoffe unterziehen.

Von dieser Grundmasse wird Halbgefrorenes verschiedener Geschmacksart abgeleitet.

Ferner kann die Grundmasse zu Eisbomben, Eistorten oder Eisaufläufen verwendet werden.

Soufflés glacés
Eisaufläufe **Ice-soufflé**

Eisaufläufe können aus einer oder mehreren Sorten der Parfaitmasse zusammengestellt werden. Man füllt lagenweise in Formen mit steilen Rändern. Für Portionsaufläufe eignen sich am besten Soufflé-Förmchen aus Porzellan. Um den Auflauf vorzutäuschen, legt man an den Innenrand der Form einen Papierstreifen, der etwa 3 cm über sie hinausragt.

Beispiel: Parfaitgrundmasse zu je einem Teil mit Erdbeermark, Orangenlikör und geriebenen Haselnüssen abschmecken und lagenweise einfüllen. Als Abschluß wird eine dünne Schicht Schlagsahne aufgestrichen.

Nach dem Gefrieren ist der Papierrand behutsam zu entfernen und geriebene Schokolade und ein wenig Puderzucker aufzustreuen.

Bombes glacées

Eisbomben **Ice-bombs**

Die Eisbombe besteht aus einem Mantel und der Füllung. Der Mantel kann aus Krem- oder Fruchteis bestehen. Die vorgekühlte Form ist 1 bis 2 cm dick damit auszustreichen. Dann wird mit obiger Parfaitmasse vollgefüllt. Der Füllung können als Einlage Belegfrüchte, Nüsse, Makronen, Biskuits, Schokoladenstückchen usw. beigegeben werden.

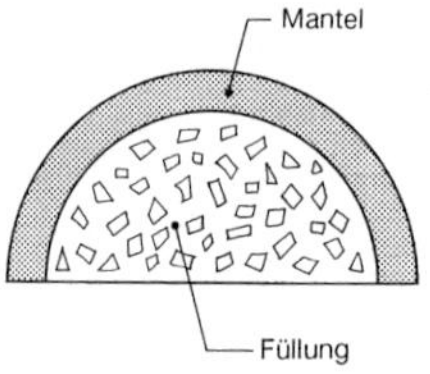

Bombenmantel	Bombenfüllung
Nougateis	Parfaitmasse mit Vanille und Belegkirschen
Mokkaeis	Parfaitmasse mit Kirschwasser
Erdbeereis	Parfaitmasse mit Pistazien
Schokoladeneis	Parfaitmasse mit Marzipan u. Mandeln

Halbgefrorenes von Früchten *Parfait glacé aux fruits* **Parfait with fruits**

Bedarf:

150 g Eiweiß	30 g Zitronensaft
300 g Zucker	3 Blätter Gelatine
300 g Puderzucker	1 l geschlagene Sahne
500 g Fruchtmark	

Eiweiß und Zucker warm- und wieder kaltschlagen. Danach den Puderzucker unterschlagen. Fruchtmark mit Zitronensaft und eingeweichter und gelöster Gelatine verrühren.

Fruchtmark behutsam mit der Eiweißmasse mischen. Die geschlagene Sahne unterheben. Fruchtparfaitmasse in die vorgesehenen Formen füllen und im Tiefkühler (–20 °C) gefrieren.

Geeignet ist z. B. Fruchtmark aus Aprikosen, Himbeeren, Erdbeeren, Johannisbeeren, Kiwis, Pfirsichen und Melone.

Parfait Princ Pückler

Fürst-Pückler-Parfait **Prince Pückler Parfait**

Die Parfait-Grundmasse dreiteilen und jeweils mit:
- gesüßtem Erdbeermark und Zitronensaft vermischen,
- mit kleingehackten Makronen und Maraschino vermischen,
- mit flüssiger oder fein geriebener Kuvertüre mischen.

Die Massen schichtweise in Formen abfüllen, frieren.

11.5 Eisbecher – Eisdesserts

Die Eisbecher haben besondere Vorzüge, weil sie sparsam, äußerst ansprechend, praktisch und bei den Gästen beliebt sind. Verwenden läßt sich jede Creme-, Frucht- oder Liköreissorte, allein für sich oder auch gemischt. Die Abwechslungsmöglichkeiten sind fast unübersehbar.

Als Ergänzung dienen beim Anrichten Schlagsahne, alle Arten gedünsteter Früchte, Makronen, Hippen, Waffeln, Mandeln, Pistazien, Nüsse, figürliche Marzipan- und Schokoladenstückchen, Fruchtmark, Cremesaucen, Karamel, gesponnener Zucker sowie vieles andere.

Angerichtet wird in besonderen Glas- oder Silberbechern; diese müssen eisgekühlt sein, um ein rasches Schmelzen des Gefrorenen zu vermeiden.

Coupe royale

Königsbecher **Royal coup**

Unter kleingeschnittenen Obstsalat von Erdbeeren und Pfirsichen Makronenwürfelchen mischen und mit Curaçao mazerieren (frz., wörtlich: einweichen). In einen Becher je eine Kugel Vanille- und Himbeereis geben, 1 El Obstsalat einfüllen und mit Himbeermark überziehen. Ein Schlagsahnetupfen und Pistazienscheibchen bilden die Garnitur.

Coupe Madeleine

Eisbecher Madeleine **Madeleine coup**

Ananasstückchen mit Kirschwasser und Maraschino aromatisieren. Zwei Kugeln Vanilleeis in einen Becher füllen, 1 El Ananasstückchen daraufhäufen und mit Aprikosensauce (wie Orangensauce, Orangensaft durch hellen Fruchtsaft ersetzen) überziehen. Ein Hippenblatt als Garnitur daranstecken.

Eisbecher auf orientalische Art *Coupe à l'orientale* **Oriental coup**

Geschälte Bananen in Scheiben schneiden, mit Cognac aromatisieren; Staubzucker sowie ein wenig feingemahlenen Kaffee darübersieben. In einen Becher 2 Kugeln Mokkaeis placieren, Bananenscheiben darauflegen und mit einem Schlagsahnetupfen und einer Mokkabohne garnieren.

Coupe Forêt-Noire

Schwarzwaldbecher **Coupe black forest**

Den Saft gedünsteter Sauerkirschen mit angerührter Stärke leicht binden, die Kirschen dazugeben, mit Kirschwasser aromatisieren. Zwei Kugeln Haselnußeis in einen Becher geben und 2 El der Kirschen darauffüllen. Mit einem Kranz kleiner Schlagsahnetupfen und Schokoladenspänen garnieren.

Eisdesserts

Diese Eisdesserts bestehen aus einer Kombination von Speiseeis (meist Vanille), Früchten und aromatischen Flüssigkeiten.

Banane split

Bananensplit **Banana split**

Eine geschälte, längshalbierte Banane wird in einer ovalen Splitglasschale auf zwei oder mehr Kugeln Vanilleeis angerichtet, mit (heißer) Schokoladensauce übergossen und mit Schlagsahne garniert. Oftmals wird auch etwas Eierlikör zugegeben.

Poire belle Hélène

Birne Helene **Pear Helena**

Auf eine Glasschale gibt man eine oder mehrere Kugeln Vanilleeis, belegt dies mit einer halben Kompottbirne und übergießt mit dickflüssiger Schokoladensauce. Manchmal wird die Schokoladensauce auch heiß à part dazu serviert.

Coupe Danemark

Coup Danmark **Danmark cup**

Vanilleeiskugeln in ein hohes Glas geben und mit heißer Schokoladensauce (die auch à part serviert werden kann) nappieren.

Pêche Melba

Pfirsich Melba **Peach Melba**

Auf eine Glasschale gibt man eine oder mehrere Kugeln Vanilleeis, richtet darauf einen halben Kompottpfirsich an und nappiert ihn mit Himbeerpüree.

Café glacé

Eiskaffee **Coffee-vanilla-shake**

Vanilleeiskugeln in ein hohes Glas geben, mit kalten, leicht gezuckertem Kaffee auffüllen und mit Schlagsahne garnieren.

Chocolate glacé

Eisschokolade **Chocolate-vanilla-shake**

In ein hohes Glas Vanilleeis- und/oder Schokoladeneiskugeln geben, mit kaltem, leicht gezuckerten Kakao auffüllen, mit Schlagsahne und Schokoladenspäne garnieren.

Coupe Romanoff

Erdbeeren nach Romanow **Strawberries Romanov**

Glasschale mit Vanilleeis füllen und darauf Erdbeeren, die in Zucker und Maraschino mariniert wurden, pyramidenförmig anrichten, mit aromatisiertem Erdbeermark überziehen und mit Schlagsahne ringsum garnieren.

Menü und Speisekarte

Ein Menü ist eine Speisenfolge von mindestens drei Gängen (Speisengruppen), die in einer festgesetzten Reihenfolge verzehrt werden.

1 Aufbau eines Menüs

Bei der Erstellung eines Menüs sind zu beachten:

- ▷ Umfang der Speisenfolge,
- ▷ Regeln kulinarischer Abstimmung,
- ▷ Grundsätze richtiger Ernährung,
- ▷ organisatorische Möglichkeiten.

1.1 Umfang des Menüs

Nach dem Umfang der Speisenfolge wird heute unterschieden:

Grundmenü mit drei Gängen als geschlossenes Ganzes, einfachste Form.

Erweitertes Menü mit vier bis fünf Gängen für den besonderen Anlaß.

Festmenü mit sechs und mehr Gängen zu Feierlichkeiten, bei denen das gemeinsame Speisen einen festlichen Höhepunkt bildet.

Grundmenü
besteht aus

Erweiterungsmöglichkeiten

- Suppe ← **Kalte Vorgerichte** werden vor der Suppe gereicht.
- Hauptgericht ← **Warme Vorgerichte** sowie **Fischgerichte** folgen der Suppe.
- Dessert

Diese Regeln des Menüaufbaus nennt man auch Menügerüst.
Je nach Anlaß können die einzelnen Gänge kombiniert werden.

Entrements/Süßspeisen: Süß- und Eisspeisen
Dessert/Nachtisch: Früchte und Käse

Beipiele für Kombinationsmöglichkeiten

	Kaltes Vorgericht	Suppe	Warmes Vorgericht	oder – Fischgericht	Hauptgericht	Zwischengericht	Süßspeise	Nachtisch
Drei Gänge ▷		•			•		•	
	•				•			•
Vier Gänge ▷	•	•			•		•	
		•	•	•	•		•	
Fünf Gänge ▷		•	•	•	•		•	•
	•	•	•	•	•	•	•	
Sechs Gänge ▷	•	•	•	•	•		•	•
		•	•	•	•	•	•	•

Die Komposition eines Menüs beginnt mit dem Hauptgericht. Diesem werden die übrigen Gänge als Erweiterung zugeordnet.

Zusammenschau: Grundmenü – Erweiterte Menüs – Klassisches Menü

Grundmenü	Erweiterte Menüs			Klassisches Menü
		Kaltes Vorgericht		Hors d'œuvre froid Kaltes Vorgericht
Suppe	Suppe		Suppe	Potage Suppe
	Gemüsegericht	Krebstiergericht	Fischgericht	Hors d'œuvre chaud Warmes Vorgericht
Hauptgericht Beilagen	Hauptgericht Beilagen	Hauptgericht Beilagen	Hauptgericht Beilagen	Relevé Hauptgericht
				Entrée chaude et froid Warmes oder kaltes Zwischengericht
				Sorbet Eispunsch[1]
				Rôti Braten[2]
				Salade Salat[3]
Süßspeise		Süßspeise	Süßspeise	Entremet chaud et froid Warme oder kalte Süßspeise
	Käseauflauf		Chesterkroketten	Entremet de fromage Käsezubereitung
		Käse	Früchte	Dessert Nachtisch
		Mokka	Mokka	Mocca Mokka

Die Portionsmengen je Gang werden um so geringer, je mehr das Menü erweitert wird.

[1] Sorbet (Eispunsch) wird heute vor dem Hauptgang serviert.

[2] Braten (Rôti) gilt in neuzeitlichen Menüs auch als Hauptgericht.

[3] Salat (Salade) kann in modernen Menüs Vor-, Zwischengericht oder Beilage sein.

1.2 Regeln kulinarischer Abstimmung

Im Verkaufsgespräch wird zunächst das **Hauptgericht** festgelegt. Dann beginnt die Auswahl der übrigen Gänge. Dabei ist zu beachten:

- **Jahreszeit,** denn Fische, Wild, Geflügel, einige Schlachttiere, wie Lämmer und Spanferkel, viele Gemüsearten und Obst sind zu bestimmten Zeiten am wohlschmeckendsten und zu diesen Zeiten auch am preiswertesten. Obwohl durch moderne Konservierungsmethoden viele Lebensmittel das ganze Jahr über zur Verfügung stehen, sind die Saisonzeiten zu berücksichtigen. Auf der Speisekarte muß das zum Ausdruck kommen.
- **Abwechslung,** denn die Möglichkeiten der Nahrungsmittelauswahl und Zubereitung sind so vielseitig, daß durch verschiedene Ausgangsprodukte und unterschiedliche Zubereitungsarten jede Geschmacksrichtung angesprochen werden kann. Für eine gut zusammengestellte Speisenfolge gilt darum meist:

  Keine Wiederholung der Grundstoffe

  Beispiele, wie es nicht sein darf:
  Blumenkohlcremsuppe und Blumenkohl als Beilage;

  oder: Consommé celestine und Crêpes Suzette als Nachtisch;

  oder: Wenn zum Gemüse Butter gereicht wird, z. B. Spargel mit zerlassener Butter, darf sich das nicht beim Fischgang wiederholen.

  Keine Wiederholung der Zubereitungsart

  Zubereitungsarten, wie *überbacken – in Fett gebacken – gegrillt* usw., dürfen in der Speisenfolge immer nur einmal vertreten sein;

  oder: Wenn als Nachtisch Käse-Windbeutel vorgesehen sind, so passen zu den Austern keine überbackenen Käsebrötchen (Welsh rarebits), denn beides sind Gebäcke mit ähnlichen Füllungen.
- **Beachtung des Farbenspiels,** denn „das Auge ißt mit", weil im Gehirn des Menschen der Gesamteindruck einer Speise aus den Wahrnehmungen des Auges und des Geruchs- und Geschmackssinns entsteht. So kann einem beim Anblick einer ansprechend angerichteten Speise bereits das Wasser im Mund zusammenlaufen, weil allein der optische Eindruck genügt, um auch Geruchs- und Geschmacksvorstellungen wachzurufen. Bei der Auswahl der Nahrungsmittel und bei der Zubereitung ist darum auf die vielfältigen Möglichkeiten zu achten. Nicht richtig ist es deshalb z. B., wenn auf ein rosa Lachsgericht als Fleischgang englisch gebratenes Roastbeef (auch rosa) gereicht wird;

  oder: wenn auf Ragoût fin Hühnerfrikassee folgt.

Übung zur Beurteilung von Menüs

Menü 1

Rahmsuppe Dubarry
*
Seezungenfilets in Weißwein
*
Kalbskotelett mit Champignons
Blumenkohl – Kartoffelpüree
*
Mandelcreme

Menü 2

Kraftbrühe Vermicelles
*
Gekochter Zander – braune Butter
*
Rehrücken Baden-Baden
Pfifferlinge – Spätzle
*
Birne Helene

Menü 3

Hummercocktail mit Grapefruit
*
Klare Ochsenschwanzsuppe
*
Junge Ente Bigarade
Grüne Bohnen – Rahmkartoffeln
*
Biskuitroulade mit Zitroneneis

Menü 4

Kraftbrühe Julienne
*
Eier in Näpfchen mit Sahne
*
Esterházy-Rostbraten
Petersilienkartoffeln – Tomatensalat
*
Walnußparfait – heiße Schokoladensauce

Lösungen siehe Seite 466.

▷ **Anlaß des Essens** kann bei besonderen Gelegenheiten für die Speisenauswahl maßgebend sein. Die folgenden Beispiele zeigen, wie Geschmacksrichtungen, Rohstoffe und Anlässe berücksichtigt werden können.

Herrenessen

Herren bevorzugen kräftige Gerichte mit würzigem Geschmack, z. B. Krebse im Wurzelsud, Fisch mit Senfbutter – Gebratene Hochrippe, Schinken in Brotteig, Ragout-, Gulasch- und Currygerichte.
Als Nachtisch eignen sich Früchte, säuerliches Fruchteis, Mus von herber Schokolade.
Beliebt sind auch Käse und Käsezubereitungen.

Doppelte Kraftbrühe mit Mark

*

Gebackene Rotzungenstreifen
Tatarensauce

*

Gekochte Rinderbrust
Sahnemeerrettich – Preiselbeeren
Wirsingköpfchen – Bouillonkartoffeln

*

Käseauflauf

Jagdessen

Bei Jagdessen kann die Speisenfolge von den sonst üblichen kulinarischen Regeln abweichen. Es wird gereicht, was Fischfang und Jagd bieten: Fluß- und Seefische, Krebse, alle Arten Wild, Wildgeflügel sowie Feld- und Waldfrüchte wie Kohl, Pilze, Nüsse und Beeren.

Fasanenterrine
Apfelsalat mit Nüssen

*

Kraftbrühe Diana

*

Hechtfilets in Weißwein

*

Gebratener Hasenrücken
Pfeffersauce – Johannisbeergelee
Frische Steinpilze – Kartoffelkroketten

*

Krokanteistorte

Weihnachts-Speisenfolge

Weihnachtsspeisenfolgen sind Winterspeisenfolgen, in der jahreszeitlich bedingte Nahrungsmittel im Vordergrund stehen.

Der Festcharakter kann durch besondere Delikatessen betont werden: Hummer, Austern, Kaviar, Gänseleberparfait oder Gänseleberpastete. Als Weihnachtsfisch wird der Karpfen, als Weihnachtsbraten Gans oder Pute bevorzugt. Gern wird die Weihnachts-Speisenfolge auch durch Äpfel und Nüsse bereichert.

Klare Ochsenschwanzsuppe

*

Pastetchen mit frischem Hummer

*

Karpfen blau
Sahnemeerrettich

*

Gänsebraten
Glasierte Apfelspalten
Rosenkohl – Kartoffelkrapfen

*

Haselnuß-Halbgefrorenes

Silvester-Speisenfolge

Die Feier der Jahreswende ist ein besonderer Anlaß. Silvester-Speisenfolgen müssen dem festlichen Charakter dieses Tages entsprechen. Reichhaltige Menüs verlangen eine gekonnte Kombination der Gerichte und stellen höchste Ansprüche an die Qualität der zur Verarbeitung kommenden Produkte. Aufgrund der Ausweitung des Menüs werden die einzelnen Speisen maßvoll portioniert. Sättigende Beilagen kommen kaum in Betracht. Die Speisenfolge kann auf einer schönen, mit glückhaften Symbolen versehenen Menükarte angeboten werden.

Beluga Malossol Kaviar
Blinis – Sauerrahm

*

Schnepfenkraftbrühe

*

Hummer und Austern in Champagner
Blätterteighalbmonde

*

Medaillons von frischer Gänseleber
auf Périgord-Trüffeln

*

Minze-Sorbet

*

Lammnüßchen mit Kräutern überbacken
Gedünstete Karotten
Glasierte Schalotten

*

Erdbeerschaum auf frischer Ananas
Feingebäck

1.3 Grundsätze richtiger Ernährung

Eine richtig zusammengestellte Speisenfolge muß Nährstoffe und Reglerstoffe in ausreichender Menge und im richtigen Verhältnis enthalten. Dabei ist zu beachten, daß der heutigen Lebensweise energiearme, leicht verdauliche Kost entspricht.

Eine neuzeitliche Speisenfolge schränkt darum die Verwendung fetter Saucen und übermäßig sättigender Beigaben ein; sie berücksichtigt den Vitaminbedarf durch die Aufnahme entsprechender Gemüse und Salate. Allgemein reicht man kleinere Portionen.

1.4 Organisatorische Möglichkeiten

Bestimmte Gerichte verlieren an Geschmackswert, wenn sie längere Zeit bereitgehalten werden. Bei der Erstellung von Tageskarten und Sonderessen ist deshalb darauf zu achten, ob unter den gegebenen Verhältnissen die Speisen wirklich unmittelbar nach der Zubereitung serviert werden können.

Beispiele: Eine Speisenfolge für 70 Gäste enthält als Fisch „Seezunge Orly“ und als Nachspeise „Salzburger Nockerln“. Das Ausbacken der Fische erfordert geraume Zeit. Das Ausbacken muß rechtzeitig begonnen werden, damit zum Service alle Portionen gleichzeitig bereitstehen. Ist die Friteuse nicht groß genug, wird die Kruste der zuerst zubereiteten Fische bis zum Abruf weich und pappig.

Die Salzburger Nockerln können zwar aufdressiert im Kühlraum bereitgehalten werden, doch muß für das Fertigstellen ausreichend Personal vorhanden sein, wenn der Service ohne Stockung ablaufen soll.

Lösungen zur Beurteilung von Menüs Seite 464:

Menü 1: Farblose Zusammenstellung der Gerichte. Dreimal Sahne: Suppe, Fisch, Süßspeise. Zweimal Blumenkohl: Suppe, Beilage.

Menü 2: Falsche Schreibweise: Vermicelles statt mit Fadennudeln. Zweimal Teigwaren: Suppe, Beilage. Zweimal Birnen: Garnitur zum Fleisch, Süßspeise.

Menü 3: Dreimal Zitrusfrüchte: Vorspeise, Fleischgang, Süßspeise. Unpassende Kartoffelbeilage.

Menü 4: Zweimal Gemüsestreifen: Suppe, Fleisch. Das Menü ist zu schwer: Sahne bei den Eiern, in der Rostbratensauce, im Parfait, in der Schokoladensauce.

2 Gestaltung der Speisekarte

Je übersichtlicher eine Speisekarte gestaltet ist, desto leichter fällt es dem Gast, eine Wahl zu treffen. Darum trennt man **sachlich** in Speisegruppen wie Vorspeisen, Suppen, Fische, Hauptgerichte usw. und nach der **Aktualität** in das Standard- und das Tagesangebot. Dies führt zu der Unterscheidung Standardkarte und Tageskarte.

Während die Standardkarte ein Dauerangebot enthält, wechselt die Tageskarte entsprechend dem Angebot am Markt und den betrieblichen Möglichkeiten.

Auch für Kinder, ältere Menschen, Gesundheitsbewußte und Schonkostbedürftige sollten geeignete Gerichte angeboten werden, denn nur der Gast, der vom Angebot auf der Karte zufriedengestellt wird, kehrt wieder.

Frucht- und Gemüsesäfte Joghurt	Tageskarte vom ...	Geflügelgerichte
Kalte Vorgerichte	Mittagsmenü Abendmenü	Wildspezialitäten
Suppen	Fertige Tagesplatten	Gemüse – Beilagen
Warme Vorgerichte	Regionale Besonderheiten	Salate
Eierspeisen	Vollwertgerichte	Kalte Platten
Fischgerichte	Für Kinder	Käse
Vom Grill und aus der Pfanne	Für Senioren	Süßspeisen – Kompotte
	Schonkost	Früchte

2.1 Anordnung des Textes

Bei der Anordnung des Textes ist zwischen der Nennung eines Gerichts auf der Tageskarte und der innerhalb eines Menüs zu unterscheiden. Auf der **Tageskarte** stehen Gerichte meist einzeilig. Dabei ist folgende Reihenfolge einzuhalten:

allgemein:	Fleisch	Sauce	Gemüse	Kartoffeln	Salat
Beispiel:	*Pökelzunge mit*	*Madeirasauce*	*Butterbohnen*	*Kartoffelpüree*	*Kopfsalat*

Bei **Menüs** wird in der Regel zentriert (= auf Mitte gestellt) untereinander angeordnet.

Beispiel

Markklößchensuppe
*
Pökelzunge mit Madeirasauce
Butterbohnen – Kartoffelpüree
Kopfsalat
*
Mandelcreme

Zusätzliche Bezeichnungen wie Suppe, Hauptgericht, Nachspeise unterbleiben.

Für **Extraessen** bietet der Betrieb meist eine eigene, in der Regel gefalzte Karte.

Bei deren Gestaltung kann der Gast mitwirken.

Auf der Vorderseite werden meist Ort, Zeit und Anlaß des Essens genannt.

Auflockernd wirken Abbildungen, die jedoch zum Anlaß des Essens einen Bezug haben sollten.

Beispiele:

Ziffern bei Jubiläen, Hochzeitskutsche, Wiege sowie sonstige Illustrationen, z. B. von Wild oder Fisch.

Ort
Datum

Hochzeit
von
mit

Hotel ABC

Auf der Innenseite steht rechts die Speisenfolge, links stehen die Getränke, die zu den einzelnen Gängen gereicht werden.

Wiltinger Kupp Auslese
Orig. Abf. Le Gallais

Schloß Vollrads Schloßabzug
Orig. Abf. Graf Matuschka-Greiffenclau

Chambolly-Musigny
Original Burgunder-Abzug

KRUG
Private Cuvée Brut Reserve

Mokka

Cognac – Liköre

Menü

Krebssuppe
*
Wachtel mit frischen Morcheln
*
Schwetzinger Stangenspargel
Schaumsauce
*
Rinderfilet Wellington
Salatherzen
*
Stilton
*
Pistazienparfait und frische Erdbeeren
Konfekt

2.2 Rechtschreibung auf der Speisekarte

Für die Schreibung der Speisen auf der Karte gelten die im DUDEN angeführten allgemeinen Regeln der Rechtschreibung.

▷ **Zusammengesetzte Hauptwörter werden zusammengeschrieben.**

Also:	und nicht:
auf Försterinart	Auf Försterin Art
auf Gärtnerinart	Auf Gärtnerin Art
auf Müllerinart	Auf Müllerin Art

Anstelle von „auf ...art“ kann auch „nach ...art“ geschrieben werden. Empfehlenswert ist auch folgende Schreibweise: nach Art der Försterin, nach Art der Gärtnerin usw.

▷ **Zubereitungsart, von Orts- und Ländernamen abgeleitet, wird auseinander geschrieben:**

auf russische Art, nach norwegischer Art, auf provenzalische Art.

Besonderheit:

mit der Endung -ische/ischer: *klein*	**mit der Endung -er: *groß***
auf norwegische Art	nach Norweger Art
holländischer Käse	Holländer Käse
italienischer Salat	Schweizer Wurstsalat
	Wiener Schnitzel
	Frankfurter Würstchen

▷ **Nachgestellte Beifügungen (Zubereitungsart) werden durch Komma (Beistriche) abgetrennt.**

Seezunge, pochiert, Karpfen, gebacken.

Läuft der Text weiter, wie z. B. bei Tageskarten, steht die Zubereitungsart zwischen Beistrichen: Seezunge, pochiert, mit ...

Empfehlenswert ist folgende Schreibweise: Pochierte Seezungenfilets mit ...
Gebackener Karpfen mit ...

▷ **Beilagen, die aus mehreren Stücken bestehen, müssen in der Mehrzahl stehen.**

mit neuen Kartoffel**n**,	mit Champignon**s**,
mit Pilze**n**,	mit verschiedenen Gemüse**n**.

▷ **Anführungszeichen unterbleiben bei der Angabe der Zubereitungsart.**

Also:	und nicht:
Birne Helene	Birne „Helene“
Schnitzel nach Pariser Art	Schnitzel „Pariser Art“
Forelle blau	Forelle „blau“

Neben diesen, durch den DUDEN geforderten Rechtschreibregeln gibt es Regeln zur Sprachform, die nicht ausdrücklich festgelegt sind.

▷ **Abkürzungen sind zu vermeiden.**

Also:	und nicht:
Frikassee von Huhn mit Reis	Frikassee v. Huhn m. Reis
Kalbszunge mit gedünstetem Gemüse und gemischtem Salat	Kalbszunge m. ged. Gemüse u. gem. Salat

▷ **Eingedeutschte Wörter sind in deutscher Form zu schreiben.**

Also:	und nicht:
Kartoffelkroketten	~~Kartoffelcroquetten~~
Frikassee	~~Fricassee~~
Gulasch	~~Goulasch~~
Makkaroni	~~Maccaroni~~
Kotelett	~~Cotelette~~

▷ **Sprachen sollen nicht vermischt werden.**

Also:	und nicht:
Forelle auf Müllerinart	~~Forelle à la meunière~~
Gebackener Kalbskopf mit Remouladensauce	~~Kalbskopf, gebacken, mit Sc. Remoulade~~
Hammelkoteletts Nelson	~~Hammelkotelett à la Nelson~~

Ausnahme:

Soße – Sauce: In der gewerblichen Küche hat sich die französische Schreibweise Sauce eingebürgert. Der DUDEN sieht Sauce als eingedeutschtes Wort und läßt diese Schreibweise zu, auch in Zusammensetzungen wie z. B. Tomatensauce.

Allgemein bekannte Bezeichnungen oder solche, die nicht zutreffend übersetzt werden können, wie Chateaubriand, Pommes frites, schreibt man in der Fachsprache.

▷ **Mehrsprachige Karten erleichtern den Service.**

Wird ein Haus von vielen fremdländischen Gästen besucht, ist es zweckmäßig, die Gerichte auch in den gängigen Fremdsprachen anzuführen. Übersetzungshilfen bieten Küchenlexika und entsprechende Übersetzungswerke.

Beispiele aus einer Tageskarte:

Hechtklößchen mit Kräutersauce

Quenelles de brochet au sauce aux fines herbes

Pike dumplings with herb sauce

Gebratenes Rinderfilet mit Champignonsauce, gebackenen Schwarzwurzeln, Annakartoffeln

Filet de boeuf rôti, Sauce aux champignons, Salsifis frits, Pommes Anna

Roast fillet of beef with brown mushrooms sauce, fried black salsifys, Anna potatoes

Gekochte Hammelkeule mt Kapernsauce, überbackenem Rosenkohl, Schmelzkartoffeln

Gigot de mouton bouilli, Sauce aux câpres, Choux de Bruxelles au gratin, Pommes fondantes

Boiled leg of mutton, Sauce with capers, gratinated Brussels sprouts, Fondant potatoes

2.3 Rechtliche Bestimmungen beachten

▷ **Herkunftsbezeichnungen mit Bedacht verwenden.**

Das Recht unterscheidet:

Herkunftsbezeichnung
Das Lebensmittel muß vom genannten Ort sein.

z. B. Schwarzwälder Kirschwasser
Nürnberger Rostbratwürste
Schweizer Käse

Gattungsbezeichnung
Das Lebensmittel entspricht allgemein bekannten Vorstellungen.

z. B. Schwarzwälder Kirschtorte
Frankfurter Würste
Schweizer Wurstsalat

▷ **Preise richtig angeben!**

– Es müssen Inklusivpreise genannt sein.

– Wird z. B. Fisch „nach Größe“ angeboten, ist ein Bezugswert zu nennen, z. B. 100 Gramm ... , .. DM.

Regionalgerichte

Regionalgerichte entstammen meist der bäuerlichen Küche eines bestimmten Gebiets. Dazu werden Rohstoffe verwendet, die dort bodenständig sind. Wegen der Besonderheit der Zusammenstellung bieten sie eine gewisse Abwechslung und haben in leicht veränderter Form in die gewerbliche Küche Eingang gefunden.

Baden-Württemberg

Maultaschensuppe

Maultaschen sind Teigtaschen, vorwiegend mit einer Füllung aus Hackfleisch und Spinat.

Bedarf für 5 Portionen:

300 g Mehl
2 Eier
30 g Öl
Salz, Wasser

Füllung:

250 g Schweinehackfleisch
1 Zwiebel
70 g geräucherter Speck
2 Eier
200 g Spinat (gedünstet)
50 g Semmelbrösel
Petersilie, Salz
Pfeffer, Muskat

Aus Mehl, Eiern, Öl, Salz und etwas Wasser einen festen Nudelteig zusammenkneten, gut durcharbeiten und ruhen lassen.

Speck in feine Würfel schneiden, andünsten, würfelig geschnittene Zwiebeln dazugeben und glasig werden lassen. Übrige Zutaten dazugeben und zu einer streichfähigen Masse verarbeiten.

Nudelteig ausrollen, mit einem Teigrädchen Quadrate mit ca. 7 cm Seitenlänge ausschneiden. Eine Hälfte der Fläche mit der Füllung belegen, die andere Hälfte darüberklappen und andrücken. In Salzwasser etwa 12 Min. garen, in Fleischbrühe servieren.

Zander nach badischer Art

Bedarf für 5 Portionen:

750 g Zanderfilets
0,2 l saure Sahne
1 El Zitronensaft
50 g Butter
40 g feingeschnittene Schalotten
1 El gehackte Petersilie
30 g geriebener Parmesan
2 El geriebene Weiß- oder Roggenbrotkrume
Salz, Pfeffer

Eine feuerfeste Platte wird mit Butter ausgestrichen und mit Schalotten bestreut. Den Fisch in fünf gleich schwere Stücke zerteilen, einordnen, würzen, mit Zitronensaft beträufeln und mit Petersilie bestreuen. Dann mit Sahne überziehen, Käse und geriebenes Brot darüberstreuen, Butterstückchen auflegen und im Ofen 15 Min. garen. Dabei soll der Fisch leicht überbacken.

Beilage: Gedämpfte Kartoffeln.

Berlin

Kalbsleber Berliner Art

Bedarf für 5 Portionen:

10 Scheiben Kalbsleber je 70 g
Pfeffer, Mehl
150 g Butter
10 Apfelscheiben 1 cm dick von geschälten und ausgestochenen Renetten
0,2 l Kalbsjus
500 g Zwiebelstreifen
Paprika
Fett zum Backen

Zwiebelstreifen mit Paprika und Mehl bestäuben und in heißem Fett unter Wenden hellbraun backen. Zum Abtropfen in einen Durchschlag schütten.

Apfelscheiben in Butter gar und braun braten und auf einer Platte warmhalten. – Butter erhitzen, Leberscheiben in Mehl wenden. Die Scheiben direkt in die heiße Butter legen, beidseitig braun braten, salzen, pfeffern und anrichten. Die Apfelscheiben seitlich an die Leber ordnen. Der Bratbutter die übrige Butter sowie die braunen Zwiebeln zufügen. Alles nochmals erhitzen und schäumend über die garnierte Leber geben. Kalbsjus separat reichen.

Beilage: Kartoffelpüree, Selleriesalat mit Kräutern.

Bayern

Büchelsteiner oder Pichelsteiner Fleisch

Bedarf für 5 Portionen:

750 g Ragoutfleisch (gleiche Anteile Schwein, Kalb, Rind),	750 g Kartoffeln
500 g Wirsingkohl	50 g Fett
400 g Karotten	100 g Rindermark
400 g Zwiebeln	Salz, Pfeffer
200 g Sellerie	Wasser
	1 El gehackte Petersilie

Einen Schmortopf mit dem Fett ausstreichen, das Mark in Scheiben darauflegen. Das grobblättrig zerkleinerte Gemüse, die in Scheiben geschnittenen Kartoffeln und das in kleine Würfel zerteilte Fleisch einschichten. Die einzelnen Schichten würzen und soviel Wasser dazugießen, daß es drei Viertel des Eingeschichteten erreicht. Nach dem Ankochen mit Folie oder gebuttertem Papier abdecken, mit dem Deckel verschließen und im Ofen fertiggaren. Gardauer etwa 90 Min. – In Servierkasserollen anrichten und mit der gehackten Petersilie bestreuen.

Dieses Eintopfgericht stammt aus Grattersdorf, am Fuße des Büchelstein gelegen; es irrt immer noch mit unterschiedlichen Namen durch Speisekarten und Kochbücher. Die Wirtin eines kleinen Gasthauses erstellte es und gab ihm den Namen „Büchelsteiner Fleisch". Der Büchelstein, kurzzeitig geändert in Pichelstein, erhielt später wieder seinen ursprünglichen Namen. deshalb ist das Gericht auch als „Pichelsteiner" bekannt geworden, obwohl es doch eigentlich „Büchelsteiner" heißen müßte.

Abgebräunte Kalbshaxe

Das Typische an dieser Art der Zubereitung liegt darin, daß die Kalbshaxe zunächst in einem Sud vorgegart und dann erst gebraten wird.

Bedarf:

1 Kalbshaxe	2 gelbe Rüben
Sud aus etwa 1 l Wasser mit 2 El Essig	1 Scheibe Sellerieknolle
Salz	1 Petersiliewurzel
1 Zwiebel	50 g Butter
1 Lorbeerblatt	100 g saure Sahne
1 Nelke und einigen Pfefferkörnern	1 Tl Stärke

Sud zum Kochen bringen, Gemüse hinzugeben, nach dem Wiederaufwallen Kalbshaxe einlegen und etwa 30 Min. am Kochpunkt halten.

Haxe aus dem Sud nehmen, in Bratgeschirr legen, mit Butter bestreichen und im Rohr bei etwa 200 °C braten, wiederholt mit Butter begießen. Bratensatz ablöschen, saure Sahne mit Stärke verrühren und beigeben. Sauce aufkochen und nachwürzen.

Beilage: Kartoffelknödel und grüner Salat oder Kartoffelsalat.

Die gekochte Kalbshaxe (erster Teil der Zubereitung) ist auch unter der Bezeichnung
Kalbshaxe sauer oder
Kalbshaxe blau gesotten bekannt.
Man richtet sie mit feinen Gemüsestreifen an.

Brandenburg

Märkischer Topf

Bedarf für 10 Portionen:

1 kg Teltower Rübchen	1,2 kg Rinderfiletspitzen
100 g Butter	200 g Zwiebeln
0,25 l heiße Fleischbrühe	60 g Öl
2 El Zucker	0,25 l saure Sahne oder Crème fraîche
600 g frische Pilze (Steinpilze, Pfifferlinge oder Champignons)	frisch gemahlener weißer Pfeffer

Rübchen schaben, waschen und abtrocknen. Die Hälfte der Butter in einem Topf zerlaufen lassen, den Zucker einstreuen und leicht karamelisieren lassen. Die Rübchen zugeben, kurz angehen lassen, mit der Fleischbrühe aufgießen und darin auf den Punkt garziehen lassen. Pilze putzen, kurz abwaschen und in einem Durchschlag gut abtropfen lassen. Die großen Pilze vierteln, die kleineren halbieren, restliche Butter in einem Topf erwärmen, die Pilze zugeben und zugedeckt bei schwacher Hitze dünsten.

Zwiebeln in Würfel schneiden. Die Filetspitzen in $^1/_2$ cm dicke Scheiben schneiden, bei starker Hitze in einer Pfanne in Öl beidseitig kurz anbraten, aus der Pfanne nehmen und warmstellen. Die Zwiebelwürfel in dem Bratensatz anschwitzen, die Kochfonds der Rübchen und der Pilze aufgießen, saure Sahne zugeben und einkochen lassen. Die warmgestellten Filetspitzen mit Salz und Pfeffer würzen und mit den Pilzen und den Rübchen unter die Sauce mischen.

Beilagen: Petersilienkartoffeln und Kopfsalat.

Bremen

Labskaus

Bedarf für 5 Portionen:

1 kg	gepökeltes Rindfleisch	150 g	Fett
1	Gemüsebündel (Lauch, Möhren, Sellerie, Thymian)	1 kg	Kartoffeln
1	gespickte Zwiebel	4	gewässerte Heringsfilets
300 g	Zwiebelwürfel		Pfeffer
		5	Gewürzgurken

Das Fleisch mit kaltem Wasser ohne Salz aufsetzen, kochen, ausschäumen und 1 Std. langsam weiterkochen lassen. Dann die gespickte Zwiebel und das Gemüsebündel dazugeben. Wenn das Fleisch weich ist, im Fond beiseitestellen. Inzwischen die geschälten Kartoffeln ohne Salz garen und die Zwiebelwürfel im Fett hellgelb dünsten.

Die abgedämpften Kartoffeln durch eine Presse drücken. Das in kleine Würfel geschnittene Pökelfleisch, die gehackten Heringsfilets und die gedünsteten Zwiebeln den Kartoffeln beigeben. Pfeffer darübermahlen und das Ganze mit etwas Pökelbrühe vermengen. Das fertige Labskaus soll die Beschaffenheit von festem Kartoffelpüree haben. Es wird in Schüsseln angerichtet und mit Gewürzgurkenscheiben oder -streifen umkränzt.

Vielfach wird Labskaus portionsweise in schwarzer Pfanne mit Butter angebraten, auf Platten gestürzt und mit Spiegelei angerichtet.

Beilage: Rote Bete.

Hamburg

Hamburger National

Bedarf für 5 Portionen:

750 g	Schweinekamm (ohne Knochen)	4	Nelken
2 kg	Kohlrüben	2	Lorbeerblätter
750 g	Kartoffeln		Salz, Pfeffer, Zucker
2	Zwiebeln		Wasser
		1 El	gehackte Petersilie

Den blanchierten Schweinekamm mit den geputzten, in Stäbe geschnittenen, blanchierten Kohlrüben in Wasser aufsetzen und zum Kochen bringen. Die Zwiebeln mit den Lorbeerblättern und Nelken spicken und in die Rüben legen. Danach würzen, den Topf zudecken und alles langsam kochen lassen.

Inzwischen die Kartoffeln in Würfel schneiden und blanchieren. Nach 45 Min. Kochzeit die Kartoffeln dazugeben und fehlende Flüssigkeit ersetzen. Wenn die Kartoffeln weich sind, das Fleisch herausnehmen und das Gericht mit der Roux binden, noch kurze Zeit durchkochen lassen und mit der Petersilie abschmecken.

Den Schweinekamm in Scheiben geschnitten auf den Kohlrüben anrichten.

Hessen

Gekochtes Rindfleisch und Frankfurter grüne Sauce

Bedarf für 5 Portionen:

1250 g	Ochsenfleisch (Brust, Querrippe oder Hochrippe)		Sechstel einer Sellerieknolle, 1 Zwiebel, 2 Kohlblätter)
	Gemüsebündel (2 Karotten, 1 Lauch,	1 El	gehackte Petersilie

Grüne Sauce:

5	hartgekochte Eier	50 g	sehr fein gehackte Kräuter (Kresse, Kerbel, Borretsch, Petersilie, Sauerampfer, Schnittlauch, Dill)
1 Tl	scharfer Senf		
	Salz, Pfeffer		
0,1 l	Speiseöl		
0,1 l	Joghurt		
0,1 l	saure Sahne		

Das Fleisch mit Wasser aufsetzen, zum Kochen bringen, ausschäumen und langsam weiterkochen. Nach 2 Std. Gemüsebündel, Zwiebel, Kohlblätter und Salz zufügen. Das gegarte Fleisch in Scheiben schneiden und mit den in Stücke geschnittenen Karotten, Sellerie und Lauch auf einer Platte anrichten, mit Petersilie bestreuen. Die Sauce separat reichen.

Grüne Sauce: Gekochte Eigelb durch ein feines Sieb passieren, Senf, Salz und Pfeffer zugeben und alles zu einer glatten Masse verrühren. Abwechselnd Öl und Joghurt dazurühren, dann auch die saure Sahne. Gekochtes Eiweiß von 3 Eiern in feine Streifen schneiden und zusammen mit den sehr fein gehackten Kräutern der aufgerührten Sauce beifügen.

Beilage: Salzkartoffeln oder Petersilienkartoffeln, Rote Bete.

Mecklenburg-Vorpommern

Tuckeraal

Bedarf für 10 Portionen:

2 kg	frische Aale	80 g	Mehl
4	Zwiebeln	0,5 l	Weißwein
3	Stangen Lauch	0,5 l	Fischbrühe
300 g	Karotten	500 g	Kartoffeln
2	Petersilienwurzeln	3	Lorbeerblätter
60 g	Butter		gehackte Petersilie

Die Aale abziehen und in fingerlange Stücke schneiden. Zwiebeln schälen, Lauch waschen, Karotten und Petersilienwurzeln waschen und schälen. Alle Gemüse mit den Kartoffeln in Scheiben schneiden, in einem Topf in der heißen Butter anschwitzen, mit dem Mehl bestäuben und mit Weißwein und Fischbrühe auffüllen.

Das Gemüse in der Sauce kurz ankochen, die Aalstücke mit Lorbeerblättern und Salz zugeben und alles zusammen garen.

Die fertige Sauce nachschmecken und mit gehackter Petersilie bestreut servieren.

Niedersachsen

Brägenwurst mit Grünkohl

Bedarf für 5 Portionen:

350 g	Hirn (regional: Brägen oder Bregen) von Schwein oder Kalb	2	Eier
100 g	Kalbsnierenfett, gehackt	30 g	Salz
200 g	Zwiebelwürfelchen		Muskat, Piment, Pfeffer nach Geschmack,
80 g	Weißbrot ohne Kruste		Bratwurstdärme
300 g	Schweinefleisch ohne Sehnen, grob gewolft,	150 g	Butter zum Braten

Ergebnis: etwa 1 kg Brägenwurst

Haut und feine Adern des Hirns abziehen und zum Entbluten in kaltes Wasser legen. Danach blanchieren, abtropfen und fein hacken. Zwiebeln in Kalbsnierenfett gardünsten und erkalten lassen. Das Weißbrot in Wasser einweichen und leicht ausdrücken.

Alle vorbereiteten Zutaten mit dem Schweinefleisch, den Eiern und Gewürzen zur Farce vermengen. Locker in Bratwurstdärme einfüllen, zur gewünschten Größe abbinden, brühen und in der Butter braten. Zur Förderung der braunen Farbe Würste vor dem Braten mit roher Milch benetzen (Milcheiweiß bewirkt Bräunung).

Würste anrichten, mit der Bratbutter begießen.

Kartoffelsalat gesondert reichen.

Brägenwurst ist auch mit Grünkohl und Salzkartoffeln beliebt.

Rheinland-Pfalz

Muscheln in Rheinwein

Bedarf für 5 Portionen:

3,5 kg	Muscheln (1 kg Muscheln enthält etwa 190 g Muschelfleisch)	20 g	Mehlbutter
100 g	Zwiebelwürfel	1 El	feingehackte Schalotten
12	Pfefferkörner	0,2 l	Sahne
40 g	Butter	2	Eigelb
0,3 l	trockener, weißer Rheinwein		Cayenne
1	Kräutersträußchen (Petersilie, Thymianzweig, Lorbeerblatt)		Saft einer halben Zitrone

Die sauber geschruppten und gewaschenen Muscheln zusammen mit den Zwiebelwürfeln in einer Kasserolle in Butter anschwitzen, mit Weißwein ablöschen, frisch gemahlenen Pfeffer und Kräutersträußchen zugeben und zugedeckt 8 Min. dünsten. Sobald sich alle Muscheln geöffnet haben, auf einen Durschlag schütten und den Fond auffangen. Muschelfond behutsam durch ein Tuch passieren und das Kräutersträußchen zur vollen Aromaentfaltung nochmals in den Fond legen und diesen reduzieren. Fond mit Mehlbutter binden, Schalotten beigeben, 2 Min. kochen lassen und mit Eigelb und Sahne legieren. Mit einer Spur Cayenne und Zitronensaft die Sauce vollenden.

Die inzwischen den Schalen entnommenen Muscheln entbarten und unter die Sauce schwenken. Dabei nochmals erhitzen, anrichten und mit Fleurons garnieren.

Beilage: Stangenweißbrot, Röstbrotstücke oder körnig gekochter Reis.

Nordrhein-Westfalen

Pfefferpotthast

Bedarf für 5 Portionen:

1 kg Rinderquerrippe, in Würfel von 60–70 g
1 kg Zwiebelscheiben
Wasser
1 St. Sellerie
1 Möhre
1 Gewürzbeutel (15 Pfefferkörner, 5 Pimentkörner zerdrückt, 1 Lorbeerblatt, 1 Nelke, 5 Zitronenscheiben),
Salz
40 g geriebene Krume von Weiß- oder Graubrot
1 El gehackte Petersilie

Rindfleisch und Zwiebel für sich blanchieren. Danach zusammen in einen Topf geben, mit dem Wasser bedecken, nochmals ausschäumen, das zusammengebundene Gemüse und den Gewürzbeutel dazulegen, leicht salzen und langsam weiterkochen.

Wenn das Fleisch weich ist, geriebene Brotkrume einrühren und noch kochen, bis die Zubereitung gebunden ist. Abschließend mit frisch gemahlenem Pfeffer abschmecken und mit Petersilie bestreut servieren.

Beilage: Salzkartoffeln, Gewürzgurkenscheiben.

Saarland

Saurer Schweinekamm

Bedarf für 5 Portionen:

1,5 kg Schweinekamm
Salz, Pfeffer
1 gestrichener Tl grobgehackter Kümmel
200 g Röstgemüse
40 g Fett
0,1 l Weinessig, 5%ig
0,3 l saure Sahne
2 Tomaten
1 Tl Kartoffelstärke
Zitronensaft

Schweinekamm ausbeinen. Knochen in kleine Stücke hacken. Fleisch salzen, pfeffern, mit Kümmel bestreuen und zusammen mit dem Röstgemüse und den Knochen in heißem Fett braun anbraten. Dann mit Essig ablöschen und noch soviel Wasser angießen, daß der Braten zu einem Drittel in Flüssigkeit liegt, und zugedeckt im Ofen 60 bis 90 Min. schmoren. Zwischenzeitlich beschöpfen und wenden. Kurz vor dem Garsein das Fleisch mehrfach mit saurer Sahne begießen, um so eine schmackhafte, glänzende Kruste zu bilden.

Glaciertes Fleisch aus der Pfanne nehmen und warmhalten. Zerschnittene, ausgedrückte Tomaten dem Schmorfond beigeben, evtl. auch einen Schöpfer Wasser, und alles noch kurze Zeit leicht kochen. Saucenfond durch ein Sieb in einen Topf gießen, aufkochen und abfetten. Übrige saure Sahne und Kartoffelstärke glattrühren, Saucenfond damit binden und mit Pfeffer, Salz und Zitronensaft fertig abschmecken. Fleisch in Scheiben schneiden, die Sauce dazugeben.

Beilage: Klöße von gekochten Kartoffeln, Endiviensalat.

Sachsen

Sächsische Quarkkeulchen

Bedarf für 10 Portionen:

1 kg kalte, gekochte Kartoffeln in der Schale
150 g Mehl
4 Eigelb
1 Tl Salz
100 g Zucker
100 g Korinthen (ersatzweise Rosinen)
600 g trockenen Quark
2 Tl Backpulver
Zitronenaroma

Die Kartoffeln schälen, reiben oder durchdrücken und in eine Schüssel geben. Eigelbe mit Zucker schaumig rühren und kurz unter die Kartoffelmasse arbeiten, dann den Quark untermischen.

Das Mehl mit dem Backpulver sieben und zusammen mit dem Salz, den gewaschenen Korinthen und dem Zitronenaroma in die Quark-Kartoffelmasse einarbeiten.

Aus dem Teig formt man nun 1 cm dicke Plätzchen mit einem Durchmesser von 5 cm, die dann in einer Pfanne in heißem Öl oder Schmalz beidseitig goldgelb gebacken werden.

Nach dem Backen legt man die Keulchen zum Abfetten auf ein Küchenpapier und wälzt sie anschließend noch heiß in Zimtzucker.

Beilage: Apfelmus, Backobst oder Früchtekompott.

Sachsen-Anhalt

Magdeburger-Börde-Topf

Bedarf für 5 Portionen:

350 g Schulter von Hammel oder Lamm
350 g Schweinehals
30 g Butter
700 g Kartoffeln
400 g Weißkraut
400 g Zwiebeln
1 l Fleischbrühe
Salz, Pfeffer
Thymian
Kümmel
Knoblauchsalz

Das Fleisch von Hammel und Schwein in Würfel, die geschälten Kartoffeln in Scheiben, Zwiebeln und Weißkraut in Streifen schneiden. Die Fleischwürfel mit heißer Brühe übergießen und darin etwas ziehen lassen. Einen Schmortopf mit der Butter ausstreichen und lagenweise Zwiebeln, Kartoffeln, Fleischwürfel und zuletzt das Weißkraut aufeinanderschichten. Mit Salz, Pfeffer, Thymian, Kümmel und Knoblauchsalz würzen und weitere Schichten daraufsetzen. Danach mit der Brühe bis knapp unter die oberste Schicht aufgießen, den Schmortopf mit Deckel verschließen und das Gericht in der heißen Bratröhre garen.

Schleswig-Holstein

Kieler Pfannkuchen mit Fleckhering

Bedarf für 5 Pfannkuchen von 22 cm Durchmesser:

125 g Mehl
125 g Milch
125 g Buttermilch
3 Eier
40 g Butter zum Backen

Einlage:

2 bis 3 Fleckheringe
weiße Pfefferkörner
geschnittener Schnittlauch

Fleckheringe sind heißgeräucherte Heringe, die vom Rücken her aufgeschnitten und auseinandergeklappt (gefleckt) sind.

Fleckheringe filetieren, häuten, in kleinere Stücke teilen, Pfeffer darübermahlen und mit Schnittlauch bestreuen.

Mehl sieben, mit Milch und Buttermilch anrühren. Eier aufschlagen, mit einem Schneebesen kräftig verrühren. Eier in das angerührte Mehl geben, alles zu einem glattfließenden Teig verarbeiten und 10 Min. ruhen lassen. In einer entsprechend großen Stielpfanne etwas Butter erhitzen, ein Fünftel des aufgerührten Pfannkuchenteiges mit einer Schöpfkelle einfüllen und etwas anziehen lassen. Anteil Heringsstückchen daraufstreuen. Nachdem der Pfannkuchen genügend Farbe hat, wird er gewendet und im Ofen (200 °C) fertig gebacken.

Thüringen

Thüringer Topfbraten

Der Thüringer Topfbraten ist ein typisches Schlachtfestessen. Dabei handelt es sich keineswegs um einen Braten, sondern um etliche Kochfleischstücke und Innereien vom Schwein.

Bedarf für 10 Portionen:

2 kg Nieren, Herz, Schnauze oder Backe vom Schwein
Salz
3 bis 4 Lorbeerblätter
300 g Zwiebeln in Würfel
Pfefferkörner

Für die Sauce:

2 bis 3 Honiglebkuchen (Soßenlebkuchen)
60 g Mehl
50 g Butter
2 El Essig
140 g Pflaumenmus
weißen Pfeffer

Fleischstücke gründlich waschen, in Salzwasser mit den Lorbeerblättern und den Pfefferkörnern sowie den Zwiebelwürfeln kochen. Das Fleisch nach ca. 60 Min. aus dem Sud nehmen und warmstellen.

Aus Butter und Mehl eine weiße Roux herstellen, mit 1,5 l Kochfleischbrühe auffüllen, den Honiglebkuchen zugeben und verkochen lassen. Die sämige Sauce jetzt mit Essig, Pflaumenmus, Pfeffer und etwas Salz abschmecken.

Fleischstücke und Innereien tranchieren, anrichten, mit heißer Sauce übergießen und noch etwa 5 Min. ziehen lassen.

Beilage: Thüringer Klöße.

Garnituren und Zubereitungsarten (AkA)

Die AkA[1] erstellt die Aufgaben zu Prüfungen der Industrie- und Handelskammern. Die folgenden Garnituren und Zubereitungsarten sind in einer ANLAGE ZUM STOFFKATALOG AkA für verbindlich erklärt.

Bezeichnung	Anwendung	Wichtige Zutaten	vgl. Seite
Nach amerikanischer Art à l'américaine	Fleisch, Fisch	Gebratene Speckscheiben, Grilltomaten (Hummerschwänze, amerikanische Sauce),Trüffel	404
Nach Bäckerinart à la boulangère	Lamm, Hammel, Schwein	rohe Kartoffelscheiben mit Zwiebeln und Jus geschmort	373
Nach Berliner Art à la berlinoise	Kalbsleber	Apfelring, Röstzwiebeln	471
Baden-Baden	Wild	Wildrahmsauce, halbierte und mit Preiselbeeren (Johannisbeergelee) gefüllte Birnen	390
Nach Bordeauxer Art à la bordelaise	Rind, Kurzbratfleisch	Sauce Bordelaise, blanchiertes Ochsenmark	375
Chipolata	Geflügel, gebraten	Chipolata-Würstchen, glacierte Perlzwiebeln, Maronen und Speckwürfel	403
Colbert	Fisch	Mie de pain, Colbert-Butter oder Colbert-Sauce	410
Doria	Fisch, gebraten	Oval geformte, in Butter gedünstete frische Gurke, Zitrone, Petersilie	414
Dugléré	Fisch, pochiert	Sauce au vin blanc, Tomates concassèes garniert gehackte Petersilie	413
Dubarry	Fleisch	Blumenkohl, Sauce Mornay	376
Nach flämischer Art à la flamande	Rind, gekocht	Krautköpfchen, Speck, Karotten, weiße Rübchen (Sellerie), Lauch, Brühwurst	369
Nach Florentiner Art à la florentine	Fisch, Geflügel, Eier, Fleisch	Blattspinat, Sauce Mornay Spinat, Spinattimbale	376
Nach Gärtnerinart à la jardinière	Fleisch	Bukettweise mit verschiedenen frischen Gemüsen umlegt	381
Holstein	Kalb	Spiegelei, kleine Fisch-Canapés	376
Nach Mailänder Art à la milanaise	Fleisch / Kalb	Julienne von Pökelzunge, Schinken, Champignons, Trüffel, Käse, Tomatensauce	376
Nach Müllerinart à la meunière	Fisch, gebraten	Butter (Jus), Petersilie, Zitronenscheiben	414
Rossini	Rind / Tournedos	Gänseleberscheiben, Trüffelscheiben, Croûton, Madeirasauce	375
Nach Tiroler Art à la tyrolienne	Kurzbratfleisch	Gebackene Zwiebelringe in Bierteig, Butter, sautierte Tomatenwürfelchen	375
Nach Zigeunerart à la zingara	Rind, Schwein, Geflügel	Julienne von Pökelzunge, Schinken, Champignons, Trüffel, Madeirasauce	376
Orly	Fisch, gebacken Gemüse	Bierteig, Tomatensauce	415
Wellington	Rind, Kalb	Blätterteighülle, Duxelles, Trüffelsauce	363
Mirabeau	Rumpsteak	Sardellen, Oliven	375
Nach Jägerart à la chasseur	Geflügel, Fleisch	Waldpilze, Croûton	402

[1] AkA – Aufgabenstelle für kaufmännische Abschluß- und Zwischenprüfungen

Rezeptregister

Alphabetisches Sachregister

C

D

T